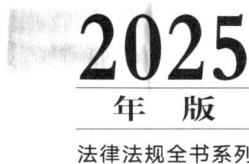

法律法规全书系列

DISABILITY IDENTIFICATION & COMPENSATION LAWS AND REGULATIONS

·含鉴定标准·

法律出版社法规中心 编

图书在版编目（CIP）数据

中华人民共和国伤残鉴定与赔偿法规全书：含鉴定标准 / 法律出版社法规中心编. -- 15版. -- 北京：法律出版社, 2025. -- （法律法规全书系列）. -- ISBN 978-7-5197-9742-3

Ⅰ. D923.89

中国国家版本馆CIP数据核字第20246ZY833号

中华人民共和国伤残鉴定与赔偿法规全书（含鉴定标准）
ZHONGHUA RENMIN GONGHEGUO SHANGCAN JIANDING
YU PEICHANG FAGUI QUANSHU（HAN JIANDING BIAOZHUN）

法律出版社法规中心 编

责任编辑 张红蕊
装帧设计 臧晓飞

出版发行 法律出版社	开本 787毫米×960毫米 1/16
编辑统筹 法规出版分社	印张 41　字数 1378千
责任校对 冯高琼	版本 2025年1月第15版
责任印制 耿润瑜	印次 2025年1月第1次印刷
经　　销 新华书店	印刷 固安华明印业有限公司

地址：北京市丰台区莲花池西里7号（100073）
网址：www.lawpress.com.cn　　　　　　　　销售电话：010-83938349
投稿邮箱：info@lawpress.com.cn　　　　　　客服电话：010-83938350
举报盗版邮箱：jbwq@lawpress.com.cn　　　　咨询电话：010-63939796

版权所有·侵权必究

书号：ISBN 978-7-5197-9742-3　　　　　　　定价：88.00元

凡购买本社图书，如有印装错误，我社负责退换。电话：010-83938349

编辑出版说明

随着我国依法治国方略的实施,法律的价值日益凸显,法律已经全面渗透到社会生活的各个领域。在公民、组织的生产、生活中,人身损害的发生在所难免,进而会产生伤残鉴定与赔偿的相关法律问题,公众及社会各界对伤残鉴定与赔偿相关的法律法规的关注程度也一直很高。为此,我们精心编辑出版了这本《中华人民共和国伤残鉴定与赔偿法规全书(含鉴定标准)》。本书具有以下特点:

一、收录全面,编排合理,查询方便

收录改革开放以来至2024年11月期间公布的现行有效的全部伤残鉴定与赔偿法律,重要的行政法规、部门规章、司法解释,全面覆盖伤残鉴定与赔偿的方方面面。全书分为伤残鉴定管理、常见伤残鉴定、军人伤残抚恤、民事赔偿、国家赔偿五大部分,并在各部分细分诸多小类,涉及常见的各种鉴定和赔偿情形。全书具有体例清晰、查询方便的特点。

二、收录鉴定标准、指导案例、典型案例,特设条旨,实用性强

由于伤残鉴定的特殊性,在实务操作中有很多鉴定标准在发挥着重要的作用,且不同的致伤致残原因所对应的伤残鉴定标准是不同的。本书特别收录了这些鉴定标准,以便读者对应实际人身损害类别查找。同时,本书还对相关核心主体法附加条旨,指引读者迅速找到自己需要的条文。本书中收录了最高人民法院公布的人身损害赔偿方面相关的指导案例、典型案例,这些案例在实践中起到指引法官"同案同判"的作用,具有很高的可读性和参照性。

三、特色服务,动态增补

为保持本书与新法的同步更新,避免读者在一定周期内重复购书,特结合法律出版社法规中心的资源优势提供动态增补服务。(1)为方便读者一次性获取版本更新后的全部增补文件,本书特设封底增补材料二维码,供读者扫描查看、下载版本更新后的全部法律文件增补材料。(2)鉴于本书出版后至下一版本出版前不免有新文件发布或失效文件更新,为了方便广大读者及时获取该领域的新法律文件,本书创新推出动态增补服务,读者可扫描侧边动态增补二维码,查看、阅读本书出版后一段时间内更新的或新发布的法律文件。

动态增补二维码

由于编者水平有限,还望读者在使用过程中不吝赐教,提出您的宝贵意见(邮箱地址:faguizhongxin@163.com),以便本书继续修订完善。

法律出版社法规中心
2024年12月

总 目 录

一、伤残鉴定管理 …………………………… （ 1 ）
　1. 司法行政机关鉴定管理 ………………… （ 3 ）
　2. 公安行政机关鉴定管理 ………………… （ 42 ）
　3. 人民法院鉴定管理 ……………………… （ 50 ）
　4. 人民检察院鉴定管理 …………………… （ 55 ）
二、常见伤残鉴定 …………………………… （ 63 ）
　1. 法医病理鉴定 …………………………… （ 65 ）
　2. 法医临床鉴定 …………………………… （ 75 ）
　　（1）一般鉴定标准与规范 ……………… （ 75 ）
　　（2）道路交通事故相关鉴定 …………… （210）
　　（3）工伤、职业病相关鉴定 …………… （220）
　　（4）医疗纠纷相关鉴定 ………………… （270）
　3. 法医精神病鉴定 ………………………… （288）
　4. 法医物证鉴定 …………………………… （301）
　5. 法医毒物鉴定 …………………………… （323）
三、军人伤残抚恤 …………………………… （347）
四、民事赔偿 ………………………………… （369）

　1. 综合 ……………………………………… （371）
　2. 产品侵权损害赔偿 ……………………… （382）
　3. 交通事故损害赔偿 ……………………… （413）
　　（1）道路交通事故 ……………………… （413）
　　（2）铁路交通事故 ……………………… （453）
　　（3）水上交通事故 ……………………… （456）
　　（4）航空事故 …………………………… （479）
　4. 医疗损害赔偿 …………………………… （487）
　5. 环境污染损害赔偿 ……………………… （505）
　6. 工伤事故损害赔偿 ……………………… （546）
　7. 旅游侵权损害赔偿 ……………………… （560）
　8. 其他损害赔偿 …………………………… （580）
五、国家赔偿 ………………………………… （585）
　1. 综合 ……………………………………… （587）
　2. 行政赔偿 ………………………………… （610）
　3. 司法赔偿 ………………………………… （622）
附录 …………………………………………… （635）

目　录

一、伤残鉴定管理

1. 司法行政机关鉴定管理

全国人民代表大会常务委员会关于司法鉴定管理问题的决定(2005.2.28)(2015.4.24 修正)①
………………………………………………………（ 3 ）

司法鉴定执业分类规定（试行）(2000.11.29)
……………………………………………………（ 4 ）

司法鉴定机构内部管理规范(2014.4.22)………（ 5 ）

司法鉴定机构登记管理办法(2005.9.30)………（ 7 ）

司法鉴定人登记管理办法(2005.9.30)…………（ 10 ）

关于《司法鉴定机构登记管理办法》第二十条、《司法鉴定人登记管理办法》第十五条的解释(2020.6.5)………………………………（ 13 ）

司法鉴定许可证和司法鉴定人执业证管理办法(2010.4.12)……………………………（ 13 ）

司法鉴定程序通则(2016.3.2)……………………（ 15 ）

司法鉴定执业活动投诉处理办法(2019.4.4)……（ 18 ）

环境损害司法鉴定机构登记评审办法(2016.10.12)…………………………………………（ 21 ）

环境损害司法鉴定机构登记评审专家库管理办法(2016.10.12)……………………………（ 22 ）

环境损害司法鉴定执业分类规定(2019.5.6)……（ 22 ）

环境损害司法鉴定机构登记评审细则(2018.6.14)…………………………………………（ 29 ）

法医类司法鉴定执业分类规定(2020.5.14)……（ 30 ）

司法鉴定教育培训工作管理办法(2021.1.6)
……………………………………………………（ 35 ）

司法鉴定机构　鉴定人记录和报告干预司法鉴定活动的有关规定(2020.6.8)……………（ 37 ）

司法鉴定机构诚信等级评估办法（试行）(2021.12.28)…………………………………（ 38 ）

司法鉴定机构和司法鉴定人退出管理办法（试行）(2021.12.28)…………………………（ 40 ）

2. 公安行政机关鉴定管理

公安机关鉴定机构登记管理办法(2019.11.22)……………………………………………（ 42 ）

公安机关鉴定人登记管理办法(2019.11.22)
……………………………………………………（ 44 ）

公安机关办理伤害案件规定（节录）(2005.12.27)…………………………………………（ 47 ）

公安机关办理行政案件程序规定（节录）(2012.12.19)(2020.8.6 修正)………………（ 47 ）

公安机关办理刑事案件程序规定（节录）(2012.12.13)(2020.7.20 修正)………………（ 48 ）

3. 人民法院鉴定管理

人民法院司法鉴定工作暂行规定(2001.11.16)…………………………………………………（ 50 ）

人民法院对外委托司法鉴定管理规定(2002.3.27)…………………………………………（ 51 ）

最高人民法院关于民事诉讼证据的若干规定（节录）(2001.12.21)(2019.12.25 修正)……（ 52 ）

4. 人民检察院鉴定管理

人民检察院鉴定机构登记管理办法(2006.11.30)…………………………………………………（ 55 ）

人民检察院鉴定人登记管理办法(2006.11.30)…………………………………………………（ 57 ）

人民检察院鉴定规则（试行）(2006.11.30)……（ 59 ）

人民检察院刑事诉讼规则（节录）(2019.12.30)…………………………………………………（ 61 ）

----

① 目录中对有修改的文件，将其第一次公布的时间和最近一次修改的时间一并列出，在正文中收录的是最新修改后的文本。特此说明。

二、常见伤残鉴定

1. 法医病理鉴定

解剖尸体规则(1979.9.10) …………………（65）
法医学尸体解剖规范(SF/Z JD0101002－2015)
　………………………………………（66）

2. 法医临床鉴定

(1) 一般鉴定标准与规范
人体损伤程度鉴定标准(2013.8.30) ………（75）
人体损伤致残程度分级(2016.4.18) ………（92）
运动创伤与运动致病事故程度分级标准(1999.
　9.1) ………………………………………（113）
人身损害护理依赖程度评定(GB/T 31147－
　2014) ……………………………………（116）
嗅觉障碍的法医学评定(SF/Z JD0103012—
　2018) ……………………………………（122）
听力障碍法医学鉴定规范(SF/Z JD0103001－
　2010) ……………………………………（127）
男性生育功能障碍法医学鉴定(SF/Z JD0103011－
　2018) ……………………………………（135）
视觉功能障碍法医学鉴定规范(SF/Z JD0103004－
　2016) ……………………………………（141）
周围神经损伤鉴定实施规范(SF/Z JD0103005－
　2014) ……………………………………（149）
外伤性癫痫鉴定实施规范(SF/Z JD0103007－
　2014) ……………………………………（165）
法医临床检验规范(SF/T 0111－2021) ……（179）
法医临床影像学检验实施规范(SF/T 0112－
　2021) ……………………………………（196）

【指导案例】
李某眼部损伤的重新鉴定和诈伤鉴别 ……（207）
李某指印司法鉴定 …………………………（209）

(2) 道路交通事故相关鉴定
车辆驾驶人员血液、呼气酒精含量阈值与检验
　(GB 19522－2010) ………………………（210）
　附：GB 19522－2010《车辆驾驶人员血液、呼
　气酒精含量阈值与检验》国家标准第1
　号修改单 ………………………………（211）
道路交通事故涉案者交通行为方式鉴定规范
(SF/T 0162－2023) ………………………（211）
道路交通事故受伤人员精神伤残评定规范
　(SF/Z JD0104004－2014) ………………（215）

【指导案例】
某隧道重大交通事故痕迹物证综合鉴定 …（219）

(3) 工伤、职业病相关鉴定
工伤职工劳动能力鉴定管理办法(2014.2.20)
　(2018.12.14修正) ………………………（220）
职工非因工伤残或因病丧失劳动能力程度鉴定
　标准(试行)(2002.4.5) …………………（223）
劳动能力鉴定职工工伤与职业病致残等级
　(GB/T 16180－2014) ……………………（225）
职业病分类和目录(2013.12.23) …………（261）
职业健康检查管理办法(2015.3.26)(2019.2.
　28修订) …………………………………（263）
职业病诊断与鉴定管理办法(2021.1.4) …（265）

(4) 医疗纠纷相关鉴定
医疗事故技术鉴定暂行办法(2002.7.31) …（270）
医院感染诊断标准(试行)(2001.1.2) ……（274）
预防接种异常反应鉴定办法(2008.9.11) …（282）
卫生部关于医疗事故鉴定申请期限的批复
　(2000.1.14) ………………………………（285）
卫生部关于医疗事故技术鉴定工作有关问题的
　批复(2001.4.24) …………………………（285）
卫生部关于参加医疗事故技术鉴定专家学科问
　题的批复(2005.6.14) ……………………（285）
卫生部关于医疗事故技术鉴定有关问题的批复
　(2005.12.9) ………………………………（285）
卫生部关于在医疗事故技术鉴定中有关回避问
　题的批复(2006.8.2) ……………………（286）
卫生部关于抽取法医参加医疗事故技术鉴定有
　关问题的批复(2009.3.16) ………………（286）

【指导案例】
王惠医疗损害责任纠纷鉴定 ………………（286）

3. 法医精神病鉴定

精神疾病司法鉴定暂行规定(1989.7.11) …（288）
精神障碍者司法鉴定精神检查规范(SF/Z
　JD0104001－2011) ………………………（290）
精神障碍者刑事责任能力评定指南(SF/Z
　JD0104002－2016) ………………………（291）

精神障碍者服刑能力评定指南(SF/Z JD0104003—
　2016) ………………………………………(295)
【指导案例】
　马冰法医精神病鉴定 ……………………(299)

4. 法医物证鉴定
生物学全同胞关系鉴定实施规范(SF/Z
　JD0105002－2014) ………………………(301)
生物检材中单乙酰吗啡、吗啡、可待因的测定
　(SF/Z JD0107006－2010) ……………(303)
生物检材中乌头碱、新乌头碱和次乌头碱的测
　定　液相色谱－串联质谱法(SF/Z JD0107009－
　2010) ………………………………………(308)
微量物证鉴定通用规范(SF/Z JD0203006－
　2018) ………………………………………(311)
物证类司法鉴定执业分类规定(2020.6.23) …(315)
声像资料司法鉴定执业分类规定(2020.6.23) …(318)
法医类　物证类　声像资料司法鉴定机构登记
　评审细则(2021.6.15) ……………………(319)
【指导案例】
　张大山同卵双胞胎的DNA鉴定 …………(321)

5. 法医毒物鉴定
血液中氰化物的测定　气相色谱法(SF/Z
　JD0107002－2010) ………………………(323)
血液、尿液中毒鼠强的测定　气相色谱法(SF/Z
　JD0107003－2010) ………………………(324)
血液和尿液中108种毒(药)物的气相色谱－
　质谱检验方法(SF/Z JD0107014－2015) …(325)
血液中45种有毒生物碱成分的液相色谱－串
　联质谱检验方法(SF/Z JD0107015－2015)
　……………………………………………(330)
生物检材中苯丙胺类兴奋剂、哌替啶和氯胺酮
　的测定(SF/Z JD0107004－2016) ………(333)
血液、尿液中238种毒(药)物的检测　液相色
　谱－串联质谱法(SF/Z JD0107005－2016)
　……………………………………………(339)
法医毒物有机质谱定性分析通则(SF/Z
　JD0107019－2018) ………………………(342)
血液中磷化氢及其代谢物的顶空气相色谱－质
　谱检验方法(SF/Z JD0107020－2018) ……(344)

三、军人伤残抚恤

中华人民共和国军人地位和权益保障法(节
　录)(2021.6.10) ……………………………(349)
军人抚恤优待条例(节录)(2004.8.1)(2024.
　8.5修订) …………………………………(350)
伤残抚恤管理办法(2019.12.16) …………(351)
军人残疾等级评定标准(2011.12.27) ……(355)
总后勤部、卫生部关于对越自卫还击战伤残评
　定如何区分公残、战残的批复(1982.8.30) ……(367)

四、民事赔偿

1. 综合
中华人民共和国民法典(节录)(2020.5.28) ……(371)
最高人民法院关于审理人身损害赔偿案件适用
　法律若干问题的解释(2003.12.26)(2022.4.
　24修正) …………………………………(377)
最高人民法院关于确定民事侵权精神损害赔偿
　责任若干问题的解释(2001.3.8)(2020.12.
　29修正) …………………………………(379)
【指导案例】
最高人民法院指导性案例222号:广州德某水
　产设备科技有限公司诉广州宇某水产科技有
　限公司、南某水产研究所财产损害赔偿纠纷
　案 …………………………………………(380)

2. 产品侵权损害赔偿
中华人民共和国产品质量法(1993.2.22)(2018.
　12.29修正) ………………………………(382)
中华人民共和国农产品质量安全法(节录)(2006.
　4.29)(2022.9.2修订) ……………………(387)
中华人民共和国食品安全法(节录)(2009.2.
　28)(2021.4.29修正) ……………………(393)
中华人民共和国消费者权益保护法(1993.10.
　31)(2013.10.25修正) …………………(407)

3. 交通事故损害赔偿
(1)道路交通事故
中华人民共和国道路交通安全法(2003.10.

28)(2021.4.29修正)……………………(413)
中华人民共和国道路交通安全法实施条例
　　(2004.4.30)(2017.10.7修订)…………(423)
机动车交通事故责任强制保险条例(节录)
　　(2006.3.21)(2019.3.2修订)……………(433)
道路交通事故处理程序规定(2017.7.22)……(434)
道路交通事故社会救助基金管理办法(2021.
　　12.1)………………………………………(446)
最高人民法院关于审理道路交通事故损害赔偿
　　案件适用法律若干问题的解释(2012.11.27)
　　(2020.12.29修正)…………………………(449)
【指导案例】
最高人民法院指导案例24号:荣宝英诉王阳、
　　永诚财产保险股份有限公司江阴支公司机动
　　车交通事故责任纠纷案 ……………………(451)
(2)铁路交通事故
中华人民共和国铁路法(节录)(1990.9.7)
　　(2015.4.24修正)……………………………(453)
最高人民法院关于审理铁路运输损害赔偿案件
　　若干问题的解释(1994.10.27)(2020.12.29
　　修正)…………………………………………(453)
最高人民法院关于审理铁路运输人身损害赔偿
　　纠纷案件适用法律若干问题的解释(2010.3.
　　3)(2021.12.8修正)………………………(455)
(3)水上交通事故
中华人民共和国海商法(节录)(1992.11.7)……(456)
中华人民共和国内河交通安全管理条例(2002.
　　6.28)(2019.3.2修订)……………………(465)
中华人民共和国海上交通事故调查处理条例
　　(1990.3.3)…………………………………(472)
中华人民共和国港口间海上旅客运输赔偿责任
　　限额规定(1993.12.17)……………………(474)
最高人民法院关于审理船舶碰撞和触碰案件财
　　产损害赔偿的规定(1995.8.18)(2020.12.29
　　修正)…………………………………………(475)
最高人民法院关于审理船舶碰撞纠纷案件若干
　　问题的规定(2008.5.19)(2020.12.29修正)
　　………………………………………………(477)
最高人民法院关于审理海事赔偿责任限制相关
　　纠纷案件的若干规定(2010.8.27)(2020.12.
　　29修正)……………………………………(478)

(4)航空事故
中华人民共和国民用航空法(节录)(1995.10.
　　30)(2021.4.29修正)………………………(479)
国内航空运输承运人赔偿责任限额规定(2006.
　　2.28)…………………………………………(486)

4. 医疗损害赔偿
医疗事故处理条例(2002.4.4)………………(487)
医疗纠纷预防和处理条例(2018.7.31)………(492)
医疗质量管理办法(2016.9.25)………………(497)
最高人民法院关于审理医疗损害责任纠纷案件
　　适用法律若干问题的解释(2017.12.13)
　　(2020.12.29修正)…………………………(501)

5. 环境污染损害赔偿
中华人民共和国环境保护法(1989.12.26)
　　(2014.4.24修订)……………………………(505)
中华人民共和国海洋环境保护法(1982.8.23)
　　(2023.10.24修订)…………………………(510)
中华人民共和国水污染防治法(节录)(1984.
　　5.11)(2017.6.27修正)……………………(524)
中华人民共和国大气污染防治法(节录)(1987.
　　9.5)(2018.10.26修正)……………………(527)
中华人民共和国固体废物污染环境防治法(节
　　录)(1995.10.30)(2020.4.29修订)………(531)
中华人民共和国噪声污染防治法(节录)(2021.
　　12.24)………………………………………(534)
建设项目环境保护管理条例(节录)(1998.11.
　　29)(2017.7.16修订)………………………(536)
最高人民法院关于审理生态环境侵权责任纠纷
　　案件适用法律若干问题的解释(2023.8.14)
　　………………………………………………(537)
最高人民法院关于审理海洋自然资源与生态环
　　境损害赔偿纠纷案件若干问题的规定(2017.
　　12.29)………………………………………(540)
最高人民法院关于审理生态环境损害赔偿案件
　　的若干规定(试行)(2019.6.4)(2020.12.29
　　修正)…………………………………………(541)
【指导案例】
最高人民法院指导案例210号:九江市人民政
　　府诉江西正鹏环保科技有限公司、杭州连新

建材有限公司、李德等生态环境损害赔偿诉
讼案 …………………………………… (543)

6. 工伤事故损害赔偿

中华人民共和国社会保险法（节录）(2010.10.
28)(2018.12.29 修正) ………………… (546)
工伤保险条例(2003.4.27)(2010.12.20 修订) …… (547)
劳动和社会保障部关于实施《工伤保险条例》
若干问题的意见(2004.11.1) …………… (553)
人力资源和社会保障部关于执行《工伤保险条
例》若干问题的意见(2013.4.25) ……… (554)
人力资源和社会保障部关于执行《工伤保险条
例》若干问题的意见（二）(2016.3.28) …… (555)
工伤认定办法(2010.12.31) ………………… (556)
非法用工单位伤亡人员一次性赔偿办法(2010.
12.31) …………………………………… (557)
人力资源社会保障部关于工伤保险待遇调整和
确定机制的指导意见(2017.7.28) ……… (558)

7. 旅游侵权损害赔偿

中华人民共和国旅游法(2013.4.25)(2018.
10.26 修正) …………………………… (560)
旅行社条例（节录）(2009.2.20)(2020.11.29
修订) …………………………………… (568)
旅行社条例实施细则（节录）(2009.4.3)(2016.
12.12 修正) …………………………… (572)
旅游投诉处理办法(2010.5.5) ……………… (576)
最高人民法院关于审理旅游纠纷案件适用法律
若干问题的规定(2010.10.26)(2020.12.29
修正) …………………………………… (578)

8. 其他损害赔偿

学生伤害事故处理办法(2002.8.21)(2010.
12.13 修正) …………………………… (580)
国务院关于核事故损害赔偿责任问题的批复
(2007.6.30) …………………………… (583)

五、国 家 赔 偿

1. 综合

中华人民共和国国家赔偿法(1994.5.12)(2012.
10.26 修正) …………………………… (587)
国家赔偿费用管理条例(2011.1.17) ……… (591)
最高人民法院关于人民法院执行《中华人民共
和国国家赔偿法》几个问题的解释(1996.5.
6) ……………………………………… (593)
最高人民法院关于适用《中华人民共和国国家
赔偿法》若干问题的解释（一）(2011.2.28) …… (593)
最高人民检察院关于适用修改后《中华人民共
和国国家赔偿法》若干问题的意见(2011.4.
25) ……………………………………… (594)
最高人民法院关于国家赔偿案件立案工作的规
定(2012.1.13) ………………………… (595)
最高人民法院关于司法赔偿案件案由的规定
(2023.4.19) …………………………… (596)
最高人民法院关于人民法院赔偿委员会审理国
家赔偿案件程序的规定(2011.3.17) …… (598)
最高人民法院关于人民法院赔偿委员会适用质
证程序审理国家赔偿案件的规定(2013.12.
19) ……………………………………… (600)
最高人民法院关于国家赔偿监督程序若干问题
的规定(2017.4.20) …………………… (602)
最高人民法院关于审理国家赔偿案件确定精神
损害赔偿责任适用法律若干问题的解释
(2021.3.24) …………………………… (605)
最高人民法院关于人民法院赔偿委员会审理国
家赔偿案件适用精神损害赔偿若干问题的意
见(2014.7.29) ………………………… (606)
最高人民法院关于《中华人民共和国国家赔偿
法》溯及力和人民法院赔偿委员会受案范围
问题的批复(1995.1.29) ……………… (608)
最高人民法院关于人民法院赔偿委员会依照
《中华人民共和国国家赔偿法》第三十条规定
纠正原生效的赔偿委员会决定应如何适用人
身自由赔偿标准问题的批复(2014.6.30) …… (608)
最高人民法院关于作出国家赔偿决定时适用
2018 年度全国职工日平均工资标准的通知
(2019.5.15) …………………………… (608)

2. 行政赔偿

公安机关办理国家赔偿案件程序规定(2018.9.
1) ……………………………………… (610)

司法行政机关行政赔偿、刑事赔偿办法(1995.9.8) …………………………………………… (615)

最高人民法院关于审理行政赔偿案件若干问题的规定(2022.3.20) ………………………… (618)

最高人民法院关于适用《中华人民共和国行政诉讼法》的解释(节录)(2018.2.6) ……… (621)

最高人民法院关于行政机关工作人员执行职务致人伤亡构成犯罪的赔偿诉讼程序问题的批复(2002.8.23) ……………………………… (621)

3. 司法赔偿

人民检察院国家赔偿工作规定(2010.11.22) …… (622)

最高人民法院关于审理民事、行政诉讼中司法赔偿案件适用法律若干问题的解释(2016.9.7) ………………………………………………… (626)

最高人民法院、最高人民检察院关于办理刑事赔偿案件适用法律若干问题的解释(2015.12.28) ……………………………………… (629)

最高人民法院关于人民法院办理自赔案件程序的规定(2013.7.26) ……………………… (631)

【指导案例】

最高人民法院指导案例42号:朱红蔚申请无罪逮捕赔偿案 ……………………………… (633)

附 录

交通事故处理与赔偿流程图

交通事故处理流程图 …………………………… (637)

交通事故责任认定流程图 ……………………… (638)

交通事故调解流程图 …………………………… (639)

交通事故索赔流程图 …………………………… (640)

工伤认定与赔偿操作示意图

申请工伤认定操作示意图 ……………………… (641)

劳动能力鉴定操作示意图 ……………………… (641)

工伤待遇确定操作示意图 ……………………… (642)

医疗事故鉴定与赔偿流程图

医疗事故索赔流程图 …………………………… (643)

医学会鉴定流程图 ……………………………… (644)

鉴定程序图 ……………………………………… (645)

一、伤残鉴定管理

《全国人民代表大会常务委员会关于司法鉴定管理问题的决定》导读

我国的司法鉴定管理体制产生于计划经济时期，基本定型于20世纪80年代。随着社会主义市场经济体制的建立与完善，利益的多元化使矛盾和纠纷大量增加，社会的发展与科技的进步导致司法实践中高科技和各种专门性问题大量出现，诉讼中需要鉴定的事项越来越多；广大人民群众不断增强的权利和法律意识也要求社会提供支持其权利诉求所必需的客观、中立的鉴定服务。而我国当时的司法鉴定管理体制属于典型的部门设立、分散管理模式，一方面，现阶段有限的司法鉴定资源不能充分利用，违背了"资源优化配置，有偿共享"的市场经济规律；另一方面，也为案件的多头鉴定、重复鉴定、违规鉴定提供了滋生蔓延的温床，妨碍了司法活动的顺利开展。社会和人民群众对此反映强烈。2005年2月28日，十届全国人大常委会第十四次会议审议通过的《关于司法鉴定管理问题的决定》（以下简称《决定》），作为规范司法鉴定管理工作的重要法律，是贯彻落实党的十六大关于推进司法体制改革的一项重要举措，对于提高司法鉴定的社会公信力，切实保障当事人的合法权益，维护法律的正确实施，在全社会实现公平和正义都具有重要意义。《决定》的主要内容有：

1.确定司法鉴定的范围，对一定范围的鉴定人和鉴定机构实行登记管理。诉讼中涉及的司法鉴定事项范围相当广泛，各种科学现象都可能成为司法鉴定的事项，并且随着科学技术的发展，司法鉴定的范围也不断扩大。因此，不可能将所有进行司法鉴定的机构和人员都纳入司法鉴定登记管理的范围。实行统一登记管理的，应当限于在诉讼中经常涉及的主要鉴定事项。对于社会通用性较强的事项，如产品质量鉴定、建筑工程质量鉴定等，有关法律、行政法规对鉴定机构和鉴定人的条件已有规定，依照有关法律、行政法规的规定执行即可，不必纳入司法鉴定登记管理的范围。《决定》第二条第二款所规定的内容，针对的是《决定》已确定的纳入司法鉴定登记管理的范围的鉴定事项，其含义是，对于依法纳入司法鉴定登记管理范围的鉴定事项，只有法律才可以作出另外的规定。据此，《决定》规定，对从事法医类鉴定、物证类鉴定、声像资料鉴定，以及根据诉讼需要由国务院司法行政部门商最高人民法院、最高人民检察院确定的实行登记管理的鉴定事项的鉴定人和鉴定机构，实行登记管理制度。法律对上述规定事项的鉴定人和鉴定机构的管理另有规定的，从其规定。根据本决定，对于申请从事司法鉴定业务的个人、法人或者其他组织，由省级人民政府司法行政部门审核，对符合条件的予以登记，编入鉴定人和鉴定机构名册并公告。

2.明确鉴定人和鉴定机构的条件。司法鉴定是在诉讼活动中鉴定人运用科学技术或者专门知识对诉讼涉及的专门性问题进行鉴别和判断并提供鉴定意见的活动。为了保证司法鉴定意见客观、准确，鉴定人应当具有较高的专业技术水平、良好的职业道德和法律意识，鉴定机构必须具备必需的仪器、设备和符合条件的检测实验室。因此，《决定》明确规定了鉴定人从事司法鉴定业务和设立鉴定机构的条件。根据决定的规定，具有与所申请从事的司法鉴定业务相关的高级专业技术职称的人员，具有与所申请从事的司法鉴定业务相关的专业执业资格或者高等院校相关专业本科以上学历，从事相关工作5年以上的人员，具有与所申请从事的司法鉴定业务相关工作10年以上经历，具有较强的专业技能的人员，可以申请登记从事司法鉴定业务。但是因故意犯罪或者职务过失犯罪受过刑事处罚的，受过开除公职处分的，以及被撤销鉴定人登记的人员，不得从事司法鉴定业务。《决定》同时规定，法人或者其他组织申请从事司法鉴定业务，应当有明确的业务范围，有在业务范围内进行司法鉴定所必需的仪器、设备，有在业务范围内进行司法鉴定所必需的依法通过计量认证或者实验室认可的检验实验室，每项司法鉴定业务有3名以上鉴定人。

3.调整司法机关和司法行政部门设立的鉴定机构。《决定》通过时，公检法机关内部均设立鉴定机构，司法行政部门也设立了一些鉴定机构，这些鉴定机构中有些还面向社会提供有偿服务，成为变相的营利性机构。特别是法院设立鉴定机构，容易导致自审自鉴，不符合鉴定机构应当作为独立、公正的第三方提供鉴定服务的要求。同时，考虑到司法行政部门对鉴定机构负有依法登记管理的职责，以后也不宜自己设立具有隶属关系的鉴定机构。因此，《决定》规定，侦查机关因为侦查工作的需要设立的鉴定机构，不得面向社会接受委托从事司法鉴定业务。人民法院和司法行政部门不得设立鉴定机构。

4.规定鉴定人和鉴定机构的权利、义务与法律责任。根据《决定》的规定，鉴定人和鉴定机构从事司法鉴定业务，应当遵守法律、法规，遵守职业道德和执业纪律，尊重科学，遵守技术操作规范。同时，鉴定人应当在一个鉴定机构中从事司法鉴定业务，由所在的鉴定机构统一接受委托，在名册注明的业务范围内从事司法鉴定业务。司法鉴定实行鉴定人负责制度。鉴定人应当独立进行鉴定，对鉴定意见负责并在鉴定书上签名或者盖章。一个鉴定事项的数个鉴定人有不同意见的，鉴定人有坚持自己意见的权利，对不同意见，应当在鉴定书中注明。在诉讼中，当事人对鉴定意见有异议的，经人民法院依法通知，鉴定人应当出庭作证，回答法庭和当事人对司法鉴定提出的问题，帮助法庭准确查明相关事实。《决定》还规定了鉴定人和鉴定机构的法律责任：鉴定人或者鉴定机构有违反本决定规定行为的，由省级人民政府司法行政部门予以警告，责令改正。因严重不负责任给当事人合法权益造成重大损失的；提供虚假证明文件或者采取其他欺诈手段，骗取登记的；经人民法院依法通知，拒绝出庭作证的；或者有法律、行政法规规定的其他违法情形的，由省级人民政府司法行政部门给予停止从事司法鉴定业务3个月以上1年以下的处罚，情节严重的，撤销登记。故意作虚假鉴定，构成犯罪的，依法追究刑事责任。

2015年4月24日，十二届全国人大常委会第十四次会议对《决定》第十五条作了修改，将司法鉴定收费标准制定的权力下放到省一级。

1. 司法行政机关鉴定管理

全国人民代表大会常务委员会关于司法鉴定管理问题的决定

1. 2005年2月28日第十届全国人民代表大会常务委员会第十四次会议通过
2. 根据2015年4月24日第十二届全国人民代表大会常务委员会第十四次会议《关于修改〈中华人民共和国义务教育法〉等五部法律的决定》修正

为了加强对鉴定人和鉴定机构的管理,适应司法机关和公民、组织进行诉讼的需要,保障诉讼活动的顺利进行,特作如下决定:

一、司法鉴定是指在诉讼活动中鉴定人运用科学技术或者专门知识对诉讼涉及的专门性问题进行鉴别和判断并提供鉴定意见的活动。

二、国家对从事下列司法鉴定业务的鉴定人和鉴定机构实行登记管理制度:
　　(一)法医类鉴定;
　　(二)物证类鉴定;
　　(三)声像资料鉴定;
　　(四)根据诉讼需要由国务院司法行政部门商最高人民法院、最高人民检察院确定的其他应当对鉴定人和鉴定机构实行登记管理的鉴定事项。
　　法律对前款规定事项的鉴定人和鉴定机构的管理另有规定的,从其规定。

三、国务院司法行政部门主管全国鉴定人和鉴定机构的登记管理工作。省级人民政府司法行政部门依照本决定的规定,负责对鉴定人和鉴定机构的登记、名册编制和公告。

四、具备下列条件之一的人员,可以申请登记从事司法鉴定业务:
　　(一)具有与所申请从事的司法鉴定业务相关的高级专业技术职称;
　　(二)具有与所申请从事的司法鉴定业务相关的专业执业资格或者高等院校相关专业本科以上学历,从事相关工作五年以上;
　　(三)具有与所申请从事的司法鉴定业务相关工作十年以上经历,具有较强的专业技能。

因故意犯罪或者职务过失犯罪受过刑事处罚的,受过开除公职处分的,以及被撤销鉴定人登记的人员,不得从事司法鉴定业务。

五、法人或者其他组织申请从事司法鉴定业务的,应当具备下列条件:
　　(一)有明确的业务范围;
　　(二)有在业务范围内进行司法鉴定所必需的仪器、设备;
　　(三)有在业务范围内进行司法鉴定所必需的依法通过计量认证或者实验室认可的检测实验室;
　　(四)每项司法鉴定业务有三名以上鉴定人。

六、申请从事司法鉴定业务的个人、法人或者其他组织,由省级人民政府司法行政部门审核,对符合条件的予以登记,编入鉴定人和鉴定机构名册并公告。

省级人民政府司法行政部门应当根据鉴定人或者鉴定机构的增加和撤销登记情况,定期更新所编制的鉴定人和鉴定机构名册并公告。

七、侦查机关根据侦查工作的需要设立的鉴定机构,不得面向社会接受委托从事司法鉴定业务。

人民法院和司法行政部门不得设立鉴定机构。

八、各鉴定机构之间没有隶属关系;鉴定机构接受委托从事司法鉴定业务,不受地域范围的限制。

鉴定人应当在一个鉴定机构中从事司法鉴定业务。

九、在诉讼中,对本决定第二条所规定的鉴定事项发生争议,需要鉴定的,应当委托列入鉴定人名册的鉴定人进行鉴定。鉴定人从事司法鉴定业务,由所在的鉴定机构统一接受委托。

鉴定人和鉴定机构应当在鉴定人和鉴定机构名册注明的业务范围内从事司法鉴定业务。

鉴定人应当依照诉讼法律规定实行回避。

十、司法鉴定实行鉴定人负责制度。鉴定人应当独立进行鉴定,对鉴定意见负责并在鉴定书上签名或者盖章。多人参加的鉴定,对鉴定意见有不同意见的,应当注明。

十一、在诉讼中,当事人对鉴定意见有异议的,经人民法院依法通知,鉴定人应当出庭作证。

十二、鉴定人和鉴定机构从事司法鉴定业务,应当遵守法律、法规,遵守职业道德和职业纪律,尊重科学,遵守技术操作规范。

十三、鉴定人或者鉴定机构有违反本决定规定行为的,由省级人民政府司法行政部门予以警告,责令改正。

　　鉴定人或者鉴定机构有下列情形之一的,由省级人民政府司法行政部门给予停止从事司法鉴定业务三个月以上一年以下的处罚;情节严重的,撤销登记:

　　(一)因严重不负责任给当事人合法权益造成重大损失的;

　　(二)提供虚假证明文件或者采取其他欺诈手段,骗取登记的;

　　(三)经人民法院依法通知,拒绝出庭作证的;

　　(四)法律、行政法规规定的其他情形。

　　鉴定人故意作虚假鉴定,构成犯罪的,依法追究刑事责任;尚不构成犯罪的,依照前款规定处罚。

十四、司法行政部门在鉴定人和鉴定机构的登记管理工作中,应当严格依法办事,积极推进司法鉴定的规范化、法制化。对于滥用职权、玩忽职守,造成严重后果的直接责任人员,应当追究相应的法律责任。

十五、司法鉴定的收费标准由省、自治区、直辖市人民政府价格主管部门会同同级司法行政部门制定。

十六、对鉴定人和鉴定机构进行登记、名册编制和公告的具体办法,由国务院司法行政部门制定,报国务院批准。

十七、本决定下列用语的含义是:

　　(一)法医类鉴定,包括法医病理鉴定、法医临床鉴定、法医精神病鉴定、法医物证鉴定和法医毒物鉴定。

　　(二)物证类鉴定,包括文书鉴定、痕迹鉴定和微量鉴定。

　　(三)声像资料鉴定,包括对录音带、录像带、磁盘、光盘、图片等载体上记录的声音、图像信息的真实性、完整性及其所反映的情况过程进行的鉴定和对记录的声音、图像中的语言、人体、物体作出种类或者同一认定。

十八、本决定自2005年10月1日起施行。

司法鉴定执业分类规定(试行)

1. 2000年11月29日司法部发布
2. 司发通〔2000〕159号
3. 自2001年1月1日起施行

第一章　总　　则

第一条　为加强对面向社会服务的司法鉴定工作的管理,规范司法鉴定执业活动,根据面向社会服务的司法鉴定工作的实际需要,制定本执业分类规定。

第二条　本执业分类规定根据当前我国司法鉴定的专业设置情况、学科发展方向、技术手段、检验和鉴定内容,并参考国际惯例而制订。

第三条　本执业分类规定是确定面向社会服务的司法鉴定人职业(执业)资格和司法鉴定机构鉴定业务范围的依据。

第二章　分　　则

第四条　法医病理鉴定:运用法医病理学的理论和技术,通过尸体外表检查、尸体解剖检验、组织切片观察、毒物分析和书证审查等,对涉及与法律有关的医学问题进行鉴定或推断。其主要内容包括:死亡原因鉴定、死亡方式鉴定、死亡时间推断、致伤(死)物认定、生前伤与死后伤鉴别、死后个体识别等。

第五条　法医临床鉴定:运用法医临床学的理论和技术,对涉及与法律有关的医学问题进行鉴定和评定。其主要内容包括:人身损伤程度鉴定、损伤与疾病关系评定、道路交通事故受伤人员伤残程度评定、职工工伤与职业病致残程度评定、劳动能力评定、活体年龄鉴定、性功能鉴定、医疗纠纷鉴定、诈病(伤)及造作病(伤)鉴定、致伤物和致伤方式推断等。

第六条　法医精神病鉴定:运用司法精神病学的理论和方法,对涉及与法律有关的精神状态、法定能力(如刑事责任能力、受审能力、服刑能力、民事行为能力、监护能力、被害人自我防卫能力、作证能力等)、精神损伤程度、智能障碍等问题进行鉴定。

第七条　法医物证鉴定:运用免疫学、生物学、生物化学、分子生物学等的理论和方法,利用遗传学标记系统的多态性对生物学检材的种类、种属及个体来源进行鉴定。其主要内容包括:个体识别、亲子鉴定、性别鉴定、种族和种属认定等。

第八条　法医毒物鉴定:运用法医毒物学的理论和方法,结合现代仪器分析技术,对体内外未知毒(药)物、毒品及代谢物进行定性、定量分析,并通过对毒物毒性、中毒机理、代谢功能的分析,结合中毒表现、尸检所见,综合作出毒(药)物中毒的鉴定。

第九条　司法会计鉴定:运用司法会计学的原理和方法,通过检查、计算,验证和鉴证对会计凭证、会计帐簿、会计报表和其他会计资料等财务状况进行鉴定。

第十条　文书司法鉴定:运用文件检验学的原理和技术,

对文书的笔迹、印章、印文、文书的制作及工具、文书形成时间等问题进行鉴定。

第十一条 痕迹司法鉴定:运用痕迹学的原理和技术,对有关人体、物体形成痕迹的同一性及分离痕迹与原整体相关性等问题进行鉴定。运用枪械学、弹药学、弹道学的理论和技术,对枪弹及射击后残留物、残留物形成的痕迹、自制枪支和弹药及杀伤力进行鉴定。

第十二条 微量物证鉴定:运用物理学、化学和仪器分析等方法,通过对有关物质材料的成分及其结构进行定性、定量分析,对检材的种类、检材和嫌疑样本的同类性和同一性进行鉴定。

第十三条 计算机司法鉴定:运用计算机理论和技术,对通过非法手段使计算机系统内数据的安全性、完整性或系统正常运行造成的危害行为及其程度等进行鉴定。

第十四条 建筑工程司法鉴定:运用建筑学理论和技术,对与建筑工程相关的问题进行鉴定。其主要内容包括:建筑工程质量评定、工程质量事故鉴定、工程造价纠纷鉴定等。

第十五条 声像资料司法鉴定:运用物理学和计算机学的原理和技术,对录音带、录像带、磁盘、光盘、图片等载体上记录的声音、图像信息的真实性、完整性及其所反映的情况过程进行鉴定;并对记录的声音、图像中的语言、人体、物体作出种类或同一认定。

第十六条 知识产权司法鉴定:根据技术专家对本领域公知技术及相关专业技术的了解,并运用必要的检测、化验、分析手段,对被侵权的技术和相关技术的特征是否相同或者等同进行认定;对技术转让合同标的是否成熟、实用,是否符合合同约定标准进行认定;对技术开发合同履行失败是否属于风险责任进行认定;对技术咨询、技术服务以及其他各种技术合同履行结果是否符合合同约定,或者有关法定标准进行认定;对技术秘密是否构成法定技术条件进行认定;对其他知识产权诉讼中的技术争议进行鉴定。

第三章 附 则

第十七条 本执业分类规定尚未确定具体类别称谓的司法鉴定由省级司法行政机关确定,报司法部备案。

第十八条 本执业分类规定由司法部负责解释。

第十九条 本执业分类规定自2001年1月1日起施行。

司法鉴定机构内部管理规范

1. 2014年4月22日司法部印发
2. 司发通〔2014〕49号

第一条 为加强司法鉴定机构内部管理,促进司法鉴定机构规范化建设,根据《全国人大常委会关于司法鉴定管理问题的决定》和有关法律、行政法规以及司法部规章的规定,制定本规范。

第二条 本规范适用于经司法行政机关依法审核登记的司法鉴定机构。

第三条 司法鉴定机构内部管理是规范司法鉴定执业活动的重要基础。司法鉴定机构应当根据法律法规规章和本规范,建立完善机构内部管理制度,加强专业化、职业化、规范化和科学化建设,提高从业人员的政治素质、业务素质和职业道德素质。

司法鉴定机构应当接受司法行政机关和司法鉴定行业协会的管理、监督和指导。

第四条 具有法人资格的司法鉴定机构应当制定机构章程,包括下列内容:

(一)司法鉴定机构的名称、住所和注册资金;
(二)司法鉴定机构的宗旨和组织形式;
(三)司法鉴定机构的业务范围;
(四)司法鉴定机构负责人的产生、变更程序和职责;
(五)司法鉴定人及其相关从业人员的权利和义务;
(六)司法鉴定机构内相关职能部门的设置和职责;
(七)司法鉴定机构章程变更、修改;
(八)司法鉴定机构内部执业管理、质量管理形式;
(九)司法鉴定机构资产来源、财务管理和使用分配形式;
(十)司法鉴定机构注销或者撤销后的终止程序及其资产处理;
(十一)其他需要载明的事项。

司法鉴定机构章程自省、自治区、直辖市司法行政机关作出准予设立司法鉴定机构决定之日起生效。

第五条 不具有法人资格的司法鉴定机构应当有设立主

体的授权书,内容包括机构负责人任免及职责、重大仪器设备购置或使用、财务管理、人员管理等。

设立主体应当按照授权书的规定对司法鉴定机构进行监督,并保障其独立开展司法鉴定活动。

第六条 司法鉴定机构法定代表人和机构负责人可以为同一人。机构负责人可以依章程产生,也可以由法定代表人授权或者申请设立主体任命。

司法鉴定机构负责人根据章程或者授权,对内负责管理鉴定机构内部事务和执业活动,对外代表鉴定机构,依法履行法定义务,承担管理责任。

第七条 司法鉴定机构应当秉承依法、科学、规范、诚信、合作的原则,根据鉴定业务需要依法聘用人员并保障其合法权益,保障司法鉴定人依法独立执业,维护鉴定人合法权益,规范鉴定人执业行为。

司法鉴定机构可以根据鉴定业务需要聘用司法鉴定人助理,辅助司法鉴定人开展司法鉴定业务活动,但不得在鉴定意见书上签名。司法鉴定人助理应当经省级司法行政机关备案。

第八条 司法鉴定机构在领取《司法鉴定许可证》后的六十日内,应当按照有关规定刻制印章、办理与机构执业活动有关的收费许可、税务登记、机构代码证件等依法执业手续,并将相关情况报送审核登记的司法行政机关备案。

第九条 司法鉴定机构的执业场所应当根据业务范围和执业类别要求,合理划分接待鉴定委托、保管鉴定材料、实施鉴定活动、存放鉴定档案等区域。

司法鉴定机构的仪器设备和标准物质应当按照鉴定业务所需的配置标准,及时购置、维护和更新。

第十条 司法鉴定机构应当在执业场所的显著位置公示下列信息:

(一)司法鉴定机构的业务范围和《司法鉴定许可证(正本)》证书;

(二)司法鉴定人姓名、职称、执业类别和执业证号;

(三)委托、受理和鉴定流程;

(四)司法鉴定收费项目和收费标准;

(五)职业道德和执业纪律;

(六)执业承诺和风险告知;

(七)投诉监督电话和联系人姓名;

(八)其他需要公示的内容。

第十一条 司法鉴定机构应当建立完善业务管理制度,统一受理鉴定委托、统一签订委托协议、统一指派鉴定人员、统一收取鉴定费用、统一建立鉴定材料审核、接收、保管、使用、退还和存档等工作制度。

第十二条 司法鉴定机构应当建立完善质量管理体系,明确质量组织、管理体系和内部运转程序,加强质量管理,提高鉴定质量。

第十三条 司法鉴定机构应当建立完善外部信息管理制度。外部信息的使用应当根据程序进行核查、验证;因专业技术问题需要外聘专家的,应当依照有关规定执行。

司法鉴定依据的外部信息、外聘专家意见及签名应当存入同一鉴定业务档案,存档备查。

第十四条 司法鉴定机构应当建立完善内部讨论和复核制度。对于重大疑难和特殊复杂问题的鉴定或者有争议案件的鉴定,应当组织鉴定人研究讨论,并做好书面记录。

第十五条 司法鉴定机构应当建立重大事项报告制度,受理具有重大社会影响案件委托后的24小时内,向所在地及省级司法行政机关报告相关信息。

第十六条 司法鉴定机构应当指定专人对鉴定文书的制作、校对、复核、签发、送达、时效等环节进行有效监管。

第十七条 司法鉴定机构应当根据本机构司法鉴定业务档案的制作、存储要求,配备档案管理人员,切实做好档案管理工作。

第十八条 司法鉴定机构应当规范管理司法鉴定人出庭作证有关事务,为鉴定人出庭作证提供必要条件和便利,监督鉴定人依法履行出庭作证的义务。

第十九条 司法鉴定机构应当建立完善司法鉴定风险告知、鉴定质量评估办法,建立执业风险基金。

第二十条 司法鉴定机构应当依法建立完善财务管理制度,单独建立账册。对外统一收取鉴定等费用,依法出具票据;对内按劳计酬,合理确定分配形式,逐步建立教育培训基金、执业责任保险基金和机构发展基金。

第二十一条 司法鉴定机构应当建立完善印章和证书管理制度。司法鉴定机构红印、司法鉴定专用章、财务专用章以及司法鉴定许可证等,除需要公示的,应当由机构指定专人统一管理并按规定使用。

第二十二条 司法鉴定机构应当加强执业活动的监督管理,指定专人负责接待投诉、核查立案、调查处理工作,回复司法行政机关或者司法鉴定行业协会转交的涉及本机构投诉事项的调查办理意见。对投诉中发现的问题,要采取有效方式及时加以解决。

第二十三条 司法鉴定机构受到暂停执业或者撤销登记处罚的,应当终止鉴定;已受理的鉴定委托尚未办结的,应当主动通知委托人办理清结手续。

司法鉴定人受到暂停执业或者撤销登记处罚的,鉴定机构应当监督鉴定人终止鉴定并清结尚未办结的鉴定委托;经委托人同意的,鉴定机构也可以指派其他鉴定人完成尚未办结的鉴定委托。

第二十四条 司法鉴定人拟变更执业机构的,司法鉴定机构应当责成其清结以往受理的鉴定委托,收回司法鉴定人执业证,并及时向司法行政机关办理相关注销手续。本机构相关从业人员自行解除聘用合同或者被辞退的,司法鉴定机构应当及时办理清退手续。

第二十五条 司法鉴定机构应当建立完善教育培训和业务考评制度,支持和保障本机构人员参加在岗培训、继续教育和学术交流与科研活动,定期组织本机构人员开展业务交流和专题讨论。

第二十六条 司法鉴定机构应当建立完善人事管理制度,负责办理本机构从业人员的执业证书、聘用合同、职称评聘、社会保障、执业保险等相关事务。合理规划人员的专业结构、技术职称和年龄结构。对本机构人员遵守职业道德、执业纪律等执业情况进行年度绩效评价、考核和奖惩。

第二十七条 各省、自治区、直辖市司法行政机关可以依据本规范,结合本地实际制定实施办法。

第二十八条 本规范自颁布之日起施行。

司法鉴定机构登记管理办法

1. 2005年9月30日司法部令第95号公布
2. 自2005年9月30日起施行

第一章 总 则

第一条 为了加强对司法鉴定机构的管理,规范司法鉴定活动,建立统一的司法鉴定管理体制,适应司法机关和公民、组织的诉讼需要,保障当事人的诉讼权利,促进司法公正与效率,根据《全国人民代表大会常务委员会关于司法鉴定管理问题的决定》和其他相关法律、法规,制定本办法。

第二条 司法鉴定机构从事《全国人民代表大会常务委员会关于司法鉴定管理问题的决定》第二条规定的司法鉴定业务,适用本办法。

第三条 本办法所称的司法鉴定机构是指从事《全国人民代表大会常务委员会关于司法鉴定管理问题的决定》第二条规定的司法鉴定业务的法人或者其他组织。

司法鉴定机构是司法鉴定人的执业机构,应当具备本办法规定的条件,经省级司法行政机关审核登记,取得《司法鉴定许可证》,在登记的司法鉴定业务范围内,开展司法鉴定活动。

第四条 司法鉴定管理实行行政管理与行业管理相结合的管理制度。

司法行政机关对司法鉴定机构及其司法鉴定活动依法进行指导、管理和监督、检查。司法鉴定行业协会依法进行自律管理。

第五条 全国实行统一的司法鉴定机构及司法鉴定人审核登记、名册编制和名册公告制度。

第六条 司法鉴定机构的发展应当符合统筹规划、合理布局、优化结构、有序发展的要求。

第七条 司法鉴定机构开展司法鉴定活动应当遵循合法、中立、规范、及时的原则。

第八条 司法鉴定机构统一接受委托,组织所属的司法鉴定人开展司法鉴定活动,遵守法律、法规和有关制度,执行统一的司法鉴定实施程序、技术标准和技术操作规范。

第二章 主 管 机 关

第九条 司法部负责全国司法鉴定机构的登记管理工作,依法履行下列职责:

(一)制定全国司法鉴定发展规划并指导实施;

(二)指导和监督省级司法行政机关对司法鉴定机构的审核登记、名册编制和名册公告工作;

(三)制定全国统一的司法鉴定机构资质管理评估制度和司法鉴定质量管理评估制度并指导实施;

(四)组织制定全国统一的司法鉴定实施程序、技术标准和技术操作规范等司法鉴定技术管理制度并指导实施;

(五)指导司法鉴定科学技术研究、开发、引进与推广,组织司法鉴定业务的中外交流与合作;

(六)法律、法规规定的其他职责。

第十条 省级司法行政机关负责本行政区域内司法鉴定机构登记管理工作,依法履行下列职责:

(一)制定本行政区域司法鉴定发展规划并组织实施;

（二）负责司法鉴定机构的审核登记、名册编制和名册公告工作；

（三）负责司法鉴定机构的资质管理评估和司法鉴定质量管理评估工作；

（四）负责对司法鉴定机构进行监督、检查；

（五）负责对司法鉴定机构违法违纪的执业行为进行调查处理；

（六）组织司法鉴定科学技术开发、推广和应用；

（七）法律、法规和规章规定的其他职责。

第十一条 省级司法行政机关可以委托下一级司法行政机关协助办理本办法第十条规定的有关工作。

第十二条 司法行政机关负责监督指导司法鉴定行业协会及其专业委员会依法开展活动。

第三章 申请登记

第十三条 司法鉴定机构的登记事项包括：名称、住所、法定代表人或者鉴定机构负责人、资金数额、仪器设备和实验室、司法鉴定人、司法鉴定业务范围等。

第十四条 法人或者其他组织申请从事司法鉴定业务，应当具备下列条件：

（一）有自己的名称、住所；

（二）有不少于二十万至一百万元人民币的资金；

（三）有明确的司法鉴定业务范围；

（四）有在业务范围内进行司法鉴定必需的仪器、设备；

（五）有在业务范围内进行司法鉴定必需的依法通过计量认证或者实验室认可的检测实验室；

（六）每项司法鉴定业务有三名以上司法鉴定人。

第十五条 法人或者其他组织申请从事司法鉴定业务，应当提交下列申请材料：

（一）申请表；

（二）证明申请者身份的相关文件；

（三）住所证明和资金证明；

（四）相关的行业资格、资质证明；

（五）仪器、设备说明及所有权凭证；

（六）检测实验室相关资料；

（七）司法鉴定人申请执业的相关材料；

（八）相关的内部管理制度材料；

（九）应当提交的其他材料。

申请人应当对申请材料的真实性、完整性和可靠性负责。

第十六条 申请设立具有独立法人资格的司法鉴定机构，除应当提交本办法第十五条规定的申请材料外，还应当提交司法鉴定机构章程，按照司法鉴定机构名称管理的有关规定向司法行政机关报核其机构名称。

第十七条 司法鉴定机构在本省（自治区、直辖市）行政区域内设立分支机构的，分支机构应当符合本办法第十四条规定的条件，并经省级司法行政机关审核登记后，方可依法开展司法鉴定活动。

跨省（自治区、直辖市）设立分支机构的，除应当经拟设分支机构所在行政区域的省级司法行政机关审核登记外，还应当报经司法鉴定机构所在行政区域的省级司法行政机关同意。

第十八条 司法鉴定机构应当参加司法鉴定执业责任保险或者建立执业风险金制度。

第四章 审核登记

第十九条 法人或者其他组织申请从事司法鉴定业务，有下列情形之一的，司法行政机关不予受理，并出具不予受理决定书：

（一）法定代表人或者鉴定机构负责人受过刑事处罚或者开除公职处分的；

（二）法律、法规规定的其他情形。

第二十条 司法行政机关决定受理申请的，应当出具受理决定书，并按照法定的时限和程序完成审核工作。

司法行政机关应当组织专家，对申请人从事司法鉴定业务必需的仪器、设备和检测实验室进行评审，评审的时间不计入审核时限。

第二十一条 经审核符合条件的，省级司法行政机关应当作出准予登记的决定，颁发《司法鉴定许可证》；不符合条件的，作出不予登记的决定，书面通知申请人并说明理由。

第二十二条 《司法鉴定许可证》是司法鉴定机构的执业凭证，司法鉴定机构必须持有省级司法行政机关准予登记的决定及《司法鉴定许可证》，方可依法开展司法鉴定活动。

《司法鉴定许可证》由司法部统一监制，分为正本和副本。《司法鉴定许可证》正本和副本具有同等的法律效力。

《司法鉴定许可证》使用期限为五年，自颁发之日起计算。

《司法鉴定许可证》应当载明下列内容：

（一）机构名称；

（二）机构住所；

（三）法定代表人或者鉴定机构负责人姓名；

（四）资金数额；

（五）业务范围；

（六）使用期限；

（七）颁证机关和颁证时间；

（八）证书号码。

第二十三条 司法鉴定资源不足的地区，司法行政机关可以采取招标的方式审核登记司法鉴定机构。招标的具体程序、时限按照有关法律、法规的规定执行。

第五章 变更、延续和注销

第二十四条 司法鉴定机构要求变更有关登记事项的，应当及时向原负责登记的司法行政机关提交变更登记申请书和相关材料，经审核符合本办法规定的，司法行政机关应当依法办理变更登记手续。

第二十五条 司法鉴定机构变更后的登记事项，应当在《司法鉴定许可证》副本上注明。在《司法鉴定许可证》使用期限内获准变更的事项，使用期限应当与《司法鉴定许可证》的使用期限相一致。

第二十六条 《司法鉴定许可证》使用期限届满后，需要延续的，司法鉴定机构应当在使用期限届满三十日前，向原负责登记的司法行政机关提出延续申请，司法行政机关依法审核办理。延续的条件和需要提交的申请材料按照本办法第三章申请登记的有关规定执行。

不申请延续的司法鉴定机构，《司法鉴定许可证》使用期限届满后，由原负责登记的司法行政机关办理注销登记手续。

第二十七条 司法鉴定机构有下列情形之一的，原负责登记的司法行政机关应当依法办理注销登记手续：

（一）依法申请终止司法鉴定活动的；

（二）自愿解散或者停业的；

（三）登记事项发生变化，不符合设立条件的；

（四）《司法鉴定许可证》使用期限届满未申请延续的；

（五）法律、法规规定的其他情形。

第六章 名册编制和公告

第二十八条 凡经司法行政机关审核登记的司法鉴定机构及司法鉴定人，必须统一编入司法鉴定人和司法鉴定机构名册并公告。

第二十九条 省级司法行政机关负责编制本行政区域的司法鉴定人和司法鉴定机构名册，报司法部备案后，在本行政区域内每年公告一次。司法部负责汇总省级司法行政机关编制的司法鉴定人和司法鉴定机构名册，在全国范围内每五年公告一次。

未经司法部批准，其他部门和组织不得以任何名义编制司法鉴定人和司法鉴定机构名册或者类似名册。

第三十条 司法鉴定人和司法鉴定机构名册分为电子版和纸质版。电子版由司法行政机关负责公告，纸质版由司法行政机关组织司法鉴定机构在有关媒体上公告并正式出版。

第三十一条 司法机关和公民、组织可以委托列入司法鉴定人和司法鉴定机构名册的司法鉴定机构及司法鉴定人进行鉴定。

在诉讼活动中，对《全国人民代表大会常务委员会关于司法鉴定管理问题的决定》第二条所规定的鉴定事项发生争议，需要鉴定的，司法机关和公民、组织应当委托列入司法鉴定人和司法鉴定机构名册的司法鉴定机构及司法鉴定人进行鉴定。

第三十二条 编制、公告司法鉴定人和司法鉴定机构名册的具体程序、内容和格式由司法部另行制定。

第七章 监督管理

第三十三条 司法行政机关应当按照统一部署，依法对司法鉴定机构进行监督、检查。

公民、法人和其他组织对司法鉴定机构违反本办法规定的行为进行举报、投诉的，司法行政机关应当及时进行监督、检查，并根据调查结果进行处理。

第三十四条 司法行政机关应当就下列事项，对司法鉴定机构进行监督、检查：

（一）遵守法律、法规和规章的情况；

（二）遵守司法鉴定程序、技术标准和技术操作规范的情况；

（三）所属司法鉴定人执业的情况；

（四）法律、法规和规章规定的其他事项。

第三十五条 司法行政机关对司法鉴定机构进行监督、检查时，可以依法查阅或者要求司法鉴定机构报送有关材料。司法鉴定机构应当如实提供有关情况和材料。

第三十六条 司法行政机关对司法鉴定机构进行监督、检查时，不得妨碍司法鉴定机构的正常业务活动，不得索取或者收受司法鉴定机构的财物，不得谋取其他不正当利益。

第三十七条 司法行政机关对司法鉴定机构进行资质评估,对司法鉴定质量进行评估。评估结果向社会公开。

第八章 法律责任

第三十八条 法人或者其他组织未经登记,从事已纳入本办法调整范围司法鉴定业务的,省级司法行政机关应当责令其停止司法鉴定活动,并处以违法所得一至三倍的罚款,罚款总额最高不得超过三万元。

第三十九条 司法鉴定机构有下列情形之一的,由省级司法行政机关依法给予警告,并责令其改正:

(一)超出登记的司法鉴定业务范围开展司法鉴定活动的;

(二)未经依法登记擅自设立分支机构的;

(三)未依法办理变更登记的;

(四)出借《司法鉴定许可证》的;

(五)组织未取得《司法鉴定人执业证》的人员从事司法鉴定业务的;

(六)无正当理由拒绝接受司法鉴定委托的;

(七)违反司法鉴定收费管理办法的;

(八)支付回扣、介绍费,进行虚假宣传等不正当行为的;

(九)拒绝接受司法行政机关监督、检查或者向其提供虚假材料的;

(十)法律、法规和规章规定的其他情形。

第四十条 司法鉴定机构有下列情形之一的,由省级司法行政机关依法给予停止从事司法鉴定业务三个月以上一年以下的处罚;情节严重的,撤销登记:

(一)因严重不负责任给当事人合法权益造成重大损失的;

(二)具有本办法第三十九条规定的情形之一,并造成严重后果的;

(三)提供虚假证明文件或采取其他欺诈手段,骗取登记的;

(四)法律、法规规定的其他情形。

第四十一条 司法鉴定机构在开展司法鉴定活动中因违法和过错行为应当承担民事责任的,按照民事法律的有关规定执行。

第四十二条 司法行政机关工作人员在管理工作中滥用职权、玩忽职守造成严重后果的,依法追究相应的法律责任。

第四十三条 司法鉴定机构对司法行政机关的行政许可和行政处罚有异议的,可以依法申请行政复议。

第九章 附 则

第四十四条 本办法所称司法鉴定机构不含《全国人民代表大会常务委员会关于司法鉴定管理问题的决定》第七条规定的鉴定机构。

第四十五条 本办法自公布之日起施行。2000年8月14日公布的《司法鉴定机构登记管理办法》(司法部令第62号)同时废止。

司法鉴定人登记管理办法

1. 2005年9月30日司法部令第96号公布
2. 自2005年9月30日起施行

第一章 总 则

第一条 为了加强对司法鉴定人的管理,规范司法鉴定活动,建立统一的司法鉴定管理体制,适应司法机关和公民、组织的诉讼需要,保障当事人的诉讼权利,促进司法公正和效率,根据《全国人民代表大会常务委员会关于司法鉴定管理问题的决定》和其他相关法律、法规,制定本办法。

第二条 司法鉴定人从事《全国人民代表大会常务委员会关于司法鉴定管理问题的决定》第二条规定的司法鉴定业务,适用本办法。

第三条 本办法所称的司法鉴定人是指运用科学技术或者专门知识对诉讼涉及的专门性问题进行鉴别和判断并提出鉴定意见的人员。

司法鉴定人应当具备本办法规定的条件,经省级司法行政机关审核登记,取得《司法鉴定人执业证》,按照登记的司法鉴定执业类别,从事司法鉴定业务。

司法鉴定人应当在一个司法鉴定机构中执业。

第四条 司法鉴定管理实行行政管理与行业管理相结合的管理制度。

司法行政机关对司法鉴定人及其执业活动进行指导、管理和监督、检查,司法鉴定行业协会依法进行自律管理。

第五条 全国实行统一的司法鉴定机构及司法鉴定人审核登记、名册编制和名册公告制度。

第六条 司法鉴定人应当科学、客观、独立、公正地从事司法鉴定活动,遵守法律、法规的规定,遵守职业道德和职业纪律,遵守司法鉴定管理规范。

第七条 司法鉴定人执业实行回避、保密、时限和错鉴责任追究制度。

第二章 主管机关

第八条 司法部负责全国司法鉴定人的登记管理工作，依法履行下列职责：

（一）指导和监督省级司法行政机关对司法鉴定人的审核登记、名册编制和名册公告工作；

（二）制定司法鉴定人执业规则和职业道德、职业纪律规范；

（三）制定司法鉴定人诚信等级评估制度并指导实施；

（四）会同国务院有关部门制定司法鉴定人专业技术职称评聘标准和办法；

（五）制定和发布司法鉴定人继续教育规划并指导实施；

（六）法律、法规规定的其他职责。

第九条 省级司法行政机关负责本行政区域内司法鉴定人的登记管理工作，依法履行下列职责：

（一）负责司法鉴定人的审核登记、名册编制和名册公告；

（二）负责司法鉴定人诚信等级评估工作；

（三）负责对司法鉴定人进行监督、检查；

（四）负责对司法鉴定人违法违纪执业行为进行调查处理；

（五）组织开展司法鉴定人专业技术职称评聘工作；

（六）组织司法鉴定人参加司法鉴定岗前培训和继续教育；

（七）法律、法规和规章规定的其他职责。

第十条 省级司法行政机关可以委托下一级司法行政机关协助办理本办法第九条规定的有关工作。

第三章 执业登记

第十一条 司法鉴定人的登记事项包括：姓名、性别、出生年月、学历、专业技术职称或者行业资格、执业类别、执业机构等。

第十二条 个人申请从事司法鉴定业务，应当具备下列条件：

（一）拥护中华人民共和国宪法，遵守法律、法规和社会公德，品行良好的公民；

（二）具有相关的高级专业技术职称；或者具有相关的行业执业资格或者高等院校相关专业本科以上学历，从事相关工作五年以上；

（三）申请从事经验鉴定型或者技能鉴定型司法鉴定业务的，应当具备相关专业工作十年以上经历和较强的专业技能；

（四）所申请从事的司法鉴定业务，行业有特殊规定的，应当符合行业规定；

（五）拟执业机构已经取得或者正在申请《司法鉴定许可证》；

（六）身体健康，能够适应司法鉴定工作需要。

第十三条 有下列情形之一的，不得申请从事司法鉴定业务：

（一）因故意犯罪或者职务过失犯罪受过刑事处罚的；

（二）受过开除公职处分的；

（三）被司法行政机关撤销司法鉴定人登记的；

（四）所在的司法鉴定机构受到停业处罚，处罚期未满的；

（五）无民事行为能力或者限制行为能力的；

（六）法律、法规和规章规定的其他情形。

第十四条 个人申请从事司法鉴定业务，应当由拟执业的司法鉴定机构向司法行政机关提交下列材料：

（一）申请表；

（二）身份证、专业技术职称、行业执业资格、学历、符合特殊行业要求的相关资格、从事相关专业工作经历、专业技术水平评价及业务成果等证明材料；

（三）应当提交的其他材料。

个人兼职从事司法鉴定业务的，应当符合法律、法规的规定，并提供所在单位同意其兼职从事司法鉴定业务的书面意见。

第十五条 司法鉴定人审核登记程序、期限参照《司法鉴定机构登记管理办法》中司法鉴定机构审核登记的相关规定办理。

第十六条 经审核符合条件的，省级司法行政机关应当作出准予执业的决定，颁发《司法鉴定人执业证》；不符合条件的，作出不予登记的决定，书面通知其所在司法鉴定机构并说明理由。

第十七条 《司法鉴定人执业证》由司法部统一监制。《司法鉴定人执业证》是司法鉴定人的执业凭证。

《司法鉴定人执业证》使用期限为五年，自颁发之日起计算。

《司法鉴定人执业证》应当载明下列内容：

（一）姓名；

（二）性别；

（三）身份证号码；

（四）专业技术职称；

（五）行业执业资格；

（六）执业类别；

（七）执业机构；

（八）使用期限；

（九）颁证机关和颁证时间；

（十）证书号码。

第十八条 司法鉴定人要求变更有关登记事项的，应当及时通过所在司法鉴定机构向原负责登记的司法行政机关提交变更登记申请书和相关材料，经审核符合本办法规定的，司法行政机关应当依法办理变更登记手续。

第十九条 《司法鉴定人执业证》使用期限届满后，需要继续执业的，司法鉴定人应当在使用期限届满三十日前通过所在司法鉴定机构，向原负责登记的司法行政机关提出延续申请，司法行政机关依法审核办理。延续申请的条件和需要提交的材料按照本办法第十二条、第十三条、第十四条、第十五条的规定执行。

不申请延续的司法鉴定人，《司法鉴定人执业证》使用期限届满后，由原负责登记的司法行政机关办理注销登记手续。

第二十条 司法鉴定人有下列情形之一的，原负责登记的司法行政机关应当依法办理注销登记手续：

（一）依法申请终止司法鉴定活动的；

（二）所在司法鉴定机构注销或者被撤销的；

（三）《司法鉴定人执业证》使用期限届满未申请延续的；

（四）法律、法规规定的其他情形。

第四章 权利和义务

第二十一条 司法鉴定人享有下列权利：

（一）了解、查阅与鉴定事项有关的情况和资料，询问与鉴定事项有关的当事人、证人等；

（二）要求鉴定委托人无偿提供鉴定所需要的检材、样本；

（三）进行鉴定所必需的检验、检查和模拟实验；

（四）拒绝接受不合法、不具备鉴定条件或者超出登记的执业类别的鉴定委托；

（五）拒绝解决、回答与鉴定无关的问题；

（六）鉴定意见不一致时，保留不同意见；

（七）接受岗前培训和继续教育；

（八）获得合法报酬；

（九）法律、法规规定的其他权利。

第二十二条 司法鉴定人应当履行下列义务：

（一）受所在司法鉴定机构指派按照规定时限独立完成鉴定工作，并出具鉴定意见；

（二）对鉴定意见负责；

（三）依法回避；

（四）妥善保管送鉴的检材、样本和资料；

（五）保守在执业活动中知悉的国家秘密、商业秘密和个人隐私；

（六）依法出庭作证，回答与鉴定有关的询问；

（七）自觉接受司法行政机关的管理和监督、检查；

（八）参加司法鉴定岗前培训和继续教育；

（九）法律、法规规定的其他义务。

第五章 监督管理

第二十三条 司法鉴定人应当在所在司法鉴定机构接受司法行政机关统一部署的监督、检查。

第二十四条 司法行政机关应当就下列事项，对司法鉴定人进行监督、检查：

（一）遵守法律、法规和规章的情况；

（二）遵守司法鉴定程序、技术标准和技术操作规范的情况；

（三）遵守执业规则、职业道德和职业纪律的情况；

（四）遵守所在司法鉴定机构内部管理制度的情况；

（五）法律、法规和规章规定的其他事项。

第二十五条 公民、法人和其他组织对司法鉴定人违反本办法规定的行为进行举报、投诉的，司法行政机关应当及时进行调查处理。

第二十六条 司法行政机关对司法鉴定人进行监督、检查或者根据举报、投诉进行调查时，可以依法查阅或者要求司法鉴定人报送有关材料。司法鉴定人应当如实提供有关情况和材料。

第二十七条 司法行政机关依法建立司法鉴定人诚信档案，对司法鉴定人进行诚信等级评估。评估结果向社会公开。

第六章　法律责任

第二十八条　未经登记的人员，从事已纳入本办法调整范围司法鉴定业务的，省级司法行政机关应当责令其停止司法鉴定活动，并处以违法所得一至三倍的罚款，罚款总额最高不得超过三万元。

第二十九条　司法鉴定人有下列情形之一的，由省级司法行政机关依法给予警告，并责令其改正：

（一）同时在两个以上司法鉴定机构执业的；

（二）超出登记的执业类别执业的；

（三）私自接受司法鉴定委托的；

（四）违反保密和回避规定的；

（五）拒绝接受司法行政机关监督、检查或者向其提供虚假材料的；

（六）法律、法规和规章规定的其他情形。

第三十条　司法鉴定人有下列情形之一的，由省级司法行政机关给予停止执业三个月以上一年以下的处罚；情节严重的，撤销登记；构成犯罪的，依法追究刑事责任：

（一）因严重不负责任给当事人合法权益造成重大损失的；

（二）具有本办法第二十九条规定的情形之一并造成严重后果的；

（三）提供虚假证明文件或者采取其他欺诈手段，骗取登记的；

（四）经人民法院依法通知，非法定事由拒绝出庭作证的；

（五）故意做虚假鉴定的；

（六）法律、法规规定的其他情形。

第三十一条　司法鉴定人在执业活动中，因故意或者重大过失行为给当事人造成损失的，其所在的司法鉴定机构依法承担赔偿责任后，可以向有过错行为的司法鉴定人追偿。

第三十二条　司法行政机关工作人员在管理工作中滥用职权、玩忽职守造成严重后果的，依法追究相应的法律责任。

第三十三条　司法鉴定人对司法行政机关的行政许可和行政处罚有异议的，可以依法申请行政复议。

第七章　附　则

第三十四条　本办法所称司法鉴定人不含《全国人民代表大会常务委员会关于司法鉴定管理问题的决定》第七条规定的鉴定机构中从事鉴定工作的鉴定人。

第三十五条　本办法自公布之日起施行。2000年8月14日公布的《司法鉴定人管理办法》（司法部令第63号）同时废止。

关于《司法鉴定机构登记管理办法》第二十条、《司法鉴定人登记管理办法》第十五条的解释

1. 2020年6月5日司法部公布
2. 司规〔2020〕4号

为贯彻落实中共中央办公厅、国务院办公厅《关于健全统一司法鉴定管理体制的实施意见》有关要求，根据《规章制定程序条例》第三十三条的规定，对《司法鉴定机构登记管理办法》第二十条和《司法鉴定人登记管理办法》第十五条中关于登记审核工作有关问题解释如下：

一、法人或者其他组织、个人申请从事司法鉴定业务的，司法行政机关在受理申请后，应当对其提交的申请材料是否齐全、是否符合法定形式进行审查，对法人或者其他组织是否符合准入条件、对个人是否具备执业能力等实质内容进行核实。核实的方式包括组织专家对法人或者其他组织进行评审，以及对个人进行考核等。

二、本解释自公布之日起实施。

司法鉴定许可证和司法鉴定人执业证管理办法

1. 2010年4月12日司法部发布
2. 司发通〔2010〕83号

第一条　为了规范司法鉴定许可证和司法鉴定人执业证管理工作，保障司法鉴定机构和司法鉴定人依法执业，根据《全国人民代表大会常务委员会关于司法鉴定管理问题的决定》和《司法鉴定机构登记管理办法》、《司法鉴定人登记管理办法》等有关法律、法规、规章，制定本办法。

第二条　经司法行政机关审核登记的司法鉴定机构的《司法鉴定许可证》和司法鉴定人的《司法鉴定人执业证》的颁发、使用和管理工作，适用本办法。

第三条 《司法鉴定许可证》和《司法鉴定人执业证》是司法鉴定机构和司法鉴定人获准行政许可依法开展司法鉴定执业活动的有效证件。

第四条 司法部指导、监督全国《司法鉴定许可证》和《司法鉴定人执业证》的管理工作。

省级司法行政机关负责本行政区域内《司法鉴定许可证》、《司法鉴定人执业证》颁发、使用等管理工作。根据需要可以委托下一级司法行政机关协助开展证书管理的有关工作。

第五条 《司法鉴定许可证》分为正本和副本。正本和副本具有同等法律效力。

《司法鉴定许可证》正本应当载明许可证号、机构名称、机构住所、法定代表人、机构负责人、业务范围、有效期限、颁证机关、颁证日期等。

《司法鉴定许可证》副本应当载明许可证号、机构名称、机构住所、法定代表人、机构负责人、资金数额、业务范围、颁证机关、颁证日期,以及司法鉴定机构登记事项变更记录等。

第六条 《司法鉴定人执业证》应当载明执业证号、鉴定人姓名、性别、身份证件号码、专业技术职称、行业执业资格、鉴定执业类别、所在鉴定机构、颁证机关、颁证日期,以及司法鉴定人登记事项变更记录等,同时贴附持证人2寸近期正面蓝底免冠彩色照片。

第七条 《司法鉴定许可证》和《司法鉴定人执业证》的证号是司法鉴定机构和司法鉴定人的执业代码,每证一号,不得重复,由省级司法行政机关按照经审核登记的先后顺序统一编号。

第八条 《司法鉴定许可证》的证号由九位数字构成,按以下规则排序:第一、二位为省、自治区、直辖市代码;第三、四位为省、自治区、直辖市所属市(地)代码;第五、六位为颁证年度的后两位数字;第七、八、九位为司法鉴定机构审核登记的先后顺序号码。

省、自治区、直辖市代码采用国家标准代码。

第九条 《司法鉴定人执业证》的证号由十二位数字构成,前六位数字的编制规则与《司法鉴定许可证》证号前六位数字的编制规则相同,第七、八、九位为持证人所在司法鉴定机构审核登记的顺序号码,第十、十一、十二位为持证人经审核登记的先后顺序号码。

第十条 《司法鉴定许可证》和《司法鉴定人执业证》由司法部监制。证书填写应当使用国家规范汉字和符合国家标准的数字、符号,字迹清晰、工整、规范。如有更正,应当在更正处加盖登记机关红印。

第十一条 《司法鉴定许可证》正本和副本"颁证机关"栏应当加盖登记机关红印。

《司法鉴定人执业证》"颁证机关"栏应当加盖登记机关红印,司法鉴定人照片右下角骑缝处应当加盖登记机关钢印。

第十二条 《司法鉴定许可证》和《司法鉴定人执业证》的使用有效期为五年,自颁发证书之日起计算。证书"有效期限"栏应当注明五年有效期限的起止时间。

证书填写的颁证日期为司法鉴定机构、司法鉴定人经登记机关审核登记的日期。

第十三条 《司法鉴定许可证》正本用于公开悬挂在司法鉴定机构执业场所的显著位置;副本用于接受查验。

《司法鉴定人执业证》由司法鉴定人本人在执业活动中使用,并用于接受查验。

司法鉴定机构、司法鉴定人应当妥善保管证书,不得变造、涂改、抵押、出租、转借或者故意损毁。

第十四条 司法鉴定机构、司法鉴定人的登记事项依法变更的,登记机关应当在《司法鉴定许可证》副本、《司法鉴定人执业证》的变更记录页中予以注明,并加盖登记机关红印。

司法鉴定机构变更名称或者鉴定执业类别,登记机关应当为其换发证书,并收回原证书。换发的新证书的证号、有效期限及载明的其他登记事项应当与原证书一致。司法鉴定人变更执业机构的,登记机关经审核登记后应当为其颁发新的证书,并收回、注销原证书。

第十五条 司法鉴定机构、司法鉴定人在证书使用有效期届满前按规定申请延续,经审核符合延续条件的,登记机关应当在证书有效期届满前为其换发证书,并收回原证书;因故延缓申请延续的,司法鉴定机构、司法鉴定人应当书面说明理由,待延缓情形消除后,登记机关可以为其换发证书。

换发的新证书的证号、颁证日期及载明的登记事项应当与原证书一致,在"有效期限"栏中应当注明新证书五年有效期限的起止时间。

第十六条 《司法鉴定许可证》、《司法鉴定人执业证》遗失或者损坏的,司法鉴定机构、司法鉴定人应当及时向登记机关书面说明情况并申请补发。证书遗失的,应当在省级以上报刊或者登记机关指定的网站上刊登遗失声明;证书损坏的,应当在申请补发时将损坏的证书上交登记机关。

　　登记机关收到补发申请后,应当核实情况,及时予以补发。补发的证书载明的内容应当与原证书一致。

第十七条　司法鉴定机构、司法鉴定人受到停止执业处罚的,由作出处罚决定的司法行政机关扣缴其《司法鉴定许可证》、《司法鉴定人执业证》。处罚期满后予以发还。

第十八条　司法鉴定机构、司法鉴定人被依法撤销登记的,由作出撤销登记决定的司法行政机关收缴其《司法鉴定许可证》、《司法鉴定人执业证》;不能收回的,由司法行政机关公告吊销。

第十九条　司法鉴定机构有《司法鉴定机构登记管理办法》第二十七条规定情形,司法鉴定人有《司法鉴定人登记管理办法》第二十条规定情形,被登记机关注销登记的,登记机关应当及时收回、注销其《司法鉴定许可证》、《司法鉴定人执业证》;不能收回的,由登记机关公告注销。

第二十条　登记机关对收回并作废的《司法鉴定许可证》和《司法鉴定人执业证》,应当统一销毁。

第二十一条　司法鉴定机构、司法鉴定人在使用《司法鉴定许可证》、《司法鉴定人执业证》的过程中有违法违规行为的,由司法行政机关给予批评教育,并责令改正;情节严重的,依法给予相应处罚。

第二十二条　司法行政机关工作人员在发放、管理《司法鉴定许可证》和《司法鉴定人执业证》工作中,违法违规、滥用职权、玩忽职守的,应当依法给予行政处分;构成犯罪的,依法追究刑事责任。

第二十三条　本办法自发布之日起施行。

司法鉴定程序通则

1. 2016 年 3 月 2 日司法部令第 132 号公布
2. 自 2016 年 5 月 1 日起施行

第一章　总　　则

第一条　为了规范司法鉴定机构和司法鉴定人的司法鉴定活动,保障司法鉴定质量,保障诉讼活动的顺利进行,根据《全国人民代表大会常务委员会关于司法鉴定管理问题的决定》和有关法律、法规的规定,制定本通则。

第二条　司法鉴定是指在诉讼活动中鉴定人运用科学技术或者专门知识对诉讼涉及的专门性问题进行鉴别和判断并提供鉴定意见的活动。司法鉴定程序是指司法鉴定机构和司法鉴定人进行司法鉴定活动的方式、步骤以及相关规则的总称。

第三条　本通则适用于司法鉴定机构和司法鉴定人从事各类司法鉴定业务的活动。

第四条　司法鉴定机构和司法鉴定人进行司法鉴定活动,应当遵守法律、法规、规章,遵守职业道德和执业纪律,尊重科学,遵守技术操作规范。

第五条　司法鉴定实行鉴定人负责制度。司法鉴定人应当依法独立、客观、公正地进行鉴定,并对自己作出的鉴定意见负责。司法鉴定人不得违反规定会见诉讼当事人及其委托的人。

第六条　司法鉴定机构和司法鉴定人应当保守在执业活动中知悉的国家秘密、商业秘密,不得泄露个人隐私。

第七条　司法鉴定人在执业活动中应当依照有关诉讼法律和本通则规定实行回避。

第八条　司法鉴定收费执行国家有关规定。

第九条　司法鉴定机构和司法鉴定人进行司法鉴定活动应当依法接受监督。对于有违反有关法律、法规、规章规定行为的,由司法行政机关依法给予相应的行政处罚;对于有违反司法鉴定行业规范行为的,由司法鉴定协会给予相应的行业处分。

第十条　司法鉴定机构应当加强对司法鉴定人执业活动的管理和监督。司法鉴定人违反本通则规定的,司法鉴定机构应当予以纠正。

第二章　司法鉴定的委托与受理

第十一条　司法鉴定机构应当统一受理办案机关的司法鉴定委托。

第十二条　委托人委托鉴定的,应当向司法鉴定机构提供真实、完整、充分的鉴定材料,并对鉴定材料的真实性、合法性负责。司法鉴定机构应当核对并记录鉴定材料的名称、种类、数量、性状、保存状况、收到时间等。

　　诉讼当事人对鉴定材料有异议的,应当向委托人提出。

　　本通则所称鉴定材料包括生物检材和非生物检材、比对样本材料以及其他与鉴定事项有关的鉴定资料。

第十三条　司法鉴定机构应当自收到委托之日起七个工作日内作出是否受理的决定。对于复杂、疑难或者特殊鉴定事项的委托,司法鉴定机构可以与委托人协商决定受理的时间。

第十四条 司法鉴定机构应当对委托鉴定事项、鉴定材料等进行审查。对属于本机构司法鉴定业务范围、鉴定用途合法、提供的鉴定材料能够满足鉴定需要的，应当受理。

对于鉴定材料不完整、不充分，不能满足鉴定需要的，司法鉴定机构可以要求委托人补充；经补充后能够满足鉴定需要的，应当受理。

第十五条 具有下列情形之一的鉴定委托，司法鉴定机构不得受理：

（一）委托鉴定事项超出本机构司法鉴定业务范围的；

（二）发现鉴定材料不真实、不完整、不充分或者取得方式不合法的；

（三）鉴定用途不合法或者违背社会公德的；

（四）鉴定要求不符合司法鉴定执业规则或者相关鉴定技术规范的；

（五）鉴定要求超出本机构技术条件或者鉴定能力的；

（六）委托人就同一鉴定事项同时委托其他司法鉴定机构进行鉴定的；

（七）其他不符合法律、法规、规章规定的情形。

第十六条 司法鉴定机构决定受理鉴定委托的，应当与委托人签订司法鉴定委托书。司法鉴定委托书应当载明委托人名称、司法鉴定机构名称、委托鉴定事项、是否属于重新鉴定、鉴定用途、与鉴定有关的基本案情、鉴定材料的提供和退还、鉴定风险，以及双方商定的鉴定时限、鉴定费用及收取方式、双方权利义务等其他需要载明的事项。

第十七条 司法鉴定机构决定不予受理鉴定委托的，应当向委托人说明理由，退还鉴定材料。

第三章 司法鉴定的实施

第十八条 司法鉴定机构受理鉴定委托后，应当指定本机构具有该鉴定事项执业资格的司法鉴定人进行鉴定。

委托人有特殊要求的，经双方协商一致，也可以从本机构中选择符合条件的司法鉴定人进行鉴定。

委托人不得要求或者暗示司法鉴定机构、司法鉴定人按其意图或者特定目的提供鉴定意见。

第十九条 司法鉴定机构对同一鉴定事项，应当指定或者选择二名司法鉴定人进行鉴定；对复杂、疑难或者特殊鉴定事项，可以指定或者选择多名司法鉴定人进行鉴定。

第二十条 司法鉴定人本人或者其近亲属与诉讼当事人、鉴定事项涉及的案件有利害关系，可能影响其独立、客观、公正进行鉴定的，应当回避。

司法鉴定人曾经参加过同一鉴定事项鉴定的，或者曾经作为专家提供过咨询意见的，或者曾被聘请为有专门知识的人参与过同一鉴定事项法庭质证的，应当回避。

第二十一条 司法鉴定人自行提出回避的，由其所属的司法鉴定机构决定；委托人要求司法鉴定人回避的，应当向该司法鉴定人所属的司法鉴定机构提出，由司法鉴定机构决定。

委托人对司法鉴定机构作出的司法鉴定人是否回避的决定有异议的，可以撤销鉴定委托。

第二十二条 司法鉴定机构应当建立鉴定材料管理制度，严格监控鉴定材料的接收、保管、使用和退还。

司法鉴定机构和司法鉴定人在鉴定过程中应当严格依照技术规范保管和使用鉴定材料，因严重不负责任造成鉴定材料损毁、遗失的，应当依法承担责任。

第二十三条 司法鉴定人进行鉴定，应当依下列顺序遵守和采用该专业领域的技术标准、技术规范和技术方法：

（一）国家标准；

（二）行业标准和技术规范；

（三）该专业领域多数专家认可的技术方法。

第二十四条 司法鉴定人有权了解进行鉴定所需要的案件材料，可以查阅、复制相关资料，必要时可以询问诉讼当事人、证人。

经委托人同意，司法鉴定机构可以派员到现场提取鉴定材料。现场提取鉴定材料应当由不少于二名司法鉴定机构的工作人员进行，其中至少一名应为该鉴定事项的司法鉴定人。现场提取鉴定材料时，应当有委托人指派或者委托的人员在场见证并在提取记录上签名。

第二十五条 鉴定过程中，需要对无民事行为能力人或者限制民事行为能力人进行身体检查的，应当通知其监护人或者近亲属到场见证；必要时，可以通知委托人到场见证。

对被鉴定人进行法医精神病鉴定的，应当通知委托人或者被鉴定人的近亲属或者监护人到场见证。

对需要进行尸体解剖的，应当通知委托人或者死者的近亲属或者监护人到场见证。

到场见证人员应当在鉴定记录上签名。见证人员未到场的,司法鉴定人不得开展相关鉴定活动,延误时间不计入鉴定时限。

第二十六条 鉴定过程中,需要对被鉴定人身体进行法医临床检查的,应当采取必要措施保护其隐私。

第二十七条 司法鉴定人应当对鉴定过程进行实时记录并签名。记录可以采取笔记、录音、录像、拍照等方式。记录应当载明主要的鉴定方法和过程,检查、检验、检测结果,以及仪器设备使用情况等。记录的内容应当真实、客观、准确、完整、清晰,记录的文本资料、音像资料等应当存入鉴定档案。

第二十八条 司法鉴定机构应当自司法鉴定委托书生效之日起三十个工作日内完成鉴定。

鉴定事项涉及复杂、疑难、特殊技术问题或者鉴定过程需要较长时间的,经本机构负责人批准,完成鉴定的时限可以延长,延长时限一般不得超过三十个工作日。鉴定时限延长的,应当及时告知委托人。

司法鉴定机构与委托人对鉴定时限另有约定的,从其约定。

在鉴定过程中补充或者重新提取鉴定材料所需的时间,不计入鉴定时限。

第二十九条 司法鉴定机构在鉴定过程中,有下列情形之一的,可以终止鉴定:

(一)发现有本通则第十五条第二项至第七项规定情形的;

(二)鉴定材料发生耗损,委托人不能补充提供的;

(三)委托人拒不履行司法鉴定委托书规定的义务、被鉴定人拒不配合或者鉴定活动受到严重干扰,致使鉴定无法继续进行的;

(四)委托人主动撤销鉴定委托,或者委托人、诉讼当事人拒绝支付鉴定费用的;

(五)因不可抗力致使鉴定无法继续进行的;

(六)其他需要终止鉴定的情形。

终止鉴定的,司法鉴定机构应当书面通知委托人,说明理由并退还鉴定材料。

第三十条 有下列情形之一的,司法鉴定机构可以根据委托人的要求进行补充鉴定:

(一)原委托鉴定事项有遗漏的;

(二)委托人就原委托鉴定事项提供新的鉴定材料的;

(三)其他需要补充鉴定的情形。

补充鉴定是原委托鉴定的组成部分,应当由原司法鉴定人进行。

第三十一条 有下列情形之一的,司法鉴定机构可以接受办案机关委托进行重新鉴定:

(一)原司法鉴定人不具有从事委托鉴定事项执业资格的;

(二)原司法鉴定机构超出登记的业务范围组织鉴定的;

(三)原司法鉴定人应当回避没有回避的;

(四)办案机关认为需要重新鉴定的;

(五)法律规定的其他情形。

第三十二条 重新鉴定应当委托原司法鉴定机构以外的其他司法鉴定机构进行;因特殊原因,委托人也可以委托原司法鉴定机构进行,但原司法鉴定机构应当指定原司法鉴定人以外的其他符合条件的司法鉴定人进行。

接受重新鉴定委托的司法鉴定机构的资质条件应当不低于原司法鉴定机构,进行重新鉴定的司法鉴定人中应当至少有一名具有相关专业高级专业技术职称。

第三十三条 鉴定过程中,涉及复杂、疑难、特殊技术问题的,可以向本机构以外的相关专业领域的专家进行咨询,但最终的鉴定意见应当由本机构的司法鉴定人出具。

专家提供咨询意见应当签名,并存入鉴定档案。

第三十四条 对于涉及重大案件或者特别复杂、疑难、特殊技术问题或者多个鉴定类别的鉴定事项,办案机关可以委托司法鉴定行业协会组织协调多个司法鉴定机构进行鉴定。

第三十五条 司法鉴定人完成鉴定后,司法鉴定机构应当指定具有相应资质的人员对鉴定程序和鉴定意见进行复核;对于涉及复杂、疑难、特殊技术问题或者重新鉴定的鉴定事项,可以组织三名以上的专家进行复核。

复核人员完成复核后,应当提出复核意见并签名,存入鉴定档案。

第四章 司法鉴定意见书的出具

第三十六条 司法鉴定机构和司法鉴定人应当按照统一规定的文本格式制作司法鉴定意见书。

第三十七条 司法鉴定意见书应当由司法鉴定人签名。多人参加的鉴定,对鉴定意见有不同意见的,应当注明。

第三十八条 司法鉴定意见书应当加盖司法鉴定机构的司法鉴定专用章。

第三十九条 司法鉴定意见书应当一式四份,三份交委托人收执,一份由司法鉴定机构存档。司法鉴定机构应当按照有关规定或者与委托人约定的方式,向委托人发送司法鉴定意见书。

第四十条 委托人对鉴定过程、鉴定意见提出询问的,司法鉴定机构和司法鉴定人应当给予解释或者说明。

第四十一条 司法鉴定意见书出具后,发现有下列情形之一的,司法鉴定机构可以进行补正:

(一)图像、谱图、表格不清晰的;
(二)签名、盖章或者编号不符合制作要求的;
(三)文字表达有瑕疵或者错别字,但不影响司法鉴定意见的。

补正应当在原司法鉴定意见书上进行,由至少一名司法鉴定人在补正处签名。必要时,可以出具补正书。

对司法鉴定意见书进行补正,不得改变司法鉴定意见的原意。

第四十二条 司法鉴定机构应当按照规定将司法鉴定意见书以及有关资料整理立卷、归档保管。

第五章 司法鉴定人出庭作证

第四十三条 经人民法院依法通知,司法鉴定人应当出庭作证,回答与鉴定事项有关的问题。

第四十四条 司法鉴定机构接到出庭通知后,应当及时与人民法院确认司法鉴定人出庭的时间、地点、人数、费用、要求等。

第四十五条 司法鉴定机构应当支持司法鉴定人出庭作证,为司法鉴定人依法出庭提供必要条件。

第四十六条 司法鉴定人出庭作证,应当举止文明,遵守法庭纪律。

第六章 附 则

第四十七条 本通则是司法鉴定机构和司法鉴定人进行司法鉴定活动应当遵守和采用的一般程序规则,不同专业领域对鉴定程序有特殊要求的,可以依据本通则制定鉴定程序细则。

第四十八条 本通则所称办案机关,是指办理诉讼案件的侦查机关、审查起诉机关和审判机关。

第四十九条 在诉讼活动之外,司法鉴定机构和司法鉴定人依法开展相关鉴定业务的,参照本通则规定执行。

第五十条 本通则自2016年5月1日起施行。司法部2007年8月7日发布的《司法鉴定程序通则》(司法部第107号令)同时废止。

司法鉴定执业活动投诉处理办法

1. *2019年4月4日司法部令第144号公布*
2. *自2019年6月1日起施行*

第一章 总 则

第一条 为了规范司法鉴定执业活动投诉处理工作,加强司法鉴定执业活动监督,维护投诉人的合法权益,根据《全国人民代表大会常务委员会关于司法鉴定管理问题的决定》等规定,结合司法鉴定工作实际,制定本办法。

第二条 投诉人对司法行政机关审核登记的司法鉴定机构或者司法鉴定人执业活动进行投诉,以及司法行政机关开展司法鉴定执业活动投诉处理工作,适用本办法。

第三条 本办法所称投诉人,是指认为司法鉴定机构或者司法鉴定人违法违规执业侵犯其合法权益,向司法行政机关投诉的与鉴定事项有利害关系的公民、法人和非法人组织。

本办法所称被投诉人,是指被投诉的司法鉴定机构或者司法鉴定人。

第四条 投诉人应当自知道或者应当知道被投诉人鉴定活动侵犯其合法权益之日起三年内,向司法行政机关投诉。法律另有规定的除外。

第五条 司法行政机关开展司法鉴定执业活动投诉处理工作,应当遵循属地管理、分级负责、依法查处、处罚与教育相结合的原则。

司法行政机关应当依法保障和维护投诉人、被投诉人的合法权益。

第六条 司法行政机关应当向社会公布投诉受理范围、投诉处理机构的通讯方式等事项,并指定专人负责投诉接待和处理工作。

第七条 司法部负责指导、监督全国司法鉴定执业活动投诉处理工作。

省级司法行政机关负责指导、监督本行政区域内司法鉴定执业活动投诉处理工作。

第八条 司法行政机关指导、监督司法鉴定协会实施行业惩戒;司法鉴定协会协助和配合司法行政机关开展投诉处理工作。

第九条 司法行政机关可以引导双方当事人在自愿、平等的基础上,依法通过调解方式解决涉及司法鉴定活动的民事纠纷。

第二章 投诉受理

第十条 公民、法人和非法人组织认为司法鉴定机构或者司法鉴定人在执业活动中有下列违法违规情形的,可以向司法鉴定机构住所地或者司法鉴定人执业机构住所地的县级以上司法行政机关投诉:

(一)司法鉴定机构组织未取得《司法鉴定人执业证》的人员违规从事司法鉴定业务的;

(二)超出登记的业务范围或者执业类别从事司法鉴定活动的;

(三)司法鉴定机构无正当理由拒绝接受司法鉴定委托的;

(四)司法鉴定人私自接受司法鉴定委托的;

(五)违反司法鉴定收费管理规定的;

(六)违反司法鉴定程序规则从事司法鉴定活动的;

(七)支付回扣、介绍费以及进行虚假宣传等不正当行为的;

(八)因不负责任给当事人合法权益造成损失的;

(九)司法鉴定人经人民法院通知,无正当理由拒绝出庭作证的;

(十)司法鉴定人故意做虚假鉴定的;

(十一)其他违反司法鉴定管理规定的行为。

第十一条 省级司法行政机关接到投诉的,可以交由设区的市级或者直辖市的区(县)司法行政机关处理。

设区的市级或者直辖市的区(县)司法行政机关以及县级司法行政机关接到投诉的,应当按照本办法的规定直接处理。

第十二条 投诉人应当向司法行政机关提交书面投诉材料。投诉材料内容包括:被投诉人的姓名或者名称、投诉事项、投诉请求、相关的事实和理由以及投诉人的联系方式,并提供投诉人身份证明、司法鉴定委托书或者司法鉴定意见书与投诉事项相关的证明材料。投诉材料应当真实、合法、充分,并经投诉人签名或者盖章。

投诉人或者其法定代理人委托他人代理投诉的,代理人应当提供投诉人或者其法定代理人的授权委托书、代理人的联系方式和投诉人、代理人的身份证明。

第十三条 负责处理的司法行政机关收到投诉材料后,应当及时进行登记。登记内容应当包括投诉人及其代理人的姓名或者名称、性别、身份证号码、职业、住址、联系方式,被投诉人的姓名或者名称、投诉事项、投诉请求、投诉理由以及相关证明材料目录,投诉的方式和时间等信息。

第十四条 司法行政机关收到投诉材料后发现投诉人提供的信息不齐全或者无相关证明材料的,应当在收到投诉材料之日起七个工作日内一次性书面告知投诉人补充。书面告知内容应当包括需要补充的信息或者证明材料和合理的补充期限。

投诉人经告知后无正当理由逾期不补充的,视为投诉人放弃投诉。

第十五条 有下列情形之一的,不予受理:

(一)投诉事项已经司法行政机关处理,或者经行政复议、行政诉讼结案,且没有新的事实和证据的;

(二)对人民法院、人民检察院、公安机关以及其他行政执法机关等在执法办案过程中,是否采信鉴定意见有异议的;

(三)仅对鉴定意见有异议的;

(四)对司法鉴定程序规则及司法鉴定标准、技术操作规范的规定有异议的;

(五)投诉事项不属于违反司法鉴定管理规定的。

第十六条 司法行政机关应当及时审查投诉材料,对投诉材料齐全,属于本机关管辖范围并符合受理条件的投诉,应当受理;对不属于本机关管辖范围或者不符合受理条件的投诉,不予受理并说明理由。对于司法行政机关已经按照前款规定作出不予受理决定的投诉事项,投诉人重复投诉且未能提供新的事实和理由的,司法行政机关不予受理。

第十七条 投诉材料齐全的,司法行政机关应当自收到投诉材料之日起七个工作日内,作出是否受理的决定,并书面告知投诉人。情况复杂的,可以适当延长作出受理决定的时间,但延长期限不得超过十五个工作日,并应当将延长的时间和理由书面告知投诉人。

投诉人补充投诉材料所需的时间和投诉案件移送、转办的流转时间,不计算在前款规定期限内。

第三章 调查处理

第十八条 司法行政机关受理投诉后,应当全面、客观、公正地进行调查。调查工作不得妨碍被投诉人正常的司法鉴定执业活动。

上级司法行政机关认为有必要的，可以委托下一级司法行政机关进行调查。

第十九条 司法行政机关进行调查，应当要求被投诉人说明情况、提交有关材料，调阅被投诉人有关业务案卷和档案材料，向有关单位、个人核实情况、收集证据；并根据情况，可以组织专家咨询、论证或者听取有关部门的意见和建议。

调查应当由两名以上工作人员进行。必要时，应当制作调查笔录，并由相关人员签字或者盖章；不能或者拒绝签字、盖章的，应当在笔录中注明有关情况。

调查人员应当对被投诉人及有关单位、个人提供的证据和有关材料进行登记、审核并妥善保管；不能保存原件的，应当经调查人员和被投诉人或者有关单位、个人确认，并签字或者盖章后保留复制件。

第二十条 司法行政机关根据投诉处理工作需要，可以委托司法鉴定协会协助开展调查工作。

接受委托的司法鉴定协会可以组织专家对投诉涉及的相关专业技术问题进行论证，并提供论证意见；组织有关专家接待投诉人并提供咨询等。

第二十一条 被投诉人应当配合调查工作，在司法行政机关要求的期限内如实陈述事实、提供有关材料，不得提供虚假、伪造的材料或者隐匿、毁损、涂改有关证据材料。

被投诉人为司法鉴定人的，其所在的司法鉴定机构应当配合调查。

第二十二条 司法行政机关在调查过程中发现有本办法第十五条规定情形的，或者投诉人书面申请撤回投诉的，可以终止投诉处理工作，并将终止决定和理由书面告知投诉人、被投诉人。

投诉人书面申请撤回投诉的，不得再以同一事实和理由投诉。但是，投诉人能够证明撤回投诉违背其真实意思表示的除外。

第二十三条 司法行政机关在调查过程中，发现被投诉人的违法违规行为仍处在连续或者继续状态的，应当责令被投诉人立即停止违法违规行为。

第二十四条 司法行政机关应当根据对投诉事项的调查结果，分别作出以下处理：

（一）被投诉人有应当给予行政处罚的违法违规行为的，依法给予行政处罚或者移送有处罚权的司法行政机关依法给予行政处罚；

（二）被投诉人违法违规情节轻微，没有造成危害后果，依法可以不予行政处罚的，应当给予批评教育、训诫、通报、责令限期整改等处理；

（三）投诉事项查证不实或者无法查实的，对被投诉人不作处理，并向投诉人说明情况。

涉嫌违反职业道德、执业纪律和行业自律规范的，移交有关司法鉴定协会调查处理；涉嫌犯罪的，移送司法机关依法追究刑事责任。

第二十五条 司法行政机关受理投诉的，应当自作出投诉受理决定之日起六十日内作出处理决定；情况复杂，不能在规定期限内作出处理的，经本机关负责人批准，可以适当延长办理期限，但延长期限不得超过三十日，并应当将延长的时间和理由书面告知投诉人。

第二十六条 司法行政机关应当自作出处理决定之日起七个工作日内，将投诉处理结果以及不服处理结果的救济途径和期限等书面告知投诉人、被投诉人。

第二十七条 对于被投诉人存在违法违规行为并被处罚、处理的，司法行政机关应当及时将投诉处理结果通报委托办案机关和相关司法鉴定协会，并向社会公开。

司法行政机关应当将前款中的投诉处理结果记入被投诉人的司法鉴定执业诚信档案。

第二十八条 投诉人、被投诉人认为司法行政机关的投诉处理结果侵犯其合法权益的，可以依法申请行政复议或者提起行政诉讼。

第二十九条 司法行政机关应当建立司法鉴定执业活动投诉处理工作档案，并妥善保管和使用。

第三十条 司法行政机关应当对被投诉人履行处罚、处理决定，纠正违法违规行为的情况进行检查、监督，发现问题应当责令其限期整改。

第四章 监 督

第三十一条 上级司法行政机关应当加强对下级司法行政机关投诉处理工作的指导、监督和检查，发现有违法、不当情形的，应当及时责令改正。下级司法行政机关应当及时上报纠正情况。

第三十二条 司法行政机关工作人员在投诉处理工作中有滥用职权、玩忽职守或者其他违法行为的，构成犯罪的，依法追究刑事责任；尚不构成犯罪的，依法给予处分。

第三十三条 司法行政机关应当按年度将司法鉴定执业活动投诉处理工作情况书面报告上一级司法行政

机关。

对于涉及重大违法违规行为的投诉处理结果,应当及时报告上一级司法行政机关。

第五章 附 则

第三十四条 与司法鉴定活动没有利害关系的公民、法人和非法人组织举报司法鉴定机构或者司法鉴定人违法违规执业的,司法行政机关应当参照本办法第十八条至第二十四条有关规定进行处理。

第三十五条 对司法鉴定机构或者司法鉴定人在诉讼活动之外开展的相关鉴定业务提出投诉的,参照本办法规定执行。

第三十六条 外国人、无国籍人、外国组织提出投诉的,适用本办法。

第三十七条 本办法由司法部解释。

第三十八条 本办法自2019年6月1日起施行。2010年4月8日发布的《司法鉴定执业活动投诉处理办法》(司法部令第123号)同时废止。

环境损害司法鉴定机构登记评审办法

1. 2016年10月12日
2. 司发通〔2016〕101号

第一条 为规范司法行政机关登记环境损害司法鉴定机构的专家评审工作,根据《司法鉴定机构登记管理办法》(司法部令第95号)、《司法部、环境保护部关于规范环境损害司法鉴定管理工作的通知》(司发通〔2015〕118号)等有关规定,结合环境损害司法鉴定工作实际,制定本办法。

第二条 司法行政机关应当加强与人民法院、人民检察院、公安机关和环境保护、国土资源、水利、农业、林业、海洋、地质等有关部门的沟通协调,根据环境损害司法鉴定的实际需求、发展趋势和鉴定资源等情况,合理规划环境损害司法鉴定机构的布局、类别、规模、数量等,适应诉讼活动对环境损害司法鉴定的需要。

第三条 环境保护部会同司法部建立全国环境损害司法鉴定机构登记评审专家库,制定管理办法。

省、自治区、直辖市环境保护主管部门会同同级司法行政机关建立本省(区、市)环境损害司法鉴定机构登记评审专家库。

第四条 申请从事环境损害司法鉴定业务的法人或者其他组织(以下简称"申请人"),应当符合《司法鉴定机构登记管理办法》规定的条件,同时还应当具备以下条件:

(一)每项鉴定业务至少有2名具有相关专业高级专业技术职称的鉴定人;

(二)有不少于一百万元人民币的资金。

第五条 申请人申请从事环境损害司法鉴定业务,应当向省(区、市)司法行政机关提交申请材料。司法行政机关决定受理的,应当按照法定的时限和程序进行审核并依照本办法及有关规定组织专家进行评审。

评审时间不计入审核时限。

第六条 省(区、市)司法行政机关应当根据申请人的申请执业范围,针对每个鉴定事项成立专家评审组。评审组专家应当从环境损害司法鉴定机构登记评审专家库中选取,人数不少于3人,其中国家库中专家不少于1人;必要时,可以从其他省(区、市)地方库中选取评审专家。

评审专家与申请人有利害关系的,应当回避。

评审专家不能履行评审工作职责的,司法行政机关应当更换专家。

第七条 专家评审组应当按照司法行政机关的统一安排,独立、客观地组织开展评审工作。

第八条 专家评审应当坚持科学严谨、客观公正、实事求是的原则,遵守有关法律、法规。

第九条 专家评审组开展评审前应当制定评审工作方案,明确评审的实施程序、主要内容、专家分工等事项。

评审的内容包括申请人的场地、仪器、设备等技术条件和专业人员的专业技术能力等。

评审的形式主要包括查阅有关申请材料,实地查看工作场所和环境,现场勘验和评估,听取申请人汇报、答辩,对专业人员的专业技术能力进行考核等。

第十条 专家评审组应当提交由评审专家签名的专家评审意见书,专家评审意见书应当包括评审基本情况、评审结论和主要依据等内容。

评审意见书应当明确申请人是否具备相应的技术条件、是否具有相应的专业技术能力、拟同意申请人的执业范围描述等。评审结论应当经专家组三分之二以上专家同意。

第十一条 评审专家和工作人员不得向申请人或者其他人员泄露专家个人意见或者评审意见。

第十二条 多个申请人在同一时间段提出申请的,司法行政机关可以针对同一类鉴定事项组织集中评审,开展集中评审的专家评审组人数不得少于5人。

第十三条 司法行政机关应当按照《司法鉴定机构登记管理办法》及有关规定,结合专家评审意见,作出是否准予登记的决定。

第十四条 本办法发布前已经审核登记从事环境损害类司法鉴定业务的司法鉴定机构,应当按照《司法部环境保护部关于规范环境损害司法鉴定管理工作的通知》(司发通〔2015〕118号)的规定申请重新登记。

第十五条 环境损害司法鉴定机构申请变更业务范围的,司法行政机关应当组织专家评审;申请延续的,由司法行政机关根据实际需要决定是否组织专家评审。

第十六条 开展专家评审工作所需的交通、食宿、劳务等费用应当按照《行政许可法》第五十八条规定,列入本行政机关的预算,由本级财政予以保障,不得向申请人收取任何费用。

第十七条 本办法自2016年12月1日起施行。

环境损害司法鉴定机构登记评审专家库管理办法

1. 2016年10月12日
2. 司发通〔2016〕101号

第一条 为充分发挥专家在环境损害司法鉴定机构登记评审工作中的作用,依据《司法部、环境保护部关于规范环境损害司法鉴定管理工作的通知》(司发通〔2015〕118号)的相关规定,制定本办法。

第二条 环境损害司法鉴定机构评审专家库由国家库和地方库组成。环境保护部会同司法部建立全国环境损害司法鉴定机构登记评审专家库。各省、自治区、直辖市环境保护主管部门会同同级司法行政机关建立本省(区、市)环境损害司法鉴定机构登记评审专家库。

第三条 国家库下设污染物性质鉴别、地表水和沉积物、环境大气、土壤与地下水、近岸海洋和海岸带、生态系统、环境经济、其他类(主要包括噪声、振动、光、热、电磁辐射、核辐射、环境法等)等8个领域的专家库。

各省(区、市)环境保护主管部门会同同级司法行政机关根据当地实际设立管理地方库。

第四条 入选国家库的专家应具备以下条件:

(一)具有高级专业技术职称或者从事审判、检察、公安等工作并熟悉相关鉴定业务;

(二)从事或参与相关专业工作十年以上;

(三)了解环境保护工作的有关法律、法规和政策,熟悉国家和地方环境损害鉴定评估相关制度与技术规范;

(四)具有良好的科学道德和职业操守;

(五)健康状况良好,可以参加有关评审、评估和培训等活动。

第五条 专家申请进入专家库应当提交申请表和相关证明材料。

环境保护主管部门会同司法行政机关组织开展入库专家遴选工作。

第六条 入库专家的工作内容包括:

(一)为环境损害司法鉴定机构的评审提供专家意见;

(二)参加相关技术培训;

(三)承担环境保护主管部门、司法行政机关委托的其他工作。

第七条 环境保护主管部门会同司法行政机关对专家库实行动态管理。

专家人数不能满足工作需要的,适时启动遴选工作,增补专家数额。

对不能履行职责的专家,及时调整出库。

第八条 环境保护部会同司法部建设环境损害司法鉴定专家库信息平台,统一提供国家库、地方库专家名单查询。

第九条 本办法自2016年12月1日起施行。

附件:申请表(略)

环境损害司法鉴定执业分类规定

1. 2019年5月6日司法部、生态环境部印发
2. 司发通〔2019〕56号

第一章 总 则

第一条 为规范环境损害司法鉴定执业活动,明确界定环境损害司法鉴定机构的业务范围和鉴定人的执业类别,根据《全国人民代表大会常务委员会关于司法鉴定管理问题的决定》、《生态环境损害赔偿制度改革方案》、《司法部 环境保护部关于规范环境损害司法鉴定管理工作的通知》等法律和规范性文件,以及我国司

法鉴定管理和环境损害司法鉴定的需求,制定本规定。

第二条　环境损害司法鉴定是指在诉讼活动中鉴定人运用环境科学的技术或者专门知识,采用监测、检测、现场勘察、实验模拟或者综合分析等技术方法,对环境污染或者生态破坏诉讼涉及的专门性问题进行鉴别和判断并提供鉴定意见的活动。

第三条　环境损害司法鉴定解决的专门性问题包括:确定污染物的性质;确定生态环境遭受损害的性质、范围和程度;评定因果关系;评定污染治理与运行成本以及防止损害扩大、修复生态环境的措施或方案等。

第二章　污染物性质鉴定

第四条　固体废物鉴定。包括通过溯源及固体废物鉴别标准判断待鉴定物质是否属于固体废物。

第五条　危险废物鉴定。包括依据《危险废物鉴别标准通则》中规定的程序,判断固体废物是否属于列入《国家危险废物名录》的危险废物,以及鉴别固体废物是否具有危险特性;确定危险废物的合法、科学、合理的处置方式,制定处置方案建议,按照处理成本、收费标准等评估处置费用等。

第六条　有毒物质(不包括危险废物)鉴定。包括根据物质来源认定待鉴定物质是否属于法律法规和标准规范规定的有毒物质,或根据文献资料、实验数据等判断待鉴定物质是否具有环境毒性;确定有毒物质的合法、科学、合理的处置方式,制定处置方案建议,按照处理成本、收费标准等评估处置费用等。

第七条　放射性废物鉴定。包括认定待鉴定物质是否含有放射性核素或被放射性核素污染,其放射性水平是否符合国家规定的控制水平,是否属于预期不再使用的放射性物质等;确定放射性废物的合法、科学、合理的处置方式,制定处置方案建议,按照处理成本、收费标准等评估处置费用等。

第八条　含传染病病原体的废物(不包括医疗废物)鉴定。包括认定待鉴定物质是否含有细菌、衣原体、支原体、立克次氏体、螺旋体、放线菌、真菌、病毒、寄生虫等传染病病原体;确定含传染病病原体废物的合法、科学、合理的处置方式,制定处置方案建议,按照处理成本、收费标准等评估处置费用等。

第九条　污染物筛查及理化性质鉴定。包括通过现场勘察、生产工艺分析、实验室检测等方法综合分析确定废水、废气、固体废物中的污染物,鉴定污染物的理化性质参数等。

第十条　有毒物质、放射性废物致植物损害鉴定。包括确定植物(包括农作物、林草作物、景观或种用等种植物和野生植物)损害的时间、类型、程度和范围等,判定危险废物、有毒物质、放射性废物接触与植物损害之间的因果关系,制定植物恢复方案建议,评估植物损害数额,评估恢复效果等。

第十一条　有毒物质、放射性废物致动物损害鉴定。包括确定动物(包括家禽、家畜、水产、特种、娱乐或种用等养殖动物和野生动物)损害的时间、类型、程度和范围等,判定危险废物、有毒物质、放射性废物接触和动物损害之间的因果关系,制定动物恢复方案建议,评估动物损害数额,评估恢复效果等。

第三章　地表水与沉积物环境损害鉴定

第十二条　污染环境行为致地表水与沉积物环境损害鉴定。包括确定水功能,识别特征污染物,确定地表水和沉积物环境基线,确认地表水和沉积物环境质量是否受到损害,确定地表水和沉积物环境损害的时空范围和程度,判定污染环境行为与地表水和沉积物环境损害之间的因果关系,制定地表水和沉积物环境修复方案建议,评估地表水和沉积物环境损害数额,评估修复效果等。

第十三条　污染环境行为致水生态系统损害鉴定。包括确定水生态系统功能,识别濒危物种、优势物种、特有物种、指示物种等,确定水生态系统损害评价指标与基线水平,确认水生态系统功能是否受到损害,确定水生态系统损害的时空范围和程度,判定污染环境行为与水生态系统损害之间的因果关系,制定水生态系统恢复方案建议,评估水生态系统损害数额,评估恢复效果等。

第十四条　地表水和沉积物污染致植物损害鉴定。包括确定植物(包括农作物、林草作物、景观或种用等种植物和野生植物)损害的时间、类型、范围和程度,判定地表水和沉积物污染与植物损害之间的因果关系,制定植物恢复方案建议,评估植物损害数额,评估恢复效果等。

第十五条　地表水和沉积物污染致动物损害鉴定。包括确定动物(包括家禽、家畜、水产、特种、娱乐或种用等养殖动物和野生动物)损害的时间、类型、范围和程度,判定地表水和沉积物污染与动物损害之间的因果关系,制定动物恢复方案建议,评估动物损害数额,评估恢复效果等。

第四章　空气污染环境损害鉴定

第十六条　污染环境行为致环境空气损害鉴定。包括识别特征污染物,确定环境空气基线,确认环境空气质量与基线相比是否受到损害,确定环境空气损害的时空范围和程度,判定污染环境行为与环境空气损害之间的因果关系,制定废气治理方案建议,评估环境空气损害数额,评估治理效果等。

第十七条　环境空气污染致植物损害鉴定。包括确定植物(包括农作物、林草作物、景观或种用等种植物和野生植物)损害的时间、类型、范围和程度,判定环境空气污染与植物损害之间的因果关系,制定植物恢复方案建议,评估植物损害数额,评估恢复效果等。

第十八条　环境空气污染致动物损害鉴定。包括确定动物(包括家禽、家畜、特种、娱乐或种用等养殖动物和野生动物)损害的时间、类型、范围和程度,判定环境空气污染与动物损害之间的因果关系,制定动物恢复方案建议,评估动物损害数额,评估恢复效果等。

第十九条　室内空气污染损害鉴定。包括确认住宅、办公场所、公共场所等全封闭或半封闭室内环境空气质量与基线相比是否受到损害,确定室内空气污染损害的时空范围和程度,判定室内空气污染的原因,制定室内空气污染治理方案建议,评估室内空气污染损害数额,评估治理效果等。

第二十条　室内空气污染致人体健康损害鉴定。包括确定人体健康损害(如死亡、疾病、症状或体征等)的时间、类型、范围和程度,判定室内空气污染与人体健康损害之间的因果关系,评估人体健康损害数额等。

第五章　土壤与地下水环境损害鉴定

第二十一条　污染环境行为致土壤环境损害鉴定。包括确定土地利用类型,识别特征污染物,确定土壤(包括农用地、建设用地、矿区等土壤)环境基线,确认土壤环境质量(包括土壤肥力)是否受到损害,确定土壤环境损害的时空范围和程度,判定污染环境行为与土壤环境损害之间的因果关系,制定土壤风险管控和治理修复方案建议,评估土壤环境损害数额,评估修复效果等。

第二十二条　污染环境行为致地下水环境损害鉴定。包括确定地下水功能区,识别特征污染物,确定地下水环境基线,确认地下水环境质量是否受到损害,确定地下水环境损害的时空范围和程度,判定污染环境行为与地下水环境损害之间的因果关系,制定地下水风险管控和治理修复方案建议,评估地下水环境损害数额,评估修复效果等。

第二十三条　污染环境行为致土壤生态系统损害鉴定。包括识别土壤生态系统(含地上和地下部分)功能,确定土壤生态系统损害评价指标与基线水平,确认土壤生态系统功能是否受到损害,确定土壤生态系统损害的时空范围和程度,判定污染环境行为与土壤生态系统损害之间的因果关系,制定土壤生态系统恢复方案建议,评估土壤生态系统损害数额,评估恢复效果等。

第二十四条　土壤污染致植物损害鉴定。包括确定植物(包括农作物、林草作物、景观或种用等种植物和野生植物)损害的时间、类型、范围和程度,判定土壤污染与植物损害之间的因果关系,制定植物恢复方案建议,评估植物损害数额,评估恢复效果等。

第二十五条　地下水污染致植物损害鉴定。包括确定植物(包括农作物、林草作物、景观或种用等种植物和野生植物)损害的时间、类型、范围和程度,判定地下水污染与植物损害之间的因果关系,制定植物恢复方案建议,评估植物损害数额,评估恢复效果等。

第二十六条　土壤污染致动物损害鉴定。包括确定动物(包括家禽、家畜、特种、娱乐或种用等养殖动物和野生动物)损害的时间、类型、范围和程度,判定土壤污染与动物损害之间的因果关系,制定动物恢复方案建议,评估动物损害数额,评估恢复效果等。

第二十七条　地下水污染致动物损害鉴定。包括确定动物(包括家禽、家畜、特种、娱乐或种用等养殖动物和野生动物)损害的时间、类型、范围和程度,判定地下水污染与动物损害之间的因果关系,制定动物恢复方案建议,评估动物损害数额,评估恢复效果等。

第六章　近岸海洋与海岸带环境损害鉴定

第二十八条　污染环境行为致近岸海洋与海岸带环境损害鉴定。包括确定近岸海洋、海岸带和海岛功能,识别特征污染物,确定近岸海洋、海岸带和海岛环境基线,确认近岸海洋、海岸带和海岛环境质量是否受到损害,确定近岸海洋、海岸带和海岛环境损害的时空范围和程度,判定污染环境行为与近岸海洋、海岸带和海岛环境损害之间的因果关系,制定近岸海洋、海岸带和海岛环境修复方案建议,评估近岸海洋、海岸带和海岛环境损害数额,评估修复效果等。

第二十九条　污染环境行为致近岸海洋与海岸带生态系统损害鉴定。包括确定近岸海洋、海岸带和海岛生态系统功能(如珊瑚礁、海草床、滨海滩涂、盐沼地、红树林等)、识别濒危物种、优势物种、特有物种、指示物种等,确定近岸海洋、海岸带和海岛生态系统损害评价指标与基线水平,确认近岸海洋、海岸带和海岛生态系统与基线相比是否受到损害,确定近岸海洋、海岸带和海岛生态系统损害的时空范围和程度,判定污染环境行为与近岸海洋、海岸带和海岛生态系统损害之间的因果关系,制定近岸海洋、海岸带和海岛生态系统恢复方案建议,评估近岸海洋、海岸带和海岛生态系统损害数额,评估恢复效果等。

第三十条 近岸海洋与海岸带环境污染致海洋植物损害鉴定。包括确定海洋养殖植物(包括食用、观赏、种用等海洋植物)、滨海湿地野生植物、海洋野生植物(包括藻类及种子植物等)损害的时间、类型、范围和程度,判定近岸海洋、海岸带和海岛环境污染与海洋植物损害之间的因果关系,制定海洋植物恢复方案建议,评估海洋植物损害数额,评估恢复效果等。

第三十一条 近岸海洋与海岸带环境污染致海洋动物损害鉴定。包括确定海洋养殖动物(包括食用、观赏、种用等海洋养殖动物)、滨海湿地野生动物(包括水禽、鸟类、两栖、爬行动物等)、海洋野生动物(包括浮游动物、底栖动物、鱼类、哺乳动物等)损害的时间、类型、范围和程度,判定近岸海洋、海岸带和海岛环境污染与海洋动物损害之间的因果关系,制定海洋动物恢复方案建议,评估海洋动物损害数额,评估恢复效果等。

第七章 生态系统环境损害鉴定

第三十二条 生态破坏行为致植物损害鉴定。包括鉴定藻类、地衣类、苔藓类、蕨类、裸子、被子等植物及植物制品物种及其濒危与保护等级、年龄、原生地;鉴定外来植物物种及入侵种;确定植物损害的时间、类型、范围和程度,判定滥砍滥伐、毁林、开垦林地、草原等生态破坏行为与植物物种损害之间的因果关系,制定植物损害生态恢复方案建议,评估植物损害数额,评估恢复效果等。

第三十三条 生态破坏行为致动物损害鉴定。包括鉴定哺乳纲、鸟纲、两栖纲、爬行纲、鱼类(圆口纲、盾皮鱼纲、软骨鱼纲、辐鳍鱼纲、棘鱼纲、肉鳍鱼纲等)、棘皮动物、昆虫纲、多足纲、软体动物、珊瑚纲等动物及动物制品物种及其濒危与保护等级、种类、年龄、原生地;鉴定外来动物物种及入侵种,确定动物损害的时间、类型、范围和程度,判定乱捕滥杀、栖息地破坏、外来种入侵等生态破坏行为与动物损害之间的因果关系,制定动物损害生态恢复方案建议,评估动物损害数额,评估恢复效果等。

第三十四条 生态破坏行为致微生物损害鉴定。包括确定食用菌、药用菌及其他真菌类等大型真菌物种及其濒危与保护等级;鉴定微生物损害的时间、类型、范围和程度,判定毁林、滥采等生态破坏行为与微生物损害之间的因果关系,制定微生物损害生态恢复方案建议,评估微生物损害数额,评估恢复效果等。

第三十五条 生态破坏行为致森林生态系统损害鉴定。包括确定森林类型与保护级别,确定森林生态系统损害评价指标与基线水平,确定森林生态系统损害的时间、类型(如指示性生物、栖息地、土壤、地下水等损害)、范围和程度,判定森林盗伐、滥砍滥伐珍稀保护物种、破坏种质资源、森林火灾、非法占用、工程建设、外来种引入、地下水超采等生态破坏行为与森林生态系统损害之间的因果关系,制定森林生态系统恢复方案建议,评估森林生态系统损害数额,评估恢复效果等。

第三十六条 生态破坏行为致草原生态系统损害鉴定。包括确定草原类型与保护级别;确定草原生态系统损害评价指标与基线水平,确定草原生态系统损害(如指示性生物、栖息地、土壤、地下水等损害)的时间、类型、范围和程度,判定超载放牧、滥采药材、毁草开荒、非法占用、工程建设、乱捕滥杀野生动物、外来种引入、地下水超采等生态破坏行为与草原生态系统损害之间的因果关系,制定草原生态系统恢复方案建议,评估草原生态系统损害数额,评估恢复效果等。

第三十七条 生态破坏行为致湿地生态系统损害鉴定。包括确定湿地类型与保护级别,确定湿地生态系统(河流、湖泊除外)损害评价指标和基线水平,确定湿地生态系统损害的时间、类型(如地表水、指示性生物、栖息地、土壤、地下水等损害)、范围和程度,判定农业围垦、城市开发、外来种引入、地下水超采等生态破坏行为与湿地生态系统损害之间的因果关系,制定湿地生态系统恢复方案建议,评估湿地生态系统损害数额,评估恢复效果等。

第三十八条 生态破坏行为致荒漠生态系统损害鉴定。包括确定荒漠性质及类别,确定荒漠生态系统损害评价指标和基线水平,确定荒漠生态系统损害的时间、类型(如土壤、地下水、指示性生物、栖息地等损害)、范围和程度,判定矿产开发、农业开垦、超载放牧、工程建设、珍稀濒危动植物种盗猎、盗采、外来种引入、地下水超采等生态破坏行为与荒漠生态系统损害之间的因果关系,制定荒漠生态系统恢复方案建议,评估荒漠生态系统损害数额,评估恢复效果等。

第三十九条 生态破坏行为致海洋生态系统损害鉴定。包括确定海洋类型与保护级别,确定海洋生态系统损害评价指标和基线水平,确定海洋生态系统损害的时间、类型(如海洋生物、渔业资源、珍稀物种、珊瑚礁及成礁生物、矿产资源、栖息地等损害)、范围和程度,判定过度捕捞、围填海、工程建设、外来种引入等生态破坏行为与海洋生态系统损害之间的因果关系,制定海洋生态系统恢复方案建议,评估海洋生态系统损害数额,评估恢复效果等。

第四十条 生态破坏行为致河流、湖泊生态系统损害鉴定。包括确定河流、湖泊类型及保护级别,确定河流、湖泊生态系统损害评价指标和基线水平,确定河流、湖泊、入海河口生态系统损害的时间、类型(如径流水量、水域岸线、水生生物、渔业资源、珍稀物种、栖息地等损害)、范围和程度,判定非法采砂、渔业滥捕超捕、侵占水域岸线、围湖造田、围垦河道、水域拦截、工程建设、外来种引入等生态破坏行为与河流、湖泊生态系统损害之间的因果关系,制定河流、湖泊生态系统恢复方案建议,评估河流、湖泊生态系统损害数额,评估恢复效果等。

第四十一条 生态破坏行为致冻原生态系统损害鉴定。包括确定冻原性质及类别,确定冻原生态系统损害评价指标和基线水平,确定冻原生态系统损害的时间、类型(如土壤、永冻层、冰川、地表水、地下水、指示性生物、栖息地等损害)、范围和程度,判定水资源开发、超载放牧、工程建设、珍稀濒危植物盗猎盗采、外来种引入、地下水超采等生态破坏行为与冻原生态系统损害之间的因果关系,制定冻原生态系统恢复方案建议,评估冻原生态系统损害数额,评估恢复效果等。

第四十二条 生态破坏行为致农田生态系统损害鉴定。包括确定农田性质及类别,确定农田生态系统损害评价指标和基线水平,确定农田生态系统损害的时间、类型(如农田种植物、土壤、地下水等损害)、范围和程度,判定非法占用耕地、农区土地砍伐、外来种引入、地下水超采等生态破坏行为与农田生态系统损害之间的因果关系,制定农田生态系统恢复方案建议,评估农田生态系统损害数额,评估恢复效果等。

第四十三条 生态破坏行为致城市生态系统损害鉴定。包括确定城市生态系统损害评价指标和基线水平,确定城市生态系统损害的时间、类型(如生物、城市景观、土壤、地下水等损害)、范围和程度,判定城市绿化用地侵占、植被破坏、外来种引入、地下水超采等生态破坏行为与城市生态系统损害之间的因果关系,制定城市生态系统恢复方案建议,评估城市生态系统损害数额,评估恢复效果等。

第四十四条 矿产资源开采行为致矿山地质环境破坏、土地损毁及生态功能损害鉴定。包括采矿引发的地貌塌陷、地裂缝、崩塌、滑坡、泥石流及隐患的规模、类型、危害,制定矿山地质灾害治理方案,评估损害数额,评估治理效果等;确定损毁土地的时间、类型、范围和程度,判定采矿活动与土地损毁之间的关系,制定土地功能恢复方案,评估损害数额,评估恢复效果等;确定采矿造成含水层水位下降的时间、程度、范围,井、泉水量减少(疏干)的程度,判定采矿活动与含水层水位下降、井(泉)水量减少的因果关系,制定含水层保护恢复方案,评估损害数额,评估恢复效果等;确定采矿改变地形条件造成山体破损、岩石裸露的时间、范围和程度,判定采矿活动与山体破损、岩石裸露的因果关系,制定地形地貌重塑方案建议,评估损害数额,评估治理效果等;确定矿产资源损失的时间、类型、范围和程度,判定采矿活动与矿产资源损失的因果关系,制定生态恢复方案建议,评估损害数额,评估恢复效果等。

第八章 其他环境损害鉴定

第四十五条 噪声损害鉴定。包括识别噪声源,评估噪声强度和影响范围;确定噪声致野生或养殖动物(包括家禽、家畜、水产、特种、娱乐或种用等养殖动物)及人体健康等损害(如死亡、减产、疾病等)数量和程度;判定噪声污染与野生或养殖动物及人体健康等损害之间的因果关系;制定噪声污染治理方案建议,评估损害数额,评估治理效果等。

第四十六条 振动损害鉴定。包括识别振动源,评估振动强度和影响范围;确定振动致野生或养殖动物及人体健康等损害的数量和程度;判定振动污染与野生或养殖动物及人体健康等损害之间的因果关系;制定振动污染治理方案建议,评估损害数额,评估治理效果等。

第四十七条 光损害鉴定。包括识别光污染源,评估光污染强度和影响范围;确定光污染致野生或养殖动物及人体健康等损害的数量和程度;判定光污染与野生或养殖动物及人体健康等损害之间的因果关系;制定光污染治理方案建议,评估损害数额,评估治理效果等。

第四十八条 热损害鉴定。包括识别热污染源,评估热污染强度和影响范围;确定热污染致野生或养殖动物及人体健康等损害的数量和程度;判定热污染与野生或养殖动物及人体健康等损害之间的因果关系;制定热污染治理方案建议,评估损害数额,评估治理效果等。

第四十九条 电磁辐射损害鉴定。包括识别电磁辐射源,评估电磁辐射强度和对环境的影响范围;确定电磁辐射致野生或养殖动物及人体健康等损害的数量和程度;判定电磁辐射与野生或养殖动物及人体健康等损害之间的因果关系;制定电磁辐射污染治理方案建议,评估损害数额,评估治理效果等。

第五十条 电离辐射损害鉴定。包括识别电离辐射源,评估电离辐射强度和对环境的影响范围;确定电离辐射致野生或养殖动物及人体健康等损害的数量和程度;判定电离辐射与野生或养殖动物及人体健康等损害之间的因果关系;制定电离辐射污染治理方案建议,评估损害数额,评估治理效果等。

第九章 附 则

第五十一条 本规定自发布之日起实施。

附件:

环境损害司法鉴定执业分类目录

序号	领域	分领域及项目
01	污染物性质鉴定	0101 固体废物鉴定
		0102 危险废物鉴定
		0103 有毒物质(不包括危险废物)鉴定
		0104 放射性废物鉴定
		0105 含传染病病原体的废物(不包括医疗废物)鉴定
		0106 污染物筛查及理化性质鉴定
		0107 有毒物质、放射性废物致植物损害鉴定
		0108 有毒物质、放射性废物致动物损害鉴定
02	地表水与沉积物环境损害鉴定	0201 污染环境行为致地表水与沉积物环境损害鉴定
		0202 污染环境行为致水生态系统损害鉴定
		0203 地表水和沉积物污染致植物损害鉴定
		0204 地表水和沉积物污染致动物损害鉴定
03	空气污染环境损害鉴定	0301 污染环境行为致环境空气损害鉴定
		0302 环境空气污染致植物损害鉴定
		0303 环境空气污染致动物损害鉴定
		0304 室内空气污染损害鉴定
		0305 室内空气污染致人体健康损害鉴定

续表

序号	领域	分领域及项目
04	土壤与地下水环境损害鉴定	0401 污染环境行为致土壤环境损害鉴定
		0402 污染环境行为致地下水环境损害鉴定
		0403 污染环境行为致土壤生态系统损害鉴定
		0404 土壤污染致植物损害鉴定
		0405 地下水污染致植物损害鉴定
		0406 土壤污染致动物损害鉴定
		0407 地下水污染致动物损害鉴定
05	近岸海洋与海岸带环境损害鉴定	0501 污染环境行为致近岸海洋与海岸带环境损害鉴定
		0502 污染环境行为致近岸海洋与海岸带生态系统损害鉴定
		0503 近岸海洋与海岸带环境污染致海洋植物损害鉴定
		0504 近岸海洋与海岸带环境污染致海洋动物损害鉴定
06	生态系统环境损害鉴定	0601 生态破坏行为致植物损害鉴定
		0602 生态破坏行为致动物损害鉴定
		0603 生态破坏行为致微生物损害鉴定
		0604 生态破坏行为致森林生态系统损害鉴定
		0605 生态破坏行为致草原生态系统损害鉴定
		0606 生态破坏行为致湿地生态系统损害鉴定
		0607 生态破坏行为致荒漠生态系统损害鉴定
		0608 生态破坏行为致海洋生态系统损害鉴定
		0609 生态破坏行为致河流、湖泊生态系统损害鉴定
		0610 生态破坏行为致冻原生态系统损害鉴定
		0611 生态破坏行为致农田生态系统损害鉴定
		0612 生态破坏行为致城市生态系统损害鉴定
		0613 矿产资源开采行为致矿山地质环境破坏、土地损毁及生态功能损害鉴定
07	其他环境损害鉴定	0701 噪声损害鉴定
		0702 振动损害鉴定
		0703 光损害鉴定
		0704 热损害鉴定
		0705 电磁辐射损害鉴定
		0706 电离辐射损害鉴定

环境损害司法鉴定机构登记评审细则

1. 2018年6月14日司法部、生态环境部印发
2. 司发通〔2018〕54号

本细则适用于专家对申请从事环境损害司法鉴定业务的法人或者其他组织（以下简称申请人）的技术条件和技术能力进行评审的活动。

一、省级司法行政机关应当按照《行政许可法》、《司法鉴定机构登记管理办法》（司法部令第95号）、《司法鉴定人登记管理办法》（司法部令第96号）等规定，对申请人的申请材料进行认真审查，根据审查情况，按照法定时限出具受理决定书或者不予受理决定书。决定受理的，省级司法行政机关应当于5个工作日内组织专家开展评审工作。

二、省级司法行政机关会同省级生态环境主管部门，按照《司法部 环境保护部关于印发〈环境损害司法鉴定机构登记评审办法〉〈环境损害司法鉴定机构登记评审专家库管理办法〉的通知》（司发通〔2016〕101号）的规定，在环境损害司法鉴定机构登记评审专家库中随机抽取并确定评审专家，按鉴定事项组织建立专家评审组，每个鉴定事项的评审专家组人数不少于3人，其中国家库专家不少于1人。

三、专家评审组应当按照以下流程开展评审工作：

（一）推选组长。采取专家自荐、组内推荐等方式，确定一名组长（若以上方式未能推选出组长，则由省级司法行政机关指定组长），负责召集专家、主持评审工作等。

（二）制定工作方案。根据申请人拟从事鉴定事项的特点和要求制定有针对性的工作方案，明确评审的时限、组织方式、实施程序、主要内容、专家分工等，作为开展评审工作的指南和参考。

（三）开展评审工作。专家评审组按照工作方案确定的时间开展评审工作。评审的主要内容为查阅有关申请材料，听取汇报、答辩，对专业人员的专业技术能力进行考核，实地查看工作场所和环境，核查申请人的管理制度和运行情况，实验室的仪器设备配置和质量管理水平，现场进行勘验和评估，也可以根据需要增加其他评审内容。

评审专家应当遵守法律、法规和有关保密、回避等要求，严格按照本细则所列的各个考核评审项目，独立、客观、公正地进行评审，不受任何单位和个人干涉，并对评审意见负责。

（四）按项目进行评分。评审组的每名专家分别按照本细则确定的评分标准逐项进行打分，平均得出各项目最终评分结果，经求和后计算出专家评审总得分。

评审总得分为100分，其中人员条件、技术能力和设施设备情况占比为2:5:3。

（五）形成专家评审意见书。评审工作完成后，根据评审得分情况及评审专家意见认真填写《环境损害司法鉴定机构登记专家评审意见书》（以下简称《评审意见书》）。专家评审得分为70分（含）以上，且人员条件、技术能力和设施设备分别不低于12分、30分和18分的申请人，应当给予"具备设立环境损害司法鉴定机构的技术条件和技术能力"的评审结论；专家评审得分为70分以下或人员条件、技术能力和设施设备得分中有一项未达到该项满分60%的申请人，应当给予"不具备设立环境损害司法鉴定机构的技术条件和技术能力"的评审结论。各省份可以根据本地环境损害司法鉴定行业发展实际对该分数适当进行调整，但上下幅度不得超过10分，即最低60分（含），最高80分（含）。

要根据申请人综合情况，特别是拟申请从事环境损害司法鉴定业务的人员适合从事的执业类别（评审专家根据附件1（二）《申请从事环境损害司法鉴定人评分表》的评分结果及专业特长对拟申请从事环境损害司法鉴定业务的人员适合从事的执业类别提出建议，原则上每个人员的执业类别不超过两项，特殊专业人才执业类别不超过三项），在评审意见中明确适合从事的具体环境损害司法鉴定执业类别。

《评审意见书》填写完成后，由每位评审专家签名，并送交省级司法行政机关。评审专家对评审结论有不同意见的，应当记录在《评审意见书》中。

四、省级司法行政机关应当指定专人负责专家评审组组织及联络沟通工作，并做好相应的工作记录，与专家评审工作形成的其他材料一起作为工作档案留存。

五、省级司法行政机关应当加强与省级生态环境主管部门的联络沟通，共同研究解决专家评审工作中遇到的困难和问题，确保专家评审工作正常进行。省级生态环境主管部门发现专家评审以及《评审意见书》等材

料存在问题的,应当及时反馈省级司法行政机关。
六、本细则发布前已经登记的环境损害司法鉴定机构,应当在省级司法行政机关确定的期限内按照本细则规定的标准和条件进行整改。整改完成后,省级司法行政机关会同省级生态环境主管部门组织专家对该机构进行能力评估,仍不能满足基本能力要求,符合注销登记条件的,依法予以注销。
七、本细则自发布之日起施行。
附件:
1.环境损害司法鉴定机构登记评审评分标准(略)
2.环境损害司法鉴定机构和人员专业能力要求(略)
3.环境损害司法鉴定机构实验室和仪器设备配置(略)
4.环境损害司法鉴定机构登记专家评审意见书(略)
5.环境损害司法鉴定机构登记评审工作方案(略)

法医类司法鉴定执业分类规定

1. 2020年5月14日司法部公布
2. 司规[2020]3号

第一章 总 则

第一条 为规范法医类司法鉴定机构和鉴定人的执业活动,根据《全国人民代表大会常务委员会关于司法鉴定管理问题的决定》等规定,结合司法鉴定工作实际制定本规定。

第二条 法医类司法鉴定是指在诉讼活动中法医学各专业鉴定人运用科学技术或者专门知识,对诉讼涉及的专门性问题进行鉴别和判断并提供鉴定意见的活动。

第三条 法医类司法鉴定依据所解决的专门性问题分为法医病理鉴定、法医临床鉴定、法医精神病鉴定、法医物证鉴定、法医毒物鉴定等。

第二章 法医病理鉴定

第四条 法医病理鉴定是指鉴定人运用法医病理学的科学技术或者专门知识,对与法律问题有关的人身伤、残、病、死及死后变化等专门性问题进行鉴别和判断并提供鉴定意见的活动。

法医病理鉴定包括死亡原因鉴定,死亡方式判断,死亡时间推断,损伤时间推断,致伤物推断,成伤机制分析,医疗损害鉴定以及与死亡原因相关的其他法医病理鉴定等。

第五条 死亡原因鉴定。依据法医病理学尸体检验等相关标准,基于具体案件鉴定中的检材情况、委托人的要求以及死者的民族习惯等,按照所采用的检查方法进行死亡原因鉴定或分析。死亡原因鉴定通常有以下类型:

尸体解剖,死亡原因鉴定。通过进行系统尸体解剖检验(包括但不限于颅腔、胸腔、腹腔等);提取病理检材,对各器官进行大体检验和显微组织病理学检验;提取尸体相关体液或组织进行毒、药物检验,或者其他实验室检验(必要时)。根据上述尸体解剖检验和必要的实验室检验结果,结合案情资料及其他书证材料,对死亡原因等进行鉴定。

尸表检验,死亡原因分析。通过对尸体衣着、体表进行检验,必要时进行尸体影像学检查或提取相关体液检材进行毒、药物检验等。根据上述检验结果,并结合案情资料等对死亡原因等进行分析。

器官/切片检验,死亡原因分析。因鉴定条件所限,缺少尸体材料时(如:再次鉴定时尸体已处理),可以通过对送检器官/组织切片进行法医病理学检验与诊断,并结合尸体检验记录和照片、毒物检验结果以及案情资料、书证材料等,进行死亡原因分析。

第六条 器官组织法医病理学检验与诊断。通过对人体器官/组织切片进行大体检验和(或)显微组织病理学检验,依据法医病理学专业知识分析、判断,作出法医病理学诊断意见。

第七条 死亡方式判断。通过案情调查、现场勘验、尸体检验及相关实验室检验/检测等资料综合分析,判断死者的死亡方式是自然死亡还是他杀、自杀、意外死亡,或者死亡方式不确定。

第八条 死亡时间推断。依据尸体现象及其变化规律推断死亡时间;依据胃、肠内容物的量和消化程度推断死亡距最后一次用餐的经历时间;利用生物化学方法,检测体液内化学物质或大分子物质浓度变化等推断死亡时间;利用光谱学、基因组学等技术推断死亡时间;依据法医昆虫学嗜尸性昆虫的发育周期及其演替规律推断死亡时间等。

第九条 损伤时间推断。在鉴别生前伤与死后伤的基础上,通过对损伤组织的大体观察和镜下组织病理学检查,依据生前损伤组织修复、愈合、炎症反应等形态学改变,对损伤时间进行推断;利用免疫组织化学和分子生物学等技术,依据生前损伤组织大分子活性物质变化规律等,对伤后存活时间进行推断。

第十条 致伤物推断。依据人体损伤形态特征、微量物证及DNA分型检验结果等,结合案情、现场勘验及可疑致伤物特征,对致伤物的类型、大小、质地、重量及作用面形状等进行分析,推断致伤物。

第十一条 成伤机制分析。依据人体损伤的形态、大小、方向、分布等损伤特征,结合案情、现场勘验及可疑伤物特征,对损伤是如何形成的进行分析、判断。

第十二条 医疗损害鉴定。应用法医病理学鉴定理论知识、临床医学理论知识和诊疗规范等,对涉及病理诊断和/或死亡后果等情形的医疗纠纷案件进行鉴定。判断诊疗行为有无过错;诊疗行为与死者死亡后果之间是否存在因果关系以及过错原因力大小等。

第十三条 与死亡原因相关的其他法医病理鉴定。包括但不限于组织切片特殊染色、尸体影像学检查、组织器官硅藻检验、尸体骨骼的性别和年龄推断等。

第三章 法医临床鉴定

第十四条 法医临床鉴定是指鉴定人运用法医临床学的科学技术或者专门知识,对诉讼涉及的与法律有关的人体损伤、残疾、生理功能、病理生理状况及其他相关的医学问题进行鉴别和判断并提供鉴定意见的活动。

法医临床鉴定包括人体损伤程度鉴定,人体残疾等级鉴定,赔偿相关鉴定,人体功能评定,性侵犯与性别鉴定,诈伤、诈病、造作伤鉴定,医疗损害鉴定,骨龄鉴定及与损伤相关的其他法医临床鉴定等。

第十五条 人体损伤程度鉴定。依据相关标准规定的各类致伤因素所致人身损害的等级划分,对损伤伤情的严重程度进行鉴定。

第十六条 人体残疾等级鉴定。依据相关标准规定的各类损伤(疾病)后遗人体组织器官结构破坏或者功能障碍所对应的等级划分,对后遗症的严重程度及其相关的劳动能力等事项进行鉴定。

第十七条 赔偿相关鉴定。依据相关标准或者法医临床学的一般原则,对人体损伤、残疾有关的赔偿事项进行鉴定。包括医疗终结时间鉴定,人身损害休息(误工)期、护理期、营养期的鉴定,定残后护理依赖、医疗依赖、营养依赖的鉴定,后续诊疗项目的鉴定,诊疗合理性和相关性的鉴定。

第十八条 人体功能评定。依据相关标准,在活体检查与实验室检验的基础上,必要时结合伤(病)情资料,对视觉功能、听觉功能、男性性功能与生育功能、嗅觉功能及前庭平衡功能进行综合评定。

第十九条 性侵犯与性别鉴定。采用法医临床学及临床医学相关学科的理论与技术,对强奸、猥亵、性虐待等非法性侵犯和反常性行为所涉专门性问题进行鉴定,以及对性别(第二性征)进行鉴定。

第二十条 诈伤、诈病、造作伤鉴定。采用法医临床学的理论与技术,对诈称(夸大)损伤、诈称(夸大)疾病以及人为造成的身体损伤进行鉴定。

第二十一条 医疗损害鉴定。应用法医临床学与临床医学相关学科的理论与技术,对医疗机构实施的诊疗行为有无过错、诊疗行为与患者损害后果之间是否存在因果关系及其原因力大小的鉴定,还包括对医疗机构是否尽到了说明义务、取得患者或者患者近亲属书面同意义务的鉴定(不涉及病理诊断或死亡原因鉴定)。

第二十二条 骨龄鉴定。通过个体骨骼的放射影像学特征对青少年的骨骼年龄进行推断。

第二十三条 与人体损伤相关的其他法医临床鉴定。采用法医临床学及其相关自然科学学科的理论与技术,对人体损伤(疾病)所涉及的除上述以外其他专门性问题的鉴定。包括损伤判定、损伤时间推断、成伤机制分析与致伤物推断,影像资料的同一性认定,以及各种致伤因素造成的人身损害与疾病之间因果关系和原因力大小的鉴定等。

第四章 法医精神病鉴定

第二十四条 法医精神病鉴定是指运用法医精神病学的科学技术或者专门知识,对涉及法律问题的被鉴定人的精神状态、行为/法律能力、精神损伤及精神伤残等专门性问题进行鉴别和判断并提供鉴定意见的活动。

法医精神病鉴定包括精神状态鉴定、刑事类行为能力鉴定、民事类行为能力鉴定、其他类行为能力鉴定、精神损伤类鉴定、医疗损害鉴定、危险性评估、精神障碍医学鉴定以及与心理、精神相关的其他法医精神病鉴定等。

第二十五条 精神状态鉴定。对感知、思维、情感、行为、意志及智力等精神活动状态的评估。包括有无精神障碍(含智能障碍)及精神障碍的分类。

第二十六条 刑事类行为能力鉴定。对涉及犯罪嫌疑人或被告人、服刑人员以及强奸案件中被害人的行为能力进行鉴定。包括刑事责任能力、受审能力、服刑能力（含是否适合收监）、性自我防卫能力鉴定等。

第二十七条 民事类行为能力鉴定。对涉及民事诉讼活动中相关行为能力进行鉴定。包括民事行为能力、诉讼能力鉴定等。

第二十八条 其他类行为能力鉴定。对涉及行政案件的违法者（包括吸毒人员）、各类案件的证人及其他情形下的行为能力进行鉴定。包括受处罚能力，是否适合强制隔离戒毒，作证能力及其他行为能力鉴定等。

第二十九条 精神损伤类鉴定。对因伤或因病致劳动能力丧失及其丧失程度，对各类致伤因素所致人体损害后果的等级划分，及损伤伤情的严重程度进行鉴定。包括劳动能力、伤害事件与精神障碍间因果关系，精神损伤程度、伤残程度、休息期（误工期）、营养期、护理期及护理依赖程度等鉴定。

第三十条 医疗损害鉴定。对医疗机构实施的精神障碍诊疗行为有无过错、诊疗行为与损害后果间是否存在因果关系及原因力大小进行鉴定。

第三十一条 危险性评估。适用于依法不负刑事责任精神病人的强制医疗程序，包括对其被决定强制医疗前或解除强制医疗时的暴力危险性进行评估。

第三十二条 精神障碍医学鉴定。对疑似严重精神障碍患者是否符合精神卫生法规定的非自愿住院治疗条件进行评估。

第三十三条 与心理、精神相关的其他法医精神病鉴定或测试。包括但不限于强制隔离戒毒适合性评估、多道心理生理测试（测谎）、心理评估等。

第五章 法医物证鉴定

第三十四条 法医物证鉴定是指鉴定人运用法医物证学的科学技术或者专门知识，对各类生物检材进行鉴别和判断并提供鉴定意见的活动。

法医物证鉴定包括个体识别，三联体亲子关系鉴定，二联体亲子关系鉴定，亲缘关系鉴定，生物检材种属和组织来源鉴定，生物检材来源生物地理溯源，生物检材来源个体表型推断，生物检材来源个体年龄推断以及与非人源生物检材相关的其他法医物证鉴定等。

第三十五条 个体识别。对生物检材进行性别检测、常染色体 STR 检测、Y 染色体 STR 检测、X 染色体 STR 检测、线粒体 DNA 检测等，以判断两个或多个生物检材是否来源于同一个体。

第三十六条 三联体亲子关系鉴定。对生物检材进行常染色体 STR 检测、Y 染色体 STR 检测、X 染色体 STR 检测等，以判断生母、孩子与被检父或者生父、孩子与被检母之间的亲缘关系。

第三十七条 二联体亲子关系鉴定。对生物检材进行常染色体 STR 检测、Y 染色体 STR 检测、X 染色体 STR 检测、线粒体 DNA 检测等，以判断被检父与孩子或者被检母与孩子之间的亲缘关系。

第三十八条 亲缘关系鉴定。对生物检材进行 STR 检测、SNP 检测、线粒体 DNA 检测等，以判断被检个体之间的同胞关系、祖孙关系等亲缘关系。

第三十九条 生物检材种属和组织来源鉴定。对可疑血液、精液、唾液、阴道液、汗液、羊水、组织/器官等各类生物检材及其斑痕进行细胞学检测、免疫学检测、DNA 检测、RNA 检测等，以判断其种属、组织类型或来源。

第四十条 生物检材来源生物地理溯源。对生物检材进行祖先信息遗传标记检测，以推断被检个体的生物地理来源。

第四十一条 生物检材来源个体表型推断。对生物检材进行生物表型信息遗传标记检测，以推断被检个体容貌、身高等生物表型或其它个体特征信息。

第四十二条 生物检材来源个体年龄推断。对体液（斑）、组织等检材进行生物年龄标志物检测，以推断被检个体的生物学年龄。

第四十三条 与非人源生物检材相关的其他法医物证鉴定。包括但不限于对来自动物、植物、微生物等非人源样本进行同一性鉴识、种属鉴定以及亲缘关系鉴定等。

第六章 法医毒物鉴定

第四十四条 法医毒物鉴定是指鉴定人运用法医毒物学的科学技术或者专门知识，对体内外药毒物、毒品及代谢物进行定性、定量分析，并提供鉴定意见的活动。

法医毒物鉴定包括气体毒物鉴定，挥发性毒物鉴定，合成药毒物鉴定，天然药毒物鉴定，毒品鉴定，易制毒化学品鉴定，杀虫剂鉴定，除草剂鉴定，杀鼠剂鉴定，金属毒物类鉴定，水溶性无机毒物类鉴定以及与毒物相关的其他法医毒物鉴定等。

第四十五条 气体毒物鉴定。鉴定检材中是否含有一氧化碳、硫化氢、磷化氢、液化石油气等气体毒物或其体内代谢物；气体毒物及代谢物的定量分析。

第四十六条 挥发性毒物鉴定。鉴定检材中是否含有氢氰酸、氰化物、含氰苷类、醇类、苯及其衍生物等挥发性毒物或其体内代谢物；挥发性毒物及代谢物的定量分析。

第四十七条 合成药毒物鉴定。鉴定检材中是否含有苯二氮䓬类药物、巴比妥类药物、吩噻嗪类药物、抗精神病药物、临床麻醉药、抗生素、甾体激素等化学合成或半合成的药物或其体内代谢物；合成药毒物及代谢物的定量分析。

第四十八条 天然药毒物鉴定。鉴定检材中是否含有乌头生物碱、颠茄生物碱、钩吻生物碱、雷公藤甲素、雷公藤酯甲等植物毒物成分或其体内代谢物，以及检材中是否含有斑蝥素、河豚毒素、蟾蜍毒素等动物毒物成分或其体内代谢物；天然药毒物及代谢物的定量分析。

第四十九条 毒品鉴定。鉴定检材中是否含有阿片类、苯丙胺类兴奋剂、大麻类、可卡因、氯胺酮、合成大麻素类、卡西酮类、芬太尼类、哌嗪类、色胺类等毒品或其体内代谢物；毒品及代谢物的定量分析。

第五十条 易制毒化学品鉴定。鉴定检材中是否含有1-苯基-2-丙酮、苯乙酸、甲苯等易制毒化学品；易制毒化学品的定量分析。

第五十一条 杀虫剂鉴定。鉴定检材中是否含有有机磷杀虫剂、氨基甲酸酯类杀虫剂、拟除虫菊酯类杀虫剂等杀虫剂或其体内代谢物；杀虫剂及代谢物的定量分析。

第五十二条 除草剂鉴定。鉴定检材中是否含有百草枯、敌草快、草甘膦等除草剂或其体内代谢物，除草剂及代谢物的定量分析。

第五十三条 杀鼠剂鉴定。鉴定检材中是否含有香豆素类、茚满二酮类、有机氟类、有机磷类、氨基甲酸酯类等有机合成杀鼠剂、无机杀鼠剂、天然植物性杀鼠剂成分等杀鼠剂或其体内代谢物；杀鼠剂及代谢物的定量分析。

第五十四条 金属毒物鉴定。鉴定检材中是否含有砷、汞、钡、铅、铬、铊、镉等金属、类金属及其化合物；金属毒物的定量分析。

第五十五条 水溶性无机毒物鉴定。鉴定检材中是否含有亚硝酸盐、强酸、强碱等水溶性无机毒物，水溶性无机毒物的定量分析。

第五十六条 与毒物相关的其他法医毒物鉴定，包括但不限于定性、定量分析结果的解释，如对毒物在体内的存在形式、代谢过程、检出时限的解释等。

第七章 附 则

第五十七条 本规定自公布之日起施行。

附件

法医类司法鉴定执业分类目录

序号	领　域	分领域及项目
01	法医病理鉴定	0101 死亡原因鉴定
		010101 尸体解剖，死亡原因鉴定
		010102 尸表检验，死亡原因分析
		010103 器官/切片检验，死亡原因分析
		0102 器官组织法医病理学检验与诊断
		0103 死亡方式判断
		0104 死亡时间推断
		0105 损伤时间推断
		0106 致伤物推断
		0107 成伤机制分析
		0108 医疗损害鉴定
		0109 与死亡原因相关的其他法医病理鉴定

续表

序号	领　　域	分领域及项目
02	法医临床鉴定	0201 人体损伤程度鉴定
		0202 人体残疾等级鉴定
		0203 赔偿相关鉴定
		0204 人体功能评定 020401 视觉功能 020402 听觉功能 020403 男性性功能与生育功能 020404 嗅觉功能 020405 前庭平衡功能
		0205 性侵犯与性别鉴定
		0206 诈伤、诈病、造作伤鉴定
		0207 医疗损害鉴定
		0208 骨龄鉴定
		0209 与人体损伤相关的其他法医临床鉴定
03	法医精神病鉴定	0301 精神状态鉴定
		0302 刑事类行为能力鉴定
		0303 民事类行为能力鉴定
		0304 其他类行为能力鉴定
		0305 精神损伤类鉴定
		0306 医疗损害鉴定
		0307 危险性评估
		0308 精神障碍医学鉴定
		0309 与心理、精神相关的其他法医精神病鉴定或测试
04	法医物证鉴定	0401 个体识别
		0402 三联体亲子关系鉴定
		0403 二联体亲子关系鉴定
		0404 亲缘关系鉴定
		0405 生物检材种属和组织来源鉴定
		0406 生物检材来源生物地理溯源
		0407 生物检材来源个体表型推断
		0408 生物检材来源个体年龄推断
		0409 与非人源生物检材相关的其他法医物证鉴定

续表

序号	领域	分领域及项目
05	法医毒物鉴定	0501 气体毒物鉴定
		0502 挥发性毒物鉴定
		0503 合成药毒物鉴定
		0504 天然药毒物鉴定
		0505 毒品鉴定
		0506 易制毒化学品鉴定
		0507 杀虫剂鉴定
		0508 除草剂鉴定
		0509 杀鼠剂鉴定
		0510 金属毒物鉴定
		0511 水溶性无机毒物鉴定
		0512 与毒物相关的其他法医毒物鉴定

司法鉴定教育培训工作管理办法

1. 2021年1月6日司法部发布
2. 司规〔2021〕1号

第一章 总 则

第一条 为适应新时代公共法律服务体系建设需要，推进司法鉴定人队伍革命化、正规化、专业化、职业化建设，提高司法鉴定人队伍政治素质、法律素养、专业技能和职业道德水平，提高司法鉴定质量和公信力，根据《全国人民代表大会常务委员会关于司法鉴定管理问题的决定》《司法鉴定人登记管理办法》等有关规定，制定本办法。

第二条 本办法所称的司法鉴定教育培训包括岗前培训和岗位培训，适用于经司法行政机关登记的司法鉴定人。

第三条 按照"先培训后上岗"和终身教育的要求，司法鉴定教育培训工作坚持以下原则：

（一）政治统领，党建引领。以习近平新时代中国特色社会主义思想为指导，深入学习贯彻习近平法治思想，加强政治建设，强化政治统领，教育引导广大司法鉴定人拥护中国共产党的领导，拥护社会主义法治，切实增强"四个意识"、坚定"四个自信"、做到"两个维护"。

（二）注重能力，强化操守。坚持将能力培养贯穿始终，加强专业知识学习和业务能力培训，不断提高执业水平。强化职业道德和执业纪律教育，培育崇尚法治、科学严谨、客观公正、廉洁自律的行业精神，教育引导广大司法鉴定人立足公益属性，践行为民理念，恪守职业操守，依法公正诚信执业。

（三）围绕中心，全员培训。紧紧围绕服务党和国家工作大局、服务诉讼活动、服务公共法律服务事业，着眼司法鉴定行业发展，开展大规模培训，全类别覆盖，全员参加，持续提高司法鉴定人整体素质。

（四）统筹规划，按需施教。科学规划、合理统筹教育培训基地、教材、师资等建设，把握司法鉴定人成长规律和教育培训需求，增强教育培训的针对性和实效性。

（五）分级负责，分类指导。坚持"属地管理、分级负责""谁主管谁负责"，整合培训资源，改进培训方式，加强工作指导，充分发挥行业协会作用，开展不同执业类别、不同层次、不同岗位人员的分级分类培训。

第四条 司法行政机关负责对司法鉴定教育培训工作进行规划、组织、指导和监督检查。

第五条 司法鉴定人应当积极参加教育培训活动，完善知识结构、增强创新能力、提高专业水平。司法鉴定机构应当积极组织本机构司法鉴定人参加教育培训。

第二章 岗前培训

第六条 岗前培训是指为适应司法鉴定人岗位工作需要,以达到司法鉴定人资质要求和具备相应执业能力为目的的学习培训活动。

岗前培训对象为已取得司法鉴定人执业证书尚未独立执业的人员,培训主要内容包括国家有关方针政策、相关法律知识、职业道德、执业纪律、执业规则和鉴定业务知识等。

第七条 岗前培训结束后,应当对培训人员是否掌握司法鉴定相关法律政策、知识技能、程序标准等进行评价或考核。

第八条 岗前培训方案由省级司法行政机关制定并组织实施,岗前培训应当统一培训内容、要求、时间、考核形式。

第九条 岗前培训应当在司法部或者省级司法行政机关确定的司法鉴定教育培训基地和培训机构进行。

第三章 岗位培训

第十条 岗位培训是指司法鉴定人执业期间,为进一步增强政治素质、改善知识结构、提高专业技能和职业道德水平而进行的继续教育。

第十一条 岗位培训以脱产培训、研讨交流、网络培训、在职自学等方式进行,培训内容分为公需科目和专业科目。公需科目主要内容包括习近平新时代中国特色社会主义思想重点是习近平法治思想,以及司法鉴定有关法律法规和政策文件,司法鉴定人职业道德和执业纪律,司法鉴定执业规则及信息化应用等。专业科目主要内容包括司法鉴定人从事有关司法鉴定业务必须具备的各类别司法鉴定执业分类规定、典型案例,相关技术方法、技术规范和标准等专业知识、专业技能,以及应当掌握的新理论、新知识、新标准、新技术、新方法等。

第十二条 岗位培训实行年度学时制度,每年累计不得少于50学时。其中,公需科目不得少于10学时,专业科目不得少于30学时。司法鉴定机构自行开展的教育培训,不得多于10学时。每学时为50分钟。

第十三条 司法鉴定人参加下列活动的,计入学时:

(一)司法部或者省级司法行政机关组织或者委托举办的研讨、交流和培训;

(二)司法部或者省级司法行政机关认可的国内、国外的大专院校、科研机构开展的相关专业学历教育和进修;

(三)省级司法行政机关认可,由所在业务主管部门或者行业组织开展的专业对口的研讨、交流和培训;

(四)教育行政部门认可的对口专业教育;

(五)国际性司法鉴定研讨、交流和培训;

(六)司法部或者省级司法行政机关认可的其他教育培训。

第十四条 司法鉴定人参加国际性研讨、交流和培训的,计16学时;参加全国性研讨、交流和培训的,计12学时;参加省级研讨、交流和培训的,计8学时;参加其他教育培训活动的,司法鉴定人应当将相关证明材料报省级司法行政机关,计入学时的标准由省级司法行政机关确定。

第十五条 司法鉴定人参加岗位培训取得的学时,在全国范围内本年度有效,不得结转以后年度。

第十六条 司法鉴定人有下列情形之一的,经省级司法行政机关批准后,可以免修年度岗位培训学时:

(一)本年度内在境外工作六个月以上的;

(二)本年度内病假六个月以上的;

(三)女性司法鉴定人在孕期、产假、哺乳期内的;

(四)其他特殊情况。

第四章 组织管理

第十七条 司法部负责规划、指导和监督全国司法鉴定教育培训工作。具体包括:

(一)制定全国司法鉴定人教育培训年度计划并指导实施;

(二)组织编写和推荐司法鉴定人教育培训教材;

(三)组织师资培训,统一规划全国司法鉴定人教育培训师资库建设;

(四)举办全国司法鉴定业务示范培训、骨干司法鉴定人业务培训;

(五)遴选、公布全国司法鉴定人教育培训基地名单;

(六)指导全国司法鉴定人教育培训评估工作;

(七)完善全国司法鉴定教育培训公共信息综合服务。

第十八条 省级司法行政机关负责对本地区的司法鉴定教育培训工作进行规划、组织和指导,对司法鉴定机构及其司法鉴定人参加教育培训的情况进行监督、检查。

第十九条 司法鉴定行业协会应当在司法行政机关指导下,发挥行业优势,组织实施教育培训活动。

第二十条　司法鉴定机构应当为相关人员参加教育培训提供便利条件，鼓励司法鉴定机构建立教育培训基金。

有条件的司法鉴定机构可以自行开展教育培训，并报省级司法行政机关备案。

第二十一条　司法行政机关应当加强司法鉴定教育培训机构建设，规范管理，构建布局合理、分工明确、优势互补、竞争有序的教育培训机构体系。加强司法鉴定教育培训基地建设，建立动态管理制度，充分发挥培训基地、科研院所在教育培训中的主渠道作用。

第二十二条　司法行政机关可以依托司法鉴定管理信息系统，建设线上一站式教育培训公共信息综合服务平台，发布教育培训指南。根据不同岗位、专业类别和层次，加强课程和教材体系建设，推荐优秀课程和优秀教材，促进优质资源共享。

第二十三条　司法行政机关应当建立司法鉴定教育培训协调联动和资源共享机制，加强培训师资库和试题库建设。

第五章　考核评估

第二十四条　司法行政机关应当将司法鉴定人参加教育培训和司法鉴定机构组织教育培训情况作为资质评估、考核评价、职称评聘等的重要内容。

第二十五条　司法鉴定机构应当在规定的时间内，将司法鉴定人参加教育培训活动有关证明材料统一提交司法行政机关核计学时并记入执业档案。

第二十六条　司法鉴定机构应当将教育培训情况作为司法鉴定人考核评价、岗位聘用等的重要依据。

第二十七条　对于无正当理由，未达到规定的年度岗位培训学时要求的、不参加岗位培训的或者违反学习纪律和管理制度的司法鉴定人，司法行政机关应当视情节给予批评教育、公开通报，并记入执业档案、纳入信用管理体系等。

第六章　附　则

第二十八条　各省（区、市）和新疆生产建设兵团司法厅（局）开展对申请从事司法鉴定业务人员、司法鉴定机构负责人、司法鉴定人助理的教育培训工作可以参照本办法。

第二十九条　本办法自公布之日起施行。2007年11月1日公布的《司法鉴定教育培训规定》（司发通〔2007〕72号）同时废止。

司法鉴定机构　鉴定人记录和报告干预司法鉴定活动的有关规定

1. 2020年6月8日司法部公布
2. 司办通〔2020〕56号
3. 自2020年7月1日起施行

第一条　为深入贯彻落实中办、国办《关于健全统一司法鉴定管理体制的实施意见》，依法保障鉴定人独立开展鉴定工作，让人民群众在每一起鉴定案件中都能感受到公平正义，根据《全国人民代表大会常务委员会关于司法鉴定管理问题的决定》等有关规定，结合司法鉴定工作实际，制定本规定。

第二条　鉴定人独立进行鉴定活动，不受任何组织和个人干预。

第三条　有下列情形之一的，属于干预司法鉴定活动：
（一）为当事人请托说情的；
（二）邀请鉴定人或者鉴定机构其他人员私下会见司法鉴定委托人、当事人及其代理人、辩护律师、近亲属以及其他与案件有利害关系的人的；
（三）明示、暗示或强迫鉴定人或者鉴定机构其他人员违规受理案件、出具特定鉴定意见、终止鉴定的；
（四）其他影响鉴定人独立进行鉴定的情形。

第四条　干预司法鉴定活动实行零报告制度。对于有本规定第三条规定情形的，鉴定人或者鉴定机构其他人员应当及时固定相关证据，填写《干预司法鉴定活动记录表》（见附件）并签名，存入司法鉴定业务档案，做到全程留痕，有据可查。

没有本规定第三条规定情形的，应当在《干预司法鉴定活动记录表》中勾选"无此类情况"并签名、存入司法鉴定业务档案。

第五条　鉴定人或者鉴定机构其他人员应当及时将干预司法鉴定活动情况报所在司法鉴定机构。

对于鉴定机构负责人有本规定第三条规定情形的，鉴定人或者鉴定机构其他人员可以直接向主管该鉴定机构的司法行政机关报告。

对于鉴定机构其他人员有本规定第三条规定情形，造成严重后果的，鉴定人或者鉴定机构可以直接向主管该鉴定机构的司法行政机关报告。

第六条　司法鉴定机构收到报告后，对于鉴定机构内部人员干预司法鉴定活动的,依据本机构章程等规定予以处理;对于鉴定机构外部人员干预司法鉴定活动的,及时向主管该鉴定机构的司法行政机关报告。

第七条 司法鉴定机构及其工作人员应当严格遵守本规定,做好干预司法鉴定活动记录和报告等工作。

司法鉴定机构应当充分发挥党组织职能作用,加强党员教育管理。对于党员干预司法鉴定活动的,除根据本规定第六条给予处理外,还应当依规依纪进行处理。

第八条 司法行政机关收到报告后,应当按照下列不同情形,分别作出处理:

(一)符合第五条第二款、第三款规定情形的鉴定机构内部人员干预司法鉴定活动的,由主管该机构的司法行政机关调查处理;

(二)司法行政机关工作人员干预司法鉴定活动的,由其所在的司法行政机关依法处理;

(三)司法机关、行政执法机关等委托人及其工作人员干预司法鉴定活动的,应当向其上级机关或者主管单位进行通报;

(四)其他机关或组织的工作人员干预司法鉴定活动的,向其主管单位或者上级机关通报;

(五)其他个人干预司法鉴定活动的,将有关情况告知司法机关、行政执法机关等委托人。

其中,存在第(一)(二)(四)项情况的,应当一并告知司法机关、行政执法机关等委托人。

第九条 鉴定人或者鉴定机构其他人员如实记录和报告干预司法鉴定活动情况,受法律和组织保护。对记录和报告人员打击报复的,依法依规严肃处理;构成犯罪的,依法追究刑事责任。

第十条 司法行政机关、司法鉴定机构及其工作人员不得泄露其知悉的记录和报告干预司法鉴定活动有关情况。

第十一条 有下列情形之一的,由司法行政机关责令改正,并记入其诚信档案;两次以上不记录或者不如实记录、报告的,予以训诫、通报批评:

(一)鉴定人未如实记录、报告干预司法鉴定活动情况的;

(二)鉴定机构负责人授意不记录、报告或者不如实记录、报告干预司法鉴定活动情况的;

(三)其他违反本规定的情形。

第十二条 本规定自2020年7月1日起施行。

附件:干预司法鉴定活动记录表(略)

司法鉴定机构诚信等级评估办法(试行)

1. 2021年12月28日印发
2. 司规〔2021〕4号

第一章 总 则

第一条 为加强对司法鉴定机构和司法鉴定人的监督管理,促进依法诚信执业,推动司法鉴定行业健康有序发展,根据《全国人民代表大会常务委员会关于司法鉴定管理问题的决定》等规定,制定本办法。

第二条 本办法所称诚信等级评估,是指司法行政机关依照本办法规定的评估内容和标准,对司法鉴定机构诚信执业状况等进行评估,并评定相应等级的活动。

第三条 经司法行政机关审核登记的司法鉴定机构的诚信等级评估工作,适用本办法。

第四条 司法鉴定机构诚信等级评估工作应当坚持正向激励、分级分类、综合评价、公开公正、动态管理的原则。

第五条 各地司法行政机关可以结合实际,根据本办法制定本地司法鉴定机构诚信等级评估实施细则。

司法行政机关可以委托并指导司法鉴定行业协会具体实施评估工作。

第六条 司法行政机关应当加强司法鉴定信息化建设,充分利用信息技术手段,提高司法鉴定机构诚信等级评估工作效率。

司法行政机关应当加强与监察机关、侦查机关、检察机关、审判机关等相关单位的沟通与协作,收集涉及司法鉴定机构和司法鉴定人的相关执业信息。

第七条 司法鉴定机构诚信等级按照综合评估情况分为A、B、C、D四个等级。

(一)分值在90分(含)以上的,确定为A;

(二)分值在80-90分(不含)的,确定为B;

(三)分值在70-80分(不含)的,确定为C;

(四)分值在70分(不含)以下的,确定为D。

第八条 司法鉴定机构诚信等级评估工作原则上每年进行一次,以司法鉴定机构上一年度执业等情况为依据。

司法鉴定机构出现影响诚信等级的重大事项的,司法行政机关应当及时组织重新评估,实时更新评估结果。

第二章 评估内容

第九条 司法鉴定机构诚信等级评估基础指标,包括以下内容:

（一）党的建设工作情况;

（二）遵守法律、法规、规章和规范性文件情况;

（三）遵守职业道德和执业纪律情况;

（四）执行司法鉴定程序、标准和技术规范情况;

（五）接受司法行政机关、行业协会管理监督情况;

（六）履行内部管理职责情况;

（七）执业公示情况;

（八）其他情况。

上述指标总分为85分。

第十条 司法鉴定机构诚信等级评估加分指标,包括以下内容:

（一）参加公益活动情况;

（二）司法鉴定科研活动情况;

（三）能力验证情况;

（四）信息化建设情况;

（五）业务案例入选采纳情况;

（六）获得省级及以上表彰奖励情况;

（七）其他情况。

上述指标总分为15分。

第十一条 司法鉴定机构出现不同扣分情形的,按不同情形分别扣分。

因同一情形,符合两个以上不同扣分项的,以最高分值扣分。

因同一情形,符合两个以上不同加分项的,以最高分值加分。

第三章 评估程序

第十二条 司法鉴定机构诚信等级评估工作按照司法鉴定机构自查自评、地市级司法行政机关初评、省级司法行政机关综合评估并发布三个步骤进行。

司法鉴定机构诚信等级评估材料包括自查报告、评估量化表、相关证明材料复印件,以及司法行政机关要求提供的其他材料等。

司法行政机关可以邀请专家参与司法鉴定机构诚信等级评估工作。

第十三条 司法鉴定机构应当按照本办法确定的评估指标,参照评估量化表对本机构的诚信状况进行自查自评,并将自查报告及相关材料报地市级司法行政机关。

地市级司法行政机关应当对司法鉴定机构自查报告及相关材料进行初评,将初评意见及相关材料一并报省级司法行政机关。

第十四条 省级司法行政机关收到相关材料后,应当组织专家或以其他方式进行综合评估,确定相应的诚信等级,并公示七个工作日。

公示期内,任何单位或个人对评估结果有异议的,应当向省级司法行政机关提出书面复核申请,并提供相关证明材料。经审查确有必要进行复核的,省级司法行政机关应当组建复核组进行复核。复核结果应及时反馈申请人。

公示期满无异议或经审查异议不成立的,由省级司法行政机关公布评估结果。

第十五条 司法鉴定机构存在下列情形之一的,诚信等级直接确定为D:

（一）司法鉴定机构构成单位犯罪的,或司法鉴定人、其他工作人员在实施鉴定过程中构成犯罪的;

（二）被列为失信被执行人的;

（三）被司法行政机关处以停止从事司法鉴定业务行政处罚的;

（四）以欺骗、贿赂等不正当手段取得行政许可的;

（五）报送的评估材料经查实有虚假内容或瞒报的;

（六）拒不履行司法行政机关处罚决定的;

（七）除本办法第十六条外,未参加诚信等级评估的;

（八）有其他严重违反法律、法规、规章等规定情形的。

第十六条 司法鉴定机构有下列情形之一的,可以暂不予评定诚信等级:

（一）审核登记未满一年的;

（二）经司法行政机关同意,超过一年未开展司法鉴定业务的;

（三）存在其他特殊情形的。

司法行政机关应当公布暂时不参加诚信等级评估的司法鉴定机构名单并注明原因。

第四章 结果运用

第十七条 省级司法行政机关应当及时将评估结果通过《国家司法鉴定人和司法鉴定机构名册》、门户网站等方式向社会公布,并通报或共享给监察机关、侦查机关、检察机关、审判机关等相关单位。

司法鉴定机构应当在执业场所适当位置公示评估结果。

第十八条 地市级司法行政机关应当根据司法鉴定机构诚信等级评估情况,建立诚信执业档案。

第十九条 评估结果为 A 的司法鉴定机构,可优先被推荐参评表彰奖励、推送使用部门等。

评估结果为 C 的司法鉴定机构,属地司法行政机关应当对其主要负责人、直接责任人进行约谈,强化日常巡视检查。

评估结果为 D 的司法鉴定机构,司法行政机关应当责令其限期整改,并加强监管。整改完成后,司法行政机关应当对司法鉴定机构进行重新评估。经评估,司法鉴定机构评估结果仍然为 D,不再符合设立条件的,原负责登记的司法行政机关应当依法办理注销登记手续。

第五章 附 则

第二十条 司法行政机关及其工作人员在诚信等级评估工作中滥用职权、玩忽职守、徇私舞弊的,按照有关规定承担相应责任;构成犯罪的,移送司法机关依法追究刑事责任。

第二十一条 本办法自发布之日起施行。

附件:司法鉴定机构诚信等级评估量化表(略)

司法鉴定机构和司法鉴定人退出管理办法(试行)

1. 2021 年 12 月 28 日印发
2. 司规〔2021〕5 号

第一章 总 则

第一条 为加强司法鉴定执业活动监督,规范司法鉴定机构和司法鉴定人退出管理工作,根据《行政许可法》《行政处罚法》《全国人民代表大会常务委员会关于司法鉴定管理问题的决定》《司法鉴定机构登记管理办法》《司法鉴定人登记管理办法》等规定,制定本办法。

第二条 本办法所称司法鉴定机构和司法鉴定人退出,是指经司法行政机关审核登记的司法鉴定机构和司法鉴定人因具有本办法规定的退出情形,由原负责登记的司法行政机关依法办理注销登记手续。

第三条 司法鉴定机构和司法鉴定人退出,应当按照法定权限、范围、条件和程序实施,遵循公开、公平、公正的原则。

第四条 省级司法行政机关应当建立健全工作机制,依法推动司法鉴定机构和司法鉴定人退出规范化、制度化,促进司法鉴定行业有序竞争、优胜劣汰。

第二章 退出情形和程序

第五条 司法鉴定机构或司法鉴定人有下列情形之一,情节严重的,由原负责登记的司法行政机关依法撤销登记:

(一)因严重不负责任给当事人合法权益造成重大损失的;

(二)提供虚假证明文件或采取其他欺诈手段,骗取登记的;

(三)司法鉴定机构具有《司法鉴定机构登记管理办法》第三十九条规定的情形之一,并造成严重后果的;

(四)司法鉴定人具有《司法鉴定人登记管理办法》第二十九条规定的情形之一,并造成严重后果的;

(五)司法鉴定人经人民法院依法通知,非法定事由拒绝出庭作证的;

(六)司法鉴定人故意作虚假鉴定的;

(七)法律、行政法规规定的其他情形。

第六条 司法鉴定机构或司法鉴定人有下列情形之一的,原负责登记的司法行政机关应当依法办理注销登记手续:

(一)依法申请终止司法鉴定活动的;

(二)《司法鉴定许可证》《司法鉴定人执业证》使用期限届满未申请延续登记,或未延续的;

(三)司法鉴定机构自愿解散、停业,或登记事项发生变化,不符合设立条件的;

(四)司法鉴定人因丧失行为能力或者死亡等身体健康原因,导致无法继续从事司法鉴定业务的;

(五)司法鉴定人所在司法鉴定机构注销或者被撤销登记的;

(六)法律、法规规定的其他情形。

第七条 司法鉴定机构或司法鉴定人有下列情形之一的,司法行政机关应当责令其限期整改,并加强监管:

(一)未经司法行政机关同意,擅自停止执业一年以上的;

(二)经第三方能力评估不具备相应执业能力的;

(三)司法鉴定诚信等级评估结果为 D 的;

(四)被列入严重失信主体名单的;

(五)司法鉴定机构无正当理由不组织司法鉴定

人参加教育培训,或司法鉴定人拒绝参加继续教育培训,或岗位培训未达到学时要求的;

(六)未按规定检定校准计量仪器设备的;

(七)存在其他应当加强监管情形的。

司法鉴定机构整改完成后经审核不再符合设立条件的,原负责登记的司法行政机关应当依法办理注销登记手续。

第八条 司法行政机关撤销、注销登记的,应当作出书面决定,说明法律依据和理由。

司法鉴定机构和司法鉴定人对省级司法行政机关撤销、注销登记有异议的,可以依法申请行政复议或者提起行政诉讼。

第三章 监督管理

第九条 省级司法行政机关对司法鉴定机构、司法鉴定人依法办理注销登记手续的,应当将相关信息通过门户网站等方式,及时向社会公布,并通报监察机关、侦查机关、检察机关、审判机关等相关单位。

第十条 地市级司法行政机关应当落实属地监管职责,加强日常监督管理,定期开展执法检查,了解掌握司法鉴定机构人员、场地、仪器、设备和内部管理、执业情况。

第四章 附 则

第十一条 本办法涉及撤销、注销等行政行为,按照《全国人民代表大会常务委员会关于司法鉴定管理问题的决定》等规定执行。

第十二条 各省级司法行政机关可以结合本地实际,根据本办法制定实施细则。

第十三条 本办法自发布之日起施行。

2. 公安行政机关鉴定管理

公安机关鉴定机构登记管理办法

1. 2019年11月22日公安部令第155号发布
2. 自2020年5月1日起施行

第一章 总 则

第一条 为规范公安机关鉴定机构资格登记管理工作，适应打击犯罪、保护人民、维护社会治安稳定和司法公正的需要，根据《全国人民代表大会常务委员会关于司法鉴定管理问题的决定》和有关法律、法规，结合公安机关工作实际，制定本办法。

第二条 本办法所称公安机关鉴定机构（以下简称鉴定机构），是指公安机关及其所属的科研机构、院校、医院和专业技术协会等依法设立并开展鉴定工作的组织。

第三条 本办法所称的鉴定，是指为解决案（事）件调查和诉讼活动中某些专门性问题，公安机关鉴定机构的鉴定人运用自然科学和社会科学的理论成果与技术方法，对人身、尸体、生物检材、痕迹、文件、证件、视听资料、电子数据及其它相关物品、物质等进行检验、鉴别、分析、判断，并出具鉴定意见或者检验结果的科学实证活动。

第四条 鉴定机构的登记管理工作应当根据国家有关法律法规和本办法的规定，遵循依法、公正、及时的原则，保证登记管理工作规范、有序、高效。

第二章 登记管理部门

第五条 公安部和各省、自治区、直辖市公安厅、局设立或者指定统一的登记管理部门，负责鉴定机构资格的审核登记、年度审验、变更、注销、复议、名册编制与备案、监督管理与处罚等。

第六条 公安部登记管理部门负责各省、自治区、直辖市公安厅、局，部属科研机构、院校和专业技术协会，国家移民管理局及其所属单位鉴定机构的登记管理工作。

省、自治区、直辖市公安厅、局登记管理部门负责所属地市级、县级公安机关，以及省级公安机关所属院校、医院和专业技术协会的鉴定机构的登记管理工作。

第七条 登记管理部门不得收取鉴定资格登记申请单位和鉴定机构的任何登记管理费用。

登记管理部门的有关业务经费分别列入公安部和各省、自治区、直辖市公安厅、局的年度经费预算。

第三章 资格登记

第八条 鉴定机构经登记管理部门核准登记，取得《鉴定机构资格证书》，方可进行鉴定工作。

《鉴定机构资格证书》由公安部统一监制，分为正本和副本，正本和副本具有同等的法律效力。《鉴定机构资格证书》正本悬挂于鉴定机构住所内醒目位置，副本主要供外出办理鉴定有关业务时使用。

第九条 鉴定机构登记的事项包括：名称、住所、法定代表人或者主要负责人、鉴定人、鉴定项目、注册固定资产、使用的技术标准目录等。

第十条 单位申请鉴定机构资格，应当具备下列条件：

（一）有单位名称和固定住所；

（二）有适合鉴定工作的办公和业务用房；

（三）有明确的鉴定项目范围；

（四）有在项目范围内进行鉴定必需的仪器、设备；

（五）有在项目范围内进行鉴定必需的依法通过资质认定或者实验室认可的实验室；

（六）有在项目范围内进行鉴定必需的资金保障；

（七）有开展该鉴定项目的三名以上的鉴定人；

（八）有完备的鉴定工作管理制度。

第十一条 单位申请设立鉴定机构，应当向登记管理部门提交下列材料：

（一）《鉴定机构资格登记申请表》；

（二）所有鉴定人的名册；

（三）所有鉴定人的警务技术职务任职资格或者专业技术职称证明材料、学历证书的复印件；

（四）办公和业务用房的平面比例图；

（五）仪器设备登记表；

（六）鉴定采用的技术标准目录；

（七）鉴定机构内部管理工作制度；

（八）鉴定机构的法人代表证明，或者同级公安机关负责人关于保证鉴定人独立开展鉴定工作的书面承诺；

（九）应当提交的其他材料。

第十二条 公安机关的鉴定机构可以申报登记开展下列

鉴定项目：

（一）法医类鉴定，包括法医临床、法医病理、法医人类学和法医精神病鉴定；

（二）DNA鉴定；

（三）痕迹鉴定；

（四）理化鉴定，包括毒物、毒品和微量物质的鉴定；

（五）文件证件鉴定；

（六）声像资料鉴定；

（七）电子数据鉴定；

（八）环境损害鉴定；

（九）交通事故鉴定；

（十）心理测试；

（十一）警犬鉴别。

根据科学技术发展和公安工作需要，鉴定机构可以申请开展其他鉴定项目。

第十三条 省、自治区、直辖市公安厅、局，部属科研机构、院校和专业技术协会，国家移民管理局及其所属单位等申请设立鉴定机构，应当向公安部登记管理部门提交申请材料。

省、自治区、直辖市公安厅、局所属院校、医院和专业技术协会，以及地市级公安机关申请设立鉴定机构，应当向所在省、自治区、直辖市公安厅、局登记管理部门提交申请材料。

县级公安机关申请设立鉴定机构，应当由地市级公安机关向所在省、自治区、直辖市公安厅、局登记管理部门提交申请材料。

第十四条 登记管理部门收到申请登记材料后，应当在二十个工作日内作出是否准予登记的决定，情况特殊的，可以延长至三十个工作日。提交申请材料不全的，期限从补齐材料之日起计算。

公安机关一个独立法人单位（含市辖区公安分局）只核准登记一个鉴定机构。因工作需要，可以设立分支机构。

登记管理部门对符合登记条件的，应当作出准予登记的决定，在期限内颁发《鉴定机构资格证书》；对不符合登记条件的，作出不予登记的决定。

第四章 年度审验

第十五条 登记管理部门应当每年对鉴定机构资格审验一次，并及时将审验结果通报至鉴定机构。

第十六条 鉴定机构有下列情形之一的，年度审验不合格：

（一）所属鉴定人人数达不到登记条件的；

（二）因技术用房、仪器设备、资金保障、鉴定人能力的缺陷已无法保证鉴定质量的；

（三）资质认定或者实验室认可资格被暂停或者取消的；

（四）出具错误鉴定意见并导致发生重大责任事故的。

第十七条 对于年度审验不合格的鉴定机构，登记管理部门应当责令其限期改正。鉴定机构应当在改正期内暂停相关鉴定项目。

第五章 资格的变更与注销

第十八条 有下列情形之一的，鉴定机构应当向原登记管理部门申请变更登记：

（一）变更鉴定机构住所的；

（二）变更鉴定机构主要负责人的；

（三）变更鉴定机构鉴定项目的；

（四）变更鉴定机构名称的。

鉴定机构申请变更登记，应当提交《公安机关鉴定机构资格变更登记申请表》。

第十九条 登记管理部门收到鉴定机构变更登记申请后，应当在十五个工作日内作出是否准予变更登记的决定。准予变更登记的，重新颁发《鉴定机构资格证书》。

第二十条 鉴定机构有下列情形之一的，应当主动向登记管理部门申请注销鉴定资格，登记管理部门也可以直接注销其鉴定资格：

（一）年度审验不合格，在责令改正期限内没有改正的；

（二）提供虚假申报材料骗取登记的；

（三）因主管部门变化需要注销登记的；

（四）法律、法规规定的其他情形。

第二十一条 鉴定机构的鉴定资格注销后，登记管理部门应当向鉴定机构的主管部门发出《注销鉴定机构资格通知书》，收回《鉴定机构资格证书》。

第二十二条 被注销鉴定资格的鉴定机构，经改正后符合登记条件的，可以重新申请登记。

第六章 复 议

第二十三条 鉴定机构对登记管理部门作出不予登记、年度审验不合格、不予变更登记或者注销登记等决定不服，可以在收到相应通知后三十个工作日内向登记管理部门申请复议。

第二十四条 登记管理部门收到有关复议申请后,应当以集体研究的方式进行复议,在十五个工作日内作出复议决定,并在十个工作日内将《复议决定通知书》送达申请复议的单位。

第七章 名册编制与备案

第二十五条 登记管理部门应当按照登记管理权限,将核准登记的鉴定机构编入本部门管理的公安机关鉴定机构名册。

第二十六条 登记管理部门应当按照有关规定,对核准登记的鉴定机构进行备案登记。

第二十七条 登记管理部门应当建立鉴定机构档案。

鉴定机构档案包括本办法第十一条第(一)至(九)项,以及资格的年度审验、变更、注销等资料。

第八章 监督管理与处罚

第二十八条 登记管理部门应当对鉴定机构进行监督管理。内容包括:

(一)鉴定的基础设施和工作环境情况;
(二)鉴定用仪器设备的配置、维护和使用情况;
(三)鉴定工作业绩情况;
(四)鉴定人技能培训情况;
(五)鉴定文书档案和证物保管情况;
(六)鉴定工作规章制度和执行情况;
(七)遵守鉴定程序、技术标准和鉴定质量管理情况等。

第二十九条 登记管理部门对公民、法人和其他组织举报、投诉鉴定机构的,应当及时进行调查,并根据调查结果依法进行处理。

第三十条 登记管理部门对鉴定机构违反本办法的,可以下达《责令改正通知书》,责令其在三个月内改正。

第三十一条 鉴定机构出具错误鉴定意见并导致发生重大责任事故的,应当在发现发生重大责任事故三个工作日内,向登记管理部门书面报告。

省级登记管理部门接到书面报告后,应当及时将情况上报公安部登记管理部门。

第三十二条 鉴定机构有下列情形之一的,登记管理部门应当立即暂停其部分或者全部鉴定项目:

(一)不能保证鉴定质量的;
(二)无法完成所登记的鉴定项目的;
(三)仪器设备不符合鉴定要求的;
(四)未按规定办理变更登记手续的;
(五)擅自增加鉴定项目或者扩大受理鉴定范围的。

被暂停的鉴定项目,鉴定机构不得出具鉴定意见。

第三十三条 鉴定机构有下列情形之一的,登记管理部门应当予以通报批评:

(一)出具错误鉴定意见的;
(二)所属鉴定人因过错被注销鉴定资格的;
(三)发现鉴定意见错误或者发生重大责任事故不及时报告的;
(四)登记管理部门限期改正逾期不改的;
(五)擅自增加收费项目或者提高收费标准的。

第三十四条 鉴定机构有下列情形之一的,登记管理部门将视情建议有关部门对有关责任人给予相应的处罚;构成犯罪的,依法追究其刑事责任:

(一)弄虚作假,出具错误鉴定意见,造成严重后果,导致冤假错案的;
(二)在应当知道具有危险、危害的情况下,强行要求鉴定人进行鉴定,造成人身伤害、财产损坏、环境污染等重大责任事故的。

第九章 附 则

第三十五条 铁路、交通港航、民航、森林公安机关和海关缉私部门的鉴定机构登记管理工作,依照本办法规定向所在地公安机关登记管理部门申请登记。

第三十六条 本办法自2020年5月1日起施行。公安部2005年12月29日发布的《公安机关鉴定机构登记管理办法》(公安部令第83号)同时废止。

公安机关鉴定人登记管理办法

1. *2019年11月22日公安部令第156号发布*
2. *自2020年5月1日起施行*

第一章 总 则

第一条 为规范公安机关鉴定人资格登记管理工作,适应打击犯罪、保护人民、维护社会治安稳定和司法公正的需要,根据《全国人民代表大会常务委员会关于司法鉴定管理问题的决定》和有关法律、法规,结合公安机关工作实际,制定本办法。

第二条 本办法所称的公安机关鉴定人(以下简称鉴定人),是指经公安机关登记管理部门核准登记,取得鉴定人资格证书并从事鉴定工作的专业技术人员。

第三条 本办法所称的鉴定,是指为解决案(事)件调查和诉讼活动中某些专门性问题,公安机关鉴定机构的鉴定人运用自然科学和社会科学的理论成果与技术方法,对人身、尸体、生物检材、痕迹、文件、证件、视听资料、电子数据及其它相关物品、物质等进行检验、鉴别、分析、判断,并出具鉴定意见或者检验结果的科学实证活动。

第四条 鉴定人的登记管理工作应当根据国家有关法律法规和本办法的规定,遵循依法、公正、及时的原则,保证登记管理工作规范、有序、高效。

第二章 登记管理部门

第五条 公安部和各省、自治区、直辖市公安厅、局设立或者指定统一的登记管理部门,负责鉴定人资格的审核登记、年度审验、变更、注销、复议、名册编制与备案、监督管理与处罚等。

第六条 公安部登记管理部门负责各省、自治区、直辖市公安厅、局,部属科研机构、院校和专业技术协会,国家移民管理局及其所属单位鉴定人的登记管理工作。

省、自治区、直辖市公安厅、局登记管理部门负责所属地市级、县级公安机关,以及省级公安机关所属院校、医院和专业技术协会的鉴定人的登记管理工作。

第七条 登记管理部门不得收取鉴定资格登记申请人和鉴定人的任何登记管理费用。

登记管理部门的有关业务经费分别列入公安部和各省、自治区、直辖市公安厅、局的年度经费预算。

第三章 资格登记

第八条 鉴定人经登记管理部门核准登记,取得《鉴定人资格证书》,方可从事鉴定工作。《鉴定人资格证书》由所在鉴定机构统一管理。

《鉴定人资格证书》由公安部统一监制。

第九条 个人申请鉴定人资格,应当具备下列条件:

(一)在职或者退休的具有专门技术知识和技能的人民警察;公安机关聘用的具有行政编制或者事业编制的专业技术人员;

(二)遵守国家法律、法规,具有人民警察职业道德;

(三)具有与所申请从事鉴定项目相关的高级警务技术职务任职资格或者高级专业技术职称,或者高等院校相关专业本科以上学历,从事相关工作或研究五年以上,或者具有与所申请从事鉴定项目相关工作十年以上经历和较强的专业技能;

(四)所在机构已经取得或者正在申请《鉴定机构资格证书》;

(五)身体状况良好,适应鉴定工作需要。

第十条 个人申请鉴定人资格,应当向登记管理部门提交下列材料:

(一)《鉴定人资格登记申请表》;

(二)学历证明和专业技能培训《结业证书》复印件;

(三)警务技术职务任职资格或者专业技术职称证明材料;

(四)个人从事与申请鉴定项目有关的工作总结;

(五)登记管理部门要求提交的其他材料。

个人申请鉴定人资格,由所在鉴定机构向登记管理部门提交申请登记材料。

第十一条 登记管理部门收到申请登记材料后,应当在二十个工作日内作出是否授予鉴定资格的决定,情况特殊的,可以延长至三十个工作日。提交申请材料不全的,期限从补齐材料之日起计算。

登记管理部门对符合登记条件的,应当作出授予鉴定资格的决定,在十个工作日内颁发《鉴定人资格证书》;对不符合登记条件的,应当作出不授予鉴定资格的决定。

第四章 年度审验

第十二条 登记管理部门应当每年对鉴定人资格审验一次,并及时将审验结果通报至鉴定人所在鉴定机构。

第十三条 鉴定人有下列情形之一的,年度审验不合格:

(一)所审验年度内未从事鉴定工作的;

(二)无正当理由不接受专业技能培训或者培训不合格的;

(三)未经所在鉴定机构同意擅自受理鉴定的;

(四)因违反技术规程出具错误鉴定意见的;

(五)同一审验年度内被鉴定委托人正当投诉两次以上的。

第十四条 对于年度审验不合格的鉴定人,登记管理部门应当责令其限期改正。鉴定人在改正期内不得出具鉴定文书。

第五章 资格的变更与注销

第十五条 鉴定人调换鉴定机构,以及增减登记鉴定项目,应当向登记管理部门申请变更登记。

第十六条 鉴定人在本省、自治区、直辖市内跨鉴定机构调动工作的,应当填写《鉴定人变更登记申请表》,由调出鉴定机构将该申请表提交登记管理部门审核。

鉴定人跨省、自治区、直辖市调动工作的,应当在原登记管理部门申请注销,并在调入地登记管理部门重新申请鉴定人资格。

第十七条 登记管理部门收到鉴定人变更登记申请后,应当在十五个工作日内作出是否准予变更登记的决定。

准予变更登记的,重新颁发《鉴定人资格证书》,原《鉴定人资格证书》由其所在鉴定机构加盖"注销"标识后保存;不准予变更登记的,应当向申请变更登记的鉴定人说明理由。

第十八条 鉴定人有下列情形之一的,应当主动向登记管理部门申请注销资格,登记管理部门也可以直接注销其鉴定资格:

(一)连续两年未从事鉴定工作的;

(二)无正当理由,三年以上没有参加专业技能培训的;

(三)年度审验不合格,在责令改正期限内没有改正的;

(四)经人民法院依法通知,无正当理由拒绝出庭作证的;

(五)提供虚假证明或者采取其他欺诈手段骗取登记的;

(六)同一审验年度内出具错误鉴定意见两次以上的;

(七)违反保密规定造成严重后果的;

(八)登记管理部门书面警告后仍在其他鉴定机构兼职的;

(九)限制行为能力或者丧失行为能力的。

第十九条 鉴定人的鉴定资格注销后,登记管理部门应当向鉴定人所在单位发出《注销鉴定人资格通知书》。

第二十条 因本办法第十八条第(一)、(二)、(三)、(四)款被注销鉴定资格的,具备登记条件或者改正后,可以重新申请鉴定人资格。

因本办法第十八条第(五)、(六)、(七)、(八)、(九)款被注销鉴定资格的,被注销鉴定资格之日起一年内不得申请鉴定人资格。

第六章 复议

第二十一条 个人对登记管理部门作出不授予鉴定资格、年度审验不合格、不予变更登记或者注销鉴定资格决定不服的,可以在收到相应通知后三十个工作日内向登记管理部门申请复议。

第二十二条 登记管理部门收到有关复议申请后,应当以集体研究的方式进行复议,在十五个工作日内作出复议决定,并在十个工作日内将《复议决定通知书》送达申请复议人及其所在单位。

第七章 名册编制与备案

第二十三条 登记管理部门应当按照登记管理权限,将核准登记的鉴定人编入本部门管理的公安机关鉴定人名册。

第二十四条 登记管理部门应当按照有关规定,对核准登记的鉴定人进行备案登记。

第二十五条 登记管理部门应当建立鉴定人档案。

鉴定人档案包括本办法第十条第(一)至(五)项,以及鉴定人资格的年度审验、变更、注销等资料。

第八章 监督管理与处罚

第二十六条 鉴定人应当在登记管理部门核准登记的鉴定范围内从事鉴定工作。

未取得《鉴定人资格证书》、未通过年度审验,以及鉴定资格被注销的人员,不得从事鉴定工作。

第二十七条 登记管理部门对公民、法人和其他组织举报、投诉鉴定人的,应当及时进行调查,并根据调查结果依法进行处理。

第二十八条 鉴定人违反本办法有关规定,情节轻微的,除适用第十三条外,登记管理部门还可以依法给予书面警告、责令改正的处罚。责令改正期限一般不得超过三个月。

第二十九条 有下列情形之一的,终身不授予鉴定资格:

(一)故意出具虚假鉴定意见的;

(二)严重违反规定,出具两次以上错误鉴定意见并导致冤假错案的;

(三)受过开除公职处分的。

第九章 附 则

第三十条 铁路、交通港航、民航、森林公安机关和海关缉私部门的鉴定人登记管理工作,依照本办法规定向所在地公安机关登记管理部门申请登记。

第三十一条 本办法自 2020 年 5 月 1 日起施行。公安部 2005 年 12 月 29 日发布的《公安机关鉴定人登记管理办法》(公安部令第 84 号)同时废止。

公安机关办理伤害案件规定(节录)

1. 2005 年 12 月 27 日公安部发布
2. 公通字〔2005〕98 号
3. 自 2006 年 2 月 1 日起施行

第五章 鉴 定

第十七条 公安机关办理伤害案件,应当对人身损伤程度和用作证据的痕迹、物证、致伤工具等进行检验、鉴定。

第十八条 公安机关受理伤害案件后,应当在 24 小时内开具伤情鉴定委托书,告知被害人到指定的鉴定机构进行伤情鉴定。

第十九条 根据国家有关部门颁布的人身伤情鉴定标准和被害人当时的伤情及医院诊断证明,具备即时进行伤情鉴定条件的,公安机关的鉴定机构应当在受委托之时起 24 小时内提出鉴定意见,并在 3 日内出具鉴定文书。

对伤情比较复杂,不具备即时进行鉴定条件的,应当在受委托之日起 7 日内提出鉴定意见并出具鉴定文书。

对影响组织、器官功能或者伤情复杂,一时难以进行鉴定的,待伤情稳定后及时提出鉴定意见,并出具鉴定文书。

第二十条 对人身伤情进行鉴定,应当由县级以上公安机关鉴定机构二名以上鉴定人负责实施。

伤情鉴定比较疑难,对鉴定意见可能发生争议或者鉴定委托主体有明确要求的,伤情鉴定应当由三名以上主检法医师或者四级以上法医官负责实施。

需要聘请其他具有专门知识的人员进行鉴定的,应当经县级以上公安机关负责人批准,制作《鉴定聘请书》,送达被聘请人。

第二十一条 对人身伤情鉴定意见有争议需要重新鉴定的,应当依照《中华人民共和国刑事诉讼法》的有关规定进行。

第二十二条 人身伤情鉴定文书格式和内容应当符合规范要求。鉴定文书中应当有被害人正面免冠照片及其人体需要鉴定的所有损伤部位的细目照片。对用作证据的鉴定意见,公安机关办案单位应当制作《鉴定意见通知书》,送达被害人和违法犯罪嫌疑人。

公安机关办理行政案件程序规定(节录)

1. 2012 年 12 月 19 日公安部令第 125 号发布
2. 根据 2014 年 6 月 29 日公安部令第 132 号《关于修改部分部门规章的决定》第一次修正
3. 根据 2018 年 11 月 25 日公安部令第 149 号《关于修改〈公安机关办理行政案件程序规定〉的决定》第二次修正
4. 根据 2020 年 8 月 6 日公安部令第 160 号《关于废止和修改部分规章的决定》第三次修正

第八十七条 为了查明案情,需要对专门性技术问题进行鉴定的,应当指派或者聘请具有专门知识的人员进行。

需要聘请本公安机关以外的人进行鉴定的,应当经公安机关办案部门负责人批准后,制作鉴定聘请书。

第八十八条 公安机关应当为鉴定提供必要的条件,及时送交有关检材和比对样本等原始材料,介绍与鉴定有关的情况,并且明确提出要求鉴定解决的问题。

办案人民警察应当做好检材的保管和送检工作,并注明检材送检环节的责任人,确保检材在流转环节中的同一性和不被污染。

禁止强迫或者暗示鉴定人作出某种鉴定意见。

第八十九条 对人身伤害的鉴定由法医进行。

卫生行政主管部门许可的医疗机构具有执业资格的医生出具的诊断证明,可以作为公安机关认定人身伤害程度的依据,但具有本规定第九十条规定情形的除外。

对精神病的鉴定,由有精神病鉴定资格的鉴定机构进行。

第九十条 人身伤害案件具有下列情形之一的,公安机关应当进行伤情鉴定:

(一)受伤程度较重,可能构成轻伤以上伤害程度的;

(二)被侵害人要求作伤情鉴定的;

(三)违法嫌疑人、被侵害人对伤害程度有争议的。

第九十一条 对需要进行伤情鉴定的案件,被侵害人拒绝提供诊断证明或者拒绝进行伤情鉴定的,公安机关应当将有关情况记录在案,并可以根据已认定的事实作出处理决定。

经公安机关通知,被侵害人无正当理由未在公安机关确定的时间内作伤情鉴定的,视为拒绝鉴定。

第九十二条 对电子数据涉及的专门性问题难以确定的,由司法鉴定机构出具鉴定意见,或者由公安部指定的机构出具报告。

第九十三条 涉案物品价值不明或者难以确定的,公安机关应当委托价格鉴证机构估价。

根据当事人提供的购买发票等票据能够认定价值的涉案物品,或者价值明显不够刑事立案标准的涉案物品,公安机关可以不进行价格鉴证。

第九十四条 对涉嫌吸毒的人员,应当进行吸毒检测,被检测人员应当配合;对拒绝接受检测的,经县级以上公安机关或者其派出机构负责人批准,可以强制检测。采集女性被检测人检测样本,应当由女性工作人员进行。

对涉嫌服用国家管制的精神药品、麻醉药品驾驶机动车的人员,可以对其进行体内国家管制的精神药品、麻醉药品含量检验。

第九十五条 对有酒后驾驶机动车嫌疑的人,应当对其进行呼气酒精测试,对具有下列情形之一的,应当立即提取血样,检验血液酒精含量:

(一)当事人对呼气酒精测试结果有异议的;

(二)当事人拒绝配合呼气酒精测试的;

(三)涉嫌醉酒驾驶机动车的;

(四)涉嫌饮酒后驾驶机动车发生交通事故的。

当事人对呼气酒精测试结果无异议的,应当签字确认。事后提出异议的,不予采纳。

第九十六条 鉴定人鉴定后,应当出具鉴定意见。鉴定意见应当载明委托人、委托鉴定的事项、提交鉴定的相关材料、鉴定的时间、依据和结论性意见等内容,并由鉴定人签名或者盖章。通过分析得出鉴定意见的,应当有分析过程的说明。鉴定意见应当附有鉴定机构、鉴定人的资质证明或者其他证明文件。

鉴定人对鉴定意见负责,不受任何机关、团体、企业、事业单位和个人的干涉。多人参加鉴定,对鉴定意见见有不同意见的,应当注明。

鉴定人故意作虚假鉴定的,应当承担法律责任。

第九十七条 办案人民警察应当对鉴定意见进行审查。

对经审查作为证据使用的鉴定意见,公安机关应当在收到鉴定意见之日起五日内将鉴定意见复印件送达违法嫌疑人和被侵害人。

医疗机构出具的诊断证明作为公安机关认定人身伤害程度的依据的,应当将诊断证明结论书面告知违法嫌疑人和被侵害人。

违法嫌疑人或者被侵害人对鉴定意见有异议的,可以在收到鉴定意见复印件之日起三日内提出重新鉴定的申请,经县级以上公安机关批准后,进行重新鉴定。同一行政案件的同一事项重新鉴定以一次为限。

当事人是否申请重新鉴定,不影响案件的正常办理。

公安机关认为必要时,也可以直接决定重新鉴定。

第九十八条 具有下列情形之一的,应当进行重新鉴定:

(一)鉴定程序违法或者违反相关专业技术要求,可能影响鉴定意见正确性的;

(二)鉴定机构、鉴定人不具备鉴定资质和条件的;

(三)鉴定意见明显依据不足的;

(四)鉴定人故意作虚假鉴定的;

(五)鉴定人应当回避而没有回避的;

(六)检材虚假或者被损坏的;

(七)其他应当重新鉴定的。

不符合前款规定情形的,经县级以上公安机关负责人批准,作出不准予重新鉴定的决定,并在作出决定之日起的三日以内书面通知申请人。

第九十九条 重新鉴定,公安机关应当另行指派或者聘请鉴定人。

第一百条 鉴定费用由公安机关承担,但当事人自行鉴定的除外。

公安机关办理刑事案件程序规定(节录)

1. 2012年12月13日公安部令第127号发布
2. 根据2020年7月20日公安部令第159号《关于修改〈公安机关办理刑事案件程序规定〉的决定》修正

第八章 侦 查
第八节 鉴 定

第二百四十八条 为了查明案情,解决案件中某些专门性问题,应当指派、聘请有专门知识的人进行鉴定。

需要聘请有专门知识的人进行鉴定,应当经县级以上公安机关负责人批准后,制作鉴定聘请书。

第二百四十九条 公安机关应当为鉴定人进行鉴定提供必要的条件,及时向鉴定人送交有关检材和对比样本等原始材料,介绍与鉴定有关的情况,并且明确提出要求鉴定解决的问题。

禁止暗示或者强迫鉴定人作出某种鉴定意见。

第二百五十条 侦查人员应当做好检材的保管和送检工作,并注明检材送检环节的责任人,确保检材在流转环节中的同一性和不被污染。

第二百五十一条 鉴定人应当按照鉴定规则,运用科学方法独立进行鉴定。鉴定后,应当出具鉴定意见,并在鉴定意见书上签名,同时附上鉴定机构和鉴定人的资质证明或者其他证明文件。

多人参加鉴定,鉴定人有不同意见的,应当注明。

第二百五十二条 对鉴定意见,侦查人员应当进行审查。

对经审查作为证据使用的鉴定意见,公安机关应当及时告知犯罪嫌疑人、被害人或者其法定代理人。

第二百五十三条 犯罪嫌疑人、被害人对鉴定意见有异议提出申请,以及办案部门或者侦查人员对鉴定意见有疑义的,可以将鉴定意见送交其他有专门知识的人员提出意见。必要时,询问鉴定人并制作笔录附卷。

第二百五十四条 经审查,发现有下列情形之一的,经县级以上公安机关负责人批准,应当补充鉴定:

(一)鉴定内容有明显遗漏的;
(二)发现新的有鉴定意义的证物的;
(三)对鉴定证物有新的鉴定要求的;
(四)鉴定意见不完整,委托事项无法确定的;
(五)其他需要补充鉴定的情形。

经审查,不符合上述情形的,经县级以上公安机关负责人批准,作出不准予补充鉴定的决定,并在作出决定后三日以内书面通知申请人。

第二百五十五条 经审查,发现有下列情形之一的,经县级以上公安机关负责人批准,应当重新鉴定:

(一)鉴定程序违法或者违反相关专业技术要求的;
(二)鉴定机构、鉴定人不具备鉴定资质和条件的;
(三)鉴定人故意作虚假鉴定或者违反回避规定的;
(四)鉴定意见依据明显不足的;
(五)检材虚假或者被损坏的;
(六)其他应当重新鉴定的情形。

重新鉴定,应当另行指派或者聘请鉴定人。

经审查,不符合上述情形的,经县级以上公安机关负责人批准,作出不准予重新鉴定的决定,并在作出决定后三日以内书面通知申请人。

第二百五十六条 公诉人、当事人或者辩护人、诉讼代理人对鉴定意见有异议,经人民法院依法通知的,公安机关鉴定人应当出庭作证。

鉴定人故意作虚假鉴定的,应当依法追究其法律责任。

第二百五十七条 对犯罪嫌疑人作精神病鉴定的时间不计入办案期限,其他鉴定时间都应当计入办案期限。

3. 人民法院鉴定管理

人民法院司法鉴定工作暂行规定

1. 2001年11月16日最高人民法院发布
2. 法发〔2001〕23号

第一章 总 则

第一条 为了规范人民法院司法鉴定工作，根据《中华人民共和国刑事诉讼法》、《中华人民共和国民事诉讼法》、《中华人民共和国行政诉讼法》、《中华人民共和国人民法院组织法》等法律，制定本规定。

第二条 本规定所称司法鉴定，是指在诉讼过程中，为查明案件事实，人民法院依据职权，或者应当事人及其他诉讼参与人的申请，指派或委托具有专门知识人，对专门性问题进行检验、鉴别和评定的活动。

第三条 司法鉴定应当遵循下列原则：
（一）合法、独立、公开；
（二）客观、科学、准确；
（三）文明、公正、高效。

第四条 凡需要进行司法鉴定的案件，应当由人民法院司法鉴定机构鉴定，或者由人民法院司法鉴定机构统一对外委托鉴定。

第五条 最高人民法院指导地方各级人民法院的司法鉴定工作，上级人民法院指导下级人民法院的司法鉴定工作。

第二章 司法鉴定机构及鉴定人

第六条 最高人民法院、各高级人民法院和有条件的中级人民法院设立独立的司法鉴定机构。新建司法鉴定机构须报最高人民法院批准。

最高人民法院的司法鉴定机构为人民法院司法鉴定中心，根据工作需要可设立分支机构。

第七条 鉴定人权利：
（一）了解案情，要求委托人提供鉴定所需的材料；
（二）勘验现场，进行有关的检验，询问与鉴定有关的当事人。必要时，可申请人民法院依据职权采集鉴定材料，决定鉴定方法和处理检材；
（三）自主阐述鉴定观点，与其他鉴定人意见不同时，可不在鉴定文书上署名；
（四）拒绝受理违反法律规定的委托。

第八条 鉴定人义务：
（一）尊重科学，恪守职业道德；
（二）保守案件秘密；
（三）及时出具鉴定结论；
（四）依法出庭宣读鉴定结论并回答与鉴定相关的提问。

第九条 有下列情形之一的，鉴定人应当回避：
（一）鉴定人系案件的当事人，或者当事人的近亲属；
（二）鉴定人的近亲属与案件有利害关系；
（三）鉴定人担任过本案的证人、辩护人、诉讼代理人；
（四）其他可能影响准确鉴定的情形。

第三章 委托与受理

第十条 各级人民法院司法鉴定机构，受理本院及下级人民法院委托的司法鉴定。下级人民法院可逐级委托上级人民法院司法鉴定机构鉴定。

第十一条 司法鉴定应当采用书面委托形式，提出鉴定目的、要求，提供必要的案情说明材料和鉴定材料。

第十二条 司法鉴定机构应当在3日内做出是否受理的决定。对不予受理的，应当向委托人说明原因。

第十三条 司法鉴定机构接受委托后，可根据情况自行鉴定，也可以组织专家、联合科研机构或者委托从相关鉴定人名册中随机选定的鉴定人进行鉴定。

第十四条 有下列情形之一需要重新鉴定的，人民法院应当委托上级法院的司法鉴定机构做重新鉴定：
（一）鉴定人不具备相关鉴定资格的；
（二）鉴定程序不符合法律规定的；
（三）鉴定结论与其他证据有矛盾的；
（四）鉴定材料有虚假，或者原鉴定方法有缺陷的；
（五）鉴定人应当回避没有回避，而对其鉴定结论有持不同意见的；
（六）同一案件具有多个不同鉴定结论的；
（七）有证据证明存在影响鉴定人准确鉴定因素的。

第十五条 司法鉴定机构可受人民法院的委托，对拟作为证据使用的鉴定文书、检验报告、勘验检查记录、医疗病情资料、会计资料等材料作文证审查。

第四章 检验与鉴定

第十六条 鉴定工作一般应按下列步骤进行：

（一）审查鉴定委托书；

（二）查验送检材料、客体，审查相关技术资料；

（三）根据技术规范制定鉴定方案；

（四）对鉴定活动进行详细记录；

（五）出具鉴定文书。

第十七条 对存在损耗检材的鉴定，应当向委托人说明。必要时，应由委托人出具检材处理授权书。

第十八条 检验取样和鉴定取样时，应当通知委托人、当事人或者代理人到场。

第十九条 进行身体检查时，受检人、鉴定人互为异性的，应当增派一名女性工作人员在场。

第二十条 对疑难或者涉及多学科的鉴定，出具鉴定结论前，可听取有关专家的意见。

第五章 鉴定期限、鉴定中止与鉴定终结

第二十一条 鉴定期限是指决定受理委托鉴定之日起，到发出鉴定文书之日止的时间。

一般的司法鉴定应当在30个工作日内完成；疑难的司法鉴定应当在60个工作日内完成。

第二十二条 具有下列情形之一，影响鉴定期限的，应当中止鉴定：

（一）受检人或者其他受检物处于不稳定状态，影响鉴定结论的；

（二）受检人不能在指定的时间、地点接受检验的；

（三）因特殊检验需预约时间或者等待检验结果的；

（四）须补充鉴定材料的。

第二十三条 具有下列情形之一的，可终结鉴定：

（一）无法获取必要的鉴定材料的；

（二）被鉴定人或者受检人不配合检验，经做工作仍不配合的；

（三）鉴定过程中撤诉或者调解结案的；

（四）其他情况使鉴定无法进行的。

在规定期限内，鉴定人因鉴定中止、终结或者其他特殊情况不能完成鉴定的，应当向司法鉴定机构申请办理延长期限或者终结手续。司法鉴定机构对是否中止、终结应当做出决定。做出中止、终结决定的，应当函告委托人。

第六章 其 他

第二十四条 人民法院司法鉴定机构工作人员因徇私舞弊、严重不负责任造成鉴定错误导致错案的，参照《人民法院审判人员违法审判责任追究办法（试行）》和《人民法院审判纪律处分办法（试行）》追究责任。

其他鉴定人因鉴定结论错误导致错案的，依法追究其法律责任。

第二十五条 司法鉴定按国家价格主管部门核定的标准收取费用。

第二十六条 人民法院司法鉴定中心根据本规定制定细则。

第二十七条 本规定自颁布之日起实行。

第二十八条 本规定由最高人民法院负责解释。

人民法院对外委托司法鉴定管理规定

1. 2002年2月22日最高人民法院审判委员会第1214次会议通过
2. 2002年3月27日公布
3. 法释〔2002〕8号
4. 自2002年4月1日起施行

第一条 为规范人民法院对外委托和组织司法鉴定工作，根据《人民法院司法鉴定工作暂行规定》，制定本办法。

第二条 人民法院司法鉴定机构负责统一对外委托和组织司法鉴定。未设司法鉴定机构的人民法院，可在司法行政管理部门配备专职司法鉴定人员，并由司法行政管理部门代行对外委托司法鉴定的职责。

第三条 人民法院司法鉴定机构建立社会鉴定机构和鉴定人（以下简称鉴定人）名册，根据鉴定对象对专业技术的要求，随机选择和委托鉴定人进行司法鉴定。

第四条 自愿接受人民法院委托从事司法鉴定，申请进入人民法院司法鉴定人名册的社会鉴定、检测、评估机构，应当向人民法院司法鉴定机构提交申请书和以下材料：

（一）企业或社团法人营业执照副本；

（二）专业资质证书；

（三）专业技术人员名单、执业资格和主要业绩；

（四）年检文书；

（五）其他必要的文件、资料。

第五条 以个人名义自愿接受人民法院委托从事司法鉴定，申请进入人民法院司法鉴定人名册的专业技术人员，应当向人民法院司法鉴定机构提交申请书和以下材料：

（一）单位介绍信；

（二）专业资格证书；

（三）主要业绩证明；

（四）其他必要的文件、资料等。

第六条 人民法院司法鉴定机构应当对提出申请的鉴定人进行全面审查，择优确定对外委托和组织司法鉴定的鉴定人候选名单。

第七条 申请进入地方人民法院鉴定人名册的单位和个人，其入册资格由有关人民法院司法鉴定机构审核，报上一级人民法院司法鉴定机构批准，并报最高人民法院司法鉴定机构备案。

第八条 经批准列入人民法院司法鉴定人名册的鉴定人，在《人民法院报》予以公告。

第九条 已列入名册的鉴定人应当接受有关人民法院司法鉴定机构的年度审核，并提交以下材料：

（一）年度业务工作报告书；

（二）专业技术人员变更情况；

（三）仪器设备更新情况；

（四）其他变更情况和要求提交的材料。

年度审核有变更事项的，有关司法鉴定机构应当逐级报最高人民法院司法鉴定机构备案。

第十条 人民法院司法鉴定机构依据尊重当事人选择和人民法院指定相结合的原则，组织诉讼双方当事人进行司法鉴定的对外委托。

诉讼双方当事人协商不一致的，由人民法院司法鉴定机构在列入名册的、符合鉴定要求的鉴定人中，选择受委托人鉴定。

第十一条 司法鉴定所涉及的专业未纳入名册时，人民法院司法鉴定机构可以从社会相关专业中，择优选定受委托单位或专业人员进行鉴定。如果被选定的单位或专业人员需要进入鉴定人名册的，仍应当呈报上一级人民法院司法鉴定机构批准。

第十二条 遇有鉴定人应当回避等情形时，有关人民法院司法鉴定机构应当重新选择鉴定人。

第十三条 人民法院司法鉴定机构对外委托鉴定的，应当指派专人负责协调，主动了解鉴定的有关情况，及时处理可能影响鉴定的问题。

第十四条 接受委托的鉴定人认为需要补充鉴定材料时，如果由申请鉴定的当事人提供确有困难的，可以向有关人民法院司法鉴定机构提出请求，由人民法院决定依据职权采集鉴定材料。

第十五条 鉴定人应当依法履行出庭接受质询的义务。人民法院司法鉴定机构应当协调鉴定人做好出庭工作。

第十六条 列入名册的鉴定人有不履行义务，违反司法鉴定有关规定的，由有关人民法院视情节取消入册资格，并在《人民法院报》公告。

最高人民法院关于民事诉讼证据的若干规定（节录）

1. 2001年12月6日最高人民法院审判委员会第1201次会议通过，2001年12月21日公布、自2002年4月1日起施行（法释〔2001〕33号）

2. 根据2019年10月14日最高人民法院审判委员会第1777次会议通过、2019年12月25日公布、自2020年5月1日起施行的《最高人民法院关于修改〈关于民事诉讼证据的若干规定〉的决定》（法释〔2019〕19号）修正

第三十条 人民法院在审理案件过程中认为待证事实需要通过鉴定意见证明的，应当向当事人释明，并指定提出鉴定申请的期间。

符合《最高人民法院关于适用〈中华人民共和国民事诉讼法〉的解释》第九十六条第一款规定情形的，人民法院应当依职权委托鉴定。

第三十一条 当事人申请鉴定，应当在人民法院指定期间内提出，并预交鉴定费用。逾期不提出申请或者不预交鉴定费用的，视为放弃申请。

对需要鉴定的待证事实负有举证责任的当事人，在人民法院指定期间内无正当理由不提出鉴定申请或者不预交鉴定费用，或者拒不提供相关材料，致使待证事实无法查明的，应当承担举证不能的法律后果。

第三十二条 人民法院准许鉴定申请的，应当组织双方当事人协商确定具备相应资格的鉴定人。当事人协商不成的，由人民法院指定。

人民法院依职权委托鉴定的，可以在询问当事人

的意见后,指定具备相应资格的鉴定人。

人民法院在确定鉴定人后应当出具委托书,委托书中应当载明鉴定事项、鉴定范围、鉴定目的和鉴定期限。

第三十三条 鉴定开始之前,人民法院应当要求鉴定人签署承诺书。承诺书中应当载明鉴定人保证客观、公正、诚实地进行鉴定,保证出庭作证,如作虚假鉴定应当承担法律责任等内容。

鉴定人故意作虚假鉴定的,人民法院应当责令其退还鉴定费用,并根据情节,依照民事诉讼法第一百一十一条的规定进行处罚。

第三十四条 人民法院应当组织当事人对鉴定材料进行质证。未经质证的材料,不得作为鉴定的根据。

经人民法院准许,鉴定人可以调取证据、勘验物证和现场、询问当事人或者证人。

第三十五条 鉴定人应当在人民法院确定的期限内完成鉴定,并提交鉴定书。

鉴定人无正当理由未按期提交鉴定书的,当事人可以申请人民法院另行委托鉴定人进行鉴定。人民法院准许的,原鉴定人已经收取的鉴定费用应当退还;拒不退还的,依照本规定第八十一条第二款的规定处理。

第三十六条 人民法院对鉴定人出具的鉴定书,应当审查是否具有下列内容:

（一）委托法院的名称;

（二）委托鉴定的内容、要求;

（三）鉴定材料;

（四）鉴定所依据的原理、方法;

（五）对鉴定过程的说明;

（六）鉴定意见;

（七）承诺书。

鉴定书应当由鉴定人签名或者盖章,并附鉴定人的相应资格证明。委托机构鉴定的,鉴定书应当由鉴定机构盖章,并由从事鉴定的人员签名。

第三十七条 人民法院收到鉴定书后,应当及时将副本送交当事人。

当事人对鉴定书的内容有异议的,应当在人民法院指定期间内以书面方式提出。

对于当事人的异议,人民法院应当要求鉴定人作出解释、说明或者补充。人民法院认为有必要的,可以要求鉴定人对当事人未提出异议的内容进行解释、说明或者补充。

第三十八条 当事人在收到鉴定人的书面答复后仍有异议的,人民法院应当根据《诉讼费用交纳办法》第十一条的规定,通知有异议的当事人预交鉴定人出庭费用,并通知鉴定人出庭。有异议的当事人不预交鉴定人出庭费用的,视为放弃异议。

双方当事人对鉴定意见均有异议的,分摊预交鉴定人出庭费用。

第三十九条 鉴定人出庭费用按照证人出庭作证费用的标准计算,由败诉的当事人负担。因鉴定意见不明确或者有瑕疵需要鉴定人出庭的,出庭费用由其自行负担。

人民法院委托鉴定时已经确定鉴定人出庭费用包含在鉴定费用中的,不再通知当事人预交。

第四十条 当事人申请重新鉴定,存在下列情形之一的,人民法院应当准许:

（一）鉴定人不具备相应资格的;

（二）鉴定程序严重违法的;

（三）鉴定意见明显依据不足的;

（四）鉴定意见不能作为证据使用的其他情形。

存在前款第一项至第三项情形的,鉴定人已经收取的鉴定费用应当退还。拒不退还的,依照本规定第八十一条第二款的规定处理。

对鉴定意见的瑕疵,可以通过补正、补充鉴定或者补充质证、重新质证等方法解决的,人民法院不予准许重新鉴定的申请。

重新鉴定的,原鉴定意见不得作为认定案件事实的根据。

第四十一条 对于一方当事人就专门性问题自行委托有关机构或者人员出具的意见,另一方当事人有证据或者理由足以反驳并申请鉴定的,人民法院应予准许。

第四十二条 鉴定意见被采信后,鉴定人无正当理由撤销鉴定意见的,人民法院应当责令其退还鉴定费用,并可以根据情节,依照民事诉讼法第一百一十一条的规定对鉴定人进行处罚。当事人主张鉴定人负担由此增加的合理费用的,人民法院应予支持。

人民法院采信鉴定意见后准许鉴定人撤销的,应当责令其退还鉴定费用。

第七十九条 鉴定人依照民事诉讼法第七十八条的规定出庭作证的,人民法院应当在开庭审理三日前将出庭的时间、地点及要求通知鉴定人。

委托机构鉴定的,应当由从事鉴定的人员代表机构出庭。

第八十条 鉴定人应当就鉴定事项如实答复当事人的异议和审判人员的询问。当庭答复确有困难的,经人民法院准许,可以在庭审结束后书面答复。

人民法院应当及时将书面答复送交当事人,并听取当事人的意见。必要时,可以再次组织质证。

第八十一条 鉴定人拒不出庭作证的,鉴定意见不得作为认定案件事实的根据。人民法院应当建议有关主管部门或者组织对拒不出庭作证的鉴定人予以处罚。

当事人要求退还鉴定费用的,人民法院应当在三日内作出裁定,责令鉴定人退还;拒不退还的,由人民法院依法执行。

当事人因鉴定人拒不出庭作证申请重新鉴定的,人民法院应当准许。

第八十二条 经法庭许可,当事人可以询问鉴定人、勘验人。

询问鉴定人、勘验人不得使用威胁、侮辱等不适当的言语和方式。

4. 人民检察院鉴定管理

人民检察院鉴定机构登记管理办法

1. 2006年11月30日最高人民检察院发布
2. 高检发办字〔2006〕33号
3. 自2007年1月1日起施行

第一章 总 则

第一条 为规范人民检察院鉴定机构登记管理工作,根据《全国人民代表大会常务委员会关于司法鉴定管理问题的决定》和其他有关规定,结合检察工作实际,制定本办法。

第二条 本办法所称鉴定机构,是指在人民检察院设立的,取得鉴定机构资格并开展鉴定工作的部门。

第三条 鉴定机构登记管理工作,应当遵循依法、严格、公正、及时的原则,保证登记管理工作规范、有序、高效开展。

第二章 登记管理部门

第四条 人民检察院鉴定机构登记管理实行两级管理制度。

最高人民检察院负责本院和省级人民检察院鉴定机构的登记管理工作。

省级人民检察院负责所辖地市级、县区级人民检察院鉴定机构的登记管理工作。

第五条 最高人民检察院检察技术部门和各省级人民检察院检察技术部门是人民检察院鉴定机构的登记管理部门,具体负责鉴定机构资格的登记、审核、延续、变更、注销、复议、名册编制与公告、监督及处罚等。

第六条 登记管理部门不得收取任何登记管理费用。

登记管理的有关业务经费分别列入最高人民检察院和省级人民检察院的年度经费预算。

第三章 资格登记

第七条 鉴定机构经登记管理部门核准登记,取得《人民检察院鉴定机构资格证书》,方可进行鉴定工作。

第八条 鉴定机构登记的事项包括:名称、地址、负责人、所属单位、鉴定业务范围、鉴定人名册、鉴定仪器设备等。

第九条 申请鉴定机构资格,应当具备下列条件:

(一)具有检察技术部门单位建制;

(二)具有适合鉴定工作的办公和业务用房;

(三)具有明确的鉴定业务范围;

(四)具有在业务范围内进行鉴定必需的仪器、设备;

(五)具有在业务范围内进行鉴定必需的依法通过计量认证或者实验室认可的检测实验室;

(六)具有三名以上开展该鉴定业务的鉴定人;

(七)具有完备的鉴定工作管理制度。

第十条 申请鉴定机构资格,应当向登记管理部门提交下列材料:

(一)《人民检察院鉴定机构资格登记申请表》;

(二)所属鉴定人所持《人民检察院鉴定人资格证书》的复印件;

(三)办公和业务用房平面比例图;

(四)鉴定采用的技术标准目录;

(五)鉴定机构内部管理工作制度;

(六)登记管理部门要求提交的其他材料。

第十一条 鉴定机构可以申请登记下列鉴定业务:

(一)法医类鉴定;

(二)物证类鉴定;

(三)声像资料鉴定;

(四)司法会计鉴定;

(五)心理测试。

根据检察业务工作需要,最高人民检察院可以增加其他需要登记管理的鉴定业务。

第十二条 登记管理部门收到登记申请材料后,应当及时进行审查,并在二十日以内作出决定。对准予登记的,经检察长批准,颁发《人民检察院鉴定机构资格证书》。对不予登记的,书面通知申请单位。

提交材料不全的,登记审核期限从材料补齐之日起计算。

第十三条 《人民检察院鉴定机构资格证书》由最高人民检察院统一制发。

《人民检察院鉴定机构资格证书》分为正本和副本,正本和副本具有同等的效力。正本悬挂于鉴定机构住所内醒目位置,副本主要供外出办理鉴定有关业务时使用。

《人民检察院鉴定机构资格证书》有效期限为六年,自颁发之日起计算。

第四章 资格审核与延续

第十四条 登记管理部门每两年进行一次鉴定机构资格的审核工作。鉴定机构报请审核时,应当提交下列材料:

(一)《人民检察院鉴定机构资格审核申请表》;

(二)《人民检察院鉴定机构资格证书》;

(三)资格审核申请报告。主要内容包括:仪器设备的配置、维护和使用情况,鉴定文书档案和证物保管情况,所属鉴定人及其履行职务情况,鉴定人技能培训情况等;

(四)需要提交的其他材料。

第十五条 鉴定机构具有下列情形之一的,审核为不合格:

(一)鉴定质量检查不合格的;

(二)违反程序受理鉴定业务的;

(三)仪器设备、业务用房不符合鉴定要求的;

(四)鉴定文书档案和证物保管不符合规定的;

(五)管理不善,无法保证鉴定质量的;

(六)未按规定办理变更登记手续的;

(七)擅自增加鉴定业务或者扩大受理鉴定业务范围的。

第十六条 登记管理部门对审核合格的鉴定机构,应当在其《人民检察院鉴定机构资格证书》上加盖"鉴定资格审核合格章",并及时返还鉴定机构。对审核不合格的,暂扣《人民检察院鉴定机构资格证书》,并书面通知被审核鉴定机构所在人民检察院,限期改正。

第十七条 《人民检察院鉴定机构资格证书》有效期届满需要延续的,鉴定机构应当在申请审核的同时提交《人民检察院鉴定机构资格延续申请表》。

登记管理部门对审核合格并准予延续登记的,自准予延续登记之日起,重新计算《人民检察院鉴定机构资格证书》的有效期。

第五章 资格变更与注销

第十八条 鉴定机构改变住所、负责人的,可以申请变更登记。鉴定机构改变名称、鉴定业务范围的,应当申请变更登记。申请变更登记的,应当向登记管理部门提交下列材料:

(一)《人民检察院鉴定机构变更登记申请表》;

(二)《人民检察院鉴定机构资格证书》;

(三)变更业务范围所涉及人员的《人民检察院鉴定人资格证书》复印件;

(四)登记管理部门要求提交的其他材料。

第十九条 登记管理部门收到变更登记申请材料后,应当在二十日内作出决定。对准予变更登记的,重新颁发《人民检察院鉴定机构资格证书》。对不予变更登记的,书面通知申请单位。

提交材料不全的,审核期限从材料补齐之日起计算。

第二十条 鉴定机构具有下列情形之一的,登记管理部门应当注销其鉴定资格:

(一)鉴定机构提出注销申请的;

(二)鉴定人数不符合设立条件的;

(三)无正当理由,逾期三个月不提交审核申请的;

(四)其他应当注销的情形。

第二十一条 鉴定机构资格被注销的,登记管理部门应当书面通知鉴定机构所在的人民检察院,收回《人民检察院鉴定机构资格证书》。

第六章 复议程序

第二十二条 对登记管理部门作出不予登记、审核不合格、不予变更登记、注销鉴定资格的决定以及其他处理决定有异议的,鉴定机构可以在相关通知书送达之日起三十日以内,向登记管理部门提交复议申请书和相关证明材料。

第二十三条 登记管理部门在收到复议申请后,应当以集体研究的方式进行复议,并在二十日以内做出复议决定,书面通知提出复议申请的单位。

第七章 名册编制与公告

第二十四条 省级人民检察院登记管理部门应当及时将所辖鉴定机构资格的登记、变更、注销情况报最高人民检察院登记管理部门备案。

第二十五条 最高人民检察院统一编制《人民检察院鉴定机构名册》。

第二十六条 《人民检察院鉴定机构名册》以及鉴定机构资格的变更、注销情况应当及时在人民检察院专线网及机关内部刊物上予以公告,并同时抄送最高人民法院、公安部和国家安全部。

第八章 监督与处罚

第二十七条 登记管理部门应当对所辖范围内的鉴定机构进行不定期检查。

第二十八条 登记管理部门对举报、投诉鉴定机构的，应当及时进行调查处理。涉及违法违纪的，移送有关部门处理。

第二十九条 鉴定机构出具错误鉴定意见或者发生重大责任事故的，应当在发现鉴定意见错误或者发生重大责任事故三日以内，向登记管理部门书面报告。

省级人民检察院登记管理部门应当及时将鉴定意见错误或者发生重大责任事故的情况上报最高人民检察院登记管理部门。

第三十条 鉴定机构资格审核不合格的，登记管理部门应当暂停其部分鉴定业务或者全部鉴定业务。

鉴定机构对被暂停的鉴定业务不得出具鉴定意见。

第三十一条 鉴定机构具有下列情形之一的，登记管理部门应当予以警告、通报批评。必要时，注销其鉴定资格；情节严重的，应当取消其鉴定资格：

（一）违反程序受理鉴定业务的；

（二）擅自增加鉴定业务或者扩大受理鉴定业务范围的；

（三）登记管理部门责令改正，逾期不改的；

（四）提供虚假申报材料骗取登记的；

（五）发现鉴定意见错误或者发生重大责任事故不及时报告的。

鉴定资格被取消之日起一年以内，不得重新申请鉴定资格。

第三十二条 鉴定机构具有下列情形之一的，登记管理部门应当移送并建议有关部门给予相关责任人相应的行政处分；构成犯罪的，依法追究其刑事责任：

（一）弄虚作假，徇私舞弊造成严重后果的；

（二）强行要求鉴定人进行鉴定，造成人身伤害、财产损失、环境污染等重大责任事故的；

（三）法律、法规规定的其他情形。

第九章 附 则

第三十三条 鉴定机构登记管理工作文书由最高人民检察院制定。

第三十四条 本办法自2007年1月1日起实施，最高人民检察院此前有关规定与本办法不一致的，以本办法为准。

第三十五条 本办法由最高人民检察院负责解释。

人民检察院鉴定人登记管理办法

1. 2006年11月30日最高人民检察院发布
2. 高检发办字〔2006〕33号
3. 自2007年1月1日起施行

第一章 总 则

第一条 为规范人民检察院鉴定人登记管理工作，根据《全国人民代表大会常务委员会关于司法鉴定管理问题的决定》和其他有关规定，结合检察工作实际，制定本办法。

第二条 本办法所称鉴定人，是指依法取得鉴定人资格，在人民检察院鉴定机构中从事法医类、物证类、声像资料、司法会计鉴定以及心理测试等工作的专业技术人员。

第三条 鉴定人的登记管理工作，应当遵循依法、严格、公正、及时的原则，保证登记管理工作规范、有序、高效开展。

第二章 登记管理部门

第四条 人民检察院鉴定人登记管理实行两级管理制度。

最高人民检察院负责本院和省级人民检察院鉴定人的登记管理工作。

省级人民检察院负责所辖地市级、县区级人民检察院鉴定人的登记管理工作。

第五条 最高人民检察院检察技术部门和各省级人民检察院检察技术部门是人民检察院鉴定人的登记管理部门，具体负责鉴定人资格的登记、审核、延续、变更、注销、复议、名册编制与公告、监督及处罚等。

第六条 登记管理部门不得收取任何登记管理费用。

登记管理的有关业务经费分别列入最高人民检察院和省级人民检察院的年度经费预算。

第三章 资格登记

第七条 鉴定人经登记管理部门核准登记，取得《人民检察院鉴定人资格证书》，方可进行鉴定工作。

第八条 遵守国家法律、法规和检察人员职业道德，身体状况良好，适应鉴定工作需要的检察技术人员具备下列条件之一的，可以申请鉴定人资格：

（一）具有与所申请从事的鉴定业务相关的高级

专业技术职称；

（二）具有与所申请从事的鉴定业务相关的专业执业资格或者高等院校相关专业本科以上学历，从事相关工作五年以上；

（三）具有与所申请从事的鉴定业务相关工作十年以上经历和较强的专业技能。

第九条 申请鉴定人资格，由所在鉴定机构向登记管理部门提交下列材料：

（一）《人民检察院鉴定人资格登记申请表》；

（二）学历证书、专业技术培训证明材料的复印件；

（三）申请人的《专业技术职务任职资格证书》、相关专业执业资格证明材料的复印件；

（四）登记管理部门要求提交的其他材料。

第十条 登记管理部门收到登记申请材料后，应当及时进行审查，并在二十日以内作出决定。对准予登记的，经检察长批准，颁发《人民检察院鉴定人资格证书》。对不予登记的，书面通知申请单位。

提交材料不全的，核准登记期限从材料补齐之日起计算。

第十一条 《人民检察院鉴定人资格证书》由最高人民检察院统一制发。

《人民检察院鉴定人资格证书》有效期为六年，自颁发之日起计算。

第四章 资格审核与延续

第十二条 登记管理部门每两年进行一次鉴定人资格的审核工作。接受审核的鉴定人应当提交下列材料，由所在鉴定机构向登记管理部门集中报送：

（一）《人民检察院鉴定人资格审核申请表》；

（二）《人民检察院鉴定人资格证书》；

（三）审核期内本人鉴定工作总结；

（四）需要提交的其他材料。

第十三条 鉴定人具有下列情形之一的，审核为不合格：

（一）未从事相关专业工作的；

（二）无正当理由不接受专业技能培训或者培训不合格的；

（三）在社会鉴定机构兼职的；

（四）未经所在鉴定机构同意擅自受理委托鉴定的；

（五）违反鉴定程序或者技术操作规程出具错误鉴定意见的；

（六）被投诉两次以上，查证属实的。

第十四条 登记管理部门对审核合格的鉴定人，应当在其《人民检察院鉴定人资格证书》上加盖"鉴定资格审核合格章"，并及时返还送审的鉴定机构。对审核不合格的，暂扣其《人民检察院鉴定人资格证书》，并书面通知被审核人所在鉴定机构，同时抄送鉴定人所在单位，限期改正。

第十五条 《人民检察院鉴定人资格证书》有效期限届满需要延续的，鉴定人应当在申请审核的同时提交《人民检察院鉴定人资格延续申请表》。

登记管理部门对审核合格并准予延续登记的，自准予延续登记之日起，重新计算《人民检察院鉴定人资格证书》的有效期。

第五章 资格变更与注销

第十六条 鉴定人变更鉴定业务、鉴定机构的应当申请变更登记，由所在鉴定机构向登记管理部门提交下列材料：

（一）《人民检察院鉴定人变更登记申请表》；

（二）《人民检察院鉴定人资格证书》；

（三）变更鉴定业务所需的学历证书、专业技术培训证明材料的复印件；

（四）变更鉴定业务所需的《专业技术职务任职资格证书》、相关专业执业资格证明材料的复印件；

（五）登记管理部门要求提交的其他材料。

第十七条 鉴定人在本省、自治区、直辖市检察系统内跨鉴定机构调动工作的，由调出鉴定机构将鉴定人申请变更的相关材料交登记管理部门。

鉴定人跨省、自治区、直辖市检察系统调动工作的，由调出鉴定机构将鉴定人申请变更的相关材料交原登记管理部门，原登记管理部门负责将相关材料转交调入地登记管理部门。

第十八条 登记管理部门收到变更登记申请材料后，应当在二十日以内作出决定。对准予变更登记的，重新颁发《人民检察院鉴定人资格证书》。对不予变更登记的，书面通知申请单位。

提交材料不全的，审核期限从材料补齐之日起计算。

第十九条 鉴定人具有下列情形之一的，所在鉴定机构应当向登记管理部门申请注销其鉴定资格，登记管理部门也可以直接注销其鉴定资格：

（一）调离专业技术工作岗位的；

(二)无正当理由,逾期三个月不提交审核申请的;

(三)因身体健康等原因,无法正常履职的;

(四)其他应当注销的情形。

第二十条 鉴定人资格被注销的,登记管理部门应当书面通知鉴定人所在鉴定机构,同时抄送鉴定人所在单位,收回《人民检察院鉴定人资格证书》。

第六章 复议程序

第二十一条 对登记管理部门作出的不予登记、审核不合格、不予变更登记、注销鉴定资格的决定及其他处理决定有异议的,鉴定人可以在相关通知书送达之日起三十日以内,通过其所在鉴定机构向登记管理部门提交复议申请书以及相关证明材料。

第二十二条 登记管理部门在接到复议申请后,应当以集体研究的方式进行复议,并在二十日以内做出复议决定,书面通知复议申请人所在鉴定机构,同时抄送鉴定人所在单位。

第七章 名册编制与公告

第二十三条 省级人民检察院登记管理部门应当将所辖鉴定人资格的登记、变更、注销情况报最高人民检察院登记管理部门备案。

第二十四条 最高人民检察院统一编制《人民检察院鉴定人名册》。

第二十五条 《人民检察院鉴定人名册》以及鉴定人资格的变更、注销情况应当及时在人民检察院专线网以及机关内部刊物上予以公告,并同时抄送最高人民法院、公安部和国家安全部。

第八章 监督与处罚

第二十六条 人民检察院鉴定人应当在登记管理部门核准登记的鉴定业务范围内从事鉴定工作。

未取得《人民检察院鉴定人资格证书》、未通过鉴定人资格审核,以及鉴定资格被注销的人员,不得从事鉴定工作。

第二十七条 登记管理部门对举报、投诉鉴定人的,应当及时进行调查处理,涉及违法违纪的移送有关部门处理。

第二十八条 鉴定人具有下列情形之一的,登记管理部门应当给予警告、通报批评。必要时,注销其鉴定资格;情节严重的,取消其鉴定资格:

(一)提供虚假证明材料或者以其他手段骗取资格登记的;

(二)在社会鉴定机构兼职的;

(三)未经所在鉴定机构同意擅自受理委托鉴定的;

(四)违反鉴定程序或者技术操作规程出具错误鉴定意见的;

(五)无正当理由,拒绝鉴定的;

(六)经人民法院通知,无正当理由拒绝出庭的;

(七)登记管理部门责令改正,逾期不改的。

鉴定资格被取消之日起一年以内,不得重新申请鉴定资格。

第二十九条 鉴定人具有下列情形之一的,登记管理部门应当移送并建议有关部门给予相应的行政处分,构成犯罪的,依法追究刑事责任,并终身不授予鉴定资格:

(一)故意出具虚假鉴定意见的;

(二)严重违反规定,出具错误鉴定意见,造成严重后果的;

(三)违反法律、法规的其他情形。

第九章 附 则

第三十条 鉴定人登记管理工作文书由最高人民检察院制定。

第三十一条 本办法自2007年1月1日起实施,最高人民检察院此前有关规定与本办法不一致的,以本办法为准。

第三十二条 本办法由最高人民检察院负责解释。

人民检察院鉴定规则(试行)

1. 2006年11月30日最高人民检察院发布
2. 高检发办字〔2006〕33号
3. 自2007年1月1日起施行

第一章 总 则

第一条 为规范人民检察院鉴定工作,根据《中华人民共和国刑事诉讼法》和《全国人民代表大会常务委员会关于司法鉴定管理问题的决定》等有关规定,结合检察工作实际,制定本规则。

第二条 本规则所称鉴定,是指人民检察院鉴定机构及其鉴定人运用科学技术或者专门知识,就案件中某些专门性问题进行鉴别和判断并出具鉴定意见的活动。

第三条 鉴定工作应当遵循依法、科学、客观、公正、独立的原则。

第二章 鉴定机构、鉴定人

第四条 本规则所称鉴定机构,是指在人民检察院设立的,取得鉴定机构资格并开展鉴定工作的部门。

第五条 本规则所称鉴定人,是指取得鉴定人资格,在人民检察院鉴定机构中从事法医类、物证类、声像资料、司法会计鉴定以及心理测试等工作的专业技术人员。

第六条 鉴定人享有下列权利:

(一)了解与鉴定有关的案件情况,要求委托单位提供鉴定所需的材料;

(二)进行必要的勘验、检查;

(三)查阅与鉴定有关的案件材料,询问与鉴定事项有关的人员;

(四)对违反法律规定委托的案件、不具备鉴定条件或者提供虚假鉴定材料的案件,有权拒绝鉴定;

(五)对与鉴定无关问题的询问,有权拒绝回答;

(六)与其他鉴定人意见不一致时,有权保留意见;

(七)法律、法规规定的其他权利。

第七条 鉴定人应当履行下列义务:

(一)严格遵守法律、法规和鉴定工作规章制度;

(二)保守案件秘密;

(三)妥善保管送检的检材、样本和资料;

(四)接受委托单位与鉴定有关问题的咨询;

(五)出庭接受质证;

(六)法律、法规规定的其他义务。

第八条 鉴定人有下列情形之一的,应当自行回避,委托单位也有权要求鉴定人回避:

(一)是本案的当事人或者是当事人的近亲属的;

(二)本人或者其近亲属和本案有利害关系的;

(三)担任过本案的证人或者诉讼代理人的;

(四)重新鉴定时,是本案原鉴定人的;

(五)其他可能影响鉴定客观、公正的情形。

鉴定人自行提出回避的,应当说明理由,由所在鉴定机构负责人决定是否回避。

委托单位要求鉴定人回避的,应当提出书面申请,由检察长决定是否回避。

第三章 委托与受理

第九条 鉴定机构可以受理人民检察院、人民法院和公安机关以及其他侦查机关委托的鉴定。

第十条 人民检察院内部委托的鉴定实行逐级受理制度,对其他机关委托的鉴定实行同级受理制度。

第十一条 人民检察院各业务部门向上级人民检察院或者对外委托鉴定时,应当通过本院或者上级人民检察院检察技术部门统一协助办理。

第十二条 委托鉴定应当以书面委托为依据,客观反映案件基本情况、送检材料和鉴定要求等内容。鉴定机构受理鉴定时,应当制作委托受理登记表。

第十三条 鉴定机构对不符合法律规定、办案程序和不具备鉴定条件的委托,应当拒绝受理。

第四章 鉴 定

第十四条 鉴定机构接受鉴定委托后,应当指派两名以上鉴定人共同进行鉴定。根据鉴定需要可以聘请其他鉴定机构的鉴定人参与鉴定。

第十五条 具备鉴定条件的,一般应当在受理后十五个工作日以内完成鉴定;特殊情况不能完成的,经检察长批准,可以适当延长,并告知委托单位。

第十六条 鉴定应当严格执行技术标准和操作规程。需要进行实验的,应当记录实验时间、条件、方法、过程、结果等,并由实验人签名,存档备查。

第十七条 具有下列情形之一的,鉴定机构可以接受案件承办单位的委托,进行重新鉴定:

(一)鉴定意见与案件中其他证据相矛盾的;

(二)有证据证明鉴定意见确有错误的;

(三)送检材料不真实的;

(四)鉴定程序不符合法律规定的;

(五)鉴定人应当回避而未回避的;

(六)鉴定人或者鉴定机构不具备鉴定资格的;

(七)其他可能影响鉴定客观、公正情形的。

重新鉴定时,应当另行指派或者聘请鉴定人。

第十八条 鉴定事项有遗漏或者发现新的相关重要鉴定材料的,鉴定机构可以接受委托,进行补充鉴定。

第十九条 遇有重大、疑难、复杂的专门性问题时,经检察长批准,鉴定机构可以组织会检鉴定。

会检鉴定人可以由本鉴定机构的鉴定人与聘请的其他鉴定机构的鉴定人共同组成;也可以全部由聘请的其他鉴定机构的鉴定人组成。

会检鉴定人应当不少于三名,采取鉴定人分别独立检验,集体讨论的方式进行。

会检鉴定应当出具鉴定意见。鉴定意见有分歧的,应当在鉴定意见中写明分歧的内容和理由,并分别签名或者盖章。

第五章 鉴定文书

第二十条 鉴定完成后,应当制作鉴定文书。鉴定文书包括鉴定书、检验报告等。

第二十一条 鉴定文书应当语言规范,内容完整,描述准确,论证严谨,结论科学。

鉴定文书应当由鉴定人签名,有专业技术职称的,应当注明,并加盖鉴定专用章。

第二十二条 鉴定文书包括正本和副本,正本交委托单位,副本由鉴定机构存档备查。

第二十三条 鉴定文书的归档管理,依照人民检察院立卷归档管理的相关规定执行。

第六章 出 庭

第二十四条 鉴定人接到人民法院的出庭通知后,应当出庭。因特殊情况不能出庭的,应当向法庭说明原因。

第二十五条 鉴定人在出庭前,应当准备出庭需要的相关材料。

鉴定人出庭时,应当遵守法庭规则,依法接受法庭质证,回答与鉴定有关的询问。

第七章 附 则

第二十六条 本规则自2007年1月1日起实施,最高人民检察院此前有关规定与本规则不一致的,以本规则为准。

第二十七条 本规则由最高人民检察院负责解释。

人民检察院刑事诉讼规则(节录)

1. 2019年12月2日最高人民检察院第十三届检察委员会第二十八次会议通过
2. 2019年12月30日公布
3. 高检发释字〔2019〕4号
4. 自2019年12月30日起施行

第九章 侦 查

第七节 鉴 定

第二百一十八条 人民检察院为了查明案情,解决案件中某些专门性的问题,可以进行鉴定。

鉴定由人民检察院有鉴定资格的人员进行。必要时,也可以聘请其他有鉴定资格的人员进行,但是应当征得鉴定人所在单位同意。

第二百一十九条 人民检察院应当为鉴定人提供必要条件,及时向鉴定人送交有关检材和对比样本等原始材料,介绍与鉴定有关的情况,并明确提出要求鉴定解决的问题,但是不得暗示或者强迫鉴定人作出某种鉴定意见。

第二百二十条 对于鉴定意见,检察人员应当进行审查,必要时可以进行补充鉴定或者重新鉴定。重新鉴定的,应当另行指派或者聘请鉴定人。

第二百二十一条 用作证据的鉴定意见,人民检察院办案部门应当告知犯罪嫌疑人、被害人;被害人死亡或者没有诉讼行为能力的,应当告知其法定代理人、近亲属或诉讼代理人。

犯罪嫌疑人、被害人或被害人的法定代理人、近亲属、诉讼代理人提出申请,可以补充鉴定或者重新鉴定,鉴定费用由请求方承担。但原鉴定违反法定程序的,由人民检察院承担。

犯罪嫌疑人的辩护人或者近亲属以犯罪嫌疑人有患精神病可能而申请对犯罪嫌疑人进行鉴定的,鉴定费用由申请方承担。

第二百二十二条 对犯罪嫌疑人作精神病鉴定的期间不计入羁押期限和办案期限。

二、常见伤残鉴定

【法医鉴定分类及释解】

法医鉴定,全称为"司法医学司法鉴定",是指依法取得司法医学鉴定资格的鉴定机构和鉴定人受司法机关或当事人委托,运用医学技术(如运用有关医学设备等)或医学知识对涉及诉讼的医学性问题进行检验、鉴别和判断并提供鉴定结论的活动,包括法医病理鉴定、法医临床鉴定、法医精神病鉴定、法医物证鉴定、法医毒物鉴定等。

法医病理鉴定,是指运用法医病理学的理论和技术,通过尸体外表检查、尸体解剖检验、组织切片观察、毒物分析和书证审查等,对涉及与法律有关的医学问题进行鉴定或推断。其主要内容包括:死亡原因鉴定、死亡方式鉴定、死亡时间推断、致伤(死)物认定、生前伤与死后伤鉴别、死后个体识别等。

法医临床鉴定,是指运用法医临床学的理论和技术,对涉及与法律有关的医学问题进行鉴定和评定。其主要内容包括:人身损伤程度鉴定、损伤与疾病关系评定、道路交通事故受伤人员伤残程度评定、职工工伤与职业病致残程度评定、劳动能力评定、活体年龄鉴定、性功能鉴定、医疗纠纷鉴定、诈病(伤)及造作病(伤)鉴定、致伤物和致伤方式推断等。

法医精神病鉴定,是指运用司法精神病学的理论和方法,对涉及与法律有关的精神状态、法定能力(如刑事责任能力、受审能力、服刑能力、民事行为能力、监护能力、被害人自我防卫能力、作证能力等)、精神损伤程度、智能障碍等问题进行鉴定。

法医物证鉴定,俗称"人体物证鉴定",是指运用免疫学、生物学、生物化学、分子生物学等的理论和方法,利用遗传学标记系统的多态性对生物学检材的种类、种属及个体来源进行鉴定。其主要内容包括:个体识别、亲子鉴定、性别鉴定、种族和种属认定等。DNA 鉴定是法医物证鉴定的技术之一,是以 DNA 作为遗传标记来判断"父亲"或"母亲"与子女是否存在亲生关系的鉴定。

法医毒物鉴定,是指运用法医毒物学的理论和方法,结合现代仪器分析技术,对体内外未知毒(药)物、毒品及代谢物进行定性、定量分析,并通过对毒物毒性、中毒机理、代谢功能的分析,结合中毒表现、尸检所见,综合作出毒(药)物中毒的鉴定。

资料补充栏

1. 法医病理鉴定

解剖尸体规则

1. 1979年9月10日卫生部发布
2. 〔1979〕卫教字第1329号

第一条 为便利教学,提高诊疗质量,促进医学科学事业的发展,参照我国社会风俗习惯,特制定本规则。

第二条 尸体解剖分为下列三种:

一、普通解剖:限于医药院校和其他有关教学、科研单位的人体学科在教学和科学研究时施行。下列尸体可收集作普通解剖之用:

  1. 死者生前有遗嘱或家属自愿供解剖者;
  2. 无主认领的尸体。

二、法医解剖:限于各级人民法院、人民检察院、公安局以及医学院校附设的法医科(室)施行。凡符合下列条件之一者应进行法医解剖:

  1. 涉及刑事案,必须经过尸体解剖始能判明死因的尸体和无名尸体需要查明死因及性质者;
  2. 急死或突然死亡,有他杀或自杀嫌疑者;
  3. 因工、农业中毒或烈性传染病死亡涉及法律问题的尸体。

三、病理解剖:限于教学、医疗、医学科学研究和医疗预防机构的病理科(室)施行,凡符合下列条件之一者应进行病理解剖:

  1. 死因不清楚者;
  2. 有科学研究价值者;
  3. 死者生前有遗嘱或家属愿供解剖者;
  4. 疑似职业中毒、烈性传染病或集体中毒死亡者。

上述1、2项的尸体,一般应先取得家属或单位负责人的同意,但对享受国家公费医疗或劳保医疗并在国家医疗卫生机构住院病死者,医疗卫生机构认为有必要明确死因和诊断时,原则上应当进行病理解剖,各有关单位应积极协助医疗卫生机构做好家属工作。

第三条 解剖尸体必须经过医师进行死亡鉴定,签署死亡证明后,方可进行。

第四条 供普通解剖使用的无主尸体,应保存一个月后方可使用。在此一个月内如发现姓名及通讯地点时,应及时通知尸主,在限期内前来认领。逾期不领者,在呈报主管机关或公安部门批准后,即可解剖。

第五条 病理解剖科(室)只接受医疗、预防、科研、卫生行政机构和其他有关国家机关的委托进行尸体解剖。

第六条 在实行病理解剖时,如发现有他杀或自杀可疑时,病理解剖单位应报请公安局派法医进行解剖或由法医与病理医师共同解剖。

第七条 凡病理解剖或法医解剖的尸体,可以留取部分组织或器官作为诊断及研究之用。但应以尽量保持外形完整为原则,如有损坏外形的必要时,应征得家属或死者生前所在单位的同意。

第八条 病理解剖或法医解剖,一般应在一个月内向委托单位发出诊断报告,如发现其死因为烈性传染病者,应于确定诊断后十二小时内报告当地卫生主管部门。

第九条 病理解剖应尊重少数民族风俗习惯,要积极宣传病理解剖的科学意义,提倡移风易俗。

第十条 死者生前有遗嘱或家属自愿供解剖者,如系自费医疗,医院可酌情补助火葬费(每例不超过四十元为限)。

第十一条 凡开展病理解剖和法医解剖的单位,应建立解剖簿,登记下列事项:

  1. 尸体编号、姓名、年龄、性别、籍贯;
  2. 尸体来历;
  3. 附解剖原因;
  4. 临床诊断;
  5. 解剖年、月、日;
  6. 解剖人姓名;
  7. 解剖后诊断;
  8. 解剖报告日期;
  9. 备注。

如无法知其姓名、籍贯者,第1项可仅列编号、性别以及估计年龄,其余可填未详字样。

第十二条 施行病理解剖和法医解剖的单位,应将解剖尸体的情况(包括尸体解剖诊断),每年至少向其主管部门书面汇报一次。

第十三条 自本规则发布之日起,凡与本规则有抵触的过去的有关规定一律停止实行。

法医学尸体解剖规范

1. 2015年11月20日司法部司法鉴定管理局发布
2. SF/Z JD0101002－2015

前　言

本技术规范根据刑事诉讼法、民事诉讼法及司法部《司法鉴定程序通则》有关规定,运用法医病理学的理论和技术,结合法医病理学鉴定的实践经验而制定,为法医学尸体检验、死亡原因鉴定提供科学依据和统一标准。

本技术规范参考了《中华人民共和国刑事诉讼法》、《中华人民共和国民事诉讼法》、卫生部《尸体解剖规则》和欧盟部长委员会提案《法医学尸体解剖协调规则》、美国法医协会《法医学尸体解剖执行标准》。

本技术规范按照 GB/T 1.1－2009 给出的规则起草。

本技术规范由司法部司法鉴定科学技术研究所提出。

本技术规范由司法部司法鉴定管理局归口。

本技术规范由司法部司法鉴定科学技术研究所、中国医科大学负责起草。

本技术规范主要起草人:陈忆九、官大威、秦志强、张国华、刘宁国、张建华、黄平、邹冬华、李正东、邵煜。

引　言

现阶段我国在法医学尸体检验方面已建立了多项行业技术标准、规范,并按不同的死亡原因规定了相关尸体检验的重点内容和方法。然而,上述标准、规范中均未系统地规定法医学尸体检验的总体原则、一般注意事项以及现场勘验、尸体解剖程序和要求、尸体解剖报告格式及特殊尸体的检验方案等。鉴于此,有必要借鉴国内外法医学领域新的研究进展与应用技术成果,并结合当前我国法医学鉴定工作的实际现状,制订一项全面、系统、可操作性强,且具有指导意义的法医学尸体解剖规范,该技术规范有助于各级专业技术人员在进行法医学尸体检验、鉴定过程中形成一整套完善的工作程序,有助于法医学重新鉴定工作的开展,能为相关学术交流提供技术支持。

本技术规范规定了法医学尸体检验的一般原则、条件和作业程序。

本技术规范的内容包括现场尸体勘验、尸表检验的一般程序原则以及法医学尸体解剖操作规范等。由于法医学鉴定个案复杂多变,鉴定实践中基于求同存异的原则,在具体操作中本技术规范的各部分内容均可酌情独立使用。

本技术规范适用于各类法医学鉴定的尸体检验。

1　范　围

本技术规范规定了法医学尸体解剖的一般程序及规则。

本技术规范适用于各级公安部门、检察机关及面向社会服务的司法鉴定机构进行法医学尸体检验、鉴定。

2　规范性引用文件

下列文件对于本技术规范的应用是必不可少的。凡是注日期的引用文件,仅注日期的版本适用于本技术规范。凡是不注日期的引用文件,其最新版本(包括所有的修改单)适用于本技术规范。

GA/T 117－2005 现场照相、录像要求规则

GA/T 147－1996 法医学尸体解剖

GA/T 148－1996 法医病理学检材的提取、固定、包装及送检方法

GA/T 149－1996 法医学尸表检验

GA/T 150－1996 机械性窒息尸体检验

GA/T 151－1996 新生儿尸体检验

GA/T 167－1997 中毒尸体检验规范

GA/T 168－1997 机械性损伤尸体检验

GA/T 169－1997 法医学物证检材的提取、保存与送检

GA/T 170－1997 猝死尸体的检验

GA/T 221－1999 物证检验照相要求规则

GA/T 223－1999 尸体辨认照相、录像方法规则

GA 268－2009 道路交通事故尸体检验

欧盟部长委员会提案 Rec(99)3E－2009 法医学尸体解剖协调规则(On the Harmonisation of Medico-Legal Autopsy Rules)

美国法医协会－2005 法医学尸体解剖执行标准(Forensic Autopsy Performance Standards)

3　术语和定义

下列术语和定义适用于本技术规范。

3.1　现场尸体勘验　external examination of the body at scene

指在案件发生或发现尸体的场所,继案情调查、现场

勘验之后，进行的尸表检验，同时发现和采集有关生物源性物证及其他相关物证检材的过程。

3.2 尸表检验 external examination of the body

指对尸体衣着、一般情况、尸体现象及尸体外表痕迹等进行检查并采集有关生物源性物证及其他相关物证检材的过程。

3.3 尸体解剖 medico – legal autopsy

即尸体解剖检验，简称尸检或尸解，对死者遗体进行全面系统的法医学观察和解剖。

3.4 组织学检验 histological examination

指将组织样本制成厚约数微米的切片，经不同方法染色后在显微镜下对细胞和组织的病理学变化进行观察。

4 法医学尸体解剖程序及技术要求

4.1 法医学尸体解剖原则

4.1.1 合法原则

法医学尸体解剖应符合国家相关法律、法规的规定，并尽可能尊重民族风俗或习惯，特殊情况下有关人员应依法履行回避制度。

4.1.2 客观公正原则

法医学尸体解剖过程中应当实事求是，以科学为依据，客观、公正地开展工作，不屈服于各方力量。

4.1.3 全面系统原则

尸体检验（特别是初次尸检）务必要全面细致，避免因检验不全面发生纰漏而影响尸体解剖结论或复检工作。应特别关注包括衣着、隐蔽部位、体腔及器官的各种阳性发现和阴性结果，并尽可能全面提取组织、体液、毛发、指甲等生物检材以备检。

4.1.4 准确辨识原则

辨识过程包括肉眼检查、组织学观察和实验室检查。应通过仔细的观察辨识病理改变，根据专业理论和实践经验作出合乎逻辑的分析和鉴别。

4.1.5 正确采样原则

法医病理学检材包括人体器官、组织及供毒物分析等实验室检查的生物检材。尸体解剖过程应在详细了解案情、完整把握案件特点、正确认识病变的基础上按法医学检材提取要求正确、有效地提取检材。

4.1.6 实时记录原则

尸体检验过程中须及时以文字和图像形式进行实时记录。不仅要记录阳性改变，有鉴别意义的阴性特征也必须记录在案。

4.1.7 检材妥善保存原则

法医病理学检材必须妥善保存、备检，器官检材应保存到案件终结，组织石蜡块及组织病理切片检材应永久保存。

4.1.8 结果相互印证原则

尸体解剖过程中提取的生物检材进行实验室检测获得的结果，应综合尸体检验所见情况分析审定后再采纳，避免仅依据某一项检测结果出具鉴定意见。

4.1.9 综合判断原则

法医病理学鉴定意见必须依据尸体检验的客观所见，结合调查案情（包括死亡过程、客观病史等）、现场勘验信息及实验室检测结果，分析主要原因与次要原因、整体与局部的关系、一般与特殊的关系、形态变化与功能变化的关系、内因与外因的关系后综合判断。

4.2 法医学尸体解剖的适用范围

4.2.1 非自然死亡。

4.2.2 死亡原因或死亡方式不明确时，无论尸体处于何种腐败程度，均需进行尸体解剖，包括以下情况：

a) 他杀或怀疑他杀；

b) 存有疑义或争议的猝死；

c) 侵犯人身健康权益，如怀疑人身伤害或任何形式的虐待等行为；

d) 涉及患者死亡的医患纠纷；

e) 意外死亡，包括交通事故、工伤事故、家中意外死亡；

f) 职业性疾病或损伤；

g) 工业或环境灾害、烈性传染病死亡；

h) 监管期内死亡；

i) 无名尸体或白骨化尸体；

j) 明确或可疑的对公共健康有危害的疾病所致的死亡；

k) 其他涉及法律问题的死亡。

4.3 现场尸体勘验的任务和职责

现场尸体勘验应在现场指挥人员主持下进行，法医应与参加现场勘验的其他专业人员明确分工、密切配合。主要任务和职责是：

a) 确认死亡；

b) 从相关人员处获取与死亡有关的所有案情材料；

c) 观察尸体所处环境与方位，检查衣着服饰情况；

d) 检查尸体和现场中血痕、毛发等生物学物证的分布和特征，并收集法医物证检材；

e) 检查尸体和现场中呕吐物分布和特征,检查尸体所处环境中遗留毒(药)物及包装物情况,并收集法医毒物分析检材;

f) 对尸体体表进行初步检查,结合现场勘验情况初步判断死因、死亡方式、致伤物等;

g) 检查尸体现象,推断死亡时间。推断死亡时间时,均需记录周围环境温度,除尸体已经高度腐败或者白骨化外,均需测量尸体直肠深部温度,并通过尸体温度、尸斑、尸僵等情况结合其它发现综合判断;

h) 防止尸体在搬运和储藏保存过程中的损伤和破坏。

4.4 尸体解剖的基本要求

4.4.1 尸体解剖前的准备工作

4.4.1.1 应先了解案情及现场勘验情况:了解死者的一般情况、生前病史、案发经过、损伤或死亡过程、尸体发现经过和尸体检验要求解决的问题等。如果死者近期曾在医院就诊,应当同时提取留存的血样、病历、影像学资料及其他医学记录。

4.4.1.2 工作条件的准备:尸体解剖应在具备一定条件和设备的尸体解剖室进行,解剖室应设置尸体解剖台,并设有充足的照明设施和必要的记录设备;在条件允许时可在解剖前进行 X 线、CT 或其他辅助检查。

4.4.1.3 若必要,提取死者指纹,并剪取尸体双手指甲以备检。

4.4.1.4 记录检验时间和地点,记录尸体检验人员、助手和其他在场人的姓名、身份及各自在尸体检验中所承担的工作。

4.4.2 尸表检验

4.4.2.1 进行衣着检查后方可移除尸体衣着。

4.4.2.2 详细检查每件衣物、纽扣及饰物的式样、材料、花色、商标、尺码;检查衣物口袋内的物品;检查衣物的附着物,如纤维、橡胶、火药、毛发、油漆、油脂、血迹或人体分泌物等并分别提取;检查衣物上破损的部位、形态、大小,并与尸体上对应部位的损伤进行比对,查找致伤物作用痕迹。

4.4.2.3 尸体体表以及与外部相通的孔道内留有血迹、污渍、附着物等情况时,在拍照、记录后应擦拭、清洗并再次细致检查。

4.4.2.4 检查并记录尸长、体型、发长、发色、口腔(牙齿)等体表个体特征。

4.4.2.5 检查并记录尸体现象。

4.4.2.6 检查眼睑、眼球、角膜及瞳孔变化。

4.4.2.7 检查并记录体表损伤的形态特征,按头颅、胸肋骨、脊柱、四肢长骨等部位检查骨折情况。

4.4.2.8 进行胸、腹(盆)腔穿刺检查积血(液)情况。

4.4.2.9 提取皮肤损伤部位检材进行组织学检验。

4.4.3 尸体剖验

4.4.3.1 头颅

4.4.3.1.1 检查头皮下及帽状腱膜,比较损伤、出血部位与表皮损伤的位置关系。

4.4.3.1.2 颜面部的检查原则上应尽可能采用不破坏外观容貌的方法进行,需要鉴别和确定伤病时,可局部切开、分离颜面部皮肤及皮下软组织。

4.4.3.1.3 颅骨的检查和记录必须包括对内、外板表面及完整性的检查。如有需要应对颅骨的厚度、骨缝、颅板障结构及第一、二颈椎的连接情况等进行检查并描述记录。

4.4.3.1.4 全面检查硬脑膜、蛛网膜及其下腔、软脑膜、脑脊液,大脑、小脑、脑干、垂体表面以及脑血管、神经。

4.4.3.1.5 一般情况下,脑的切开检查均应在甲醛溶液固定充分之后(约 7-10 天)进行。若脑组织明显自溶,已不具备进一步组织学检查条件,可不经固定直接切开检查。

4.4.3.2 颈部和胸部

4.4.3.2.1 常规采用直线、T 字或 Y 字型术式切开法。

4.4.3.2.2 检查颈部及胸壁皮下软组织及肌肉、肋间肌、淋巴结、舌骨、甲状软骨、环状软骨、气管软骨、胸骨、肋骨。解剖时,应逐层充分暴露和分离颈部皮肤、筋膜和肌肉,显示颈部各层解剖结构。

4.4.3.2.3 去除胸骨及软组织暴露胸腔,对胸腔、心包腔进行检查。

4.4.3.2.4 原位检查颈部与胸腔器官,提取喉、纵隔、心、肺等器官组织进行离体检查。

4.4.3.3 腹部和盆部

4.4.3.3.1 常规采用直线术式切开法。

4.4.3.3.2 检查腹壁皮下软组织及肌肉,检查腹腔、腹膜、网膜、膈肌、膀胱,原位检查腹腔器官;提取肝、脾、双侧肾、双侧肾上腺、胰腺及胃、肠等器官组织进行离体检查。

4.4.3.3.3 剖开胃及全部肠管,对其内容物进行检查。

4.4.3.3.4 提取并检查内生殖器官(男性取睾丸,女性取子宫及附件,如子宫腔内有胎儿,需取出胎儿后按相关标准对其进行检查)。

4.4.4 尸体解剖的操作原则

4.4.4.1 颅腔、胸腔、腹盆腔为常规检查项目。此外,根据检验需要可对颜面部、脊髓腔、关节腔、四肢、背臀部及会阴部进行局部解剖。

4.4.4.2 由于解剖和取样所造成的人为破坏痕迹应当逐一做好记录。

4.4.4.3 根据衣着、体表的血迹分布及形状及体内出血情况,估计出血量。

4.4.4.4 凡疑有颈部机械性损伤者,应先行胸、腹腔与颅腔的解剖与检验后,在无血液污染的情况下对颈部进行检验。

4.4.4.5 体腔的检查应包括:体腔壁软组织及骨性结构有无损伤及疾病等变化,体腔积液的性质及积液量,器官原始位置及毗邻关系,器官表面有无黏附物、有无损伤或渗出等情况。提取并逐一检验各器官。

4.4.4.6 记录主要器官的重量、大小,所有器官均需检查表面、切面的色泽、结构纹理、病理改变及损伤情况。

4.4.4.7 所有器官的检查和切开必须遵循已建立的病理学解剖规则,包括:打开所有相关血管,如颅内动脉、血窦、颈动脉、冠状动脉、肺动脉、肺静脉、主动脉、腹腔器官血管、股动脉、下肢静脉;相关器官的管腔必须分离,如气管和支气管,胆道和输尿管。所有空腔器官必须打开,并描述记录其内容物的颜色、性质、粘稠度、数量(如果必要,需取样保存)。如果有损伤,解剖操作必须和普通的解剖步骤和方法有所区别,并进行描述和记录。

4.4.4.8 对疑似因机械性损伤而死亡的案例,必要时可对尸体背部、四肢等包括软组织和肌肉在内的所有结构进行充分解剖显露和检查。为显示特定损伤,允许对常规的解剖方法进行调整,但应当进行特别记录并说明。

4.4.4.9 四肢存在骨折时,可切开相应肢体检查局部创伤及骨折或医疗情况;有条件者,可于解剖前行X线或CT等辅助检查。

4.4.4.10 在有怀疑或已明确的性侵犯案例中,性器官应当和外阴、直肠、肛门一起在解剖之前全部分离提取;相关的阴道和肛门拭子均应当在解剖工作之前完成。

4.4.4.11 法医学尸体解剖结束后,应将不需要提取的器官组织放回体腔内后缝合解剖切口,尽可能保持尸体外观完整及洁净。

4.5 检材提取原则

4.5.1 在清洗尸体前,提取外来生物学物质,包括体表残留的毛发、分泌物和指甲缝内存留物,必要时提取口腔、阴道和肛门拭子,以备DNA检验。

4.5.2 所有的尸体解剖均需提取主要器官及存在可疑损伤、病变部位的组织检材,经甲醛溶液充分固定后再行组织取材并制片。

4.5.3 常规提取外周血(不建议使用心血)、尿液和胃内容物等以备毒(药)物分析和遗传学鉴定;对于死亡原因不确定的案件或毒物药物检验需要,可以选择玻璃体液、脑脊液、胆汁、毛发、脑、肝、肾和其它相关组织;上述检材提取之前不得用水冲洗。

4.5.4 必要时提取指纹、掌纹、唇纹。

4.5.5 如尸体条件较差无法获取上述检材时,可提取肌肉组织(腰大肌或大腿肌肉)。

4.5.6 若尸体高度腐败出现蝇蛆等现象,可提取不同时期、不同类别昆虫进行法医昆虫学检验。

4.5.7 如果需要对某些骨折特征进行三维重建,需留取骨和其它骨结构。

4.5.8 如需确定死者身源或个人识别,除4.5.1、4.5.3相关检材外,还可留取骨骼、肌肉及软组织。

4.5.9 检材和样本应当采取合适的方法提取、固定、包装并尽快送检,暂不能立即送检的应妥善保存。

4.5.10 对于水中溺死尸体,应当在无污染的情况下提取胃内容物、胸腔积液、肺、肝和可能发现硅藻的器官和组织进行硅藻检验;同时,应当提取溺死处水域的水样进行硅藻检验。

4.6 特殊检查

4.6.1 躯干部背侧检查

可采用直线或T字型术式切开,充分显露皮下各层软组织,存在肩胛骨、肋骨及脊柱骨折时需暴露创伤及骨折,可于解剖前行X线或CT等辅助检查。

4.6.2 脊柱与脊髓腔检查

按规则切开皮肤与皮下软组织、肌肉,暴露脊柱,检查软组织、肌肉、韧带、椎骨,打开脊髓腔,检查脊膜与脊髓表面,提取脊髓进行检查。

4.6.3 空气栓塞检查

若条件许可解剖前应进行放射学检查;解剖操作首

先应当部分开胸,对胸骨下3/4进行分离,在心包腔内加注清水之后在水中打开右心室以检查是否有气泡溢出。

4.6.4 气胸检查

在开颅、开腹及解剖颈部之前,在胸部正中做一纵型切口,将皮下组织剥离到两侧腋中线处,提起使其形成袋状,盛水后在水面下刺破肋间隙,检查是否有气泡溢出。

4.6.5 肺动脉栓塞检查

原位打开肺动脉主干、左右肺动脉及肺门处肺叶动脉,观察有无栓子栓塞,并检查盆底静脉、双下肢静脉有无血栓形成。

4.6.6 心血管畸形检查

原位检查或将心、肺整体取出检查,必要时,在不破坏病变的基础上切开心、肺进行检查。

4.6.7 处女膜检查

检查处女膜是否破裂,如有破裂,检查破裂口位置并判断是新鲜还是陈旧性破裂,是否合并有其他会阴部损伤。

5 尸体解剖记录

5.1 照相摄像要求

5.1.1 照相镜头应垂直于被摄主体表面,尽量防止和减少变形。

5.1.2 应同时拍摄被摄主体及其周围解剖学部位的标志,以便判断被摄主体的位置及方向;对尸体特征应同时予以概貌与细目进行拍摄。

5.1.3 细目照相应为测量摄影,在被摄主体旁放置比例尺(和鉴定例号标签),准确清晰地反映被摄主体的大小、形态与特征。

5.1.4 不仅要拍摄尸体检验的阳性所见,有争议的和有鉴别意义的阴性情况也要拍摄。

5.1.5 提取检材时,应先拍摄其原始状况,提取后可再放置在适当的背景、光线条件下拍摄。

5.1.6 如有条件可在照相记录的同时采取摄像记录。

5.2 文字图表记录要求

5.2.1 项目要求

5.2.1.1 尸表检验记录(包括现场尸体检验记录)。

5.2.1.2 尸体解剖记录。

5.2.1.3 器官检查记录。

5.2.1.4 检材提取及处置记录。

5.2.1.5 病理组织学观察记录。

5.2.1.6 其它实验室检查(如硅藻)记录。

5.2.2 内容要求

5.2.2.1 鉴定号、计算机查询号或其他唯一性编号。

5.2.2.2 死者的详细信息,包括姓名、性别、出生日期、身份证号等(无名尸体除外)。

5.2.2.3 死亡的日期、时间和地点(如果已知)。

5.2.2.4 尸体解剖的日期、时间和地点。

5.2.2.5 法医鉴定人的姓名和职称。

5.2.2.6 尸体解剖/死因鉴定委托方信息。

5.2.2.7 公安、检察、法院等委托机构、死者亲属或其它相关人员向法医提供的死亡过程、死亡情况概况等。

5.2.2.8 参与死亡现场勘验的法医对死亡现场的详细记录。

5.2.2.9 尸表检查、尸体解剖、体腔检查和器官检查、病理组织学检查记录。

5.2.2.10 其他尸体特征与标记、附着物、法医昆虫学等内容。

5.2.2.11 在进行尸体检验时,必要时需对损伤及其他尸体特征加以绘图说明位置、形状、大小和方向。

6 尸体解剖报告

6.1 形式要求

6.1.1 完整、详细、易懂、客观。

6.1.2 分析过程和鉴定意见应尽量使医学和非医学人员均可理解。

6.1.3 符合逻辑、结构合理、采用推论短文形式,各部分内容易于查阅。

6.1.4 以便于阅读、长期保存的纸质形式保存,如果使用电子文档存储文本也应同时出具纸质形式报告。

6.2 内容要求

6.2.1 鉴定号、计算机查询号或其他唯一性编号。

6.2.2 死者的详细信息,包括姓名、性别、出生日期、身份证号等(无名尸体除外)。

6.2.3 如果已知,应当包括死亡的日期、时间和地点。

6.2.4 尸体解剖的日期、时间和地点。

6.2.5 法医鉴定人的姓名、资质和职称。

6.2.6 尸体解剖/死因鉴定委托方信息。

6.2.7 委托方所提供的死者死亡过程、死亡情况等信息。

6.2.8 参与死亡现场勘验的法医对死亡现场的详

细记录。

6.2.9 尸表检查、尸体解剖、体腔检查、器官检查、病理组织学观察记录。

6.2.10 法医毒化检验、遗传学鉴定、微生物检验和其他检验的结果必须包括在报告内。

6.2.11 辅助检查(如放射学、牙科学、昆虫学、人类学等检查)结果必须包括在报告内。

6.2.12 法医对尸体解剖检验结果的分析说明与鉴定意见是尸体解剖报告中的重要部分,应当对与死亡原因、致伤物、死亡时间等委托事由全面解释说明。

6.2.13 根据检验结果,进行综合分析解释,做出鉴定意见。如果存在多个致死因素(如损伤、疾病、中毒、医疗问题等),均应当逐条列出;如果可能,应分析相关因素间的因果关系及各自参与死亡原因的作用力程度。

6.2.14 报告至少由2名参与鉴定的法医签字并填写日期、加盖鉴定机构公章。

6.2.15 报告形成的时间不应超过案件委托时约定的鉴定时限,并应在鉴定时限内尽早做出。

7 常见案例检查方案

7.1 尸体身份认定

7.1.1 肉眼识别;必须由死者的亲人、熟识者或近期目击者来识别尸体。

7.1.2 随身物品;检查衣物、饰品、口袋内容物等获取身份证件及其他相关信息。

7.1.3 生理特征;生理特征可由尸体检验获得。

7.1.4 齿科学检查;若条件许可,牙齿和下颌骨的检查应当由具有法医齿科学经验的医生完成。

7.1.5 人类学识别;当尸体白骨化或者高度腐败时,应进行人类学识别。

7.1.6 指纹;若需要,应提取指纹。

7.1.7 提取血液、毛发作血型及DNA检验。

7.1.8 女尸需检查有无妊娠及性侵害情况。

7.2 机械性损伤

7.2.1 锐、钝器伤

7.2.1.1 衣着检查需注意检查致伤物作用痕迹。

7.2.1.2 损伤检查需注意检查致伤物作用痕迹。

7.2.1.3 损伤检查应包括:部位、形态、大小、方向以及生活反应。对于创,重点检查创缘、创角、创口、创腔、创壁、创底、创道、组织缺损、创腔内异物、检查骨折、器官损伤、体腔积血情况。

7.2.1.4 对于损伤部位,解剖操作应尽量避免破坏损伤的原始状况;对于贯通性损伤创道,需用探针检查并放置显示创道贯通状态后,原位拍照;如需要,可对损伤部位局部组织进行取样,用于损伤时间和创腔内异物的推定,应在对损伤的原始情况进行检查、记录、拍照后再提取检材。

7.2.1.5 逐层解剖和描述损伤,包括损伤大小、致伤物作用痕迹和生活反应等。

7.2.1.6 对可疑致伤物进行检验,并将其与衣物损伤及尸体损伤特征进行比对。

7.2.2 枪弹伤

7.2.2.1 现场勘验:检查枪械、子弹类型、致伤枪械、弹壳和涉案人员的相对位置。

7.2.2.2 衣着与尸表检查:对衣物破损处进行检查并取样,对衣物与体表残留的血痕、射击物颗粒及其他附着物进行检查并取样。

7.2.2.3 尸体解剖:重点检查射入口、射出口、创道特征、创口距足底的距离、枪口印痕;在入口或出口周围对不明确的皮肤损伤取样;初步判断射击方向、子弹运行轨迹以及受害者所处的位置。

7.2.2.4 现场勘验及尸体检验中提取弹头需用塑料夹夹取。

7.2.2.5 有条件时,在解剖前或解剖中应进行X线或CT辅助检查。

7.2.3 爆炸伤

7.2.3.1 现场勘验与尸体检验中提取爆炸残留物送检。

7.2.3.2 尸体检验对于协助重建爆炸物种类、爆炸装置的类型和特征具有决定性价值。

7.2.3.3 保存组织样本、衣物等进行化学分析以判断爆炸物类型。

7.2.3.4 有条件时,尸体解剖之前应行全身X线或CT检查对体内可能存留的金属物进行探测和定位,如发现引爆装置的部件有助于对爆炸装置的判断;经影像学检查发现存留于人体组织中的遗留物应于尸体解剖过程中提取以备检。

7.2.4 高坠伤

7.2.4.1 现场勘验确定人体与建筑物的相互位置(包括坠落起点和着地点)。

7.2.4.2 注意识别身体着地部位损伤。

7.2.4.3 衣着检查注意高坠强大暴力引起的衣物崩裂、撕裂等,需与暴力所致损伤相鉴别。

7.2.4.4 注意尸体损伤是否具有外轻内重的特点。

7.2.4.5 注意尸体损伤（包括致死性损伤）是否可由高坠过程中形成。

7.2.4.6 在复杂损伤中注意发现有无工具类致伤物作用损伤的特征。

7.2.4.7 全面系统的毒、药物检验，并注意是否存在安眠、镇静剂和乙醇等可影响人意识状态的药物影响。

7.3 机械性窒息

7.3.1 检验原则，包括以下方面：

a) 尸体窒息征象必须与各类窒息死亡特有的暴力损伤痕迹相结合，方能明确诊断；

b) 尸体征象必须与全身系统剖验相结合并注意有无其他致死原因；

c) 注意鉴别不同机械性窒息的方式。

7.3.2 现场勘验应注意检查脚踏物品（如椅子等相关的平台物体）、绕颈的缢（勒）索打结方法、附着于绳索间、手上和其它物件上的痕迹。

7.3.3 尸体检验重点检查内容包括：

a) 尸斑、尸僵、尸体姿势、有无异常体位、有无异常装扮；

b) 颜面部皮肤、结膜、鼓膜及口、唇、齿龈粘膜的肿胀、淤血、出血、缺血及损伤情况；口鼻部异物；齿、舌损伤情况；头面部孔腔出血（液）情况；

c) 颈部肌群、器官及其他组织出血情况、颈部骨性与软骨结构损伤、颈动脉内膜横裂、呼吸道粘膜损伤、呼吸道异物；

d) 心、肺表面出血点、肺水肿征象、内部器官淤血情况；

e) 索沟、掐痕及其他印痕的形态、数目、位置、方向、有无提空；索沟的宽度与深度、颜色与终止点（或勒环）；印痕处及周围的皮肤损伤、水泡、皮肤及皮下软组织出血；

f) 由挣扎、抵抗、被胁迫等引起的体表损伤、手中及指甲内是否嵌有异物、有无性侵犯相关损伤；

g) 注意是否存在随体位分布的流涎和尿失禁痕迹。

7.3.4 如存在绳索绕颈，需在保留绳索特征（如绳结）的情况下取下绳索后再行颈部解剖。

7.3.5 如果怀疑外力作用于颈部，在对颈部各层解剖结构进行检查后，提取颈部软组织、肌肉和相应骨骼标本以供组织学检查。

7.3.6 溺死尸体的检验见本规范 7.4。

7.4 水中尸体

7.4.1 尸体检验重点检查内容包括：

a) 尸斑分布情况、口、鼻腔中泡沫性状（必要时可挤压胸腹部）、手足皮肤苍白皱缩改变、手中异物、鹅皮样改变、浸软作用、附着的泥土和藻类、环境（如岩石和船只）及水中动物造成的损伤、指甲的缺失、皮肤的缺损；

b) 肺表面出血斑、水性肺气肿征象、呼吸道及消化道内溺液与异物、心内血液状态及心血管内膜红染情况、辅助呼吸肌群（如胸锁乳突肌、斜角肌、胸大肌、背阔肌）有无出血、颞骨椎体内有无出血、脾贫血情况。

7.4.2 胃内容物、胸腔积液、肺、肝和可能发现硅藻的器官和组织应在无污染的情况下取样进行硅藻检验，同时，应当提取溺死处水域的水样进行硅藻检验。对于水中发现的新鲜尸体，可取左、右心腔血进行血液生化学检验。

7.4.3 注意鉴别生前入水与死后入水。

7.5 性犯罪

7.5.1 详细掌握犯罪现场的勘验和案情资料。

7.5.2 检查体表损伤，注意辨别并提取乳房等部位的咬痕和齿痕，注意会阴部损伤情况。如果需要，尸体的皮肤应当在紫外灯下进行检查。

7.5.3 如条件允许，在尸体解剖过程中首先应将内生殖器官和外阴、直肠、肛门一起全部分离提取并进行全面检查。

7.5.4 提取检材进行 DNA 检验，包括：体表残留的阴毛和分泌物、乳头及其周围、阴道与肛门拭子、死者指甲和抓落的毛发以及其他外来生物源性物证。

7.6 新生儿、婴幼儿尸体

7.6.1 新生儿尸体检验重点检查内容包括：

a) 新生儿各项体表（发育）指标，包括：尸重、身长、坐高，头、胸、腹部周线、头部径线；尸体表面血液、胎脂附着情况；

b) 描述产瘤等分娩损伤情况；

c) 骨化中心的状态、脐带和胎盘发育情况、心血管和器官发育、畸形情况；

d) 必要时进行肺浮扬试验、胃肠浮扬试验；

e) 鉴定死产与活产。

7.6.2 如怀疑虐待儿童，需重点检查体表损伤和疤痕，X 线检查骨骼损伤，评估营养状态。对所有损伤组织、营养不良的局部淋巴结、内分泌器官、免疫组织、不同部位的肠组织进行组织学检查。注意有无机械性窒息征象;如需要,应进行毒物分析工作。

7.7 猝 死

7.7.1 怀疑存在某些特殊病变时(如气胸、心血管空气栓塞等)在解剖过程中需进行相关试验。

7.7.2 怀疑心血管系统疾病猝死,解剖时应注意勿破坏重要结构(如窦房结、粥样斑块等);仔细检查肺动脉、冠状动脉(开口、走行及管腔情况)、心脏瓣膜、心肌、主动脉有无病变或异常,必要时检查传导系统。

7.7.3 怀疑中枢神经系统疾病猝死,注意检查有无硬脑膜外、硬脑膜下、蛛网膜下腔及脑组织出血、有无破裂的脑血管病变;检查脑有无中线结构移位、有无脑疝形成;检查脑底动脉(颈内动脉及椎－基底动脉系统);检查大脑、小脑、脑干有无肿瘤、出血、坏死病灶;检查有无颈椎疾病(增生压迫、关节脱位)、颈髓病变等。

7.7.4 怀疑呼吸系统疾病猝死,注意检查有无呼吸道异物、喉头水肿、咽后壁脓肿、肺部炎症。

7.7.5 注意检查有无消化系统、泌尿生殖系统、内分泌系统、免疫系统及其他系统的重要器官病变。

7.7.6 有医源性因素参与时,应注意排除药物过敏、中毒、手术并发症等因素所致的死亡。

7.7.7 猝死的死因诊断须在全面且系统的检查之后做出,如需要,应进行毒物分析工作,并注意有无电击、窒息等其他致死原因。

7.8 烧 死

7.8.1 检查体表及内部器官热作用改变与生活反应,如尸长缩短、尸斑鲜红、尸表油腻、拳斗姿势、皮肤烧伤、外眼角皱褶、睫毛征候、硬脑膜外热血肿、热呼吸道综合征等;提取心脏或大血管内血液进行碳氧血红蛋白含量测定。

7.8.2 注意检查有无其他致死性因素,判断生前烧死或死后焚尸。

7.9 冻 死

7.9.1 调查现场的环境条件,记录现场温度与湿度。

7.9.2 注意检查尸体有无苦笑面容、反常脱衣现象、红色尸斑、冻伤、胃粘膜出血斑及髂腰肌出血等改变。

7.9.3 需对外伤、中毒、疾病死等进行排他性鉴别。

7.10 电击死

7.10.1 疑为电击死案例,应首先切断电源,需对可疑电源与带电物体进行检查,再进行现场勘验和尸体检验。

7.10.2 检查尸体有无电流斑,不典型电流斑需与皮肤擦挫伤及热作用损伤进行鉴别,必要时结合组织学、组织化学染色和扫描电镜等手段进行判断;体表无电流斑者不能排除电击死,需行尸体解剖检查与其他特殊检查综合判断。

7.10.3 检查尸体有无其他电击征象:如皮肤金属化、电烧伤、电击纹、骨珍珠等。

7.10.4 需鉴别其他种类暴力、中毒和疾病死,判断电击死与死后电击。

7.11 中 毒

7.11.1 注意衣物有无特殊气味、流涎、呕吐物或排泄物污染、毒药物流注或腐蚀痕迹、衣物口袋内有无毒药物残渣。

7.11.2 注意体表有无化学性损伤、皮肤及血管硬化、注射痕迹、动物牙痕、女性会阴部黏膜有无异常,注意检查尸斑颜色、肌痉挛、瞳孔大小、口腔黏膜、牙龈异常。

7.11.3 尸体解剖时在未提取毒化检材之前不得用水冲洗尸体;重点检查消化系统,注意内容物性状、气味、粘膜变化。

7.11.4 检材提取要求如下:

a)怀疑中毒死,需提取常规检材;

b)怀疑药物滥用,除常规检材外,应附加脑脊液、脑组织、注射孔部位皮肤、毛发;

c)怀疑挥发性、脂溶性的毒物中毒,如助火剂或其他溶剂,除常规检材外,应附加左心血、脑组织、一侧肺脏、皮下脂肪组织及衣物等;

d)怀疑食物中毒,除常规检材外,应附加肠内容物,可从小肠不同的节段取材;

e)怀疑慢性中毒(如金属、药物、杀虫剂等),除常规检材外,应附加毛发、指甲、骨、脂肪组织、肠内容物;

f)怀疑注射毒物时,应提取注射部位皮肤、软组织,并提取肢体对侧组织作为对照;

g)怀疑阴道摄入毒物时,取提阴道及子宫检材;

h)怀疑中毒案件的尸体挖掘,需综合考虑怀疑毒物种类、尸体埋葬的情况,制定挖掘方案,提取相关检材(包括尸体周围泥土)。

7.12 群体性死亡

7.12.1 法医应尽快进入事故发生地,巡视和划定保护范围。

7.12.2 对尸体、尸块及遗物的位置、散落特征分别进行记录并编号。

7.12.3 提取指纹,检查衣着,提取遇难者的遗物装入已编号的物证袋内。

7.12.4 进行尸体体表检查和尸体剖验;合并同一个体的尸块。

7.12.5 提取牙齿、毛发、血液、肌肉组织等以备个体识别。

7.12.6 对于白骨化尸体,进行年龄、性别等判断。

7.12.7 若为交通事故,注意收集与交通事故有关的检材与物证。

7.12.8 综合死亡原因、死亡时间、个人识别、损伤特征以及死前的生理状态作出鉴定意见,分析事故原因。

7.13 碎　　尸

7.13.1 确定发现的碎尸块是否为人体组织。

7.13.2 所发现的碎尸块是否属同一人体。

7.13.3 推断碎尸的性别、年龄、身长。

7.13.4 查找个体特征,进行组织 DNA 检测。

7.13.5 确定死亡原因、推断死亡时间。

7.13.6 分析碎尸工具。

2. 法医临床鉴定

（1）一般鉴定标准与规范

人体损伤程度鉴定标准

1. 2013年8月30日最高人民法院、最高人民检察院、公安部、国家安全部、司法部发布
2. 自2014年1月1日起施行

1 范 围

本标准规定了人体损伤程度鉴定的原则、方法、内容和等级划分。

本标准适用于《中华人民共和国刑法》及其他法律、法规所涉及的人体损伤程度鉴定。

2 规范性引用文件

下列文件对于本文件的应用是必不可少的。本标准引用文件的最新版本适用于本标准。

GB 18667 道路交通事故受伤人员伤残评定

GB/T 16180 劳动能力鉴定 职工工伤与职业病致残等级

GB/T 26341-2010 残疾人残疾分类和分级

3 术语和定义

3.1 重 伤

使人肢体残废、毁人容貌、丧失听觉、丧失视觉、丧失其他器官功能或者其他对于人身健康有重大伤害的损伤，包括重伤一级和重伤二级。

3.2 轻 伤

使人肢体或者容貌损害，听觉、视觉或者其他器官功能部分障碍或者其他对于人身健康有中度伤害的损伤，包括轻伤一级和轻伤二级。

3.3 轻微伤

各种致伤因素所致的原发性损伤，造成组织器官结构轻微损害或者轻微功能障碍。

4 总 则

4.1 鉴定原则

4.1.1 遵循实事求是的原则，坚持以致伤因素对人体直接造成的原发性损伤及由损伤引起的并发症或者后遗症为依据，全面分析，综合鉴定。

4.1.2 对于以原发性损伤及其并发症作为鉴定依据的，鉴定时应以损伤当时伤情为主，损伤的后果为辅，综合鉴定。

4.1.3 对于以容貌损害或者组织器官功能障碍作为鉴定依据的，鉴定时应以损伤的后果为主，损伤当时伤情为辅，综合鉴定。

4.2 鉴定时机

4.2.1 以原发性损伤为主要鉴定依据的，伤后即可进行鉴定；以损伤所致的并发症为主要鉴定依据的，在伤情稳定后进行鉴定。

4.2.2 以容貌损害或者组织器官功能障碍为主要鉴定依据的，在损伤90日后进行鉴定；在特殊情况下可以根据原发性损伤及其并发症出具鉴定意见，但须对有可能出现的后遗症加以说明，必要时应进行复检并予以补充鉴定。

4.2.3 疑难、复杂的损伤，在临床治疗终结或者伤情稳定后进行鉴定。

4.3 伤病关系处理原则

4.3.1 损伤为主要作用的，既往伤/病为次要或者轻微作用的，应依据本标准相应条款进行鉴定。

4.3.2 损伤与既往伤/病共同作用的，即二者作用相当的，应依据本标准相应条款适度降低损伤程度等级，即等级为重伤一级和重伤二级的，可视具体情况鉴定为轻伤一级或者轻伤二级，等级为轻伤一级和轻伤二级的，均鉴定为轻微伤。

4.3.3 既往伤/病为主要作用的，即损伤为次要或者轻微作用的，不宜进行损伤程度鉴定，只说明因果关系。

5 损伤程度分级

5.1 颅脑、脊髓损伤

5.1.1 重伤一级

a) 植物生存状态。

b) 四肢瘫（三肢以上肌力3级以下）。

c) 偏瘫、截瘫（肌力2级以下），伴大便、小便失禁。

d) 非肢体瘫的运动障碍（重度）。

e) 重度智能减退或者器质性精神障碍，生活完全不能自理。

5.1.2 重伤二级

a) 头皮缺损面积累计75.0cm² 以上。

b) 开放性颅骨骨折伴硬脑膜破裂。

c) 颅骨凹陷性或者粉碎性骨折,出现脑受压症状和体征,须手术治疗。
d) 颅底骨折,伴脑脊液漏持续 4 周以上。
e) 颅底骨折,伴面神经或者听神经损伤引起相应神经功能障碍。
f) 外伤性蛛网膜下腔出血,伴神经系统症状和体征。
g) 脑挫(裂)伤,伴神经系统症状和体征。
h) 颅内出血,伴脑受压症状和体征。
i) 外伤性脑梗死,伴神经系统症状和体征。
j) 外伤性脑脓肿。
k) 外伤性脑动脉瘤,须手术治疗。
l) 外伤性迟发性癫痫。
m) 外伤性脑积水,须手术治疗。
n) 外伤性颈动脉海绵窦瘘。
o) 外伤性下丘脑综合征。
p) 外伤性尿崩症。
q) 单肢瘫(肌力 3 级以下)。
r) 脊髓损伤致重度肛门失禁或者重度排尿障碍。

5.1.3 轻伤一级
a) 头皮创口或者瘢痕长度累计 20.0cm 以上。
b) 头皮撕脱伤面积累计 50.0cm² 以上;头皮缺损面积累计 24.0cm² 以上。
c) 颅骨凹陷性或者粉碎性骨折。
d) 颅底骨折伴脑脊液漏。
e) 脑挫(裂)伤;颅内出血;慢性颅内血肿;外伤性硬脑膜下积液。
f) 外伤性脑积水;外伤性颅内动脉瘤;外伤性脑梗死;外伤性颅内低压综合征。
g) 脊髓损伤致排便或者排尿功能障碍(轻度)。
h) 脊髓挫裂伤。

5.1.4 轻伤二级
a) 头皮创口或者瘢痕长度累计 8.0cm 以上。
b) 头皮撕脱伤面积累计 20.0cm² 以上;头皮缺损面积累计 10.0cm² 以上。
c) 帽状腱膜下血肿范围 50.0cm² 以上。
d) 颅骨骨折。
e) 外伤性蛛网膜下腔出血。
f) 脑神经损伤引起相应神经功能障碍。

5.1.5 轻微伤
a) 头部外伤后伴有神经症状。
b) 头皮擦伤面积 5.0cm² 以上;头皮挫伤;头皮下血肿。
c) 头皮创口或者瘢痕。

5.2 面部、耳廓损伤
5.2.1 重伤一级
a) 容貌毁损(重度)。
5.2.2 重伤二级
a) 面部条状瘢痕(50% 以上位于中心区),单条长度 10.0cm 以上,或者两条以上长度累计 15.0cm 以上。
b) 面部块状瘢痕(50% 以上位于中心区),单块面积 6.0cm² 以上,或者两块以上面积累计 10.0cm² 以上。
c) 面部片状细小瘢痕或者显著色素异常,面积累计达面部 30%。
d) 一侧眼球萎缩或者缺失。
e) 眼睑缺失相当于一侧上眼睑 1/2 以上。
f) 一侧眼睑重度外翻或者双侧眼睑中度外翻。
g) 一侧上睑下垂完全覆盖瞳孔。
h) 一侧眼眶骨折致眼球内陷 0.5cm 以上。
i) 一侧鼻泪管和内眦韧带断裂。
j) 鼻部离断或者缺损 30% 以上。
k) 耳廓离断、缺损或者挛缩畸形累计相当于一侧耳廓面积 50% 以上。
l) 口唇离断或者缺损致牙齿外露 3 枚以上。
m) 舌体离断或者缺损达舌系带。
n) 牙齿脱落或者牙折共 7 枚以上。
o) 损伤致张口困难Ⅲ度。
p) 面神经损伤致一侧面肌大部分瘫痪,遗留眼睑闭合不全和口角歪斜。
q) 容貌毁损(轻度)。

5.2.3 轻伤一级
a) 面部单个创口或者瘢痕长度 6.0cm 以上;多个创口或者瘢痕长度累计 10.0cm 以上。
b) 面部块状瘢痕,单块面积 4.0cm² 以上;多块面积累计 7.0cm² 以上。
c) 面部片状细小瘢痕或者明显色素异常,面积累计 30.0cm² 以上。
d) 眼睑缺失相当于一侧上眼睑 1/4 以上。
e) 一侧眼睑中度外翻;双侧眼睑轻度外翻。
f) 一侧上眼睑下垂覆盖瞳孔超过 1/2。
g) 两处以上不同眶壁骨折;一侧眶壁骨折致眼球内陷 0.2cm 以上。

h)双侧泪器损伤伴溢泪。
i)一侧鼻泪管断裂;一侧内眦韧带断裂。
j)耳廓离断、缺损或者挛缩畸形累计相当于一侧耳廓面积30%以上。
k)鼻部离断或者缺损15%以上。
l)口唇离断或者缺损致牙齿外露1枚以上。
m)牙齿脱落或者牙折共4枚以上。
n)损伤致张口困难Ⅱ度。
o)腮腺总导管完全断裂。
p)面神经损伤致一侧面肌部分瘫痪,遗留眼睑闭合不全或者口角歪斜。

5.2.4 轻伤二级
a)面部单个创口或者瘢痕长度4.5cm以上;多个创口或者瘢痕长度累计6.0cm以上。
b)面颊穿透创,皮肤创口或者瘢痕长度1.0cm以上。
c)口唇全层裂创,皮肤创口或者瘢痕长度1.0cm以上。
d)面部块状瘢痕,单块面积3.0cm² 以上或多块面积累计5.0cm² 以上。
e)面部片状细小瘢痕或者色素异常,面积累计8.0cm² 以上。
f)眶壁骨折(单纯眶内壁骨折除外)。
g)眼睑缺损。
h)一侧眼睑轻度外翻。
i)一侧上眼睑下垂覆盖瞳孔。
j)一侧眼睑闭合不全。
k)一侧泪器损伤伴溢泪。
l)耳廓创口或者瘢痕长度累计6.0cm以上。
m)耳廓离断、缺损或者挛缩畸形累计相当于一侧耳廓面积15%以上。
n)鼻尖或者一侧鼻翼缺损。
o)鼻骨粉碎性骨折;双侧鼻骨骨折;鼻骨骨折合并上颌骨额突骨折;鼻骨骨折合并鼻中隔骨折;双侧上颌骨额突骨折。
p)舌缺损。
q)牙齿脱落或者牙折2枚以上。
r)腮腺、颌下腺或者舌下腺实质性损伤。
s)损伤致张口困难Ⅰ度。
t)颌骨骨折(牙槽突骨折及一侧上颌骨额突骨折除外)。
u)颧骨骨折。

5.2.5 轻微伤
a)面部软组织创。

b)面部损伤留有瘢痕或者色素改变。
c)面部皮肤擦伤,面积2.0cm² 以上;面部软组织挫伤;面部划伤4.0cm以上。
d)眶内壁骨折。
e)眼部挫伤;眼部外伤后影响外观。
f)耳廓创。
g)鼻骨骨折;鼻出血。
h)上颌骨额突骨折。
i)口腔粘膜破损;舌损伤。
j)牙齿脱落或者缺损;牙槽突骨折;牙齿松动2枚以上或者Ⅲ度松动1枚以上。

5.3 听器听力损伤
5.3.1 重伤一级
a)双耳听力障碍(≥91dB HL)。
5.3.2 重伤二级
a)一耳听力障碍(≥91dB HL)。
b)一耳听力障碍(≥81dB HL),另一耳听力障碍(≥41dB HL)。
c)一耳听力障碍(≥81dB HL),伴同侧前庭平衡功能障碍。
d)双耳听力障碍(≥61dB HL)。
e)双侧前庭平衡功能丧失,睁眼行走困难,不能并足站立。
5.3.3 轻伤一级
a)双耳听力障碍(≥41dB HL)。
b)双耳外耳道闭锁。
5.3.4 轻伤二级
a)外伤性鼓膜穿孔6周不能自行愈合。
b)听骨骨折或者脱位;听骨链固定。
c)一耳听力障碍(≥41dB HL)。
d)一侧前庭平衡功能障碍,伴同侧听力减退。
e)一耳外耳道横截面1/2以上狭窄
5.3.5 轻微伤
a)外伤性鼓膜穿孔。
b)鼓室积血。
c)外伤后听力减退。

5.4 视器视力损伤
5.4.1 重伤一级
a)一眼眼球萎缩或者缺失,另一眼盲目3级。
b)一眼视野完全缺损,另一眼视野半径20°以下(视野有效值32%以下)。

c）双眼盲目4级。

5.4.2　重伤二级

a）一眼盲目3级。

b）一眼重度视力损害，另一眼中度视力损害。

c）一眼视野半径10°以下（视野有效值16%以下）。

d）双眼偏盲；双眼残留视野半径30°以下（视野有效值48%以下）。

5.4.3　轻伤一级

a）外伤性青光眼，经治疗难以控制眼压。

b）一眼虹膜完全缺损。

c）一眼重度视力损害；双眼中度视力损害。

d）一眼视野半径30°以下（视野有效值48%以下）；双眼视野半径50°以下（视野有效值80%以下）。

5.4.4　轻伤二级

a）眼球穿通伤或者眼球破裂伤；前房出血须手术治疗；房角后退；虹膜根部离断或者虹膜缺损超过1个象限；睫状体脱离；晶状体脱位；玻璃体积血；外伤性视网膜脱离；外伤性视网膜出血；外伤性黄斑裂孔；外伤性脉络膜脱离。

b）角膜斑翳或者血管翳；外伤性白内障；外伤性低眼压；外伤性青光眼。

c）瞳孔括约肌损伤致瞳孔显著变形或者瞳孔散大（直径0.6cm以上）。

d）斜视；复视。

e）睑球粘连。

f）一眼矫正视力减退至0.5以下（或者较伤前视力下降0.3以上）；双眼矫正视力减退至0.7以下（或者较伤前视力下降0.2以上）；原单眼中度以上视力损害者，伤后视力降低一个级别。

g）一眼视野半径50°以下（视野有效值80%以下）。

5.4.5　轻微伤

a）眼球损伤影响视力。

5.5　颈部损伤

5.5.1　重伤一级

a）颈部大血管破裂。

b）咽喉部广泛毁损，呼吸完全依赖气管套管或者造口。

c）咽或者食管广泛毁损，进食完全依赖胃管或者造口。

5.5.2　重伤二级

a）甲状旁腺功能低下（重度）。

b）甲状腺功能低下，药物依赖。

c）咽部、咽后区、喉或者气管穿孔。

d）咽喉或者颈部气管损伤，遗留呼吸困难（3级）。

e）咽或者食管损伤，遗留吞咽功能障碍（只能进流食）。

f）喉损伤遗留发声障碍（重度）。

g）颈内动脉血栓形成，血管腔狭窄（50%以上）。

h）颈总动脉血栓形成，血管腔狭窄（25%以上）。

i）颈前三角区增生瘢痕，面积累计30.0cm² 以上。

5.5.3　轻伤一级

a）颈前部单个创口或者瘢痕长度10.0cm以上；多个创口或者瘢痕长度累计16.0cm以上。

b）颈前三角区瘢痕，单块面积10.0cm² 以上；多块面积累计12.0cm² 以上。

c）咽喉部损伤遗留发声或者构音障碍。

d）咽或者食管损伤，遗留吞咽功能障碍（只能进半流食）。

e）颈总动脉血栓形成；颈内动脉血栓形成；颈外动脉血栓形成；椎动脉血栓形成。

5.5.4　轻伤二级

a）颈前部单个创口或者瘢痕长度5.0cm以上；多个创口或者瘢痕长度累计8.0cm以上。

b）颈前部瘢痕，单块面积4.0cm² 以上，或者两块以上面积累计6.0cm² 以上。

c）甲状腺挫裂伤。

d）咽喉软骨骨折。

e）喉或者气管损伤。

f）舌骨骨折。

g）膈神经损伤。

h）颈部损伤出现窒息征象。

5.5.5　轻微伤

a）颈部创口或者瘢痕长度1.0cm以上。

b）颈部擦伤面积4.0cm² 以上。

c）颈部挫伤面积2.0cm² 以上。

d）颈部划伤长度5.0cm以上。

5.6　胸部损伤

5.6.1　重伤一级

a）心脏损伤，遗留心功能不全（心功能Ⅳ级）。

b）肺损伤致一侧全肺切除或者双肺三肺叶切除。

5.6.2　重伤二级

a）心脏损伤，遗留心功能不全（心功能Ⅲ级）。

b) 心脏破裂;心包破裂。
c) 女性双侧乳房损伤,完全丧失哺乳功能;女性一侧乳房大部分缺失。
d) 纵隔血肿或者气肿,须手术治疗。
e) 气管或者支气管破裂,须手术治疗。
f) 肺破裂,须手术治疗。
g) 血胸、气胸或者血气胸,伴一侧肺萎陷70%以上,或者双侧肺萎陷均在50%以上。
h) 食管穿孔或者全层破裂,须手术治疗。
i) 脓胸或者肺脓肿;乳糜胸;支气管胸膜瘘;食管胸膜瘘;食管支气管瘘。
j) 胸腔大血管破裂。
k) 膈肌破裂。

5.6.3 轻伤一级
a) 心脏挫伤致心包积血。
b) 女性一侧乳房损伤,丧失哺乳功能。
c) 肋骨骨折6处以上。
d) 纵隔血肿;纵隔气肿。
e) 血胸、气胸或者血气胸,伴一侧肺萎陷30%以上,或者双侧肺萎陷均在20%以上。
f) 食管挫裂伤。

5.6.4 轻伤二级
a) 女性一侧乳房部分缺失或者乳腺导管损伤。
b) 肋骨骨折2处以上。
c) 胸骨骨折;锁骨骨折;肩胛骨骨折。
d) 胸锁关节脱位;肩锁关节脱位。
e) 胸部损伤,致皮下气肿1周不能自行吸收。
f) 胸腔积血;胸腔积气。
g) 胸壁穿透创。
h) 胸部挤压出现窒息征象。

5.6.5 轻微伤
a) 肋骨骨折;肋软骨骨折。
b) 女性乳房擦挫伤。

5.7 腹部损伤

5.7.1 重伤一级
a) 肝功能损害(重度)。
b) 胃肠道损伤致消化吸收功能严重障碍,依赖肠外营养。
c) 肾功能不全(尿毒症期)。

5.7.2 重伤二级
a) 腹腔大血管破裂。

b) 胃、肠、胆囊或者胆道全层破裂,须手术治疗。
c) 肝、脾、胰或者肾破裂,须手术治疗。
d) 输尿管损伤致尿外渗,须手术治疗。
e) 腹部损伤致肠瘘或者尿瘘。
f) 腹部损伤引起弥漫性腹膜炎或者感染性休克。
g) 肾周血肿或者肾包膜下血肿,须手术治疗。
h) 肾功能不全(失代偿期)。
i) 肾损伤致肾性高血压。
j) 外伤性肾积水;外伤性肾动脉瘤;外伤性肾动静脉瘘。
k) 腹腔积血或者腹膜后血肿,须手术治疗。

5.7.3 轻伤一级
a) 胃、肠、胆囊或者胆道非全层破裂。
b) 肝包膜破裂;肝脏实质内血肿直径2.0cm以上。
c) 脾包膜破裂;脾实质内血肿直径2.0cm以上。
d) 胰腺包膜破裂。
e) 肾功能不全(代偿期)。

5.7.4 轻伤二级
a) 胃、肠、胆囊或者胆道挫伤。
b) 肝包膜下或者实质内出血。
c) 脾包膜下或者实质内出血。
d) 胰腺挫伤。
e) 肾包膜下或者实质内出血。
f) 肝功能损害(轻度)。
g) 急性肾功能障碍(可恢复)。
h) 腹腔积血或者腹膜后血肿。
i) 腹壁穿透创。

5.7.5 轻微伤
a) 外伤性血尿。

5.8 盆部及会阴损伤

5.8.1 重伤一级
a) 阴茎及睾丸全部缺失。
b) 子宫及卵巢全部缺失。

5.8.2 重伤二级
a) 骨盆骨折畸形愈合,致双下肢相对长度相差5.0cm以上。
b) 骨盆不稳定性骨折,须手术治疗。
c) 直肠破裂,须手术治疗。
d) 肛管损伤致大便失禁或者肛管重度狭窄,须手术治疗。
e) 膀胱破裂,须手术治疗。

f) 后尿道破裂,须手术治疗。
g) 尿道损伤致重度狭窄。
h) 损伤致早产或者死胎;损伤致胎盘早期剥离或者流产,合并轻度休克。
i) 子宫破裂,须手术治疗。
j) 卵巢或者输卵管破裂,须手术治疗。
k) 阴道重度狭窄。
l) 幼女阴道Ⅱ度撕裂伤。
m) 女性会阴或者阴道Ⅲ度撕裂伤。
n) 龟头缺失达冠状沟。
o) 阴囊皮肤撕脱伤面积占阴囊皮肤面积50%以上。
p) 双侧睾丸损伤,丧失生育能力。
q) 双侧附睾或者输精管损伤,丧失生育能力。
r) 直肠阴道瘘;膀胱阴道瘘;直肠膀胱瘘。
s) 重度排尿障碍。

5.8.3　轻伤一级
a) 骨盆2处以上骨折;骨盆骨折畸形愈合;髋臼骨折。
b) 前尿道破裂,须手术治疗。
c) 输尿管狭窄。
d) 一侧卵巢缺失或者萎缩。
e) 阴道轻度狭窄。
f) 龟头缺失1/2以上。
g) 阴囊皮肤撕脱伤面积占阴囊皮肤面积30%以上。
h) 一侧睾丸或者附睾缺失;一侧睾丸或者附睾萎缩。

5.8.4　轻伤二级
a) 骨盆骨折。
b) 直肠或者肛管挫裂伤。
c) 一侧输尿管挫裂伤;膀胱挫裂伤;尿道挫裂伤。
d) 子宫挫裂伤;一侧卵巢或者输卵管挫裂伤。
e) 阴道撕裂伤。
f) 女性外阴皮肤创口或者瘢痕长度累计4.0cm以上。
g) 龟头部分缺损。
h) 阴茎撕脱伤;阴茎皮肤创口或者瘢痕长度2.0cm以上;阴茎海绵体出血并形成硬结。
i) 阴囊壁贯通创;阴囊皮肤创口或者瘢痕长度累计4.0cm以上;阴囊内积血,2周内未完全吸收。
j) 一侧睾丸破裂、血肿、脱位或者扭转。
k) 一侧输精管破裂。

l) 轻度肛门失禁或者轻度肛门狭窄。
m) 轻度排尿障碍。
n) 外伤性难免流产;外伤性胎盘早剥。

5.8.5　轻微伤
a) 会阴部软组织挫伤。
b) 会阴创;阴囊创;阴茎创。
c) 阴囊皮肤挫伤。
d) 睾丸或者阴茎挫伤。
e) 外伤性先兆流产。

5.9　脊柱四肢损伤

5.9.1　重伤一级
a) 二肢以上离断或者缺失(上肢腕关节以上、下肢踝关节以上)。
b) 二肢六大关节功能完全丧失。

5.9.2　重伤二级
a) 四肢任一大关节强直畸形或者功能丧失50%以上。
b) 臂丛神经干性或者束性损伤,遗留肌瘫(肌力3级以下)。
c) 正中神经肘以上损伤,遗留肌瘫(肌力3级以下)。
d) 桡神经肘部以上损伤,遗留肌瘫(肌力3级以下)。
e) 尺神经肘部以上损伤,遗留肌瘫(肌力3级以下)。
f) 骶丛神经或者坐骨神经损伤,遗留肌瘫(肌力3级以下)。
g) 股骨干骨折缩短5.0cm以上、成角畸形30°以上或者严重旋转畸形。
h) 胫腓骨骨折缩短5.0cm以上、成角畸形30°以上或者严重旋转畸形。
i) 膝关节挛缩畸形屈曲30°以上。
j) 一侧膝关节交叉韧带完全断裂遗留旋转不稳。
k) 股骨颈骨折或者髋关节脱位,致股骨头坏死。
l) 四肢长骨骨折不愈合或者假关节形成;四肢长骨骨折并发慢性骨髓炎。
m) 一足离断或者缺失50%以上;足跟离断或者缺失50%以上。
n) 一足的第一趾和其余任何二趾离断或者缺失;一足除第一趾外,离断或者缺失4趾。
o) 两足5个以上足趾离断或者缺失。
p) 一足第一趾及其相连的跖骨离断或者缺失。
q) 一足除第一趾外,任何三趾及其相连的跖骨离断或者缺失。

5.9.3 轻伤一级

a)四肢任一大关节功能丧失25%以上。
b)一节椎体压缩骨折超过1/3以上;二节以上椎体骨折;三处以上横突、棘突或者椎弓骨折。
c)膝关节韧带断裂伴半月板破裂。
d)四肢长骨骨折畸形愈合。
e)四肢长骨粉碎性骨折或者两处以上骨折。
f)四肢长骨骨折累及关节面。
g)股骨颈骨折未见股骨头坏死,已行假体置换。
h)髌板断裂。
i)一足离断或者缺失10%以上;足跟离断或者缺失20%以上。
j)一足的第一趾离断或者缺失;一足除第一趾外的任何二趾离断或者缺失。
k)三个以上足趾离断或者缺失。
l)除第一趾外任何一趾及其相连的跖骨离断或者缺失。
m)肢体皮肤创口或者瘢痕长度累计45.0cm以上。

5.9.4 轻伤二级

a)四肢任一大关节功能丧失10%以上。
b)四肢重要神经损伤。
c)四肢重要血管破裂。
d)椎骨骨折或者脊椎脱位(尾椎脱位不影响功能的除外);外伤性椎间盘突出。
e)肢体大关节韧带断裂;半月板破裂。
f)四肢长骨骨折;髌骨骨折。
g)骨骺分离。
h)损伤致肢体大关节脱位。
i)第一趾缺失超过趾间关节;除第一趾外,任何二趾缺失超过趾间关节;一趾缺失。
j)两节趾骨骨折;一节趾骨骨折合并一跖骨骨折。
k)两跖骨骨折或者一跖骨完全骨折;距骨、跟骨、骰骨、楔骨或者足舟骨骨折;跖跗关节脱位。
l)肢体皮肤一处创口或者瘢痕长度10.0cm以上;两处以上创口或者瘢痕长度累计15.0cm以上。

5.9.5 轻微伤

a)肢体一处创口或者瘢痕长度1.0cm以上;两处以上创口或者瘢痕长度累计1.5cm以上;刺创深达肌层。
b)肢体关节、肌腱或者韧带损伤。

c)骨挫伤。
d)足骨骨折。
e)外伤致趾甲脱落,甲床暴露;甲床出血。
f)尾椎脱位。

5.10 手损伤

5.10.1 重伤一级

a)双手离断、缺失或者功能完全丧失。

5.10.2 重伤二级

a)手功能丧失累计达一手功能36%。
b)一手拇指挛缩畸形不能对指和握物。
c)一手除拇指外,其余任何三指挛缩畸形,不能对指和握物。
d)一手拇指离断或者缺失超过指间关节。
e)一手示指和中指全部离断或者缺失。
f)一手除拇指外的任何三指离断或者缺失均超过近侧指间关节。

5.10.3 轻伤一级

a)手功能丧失累计达一手功能16%。
b)一手拇指离断或者缺失未超过指间关节。
c)一手除拇指外的示指和中指离断或者缺失均超过远侧指间关节。
d)一手除拇指外的环指和小指离断或者缺失均超过近侧指间关节。

5.10.4 轻伤二级

a)手功能丧失累计达一手功能4%。
b)除拇指外的一个指节离断或者缺失。
c)两节指骨线性骨折或者一节指骨粉碎性骨折(不含第2至5指末节)。
d)舟骨骨折、月骨脱位或者掌骨完全性骨折。

5.10.5 轻微伤

a)手擦伤面积10.0cm^{2}以上或者挫伤面积6.0cm^{2}以上。
b)手一处创口或者瘢痕长度1.0cm以上;两处以上创口或者瘢痕长度累计1.5cm以上;刺伤深达肌层。
c)手关节或者肌腱损伤。
d)腕骨、掌骨或者指骨骨折。
e)外伤致指甲脱落,甲床暴露;甲床出血。

5.11 体表损伤

5.11.1 重伤二级

a)挫伤面积累计达体表面积30%。
b)创口或者瘢痕长度累计200.0cm以上。

5.11.2 轻伤一级
a)挫伤面积累计达体表面积10%。
b)创口或者瘢痕长度累计40.0cm以上。
c)撕脱伤面积100.0cm² 以上。
d)皮肤缺损30.0cm² 以上。
5.11.3 轻伤二级
a)挫伤面积达体表面积6%。
b)单个创口或者瘢痕长度10.0cm以上;多个创口或者瘢痕长度累计15.0cm以上。
c)撕脱伤面积50.0cm² 以上。
d)皮肤缺损6.0cm² 以上。
5.11.4 轻微伤
a)擦伤面积20.0cm² 以上或者挫伤面积15.0cm² 以上。
b)一处创口或者瘢痕长度1.0cm以上;两处以上创口或者瘢痕长度累计1.5cm以上;刺创深达肌层。
c)咬伤致皮肤破损。

5.12 其他损伤
5.12.1 重伤一级
a)深Ⅱ°以上烧烫伤面积达体表面积70%或者Ⅲ°面积达30%。
5.12.2 重伤二级
a)Ⅱ°以上烧烫伤面积达体表面积30%或者Ⅲ°面积达10%;面积低于上述程度但合并吸入有毒气体中毒或者严重呼吸道烧烫伤。
b)枪弹创,创道长度累计180.0cm以上。
c)各种损伤引起脑水肿(脑肿胀),脑疝形成。
d)各种损伤引起休克(中度)。
e)挤压综合征(Ⅱ级)。
f)损伤引起脂肪栓塞综合征(完全型)。
g)各种损伤致急性呼吸窘迫综合征(重度)。
h)电击伤(Ⅱ°)。
i)溺水(中度)。
j)脑内异物存留;心脏异物存留。
k)器质性阴茎勃起障碍(重度)。
5.12.3 轻伤一级
a)Ⅱ°以上烧烫伤面积达体表面积20%或者Ⅲ°面积达5%。
b)损伤引起脂肪栓塞综合征(不完全型)。
c)器质性阴茎勃起障碍(中度)。
5.12.4 轻伤二级

a)Ⅱ°以上烧烫伤面积达体表面积5%,或者Ⅲ°面积达0.5%。
b)呼吸道烧伤。
c)挤压综合征(Ⅰ级)。
d)电击伤(Ⅰ°)。
e)溺水(轻度)。
f)各种损伤引起休克(轻度)。
g)呼吸功能障碍,出现窒息征象。
h)面部异物存留;眶内异物存留;鼻窦异物存留。
i)胸腔内异物存留;腹腔内异物存留;盆腔内异物存留。
j)深部组织内异物存留。
k)骨折内固定物损坏需要手术更换或者修复。
l)各种置入式假体装置损坏需要手术更换或者修复。
m)器质性阴茎勃起障碍(轻度)。
5.12.5 轻微伤
a)身体各部位骨皮质的砍(刺)痕;轻微撕脱性骨折,无功能障碍。
b)面部Ⅰ°烧烫伤面积10.0cm² 以上;浅Ⅱ°烧烫伤。
c)颈部Ⅰ°烧烫伤面积15.0cm² 以上;浅Ⅱ°烧烫伤面积2.0cm² 以上。
d)体表Ⅰ°烧烫伤面积20.0cm² 以上;浅Ⅱ°烧烫伤面积4.0cm² 以上;深Ⅱ°烧烫伤。

6 附　则

6.1 伤后因其他原因死亡的个体,其生前损伤比照本标准相关条款综合鉴定。

6.2 未列入本标准中的物理性、化学性和生物性等致伤因素造成的人体损伤,比照本标准中的相应条款综合鉴定。

6.3 本标准所称的损伤是指各种致伤因素所引起的人体组织器官结构破坏或者功能障碍。反应性精神病、癔症等,均为内源性疾病,不宜鉴定损伤程度。

6.4 本标准未作具体规定的损伤,可以遵循损伤程度等级划分原则,比照本标准相近条款进行损伤程度鉴定。

6.5 盲管创、贯通创,其创道长度可视为皮肤创口长度,并参照皮肤创口长度相应条款鉴定损伤程度。

6.6 牙折包括冠折、根折和根冠折,冠折须暴露髓腔。

6.7 骨皮质的砍(刺)痕或者轻微撕脱性骨折(无

功能障碍)的,不构成本标准所指的轻伤。

6.8 本标准所称大血管是指胸主动脉、主动脉弓分支、肺动脉、肺静脉、上腔静脉和下腔静脉、腹主动脉、髂总动脉、髂外动脉、髂外静脉。

6.9 本标准四肢大关节是指肩、肘、腕、髋、膝、踝等六大关节。

6.10 本标准四肢重要神经是指臂丛及其分支神经(包括正中神经、尺神经、桡神经和肌皮神经等)和腰骶丛及其分支神经(包括坐骨神经、腓总神经、腓浅神经和胫神经等)。

6.11 本标准四肢重要血管是指与四肢重要神经伴行的同名动、静脉。

6.12 本标准幼女或者儿童是指年龄不满14周岁的个体。

6.13 本标准所称的假体是指植入体内替代组织器官功能的装置,如:颅骨修补材料、人工晶体、义眼座、固定义齿(种植牙)、阴茎假体、人工关节、起搏器、支架等,但可摘式义眼、义齿等除外。

6.14 移植器官损伤参照相应条款综合鉴定。

6.15 本标准所称组织器官包括再植或者再造成活的。

6.16 组织器官缺失是指损伤时完全离体或者仅有少量皮肤和皮下组织相连,或者因损伤经手术切除的。器官离断(包括牙齿脱落),经再植、再造手术成功的,按损伤当时情形鉴定损伤程度。

6.17 对于两个部位以上同类损伤可以累加,比照相关部位数值规定高的条款进行评定。

6.18 本标准所涉及的体表损伤数值,0~6岁按50%计算,7~10岁按60%计算,11~14岁按80%计算。

6.19 本标准中出现的数字均含本数。

附 录 A
(规范性附录)
损伤程度等级划分原则

A.1 重伤一级
各种致伤因素所致的原发性损伤或者由原发性损伤引起的并发症,严重危及生命;遗留肢体严重残废或者重度容貌毁损;严重丧失听觉、视觉或者其他重要器官功能。

A.2 重伤二级
各种致伤因素所致的原发性损伤或者由原发性损伤引起的并发症,危及生命;遗留肢体残废或者轻度容貌毁损;丧失听觉、视觉或者其他重要器官功能。

A.3 轻伤一级
各种致伤因素所致的原发性损伤或者由原发性损伤引起的并发症,未危及生命;遗留组织器官结构、功能中度损害或者明显影响容貌。

A.4 轻伤二级
各种致伤因素所致的原发性损伤或者由原发性损伤引起的并发症,未危及生命;遗留组织器官结构、功能轻度损害或者影响容貌。

A.5 轻微伤
各种致伤因素所致的原发性损伤,造成组织器官结构轻微损害或者轻微功能障碍。

A.6 等级限度
重伤二级是重伤的下限,与重伤一级相衔接,重伤一级的上限是致人死亡;轻伤二级是轻伤的下限,与轻伤一级相衔接,轻伤一级的上限与重伤二级相衔接;轻微伤的上限与轻伤二级相衔接,未达轻微伤标准的,不鉴定为轻微伤。

附 录 B
(规范性附录)
功能损害判定基准和使用说明

B.1 颅脑损伤

B.1.1 智能(IQ)减退
极重度智能减退:IQ低于25;语言功能丧失;生活完全不能自理。

重度智能减退:IQ25~39之间;语言功能严重受损,不能进行有效的语言交流;生活大部分不能自理。

中度智能减退:IQ40~54之间;能掌握日常生活用语,但词汇贫乏,对周围环境辨别能力差,只能以简单的方式与人交往;生活部分不能自理,能做简单劳动。

轻度智能减退:IQ55~69之间;无明显语言障碍,对周围环境有较好的辨别能力,能比较恰当的与人交往;生活能自理,能做一般非技术性工作。

边缘智能状态:IQ70~84之间;抽象思维能力或者思维广度、深度机敏性显示不良;不能完成高级复杂的脑力劳动。

B.1.2 器质性精神障碍

有明确的颅脑损伤伴不同程度的意识障碍病史,并且精神障碍发生和病程与颅脑损伤相关。症状表现为:意识障碍;遗忘综合征;痴呆;器质性人格改变;精神病性症状;神经症样症状;现实检验能力或者社会功能减退。

B.1.3 生活自理能力

生活自理能力主要包括以下五项:
(1)进食。
(2)翻身。
(3)大、小便。
(4)穿衣、洗漱。
(5)自主行动。

生活完全不能自理:是指上述五项均需依赖护理者。

生活大部分不能自理:是指上述五项中三项以上需依赖护理者。

生活部分不能自理:是指上述五项中一项以上需依赖护理者。

B.1.4 肌瘫(肌力)

0级:肌肉完全瘫痪,毫无收缩。

1级:可看到或者触及肌肉轻微收缩,但不能产生动作。

2级:肌肉在不受重力影响下,可进行运动,即肢体能在床面上移动,但不能抬高。

3级:在和地心引力相反的方向中尚能完成其动作,但不能对抗外加的阻力。

4级:能对抗一定的阻力,但较正常人为低。

5级:正常肌力。

B.1.5 非肢体瘫的运动障碍

非肢体瘫的运动障碍包括肌张力增高,共济失调,不自主运动或者震颤等。根据其对生活自理影响的程度划分为轻、中、重三度。

重度:不能自行进食,大小便,洗漱,翻身和穿衣,需要他人护理。

中度:上述动作困难,但在他人帮助下可以完成。

轻度:完成上述动作虽有一些困难,但基本可以自理。

B.1.6 外伤性迟发性癫痫应具备的条件

(1)确证的头部外伤史。

(2)头部外伤90日后仍被证实有癫痫的临床表现。

(3)脑电图检查(包括常规清醒脑电图检查、睡眠脑电图检查或者较长时间连续同步录像脑电图检查等)显示异常脑电图。

(4)影像学检查确证颅脑器质性损伤。

B.1.7 肛门失禁

重度:大便不能控制;肛门括约肌收缩力很弱或者丧失;肛门括约肌收缩反射很弱或者消失;直肠内压测定,肛门注水法 <20cmH$_2$O。

轻度:稀便不能控制;肛门括约肌收缩力较弱;肛门括约肌收缩反射较弱;直肠内压测定,肛门注水法 20~30cmH$_2$O。

B.1.8 排尿障碍

重度:出现真性重度尿失禁或者尿潴留残余尿 ≥50mL。

轻度:出现真性轻度尿失禁或者尿潴留残余尿 <50mL。

B.2 头面部损伤

B.2.1 眼睑外翻

重度外翻:睑结膜严重外翻,穹隆部消失。

中度外翻:睑结膜和睑板结膜外翻。

轻度外翻:睑结膜与眼球分离,泪点脱离泪阜。

B.2.2 容貌毁损

重度:面部瘢痕畸形,并有以下六项中四项者。
(1)眉毛缺失;(2)双睑外翻或者缺失;(3)外耳缺失;(4)鼻缺失;(5)上、下唇外翻或者小口畸形;(6)颈颏粘连。

中度:具有以下六项中三项者。(1)眉毛部分缺失;(2)眼睑外翻或者部分缺失;(3)耳廓部分缺失;(4)鼻翼部分缺失;(5)唇外翻或者小口畸形;(6)颈部瘢痕畸形。

轻度:含中度畸形六项中二项者。

B.2.3 面部及中心区

面部的范围是指前额发际下,两耳屏前与下颌下缘之间的区域,包括额部、眶部、鼻部、口唇部、颏部、颧部、颊部、腮腺咬肌部。

面部中心区:以眉弓水平线为上横线,以下唇唇红缘中点处作水平线为下横线,以双侧外眦处作两条垂直线,上述四条线围绕的中央部分为中心区。

B.2.4 面瘫(面神经麻痹)

本标准涉及的面瘫主要是指外周性(核下性)面神经损伤所致。

完全性面瘫:是指面神经5个分支(颞支、颧支、颊支、下颌缘支和颈支)支配的全部颜面肌肉瘫痪,表现为:额纹消失,不能皱眉;眼睑不能充分闭合,鼻唇沟变浅;口角下垂,不能示齿,鼓腮,吹口哨,饮食时汤水流逸。

不完全性面瘫:是指面神经颧支、下颌支或者颞支和颊支损伤出现部分上述症状和体征。

B.2.5 张口困难分级

张口困难Ⅰ度:大张口时,只能垂直置入示指和中指。

张口困难Ⅱ度:大张口时,只能垂直置入示指。

张口困难Ⅲ度:大张口时,上、下切牙间距小于示指之横径。

B.3 听器听力损伤

听力损失计算应按照世界卫生组织推荐的听力减退分级的频率范围,取 0.5、1、2、4kHz 四个频率气导听阈级的平均值。如所得均值不是整数,则小数点后之尾数采用 4 舍 5 入法进为整数。

纯音听阈级测试时,如某一频率纯音气导最大声输出仍无反应时,以最大声输出值作为该频率听阈级。

听觉诱发电位测试时,若最大输出声强仍引不出反应波形的,以最大输出声强为反应阈值。在听阈评估时,听力学单位一律使用听力级(dB HL)。一般情况下,受试者听觉诱发电位反应阈要比其行为听阈高 10~20 dB(该差值又称"校正值"),即受试者的行为听阈等于其听觉诱发电位反应阈减去"校正值"。听觉诱发电位检测实验室应建立自己的"校正值",如果没有自己的"校正值",则取平均值(15 dB)作为"较正值"。

纯音气导听阈级应考虑年龄因素,按照《纯音气导阈的年龄修正值》(GB 7582-87)听阈级偏差的中值(50%)进行修正,其中 4000Hz 的修正值参考 2000Hz 的数值。

表 B.1 纯音气导阈值的年龄修正值(GB 7582-87)

年龄	男 500Hz	男 1000Hz	男 2000Hz	女 500Hz	女 1000Hz	女 2000Hz
30	1	1	1	1	1	1
40	2	2	3	2	2	3
50	4	4	7	4	4	6
60	6	7	12	6	7	11
70	10	11	19	10	11	16

B.4 视觉器官损伤

B.4.1 盲及视力损害分级

表 B.2 盲及视力损害分级标准(2003 年,WHO)

分类	远视力低于	远视力等于或优于
轻度或无视力损害		0.3
中度视力损害(视力损害 1 级)	0.3	0.1
重度视力损害(视力损害 2 级)	0.1	0.05
盲(盲目 3 级)	0.05	0.02
盲(盲目 4 级)	0.02	光感
盲(盲目 5 级)		无光感

B.4.2 视野缺损

视野有效值计算公式:

$$实测视野有效值(\%) = \frac{8条子午线实测视野值}{500}$$

表 B.3 视野有效值与视野半径的换算

视野有效值(%)	视野度数(半径)
8	5°
16	10°
24	15°
32	20°
40	25°
48	30°
56	35°
64	40°
72	45°
80	50°
88	55°
96	60°

B.5 颈部损伤

B.5.1 甲状腺功能低下

重度:临床症状严重;T3、T4 或者 FT3、FT4 低于正常值,TSH>50μU/L。

中度:临床症状较重;T3、T4 或者 FT3、FT4 正常,TSH>50μU/L。

轻度:临床症状较轻;T3、T4 或者 FT3、FT4 正常,TSH,轻度增高但<50μU/L。

B.5.2 甲状旁腺功能低下（以下分级需结合临床症状分析）

重度：空腹血钙 <6mg/dL。
中度：空腹血钙 6～7mg/dL。
轻度：空腹血钙 7.1～8mg/dL。

B.5.3 发声功能障碍

重度：声哑、不能出声。
轻度：发音过弱、声嘶、低调、粗糙、带鼻音。

B.5.4 构音障碍

严重构音障碍：表现为发音不分明，语不成句，难以听懂，甚至完全不能说话。
轻度构音障碍：表现为发音不准，吐字不清，语调速度、节律等异常，鼻音过重。

B.6 胸部损伤

B.6.1 心功能分级

Ⅰ级：体力活动不受限，日常活动不引起过度的乏力、呼吸困难或者心悸。即心功能代偿期。
Ⅱ级：体力活动轻度受限，休息时无症状，日常活动即可引起乏力、心悸、呼吸困难或者心绞痛。亦称Ⅰ度或者轻度心衰。
Ⅲ级：体力活动明显受限，休息时无症状，轻于日常的活动即可引起上述症状。亦称Ⅱ度或者中度心衰。
Ⅳ级：不能从事任何体力活动，休息时亦有充血性心衰或心绞痛症状，任何体力活动后加重。亦称Ⅲ度或者重度心衰。

B.6.2 呼吸困难

1级：与同年龄健康者在平地一同步行无气短，但登山或者上楼时呈气短。
2级：平路步行1000m无气短，但不能与同龄健康者保持同样速度，平路快步行走呈现气短，登山或者上楼时气短明显。
3级：平路步行100m即有气短。
4级：稍活动（如穿衣、谈话）即气短。

B.6.3 窒息征象

临床表现为面、颈、上胸部皮肤出现针尖大小的出血点，以面部与眼眶部为明显；球睑结膜下出现出血斑点。

B.7 腹部损伤

B.7.1 肝功能损害

表 B.4 肝功能损害分度

程度	血清清蛋白	血清总胆红素	腹水	脑症	凝血酶原时间
重度	<2.5g/dL	>3.0mg/dL	顽固性	明显	明显延长（较对照组>9秒）
中度	2.5～3.0g/dL	2.0～3.0mg/dL	无或者少量，治疗后消失	无或者轻度	延长（较对照组>6秒）
轻度	3.1～3.5g/dL	1.5～2.0mg/dL	无	无	稍延长（较对照组>3秒）

B.7.2 肾功能不全

表 B.5 肾功能不全分期

分期	内生肌酐清除率	血尿素氮浓度	血肌酐浓度	临床症状
代偿期	降至正常的50% 50～70mL/min	正常	正常	通常无明显临床症状
失代偿期	25～49 mL/min		>177μmol/L(2mg/dL)但 <450μmol/L(5mg/dL)	无明显临床症状，可有轻度贫血；夜尿、多尿
尿毒症期	<25 mL/min	>21.4mmol/L (60mg/dL)	450～707μmol/L (5～8mg/dL)	常伴有酸中毒和严重尿毒症临床症状

B.7.3 会阴及阴道撕裂

Ⅰ度：会阴部粘膜、阴唇系带、前庭粘膜、阴道粘膜等处有撕裂，但未累及肌层及筋膜。
Ⅱ：撕裂伤累及盆底肌肉筋膜，但未累及肛门括约肌。
Ⅲ度：肛门括约肌全部或者部分撕裂，甚至直肠前壁亦被撕裂。

B.8 其他损伤

B.8.1 烧烫伤分度

表 B.6 烧伤深度分度

程度		损伤组织	烧伤部位特点	愈后情况
Ⅰ度		表皮	皮肤红肿,有热、痛感,无水疱,干燥,局部温度稍有增高	不留瘢痕
Ⅱ度	浅Ⅱ度	真皮浅层	剧痛,表皮有大而薄的水疱,疱底有组织充血和明显水肿;组织坏死仅限于皮肤的真皮层,局部温度明显增高	不留瘢痕
	深Ⅱ度	真皮深层	痛,损伤已达真皮深层,水疱较小,表皮和真皮层大部分凝固和坏死。将已分离的表皮揭去,可见基底微湿,色泽苍白上有红出血点,局部温度较低	可留下瘢痕
Ⅲ度		全层皮肤或者皮下组织、肌肉、骨骼	不痛,皮肤全层坏死,干燥如皮革样,不起水疱,蜡白或者焦黄,炭化,知觉丧失,脂肪层的大静脉全部坏死,局部温度低,发凉	需自体皮肤移植,有瘢痕或者畸形

B.8.2 电击伤

Ⅰ度:全身症状轻微,只有轻度心悸。触电肢体麻木,全身无力,如极短时间内脱离电源,稍休息可恢复正常。

Ⅱ度:触电肢体麻木,面色苍白,心跳、呼吸增快,甚至昏厥、意识丧失,但瞳孔不散大。对光反射存在。

Ⅲ度:呼吸浅而弱、不规则,甚至呼吸骤停。心律不齐,有室颤或者心搏骤停。

B.8.3 溺水

重度:落水后3~4分钟,神志昏迷,呼吸不规则,上腹部膨胀,心音减弱或者心跳、呼吸停止。淹溺到死亡的时间一般为5~6分钟。

中度:落水后1~2分钟,神志模糊,呼吸不规则或者表浅,血压下降,心跳减慢,反射减弱。

轻度:刚落水片刻,神志清,血压升高,心率、呼吸增快。

B.8.4 挤压综合征

系人体肌肉丰富的四肢与躯干部位因长时间受压(例如暴力挤压)或者其他原因造成局部循环障碍,结果引起肌肉缺血性坏死,出现肢体明显肿胀、肌红蛋白尿及高血钾等为特征的急性肾功能衰竭。

Ⅰ级:肌红蛋白尿试验阳性,肌酸磷酸激酶(CPK)增高,而无肾衰等周身反应者。

Ⅱ级:肌红蛋白尿试验阳性,肌酸磷酸激酶(CPK)明显升高,血肌酐和尿素氮增高,少尿,有明显血浆渗入组织间隙,致有效血容量丢失,出现低血压者。

Ⅲ级:肌红蛋白尿试验阳性,肌酸磷酸激酶(CPK)显著升高,少尿或者尿闭,休克,代谢性酸中毒以及高血钾者。

B.8.5 急性呼吸窘迫综合征

急性呼吸窘迫综合征(ARDS)须具备以下条件:
(1)有发病的高危因素。
(2)急性起病,呼吸频率数和/或呼吸窘迫。
(3)低氧血症,$PaO_2/FiO_2 \leq 200mmHg$。
(4)胸部 X 线检查两肺浸润影。
(5)肺毛细血管楔压(PCWP)$\leq 18mmHg$,或者临床上除外心源性肺水肿。

凡符合以上5项可诊断为 ARDS。

表 B.7 急性呼吸窘迫综合征分度

程度	临床分级			血气分析分级	
	呼吸频率	临床表现	X 线示	吸空气	吸纯氧15分钟后
轻度	>35 次/分	无发绀	无异常或者纹理增多,边缘模糊	氧分压 <8.0kPa 二氧化碳分压 <4.7kPa	氧分压 <46.7kPa Qs/Qt >10%
中度	>40 次/分	发绀,肺部有异常体征	斑片状阴影或者呈磨玻璃样改变,可见支气管气相	氧分压 <6.7kPa 二氧化碳分压 <5.3kPa	氧分压 <20.0kPa Qs/Qt >20%
重度	呼吸极度窘迫	发绀进行性加重,肺广泛湿罗音或者实变	双肺大部分密度普遍增高,支气管气相明显	氧分压 <5.3kPa(40mmHg) 二氧化碳分压 >6.0kPa	氧分压 <13.3kPa Qs/Qt >30%

B.8.6 脂肪栓塞综合征

不完全型（或者称部分症候群型）：伤者骨折后出现胸部疼痛、咳呛震痛、胸闷气急、痰中带血、神疲身软、面色无华、皮肤出现瘀血点、上肢无力伸举、脉多细涩。实验室检查有明显低氧血症，预后一般良好。

完全型（或者称典型症候群型）：伤者创伤骨折后出现神志恍惚，严重呼吸困难，口唇紫绀、胸闷欲绝、脉细涩。本型初起表现为呼吸和心动过速、高热等非特异症状。此后出现呼吸窘迫、神志不清以至昏迷等神经系统症状，在眼结膜及胸皮下可见散在瘀血点，实验室检查可见血色素降低，血小板减少，血沉增快以及出现低氧血症。肺部X线检查可见多变的进行性的肺部斑片状阴影改变和右心扩大。

B.8.7 休克分度

表 B.8 休克分度

程度	血压（收缩压）kPa	脉搏（次/分）	全身状况
轻度	12～13.3（90～100mmHg）	90～100	尚好
中度	10～12（75～90mmHg）	110～130	抑制、苍白、皮肤冷
重度	<10（<75mmHg）	120～160	明显抑制
垂危	0		呼吸障碍、意识模糊

B.8.8 器质性阴茎勃起障碍

重度：阴茎无勃起反应，阴茎硬度及周径均无改变。

中度：阴茎勃起时最大硬度>0,<40%，每次勃起持续时间<10分钟。

轻度：阴茎勃起时最大硬度≥40%,<60%，每次勃起持续时间<10分钟。

附 录 C
（资料性附录）
人体损伤程度鉴定常用技术

C.1 视力障碍检查

视力记录可采用小数记录或者5分记录两种方式。视力（指远距视力）经用镜片（包括接触镜、针孔镜等），纠正达到正常视力范围（0.8以上）或者接近正常视力范围（0.4-0.8）的都不属视力障碍范围。

中心视力好而视野缩小，以注视点为中心，视野半径小于10度而大于5度者为盲目3级，如半径小于5度者为盲目4级。

周边视野检查：视野缩小系指因损伤致眼球注视前方而不转动所能看到的空间范围缩窄，以致难以从事正常工作、学习或者其他活动。

对视野检查要求，视标颜色：白色，视标大小：5mm，检查距离330mm，视野背景亮度：31.5asb。

周边视野缩小，鉴定以实测得八条子午线视野值的总和计算平均值，即有效视野值。

视力障碍检查具体方法参考《视觉功能障碍法医鉴定指南》（SF/Z JD0103004）。

C.2 听力障碍检查

听力障碍检查应符合《听力障碍的法医学评定》（GA/T 914）。

C.3 前庭平衡功能检查

本标准所指的前庭平衡功能丧失及前庭平衡功能减退，是指外力作用颅脑或者耳部，造成前庭系统的损伤。伤后出现前庭平衡功能障碍的临床表现，自发性前庭体征检查法和诱发性前庭功能检查法等有阳性发现（如眼震电图/眼震视图、静、动态平衡仪、前庭诱发电位等检查），结合听力检查和神经系统检查，以及影像学检查综合判定，确定前庭平衡功能是丧失，或者减退。

C.4 阴茎勃起功能检测

阴茎勃起功能检测应满足阴茎勃起障碍法医学鉴定的基本要求，具体方法参考《男子性功能障碍法医学鉴定规范》（SF/Z JD0103002）。

C.5 体表面积计算

九分估算法：成人体表面积视为100%，将总体表面积划分为11个9%等面积区域，即头（面）颈部占一个9%，双上肢占二个9%，躯干前后及会阴部占三个9%，臀部及双下肢占五个9%+1%（见表C.1）。

表 C.1 体表面积的九分估算法

部位	面积，%	按九分法面积，%
头	6	(1×9)=9
颈	3	
前躯	13	
后躯	13	(3×9)=27
会阴	1	
双上臂	7	
双前臂	6	(2×9)=18
双手	5	

续表

部位	面积,%	按九分法面积,%
臀	5	
双大腿	21	(5×9+1)=46
双小腿	13	
双足	7	
全身合计	100	(11×9+1)=100

注:12岁以下儿童体表面积:头颈部=9+(12-年龄),双下肢=46-(12-年龄)

手掌法:受检者五指并拢,一掌面相当其自身体表面积的1%。

公式计算法:S(平方米)=0.0061×身长(cm)+0.0128×体重(kg)-0.1529

C.6 肢体关节功能丧失程度评价

肢体关节功能评价使用说明(适用于四肢大关节功能评定):

1. 各关节功能丧失程度等于相应关节所有轴位(如腕关节有两个轴位)和所有方位(如腕关节有四个方位)功能丧失值之和再除以相应关节活动的方位数之和。例如:腕关节掌屈40度,背屈30度,桡屈15度,尺屈20度。查表得相应功能丧失值分别为30%、40%、60%和60%,求得腕关节功能丧失程度为47.5%。如果掌屈伴肌力下降(肌力3级),查表得相应功能丧失值分别为65%、40%、60%和60%。求得腕关节功能丧失程度为56.25%。

2. 当关节活动受限于某一方位时,其同一轴位的另一方位功能丧失值以100%计。如腕关节掌屈和背屈轴位上的活动限制在掌屈10度与40度之间,则背屈功能丧失值以100%计,而掌屈以40度计,查表得功能丧失值为30%,背屈功能以100%计,则腕关节功能丧失程度为65%。

3. 对疑有关节病变(如退行性变)并影响关节功能时,伤侧关节功能丧失值应与对侧进行比较,即同时用查表法分别求出伤侧和对侧关节功能丧失值,并用伤侧关节功能丧失值减去对侧关节功能丧失值即为伤侧关节功能实际丧失值。

4. 由于本标准对于关节功能的评定已经考虑到肌力减退对于关节功能的影响,故在测量关节运动活动度时,应以关节被动活动度为准。

C.6.1 肩关节功能丧失程度评定

表 C.2 肩关节功能丧失程度(%)

	关节运动活动度	≤M1	M2	M3	M4	M5
前屈	≥171	100	75	50	25	0
	151~170	100	77	55	32	10
	131~150	100	80	60	40	20
	111~130	100	82	65	47	30
	91~110	100	85	70	55	40
	71~90	100	87	75	62	50
	51~70	100	90	80	70	60
	31~50	100	92	85	77	70
	≤30	100	95	90	85	80
后伸	≥41	100	75	50	25	0
	31~40	100	80	60	40	20
	21~30	100	85	70	55	40
	11~20	100	90	80	70	60
	≤10	100	95	90	85	80
外展	≥171	100	75	50	25	0
	151~170	100	77	55	32	10
	131~150	100	80	60	40	20
	111~130	100	82	65	47	30
	91~110	100	85	70	55	40
	71~90	100	87	75	62	50
	51~70	100	90	80	70	60
	31~50	100	92	85	77	70
	≤30	100	95	90	85	80
内收	≥41	100	75	50	25	0
	31~40	100	80	60	40	20
	21~30	100	85	70	55	40
	11~20	100	90	80	70	60
	≤10	100	95	90	85	80
内旋	≥81	100	75	50	25	0
	71~80	100	77	55	32	10
	61~70	100	80	60	40	20
	51~60	100	82	65	47	30
	41~50	100	85	70	55	40
	31~40	100	87	75	62	50
	21~30	100	90	80	70	60
	11~20	100	92	85	77	70
	≤10	100	95	90	85	80

续表

关节运动活动度		肌力				
		≤M1	M2	M3	M4	M5
外旋	≥81	100	75	50	25	0
	71~80	100	77	55	32	10
	61~70	100	80	60	40	20
	51~60	100	82	65	47	30
	41~50	100	85	70	55	40
	31~40	100	87	75	62	50
	21~30	100	90	80	70	60
	11~20	100	92	85	77	70
	≤10	100	95	90	85	80

C.6.2 肘关节功能丧失程度评定

表 C.3 肘关节功能丧失程度(%)

关节运动活动度		肌力				
		≤M1	M2	M3	M4	M5
屈曲	≥41	100	75	50	25	0
	36~40	100	77	55	32	10
	31~35	100	80	60	40	20
	26~30	100	82	65	47	30
	21~25	100	85	70	55	40
	16~20	100	87	75	62	50
	11~15	100	90	80	70	60
	6~10	100	92	85	77	70
	≤5	100	95	90	85	80
伸展	81~90	100	75	50	25	0
	71~80	100	77	55	32	10
	61~70	100	80	60	40	20
	51~60	100	82	65	47	30
	41~50	100	85	70	55	40
	31~40	100	87	75	62	50
	21~30	100	90	80	70	60
	11~20	100	92	85	77	70
	≤10	100	95	90	85	80

注:为方便肘关节功能计算,此处规定肘关节以屈曲90度为中立位0度。

C.6.3 腕关节功能丧失程度评定

表 C.4 腕关节功能丧失程度(%)

关节运动活动度		肌力				
		≤M1	M2	M3	M4	M5
掌屈	≥61	100	75	50	25	0
	51~60	100	77	55	32	10
	41~50	100	80	60	40	20
	31~40	100	82	65	47	30
	26~30	100	85	70	55	40
	21~25	100	87	75	62	50
	16~20	100	90	80	70	60
	11~15	100	92	85	77	70
	≤10	100	95	90	85	80
背屈	≥61	100	75	50	25	0
	51~60	100	77	55	32	10
	41~50	100	80	60	40	20
	31~40	100	82	65	47	30
	26~30	100	85	70	55	40
	21~25	100	87	75	62	50
	16~20	100	90	80	70	60
	11~15	100	92	85	77	70
	≤10	100	95	90	85	80
桡屈	≥21	100	75	50	25	0
	16~20	100	80	60	40	20
	11~15	100	85	70	55	40
	6~10	100	90	80	70	60
	≤5	100	95	90	85	80
尺屈	≥41	100	75	50	25	0
	31~40	100	80	60	40	20
	21~30	100	85	70	55	40
	11~20	100	90	80	70	60
	≤10	100	95	90	85	80

C.6.4 髋关节功能丧失程度评定

表 C.5 髋关节功能丧失程度(%)

关节运动活动度		≤M1	M2	M3	M4	M5
前屈	≥121	100	75	50	25	0
	106~120	100	77	55	32	10
	91~105	100	80	60	40	20
	76~90	100	82	65	47	30
	61~75	100	85	70	55	40
	46~60	100	87	75	62	50
	31~45	100	90	80	70	60
	16~30	100	92	85	77	70
	≤15	100	95	90	85	80
后伸	≥11	100	75	50	25	0
	6~10	100	85	70	55	20
	1~5	100	90	80	70	50
	0	100	95	90	85	80
外展	≥41	100	75	50	25	0
	31~40	100	80	60	40	20
	21~30	100	85	70	55	40
	11~20	100	90	80	70	60
	≤10	100	95	90	85	80
内收	≥16	100	75	50	25	0
	11~15	100	80	60	40	20
	6~10	100	85	70	55	40
	1~5	100	90	80	70	60
	0	100	95	90	85	80
外旋	≥41	100	75	50	25	0
	31~40	100	80	60	40	20
	21~30	100	85	70	55	40
	11~20	100	90	80	70	60
	≤10	100	95	90	85	80

续表

关节运动活动度		≤M1	M2	M3	M4	M5
内旋	≥41	100	75	50	25	0
	31~40	100	80	60	40	20
	21~30	100	85	70	55	40
	11~20	100	90	80	70	60
	≤10	100	95	90	85	80

注:表中前屈指屈膝位前屈。

C.6.5 膝关节功能丧失程度评定

表 C.6 膝关节功能丧失程度(%)

关节运动活动度		≤M1	M2	M3	M4	M5
屈曲	≥130	100	75	50	25	0
	116~129	100	77	55	32	10
	101~115	100	80	60	40	20
	86~100	100	82	65	47	30
	71~85	100	85	70	55	40
	61~70	100	87	75	62	50
	46~60	100	90	80	70	60
	31~45	100	92	85	77	70
	≤30	100	95	90	85	80
伸展	≤-5	100	75	50	25	0
	-6~-10	100	77	55	32	10
	-11~-20	100	80	60	40	20
	-21~-25	100	82	65	47	30
	-26~-30	100	85	70	55	40
	-31~-35	100	87	75	62	50
	-36~-40	100	90	80	70	60
	-41~-45	100	92	85	77	70
	≥46	100	95	90	85	80

注:表中负值表示膝关节伸展时到达功能位(直立位)所差的度数。

使用说明:考虑到膝关节同一轴位屈伸活动相互重叠,膝关节功能丧失程度的计算方法与其他关节略有不同,即根据关节屈曲与伸展运动活动度查表得出相应功能丧失程度,再求和即为膝关节功能丧失程度。当二者之和大于100%时,以100%计算。

C.6.6 踝关节功能丧失程度评定

表 C.7 踝关节功能丧失程度(%)

关节运动活动度		肌力				
		≤M1	M2	M3	M4	M5
背屈	≥16	100	75	50	25	0
	11~15	100	80	60	40	20
	6~10	100	85	70	55	40
	1~5	100	90	80	70	60
	0	100	95	90	85	80
跖屈	≥41	100	75	50	25	0
	31~40	100	80	60	40	20
	21~30	100	85	70	55	40
	11~20	100	90	80	70	60
	≤10	100	95	90	85	80

C.7 手功能计算

C.7.1 手缺失和丧失功能的计算

一手拇指占一手功能的36%,其中末节和近节指节各占18%;食指、中指各占一手功能的18%,其中末节指节占8%、中节指节占7%、近节指节占3%;无名指和小指各占一手功能的9%,其中末节指节占4%、中节指节占3%、近节指节占2%。一手掌占一手功能的10%,其中第一掌骨占4%,第二、第三掌骨各占2%,第四、第五掌骨各占1%。本标准中,双手缺失或丧失功能的程度是按前面方法累加计算的结果。

C.7.2 手感觉丧失功能的计算

手感觉丧失功能是指因事故损伤所致手的掌侧感觉功能的丧失。手感觉丧失功能的计算按相应手功能丧失程度的50%计算。

人体损伤致残程度分级

1. 2016年4月18日最高人民法院、最高人民检察院、公安部、国家安全部、司法部发布
2. 自2017年1月1日起施行

1 范 围

本标准规定了人体损伤致残程度分级的原则、方法、内容和等级划分。

本标准适用于人身损害致残程度等级鉴定。

2 规范性引用文件

下列文件对本标准的应用是必不可少的。凡是注日期的引用文件,仅注日期的版本适用于本标准;凡是不注日期的引用文件,其最新版本(包括所有的修改单)适用于本标准。

最高人民法院、最高人民检察院、公安部、国家安全部、司法部发布人体损伤程度鉴定标准

GB/T 16180-2014 劳动能力鉴定 职工工伤与职业病致残等级

GB/T 31147 人身损害护理依赖程度评定

3 术语和定义

3.1 损 伤

各种因素造成的人体组织器官结构破坏和/或功能障碍。

3.2 残 疾

人体组织器官结构破坏或者功能障碍,以及个体在现代临床医疗条件下难以恢复的生活、工作、社会活动能力不同程度的降低或者丧失。

4 总 则

4.1 鉴定原则

应以损伤治疗后果或者结局为依据,客观评价组织器官缺失和/或功能障碍程度,科学分析损伤与残疾之间的因果关系,实事求是地进行鉴定。

受伤人员符合两处以上致残程度等级者,鉴定意见中应该分别写明各处的致残程度等级。

4.2 鉴定时机

应在原发性损伤及其与之确有关联的并发症治疗终结或者临床治疗效果稳定后进行鉴定。

4.3 伤病关系处理

当损伤与原有伤、病共存时,应分析损伤与残疾后果之间的因果关系。根据损伤在残疾后果中的作用力大小确定因果关系的不同形式,可依次分别表述为:完全作用、主要作用、同等作用、次要作用、轻微作用、没有作用。

除损伤"没有作用"以外,均应按照实际残情鉴定致残程度等级,同时说明损伤与残疾后果之间的因果关系;判定损伤"没有作用"的,不应进行致残程度鉴定。

4.4 致残等级划分

本标准将人体损伤致残程度划分为10个等级,从一级(人体致残率100%)到十级(人体致残率10%),每级致残率相差10%。致残程度等级划分依据见附录A。

4.5 判断依据

依据人体组织器官结构破坏、功能障碍及其对医疗、护理的依赖程度,适当考虑由于残疾引起的社会交往和心理因素影响,综合判定致残程度等级。

5 致残程度分级

5.1 一级

5.1.1 颅脑、脊髓及周围神经损伤
1)持续性植物生存状态;
2)精神障碍或者极重度智能减退,日常生活完全不能自理;
3)四肢瘫(肌力3级以下)或者三肢瘫(肌力2级以下);
4)截瘫(肌力2级以下)伴重度排便功能障碍与重度排尿功能障碍。

5.1.2 颈部及胸部损伤
1)心功能不全,心功能Ⅳ级;
2)严重器质性心律失常,心功能Ⅲ级;
3)心脏移植术后,心功能Ⅲ级;
4)心肺联合移植术后;
5)肺移植术后呼吸困难(极重度)。

5.1.3 腹部损伤
1)原位肝移植术后肝衰竭晚期;
2)双肾切除术后或者孤肾切除术后,需透析治疗维持生命;肾移植术后肾衰竭。

5.1.4 脊柱、骨盆及四肢损伤
1)三肢缺失(上肢肘关节以上,下肢膝关节以上);
2)二肢缺失(上肢肘关节以上,下肢膝关节以上),第三肢各大关节功能丧失均达75%;
3)二肢缺失(上肢肘关节以上,下肢膝关节以上),第三肢任二大关节均强直固定或者功能丧失均达90%。

5.2 二级

5.2.1 颅脑、脊髓及周围神经损伤
1)精神障碍或者重度智能减退,日常生活随时需有人帮助;
2)三肢瘫(肌力3级以下);
3)偏瘫(肌力2级以下);
4)截瘫(肌力2级以下);
5)非肢体瘫运动障碍(重度)。

5.2.2 头面部损伤
1)容貌毁损(重度);
2)上颌骨或者下颌骨完全缺损;
3)双眼球缺失或者萎缩;
4)双眼盲目5级;
5)双侧眼睑严重畸形(或者眼睑重度下垂,遮盖全部瞳孔),伴双眼盲目3级以上。

5.2.3 颈部及胸部损伤
1)呼吸困难(极重度);
2)心脏移植术后;
3)肺移植术后。

5.2.4 腹部损伤
1)肝衰竭晚期;
2)肾衰竭;
3)小肠大部分切除术后,消化吸收功能丧失,完全依赖肠外营养。

5.2.5 脊柱、骨盆及四肢损伤
1)双上肢肘关节以上缺失,或者一上肢肘关节以上缺失伴一下肢膝关节以上缺失;
2)一肢缺失(上肢肘关节以上,下肢膝关节以上),其余任二肢体各有二大关节功能丧失均达75%;
3)双上肢各大关节均强直固定或者功能丧失均达90%。

5.2.6 体表及其他损伤
1)皮肤瘢痕形成达体表面积90%;
2)重型再生障碍性贫血。

5.3 三级

5.3.1 颅脑、脊髓及周围神经损伤
1)精神障碍或者重度智能减退,不能完全独立生活,需经常有人监护;
2)完全感觉性失语或者混合性失语;
3)截瘫(肌力3级以下)伴排便或者排尿功能障碍;
4)双手全肌瘫(肌力2级以下),伴双腕关节功能丧失均达75%;
5)重度排便功能障碍伴重度排尿功能障碍。

5.3.2 头面部损伤
1)一眼球缺失、萎缩或者盲目5级,另一眼盲目3级;
2)双眼盲目4级;
3)双眼视野接近完全缺损,视野有效值≤4%(直径≤5°);
4)吞咽功能障碍,完全依赖胃管进食。

5.3.3 颈部及胸部损伤
1)食管闭锁或者切除术后,摄食依赖胃造口或者空肠造口；

2）心功能不全，心功能Ⅲ级。

5.3.4　腹部损伤

1）全胰缺失；

2）一侧肾切除术后，另一侧肾功能重度下降；

3）小肠大部分切除术后，消化吸收功能严重障碍，大部分依赖肠外营养。

5.3.5　盆部及会阴部损伤

1）未成年人双侧卵巢缺失或者萎缩，完全丧失功能；

2）未成年人双侧睾丸缺失或者萎缩，完全丧失功能；

3）阴茎接近完全缺失（残留长度≤1.0cm）。

5.3.6　脊柱、骨盆及四肢损伤

1）二肢缺失（上肢腕关节以上，下肢膝关节以上）；

2）一肢缺失（上肢腕关节以上，下肢膝关节以上），另一肢各大关节均强直固定或者功能丧失均达90%；

3）双上肢各大关节功能丧失均达75%；双下肢各大关节均强直固定或者功能丧失均达90%；一上肢与一下肢各大关节均强直固定或者功能丧失均达90%。

5.4　四　　级

5.4.1　颅脑、脊髓及周围神经损伤

1）精神障碍或者中度智能减退，日常生活能力严重受限，间或需要帮助；

2）外伤性癫痫（重度）；

3）偏瘫（肌力3级以下）；

4）截瘫（肌力3级以下）；

5）阴茎器质性勃起障碍（重度）。

5.4.2　头面部损伤

1）符合容貌毁损（重度）标准之三项者；

2）上颌骨或者下颌骨缺损达1/2；

3）一眼球缺失、萎缩或者盲目5级，另一眼重度视力损害；

4）双眼盲目3级；

5）双眼视野极度缺损，视野有效值≤8%（直径≤10°）；

6）双耳听力障碍≥91dB HL。

5.4.3　颈部及胸部损伤

1）严重器质性心律失常，心功能Ⅱ级；

2）一侧全肺切除术后；

3）呼吸困难（重度）。

5.4.4　腹部损伤

1）肝切除2/3以上；

2）肝衰竭中期；

3）胰腺大部分切除，胰岛素依赖；

4）肾功能重度下降；

5）双侧肾上腺缺失；

6）永久性回肠造口。

5.4.5　盆部及会阴部损伤

1）膀胱完全缺失或者切除术后，行永久性输尿管腹壁造瘘或者肠代膀胱并永久性造口。

5.4.6　脊柱、骨盆及四肢损伤

1）一上肢腕关节以上缺失伴一下肢踝关节以上缺失，或者双下肢踝关节以上缺失；

2）双下肢各大关节功能丧失均达75%；一上肢与一下肢各大关节功能丧失均达75%；

3）手功能丧失分值达150分。

5.4.7　体表及其他损伤

1）皮肤瘢痕形成达体表面积70%；

2）放射性皮肤癌。

5.5　五　　级

5.5.1　颅脑、脊髓及周围神经损伤

1）精神障碍或者中度智能减退，日常生活能力明显受限，需要指导；

2）完全运动性失语；

3）完全性失用、失写、失读或者失认等；

4）双侧完全性面瘫；

5）四肢瘫（肌力4级以下）；

6）单肢瘫（肌力2级以下）；

7）非肢体瘫运动障碍（中度）；

8）双手大部分肌瘫（肌力2级以下）；

9）双足全肌瘫（肌力2级以下）；

10）排便伴排尿功能障碍，其中一项达重度。

5.5.2　头面部损伤

1）符合容貌毁损（重度）标准之二项者；

2）一眼球缺失、萎缩或者盲目5级，另一眼中度视力损害；

3）双眼重度视力损害；

4）双眼视野重度缺损，视野有效值≤16%（直径≤20°）；

5）一侧眼睑严重畸形（或者眼睑重度下垂，遮盖全部瞳孔），伴另一眼盲目3级以上；

6）双耳听力障碍≥81dB HL；

7）一耳听力障碍≥91dB HL，另一耳听力障碍≥

61dB HL；

8）舌根大部分缺损；

9）咽或者咽后区损伤遗留吞咽功能障碍，只能吞咽流质食物。

5.5.3　颈部及胸部损伤

1）未成年人甲状腺损伤致功能减退，药物依赖；

2）甲状旁腺功能损害（重度）；

3）食管狭窄，仅能进流质食物；

4）食管损伤，肠代食管术后。

5.5.4　腹部损伤

1）胰头合并十二指肠切除术后；

2）一侧肾切除术后，另一侧肾功能中度下降；

3）肾移植术后，肾功能基本正常；

4）肾上腺皮质功能明显减退；

5）全胃切除术后；

6）小肠部分切除术后，消化吸收功能障碍，部分依赖肠外营养；

7）全结肠缺失。

5.5.5　盆部及会阴部损伤

1）永久性输尿管腹壁造口；

2）尿瘘难以修复；

3）直肠阴道瘘难以修复；

4）阴道严重狭窄（仅可容纳一中指）；

5）双侧睾丸缺失或者完全萎缩，丧失生殖功能；

6）阴茎大部分缺失（残留长度≤3.0cm）。

5.5.6　脊柱、骨盆及四肢损伤

1）一上肢肘关节以上缺失；

2）一肢缺失（上肢腕关节以上，下肢膝关节以上），另一肢各大关节功能丧失均达50%或者其余肢体任二大关节功能丧失均达75%；

3）手功能丧失分值≥120分。

5.6　六　　级

5.6.1　颅脑、脊髓及周围神经损伤

1）精神障碍或者中度智能减退，日常生活能力部分受限，但能部分代偿，部分日常生活需要帮助；

2）外伤性癫痫（中度）；

3）尿崩症（重度）；

4）一侧完全性面瘫；

5）三肢瘫（肌力4级以下）；

6）截瘫（肌力4级以下）伴排便或者排尿功能障碍；

7）双手部分肌瘫（肌力3级以下）；

8）一手全肌瘫（肌力2级以下），伴相应腕关节功能丧失75%以上；

9）双足全肌瘫（肌力3级以下）；

10）阴茎器质性勃起障碍（中度）。

5.6.2　头面部损伤

1）符合容貌毁损（中度）标准之四项者；

2）面部中心区条状瘢痕形成（宽度达0.3cm），累计长度达20.0cm；

3）面部片状细小瘢痕形成或者色素显著异常，累计达面部面积的80%；

4）双侧眼睑严重畸形；

5）一眼球缺失、萎缩或者盲目5级，另一眼视力≤0.5；

6）一眼重度视力损害，另一眼中度视力损害；

7）双眼视野中度缺损，视野有效值≤48%（直径≤60°）；

8）双侧前庭平衡功能丧失，睁眼行走困难，不能并足站立；

9）唇缺损或者畸形，累计相当于上唇2/3以上。

5.6.3　颈部及胸部损伤

1）双侧喉返神经损伤，影响功能；

2）一侧胸廓成形术后，切除6根以上肋骨；

3）女性双侧乳房完全缺失；

4）心脏瓣膜置换术后，心功能不全；

5）心功能不全，心功能Ⅱ级；

6）器质性心律失常安装永久性起搏器后；

7）严重器质性心律失常；

8）两肺叶切除术后。

5.6.4　腹部损伤

1）肝切除1/2以上；

2）肝衰竭早期；

3）胰腺部分切除术后伴功能障碍，需药物治疗；

4）肾功能中度下降；

5）小肠部分切除术后，影响消化吸收功能，完全依赖肠内营养。

5.6.5　盆部及会阴部损伤

1）双侧卵巢缺失或者萎缩，完全丧失功能；

2）未成年人双侧卵巢萎缩，部分丧失功能；

3）未成年人双侧睾丸萎缩，部分丧失功能；

4）会阴部瘢痕挛缩伴阴道狭窄；

5）睾丸或者附睾损伤，生殖功能重度损害；

6）双侧输精管损伤难以修复；
7）阴茎严重畸形，不能实施性交行为。
5.6.6 脊柱、骨盆及四肢损伤
1）脊柱骨折后遗留30°以上侧弯或者后凸畸形；
2）一肢缺失（上肢腕关节以上，下肢膝关节以上）；
3）双足跖跗关节以上缺失；
4）手或者足功能丧失分值≥90分。
5.6.7 体表及其他损伤
1）皮肤瘢痕形成达体表面积50%；
2）非重型再生障碍性贫血。

5.7 七 级
5.7.1 颅脑、脊髓及周围神经损伤
1）精神障碍或者轻度智能减退，日常生活有关的活动能力极度受限；
2）不完全感觉性失语；
3）双侧大部分面瘫；
4）偏瘫（肌力4级以下）；
5）截瘫（肌力4级以下）；
6）单肢瘫（肌力3级以下）；
7）一手大部分肌瘫（肌力2级以下）；
8）一足全肌瘫（肌力2级以下）；
9）重度排便功能障碍或者重度排尿功能障碍。
5.7.2 头面部损伤
1）面部中心区条状瘢痕形成（宽度达0.3cm），累计长度达15.0cm；
2）面部片状细小瘢痕形成或者色素显著异常，累计达面部面积的50%；
3）双侧眼睑重度下垂，遮盖全部瞳孔；
4）一眼球缺失或者萎缩；
5）双眼中度视力损害；
6）一眼盲目3级，另一眼视力≤0.5；
7）双眼偏盲；
8）一侧眼睑严重畸形（或者眼睑重度下垂，遮盖全部瞳孔）合并该眼盲目3级以上；
9）一耳听力障碍≥81dB HL，另一耳听力障碍≥61dB HL；
10）咽或者咽后区损伤遗留吞咽功能障碍，只能吞咽半流质食物；
11）上颌骨或者下颌骨缺损达1/4；
12）上颌骨或者下颌骨部分缺损伴牙齿缺失14枚以上；

13）颌面部软组织缺损，伴发涎漏。
5.7.3 颈部及胸部损伤
1）甲状腺功能损害（重度）；
2）甲状旁腺功能损害（中度）；
3）食管狭窄，仅能进半流质食物；食管重建术后并发反流性食管炎；
4）颏颈粘连（中度）；
5）女性双侧乳房大部分缺失或者严重畸形；
6）未成年或者育龄女性双侧乳头完全缺失；
7）胸廓畸形，胸式呼吸受限；
8）一肺叶切除，并肺段或者肺组织楔形切除术后。
5.7.4 腹部损伤
1）肝切除1/3以上；
2）一侧肾切除术后；
3）胆道损伤胆肠吻合术后，反复发作逆行性胆道感染；
4）未成年人脾切除术后；
5）小肠部分（包括回盲部）切除术后；
6）永久性结肠造口；
7）肠瘘长期不愈（1年以上）。
5.7.5 盆部及会阴部损伤
1）永久性膀胱造口；
2）膀胱部分切除术后合并轻度排尿功能障碍；
3）原位肠代膀胱术后；
4）子宫大部分切除术后；
5）睾丸损伤，血睾酮降低，需药物替代治疗；
6）未成年人一侧睾丸缺失或者严重萎缩；
7）阴茎畸形，难以实施性交行为；
8）尿道狭窄（重度）或者成形术后；
9）肛管或者直肠损伤，排便功能重度障碍或者肛门失禁（重度）；
10）会阴部瘢痕挛缩致肛门闭锁，结肠造口术后。
5.7.6 脊柱、骨盆及四肢损伤
1）双下肢长度相差8.0cm以上；
2）一下肢踝关节以上缺失；
3）四肢任一大关节（踝关节除外）强直固定于非功能位；
4）四肢任二大关节（踝关节除外）功能丧失均达75%；
5）一手除拇指外，余四指完全缺失；
6）双足足弓结构完全破坏；

7)手或者足功能丧失分值≥60分。
5.8 八 级
5.8.1 颅脑、脊髓及周围神经损伤
1)精神障碍或者轻度智能减退,日常生活有关的活动能力重度受限;
2)不完全运动性失语;不完全性失用、失写、失读或者失认;
3)尿崩症(中度);
4)一侧大部分面瘫,遗留眼睑闭合不全和口角歪斜;
5)单肢瘫(肌力4级以下);
6)非肢体瘫运动障碍(轻度);
7)一手大部分肌瘫(肌力3级以下);
8)一足全肌瘫(肌力3级以下);
9)阴茎器质性勃起障碍(轻度)。

5.8.2 头面部损伤
1)容貌毁损(中度);
2)符合容貌毁损(重度)标准之一项者;
3)头皮完全缺损,难以修复;
4)面部条状瘢痕形成,累计长度达30.0cm;面部中心区条状瘢痕形成(宽度达0.2cm),累计长度达15.0cm;
5)面部块状增生性瘢痕形成,累计面积达15.0cm^2;面部中心区块状增生性瘢痕形成,单块面积7.0cm^{2}或者多块累计面积达9.0cm^2;
6)面部片状细小瘢痕形成或者色素异常,累计面积达100.0cm^2;
7)一眼盲目4级;
8)一眼视野接近完全缺损,视野有效值≤4%(直径≤5°);
9)双眼外伤性青光眼,经手术治疗;
10)一侧眼睑严重畸形(或者眼睑重度下垂,遮盖全部瞳孔)合并该眼重度视力损害;
11)一耳听力障碍≥91dB HL;
12)双耳听力障碍≥61dB HL;
13)双侧鼻翼大部分缺损,或者鼻尖大部分缺损合并一侧鼻翼大部分缺损;
14)舌体缺损达舌系带;
15)唇缺损或者畸形,累计相当于上唇1/2以上;
16)脑脊液漏经手术治疗后持续不愈;
17)张口受限Ⅲ度;
18)发声功能或者构音功能障碍(重度);
19)咽成形术后咽下运动异常。

5.8.3 颈部及胸部损伤
1)甲状腺功能损害(中度);
2)颈总动脉或者颈内动脉严重狭窄支架置入或者血管移植术后;
3)食管部分切除术后,并后遗胸腔胃;
4)女性一侧乳房完全缺失;女性双侧乳房缺失或者毁损,累计范围相当于一侧乳房3/4以上;
5)女性双侧乳头完全缺失;
6)肋骨骨折12根以上并后遗6处畸形愈合;
7)心脏或者大血管修补术后;
8)一肺叶切除术后;
9)胸廓成形术后,影响呼吸功能;
10)呼吸困难(中度)。

5.8.4 腹部损伤
1)腹壁缺损≥腹壁的1/4;
2)成年人脾切除术后;
3)胰腺部分切除术后;
4)胃大部分切除术后;
5)肠部分切除术后,影响消化吸收功能;
6)胆道损伤,胆肠吻合术后;
7)损伤致肾性高血压;
8)肾功能轻度下降;
9)一侧肾上腺缺失;
10)肾上腺皮质功能轻度减退。

5.8.5 盆部及会阴部损伤
1)输尿管损伤行代替术或者改道术后;
2)膀胱大部分切除术后;
3)一侧输卵管和卵巢缺失;
4)阴道狭窄;
5)一侧睾丸缺失;
6)睾丸或者附睾损伤,生殖功能轻度损害;
7)阴茎冠状沟以上缺失;
8)阴茎皮肤瘢痕形成,严重影响性交行为。

5.8.6 脊柱、骨盆及四肢损伤
1)二椎体压缩性骨折(压缩程度均达1/3);
2)三个以上椎体骨折,经手术治疗后;
3)女性骨盆骨折致骨产道变形,不能自然分娩;
4)股骨头缺血性坏死,难以行关节假体置换术;
5)四肢长骨开放性骨折并发慢性骨髓炎、大块死骨形成,长期不愈(1年以上);

6）双上肢长度相差8.0cm以上；
7）双下肢长度相差6.0cm以上；
8）四肢任一大关节（踝关节除外）功能丧失75%以上；
9）一踝关节强直固定于非功能位；
10）一肢体各大关节功能丧失均达50%；
11）一手拇指缺失达近节指骨1/2以上并相应掌指关节强直固定；
12）一足足弓结构完全破坏，另一足足弓结构部分破坏；
13）手或者足功能丧失分值≥40分。

5.8.7 体表及其他损伤
1）皮肤瘢痕形成达体表面积30%。

5.9 九　　级

5.9.1 颅脑、脊髓及周围神经损伤
1）精神障碍或者轻度智能减退，日常生活有关的活动能力中度受限；
2）外伤性癫痫（轻度）；
3）脑叶部分切除术后；
4）一侧部分面瘫，遗留眼睑闭合不全或者口角歪斜；
5）一手部分肌瘫（肌力3级以下）；
6）一足大部分肌瘫（肌力3级以下）；
7）四肢重要神经损伤（上肢肘关节以上，下肢膝关节以上），遗留相应肌群肌力3级以下；
8）严重影响阴茎勃起功能；
9）轻度排便或者排尿功能障碍。

5.9.2 头面部损伤
1）头皮瘢痕形成或者无毛发，达头皮面积50%；
2）颅骨缺损25.0cm²以上，不宜或者无法手术修补；
3）容貌毁损（轻度）；
4）面部条状瘢痕形成，累计长度达20.0cm；面部条状瘢痕形成（宽度达0.2cm），累计长度达10.0cm，其中至少5.0cm以上位于面部中心区；
5）面部块状瘢痕形成，单块面积达7.0cm²，或者多块累计面积达9.0cm²；
6）面部片状细小瘢痕形成或者色素异常，累计面积达30.0cm²；
7）一侧眼睑严重畸形；一侧眼睑重度下垂，遮盖全部瞳孔；双侧眼睑轻度畸形；双侧眼睑下垂，遮盖部分瞳孔；

8）双眼泪器损伤均后遗溢泪；
9）双眼角膜斑翳或者血管翳，累及瞳孔区；双眼角膜移植术后；
10）双眼外伤性白内障；儿童人工晶体植入术后；
11）一眼盲目3级；
12）一眼重度视力损害，另一眼视力≤0.5；
13）一眼视野极度缺损，视野有效值≤8%（直径≤10°）；
14）双眼象限性视野缺损；
15）一侧眼睑轻度畸形（或者眼睑下垂，遮盖部分瞳孔）合并该眼中度视力损害；
16）一眼眶骨折后遗眼球内陷5mm以上；
17）耳廓缺损或者畸形，累计相当于一侧耳廓；
18）一耳听力障碍≥81dB HL；
19）一耳听力障碍≥61dB HL，另一耳听力障碍≥41dB HL；
20）一侧鼻翼或者鼻尖大部分缺损或者严重畸形；
21）唇缺损或者畸形，露齿3枚以上（其中1枚露齿达1/2）；
22）颌骨骨折，经牵引或者固定治疗后遗留功能障碍；
23）上颌骨或者下颌骨部分缺损伴牙齿缺失或者折断7枚以上；
24）张口受限Ⅱ度；
25）发声功能或者构音功能障碍（轻度）。

5.9.3 颈部及胸部损伤
1）颈前三角区瘢痕形成，累计面积达50.0cm²；
2）甲状腺功能损害（轻度）；
3）甲状旁腺功能损害（轻度）；
4）气管或者支气管成形术后；
5）食管吻合术后；
6）食管腔内支架置入术后；
7）食管损伤，影响吞咽功能；
8）女性双侧乳房缺失或者毁损，累计范围相当于一侧乳房1/2以上；
9）女性一侧乳房大部分缺失或者严重畸形；
10）女性一侧乳头完全缺失或者双侧乳头部分缺失（或者畸形）；
11）肋骨骨折12根以上，或者肋骨部分缺失4根以上；肋骨骨折8根以上并后遗4处畸形愈合；
12）心功能不全，心功能Ⅰ级；

13)冠状动脉移植术后；
14)心脏室壁瘤；
15)心脏异物存留或者取出术后；
16)缩窄性心包炎；
17)胸导管损伤；
18)肺段或者肺组织楔形切除术后；
19)肺脏异物存留或者取出术后。

5.9.4 腹部损伤
1)肝部分切除术后；
2)脾部分切除术后；
3)外伤性胰腺假性囊肿术后；
4)一侧肾部分切除术后；
5)胃部分切除术后；
6)肠部分切除术后；
7)胆道损伤胆管外引流术后；
8)胆囊切除术后；
9)肠梗阻反复发作；
10)膈肌修补术后遗留功能障碍(如膈肌麻痹或者膈疝)。

5.9.5 盆部及会阴部损伤
1)膀胱部分切除术后；
2)输尿管狭窄成形术后；
3)输尿管狭窄行腔内扩张术或者腔内支架置入术后；
4)一侧卵巢缺失或者丧失功能；
5)一侧输卵管缺失或者丧失功能；
6)子宫部分切除术后；
7)一侧附睾缺失；
8)一侧输精管损伤难以修复；
9)尿道狭窄(轻度)；
10)肛管或者直肠损伤，排便功能轻度障碍或者肛门失禁(轻度)。

5.9.6 脊柱、骨盆及四肢损伤
1)一椎体粉碎性骨折，椎管内骨性占位；
2)一椎体并相应附件骨折，经手术治疗后；二椎体压缩性骨折；
3)骨盆两处以上骨折或者粉碎性骨折，严重畸形愈合；
4)青少年四肢长骨骨骺粉碎性或者压缩性骨折；
5)四肢任一大关节行关节假体置换术后；
6)双上肢前臂旋转功能丧失均达75%；

7)双上肢长度相差6.0cm以上；
8)双下肢长度相差4.0cm以上；
9)四肢任一大关节(踝关节除外)功能丧失50%以上；
10)一踝关节功能丧失75%以上；
11)一肢体各大关节功能丧失均达25%；
12)双足拇趾功能丧失均达75%；一足5趾功能均完全丧失；
13)双足跟骨粉碎性骨折畸形愈合；
14)双足足弓结构部分破坏；一足足弓结构完全破坏；
15)手或者足功能丧失分值≥25分。

5.9.7 体表及其他损伤
1)皮肤瘢痕形成达体表面积10%。

5.10 十 级

5.10.1 颅脑、脊髓及周围神经损伤
1)精神障碍或者轻度智能减退，日常生活有关的活动能力轻度受限；
2)颅脑损伤后遗脑软化灶形成，伴有神经系统症状或者体征；
3)一侧部分面瘫；
4)嗅觉功能完全丧失；
5)尿崩症(轻度)；
6)四肢重要神经损伤，遗留相应肌群肌力4级以下；
7)影响阴茎勃起功能；
8)开颅术后。

5.10.2 头面部损伤
1)面颅骨部分缺损或者畸形，影响面容；
2)头皮瘢痕形成或者无毛发，面积40.0cm²；
3)面部条状瘢痕形成(宽度达0.2cm)，累计长度达6.0cm，其中至少3.0cm位于面部中心区；
4)面部条状瘢痕形成，累计长度达10.0cm；
5)面部块状瘢痕形成，单块面积达3.0cm²，或者多块累计面积达5.0cm²；
6)面部片状细小瘢痕形成或者色素异常，累计面积达10.0cm²；
7)一侧眼睑下垂，遮盖部分瞳孔；一侧眼睑轻度畸形；一侧睑球粘连影响眼球运动；
8)一眼泪器损伤后遗溢泪；
9)一眼眶骨折后遗眼球内陷2mm以上；
10)复视或者斜视；
11)一眼角膜斑翳或者血管翳，累及瞳孔区；一眼角膜移植术后；

12) 一眼外伤性青光眼,经手术治疗;一眼外伤性低眼压；

13) 一眼外伤后无虹膜；

14) 一眼外伤性白内障;一眼无晶体或者人工晶体植入术后；

15) 一眼中度视力损害；

16) 双眼视力≤0.5；

17) 一眼视野中度缺损,视野有效值≤48%(直径≤60°)；

18) 一耳听力障碍≥61dB HL；

19) 双耳听力障碍≥41dB HL；

20) 一侧前庭平衡功能丧失,伴听力减退；

21) 耳廓缺损或者畸形,累计相当于一侧耳廓的30%；

22) 鼻尖或者鼻翼部分缺损深达软骨；

23) 唇外翻或者小口畸形；

24) 唇缺损或者畸形,致露齿；

25) 舌部分缺损；

26) 牙齿缺失或者折断7枚以上;牙槽骨部分缺损,合并牙齿缺失或者折断4枚以上；

27) 张口受限Ⅰ度；

28) 咽或者咽后区损伤影响吞咽功能。

5.10.3 颈部及胸部损伤

1) 颏颈粘连畸形松解术后；

2) 颈前三角区瘢痕形成,累计面积达25.0cm²；

3) 一侧喉返神经损伤,影响功能；

4) 器质性声音嘶哑；

5) 食管修补术后；

6) 女性一侧乳房部分缺失或者畸形；

7) 肋骨骨折6根以上,或者肋骨部分缺失2根以上;肋骨骨折4根以上并后遗2处畸形愈合；

8) 肺修补术后；

9) 呼吸困难(轻度)。

5.10.4 腹部损伤

1) 腹壁疝,难以手术修补；

2) 肝、脾或者胰腺修补术后；

3) 胃、肠或者胆道修补术后；

4) 膈肌修补术后。

5.10.5 盆部及会阴部损伤

1) 肾、输尿管或者膀胱修补术后；

2) 子宫或者卵巢修补术后；

3) 外阴或者阴道修补术后；

4) 睾丸破裂修补术后；

5) 一侧输精管破裂修复术后；

6) 尿道修补术后；

7) 会阴部瘢痕挛缩,肛管狭窄；

8) 阴茎头部分缺失。

5.10.6 脊柱、骨盆及四肢损伤

1) 枢椎齿状突骨折,影响功能；

2) 一椎体压缩性骨折(压缩程度达1/3)或者粉碎性骨折;一椎体骨折经手术治疗后；

3) 四处以上横突、棘突或者椎弓根骨折,影响功能；

4) 骨盆两处以上骨折或者粉碎性骨折,畸形愈合；

5) 一侧髌骨切除；

6) 一侧膝关节交叉韧带、半月板伴侧副韧带撕裂伤经手术治疗后,影响功能；

7) 青少年四肢长骨骨折累及骨骺；

8) 一上肢前臂旋转功能丧失75%以上；

9) 双上肢长度相差4.0cm以上；

10) 双下肢长度相差2.0cm以上；

11) 四肢任一大关节(踝关节除外)功能丧失25%以上；

12) 一踝关节功能丧失50%以上；

13) 下肢任一大关节骨折后遗创伤性关节炎；

14) 肢体重要血管循环障碍,影响功能；

15) 一手小指完全缺失并第5掌骨部分缺损；

16) 一足拇趾功能丧失75%以上;一足5趾功能丧失均达50%;双足拇趾功能丧失均达50%;双足除拇趾外任何4趾功能均完全丧失；

17) 一足跟骨粉碎性骨折畸形愈合；

18) 一足足弓结构部分破坏；

19) 手或者足功能丧失分值≥10分。

5.10.7 体表及其他损伤

1) 手部皮肤瘢痕形成或者植皮术后,范围达一手掌面积50%；

2) 皮肤瘢痕形成达体表面积4%；

3) 皮肤创面长期不愈超过1年,范围达体表面积1%。

6 附　则

6.1 遇有本标准致残程度分级系列中未列入的致残情形,可根据残疾的实际情况,依据本标准附录A的规定,并比照最相似等级的条款,确定其致残程度等级。

6.2 同一部位和性质的残疾,不应采用本标准条款两条以上或者同一条款两次以上进行鉴定。

6.3 本标准中四肢大关节是指肩、肘、腕、髋、膝、踝等六大关节。

6.4 本标准中牙齿折断是指冠折1/2以上,或者牙齿部分缺失致牙髓腔暴露。

6.5 移植、再植或者再造成活组织器官的损伤应根据实际后遗功能障碍程度参照相应分级条款进行致残程度等级鉴定。

6.6 永久性植入式假体(如颅骨修补材料、种植牙、人工支架等)损坏引起的功能障碍可参照相应分级条款进行致残程度等级鉴定。

6.7 本标准中四肢重要神经是指臂丛及其分支神经(包括正中神经、尺神经、桡神经和肌皮神经等)和腰骶丛及其分支神经(包括坐骨神经、腓总神经和胫神经等)。

6.8 本标准中四肢重要血管是指与四肢重要神经伴行的同名动、静脉。

6.9 精神分裂症或者心境障碍等内源性疾病不是外界致伤因素直接作用所致,不宜作为致残程度等级鉴定的依据,但应对外界致伤因素与疾病之间的因果关系进行说明。

6.10 本标准所指未成年人是指年龄未满18周岁者。

6.11 本标准中涉及面部瘢痕致残程度需测量长度或者面积的数值时,0~6周岁者按标准规定值50%计,7~14周岁者按80%计。

6.12 本标准中凡涉及数量、部位规定时,注明"以上"、"以下"者,均包含本数(有特别说明的除外)。

附　录　A
(规范性附录)
致残程度等级划分依据

A.1 一级残疾的划分依据
a)组织器官缺失或者功能完全丧失,其他器官不能代偿;
b)存在特殊医疗依赖;
c)意识丧失;
d)日常生活完全不能自理;
e)社会交往完全丧失。

A.2 二级残疾的划分依据
a)组织器官严重缺损或者畸形,有严重功能障碍,其他器官难以代偿;
b)存在特殊医疗依赖;
c)日常生活大部分不能自理;
d)各种活动严重受限,仅限于床上或者椅子上的活动;
e)社会交往基本丧失。

A.3 三级残疾的划分依据
a)组织器官严重缺损或者畸形,有严重功能障碍;
b)存在特殊医疗依赖;
c)日常生活大部分或者部分不能自理;
d)各种活动严重受限,仅限于室内的活动;
e)社会交往极度困难。

A.4 四级残疾的划分依据
a)组织器官严重缺损或者畸形,有重度功能障碍;
b)存在特殊医疗依赖或者一般医疗依赖;
c)日常生活能力严重受限,间或需要帮助;
d)各种活动严重受限,仅限于居住范围内的活动;
e)社会交往困难。

A.5 五级残疾的划分依据
a)组织器官大部分缺损或者明显畸形,有中度(偏重)功能障碍;
b)存在一般医疗依赖;
c)日常生活能力部分受限,偶尔需要帮助;
d)各种活动中度受限,仅限于就近的活动;
e)社会交往严重受限。

A.6 六级残疾的划分依据
a)组织器官大部分缺损或者明显畸形,有中度功能障碍;
b)存在一般医疗依赖;
c)日常生活能力部分受限,但能部分代偿,条件性需要帮助;
d)各种活动中度受限,活动能力降低;
e)社会交往贫乏或者狭窄。

A.7 七级残疾的划分依据
a)组织器官大部分缺损或者明显畸形,有中度(偏轻)功能障碍;
b)存在一般医疗依赖,无护理依赖;
c)日常生活有关的活动能力极重度受限;

d) 各种活动中度受限,短暂活动不受限,长时间活动受限;
e) 社会交往能力降低。

A.8 八级残疾的划分依据
a) 组织器官部分缺损或者畸形,有轻度功能障碍,并造成明显影响;
b) 存在一般医疗依赖,无护理依赖;
c) 日常生活有关的活动能力重度受限;
d) 各种活动轻度受限,远距离活动受限;
e) 社会交往受约束。

A.9 九级残疾的划分依据
a) 组织器官部分缺损或者畸形,有轻度功能障碍,并造成较明显影响;
b) 无医疗依赖或者存在一般医疗依赖,无护理依赖;
c) 日常生活有关的活动能力中度受限;
d) 工作与学习能力下降;
e) 社会交往能力部分受限。

A.10 十级残疾的划分依据
a) 组织器官部分缺损或者畸形,有轻度功能障碍,并造成一定影响;
b) 无医疗依赖或者存在一般医疗依赖,无护理依赖;
c) 日常生活有关的活动能力轻度受限;
d) 工作与学习能力受到一定影响;
e) 社会交往能力轻度受限。

附 录 B
(资料性附录)
器官功能分级判定基准及使用说明

B.1 持续性植物生存状态
植物生存状态可以是暂时的,也可以呈持续性。持续性植物生存状态是指严重颅脑损伤经治疗及必要的康复后仍缺乏意识活动,丧失语言,而仅保留无意识的姿态调整和运动功能的状态。机体虽能维持基本生命体征,但无意识和思维,缺乏对自身和周围环境的感知能力的生存状态。伤者有睡眠—觉醒周期,部分或全部保存下丘脑和脑干功能,但是缺乏任何适应性反应,缺乏任何接受和反映信息的功能性思维。

植物生存状态诊断标准:①认知功能丧失,无意识活动,不能执行指令;②保持自主呼吸和血压;③有睡眠—觉醒周期;④不能理解或表达语言;⑤自动睁眼或刺激下睁眼;⑥可有无目的性眼球跟踪运动;⑦丘脑下部及脑干功能基本保存。

持续性植物生存状态指脑损伤后上述表现至少持续6个月以上,且难以恢复。

注:反复发作性意识障碍,作为癫痫的一组症状或癫痫发作的一种形式时,不单独鉴定其致残程度。

B.2 精神障碍
B.2.1 症状标准
有下列表现之一者:
a) 智能损害综合征;
b) 遗忘综合征;
c) 人格改变;
d) 意识障碍;
e) 精神病性症状(如幻觉、妄想、紧张综合征等);
f) 情感障碍综合征(如躁狂综合征、抑郁综合征等);
g) 解离(转换)综合征;
h) 神经症样综合征(如焦虑综合征、情感脆弱综合征等)。

B.2.2 精神障碍的认定
a) 精神障碍的发病基础需有颅脑损伤的存在;
b) 精神障碍的起病时间需与颅脑损伤的发生相吻合;
c) 精神障碍应随着颅脑损伤的改善而缓解;
d) 无证据提示精神障碍的发病存在其他原因(如强阳性家族史)。

精神分裂症和躁郁症均为内源性疾病,发病主要决定于病人自身的生物学素质,不属于人身损害所致的精神障碍。

B.3 智能损害
B.3.1 智能损害的症状
a) 记忆减退,最明显的是学习新事物的能力受损;
b) 以思维和信息处理过程减退为特征的智能损害,如抽象概括能力减退,难以解释成语、谚语,掌握词汇量减少,不能理解抽象意义的语汇,不能概括同类事物的共同特征,或判断力减退;
c) 情感障碍,如抑郁、淡漠,或敌意增加等;
d) 意志减退,如懒散、主动性降低;
e) 其他高级皮层功能受损,如失语、失认、失用或者人格改变等；

f) 无意识障碍。

注：符合上述症状标准至少满 6 个月方可诊断。

B.3.2　智能损害分级

a) 极重度智能减退智商（IQ）<20；语言功能丧失；生活完全不能自理。

b) 重度智能减退 IQ 20～34；语言功能严重受损，不能进行有效的交流；生活大部分不能自理。

c) 中度智能减退 IQ 35～49；能掌握日常生活用语，但词汇贫乏，对周围环境辨别能力差，只能以简单的方式与人交往；生活部分不能自理，能做简单劳动。

d) 轻度智能减退 IQ 50～69；无明显语言障碍，对周围环境有较好的辨别能力，能比较恰当的与人交往；生活能自理，能做一般非技术性工作。

e) 边缘智能状态 IQ 70～84；抽象思维能力或者思维广度、深度及机敏性显示不良；不能完成高级或者复杂的脑力劳动。

B.4　生活自理能力

具体评价方法参考《人身损害护理依赖程度评定》（GB/T 31147）。

B.5　失　语　症

失语症是指由于中枢神经损伤导致抽象信号思维障碍而丧失口语、文字的表达和理解能力的临床症候群，失语症不包括由于意识障碍和普通的智力减退造成的语言症状，也不包括听觉、视觉、书写、发音等感觉和运动器官损害引起的语言、阅读和书写障碍。

失语症又可分为：完全运动性失语，不完全运动性失语；完全感觉性失语，不完全感觉性失语；混合性失语；完全性失用，不完全性失用；完全性失写，不完全性失写；完全性失读，不完全性失读；完全性失认，不完全性失认等。

注：脑外伤后失语的认定应该符合以下几个方面的要求：(1)脑损伤的部位应该与语言功能有关；(2)病史材料应该有就诊记录并且有关于失语的描述；(3)有明确的临床诊断或者专家咨询意见。

B.6　外伤性癫痫分度

外伤性癫痫通常是指颅脑损伤 3 个月后发生的癫痫，可分为以下三度：

a) 轻度　各种类型的癫痫发作，经系统服药治疗 1 年后能控制的；

b) 中度　各种类型的癫痫发作，经系统服药治疗 1 年后，全身性强直—阵挛发作、单纯或复杂部分发作，伴自动症或精神症状（相当于大发作、精神运动性发作）平均每月 1 次或 1 次以下，失神发作和其他类型发作平均每周 1 次以下；

c) 重度　各种类型的癫痫发作，经系统服药治疗 1 年后，全身性强直—阵挛发作、单纯或复杂部分发作，伴自动症或精神症状（相当于大发作、精神运动性发作）平均每月 2 次以上，失神发作和其他类型发作平均每周 2 次以上。

注：外伤性癫痫致残程度鉴定时应根据以下信息综合判断：(1)应有脑器质性损伤或中毒性脑病的病史；(2)应有一年来系统治疗的临床病史资料；(3)可能时，应提供其他有效资料，如脑电图检查、血药浓度测定结果等。其中，前两项是癫痫致残程度鉴定的必要条件。

B.7　肌力分级

肌力是指肌肉收缩时的力量，在临床上分为以下六级：

a) 0 级　肌肉完全瘫痪，毫无收缩；

b) 1 级　可看到或者触及肌肉轻微收缩，但不能产生动作；

c) 2 级　肌肉在不受重力影响下，可进行运动，即肢体能在床面上移动，但不能抬高；

d) 3 级　在和地心引力相反的方向中尚能完成其动作，但不能对抗外加阻力；

e) 4 级　能对抗一定的阻力，但较正常人降低；

f) 5 级　正常肌力。

注：肌力检查时应注意以下几点综合判断：(1)肌力减退多见于神经源性和肌源性，如神经系统损伤所致肌力减退，则应有相应的损伤基础；(2)肌力检查结果是否可靠依赖于检查者正确的检查方法和受检者的理解与配合，肌力检查结果的可靠性要结合伤者的配合程度而定；(3)必要时，应进行神经电生理等客观检查。

B.8　非肢体瘫运动障碍分度

非肢体瘫的运动障碍，包括肌张力增高、深感觉障碍和（或）小脑性共济失调、不自主运动或者震颤等。根据其对生活自理的影响程度划分为轻、中、重三度：

a) 重度　不能自行进食、大小便、洗漱、翻身和穿衣，需要他人护理；

b) 中度　完成上述动作困难，但在他人帮助下可以完成；

c) 轻度　完成上述动作虽有一定困难，但基本可以自理。

注：非肢体瘫运动障碍程度的评定应注意以下几点综合判断：(1)有引起非肢体瘫运动障碍的损伤基础；(2)病史材料中有非

肢体瘫运动障碍的诊疗记录和症状描述;(3)有相关生活自理能力受限的检查记录;(4)家属或者近亲属的代诉仅作为参考。

B.9 尿崩症分度
a) 重度　每日尿量在 10000mL 以上;
b) 中度　每日尿量在 5001～9999mL;
c) 轻度　每日尿量在 2500～5000mL。

B.10 排便功能障碍(大便失禁)分度
a) 重度　大便不能控制,肛门括约肌收缩力很弱或者丧失,肛门括约肌收缩反射很弱或者消失,肛门注水法测定直肠内压 <20cmH₂O;
b) 轻度　稀便不能控制,肛门括约肌收缩力较弱,肛门括约肌收缩反射较弱,肛门注水法测定直肠内压 20～30cmH₂O。

注:此处排便功能障碍是指脑、脊髓或者自主神经损伤致肛门括约肌功能障碍所引起的大便失禁。而肛门或者直肠损伤既可以遗留大便失禁,也可以遗留排便困难,应依据相应条款评定致残程度等级。

B.11 排尿功能障碍分度
a) 重度　出现真性重度尿失禁或者排尿困难且尿潴留残余尿≥50mL 者;
b) 轻度　出现真性轻度尿失禁或者排尿困难且尿潴留残余尿≥10mL 但 <50mL 者。

注:此处排尿功能障碍是指脑、脊髓或者自主神经损伤致膀胱括约肌功能障碍所引起的小便失禁或者尿潴留。当膀胱括约肌损伤遗留尿失禁或者尿潴留时,也可依据排尿功能障碍程度评定致残程度等级。

B.12 器质性阴茎勃起障碍分度
a) 重度　阴茎无勃起反应,阴茎硬度及周径均无改变;
b) 中度　阴茎勃起时最大硬度 >0%,<40%;
c) 轻度　阴茎勃起时最大硬度≥40%,<60%,或者阴茎勃起时最大硬度虽达 60%,但持续时间 <10 分钟。

注1:阴茎勃起正常值范围　最大硬度≥60%,持续时间≥10 分钟。
注2:器质性阴茎勃起障碍是指脑、脊髓或者周围神经(躯体神经或者自主神经)损伤所引起的。其他致伤因素所致的血管性、内分泌性或者药物性阴茎勃起障碍也可依此分度评定致残程度等级。

B.13 阴茎勃起功能影响程度分级
a) 严重影响阴茎勃起功能　连续监测三晚,阴茎夜间勃起平均每晚≤1 次;
b) 影响阴茎勃起功能　连续监测三晚,阴茎夜间勃起平均每晚≤3 次。

B.14 面部瘢痕分类
本标准规定的面部包括前额发际下,两耳根前与下颌下缘之间的区域,包括额部、眶部、鼻部、口唇部、颏部、颧部、颊部和腮腺咬肌部,不包括耳廓。以眉弓水平线为上横线,以下唇唇红缘中点处作水平线为下横线,以双侧外眦处作两条垂直线,上述四条线围绕的中央部分为面部中心区。

本标准将面部瘢痕分为以下几类:
a) 面部块状瘢痕　是指增生性瘢痕、瘢痕疙瘩、蹼状瘢痕等,不包括浅表瘢痕(外观多平坦,与四周皮肤表面平齐或者稍低,平滑光亮,色素减退,一般不引起功能障碍);
b) 面部细小瘢痕(或者色素明显改变)　是指面部较密集散在瘢痕或者色素沉着(或者脱失),瘢痕呈网状或者斑片状,其间可见正常皮肤。

B.15 容貌毁损分度
B.15.1 重度
面部瘢痕畸形,并有以下六项中四项者:
a) 双侧眉毛完全缺失;
b) 双睑外翻或者完全缺失;
c) 双侧耳廓完全缺失;
d) 外鼻完全缺失;
e) 上、下唇外翻或者小口畸形;
f) 颏颈粘连(中度以上)。

B.15.2 中度
面部瘢痕畸形,并有以下六项中三项者:
a) 眉毛部分缺失(累计达一侧眉毛 1/2);
b) 眼睑外翻或者部分缺失;
c) 耳廓部分缺损(累计达一侧耳廓 15%);
d) 鼻部分缺损(鼻尖或者鼻翼缺损深达软骨);
e) 唇外翻或者小口畸形;
f) 颏颈粘连(轻度)。

B.15.3 轻度
含中度畸形六项中二项者。

B.16 眼睑畸形分度
B.16.1 眼睑轻度畸形
a) 轻度眼睑外翻　睑结膜与眼球分离,泪点脱离泪阜;
b) 眼睑闭合不全　自然闭合及用力闭合时均不能使睑裂完全消失;
c) 轻度眼睑缺损　上睑和/或下睑软组织缺损,范围

<一侧上睑的1/2。

B.16.2 眼睑严重畸形
a) 重度眼睑外翻 睑结膜严重外翻,穹隆部消失;
b) 重度眼睑缺损 上睑和/或下睑软组织缺损,范围≥一侧上睑的1/2。

B.17 张口受限分度
a) 张口受限Ⅰ度 尽力张口时,上、下切牙间仅可勉强置入垂直并列之示指和中指;
b) 张口受限Ⅱ度 尽力张口时,上、下切牙间仅可置入垂直之示指;
c) 张口受限Ⅲ度 尽力张口时,上、下切牙间距小于示指之横径。

B.18 面瘫(面神经麻痹)分级
a) 完全性面瘫 是指面神经5个分支(颞支、颧支、颊支、下颌缘支和颈支)支配的全部肌肉(包括颈部的颈阔肌)瘫痪;
b) 大部分面瘫 是指面神经5个分支中有3个分支支配的肌肉瘫痪;
c) 部分面瘫 是指面神经5个分支中有1个分支支配的肌肉瘫痪。

B.19 视力损害分级
盲及视力损害分级标准见表B-1。

表B-1 盲及视力损害分级标准

分类	远视力低于	远视力等于或优于
轻度或无视力损害		0.3
中度视力损害(视力损害1级)	0.3	0.1
重度视力损害(视力损害2级)	0.1	0.05
盲(盲目3级)	0.05	0.02
盲(盲目4级)	0.02	光感
盲(盲目5级)		无光感

B.20 颌颈粘连分度
a) 轻度 单纯的颈部瘢痕或者颈胸瘢痕。瘢痕位于颌颈角平面以下的颈胸部,颈部活动基本不受限制,饮食、吞咽等均无影响;
b) 中度 颌颈瘢痕粘连或者颌颈胸瘢痕粘连。颈部后仰及旋转受到限制,饮食、吞咽有所影响,不流涎,下唇前庭沟并不消失,能闭口;
c) 重度 唇颏颈瘢痕粘连。自下唇至颈前均为挛缩瘢痕,下唇、颏部和颈前区均粘连在一起,颈部处于强迫低头姿势。

B.21 甲状腺功能低下分度
a) 重度 临床症状严重,T3、T4或者FT3、FT4低于正常值,TSH>50μU/L;
b) 中度 临床症状较重,T3、T4或者FT3、FT4正常,TSH>50μU/L;
c) 轻度 临床症状较轻,T3、T4或者FT3、FT4正常,TSH轻度增高但<50μU/L。

B.22 甲状旁腺功能低下分度
a) 重度 空腹血钙质量浓度<6mg/dL;
b) 中度 空腹血钙质量浓度6~7mg/dL;
c) 轻度 空腹血钙质量浓度7.1~8mg/dL。
注:以上分级均需结合临床症状,必要时参考甲状旁腺激素水平综合判定。

B.23 发声功能障碍分度
a) 重度 声哑、不能出声;
b) 轻度 发音过弱、声嘶、低调、粗糙、带鼻音。

B.24 构音功能障碍分度
a) 重度 音不分明,语不成句,难以听懂,甚至完全不能说话;
b) 轻度 发音不准,吐字不清,语调速度、节律等异常,以及鼻音过重等。

B.25 呼吸困难分度(见表B-2)

表B-2 呼吸困难分度

程度	临床表现	阻塞性通气功能减退:一秒钟用力呼气量占预计值百分比	限制性通气功能减退:肺活量	血氧分压(mmHg)
极重度	稍活动(如穿衣、谈话)即气短。	<30%	<50%	<60
重度	平地步行100米即有气短。	30%~49%	50%~59%	60~87

续表

程度	临床表现	阻塞性通气功能减退：一秒钟用力呼气量占预计值百分比	限制性通气功能减退：肺活量	血氧分压（mmHg）
中度	平地步行 1000 米无气短，但不能与同龄健康者保持相同速度，快步行走出现气短，登山或上楼时气短明显。	50%～79%	60%～69%	—
轻度	与同龄健康者在平地一同步行无气短，但登山或上楼时呈现气短。	≥80%	70%	—

注：动脉血氧分压在 60～87mmHg 时，需参考其他肺功能检验结果。

B.26 心功能分级

a）Ⅰ级 体力活动无明显受限，日常活动不易引起过度乏力、呼吸困难或者心悸等不适。亦称心功能代偿期；

b）Ⅱ级 体力活动轻度受限，休息时无明显不适症状，但日常活动即可引起乏力、心悸、呼吸困难或者心绞痛。亦称Ⅰ度或者轻度心衰；

c）Ⅲ级 体力活动明显受限，休息时无症状，轻于日常的活动即可引起上述症状。亦称Ⅱ度或者中度心衰；

d）Ⅳ级 不能从事任何体力活动，休息时亦有充血性心衰或心绞痛症状，任何体力活动后加重。亦称Ⅲ度或者重度心衰。

注：心功能评残时机应以损伤后心功能稳定 6 个月以上为宜，结合心功能客观检查结果，如 EF 值等。

B.27 肝衰竭分期

a）早期 ①极度疲乏，并有厌食、呕吐和腹胀等严重消化道症状；②黄疸进行性加重（血清总胆红素 ≥171μmol/L 或每日上升 17.1μmol/L；③有出血倾向，30% 凝血酶原活动度（PTA）≤40%；未出现肝性脑病或明显腹水。

b）中期 在肝衰竭早期表现的基础上，病情进一步进展，并出现以下情况之一者：①出现Ⅱ度以上肝性脑病和（或）明显腹水；②出血倾向明显（出血点或瘀斑），且 20% 凝血酶原活动度（PTA）≤30%。

c）晚期 在肝衰竭中期表现的基础上，病情进一步进展，并出现以下情况之一者：①有难治性并发症，例如肝肾综合征、上消化道出血、严重感染和难以纠正的电解质紊乱；②出现Ⅲ度以上肝性脑病；③有严重出血倾向（注射部位瘀斑等），凝血酶原活动度（PTA）≤20%。

B.28 肾功能损害分期

肾功能损害是指：①肾脏损伤（肾脏结构或功能异常）≥3 个月，可以有或无肾小球滤过率（GFR）下降，临床上表现为病理学检查异常或者肾损伤（包括血、尿成分异常或影像学检查异常）；②GFR·60mL/(min·1.73m²)达 3 个月，有或无肾脏损伤证据。

慢性肾脏病（CKD）肾功能损害分期见表 B-3。

表 B-3 肾功能损害分期

CKD 分期	名称	诊断标准
1 期	肾功能正常	GFR≥90mL/(min·1.73m²)
2 期	肾功能轻度下降	GFR60～89mL/(min·1.73m²)≥3 个月，有或无肾脏损伤证据
3 期	肾功能中度下降	GFR30～59mL/(min·1.73m²)
4 期	肾功能重度下降	GFR15～29mL/(min·1.73m²)
5 期	肾衰竭	GFR<15mL/(min·1.73m²)

B.29 肾上腺皮质功能减退分度

B.29.1 功能明显减退

a）乏力，消瘦、皮肤、黏膜色素沉着，白癜，血压降低，食欲不振；

b）24h 尿中 17-羟类固醇 <4mg，17-酮类固醇 <10mg；

c）血浆皮质醇含量：早上 8 时，<9mg/100mL；下午 4 时，<3mg/100mL；

d）尿中皮质醇 <5mg/24h。

B.29.2 功能轻度减退

a）具有功能明显减退之 b）、c）两项者；

b）无典型临床症状。

B.30 生殖功能损害分度

a）重度 精液中精子缺如；

b）轻度 精液中精子数 <500 万/mL，或者异常精子 >30%，或者死精子与运动能力很弱的精子 >30%。

B.31 尿道狭窄分度

B.31.1 尿道重度狭窄

a) 临床表现为尿不成线、滴沥，伴有尿急、尿不尽或者遗尿等症状；

b) 尿道造影检查显示尿道明显狭窄，狭窄部位尿道内径小于正常管径的 1/3；

c) 超声检查示膀胱残余尿阳性；

d) 尿流动力学检查示严重排尿功能障碍；

e) 经常行尿道扩张效果不佳，有尿道成形术适应证。

B.31.2 尿道轻度狭窄

a) 临床表现为尿流变细、尿不尽等；

b) 尿道造影检查示尿道狭窄，狭窄部位尿道内径小于正常管径的 2/3；

c) 超声检查示膀胱残余尿阳性；

d) 尿流动力学检查示排尿功能障碍；

e) 有尿道扩张治疗适应证。

注：尿道狭窄应以尿道造影等客观检查为主，结合临床表现综合评判。

B.32 股骨头坏死分期

a) 股骨头坏死 1 期（超微结构变异期） X 线片显示股骨头承载系统中的骨小梁结构排列紊乱、断裂，出现股骨头边缘毛糙。临床上伴有或不伴有局限性轻微疼痛；

b) 股骨头坏死 2 期（有感期） X 线片显示股骨头内部出现小的囊变影，囊变区周围的环区密度不均，骨小梁结构紊乱、稀疏或模糊，也可出现细小的塌陷，塌陷面积可达 10%~30%。临床伴有疼痛明显、活动轻微受限等；

c) 股骨头坏死 3 期（坏死期） X 线片显示股骨头形态改变，可出现边缘不完整、虫蚀状或扁平等形状，部分骨小梁结构消失，骨密度很不均匀，髋臼与股骨头间隙增宽或变窄，也可有骨赘形成。临床表现为疼痛、间歇性跛行、关节活动受限以及患肢出现不同程度的缩短等；

d) 股骨头坏死 4 期（致残期） 股骨头的形态、结构明显改变，出现大面积不规则塌陷或变平，骨小梁结构变异，髋臼与股骨头间隙消失等。临床表现为疼痛、功能障碍、僵直不能行走，出现髋关节脱位或半脱位，可到相应膝关节活动部分受限。

注：本标准股骨头坏死是指股骨头坏死 3 期或者 4 期。若股骨头坏死影像学表现尚未达股骨头坏死 3 期，但临床已行股骨头置换手术，则按四肢大关节人工关节置换术后鉴定致残程度等级。

B.33 再生障碍性贫血

B.33.1 再生障碍性贫血诊断标准

a) 血常规检查 全血细胞减少，校正后的网织红细胞比例 <1%，淋巴细胞比例增高。至少符合以下三项中的两项：Hb < 100g/L；BPC < 50×10^9/L；中性粒细胞绝对值（ANC）< 1.5×10^9/L。

b) 骨髓穿刺 多部位（不同平面）骨髓增生减低或重度减低；小粒空虚，非造血细胞（淋巴细胞、网状细胞、浆细胞、肥大细胞等）比例增高；巨核细胞明显减少或缺如；红系、粒系细胞均明显减少。

c) 骨髓活检（髂骨） 全切片增生减低，造血组织减少，脂肪组织和（或）非造血细胞增多，网硬蛋白不增加，无异常细胞。

d) 除外检查 必须除外先天性和其他获得性、继发性骨髓衰竭性疾病。

B.33.2 重型再生障碍性贫血

a) 骨髓细胞增生程度 <25% 正常值；若 ≥25% 但 <50%，则残存造血细胞应 <30%。

b) 血常规需具备下列三项中的两项：ANC < 0.5×10^9/L；校正的网织红细胞 <1% 或绝对值 < 20×10^9/L；BPC < 20×10^9/L。

注：若 ANC < 0.2×10^9/L 为极重型再生障碍性贫血。

B.33.3 非重型再生障碍性贫血

未达到重型标准的再生障碍性贫血。

附 录 C
（资料性附录）
常用鉴定技术和方法

C.1 视力障碍检查

本标准所指的视力均指"矫正视力"。视力记录可采用小数记录或者 5 分记录两种方式。正常视力是指远距视力经矫正（包括接触镜、针孔镜等）达到 0.8 以上。

中心视力好而视野缩小，以注视点为中心，如视野半径小于 10 度而大于 5 度者相当于盲目 3 级，半径小于 5 度者相当于盲目 4 级。

周边视野检查要求：直径 5mm 的白色视标，检查距离 330mm，视野背景亮度为 31.5asb。

视力障碍检查具体方法参考《视觉功能障碍法医鉴定指南》（SF/Z JD 0103004）。

C.2 视野有效值计算

视野有效值计算公式：

$$实测视野有效值(\%) = \frac{8条子午线实测视野值的总和}{500}$$

视野有效值换算见表C-1。

表C-1 视野有效值与视野半径的换算

视野有效值(%)	视野度数(半径)
8	5°
16	10°
24	15°
32	20°
40	25°
48	30°
56	35°
64	40°
72	45°

C.3 听力评估方法

听力障碍检查应符合《听力障碍的法医学评定》（GA/T 914）。听力损失计算应按照世界卫生组织推荐的听力减退分级的频率范围，取0.5、1、2、4kHz四个频率气导听阈级的平均值。如所得均值不是整数，则小数点后之尾数采用4舍5入法修为整数。

纯音听阈级测试时，如某一频率纯音气导最大声输出仍无反应时，以最大声输出值作为该频率听阈级。

听觉诱发电位测试时，若最大输出声强仍引不出反应波形的，以最大输出声强为反应阈值。在听阈评估时，听力学单位一律使用听力级（dB HL）。一般情况下，受试者听觉诱发电位反应阈要比其行为听阈高10~20 dB（该差值又称"校正值"），即受试者的行为听阈等于其听觉诱发电位反应阈减去"校正值"。实施听觉诱发电位检测的机构应建立本实验室的"校正值"，若尚未建立，建议取参考平均值（15 dB）作为"校正值"。

纯音气导听阈级应考虑年龄因素，按照《声学听阈与年龄关系的统计分布》（GB/T 7582）听阈级偏差的中值（50%）进行修正（见表C-2）。

表C-2 耳科正常人随年龄增长超过的听阈偏差中值（GB/T 7582）

年龄	男 500	1000	2000	4000	女 500	1000	2000	4000
30~39	1	1	1	2	1	1	1	1
40~49	2	2	3	8	2	2	3	4
50~59	4	4	7	16	4	4	6	9
60~69	6	7	12	28	6	7	11	16
70~	9	11	19	43	9	11	16	24

C.4 前庭功能检查

本标准所指的前庭功能丧失及减退，是指外力作用于颅脑或者耳部，造成前庭系统的损伤，伤后出现前庭平衡功能障碍的临床表现，自发性前庭体征检查法和诱发性前庭功能检查法等有阳性发现（如眼震电图/眼震视图，静、动态平衡仪，前庭诱发电位等检查）。应结合听力检查与神经系统检查，以及影像学检查综合判定前庭功能障碍程度。

C.5 阴茎勃起功能评定

阴茎勃起功能应符合GA/T 1188《男性性功能障碍法医学鉴定》的要求。

C.6 体表面积计算

九分估算法：成人体表面积视为100%，将总体表面积划分为11个9%等面积区域。即头（面）部与颈部共占1个9%，双上肢共占2个9%，躯干前后及会阴部共占3个9%，臀部及双下肢共占5个9%+1%（见表C-3）。

表C-3 体表面积的九分估算法

部位	面积,%	按九分法面积,%
头	6	(1×9)=9
颈	3	
前躯	13	(3×9)=27
后躯	13	
会阴	1	
双上臂	7	(2×9)=18
双前臂	6	
双手	5	

续表

部位	面积,%	按九分法面积,%
臀	5	
双大腿	21	$(5 \times 9 + 1) = 46$
双小腿	13	
双足	7	
全身合计	100	$(11 \times 9 + 1) = 100$

手掌法:受检者五指并拢,一掌面约相当其自身体表面积的 1% 。

公式计算法:体表总面积 $S(m^2) = 0.0061 \times$ 身长 $(cm) + 0.0128 \times$ 体重$(kg) - 0.1529$。

注:12 岁以下儿童体表面积:头颈部% = [9 + (12 - 年龄)]%,双下肢% = [46 - (12 - 年龄)]%。

C.7 肢体关节功能评定

先根据受损关节活动度大小及关节肌群肌力等级直接查表(见表 C - 4 ~ 表 C - 9)得出受损关节各方位功能丧失值,再将受损关节各方位功能丧失值累计求和后除以该关节活动方位数(如肩关节活动方位为6)即可得出受损关节功能丧失值。

注:(1)表 C - 4 ~ 表 C - 9 仅适用于四肢大关节骨关节损伤后遗关节运动活动度受限合并周围神经损伤后遗相关肌群肌力下降所致关节功能障碍的情形。单纯中枢神经或者周围神经损伤所致关节功能障碍的情形应适用专门性条款。(2)当关节活动受限于某一方位时,其同一轴位的另一方位功能丧失值以 100% 计。如腕关节掌屈和背屈,轴位相同,但方位不同。当腕关节活动限制在掌屈10度与50度之间,则掌屈以40度计(查表求得功能丧失值为 30%),而背屈功能丧失值以 100% 计。(3)伤侧关节功能丧失值应与对(健)侧进行比较,即同时用查表法分别求出伤侧和对侧关节功能丧失值,并用伤侧关节功能丧失值减去对侧关节功能丧失值,其差值即为伤侧关节功能实际丧失值。(4)由于本方法对于关节功能的评定已经考虑到肌力减退对于关节功能的影响,故在测量关节运动活动度时,应以关节被动活动度为准。

C.7.1 肩关节功能丧失程度评定(见表 C - 4)

表 C - 4 肩关节功能丧失程度(%)

关节运动活动度	肌 力				
	≤M1	M2	M3	M4	M5
前屈					
≥171	100	75	50	25	0
151 ~ 170	100	77	55	32	10

续表

关节运动活动度	肌 力				
	≤M1	M2	M3	M4	M5
前屈					
131 ~ 150	100	80	60	40	20
111 ~ 130	100	82	65	47	30
91 ~ 110	100	85	70	55	40
71 ~ 90	100	87	75	62	50
51 ~ 70	100	90	80	70	60
31 ~ 50	100	92	85	77	70
≤30	100	95	90	85	80
后伸					
≥41	100	75	50	25	0
31 ~ 40	100	80	60	40	20
21 ~ 30	100	85	70	55	40
11 ~ 20	100	90	80	70	60
≤10	100	95	90	85	80
外展					
≥171	100	75	50	25	0
151 ~ 170	100	77	55	32	10
131 ~ 150	100	80	60	40	20
111 ~ 130	100	82	65	47	30
91 ~ 110	100	85	70	55	40
71 ~ 90	100	87	75	62	50
51 ~ 70	100	90	80	70	60
31 ~ 50	100	92	85	77	70
≤30	100	95	90	85	80
内收					
≥41	100	75	50	25	0
31 ~ 40	100	80	60	40	20
21 ~ 30	100	85	70	55	40
11 ~ 20	100	90	80	70	60
≤10	100	95	90	85	80
内旋					
≥81	100	75	50	25	0
71 ~ 80	100	77	55	32	10
61 ~ 70	100	80	60	40	20
51 ~ 60	100	82	65	47	30
41 ~ 50	100	85	70	55	40
31 ~ 40	100	87	75	62	50

续表

关节运动活动度		肌力				
		≤M1	M2	M3	M4	M5
内旋	21~30	100	90	80	70	60
	11~20	100	92	85	77	70
	≤10	100	95	90	85	80
外旋	≥81	100	75	50	25	0
	71~80	100	77	55	32	10
	61~70	100	80	60	40	20
	51~60	100	82	65	47	30
	41~50	100	85	70	55	40
	31~40	100	87	75	62	50
	21~30	100	90	80	70	60
	11~20	100	92	85	77	70
	≤10	100	95	90	85	80

C.7.2 肘关节功能丧失程度评定(见表C-5)

表C-5 肘关节功能丧失程度(%)

关节运动活动度		肌力				
		≤M1	M2	M3	M4	M5
屈曲	≥41	100	75	50	25	0
	36~40	100	77	55	32	10
	31~35	100	80	60	40	20
	26~30	100	82	65	47	30
	21~25	100	85	70	55	40
	16~20	100	87	75	62	50
	11~15	100	90	80	70	60
	6~10	100	92	85	77	70
	≤5	100	95	90	85	80
伸展	81~90	100	75	50	25	0
	71~80	100	77	55	32	10
	61~70	100	80	60	40	20
	51~60	100	82	65	47	30
	41~50	100	85	70	55	40
	31~40	100	87	75	62	50
	21~30	100	90	80	70	60
	11~20	100	92	85	77	70
	≤10	100	95	90	85	80

注：为方便肘关节功能计算，此处规定肘关节以屈曲90度为中立位0度。

C.7.3 腕关节功能丧失程度评定(见表C-6)

表C-6 腕关节功能丧失程度(%)

关节运动活动度		肌力				
		≤M1	M2	M3	M4	M5
掌屈	≥61	100	75	50	25	0
	51~60	100	77	55	32	10
	41~50	100	80	60	40	20
	31~40	100	82	65	47	30
	26~30	100	85	70	55	40
	21~25	100	87	75	62	50
	16~20	100	90	80	70	60
	11~15	100	92	85	77	70
	≤10	100	95	90	85	80
背屈	≥61	100	75	50	25	0
	51~60	100	77	55	32	10
	41~50	100	80	60	40	20
	31~40	100	82	65	47	30
	26~30	100	85	70	55	40
	21~25	100	87	75	62	50
	16~20	100	90	80	70	60
	11~15	100	92	85	77	70
	≤10	100	95	90	85	80
桡屈	≥21	100	75	50	25	0
	16~20	100	80	60	40	20
	11~15	100	85	70	55	40
	6~10	100	90	80	70	60
	≤5	100	95	90	85	80
尺屈	≥41	100	75	50	25	0
	31~40	100	80	60	40	20
	21~30	100	85	70	55	40
	11~20	100	90	80	70	60
	≤10	100	95	90	85	80

C.7.4 髋关节功能丧失程度评定（见表C-7）

表C-7 髋关节功能丧失程度(%)

关节运动活动度		≤M1	M2	M3	M4	M5
前屈	≥121	100	75	50	25	0
	106~120	100	77	55	32	10
	91~105	100	80	60	40	20
	76~90	100	82	65	47	30
	61~75	100	85	70	55	40
	46~60	100	87	75	62	50
	31~45	100	90	80	70	60
	16~30	100	92	85	77	70
	≤15	100	95	90	85	80
后伸	≥11	100	75	50	25	0
	6~10	100	85	70	55	20
	1~5	100	90	80	70	50
	0	100	95	90	85	80
外展	≥41	100	75	50	25	0
	31~40	100	80	60	40	20
	21~30	100	85	70	55	40
	11~20	100	90	80	70	60
	≤10	100	95	90	85	80
内收	≥16	100	75	50	25	0
	11~15	100	80	60	40	20
	6~10	100	85	70	55	40
	1~5	100	90	80	70	60
	0	100	95	90	85	80
外旋	≥41	100	75	50	25	0
	31~40	100	80	60	40	20
	21~30	100	85	70	55	40
	11~20	100	90	80	70	60
	≤10	100	95	90	85	80

续表

关节运动活动度		≤M1	M2	M3	M4	M5
内旋	≥41	100	75	50	25	0
	31~40	100	80	60	40	20
	21~30	100	85	70	55	40
	11~20	100	90	80	70	60
	≤10	100	95	90	85	80

注：表中前屈指屈膝位前屈。

C.7.5 膝关节功能丧失程度评定（见表C-8）

表C-8 膝关节功能丧失程度(%)

关节运动活动度		≤M1	M2	M3	M4	M5
屈曲	≥130	100	75	50	25	0
	116~129	100	77	55	32	10
	101~115	100	80	60	40	20
	86~100	100	82	65	47	30
	71~85	100	85	70	55	40
	61~70	100	87	75	62	50
	46~60	100	90	80	70	60
	31~45	100	92	85	77	70
	≤30	100	95	90	85	80
伸展	≤-5	100	75	50	25	0
	-6~-10	100	77	55	32	10
	-11~-20	100	80	60	40	20
	-21~-25	100	82	65	47	30
	-26~-30	100	85	70	55	40
	-31~-35	100	87	75	62	50
	-36~-40	100	90	80	70	60
	-41~-45	100	92	85	77	70
	≥-46	100	95	90	85	80

注：表中负值表示膝关节伸展时到达功能位（直立位）所差的度数。考虑到膝关节同一轴位屈伸活动相互重叠，膝关节功能丧失程度的计算方法与其他关节略有不同，即根据关节屈曲与伸展运动活动度查表得出相应功能丧失程度，再求和即为膝关节功能丧失程度。当二者之和大于100%时，以100%计算。

C.7.6 踝关节功能丧失程度评定(见表C-9)

表C-9 踝关节功能丧失程度(%)

关节运动活动度		肌力				
		≤M1	M2	M3	M4	M5
背屈	≥16	100	75	50	25	0
	11~15	100	80	60	40	20
	6~10	100	85	70	55	40
	1~5	100	90	80	70	60
	0	100	95	90	85	80
跖屈	≥41	100	75	50	25	0
	31~40	100	80	60	40	20
	21~30	100	85	70	55	40
	11~20	100	90	80	70	60
	≤10	100	95	90	85	80

C.8 手、足功能丧失程度评定

C.8.1 手、足缺失评分(见图C-1和图C-2)

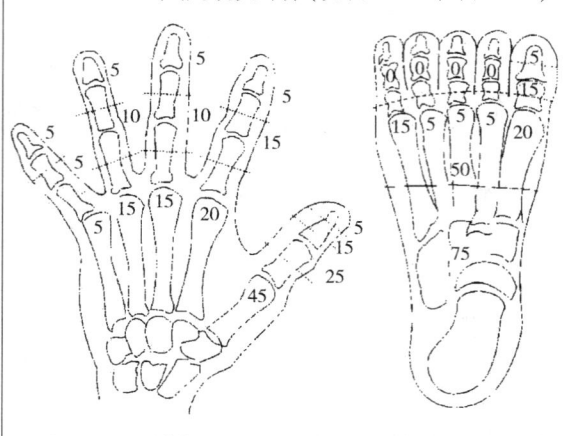

图C-1 手缺失评分示意图
图中数字示手指缺失平面相当于手功能丧失的分值

图C-2 足缺失评分示意图
图中数字示足缺失平面相当于足功能丧失的分值

C.8.2 手指关节功能障碍评分(见表C-10)

表C-10 手指关节功能障碍相当于手功能丧失分值的评定

受累部位及情形		功能障碍程度及手功能丧失分值		
		非功能位强直	功能位强直或关节活动度≤1/2参考值	关节活动度>1/2,但≤3/4参考值
拇指	第一掌腕/掌指/指间关节均受累	40	25	15
	掌指、指间关节均受累	30	20	10
	掌指、指间单一关节受累	20	15	5
示指	掌指、指间关节均受累	20	15	5
	掌指或近侧指间关节受累	15	10	0
	远侧指间关节受累	5	5	0
中指	掌指、指间关节均受累	15	5	5
	掌指或近侧指间关节受累	10	5	0
	远侧指间关节受累	5	0	0
环指	掌指、指间关节均受累	10	5	5
	掌指或近侧指间关节受累	5	5	0
	远侧指间关节受累	5	0	0
小指	掌指、指间关节均受累	5	5	0
	掌指或近侧指间关节受累	5	5	0
	远侧指间关节受累	0	0	0
腕关节	手功能大部分丧失时腕关节受累	10	5	0

注1：单手、单足部分缺失及功能障碍定级说明：(1)手、足缺失及功能障碍量化图表不能代替标准具体残级条款,条款中有列举的伤情应优先依据相应条款确定残级,只有在现有残级条款未能列举具体致残程度等级的情况下,可以参照本图表量化评估定级；(2)图C-1中将每一手指划分为远、中、近三个区域,依据各部位功能重要性赋予不同分值。手部分缺失离断的各种情形可按不同区域分值累计相加,参考定级。图C-2使用方法同图C-1；(3)表C-10按手指各关节及腕关节功能障碍的不同程度分别赋予不同分值,各种手功能障碍的情形或合并手部分缺失的致残程度情形均可按对应分值累计相加。

注2：双手部分缺失及功能障碍定级说明：双手功能损伤,按双手分值加权累计定级。设一手功能为100分,双手总分为200分。设分值较高一手分值为A,分值较低一手分值为B,最终双手计分为：A+B×(200-A)/200。

注3：双足部分缺失定级说明：双足功能损伤,按双足分值加权累计定级。设一足功能为75分,双足总分为150分。设分值较高一足分值为A,分值较低一足分值为B,最终双足计分为：A+B×(150-A)/150。

运动创伤与运动致病事故程度分级标准

1999年9月1日国家体育总局、太平洋保险公司发布

特级 在运动训练、竞赛中死亡或者成为植物人。100%

一级 器官缺失或功能完全丧失,其他器官不能代偿,存在特殊医疗依赖,生活完全或大部分不能自理。70%

1. 极重度智能减退。
2. 重度面部毁容伴三肢瘫肌力Ⅲ级或截瘫、偏瘫肌力Ⅱ级。
3. 双眼无光感或仅有光感但光定位不准者。
4. 四肢瘫肌力3级或三肢瘫肌力2级。
5. 运动员因脑、脊髓损伤致重度运动障碍（非肢体瘫）。
6. 全身重度瘢痕形成,脊柱及四肢大关节部分功能丧失。

二级 器官严重缺损或畸形,有严重功能障碍或并发症,存在特殊医疗依赖,或生活大部分不能自理。60%

1. 重度智能减退。
2. 精神病性症状致使丧失生活自理能力者。
3. 双侧前臂缺失或双手功能完全丧失。
4. 双下肢高位缺失。
5. 双下肢瘢痕形成,功能完全丧失。
6. 双膝双踝僵直于非功能位,双膝以上缺失,不能装假肢,双膝、踝关节功能完全丧失。
7. 四肢大关节（肩、髋、膝、肘）中三个以上关节功能完全丧失。
8. 运动员因脑、脊髓损伤而致截瘫及双下肢功能完全丧失。
9. 急性白血病。
10. 重型再生障碍性贫血（Ⅰ、Ⅱ型）。

三级 器官严重缺损或畸形,有严重功能障碍或并发症,存在特殊医疗依赖,或生活部分不能自理。55%

1. 精神病性症状表现为危险或冲动,生活大部分不能自理。
2. 一眼有或无光感,另眼矫正视力<0.05或视野≤16%（半径≤10度）。
3. 双眼矫正视力主0.5或视野≤16%（或半径≤10度）。
4. 截瘫肌力3级。
5. 偏瘫肌力3级。
6. Ⅲ度房室传导阻滞。
7. 一侧肾切除,对侧肾功能不全失代偿期。

四级 器官严重缺损或畸形,有严重功能障碍或并发症,存在特殊医疗依赖,生活可以自理者。33%

1. 中度智能减退。
2. 精神病性症状致使完全缺乏社交能力者。
3. 面部中度毁容,全身瘢痕面积>70%。
4. 运动员因脑、脊髓损伤致中度运动障碍（非肢体瘫）。
5. 拳击运动员因击昏,造成Ⅱ度脑损伤而致严重功能障碍。
6. 一眼有或无光感,另眼矫正视力≤0.2或视野≤32%（或半径≤20度）。
7. 一眼矫正视力<0.05,另眼矫正视力≤0.1。
8. 双眼矫正视力<0.1或视野≤32%（或半径≤20度）。
9. 双耳听力损失≥91dBHL。
10. 单肢瘫肌力2级。
11. 双拇指完全缺失或无功能。
12. 一侧踝以下缺失,另一足畸形行走困难。
13. 心功能不全二级。
14. 再生障碍性贫血。
15. 慢性白血病。

16. 肾上腺皮质功能明显减退。

17. 免疫功能明显减退。

五级 器官大部分缺损或明显畸形,有较重功能障碍或并发症。存在一般医疗依赖,生活能自理者。25%

1. 面部轻度毁容,面部瘢痕形成25%以上。
2. 一眼有或无光感,另眼矫正视力≤0.3或视野≤40%(或半径<25度)。
3. 一眼矫正视力<0.05,另眼矫正视力<0.2。
4. 一眼矫正视力<0.1,另眼矫正视力等于0.1。
5. 双眼视野≤40%(或半径≤25度)。
6. 双耳听力损失≥81dBHL。
7. 鼻缺损1/3以上。
8. 脊柱骨折后遗30度以上侧弯或后凸畸形,伴严重根性神经痛,或有椎管狭窄者。
9. 四肢瘫肌力4级。
10. 单肢瘫肌力3级。
11. 利手全肌瘫肌力3级。
12. 肩、肘、腕关节有两大关节功能完全丧失。
13. 一手拇指缺失,另一手除拇指外三指缺失。
14. 一手拇指无功能,另一手除拇指外三指功能缺失。
15. 一肢三大关节有两大关节功能完全丧失。
16. 莫氏Ⅱ型Ⅱ度房室传导阻滞。
17. 青年脾摘除。
18. 血小板减少并有出血倾向(4×10/L)。
19. 胃切除3/4。
20. 一侧肾切除。对侧肾功能不全代偿期。

六级 器官大部缺损或明显畸形,有中等功能障碍或并发症,存在一般医疗依赖,生活能自理者。15%

1. 轻度智能减退。
2. 精神病性症状影响职业劳动能力者。
3. 一侧完全面瘫。
4. 面部重度异物色素沉着或脱失。
5. 一眼矫正视力≤0.05,另眼矫正视力≤0.3。
6. 一眼矫正视力≤0.1,另眼矫正视力等于0.2。
7. 双眼矫正视力≤0.2或视野≤48%(或半径≤30度)。
8. 双耳听力损失≥71dBHL。
9. 双侧前庭功能丧失。睁眼行走困难,不能并足站立。
10. 鼻缺损≤1/3、≥1/5。
11. 脊柱骨折后遗小于等于30度畸形伴根性神经痛(神经电生理检查不正常)。
12. 双足部分肌瘫肌力2级。
13. 单足全肌瘫肌力2级。
14. 单纯一拇指完全缺失。
15. 一拇指功能完全丧失,另一手除拇指外有二指功能完全丧失。
16. 一手三指(拇指)缺失。
17. 一手大部分功能丧失。
18. 除拇指外其余四指缺失或功能完全丧失。
19. 一拇指缺失。
20. 一侧踝以下缺失。
21. 一侧踝关节畸形,功能完全丧失。
22. 一下肢骨折成角畸形≥15度,并有肢体短缩≥4cm以上者。
23. 一前足缺失,另一足仅残留拇趾。
24. 一前足缺失,另足除拇趾外,2~5趾畸形,功能丧失。
25. 一足功能丧失,另一足部分功能丧失。
26. 一髋或一膝关节功能完全丧失。
27. 白血病完全缓解。
28. 胃切除2/3。
29. 肾损伤性高血压
30. 一侧肾切除。
31. 两侧睾丸创伤后萎缩,血睾酮低于正常值,丧失生精功能。
32. 肾上腺皮质功能轻度减退。

七级 器官大部分缺损或畸形,有轻度功能障碍或并发症,存在一般医疗依赖,生活能自理者。12%

1. 全身瘢痕面积50%~59%。
2. 一眼有或无光感,另眼矫正视力≥0.8。
3. 一眼矫正视力≤0.05,另眼矫正视力≥0.8。
4. 一眼矫正视力≤0.1,另眼矫正视力≥0.4。
5. 双眼矫正视力≥0.3或视野≤64%(或半径≤40度)。
6. 双耳听力损失≥56dBHL。
7. 一耳或双耳廓缺损2/3以上。
8. 截瘫或偏瘫肌力4级。
9. 单手部分肌瘫肌力3级。
10. 双足部分肌瘫肌力3级。
11. 单足全肌瘫肌力3级。
12. 轻度运动障碍(非肢体瘫)。
13. 一拇指间关节离断。
14. 一拇指间关节畸形,功能完全丧失。
15. 一手除拇指外,其他2~3指(含食指)近侧指间关节离断。

16. 一手除拇指外,其他 2~3 指(含食指)近侧指间关节功能丧失。

17. 肩、肘、腕关节之一功能大部分丧失。

18. 髋、膝、踝关节之一功能大部分丧失。

19. 一足除拇趾外 4 趾缺损。

20. 一足除拇趾外,其他 4 趾瘢痕畸形,功能丧失。

21. 一前足缺失。

22. 脊柱滑脱有神经系统症状者。

23. 关节创伤性滑膜炎,长期反复积液。

24. 下肢伤后短缩 <3cm、>2cm。

25. 肺叶切除。

26. 成人脾摘除。

27. 再生障碍性贫血完全缓解。

28. 血小板减少($<8×10/L$)。

29. 胃切除 1/2。

八级 器官部分缺损,形态异常,轻度功能障碍,有医疗依赖,生活能自理者。8%

1. 运动员因脑损伤及其他原因造成边缘智能。
2. 精神病性症状有人格改变者。
3. 全身瘢痕面积 40%~49%。
4. 一眼矫正视力≤0.2,另一眼矫正视力≤0.5。
5. 双眼矫正视力等于 0.4。
6. 双眼视野≤80%(或半径≤50 度)。
7. 外伤性青光眼。
8. 双耳听力损失≥41dBHL 或一耳≥91dBHL。
9. 一耳或双耳缺损 >1/3、<2/3。
10. 脊椎压缩骨折,前缘高度减少 1/2 以上者。
11. 脊椎滑脱术后无神经系统症状者。
12. 单肢瘫或单手全肌瘫肌力 4 级。
13. 双足全肌瘫肌力 4 级。
14. 单足部分肌瘫肌力 3 级。
15. 一手除拇指、食指外,有两指近侧指间关节离断。
16. 一手除拇指、食指外,有两指近侧指间关节无功能。
17. 一足拇趾缺失,另一非拇趾一趾缺失。
18. 一足拇趾畸形,功能丧失,另一足非拇趾一趾畸形。
19. 一足除拇趾外,其他三趾缺失。
20. 一足除拇趾外,其他三指瘢痕畸形,功能完全丧失。
21. 关节外伤或因伤手术后,残留创伤性关节炎,无积液。
22. 身体各大关节之一发生骨关节病,功能部分丧失。

23. 心功能不全一级。

24. 肺段切除。

25. 脾部分切除。

26. 胃部分切除。

27. 运动员因过度训练而终止运动生命者。

28. 鼻再造术后。

九级 器官部分缺失,形成异常,轻度功能障碍,无医疗依赖,生活能自理者。3%~5%

1. 一眼矫正视力≥0.3,另眼矫正视力 >0.6。
2. 双眼矫正视力等于 0.5。
3. 双耳听力损失≥31dBHL 或一耳损失≥71dBHL。
4. 一耳或双耳廓缺损 >1/5、<1/3。
5. 牙槽骨损伤长 >4cm,牙脱落 4 个以上。
6. 二个以上横突或棘突骨折后遗腰痛。
7. 三个节段脊柱内固定术后。
8. 脊柱压缩骨折前缘高度 1/2 者。
9. 运动员肩、肘、踝关节之一外伤性习惯性脱位。
10. 运动员肌肉、肌腱、韧带断离有部分功能障碍。
11. 拳击运动员被击昏,造成Ⅱ度脑损伤,遗留部分功能障碍。
12. 运动员因末端病而致轻度功能障碍。
13. 运动员因伤发生椎间盘突出,有轻度功能障碍。
14. 一拇指末节缺失 1/2 以上。
15. 一手食指两节缺失。
16. 一拇指指关节功能部分丧失。
17. 一足拇趾末节缺失。
18. 除拇趾外其他两趾缺失。
19. 除拇趾外其他两趾瘢痕畸形,功能丧失。
20. 跖骨或跗骨骨折影响足弓者。
21. 骨折内固定后,无功能障碍者。

十级 器官部分缺损,形态异常,无功能障碍,无医疗依赖,生活能自理者。1%

1. 一侧不完全性面瘫。
2. 全身瘢痕面积 <30%。
3. 一眼矫正视力≤0.5,另一眼矫正视力≥0.8。
4. 双眼矫正视力≤0.8。
5. 双耳听力损失≥26dBHL,或一耳≥56dBHL。
6. 双侧前庭功能丧失,闭眼不能并足站立。
7. 一耳或双耳缺损 >2cm。
8. 一耳或双耳再造术后。
9. 牙齿除门牙以外,切牙脱落 1 个以上或其他牙脱落 2 个以上。
10. 一侧颞下颌关节强立,张口困难Ⅰ度。
11. 外伤性椎间盘突出,经治疗后无后遗症。
12. 四肢大关节之一创伤性骨关节病,无功能障碍。
13. 四肢大关节之一软骨或骨骺损伤,无功能障碍。
14. 四肢大关节之一脱位,无功能障碍。
15. 肌肉、肌腱、韧带断裂,功能障碍。
16. 运动员周围神经损伤,无功能障碍。
17. 运动员因伤致腰椎部开裂,无功能障碍。
18. 一手除拇指外,任何一指远侧指关节离断或功能丧失。
19. 一拇指指间关节部分功能部分丧失。
20. 除拇指外,余 3～4 指末节缺失。
21. 除拇趾外,任何一趾末节缺失。
22. 身体各部位骨折愈合后,无功能障碍。
23. 外伤后半月板切除、髌骨切除、椎间盘切除或韧带修补术后无功能障碍。
24. 血、气胸行单纯闭式引流术后,胸膜粘连增厚。
25. 肋骨、锁骨、胸骨骨折治愈后无功能障碍。
26. 拳击运动员被击昏,Ⅱ度颅脑损伤,无功能障碍。
27. 运动员发生运动性心肌炎、运动性贫血,无功能障碍。
28. 免疫功能轻度减退。
29. 面部轻度异物色素沉着或脱失。

人身损害护理依赖程度评定

1. 2014 年 9 月 3 日国家质量监督检验检疫总局、中国国家标准化管理委员会发布
2. GB/T 31147－2014
3. 自 2015 年 1 月 1 日起实施

前　　言

本标准按照 GB/T 1.1－2009 给出的规则起草。
本标准由中华人民共和国公安部提出并归口。
本标准起草单位:内蒙古自治区公安厅交通管理总队。
本标准主要起草人:王葆元、宁锦、王岩、焦晋岩、王旭、包丽茹、安雪梅、陈誉、闫荣、张建伟。

1　范　　围

本标准规定了人身损害造成躯体伤残或精神障碍者,在治疗终结后是否需要护理依赖及其程度的评定要求和方法。
本标准适用于对人身损害护理依赖程度进行的评定,但国家已有特殊规定的,从其规定。

2　术语和定义

下列术语和定义适用于本文件。
2.1　躯体伤残　the disabled due to body injury
因各种损害造成人体组织器官不可恢复的结构破坏、功能丧失或障碍,导致全部或部分活动能力丧失。
2.2　精神障碍　the mentally disordered
因各种损害造成大脑功能失调或结构改变,导致感知、情感、思维、意志和行为等精神活动出现紊乱或者异常,社会功能受损。
2.3　日常生活活动能力
activities of daily living;ADL
人在躯体健康的情况下,日常生活必需反复进行的、基本的、共性的活动能力。包括:进食、床上活动、穿衣、修饰、洗澡、床椅转移、行走、大小便、用厕等能力。
2.4　日常生活自理能力
ability of taking care of oneself
人在正常思维支配的情况下,自我料理个人日常生活的能力。包括:进食、修饰、更衣、整理个人卫生、大小便、外出行走、使用日常生活工具、乘坐交通工具等能力。
2.5　躯体移动能力　ability of body moving
人体自主在床上移动,上、下床,室内或室外行走,上、下楼梯等能力。
2.6　护理依赖　nursing dependency
躯体伤残或精神障碍者在治疗终结后,仍需他人帮助、护理才能维系正常日常生活。
2.7　护理依赖程度　level of nursing dependency
躯体伤残或精神障碍者需要他人护理所付出工作量的大小,分为完全、大部分和部分护理依赖。
2.8　治疗终结　end of treatment
人身损害直接导致的损伤或损伤引发的并发症经过治疗,达到临床治愈或临床稳定。
2.9　损伤参与度　injury involvement
　　in nursing dependency
损害因素对造成护理依赖后果所起作用的大小比例。

3　一般规定

3.1　评定要求
3.1.1　对被评定人应进行详细询问,针对人身损害

情况进行身体检查,必要时应做相关辅助检查。

3.1.2 经检查,被评定人应有明确的临床体征,并与辅助检查、病历记载相一致。

3.1.3 被评定人原有疾病或伤残与本次损害因素共同作用造成护理依赖的,应确定本次损伤参与度。见附录A。

3.1.4 精神障碍护理依赖程度的评定,应当有专科医疗机构精神科执业医师作出的诊断证明,或聘请精神科执业医师参加。

3.1.5 被评定人同时有躯体伤残、精神障碍和精神障碍安全问题均需要护理依赖的,应分别评定,按护理依赖程度较高的定级。

3.2 评定时机

3.2.1 躯体伤残护理依赖程度评定应在本次损伤治疗终结后进行。

3.2.2 精神障碍护理依赖程度评定应在治疗满一年后进行。

3.3 评定等级及比例

3.3.1 护理依赖程度等级

由低到高分以下三级:

a) 部分护理依赖;
b) 大部分护理依赖;
c) 完全护理依赖。

3.3.2 护理依赖赔付比例

护理依赖赔付比例,参见附录B。

3.4 护理依赖程度表述

护理依赖程度表述,参见附录C。

3.5 评定人资质

由取得主检法医师、精神科执业主治医师、临床副主任医师以上职称或取得司法鉴定人资格的人员担任。

3.6 数字规定

本标准列举数字"以上或以下",均包括本数。

4 躯体伤残护理依赖程度评定

4.1 躯体伤残日常生活活动能力项目、评定分值和计算

4.1.1 项目

4.1.1.1 进食

拿取食物,放入口中,咀嚼,咽下。

4.1.1.2 床上活动

床上活动包括:

a) 翻身;
b) 平移;
c) 起坐。

4.1.1.3 穿衣

穿衣包括:

a) 穿脱上身衣服;
b) 穿脱下身衣服。

4.1.1.4 修饰

修饰指使用放在身边的洗漱用具,包括:

a) 洗(擦)脸;
b) 刷牙;
c) 梳头;
d) 剃须。

4.1.1.5 洗澡

进入浴室,完成洗澡。

4.1.1.6 床椅转移

从床上移动到椅子上或从椅子上移动到床上。

4.1.1.7 行走

行走包括:

a) 平地行走;
b) 上楼梯;
c) 下楼梯。

4.1.1.8 小便始末

到规定的地方,解系裤带,完成排尿。

4.1.1.9 大便始末

到规定的地方,解系裤带,完成排便。

4.1.1.10 用厕

用厕包括:

a) 蹲下站起;
b) 拭净;
c) 冲洗(倒掉);
d) 整理衣裤。

4.1.2 分值

躯体伤残日常生活活动能力10项评定分值见表1。

表1　躯体伤残日常生活活动能力项目评定分值(100分)

项目	评定分值			
进食	10分 自己到就餐处，自主完成	5分 依靠他人帮助把食物拿取到面前（身边）才能完成	0分 完全依靠他人拿取食物和接触身体的帮助才能完成，或需他人喂食	
床上活动	10分 自主完成4.1.1.2的a)、b)、c)	5分 需要他人看护或扶助才能完成，或只能自主完成4.1.1.2中的1项或2项，其余需依靠他人接触身体的帮助才能完成	0分 完全依靠他人接触身体的帮助才能完成4.1.1.2的a)、b)、c)	
穿衣	10分 自主完成4.1.1.3的a)、b)	5分 需要他人帮助把衣服拿到身边才能完成，或只能完成4.1.1.3中的a)或b)	0分 完全依靠他人接触身体的帮助才能完成4.1.1.3的a)和b)	
修饰	5分 自主完成4.1.1.4的a)、b)、c)、d)		0分 完全依靠他人帮助把洗漱用品拿到身边，或主要依靠他人接触身体的帮助才能完成4.1.1.4的a)、b)、c)、d)	
洗澡	5分 自主完成		0分 主要或完全依靠他人引领、扶助或接触身体的帮助才能完成	
床椅转移	15分 自主完成	10分 借助残疾辅助器具（康复辅助器具）或其他工具才能完成	5分 需依靠他人引领、看护或扶助才能完成	0分 完全依靠他人接触身体的帮助才能完成
行走	15分 自主完成4.1.1.7的a)、b)、c)	10分 借助残疾辅助器具（康复辅助器具）或其他工具才能完成4.1.1.7的a)、b)、c)	5分 借助残疾辅助器具（康复辅助器具）只能完成4.1.1.7的a)，其余需依靠他人引领、看护或扶助才能完成	0分 完全依靠他人接触身体的帮助才能完成4.1.1.7的a)、b)、c)
小便始末	10分 自主完成	5分 需他人引领、看护或扶助才能去规定的地方完成小便过程	0分 在床上小便或完全依靠他人接触身体的帮助才能完成，并依靠他人帮助清理小便	
大便始末	10分 自主完成	5分 需他人引领、看护或扶助才能去规定的地方完成大便过程	0分 在床上大便或完全依靠他人接触身体的帮助才能完成，并依靠他人帮助清理大便	

续表

项目	评定分值			
用厕	10 分 自主完成 4.1.1.10 的 a)、b)、c)、d)	5 分 只能完成 4.1.1.10 的 a)、b)、c)、d)中的 3 项以下,其余需依靠他人接触身体帮助或借助其他设施、辅助用具才能完成	0 分 完全依靠他人接触身体帮助才能完成 4.1.1.10 的 a)、b)、c)、d)	

注1:自主完成:指躯体伤残者不需要他人帮助就能完成。
注2:完全依靠:指躯体伤残者某项日常生活活动能力完全丧失,完全靠他人帮助才能完成。
注3:他人接触身体的帮助:指护理人员近距离给予伤残者抱、抬、搬、背等帮助。
注4:看护:指为了防止躯体伤残者在进行日常生活活动时出现行走不稳、摔倒、跌下等危险,而需他人在旁边照看、保护。
注5:扶助:指为了防止躯体伤残者在进行日常生活活动时出现行走不稳、摔倒、跌下等危险,而需他人在旁边实施搀扶、护持等帮助。
注6:看护和扶助,躯体伤残者日常生活活动主要是靠自身的能力完成。

4.1.3 计算

4.1.3.1 根据躯体伤残者完成日常生活活动能力项目的情况,客观确定每项分值。

4.1.3.2 将各项分值相加得出总分值。

4.2 护理依赖程度评定

4.2.1 护理依赖

4.2.1.1 日常生活活动能力项目总分值为 100 分。

4.2.1.2 总分值在 61 分以上,日常生活活动基本自理,无护理依赖。

4.2.1.3 总分值在 60 分以下,有护理依赖。

4.2.2 护理依赖程度

4.2.2.1 总分值在 60 分~41 分,为部分护理依赖。

4.2.2.2 总分值在 40 分~21 分,为大部分护理依赖。

4.2.2.3 总分值在 20 分以下,为完全护理依赖。

5 精神障碍者护理依赖程度评定

5.1 精神障碍日常生活自理能力项目、评定分值和计算

5.1.1 项目

5.1.1.1 进食

进食包括:

a)按时;

b)定量;

c)在规定地点完成进食。

5.1.1.2 修饰

修饰包括:

a)洗(擦)脸;

b)刷牙;

c)梳头;

d)剃须。

5.1.1.3 更衣

更衣包括:

a)穿脱衣服;

b)定时更换衣服;

c)按季节、天气、温度变化适时增减衣服。

5.1.1.4 理发、洗澡、剪指甲

理发、洗澡、剪指甲包括:

a)去理发店理发;

b)去洗浴处洗澡;

c)自己或要求他人帮助剪指甲。

5.1.1.5 整理个人卫生

整理个人卫生包括:

a)整理自己的床铺;

b)打扫室内卫生;

c)清洗衣服;

d)女性能处理经期卫生,使用更换卫生巾、清洗内裤等。

5.1.1.6 小便始末

小便始末包括:

a)到规定地方;

b)解系裤带,完成小便过程;

c)清理小便。

5.1.1.7 大便始末

大便始末包括:

a)到规定地方;

b) 解系裤带,完成大便过程;
c) 清理大便。
5.1.1.8 外出行走
外出行走包括:
a) 自主外出;
b) 能找回出发处。
5.1.1.9 睡眠
按照一般正常人的作息时间、规律睡眠。
5.1.1.10 服药
服药包括:
a) 保管药物;
b) 定时服药;
c) 定量服药。
5.1.1.11 使用日常生活用具
使用日常生活用具包括:
a) 使用炉灶;
b) 使用日用电器;
c) 使用自来水。
5.1.1.12 乘车
乘坐交通工具,如公共汽车、出租车等。
5.1.2 分值
精神障碍日常生活自理能力12项评定分值见表2。

表2 精神障碍日常生活自理能力项目评定分值(120分)

项目	评定分值		
进食	10分 能自主完成5.1.1.1 的a)、b)、c)	5分 经常需他人提醒、督促、引领、控制才能完成5.1.1.1 的a)、b)、c)中的1项或2项	0分 完全依靠他人督促、帮助才能完成5.1.1.1的a)、b)、c)或需他人喂食
修饰	10分 能保持外貌整洁。自主完成5.1.1.2 的a)、b)、c)、d)中2项以上	5分 经常需他人提醒、督促、帮助才能完成5.1.1.2 的a)、b)、c)、d)中1项以上	0分 完全依靠他人帮助才能完成5.1.1.2 的a)、b)和(或)c)、d)
更衣	10分 衣着得体。能自主完成5.1.1.3 的a)、b)、c)	5分 经常需他人提醒、督促、帮助才能完成5.1.1.3 的a)、b)、c)	0分 完全依靠他人帮助才能完成5.1.1.3 的a)、b)、c)
理发、洗澡、剪指甲	10分 能自主完成5.1.1.4 的a)、b)、c)	5分 经常需他人提醒、督促、引领、帮助才能完成5.1.1.4 的a)、b)、c)中1项以上	0分 从不主动理发、洗澡、剪指甲,完全需他人强制、帮助才能完成5.1.1.4 的a)、b)、c)
整理个人卫生	10分 能自主完成5.1.1.5 的a)、b)、c),女性能自主完成5.1.1.5 的d)	5分 经常需他人提醒、指导才能完成5.1.1.5 的a)、b)、c)中的1项以上。女性在他人提醒、指导下才能完成5.1.1.5 的d)	0分 完全依靠他人帮助才能完成5.1.1.5 的a)、b)、c),女性完全依靠他人帮助才能完成5.1.1.5 的d)
小便始末	10分 能自主完成5.1.1.6 的a)、b)、c)	5分 经常需他人提醒、督促、引领才能完成5.1.1.6 的a),5.1.1.6 的b)、c)基本能自主完成	0分 完全依靠他人帮助才能完成5.1.1.6 的a)、b)、c)
大便始末	10分 能自主完成5.1.1.7 的a)、b)、c)	5分 经常需他人提醒、督促、引领才能完成5.1.1.7 的a),5.1.1.7 的b)、c)基本能自主完成	0分 完全依靠他人帮助才能完成5.1.1.7 的a)、b)、c)

续表

项目	评定分值		
外出行走	10 分 能自主完成 5.1.1.8 的 a)、b)	5 分 完成 5.1.1.8 的 a)、b)，需要他人陪同，否则就有走失的危险；或从不外出	0 分 完成 5.1.1.8 的 a)、b)，必需有他人陪同，否则就会丢失
睡眠	10 分 能自主按正常人的作息时间、规律睡眠，或偶有异常睡眠但不需他人监护、帮助	5 分 有下列异常睡眠表现：昼夜颠倒、白天思睡、夜间不宁、晚上不睡、早晨不起等 1 种以上，经常需要他人监护、帮助	0 分 有下列异常睡眠表现：昼夜颠倒、白天思睡、夜间不宁、晚上不睡、早晨不起等表现 1 种以上，长期需要他人监护、帮助
服药	10 分 不需要服药，或需要服药，但能遵照医嘱自主完成 5.1.1.10 的 a)、b)、c)	5 分 需要服药，能自主完成 5.1.1.10 的 a)，但 5.1.1.10 的 b)、c) 需他人提醒、督促、帮助才能完成	0 分 需要服药，完全依靠他人帮助才能完成 5.1.1.10 的 a)、b)、c)
使用日常生活用具	10 分 能自主安全使用 5.1.1.11 的 a)、b)、c)	5 分 经常需他人指导、监护才能使用 5.1.1.11 的 a)、b)、c) 中 1 项以上	0 分 从不使用 5.1.1.11 的 a)、b)、c) 或使用 5.1.1.11 的 a)、b)、c) 经常引发危险
乘坐	10 分 能自主完成乘坐交通工具	5 分 乘坐交通工具，经常需要有他人陪同	0 分 从不乘坐交通工具，或在他人陪同下，也很难完成乘坐交通工具

5.1.3 计算

5.1.3.1 根据精神障碍者完成日常生活自理能力项目的情况，客观确定每项分值。

5.1.3.2 将各项分值相加得出总分值。

5.2 护理依赖程度评定

5.2.1 护理依赖

5.2.1.1 日常生活自理能力项目总分值为 120 分。

5.2.1.2 总分值在 81 分以上，日常生活基本能够自理，无护理依赖。

5.2.1.3 总分值在 80 分以下，有护理依赖。

5.2.2 护理依赖程度

5.2.2.1 总分值在 80 分~61 分，为部分护理依赖。

5.2.2.2 总分值在 60 分~41 分，为大部分护理依赖。

5.2.2.3 总分值在 40 分以下，为完全护理依赖。

5.2.2.4 安全问题：有以下危害自身、他人和公共安全行为或倾向 1 项以上，治疗满一年，经专科医疗机构精神科执业主治以上职称医师或鉴定人员诊断、鉴定无明显改善的，为大部分护理依赖：

a) 自杀；

b) 自残；

c) 伤人；

d) 毁物；

e) 其他危害公共安全的情形或倾向。

附 录 A
（规范性附录）
损伤参与度

A.1 损伤参与度的表示

损伤参与度采用百分比表示，分为：100%，75%，50%，25%，0 五种。

A.2 损伤参与度的划分

A.2.1 完全由本次损害及其并发症、后遗症造成，原有疾病或残疾与其所需护理依赖程度无因果关系的，损伤参与度为 100%。

A.2.2 主要由本次损害及其并发症、后遗症造成,原有疾病或残疾对其所需护理依赖程度只起到加重和辅助作用的,损伤参与度为75%。

A.2.3 本次损害及其并发症、后遗症与原有疾病或残疾共同造成护理依赖程度,且作用相当,难分主次的,损伤参与度为50%。

A.2.4 主要由原有疾病或残疾造成,本次损害及其并发症、后遗症对其所需护理依赖程度只起到加重和辅助作用的,损伤参与度为25%。

A.2.5 完全由原有疾病或残疾造成,本次损害及其并发症、后遗症与其所需护理依赖程度无明确因果关系的,损伤参与度为0。

附 录 B
（资料性附录）
护理依赖赔付比例

护理依赖赔付比例是指各护理依赖程度等级所需护理费用的比例,分为以下三等:

a) 完全护理依赖:按100%的比例计算；
b) 大部分护理依赖:按完全护理依赖费用80%计算；
c) 部分护理依赖:按完全护理依赖费用50%计算。

附 录 C
（资料性附录）
护理依赖程度的表述

护理依赖后果完全是由本次损害及其并发症、后遗症造成的,直接书写其所需护理依赖的程度。

示例:李某某需要完全护理依赖；张某某需要大部分护理依赖；赵某某需要部分护理依赖。

护理依赖后果是由于损害及其并发症、后遗症与其原有疾病或残疾共同造成的,在所需护理依赖程度之后,加上损伤参与度所占的百分比。

示例:李某某需要大部分护理依赖,损伤参与度为50%。表示该被评定人所需大部分护理依赖,其50%是由于损害因素造成的。

护理依赖后果完全是由原有疾病或残疾造成的,损伤参与度确定为0,必要时说明本次损害与护理依赖无因果关系。

嗅觉障碍的法医学评定

1. 2018年11月8日司法部公共法律服务管理局发布
2. SF/Z JD 0103012—2018
3. 自2019年1月1日起实施

前 言

本技术规范按照GB/T 1.1-2009给出的规则起草。

本技术规范由司法鉴定科学研究院提出。

本技术规范由司法部公共法律服务管理局归口。

本技术规范起草单位:司法鉴定科学研究院。

本技术规范主要起草人:刘霞,杨小萍,陈芳,范利华,夏文涛。

本技术规范的附录A为资料性附录。

本技术规范为首次发布。

1 范 围

本技术规范规定了术语和定义、总则、不同类型嗅觉障碍判定标准、嗅觉障碍评定方法。

本技术规范适用于人体损伤程度鉴定、伤残等级鉴定中涉及嗅觉功能的法医学鉴定,其它相关法律规定涉及嗅觉功能的法医学鉴定亦可参照使用。

2 规范性引用文件

下列文件对于本文件的应用是必不可少的。凡是标注日期的引用文件,仅注日期的版本适用于本文件。凡是不标注日期的引用文件,其最新版本(包括所有的修改单)适用于本文件。

最高人民法院、最高人民检察院、公安部、国家安全部、司法部发布人体损伤致残程度分级(发布并自2017年1月1日起施行)

SF/Z JD0103003-2011 法医临床检验技术规范

3 术语和定义

下列术语和定义适用于本技术规范。

3.1 嗅觉障碍 olfactory dysfunction

在气味感受、传导及信息分析整合过程中,嗅觉通路各环节发生器质性和(或)功能性病变,导致的气味感知异常。嗅觉障碍包括嗅觉定量障碍及定性障碍,前者包括嗅觉减退、嗅觉丧失(失嗅)和嗅觉过敏,后者包括嗅觉倒错和幻嗅。

3.2 嗅觉功能完全丧失 total anosmia

双侧鼻腔均不能感知任何性质的气味,失去嗅感觉功能。

4 总 则

4.1 评定原则

最高人民法院、最高人民检察院、公安部、国家安全部、司法部发布《人体损伤致残程度分级》的第4条总则之规定适用于本技术规范。

4.1.1 对因损伤引起的嗅觉功能障碍评定,应以被评定人嗅觉系统原发性损伤,以及与原发性损伤有直接联系的并发症或后遗症为基础,结合嗅觉障碍程度,全面分析、综合评定。对因疾病引起的嗅觉障碍评定,应以被评定人嗅觉系统疾病为基础,结合嗅觉障碍程度,全面分析、综合评定。

4.1.2 对嗅觉系统损伤与疾病(或既往损伤)并存的,应分析损伤或疾病(或既往损伤)与嗅觉障碍之间的因果关系。嗅觉障碍程度的确定应使用现有的嗅觉功能检查技术和方法,尽可能采用多种测试项目组合,多种测试结果互相印证,其中必须包括1种主观检查方法及1种客观检查方法,综合评定。

4.2 评定时机

嗅觉障碍的评定应在损伤6~12个月后,待医疗终结或者伤情相对稳定时进行。

5 不同类型嗅觉障碍判定标准

按照病因可将嗅觉障碍分为以下类型:鼻-鼻窦炎相关嗅觉障碍、上呼吸道感染(上感)后嗅觉障碍、外伤性嗅觉障碍、先天性嗅觉障碍、老年性嗅觉障碍、特发性嗅觉障碍(无明确已知的病因所致的嗅觉障碍)。上述6种类型的嗅觉障碍判定标准详见下文。此外,还包括神经系统疾病相关嗅觉障碍、毒物/药物性嗅觉障碍、其他病因导致的嗅觉障碍(如鼻颅底手术、肿瘤等所致嗅觉障碍)。

5.1 鼻-鼻窦炎相关嗅觉障碍

5.1.1 症状以嗅觉减退为主,常呈渐进性、波动性改变,同时伴有鼻塞、脓涕、头痛、阵发性喷嚏等症状。

5.1.2 鼻内镜检查可见鼻腔及嗅区黏膜充血、肿胀、息肉样变或有异常分泌物。

5.1.3 嗅觉心理物理检查可显示不同程度的嗅觉障碍。

5.1.4 鼻窦CT显示窦口鼻道复合体或鼻腔鼻窦黏膜炎性病变,嗅区黏膜增厚或有软组织密度影。

5.1.5 对于经药物和(或)手术治疗后嗅觉功能仍未恢复的患者,可行ERPs、嗅通路MRI及fMRI检查,以排除嗅通路结构及嗅中枢功能异常。

5.2 上感后嗅觉障碍

5.2.1 常有明确的上感病史,上感治愈后嗅觉障碍未好转,一般不伴有其他鼻部症状。询问病史时需着重了解患者上感与嗅觉、味觉障碍发病的先后关系,并排除其他可能病因。

5.2.2 嗅觉心理物理检查可显示不同程度的嗅觉功能下降,其中嗅棒检查结果多显示嗅觉识别能力的减退更为明显。

5.2.3 嗅觉事件相关电位无法引出或N1-P2波潜伏期延长、波幅下降。

5.2.4 行鼻内镜检查和(或)鼻腔鼻窦CT检查排除阻塞因素或炎症因素导致的嗅觉障碍后,可行嗅通路MRI排除颅内占位所致的嗅觉障碍。

5.3 外伤后嗅觉障碍

5.3.1 诊断主要根据明确的头部外伤史,同时排除其他病因所致的嗅觉障碍。

5.3.2 鼻内镜检查急性期可见鼻腔黏膜充血水肿、鼻出血、鼻中隔偏曲、嗅裂肿胀等。

5.3.3 头及鼻窦CT可表现为颅骨骨折,尤其是前颅底骨折,可伴有颅内出血等;MRI可见嗅球、嗅束、嗅沟或额叶、眶回、直回等区域不同程度的损伤。

5.3.4 嗅觉心理物理检查中T&T嗅觉计测试法检测的嗅觉察觉阈和识别阈分数增高;嗅棒测试TDI总分<30分。

5.3.5 嗅觉事件相关电位表现为N1-P2波潜伏期延长、波幅降低或消失。

5.4 先天性嗅觉障碍

5.4.1 表现为完全失嗅,诊断主要依靠自幼无嗅觉的病史、家族遗传史以及主、客观嗅觉功能检测结果。

5.4.2 MRI可显示双侧对称或非对称性嗅球结构消失或发育不全,嗅沟变浅(嗅沟深度<8mm),其中嗅沟深度变浅的层面出现在眼球平面之后,是诊断先天性失嗅的重要特征;MRI还可显示嗅觉皮层灰质容积减小。

5.4.3 嗅觉心理物理检查显示嗅觉功能丧失。

5.4.4 嗅觉事件相关电位表现为N1-P2波形引不出,波形无规律。

5.4.5 综合征型先天性失嗅者还可伴有其他系统的发育异常,如生殖器官、触觉等感觉器官的发育异常等。

5.5 老年性嗅觉障碍

5.5.1 其病史主要为渐进性的嗅觉减退,较正常老年人嗅觉减退明显。

5.5.2 鼻内镜检查可发现嗅区黏膜或鼻腔黏膜萎缩。

5.5.3 嗅觉心理物理检查显示嗅觉功能减退或丧失。

5.5.4 可进行嗅觉事件相关电位、嗅通路 MRI 等检查排除其他因素导致的嗅觉障碍。

5.5.5 嗅觉障碍可能为中枢神经系统退行性疾病的早期症状,需与神经退行性疾病造成的嗅觉障碍进行鉴别。

5.6 特发性嗅觉障碍

5.6.1 自述嗅觉减退,可伴幻嗅和嗅觉倒错。

5.6.2 专科检查、鼻内镜检查、鼻窦 CT 检查均无明显异常。

5.6.3 嗅通路 MRI 可显示嗅球体积减小,甚至嗅皮层(梨状皮质、眶额回和岛回)容积减小。

5.6.4 主观嗅觉测试显示不同程度的嗅觉减退。

5.6.5 PET-CT 可显示脑部某些区域糖代谢降低。

5.6.6 需要根据病史、专科检查、鼻内镜检查、影像学检查(CT、嗅通路 MRI)排除已知的其他原因导致的嗅觉障碍。

6 嗅觉障碍评定方法

6.1 资料采集与审阅

详细了解受伤过程,在送检资料中确证有引起嗅觉障碍的损伤基础,询问嗅觉障碍症状的始发时间、障碍程度、发作周期及频率,有无味觉障碍以及嗅觉系统的其他有关事件(如上呼吸感染、毒性物质的暴露及鼻部手术史等)。

6.2 专科检查

对于嗅觉障碍者,需观察鼻外观有无畸形,并用前鼻镜或鼻内镜作鼻腔检查,记录鼻腔解剖结构有无异常,鼻腔黏膜状态等。SF/Z JD0103003-2011 规定的检验方法适用于本技术规范。

6.3 影像学检查

对于嗅觉障碍者,需行医学影像学(如 CT、MRI 等)检查,明确颅脑损伤部位,有条件时应行嗅通路 MRI 检查,观察嗅球、嗅束、大脑皮层的形态及完整性,区分嗅觉障碍的原因(外伤、炎症、息肉、颅内外肿瘤等)。

6.4 实验室检查

6.4.1 一般要求

具体检查参见附录 A。嗅觉功能测试项目应包括:嗅觉功能心理物理测试,嗅觉事件相关电位测试。

6.4.2 主观检查方法

6.4.2.1 嗅觉障碍的主观评估

嗅觉障碍的主观评估为受试者自报嗅觉功能障碍的程度,可以采用视觉模拟量表(visual analogue scale,VAS)或嗅觉障碍调查问卷(questionnaire of olfactory disorders,QOD),用于区分嗅觉障碍的程度和嗅觉减退的类型。

6.4.2.2 嗅觉功能的心理物理测试

嗅觉功能的心理物理测试是对嗅觉功能进行定性、定量的主观测试,需要受试者对刺激做出语言或有意识的明确反应,通过受试者对气味刺激的回答来判定其嗅觉功能。目前应用较多的测试方法包括嗅棒测试(Sniffin' Sticks test)、T&T 嗅觉计测试(T&T olfactometer test)和宾夕法尼亚大学嗅觉识别测试(University of Pennsylvania smell identification test,UPSIT)。(参照附录 A 实验室检查技术 A.1、A.2)

6.4.3 客观检查方法

6.4.3.1 嗅觉障碍的客观检查主要有嗅觉事件相关电位(olfactory event-related potentials,oERPs)、功能磁共振成像(functional magnetic resonance imaging,fMRI),正电子发射型计算机断层显像(PET-CT)等技术。

6.4.3.2 嗅觉事件相关电位是由气味刺激诱发的生物电反应,在头皮特定部位收集放大的特异脑电信号,应用计算机叠加技术,获得 oERPs,包括 P1、N1、P2、N2、P3 以及迟发正电位复合波。研究普遍认为 P1、N1、P2、N2 的潜伏期与波幅可反映气味信息的初级处理过程,P3 及以后的迟发复合波可反映对气味的认知过程。其中 N1、P2 波的引出率最高,因此多采用 N1、P2 波的潜伏期及波幅作为 oERPs 的指标。(参照附录 A 实验室检查技术 A.3)

6.4.3.3 嗅觉事件相关电位是目前较为成熟稳定的嗅觉功能的客观测试方法,根据 oERPs 反应波的潜伏期及波幅进行嗅觉功能正常、嗅觉功能下降或嗅觉功能丧失的判断。嗅觉事件相关电位是嗅觉障碍的法医学评定的重要检查方法,其结果是嗅觉功能的重要评定依据。

6.4.3.4 PET-CT 或 fMRI 仍未作为临床常规检查。如有条件在技术成熟的实验室行上述检查亦可作为嗅觉功能障碍的判断依据。(参照附录A 实验室检查技术 A.4)

6.5 嗅觉障碍的评定流程

嗅觉障碍的法医学评定应按照以下流程进行,各个步骤不可缺少。

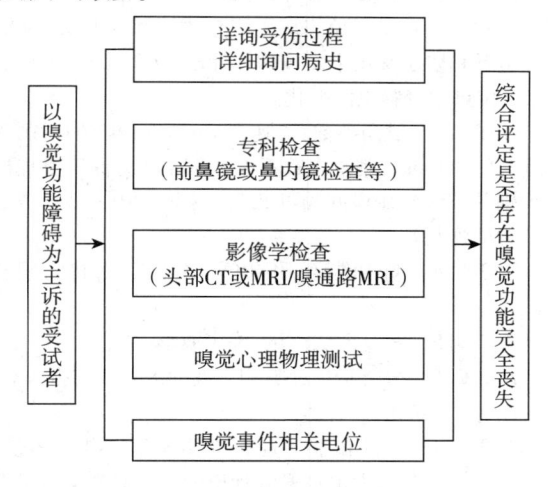

图 1 嗅觉障碍的评定流程

6.6 外伤性嗅觉障碍的评定

6.6.1 外伤性嗅觉障碍的发生机制

外伤后嗅觉障碍是指头部受到外伤后发生的嗅觉障碍,外伤时,从鼻腔嗅黏膜到嗅中枢的嗅通路都有可能发生损伤。发生机制包括①外伤时嗅神经纤维被剪切力切断;神经再生被抑制。②外伤造成鼻腔结构异常,导致传导性的嗅觉障碍。③外伤后中枢神经系统损伤影响了嗅觉信号整合及感知。

6.6.2 外伤性嗅觉障碍的评定注意

6.6.2.1 外伤性嗅觉障碍的法医学评定必须确定其存在引起嗅觉丧失的损伤病理基础(特别注意影像学检查结果)。

6.6.2.2 嗅觉功能的客观评定是外伤性嗅觉障碍的法医学评定的重要依据。

6.6.2.3 外伤性嗅觉障碍的法医学评定应结合损伤基础、主观、客观嗅觉功能检测,进行综合评定。

6.7 伪装嗅觉丧失的判断原则

当受试者主诉嗅觉完全丧失,并且嗅觉功能的心理物理测试评分很低或者为0,但嗅觉事件相关电位能够记录到 oERPs 波形,则可以判断该受试者存在伪装嗅觉丧失。

7 附 则

附录A是资料性附录,建议优先使用。

附 录 A
(资料性附录)
实验室检查技术

A.1 Sniffin' Sticks 嗅棒测试

A.1.1 测试前准备

A.1.1.1 检测应在安静、通风良好的环境中进行。

A.1.1.2 检测前应向受试者说明检查的目的和方法,使受试者充分理解并予以配合。

A.1.1.3 检测前核对并登记受试者的姓名、年龄、性别,常规进行前鼻镜检查。如由于受试者不能配合或其他原因而未能得出检测结果时,应予注明。

A.1.1.4 测试过程中戴好眼罩。

A.1.2 检测方法

A.1.2.1 打开笔帽,笔尖放到单侧鼻孔下大约 2cm 处。

A.1.2.2 气味阈值(T,Threshold Test)测试:在每一组测试中受试者要闻3支气味笔,每只笔闻5秒,其中红色帽子的笔具有气味,其他两支笔没有气味,受试者必须选择出具有气味的笔,共16组,组间时间间隔应在15秒以上。得分为0-16分。

A.1.2.3 气味辨别(D,Discrimination Test)测试:在每一组测试中受试者要闻3支气味笔,每只笔闻5秒,其中一支与其他两支气味不同,受试者必须选择出气味不同的笔,共16组,组间时间间隔应在15秒以上。得分为0-16分。

A.1.2.4 气味鉴别(I,Identification)测试:受试者分别闻16支气味笔,每只笔的气味辨别时间为30秒,受试者需在四个选项中选择一个其认为最接近所闻到的气味的选项。得分为0-16分。

A.1.2.5 总的检测时间较长,容易造成受试者的嗅觉疲劳,长时间的嗅觉测试会造成阈值测试得分较低。因此在检测过程中要控制好测试中的休息时间间隔。

A.1.3 结果分析

气味阈值、气味辨别、气味鉴别三项测试的得分相加即为TDI总分。TDI总分为48分,48~31分为嗅觉功能正常,30~16分为嗅觉功能下降,≤15分为嗅觉功能丧失。嗅觉功能主观测试结果易受到受试者主观意愿的影响,因此在进行测试时,要密切观察受试者在进行嗅觉功能心理物理测试时的表情神态(如皱眉、避让等不愉快表情),要注意辨别是否存在伪装嗅觉丧失。

A.2 T&T嗅觉计测试

A.2.1 测试前准备

A.2.1.1 检测应在安静、通风良好的环境中进行。

A.2.1.2 检测前应向受试者说明检查的目的和方法,使受试者充分理解并予以配合。

A.2.1.3 检测前核对并登记受试者的姓名、年龄、性别,常规进行前鼻镜检查。如由于受试者不能配合或其他原因而未能得出检测结果时,应予注明。

A.2.2 检测方法

A.2.2.1 应用的试剂包含5种不同嗅素,分别为苯乙醇(花香-玫瑰花香味)、甲基环戊烯酮(焦糊-甜焦糊味)、异戊酸(汗臭-臭袜子味)、十一烷酸内酯(果香-熟桃子味)和三甲基吲哚(臭-粪臭味)。每种嗅素分为8种不同的浓度级别,从低浓度到高浓度分别记为-2、-1、0、1、2、3、4、5的分值。

A.2.2.2 先测试察觉阈,后测试识别阈,依次由低浓度向高浓度进行顺序检测。

A.2.3 结果分析

以刚能察觉气味刺激作为嗅觉察觉阈,以刚能分辨气味的最低浓度作为嗅觉识别阈,最高浓度仍无法察觉或识别者记为6分。以结果做嗅觉测试图,取受试者对5种嗅素识别阈的平均值作为判定标准,根据其识别阈值将嗅觉功能分为6级:<-1.0分为嗅觉亢进;-1.0~1.0分为嗅觉正常;1.1~2.5分为轻度嗅觉减退;2.6~4.0分为中度嗅觉减退;4.1~5.5分为重度嗅觉减退;>5.5分为失嗅。

A.3 嗅觉事件相关电位

A.3.1 测试前准备

A.3.1.1 测试在通风良好的屏蔽室内进行。

A.3.1.2 使用仪器:嗅觉诱发电位仪及脑电采集系统。

A.3.1.3 检测前核对并登记受试者的姓名、年龄、性别,常规进行前鼻镜检查。如由于受试者不能配合或其他原因而未能得出检测结果时,应予注明。

A.3.1.4 受试者准备:受试者取坐位。告知受试者在检测过程中,避免说话、吞咽、眨眼等动作,保持安静。测试过程中戴眼罩及白噪音耳机。

A.3.2 测试方法

A.3.2.1 嗅剂选择:可选择苯乙醇,纯嗅觉刺激剂,气味芳香。

A.3.2.2 电极安放:在安放电极处用医用酒精棉球、磨砂膏清洁,以避免头皮电阻过大影响波形,用水溶性导电膏粘附于头皮上。按国际标准10/20法在头皮的Cz、Pz位点记录脑电波变化。

A.3.2.3 刺激参数:流速8L/min,温度36℃,刺激持续时间200ms。刺激次数不少于30次(为保证叠加出可识别的波形),刺激间隔可变换,不少于10-15s(考虑嗅疲劳的恢复)。

A.3.2.4 刺激浓度:用40% v/v苯乙醇进行嗅觉刺激。

A.3.2.5 重复3次测试,确定波形。

A.3.2.6 分析指标:N1-P2波的潜伏期与振幅。

A.3.3 结果分析

A.3.3.1 检测试验室应建立实验室正常参考值,充分考虑到嗅觉诱发电位通气管道的长度对嗅觉诱发电位潜伏期的影响。

A.3.3.2 如未记录到N1-P2波,为嗅觉完全丧失。

A.3.3.3 若记录到N1-P2波的潜伏期延长、振幅下降,为嗅觉功能减退。

A.4 嗅通路MRI检查的推荐方案

A.4.1 成像范围:原则上包括嗅球及嗅束全长以及额叶前部。

A.4.1.1 横断面:切面平行于前颅底,自胼胝体下缘至上鼻甲下缘。

A.4.1.2 冠状面:切面垂直于前颅底,自额窦前缘至垂体后缘。

A.4.1.3 矢状面:切面平行于左右嗅束,扫描宽度约为4cm,包含嗅球和嗅束。

A.4.2 成像线圈:相控阵头线圈或头颈联合线圈。

A.4.3 层厚和层间距:层厚1.00~3.00mm,层间距0.00~1.00mm。

A.4.4 成像序列。

A.4.4.1 平扫:轴位T1WI及T2WI、冠状位T2WI

（层厚1.0mm）、矢状位T2WI（层厚1.0mm）。

A.4.4.2 如怀疑脑实质损伤，建议加扫全脑重T2加权序列或T2加权液体衰减反转恢复序列（FLAIR序列）轴位（5mm）；怀疑嗅通路肿瘤性病变需进一步明确病变性质时，行弥散加权成像（DWI）和动态增强扫描。

听力障碍法医学鉴定规范

1. 2010年4月7日司法部司法鉴定管理局发布
2. SF/Z JD 0103001 - 2010
3. 自2010年4月7日起实施

前 言

本规范参考了世界卫生组织（WHO - 2001）《国际功能、残疾和健康分类》的国际分类理论，以及美国临床神经生理学会《诱发电位检测指南》（ACNS Guideline 9A：Guidelines on Evoked Potentials. 2006）相关内容。

本规范附录A为规范性附录、附录B为资料性附录。

本规范由中华人民共和国司法部提出并归口。

本规范主要起草单位：中华人民共和国司法部司法鉴定科学技术研究所。

本规范主要起草人：范利华、朱广友、杨小萍、迟放鲁、董大安、李兴启。

1 范 围

本规范规定了听力障碍法医学鉴定的基本原则、要求和方法。

本规范适用于各类听力障碍损伤程度和残疾等级的法医学鉴定，其他相关法律规定涉及听力障碍评定也可参照使用。

2 规范性引用文件

下列文件中的条款通过规范的引用而成为本规范的条款。其最新版本适用于本规范。

GB 7582 声学 听阈与年龄关系的统计分布（ISO 7029：2000，IDT）

GB 7583 声学 纯音气导听阈测定 听力保护用

GB/T 16403 声学 测听方法 纯音气导和骨导听阈基本测听法（eqv ISO 8253 - 1）

GB 18667 职业性噪声聋诊断标准

GB/T 7341.1 听力计 第一部分：纯音听力计（idt IEC 645 - 1）

GB/T 15953 耳声阻抗/纳的测试仪器导抗（idt IEC 1027）

3 定 义

3.1 听力障碍 hearing disorders

由于损伤或疾病等各种原因致听觉系统解剖结构完整性遭受破坏或者功能障碍，出现的听力损失或者丧失。

3.2 听阈 hearing threshold

在规定的条件下，受试者对重复试验能作出50%正确察觉的最低声压级。

3.3 纯音听力级 hearing level

在规定的频率，对规定类型的耳机及规定的使用方法，该耳机在规定的声耦合腔或者仿真耳中产生的纯音声压级与相应的基准等效阈声压级之差。

3.4 听阈级 hearing threshold level

在规定的频率，用规定类型的耳机，用听力级表示的某耳听阈。

4 总 则

4.1 鉴定原则

4.1.1 应运用临床听力学、法医学的理论和技术，结合司法鉴定实践，全面分析，综合评定。

4.1.2 对于因损伤引起听力障碍的法医学鉴定，应以被鉴定人听觉系统原发性损伤，以及与原发性损伤有直接联系的并发症或后遗症为基础，结合听力障碍程度，全面分析，综合评定。

4.1.3 对于因疾病引起听力障碍的法医学鉴定，应以听觉系统疾病为基础，结合听力障碍的程度，全面分析，综合评定。

4.1.4 对于听觉系统损伤与疾病（或既往损伤）并存时，应根据损伤或疾病（或既往损伤）对听力障碍后果原因力的大小，并判定损伤与听力障碍的因果关系以及参与程度。

4.1.5 听力障碍程度的确定应使用现有的听力学技术和方法，尽可能采用多种测试项目组合，多种分析指标互相印证，综合评定。

4.2 鉴定时机

听力障碍的鉴定应在损伤3～6月后进行，或者医疗终结后听力障碍程度相对稳定时进行。

5 不同类型听力障碍判定标准

5.1 损伤性听力障碍

头部或耳部损伤，导致听觉系统损害而引起的听力障碍。

5.1.1 鼓膜损伤性听力障碍

5.1.1.1 确证的耳部外伤史。

5.1.1.2 有听力下降等鼓膜损伤的临床表现。

5.1.1.3 耳镜及鼓膜摄像显示鼓膜新鲜穿孔具有外伤性特征。

5.1.1.4 听力学表现：

a) 纯音听力测试表现为传导性听力障碍或听力损失轻微；

b) 声导抗鼓室图因漏气无法引出，或者外耳道容积明显增大，鼓室图呈"B"型；

c) 听觉诱发电位测试可以有轻度听力障碍。

5.1.2 中耳损伤性听力障碍

5.1.2.1 确证的头部或耳部外伤史。

5.1.2.2 有头部或耳部损伤的临床表现。

5.1.2.3 颞骨CT检查提示中耳出血，或者颞骨骨折累及中耳，或者听小骨位置改变。

5.1.2.4 听力学表现：

a) 纯音听力测试伤耳呈传导性听力损失；听骨链损伤的表现为不同程度的气骨导差，最大可达60dB HL；

b) 单纯听骨链中断的声导抗测试提示鼓室图为Ad型（峰值异常高）；

c) 听性脑干反应可以出现各波潜伏期顺序延长，Ⅰ～Ⅴ波间期在正常范围；

d) 听觉诱发电位测试存在轻度或中度听力障碍。

5.1.3 内耳损伤性听力障碍

5.1.3.1 确证的头部或耳部外伤史。

5.1.3.2 有头部或耳部损伤的临床表现。

5.1.3.3 颞骨CT检查提示有或无颅底骨折征象。

5.1.3.4 听力学表现

a) 纯音听力测试伤耳听力障碍多呈感音神经性，合并中耳损伤者呈混合性；

b) 耳声发射异常；

c) 听性脑干反应有听力障碍。单纯蜗性损伤者，轻度听力障碍表现为各波潜伏期及Ⅰ～Ⅴ波间期在正常范围；合并传音障碍者表现为各波潜伏期顺序延长，Ⅰ～Ⅴ波间期在正常范围；听力障碍严重者波形可以消失；

d) 耳蜗电图表现为伤耳CAP波增宽，出现不对称的锯齿波或双波，阈值提高，或波形消失。

5.1.3.5 内耳损伤者常伴发前庭功能紊乱症状，包括眼震电图、眼震视图等在内的前庭功能检查提示前庭功能异常。

5.1.3.6 排除蜗性疾病所致的听力障碍。

5.1.4 蜗后损伤性听力障碍

5.1.4.1 确证的颅脑损伤史。

5.1.4.2 有颅脑损伤相关的临床表现。

5.1.4.3 听力学表现

a) 纯音听力测试伤耳呈感音神经性听力障碍，合并中耳损伤的呈混合性听力障碍；

b) 单纯蜗后损伤时，耳声发射可正常引出；

c) 听性脑干反应提示伤耳Ⅴ波潜伏延长，两耳Ⅴ波潜伏期差大于0.4ms，Ⅰ～Ⅴ波间期延长超过5ms，或者与对侧耳相差大于0.45ms，或者波形消失；

d) 主、客观听力测试存在听力障碍。

5.1.4.4 颅脑CT、内耳MRI检查可以提示颅脑或听神经损伤的阳性征象。

5.1.4.5 排除蜗后疾病所致的听力障碍。

5.1.5 爆震性听力障碍

5.1.5.1 有明确的高强度的脉冲噪声暴露史。

5.1.5.2 有中耳或内耳损伤的临床表现。

5.1.5.3 听力学检查提示感音神经性或混合性听力障碍，可伴有眩晕。

5.1.5.4 排除其他原因所致的听力障碍。

5.1.6 噪声性听力障碍

5.1.6.1 明确的持续强噪声环境暴露史。

5.1.6.2 有听力下降或耳鸣症状。

5.1.6.3 耳科检查无阳性发现。

5.1.6.4 听力学检查提示感音神经性听力障碍，早期以4kHz下降为主。

5.1.6.5 排除其他原因所致的听力障碍。

注：主要参考GB 18667－1996职业性噪声聋诊断标准

5.2 外伤继发感染后听力障碍

5.2.1 耳部外伤后继发感染史。

5.2.2 有中耳或内耳感染的临床表现。

5.2.3 听力学检查提示传导性或混合性听力障碍。

5.2.4 感染累及鼓室或乳突时颞骨CT检查有阳性发现。

5.2.5 排除其他原因引起的感染性听力障碍。

5.3 药物性听力障碍

5.3.1 因耳毒性药物应用过程中或应用以后发生的感音神经性听力障碍，常伴有眩晕。

5.3.2 有明确的耳毒性药物应用史（且有超剂量，

超疗程),或家族中有耳毒药物中毒易感史。

5.3.3 耳科检查一般无阳性发现。

5.3.4 听力学检查:纯音听力测试呈双耳对称性感音神经性听力障碍,诱发耳声发射异常。

5.3.5 常常伴发前庭症状,包括眼震电图、眼震视图在内的前庭功能检查可以提示前庭功能异常。

5.3.6 相关的基因突变检测结果有助于诊断。

5.4 与听力障碍鉴定有关的耳科疾病

5.4.1 慢性化脓性中耳炎

5.4.1.1 有明确耳流脓病史,病史超过3个月。

5.4.1.2 主诉听力下降,反复耳流脓,耳痛,耳鸣。

5.4.1.3 耳科检查鼓膜穿孔具有炎性穿孔的特征,鼓室粘膜有水肿或鼓室有分泌物等。

5.4.1.4 听力学检查:纯音听力测试多为传导性听力障碍,有时为混合性听力障碍,声导抗测试提示鼓膜穿孔或中耳功能异常。

5.4.1.5 感染累及鼓室或乳突时,颞骨CT显示乳突、鼓室有阳性征象。

5.4.1.6 排除其他原因所致的听力障碍。

5.4.2 语前聋(聋哑症)

5.4.2.1 有听力障碍家族史、母妊娠期宫内感染病史、异常分娩史、婴幼儿期与听力障碍有关的感染、先天性听力障碍高危因素。

5.4.2.2 先天性听力障碍出生后就有听力障碍,非进行性;后天出现的可以进行性加重,听力障碍严重;早发者常常有言语发育障碍;12岁以后发生的听力障碍对言语功能影响较小。

5.4.2.3 体格检查和颞骨CT检查可能有耳廓、外耳道、中耳、内耳畸形等阳性发现。

5.4.2.4 听力学检查为双耳重度至极重度听力障碍。

5.4.3 突发性听力障碍(突发性聋)

5.4.3.1 突然发生的,可在数分钟、数小时或3天内。

5.4.3.2 非波动性感音神经性听力损失,可为轻、中或重度,甚至极重度。至少在相连的2个频率听力下降20dB以上。多为单侧,偶有双侧同时或前后发生。

5.4.3.3 病因不明(未发现明确原因包括全身或局部因素)。

5.4.3.4 伴有耳鸣、耳堵塞感;有时伴眩晕、恶心、呕吐,但不反复发作。

5.4.3.5 除第八颅神经外,无其他颅神经受损症状。

5.4.3.6 排除其他原因引起的听力障碍。

注:主要参考2005年全国济南会议突发性聋诊断标准

5.4.4 听神经病听力障碍

5.4.4.1 双耳或单耳听力障碍,以言语识别障碍为主。

5.4.4.2 听力学表现:

a) 纯音听力测试多为双耳对称性感音神经性听力障碍,多以低频下降为主,言语识别率与纯音听阈不成比例的严重下降;

b) 听性脑干反应严重异常或波形消失;

c) 诱发耳声发射多正常,对侧抑制效应消失;

d) 耳蜗微音电位可以引出。

5.4.4.3 颞骨CT或MRI无明显异常发现;部分患者抗膜迷路蛋白抗体阳性、IgM抗体阳性。

5.4.5 功能性听力障碍

5.4.5.1 无听觉系统损伤或疾病的病理基础。

5.4.5.2 听力障碍发生前后不伴前庭功能紊乱症状。

5.4.5.3 语调、声调无提高。可伴有癔症或抑郁性神经官能症症状。

5.4.5.4 听力学检查:主观听力检查提示重度或极重度听力障碍,客观听力检查正常或接近正常。

5.4.5.5 精神疗法或暗示治疗后听力骤然恢复正常或接近正常。

5.4.6 耳硬化症听力障碍

5.4.6.1 慢性进行性听力下降,可一耳先发病,也可双耳同时发病。

5.4.6.2 鼓膜正常,咽鼓管功能良好。

5.4.6.3 听力学检查:纯音听力测试以传导性听力障碍为主,骨导曲线在2kHz下降(Carhart切迹);声导抗鼓室图多呈As型,声反射消失。

5.4.6.4 颞骨薄层CT检查常可以比较清晰地显示骨迷路包囊上存在耳硬化病灶,有时可见耳蜗广泛骨质疏松,呈"双环征"。

6 听力障碍鉴定方法

6.1 审阅资料和一般检查

了解案情中外力作用情况,在送检资料中确证有引起听力障碍的损伤或疾病等原因,询问听力障碍的临床症状和诊疗过程,详细全面地进行耳科检查和体格检查,并尽可能获取伤前和损伤早期的听力资料。

6.2 听力测试项目选择与组合

6.2.1 概述

听力测试的实验室应符合附录 A 要求。听力测试项目包括:纯音气导和骨导听阈,声导抗,听觉诱发电位及耳声发射测试。言语识别率对听力障碍的鉴定有较大的参考价值,但鉴于目前国内外尚无法对此项测试进行规范化,故未纳入本规范。

6.2.2 听阈级测试项目组合

纯音听阈级测试是目前能够比较真实地反映人听敏度的方法,但在有伪聋或夸大声情况时,其真实听阈主要依赖客观听力测试方法进行评估。本规范推荐应主、客观方法结合,建议选择纯音听阈、听性脑干反应以及 1~2 项有频率特性的听觉诱发电位(如 40Hz 听觉相关电位、短纯音或短音听性脑干反应、听性稳态反应、听觉皮层诱发电位)作为客观听阈测试的基本测试项目。

6.2.3 了解听力障碍部位的测试项目组合

至少应包括纯音听阈测试,声导抗,听性脑干反应,耳声发射或耳蜗电图测试。

6.3 听阈级测试步骤

第一步:进行纯音气导和骨导听阈测试,确定 0.25~8kHz 频率听阈级。测试方法应符合附录 A.4.1 要求,至少重复测试两次。若测试结果为单耳听力障碍者亦可以进行响度优势测验(Stenger 测验)。若测试结果提示听阈在正常范围的,或者无论测试结果重复性如何,只要听力障碍程度未达到相关鉴定标准最低标准的;则可以不进行客观听阈测试。

注:重复性的判断按照附录 A.4.1。

第二步:若纯音听阈测试提示听力障碍,达到相关鉴定标准最低标准的,或提示有伪聋或夸大声者,按照附录 A.4.3 进行声导抗测试。

第三步:在上述方法难以获得准确的纯音听阈级情况下,应进行客观听阈测试。或者即使纯音听阈测试结果重复性好,本规范推荐仍应选择 1~2 项客观测试方法,印证纯音听阈测试结果。

6.3.1 客观听阈测试方法选择如下:

选择一:短纯声听性脑干反应可以反映 2~4kHz 范围的听阈,为获得 0.5kHz 及 1kHz 听阈,可以选择 40Hz 听觉相关电位,或者短音听性脑干反应测试,听性稳态反应和皮层诱发电位也可以做为参考。

选择二:根据实验室的经验和基础数据,选择有频率特性的诱发电位测试方法,如 40Hz 听觉相关电位,或者短音、短纯音听性脑干反应,进行 0.5kHz、1kHz、2kHz、4kHz 频率的测试。听性稳态反应和皮层诱发电位也可以做为参考。

第四步:确定 0.5kHz、1kHz、2kHz、4kHz 四个频率反应阈后,按照附录 A.4.3 进行反应阈修正,然后按照 6.4 计算听阈。

6.4 听阈级的计算

6.4.1
听阈级的计算与使用的测试方法及采用的频率有关。法医学鉴定中根据鉴定事项,适用的鉴定标准若没有明确规定频率范围的,应按照 WHO(1997 年,日内瓦)推荐的听力减退分级的言语频率范围,取 0.5kHz、1kHz、2kHz、4kHz 这 4 个频率气导听阈级的平均值。若所适用的鉴定标准明确规定频率范围为 0.5kHz、1kHz、2kHz 的,则取这 3 个频率气导听阈级的平均值。听力障碍程度分级参照附录 B.3。

6.4.2
纯音气导和骨导听阈测试时,如某一频率纯音气导最大声输出仍无反应时,以最大声输出值作为该频率听阈级。

6.4.3
听觉诱发电位测试时,若最大输出声强仍引不出反应波形的,反应阈值以最大输出声强计算。

6.4.4
听觉诱发电位反应阈与听阈级的关系及修正,见附录 A.4.4.1。

6.4.5
纯音气导听阈级应考虑年龄因素,按 GB 7582-2000 的要求,耳科正常人(18 岁~70 岁)听阈级偏差的中值(50%)进行修正。

6.5 确定听力障碍部位的检查

6.5.1
了解耳蜗功能,应进行耳声发射和/或耳蜗电图测试。

6.5.2
了解是否存在蜗后损伤或病变,应进行声导抗声衰试验、听性脑干反应、耳蜗电图、眼震电图/眼震视图测试。

6.5.3
对于上述听力测试结果显示异常的,应常规摄颞骨 CT,必要时摄内耳或听神经 MRI,了解中耳、内耳有无损伤、疾病或者畸形。

6.6 分析听力障碍与损伤或疾病或既往损伤的因果关系

根据损伤部位、听力学特征以及影像学检查结果,综合分析确定听力障碍的部位和与损伤的因果关系。因果关系判断及损伤参与程度分级参照附录 B.1 及 B.2。

7 附　则

7.1 本规范主要涉及与法医鉴定有关的听力障碍类型,在鉴定中遇到本规范没有涉及的,可以比照本规范第 5 章相应部位或相同病因的类型,按照听力鉴定方法进行鉴定。

7.2 本规范涉及的听力检查须按照 6.2 及 6.3 方法并符合附录 A 听力测试方法要求。

7.3 为司法鉴定提供测试的听力实验室应符合附录 A 的要求。

附　录　A
（规范性附录）
听力实验室规范

A.1　人员要求

A.1.1 技术人员应具备以下资格条件：
a) 医学（或法医学专业）大专以上学历背景；
b) 耳科学以及神经生理学方面的技能以及听力测试培训 6 个月以上,熟悉各类听力测试的原理和方法。

A.1.2 鉴定报告人员应具备以下资格条件：
a) 医学或法医学大学本科以上学历背景；
有听力学以及耳神经生理学方面技能培训经历 1 年以上,具有 3 年以上临床或者法医听力学实际工作经验。熟悉各类听力测试的原理、方法,并能对听力测试结果解释,对鉴定报告结论负责；
b) 同时还应满足司法鉴定通则关于鉴定人资格的要求,或者卫生部关于执业医师的要求。

A.2　环境要求

听力测试应在检测合格的隔声电屏蔽测听室内进行,最大允许环境噪声级符合 GB/T 7583 和 GB/T 16403 的规定。

A.3　设备要求

A.3.1　鉴定设备

进行听力障碍鉴定的实验室应具备：听力计,声导抗仪,听觉诱发电位仪以及耳声发射仪。

A.3.2　听力计

应为诊断型听力计(1~3 型),筛选用听力计等不适用于法医学鉴定。听力计频率范围至少达到：气导为 0.125 kHz~8kHz,骨导为 0.25kHz~8kHz,气导最大输出至少满足：0.125kHz 为 85dB HL；0.25kHz 为 105dB HL；0.5 kHz~4kHz 为 120dB HL；8kHz 105dB HL。骨导最大输出至少满足：0.25kHz 为 45dB HL；0.5kHz 为 70dB HL；1kHz 为 75dB HL；2kHz~4kHz 为 80dB HL。

听力计技术指标必须符合 GB/T 7341.1《听力计第一部分：纯音听力计》要求,其安全性能符合 GB/T 9706.1《医用电气设备　第一部分：安全通用要求》。听力计在规定的时间内(不超过 1 年)按 GB/T 4854《声学校准测听力设备的基准零级》的要求校准或检定。

A.3.3　声导抗仪

声导抗仪技术指标符合 GB/T 15953《耳声阻抗/导纳的测量仪器》1 型、2 型强制性要求。至少可以进行鼓室导抗、同侧和对侧声反射、声衰试验。频率范围至少满足 0.5kHz~4kHz。声反射同侧给声最大声输出至少满足：0.5kHz 达 110dB HL,1kHz 及 2kHz 达 115dB HL,4kHz 达 100dB HL。声反射对侧给声最大声输出至少满足：0.5kHz、1kHz 及 2kHz 达 120dB HL,4kHz 达 115dB HL；仪器给声部分应按规定定期校准。

A.3.4　听觉诱发电位仪

A.3.4.1 记录系统应能够根据要求定期进行校准,以确保模拟和数字信号的完整性。目前为止国内外还没有诱发电位仪设备的标准,还缺乏像"听力级(HL)"一样被广泛接受的听力单位作为听觉诱发电位的单位,但是目前广泛接受的是将"nHL"作为各实验室自己仪器的单位。

A.3.4.2 听觉诱发电位仪应能将 dB SPL 转换为 dB nHL（一组相当数量的正常听力青年人在同一实验室、同一套设备、同样的临床测试方法得出的平均反应水平的分贝数）。刺激声最大声输出 115dB SPL 或者 95dB nHL 以上。应定期对最大声输出及衰减的分档进行校准,保证其设备的实际输出与标称值相同。

A.3.5　耳声发射仪

耳声发射测试要求本底噪声在 30dB(A)以下。选择可以记录瞬态诱发耳声发射和畸变产物耳声发射的仪器,选择灵敏度高,噪声低的测试探头,带有探头检查程序,通过连接的计算机可以进行了解探头放置位置是否符合要求,频率范围至少满足 0.5kHz~6kHz。尽管目前国内外没有关于耳声发射装置的标准,但实验室测试人员应该对设备输出信号的幅度及频谱特性进行测量,至少要检查设备的实际输出与标称值是否相同。最大声输出可以按照 GB/T 4854 标准定期校准。

畸变产物耳声发射具有频率特性,本规范建议选择畸变产物耳声发射测试。

A.4 测试方法要求

A.4.1 测试前准备

测试前应了解案情和详细阅读病历资料,进行常规耳科检查,清除外耳道耵聍。

A.4.2 纯音听阈测试

测试方法应按照 GB/T 16403《声学 测听方法 纯音气导和骨导听阈测听基本方法》进行纯音气导和骨导听阈级的测试。测试频率至少包括 0.25kHz,0.5kHz,1kHz,2kHz,4kHz,8kHz。

在纯音气导和骨导听阈级测试结果异常时应在相同条件下至少复查 1 次。相同条件下测试,同一频率阈值相差小于 10dB,或者上升和下降法两次测试同一频率阈值结果相差 10dB 以下,为重复性好,其结果有一定的可信度,比较多次测试结果在相同频率的阈值相差大于 10dB,为重复性差。

有下列情形时提示伪聋或夸大聋:
a) 两次以上测试结果重复性差;
b) 在测试时对声信号反应延迟,表现犹豫不决;
c) 单耳重度、极重度听力障碍时没有交叉听力。

A.4.3 声导抗测试

A.4.3.1 概述

是客观测试中耳传音系统的生物物理学方法,可以评判中耳功能及第Ⅶ、第Ⅷ脑神经功能状态。是判断中耳功能状况的客观指标,可以排除或肯定传导性听力障碍、鉴别非器质性听力障碍,有助于创伤性面神经瘫痪的定位诊断。常规进行鼓室导抗和声反射阈测试,必要时增加声反射衰减试验。

A.4.3.2 测试前准备

进行常规耳科检查,清除外耳道耵聍。

A.4.3.3 鼓室导抗测试

鼓室图曲线峰顶所对应的压力即鼓室内压,相当于 0 kPa,正常峰压点在 ±50daPa。声导抗峰值为 0.3ml～1.6ml。测试结果呈"人"字形曲线,即鼓室导抗图(简称鼓室图)。

A.4.3.4 声反射阈(镫骨肌声反射阈)测试

能引起镫骨肌声反射的声刺激最小强度水平即为该刺激声的声反射阈。声反射阈测试分为同侧声反射和对侧声反射,测试频率顺序为 1kHz、2kHz、4kHz、0.5kHz。最初刺激声强可参考纯音测试听阈,一般从纯音听阈阈上 85dB 开始,用下降或者上升 5dB 的方式确定声反射阈。

A.4.3.5 声反射衰减试验

对于疑有蜗后损伤或病变者,进行声反射衰减试验。用声反射阈上 10dB 的 0.5kHz 或 1kHz 纯音持续刺激 10s,得出声反射衰减图。

A.4.3.6 声导抗结果分析

鼓室图可以客观的反映鼓室病变或损伤,并可显示鼓室压,判断咽鼓管功能。在鼓室图测试后根据鼓室功能图峰currently、高度以及形态判断中耳功能。A 型:正常型;As 型:低峰型;A_d 型:高峰型;B 型:平坦型;C 型:负压型;D 型:切迹型。

镫骨肌声反射的引出可以作为中耳传音功能正常的指标,反射存在表示听骨链完善、活动良好,声反射弧完整。声反射阈未引出有多种可能,应结合具体情况进行分析,可能存在中等度以上的听力障碍、中耳病变、面神经损伤等。如果纯音听阈与镫骨肌声反射阈之差小于 40~60dB 提示有耳蜗病变的重振现象。

声反射衰减结果:正常人声反射保持在稳定水平,无衰减现象。若声反射 5s 内振幅减少 50%,提示为蜗后损伤或病变。

A.4.3.7 测试报告

报告至少应包括鼓室图类型,中耳功能评价,声反射阈。

A.4.4 听觉诱发电位测试

A.4.4.1 总则

听觉诱发电位测试方法包括:听性脑干反应,耳蜗电图描记,40Hz 听觉相关电位,短纯音听性脑干反应、听性稳态反应、皮层诱发电位。在鉴定中根据鉴定事项,按照第六章进行听力测试项目的选择及组合。

各实验室应建立不同项目的听觉诱发电位反应阈值与纯音听阈级之间相关性的基础数据,取得各反应阈与纯音气导听阈级之间的修正值(校正因子),根据此修正值对所测试的听觉诱发电位反应阈进行修正。反应阈经修正后等效为该频率的听阈级。

注:基层鉴定机构无实验室数据的,可以参考相同仪器及检测环境实验室的修正值进行修正。

A.4.4.2 听性脑干反应(Auditory Brainstem Response,ABR)

A.4.4.2.1 概述

听性脑干反应测试不受被测试者意识状态(催眠、昏迷、镇静剂、麻醉)的影响,短声(click)听性脑干反应能够客观反映 2kHz~4kHz 频率范围的听敏度,以及听神经至下丘核听通路状况,有助于听力障碍部位的分析。短纯音(tone burs)或短音(tone pip)听性脑干反应有频率特性,可以用于听阈评估。

A.4.4.2.2 测试前准备

应先进行纯音听阈和声导抗检查,了解主观听力水平和中耳功能。受试者仰卧于检查床上,放松、安静、可入睡。不配合的成人及儿童可以服用水合氯醛予以镇静。

A.4.4.2.3 电极的位置及安装

记录电极一般放置于颅顶部(放置在前额正中近发际处也可记录到同样清晰的图形),参考电极放于给声侧耳垂前内侧面,或者给声侧乳突部,接地电极放于鼻根处或者对侧耳垂前内侧面或侧乳突部。采用一次性电极或银盘电极,放置电极部位的皮肤需处理,使得引导电极与皮肤间的电阻小于5kΩ。

A.4.4.2.4 参数选择

刺激声类型一般为短声(Click)、短纯音(tone burst)或短音(tone pip)。最大声输出115dB SPL或95dB nHL。叠加次数:1024～2048次。滤波范围通常采用100～3000Hz,刺激声相位交替。耳机给声,同侧刺激同侧记录。分析时间为刺激开始的10～15ms,故扫描时间应不短于15ms,刺激重复率11.1次/s,或者20/s。

A.4.4.2.5 记录

在75～95dB nHL声强开始记录波形,以波Ⅰ、波Ⅲ、波Ⅴ有意义,测量波Ⅰ、波Ⅲ、波Ⅴ的潜伏期及波间期数值。常规重复一次以上,观察多次波形是否具有较好的重复性。

正常参考值:正常听力两耳波Ⅴ潜伏期差小于0.2～0.25ms,最大不超过0.4ms。振幅的正常变异较大,一般不用作诊断指标,但正常波Ⅴ振幅大于波Ⅰ。如一侧的波Ⅴ振幅比对侧的波Ⅴ振幅小50%时,则应考虑该侧有异常。或者以各实验室自己的正常值为准。

反应阈判定:从75～95dB nHL开始,按升5dB降10dB,至刚能引出波Ⅴ的刺激声强,即为波Ⅴ反应阈,在波Ⅴ反应阈处重复记录一次,确定重复性好。保留阈值下5dB波Ⅴ消失的波形。

A.4.4.2.6 听性脑干反应测试报告

测试报告应包括刺激声种类;刺激声强度和单位;波Ⅰ、波Ⅲ、波Ⅴ潜伏期、波间期数据及正常值,双耳波Ⅴ反应阈值及修正值。

短声为刺激声时,反应阈值与纯音2k～4kHz的听阈相关性好,但不能反映其他频率听阈。短纯音(tone burst)或短音(tone pip)为刺激声,可以测试频率为0.5kHz、1kHz、2kHz、4kHz的反应阈。

A.4.4.3 40Hz听觉相关电位(40Hz Auditory Event Related Potentials,40HzAERP)

该测试方法具有频率特性,可以客观的反映测试频率的听阈。

A.4.4.3.1 测试前准备

与听性脑干反应相同。

A.4.4.3.2 电极的位置及安装

同听性脑干反应。

A.4.4.3.3 参数选择

通常采用滤波范围为10～300Hz。一般叠加平均256～512次,必要时可增加至1024次。扫描时间为100ms,刺激重复率40次/秒。

刺激声类型为短音(tone pip)或短纯音(tone burst),刺激频率为0.5kHz、1kHz、2kHz、4kHz。耳机给声(建议使用插入式耳机),同侧刺激,同侧记录。

A.4.4.3.4 记录

根据纯音测试结果给予阈上40～60dB刺激声强,引出4个间隔25ms的正弦波构成的一组电位图,为反应波形。常规重复一次,观察两次波形是否稳定、具有较好的重复性。

反应阈判定:从40～60dB HL开始,按升5dB降10dB直至刚能引出反应波形的刺激声强,为该频率的反应阈,在反应阈处重复记录一次,并保留阈值下5dB波Ⅴ消失的波形。

需注意在睡眠时反应阈值较清醒时提高。

A.4.4.3.5 40Hz听觉相关电位测试报告

测试报告应包括刺激声种类,刺激声单位,各测试频率的反应阈值,修正值。被测试时的状态(清醒或睡眠)。

A.4.4.4 耳蜗电图描记法

A.4.4.4.1 测试前准备

测试前先进行纯音听阈和声导抗检查,了解主观听力水平和中耳功能。受试者仰卧于检查床上,放松、安静。

A.4.4.4.2 电极的位置及安装

本规范建议宜采用非创伤性记录电极,外耳道银球电极或鼓膜电极。放置外耳道银球电极前,先进行外耳道底部或后下方与鼓膜连接处的外耳道皮肤脱脂,然后将球状电极浸入 0.9% 生理盐水,用膝状镊将它置于鼓环的后下部分外耳道表面。电极的位置应尽可能地靠近蜗窗区。参考电极放于同侧耳垂或同侧乳突,接地电极置于鼻根部或对侧耳垂或对侧乳突。

A.4.4.4.3　参数的选择

可根据设备条件和测试项目选择声刺激的种类,有短声(click)、短音(tone pip)或短纯音(tone burst)。一般用短声刺激记录的是总和电位(summating potential, Sp)与听神经复合动作电位(compound action potential, CAP)波形。通常采用滤波范围为 100~3000Hz。扫描时间 10ms。刺激重复率 11.3 次/s,叠加次数 512~1024 次。

A.4.4.4.4　记录

常规测试双耳,一般先测健耳。记录 SP 和 CAP 波,并计算 -SP/AP 的比值。

A.4.4.4.5　结果分析

SP 波和 CAP 波均能反应听觉末梢感觉的功能,SP 波由耳蜗毛细胞产生,系耳蜗电位。CAP 系听神经动作电位,主要由耳蜗底转或高频区域听神经产生。耳蜗性听力障碍表现为 CAP 波形异常,阈值增高,或者波形消失。

-SP/AP 的比值大于 0.4,提示梅尼埃病,或者耳蜗损伤,或者疾病的重振现象。

A.4.4.4.6　耳蜗电图测试报告

报告应包括刺激声种类,刺激声强及单位,-SP/AP 的比值,测试结论。

A.4.4.5　听性稳态反应(Auditory Steady - State Response,ASSR)

听性稳态反应具频率特性,可以测试 250~8000 频率;为客观判断,避免人为的经验误差,弥补了 40Hz 听觉相关电位及听性脑干反应测试的不足。

A.4.4.5.1　测试前准备

应先进行纯音听阈和声导抗检查,了解主观听力水平和中耳功能。

A.4.4.5.2　电极的位置及安装

同听性脑干反应。

A.4.4.5.3　参数选择

刺激信号的载波频率为 0.5kHz、1kHz、2kHz 及 4kHz 的纯音,调制频率 70~110Hz。最大输出强度不低于 125dB SPL。一般情况下设定调幅深度 90~100%,调频深度 10%。滤波带通为 10~300Hz,极间电阻 <5kΩ,

开窗时间为 1000ms。

A.4.4.5.4　记录

可双耳多频同时刺激,同时记录;或单侧多频刺激,同时记录;若为单耳听力下降,单耳多频同时刺激时,非测试耳应加掩蔽声。但在接近阈值附近时,应单耳单频分别测试。

一般根据纯音听阈测试结果,选择阈上 10~20dB SPL,或者从 50~75dB SPL 开始,按升 5dB 降 10dB 直至刚能引出反应波的刺激声强,即为该频率的反应阈,在反应阈处重复记录一次确定重复性好,并保留阈下 5dB SPL 反应波消失的波形曲线。

A.4.4.5.5　听性稳态反应测试报告

测试报告应包括刺激声强及单位,各测试频率的反应阈图。被测试人测试时的状态(清醒或睡眠),必要时提供反应阈与纯音听阈级之间的修正值。

A.4.5　畸变产物耳声发射(Distortion product otoacoustic emissions,DPOAE)

A.4.5.1　概述

畸变产物耳声发射是耳蜗同时受到两个具有一定频比关系的初始纯音刺激时,由于基底膜的非线性调制作用而产生的一系列畸变信号,经听骨链、耳膜传导于外耳道内记录出的音频能量。

测试前应先进行纯音听阈及声导抗测试,了解主观听力水平及中耳功能情况。提示中耳功能正常时进行该项测试。

A.4.5.2　参数选择

在平均叠加前设置去除干扰(拒绝阈),选择频率比为 $f_2/f_1 \approx 1.2$,因为在此条件下,可在 $2f_1 - f_2$ 频率处诱发出最大的 DPOAE 反应。记录采集点不少于 9 个,根据特殊情况可以增加。频率范围为 0.5kHz~8kHz。DPOAE 测试模式有对称和非对称两种。若考虑为损伤性听力障碍,建议使用非对称模式(此模式用于听力损害者更为有效),原始音强度 $L_1 = 65dB\ SPL$,$L_2 = 55dB\ SPL$,即 L_1 大于 L_2 10dB SPL。

A.4.5.3　记录

一侧耳进行多次测试,谱峰重复性好,再进行另一侧耳的测试。

A.4.5.4　结果判断

将频阈中大于本体噪声 3~6dB 的谱峰判定为 DPOAEs 的信号。DPOAE 引出,为 DPOAE 正常,说明耳蜗外毛细胞功能完整,DPOAE 引不出,提示耳蜗外毛细胞损伤,或与中耳功能异常,或与听力障碍程度严重有关。

附 录 B
(资料性附录)
听力障碍因果关系判断及程度分级

B.1 损伤与疾病的因果关系判断

B.1.1 听力测试结果发现存在听力障碍,同时发现存在影响听力的既往疾病或损伤时,应分析损伤对听力障碍后果原因力的大小,判断损伤与听力障碍的因果关系。

B.1.2 损伤导致听力障碍的作用分为完全作用、主要作用、相等作用、次要作用、轻微作用和没有作用。

B.1.3 若损伤与听力障碍存在直接因果关系,为完全作用或者主要作用,则根据听力障碍程度进行损伤程度或伤残等级评定。

B.1.4 若损伤与听力障碍存在相当因果关系(相等作用),或者间接因果关系(次要作用、轻微作用),则应判断损伤与听力障碍的参与程度,一般不宜根据听力障碍程度直接评定损伤程度或伤残等级。

B.1.5 若损伤与听力障碍不存在因果关系,则只说明因果关系,不评定损伤程度或伤残等级。

B.2 损伤参与程度分级

B.2.1 在确定损伤致听力障碍中的作用分级后,判断损伤参与程度。

B.2.2 损伤参与程度分级如下:
a) 没有作用(无,缺乏,微不足道) 0% ~4%;
b) 轻微作用(略有一点,很低) 5% ~15%;
c) 次要作用(一般) 16% ~44%;
d) 相等作用(大致相同) 45% ~55%;
e) 主要作用(很高,非常) 56% ~95%;
f) 完全作用(全部) 96% ~100%。

B.3 听力障碍程度分级

B.3.1 轻度听力障碍
——耳纯音气导言语频率听阈级达 26 ~40dB;
——耳听觉诱发电位言语频率反应阈经修正后相当于 26 ~40dB nHL。

B.3.2 中度听力障碍
——耳纯音气导言语频率听阈级达 41 ~60dB;

——耳听觉诱发电位言语频率反应阈经修正后相当于 41 ~60dB nHL。

B.3.3 中等重度听力障碍
——耳纯音气导言语频率听阈级达 61 ~80dB;
——耳听觉诱发电位言语频率反应阈经修正后相当于 61 ~80dB nHL。

B.3.4 重度听力障碍
——耳纯音气导言语频率听阈级达 81 ~90dB;
——耳听觉诱发电位言语频率反应阈经修正后相当于 81 ~90dB nHL。

B.3.5 极重度听力障碍
——耳纯音气导言语频率听阈级≥91dB;
——耳听觉诱发电位言语频率反应阈经修正后相当于 91dB nHL 以上。

男性生育功能障碍法医学鉴定

1. 2018 年 11 月 8 日司法部公共法律服务管理局发布
2. SF/Z JD 0103011 – 2018
3. 自 2019 年 1 月 1 日起实施

前 言

本技术规范按照 GB/T 1.1 – 2009 给出的规则起草。

本技术规范由司法鉴定科学研究院提出。

本技术规范由司法部公共法律服务管理局归口。

本技术规范的起草单位:司法鉴定科学研究院,上海交通大学,华中科技大学,中山大学。

本技术规范主要起草人:王飞翔、朱广友、夏文涛、李铮、戴继灿、张玲莉、周亦武、程亦斌、陈俊、沈彦、沈寒坚。

本技术规范附录 A 为规范性附录,附录 B 为资料性附录。

本技术规范为首次发布。

1 范 围

本技术规范规定了男性生育功能障碍法医学鉴定的总则、判定及附则。

本技术规范适用于人身伤害等刑事案件,以及损害赔偿、婚姻纠纷等民事案件中男性生育功能障碍的法医学鉴定,其他需要进行男性生育功能法医学鉴定的亦可参照执行。

2 规范性引用文件

下列文件对于本文件的应用是必不可少的。凡是注日期的引用文件,仅注日期的版本适用于本文件。凡是不注日期的引用文件,其最新版本(包括所有的修改单)适用于本文件。

世界卫生组织(WHO)《人类精液检查与处理实验室手册》第5版(2010)

中国医师协会男科医师分会《中国男性生育力规范化评估专家共识》(2018)

3 术语和定义

下列术语和定义适用于本文件。

3.1 男性生育功能障碍 Male reproductive dysfunction

男女性伴侣未采用任何避孕措施正常性生活1年以上,由于男方因素造成女方不孕。

注:包括睾丸前、睾丸性、睾丸后及特发性四类。

3.2 无精子症 Azoospermia

连续3次以上精液离心检查,均有精浆而无精子。

注:按照病因不同又可以分为梗阻性和非梗阻性无精,其中非梗阻性无精又分为低促性腺激素和高促性腺激素两类。

3.3 少精子症 Oligozoospermia

连续两次以上精液检测,间隔2周以上,均显示精子浓度 $< 15 \times 10^6 /mL$。

3.4 弱精子症 Asthenozoospermia

连续两次以上精液检测,间隔2周以上,均显示前向运动精子(PR)$< 32\%$。

3.5 畸形精子症 Asthenoteratozoospermia

连续两次以上精液检测,间隔2周以上,均显示严格精子形态正常率 $< 4\%$。

注:临床上,上述少精、弱精、畸形精子症,可以以任何选项组合出现。

4 总则

4.1 本技术规范以医学和法医学的理论和技术为基础,结合法医临床检案的实践经验制定,为男性生育功能障碍的法医学鉴定提供科学依据和统一标准。

4.2 由于男性生育功能障碍鉴定的特殊性和复杂性,仅对成年人(18周岁以上)的男性生育功能进行鉴定,仅对男性生殖能力进行鉴定,由于勃起或射精功能障碍导致的不育,另行男性性功能障碍法医学鉴定。鉴定应在医疗终结后进行,对于损伤程度、伤残等级及离婚案件,需满1年。

4.3 对于人身伤害案件中受害人的男性生育功能鉴定应依据损伤当时的伤情,与损伤有直接关系的并发症和后遗症,以及目前男性生育功能障碍的临床表现和实验室检测结果(详见附录A),结合被鉴定人的健康状况和生理心理特点,全面分析,综合评定。

4.4 对于婚姻纠纷案件中男性生育功能鉴定应依据被鉴定人目前男性生育功能障碍的临床表现和实验检测结果(详见附录A),以及其健康状况、婚姻状况和生理特点,全面分析,综合评定。

4.5 在使用本技术规范时,应严格遵循附录中的分级依据或者判定准则以及附录中正确使用技术规范的说明,根据案件的性质进行男性生育功能障碍法医学鉴定。

5 男性生育功能障碍判定

5.1 男性生育功能障碍判定条件

5.1.1 睾丸前生育功能障碍判定应同时具备以下条件:

a)有明确的下丘脑、垂体等损伤、手术或疾病史;

b)有下丘脑、垂体损伤或疾病的临床表现;

c)精液分析提示精子数量、活力、形态或精浆生化异常;

d)内分泌激素和超声检查或可提示异常;

e)无其他器质性原因可以解释。

5.1.2 睾丸性生育功能障碍判定应同时具备以下条件:

a)有明确的睾丸损伤、手术或疾病史;

b)有睾丸损伤或疾病的临床表现;

c)精液分析提示精子数量、活力、形态或精浆生化异常;

d)内分泌激素和超声检查或可提示异常;

e)无其他器质性原因可以解释。

5.1.3 睾丸后生育功能障碍判定应同时具备以下条件:

a)有明确的输精管、附睾等损伤、手术或疾病史;

b)有输精管、附睾等损伤或疾病的临床表现;

c)精液分析提示精子数量、活力、形态或精浆生化异常;

d)内分泌激素和超声检查或可提示异常;

e)无其他器质性原因可以解释。

5.1.4 特发性生育功能障碍判定应同时具备以下条件：
a）精液分析提示精子数量、活力、形态或精浆生化异常；
b）内分泌激素和超声检查或可提示异常；
c）无其他器质性原因可以解释。

5.2 男性生育功能障碍分级

5.2.1 男性生育功能轻度障碍
轻度障碍判定应具备以下任一条件：
a）精子浓度 $<15\times10^6/mL$；
b）前向运动精子（PR）$<32\%$；
c）严格精子形态正常率 $<4\%$；
d）精浆生化异常。

5.2.2 男性生育功能中度障碍
中度障碍判定应具备以下任一条件：
a）精子浓度 $<5\times10^6/mL$；
b）前向运动精子（PR）$<5\%$；
c）严格精子形态正常率 $<1\%$。

5.2.3 男性生育功能重度障碍
经过三次精液离心检查，均未检出精子。

5.3 男性生育功能障碍损伤程度鉴定

5.3.1 重伤（二级）判定标准
损伤导致重度生育功能障碍；

5.3.2 轻伤（一级）判定标准
损伤导致中度生育功能障碍；

5.3.3 轻伤（二级）判定标准
损伤导致轻度生育功能障碍。

5.4 男性生育功能障碍损伤致残程度鉴定

5.4.1 六级伤残判定标准
损伤致男性生育功能重度障碍；

5.4.2 七级伤残判定标准
损伤致男性生育功能中度障碍；

5.4.3 八级伤残判定标准
损伤致男性生育功能轻度障碍。

5.5 男性生育功能障碍工伤伤残等级鉴定

5.5.1 五级伤残判定标准
放射性损伤致男性生育功能重度障碍；

5.5.2 六级伤残判定标准
放射性损伤致男性生育功能轻度障碍。

5.6 伤病关系情形判定

有下列情形之一的，进行法医学鉴定时，应说明因果关系：
a）年龄 ≥55 岁；
b）服用对睾丸生精功能有抑制作用的药物达6个月以上；
c）确诊患有遗传性疾病的，如克氏综合症、Y染色体微缺失；
d）曾有过生殖内分泌系统外伤、疾病或手术史。

6 附 则

6.1 损伤所致男性生育功能障碍的鉴定须在伤后12个月以后进行。

6.2 如存在伤病关系情形，在评定时应分析因果关系，并说明因果关系的具体形式。

6.3 附录A是规范性附录，作为正文判定技术规范的细则，同时使用。

6.4 附录B是资料性附录，建议优先使用。

附 录 A
（规范性附录）
男性生育功能障碍判定细则

A.1 男性生育功能障碍

A.1.1 精子浓度
WHO《人类精液检查与处理实验室手册》（第5版）特别强调每次射精中精子总数的重要性，认为精子总数能更准确地反映睾丸生精功能和输精管道的通畅程度，精子总数是精子浓度与精液体积的乘积。精子浓度的参考值下限是 $15\times10^6/mL$。

A.1.2 精子活力
在WHO第5版手册中，将精子活动力分为前向运动（PR）、非前向运动（NP）、不活动（IM）。精子的前向运动情况与受孕有密切的关联。第5版手册将 PR$\geq32\%$、（PR+NP）$\geq40\%$ 作为精子活动力的参考值下限。

A.1.3 精子形态
精子形态分析的关键是评估正常形态的精子，精子包括头、颈、中段、主段和末段。光学显微镜下难以观察精子末段，因此可以认为精子由头（头和颈）和尾（中段和主段）组成。只有头和尾都正常的精子才认为是正常的，所有处于临界状态的精子均应认为异常。精子形态的参考值下限是严格正常形态率$\geq4\%$。

A.1.4　精浆生化

本技术规范所指的精浆生化异常,主要针对免疫性不育。抗精子抗体(AsAb)可致不育不孕,并且得到了证实。常规应检测血清或精浆中 AsAb。

A.1.5　精液分析方法

物理检查:测量精液的容积,观察精液的外观等。显微镜检查:测定精子的浓度,观察精子的形态,观察精子的活力。生物化学检查:果糖浓度能反应内分泌活性,中性α葡萄糖苷酶能反应附睾功能。免疫学检查:特异性的精浆抗体。

A.1.6　精液参数及参考值

根据《世界卫生组织人类精液检查与处理实验室手册》第5版,列出精液参数及参考值下限:精液量(1.5mL);精子总数(39×10^6/一次射精);精子浓度(15×10^6/mL);总活力(PR + NP,40%);前向运动(PR,32%);存活率(活精子,58%);精子形态学(正常形态,4%);其他共识临界点 pH 值 ≥ 7.2;过氧化物酶阳性白细胞($< 1.0 \times 10^6$/mL);MAR 试验(与颗粒结合的活动精子,<50%);免疫珠试验(与免疫珠结合的活动精子,<50%);精浆锌($\geq 2.4 \mu mol$/一次射精);精浆果糖($\geq 13 \mu mol$/一次射精);精浆中性葡萄糖苷酶($\geq 20mU$/一次射精)。

A.1.7　超声检查

超声检查是目前男性不育的常规检查项目,有助于发现睾丸、附睾、输精管等部位疾病,如睾丸萎缩、附睾梗阻、先天性输精管缺如、精索静脉曲张等。

A.1.8　内分泌激素检查

内分泌激素检查是目前男性不育的常规检查项目。测定睾酮、LH 和 FSH 的血清水平可以明确性腺机能减退的发生部位,血清促性腺激素水平增高而睾酮水平下降,提示睾丸功能异常引起的性腺功能减退,血清促性腺激素水平降低而睾酮水平下降,提示中枢性性腺机能减退。怀疑下丘脑或垂体的疾病须做 GnRH 刺激实验;对于催乳素增高的患者要做 TRH 刺激实验;男性女性型乳房患者须测定催乳素和雌二醇。

A.1.9　遗传学检查

染色体核型检查,有助于发现遗传性疾病。最常见的染色体异常包括:交互易位、Robertsonian 易位、臂间倒位。此外,Y 染色体微缺失检测,已逐渐成为无精症和少弱精子症的常规检测项目。

附　录　B
(资料性附录)
男性生育功能检查方法及其结果评价

B.1　男性生育功能检查

B.1.1　精液检查及方法

精液采集应在私密的房间内进行,采集前禁欲至少2天,最多7天。应至少重复检测2~3次,每次间隔7天~3周。

B.1.1.1　精液的外观

正常的精液质地均匀、呈灰白色,禁欲时间长时精液可略带黄色。如果精子浓度非常低或无精子,精液可能显得透明些。含有红细胞的精液可呈红褐色。如有黄疸或服用某些维生素,精液可呈黄色。

B.1.1.2　精液的体积

推荐采用称重的方法计算精液的体积:预先测定空容器的重量,采集精液后再次称重,减去原始重量得到的差值即为精液的重量,再除以精液比重就可计算精液的体积,精液的实际比重约为 1.014g/mL,实际工作中可用 1g/mL 替代;此外也可以将精液收集在广口带刻度量筒中直接读取精液体积。不推荐采用将容器中的精液转移到量筒或注射器中测定精液体积的方法,以免低估精液体积。正常男子每次射精量 $\geq 1.5mL$。在没有精液丢失的前提下,如果精液体积过少,应考虑先天性双侧输精管缺如、射精管梗阻等可能性。

B.1.1.3　精子浓度和精子总数

精子总数是精子浓度与精液体积的乘积,因此准确测定精子浓度十分重要。推荐采用改良 Neubauer 血细胞计数板测定精子浓度,检测前必须充分混匀精液标本,分别两次取样、两次稀释、两次检测。首先按事先估计的稀释倍数将精液稀释。标准稀释液的配制方法是:将 50g $NaHCO_3$ 和 10mL35% 甲醛溶液加入 1000mL 纯水中,如果需要可添加 0.25g 台酚蓝或 5mL 饱和甲紫溶液(>4mg/mL)加深背景显示出精子头部,4℃ 保存备用。向计数板吹气使其轻微湿润,再将盖玻片紧压向计数池的支柱,确保盖玻片紧贴计数池。用移液器吸取 10μl 刚刚稀释好的精液,将移液器吸头小心地接触一个计数池 V 形槽的下缘,利用毛细作用使精液标本充满计数池。计数池不应过满或不满,也不应移动盖玻片。同样将 10μl 标本加入到另一个计数池中。将血计数板水平放在湿盒内至少4min后开始计数。计数应使用200或400倍的相差显微镜,每份样本检测200个以上的精子以减低误差。应计数有完整结构的精子(有头和尾),有缺陷的精子(大头针状头或和无尾的精子头)应分开计数并记录。

血细胞计数板每个计数池共有9个网格,其中中央网格有5排,每排5个大方格。计数时,先评估一个计数池的中央网格,逐排计数,直到至少数到200个精子,并数完完整的一排。如果中央网格的5排中计数未满200个精子,那么还需计数与中央网格相邻的网格,直到数完至少200个精子。对于位于相邻两格分界线上的精子,只计数位于方格上界和左界的精子,而不计数位于下界和右界的精子。然后计数另一个计数池中相同体积的标本,计算两个计数池计数结果的总数和差异。两次计数之间的差异应在95%可信区间内,如变异过大应重新混匀标本再重复取样计数。计算两次计数的平均数作为最终的检查结果。根据精液稀释倍数计算原始精液中的精子浓度。

B.1.1.4 精子活力

精子的前向运动情况与受孕有密切的关联。在第5版手册中,将精子活动力分为前向运动(PR)、非前向运动(NP)、不活动(IM)。应在室温或带有加热37℃载物台的显微镜下进行精子活动力评估。要准确地评估精子活动力,应将精液充分混匀后,重复取样2次分别检测,先仔细观察网格区计数前向运动精子,接下来是在相同的网格内的非前向运动精子,最后是不活动精子。每个样本至少系统地观察5个视野,分析的精子应>200个。两次分析结果之间的差异应在95%可信区间内,如果两个样本之间的差异过大,则应重新混匀标本后重复取样检查。第5版手册将PR≥32%、(PR+NP)≥40%作为精子活动力的参考值下限,低于此下限时受孕的机会减低。

B.1.1.5 精子形态学评估

染色后使用1000倍油镜在亮视野下观察,应系统地选择涂片上多个区域进行评估,应评估每个视野中的所有精子,每张涂片至少评估200个精子以减低误差。两个重复取样的检查结果之间的差异应在95%可信区间内,计算其平均数作为标本的正常形态百分率。检测时仅评估具有头部和尾部的完整精子,不计数未成熟的生殖细胞。重叠的精子和头部枕在其他颗粒边缘的精子也不应评估。正常形态精子的参考值下限为4%。对所有异常形态精子进行分类,可能有助于临床和研究工作。可注明精子缺陷的类型并计算不同缺陷精子的百分比。游离的精子头部或尾部不作为精子计数,也不作为异常精子进行计数。如果所有精子都呈现一种特定的结构缺陷,比如小圆头精子、无尾精子头或大头针状精子,应予以正确的报告。

正常精子形态学:精子包括头、颈、中段、主段和末段。光学显微镜下难以观察精子末段,因此可以认为精子由头(头和颈)和尾(中段和主段)组成。只有头和尾都正常的精子才认为是正常的,所有处于临界状态的精子均应认为异常。精子头外形为光滑、轮廓规则的椭圆形,顶体区清晰,占头部的40%~70%,顶体区没有大空泡,小空泡不超过2个,空泡大小不超过头部的20%,顶体后区不含任何空泡。中段细长、规则,长度与头部大约相等,主轴与头部长轴在同一直线上,残留胞浆不超过头部大小的1/3。主段均一,比中段细,长约45μm,相当于头部长度的10倍左右,没有锐利的折角。

异常精子形态学分类:畸形精子百分率升高常与精子异常发生或附睾病变有关,畸形精子一般受精潜力较低。主要的精子缺陷类型有:①头部缺陷:大头、小头、锥形头、梨形头、圆头、无定形头、有空泡的头(未着色的空泡区域占头部20%以上或超过2个空泡)、顶体后区存在空泡、顶体过大(>头部70%)或过小(<头部40%)、双头以及上述缺陷的任何组合。②颈部和中段的缺陷:中段非对称地接在头部、过粗或不规则、锐角弯曲、异常细的中段和上述缺陷的任何组合。③主段缺陷:短尾、多尾、断尾、发卡形平滑弯曲、锐角弯曲、宽度不规则、卷曲或上述缺陷的任何组合。④过量残留胞浆:胞浆的大小超过精子头部的1/3。第5版手册提供了一系列精子正常和异常形态的精美图片,可供实验人员参考。

B.1.2 体格检查

通过体格检查,观察外生殖器及第二性征改变,并初步判断损伤及潜在的疾病。

B.1.3 内分泌激素检查

目前各实验室没有统一的参考值,应根据各实验室参考值判断其激素水平异常。如睾酮、雌二醇、促卵泡生成素、泌乳素等。

B.1.4 免疫学检查

抗精子抗体(AsAb)可致不育不孕,并且得到了证实。大量研究资料表明10%-30%的不育不孕者血清或精浆中可检到AsAb。常规筛查AsAb只需要检测 IgG。

B.1.5 超声检查

应用 B 超,可以发现生殖系统损伤或病变,如输精管、射精管、睾丸、附睾等。

B.1.6 染色体检查

通过染色体核型分析及 Y 染色体 AZF 微缺失检测,排除先天性不育,如克氏综合征等。

B.1.7 睾丸前因素

B.1.7.1 丘脑损伤或疾病

丘脑损伤:可以导致性腺机能减退,从而影响生殖功能。此外,存在一些如下临床疾病:卡尔曼综合征(Kallmann's syndrome)是低促性腺激素型性腺功能低下的一种综合征,由于下丘脑促性腺激素释放激素(GnRH)分泌障碍,导致促性腺激素分泌减少而继发性腺功能减退;选择性黄体生成素(luteinizing hormone,LH)缺乏症:又称生殖性无睾症,罕见,患者睾丸容积正常或略大,精液量少,偶见精子;选择性卵泡刺激素(follicle stimulating hormone,FSH)缺乏症:极为罕见,垂体 FSH 分泌不足,而 LH 正常,患者临床表现为有正常男性第二性征和睾丸容积,无精子症或极度少精子症。

B.1.7.2 垂体损伤或疾病

垂体功能不足:由于外伤、肿瘤、感染、梗死、手术、放射和肉芽肿性病变等影响垂体功能所致。血清性激素检测睾酮水平低下伴促性腺激素低下或正常偏低。全垂体功能障碍者,血清皮质激素低下,FSH 和生长素水平也低下。

高泌乳素血症:原发性高泌乳素血症常见于垂体腺瘤。泌乳素过高会引起 FSH、LH 和睾酮水平降低,导致性欲丧失、勃起功能障碍、男性乳腺增生和生精障碍等。

通过 MRI(磁共振成像)检查有助于发现垂体损伤或疾病。

B.1.7.3 损伤或疾病致激素异常

雌激素和(或)雄激素过多:外源性雄激素增多常见于口服激素、先天性肾上腺增生、有激素活性的肾上腺肿瘤或睾丸间质细胞肿瘤。过度肥胖、肝功能不全是雌激素增多的常见原因,还与一些能分泌雌激素的肿瘤如肾上腺皮质肿瘤、睾丸支持细胞瘤或间质细胞瘤有关。

糖皮质激素过多:能抑制 LH 分泌,导致精子发生、成熟障碍。多见于库欣综合征(Cushing's syndrome)或医源性摄入增加。

甲状腺功能亢进或减退:甲状腺功能的平衡通过垂体和睾丸两个层面来影响生精,甲亢或甲低可改变下丘脑激素的分泌和雌/雄激素比值,甲状腺功能异常约占男性不育病因的 0.5%。

B.1.8 睾丸性因素

B.1.8.1 先天性发育异常

不育男性约 6% 存在遗传物质异常,随着精子总数降低该比例逐渐增高,精子总数正常者中染色体或基因异常者为 1%,少精子症患者中为 4%~5%,无精子症患者中比例最高达 10%~15%。染色体或基因异常:①克氏综合征(Klinefelter's syndrome):又称先天性睾丸发育不全症,外周血染色体核型为性染色体非整倍体异常,90% 为 47,XXY,10% 为 47,XXY/46,XY 嵌合型。其特点是睾丸小、无精子及血清促性腺激素水平增高等。②XX 男性综合征(XX male syndrome):又称性倒错综合征,是由于 Y 染色体上性别决定基因(SRY)在减数分裂时易位到 X 染色体,但控制生精的基因(AZF)仍在 Y 染色体,导致无精子症。③XYY 综合征(XYY syndrome):是由于父亲精子形成的第二次减数分裂过程中 Y 染色体没有分离而受精造成的结果。④Noonan 综合征(Noonan syndrome):又称男性 Turner 综合征,染色体核型大部分为正常 46,XY,少数为 45,XO 或嵌合型(45,XO/46,XY)。⑤Y 染色体微缺失:约 15% 无精子症或重度少精子症患者存在 Y 染色体微缺失。常见的微缺失:AZFa,AZFb,AZFc。⑥其他较少见的综合征:无睾丸症(vanishing testis syndrome)、唯支持细胞综合征(stertoli-cell-only syndrome,SCOS)等。

B.1.8.2 生殖腺毒性损伤

常见有射线、药物、食物、生活和工作环境因素等。

B.1.8.3 全身性疾病

常见引起不育的系统性疾病包括肾衰竭、肝硬化与肝功能不全、镰形细胞病等。

B.1.8.4 感染(睾丸炎)

青春期后的流行性腮腺炎 30% 合并睾丸炎,常为单侧,双侧发病率为 10%~30%,睾丸萎缩是最常见的严重后果。

B.1.8.5 睾丸创伤和手术

睾丸创伤除导致睾丸萎缩外,还可激发异常免疫反应,两者均可导致不育。睾丸血管、输精管道的医源性损伤也会导致不育.

B.1.8.6 血管性因素

精索静脉曲张在不育症患者中的发病率为 35%~

40%，是目前公认的导致男性不育的因素之一。

B.1.8.7　睾丸扭转

可引起睾丸缺血性损伤，损伤程度与缺血程度和持续时间有关，一侧扭转可引起对侧睾丸发生组织学变化。

B.1.8.8　免疫性因素

由于自身抗精子抗体阳性导致男性不育症。

B.1.9　睾丸后因素

B.1.9.1　输精管梗阻

输精管道梗阻是男性不育的重要病因之一，梗阻性无精子症在男性不育患者中为7%~10%。

先天性梗阻：梗阻可发生于输精管道的任何部位，从睾丸网、附睾、输精管直到射精管开口。①囊性纤维化（cystic fibrosis，CF）：属常染色体隐性遗传病，几乎所有CF男性患者都伴有先天性双侧输精管缺如（congenital bilateral absence of the vas deferens，CBAVD）。②扬氏综合征（young's syndrome）：主要表现三联症：慢性鼻窦炎、支气管扩张和梗阻性无精子症。生精功能正常，但由于浓缩物质阻塞附睾管而表现为无精子症，手术重建成功率较低。③特发性附睾梗阻：罕见，1/3 患者存在囊性纤维变性基因突变，可能与囊性纤维化有关。④成人多囊肾疾病（adult polycystic kidney disease，APKD）：属常染色体显性遗传病，患者体内脏器多发性囊肿，当附睾或精囊腺有梗阻性囊肿时可导致不育。

获得性梗阻：主要为生殖系统感染、输精管结扎切除术、输精管损伤及感染所致射精管口梗阻等。而疝修补术应用补片后可出现输精管周围炎症反应，导致输精管梗阻。

功能性梗阻：干扰输精管和膀胱颈部神经传导的任何因素都可导致不射精或逆行射精，常见原因有神经损伤和服用某些药物等。

B.1.9.2　精子功能或运动障碍

精子多发鞭毛畸形：是由于精子运动器或轴突异常而导致精子运动能力降低或丧失。

成熟障碍：常见于输精管结扎再通术后。由于结扎后附睾管内长期高压损伤附睾功能，再通术后精子通过附睾时未获得正常的成熟和运动能力，导致精子总数正常，但精子活力低下。

B.1.9.3　免疫性不育

2%~10%的不育与免疫因素有关，抗精子抗体（antisperm antibody，AsAb）是免疫性不育的重要原因。常见原因有睾丸外伤、扭转、活检、感染或输精管梗阻、吻合手术后等。

B.1.9.4　感染

8%~35%的不育与男性生殖道感染有关，主要为感染导致输精管道梗阻、抗精子抗体形成、菌精症、精液白细胞增多症以及精浆异常。

B.1.9.5　性交或射精功能障碍

性欲减退、勃起功能障碍和射精功能障碍是男性不育症的常见原因；尿道下裂等解剖异常由于射出精液距宫颈过远而导致不育；糖尿病、膀胱尿道炎症、膀胱颈部肌肉异常、手术或外伤损伤神经均可导致不射精或逆行射精；不良的性习惯如性交过频、使用润滑剂等也会影响生育。

B.1.10　特发性生育功能障碍

特发性不育是指男性不育症找不到明确病因者，其影响生殖环节可能涉及睾丸前、睾丸性、睾丸后的一个或多个环节。目前倾向与遗传或环境因素等相关。

视觉功能障碍法医学鉴定规范

1. 2016年9月22日司法部司法鉴定管理局发布
2. SF/Z JD 0103004－2016

前　言

本技术规范按照 GB/T 1.1－2009 给出的规则起草。

请注意本技术规范的某些内容可能涉及专利。本技术规范的发布机构不承担识别这些专利的责任。

本技术规范由司法部司法鉴定科学技术研究所提出。

本技术规范由司法部司法鉴定管理局归口。

本技术规范起草单位：司法部司法鉴定科学技术研究所、中国政法大学证据科学研究院、苏州大学医学部、华中科技大学同济医学院。

本技术规范主要起草人：夏文涛、王旭、刘瑞珏、郭兆明、陈捷敏、王萌、陶陆阳、周姝、俞晓英、项剑、陈溪萍、陈晓瑞、刘冬梅。

本技术规范所代替规范的历次版本发布情况为：SF/Z JD0103004－2011。

1　范　围

本规范规定了视觉功能障碍检验、鉴定的基本原则、要求和方法。

本规范适用于各类人身伤害案件中涉及视觉功能障碍的法医学鉴定,其它需要进行视觉功能检验和评估的法医学鉴定亦可参照执行。

2 术语和定义

2.1 视觉功能 Visual Function

视觉功能的主要作用在于识别外物,确定外物以及自身在外界的方位,包括形觉、光觉、色觉等。主要通过视力、视野、双眼视、色觉等检查以评估视觉功能状态。

法医学鉴定中的视觉功能障碍主要是指视力减退与视野缺损。

2.2 视力 Visual Acuity, VA

视力,也称视锐度、视敏度,系指分辨物体表面两点间最小距离(夹角),用于识别物体形状的能力。

视力包括远、近视力。远视力是法医学鉴定中评价视敏度最常用的指标。

远视力评价的工具和记录方法以国际标准视力表与小数视力为准。

2.3 视力障碍 Visual Impairment

通常系指远视力障碍,有广义和狭义之分。广义的视力障碍即指视力较正常降低;狭义的视力障碍则指远视力降低至中度以上视力损害或盲目程度。

2.4 视野 Visual Field, VF

眼球正视前方一固定目标,在维持眼球和头部不动的情况下,该眼所能见到的空间范围称为视野。视野的大小通常以圆周度表示。

2.5 视野缺损 Visual Field Deficiency

若受检眼视野的周界缩小或视野的范围内出现不能看见的盲区,则属于视野缺损。依据视野缺损的大致形态特征,可分为向心性缩小、象限性缺损、偏盲、生理盲点扩大等。

2.6 双眼视觉 Binocular Vision

双眼视觉不仅具有两眼叠加的作用,可降低视敏度阈值,扩大视野,消除单眼视野的生理盲点,更可以形成立体视觉,使主观的视觉空间更准确地反映外在的实际空间。

3 鉴定原则

3.1 基本原则

视觉功能障碍的法医学鉴定应运用临床眼科学、视觉科学和法医学理论与技术,结合司法鉴定实践,在客观检验的基础上,全面分析,综合判定。

对于受检者自述伤后出现视觉功能障碍,鉴定人应根据眼器官结构的检查结果,分析其所述视觉功能障碍的损伤性病理学基础。对于无法用损伤性质、部位、程度等解释的视觉功能障碍,应排除损伤与视觉功能障碍的因果关系;对于与自身疾病(或病理基础)以及认知功能障碍有关的视觉功能障碍,应分析伤病关系。

3.2 鉴定步骤

3.2.1 审查鉴定材料

首先应详细了解外伤史。需要采集的材料主要包括病史材料,应尽可能全面、完整、充分地反映:①受伤时间、致伤物和致伤方式;②伤后主要症状和体征;③伤后主要诊疗经过,包括愈后情况。

必要时应了解伤前眼科病史(包括视觉功能情况),询问家族性疾病史、全身疾病史及用药史。

3.2.2 视觉功能检测

按受检者主诉视觉功能障碍的情况,检查其视力、视野等视觉功能情况。

3.2.3 眼部结构检查

按先右眼、后左眼,或者按先健眼、后伤眼的顺序,依次进行眼附属器、眼球前段、眼球后段结构的检查。其中裂隙灯显微镜检查、眼底检查等需在暗室内进行。必要时选择进行屈光、眼压、眼球运动、眼球突出度、双眼视、泪器、眼影像学等针对性检查。

应实时、客观、全面记录检查结果;有条件的应对检查结果摄片存档,以备复核。

3.2.4 伪盲或伪装视力降低的检验

对于疑有伪盲或伪装视力降低情况需进行鉴别检验的,可选择进行相应伪盲或伪装视力降低的检查,或者进行视觉电生理的检验。

3.3 结果评价

认定为损伤导致视觉功能障碍的,其障碍程度应与原发性损伤或者因损伤引起的并发症、后遗症的性质、程度相吻合。

认定为损伤导致视觉功能障碍的,其障碍程度应与伪盲或伪装视力降低检验的结果和/或视觉电生理的测试结果相吻合。

认定为损伤导致视觉功能障碍的,应排除本身疾病或病理基础的影响。

3.4 鉴定时机

视觉功能障碍的鉴定,原则上应在损伤或因损伤引起的并发症、后遗症医疗终结后方可进行。

上述医疗终结系指经临床医学一般原则所承认的医疗措施实施后达到临床效果稳定,即眼部损伤症状消失或稳定,眼部体征及视觉功能情况趋于相对固定。

一般而言,较轻的或不遗留明显视觉功能障碍的眼部损伤,鉴定时机可适当提前;若存在视觉功能障碍或者将以视觉功能障碍作为损伤程度鉴定、伤残程度评定主要依据的,推荐其鉴定时机为损伤之日起 90 日以后。

4 鉴定方法

4.1 眼部结构的一般检查

4.1.1 外眼的检查

检查眼眶、眼睑、结膜、眼球突出度、眼位、眼球活动,以及泪器、眼压。

4.1.2 眼前段的检查

采用裂隙灯生物显微镜或手电照射法,检查角膜、巩膜、前房、虹膜、瞳孔区、晶状体及前段玻璃体的结构。

4.1.3 眼后段检查

应用直接检眼镜等设备,检查玻璃体及眼底。

为扩大眼底检查的范围,提高准确性,在无禁忌证时可行扩瞳检查。

4.2 行为视力的检查

4.2.1 裸眼视力

4.2.1.1 准备

运用国际标准视力表。指定视标,嘱受检者读出。根据其读出的最小视标确定为其视力。检查距离一般为 5 米;检查室距离不足 5 米时,可采用平面镜反光的方法延长检查距离。视力表的悬挂高度应以 1.0 行与受检眼等高为宜。表的照明应均匀无眩光,光照度为 300~500 勒克斯(lux)。

若采用视力表投影仪,则可按使用说明书的要求,检查距离一般为 3 至 6 米。

4.2.1.2 检查

常规为先查右眼、后查左眼;也可先查健眼,后查伤眼。

戴镜者先测裸眼视力,然后测戴镜视力并记录矫正镜片的度数。以遮眼板遮盖一眼,查另一眼裸眼视力。自较大视标开始,在 3 秒钟内准确指出视标(缺口)的方向。待该行视标均被正确指认,可向下换行;若该行视标一半以上不能正确指认,应向上换行。

若受检者不能辨认最大视标的方向,则令其逐步走近视力表(最小距离为 1m),直至能够辨认视标方向为止。

若走近至 1m 时仍不能辨认最大视标的方向,则改为检查其数手指的能力。嘱受检者背光,检查者伸出若干手指,令其说出所见到的手指数。若受检眼不能辨认 1m 以内的手指数,则检查者改以手在受检眼前晃动,观察受检者能否辨认。若受检眼不能辨认手动,则检查其在暗室内有无辨认光感的能力,多以烛光(或聚光手电)投照受检眼,观察其能否辨认。

有光感视力的,必要时记录九方位(正前方、右上方、右方、右下方、前上方、前下方、左上方、左方、左下方)光定位。

4.2.1.3 记录

将能看清的最小视标代表的视力值记录下来,作为受检眼的视力。若最小视标行(如 1.0)有部分(未达半数,如 2 个)视标未能正确指认,可记录下该行视标所代表的视力,并在右上角记录未正确辨认的视标数,以负号表示(如 1.0^{-2})。若某行视标(如 0.9)全部均能准确辨认,下一行视标(如 1.0)中有个别视标也能辨认(未达半数,如 2 个),则记录均能辨认视标行所代表的视力数值作为该眼的视力水平,并在右上角记录下一行能辨认的视标数,以正号表示(如 0.9^{+2})。

检查数指能力时,若受检眼仅能辨清距受检眼 50cm 的手指数,则记录为数指/50cm(CF/50cm)。

检查识别手动能力时,若受检眼仅能辨认眼前 20cm 的手部晃动时,则记录为手动/20cm(HM/20cm)。

检查光感能力时,若能看到光,则记录为光感(LP),必要时记录能够辨认光感的最大距离(如 5m 光感或 LP/5m);否则记录为无光感(NLP)。

检查光定位时,依次检查正前方、右上方、右方、右下方、前上方、前下方、左上方、左方、左下方等共九个方位,分别以"+"表示能辨认,"-"表示不能辨认。

4.2.1.4 改变测试距离的视力换算

获知受检者逐步走近视力表能看清视标的最大距离,根据公式 $V = (d/D)V_0$(V 为受检者待测视力,V_0 为所看清最小视标所代表的视力水平,D 为正常眼看清该视标的距离,d 为受检者看清该视标的实际距离)换算受检眼的视力。例如:3m 处能看清 0.1 行视标,则视力为 $(3/5) \times 0.1 = 0.06$。

4.2.2 屈光状态

4.2.2.1 准备

若视力未达到正常水平(或低于鉴定标准规定的起点,如《人体损伤程度鉴定标准》轻伤二级规定的"视力

0.5以下"),应检查其有无屈光异常,以判断是否需行矫正视力的检查。

4.2.2.2 检查

可用针孔镜检查受检眼的视力,若视力有显著提高(比如提高2行或以上)时,提示其可能存在屈光异常。

也可用电脑验光仪和/或检影验光法了解有无屈光异常及其大致程度;对存有屈光异常的,行插片试镜,以观察能否提高视力水平。

4.2.3 矫正视力

针孔镜视力:若受检眼在针孔镜下视力可获得提高,可记录针孔镜视力。如裸眼视力为0.3,针孔镜下视力为0.6,则记录为:0.3,+针孔镜→0.6。

插片视力:插片试镜后视力有提高者,可记录插片视力。如裸眼视力为0.3,插-2.00Ds球镜时视力为0.8,则记录为:0.3,-2.00Ds→0.8。

对联合球镜和柱镜插片后视力有提高者,应记录联合球镜和柱镜的度数及其插片视力。如裸眼视力为0.3,试插-2.00Ds球镜联合-0.75Dc×90°柱镜时,视力为0.8,应记录为:0.3,-2.00Ds-0.75Dc×90°→0.8。

应检查并记录最佳矫正视力(包括针孔镜及插片试镜视力)。

4.3 视野检查

4.3.1 对比法视野检查

假定检查者视野完好。检查者与受检者相距1m相对而坐,检查者遮盖右眼,令受检者遮盖左眼,以检查其右眼。嘱受检者右眼固视检查者左眼。检查者伸出左手持一白色圆形视标或手指自颞侧向中心区域缓慢移动,令受检者在右眼余光看见该标志物时即行示意,以比较其视野范围与检查者之间的差异。重复该动作检查上方、下方、鼻侧等四个方向或再增加颞上、颞下、鼻上、鼻下至八个方向。以同法查受检者左眼。若两人同时看见视标或相差不多,表明受检者视野大致正常。

本检查法仅对受检眼的视野状况进行初步评估,难以获得准确、定量的结果。

4.3.2 手动视野计检查

手动视野计主要用于检查周边视野。一般先将视标由外向内移动,再由内向外移动,以比较两者的结果,必要时可重复检查。

4.3.3 计算机自动视野计检查

4.3.3.1 一般原则与方法

计算机自动视野计种类繁多,但原理相同,基本结构如下:①固定装置 包括固定头部的结构和供受检者固视的注视点;②视标及移动装置 视标可有不同直径大小(1、3、5、10mm),临床最常用的为3mm和5mm直径的视标。1mm直径的视标主要供检查中心暗点用。在一定情况下,亦可以依据中心视力好坏作为选择视标大小的参考;③照明 在检查过程中照明强度不能改变,重复检查时条件亦不能改变;④记录 通常为自动记录。

4.3.3.2 动态视野检查

动态视野检查是用同一刺激强度光标从某一不可见区(如从视野周边不可见区)向中心可见区移动,以探查不可见区与可见区分界点的方法。动态视野检查能够全面衡量视野范围,测定周边视野,对法医学鉴定具有重要意义,但在检测视野浅暗点时,敏感性较差。

法医学鉴定时推荐使用5mm直径的视标。

4.3.3.3 静态视野检查

视野缺损可以根据敏感度的消失与降低分为绝对缺损和相对缺损。静态阈值视野测定可以通过对受检眼光敏感度的检测定量分析视野缺损的程度,主要用于中心视野的检测。检查过程由计算机程序自动控制。

静态阈值视野测定是指用不同刺激强度的视标在同一位置依次呈现,让受检者感受出所用的最低刺激强度,即测得阈值,常用于相对视野缺损的检测。该方法可以反映视敏度下降的情况,超阈值静点检查采用阈值以上的刺激视标检测绝对视野缺损。

法医学鉴定时,视野检查的目的主要在于了解视野的大小,一般以动态视野检查结果为计算视野缺损范围的依据,但静态视野检查结果与动态视野检查具有较好的相关性,可以作为定性评价以及评估动态视野检查结果可靠性的有效手段。

4.3.4 视野缺损的评价

4.3.4.1 影响视野检查结果的因素

a)年龄:是影响心理物理检查的主要因素。随着年龄的增加,视网膜敏感性逐渐下降,等视线呈向心性缩小。

b)瞳孔大小:一般要求做视野检查时瞳孔直径大于3mm,过小会严重影响视野检查的结果,但过大则会影响视网膜成像的质量。

c)受检眼的明适应或暗适应程度:明适应状态时,黄斑的功能处于最佳状态;在暗适应状态时除黄斑中心凹外视网膜对光的敏感性有所提高。检查时,受检眼应充分适应视野计的背景照明。

d)固视情况:在视野检查时,固视的好坏对检查结果精确性的影响很大。应采用计算机视野计所附带的固视检测程序。

e) 屈光不正：未矫正的屈光不正不能使光标在视网膜平面形成焦点，检查结果不能代表真实的视野，因此检测时应选择适合的矫正镜片。

f) 学习效应：初次接受视野检查者在复查时，等视线常比初次结果略大。但随着视野复查次数增加，学习效应的影响会变小。

g) 人为因素：如镜片架边缘、矫正镜片、高假阳性率、高假阴性率等，在检查时应充分注意。

h) 检查技术方面：如检查者的经验，应用的视标、背景照明、刺激时间都会影响检查的结果。

4.3.4.2 视野缺损的评价

法医学鉴定标准中所指的视野均为周边视野，因此在鉴定实践中应行周边视野检查并依据相应的方法计算视野缺损程度。

具体计算、评价方法见附录 A。

4.4 伪盲及伪装视力降低的检验

4.4.1 伪盲

"伪盲"系指伪装失明。此处的"盲"完全失明（无光感），也即盲目 5 级。

4.4.2 双眼伪盲的检验

4.4.2.1 行为观察

伪盲者对检查一般不合作，或拒绝检查。令受检者两眼注视眼前某处目标，受检者多故意往其它方向看。

又如：双眼伪盲者通过障碍物时一般不会绊脚，而真盲者往往被障碍物绊脚。

4.4.2.2 视动性眼球震颤试验

令受检者注视眼前迅速旋转、画面有垂直线条的视动鼓，伪盲者可出现水平性、快慢交替，有节律的跳动型眼球震颤，即视动性眼球震颤；而真盲者不出现此种震颤。

4.4.2.3 瞬目试验

用手指或棉棒，在受检者不注意时，做突然出现在盲眼前的动作（切忌触及睫毛或眼睑），如为真盲则无反应，伪盲者立即出现瞬目动作。

4.4.3 单眼伪盲的检验

4.4.3.1 障碍阅读法

嘱受检者阅读距离 30cm 远的横排书报，让头与读物均固定不动；然后在受检者双眼和读物之间置一垂直笔杆，距眼约 10cm 左右；如仅用单眼必然会因眼前笔杆遮挡部分视线出现阅读障碍；如受检者继续阅读不受干扰，则证明其为双眼注视读物，此"盲眼"应属伪盲。

4.4.3.2 瞳孔检查

伪盲者双眼瞳孔应等大（需排除药物引起的瞳孔扩大）。观察瞳孔对光反射，伪盲眼直接对光反射存在，健眼间接对光反射也存在，但要注意外侧膝状体以后的损害，可不发生瞳孔大小、形状及对光反射异常。

4.4.3.3 瞬目试验

将健眼遮盖，用手指或棉棒，在受检者不注意时，作突然刺向盲眼的动作，但不要触及睫毛或眼睑，如为真盲则无反应，伪盲者立即出现瞬目动作。

4.4.3.4 同视机检查

用视角在 10°以上的双眼同视知觉型画片，在正常眼位，如能同时看到两侧画片，则表示双眼有同时视觉功能，所谓盲眼为伪盲。

4.4.3.5 三棱镜试验

a) Duane 试验：嘱受检者向前方看一目标，在所谓盲眼前放 $-6\triangle$ 的三棱镜，三棱镜底可向内或向外，注意该眼球是否转动；如为伪盲，则眼球必向外（三棱镜底向内时）或向内（三棱镜底向外时）运动，以避免复视。

b) 将所谓盲眼遮盖，在健眼前放一 $6\triangle$ 底向下的三棱镜，使其边缘恰好位于瞳孔中央，此时健眼产生单眼复视，然后去掉受检眼前的遮盖，同时把健眼前的三棱镜上移遮住整个瞳孔，如仍有复视则为伪盲。

c) 让受检眼注视眼前一点，以一底向上或向下的 $6\triangle$ 三棱镜置于健眼前，如果受检者出现复视，则为伪盲。

4.4.3.6 柱镜重合试验

又名 Jackson 试验。将 -5.00Dc 柱镜和 $+5.00$ Dc 柱镜两轴重合，此时镜片屈光度等于 0，放于健眼前，查双眼视力，然后转动任何一个柱镜片，使其与另一柱镜片轴呈垂直，则健眼视物模糊，再查视力，若视力仍不变则为伪盲。对于原有屈光不正者，应注意调整球镜片的度数。

4.4.3.7 雾视法

在健眼前放一 $+6.00$Ds 屈光度的球镜，在所谓盲眼前放 -0.25Ds 或 $+0.25$Ds 屈光度的球镜，如仍能看清 5 米远距离视力表上的视标时，则为伪盲。

4.4.3.8 雾视近距阅读试验

又名 Harlan 试验。在受检者健眼前置一 $+6.00$Ds 屈光度的球镜，使成为人工近视，令其阅读眼前 17cm 处的近视力表,在不知不觉中将视力表移远,如受检者仍能读出,则表示为伪盲眼的视力。

4.4.3.9 视野检查法
检查健眼视野,但不遮盖所谓盲眼,如果鼻侧视野超过60°,则可考虑为伪盲。

4.4.3.10 红绿色试验
用红、绿两色镜片分别置于受检者双眼试镜架上,令其阅读红字与绿字,若红、绿两色均能看出,则为伪盲。

4.4.3.11 意识试验
遮盖受检者健眼,并嘱其两臂半伸屈状,两手手指分开作接触运动,若受检者故意不能使两手接触,则"盲眼"为可疑。

4.4.4 伪装视力降低
伪装视力降低即行为视力检查结果与实际视力不相符合,受检者存在夸大视力下降(但未达无光感)程度的情况。

4.4.5 伪装视力降低的检验

4.4.5.1 变换测试距离法
受检者所能看清的视标的大小,与检查距离有关。如遮盖健眼,在5米处检查时仅能看到0.2行视标,然后令其走近视力表缩短检查距离,若在2.5米处仍只能看到0.2行视标,提示该眼可能为伪装视力降低。

4.4.5.2 视野检查法
检查视野,在不同距离、用不同光标检查的视野,若结果显示范围无变化,则可能为伪装视力降低。

4.4.5.3 雾视法
双眼分别查视力后,将镜架戴于受检者眼前,在健眼前放一+12.0Ds的球镜,在低视力侧放-0.25Ds的球镜,如双眼同时查视力,其视力较单独查低视力眼的视力好时,则该眼为伪装视力降低。

4.5 眼科特殊检查

4.5.1 眼超声探查
眼超声探查主要包括A型、B型超声以及UBM(超声生物显微镜)等技术。A型超声主要用于准确测距,B型超声可显示眼球整体图像,UBM能清晰显示前房角等细节特征。

B型超声一般有两种探测技术,包括:轴向探查和斜向探查。轴向探查时,眼球的玻璃体表现为无反射的暗区,眼球后壁和眶内组织的回声光带则呈W形,可显示视神经的三角形暗区,眼底光带呈现规则的弧形。斜向探查时,显示玻璃体暗区,眼球壁和眼内组织的回声光带也呈规则的弧形,不能显示视神经暗区。B型超声探查主要应用于以下眼部损伤或疾病:高度近视、玻璃体混浊、视网膜脱离、脉络膜脱离、眼内异物、玻璃体后脱离、玻璃体积血、玻璃体机化膜、晶状体脱位等。

UBM可用于观察角膜混浊、角膜厚度、房角宽度、虹膜离断或萎缩、晶状体脱位等局部的形态特征。

4.5.2 光相干断层扫描检查
眼科光相干断层扫描成像术(optical coherence tomography,OCT)是一种无创伤性的检查法,可在不扩瞳的条件下进行。可分别进行眼前段和眼后段的OCT扫描。

眼前段OCT可显示受检眼的角膜厚度、前房深度、虹膜厚度、前房角形态特征及晶状体前表面等,并对角膜、房角及虹膜等结构进行成像。

眼后段OCT可鉴别的结构依次为玻璃体、视网膜、视网膜神经上皮、视网膜色素上皮及脉络膜等,可测量视网膜神经纤维上皮层的厚度,可观察视网膜水肿、出血和渗出等病变,还可显示视网膜各层和脉络膜的病变。该技术可用于视神经、视网膜挫伤或萎缩、黄斑裂孔、视网膜下以及色素上皮下积液、视网膜脱离、脉络膜损伤等的观察。

4.5.3 同视机检查

4.5.3.1 同时知觉检查
1)主观斜视角检查:置入同时知觉(一级)画片,分别检查右眼裸眼注视、左眼裸眼注视、右眼戴镜注视、左眼戴镜注视下的主观斜视角。主观斜视角一般在5°(除非特别说明,一般均指圆周度)以下,超过5°具有诊断意义。

2)客观斜视角检查:主、客观斜视角差值不超过5°,为正常视网膜对应;差值超过5°为异常。

4.5.3.2 融合功能检查
置入融合功能(二级)画片,先查发散融合功能,再查集合(辐辏)融合功能。发散正常值范围为-4°~-6°;集合正常值范围为+25°~+30°。

必要时检查垂直发散和旋转发散。垂直发散正常值一般为2△~4△;旋转发散正常值为15°~25°。

4.5.3.3 立体视觉检查
置入立体视(三级)画片,对有无立体视进行检查。

4.5.3.4 九个诊断眼位的检查
置入立体十字画片。将双侧目镜分别调节至中心正前方、右上转15°、右转15°、右下转15°、上转25°、下转

25°、左上转 15°、左转 15°、左下转 15°，测定各方位下的斜视角。在能够测量主观斜视角的情况下，尽量测量主观斜视角；主观斜视角测定有困难的，客观斜视角也可作为评价指标。

结果判断：垂直方向斜视角 2°～3°以内为正常；水平方向 5°～6°以内为正常。通过了解斜视角最大的诊断眼位，可诊断眼肌损伤。

4.5.4 眼底荧光素血管造影（FFA）检查

眼底荧光素血管造影是眼底疾病的常用诊断手段，但有明显过敏体质、严重全身疾病及妊娠妇女应慎行。此外，尚需注意有无扩瞳禁忌。

造影前一般先拍摄眼底（彩色）照片。标准的眼底造影应自注射造影剂开始计时，并连续拍照，尽量包括全部眼底。

4.5.5 眼部放射学检查

眼部放射学检查可包括 X 线、CT 和 MRI。

眼部 X 线摄片主要用于检查眶壁骨折或眶骨感染，以及金属或其他不透 X 线的异物并予以定位。

CT 扫描是诊断眼眶骨折的可靠方法。应注意采用薄层扫描，必要时采用多方位扫描或者行图像重组等处置，避免漏诊。

MRI 能较好地显示眼部软组织（包括眼球）的解剖形态特征，并可定位非磁性异物。

4.6 视觉电生理检查

4.6.1 视网膜电图

4.6.1.1 一般原则与方法

若需评估视路和视皮层功能，应先检查视网膜的功能。视网膜电图（electroretinogram，ERG）是视网膜上瞬时光亮度变化所引起的光电反应，用于评价视网膜的功能。最常用的是全视野闪光视网膜电图（flash - electroretinogram，fERG），此外，还有图像视网膜电图（pattern - electroretinogram，P - ERG）。

推荐的视网膜电流图电位记录方法：作用电极置于角膜，地电极置于耳垂或乳突，参考电极置于前额中央或置于双极电极的开睑装置内。

视网膜电图各波的振幅和潜伏期是其主要评价指标。各实验室应建立所使用设备的正常值范围。

4.6.1.2 全视野闪光视网膜电图

应用全视野 Ganzfeld 球形刺激器，按照视觉电生理国际标准化委员会提出的视网膜电图国际标准，通常记录 5 个反应。根据刺激条件的不同，记录最大反应（即暗适应眼最大反应，系用标准闪光记录的视网膜电图）、视杆细胞反应（即暗适应眼视杆细胞反应，系用弱闪光记录的视网膜电图）、振荡电位（白色标准闪光刺激）、单次闪光视锥细胞反应（即明适应眼视锥细胞反应，系在背景光适应后，以标准闪光的高端刺激所记录的视网膜电图）、闪烁光反应（用 30Hz 闪光记录的视网膜电图）。上述各种检查方法，因成分起源不同，能分别反映视网膜不同细胞的功能状态。

受检者的准备：①充分扩瞳；②一般明适应或暗适应至少 20 分钟，如先前曾进行眼底照相等检查，则暗适应需 1 个小时；③保持眼球固视。

4.6.1.3 图像视网膜电图

观看视屏上明暗交替改变的条栅或棋盘格图像时，从角膜面记录到的电反应，系诱发的视网膜反应，能提供有关视网膜内层细胞的信息。图像视网膜电图信号很小，记录较为困难。根据刺激图像的翻转频率，分为瞬态图像视网膜电图和稳态图像视网膜电图。

受检者准备：①自然瞳孔；②注视刺激屏中央；③在最佳矫正视力状态下检查。

4.6.2 视诱发电位

4.6.2.1 一般原则与方法

视诱发电位（visual evoked potential，VEP）是闪光或图像刺激视网膜时在大脑视皮质内产生的生物电，反映从视网膜到视皮层视觉通路的功能状态，与视力有较好的相关性。值得注意的是，视诱发电位是反映视觉通路对刺激光或图像明暗变化的电反应，有时与主观的视力并非完全吻合。

记录方法：按照脑电图国际标准 10 - 20 系统放置电极，记录电极置于 Oz 位，即前后中线枕后粗隆上方 2～3cm、与两耳相平的连线上；参考电极置于 Fz 位，即鼻根部上方 5～8cm；地电极置于耳垂或乳突位。使电极接触部位的电阻符合仪器的允许范围。

推荐常用的视诱发电位技术包括：图像视诱发电位（panttern visual evoked potential，PVEP）、闪光视诱发电位（flash visual evoked potential，FVEP）。

视诱发电位的评价重点在于观察波形的分化以及 P100 波的潜伏期和振幅。

4.6.2.2 闪光视诱发电位

闪光视诱发电位的成分和大小存在很大的个体差异，常难以根据其潜伏期或振幅进行个体间比较，通常依据是否引出 FVEP 波形来判断视觉通路的完整性和两眼

4.6.2.3 图像视诱发电位

图像刺激方式主要有翻转棋盘格和条栅,根据刺激时间频率分为瞬态和稳态图像视诱发电位。通常测量其 N75、P100、N135 的振幅和潜伏期。

在视力优于 0.1 时,首选图像视诱发电位,应尽可能同时记录并比较双眼波形。

4.6.3 其他视觉电生理方法

视觉事件相关电位(visual event related potential, VERP)是一种特殊的视诱发电位,是特定的视觉刺激作用于感觉系统或脑的某一部位,在给与撤刺激时,在脑区引起的电位变化。包括视力、视野和色觉事件相关电位等三种刺激模式,可以作为评价相应视觉功能的参考。测量指标通常包括 C1、P100、N200、vMMN、P300 等振幅和潜伏期。

扫描图像视诱发电位(sweep visual evoked potential, SPVEP),以及多焦视网膜电图(mutifocal electroretinogram, mfERG)和多焦视诱发电位(mutifocal visual evoked potential, mfVEP)也可以作为视觉功能评估的参考。

4.7 眼外伤后斜视和复视的检查

4.7.1 眼外伤后斜视的一般检查

斜视即眼位不正。

斜视按其不同注视位置及眼位偏斜变化,可分为共同性和非共同性斜视。按其融合状态与表现形式可以分为:隐性斜视;间歇性斜视,又称恒定性斜视,属显性斜视范畴,为隐性斜视和显性斜视的过渡形式;显性斜视。

斜视可采用角膜映光法检测。在双眼正前方 33cm 以外,以烛光(或聚光手电)投照,嘱受检者双眼注视光源,观察双眼角膜映光点是否对称并且位于瞳孔中央。若映光点在瞳孔边缘者,大致相当于斜视 15°;在角膜边缘者,大致相当于斜视 45°。

可采用同视机的主观斜视角和客观斜视角精确测量斜视度数。

4.7.2 眼外伤后复视的检查

4.7.2.1 红玻片试验

红玻片试验是复视最常用的检查方法。该试验应在半暗室内进行。

一般将红玻片置于右眼前,在保持受检者头位不动的情况下,距眼正前方 50cm(也可为 1m)用烛光(或聚光手电)投照,检查并记录九个方位(右上方、右方、右下方、前上方、正前方、前下方、左上方、左方及左下方)下的检查结果。

结果判断原则:①首先询问复视像是水平分开还是垂直分开;②然后询问各方向复视像的分开距离;③确认周边像属何眼,则该眼的眼肌有受累。此方法适用于单条眼外肌麻痹造成的复视。

4.7.2.2 同视机检查法

可采用同视机的九个诊断眼位检查法与红玻片试验结果相互验证。也可通过同视机的其他检查方法加以鉴别,如复视者有的不能融合物像,有的融合范围会发生偏离;复视者在有复视的方向通常难以形成良好的立体视。

附 录 A
(资料性附录)
视觉功能障碍程度分级标准

A.1 视力障碍

此处所谓视力均指中心远视力。

A.1.1 视力正常的判断标准

远视力的正常值与人眼的发育有关。3 岁时的远视力正常值≥0.6;4 岁时≥0.8;5 岁时即≥1.0。

5 岁以上时一眼视力≤0.8 时,即为视力轻度降低(接近正常);若一眼视力≤0.5 时,则属视力降低。

A.1.2 低视力与盲目采用 WHO 分级标准(表 A.1)

表 A.1 盲及视力损害分级标准(2003 年,WHO)

分类	远视力低于	远视力等于或优于
轻度或无视力损害		0.3
中度视力损害(视力损害 1 级)	0.3	0.1
重度视力损害(视力损害 2 级)	0.1	0.05
盲(盲目 3 级)	0.05	0.02
盲(盲目 4 级)	0.02	光感
盲(盲目 5 级)	无光感	

A.2 视野缺损

A.2.1 视野正常的判断标准

正常眼球八个方位的视野度数值为:颞侧 85°、颞下 85°、下侧 65°、鼻下 50°、鼻侧 60°、鼻上 55°、上侧 45°、颞上55°。八个方位度数合计为500°。

A.2.2 视野缺损的计算方法

采用动态视野测试方法,读取受检眼周边视野实际检查结果中在以上八个方位的数值,并计算其合计值。以检测所得合计值除以正常值500,即得到视野有效值。

根据视野有效值,查表A.2,可以获知其残存视野所相当的视野半径。

表A.2 视野有效值与残存视野半径、直径对照表

视野有效值(%)	视野度数(半径)	视野度数(直径)
8	5°	10°
16	10°	20°
24	15°	30°
32	20°	40°
40	25°	50°
48	30°	60°
56	35°	70°
64	40°	80°
72	45°	90°
80	50°	100°
88	55°	110°
96	60°	120°

A.2.3 视野缺损的分级

根据查表2所获知的视野半径值,可换算成视野直径。根据表A.3,判断视野缺损程度。

表A.3 视野缺损的程度

视野缺损程度	视野度数(直径)
视野接近完全缺损	小于5°
视野极度缺损	小于10°
视野重度缺损	小于20°
视野中度缺损	小于60°
视野轻度缺损	小于120°

周围神经损伤鉴定实施规范

1. 2014年3月17日司法部司法鉴定管理局发布
2. SF/Z JD 0103005-2014
3. 自2014年3月17日起实施

前　　言

本技术规范按照GB/T 1.1-2009给出的规则起草。

本技术规范由司法部司法鉴定科学技术研究所提出。

本技术规范由司法部司法鉴定管理局归口。

本技术规范起草单位:司法部司法鉴定科学技术研究所。

本技术规范主要起草人:范利华、朱广友、高东、夏文涛、夏晴、田东。

本技术规范为首次发布。

1　范　　围

本技术规范规定了周围神经损伤法医学鉴定的检验和分析。

本技术规范适用于人体损伤程度鉴定、伤残等级鉴定中涉及周围神经损伤的法医学鉴定,其它相关法律规定涉及周围神经损伤的法医学鉴定也可参照使用。

2　规范性引用文件

下列文件对于本文件的应用是必不可少的。凡是注日期的引用文件,仅注日期的版本适用于本文件。凡是不注日期的引用文件,其最新版本(包括所有的修改单)适用于本文件。

SF/Z JD0103003　法医临床检验规范

3　术语与定义

下列术语和定义适用于本文件。

3.1　周围神经　peripheral nerves

周围神经包括脑神经、脊神经和植物神经,本规范涉及的是法医学鉴定中常见的臂丛及其重要分支(包括肩胛上神经、腋神经、肌皮神经、桡神经、正中神经、尺神经等)和腰骶丛及其重要分支(包括股神经、坐骨神经、腓总神经、胫神经等),以及脑神经中的面神经。

3.2　肌电图　electromyography,EMG

记录肌肉静息、随意收缩及周围神经受刺激时各种电特性的一门专门技术。狭义肌电图通常指运用常规同芯圆针电极,记录肌肉静息和随意收缩的各种电特性

广义的肌电图除上述常规肌电图外,还包括神经传导检测、重复神经电刺激、F波、H反射、瞬目反射、单纤维肌电图、运动单位计数、巨肌电图等。

3.3 复合肌肉动作电位 compound muscle action potential,CMAP

支配一块肌肉的神经直接或间接受到刺激后从这块肌肉上记录到的几乎同步发生的肌纤维动作电位的总和。

3.4 感觉神经动作电位 sensory nerve action potential,SNAP

记录电极只在感觉神经或者混合神经感觉分支上检测到的动作电位,实际上是复合感觉神经动作电位。

3.5 神经传导速度 nerve conduction velocity,NCV

动作电位沿神经或肌肉纤维的扩布速度,分为运动神经传导速度(motor nerve condution velocity,MNCV)、感觉神经传导速度(sensory nerve conduction velocity,SNCV)、自主神经传导速度(autonomic nerve conduction velocity)。

4 总 则

4.1 鉴定原则

4.1.1 对于因损伤引起周围神经功能障碍的法医学鉴定,应以被鉴定人原发性损伤,以及与原发性损伤有直接联系的并发症或后遗症为基础,根据临床表现,结合现有的神经电生理学技术和方法,尽可能采用肌电图多种测试项目组合,多种分析指标互相印证,全面分析,综合鉴定。

4.1.2 对于周围神经损伤与疾病(或既往损伤)并存时,应根据损伤或疾病(或既往损伤)对神经功能障碍后果原因力的大小,分析判断损伤在神经功能障碍后果中的作用。

4.1.3 对于周围神经损伤的法医学鉴定应该包括神经损伤的部位、性质和程度。

4.2 鉴定时机

周围神经损伤后遗功能障碍的鉴定应待医疗终结后,神经损伤后遗功能障碍相对稳定时进行。

4.3 鉴定方法

4.3.1 收集及审核与损伤相关的信息

4.3.1.1 接受委托前详细了解案情,关注致伤原因、致伤方式。收集与周围神经损伤有关的病历资料、诊疗过程、肌电图检查报告等资料。鉴定人应当注意肌电图的检测时机是否恰当,判断肌电图检查内容是否齐全(见4.3.2)以及肌电图检查中各项指标与损伤部位、临床表现是否吻合,并进行必要的复查。

4.3.1.2 根据损伤部位进行详细、全面的神经系统检查。根据神经损伤的症状和体征,初步判断神经损伤部位,并进行详细记录。体格检查方法按 SF/Z JD 0103003《法医临床检验规范》的要求进行。

4.3.2 电生理检验项目选择

可选择的电生理检验项目:

a)对于有周围神经损伤基础的,并有神经损伤症状和体征的,应进行神经电生理检查;

b)常规进行针极肌电图和神经传导检测;

c)针极肌电图检测取得肌肉放松状态下和不同收缩状态下的电活动;神经传导检测包括运动和(或)感觉传导检测;

d)检测应双侧对比,必要时进行 F波、H反射、体感和运动诱发电位检测。

5 周围神经损伤判定基准

5.1 臂丛损伤

5.1.1 臂丛损伤主要体征

臂丛损伤是指:

出现上肢6根神经(正中、尺、桡、肌皮、腋及前臂内侧皮神经)中任何两根神经联合损伤(非切割伤)即可诊断为臂丛损伤。臂丛以锁骨为界,将臂丛分为上、下两部,锁骨上部主要为臂丛根干部,锁骨下部主要为臂丛束支部。累及胸大肌及背阔肌为锁骨上部臂丛根干部损伤,不累及为锁骨下部臂丛束支部受损。

5.1.1.1 根性撕脱伤(节前损伤)

根性撕脱伤(节前损伤)主要表现为:

b)神经根在脊髓部位的丝状结构断裂,主要表现为撕脱神经根所对应外周神经分支的功能障碍;

c)全臂丛神经撕脱伤,主要表现为上肢呈全肌瘫;

d)非全臂丛神经撕脱伤,既可表现为单独某一神经根撕脱伤,亦可为某几个神经根撕脱伤;

e)颈5神经根损伤,主要表现为腋神经和正中神经损伤功能障碍(各主要神经分支功能障碍具体见下文),另外,颈5神经根的分支肩胛背神经支配的提肩胛肌功能障碍;

f)颈6神经根损伤,主要表现为肌皮神经和桡神经功能障碍;

g)颈8神经根损伤,主要表现为桡神经和正中神经功能障碍,且可有 Horner 综合征表现(如瞳孔缩小、眼睑

变窄、眼球内陷、半脸无汗等);

h)胸1神经根损伤,主要表现为桡神经和尺神经功能障碍,且可有 Horner 综合征表现。

5.1.1.2 臂丛神经干损伤

臂丛神经干损伤主要表现为:

a)上干损伤(颈5-颈6),主要表现为腋神经、肩胛上神经麻痹,致使肩关节不能外展、上举及外旋;肌皮神经麻痹,致使肘关节不能屈曲;三角肌表面、上臂和前臂外侧的感觉异常;

b)下干损伤(颈8-胸1),主要表现为正中神经麻痹,致使手指不能屈曲、拇指不能对掌;尺神经麻痹致使小指处于外展位,手指不能内收与外展,指间关节不能伸直;感觉异常发生在上臂、前臂及手部内侧面与第4、5指;下干分支支配的胸大肌胸肋部功能障碍。

5.1.1.3 臂丛神经束损伤

臂丛神经束损伤主要表现为:

a)后束损伤,主要表现为桡神经和腋神经功能障碍,同时伴有后束支配的背阔肌功能障碍;

b)外侧束损伤,主要表现为肌皮神经和正中神经功能障碍,同时伴有外侧束支配的胸大肌锁骨部功能障碍;

c)内侧束损伤,主要表现为正中神经和尺神经功能障碍,同时伴有内侧束支配的胸大肌胸肋部功能障碍。

5.1.1.4 全臂丛根性损伤

主要表现为上干与下干损伤的联合症状,并出现中干损伤的主要症状——桡神经损伤,上肢呈全肌瘫。除上臂内侧外,感觉均丧失。

5.1.2 臂丛损伤电生理特征

臂丛损伤电生理特征为:

a)EMG:根性撕脱伤(节前损伤)与节后损伤的 EMG 特征相同,相应神经根及其分支支配肌肉表现为异常针极肌电图特征,完全损伤时无运动单位电位;

b)NCV:①根性撕脱伤(节前损伤)的体感诱发电位有异常,完全损伤时体感诱发电位消失,但可以引出感觉神经动作电位。节后损伤既有体感诱发电位异常,亦有感觉神经传导异常,完全损伤时体感诱发电位和感觉神经动作电位均消失。②干或束完全损伤时,相应神经干或束及其分支支配肌肉电刺激时无 CMAP,感觉神经电刺激时无 SNAP。干或束不完全损伤时,相应分支 MNCV 减慢,CMAP 波幅下降,SNCV 减慢,SNAP 波幅降低。

5.2 肩胛上神经损伤

5.2.1 肩胛上神经损伤主要体征

肩胛部肌肉萎缩,外展起动困难,肌力明显下降,肩外展、上举、外旋受限。

5.2.2 肩胛上神经损伤电生理特征

肩胛上神经损伤电生理特征为:

a)EMG:支配肌(冈上肌、冈下肌)见异常针极肌电图特征,完全损伤则无运动单位电位;

b)NCV:①完全损伤时,电刺激不能引出 CMAP。②不完全损伤时,CMAP 潜伏期延长,波幅降低,且波形可离散。

5.3 腋神经损伤

5.3.1 腋神经损伤主要体征

感觉功能检查不可靠,小圆肌麻痹又不易单独查清,通过检查三角肌麻痹明确诊断。三角肌萎缩,呈方肩畸形,肩关节下垂半脱位,肩外展功能障碍。三角肌区表面皮肤感觉障碍。

5.3.2 腋神经损伤电生理特征

腋神经损伤电生理特征为:

a)EMG:支配肌(三角肌)见异常针极肌电图特征,完全损伤则无运动单位电位,在神经修复过程中可见新生、再生电位。

b)NCV:①完全损伤时,电刺激不能引出 CMAP。②不完全损伤时,CMAP 潜伏期延长,波幅降低,且波形可离散。

5.4 肌皮神经

5.4.1 肌皮神经损伤主要体征

上臂屈肌萎缩,主动屈肘功能障碍。前臂桡侧一狭长区皮肤感觉障碍。

5.4.2 肌皮神经损伤电生理特征

腋神经损伤电生理特征为:

a)EMG:支配肌(肱二头肌、肱肌、喙肱肌)见异常针极肌电图特征,完全损伤则无运动单位电位;

b)NCV:①完全损伤时,电刺激不能引出 CMAP,感觉支(前臂外侧皮神经)SNCV 消失。②不完全损伤时,CMAP 潜伏期延长,波幅降低,且波形可离散,感觉支(前臂外侧皮神经)SNCV 减慢,SNAP 波幅降低。

5.5 桡神经损伤

5.5.1 桡神经损伤主要体征

桡神经损伤主要体征为:

a)腋部损伤:上臂、前臂的伸肌群和唯一支配的屈肌

（肱桡肌）萎缩，伸肘、伸腕、伸指（包括拇指桡侧外展）和前臂旋后功能障碍，呈垂腕畸形。上臂外侧和前臂背侧皮肤、手背桡侧感觉功能障碍；

b) 上臂段损伤：伸肘功能可，伸腕、伸指和前臂旋后功能障碍。臂外侧和前臂背侧皮肤、手背桡侧感觉减退；

c) 前臂段损伤：伸腕功能基本正常，拇指桡侧外展功能受限，各指关节掌指伸直功能受限；手背虎口区麻木。

5.5.2 桡神经损伤电生理特征

5.5.2.1 腋部损伤

腋部损伤电生理特征为：

a) EMG：上臂、前臂的伸肌群和唯一支配的屈肌（肱桡肌）可见异常针极肌电图特征，完全损伤时无运动单位电位；

b) NCV：①完全损伤时，所有支配肌均不能诱发出 CMAP，感觉支（桡浅神经）的 SNAP 引不出。②不完全损伤时，上肢分段测定的 MNCV 减慢，各支配肌 CMAP 波幅降低，SNCV 减慢，SNAP 波幅下降。

5.5.2.2 上臂段损伤

上臂段损伤电生理特征为：

a) EMG：含肱桡肌以下所有伸肌群可见异常针极肌电图特征，而肱三头肌针极肌电图检查正常；

b) NCV：①完全损伤时，前臂伸肌不能诱发 CMAP，前臂桡浅神经 SNCV 引不出。②不完全损伤时，前臂、上臂 MNCV 均减慢，相应波幅下降，前臂桡浅神经之 SNCV 减慢，SNAP 波幅降低。

5.5.2.3 前臂段损伤

前臂段损伤电生理特征为：

a) EMG：前臂伸肌群（如桡侧伸腕肌、尺侧伸腕肌、伸指总肌、示指固有伸肌）可见异常针极肌电图特征，而肱桡肌针极肌电图检查正常；

b) MNCV：①完全损伤时，前臂伸肌的 CMAP 不能引出。②不完全损伤时，前臂 MNCV 减慢，波幅下降；

c) SNCV：桡浅神经 SNCV 可正常，亦可减慢或缺失。

5.6 正中神经损伤

5.6.1 正中神经损伤主要体征

正中神经损伤主要体征为：

a) 腋部损伤：拇指、示指、中指屈曲功能障碍，前臂屈肌萎缩，拇指不能外展、对掌和对指，大鱼际肌萎缩，手掌面的桡侧3指半皮肤感觉障碍；

b) 肘部损伤：同腋部损伤特征；

c) 腕部损伤：拇指不能外展、对掌和对指，大鱼际肌萎缩，拇、示指捏物功能障碍，手掌面的桡侧3指半皮肤感觉障碍；

d) 返支损伤：拇指运动功能障碍同腕部损伤，但无感觉功能障碍。

5.6.2 正中神经损伤电生理特征

5.6.2.1 腋部损伤

腋部损伤电生理特征为：

b) EMG：正中神经前臂及手部支配肌（如桡侧屈腕肌、屈拇长肌、拇短展肌等）可见异常针极肌电图特征（如插入电位延长、出现自发电位等），募集反应减弱或运动单位电位减少，完全损伤时无运动单位电位；

c) NCV：①完全损伤时，腋部以下 CMAP、SNAP 消失。②不完全损伤时，腋部以下各段 MNCV、SNCV 减慢，相应 CMAP、SNAP 波幅下降。

5.6.2.2 肘部损伤

肘部损伤电生理特征为：

a) EMG：同腋部损伤特征；

b) NCV：同腋部损伤特征。

5.6.2.3 腕部损伤

腕部损伤电生理特征为：

a) EMG：拇短展肌呈异常针极肌电图特征，完全损伤时无运动单位电位；

b) NCV：①完全损伤时，拇短展肌记录不到 CMAP，示（中）指的 SNAP 消失。②不完全损伤时，拇短展肌 CMAP 潜伏期延长，波幅下降；示（中）指至腕的 SNCV 减慢，SNAP 波幅下降。

5.6.2.4 返支损伤

返支损伤电生理特征为：

a) EMG：正中神经返支唯一支配的拇短展肌呈异常针极肌电图特征，完全损伤时无运动单位电位；

b) MNCV：①完全损伤时，拇短展肌记录不到 CMAP。②不完全损伤时，拇短展肌 CMAP 潜伏期延长，波幅下降；

c) SNCV：示（中）指至腕的 SNCV 正常，SNAP 波幅正常。

5.7 尺神经损伤

5.7.1 尺神经损伤主要体征

尺神经损伤主要体征为：

a) 腋部损伤：前臂支配肌（尺侧腕屈肌和环、小指指深屈肌)和手内在肌(包括所有的骨间肌、小指展肌和拇收肌)均存在功能障碍,表现为腕关节屈曲不能、环、小指末节屈曲功能障碍,小鱼际肌、骨间肌和第3、4蚓状肌萎缩,存在爪形手畸形、Froment 征(+),手指内收、外展功能障碍;手部尺侧半和尺侧1个半手指的感觉功能障碍;

b)肘部损伤:同腋部损伤特征;

c)腕部损伤:尺侧腕屈肌和环、小指指深屈肌功能保存,小鱼际肌、骨间肌和第3、4蚓状肌萎缩,存在爪形手畸形、Froment 征(+),手指内收、外展功能障碍;手部尺侧半和尺侧1个半手指的感觉功能障碍。

5.7.2 尺神经损伤电生理特征

5.7.2.1 腋部损伤

腋部损伤电生理特征为:

a)EMG:同肘部损伤特征;

b)NCV:①完全损伤时,腋部以下 CMAP、SNAP 消失。②不完全损伤时,腋部以下各段 MNCV、SNCV 减慢,相应 CMAP、SNAP 波幅下降。

5.7.2.2 肘部损伤

肘部损伤电生理特征为:

a)EMG:肘以下尺神经支配肌(小指展肌、第一骨间肌、尺侧屈腕肌)可见异常针极肌电图特征,完全损伤时无运动单位电位;

b)NCV:①完全损伤时,肘部以下 CMAP、SNAP 消失。②不完全损伤时,肘以下各段 MNCV、SNCV 减慢,相应 CMAP、SNAP 波幅下降。

5.7.2.3 腕部损伤

腕部损伤电生理特征为:

a)EMG:骨间肌、小指展肌可见异常针极肌电图特征,完全损伤时无运动单位电位;

b)NCV:①完全损伤时,小指展肌不能记录到 CMAP;小指刺激,腕部不能记录到 SNAP。②不完全损伤时,所获 CMAP 之潜伏期延迟,波幅下降;小指—腕之 SNCV 速度减慢,SNAP 波幅下降。

5.8 坐骨神经损伤

5.8.1 坐骨神经损伤主要体征

坐骨神经损伤主要体征为:

a)高位损伤时,小腿后外侧和足部的感觉功能障碍,膝关节不能屈曲、踝关节与足趾运动功能完全丧失、足下垂等,股后部肌肉及小腿和足部肌肉萎缩;

b)股后中、下部损伤时,膝关节屈曲功能保存。

5.8.2 坐骨神经损伤电生理特征

坐骨神经损伤电生理特征为:

a)损伤部位在臀部以下:股二头肌(长、短头)及腓总神经、胫神经靶肌群都可见异常针极肌电图特征,完全损伤时无运动单位电位,但臀肌无异常;

b)损伤部位在股部:股二头肌(短头)是特征性的定位指标;小腿部的腓总神经和胫神经有神经源性的损害表现;

c)H 反射:对高位坐骨神经损伤,意义较大。

5.9 腓总神经损伤

5.9.1 腓总神经损伤主要体征

腓总神经损伤主要体征为:

b)小腿前外侧和足前、内侧感觉功能障碍;

c)足内翻下垂畸形,足伸趾功能障碍;

d)背屈和外翻功能障碍;胫前肌及小腿前外侧肌肉萎缩。

5.9.2 腓总神经损伤电生理特征

腓总神经损伤电生理特征为:

a)EMG:腓总神经支配的胫前肌、腓骨长肌、伸拇长肌,趾短伸肌可见异常针极肌电图特征,完全损伤时无运动单位电位;如损伤平面在腘窝以上,股二头肌短头可见异常针极肌电图特征;

b)NCV:①完全损伤时,膝以下腓总神经 CMAP 引不出,感觉神经传导引不出。②不完全损伤时,膝以下 MNCV、SNCV 减慢,相应 CMAP、SNAP 波幅下降。

5.10 胫神经损伤

5.10.1 胫神经损伤主要体征

胫神经损伤主要体征为:

b)小腿后侧、足背外侧和足底感觉功能障碍;

c)踝关节跖屈、内收、内翻功能障碍;

d)足趾跖屈、外展、内收障碍,小腿后侧屈肌群及足底内在肌萎缩。

5.10.2 胫神经损伤电生理特征

胫神经损伤电生理特征为:

a)EMG:小腿后侧肌(腓肠肌、比目鱼肌)及足肌(趾短展肌)可见异常针极肌电图特征,完全损伤时运动单位电位消失;

b)NCV:①完全损伤时,小腿胫神经(腘窝—内踝段)的 CMAP 引不出,采用顺向或逆向法测量,感觉神经传导引不出。②不完全损伤时,小腿胫神经(腘窝—内踝段)的 MNCV 减慢,CMAP 波幅下降,SNCV 减慢,

SNAP 波幅降低。

5.11 股神经损伤
5.11.1 股神经损伤主要体征
股神经损伤主要体征为：

a) 髂窝部损伤：大腿前面及小腿内侧的感觉功能障碍；

b) 腹股沟处损伤：大腿内收及屈髋正常，但股四头肌萎缩，伸膝无力；大腿前面及小腿内侧皮肤感觉障碍；膝反射减弱或消失；腹股沟局部 Tinel 征阳性。

5.11.2 股神经损伤电生理特征
5.11.2.1 髂窝部损伤
髂窝部损伤电生理特征为：

a) EMG：髂腰肌、股内收肌群、股四头肌可见异常针极肌电图特征，完全损伤时运动单位电位消失；

b) NCV：①完全损伤时，股神经支配肌 CMAP 引不出，隐神经 SNAP 引不出。②不完全损伤时，大腿部股神经 MNCV 减慢，波幅降低，隐神经 SNAP 波幅降低。

5.11.2.2 腹股沟处损伤
腹股沟处损伤电生理特征为：

a) EMG：髂腰肌、股内收肌群无异常针极肌电图特征，股四头肌可见异常针极肌电图特征，完全损伤时运动单位电位消失；

b) NCV：①完全损伤时，股神经支配肌之 CMAP 引不出，隐神经 SNAP 引不出。②不完全损伤时，大腿部股神经 MNCV 减慢，波幅降低，隐神经 SNAP 波幅降低。

5.12 面神经损伤
5.12.1 面神经损伤主要体征
面神经损伤主要体征为：

a) 完全损伤，静态表现为前额纹消失、眼裂扩大、鼻唇沟变浅、口角下垂；动态表现为伤侧不能作皱额、蹙眉、闭目、露齿、鼓气和吹口哨的动作，露齿时口角歪向健侧；

b) 不完全损伤，则相应损伤分支所支配肌肉发生麻痹。如面神经颞支损伤，则其支配的额肌麻痹，表现为伤侧额纹消失或变浅，皱额不能或较健侧差；如颧支损伤，则其支配的眼轮匝肌麻痹，表现为伤侧眼裂增大，闭目较健侧差；如颊支损伤，则其支配的颊肌、口裂周围肌肉（如口轮匝肌）等麻痹，表现为伤侧鼻唇沟变浅，露齿、鼓气和吹口哨动作完成较健侧差；

c) 可有不同程度的（舌前 2/3）味觉障碍。

5.12.2 面神经损伤电生理特征
面神经损伤电生理特征为：

a) 完全损伤：面神经支配肌（额肌、眼轮匝肌、颊肌、口轮匝肌）可见异常针极肌电图特征，运动单位电位消失；

b) 不完全损伤：乳突予电极刺激时，面神经支配肌的复合肌肉动作电位波幅降低，潜伏期延长。

6 常见周围神经系统疾病的鉴别
6.1 颈椎病（颈神经根病变）
6.1.1 神经根型颈椎病主要体征
神经根型颈椎病主要体征为：

a) 颈、肩部疼痛，并沿神经根分布区向上肢放射，伴麻木，正中多为单侧，有时可伴有头痛、头晕、耳鸣等症状；

b) 颈椎棘突、棘旁可有压痛点，神经根牵拉试验、压颈试验多阳性，受累神经根支配区皮肤感觉减退，受累神经根支配肌肌力减退，严重者可出现肌肉萎缩；

c) 上肢腱反射迟钝，严重者甚至难以引出。

6.1.2 神经根型颈椎病电生理特征
神经根型颈椎病电生理特征为：

a) NCV：MNCV 一般正常。可出现 CMAP 波幅降低或 MNCV 轻度减慢，取决于受损的严重性。SNCV 和 SNAP 波幅正常；

b) EMG：可见自发电位，在受损早期大力收缩时，可出现混合相或单纯相；由于神经修复可出现高波幅、长时限的运动单位电位；

c) 判断神经根性病变要同时辨别出受累神经根的上界和下界。如怀疑颈 6 神经根病变，则需同时检测颈 5 和颈 7 支配肌肉以确定是否受累。同时在同一节段选择不同周围神经分布区的肌肉，更能证明根性受损。如怀疑颈 8 受累，同时选择小指展肌和拇短展肌，这样排除了尺神经或正中神经周围性损害所见的肌肉神经源性损害。

6.1.3 脊髓型颈椎病主要体征
脊髓型颈椎病主要体征为：

a) 四肢麻木、无力，僵硬，胸腹部有束带感，行走不稳甚至不能行走，下肢有踩棉花感；

b) 四肢感觉障碍，痛觉减退多见，少数下肢本体觉、振动觉消失；

c) 四肢肌张力增高，腱反射亢进，可引出病理反射，如踝阵挛、髌阵挛、霍夫曼征和巴彬斯基征。

6.1.4 脊髓型颈椎病电生理特征
脊髓型颈椎病电生理特征为：

a) 除上述神经根型的电生理特征外，尚需结合运动

诱发电位(MEP)和感觉诱发电位(SEP)检测以做出全面评估;

b)上肢 MEP 特征:诱发电位波幅降低,波形离散,潜伏期延长或左右两侧差值超过正常范围;

c)下肢 MEP 特征:MEP 反应缺失或潜伏期延长,且下肢比上肢更为敏感,是发现脊髓功能性受压的早期电生理依据;

d)下肢 SEP 特征:SEP 的潜伏期延长,波形异常。

6.2 腰椎病(骶神经根病变)

6.2.1 腰椎病主要体征

腰椎病主要体征为:

a)主要表现为腰4、腰5和骶1神经根受累,可有反复发作的腰腿痛,并可沿坐骨神经或股神经向下肢放射痛,伴相应神经支配区的皮肤感觉减退、麻木;

b)腰椎棘突、棘旁区压痛;

c)患肢直腿抬高试验多为阳性;

d)受累神经支配肌无力,严重者可萎缩,膝反射、跟腱反射可减弱甚至消失。

6.2.2 腰椎病电生理特征

腰椎病电生理特征为:

a)NCV:MNCV 一般正常。也可出现 CMAP 波幅降低,取决于病变的程度。SNCV 和 SNAP 波幅正常;

b)EMG:在受损早期,大力收缩时可出现混合相或单纯相;以后出现自发电位,由于神经修复出现高波幅、长时限的运动单位电位;

c)最常累及的是腰4、腰5和骶1。腰4选择股四头肌,腰5选择胫前肌,骶1选择腓肠肌。同样要确定神经根受累的上下界。棘旁肌的纤颤电位说明是后支分出以前的损害,可以与周围神经和神经丛病鉴别。

6.3 肘管综合症

6.3.1 肘管综合症主要体征

肘管综合症主要体征为:

a)手的精细动作不灵活,尺神经支配手部肌肉不同程度萎缩、无力,小指外展、内收不同程度受限,尺神经卡压严重者可出现爪形手畸形;

b)尺神经支配区感觉异常,如手掌、手背尺侧半和小指、环指尺侧半感觉减退、麻木等;

c)屈肘试验阳性,肘部 Tinel 征阳性。

6.3.2 肘管综合症电生理特征

6.3.2.1 神经传导检测

神经传导检测特征为:

a)神经选择:尺神经,跨肘进行分段传导检测,一般间隔2~3厘米逐段测试;

b)常见结果:在受损严重时,尺神经支配的相应肌肉 CMAP 波幅可降低,尺神经远端运动电位潜伏期可轻度延长。如发现2厘米距离的传导时间≥0.8毫秒,或波幅骤降者,可确定该处卡压。SNCV 和 MNCV 在卡压处减慢,传导速度必须较上下段慢10米/秒以上才能确诊。

6.3.2.2 针电极肌电图

针电极肌电图特征为:

a)肌肉选择:第一骨间肌和小指展肌,可同时选择拇短展肌作为与颈神经根病的鉴别诊断;

b)常见结果:相应肌肉表现为自发电位增多,以后随病程进展可出现高波幅、宽时限的神经源性损害。

6.4 腕管综合症

6.4.1 腕管综合症主要体征

腕管综合症主要体征为:

a)大鱼际肌有不同程度萎缩,拇指对掌功能不同程度受限;

b)手部麻痛,以拇指、示指、中指为主,但常伴有夜间麻醒史,活动后可缓解;

c)腕掌屈试验及腕部正中神经 Tinel 征阳性。

6.4.2 腕管综合症电生理特征

6.4.2.1 神经传导检测

神经传导检测特征为:

a)神经选择:正中神经和(或)尺神经,同时选择尺神经是作为鉴别诊断的依据;

b)常见结果:正中神经远端运动电位潜伏期延长,CMAP 波幅通常正常。SNCV 减慢(或)SNAP 降低。同侧的尺神经远端运动电位潜伏期和感觉传导正常。

6.4.2.2 针电极肌电图

针电极肌电图特征为:

a)肌肉选择:通常通过 NCV 的检测就可诊断。小指展肌的检测有助于和尺神经受累进行鉴别诊断;

b)常见结果:早期可表现为自发电位增多,募集相显示运动单位丢失现象,随病程进展可出现 MUP 时限增宽,波幅增高。

6.5 腓总神经麻痹

6.5.1 腓总神经麻痹主要体征

腓总神经麻痹主要体征为:

a)踝背伸足趾背伸无力,卡压严重者不能背伸和足外翻;

b）小腿前外侧和足背感觉减退；
c）腓骨小头处 Tinel 征阳性。
6.5.2 腓总神经麻痹电生理特征
6.5.2.1 神经传导检测
神经传导检测特征为：
a）神经选择：腓总神经、胫神经，跨膝进行分段传导检测，一般间隔 2～3 厘米逐段测试；
b）常见结果：以腓骨小头处嵌压性病变最为常见。腓总神经测定时常见腓骨小头上、下节段 SNCV、MNCV 减慢，也可见传导阻滞或异常波形离散。远端运动电位潜伏期和远端感觉传导速度和波幅可以正常，根据病变情况和严重程度也可有异常。胫神经感觉运动传导测定正常。
6.5.2.2 针电极肌电图
针电极肌电图特征为：
a）肌肉选择：胫前肌、腓肠肌，需要鉴别时根据情况可以选择股二头肌短头和股四头肌；
b）常见结果：胫前肌可见神经源性损害表现，腓肠肌正常。有时坐骨神经损害时也可出现类似腓总神经麻痹表现，股二头肌短头测定有助于鉴别。

7 附 则

7.1 本技术规范主要涉及与法医鉴定有关的周围神经损伤类型，若在鉴定中遇到本技术规范未涉及的周围神经损伤或疾病，可以比照本技术规范第 5 章、第 6 章相应部位或相同病因的类型，按照本技术规范鉴定方法进行鉴定。

7.2 本技术规范涉及的周围神经损伤电生理检测应符合附录 A 要求并参考附录 B 测试方法。

7.3 为司法鉴定提供神经肌电图检测的实验室应符合附录 A 的要求。

附 录 A
（规范性附录）
神经肌电图实验室规范

A.1 人员要求

A.1.1 技术人员
技术人员应具备以下资格条件：
a）医学（或者法医学）大专以上学历背景，熟悉神经解剖知识。
b）临床神经电生理学方面的专业技能培训累计 6 个月以上，熟悉神经电生理检测的原理和方法。

A.1.2 鉴定报告人员
鉴定报告人员应具备以下资格条件：
a）医学或法医学大学本科以上学历背景，熟悉神经解剖知识。
b）临床神经电生理学方面的专业培训累计 1 年以上，具有临床神经科或者神经电生理检测工作经验 3 年以上，熟悉周围神经电生理检测的原理和方法，并能对电生理检测结果做出正确解释，对检测报告结论负责。
c）同时还应满足《司法鉴定程序通则》关于司法鉴定人资格的要求，或者卫生部关于执业医师的要求。

A.2 环境要求

检测环境应符合以下要求：
a）检测的环境无外源性高磁场的干扰；
b）检测环境应安静，以免检测时受噪杂环境的影响；
c）检测环境应保持常温，以免皮肤温度过低而影响检测结果。

A.3 设备要求

A.3.1 电生理仪基本要求
电生理仪基本要求为：
a）进行周围神经损伤电生理检测的实验室应至少具备一台电生理仪，可以进行针极肌电图、运动和感觉神经传导检测、运动诱发电位检测和体感诱发电位检测等项目。
b）电生理仪应包括刺激器、放大器、平均叠加器、显示器、监听器及储存各种数据图像的电脑硬件以及报告打印装置。肌电图神经诱发电位仪自身前置放大器应具备电磁辐射隔离技术，保证良好的抗干扰能力。

A.3.2 电生理仪器的主要技术指标
电生理仪器的主要技术指标为：
a）放大器：必须满足具有高输入阻抗、低噪声和宽大动力范围的特点。一般输入阻抗应在 100 千欧以上，内部噪声应小于 3 微伏，共模抑制比应大于 100 分贝。
b）刺激器：刺激方式应包括重复、单次、序列等方式，刺激频率、脉冲宽度、刺激强度均可连续可测。
c）监听器：可监听肌电声音的外置扬声器或耳机。

A.4 检测方法要求

A.4.1 针极肌电图检查
A.4.1.1 检测前准备
检测前应做好以下准备：

a) 询问详细损伤史,根据损伤部位做全面的神经系统检查,做出初步诊断后,评估操作此项目的必要性;

b) 排除肌电图检查禁忌症,包括易出血倾向,如血液疾病、抗凝血或抗血小板药物使用等,防止因针极肌电图造成出血,引发并发症;

c) 向被检查者及家属解释肌电图检查的目的、操作过程,以及可能的并发症。

A.4.1.2 针极肌电图检测实施

针极肌电图检测实施步骤为:

a) 根据损伤或疾病部位,结合体格检查结果,选择被检神经的支配肌肉,确定要下针的部位。具体方法详见附录B;

b) 检查者开始检查前洗手、戴手套,予以下针部位皮肤以医用酒精棉球消毒,并待其干燥;

c) 下针时,请被检者放松肌肉,检查中,要被检者肌肉用力收缩时,应特别小心,当肌肉开始收缩前,针尖置于皮下,而每当肌肉收缩或放松时,都应将针尖移至皮下,待肌肉保持固定力量再插入;

d) 插入时的肌电活动:以同心圆针针电极快速插入肌腹,扫描速度为50~100毫秒/厘米,灵敏度为100微伏/厘米,观察针极插入时电活动的特点及有无肌强直、肌强直样放电或插入电活动延长;

e) 肌肉松弛时的电活动:扫描速度为5~10毫秒/厘米,灵敏度为100微伏/厘米,观察有无自发电位,如纤颤电位、正锐波和束颤电位;

f) 小力收缩(轻收缩)时的肌电活动:肌肉轻度收缩时,测定20个运动单元电位的平均时限与平均电压,及多相电位的百分数。为测定运动单位平均时限,必要时应在同一肌肉选择2~3个不同位置进行检查。为避免误差,每个波要同时出现2~3次,方能计算在内。时限是从基线最初的偏斜处起到最后偏斜回基线为止。运动单位的位相以波峰越过基线者为准;

g) 大力收缩时的肌电活动:扫描速度50~100毫秒/厘米,灵敏度为500微伏/厘米~1毫伏/厘米。被检者以最大力量收缩受检肌肉时,观察募集反应类型(包括干扰相、混合相、单纯—混合相、单纯相、少量MUP、无MUP),必要时测量其波幅峰值。

A.4.1.3 针极肌电图结果判断

A.4.1.3.1 正常针极肌电图

正常针极肌电图特征为:

a) 静息电位:当肌肉完全放松时,不应出现任何失神经电位(纤颤电位、正锐波),即示波屏上一般应呈现一条直线。但少数人的正常肌肉可于一个部位出现偶发的自发电位;

b) 插入电位:是针电极插入肌肉纤维或神经末梢的机械刺激产生的成簇的、伴有清脆声音、持续时间300毫秒左右的电位,针电极一旦停止移动,插入电位即消失;

c) 终板区的电活动:包括终板噪音和终板电位,系针极插在终板区或肌肉神经纤维引起,被检者诉进针处疼痛。前者波幅为10~50微伏,时限为1~2毫秒;后者波幅100~200微伏,时限为3~4毫秒。终板区电活动的声音似贝壳摩擦的杂音;

d) 运动单位动作电位(MUAP):面部肌肉较短(2~9毫秒),四肢肌肉较长(7~15毫秒)。低温、缺氧和年龄增加均可使时限延长。肌肉多相波一般不会超过20%,三角肌不超过25%,胫骨前肌不超过35%;

e) 募集电位:应为干扰相,波幅通常为2~4毫伏。

A.4.1.3.2 异常针极肌电图

异常针极肌电图特征为:

a) 插入电位增多或减少,或者时限延长;

b) 出现自发电位:包括正锐波、纤颤电位、束颤电位、复合重复放电、肌颤搐放电、肌强直放电等。在一块肌肉2~3个部位出现自发电位(纤颤电位、正锐波)是神经源性损害的可靠表现;

c) 运动单位电位异常:神经源性损害表现为时限增宽、波幅升高及多相波百分比增多;若需定量,则计算20个运动单位电位的平均时限,较正常值延长20%以上提示异常;多相电位的百分数明显增多,亦提示异常。肌源性损害表现为时限缩短、波幅降低和多相波百分比增多;

d) 募集电位异常:神经源性损害表现为高波幅的单纯相或混合相;而肌源性损害表现为低波幅的干扰相即病理干扰相。在神经源性疾病的早期,可仅出现自发电位和募集电位的异常,无运动单位电位的改变。募集电位是肌电图重要的指标,不能遗漏,但检测者需注意,募集电位受被检者主观配合程度的影响,检测时应注意重复检查和判断该检测结果的可靠性,必要时可在报告中注明;

e) 以上4项中必须具备a)、b)2项之一,尤其以b)项最为可靠,然后参考其它两项,方可认定存在神经源性损害。

A.4.2 神经传导速度检查

A.4.2.1 检测前准备

检测前应做好以下准备:

a)温度:实验室环境温度应保持在常温。被检者皮肤温度是影响神经传导速度的重要因素,应不低于29摄氏度,重复测试应控制温度一致性;

b)刺激强度和时限:给予电刺激时,必须注意安全,刺激强度应逐步升高,达到超强刺激(即波幅不再升高)后再增加10%~30%电量即可;刺激时限一般为0.1毫秒或0.2毫秒;

c)接地电极有助于消除干扰,应置于刺激电极与记录电极之间,并确保与皮肤接触良好;

d)对于安装有心脏起搏器的患者,不应进行神经传导检测;对于体内植入了心律转复设备或除颤器时,应咨询心脏专科医师,刺激器要远离植入设备15厘米以上,必须接好地线,并且刺激电流的时限不应超过0.2毫秒;

e)不要将刺激电极置于心脏区域,刺激电极、记录电极和地线应置于肢体同一侧,以减少通过躯体的泄漏电流;

f)表面电极和环状电极与肢体皮肤接触点用75%酒精去除皮肤表面油渍。

A.4.2.2 运动神经传导检测

A.4.2.2.1 电极放置

电极放置的一般方法为:

a)刺激电极使用表面电极(如马鞍桥电极、贴片电极等),置于神经干在体表的投影上,阴极置于远端,阳极置于近端;阴极和阳极之间的距离一般为2厘米;

b)记录电极置于被测神经支配肌肉的肌腹上,参考电极置于肌肉附近的肌腱或其附着点上,通常使用表面电极(贴片电极等)做记录电极,但当检测支配肢体近端肌肉的神经时(如肩胛上神经、腋神经、肌皮神经、桡神经、股神经、坐骨神经等)或使用表面电极所引出的复合肌肉动作电位波幅不够理想时,通常使用同芯圆针电极,即将针电极刺入被检神经支配肌肉的肌腹中(如腋神经支配的三角肌,肌皮神经支配的肱二头肌,桡神经支配的肱三头肌,股神经支配的股直肌,坐骨神经支配的股二头肌等)。

A.4.2.2.2 表面电极放置

表面电极放置方法为:

a)正中神经:近端刺激点置于肱骨内上髁上方,远端刺激点在腕横纹中点(掌长屈肌腱与指浅屈肌腱之间),记录电极置于手拇短展肌;

b)尺神经:近端刺激点置于肱骨内上髁与尺骨鹰嘴窝之间,远端刺激点在腕横纹尺侧缘,记录电极置于手小指展肌;

c)腓总神经:近端刺激点放置于腓骨小头外下方,远端刺激点在外踝横纹处,记录电极置于拇趾短伸肌;

d)胫神经:近端刺激点置于腘窝中央,远端刺激点在内踝后部,记录电极置于拇展肌。

A.4.2.2.3 测试方法

测试方法为:

a)给予单脉冲方形波刺激,频率1~1.5次/秒,每次0.1~0.2毫秒,刺激强度达超强刺激后可适当再增加一定强度;

b)运动神经传导检测的主要指标包括近端、远端潜伏期,近端、远端复合肌肉动作电位波幅,以及神经传导速度(两刺激点之间);

c)测量从刺激到诱发电位波形开始出现的时间,称潜伏期(单位为毫秒),分别测定近端刺激点和远端刺激点的潜伏期,两者之差即为该段神经两刺激点之间的传导时间(单位为毫秒)。复合肌肉动作电位波幅为测量诱发电位波形的峰—峰间最大高度(单位为毫伏);

d)用皮尺或卷尺精确测量近端刺激点与远端刺激点间的距离,即为该段神经两刺激点间的长度(单位为毫米)。

A.4.2.2.4 异常结果判断

异常结果为:

a)运动神经传导速度减慢(较健侧检测结果减慢20%以上或小于正常平均值-2个标准差)或远端运动潜伏期延长(超过健侧检测结果20%以上或超过正常平均值+2个标准差);

b)运动诱发电位波幅明显下降(较健侧检测结果降低20%以上或低于1毫伏)或波形明显复杂者(超过4相者);

c)运动神经传导速度(米/秒)=距离(毫米)÷传导时间(毫秒)。

A.4.2.3 感觉神经传导检测

A.4.2.3.1 测试前准备

测试前应做好以下准备:

a)除检测上肢的正中神经、尺神经需使用环状电极绕于相应的手指上,其它一般均采用表面电极置于神经干在体表的投影上;

b)顺行性感觉神经传导检测,刺激电极(使用表面电极时)置于神经干在体表的投影上,而刺激电极(使用环状电极时)绕于相应的手指或足趾上,阴极置于近端,

阳极置于远端,阴极和阳极之间的距离一般为2厘米左右。记录电极和参考电极均置于神经干在体表的投影上,参考电极置于近端;

c)逆行性感觉神经传导检测,刺激电极即为顺行法的记录、参考电极位置,而记录、参考电极为顺行法的刺激电极位置。

A.4.2.3.2 表面电极放置

表面电极放置方法为:

a)正中神经:刺激电极(环状电极)一般置于示指、中指,记录电极置于腕横纹中点(掌长屈肌腱与指浅屈肌腱之间),接地电极置于手背面;

b)尺神经:刺激电极(环状电极)一般置于小指,记录电极置于腕横纹尺侧缘(尺侧腕屈肌腱),接地电极置于手背面;

c)桡浅神经:刺激电极(表面电极)一般置于前臂中段,记录电极置于虎口区,接地电极置于手背面;

d)腓浅神经:刺激电极(表面电极)一般置于腓骨中段旁,记录电极置于足背上(内、外踝连线中点处),接地电极置于刺激电极和记录电极之间;

e)腓肠神经:刺激电极(表面电极)一般置于足跟上12厘米处,记录电极置于外踝下方,接地电极置于刺激电极和记录电极之间;

f)足底内外侧皮神经:刺激电极(表面电极)一般置于内踝下,记录电极置于趾短展肌或小趾展肌处。

A.4.2.3.3 测试方法

测试方法为:

a)给予单脉冲方形波电刺激,1~1.5次/秒,每次0.1~0.2毫秒,增大刺激强度至被检者感觉指或趾明显发麻(恒流刺激器的刺激量一般用30~40毫安,最大不超过50毫安)。需用叠加装置,叠加次数可根据图形的清晰度来定,一般叠加10~20次;

b)感觉神经传导检测的主要指标包括潜伏期、感觉神经动作电位(SNAP)波幅,神经传导速度(刺激点至记录点之间);

c)测量从刺激开始到诱发电位波形开始出现的时间,称潜伏期(单位为毫秒)。感觉神经动作电位波幅为测量诱发电位波形的峰—峰间的最大高度(单位为微伏);

d)用皮尺或卷尺精确测量刺激点与记录点间的距离,即为该段神经两点间的长度(单位为毫米)。

A.4.2.3.4 异常结果判断

异常结果有:

a)感觉神经传导速度减慢(较健侧检测结果减慢20%以上或小于正常平均值-2个标准差);

b)感觉动作电位波幅下降(较健侧检测结果降低20%以上或小于正常平均值-2个标准差);

c)传导速度(米/秒)=距离(毫米)÷传导时间(毫秒)。

A.4.2.4 F波测定

F波测定方法为:

a)F波的检测方法同运动神经传导检测,不同的是刺激电极的阴极置于近端;

b)观察指标:最短潜伏期、最长潜伏期和平均潜伏期;F波出现率;F波传导速度;

c)F波异常的判断标准:潜伏期延长或速度减慢、出现率降低或波形消失。

A.4.2.5 H反射

H反射测定方法为:

a)H反射的检测方法:记录电极置于刺激神经支配的肌肉肌腹,阴极朝向近端,阳极在远端。与F波不同,刺激强度为低强度,通常出现F波后降低刺激强度直至出现稳定的H波;

b)观察指标为H反射的潜伏期、波幅和波形等;

c)H反射异常的判断标准:H反射潜伏期延长,两侧差值大于均值2.5倍或3倍标准差;H反射未引出;

d)H反射潜伏期与年龄、身高有关,建议采用公式计算。H反射潜伏期(毫秒)= -1.10 + 0.16 × 身高(厘米) + 0.06 × 年龄(岁) + 2.8。

A.5 神经源性损害电生理检测结果判定原则

神经源性损害电生理检测结果判定原则为:

a)周围神经损伤的电生理判断一般情况下不能仅单纯依靠某一单项检测技术做出,应通过多项检测技术综合判断;

b)对于混合性周围神经,必须至少进行针极肌电图和运动/感觉神经传导检测;

c)对于单纯运动性周围神经,必须至少进行针极肌电图和运动神经传导检测;

d)对于单纯感觉性周围神经,若不需要排除运动神经的损伤,则可仅进行感觉神经传导检测;

e)需注意与周围神经系统相关疾病、既往陈旧损伤以及中枢神经系统的损伤或病变进行鉴别;

f)运动/感觉神经传导检测正常参考值的选择,推荐首先选择与自身健侧(非损伤侧)检测值进行对照,然后

可与实验室的正常参考值进行比较;

g)若不能与健侧(非损伤侧)进行比较时,则推荐与实验室正常参考值进行对照;

h)实验室应建立正常参考值基础数据,对于尚未建立的,可参考国内较为标准的实验室的正常参考值(本技术规范推荐参照北京协和医院神经科肌电图实验室/复旦大学附属华山医院手外科肌电图实验室公布的数据);

i)对于针极肌电图检测而言,目前其主要观测指标为定性指标,一般不需与正常参考值进行比较;对于部分可定量指标,如运动单位电位和募集电位的波幅,由于影响因素较多,不推荐与其他实验室参考值进行比较,若确有比较的需要,建议与自身健侧同组肌肉检测结果进行对照。

A.6 检测报告

报告内容应当能够全面、准确、真实地反映检测过程,提供判断结果的信息。

A.6.1 报告基本信息

应包括检测单位名称、设备名称及型号、被检测人姓名、年龄、性别、检测编号、检测时室内温度(有条件者可包括被检测人体表温度)、检测项目名称、检测结果(表格或图形均可)、检测意见、检测者姓名和检测日期。

A.6.2 针极肌电图报告

应包括检测肌肉名称,左侧和(或)右侧,不同状态下的肌电活动变化,包括插入电位、完全放松(静息)、随意(主动)轻收缩、大力收缩时的波形、相位、波幅等。

A.6.3 神经传导检测报告

应包括检测神经名称,刺激和记录的部位,刺激强度,距离,潜伏期,速度,波幅,波形等,注明是否进行双侧对比。

A.6.4 其他

F波:应包括潜伏期、速度和出现率等。H反射:应包括潜伏期、波幅和波形等。

A.6.5 报告诊断意见

应对各检测项目的阳性和阴性发现予以详细和客观的描述,提示性意见应包括对周围神经损伤的定性、定位和定量的诊断,必要时可比较与既往电生理检测结果的动态改变出具提示性意见。

附 录 B
（资料性附录）
周围神经支配主要肌肉的针极肌电图检查方法

B.1 面 肌

B.1.1 额肌

检查方法为:

——神经支配:面神经颞支支配;

——进针部位:眉中点上约两指宽处水平进针,深0.5~1厘米;

——完成动作:眉毛上抬,目上视。

B.1.2 眼轮匝肌

检查方法为:

——神经支配:面神经颧支、颊支支配;

——进针部位:目外眦处水平向内进针,深为0.5~1厘米;

——完成动作:用力闭目;

——注意事项:嘱患者闭目同时轻轻张口,放松下颌,以免记录到咬肌或颞肌的电位。

B.1.3 口轮匝肌

检查方法为:

——神经支配:面神经颊支、下颌支支配;

——进针部位:口角处水平向内进针,深0.5~1厘米;

——完成动作:用力鼓腮吹气;

——注意事项:口轮匝肌含有从一侧至另一侧交叉的肌纤维,故单侧失神经时有可能在患侧记录到正常侧的肌纤维活动,应予鉴别。

B.2 躯 干 肌

B.2.1 颈棘旁肌

检查方法为:

——神经支配:各节段脊神经后支支配;

——进针部位:患者取坐位,放松肩部,含胸低头,于所检颈段棘突旁约2.0厘米处垂直进针;

——意义:颈椎旁肌有损伤表现常提示神经根性损伤,但不能提示神经根序数;

——注意事项:患者低头使下颌靠近前胸,尽量放松,以避免肌电干扰。部分患者肺组织可延伸至锁骨上,距皮肤表面较近,故检测颈胸段棘旁肌时,进针轻轻向上,深度约2毫米,以尽可能减少气胸发生的可能。

B.2.2 腰椎旁肌

检查方法为：

——神经支配：各节段相应脊神经后支支配；

——进针部位：患者俯卧放松，于所检腰椎棘突旁2厘米左右垂直进针；

——意义：椎旁肌有损伤表现常提示神经根性损伤，但不能提示神经根序数；

——注意事项：为使腰椎旁肌完全放松，可置一小枕头于腹下，并嘱患者轻轻抬髋。

B.3 上肢主要肌肉

B.3.1 第1背侧骨间肌

检查方法为：

——神经支配：尺神经－内侧束－下干－颈8、胸1根；

——进针部位：从第一掌指关节处，经各掌骨作一条垂直于手长轴的水平线。针在此线上紧沿着第二掌骨桡侧插入；

——完成动作：手掌中立位，拇、示指伸直并拢，示指偏向桡侧；

——意义：尺神经深支运动传导检测时，可于该肌记录；

——注意事项：进针不宜过深，可能进入拇收肌。

B.3.2 小指展肌

检查方法为：

——神经支配：尺神经－内侧束－下干－颈8、胸1根；

——进针部位：于小指掌指关节尺侧和豌豆骨尺侧之间连线的中点进针，进针深0.6~1.3厘米；

——完成动作：外展小指；

——意义：在尺神经运动传导检测中，常以该肌作为记录肌肉；

——注意事项：进针过深可能进入小指对掌肌或蚓状肌。

B.3.3 拇短展肌

检查方法为：

——神经支配：正中神经（内侧头）－内侧束－下干－颈8、胸1根根；

——进针部位：第一掌指关节掌侧和腕掌关节之间连线的中点。进针深度0.6~1.3厘米；

——完成动作：拇指向桡侧外展；

——意义：在正中神经运动传导检测中，常以该肌作为记录肌肉；

——注意事项：进针过深可能进入拇对掌肌，过于偏内侧会进入拇短屈肌。

B.3.4 旋前方肌

检查方法为：

——神经支配：前骨间神经－正中神经－外、内侧束－中、下干－颈7、颈8、胸1根；

——进针部位：于腕背侧尺、桡骨茎突连线中点上方三指宽处进针，针尖穿透骨间膜，深度约1.9厘米；或于腕掌侧桡动脉桡侧斜向进针；

——完成动作：嘱患者前臂旋前；

——意义：前骨间神经卡压综合征患者常规检测该肌；

——注意事项：方法1进针过深会进入指浅屈肌，方法2进针时注意避开桡动脉。

B.3.5 屈拇长肌

检查方法为：

——神经支配：前骨间神经－正中神经－外、内侧束－中、下干－颈7、颈8、胸1根；

——进针部位：于桡骨掌侧、桡侧缘，前臂中1/2进针，深至桡骨稍退出即可；

——完成动作：屈曲拇指指间关节；

——意义：前骨间神经卡压综合征患者常规检测该肌；

——注意事项：进针过浅，过于偏尺侧可能进入屈指浅肌。

B.3.6 屈指深（浅）肌

检查方法为：

——神经支配：正中神经－外、内侧束－中、下干－颈7、颈8、胸1根；

——进针部位：前臂掌侧中1/2偏尺侧进针；

——完成动作：屈曲手指指间关节；

——注意事项：进针偏浅，偏近端可能进入浅层屈肌。

B.3.7 桡侧屈腕肌

检查方法为：

——神经支配：正中神经－外侧束－上、中干－颈5、6、7根；

——进针部位：肱骨内上髁与肱二头肌腱连线以远3、4指宽处进针；

——完成动作：屈曲腕关节并向桡侧偏斜；

——注意事项:进针过深可能进入指浅屈肌、屈拇长肌。太偏桡侧可能进入旋前圆肌,太偏尺侧会进入掌长肌。

B.3.8 尺侧屈腕肌

检查方法为:

——神经支配:尺神经-内侧束-下干-颈7、8根;

——进针部位:前臂中上1/3交接处,于尺骨掌侧缘向桡侧约两指宽处进针;

——完成动作:屈曲腕关节并向尺侧偏斜;

——注意事项:进针偏深可能进入屈指深肌。

B.3.9 旋前圆肌

检查方法为:

——神经支配:正中神经-外侧束-上干-颈5、6根;

——进针部位:肱骨内上髁与肱二头肌腱连线以远约两指宽处进针;

——完成动作:前臂旋前;

——注意事项:进针过深可能进入指浅屈肌,太偏尺侧可能会进入桡侧屈腕肌。

B.3.10 示指固有伸肌

检查方法为:

——神经支配:后骨间神经-桡神经-后束-中下干-颈7、8、胸1根;

——进针部位:尺骨茎突上约两指宽处,靠尺骨桡侧进针。深约1.3厘米;

——完成动作:背伸示指并同时屈曲其余几个手指;

——意义:在桡神经运动传导检测中,常以该肌作为记录肌肉;

——注意事项:进针过于偏桡侧可能进入拇长伸肌,过于偏近端会进入伸指总肌。

B.3.11 伸拇长肌

检查方法为:

——神经支配:后骨间神经-桡神经-后束-中、下干-颈7、8根;

——进针部位:前臂背侧中点沿尺骨桡侧缘进针;

——完成动作:伸拇指指间关节;

——注意事项:进针过浅可能进入尺侧伸腕肌,进针太靠近端可能进入拇长展肌。

B.3.12 尺侧伸腕肌

检查方法为:

——神经支配:后骨间神经-桡神经-后束-中、下干-颈7、8根;

——进针部位:前臂背侧尺骨中段,从尺骨正上方进针;

——完成动作:伸腕关节并向尺侧偏斜;

——注意事项:进针过深,太靠桡侧可能进入拇长伸肌,太靠近端会进入肘后肌。

B.3.13 伸指总肌

检查方法为:

——神经支配:后骨间神经-桡神经-后束-中、下干-颈7、8根;

——进针部位:前臂背侧中、上1/3,肱骨外上髁以远约4指宽,尺、桡骨之间进针,深度一般不宜超过1.3厘米;

——完成动作:背伸掌指关节;

——意义:在桡神经运动传导检测中,常以该肌作为记录肌肉;

——注意事项:进针太靠桡侧可能进入桡侧伸腕肌,太靠尺侧会进入尺侧伸腕肌。

B.3.14 桡侧伸腕肌

检查方法为:

——神经支配:桡神经-后束-上、中干-颈6、7根;

——进针部位:肱骨外上髁以远两指宽处,偏桡侧进针;

——完成动作:伸腕关节并向桡侧偏斜;

——注意事项:进针过于靠桡侧可能进入肱桡肌,太靠尺侧会进入伸指总肌。

B.3.15 旋后肌

检查方法为:

——神经支配:后骨间神经-桡神经-后束-上干-颈5、6根;

——进针部位:旋转前臂扪及桡骨小头,于桡骨头下约两指宽处进针,深至桡骨稍退出即可;

——完成动作:前臂旋后;

——注意事项:进针过浅可能进入肱桡肌,桡侧伸腕肌。

B.3.16 肱桡肌

检查方法为:

——神经支配:桡神经-后束-上干-颈5、6根;

——进针部位:肱二头肌腱与肱骨外上髁连线中点以远3指处进针;

——完成动作:患肢中立位,屈曲肘关节;
——注意事项:进针过于靠后可能进入桡侧伸腕肌。

B.3.17 肱三头肌

检查方法为:

——神经支配:桡神经-后束-上、中、下干-颈5、6、7、8、胸1根;
——进针部位:外侧头-紧靠三角肌止点或沿三角肌粗隆后进针;长头-腋后皱襞以远约4指宽处进针;
——完成动作:伸直肘关节。
——注意事项:外侧头进针太靠近端可能会进入三角肌。

B.3.18 肱二头肌

检查方法为:

——神经支配:肌皮神经-外侧束-上干-颈5、6根;
——进针部位:上臂中1/2处肱二头肌肌腹正中进针;
——完成动作:前臂旋后,屈曲肘关节;
——意义:颈6神经根的代表肌;
——注意事项:进针太靠远端,进针太深可能进入肱肌。

B.3.19 三角肌

检查方法为:

——神经支配:腋神经-后束-上干-颈5、6根;
——进针部位:肩峰与三角肌粗隆连线中点处进针;
——完成动作:外展上臂。

B.3.20 冈下肌

检查方法为:

——神经支配:肩胛上神经-上干-颈5、6根。
——进针部位:肩胛冈下方两指宽处(冈下窝)进针。深至肩胛骨稍退出即可。
——完成动作:前臂旋后位屈肘90度,上臂紧贴躯干,外旋肩关节。
——意义:颈C5神经根的代表肌。
——注意事项:进针太浅可能进入斜方肌,太靠外侧会进入三角肌。

B.3.21 冈上肌

检查方法为:

——神经支配:肩胛上神经-上干-颈5、6根。
——进针部位:紧挨肩胛冈中点上方的冈上窝处进针。

——完成动作:外展上臂。
——注意事项:进针过浅可能进入斜方肌。

B.3.22 背阔肌

检查方法为:

——神经支配:胸背神经-后束-上、中、下干-颈6、7、8根。
——进针部位:沿腋后皱襞向下约3指宽处进针。
——完成动作:上臂内旋、内收并后伸。
——意义:为颈7神经根的代表肌。
——注意事项:进针太靠上可能进入大圆肌。

B.3.23 前锯肌

检查方法为:

——神经支配:胸长神经-颈5、6、7根。
——进针部位:紧挨肩胛下角内侧缘斜向进针。
——完成动作:肩关节向前(后)活动。
——意义:前锯肌有损伤表现一般提示颈5、6、7神经根性损伤。
——注意事项:进针过浅可能进入背阔肌、肩胛下肌。

B.3.24 胸大肌

检查方法为:

——神经支配:锁骨部:胸前外侧神经-外侧束-上、中干-颈5、6、7根。胸肋部:胸前内侧神经-内侧束-中、下干-颈7、8、胸1根。
——进针部位:锁骨部:锁骨中点下一指宽处水平进针。胸肋部:腋前皱襞处旁开两指进针。
——完成动作:锁骨部:肩关节前屈位内收上臂。胸肋部:内收上臂。
——意义:胸大肌胸肋部为颈8、胸腰神经根的代表肌。
——注意事项:进针过深可能进入喙肱肌,靠外会进入肱二头肌。

B.3.25 斜方肌

检查方法为:

——神经支配:副神经脊支和来自颈3、4神经根的分支。
——进针部位:方法1,沿颈部与肩部形成的夹角处进针;方法2,斜方肌上、中、下三点记录部位,上点:颈7棘突旁开4厘米;中点:上、下点连线中分;下点:肩胛骨侧缘中点,棘突旁开3厘米。
——完成动作:耸肩。

——注意事项:进针过深可能进入提肩胛肌。

B.3.26 肩胛提肌

检查方法为:

——神经支配:肩胛背神经-颈5根,并有颈3、4根分支参与。

——进针部位:肩胛上角上方两指宽,偏内侧-指宽处进针。

——完成动作:耸肩。

——注意事项:进针过浅可能进入斜方肌。

B.3.27 胸锁乳突肌

检查方法为:

——神经支配:副神经脊支和来自颈3、4神经根的分支。

——进针部位:耳后乳突与胸锁关节连线中点处进针。

——完成动作:收下颌,头转向对侧。

——意义:该肌的检测可用于鉴别运动神经元病与颈椎病。

B.4 下肢主要肌肉

B.4.1 臀大肌

检查方法为:

——神经支配:臀下神经-骶丛-腰5,骶1、2根。

——进针部位:于股骨大转子和尾骨之间连线的中点处进针。

——完成动作:伸髋、屈膝。

——意义:该肌可鉴别坐骨神经损伤或是骶丛、神经根性损伤。

——注意事项:注意避开坐骨神经。

B.4.2 臀中肌

检查方法为:

——神经支配:臀上神经-骶丛-腰4、5,骶1根。

——进针部位:于髂嵴中点以远两指宽处进针。

——完成动作:外展大腿。

——注意事项:进针太靠后可能进入臀大肌,太靠前会进入阔筋膜张肌,进针太深会进入臀小肌。

B.4.3 股直肌

检查方法为:

——神经支配:股神经-腰丛-腰2、3、4根。

——进针部位:大腿前面、髌骨上缘与髂前上嵴连线中点处进针。

——完成动作:伸膝、屈髋上抬下肢。

——意义:在股神经运动传导检测中,常以该肌作为记录肌肉。

——注意事项:进针过深可能进入股中间肌,太靠内侧远端会进入股内肌,太偏外侧会进入股外侧肌。

B.4.4 股内肌

检查方法为:

——神经支配:股神经-腰丛-腰2、3、4根。

——进针部位:大腿前面,髌骨内上角上方4指宽处进针。

——完成动作:伸膝、屈髋上抬下肢。

——注意事项:进针太靠后可能进入缝匠肌、股薄肌。太靠前会进入股直肌。

B.4.5 股外侧肌

检查方法为:

——神经支配:股神经-腰丛-腰2、3、4根。

——进针部位:大腿外侧面,髌骨上方-手宽处进针。

——完成动作:伸膝、屈髋上抬下肢。

——注意事项:进针太靠后可能进入股二头肌,太靠前会进入股直肌。

B.4.6 大收肌(股内收肌群)

检查方法为:

——神经支配:闭孔神经-腰、骶丛-腰2、3、4、5根。

——进针部位:股骨内侧髁与耻骨结节连线中点处进针。

——完成动作:内收大腿。

——注意事项:进针太靠前可能进入缝匠肌。

B.4.7 股二头肌

检查方法为:

——神经支配:长头:坐骨神经(胫神经)-骶丛-腰5,骶1根。短头:坐骨神经(腓总神经)-骶丛-腰5、骶1、2根。

——进针部位:长头:沿腓骨头和坐骨结节连线的三分之一至中间进针;短头:在腘窝触摸股二头肌长头肌腱,在肌腱内侧进针。

——完成动作:屈膝、外旋小腿。

——意义:股二头肌的检测可用来鉴别坐骨神经损伤与单纯腓总、胫神经损伤。股二头肌短头的检测可用来鉴别腓总神经损伤是在腓骨小头上还是在腓骨下。

——注意事项:进针太靠内侧会进入半膜肌。

B.4.8　胫前肌

检查方法为：

——神经支配：腓深神经－腓总神经－坐骨神经－骶丛－腰4、5根。

——进针部位：于胫骨结节下方四指宽、胫骨嵴外侧一指宽处进针。

——完成动作：伸膝、足背伸。

——注意事项：进针太靠后可能进入腓骨长肌，太深会进入趾长伸肌。

B.4.9　腓骨长肌

检查方法为：

——神经支配：腓浅神经－腓总神经－坐骨神经－骶丛－腰5，骶1、2根。

——进针部位：小腿外侧面、腓骨头下方3指宽处进针。

——完成动作：伸膝、足外翻背伸。

——注意事项：进针太靠后可能进入腓肠肌、比目鱼肌。进针太靠前、太深会进入趾长伸肌。

B.4.10　拇长伸肌（足）

检查方法为：

——神经支配：腓深神经－腓总神经－坐骨神经－骶丛－腰5，骶1根。

——进针部位：于内、外踝连线上方三指宽紧挨胫骨嵴外侧进针。

——完成动作：伸拇趾。

——注意事项：进针太浅、太靠近端会进入胫前肌，太偏外侧会进入第三腓骨肌。

B.4.11　趾短伸肌

检查方法为：

——神经支配：腓深神经－腓总神经－坐骨神经－骶丛－腰5，骶1根。

——进针部位：于外踝以远3指宽处进针。

——完成动作：背伸足趾。

——意义：在腓总神经运动传导检测中，常以该肌作为记录肌肉。

B.4.12　腓肠肌

检查方法为：

——神经支配：胫神经－坐骨神经－骶丛－腰1、2根。

——进针部位：外侧头：于腘窝皱褶下约一手宽，小腿偏外侧部进针；内侧头：于腘窝皱褶下约一手宽，小腿偏内侧部进针。

——完成动作：伸膝，足跖屈。

——注意事项：进针过深会进入比目鱼肌、趾长屈肌。

B.4.13　比目鱼肌

检查方法为：

——神经支配：胫神经－坐骨神经－骶丛－腰5，骶1、2根。

——进针部位：于腓肠肌肌腹下方凹陷处，跟腱内侧进针。

——完成动作：伸膝，足跖屈。

——注意事项：进针过浅，太靠近端会进入腓肠肌。

B.4.14　趾短展肌

检查方法为：

——神经支配：足底内侧神经－胫神经－坐骨神经－骶丛－骶1、2根。

——进针部位：于足外缘第五跖骨头以近约两指宽处进针。

——完成动作：屈曲和外展足趾。

——意义：在胫神经运动传导检测中，常以该肌作为记录肌肉。

外伤性癫痫鉴定实施规范

1. 2014年3月17日司法部司法鉴定管理局发布
2. SF/Z JD 0103007－2014
3. 自2014年3月17日起实施

前　　言

本技术规范按照GB/T 1.1－2009给出的规则起草。

本技术规范由湘雅二医院司法鉴定中心提出。

本技术规范由司法部司法鉴定管理局归口。

本技术规范起草单位：湘雅二医院司法鉴定中心、北京博大司法鉴定所。

本技术规范主要起草人：胡守兴、万金华、周迁权、谭利华、肖志杰、杨丽、郭其、熊继品、王锐、刘名旭、郭岩。

本技术规范为首次发布。

引　　言

制定本技术规范的依据包括：

——司法部、最高人民法院、最高人民检察院和公安部于1990年9月29日颁布实施的司发〔1990〕070号《人体重伤鉴定标准》

——最高人民法院、最高人民检察院、公安部、司法部于1990年4月2日颁布实施的法（司）发〔1990〕6号《人体轻伤鉴定标准（试行）》

——司法部于2007年8月7日发布的《司法鉴定程序通则》

——GB/T 16180－2006《职工工伤与职业病致残等级》

——GB 18667－2002《道路交通事故受伤人员伤残评定》

——GA/T 521－2004《人身损害受伤人员误工损失日评定标准》

1 范 围

本技术规范规定了颅脑损伤后癫痫法医学鉴定的基本要求、内容、方法和诊断、认定原则。

本技术规范适用于法医临床检验鉴定中颅脑损伤后癫痫的法医学鉴定，其它需要进行颅脑损伤后癫痫鉴定的亦可参照执行。

2 术语和定义

下列文件对于本文件的应用是必不可少的。凡是注日期的引用文件，仅注日期的版本适用于本文件。凡是不注日期的引用文件，其最新版本（包括所有的修改单）适用于本文件。

2.1 癫痫发作 epileptic seizure

脑神经元异常和高度同步化放电所造成的临床现象，是癫痫病人每一次或每一种具体发作的临床表现。根据大脑受累的部位和异常放电扩散的范围，癫痫发作可表现为不同程度的运动、感觉、意识、行为、精神或自主神经障碍，伴有或不伴有意识或警觉程度的变化。

2.2 癫痫 epilepsy

一组由不同病因引起的慢性脑部疾病，以大脑神经元高度同步化，且常具自限性异常放电所导致的，以发作性、短暂性、重复性及刻板性的中枢神经系统功能失常为特征的综合征。

2.3 癫痫综合征 epileptic syndromes

具有特殊病因，由特定的症状和体征组成的特定的癫痫现象。

2.4 颅脑损伤后癫痫发作
post－traumatic seizure（PTS）

颅脑损伤所引起，脑部神经元异常和高度同步化放电所造成的临床现象，其特征是突然和一过性症状，由于异常放电的神经元在大脑中的部位不同而有多种多样的表现，可以是运动、感觉、意识、行为、精神或自主神经的障碍，伴有或不伴有意识或警觉程度的变化。

2.5 颅脑损伤后癫痫
post－traumatic epilepsy（PTE）

颅脑损伤所引起的一种脑部疾病，其特点是持续存在能产生癫痫发作的脑部持久性改变，并出现相应的神经生物学、认知、心理学以及社会学等方面的后果。

3 总 则

3.1 以医学和法医学理论和技术为基础，结合法医临床检案的实际经验，为颅脑损伤后癫痫的法医学鉴定提供科学依据和统一标准。

3.2 外伤性癫痫定义表述不确切，多数学者认为颅脑损伤后癫痫更为恰当。本规范为不引起歧义，采用颅脑损伤后癫痫的定义。

3.3 在颅脑损伤后当时或立即癫痫发作，造成即刻癫痫的因素与慢性复发性癫痫发作的原因不同，这种癫痫发作不是颅脑损伤后癫痫，故颅脑损伤后癫痫分类不包括此类。

3.4 对于人体损伤程度的鉴定，鉴定时机的选择，可根据颅脑损伤后癫痫确诊时间而确定。

3.5 对于人身损害、工伤、意外事故及交通事故伤残评定的鉴定时机的选择，应在确诊颅脑损伤后癫痫系统治疗一年后方可进行。

4 癫痫发作的分类

4.1 全身性发作

最初的症状学和脑电图提示发作起源于双侧脑部者称为全身性发作，这种类型的发作多在发作初期就有意识障碍。

4.1.1 全身强直－阵挛性发作

其主要临床特征是意识丧失，双侧强直后紧跟有阵挛的序列活动。可由部分性发作演变而来，也可在起病时即表现为全身强直－阵挛性发作，发作可分为强直期、阵挛期、发作后期。

4.1.2 强直性发作

表现为与强直－阵挛性发作中强直期相类似的全身骨骼肌强直持续性收缩，肌肉僵直，躯体伸展背屈或前屈。常可伴头、眼向一侧偏转，整个躯体的旋转移动，并可出现明显的自主神经症状，如面色苍白等。

4.1.3 阵挛性发作

类似于全身强直-阵挛性发作中阵挛期的表现,特点是主动肌间歇性收缩,导致肢体有节律性的抽动。

4.1.4 失神发作

4.1.4.1 失神发作的标志性特点

失神发作的标志性特点是突然发生和突然终止的意识丧失。

4.1.4.2 典型失神发作

表现为活动突然停止,如讲话、走路、进食时出现发呆、呼之不应、眼球上翻、手中物体落地。部分患者可机械重复原有的简单动作,每次发作持续数秒钟,每天可发作数十、上百次。发作后立即清醒,可继续先前的活动。醒后不能回忆,甚至不知刚才发了病。脑电图上常可见典型的双侧对称的每秒3Hz棘-慢复合波,背景活动正常,预后较好。

4.1.4.3 不典型失神发作

表现为起始和终止均较典型失神发作缓慢,常伴肌张力降低,脑电图为规则的棘-慢复合波,双侧常不对称,背景活动异常。患儿常合并智能减退,预后较差。

4.1.5 肌阵挛性发作

表现为快速、短暂、触电样肌肉收缩,可遍及全身,也可限于某个肌群,常成簇发生。

4.1.6 失张力性发作

是由于双侧部分或全身肌肉张力突然丧失,导致不能维持原有的姿势,出现跌倒、肢体下坠等表现。若出现意识障碍,通常持续时间仅有几秒钟。

4.2 部分性发作

发作起始时的临床表现和脑电图改变提示发作源于一侧大脑皮质的局部区域。根据有无意识障碍及是否继发全身性发作可分为以下三类。

4.2.1 单纯部分性发作

除具有癫痫的共性外,发作时始终意识存在,发作后能复述发作的生动细节是主要特征。

4.2.1.1 运动性发作

一般累及身体的某一部位相对局限或伴有不同程度的扩展。局灶运动性发作后,可出现暂时性肢体无力,称为Todd瘫痪,可持续数分钟至数日。

4.2.1.1.1 局灶性运动发作

指局限于身体某一部位的发作,其性质多为阵挛性,即常见的局灶性抽搐。

4.2.1.1.2 杰克逊发作

开始为身体某一部位抽搐,随后按一定顺序逐渐向周围部位扩展,其扩展的顺序与大脑皮质运动区所支配的部位有关。如从手指-腕部-前臂-肘-肩-口角-面部逐渐发展。

4.2.1.1.3 旋转性发作

双眼、头甚至躯干向一侧旋转,伴有身体扭转,但很少超过180度,部分患者过度的旋转可引起跌倒,出现继发性全身性发作。其发作起源一般为额叶、颞叶、枕叶或顶叶,以额叶常见。

4.2.1.1.4 姿势性发作

发作性一侧上肢外展,肘部屈曲,头向同侧扭转、眼睛注视着同侧。其发作多数起源于额叶内侧辅助运动区。

4.2.1.1.5 发音性发作

表现为突然言语中断,或不自主重复发作前的单音或单词,其发作起源一般为额叶内侧辅助运动区。

4.2.1.1.6 抑制性运动性发作

发作时动作停止,语言中断,意识不丧失,其发作起源多为优势半球语言中枢,偶为任何一侧的辅助运动区。

4.2.1.1.7 失语性发作

常表现为运动性失语,可为完全性失语,也可表现为说话不完整、重复语言或用词不当等部分性失语,发作时意识不丧失。其发作起源均在优势半球语言中枢有关区域。

4.2.1.2 感觉性发作

其异常放电的部位为相应的感觉皮质。

4.2.1.2.1 躯体感觉性发作

其性质为体表感觉异常,如一侧面部、肢体或躯干的麻木感、针刺感、电流感、电击感、烧灼感等。放电起源于对侧中央后回皮质。

4.2.1.2.2 视觉性发作

可表现为暗点、黑矇、闪光、无结构性视幻觉。放电起源于枕叶皮质。

4.2.1.2.3 听觉性发作

幻听多为噪声或单调的声音。放电起源于颞上回。

4.2.1.2.4 嗅觉性发作

常表现为难闻、不愉快的嗅幻觉。放电起源于钩回的前上部。

4.2.1.2.5 味觉性发作

常见苦味或金属味。放电起源于岛叶或其周边。

4.2.1.2.6 眩晕性发作

常表现为坠入空间的感觉或在空间漂浮的感觉,或水平或垂直平面的眩晕感觉。放电起源于颞叶皮质。

4.2.1.3 自主神经性发作

常表现为口角流涎、上腹部不适感或压迫感、"气往上冲"的感觉、肠鸣、呕吐、尿失禁、面色或口唇苍白或潮红、出汗、竖毛等,临床上常是继发或作为复杂部分性发作的一部分。放电多起源岛叶、间脑及其周围,放电很容易扩散而影响意识,继发复杂性发作。

4.2.1.4 精神性发作

主要表现为高级大脑功能障碍。极少单独出现,常常是继发或作为复杂部分发作的一部分。

4.2.1.4.1 情感性发作

可表现为极度愉快或不愉快的感觉,如愉快感、欣快感、恐惧感、忧郁伴自卑感等,恐惧感是最常见的症状,常突然发生,无任何原因,患者突然表情惊恐,甚至因恐惧而突然逃跑,小儿可表现为突然扑到大人怀中,紧紧抱住大人。发作时常伴有自主神经症状,如瞳孔散大、面色苍白或潮红、竖毛等,持续数分钟缓解。

4.2.1.4.2 记忆障碍性发作

是一种记忆失真,主要表现为似曾相识感(对生疏的人或环境觉得曾经见过或经历过)、陌生感(对曾经经历过的事情感觉从来没有经历过)、记忆性幻觉(对过去的事件出现非常详细的回忆和重现)、强迫思维等。放电起源于颞叶、海马、杏仁核附近。

4.2.1.4.3 认知障碍性发作

常表现为梦样状态、时间失真感、非真实感等。

4.2.1.4.4 发作性错觉

是指知觉歪曲而使客观事物变形。可表现为视物变形、变大或变小、声音变强变弱、变大或变小、变远或变近;身体某一部位变大或变小等。放电起源于颞叶,或颞顶、颞枕交界处。

4.2.1.4.5 结构幻觉性发作

表现为一定程度整合的知觉经历。幻觉可以是躯体感觉性、视觉性、听觉性、嗅觉性或味觉性。

4.2.2 复杂部分性发作

特征是发作时有意识障碍,对外界刺激没有反应,往往有自主神经症状和精神症状发作。EEG 可记录单侧或双侧不同的异常放电,通常位于颞叶内侧面的海马、海马回、杏仁核等结构,少数始于额叶。

4.2.2.1 自动症:患者出现意识障碍和出现看起来有目的,但实际上没有目的的发作性作为异常是自动症的主要特征。部分患者发作前有感觉和运动先兆,发作时对外界刺激反应,随后出现一些看似有目的,实际上没有目的的活动,如反复咂嘴、噘嘴、咀嚼、舔舌、牙或吞咽(口、消化道自动症)或反复搓手、抚面、不断地穿衣、脱衣、解衣扣、摸索衣裳(手足自动症),也可表现为游走、奔跑、无目的地开门、关门、乘车上船,还可表现为自言自语、叫喊、唱歌(语言性自动症)或机械重复原来的动作。发作后患者意识模糊,常有头昏、不能回忆发作中的情况。

4.2.2.2 仅有意识障碍:表现为突然动作停止,两眼发直,叫之不应,不跌倒,面色无改变,发作后可继续原来的活动。放电起源于颞叶,也可以起源于额叶、枕叶等其他部位。

4.2.2.3 先有单纯部分性发作,继之出现意识障碍。

4.2.2.4 先有单纯部分性发作,后出现自动症。

4.2.3 部分继发全身强直-阵挛性发作

可由单纯部分性发作或复杂部分性发作进展而来,也可能一起病表现为全身强直-阵挛性发作,此时易误诊为原发性全身强直-阵挛性发作。但仔细观察病人可能发现提示脑部局灶性损害依据,如病人的头转向一侧或双眼向一侧凝视、一侧肢体抽搐更剧烈、脑电图痫性放电双侧不对称。

4.3 不能分类的发作

Unclassified epileptic seizures

因资料不充分或不完全,按照分类标准无法将其归类的发作。包括一些新生儿癫痫,如有节律的眼动、咀嚼及游泳样动作。

5 癫痫的诊断

5.1 病史采集

5.1.1 发作史:完整而详细的发作史对区分是否为癫痫发作、癫痫发作的类型、癫痫及癫痫综合征的诊断有重大的意义。完整的发作史是准确诊断癫痫的关键。

5.1.1.1 首次发作的年龄:有相当一部分癫痫发作和癫痫综合征均有特定起病年龄范围。

5.1.1.2 大发作前是否有"先兆":即刚要发作前的瞬间,患者自觉的第一个感受或表现,这实际是一种部分性发作。最常见的先兆如恶心、心慌、胃气上升感、害怕、似曾相识感、幻视或幻听、一侧口角抽动等。婴幼儿往往表现为惊恐样、恐惧的尖叫声、向母亲跑出或突然停止活动等。

5.1.1.3 发作时的详细过程：发作好发于清醒状态或睡眠状态，发作时有无意识丧失，有无肢体僵直或阵挛性抽搐，有无摔伤及大、小便失禁等，表现为一侧肢体抽动还是两侧肢体抽动，头部是否转向一侧或双眼是否斜向一侧等。

5.1.1.4 有几种类型的发作：一般需询问早期发作的表现，后来的发作形式有无改变和最后一次发作的表现。

5.1.1.5 发作的频率：平均每月或每年能发作多少次，是否有短时间内连续的丛集性发作，最长与最短发作间隔。

5.1.1.6 发作有无诱因：如睡眠不足、过量饮酒、发热、过度疲劳、情绪紧张以及某种特殊刺激。

5.1.1.7 是否应用了抗癫痫药物治疗及其效果。

5.1.2 出生史：是否足月出生，出生是否顺利，有无窒息或产伤等情况，询问其母亲在怀孕期间患过何种疾病。

5.1.3 生长发育史：重点了解神经精神发育情况，包括运动、语言、智力等。

5.1.4 热性惊厥史：具有热性惊厥史的患者出现癫痫的机率较正常人为高。

5.1.5 家族史：如果家族中有癫痫或抽搐发作的患者，特别是具体发作表现与疑诊者相似。

5.1.6 其他疾病史：是否有头颅外伤史、中枢神经系统感染史或中枢神经系统肿瘤等明确的脑部损伤或病变的病史。

5.2 体格检查

包括内科查体和神经系统查体，重点是神经系统检查，要注重患者精神状态和智能，注意患者的语言是否正常，在检查眼部时应注意检查眼底。

5.3 辅助检查

5.3.1 脑电图（EEG）

由于癫痫发病的病理生理基础是大脑兴奋性的异常增高，而癫痫发作是大脑大量神经元共同异常放电所引起，EEG反映大脑电活动，是诊断癫痫发作的最重要的手段。详见附录A

5.3.2 长程视频脑电图（VEEG）

是视频和脑电图相结合的一种脑电图监测形式，能在24小时，甚至更长时间内对病人连续进行脑电图监测，对脑电活动和行为在一定范围内、一定时间内进行连续的观察和描记。长程视频脑电图是通过数码摄像镜头同步记录病人的表情、行为及部分生命体征，将病人发作时的临床表现与脑电图所见同步记录，同时捕捉病人异常脑电图和发作时临床表现，对癫痫诊断和癫痫分类有极大的帮助。详见附录A

5.3.3 脑磁图（MEG）

是一种无创性脑功能检测技术，其原理是检测皮质神经元容积传导电流产生的磁场变化，与EEG可以互补，可应用于癫痫源的定位及功能区的定位。

5.3.4 电子计算机X线体层扫描（CT）

能够发现较为粗大的结构异常，但难以发现细微的结构异常。多在急性癫痫发作时或发现大脑有可疑的钙化和无法进行磁共振成像（MRI）检查的情况下应用。详见附录B

5.3.5 磁共振成像（MRI）

MRI有很高的空间分辨率，能发现一些细微的结构异常，对于病因诊断有很高的提示价值，特别是对于难治性癫痫的评估。特定成像技术对于发现特定的结构异常有效，如海马硬化的发现。详见附录B

5.3.6 单光子发射计算机断层扫描（SPECT）

是通过向体内注射能发射γ射线的放射性示踪药物后，检测体内γ射线的发射，来进行成像的技术，反映脑灌注的情况。癫痫源在发作间歇期SPECT为低灌注，发作期为高灌注。

5.3.7 正电子发射断层扫描（PET）

正电子参与了大脑内大量的生理动态，通过标记示踪剂反映其在大脑中的分布。在癫痫源的定位中，目前临床常用的示踪剂为18F标记2-脱氧葡萄糖（FDG），观测局部脑代谢变化。理论上讲，发作间歇期癫痫源呈现低代谢，发作期呈现高代谢。

5.3.8 磁共振波谱（MRS）

癫痫源部位的组织具有生化物质的改变，利用存在于不同生化物质中相同的原子核在磁场下其共振频率也有差别的原理，以光谱的形式区分不同的生化物质并加以分析，能提供癫痫的脑生化代谢状态的信息，并有助于定位癫痫源。

5.3.9 功能磁共振（fMRI）

能在不应用示踪剂或增强剂的情况下无创性的描述大脑内神经元激活的区域，是血氧水平依赖技术，主要应用于脑功能区的定位。

5.4 实验室检查

5.4.1 血液学检查：包括血常规、肝肾功能、血糖、电解质、血钙等检查。

5.4.2 尿液检查：包括尿常规及遗传代谢病的筛查等。

5.4.3 脑脊液检查：包括常规、生化、细菌培养、支原体、弓形虫、巨细胞病毒、囊虫病等病因检查。

5.4.4 遗传学检查。

5.4.5 其他检查：如毒物筛查、代谢障碍相关检查。

5.5 癫痫的鉴别诊断

5.5.1 假性癫痫发作：又称心因性癫痫发作，癔病性癫痫发作，可表现为运动、感觉、自动症等类似癫痫发作的症状，多在精神受刺激后发病，可有哭叫、闭眼、眼球躲避、瞳孔正常为其特点，发作形式不符合癫痫发作分类的标准，发作时脑电图无癫痫样放电，视频脑电监测对鉴别假性癫痫发作很有意义。

5.5.2 晕厥：为脑血流短暂性灌注降低、缺氧所致的意识瞬时丧失，一般可见明显的诱因，如久站、剧痛、见血、情绪激动、极度寒冷、胸内压增高（抽泣、咳嗽等）诱发，患者摔倒时不像癫痫发作那样突然，而比较缓慢。仅靠临床症状难以区分，需借助脑电图和心电图监测等。

5.5.3 偏头痛：与癫痫主要有以下几方面相鉴别：

a) 后者头痛轻，且在发作后发生，前者以双侧或偏侧剧烈头痛为主。

b) 癫痫脑电图异常为阵发性棘波或棘慢波，偏头痛仅少数有局灶性慢波，偶有尖波。

c) 二者均可有视幻觉，癫痫幻觉更复杂，偏头痛以闪光、暗点为主要特征。

d) 癫痫发作多有意识丧失，且以突然、短暂为特点，偏头痛无意识丧失。

5.5.4 短暂性脑缺血发作：若有一过性意识丧失，易与复杂部分性发作混淆，但患者既往无反复发作，有动脉硬化，年龄偏大及脑电图正常可鉴别。

6 颅脑损伤后癫痫的诊断及分类

对颅脑损伤后癫痫的诊断，首先明确是否为癫痫，并且确定是由颅脑损伤引起的，然后再确定癫痫发作类型及外伤所致癫痫源的部位。

6.1 颅脑损伤后癫痫的诊断

6.1.1 符合癫痫诊断标准：

a) 临床有二次以上典型癫痫发作；

b) 脑电图（EEG）检查出现特异性癫痫发作波或24小时脑电监测出现特异性癫痫发作波。

6.1.2 颅脑损伤的确认：

a) 有明确的颅脑外伤史；

b) 影像学检查有明确颅脑损伤的表现。

6.1.3 颅脑损伤部位与癫痫源的关联性：

a) 癫痫发作类型与颅脑损伤部位癫痫发作表现一致；

b) 癫痫发作源于颅脑损伤部位。

6.1.4 颅脑损伤后癫痫治疗情况：

a) 是否系统有效治疗；

b) 系统有效治疗后癫痫发作的情况；

c) 系统治疗后癫痫发作的频率。

6.1.5 颅脑损伤后癫痫发作类型或表现。

6.2 颅脑损伤后癫痫发作分类

颅脑损伤后癫痫发作类别包括：

a) 即刻发作（Immediate PTS）：伤后24小时内发作；

b) 早期发作（Early PTS）：伤后24小时至7天内发作；

c) 晚期发作（Late PTS）：伤后7天以后发作。

7 颅脑损伤后癫痫的法医学鉴定

7.1 颅脑损伤后癫痫重伤鉴定

颅脑损伤后癫痫重伤鉴定要件包括：

a) 有二次以上典型癫痫发作史；

b) 有明确的颅脑外伤史；

c) 影像学检查有明确颅脑损伤的表现（如脑挫裂伤、颅内血肿、颅骨凹陷性骨折、脑水肿、脑软化、脑内异物、慢性硬膜下血肿及脑膜－脑瘢痕等）；

d) 脑电图检查出现特异性癫痫发作波或24小时脑电监测出现特异性癫痫发作波，癫痫发作源于颅脑损伤部位；

e) 排除其他病因所致癫痫。

以上5点中a、b、c、e是必备要件，d是条件要件。

7.2 颅脑损伤后癫痫的伤残鉴定

7.2.1 人身损害、工伤及意外事故伤残评定

7.2.1.1 三级伤残癫痫重度（以下条件须同时具备）：

a) 符合颅脑损伤后癫痫的诊断；

b) 系统服药治疗一年后；

c) 全身性强直－阵挛发作、单纯或复杂部分发作伴自动症或精神症状，平均每月发作一次以上，或失神发作

和其他类型发作平均每周发作一次以上。

7.2.1.2 五级伤残癫痫中度(以下条件须同时具备)：

a) 符合颅脑损伤后癫痫的诊断；

b) 系统服药治疗一年后；

c) 全身性强直-阵挛发作、单纯或复杂部分发作,伴自动症或精神症状,平均每月发作一次或一次以下,或失神发作和其他类型发作平均每周发作一次以下。

7.2.1.3 九级伤残癫痫轻度(以下条件须同时具备)：

a) 符合颅脑损伤后癫痫的诊断；

b) 需系统服药治疗方能控制的各种类型癫痫发作。

7.2.2 交通事故受伤人员伤残评定

7.2.2.1 三级伤残(以下条件须同时具备)：

a) 符合颅脑损伤后癫痫的诊断；

b) 系统治疗一年后药物仍不能控制；

c) 大发作平均每月一次以上或局限性发作平均每月四次以上或小发作平均每周七次以上或精神运动性发作平均每月三次以上。

7.2.2.2 五级伤残(以下条件须同时具备)：

a) 符合颅脑损伤后癫痫的诊断；

b) 系统治疗一年后药物仍不能控制；

c) 大发作平均每三月一次以上或局限性发作平均每月二次以上或小发作平均每周四次以上或精神运动性发作平均每月一次以上。

7.2.2.3 七级伤残(以下条件须同时具备)：

a) 符合颅脑损伤后癫痫的诊断；

b) 系统治疗一年后药物仍不能完全控制；

c) 大发作平均每六月一次以上或局限性发作平均每二月二次以上或小发作平均每周二次以上或精神运动性发作平均每二月一次以上。

7.2.2.4 九级伤残(以下条件须同时具备)：

a) 符合颅脑损伤后癫痫的诊断；

b) 系统治疗一年后药物仍不能完全控制；

c) 大发作一年一次以上或局限性发作平均每六月三次以上或小发作平均每月四次以上或精神运动性发作平均每六月二次以上。

7.2.2.5 十级伤残(以下条件须同时具备)：

a) 符合颅脑损伤后癫痫的诊断；

b) 系统治疗后药物能够控制；

c) 遗留脑电图中度以上改变。

附 录 A
(规范性附录)
颅脑损伤后癫痫脑电图检查实施规范

A.1 人员要求

A.1.1 技术人员应具备以下条件：

a) 医学(或法医学)大专以上学历；

b) 能熟练掌握神经电生理学和临床脑电图(electroencephalogram,EEG)学基础理论和操作技能及方法,专业培训6个月以上,实际工作3年以上；

c) 能识别 EEG 的各种伪波,并及时排除伪差；

d) 能对 EEG 做出准确定侧、定位。

A.1.2 鉴定报告人员应具备以下资格条件：

a) 医学或法医学大学本科以上学历,有神经生理、病理学、神经电生理学、EEG 学技能方面培训经历1年以上和3年以上神经科临床经历及5年以上 EEG 室工作经历；

b) 具备中级以上职称,有阅读1000份以上 EEG 图谱经历；

c) 正确掌握成人、老年人和儿童不同年龄阶段清醒与睡眠 EEG 特征；

d) 能准确识别 EEG 各种伪波,并正确分析、判定正常和异常 EEG；

e) 了解各种癫痫样波形与出现方式及定侧、定位。

A.2 环境要求

A.2.1 EEG 检查室应远离放射科、超声科和大功率电源,接有单独地线,在较安静,无噪声,无强光直射下的偏暗检查室内进行。

A.2.2 室内应装有冷暖空调,以防被鉴定人出汗或寒颤,被鉴定人检查时一般取坐位或卧位,应设有高背靠椅和卧床及自制小棉枕头备用。

A.3 设备和用品要求

A.3.1 鉴定设备：须选择符合国际 EEG 和临床电生理联盟(IFSECN)或中华医学会 EEG 与临床神经电生理学组建议的仪器最低要求,仪器应有足够的放大倍数100万倍以上,应具备16道以上记录笔,配有1—50Hz可调闪光刺激器。

A.3.2 仪器参数设置标准：标准电压 5mm = $50\mu v$；时间常数 0.3s；高频滤波 >60Hz；关闭陷波器；纸速 30mm/s；头皮电阻值 <20kΩ,最好不超过 5kΩ。

A.3.3 电极：

A.3.3.1 盘状支架电极：应备有氯化好清洁的盘状银质支架电极 22 个，用棉花、纱布将电极包裹好，浸泡在饱和盐水中，用于常规 EEG 记录。

A.3.3.2 盘状平面银质电极：氯化好盘状平面银质电极，并带有电线和插座 22 根，涂上导电膏，用于长时间录像视频脑电图（VideoVEEG，EEG）和 24h 动态脑电图（ambulatoryEEG，AEEG）记录。

A.3.3.3 针灸毫针蝶骨电极：备有 5—6cm 长的针灸针 10 根，作蝶骨电极之用。

A.3.4 其它用品，EEG 室应备有饱和盐水、75 和 95% 乙醇、碘酒、丙酮、导电膏、火棉胶、平头针注射器、药用棉花、棉纤和纱布等。

A.4 被鉴定人检查前的准备和须知

A.4.1 被鉴定人检查前的准备和须知和常规 EEG 检查相同。应注意的是被鉴定人是否有颅骨缺损和颅骨缺损修复术，如修复的是金属颅骨，做此项检测则意义不大，应如实告诉被鉴定人及家属。

A.4.2 AEEG 检查时被鉴定人及家属须知：

a) 24hAEEG 仪是贵重精密仪器，安装、调试、戴在被鉴定人身上后，要有家属陪同，应爱护好仪器和所有配件，各按键不能随便自己按，手不能到头上抓挠，睡觉时可以将仪器卸下放在枕头边，防止身体压在仪器上，如抽搐发作时应将被鉴定人平卧，头偏向一侧，松开领扣和腰带，保护好四肢，精神运动性发作和精神障碍者，应将被鉴定人控制在房间内，保护好仪器设备；

b) 被鉴定人不能参加任何活动，以休息为主，不吃硬性零食，不喝酒，保持安静；

c) 被鉴定人不接触水、电，冬天不睡电热毯；

d) 被鉴定人和家属应将 24h 内活动情况，如吃饭、睡觉、发病的起止时间记录下来，第二天检查结束交给 EEG 室，供分析时参考。

A.5 EEG、AEEG、VEEG 检查方法和要求

A.5.1 电极安放位置：按 10—20 系统（International 10—20 System）电极安放法，它是国际 EEG 学会推荐的标准电极安装法，电极位置是通过对头部不同标志区测量而确定，电极部位包括双侧 Fp1、Fp2、F3、C3、C4、P3、P4、O1、O2、F7、F8、T3、T4、T5、T6、Fz、Cz、Pz 和 A1、A2，共 21 个电极。A1、A2 为两侧耳垂电极，国外有的 EEG 仪只在头颅顶部安放一个电极通过 10—20MΩ 的大电阻连于大地作参考电极，称为平均参考电极，电位接近零位，上述各电极的安放位置应根据头颅大小测定而确定。

24hAEEG 和 VEEG 电极安放：将被鉴定人头发分开，用 95 乙醇或丙酮脱脂清洁后，电极紧贴头皮，盖上小块纱布，用平头针注射器抽上火棉胶，再将火棉胶打在纱布上，对电极进行固定，A1、A2 电极安放于双侧耳后乳头。

毫针蝶骨电极安放：毫针蝶骨电极必须经高压蒸汽或 75% 的乙醇浸泡 30min 消毒，手指和皮肤用碘酒消毒，乙醇脱碘后进针，进针部位在双侧颧弓中点下 2cm 乙状切迹处即"下关穴"，进针时让被鉴定人微张口，不要咬牙，垂直进针约向上 15 度插入 4—5cm，直达骨壁卵圆孔附近。电极安放要求电极之间距离相等，两侧部位相同。头皮上电极称为有效电极或活动电极，头皮以外的电极称为参考电极。

A.5.2 导联：EEG 记录导联应具有 16 道以上，应包括单极参考导联和双极纵向导联、双极横向导联及定位导联，必要时加做特殊电极导联，如颞叶蝶骨电极导联等。

A.5.3 蝶骨电极导联：蝶骨电极常用 F7、F8 或 T3、T4 与两侧耳垂 A1、A2 相连接，蝶骨电极能对前颞叶底部和颞叶内侧部位癫痫源的电活动有较为满意的记录，对颞叶癫痫临床诊断阳性率提高 15—30%，但应具有一定经验的技术人员操作。

A.5.4 导联定位法：是通过异常脑波最高波幅或最低波幅出现的所在区域位置和极性，可推测出病变部位和范围。外伤性癫痫 EEG 可出现局限性慢波、棘波、尖波等异常波形，常可提示颅内异常病灶的部位，但由于脑波具有传导性，因此异常脑波的电场范围常常超出实际病灶的大小，有时可能是从远处传导而来，更应注意的是阴性棘波的波幅愈高，频率愈快，定位的价值愈大。请切记不论何种定位法，两侧半球病侧和健侧相同区域都应同时进行，三角导联定位法左侧半球是顺时针，而右侧半球则是逆时针，如左侧半球为 F3—C3、C3—F7、F7—F3 顺时针，右侧半球为 F4—C4、C4—F8、F8—F4 逆时针。定位导联是根据参考导联和双极导联所记录的 EEG 而确定的，如一侧性或局限性放电就应根据放电区域进行定位，这样才能有的放矢，进行有效的记录。定位导联很多，应根据实际需要来使用，有四点定位法，十字交叉定位法等，所以 EEG 技术人员必须精通操作，才能记录出一份合格的 EEG。癫痫源灶的定位即所谓刺激

性病灶定位的位相倒置均为顶对顶的倒置,谓之针锋相对。底对底的位相倒置多为颅内软化灶。

A.5.5 颅脑损伤后癫痫 EEG 记录:颅脑损伤后癫痫被鉴定人取坐位或卧位,垫好枕头,夹好电极夹,频繁发作者须进行 VEEG 监测,时间为 2—4h,最好能记录到清醒和睡眠时 EEG,尤其对在睡眠中发作者应描记睡眠或剥夺睡眠 EEG,剥夺睡眠 EEG 被鉴定者在禁睡 24h 后再进行 EEG 检查,间断性发作和睡眠中发作者行 24hAEEG 监测。总之,能记录到发作时 EEG 为最佳记录,记录中如有临床发作,不应关闭仪器,应对其进行同步 EEG 描记。

颅脑损伤后癫痫应进行多次 EEG 检查,有 5 次以上检查为好,最佳检查时间为 1 周内、1 月内、三月内和半年、1 年;最少也不应少于 3 次,检查时间为 1 月、半年、1 年。

A.5.5.1 颅脑损伤后癫痫 EEG 记录技术标准:目前 EEG 记录大都通过数字化(digitalEEG)显示屏进行采样贮存,调出回放、分析,记录时须输入被鉴定人姓名、性别、年龄、左右利手、临床诊断、EEG 编号、住院号、门诊号、被鉴定人合作情况,意识状态等。用记录纸描记的 EEG,在记录纸首页应做好上述记载,并做好导联标记或加盖导联图章。

A.5.5.2 安装电极前应详细阅读申请单,了解被鉴定人情况,必要时补充病史。

A.5.5.3 EEG 记录前和记录结束后均用进行仪器定标和生物定标,仪器定标是将 EEG 所有记录笔的放大器技术参数设置同一标准,如总增益"1";时间常数"0.3s";高频滤波"60Hz";定标电压"5mm = 50μv";50Hz 陷波器关闭,走纸速度"30mm/s"来进行 10 秒钟的定标记录,观察各记录笔是否在同一垂直线上,阻尼大小是否适中,阻尼过大,波顶较圆钝,证明记录笔压纸过紧;阻尼过小,波顶变尖锐,说明记录笔压纸过松,阻尼大小可对阻尼螺钉进行调节,位相是否相同、波幅是否同等高度、波形是否同一形状。生物定标是将各记录笔连接于被鉴定人头皮上的任意两个电极,最好设置为 Fp1 和 01 电极记录 10 秒,来观察脑波的波幅,波形和位相是否一致,这两种定标都是用来检验 EEG 在记录中,各放大器和记录笔是否在同等状态下正常工作的唯一标准。

A.5.5.4 EEG 常规记录时间应 >20min 清醒无干扰较稳定的 EEG,过度换气、闪光刺激、睁闭眼试验应增加记录时间,过度换气前后应各记录 1—3min 以上。

A.5.5.5 EEG 操作技术:描记一份合格有参考价值的 EEG,操作技术人员应耐心细致及精力集中的操作,发现伪差应及时排除与纠正,注意被鉴定人的意识和一切动作并做好标记。

A.6 颅脑损伤后癫痫 EEG 常规诱发试验

A.6.1 EEG 诱发试验是通过各种生理性或非生理性的方式诱发出异常波,特别是癫痫样波的出现,是提高 EEG 的阳性率的方法。EEG 常规诱发试验包括睁闭眼试验、过度换气和间断性闪光刺激。

A.6.2 诱发试验 EEG 出现的异常表现,常为暴发性癫痫样放电,如棘波、棘慢波、尖波、尖慢波和暴发性慢波及暴发性节律波;局限性改变,一侧性或一侧区域性棘波、棘慢波、尖波、尖慢波和慢波;局限性快波增多,波幅增高等,可作为定位指标。

A.6.3 闪光诱发试验,只有那些对闪光刺激容易诱发癫痫样发作波者。闪光刺激应由操作技术人员谨慎执行,当 EEG 出现癫痫样放电,应立即停止刺激,有眼部疾病者禁用。

A.7 颅脑损伤后癫痫 EEG 所见

A.7.1 颅脑损伤后癫痫 EEG 所见有局限性慢波、局限性爆发性异常波、局限性爆发性节律波、局限性高波幅快波、广泛性高波幅慢波或病理波等。虽然颅脑外伤 EEG 检查在外伤现场或急性期很难进行,但是颅脑外伤后 EEG 检查对伤后的治疗、预后的评估有不可替代的作用。经国内外多家学者的研究报道,颅脑外伤后 1 个月进行 EEG 检查为最佳时期,伤后 3 个月、半年、1 年、2 年进行 EEG 复查必不可少,是推估、评价脑功能的重要指标。重症颅脑外伤有意识障碍者 EEG 改变一般认为从普遍性异常慢波或病理波向局限性慢波或病理波演变。早期癫痫波的出现预后良好,多数学者报道一半患者能在一月内恢复正常 EEG,如果 EEG 在 3 个月—半年内不能恢复正常者可能伴有终身脑功能障碍,有 3—50% 可出现迁延性颅脑损伤后癫痫。国外有个案报道颅脑外伤后 18 年才出现癫痫。尽管颅脑外伤性癫痫在伤后什么时间出现甚是难料,但严重颅脑外伤后在 24h—1 月内出现癫痫者还是多见,只有严重的硬膜穿通伤和颅内慢性血肿者出现癫痫的时间推移,因此颅脑外伤后 EEG 多次复查十分重要,有着不可低估的价值。

A.7.2 外伤后 EEG 可疑痫样放电:急性期,受伤部位或者对冲伤部位出现局限性或一侧性 δ 或 θ 波,可呈散在性和节律性放电,波形可类似正弦样波,部分为高波幅多形性慢波,持续局灶性多形性δ波,其波幅成人一般为100μv以上,儿童可达300μv以上,临床和实验研究表明,多形性δ波的产生以白质损失为主,多提示在大脑皮层、皮层下或丘脑核团有局部结构性脑损伤,如颅内血肿或脑挫裂伤。局限性一侧性爆发性异常波,尤其是病侧额叶、颞叶小棘波、小棘慢波、小尖波,夹有较多高波幅快波图形,临床上确有抽搐发作,应视为癫痫样放电。

A.7.3　外伤后EEG局限性生理波改变:局限性α波、睡眠σ波和β波增多,波幅增高见于颅骨缺损区称为开颅征属正常,外伤后无颅骨缺损时出现阵发局限性特高波幅无调幅的α节律,广泛性高波幅调节不明显α活动并前移到额叶和前颞叶部,局限性特高波幅睡眠σ节律应视为异常,特别是出现局限性高波幅快波时应高度注意,局限性高波幅快波称为所谓刺激性β波,是神经细胞高度兴奋的表现,被认为是癫痫放电的可能,生理波局限性波幅降低见于外伤后颅内血肿,平坦活动可能为电极放置在血肿上。

A.7.4　外伤后EEG典型癫痫样放电:是指突出于EEG背景,突发性出现、突发性消失,临床上将棘波、棘慢波、多棘慢波、尖波、尖慢波等复合波,各种频率的阵发性或爆发性异常波称为癫痫样放电,但不是所有癫痫样放电都伴有临床癫痫样发作。颅脑损伤后癫痫EEG以局限性放电多见,如是广泛性、弥漫性放电,应严格从频率、波幅、位相、波形来区分两侧半球是原发性同步,还是继发性同步:

a) 棘波:棘波时限<70ms,有上升支陡直和快速的下降支,突出于背景,散在或阵发性出现,是神经元快速超同步化放电,属皮层放电。

b) 棘慢波:一个棘波和一个慢波组成的复合波称棘慢波,棘波也可在慢波的上升支或顶部及下降支,称非典型棘慢波,尤其是一侧额颞叶的棘波、小棘慢波或小尖波放电与外伤性癫痫是否关联,应密切结合临床,两侧同步性3Hz典型棘慢波放电,为癫痫小发作波形,与颅脑外伤无关。

c) 多棘慢波:两个以上棘波和一个慢波组成称多棘慢波放电,常见于肌阵挛性癫痫,也可出现于其它类型癫痫。

d) 尖波:尖波时限>70ms,上升支陡直和下降支稍缓慢,是一种常见癫痫样放电,多为局限性,尖波病变较棘波深而广泛,应与生理性尖波相区别,如睡眠尖波,儿童顶枕部尖波等。

e) 尖慢波:一个尖波和一个慢波组成,多为散在性一侧或局限性放电,棘慢波或尖慢波在不同时间出现在不同部位称为多灶性放电。

f) 阵发或爆发节律性放电:是指某一频率有节律的波突然出现,突然终止,明显突出于背景EEG,并持续一段时间,见于EEG的各种频率。

g) 周期性一侧性癫痫样放电:是指各种癫痫样波,每隔1—2s周期性反复出现在一侧或一侧区域,是一种严重的异常EEG现象,提示有严重的脑损伤。

A.8　颅脑损伤后癫痫EEG的阅读、
测量、分析与评定

A.8.1　了解被鉴定人一般情况和病史,如年龄、性别,左右利手,意识状况,外伤情况,外伤时有无意识障碍,意识障碍时间长短,有无抽搐发作,外伤后第一次抽搐发作时间,有无颅骨骨折和颅骨缺损,是否为颅骨凹陷性骨折,颅骨缺损区域和大小,有无躯体、肢体和头部各器官功能损害和障碍等。

A.8.2　了解EEG仪器的性能和参数设置,观察仪器定标和生物定标。

A.8.3　外伤后EEG阅读:应将EEG全图从头至尾粗阅一遍,注意被鉴定人合作情况,各导联是否有伪差,两侧是否对称,有无一侧性或局限性改变,有无病理发作性异常波,异常波出现方式和部位,各种常规诱发试验前后EEG的变化,如安放了特殊电极和进行特殊诱发试验,更应注意观察特殊电极和特殊诱发试验的EEG变化。AEEG和VEEG记录中如有临床发作,重点观察发作时同步EEG记录。

A.8.4　外伤后EEG测量与分析:目前EEG测量分析有两种,一为专用的EEG测量透明尺进行测量和目测测量加以分析,适用于纸张描记的EEG,另一为数字化EEG,用计算机软件进行数据采集的EEG,用计算机专用软件进行测量分析。首先测量仪器各导联定标垂直线和高度,各导笔均应在一垂直线上,各导联定标电压高度均为5mm=50μv。再对EEG进行测量,应测量其平稳、安静时EEG波幅,周期、位相等:

a) 波幅:波顶至波底垂直距离称为波幅,波幅用微伏(μv)为单位表示;通常1mm=10μv。低波幅<30μv;中波幅30—75μv;高波幅75—150μv;特高或极高波幅>150μv。

b) 周期:从一个波的波谷到下一个波的波谷的时间

称为周期,周期用(ms)表示,常规 EEG 记录纸速为 30mm/s,1s=1000ms。每秒出现周期数称为频率,频率常用(Hz)表示。脑波的频率按国际可分三个频带,即中间频带 8—13 不足 14Hz 称 α 波;慢波频带 0.5—7 不足 8Hz,慢波频带又分为 δ 波 0.5—3 不足 4Hz,θ 波 4—7 不足 8Hz;快波频带 14—50Hz,快波频带分为 β 波 14—30Hz,γ 波>30Hz。

c)位相:向上偏转为负相,即阴性波,向下偏转为正相,即阳性波,大脑左右两侧相同脑区 EEG 记录中应为同位相,在两个导联的记录笔应同时向上或向下偏转,称同位相或同步,如在两个导联记录笔同时向相反方向偏转 180 度时,称位相倒置。测量各导联两侧相同脑区脑波均用在同一时间内测量,进行两侧对侧性的比较分析,不同频率的脑波在两侧不同区域均用测量 5—10 次以上。

d)脑波的出现方式:脑波单个出现的称孤立的或单个散在,两个以上出现的称活动,有恒定周期和波形而反复出现的称节律。全脑均可见到的称广泛性或弥漫性,一侧半球或一个区域出现的称一侧性或局限性。突然出现,突然消失称阵发性或爆发性,阵发或爆发的时间长短又可分短程不足 3s,长程 3—10s,10s 以上为持续等。

e)脑波波形:单一波形,如单形性 δ 波、θ 波、单一节律性波等;复合波,如棘慢波、尖慢波、多棘慢波、复型慢波等;杂乱波形,如多形性慢波,高度失律等。

f)外伤后 EEG 复查,应与前次 EEG 进行比较分析,有改善者病理波减少,波幅降低,正常生理波增多;如是病理波增多,波幅增高可考虑有加重趋势。

g)外伤后 EEG 评定和报告书写及资料收集:EEG 的评定带有一定经验和主观性,应紧密结合临床和影像学资料。评定颅脑损伤后癫痫 EEG 是否正常或异常,异常有轻度异常,中度异常,重度或高度异常,是否存在颅脑损伤后癫痫,主要评定要求是否出现异常发作波,异常发作波与颅脑外伤区域性的关系。凡出现一侧性或局限性发作性异常波应视为癫痫的可能性,左右两侧广泛性发作波应区分原发性和继发性,确定是否外伤引起或外伤前就有癫痫源性病灶,有极少数病例癫痫样波的出现,可能远离外伤性病变区域,如为远隔征,常称为镜灶。能记录到临床发作时 EEG、VEEG、AEEG 对颅脑损伤后癫痫的诊断起到不可争辩的价值。

A.8.5 颅脑损伤后癫痫 EEG 判定标准,包括 VEEG 和 AEEG(参照中华医学会癫痫和 EEG 学组判定标准):

a)轻度异常 EEG:EEG 以 θ 波为主,两侧频率、波幅有轻微不对称,伤侧频率前后时间记录慢于 1 个波以上;一侧或一个区域波幅始终增高 30% 以上,颅骨缺损除外;出现局限性>30μνβ 波和阵发性特高波幅的 α 节律与睡眠 σ 节律;成人出现一侧性始终慢于 8.5Hzα 波;α 波波幅成人超过 150μν,儿童超过 200μν,且无明显调幅;广泛性 α,并前移。

b)中度异常 EEG:以 δ 波为主;阵发局限性出现一侧或一个区域单形性高波幅 δ 波或 θ 波,有明显不对称;出现少量非典型性病理发作波;局限性快波波幅增高,含凹陷性颅骨骨折区;一侧额叶部、颞叶部小棘波、小棘慢波、小尖波。

c)重度或高度异常 EEG:出现一侧性或局限性特高波幅 δ 和 θ 节律;多形性慢波含非典型性尖慢波;各种节律性爆发和阵发;周期性一侧性癫痫样放电;典型棘波、棘慢波、多棘慢波和尖波、尖慢波等病理波,能定侧、定位意义更大,典型 3Hz 棘慢波除外;局限性高波幅快波>50μν,所谓刺激灶;两侧半球广泛性对称同步性放电应区分原发性和继发性;发作时同步 EEG 记录见典型癫痫样放电,上述改变均为自发性和诱发性出现。

A.8.6 颅脑损伤后癫痫 EEG、VEEG、AEEG 报告的书写:报告的书写应条理分明,内容简要,重点突出,并结合被鉴定人实际情况,供阅读者一看就明。目前 EEG 报告书写有两种形式,一为格式加填写试,另一为完全格式填写试,第一种被认为是较为正规 EEG 报告,首先将被鉴定者姓名,性别,年龄,左右利手,合作情况,意识状态,用药情况,住院号,门诊号,EEG 编号等填写在固定的格式内或进行打√。书写的内容全部是对 EEG 图纸的描述,描述的重点为基本节律,诱发试验以及结果和提示。对 EEG 的描述包括波幅、频率、位相、波形、出现方式和部位,先描述常规记录,后描述诱发试验或特殊电极,先描述正常 EEG,后描述异常所见,先描述普遍性出现,后描述局限性改变,记录中如有临床发作,应描述同步 EEG 所见,最后根据对图纸的测量与分析和 EEG 的评定标准评定,评判时,应给予真实而恰如其实的评定结果,必要时给予提示,如棘波、尖波样放电或放电的突出部位等。如是 EEG 复查,应与前次 EEG 进行比较描述,可以提出建议,建议其它检查和下次 EEG 复查时间。最后签名、填写报告时间,年、月、日。报告一般一式两份,一份发给被鉴定人,一份存档保存,备查。

A.8.7 EEG、VEEG、AEEG 资料的收集与整理:

EEG 资料收集要建立一个登记本,其内容有记录时间、姓名、性别、年龄、临床诊断、EEG 编号、EEG 结果、备注等,对每位被鉴定者进行登记,用纸张记录的 EEG,应按 EEG 描记纸张大小进行设计制作装图袋备用,装图袋上应印有记录时间、姓名、性别、年龄、临床诊断、EEG 编号等内容。报告书写要一式两份,底份和申请单一并粘贴在 EEG 图纸的二页上,将每一位被鉴定者所做 EEG 图纸、申请单、报告单一并装入备用 EEG 袋内,以备查阅。用计算机软件进行报告书写的报告单,应储存在计算机内,以备调用查询。

A.9 脑电地形图(Brain electrical activity mapping,BEAM)

A.9.1 脑电地形图(Brain electrical activity mapping,BEAM),或称定量脑电图(Quantitative electro-encephalogram,QEEG)等,它是继 CT 和 MRI 之后又一成像技术的发展,是基于电子计算机分析生物电的一种新的电生理学成像诊断技术,是 80 年代一项具有国际水平的临床医学、电子工程学和计算机科学相结合的新兴神经电生理检查项目,是一种有效地用来描述大脑功能变化的、安全的、无创性诊断方法。BEAM 既可诊断功能性疾病,又可协助诊断器质性疾病,并可观察器质性病变对其周围正常脑组织的功能影响。BEAM 在某些方面可补充 CT 和 MRI 的不足,在病变未形成器质性病灶或体积不够大而 CT 和 MRI 未能显影时,只要病变部位脑组织有功能改变,BEAM 即可显示异常,故对大脑病变可起到超前诊断作用,为大脑病变的早期诊断和早期治疗,以及预后的判断带来了希望。

A.9.2 BEAM 的基本概念:BEAM 就是计算化的 EEG,它应用图形技术来表达大脑的电生理信息,代替了 EEG 的曲线图,它能直观、醒目地利用彩色平面图形和左右侧位图形来反映大脑的神经电生理活动,对病变部位能较好的定侧、定位,是一种神经电生理学的成像技术。

A.9.3 BEAM 的原理:BEAM 是从头部不同部位的电极上收集到的脑电信号 EEG,一般提取无干扰、平稳 EEG 信号 60—100s,经过滤波器衰减 0.5Hz 以下和 30Hz 以上的各种频率的干扰信号,再经放大器信号放大后输入计算机的模数转换(A—D)器进行转换,将波形信号转化为数字信息贮存在计算机的贮存器中,通常可在每个导联采集 512 或 1024 个点,根据不同时间相的电压变量进行快速付立叶转化(FFT),处理为不同频域的功率段的功率谱。它包括以分别表示 δ(Delta)、θ(Theta)、α(Alpha)和 β(Beta)四个不同频率段的功率图。

A.9.4 成像原理:以 Ueno 和 Matsuoka 提出的二维内插补差法为原理,利用直线型和曲线型插值运算,从一个 5×5 数值矩阵中推出 65×65 个点的电压变量值,以等电位效应原理用彩色带和数值化表示出不同的灰度等级,并用打印机在一个预置形态如 CT 一样的平面图上打印出来,并列出灰度标尺供分析。

A.9.5 BEAM 的阅读、分析及诊断:

A.9.5.1 临床资料:首先通过 BEAM 申请单可了解被鉴定者的性别、年龄、左右利、病史、临床症状及是否应用对中枢神经系统有影响的药物如抗癫药、镇静药等,是否进行过其他特殊检查及检查目的和特殊要求等,以做分析时参考。

A.9.5.2 了解被鉴定人时的状态如体位、是否合作、意识状态、是否闭目、有无嗜睡和药物催眠等情况,以便正确判断检查结果。

A.9.5.3 分析有关数值观察了解 BEAM 数值及颜色灰阶值情况以做分析时参考。

A.9.5.4 阅读和分析每一个图形改变情况:一般 BEAM 分为 α(Alpha)频段图形、β(Beta)频段图形、θ(Theta)频段图形和 δ(Delta)频段图形,根据需要还可再细分为 $\alpha1$、$\alpha2$ 和 $\beta1$、$\beta2$ 等频段图像等。每个频段图形可显示横断水平面图像和左右侧位图像,根据每个图像的颜色灰阶数值和左右侧对比以及与正常值对比来分析 BEAM 正常或异常。

颅脑损伤后癫痫 BEAM 可根据不同频率段图像的功率值改变进行分析、诊断,颅脑损伤区域 α 频段图像功率明显局限性增高,颅骨缺损区域除外;颅脑损伤区域 β 频段图像功率局限性增高,含颅骨凹陷性骨折区域;颅脑损伤区域 δ 和 θ 频段图像功率局限性增高等。

根据图像中颜色灰阶值左右相对应部位是否对称进行诊断,目前记录仪器软件制造商不同,其灰度值有 10 级、16 级、30 级不等,一般正常人左右颜色灰阶值是基本对称,通常 10 级差别在 3 个灰阶值之内,16 级在 3—5 灰阶值内,30 级在 4—6 灰阶值内,大于上述灰阶值应视为为异常。

根据图像左右相对应功率数值是否相等进行诊断,正常人左右功率数值基本相等,一般差别在 30% 以内,如超过 30% 提示异常,应结合功率谱曲线图、功率谱百分之比图、数字地形图等进行分析。

A.9.5.5 BEAM 的诊断原则:关于 BEAM 的诊断,

一般遵循两个原则,一是要结合被鉴定者的病史和临床症状,二是根据 BEAM 的图像改变特点进行诊断。被鉴定人的病史和临床症状资料的获得,通过被鉴定人或家属获取。而颅脑外伤后脑机能障碍复杂多样,有生理性的功能失调、有脑挫裂伤所致的病理变化,反映大脑机能变化的 EEG 和 BEAM 常出现异常改变。BEAM 能直观、定位地显示颅脑损伤的部位、程度、范围,从而对颅脑外伤后的脑功能变化进行客观正确的评价,尤其对颅脑颅脑损伤后癫痫源性焦点的确定更醒目、直观和准确。

A.9.5.6　BEAM 检查图像显示:
BEAM 检查可显示各种图像,因目前 BEAM 仪器生产厂家不同和性能的差异,所以每种 BEAM 仪所能显示的图像亦不相同。大部分 BEAM 仪所能显示的各种图像如下:

a)显示 α、β、θ、δ 各频段图像,并根据需要将上述频段划分为 α1、α2、α3、α4……β1、β2、β3、β4……依次类推,有的仪器可达到每个 Hz 呈现一个图像,以便进行分析研究。

b)显示上述各频段的水平位(正位图和俯视图)和左、右侧侧位图像,和单个侧位图像。

c)显示带有 EEG(带有全部导联和带有部分导联的 EEG)的 BEAM 图像。

d)显示棘波地形图像。

e)显示诱发电位地形图(包括视觉诱发电位、听觉诱发电位、体感诱发电位和 P30。诱发电位地形图)图像。

f)显著性概率地形图所用的统计学处理可分为 t 检验地形图图像和 z 检验地形图图像。

g)同时显示六个或 8 个频率段的地形图图像。

h)显示频谱功率图,又称统计地形图或称 Summary 地形图。根据需要可将某一至二个频段化作以 0.5Hz 或 1.0Hz 或 2.0Hz……为梯度的频谱功率图。

i)显示显著性概率地形图图像。

j)显示以时间(毫秒 ms)1 至若干 ms 为梯度的实时地形图图谱。

A.9.6　BEAM 与 EEG 之间的对比分析:

a)BEAM 是通过电子计算机分析,可发现较微小的改变,EEG 是目测,对较小病变可能漏诊。

b)BEAM 是通过图像形式显示病变,而 EEG 是曲线图,前者较直观,定位更准确,且能显示病变范围以及病变对其周围正常脑组织的功能影响及范围,后者则次之。

c)BEAM 可通过显著性概率地形图进行被检查者与正常值进行对比,而 EEG 则不能进行。

A.9.7　关于 BEAM 与脑 CT,MRI 和 EEG 的相互对比问题:

a)BEAM 与 CT 和 MRI 在病变的解剖定位方面为优势,BEAM 以功能诊断为优势,故 BEAM 所显示的病变范围较 CT 和 MRI 大。BEAM 除能显示病变外,尚能显示病变对其周围正常脑组织的功能影响,所以病变范围较 CT,MRI 为大。

b)CT 和 MRI 必须在病灶形成后且体积有一定的大小时才能显影诊断,BEAM 只要病变部位开始有功能改变时,而病灶未形成以前即可显影诊断,故 BEAM 改变可早于 CT 和 MRI,具有超前诊断的作用。

c)BEAM 能协助诊断功能性疾病,而且是目前较理想的、可靠的诊断措施,如对原发性癫痫、脑震荡和精神疾病等可协助诊断,而 CT 和 MRI 则不能诊断。

d)BEAM 还能协助诊断、观察病变对其周围正常脑组织功能的影响,而 CT 和 MRI 则不能显示,故 BEAM 据此可协助观察疗效和判断预后。

e)CT 和 MRI 可进行增强检查,以协助诊断与鉴别诊断,而 BEAM 则不能进行。

A.9.8　BEAM 报告内容:按照报告单内容逐项填写一般内容,报告内容描述:

a)描述每个频率段(α、β、θ、δ 等)的功率变化,要着重描述被鉴定者所特有的频率段功率改变程度和改变的部位。

b)描述频谱功率的改变,即记录描述功率值改变频段的各部位的左右半球相对应部位功率定量变化的百分比差(<30%,>30% 或 >50%)。

c)记述 z 检验 BEAM 结果(即被鉴定者功率值改变与正常值对照得出的标准差 SD 或称偏离度),<3 为正常范围,>3 为轻度异常,>5 为异常(明显异常)。

d)记述过度换气等诱发试验结果。

A.9.8.1　BEAM 结论与诊断,应根据脑电地形图的改变特点,结合临床资料得出 BEAM 诊断。目前主要诊断方式是类似 EEG 诊断轻、中、重度异常,根据 BEAM 改变特点,结合临床资料尽量作出临床提示,这样提供的诊断临床参考意义更大。

目前 BEAM 对外伤后癫痫的诊断还存在误区,是因为所应用的机器的性能所限,不是所有厂商生产的软件都能对EEG出现的棘波、尖波进行确认,所以BEAM对棘波和尖波不能确定,但是性能好的BEAM仪生产厂商可利用分析软件分析协助癫痫的诊断,而且还可以对原发性和继发性癫痫进行鉴别诊断。主要有2种方法:一是利用棘波自动分析软件进行分析判断,棘波自动分析功能选择的标准菜单主要包括一系列参数,检测EEG信号中的棘波活动,标准对这些参数值进行确定。分析软件滤掉杂波,有效地达到自动化检测功能,检测出真的棘波活动。二是利用时域分析方法进行分析,根据棘波或尖波周期进行判断。根据上述二种方法,再结合临床发作表现,对癫痫进行诊断和分类。

颅脑损伤后癫痫BEAM应紧密结合EEG进行分析,而主要是定侧、定位的分析,EEG是局限性慢波改变,BEAM则为局限性慢波频段功率值增高,如是局限性棘波、尖波放电,BEAM应是θ、α、β频段功率值局限性增高。BEAM与样本的剪取、拼接EEG信号关系密切,是弥补EEG定侧、定位的不足,因此BEAM的操作技术显得十分重要。

附 录 B
(规范性附录)
颅脑损伤后癫痫医学影像学读片规范

B.1 提供医学影像学作为鉴定材料要求规范

被鉴定方应签字确认如实提供医学影像学材料,鉴定方一般只对提供材料所做结论负责,如被鉴定方要求对材料的真实性进行鉴定,应申请同一认定鉴定。一般情况下,被鉴定方应提供如下医学影像学鉴定材料:

a)受伤当时的头部CT或/和MRI或/和平片之胶片或/和纸质图片或/和电子载体及相应医疗机构的医学影像学诊断报告;

b)受伤后病情变化过程(尤其是加重时期)的头部CT或/和MRI或/和平片之胶片或/和纸质图片或/和电子载体及相应医疗机构的医学影像学诊断报告;

c)病情稳定后或最近时期的头部CT或/和MRI或/和平片之胶片或/和纸质图片或/和电子载体及相应医疗机构的医学影像学诊断报告;

d)如被鉴定方提供的影像学资料不足以提供充分的鉴定证据,应重新进行或复查头部CT或/和MRI检查并提供检查图像资料与医学影像学诊断报告。

非本鉴定机构出具的医学影像学诊断报告直接作为证据的条件规范,非本鉴定机构出具的医学影像学读片报告直接作为鉴定材料应具备以下条件之一:

a)报告内容与经医院审核确认的原始手术记录或病理结果互为印证;

b)两位以上医师签名,其中一位医师具有材料可证明的具有医学影像学副主任医师以上职称且注册地为二级甲等或二级甲等以上医院且具有相应岗位上岗资格证明。

B.2 鉴定机构医学影像诊断学鉴定人员资质规范

本鉴定机构医学影像诊断学鉴定人员应具有临床影像诊断学副主任医师或以上职称。

B.3 医学影像学鉴定过程规范

B.3.1 医学影像学鉴定材料的选择:

a)手术前影像资料选择已充分显示全部病变及其程度的头部CT或/和MRI;

b)结果期影像学资料选择手术后病变稳定期或最近时期的头部CT或/和MRI。

B.3.2 医学影像学鉴定过程规范:

a)记录所审读原始影像资料的检查日期、姓名与照片编号;

b)根据照片上标注的检查日期、姓名与照片编号及前后病变的变化规律从形式与内容上审核检查材料的真实性;

c)记录或审核头部原始影像资料所显示的病变,尤其与癫痫相关的颅内病变及其诊断;

d)对已审核病变的照片照相并存档。

B.4 颅脑外伤医学影像学诊断及术语规范

B.4.1 颅骨骨折:

a)线形骨折:平片或CT片,非颅缝及血管沟部位的不规则线形负影。非典型线形骨折应有CT三维重建及/或颅骨表面成像图。

b)穿通性骨折:除外颅骨疾病的贯通颅骨外板与内板的局限性负影。

c)粉碎性骨折:出现分离骨片的颅骨骨折。

d)凹陷骨折:骨折片向颅内凹陷的颅骨骨折。

e)颅缝分离:颅骨骨折的一种,颅缝明显大于正常,或两侧颅缝明显不等宽。

新鲜与陈旧骨折,满足以下任意一个条件可确认为新鲜骨折:

a)骨折线邻近软组织肿胀、出血或/和伴有新近的颅内脑损伤证据;

b)复查照片、CT 或 SPECT 提示骨折线发生变化,如骨痂形成或愈合;

c)有明确可解释骨折形成的暴力病史,或有明确局部骨折体征,且无确切证据可证明伤前存在骨折线的无骨痂形成的颅骨骨折。

B.4.2 颅内积气和脑脊液漏:

a)颅内积气:手术前 CT 和/或 MRI 片,颅内出现空气影。首次照片颅内积气不能确认者,复查后影像发生变化可确认。硬膜下腔、蛛网膜下腔、脑室内及脑组织内积气提示硬脑膜破裂。

b)脑脊液漏:CT 和/或 MRI 显示脑脊液溢出颅腔外,脑脊液漏提示硬脑膜破裂。

B.4.3 硬膜外血肿:CT 和/或 MRI 显示具有血肿特征的物质位于颅骨内板下与硬脑膜间。

B.4.4 硬膜下血肿:CT 和/或 MRI 显示具有血肿特征的物质位于颅骨内板下与蛛网膜间。

B.4.5 颅内脑外血肿:CT 和/或 MRI 特征不能区别硬膜外或硬膜下血肿,或硬膜外血肿与硬膜下血肿混合存在时。

B.4.6 蛛网膜下腔出血:CT 和/或 MRI 显示脑池和/或脑沟有肯定的具有血液密度或信号的物质。单次照片不能肯定时,复查照片影像发生变化者可确认。

B.4.7 脑室内积血:CT 和/或 MRI 显示脑室内有血肿特征的物质存在,单次照片不能肯定时,复查照片影像发生变化者可确认。

B.4.8 脑内血肿:CT 和/或 MRI 显示脑组织内有具有血肿特征的物质。

B.4.9 硬膜下积液:一侧或两侧颅内硬膜下间隙增宽,其内容物一般具有脑脊液特征,如合并出血或高蛋白物沉积,内容物具有相应特征。

外伤性硬膜下积液:一侧或两侧颅内硬膜下间隙增宽,外伤后前后两次内容物含量有变化者,可确认为外伤性硬膜下积液。

B.4.10 脑挫伤:CT 和/或 MRI 显示局部脑组织水肿、坏死、液化和/或多发散在的小出血灶。

B.4.11 弥漫性脑损伤:弥漫性脑损伤包括弥漫性脑水肿、弥漫性脑肿胀和弥漫性脑白质损伤。

B.4.12 脑水肿:CT 显示局部或弥漫性脑白质密度减低;MRI 显示局部或弥漫性脑白质内水分增多,T_1WI 及 T_2WI 均呈水样信号。

B.4.13 脑肿胀:CT 和/或 MRI 显示局部或弥漫性脑组织体积增大,中度以上脑肿胀显示脑室、脑池或脑沟较正常者明显变小,单次照片可以确认,轻度肿胀者前后两次图片对比显示脑组织体积发生变化可以确认。

B.4.14 弥漫性脑白质损伤:又称脑白质剪切伤,CT 或/和 MRI 显示局部或弥漫性脑组织水肿\肿胀,并有散在点状出血灶。

B.4.15 脑软化灶:CT 或/和 MRI 显示局部或弥漫性脑组织缺失,局部组织被液体信号代替,后天病变所致者,MRI 可显示脑软化灶周围伴有胶质增生信号。

外伤性脑软化灶:后次图像具有脑软化征象,前次图像具有脑损伤征象。

B.4.16 胶质增生:MRI 显示病灶周围白质具有非水肿异常信号,往往无增强,无占位效应。

外伤后胶质增生:后次图像具有胶质增生征象,前次图像具有脑损伤征象。

B.4.17 脑积水:CT 或/和 MRI 显示局部或弥漫性脑室扩大,梗阻性脑积水表现为梗阻平面以上脑室扩大,交通性脑积水显示全脑室扩大。

外伤后脑积水:后次图像具有脑积水征象,前次图像具有脑损伤征象。

B.4.18 脑萎缩:CT 或/和 MRI 显示局部或弥漫性脑组织体积缩小,其直接征象为脑室\脑池\脑沟扩大,轻度脑萎缩需要前后两次图片对比才能确认。

外伤性脑萎缩:后次图像具有脑萎缩征象,前次图像具有脑损伤征象。

法医临床检验规范

1. 2021 年 11 月 17 日司法部发布
2. SF/T 0111-2021
3. 自 2021 年 11 月 17 日起实施

前 言

本文件按照 GB/T 1.1—2020《标准化工作导则 第1部分:标准化文件的结构和起草规则》的规定起草。

本文件代替 SF/Z JD0103003—2011《法医临床检验规范》,与 SF/Z JD0103003—2011 相比,除结构调整和编辑性改动外,主要技术变化如下:

a)增加了"临床医疗终结的判定标准"(见 3.2.2);

b)增加了"儿童体表面积"的计算方法(见 4.2.2.2);

c)增加了"神经反射检查"结果的表述方法(见

4.4.5.1、4.4.5.2 和 4.5.5.3);

d)增加了"持续性植物状态"判定的注意事项(见4.4.6);

e)增加了"面部"和"面部中心区"界定的注意事项(见4.5.1.2);

f)增加了"鼻部"各分区面积占比评估的方法(见4.5.5);

g)增加了"牙位记录法"的规定(见4.5.6.2);

h)增加了"消化吸收功能障碍"的检验方法(见4.8.3.1);

i)增加了"肾功能障碍"评估中的"放射性核素检测方法(eGFR)"(见4.8.3.2);

j)增加了"尿流动力学"检验结果分析、评定的注意事项(见4.9.3.4);

k)增加了"肢体关节功能丧失程度"评定的具体方法(见4.11.7.2);

l)增加了"失血性休克"的内容(见4.12);

m)增加了"各类损伤的临床治愈和好转标准"(见附录A.1);

n)增加了"发育和营养状况的评定方法"(见附录A.2);

o)增加了"具体骨骼肌的肌力检验方法"(见附录A.4);

p)增加了"构音障碍"的检验方法(见附录A.5);

q)更改了附录中"关节运动活动度检测方法"的文字描述和附图(见附录A.6,2011年版的附录A.1)。

请注意本文件的某些内容可能涉及专利。本文件的发布机构不承担识别专利的责任。

本文件由司法鉴定科学研究院提出。

本文件由司法部信息中心归口。

本文件起草单位:司法鉴定科学研究院、四川大学、中国医科大学、中山大学、西安交通大学、华中科技大学、苏州医科大学、南方医科大学、温州医科大学、贵州医科大学、绍兴文理学院、北京法源司法鉴定中心。

本文件主要起草人:夏文涛、范利华、程亦斌、王亚辉、邓振辉、刘技辉、罗斌、陈腾、陈晓瑞、朱少华、徐静涛、廖毅、王杰、葛建荣、何颂跃、朱广友、陈捷敏、夏晴、王飞翔、沈寒坚、刘瑞珏、高东、顾朝智、杨小萍、张志湘。

本文件及其所代替文件的历次版本发布情况为:
—— 2011 年首次发布为 SF/Z JD0103003—2011;
—— 本次为第一次修订。

引 言

SF/Z JD0103003—2011 实施至今已 10 年许,法医临床研究和鉴定技术有了许多新的进步和发展,一系列新的行业标准和技术规范不断颁布实施,特别是最高人民法院、最高人民检察院、公安部、国家安全部、司法部发布的《人体损伤程度鉴定标准》和《人体损伤致残程度分级》,分别自 2014 年 1 月 1 日和 2017 年 1 月 1 日实施,各地法医临床司法鉴定人和关心法医临床司法鉴定的有关人员就 SF/Z JD0103003—2011 在实际操作中以及执行新的鉴定标准以来所遇到的问题,提出了诸多有益的修改建议,经充分征求全国同行的意见,对该文件进行全面的修订、完善,形成本文件。

1 范 围

本文件规定了法医临床体格检查及其相关辅助检验的通则、基本要求,检验时机以及各类损伤的检验要求。

本文件适用于人体损伤程度、损伤致残等级及其他法医临床事项的检验和鉴定。

2 规范性引用文件

下列文件中的内容通过文中的规范性引用而构成本文件必不可少的条款。其中,注日期的引用文件,仅该日期对应的版本适用于本文件;不注日期的引用文件,其最新版本(包括所有的修改单)适用于本文件。

GB/T 16180—2014 劳动能力鉴定 职工工伤与职业病致残等级

GB/T 31147—2014 人身损害护理依赖程度评定

GB/T 37237 男性性功能障碍法医学鉴定

GA/T 914—2010 听力障碍的法医学评定

GA/T 1582—2019 法庭科学 视觉功能障碍鉴定技术规范

SF/T 0112 法医临床影像学检验实施规范

SF/Z JD0103001 听力障碍鉴定法医学鉴定规范

SF/Z JD0103004 视觉功能障碍法医学鉴定规范

SF/Z JD0103005 周围神经损伤鉴定实施规范

SF/Z JD0103007 外伤性癫痫鉴定实施规范

SF/Z JD0103009 人体前庭、平衡功能检查评定规范

SF/Z JD0103012 嗅觉障碍的法医学评定

3 术语和定义

本文件没有需要界定的术语和定义。

4 通　则

应遵循实事求是的原则,在对送检资料中已有病历及相关实验室检验、辅助检查结果进行全面、仔细审阅的基础上,对人体原发性损伤及由损伤引起的并发症或者后遗症进行规范的检验,关注阳性及关键的阴性症状和体征,同时做好客观、完整、清晰和准确的记录。

5　基本要求

5.1　检　验　人

对被检者的人身检验应由法医临床鉴定人进行,也可由法医临床鉴定人会同聘请的临床医学专家或鉴定技术助理实施,临床医学专家应是通过鉴定机构批准认可,且具有高级专业技术职务的专科医师。

5.2　检　验　器　具

检验所用的计量器具应进行必要的检定或校准,并保证其在有效期内。

5.3　隐　私　保　护

检验女性身体隐私部位时,应有被检者家属或女性工作人员在场。

5.4　固　定　证　据

对被检者存在体表损伤、缺损、畸形或功能状况异常的情形,应拍摄能清晰显示损伤或功能状态的照片,必要时,应在受检部位附近放置唯一性标识和标尺。

5.5　知　情　同　意

检验被检者身体隐私部位时,应在获得其本人或监护人同意的前提下,方可拍摄照片。

5.6　方　法　选　择

查体、辅助检查和实验室检验项目,可根据具体鉴定事项和损伤部位,结合被检者的陈述,有重点、有选择地进行,但不应遗漏对鉴定意见可能造成影响的检验项目。

5.7　拒绝检验的情形

遇有被检者不配合、拒绝或放弃检验,或者其所谓的异常表现与可以认定的损伤明显无关,或者该异常表现不能用医学知识解释的情形,经鉴定人告知不能满足鉴定事项的要求,或者无法通过检验作出明确的鉴定意见后,可酌情终止检验和鉴定。

5.8　专家意见的应用

鉴定人对被检者进行检验,认为确有必要时,可根据鉴定需要邀请临床医学专家协助检验,但鉴定人应对作为鉴定依据的检验结果负责。

6.检验时机

6.1　以原发性损伤为主要鉴定依据的情形

宜在损伤伤情明确后及时检验。

6.2　以损伤后果为主要鉴定依据的情形

应在临床医疗终结后检验,一般待损伤3个月~6个月后进行,伤情复杂或残情一时难以稳定的疑难案件,应适当推迟检验和鉴定。

注:临床医疗终结的判定条件为:原发性损伤及其与之确有关联的并发症已经临床一般医疗原则所承认的治疗和必要的康复,症状消失或者稳定,体征相对固定,达到治愈或好转要求,经评估其组织器官结构破坏或功能障碍难以继续恢复。

各类损伤的临床治愈和好转标准见附录A.1。

7　检　验

7.1　一般情况

7.1.1　发育

应根据被检者性别、年龄、身高(身长)、体重、第二性征及其他可以评估发育状态的指标,作出综合评估。

7.1.2　体型

应通过观察和检验被检者的身体形态和结构,并进行必要的测量,作出综合评估。

7.1.3　营养状况

7.1.3.1　一般评估

应通过对皮肤、毛发、皮下脂肪和肌肉发育情况的观察和检验,作出综合评估。

7.1.3.2　辅助检验

可采用测量和实验室检验,对营养状况作出进一步检验与分级评估。

发育和营养状况的评定方法见附录A.2。

7.1.4　体位

应观察并描述被检者身体的姿势状态与体位特点。一般分为:自动体位、被动体位和强迫体位。

7.1.5　步态

应观察被检者行走时步态是否正常,注意描述异常的步态特点。步态异常一般分为:跛行、蹒跚、跨越步态以及间歇性跛行和剪刀步态等。需要借助辅助行走器具(如助步器和拐杖等)的,也应注明。

7.2　体表损伤

7.2.1　体表原发性损伤

7.2.1.1　擦伤

应确定损伤的部位,观察并检验其形态、大小、方向和色泽改变,有无渗血和渗液。

7.2.1.2 挫伤

应确定损伤的部位,观察并检验其皮内或皮下出血的色泽改变及其范围,以及边缘、形态和大小等。因常与擦伤并存,应注意有无表皮剥脱、局部肿胀和炎性反应。

7.2.1.3 咬伤

应确定损伤的部位,观察并检验其特征形态,必要时应测量咬痕的长度。典型的咬痕为类圆形或椭圆形的皮肤损伤,常呈相对的半弧形排列,多伴有表皮擦伤、撕裂创和皮下出血。

7.2.1.4 创

创的检验要求如下:

a)确定损伤的部位:观察并检验其形态特征和走行方向,创缘和创壁是否整齐,创角是否锐利,创腔内有无组织间桥,创的边缘有无擦伤和挫伤带,周围局部有无肿胀等。有条件的,应注意区分钝器创和锐器创。若为锐器创,则应区分切割创、砍创、刺创和剪创;

b)测量创的长度和宽度:测量创的长度时应测量创口两端创角之间的距离,应避免将划痕混同为创。具体测量创的长度时,可采用量具直接测量,也可采用非弹性线状物分段比拟,再用量具测量线段累加计算获得实际创的长度。如创口已行缝合等处置,直接测量缝合创两端创角之间的距离;

c)对于躯干或者肢体贯通创:当需要明确创道长度时,应关注案情提供的致伤工具,结合损伤当时病历中查体(包括清创探查)记录的描述,明确创口的位置和创道的方向,用卡尺测量两创口之间的距离;

d)对于躯干或者肢体盲管创,当需要明确创道深度时,应关注案情提供的致伤工具,结合损伤当时病历中查体(包括清创探查)记录的描述,必要时应参考超声探查和磁共振成像(MRI 检查)等医学影像辅助检验结果,综合判定。

7.2.2 体表瘢痕

7.2.2.1 一般检验

一般检验要求如下:

a)确定瘢痕的部位,检验其形态、质地和色泽改变,局部与周围正常皮面是否平齐,边缘是否整齐,触之与皮下组织有无粘连,是否影响局部功能。按照瘢痕的形态特征,一般分为:

1)浅表性瘢痕;
2)增殖性瘢痕;
3)萎缩性瘢痕;
4)凹陷性瘢痕;
5)瘢痕疙瘩。

b)线状和条状瘢痕应测量其长度和宽度。块状瘢痕,应测量其面积。在具体检验和鉴定中,有关鉴定事项的要求在《人体损伤程度鉴定标准》(2014 年 1 月 1 日起实施)和《人体损伤致残程度分级》(2017 年 1 月 1 日起实施)中规定以"cm^2"确定面积大小的,应测量其绝对面积(cm^2),以"占体表面积比例(%)"的数值确定面积大小的,应在测量绝对面积后再计算其相对面积(%);

c)检验头皮瘢痕,必要时宜剃净局部毛发,使之充分暴露。

7.2.2.2 占体表总面积的比值

一般情况下,可采用"九分法"(见附录 A.3)或"手掌法"进行估计(成人一手掌通常占全身体表总面积的 1% 左右,应注意存在相当的个体差异)。如果经初步评估,被检者瘢痕面积所占比值邻近相关鉴定标准规定的数值时,应采取更为精确的测量方法,如为小面积瘢痕,可采用转换为规则几何图形的测量计算法和坐标纸描记法等。

必要时,也可采用以下瘢痕面积测量及体表总面积计算方法,具体如下:

a)用透明薄膜描记瘢痕,测算瘢痕的面积(宜采用计算机扫描软件测算),通过以下公式计算全身体表总面积,再计算出瘢痕所占比值:

1)成人按公式(1):

$$S = 0.0061H + 0.0128W - 0.1529 \quad \cdots\cdots\cdots (1)$$

2)30kg 以下儿童按公式(2):

$$S = 0.035W + 0.1 \quad \cdots\cdots\cdots (2)$$

3)超过 30kg 儿童按公式(3):

$$S = (W - 30) \times 0.02 + 1.05 \quad \cdots\cdots\cdots (3)$$

式中:

S——体表总面积,单位为平方米(m^2);

H——身高,单位为厘米(cm);

W——体重,单位为千克(kg)。

b)用表面扫描仪进行体表扫描,测量瘢痕面积和全身体表总面积,计算瘢痕所占比值。

7.2.2.3 毛发缺失的检验

观察并测量毛发缺失的部位、程度和范围。若为小面积毛发缺失,以"cm^2"表示;若为大面积毛发缺失,以缺失毛发的面积占整个头皮(发际区)的比值表示。

7.2.3 体表损伤后遗其他改变

7.2.3.1 皮肤细小瘢痕和色素改变

法医临床鉴定中的皮肤细小瘢痕或者色素改变多由擦挫伤、烧烫伤、爆炸伤和化学药物灼伤等损伤所致。检验时应注意观察皮肤损害所在部位、范围及其特征。面积测量方法按照7.2.2.2的规定。皮肤损伤范围内间或存在的少量岛状正常皮肤，在测量时可不予剔除。

注1：皮肤细小瘢痕主要是指较密集的以多发性点状或小片状瘢痕为主，混杂有色素改变等其他异常的皮肤损害，多呈网状或者斑片状，其间可混杂少许正常皮肤。

注2：皮肤色素改变主要是指表面色泽与周围正常皮肤存在差异的斑片状病灶，表现为色素沉着或者色素缺失，有时可见皮内颗粒状或碎屑状色素异物存留。

7.2.3.2 植皮后改变

应观察并检验植皮区和供皮区的部位、范围及其特征。根据鉴定事项，按照《人体损伤程度鉴定标准》(2014年1月1日起实施)和《人体损伤致残程度分级》(2017年1月1日起实施)的要求，测量长径或者面积，测量方法按照7.2.2.1和7.2.2.2的规定。

7.3 颅骨损伤

7.3.1 颅盖损伤

检验颅盖部有无局部凹陷和缺损。有疑问时，应行切线位X线摄片或者计算机断层扫描术(CT)，明确损伤的部位、类型和程度。若存在颅骨缺损，应明确其部位和范围。

7.3.2 颅底骨折

根据发生部位可分为颅前窝骨折、颅中窝骨折和颅后窝骨折，检验要求如下：

a) 颅前窝骨折：检验额、面部是否有软组织损伤，眼睑及结膜下以及眶内软组织是否出现淤血斑("熊猫眼"征)，是否伴有鼻出血或脑脊液鼻漏，是否合并嗅、视神经损伤所致嗅觉或视觉功能障碍，必要时行CT扫描了解有无眼眶及视神经管骨折；

b) 颅中窝骨折：检验颞部或耳后部是否有软组织损伤，是否伴有鼻出血、脑脊液鼻漏、脑脊液耳漏或脑脊液耳鼻漏，是否合并面、听神经损伤所致周围性面瘫或听力障碍；

c) 颅后窝骨折：检验耳后部及枕部是否有软组织损伤，是否出现耳后淤血斑或枕部肿胀及皮下淤血斑，是否合并后组脑神经损伤所致吞咽困难、发声嘶哑或伸舌偏斜等。

7.4 颅脑和脊髓损伤

7.4.1 意识状态

应通过观察、接触和交谈了解被检者的思维、反应、情感、计算及定向力等情况。意识障碍根据其程度不同可有以下表现：

a) 嗜睡：最轻的意识障碍，属病理性倦睡。被检者易陷入持续的睡眠状态，可被唤醒，并能正确回答和做出各种反应，但当刺激去除后可很快再入睡；

b) 意识模糊：意识水平轻度下降，较嗜睡程度为深。被检者能保持简单的精神活动，但对时间、地点和人物的定向能力发生障碍；

c) 昏睡：接近于人事不省的意识状态。被检者处于熟睡状态，不易唤醒。虽在强烈刺激下(如压眶、摇动身体等)可被唤醒，但很快即重新入睡。勉强唤醒时答话含糊或者常答非所问；

d) 昏迷：相对最严重的意识异常状态。通常可表现为以下三个阶段：

1) 轻度昏迷：意识大部分丧失，无自主运动，对声、光刺激无反应，对疼痛刺激尚可出现痛苦表情或肢体回缩等防御反应，角膜反射、瞳孔对光反射、眼球运动、吞咽反射等仍可存在；

2) 中度昏迷：对周围事物及各种刺激均无反应，对剧烈刺激可出现防御反射，角膜反射减弱，瞳孔对光反射迟钝，眼球无转动；

3) 深度昏迷：全身肌肉松弛，对各种刺激全无反应，深、浅反射均消失。

7.4.2 脑神经

7.4.2.1 嗅神经

按照SF/Z JD0103012的规定进行检验。

7.4.2.2 视神经

按照GA/T 1582—2019或SF/Z JD0103004的规定进行检验。

7.4.2.3 动眼神经、滑车神经及外展神经

按照GA/T 1582—2019的规定进行检验。

7.4.2.4 三叉神经

检验面部皮肤与眼、鼻、口腔黏膜的感觉功能，以及颞肌、翼状内外肌和咀嚼肌的运动功能，要求如下：

a) 面部感觉：应嘱被检者闭眼，检验并对比其面部中心区、双侧面部周边区的感觉，可包括痛觉、触觉和温度

觉。注意区分周围性与核性感觉障碍,周围性感觉障碍为伤侧神经损伤支(眼支、上颌支、下颌支)分布区感觉障碍,核性感觉障碍呈"葱皮样"感觉障碍;

b)角膜反射:应嘱被检者睁眼向内侧注视,以捻成细束的棉絮从被检者视野外接近并轻触外侧角膜,避免触及睫毛,观察被刺激侧是否迅速闭眼以及对侧是否也出现眼睑闭合反应,前者称为直接角膜反射,后者称为间接角膜反射,直接角膜反射和间接角膜反射均消失见于三叉神经受损(传入障碍);

c)运动功能:应嘱被检者作咀嚼动作,检查并对比双侧颌面部肌力强弱;再嘱被检者作张口运动或露齿,检查张口时下颌有无偏斜。若一侧咀嚼肌出现萎缩或者肌力减弱,张口时下颌偏向一侧,则提示该侧三叉神经运动纤维受损。

7.4.2.5 面神经

主要检验面部(包括眼睑、口唇和舌等组织器官)的运动功能,以及舌前2/3的味觉功能,应符合以下检验要求:

a)面部检验:观察并检验被检者面部静态时双侧额纹、眼裂、鼻唇沟和口角是否对称,是否出现 伤侧额纹减少或者消失、鼻唇沟变浅、口角下垂牵向健侧。嘱被检者作蹙额、皱眉、闭眼、微笑、露齿、鼓腮或吹哨动作,观察并检验被检者面部双侧是否可同步协调运动,是否出现伤侧不能蹙额、皱眉、闭眼,微笑或露齿时口角歪向对侧,鼓腮或吹哨时同侧漏气。重点关注面肌瘫痪是否遗留眼睑闭合不全、口角歪斜;

b)味觉检验:分别以糖、盐、醋和奎宁置于被检者伸出的舌前2/3的一侧,嘱被检者以不同手势表达不同的味觉,按照先伤侧、后对侧的次序检验。

7.4.2.6 位听神经

主要检验听觉功能与前庭平衡功能,要求如下:

a)听觉功能:按照GA/T 914—2010或SF/Z JD0103001的规定进行检验;

b)前庭平衡功能:按照SF/Z JD0103009的规定进行检验。

7.4.2.7 舌咽神经和迷走神经

舌咽神经和迷走神经在解剖与功能方面关系密切,常同时受损,应符合以下检验要求:

a)运动功能:检验有无发音嘶哑、带鼻音或完全失音,有无呛咳、吞咽困难,张口发"啊"音时悬雍垂是否居中,两侧软腭上抬是否一致。若一侧软腭上抬减弱,悬雍垂偏向对侧,则提示该侧神经受损;若悬雍垂虽居中,但双侧软腭上抬受限,甚至完全不能上抬,则提示双侧神经麻痹;

b)咽反射:使用压舌板轻触左侧或右侧咽后壁,观察是否存在咽部肌肉收缩和舌后缩,是否伴有恶心反射。若一侧反射迟钝或消失,则提示该侧神经受损;

c)感觉功能:使用棉签轻触两侧软腭和咽后壁,观察感觉。按照7.4.2.5的规定检查舌后1/3的味觉。

7.4.2.8 副神经

观察胸锁乳突肌和斜方肌有无萎缩。应嘱被检者作耸肩及向一侧转头运动,并给予一定的阻力,比较两侧的肌力。

7.4.2.9 舌下神经

应嘱被检者伸舌,观察有无伸舌偏斜、舌肌萎缩及肌束颤动。

7.4.3 感觉功能

7.4.3.1 浅感觉

应使用针尖状物均匀轻刺被检者皮肤,检验痛觉;用棉签轻触被检者的皮肤或黏膜,检验触觉;用外表温度为40℃~50℃或者5℃~10℃的物体接触被检者皮肤,检验温度觉。检验时应双侧交替进行,注意比较。

7.4.3.2 深感觉

深感觉的检验应符合以下要求:

a)轻轻夹住被检者的手指或足趾两侧,向上或向下移动,嘱其说出移动方向,检验运动觉;

b)将被检者的肢体置于某一姿势,嘱其描述该姿势或用对侧肢体模仿,检验位置觉;

c)使用震动着的音叉柄(128Hz)置于被检者骨突起处,询问有无震动感觉,检查震动觉。

7.4.3.3 复合感觉

复合感觉检验应符合以下要求:

注:复合感觉也称为皮质感觉。

a)以手指或棉签轻触被检者皮肤某处,嘱其指出被触部位,检验皮肤定位觉;

b)以钝脚分规轻轻刺激被检者皮肤上的两点,并逐渐缩小双脚间距,直到被检者感觉为一点时测量实际间距,检验两点辨别觉;

c)嘱被检者用单手触摸熟悉的物体,并说出物体名称,检验实体觉;

d)在被检者的皮肤上画简单的图形或写简单的字,令其识别,检验体表图形觉。

7.4.4 运动功能
7.4.4.1 肌力
应嘱被检者作肢体伸屈动作,检验人员从相反方向给予阻力,测试被检者对抗阻力并继续完成动作的能力,应注意两侧比较。肌力的记录采用以下六级分级法:
a) 0级:肌肉无任何收缩现象,肌力完全消失;
b) 1级:可见肌肉收缩但关节不能有效运动;
c) 2级:在减重状态下,能作全幅运动,即能作平面移动;
d) 3级:能克服重力作全幅运动,不能抵抗外加阻力;
e) 4级:能克服重力,并能抵抗部分外加阻力,但抗阻力能力较健侧或者正常人明显降低;
f) 5级:能克服重力并能正常抵抗外加阻力运动,与健侧肢体或者正常人通常的肌力相当。

必要时,可采用定量肌力检验方法。具体骨骼肌的肌力检验方法见附录A.4。

7.4.4.2 肌张力
应嘱被检者肌肉放松,检验人员根据触摸肌肉的硬度及感知其伸屈肢体时肌肉对被动伸屈的阻力作出评估,判断其肌张力是否适度,是否存在肌张力增高或降低。肌张力增高的情形可采用以下五级分级法:
a) 0级:适度、无增高;
b) 1级:轻度增高,活动不受限,被动运动时有一过性嵌顿,如在动作起始时;
c) 2级:增高较明显,活动虽有受限但尚不明显,被动运动时有阻尼感;
d) 3级:增高明显,活动显著受限,被动运动困难;
e) 4级:肢体僵硬,活动不能,被动运动不能。

7.4.4.3 不自主运动
应观察并检验被检者在意识清楚的情况下是否存在无目的、不自主和难以自我控制的病态动作,具体如下:
a) 震颤:包括静止性震颤和意向性震颤。静止性震颤在静止时表现明显,运动时可减轻,睡眠时消失,常伴肌张力增高;意向性震颤在休息时消失,运动时发生,越接近目的物越明显,也称动作性震颤;
b) 舞蹈样运动:是否存在面部肌肉及肢体的快速、不规则、无目的和不对称的不自主运动,是否表现为作鬼脸、转颈、耸肩、手指间断性伸屈、摆手和伸臂等舞蹈样动作,睡眠时可减轻或消失;
c) 手足徐动:手指或足趾是否存在缓慢持续的伸展扭曲动作。

7.4.4.4 共济运动
应观察并检验在肌力正常的情况下肢体运动有无协调障碍,具体如下:
a) 指鼻试验:嘱被检者先以示指接触距其前方0.5m检验人员的示指,再以示指触自己的鼻尖,由慢到快,先睁眼、后闭眼,重复进行,观察是否存在指鼻不准;
b) 跟-膝-胫试验:嘱被检者仰卧,上抬一侧下肢,将足跟置于另一下肢膝盖下端,再沿胫骨前缘向下移动,先睁眼、后闭眼,重复进行,观察是否存在动作不稳;
c) 快速轮替动作:嘱被检者伸直手掌并以前臂作快速旋前旋后动作,或用一手手掌、手背连续交替拍打对侧手掌,观察是否存在动作缓慢、不协调或者节律不均;
d) 闭目难立征:嘱被检者足跟并拢站立,闭目,双手向前平伸,观察是否存在身体摇晃或倾斜。

以上a)、b)、c)和d)的检查若有异常,可按照SF/Z JD0103009的规定进行检验。

7.4.5 神经反射
7.4.5.1 浅反射
7.4.5.1.1 应观察并检验刺激皮肤或者黏膜所引起的神经反射,具体如下:
a) 角膜反射:按照7.4.2.4的规定进行检验;
b) 腹壁反射:嘱被检者仰卧,下肢稍曲,使腹壁松弛,然后用钝尖物分别在肋缘下、脐平及腹股沟上方,由外侧向脐部轻划两侧腹壁皮肤,观察上、中、下部腹肌是否收缩;
c) 提睾反射:用钝尖物由下而上轻划股内侧上方皮肤,观察同侧提睾肌是否收缩,睾丸是否上提;
d) 跖反射:嘱被检者仰卧,下肢伸直,检验人员手持被检者踝部,用钝尖物由足跟外侧向前至近第五跖趾关节处转向拇趾侧划过足底,观察足趾是否跖屈;
e) 肛门反射:用钝尖物轻划肛门周围皮肤,观察肛门括约肌是否收缩。

7.4.5.1.2 浅反射检验结果一般分为:
a) 消失(-);
b) 减退或者可疑存在(±);
c) 正常(+)。

7.4.5.2 深反射
7.4.5.2.1 应观察并检验刺激肌肉、肌腱、骨膜和关节本体感受器而引起的神经反射,具体如下:
a) 肱二头肌反射:被检者前臂屈曲,检验人员以拇

指置于被检者肘部肱二头肌腱表面,然后另一手持叩诊锤叩击拇指,观察肱二头肌是否收缩、前臂是否快速屈曲;

b) 肱三头肌反射:嘱被检者外展前臂,半屈肘关节,检验人员以一手托住其前臂,另一手以叩诊锤直接叩击鹰嘴上方的肱三头肌腱,观察肱三头肌是否收缩,前臂是否伸展;

c) 桡骨膜反射:嘱被检者前臂置于半屈半旋前位,检验人员以一手托住其前臂,并使腕关节自然下垂,另一手以叩诊锤叩击桡骨茎突,观察肱桡肌是否收缩,是否发生屈肘和前臂旋前动作;

d) 膝反射:嘱被检者仰卧,检验人员以一手托起其膝关节使之屈曲约60°,另一手持叩诊锤叩击膝前髌骨下方股四头肌腱,观察小腿是否伸展;

e) 跟腱反射:嘱被检者仰卧,髋及膝关节屈曲,下肢取外旋外展位,检验人员一手将被检者足部背屈成角,另一手以叩诊锤叩击跟腱,观察腓肠肌是否收缩,足是否跖屈。

7.4.5.2.2 深反射检验结果一般分为:

a) 消失(-);
b) 减退(±);
c) 正常(+);
d) 活跃(++);
e) 亢进(+++)。

7.4.5.3 病理反射

7.4.5.3.1 应观察并检验是否存在包括锥体束受损在内的异常神经反射或者神经体征,具体如下:

a) Babinski 征:检验方法与跖反射检验方法相同,按照7.4.5.1.1中d)的规定,观察拇趾是否背伸,余趾是否呈扇形展开;

b) Oppenheim 征:用拇指及示指沿被检者胫骨前缘用力由上向下滑压,观察项目同 Babinski 征;

c) Gordon 征:用手以一定力量捏压腓肠肌,观察项目同 Babinski 征;

d) Chaddock 征:用一钝尖物由后向前轻划足背外侧部皮肤,观察同 Babinski 征;

e) Hoffmann 征:以一手持被检者腕部,以另一手中指与示指夹住被检者中指并稍向上提,使腕部处于轻度背屈位,其他各手指自然放松半屈,以拇指迅速弹刮该中指指甲,观察其余四指是否掌屈;

f) 阵挛:常见的有以下踝阵挛和髌阵挛:

1) 踝阵挛:嘱被检者仰卧,髋与膝关节稍屈,检验人员一手托被检者小腿,另一手持被检者足底前端,突然用力使踝关节背屈并维持之,观察腓肠肌与比目鱼肌是否发生连续性节律性收缩,足部是否呈现交替性屈伸动作;

2) 髌阵挛:嘱被检者仰卧,下肢伸直,检验人员以拇指与示指控住其髌骨上缘,用力向远端快速连续推动数次后维持推力,观察股四头肌是否发生节律性收缩,髌骨是否上下移动。

7.4.5.3.2 病理反射检验结果一般分为:

a) 阴性或者未引出(-);
b) 可疑阳性(±);
c) 阳性(+)。

7.4.5.4 脑膜刺激征

7.4.5.4.1 应观察并检验是否存在脑膜受到异常激惹所引起的体征,具体如下:

a) 颈强直:嘱被检者仰卧,检验人员以一手托被检者枕部,另一手置于其胸前作屈颈动作,感受是否存在抵抗力增强;

b) Kernig 征:嘱被检者仰卧,一侧髋、膝关节屈曲成直角,检验人员将被检者小腿抬高伸膝,观察是否伸膝受阻且伴疼痛及屈肌痉挛;

c) Brudzinski 征:嘱被检者仰卧,下肢伸直,检验人员一手托起被检者枕部,另一手按于其胸前,观察头部前屈时是否存在双髋与膝关节同时屈曲。

7.4.5.4.2 脑膜刺激征检验结果一般分为:

a) 阴性或者未引出(-);
b) 可疑阳性(±);
c) 阳性(+)。

7.4.6 持续性植物状态

鉴定实践中过早判定为持续性植物状态并据此提出鉴定意见存在一定的风险。持续性植物状态宜在持续达12个月以上进行检验,在确有足够证据证明被检者颅脑损伤伤情严重(如重型以上颅脑损伤后遗颅内大面积脑软化灶形成等),判定其不能恢复的,可适当提前鉴定时机。持续性植物状态表现包括:

a) 认知功能丧失,无意识活动,不能执行指令;
b) 不能理解和表达语言;
c) 能自动睁眼或在刺激下睁眼;
d) 可存在无目的性的眼球运动,可存在睡眠-觉醒周期;
e) 丘脑下部和脑干功能基本保存。

7.4.7 失语症
7.4.7.1 运动性失语
应观察并检验被检者是否存在语言输出或言语产生的障碍,而语言理解能力的保留相对完整。包括完全运动性失语和不完全运动性失语,具体如下:

a) 完全运动性失语表现为语言表达严重困难,词量严重缺乏,难以实现语言交流;

b) 不完全运动性失语表现为语言表达困难,词量减少,讲话犹豫,语句常简短且不合语法,语言交流存在一定困难。

7.4.7.2 感觉性失语
应观察并检验被检者是否存在对言语听力理解的障碍,是否出现答非所问的表现,甚至言语不知所云。包括完全感觉性失语和不完全感觉性失语,具体如下:

a) 完全感觉性失语表现为丧失对言语的听力理解,语词杂乱无章,表达能力丧失,难以实现语言交流;

b) 不完全感觉性失语表现为对言语的听力理解减退,言词空洞,含义欠清,表达能力下降,语言交流存在一定困难。

7.4.7.3 混合性失语
混合性失语指被检者语言的基本功能均有严重受限,包括自发性言语、复述、听力理解、命名、阅读和书写能力存在多项或者全部受损。通常既存在运动性失语,又存在感觉性失语,难以实现语言交流。

7.4.8 构音障碍
构音障碍包括重度构音障碍和轻度构音障碍。重度构音障碍表现为发音不分明,言语不成句,难以被人理解,甚至完全不能说话;轻度构音障碍表现为发音不准,吐字不清,语调速度、节律等异常,鼻音过重。检验要求如下:

a) 观察并检验咳嗽和吞咽等反射及有无流涎、呼吸异常,检验构音器官(包括唇、颌、软腭、喉、舌)的形态及粗大运动,通过读字、读句、会话的可理解程度及其语速,评估言语清晰度,具体检验和评定方法见附录 A.5;

b) 检验和鉴定时应结合病历资料和临床过程,明确损伤基础,必要时行影像学、喉镜、空气动力学和肌电图等进一步检验,以明确构音器官的器质性损伤及运动障碍;

c) 附录 A.5 中的 Frenchay 构音障碍分级法与言语清晰度分级基本一致,检验时可综合两种方法评估构音障碍程度。言语清晰度可分为以下四级:

1) 一级:只能发简单音,语言能力丧失,属极重度功能障碍;

2) 二级:有一定发音能力,语言清晰度 10%～30%,属重度功能障碍;

3) 三级:具有发音能力,语言清晰度 31%～50%,属中度功能障碍;

4) 四级:具有发音能力,语言清晰度 51%～70%,属轻度功能障碍。

7.4.9 外伤性癫痫
按照 SF/Z JD0103007 的规定进行检验。

7.4.10 日常生活活动能力
按照 GB/T 31147—2014 的规定进行检验。

7.5 面部损伤
7.5.1 面部软组织损伤
7.5.1.1 一般方法
按照 7.2.1 和 7.2.2 的规定。

7.5.1.2 面部瘢痕
应对照原发性损伤的相关记录,确认瘢痕部位。应观察并检验瘢痕的性状、颜色和质地,测量瘢痕的长度(必要时包括宽度)或者面积,如有需要,还应测量面部中心区瘢痕的长度或者面积。应注意瘢痕与面部细小瘢痕或色素改变的区别。

注1:面部是指前额发际下,两耳根前与下颌下缘之间的区域,包括额部、眶部、鼻部、口唇部、颏部、颧部、颊部和腮腺咬肌部,不包括耳廓。发际线后退者,通常根据"三庭五眼"的方法确定面部范围

注2:面部中心区是指以眉弓水平线为上横线,以下唇唇红缘中点处作水平线为下横线,以双侧外眦处作两条垂直线,由上述四条线围绕的中央部分。

7.5.1.3 颌面部穿透创
应观察并测量面部皮肤瘢痕的长度,观察相对应的黏膜面瘢痕。有疑问时,结合损伤当时的病历记录和医学影像学技术(如多普勒超声探查等),确证瘢痕组织是否贯通皮肤至黏膜全层。

7.5.1.4 面部细小瘢痕或者色素显著异常
应根据面部原发性损伤、形成方式及其后遗改变的特点,确定面部细小瘢痕和色素显著异常的具体类型。《人体损伤程度鉴定标准》(2014 年 1 月 1 日起实施)和《人体损伤致残程度分级》(2017 年 1 月 1 日起实施)的条款规定中,面积测量单位一般为 cm^2 或者占面部面积的百分比。根据鉴定事项,确定具体的测量方法,可采用薄膜描记和计算机测算,大片状细小瘢痕或者色素改变区域中存留的少量岛状正常皮肤,可一并计入。

7.5.1.5 容貌毁损

应根据《人体损伤程度鉴定标准》(2014年1月1日起实施)中附录B.15、《人体损伤致残程度分级》(2017年1月1日起实施)中附录B.2.2以及GB/T 16180—2014中附录A.2.1的规定,检验眉毛、眼睑、外耳、鼻、口唇以及颈部瘢痕畸形后遗留的缺失或者畸形,作出综合评定。需要注意到上述文件的具体内容可能存在一定的差异。

7.5.2 面颅骨检验

7.5.2.1 眼眶骨折

应观察并检验眼眶及眶周有无软组织瘀血、肿胀等损伤性改变,眶区有无压痛、有无触及骨质异常等体征,是否存在眼位不正、眼球运动等异常表现。应按照SF/T 0112的规定进行影像学检验。

7.5.2.2 鼻骨骨折

观察并检验鼻外观有无畸形,有无局部软组织瘀血、肿胀等损伤性改变,有无鼻出血,鼻区有无压痛、有无触及骨质异常。应按照SF/T 0112的规定进行影像学检验。

7.5.2.3 颧骨骨折

应观察并检验颧部有无软组织瘀血、肿胀等损伤性改变,局部有无压痛、有无触及骨质异常。应行颧骨CT扫描,必要时行图像重组加以明确。

7.5.2.4 上颌骨骨折

应观察并检验颌面部有无软组织瘀血、肿胀等损伤性改变,局部有无压痛、有无触及骨质异常。必要时可行颌面部CT扫描及图像重组加以明确。应注意区分上颌骨额突骨折与鼻骨骨折。

7.5.2.5 下颌骨骨折

应观察并检验颌面部有无软组织瘀血、肿胀等损伤性改变,局部有无压痛、有无触及骨质异常。必要时可行下颌骨CT扫描及图像重组加以明确。对有张口受限者,可行张口位和闭口位CT扫描或MRI检查,了解颞颌关节活动情况。要求如下:

a) 上、下颌骨损伤者,应注意观察、检验是否伴有牙折或牙齿脱落;

b) 若损伤累及颞下颌关节,应注意有无张口受限。检验时,嘱被检者尽力张口,观察上、下切牙之间距,判断张口受限的程度,具体如下:

1) 轻度张口受限(张口受限Ⅰ度):上、下切牙间仅可勉强置入被检者垂直并列之示指和中指;

2) 中度张口受限(张口受限Ⅱ度):上、下切牙间距仅可置入被检者垂直之示指;

3) 重度张口受限(张口受限Ⅲ度):上、下切牙间距小于被检者示指之横径。

7.5.2.6 面颅骨缺损

影像学检验若显示存在面颅骨骨质缺损或者明显畸形时,应注意观察并检验面部外观是否对称,局部是否存在异常的凹陷、凸起或者偏曲,有无局部畸形。

7.5.3 眼损伤

按照GA/T 1582—2019或SF/Z JD0103004的规定进行检验。

7.5.4 耳损伤

7.5.4.1 耳廓及其耳廓缺损

应观察并检验耳廓的外形、大小、位置及双侧是否对称。若存在耳廓缺损,宜用无弹性透明膜分别覆于残存耳廓前面及对侧全耳前面,描绘残存耳廓及对侧全耳在透明薄膜上的投影,测算两者的面积,面积的测算可采用几何图形法、坐标纸方格计数法或者计算机扫描软件测算等方法,据此可计算、评定耳廓缺损面积占全耳面积的百分比。

7.5.4.2 外耳道

应检验外耳道皮肤是否正常,有无溢液,是否存在外耳道瘢痕狭窄、耵聍或异物堵塞。

7.5.4.3 中耳

应采用耳镜检验鼓膜是否完整,有无穿孔和出血,应符合以下要求:

a) 如有鼓膜穿孔者,明确穿孔的部位、形态、边缘特征、有无渗血、渗液,外耳道有无损伤;

b) 疑有鼓膜穿孔者,常规行鼓膜照相。

7.5.4.4 乳突

应检验耳廓后方皮肤有无红肿,乳突有无压痛,是否可见瘘管形成。

7.5.4.5 听觉功能

按照GA/T 914—2010或SF/Z JD0103001的规定进行检验。

7.5.5 鼻部损伤

鼻部损伤检验要求如下:

a) 观察并检验鼻外观有无畸形和缺损,鼻梁有无偏曲、塌陷或者异常凸起,鼻区与鼻窦区有无压痛等。必要时采用鼻镜检验鼻腔通畅情况,有无异常分泌物以及鼻中隔、鼻甲有无异常;

b) 对于鼻部离断或缺损的测量,可采用鼻部分区评估的方法,将鼻部分为眉间区、左侧鼻背区、右侧鼻背区、左侧鼻翼区、鼻尖区、右侧鼻翼区和鼻小柱区,以上各区分别相当于鼻部面积的10%、16%、16%、16%、16%、16%和10%。

7.5.6 口腔损伤

7.5.6.1 口唇及口腔黏膜

应确定损伤部位及其与口唇的关系。对于口唇创应区分口唇皮肤创、口唇黏膜创和口唇全层裂创,应测量面部皮肤创(瘢痕)的长度,观察相对应的黏膜面创(瘢痕),应符合以下要求:

a)对于口唇离断或者缺损的损伤程度鉴定,测量离断缘长度,并描述口唇自然闭合时是否存在牙齿外露,以及外露的程度。拍摄局部照片或者视频;

b)对于口唇缺损或者瘢痕畸形的残疾等级鉴定,测量缺损或瘢痕畸形的范围。若目测范围可能达到《人体损伤程度鉴定标准》(2014年1月1日起实施)或《人体损伤致残程度分级》(2017年1月1日起实施)条款的规定值,分别测算口唇缺损或者瘢痕畸形的面积以及上唇的面积,据此判断缺损或者畸形占上唇的比例。

7.5.6.2 牙齿

应检验全口牙齿及牙周组织的一般健康状况,关注牙齿和牙周组织有无疾病,牙齿有无缺失或松动,有无齿科治疗史(包括有无烤瓷冠修复、种植牙和活动义齿等),是否存在龋齿以及牙龈是否萎缩等。检验与外伤有关的牙齿有无缺失或者脱落,有无牙折,确定数量。牙折应区分冠折、根折或冠根联合折,是否露髓。对于牙损伤,必要时应行牙齿影像学检查。牙齿检验方法和相关要求如下:

a)牙弓按上、下两排及正中线分为右上、左上、左下、右下四个牙区。恒牙的每个牙区均有7~8枚牙齿,自前向后分别为:中切牙、侧切牙、尖牙、第一前磨牙、第二前磨牙、第一磨牙、第二磨牙、第三磨牙。乳牙的每个牙区均有5枚牙齿,自前向后分别为:乳中切牙、乳侧切牙、乳尖牙、乳第一磨牙、乳第二磨牙;

b)除7.5.6.2 a)规定的文字记录法以外,也可用以下方法表示牙位:

1)部位记录法:以"十"符号区分四个牙区,⌐ 表示被检者的右上区,⌐ 表示左上区,⌐ 表示左下区,⌐ 表示右下区。每个牙区的恒牙,自前向后标记为1~8,乳牙则用A~E表示。如左上中切牙可以表示为 |1;

2)国际牙科联合会系统(FDI)两位数记录法:其中十位数表示牙区,恒牙的各牙区分别标记为1、2、3、4,乳牙的各牙区分别标记为5、6、7、8;个位数表示各牙区每个牙齿的编号,恒牙自前向后分别标记为1~8,乳牙标记为1~5。

示例:如左下乳中切牙表示为71。

c)牙齿松动按严重程度分为:

1)Ⅰ度:牙向颊、舌侧方向活动<1mm;

2)Ⅱ度:牙向颊、舌侧方向活动为1mm~2mm;

3)Ⅲ度:牙向颊、舌侧方向活动>2mm。

7.5.6.3 舌

应检验舌体是否完整,关注舌缺损的部位、范围及其与舌系带的关系,观察舌活动情况。

7.5.6.4 唾液腺

应通过伤后病历及清创手术记录,结合面部检验,确认是否存在软组织损伤及其损伤部位,明确是否伤及唾液腺(常见腮腺损伤),观察是否存在涎液漏出,明确属于腺体实质性损伤还是导管损伤。

7.6 颈部损伤

7.6.1 颈部创和瘢痕

应确定损伤所在部位,注意是否位于颈前部或者颈前三角区。测量创或瘢痕的长度,或者测算面积。注意有无颏颈粘连,注意区分颏颈粘连的严重程度。

7.6.2 喉与气管

应检验有无发音困难,有无咳嗽、咳痰、咯血、发绀和呼吸困难,有无皮下气肿,喉和气管是否移位或变形。要求如下:

a)对于声音嘶哑,可行喉镜检验明确有无声带运动异常,有无喉门狭窄,并拍摄声带活动的照片。注意是否存在喉上神经或喉返神经损伤。评价发声或者构音障碍的严重程度;

b)对于呼吸困难,可行喉镜检验明确有无声门狭窄,行气管镜等检验以明确有无气管狭窄以及狭窄的部位和程度。评价呼吸困难的严重程度。

7.6.3 颈部食管

应检验有无吞咽困难,有无恶心、呕吐和呕血,必要时行食管造影或食管镜检验,明确食道有无狭窄以及狭窄的部位和程度。评价吞咽障碍的严重程度。

7.7 胸部损伤

7.7.1 胸部体表和胸廓

7.7.1.1 软组织创和瘢痕

按照7.2.1、7.2.2.1和7.2.2.2的规定进行检验。

7.7.1.2 女性乳房

关注损伤后的病历、清创和手术记录等资料,检验应符合以下要求:

a)观察并检验乳房外观有无擦伤、挫伤、畸形或者缺失。取仰卧位查体,以乳头为中心将乳房划分为四个象限,以充填法、网格法、三维图像法或图像分析测量软件等方法,确定乳房畸形或者缺失的部位及范围(占一侧乳房的百分比);

b)疑有乳腺导管损伤者,应综合损伤后的病历、清创和手术记录等资料与查体所见,以及乳腺导管造影、MRI检查、超声探查和钼靶摄片等检验结果,评价是否存在乳腺导管损伤及其对哺乳功能有无影响。

7.7.1.3 胸廓

胸廓检验要求如下:

a)观察胸廓外观有无畸形,呼吸是否平稳,胸式呼吸有无减弱、消失,两侧胸廓动度是否对称,触觉语颤是否对称,胸壁有无压痛及压痛的部位,胸廓有无触及骨质畸形或者缺损,胸廓挤压征是否阳性,听诊是否有异常呼吸音及胸膜摩擦音。必要时可测量呼吸频率,并观察心率,注意有无缺氧的全身表现;

b)疑有肋骨损伤者,应按照SF/T 0112的规定进行影像学检验。

7.7.2 血胸、气胸

血胸、气胸检验要求如下:

a)观察并检验呼吸是否平稳,气管有无偏移,胸式呼吸有无减弱、消失,两侧胸廓动度是否对称,触觉语颤是否对称,听诊有无呼吸音减弱或消失;

b)结合病历资料的审阅,注意有无休克或休克前期症状及体征,是否采取了胸腔引流及引流液的性质、量等;

c)行胸部影像学检查,明确有无胸腔积液、气胸,评估肺压缩百分比,有无后遗胸膜粘连。

7.7.3 呼吸功能

呼吸功能检验应符合以下要求:

a)观察并检验被检者有无缺氧的全身表现,包括被检者是否有呼吸不畅、空气不足、呼吸费力等不适感,是否出现呼吸频率增快、呼吸幅度加深、呼吸节律改变,是否出现运动(如平地步行、上楼等)后症状加重,是否出现鼻翼扇动、发绀、端坐呼吸,是否在给氧或者采取其他呼吸辅助措施后症状有所好转;

b)要时测量动脉血氧饱和度和动脉血气分析等辅助检验,行肺功能测定有助于呼吸功能的评定,但需要被检者的理解和配合,实际检验时注意必要的重复。结合损伤基础,结合被检者年龄、基础疾病等情况,全面分析,综合评定。

7.7.4 心脏

心脏检验要求如下:

a)应根据损伤后病历等伤情资料,明确有无心脏损伤的基础,查体时检验心率、心律、血压,同时注意观察全身状况。必要时可复查心电图、24h心电监护及心脏影像检验;

b)根据需要,进行心功能评估,注意有无运动后症状加重,有无全身表现(如肢体、尤其下肢浮肿,肺部听诊啰音等)。再针对损伤基础(包括具体伤情及其特点),必要时行彩色超声心动图与脑钠肽(BNP)等辅助检查,结合被检者年龄、基础疾病和伤前状况等因素,全面分析,综合评定。

7.8 腹部损伤

7.8.1 腹部软组织创和瘢痕

按照7.2.1、7.2.2.1和7.2.2.2的规定进行检验。

7.8.2 腹部原发损伤

7.8.2.1 腹部闭合性损伤急性期

查体时应注意检验腹肌是否紧张,腹部有无(固定)压痛、反跳痛,肝、脾有无肿大,肾区有无叩击痛,移动性浊音是否阳性,听诊肠鸣音是否亢进或者减弱、消失。必要时选择CT扫描、MRI检查或者超声探查等医学影像学技术、内镜检验或者诊断性腹腔穿刺,明确有无腹腔器官损伤。

7.8.2.2 腹部开放性损伤

应观察并检验腹部创或者瘢痕。根据损伤后的病历、清创或者手术记录等资料,明确腹膜有无破损(区分腹腔穿透创和非穿透创),腹腔器官有无破裂、修补或者切除。必要时,应经腹部CT扫描、MRI检查或者超声探查等医学影像学技术以及内镜检验,明确腹腔器官损伤后情形,包括是否被切除、切除范围或者功能状况。

7.8.3 腹部损伤后遗症

7.8.3.1 消化吸收功能障碍

7.8.3.1.1 应根据损伤后的病历和手术记录等资料,综合判定是否存在引起消化吸收功能障碍的损伤基础。可根据需要选择以下方法,判定是否存在消化吸收功能障碍及其严重程度:

a)粪脂染色镜检(半定量法):将粪便置玻片上,采

用苏丹Ⅲ染色,显微镜下如每低倍视野超过6个橘黄色脂肪小球,提示粪脂过多,存在脂肪代谢不良;

b)粪脂定量测定(Van de Kamer法):连续进食标准试餐3d,同时测定其每日粪脂量,正常人粪脂量应小于5g/d,脂肪吸收率大于95%。若粪脂量大于6g/d,或脂肪吸收率小于95%,则存在脂肪吸收不良;

注1:标准试餐含脂量为:60g/d~100g/d。

注2:脂肪吸收率计算方法:脂肪吸收率=(摄入脂肪量-粪脂量)/摄入脂肪量×100%。

7.8.3.1.2 消化吸收功能的辅助检验可选择采用以下方法:

a)D-木糖吸收试验:口服D-木糖即右旋戊醛糖后,大约60%在近端小肠被肠黏膜吸收,随即大部分由尿液迅速排出。正常情况下,D-木糖在血液中几乎不存在。大部分随即被肾脏排出,若木糖吸收减少则提示肠黏膜吸收能力减弱;

b) ^{131}碘-油酸脂肪消化吸收功能试验:口服复方碘溶液(卢戈氏溶液)以封闭甲状腺的 ^{131}碘吸收功能。服 ^{131}碘-甘油三酯(或 ^{131}碘-油酸)、花生油和水各0.5mL/kg后,留存72h内的粪便,计算由粪便排出的放射量占摄入放射量的百分比。粪便 ^{131}碘-甘油三酯排出率大于5%,或者 ^{131}碘-油酸排出率大于3%,均提示脂质吸收不良;

c)其他辅助检验方法还包括: ^{131}IRISA蛋白质消化吸收功能试验和 ^{151}钴-维生素B12吸收试验(Schilling试验)等。

7.8.3.1.3 营养不良的检验和评估按照7.1.3的规定进行。

7.8.3.2 肾功能障碍

肾损伤后经超声探查和CT扫描等医学影像学检查可明确诊断,当CT或静脉尿路造影显示一侧或双侧肾脏显影不佳,或者存在其他肾血管损伤征象,可进一步行肾动脉造影或数字减影血管造影,以明确是否存在肾功能障碍的损伤基础。疑有肾功能障碍者,可通过以下方法对肾功能作出评估:

a)放射性核素检测方法(eGFR):测量外源性放射性核素的清除率,可精准地评估两侧肾脏的功能。测量结果显示,60mL/(min·1.73m^2)≤eGFR.90mL/(min·1.73m^2)且达3个月,符合肾功能轻度下降;任一侧肾脏的30mL/(min·1.73m^2)≤eGFR.45mL/(min·1.73m^2)且达3个月,即符合该侧肾功能轻度下降;

b)肌酐水平检测方法(SCr):eGFR对检测技术和设备的要求较高,且对被检者存在放射危害,故也可通过血肌酐水平测定,采用MDRD公式计算评估肾小球滤过率(GFR),但该方法无法评估单侧肾功能。

适合中国人的MDRD改良公式见式(4)。

$$GFR(mL/min \cdot 1.73m^2) = 175 \times SCr(mg/dL)^{-1.154} \times 年龄^{-0.203} \times (0.79 女性) \quad\quad\quad (4)$$

式中:

GFR——肾小球滤过率(mL/min·1.73m^2);

SCr——血肌酐浓度(mg/dL)。

7.9 盆部、会阴部损伤

7.9.1 盆部、会阴部软组织创和瘢痕

按照7.2.1、7.2.2.1和7.2.2.2的规定进行检验。

7.9.2 骨盆

骨盆检验要求如下:

a)骨盆骨折应观察并检验盆部有无畸形,骨盆局部有无压痛,骨盆挤压、分离试验是否阳性。疑有骨盆畸形或者倾斜,体格检查时可测量脐至两侧髂前上棘的距离是否相等,两侧髂前上棘是否在同一水平,测量双下肢长度(脐至内踝尖间距离)是否对称。对于女性被检者,应注意骨产道有无破坏;

b)骨盆骨折应常规进行骨盆正位X线摄片和/或骨盆CT扫描,明确骨折的部位、类型、严重程度及愈后形态。有关骨盆畸形及女性骨产道破坏的判定,应按照SF/T 0112的规定实施影像学检验。

7.9.3 膀胱与尿道

7.9.3.1 膀胱损伤

急性期应关注有无血尿、下腹部疼痛与排尿困难等表现,结合膀胱造影或膀胱镜检验,明确检验结果有无膀胱破裂。若有后遗排尿障碍,应行超声探查以明确残余尿量,必要时行尿动力学检查。

7.9.3.2 急性尿道损伤

应关注有无尿道出血、排尿困难与尿潴留等表现,留置导尿可有助于观察有无尿道破裂或者断裂,可行直肠指检有助于了解尿道损伤的部位和程度,并评估是否合并肛门和直肠损伤,必要时根据逆行尿道造影明确有无尿道破裂或断裂,应注意鉴别前尿道断裂还是后尿道断裂。

7.9.3.3 尿道狭窄

尿道狭窄是尿道损伤的常见后遗症。疑有尿道狭窄时,应行尿道造影检验明确尿道狭窄的程度,尿道狭窄按

照严重程度不同,包括以下几种情形:

　　a)尿道闭锁:尿道造影显示尿道连续性中断,管腔消失;

　　b)尿道重度狭窄:尿道造影显示尿道狭窄部位管腔内径小于正常管腔内径的1/3;

　　c)尿道中度狭窄:尿道造影显示尿道狭窄部位管腔内径小于正常管腔内径的1/2;

　　d)尿道轻度狭窄:尿道造影显示尿道狭窄部位管腔内径小于正常管腔内径的2/3。

7.9.3.4　排尿功能障碍

应根据病历和医学影像资料等鉴定材料,分析损伤基础。疑有排尿功能障碍者,应行超声探查明确残余尿量,必要时行神经电生理、排尿造影及尿流率等尿动力学相关检验,进一步明确损伤基础、判定功能障碍程度。

尿流率等尿动力学相关检验由以下多个项目组成,单独或组合应用有助于了解膀胱和尿道的功能:

　　a)尿流率检验:单位时间内经尿道排出的液体量,以mL/s计算。为无创检验,一般应结合残余尿和/或尿动力学其他检验结果综合判断。检验时一般要求尿量在200mL以上,且应重复检验以获得稳定的尿流率数值。常见的检验结果参数包括最大尿流率、平均尿流率、排尿时间及尿流时间、尿量等,最大尿流率最具诊断价值。也可通过记录排尿过程瞬时尿流率描绘尿流率曲线,可供诊断参考;

　　b)尿动力学其他相关检验:包括测量膀胱内压、排尿时压力和尿道内压等,一般均应置管或行穿刺术,必要时可结合被检者具体情况选择实施。

结果判定时应根据实验室正常参考值酌情判定排尿功能障碍的实际情况。

注:推荐的最大尿流率的正常参考值:男性为20mL/s～25mL/s,女性为25mL/s～30mL/s;若≤15mL/s为排尿异常(上述数值仅供参考)。

7.9.4　直肠与肛管
7.9.4.1　直肠与肛管损伤

应根据病历和手术记录等资料,结合查体所见与影像学检验,并行直肠指检,了解直肠或者肛管是否有瘢痕形成,判断直肠损伤的部位和程度。

7.9.4.2　排便功能障碍

应根据病历和医学影像资料等鉴定材料,分析损伤基础。疑有排便功能障碍者,应检验肛门反射是否减弱或消失,并行直肠指检,观察肛门括约肌的张力是否减弱或消失,必要时可行内镜、超声探查、神经电生理、排便造影及直肠肛管测压等相关检验,进一步明确损伤基础,判定功能障碍程度。

直肠肛管测压等相关检验是评定大便功能障碍性质及其严重程度的重要检验方法,可根据被检者具体情况选择以下方法:

　　a)肛管静息压:是肛管内、外括约肌的压力总和;

　　b)肛管最大收缩压:是最大强度的收缩肛门动作(提肛运动)时肛管的压力,一般是肛管静息压的2～3倍,主要用于判断外括约肌的功能;

　　c)直肠感觉阈值:气囊置入直肠后引起感觉的最小容积;

　　d)直肠最大容量阈值:气囊在直肠中扩张至出现最大便意或有胀痛感时的容积;

　　e)直肠肛门抑制反射:正常生理情况下,粪便通过直肠致直肠扩张后,可引起肛门内括约肌反射性舒张。该反射在正常人一般都能引出。

应结合实验室正常参考值,酌情判定直肠肛管功能障碍的实际情况。

注:推荐的肛管静息压的正常参考值为15mmHg～98mmHg;直肠感觉阈值为5mL～10mL;推荐的男性直肠最大容量阈值的正常参考值为140mL～320mL,女性为170mL～440mL;检测直肠肛门抑制反射,当气囊容积大于50mL仍不能引出反射,视为反射消失;气囊容积达30mL～50mL时,视为反射减弱(上述数值仅供参考)。

7.9.5　子宫与附件

应根据病历等资料,结合超声探查、CT扫描或者MRI检查等医学影像学技术,明确子宫、输卵管和卵巢有无损伤,必要时行子宫输卵管造影进一步检验输卵管有无损伤。

7.9.6　男性生殖器
7.9.6.1　阴茎损伤

阴茎损伤检验要求如下:

　　a)观察并检验阴茎有无缺损或畸形,若存在阴茎缺损,应检验缺损的部位和范围,测量残留阴茎长度。若存在阴茎畸形,应检验畸形的部位、形态和范围;

　　b)测量阴茎长度,被检者宜取站立位,将疲软状态的阴茎置于与身体垂直且处于伸展状态,沿阴茎背面测量从耻骨联合到阴茎头尖端的距离(不包括包皮的长度)。阴茎长度个体差异大,一般应根据残存阴茎情况综合人均正常参考值综合评估(中国成年男性阴茎处于疲软状态下的平均长度约为7cm～8cm）。

7.9.6.2 阴囊损伤

应观察并检验阴囊皮肤有无裂创、撕脱和缺损，有无瘢痕形成，局部有无触痛，有无鞘膜积液（血），必要时行超声探查明确阴囊损伤（积液或者血肿）的范围、性质及持续时间。

7.9.6.3 睾丸与附睾损伤

睾丸与附睾损伤检验要求如下：

a) 观察并检验双侧睾丸的位置、大小和质地，检验睾丸和附睾有无触痛、有无结节形成，结合超声探查，明确睾丸有无损伤及其是否萎缩；

b) 测量睾丸大小，可应用专用的睾丸体积测量器，凡小于12号者判定为睾丸萎缩。也可测算睾丸体积（中国成年男性一侧睾丸平均体积为18mL～20mL）。必要时，可通过超声探查协助确定睾丸大小。

7.9.6.4 阴茎勃起功能障碍

应按照 GB/T 37237 的规定进行检验。

7.9.7 女性外阴、阴道

7.9.7.1 一般检验

应观察并检验会阴有无挫伤和裂创，测量损伤的长度或者范围。观察并检验阴道有无流血，阴道壁有无破损，结合清创缝合手术记录，判断是否存在阴道撕裂伤，评定阴道撕裂伤的分度；检验阴道有无后遗瘢痕形成。如有阴道狭窄，应判定狭窄的程度。

根据裂伤的深度，阴道撕裂伤可分为以下程度：

a) Ⅰ度：会阴部黏膜和粘膜下层裂伤，未累及肌层组织，深度在0.2cm～1.0cm之间；

b) Ⅱ度：裂伤涉及肌层及筋膜；

c) Ⅲ度：合并直肠阴道隔或者肛门括约肌断裂和裂开。

7.9.7.2 阴道狭窄

阴道狭窄是阴道撕裂伤的常见后遗症，其形成主要是阴道壁瘢痕挛缩所致。阴道狭窄程度的评估，主要依据检验人员的经验，采用阴道指检常可触及阴道壁痉挛的瘢痕组织，阴道狭窄可分为以下程度：

a) 阴道轻度狭窄：阴道仅能容纳2指（示指和中指）且偏紧；

b) 阴道严重狭窄：阴道仅可容纳1中指者。

7.10 脊柱损伤

主要表现为脊柱骨折或脱位，应观察并检验脊柱是否居中，是否有侧弯畸形，生理弯曲是否正常存在，诸棘突及椎旁肌肉有无压痛或叩击痛，脊柱损伤检验应符合以下要求：

a) 按照7.4.3、7.4.4和7.4.5规定的方法检验相关躯干和肢体区域的感觉功能、运动功能和神经反射功能；

b) 按照 SF/T 0112 的规定进行影像学检验；

c) 疑有脊神经损伤或者相关周围神经损伤者，或者需明确神经受累节段的，按照 SF/Z JD0103005 的规定进行检验。

7.11 四肢损伤

7.11.1 四肢软组织创和瘢痕

应按照7.2.1、7.2.2.1和7.2.2.2的规定进行检验。

7.11.2 骨折与关节脱位

应观察并检验有无局部畸形、肿胀、异常活动、疼痛和功能障碍，有无骨擦音或骨擦感，是否伴随软组织损伤、血管损伤与周围神经损伤，注意有无休克和感染等并发症。应常规行X线摄片和/或CT扫描等影像学检验，有条件的必要时可采用影像学图像后处理技术加以明确。

7.11.3 骨骺损伤

应注意被检者的年龄特点，被检者骨骺尚未闭合的，应注意观察长骨及其骨骺有无骨折和损伤，有无累及骨骺、骨化中心或者骨化始发部位。

7.11.4 手部肌腱

7.11.4.1 屈指肌腱损伤

根据损伤后的病历资料，了解肌腱损伤的情况，通过体格检查，确定以下肌腱损伤的部位和程度：

a) 除拇指外的指深屈肌腱损伤：固定伤指中节，若被检者不能主动屈曲远侧指间关节，可考虑指深屈肌腱损伤（断裂）；

b) 除拇指外的指浅屈肌腱损伤：固定除伤指外的其他三个手指，若伤指不能主动屈曲近侧指间关节，可考虑指浅屈肌腱损伤（断裂）；

c) 除拇指外的指深、浅屈肌腱损伤：若被检者伤指的近侧和远侧指间关节均不能主动屈曲，可考虑指浅屈肌腱和指深屈肌腱均损伤（断裂）；

d) 拇长屈肌腱损伤：固定拇指近节，若被检者不能主动屈曲指间关节，可考虑拇长屈肌腱断裂。

7.11.4.2 伸指肌腱损伤

根据损伤后的病历资料，了解肌腱损伤的情况，通过

体格检查,确定以下肌腱损伤的部位和程度:

a) 掌指关节背侧近端的伸指肌腱断裂时,掌指关节呈屈曲位;

b) 近节指骨背侧伸肌腱断裂时,近侧指间关节呈屈曲位;

c) 中节指骨背面伸肌腱断裂时,手指末节屈曲呈锤状指。

7.11.5 周围神经损伤

应按照 SF/Z JD0103005 的规定进行检验。

7.11.6 肢体缺失

应观察并检验损伤肢体缺失(截肢)的平面,检验残端的瘢痕及皮肤情形,注意残端与相邻关节的关系(如截肢平面位于膝关节以上或者以下),测量残肢及对侧相应肢体的长度,必要时可行 X 线摄片明确骨缺损情况,或者行 CT 扫描并图像后处理测量残肢长度。

7.11.7 关节功能

7.11.7.1 关节损伤的一般检验

当伤情或针对伤情的必要治疗致相应肢体关节后遗功能障碍时,应注意对该关节的检验内容包括但不限于:

a) 关节是否肿胀、局部有无发热、周围皮肤有无破损及异常渗出;

b) 关节部位是否有疼痛感,有无压痛点和有无感觉改变;

c) 是否影响受累肢体的日常活动及其影响程度,关节的力线是否正常,关节的稳定性与运动活动度,关节相关肌群有无萎缩,肌力有无减退;

d) 关节附属结构有无损伤;

e) 肢体长度是否出现短缩。

应常规选择 X 线摄片、CT 扫描或者 MRI 检查等医学影像学技术以明确关节形态结构的损伤及愈后情形。

7.11.7.2 关节运动活动度的检验

7.11.7.2.1 一般要求

关节运动活动度是评价关节功能的重要指标,检验方法见附录 A.6,《人体损伤程度鉴定标准》(2014 年 1 月 1 日起实施)和《人体损伤致残程度分级》(2017 年 1 月 1 日起实施)中对关节功能检验方法有专门规定的,应符合专门规定。关节运动活动度检验要求如下:

a) 对于骨性损伤所引起的关节功能障碍,应测量关节的被动运动活动度;

b) 对于肌腱、韧带和周围神经损伤所引起的关节功能障碍,应测量关节的主动运动活动度,并同时注意与关节的被动运动活动度进行比较,注意鉴别有无夸大或者伪装功能障碍的情形;

c) 当应用兼顾关节肌群肌力和关节运动活动度的"查表法"进行关节功能的评定时,应以关节被动运动活动度测量为准;

d) 应测量四肢各大关节在各个运动方向的运动活动度,四肢各大关节运动方向按照以下方法确定:

1) 肩关节:前屈 - 前屈上举,后伸;外展 - 外展上举,内收;水平位内旋,水平位外旋;贴臂内旋,贴臂外旋。其中水平位内、外旋可更好地反映肩关节的旋转功能,但测量的前提是肩关节至少外展至 90°,若肩关节不能外展至该体位或者不能很好配合,可检验测量贴臂内、外旋。故实际检验时仅需检验六个方向的关节运动活动度即可;

2) 肘关节:伸直 - 过伸和屈曲。仅需测量肘关节自伸直向屈曲方向的运动活动度,过伸一般不作为单独的运动方向,可计入伸直运动活动度;

3) 腕关节:掌屈和背伸;尺偏,桡偏。应测量四个方向的关节运动活动度;

4) 髋关节:屈曲,后伸;外展,内收;外旋,内旋。应测量六个方向的关节运动活动度;

5) 膝关节:伸直 - 过伸,屈曲。仅应测量膝关节自伸直向屈曲方向的运动活动度,过伸一般不作为单独的运动方向,可计入伸直运动活动度;

6) 踝关节:背伸和跖屈。应测量二个方向的关节运动活动度;

7) 前臂旋转:旋前和旋后。应测量二个方向的旋转运动活动度。

7.11.7.2.2 记录方法

关节运动活动度测量的记录,应采用中立位 0°法,即将关节中立位记录为 0°,并作为各方位运动的起始点,测量关节自中立位向各方向尽力运动的最大幅度,为该方向运动的活动度。如关节不能达到中立位,记录为"-"值。如膝关节不能伸直到中立位 0°,仅能伸直至距中立位 20°处(即屈曲 20°),则标记为"伸 -20°"。肘、膝关节的中立位即伸直位,正常情况下该关节可从中立位继续作少许伸展运动,为过伸,可用"+"号表示,如肘关节伸直达中立位 0°后,尚能继续伸展 10°,即过伸 10°,记录为伸 +10°。

7.11.7.2.3 评定方法

关节运动活动度的评定方法如下:

a) 评定的参照依据：一侧肢体损伤者，在测量伤侧关节运动活动度时，应同时测量健侧，并据此作为正常参考值，计算伤侧关节功能的丧失程度。若双侧关节同时损伤或者存在其他无法以健侧作为参考依据的情形时，可根据被检者的年龄等个体情况，取附录 A.6 中正常参考值范围的数值作为对照。选择时，可通过了解被检者未受损伤关节的运动活动度评估受损关节伤前的功能状况，同时应注意关节运动活动度通常随着年龄的增长而减小；

b) 评定计算方法：除《人体损伤程度鉴定标准》（2014 年 1 月 1 日起实施）和《人体损伤致残程度分级》（2017 年 1 月 1 日起实施）中对关节功能的评定有专门规定的以外，一般均采用方向均分法进行计算，据此评定关节活动受限的程度，即计算关节在各个方向运动活动度较正常参考值（通常为健侧测量值）减少幅度的均值。具体如下：

1) 肩、腕、髋、踝关节运动活动度受限及前臂旋转功能障碍的计算方法见式(5)：

关节运动活动度受限程度(%) = [$(A_0 - A)/A_0$ + $(B_0 - B)/B_0$ + $(C_0 - C)/C_0$ + ……]/n ……… (5)

式中：

A_0、B_0、C_0……——被检者相应健侧关节的运动活动度或依据附录 A.6 正常参考值酌情确定；

A、B、C……——被检者伤侧受检关节的运动活动度；

n——该关节运动的方向数。

2) 肘、膝关节运动活动度受限的计算方法见式(6)：

关节运动活动度受限程度(%) = [$(A_0 + B_0) - (A + B)$]/$(A_0 + B_0)$ ……………………………… (6)

式中：

A_0——关节屈曲运动的正常参考值，一般应选择被检者相应健侧关节屈曲的运动活动度，也可以根据情形，自附录 A.6 中的正常参考值范围中选择数据；

B_0——关节过伸运动的正常参考值，一般应选择被检者相应健侧关节过伸的运动活动度，也可以根据情形，自附录 A.6 中的正常参考值范围中选择数据；

A——被检者伤侧受检关节屈曲的运动活动度；

B——被检者伤侧受检关节过伸的运动活动度。关节不能过伸的，B = 0。

关节的过伸活动可忽略不计。

7.11.8 四肢长度与周径的测量

7.11.8.1 肢体长度测量的基本要求

被检者受检肢体应置于中立位，测量时应双侧对照。双侧应按照同样的标志点进行测量。

7.11.8.2 肢体长度测量的方法

可选择测量肢体的骨性长度、体表长度、相对长度或者肢体的局部长度（如对于一侧股骨骨折者，仅比较双侧股骨的长度），也可采用放射影像学技术进行测量，具体如下：

a) 上肢全长：自肩峰至桡骨茎突或中指指尖的距离；

b) 下肢全长：下肢全长包括骨性长度测量和体表长度测量：

1) 骨性长度为自髂前上棘经髌骨中点至内踝尖间的距离，或者自股骨大转子经腓骨小头至外踝尖间的距离；

2) 体表长度为自脐经髌骨中点至内踝尖间的距离。

7.11.8.3 肢体周径测量的基本要求

一般均应选择骨突点明显处为标志，双侧均以此骨突点向上或者向下等距离作为测量平面，进行体表测量，并行双侧比对。必要时可采用 CT 扫描或 MRI 检查等医学影像学技术，通过影像学测量肌肉容量并进行相应比较。

7.11.8.4 肢体周径的测量方法

上臂一般选择在肱二头肌肌腹部位，前臂在最粗的部位；也可根据伤侧肢体肌肉萎缩明显的部位选择测量平面，具体如下：

a) 上肢周径：上臂可选择肩峰下 15cm 平面；前臂可选择尺骨鹰嘴下 10cm 平面；

b) 下肢周径：大腿可选择髂前上棘下 20cm 平面，或者选择髌骨上缘上 10cm ~ 15cm 平面；小腿可选择胫骨结节下 15cm 平面，或者髌骨下缘下 10cm ~ 15cm 平面；

c) 脊髓前角损害或马尾不同节段受损时，检验下肢相应神经支配区肌肉所在位置的肢体周径。

7.12 失血性休克

应综合被检者原发伤的伤情及其变化和临床救治过程，对休克的严重程度作出综合评定。检验要求如下：

a) 宜全面收集案情和临床病历资料，包括损伤后血常规检验所显示的周围血中红细胞计数、血红蛋白含量和血细胞压积等结果，对失血量作出大致评估，对是否存在失血性休克的损伤基础作出初步判断；

b) 应全面观察并检验被检者损伤后的临床表现，包括血压（收缩压）、脉搏（心率）、有无神志改变及全身状况（如皮肤黏膜色泽和温度、周围循环和尿量），尤其应通过对各种病历资料（如病程录、护理记录和麻醉记录等）关注被检者上述生命体征的波动；

c) 应关注临床救治经过,包括清创手术中的发现和操作记录、静脉输液、输血和升压药物应用等;

d) 应注意被检者是否存在高血压病等全身疾病,了解其基础血压及治疗情况;

e) 如有必要,应在被检者伤情恢复后进行必要的复查,如血常规检验,观察其周围血中红细胞计数、血红蛋白含量和血细胞压积的恢复情况。

附录A:(略)

法医临床影像学检验实施规范

1. 2021年11月17日司法部发布
2. SF/T 0112-2021
3. 自2021年11月17日起实施

前　言

本文件按照GB/T 1.1—2020《标准化工作导则 第1部分:标准化文件的结构和起草规则》的规定起草。

本文件代替SF/Z JD0103006—2014《法医临床影像学检验实施规范》,与SF/Z JD0103006—2014相比,除结构调整和编辑性改动外,主要技术变化如下:

a) 增加了"颅内血肿量的测量和计算"方法(见5.1.4和5.1.5);

b) 增加了"眼球突出度测量"方法(见5.2.4);

c) 更改了"寰枢关节脱位"影像学认定标准和认定规则的内容(见5.4.2和5.4.3,2014年版的4.4.2和4.4.3);

d) 增加了"肋骨骨折畸形愈合认定规则"(见5.6.3);

e) 增加了"血(气)胸致肺压缩程度"(见5.7);

f) 增加了"脊柱畸形的测量"(见5.8.4);

g) 更改了"足弓测量方法"及"原则",修改了"判定标准"(见5.11.2、5.11.3和5.11.4,2014年版的4.11.2、4.11.3和4.11.4);

h) 增加了"跟骨骨折畸形愈合"(见5.12);

i) 增加了"影像学资料同一认定"(见第6章)。

请注意本文件的某些内容可能涉及专利。本文件的发布机构不承担识别专利的责任。

本文件由司法鉴定科学研究院提出。

本文件由司法部信息中心归口。

本文件起草单位:司法鉴定科学研究院、四川大学、中山大学、上海交通大学医学院附属瑞金医院、绍兴文理学院、山西医科大学、昆明医科大学、中南大学、复旦大学、苏州大学、广东康怡司法鉴定中心。

本文件主要起草人:夏文涛、万雷、汪茂文、应充亮、范利华、夏晴、邓振华、唐双柏、陈克敏、葛志强、孙俊红、洪仕君、王亚辉、王飞翔、常云峰、沈忆文、陈溪萍、孙岩、陈捷敏、刘瑞珏、程亦斌、高东、沈寒坚、占梦军、李卓。

本文件及其所代替文件的历次版本发布情况为:
—— 2014年首次发布为SF/Z JD0103006—2014;
—— 本次为第一次修订。

1　范　围

本文件给出了法医临床影像学检验实施的通则,规定了常见损伤的影像学检验和结果认定以及影像学资料同一认定的相关要求。

本文件适用于法医临床影像学外部信息的审核与必要时的影像学检验,以及涉及影像学检验的各类人体损伤法医临床鉴定。

2　规范性引用文件

下列文件中的内容通过文中的规范性引用而构成本文件必不可少的条款。其中,注日期的引用文件,仅该日期对应的版本适用于本文件;不注日期的引用文件,其最新版本(包括所有的修改单)适用于本文件。

SF/T 0111 法医临床检验规范

3　术语和定义

下列术语和定义适用于本文件。

3.1　影像学检验 imaging examination

利用影像学成像技术或装置进行医学诊断,辅助法医临床鉴定的活动。

注:影像学检验主要指传统X线检查技术(如透视、摄片、体层摄影和造影等)、计算机断层扫描(CT)与磁共振成像(MRI)等。目前常用多层螺旋CT(MSCT)。

3.2　影像学资料 imaging data

通过医学影像学检验(3.1)所获取的图像资料。

注:包括打印图片形式(如胶片和打印纸等)与各种电子存储介质为载体的数字文件(如光盘、U盘和云介质等)。

3.3　影像学外部信息　imaging external information

鉴定机构委托本机构以外的其他机构进行影像学检验(3.1)所获取的影像学资料(3.2),以及由委托人提供的可作为鉴定依据的影像学资料。

注：其他机构包括临床医疗机构和案件受理机构以外的其他司法鉴定机构等。

4 通则

4.1 影像学检验的基本要求

法医临床影像学检验应满足法医临床检验和鉴定的实际需要，应根据损伤的部位、性质和程度等因素选择适当的检验时机和检验方法，包括成像方法、特殊体位、技术参数选择、对比剂增强及图像后处理等。

4.2 影像学资料的基本要求

法医临床影像学资料应具有较高的图像质量，确保足够的成像清晰度，充分显示不同的组织和结构，包括正常组织与损伤（病变）组织差异的影像学特征。

4.3 影像学报告的基本要求

法医临床影像学报告通常也称为鉴定人的"阅片所见"，应包含影像学资料的客观信息（如数量、类型、摄片单位、摄片日期及片号等），描述损伤（病变）的部位、形态以及能够反映损伤（病变）性质、程度及转归等影像学变化特征，并给出法医临床影像学诊断或者诊断性提示（认定意见）。

4.4 影像学外部信息审核的基本原则

鉴定人对影像学外部信息应进行有针对性的审核，应关注的内容包括影像学检验方法、检验时间、采用的主要技术参数、影像学图像质量是否满足鉴定要求以及所提供的影像学诊断和认定意见，还应关注的要点包括但不限于：

a) 影像学资料与案情材料（包括所反映的或可能的损伤经过与致伤方式）的符合性；
b) 影像学资料与临床病历资料（包括损伤后诊治经过）的符合性；
c) 影像学资料的同一性；
d) 影像学资料与法医学体格检查及相关实验室辅助检验结果的符合性；
e) 影像学资料与委托鉴定事项的相关性；
f) 影像学资料对于委托鉴定事项的充分性；
g) 被鉴定人个人信息（姓名、性别和年龄等），必要时可通过病史询问，了解既往史、个人生活史、职业史及家族史等信息。

4.5 影像学复查

4.5.1 实施影像学检验的情形

鉴定人在对鉴定资料、包括影像学外部信息进行审核的基础上，认为存在但不限于以下情形的，应行影像学检验或者复查：

a) 有必要进行影像学同一认定；
b) 需观察近期影像学改变以对比并明确诊断，或者判断是否符合医疗终结标准，或者观察是否存在结构畸形等情形；
c) 送鉴影像学资料不能完全满足鉴定要求，需采用其他影像学技术或方法。

4.5.2 影像学复查的基本要求

影像学复查时基本要求如下：

a) 应征得被鉴定人本人或者其近亲属、监护人、代理人或者鉴定委托人的同意（必要时签署知情同意书）；
b) 被鉴定人不配合导致鉴定难以继续实施的情形，可按司法部令第132号《司法鉴定程序通则》的规定酌情处置；
c) 需要被鉴定人在鉴定机构以外的影像学实验室实施影像学检验的，应征得委托人同意。

4.6 影像学结果认定的基本要求

鉴定人在观察影像学外部信息，并实施影像学检验后，需作出结果认定时，要求如下：

a) 应结合被鉴定人个人信息（性别、年龄，必要时包括既往史、个人生活史、职业史和家族史等），案情材料反映的（包括可能的）损伤经过与致伤方式，损伤后诊治经过等；
b) 必要时应全面观察损伤后的影像学随访资料，通过连续对比明确诊断；
c) 排除自身疾病及陈旧（外伤）改变或者病理改变的影响；
d) 参考委托人作为外部信息提供的临床影像学报告，包括影像学描述和诊断意见；
e) 当影像学意见不明确或存有争议时，应邀请相关医学影像学专家提供专业咨询，由鉴定人综合形成最终认定意见。

5 常见损伤的影像学检验和结果认定

5.1 颅内血肿量

5.1.1 影像学检验方法

可选择CT和MRI。

5.1.2 颅内血肿量的测量和计算

可采用多田氏公式测算法、改良球缺体积公式测算法和计算机软件测算法等方法评估颅内血肿量。

5.1.3 多田氏公式血肿容积测算法

主要用于接近类椭球形血肿量的测算。多田氏公式血肿容积测算法见式（1）。

$$V = kabc \cdot \pi/6 \quad \cdots\cdots\cdots\cdots\cdots\cdots\cdots \quad (1)$$

式中：

V——血肿容积，单位为毫升（mL）；

a——头颅 CT 轴位扫描显示血肿面积最大层面图像中血肿的最大长径，单位为厘米（cm）；

b——头颅 CT 轴位扫描显示血肿面积最大层面图像中血肿的最大宽径，单位为厘米（cm）；

c——扫描层厚，单位为厘米（cm）；

k——可见血肿的层数。

5.1.4　改良球缺体积公式测算法

主要用于接近颅骨的硬脑膜外和硬脑膜下血肿量的测算。改良球缺体积公式测算法见式（2）。

$$V = \pi/6 \cdot k \cdot [b_1(3ac/4 + b_1) + b_2(3ac/4 + b_2)] \cdots\cdots \quad (2)$$

式中：

V——血肿容积，单位为毫升（mL）；

a——头颅 CT 轴位扫描显示血肿面积最大层面图像中血肿的最大长径，单位为厘米（cm）；

b_1——头颅 CT 轴位扫描显示血肿面积最大层面图像中将血肿视为球缺时，接近颅骨面球缺顶距离球缺最大长径的垂直距离，单位为厘米（cm）；

b_2——头颅 CT 轴位扫描显示血肿面积最大层面图像中将血肿视为球缺时，与颅骨面球缺顶相对应的另一球缺顶距离球缺最大长径的垂直距离，单位为厘米（cm）；

c——扫描层厚，单位为厘米（cm）；

k——可见血肿的层数。

5.1.5　计算机软件测算法

可用于各类颅内血肿量的测算。将连续扫描获得且呈现颅内血肿的 CT 轴位扫描图像逐幅输入计算机，采用图像测量软件扫描并测算每一幅图像中显示的血肿面积，扫描层厚即为血肿的高度，两者乘积即为该幅图像的血肿体积，再将所有血肿图像的体积相加，即为颅内血肿的总量。

5.1.6　测算方法的比较

5.1.6.1　改良球缺公式和多田氏公式的比较及其应用

改良球缺体积公式测算法的测算结果比多田氏公式血肿容积测算法的测算结果更为准确。将血肿视为球缺时，血肿可呈类椭圆形、类半圆形或新月形等形状，在 5.1.4 中：

a）当血肿为类椭圆形时，b_1、b_2 均为正值；

b）当血肿为半圆形时，b_1 为正值，b_2 可为 0；

c）当血肿为新月形时，b_1 为正值，b_2 为负值。

5.1.6.2　计算机测量法和其他方法的比较及其应用

计算机软件测算法与其他方法相比，其结果可较准确地反映颅内血肿的实际容积，可直接在 CT 工作站进行，也可使用测量软件在 CT 图像上进行。

5.2　眶壁骨折

5.2.1　影像学检验方法

应优先选择 CT，宜选择 MSCT 薄层扫描，并行图像重组。

注：眶壁骨折分为眶顶骨折、眶尖骨折、眶缘骨折及眶壁爆裂性骨折。眶壁爆裂性骨折最常见于眶内壁，其次为眶底壁。

5.2.2　眶内壁新鲜骨折 CT 认定规则

5.2.2.1　直接征象

一侧眶内壁（筛骨纸板）骨皮质连续性中断、凹陷或缺损。

5.2.2.2　间接征象

间接征象是判定是否新鲜骨折的重要依据。应结合以下间接征象综合判定：

a）伤侧眼睑软组织肿胀伴有或不伴有皮下积气，可反映眼部新鲜钝性外伤史；

b）伤侧眼眶内积气，是新鲜骨折的可靠征象，在伤后数日即完全吸收和消失；

c）伤侧筛窦气房内积液（血），是新鲜骨折的可靠征象，在伤后数日至数周吸收和消失；

d）新鲜骨折后常见伤侧眼内直肌肿胀或移位，愈后眼内直肌仍可长期嵌顿于骨折处。

5.2.3　眶底壁新鲜骨折 CT 认定规则

5.2.3.1　基本要求

应根据案情资料提供的致伤方式、眼部外伤证据及病历记录的眼部伤情，必要时结合影像学随访结果，全面分析，综合判定是否为眶底壁新鲜骨折。

5.2.3.2　轴位扫描图像

上颌窦腔内见局限性异常稍高密度影，可伴有条片状骨质密度（骨嵴）影，呈现眼眶"底陷征"或上颌窦"悬顶征"，即 CT 轴位图像见上颌窦腔内、上份显示无定形斑片状或类卵圆形软组织和/或脂肪密度影，有时可嵌顿细小条形骨嵴影。

5.2.3.3　冠状面重组图像

眼眶底壁骨皮质连续性中断、塌陷或缺失，上颌窦腔内上份见软组织和/或脂肪密度影与骨质密度影夹杂,可伴有上颌窦腔积液(血)。

5.2.4 眼球突出度测量

眼球内陷(眼球突出度降低)是眶壁骨折常见后遗症之一。可待眼眶内软组织肿胀消退后(通常为损伤1个月以后)采用CT薄层扫描图像进行测量。测量时,头位应摆正并双眼正视前方、晶体中心显示于同一水平面,眶外缘处于最低点。选择符合上述要求的图像,取双眼眶外侧壁最前点作水平连线,取眼环圆弧最前点通过晶体中心向水平线作垂直连线,测量垂直线段长度。

5.3 鼻区骨折

5.3.1 影像学检验方法

应优先选择CT,宜选择MSCT薄层扫描,并行图像重组。X线摄片可作为辅助手段。

5.3.2 鼻区骨折的一般观察

鼻区骨骼主要包括双侧鼻骨、双侧上颌骨额突与骨性鼻中隔(犁骨与筛骨垂直板)。鼻区新鲜骨折的影像学征象包括直接征象和间接征象,具体如下:

a)直接征象可包括:鼻区骨骼骨质连续性中断,骨折线锐利、清晰,骨折断端成角、错位或间有细小碎骨片影;

b)间接征象可包括:鼻区(包括鼻背部及邻近颌面部)软组织与鼻腔黏膜肿胀、鼻腔内有积液(血)密度影等。

鼻区新鲜骨折的鉴别应根据案情资料提供的致伤方式、鼻部外伤证据及病历记录的鼻部伤情(如新鲜鼻区骨折多伴有鼻出血),必要时结合影像学随访结果,全面分析,综合判定。

5.3.3 上颌骨额突骨折

上颌骨额突骨折是指上颌骨与鼻骨连接处骨性突起的骨折。CT图像显示于鼻颌缝后外侧上颌骨突起处骨质可见线形低密度影,可伴有或不伴有骨折断端移位。

5.3.4 鼻骨线形骨折

5.3.4.1 单纯线形骨折

单纯线形骨折是指外伤致单侧鼻骨仅见一条骨折线影,且骨折线清晰、断面锐利。

5.3.4.2 鼻缝分离

外伤导致的鼻缝(包括鼻颌缝、鼻骨间缝和鼻额缝等)分离,可视同为鼻骨线形骨折。

5.3.5 鼻骨粉碎骨折

鼻骨粉碎骨折是指单侧鼻骨见两条以上骨折线并碎裂成三块以上,包括"T"形或者"Y"形骨折。

5.4 寰枢关节脱位

5.4.1 影像学检验方法

可选择X线寰枢关节张口位及颈椎侧位摄片,也可选择CT扫描并行图像重组,宜辅以MRI检查,应观察是否合并存在软组织和/或关节周围韧带损伤,有助于确诊。

5.4.2 寰枢关节脱位影像学认定规则

在除外体位因素、颈椎退行变、齿突偏斜及齿突等局部骨性结构发育变异的前提下,若符合以下情形之一的,可认定为符合寰枢关节脱位:

a)寰枢椎外侧侧块关节出现对合差异,可伴有关节间隙不等宽;

b)成人枢椎齿突与寰椎两侧侧块之间距相差大于3.0mm,伴有寰枢关节相应结构(如翼状韧带、横韧带等)损伤的MRI证据;

c)枢椎齿突前缘与寰椎前弓(前结节)后缘之间距大于3.0mm。

5.4.3 创伤性寰枢关节脱位影像学认定规则

创伤性寰枢关节脱位的认定,应考虑以下情形,全面分析,综合评定:

a)损伤初期MRI检查见软组织和/或关节周围韧带损伤及滑膜积液、水肿信号;

b)存在明确的颈部外伤史及致伤方式;

c)存在相应临床症状及体征;

d)存在确切影像学证据支持,但对存在发育异常者及年龄在15岁以下的少年儿童要慎重;

e)排除体位不正和成像不对称造成的伪像。

5.5 肩锁关节脱位

5.5.1 影像学检验方法

宜选择肩关节X线正位摄片。摄片要求如下:

a)被鉴定人直立于摄片架前,背靠摄片架,两足分开,使身体站稳;

b)被鉴定人两臂自然下垂并两手各提重量相等的重物(4.0kg~6.0kg),身体正中面对摄片架纵向正中线,使锁骨呈水平状,中心线对准胸3椎体。

5.5.2 肩锁关节脱位影像学认定规则

X线摄片示肩锁关节间隙增宽(正常成人关节间隙宽度<0.5cm)或锁骨外侧端上翘、移位。应进行双侧对比,有助于明确认定。

5.5.3 创伤性肩锁关节脱位影像学认定规则

创伤性肩锁关节脱位的认定,应考虑以下情形,全面分析，综合评定：

a) 有明确肩部外伤史；
b) 对比两侧肩锁关节影像学图像；
c) 必要时行 MRI 以明确是否存在肩锁韧带、喙锁韧带和/或喙肩韧带等关节周围软组织损伤。

肩锁关节脱位分度见附录 A.1。

5.6 肋骨骨折
5.6.1 影像学检验方法
5.6.1.1 检验技术

应使用 X 线摄片和 MSCT 扫描并图像重组，要求如下：

a) X 线摄片包括肋骨后前位、左前斜位和右前斜位；
b) CT 扫描选择轴位扫描，宜采用骨算法重建，在骨窗下进行阅片观察，必要时可选择多平面重组（MPR）、最大密度投影（MIP）、容积再现（VR）及曲面重组（CPR）等图像后处理技术。

5.6.1.2 检验时体位

肋骨 X 线摄片及 CT 扫描宜在屏气状态下进行，以避免因呼吸运动形成伪影。X 线摄片的体位包括肋骨后前位 X 线摄片和肋骨右、左前斜位摄片，应符合以下要求：

a) 肋骨后前位 X 线摄片时，被鉴定人直立于摄片架前，面向影像板或射线接收器，两足分开，头稍后仰并抬高，两肘部弯曲放置于臀部，两臂及肩部尽量内旋，避免肩胛骨影像与肋骨重叠，X 线摄片中心线在后前位时对准胸 4 椎体；
b) 肋骨右、左前斜位摄片时，被鉴定人直立于摄片架前，身体旋转使胸腋部与影像板或射线接收器靠紧并成 45°，两足分开，头稍后仰并抬高，两肘部弯曲并将两手背放置于臀部，手臂及肩部尽量内转，X 线摄片中心线在前斜位时对准胸 3 椎体。

5.6.2 创伤性肋骨骨折认定规则

创伤性肋骨骨折的认定，考虑以下情形，全面分析，综合评定：

a) 应有明确胸部外伤史；
b) 应观察疑似肋骨骨折的部位是否相邻、力线是否一致、骨痂形态是否相似以及其与胸壁体表损伤部位是否吻合；
c) 必要时动态观察影像学随访结果，不完全性骨折宜在伤后周期（如 3 周~6 周）复检；
d) 各种影像检验技术之间互相补充、互相印证；
e) 应鉴别 CT 重组图像是否存在人为、技术或设备因素造成的伪影。

5.6.3 创伤性肋骨骨折畸形愈合认定规则

创伤性肋骨骨折后遗畸形愈合是指肋骨完全性骨折后因断端移位，致愈后对位、对线不佳的情形，包括错合 1/3 以上以及分离、成角、旋转、重叠、肋骨间骨桥形成或连枷胸等，创伤性肋骨骨折后遗畸形愈合的认定，考虑以下情形，全面分析，综合评定：

a) 原发性损伤应为肋骨完全性骨折并伴有断端移位；
b) 待骨折愈合后再行判定；
c) 影像学检查宜选择 CT 轴位扫描，采用骨算法重建，在骨窗下进行阅片观察。

5.7 血（气）胸致肺压缩程度
5.7.1 影像学检验方法

可选择 X 线摄片及 MSCT 扫描，检验方法应符合 5.6.1 的规定。检验时应区分外伤性气胸与自发性气胸的区别，符合以下情形的为外伤性气胸：

a) 确切的胸部外伤史；
b) 肋骨骨折或锐器砍、刺致胸膜腔破裂，或具有肺裂伤等损伤基础。

5.7.2 X 线摄片评估法

采用目测法、面积与体积法、平均胸膜间距离法以及三线法等方法可对肺压缩程度做出初步评估。

5.7.3 CT 测量法

CT 测量法宜选择 CT 图像为基础的测量法。MSCT 容积自动测量软件可准确计算血气胸的体积和同侧胸腔的容积，其比值即为肺压缩程度。

在不具备 MSCT 工作站的情况下，可采用软件边界法。具体方法如下：

a) 用数码相机摄取 CT 图像，或用扫描仪对胶片进行扫描，将所获得的图像输入计算机；
b) 再通过图像处理软件（如福昕阅读器或 Photoshop 软件等）测量各层面气胸的面积，并相加得到总面积（S）；
c) 并乘以层厚（C），可获得气胸的相对体积（V_1），即采用公式 $V_1 = S \times C$。用相同方法可测得一侧胸腔的相对体积（V_2）。肺压缩比 = V_1/V_2，可换算为肺萎陷程度（%）。

5.7.4 测量方法的选择

测量方法选择要求如下：

a) 条件具备的,宜选择 MSCT 容积自动测量软件计算血气胸(或者压缩肺)的容积和一侧胸腔的容积,其比值即为肺压缩程度;

b) 在不具备 MSCT 工作站的情况下,可采用具有容积重建计算功能的影像阅片软件(如 Mimics 软件等)进行测量计算;

c) 在 a)和 b)两种条件都不具备的情况下,可选择 5.7.3 中的软件边界法;

d) 若鉴定材料中仅有胸部 X 线摄片图像,且不具备图像测量软件,才可使用 X 线摄片评估法测量计算。

胸腔积液量的分级见附录 A.2。

5.8 脊柱骨折

5.8.1 影像学检验方法

脊柱骨折包括椎体、椎板、椎弓及其附件(横突、棘突和上、下椎小关节突)骨折。脊柱骨折可选择 X 线摄片、CT 扫描及 MRI 检查等,要求如下:

a) X 线摄片包括颈椎、胸椎、腰椎及骶尾椎正侧位摄片。摄片时应嘱被鉴定人深吸气后屏住呼吸;

b) 行 CT 扫描,必要时行图像重组;

c) MRI 检查包括矢状面、冠状面及横断面成像,常用 T1 加权像(T_1WI)、T2 加权像(T_2WI)和抑脂序列(STIR)等。

5.8.2 脊柱骨折的影像学认定规则

脊柱骨折的认定,应考虑以下情形,全面分析,综合评定:

a) 椎体压缩骨折可在正位 X 线摄片上显示椎体不等高、侧位影像上呈楔形改变,并出现"帽檐征"或致密压缩带等征象。椎板及椎体附件骨折在 X 线摄片上可见线形透亮影,横突骨折可见分离移位,上、下关节突骨折可合并椎小关节脱位,行 CT 扫描有助于明确诊断;

b) 在需要鉴别椎体单纯压缩骨折或粉碎性骨折时,一般选择 CT 扫描,了解椎管内有无碎骨片及是否存在椎管占位等情形;

c) 椎体新鲜骨折在 MRI 图像上通常显示椎体压缩改变,椎体上终板断裂、下陷或侧缘皮质中断、内陷,且椎体内于 T_1WI 图像可见斑片状等或低信号影,于 T_2WI 图像可见等或高信号影,STIR 则呈高信号影,邻近软组织肿胀,且此类异常信号在骨折数月后方逐渐消退。

5.8.3 胸腰段椎体骨折的影像学认定

胸腰椎椎体骨折的认定,考虑以下情形,全面分析,综合评定:

a) 单纯压缩骨折多属过度屈曲所致,暴力作用于椎体前上部致椎体呈楔形变,偶可见侧方压缩的情形。CT 轴位扫描显示椎体前半部骨折块被挤压向周边移位,椎体上部或者椎体侧缘骨皮质不完整,骨松质因压缩而致密,骨小梁结构紊乱,但骨折线一般仅累及前柱,较少涉及中柱;

b) 在需要对胸、腰椎椎体压缩性骨折的压缩程度作出判定时,应根据椎体压缩最明显处的形变程度判定,测算椎体压缩程度时一般宜与上、下相邻椎体相应部位高度的均值比较,也可选择与相邻同质椎体相应部位的高度比较(椎体压缩分度见附录 A.3。测量椎体压缩程度时,一般不以髓核压迹最低点作为测量点);

c) 椎体爆裂骨折多系遭受纵向暴力作用所致,CT 扫描可显示 X 线摄片与 MRI 不易发现的骨折线和碎骨片,骨折线累及中柱甚至后柱,可因碎骨块向后突入椎管内致椎管骨性占位(狭窄),伴有硬脊膜囊、脊髓或脊神经根受压;

d) 椎体粉碎性骨折是指确证椎体两处或两处以上骨折线并至少一处累及中柱,或者椎体骨折线累及椎体后缘,或者骨折仅发生于椎体前柱,但确证两条以上骨折线并造成前柱碎裂成 3 块以上(骨碎块应≥5mm)。

5.8.4 脊柱畸形的测量

5.8.4.1 侧弯畸形的测量

脊柱侧弯畸形的测量方法及要求如下:

a) 摄脊柱全长的正位 X 线片;

b) 确定侧弯的端椎(上、下端椎是指侧弯中向脊柱侧弯凹侧倾斜度最大的椎体。脊柱侧弯凸侧的椎间隙较宽,而在凹侧椎间隙开始变宽的第一个椎体被认为不属于该弯曲的一部分,因此其相邻的一个椎体被认为是该弯曲的端椎);

c) 沿上端椎体的上缘和下端椎体的下缘分别划一切线。对此两切线各做一垂直线,这两个垂直线的交角即脊柱侧弯的角度(Cobb 角)。侧弯明显者,上述两切线的交角可等同于 Cobb 角。

5.8.4.2 后凸畸形的测量

在损伤椎体上、下缘分别作切线,两条切线的交角(一般在椎体前方)即为后凸角度。

5.9 椎间盘突出

5.9.1 影像学检验方法

可选择 CT 及 MRI,首选 MRI。

5.9.2 影像学认定规则
5.9.2.1 直接征象
椎管前缘于椎间盘层面可见超出椎体边缘的呈均匀光滑的软组织密度影。MRI 图像可见受损椎间盘于 T_2WI 及 STIR 图像均呈现高信号影。
5.9.2.2 间接征象
椎间盘突出的影像学间接征象包括：硬脊膜囊外脂肪间隙移位、变窄或消失以及硬脊膜囊前缘或侧方神经根受压移位，应根据相关影像学征象综合判定。
5.9.3 创伤性急性椎间盘突出影像学认定规则
认定是否属于创伤性急性椎间盘突出，应关注周围组织有无渗出、水肿、出血征象，急性突出者通常不伴有相应后纵韧带钙化、髓核压迹及椎间盘钙化等改变。与慢性（"退变性"或"劳损性"）椎间盘突出进行鉴别时，应关注以下情形，全面分析，综合评定：

a) 确证脊柱外伤史；
b) 椎小关节改变，以及 MRI 检见脊柱周围软组织挫伤或椎体骨挫伤；
c) 相应椎间盘 T_2WI、STIR 均呈现高信号影；
d) 创伤性急性椎间盘突出多见于单个运动节段，而多发椎间盘突出常与增龄及慢性损伤有关。

椎间盘突出分度见附录 A.4。

5.10 骨盆畸形
5.10.1 影像学检验方法
优先选择骨盆正位 X 线摄片，摄片时应保持两下肢内旋、两拇趾内侧相互碰触。
5.10.2 影像学认定规则
5.10.2.1 骨盆畸形愈合
骨盆两处以上骨折或者粉碎性骨折，同时符合以下条件之一的，视为骨盆畸形愈合：

a) 两侧闭孔形态不对称；
b) 耻骨联合分离（包括内固定术后）；
c) 骶髂关节分离（包括内固定术后）；
d) 髋臼骨折术后；
e) 其他骨盆形态异常，包括骨盆环两侧不对称、偏斜或形态失常，双侧坐骨结节、髂嵴或髋臼不等高，应排除体位因素的干扰。

5.10.2.2 骨盆严重畸形愈合
骨盆两处以上骨折或者粉碎性骨折，且同时符合以下两个条件，视为骨盆严重畸形愈合：

a) 两处以上骨盆构成骨骨折，致骨盆环状结构完整性和对称性破坏；
b) 伴有骨盆倾斜、髋关节运动受限，或者坐、立、行走不适等功能影响。

5.10.2.3 骨盆严重畸形愈合影响骨产道
符合以下 a)，并符合 b)、c) 之一，视为骨盆严重畸形愈合后影响骨产道：

a) 骨盆多处骨折，尤其骨盆多处错位骨折后畸形愈合；
b) 骨盆环正常结构破坏，形状明显不规则，前后径或左右径等显著短缩；
c) 坐骨、尾骨或耻骨上、下支等处骨盆环内缘骨质异常突起，致骨产道狭窄，难以经阴道分娩。

骨盆骨折分型见附录 A.5。

5.11 足弓破坏
5.11.1 影像学检验方法
宜选择足弓半负重侧位 X 线摄片。具体方法为：取单足直立，另一下肢三大关节均屈曲使被摄片足置于硬质透 X 线平面物体且紧贴 X 线接收面板，身体略前倾，保证被摄片足呈半负重，中心线对准该足外侧纵弓的顶点，球管距胶片 90cm～180cm（改良横仓氏法），分别摄双足水平侧位 X 线片。

在需要判断有无维持足弓功能的肌肉、韧带损伤时，可选择 MRI 检查。

注：足损伤致跗、跖骨或跟骨等足骨骨折后遗畸形愈合，致足弓测量点移位、破坏、缺失，或者维持足弓功能作用的肌肉、韧带严重损伤（挛缩、毁损或缺失），使伤侧足弓 X 线摄片测量值不在临床医学足弓正常参考值范围，或者伤后两侧足弓明显差异，称为足弓破坏。足弓破坏包括足损伤致扁平足、高弓足等，需注意与先天性变异、畸形相鉴别。Lisfranc 关节损伤可以导致横弓破坏（横弓最高点异常）。

5.11.2 足弓测量方法
5.11.2.1 内侧纵弓角
以距骨头最低点为顶点，分别向跟骨与水平面接触最低点及第 1 跖骨头与水平面接触最低点各作一直线，测量两直线相交形成的夹角。
5.11.2.2 外侧纵弓角
以跟骰关节最低点为顶点，分别向跟骨与水平面接触最低点及第 5 跖骨头与水平面接触最低点各作一直线，测量两直线相交形成的夹角。

5.11.2.3 前弓角

以第1跖骨头与水平面接触最低点为顶点,分别向第1跗跖关节最低点及跟骨与水平面接触最低点各作一直线,测量两直线相交形成的夹角。

5.11.2.4 后弓角

以跟骨与水平面接触最低点为顶点,分别向跟骰关节最低点及第5跖骨头与水平面接触最低点各作一直线,测量两直线相交形成的夹角。

5.11.2.5 横弓最高点

横弓由骰骨、楔骨和跖骨构成,呈半穹窿状,其最高处在中间楔骨基底部。

应行双足MSCT扫描并多平面图像重组,在标准横断面图像中,以第1和第5跖骨低点作一连线,取伤足横弓最高点(一般位于第2和第3跖骨基底部低点)至上述连线作垂直线,测量其长度,并与健足比较,以判定是否存在横弓最高点异常。

5.11.3 足弓影像学测量值的判定

5.11.3.1 依据正常参考值判定

一足损伤疑有足弓破坏时,应行足弓测量。通常情况下,足弓测量结果不在正常参考值范围,可判定为伤侧足弓测量值异常。

足弓测量正常值见附录A.6。

5.11.3.2 双侧比对

一足损伤疑有足弓破坏时,应行双侧足弓对照摄片并行比对,当两者测量值存在明显差异,可判定为伤侧足弓测量值异常。

双足损伤时,应关注损伤基础,并与正常参考值比较,酌情判定足弓测量值有无异常。

5.11.4 足弓破坏的认定规则

5.11.4.1 基本要求

首先应确定存在足弓破坏的损伤基础,其次应具有明确的临床表现,且经检验其足弓测量值异常,方可判定为足弓破坏。

5.11.4.2 足弓完全破坏

一足至少内侧纵弓角和外侧纵弓角均显示异常。

5.11.4.3 足弓部分破坏

一足内侧纵弓角、外侧纵弓角、前弓角、后弓角或者横弓最高点中任一测量值显示异常。

5.11.4.4 伤病关系处理

伤前即已存在足弓异常者(如原为扁平足或者高弓足),伤侧足弓破坏疑有加重时,应注意与未受伤的另一侧比对,只有当确认伤侧存在足弓破坏的损伤基础且与另一侧存在明显差异(如相差达10%),方能认定为伤侧足弓异常较伤前加重,评定时应酌情分析损伤与后果之间的因果关系。

5.12 跟骨骨折畸形愈合

5.12.1 影像学检验方法

可选择行X线侧位、轴位摄片或行CT扫描。

5.12.2 影像学认定规则

影像学检验确证跟骨骨折后遗外侧缘膨隆、距下关节不平整或者距骨相对踝关节发生倾斜等情形,可视为跟骨骨折畸形愈合。

跟骨骨折也可致足弓破坏。若疑有跟骨骨折致足弓破坏,应按照5.11的规定进行检验。

5.13 肩袖损伤

5.13.1 影像学检验方法

宜优先选择MRI。

注:确诊有时仍有赖于关节镜检查或者手术证实。

5.13.2 肩袖损伤MRI表现

肩袖损伤MRI表现分为完全撕裂表现和部分撕裂表现,完全撕裂和部分撕裂后均可见患侧肩峰-三角肌下滑囊和关节腔内有T_1WI低信号和T_2WI高信号等液体信号影。具体如下:

a) 完全撕裂表现为肌腱连续性完全中断,撕裂断端毛糙、退缩或不退缩;

b) 部分撕裂分为关节囊面部分撕裂和滑囊面的部分撕裂,表现为肌腱信号增高,肌腱连续性部分中断。

5.13.3 创伤性肩袖损伤的影像学认定规则

创伤性肩袖损伤的影像学认定,应同时符合以下情形:

a) 有肩关节外伤史(如跌倒时手外展着地);

b) 有相应影像学检查证据,MRI检查存在肩关节周围软组织挫伤或肱骨头骨挫伤。

注:肩袖损伤多见于慢性(劳损性或退行性病变),而急性(创伤性)损伤少见,且后者常伴有骨关节其他损伤。存在明显病变的肩关节在遭遇外伤后出现肩袖损伤的表现,外伤很可能只是症状显现或者加重的因素之一。

5.14 膝关节附属结构损伤

5.14.1 影像学检验方法

宜优先选择MRI。

注:膝关节附属结构主要包括关节囊、髌韧带、髌骨支持带、胫侧副韧带、腓侧副韧带以及前、后交叉韧带和

内、外侧半月板等。

5.14.2 半月板损伤的 MRI 表现

正常的半月板在 MRI 图像上呈均匀、类三角形的低信号影,半月板损伤后在低信号半月板内出现高信号影。一般根据半月板信号改变的性质及范围进行分度。

5.14.3 创伤性半月板损伤的影像学认定规则

半月板 I 度和 II 度损伤多为变性所致,通常与急性外伤并无直接关联。有膝关节急性损伤史,且伤后初期 MRI 出现以下征者可认定为创伤性半月板损伤:

a) 半月板内出现 III 度较明显的 T_1WI 低信号和 T_2WI 高信号改变,STIR 亦为高信号,半月板形态变小或截断,半月板组织移位;

b) 在 a) 征象基础上常合并膝关节组成骨的骨挫伤,伴关节腔(多处)积液。必要时应结合术中所见确定半月板损伤类型及程度。

半月板损伤分度见附录 A.7。

5.14.4 交叉韧带损伤的 MRI 表现

矢状面是前交叉韧带的主要检查层面,而横断面和冠状面有助于显示前交叉韧带近端在股骨外侧髁内面的附着点;矢状面或斜矢状面可以较好显示后交叉韧带。交叉韧带损伤 MRI 表现如下:

a) 韧带撕裂在 MRI 上可见其纤维连续性中断,及其走行异常、形态异常(肿胀、增粗或变细)和信号异常;

b) 前交叉韧带撕裂相对多见,部分撕裂 MRI 表现为全段或局部信号增高、韧带变细、边缘毛糙,完全撕裂 MRI 直接征象为韧带连续性中断、断端毛糙呈"拖把"状、韧带扭曲呈波浪状改变、韧带内假瘤形成、T_2WI 上韧带内呈弥漫性高信号改变等。股骨外侧髁及胫骨平台后外侧出现特征性骨挫伤伴骨髓水肿时高度提示前交叉韧带损伤;

c) 后交叉韧带撕裂典型的 MRI 表现是韧带连续性中断、残余交叉韧带退缩而扭曲、韧带松弛度增加,伴或不伴 T_2WI 异常高信号,且常合并膝关节其它结构的损伤。

5.14.5 侧副韧带损伤的 MRI 表现

内侧副韧带与外侧副韧带损伤的检查以冠状面和横断面为主。内、外侧副韧带撕裂 MRI 表现为韧带纤维连续性中断、韧带走行异常、形态异常或信号异常。侧副韧带损伤分级及 MRI 主要表现如下:

a) I 级撕裂,皮下水肿和出血;

b) II 级撕裂,皮下水肿和出血使得韧带和周围脂肪分界不清,韧带可移位而不再平行于骨皮质,部分纤维断

裂、厚度增加、T_2WI 或 STIR 像上呈高信号;

c) III 级撕裂,韧带的连续性中断,或韧带肿胀、增粗、T2WI 或 STIR 呈弥漫性高信号,常合并骨挫伤、半月板损伤和前、后交叉韧带等。

5.15 股骨头坏死

5.15.1 影像学检验方法

宜采用 X 线摄片、CT、MRI 或同位素骨扫描等。

5.15.2 X 线摄片认定

早期股骨头坏死无特异性征象。修复期新生骨在死骨表面沉积引起骨小梁增粗,X 线表现为骨质硬化;死骨部分吸收后被纤维肉芽组织替代,X 线表现为囊状透光区;进展后出现"新月征",提示软骨下骨折、塌陷;进一步加重则出现股骨头变扁、关节间隙狭窄及继发性髋关节骨关节炎。

5.15.3 CT 认定

正常股骨头承重骨小梁呈星状放射,即"星状征"。早期股骨头坏死可出现"星状征"簇集和局灶硬化,多数仅显示较晚期骨结构改变。CT 对早期股骨头坏死的诊断敏感性低于 MRI 和核素扫描,而对较晚期股骨头坏死可显示轻度软骨下骨塌陷,利于评估骨质内囊状透光区大小。

5.15.4 MRI 认定

股骨头坏死的典型 MRI 表现是股骨头前上区(即股骨头载荷区)软骨下的局灶性低信号改变,边界清楚,呈楔型、节段型、带状或环状。一般认为"双线征"是股骨头坏死较特异的征象,即 T_2WI 上可见包绕骨坏死灶的低信号带内侧出现高信号带。

股骨头坏死分期见附录 A.8。

5.16 骨骺骨折

5.16.1 影像学检验方法

选择 X 线摄片、CT 和 MRI 等检查,必要时行双侧关节摄片以便对比。

5.16.2 X 线摄片认定

损伤初期主要根据骨骺移位、骨骺与干骺端间隙变窄及骨折线累及骺板等间接征象作为推断骺板骨折的依据。骨折线延伸至长骨干骺端面或骨骺近端,可判定为骨折线累及骺板。后期主要根据骺板提前愈合或骨骺较对侧增大、骨桥形成等作为诊断依据。

5.16.3 CT 认定

CT 可清晰显示骨骺部位骨折线的走行,特别是利用

薄层容积扫描后进行冠状位、矢状位图像重组，可精确显示骨折部位和范围。

5.16.4 MRI 认定

骺板在 T_1WI 呈均匀中等偏低信号，T_2WI 呈均匀高信号，STIR 图像去除了脂肪信号的影响，显示比 T_2WI 更为清楚。急性期的骺板损伤在 T_2WI 上为软骨均匀高信号背景下的低信号影，骨桥形成后可有细线状或条片状低信号影连接骺板两端。

5.16.5 影像学认定规则

创伤性骨骺骨折的认定，应同时符合以下情形：
a) 儿童或者四肢长骨骨骺尚未完全闭合的青少年；
b) 骨折累及骺板。

5.17 双下肢长度测量

5.17.1 适用范围及方法选择

下肢长骨骨折（如股骨和胫骨粉碎性骨折）畸形愈合或形成假关节，可能导致下肢长度变化。双下肢长度的测量通常可采用以下两种方法：
a) 肢体外观测量法按照 SF/T 0111 规定的方法；
b) 采用影像学手段（如 X 线摄片和 CT 扫描）测量肢体的骨性长度。

影像学手段通常更直观、准确，有条件的宜作为首选。

5.17.2 影像学检验方法

5.17.2.1 X 线摄片

采用站立前后位摄影，即被鉴定人面向球管方向站立于摄影支架上，双手扶支架两侧扶手使身体站稳，骨盆呈正位，两侧髂嵴在同一水平线上，双腿靠拢，双膝关节和双踝关节呈正位，双髌骨朝正前方，通常双足尖应平行向前，不应呈内、外八字，胫骨嵴向正前方。曝光覆盖范围上界包括髂嵴上 3.0cm，下界包括双踝关节下 3.0cm。鉴定实践中，也可选择单独测量、比对双侧股骨全长或者胫腓骨全长。

5.17.2.2 CT 扫描

利用仰卧位足先进扫描方法，扫描范围自髂嵴上 3.0cm 至双踝关节下 3.0cm，一般采用轴位容积扫描并行三维图像重组（如 VR 和 MIP 等）。

5.17.3 影像学测量方法

可选择以下测量方法：
a) 测量髂前上棘至内踝尖的距离；
b) 测量股骨头中心点至内踝尖的距离；
c) 分别测量股骨（可测量股骨头中心点至股骨内侧髁最低点的距离）和胫骨（可测量胫骨内侧髁上缘至内踝尖的距离），然后将上述测量值直接相加。

5.18 创伤性骨关节炎

5.18.1 概述

累及关节面的骨折或者伴有明显移位与邻近关节面的骨折且未能达到解剖复位，愈后关节面不平整，或者不能均衡承受应力，致关节软骨或软骨下骨质受力异常，形成以关节软骨变性、缺失和继发软骨下骨增生、硬化、囊性变为主要病理改变的骨关节病变，以关节疼痛伴活动后加重、活动功能障碍为主要临床表现，多发于创伤后承重失衡及活动负重过度的关节。

5.18.2 影像学检验方法

以 X 线摄片和 CT 扫描为主，但病变早期仅为关节软骨发生病理改变，X 线摄片和 CT 平扫显示不理想，而 MRI 在这方面有明显优势，可以直接显示关节软骨的病理改变。

5.18.3 影像学改变征象

创伤性骨关节炎的影像学表现与关节退行性变相似，且常有以往关节损伤的痕迹，如骨折畸形愈合和关节面不规则等。创伤性骨关节炎的基本影像学改变包括但不限于以下征象：
a) 关节间隙狭窄；
b) 骨端硬化；
c) 关节软骨下骨囊变；
d) 边缘性骨赘形成；
e) 关节面塌陷；
f) 关节内游离体；
g) 关节变形及排列不良。

5.18.4 影像学认定规则

创伤性骨关节炎的认定，同时应关注以下情形：
a) 有明确的外伤史；
b) 对比两侧关节影像学征象。

6 影像学资料同一认定

6.1 概述

影像学资料同一认定是指具有专门知识、经验和技术的人员，通过对影像学资料客观特征进行比对和分析，对其是否来自同一客体（通常即被鉴定人）作出鉴别和判定。

6.2 分类

6.2.1 主动性认定

利用一个或多个客观指标（如不同时期的影像学资

料呈现的牙列特征、骨骼唯一性特征和治疗后唯一性特征等),当多个客观指标完全一致时,即可作出主动性认定。

6.2.2 推断性认定

当认定标志特异性较差,如推断身源不明尸体时,仅根据死后影像学资料阅片结果与病史记录或家属的叙述相互符合,而缺乏生前影像学资料加以比对,此时只能作出推断性认定。

6.2.3 排除性认定

当缺乏主动性认定和推断性认定的条件,尚可根据不同时期影像资料的比对逐步排除相似客体,最终作出认定或者否定的意见。如根据医疗记录某失踪者已行髋关节假体置换且已有影像资料证实,而尸体影像学资料并无上述征象,则可排除死者系该失踪者。

6.3 方 法

同一认定是通过特征识别,不断排除相似客体,最终对两者是否具有同一性作出判定的过程。进行特征识别,主要使用观察法、分析法和比较法等。具体如下:

a) 观察法包括肉眼和仪器观察法;
b) 分析法包括思维和仪器分析法;
c) 比较法则有特征形态比较、特征方位比较、特征距离比较和特征相互关系比较等。特征形态比较、特征方位比较是法医临床影像学资料同一认定时经常运用的方法。

6.4 认定规则

6.4.1 多学科理论和技术联合应用

对疑难、复杂或质量欠佳的影像学资料的分析和认定,应会同放射学专家和人类学专家共同阅片,提高认定的准确性。

6.4.2 考虑年龄因素的影响

自出生、青春期至成年,身体许多部位的形态可能发生不同变化,在鉴定时应注意:

a) 额窦和蝶鞍的形态在生长期易发生变化,不宜直接用于儿童或青少年的同一认定;
b) 额骨的血管沟在6岁左右出现后,除随颅盖骨生长而略微延长外较少变化,尤适用于儿童和青少年的同一认定;
c) 随着年龄增长有些少年时的手术改变可能会有所变化,不能简单依据成年后的影像学资料与术后当时的影像学表现不同而轻易否定。

6.4.3 考虑疾病和损伤的影响

对间隔较长时间的影像学资料进行比对,要考虑外伤至影像学检验期间有无外伤、疾病或手术等可能改变影像学形态的因素,综合评估疾病和损伤等因素是否会对同一认定特征性指标产生影响。

6.4.4 考虑影像学资料质量的影响

不同医疗单位拍摄的影像学资料质量不同,有些胶片比较模糊,可能影响阅片;有些识别标志点需要测量,如两侧额窦的径线比对,因体位不同,可能影响测量值。因此,在进行同一认定时应综合分析,而不能简单、机械地依据测量结果作出判定意见。

附 录 A
(资料性)
常见损伤影像学分级(分期)规则

A.1 肩锁关节脱位分度

A.1.1 Ⅰ度(轻度):肩锁关节韧带未断裂,关节稳定无移位。

A.1.2 Ⅱ度(中度):肩锁关节半脱位,关节囊韧带及关节纤维软骨韧带破裂,肩锁韧带断裂,喙突韧带尚完整,关节不稳定,可能为向前上或向后上半脱位。

A.1.3 Ⅲ度(重度):肩锁关节完全脱位,关节囊韧带与关节纤维软骨盘破裂,肩锁韧带及喙锁韧带断裂,可能为前脱位或后脱位。

A.2 胸腔积液量的分级

A.2.1 Ⅰ级(小量):依据胸部X线摄片,积液平面在第5前肋以下。

A.2.2 Ⅱ级(中量):积液平面在第5至第2前肋之间。

A.2.3 Ⅲ级(大量):积液平面在第2前肋以上。

A.3 椎体压缩分度

A.3.1 Ⅰ度:椎体单纯压缩骨折,且压缩程度<椎体高度的1/3。

A.3.2 Ⅱ度:椎体压缩>1/3,但<1/2;椎体压缩≤1/3,但伴有棘间韧带断裂、附件骨折。

A.3.3 Ⅲ度:椎体压缩>1/2;椎小关节突骨折伴椎体脱位;椎体粉碎性骨折。

A.3.4 Ⅳ度:椎体骨折伴有脊髓损伤,出现肢体或泌尿生殖系统功能障碍。

A.4 椎间盘突出分度

A.4.1 Ⅰ度(凸起型):纤维环内部断裂,外层因髓核压力而凸起,常呈半球形或弧形孤立凸起于椎间盘的后外侧,居神经根外前或内下方。

A.4.2 Ⅱ度(破裂型):纤维环全层破裂或几乎全层破裂,已破裂纤维环的髓核或破裂的纤维环甚至部分软骨终板向后进入椎管,突出范围较Ⅰ度者广泛,与神经根可有粘连,可压迫神经根或影响马尾神经功能。

A.4.3 Ⅲ度(游离型):突出物游离至椎管内,甚至破入硬脊膜囊内,压迫硬脊膜或刺激神经根,属退行性变。

A.5 骨盆骨折的分型

A.5.1 第1型:骨盆边缘孤立性骨折,多为外力骤然作用导致局部肌肉猛烈收缩或直接暴力作用所致,骨折发生在骨盆边缘部位,骨盆环未受累,骨折移位一般不明显。

A.5.2 第2型:骨盆环单处骨折,多为直接暴力所引起的前后冲撞或侧方挤压所致,常无明显的移位,较稳定。

A.5.3 第3型:骶尾骨骨折,常见于滑跌坐地时,可致马尾神经终端损伤,一般移位不显著。

A.5.4 第4型:骨盆环双处骨折伴骨盆环破裂,属不稳定型骨盆骨折,常伴盆腔器官受损。通常为:双侧耻骨上、下支骨折,一侧耻骨上支骨折合并耻骨联合分离;耻骨上、下支骨折合并骶髂关节脱位,耻骨上支、下支骨折合并髂骨骨折,髂骨骨折合并骶髂关节脱位,耻骨联合分离合并骶髂关节脱位。

A.6 足弓测量正常值

A.6.1 内侧纵弓正常参考值:113°~130°。

A.6.2 外侧纵弓正常参考值:130°~150°。

A.6.3 前弓角正常参考值:>13°。

A.6.4 后弓角正常参考值:>16°。

A.7 半月板损伤分度

A.7.1 Ⅰ度损伤在MRI的T_2WI上表现为半月板内点片状或类圆形高信号影,未达到半月板的关节面缘,为膝关节附属结构退行性变征象。

A.7.2 Ⅱ度损伤即严重变性,是Ⅰ度损伤的续化。在MRI的T_2WI上表现为水平或斜行条状高信号影,未达到半月板关节面缘可达到关节囊缘,为膝关节附属结构退行性变加重征象。

A.7.3 Ⅲ度损伤在MRI的T_2WI上表现为半月板内的高信号影达到关节面缘,为膝关节附属结构撕裂征象。

A.8 股骨头坏死分期

A.8.1 0期:骨活检结果与缺血性坏死一致,但其他所有检查都正常。

A.8.2 Ⅰ期:同位素骨扫描或MRI阳性,或者两者均呈阳性,依据股骨头受累位置,再分为内侧、中央及外侧。ⅠA:股骨头受累<15%;ⅠB:股骨头受累15%~30%;ⅠC:股骨头受累>30%。

A.8.3 Ⅱ期:X线摄片异常(股骨头斑点状表现,骨硬化,囊腔形成及骨质稀疏),在X线摄片及CT上无股骨头塌陷,骨扫描及MRI呈阳性,髋臼无改变,依据股骨头受累位置,再分为内侧、中央及外侧。ⅡA:股骨头受累<15%;ⅡB:股骨头受累15%~30%;ⅡC:股骨头受累>30%。

A.8.4 Ⅲ期:新月征,依据股骨头受累位置,再分为内侧、中央及外侧。ⅢA:新月征<15%或股骨头塌陷为2mm;ⅢB:新月征15%~30%或股骨头塌陷为2mm~4mm;ⅢC:新月征>30%或股骨头塌陷>4mm。

A.8.5 Ⅳ期:X线摄片示股骨头变扁,关节间隙变窄,髋臼出现硬化、囊性变及边缘骨赘形成。

·指导案例·

李某眼部损伤的重新鉴定和诈伤鉴别

关键词:司法鉴定 法医临床鉴定 眼部损伤 重新鉴定 诈伤

案情概况

2015年9月20日上午,58岁的李某被他人打伤面部。9月29日经某市公安局物证鉴定室鉴定,李某右眼钝挫伤、右侧眼眶内壁骨折的损伤程度属于轻微伤。此后李某以伤后视力下降为由要求补充鉴定。2016年1月26日经原鉴定机构补充鉴定,认定其所受外伤致右眼视野半径10度以下,损伤程度属于重伤二级。

2018年9月27日,负责审理此案的人民法院委托法大法庭科学技术鉴定研究所(以下简称法大鉴定所)对李某的损伤程度进行重新鉴定。接受鉴定委托后,法大鉴定所指派三名司法鉴定人承担鉴定,其中一人具有法医专业高级专业技术职称。

鉴定人审阅李某伤后全部病史资料和既往鉴定意见后,按照司法鉴定技术规范SF/Z JD0103004-2016《视觉功能障碍法医学鉴定规范》对李某进行法医学检验、鉴定。首先,主观视觉功能检测时,李某右眼视力为0.6,对比法视野检查中李某自述右眼视野周界缩小。其次，眼球结构检查中，发现李某右眼球晶状体皮质轻度混浊，余眼部前节结构无异常，眼后节视网膜、视神经无明显异常。光相干断层扫描（OCT）可见视网膜、视盘神经纤维上皮层厚度无异常。再次，在"诈伤鉴别"环节，鉴定人对李某进行了视觉电生理检测，发现其双眼闪光视觉诱发电位波形均可引出，双眼振幅基本对称；双眼图形翻转视觉诱发电位空间频率阈值正常，右眼波形峰时、振幅基本正常。提示其双眼眼底及视神经传导功能无异常。

需要指出，视觉电生理技术是国际公认的视觉功能客观检测手段，是法医临床学鉴别伪盲和伪装视力降低的核心技术。李某伤后主观视野检查显示右眼大部分视野缺损，但眼部检查未见相应视网膜、视神经等损伤改变，缺少病理基础；且上述"右眼视野缺损"未能得到视觉电生理检测结果的支持。在科学证据面前，鉴定人说服李某予以配合，得到了双眼视野的真实数据。在客观检查的基础上，鉴定人综合分析认为，李某遭钝性外力击打致右眼钝挫伤、右侧眼眶内壁骨折。但是，眼部结构检查未见可引起明显视觉功能障碍的损伤，结合视觉电生理检测结果提示：目前李某双眼视力、视野无明显损害。根据两院三部联合发布的《人体损伤程度鉴定标准》第5.2.5 d)、e)条之规定，李某的损伤程度属于轻微伤。

因重新鉴定与既往鉴定意见不一致，人民法院通知司法鉴定人出庭说明鉴定意见及其依据。鉴定人陈述：本案的争议焦点在于人体视觉功能的客观检验和评定。我们在鉴定过程中，通过眼球结构检查明确损伤，应用神经电生理技术进行伪盲或伪装视力降低的检验等，并在此规范化流程的基础上，正确适用相关标准得出鉴定意见。最终法院采信了该鉴定意见。

鉴定要点

人体损伤程度鉴定属法医临床鉴定，是司法鉴定中最多见的鉴定类型之一。当事人被打伤后，应当先到公安机关报案，公安机关立案后，可由公安司法鉴定部门进行鉴定，也可以由公安机关委托有资质的司法鉴定机构进行损伤程度鉴定。

法医临床鉴定，需要区分损伤的类型来确定鉴定时机。以原发性损伤为主要鉴定依据的，伤后即可进行鉴定；以损伤所致的并发症为主要鉴定依据的，在医疗终结、伤情稳定后进行鉴定。眼部损伤存在视觉功能障碍或将以视觉功能障碍为依据评定损伤程度的，鉴定时机为损伤后3~6个月以上。

重新鉴定是司法鉴定救济的一种重要途径，在发现事实真相、维护司法公正等方面具有重要作用。当事双方对鉴定意见存疑都可以向办案机关申请重新鉴定。重新鉴定应当委托原司法鉴定机构以外的其他司法鉴定机构进行；因特殊原因，委托人也可以委托原司法鉴定机构进行，但原司法鉴定机构应当指定原司法鉴定人以外的其他符合条件的司法鉴定人进行。接受重新鉴定委托的司法鉴定机构的资质条件应当不低于原司法鉴定机构，进行重新鉴定的司法鉴定人中应当至少有一名具有相关专业高级专业技术职称。

初次和重新鉴定意见都是司法鉴定人依法独立、负责作出的鉴定意见。如果两种鉴定意见不一致，不能简单地认为重新鉴定意见一定是正确的，而初次鉴定意见一定是错误的，应当由办案机关结合案情作出判断，必要时当事人可依法申请初次鉴定和重新鉴定的鉴定人出庭，法庭还可以聘请相关专家辅助人，通过法庭质证予以辨明。

案例意义

视觉是躯体特殊感觉功能，受主观因素的影响较大。眼部损伤、后遗视觉功能障碍的检验、评估是法医临床鉴定的难点，重新鉴定比较多见。本案鉴定运用临床眼科学、视觉科学、视光学和法医学的理论与技术，依托专业化的视觉功能检验实验室，在主、客观检查的基础上，全面分析，综合判定。

根据国家公共安全行业标准 GA/T 1582 – 2019《法庭科学 视觉功能障碍鉴定技术规范》和 SF/Z JD0103010 – 2018《法医临床学视觉电生理检查规范》，认定损伤导致视觉功能障碍，应当满足以下条件：(1)障碍程度与原发性损伤或者因损伤引起的并发症、后遗症的性质、程度相吻合；(2)障碍程度与伪盲或伪装视力降低检验的结果和/或视觉电生理的检测结果相吻合；(3)排除自身疾病或病理基础的影响。

专用名词解释

法医临床鉴定：是指鉴定人运用法医临床学的科学技术或者专门知识，对诉讼涉及的与法律有关的人体损伤、残疾、生理功能、病理生理状况及其他相关的医学问题进行鉴别和判定并提供鉴定意见的活动。包括：人体损伤程度鉴定，人体伤残等级鉴定，赔偿相关鉴定，人体功能评定，性侵犯与性别鉴定，诈伤、诈病、造作伤鉴定，医疗损害鉴定，骨龄鉴定及与损伤相关的其他法医临床鉴定。

李某指印司法鉴定

关键词: 司法鉴定 指印鉴定 指印形成方式

案情概况

原告李某与被告赵某等四人签订合伙成立公司的协议书一份。李某投入10万元后,发现公司的营业执照登记为陈某个人独资,且其他合伙人均未出资。李某起诉至法院,要求解除协议,被告返还10万元。一审判决李某胜诉后,赵某不服,向二审法院提交带有李某签字和指印的《还款协议书》和《承诺书》各一份,载明李某放弃向上诉人赵某主张该10万元。李某则认为《还款协议书》和《承诺书》上的签名和指印不是他本人所为。

2017年4月24日,山东省某中级人民法院委托青岛正源司法鉴定所对检材1:《还款协议书》落款"李某"签名处指印和检材2:《承诺书》落款"李某"签名处指印是否李某所捺进行鉴定。

法院提供的样本包括:样本1:落款日期为2015年3月15日的《关于共同成立企业管理咨询有限公司的协议书》原件1份;样本2:李某十指指印实验样本原件1份。

受理委托的司法鉴定机构派出两名司法鉴定人,按照司法部部颁技术规范《文件上可见指印鉴定技术规范》(SF/Z JD0202001-2015),借助放大镜、STEMI DV4显微镜和比对图片制作系统等仪器进行检验鉴定。

对检材指印进行检验:检材1和检材2指印均系手指中心花纹及指尖部分,呈不规则椭圆形;部分指印纹线模糊,有多处中断和缺失,但部分纹线较清晰,分别发现多处稳定的细节特征点,细节特征充分,均具备鉴定条件。显微检验发现,两枚检材指印均系红色色料形成,并非复印、打印等办公机具复制形成。比较检验发现:两枚检材指印纹线细节特征相符,系同一人同一手指的指印。进一步检验发现,两枚检材指印边缘轮廓、漏白特征、积墨特征等印面特征的形态、位置等高度吻合,且单根纹线间断的形态、位置等高度吻合,但两者的总体墨迹浓淡变化不明显,是连续捺印难以形成的,这引起了鉴定人的高度警觉。对样本指印进行检验:样本1和样本2捺印均较清晰,纹线整体形态较完整,能够较全面地反映捺印部位的纹线结构特性,具备比对检验条件。

对两枚检材指印与样本指印进行比对检验:发现检材指印与样本1及样本2中对应指位的指印纹线流向相同,且在对应的纹线细节特征及其特征组合上相符合,反映了同一人同一手指留印的特点。进一步比对检验发现:两枚检材指印与样本1指印的中部及下半部大部分区域的印面特征高度吻合,如漏白形态和位置、积墨形态和位置、指印边缘轮廓和起止位置、单根纹线的中断缺损特征等,但三者的总体墨迹浓淡变化不明显。审查落款时间,检材1和检材2与样本1的标称时间间隔近十个月,这引起了鉴定人对检材指印形成方式的怀疑。

为了确认检材指印的形成方式,鉴定人使用显微镜对指印细节特征进行检验发现:样本1和样本2指印均有多处较明显的汗孔,而检材1和检材2指印在相同位置均没有发现汗孔,鉴定人又通过对样本间汗孔比对,发现被鉴定人汗孔特征明显稳定。显微镜检验发现:检材1和检材2指印纹线较样本1和样本2指印纹线略粗,且检材1和检材2指印纹线缺少墨迹浓淡的过渡,纹线不自然。鉴定人使用图片制作系统将样本1指印与签名重合部分的签名字迹隐去,发现样本1指印纹线中断及缺失与检材1和检材2指印纹线中断及缺失的部位和形态相吻合,结合检材指纹与样本指纹墨迹浓淡变化不明显,符合样本1指印是检材1和检材2指印的母本的特征。

综合分析检验结果,鉴定人认为,两枚检材指印符合以样本1指印为母本制模伪造形成的特点,据此出具了"两检材指印都不是李某手指直接捺印形成"的鉴定意见。

鉴定要点

1. 此案鉴定人严格按照《文件上可见指印鉴定技术规范》(SF/Z JD0202001-2015)规定的方法和步骤进行检验鉴定。

2. 一般情况下,指印形成方式的检验多是关注检材指印是否经复印、打印等办公机具复制形成,本案提示:即使排除了检材指印是办公机具复制形成的,仍需检验有无通过制模伪造的可能。

3. 本案检验发现两枚检材指印与样本指印在印面特征及单根纹线的间断均高度符合,且指印总体墨迹浓淡变化不明显时,对检材指印的形成方式产生怀疑,必须通过进一步检验确定检材指印的形成方式。

4. 鉴别制模伪造的高仿真指印是指印形成方式检验中的难点,需要从纹线粗细、纹线黏连、特征反映、墨迹分布等多方面进行综合分析。

5. 本案发现样本1指印纹线上签名隐去后指印的中断及缺失的部位和形态与两个检材指印纹线的中断及缺

失的部位和形态相吻合,且墨迹浓淡相同,确定了检材指印是以样本1指印为母本制模伪造形成。

6. 指印鉴定应当遵循系统检验、综合评判的原则。此案针对委托方的委托事项,出具了"两检材指印都不是李某手指直接捺印形成"的鉴定意见,并被法院采信。

案例意义

指印鉴定是司法鉴定中常见的鉴定类别,本案鉴定人没有局限在"纹型、纹线、特征点、间隔、位置"的检验与比对上,而是进行了系统性检验,通过形成方式的检验,对指印的印面特征、汗孔特征、纹线质量特征等进行了全面分析,最终得出依据充分的鉴定意见。

专用名词解释

指印鉴定:包括通过比较检验判断检材之间或检材与样本之间的指印是否同一。

指印形成方式:属于指印形成过程的一部分,是指文件上可见指印的留印方式,可分为手指捺印方式和间接复制方式。

(2)道路交通事故相关鉴定

车辆驾驶人员血液、呼气酒精含量阈值与检验

1. 2011年1月27日国家质量监督检验检疫总局、中国国家标准化管理委员会发布
2. GB 19522-2010
3. 自2011年7月1日起实施

前　　言

本标准的第4章、5.2、5.3为强制性的,其余为推荐性的。

本标准按照GB/T 1.1-2009给出的规则起草。

本标准代替GB 19522-2004《车辆驾驶人员血液、呼气酒精含量阈值与检验》,与GB 19522-2004相比主要技术变化如下:

——删除了规范性引用文件中的GA 307,增加了GB/T 21254、GA/T 842和GA/T 843(见第2章,2004年版的第2章);

——删除了术语和定义中的"饮酒驾车"、"醉酒驾车"(2004年版的3.3、3.4);

——4.1表1中的表述修改:"饮酒驾车"修改为:"饮酒后驾驶","醉酒驾车"修改为:"醉酒后驾驶"(见表1,2004年版的表1);

——在血液酒精含量检验中,增加"检验结果应当出具书面报告"(见5.3.1);

——增加了血液酒精含量检验(见5.3.2);

——增加了唾液酒精检测(见5.4);

——修改了"呼出气体酒精含量探测器"的名称(见5.2,2004年版5.1、6.1)。

本标准由中华人民共和国公安部提出并归口。

本标准起草单位:重庆市公安局交通管理局。

本标准主要起草人:赵新才、蒋志全、曹峻华、万驰。

本标准所代替标准的历次版本发布情况为:

——GB 19522-2004。

1　范　　围

本标准规定了车辆驾驶人员饮酒后及醉酒后驾车时血液、呼气中的酒精含量值和检验方法。

本标准适用于驾车中的车辆驾驶人员。

2　规范性引用文件

下列文件对于本文件的应用是必不可少的。凡是注日期的引用文件,仅注日期的版本适用于本文件。凡是不注日期的引用文件,其最新版本(包括所有的修改单)适用于本文件。

GB/T 21254　呼出气体酒精含量检测仪

GA/T 105　血、尿中乙醇、甲醇、正丙醇、乙醛、丙酮、异丙酮、正丁醇、异戊醇的定性分析及乙醇、甲醇、正丙醇的定量分析方法

GA/T 842-2009　血液酒精含量的检验方法

GA/T 843-2009　唾液酒精检测试纸条

3　术语和定义

下列术语和定义适用于本文件。

3.1　车辆驾驶人员　vehicle drivers

机动车驾驶人员和非机动车驾驶人员。

3.2　酒精含量　alcohol concentration

车辆驾驶人员血液或呼气中的酒精浓度。

4　酒精含量值

4.1　酒精含量阈值

车辆驾驶人员饮酒后或者醉酒后驾车血液中的酒精含量阈值见表1。

表1　车辆驾驶人员血液酒精含量阈值

驾驶行为类别	阈值/(mg/100 mL)
饮酒后驾车	≥20，<80
醉酒后驾车	≥80

4.2　血液与呼气酒精含量换算

车辆驾驶人员呼气酒精含量按1:2200的比例关系换算成血液酒精含量，即呼气酒精含量值乘以2200等于血液酒精含量值。

5　检验方法

5.1　一般规定

车辆驾驶人员饮酒后或者醉酒后驾车时的酒精含量检验应进行呼气酒精含量检验或者血液酒精含量检验。对不具备呼气或者血液酒精含量检验条件的，应进行唾液酒精定性检测或者人体平衡试验评价驾驶能力。

5.2　呼气酒精含量检验

5.2.1　呼气酒精含量采用呼出气体酒精含量检测仪进行检验。检验结果应记录并签字。

5.2.2　呼出气体酒精含量检测仪的技术指标和性能应符合GB/T 21254的规定。

5.2.3　呼气酒精含量检验的具体操作步骤，按照呼出气体酒精含量检测仪的操作要求进行。

5.3　血液酒精含量检验

5.3.1　对需要检验血液中酒精含量的，应及时抽取血样。抽取血样应由专业人员按要求进行，不应采用醇类药品对皮肤进行消毒；抽出血样中应添加抗凝剂，防止血液凝固；装血样的容器应洁净、干燥，按检验规范封装，低温保存，及时送检。检验结果应当出具书面报告。

5.3.2　血液酒精含量检验方法按照GA/T 105或者GA/T 842-2009的规定。

5.4　唾液酒精检测

5.4.1　唾液酒精检测采用唾液酒精检测试纸条进行定性检测。检测结果应记录并签字。

5.4.2　唾液酒精检测试纸条的技术指标、性能应符合GA/T 843-2009的规定。

5.4.3　唾液酒精检测的具体操作步骤按照唾液酒精检测试纸条的操作要求进行。

5.5　人体平衡试验

人体平衡试验采用步行回转试验或者单腿直立试验，评价驾驶能力。步行回转试验、单腿直立试验的具体方法、要求和评价标准，见附录A。

附录A：(略)

附：

GB 19522-2010《车辆驾驶人员血液、呼气酒精含量阈值与检验》国家标准第1号修改单

1. *2017年2月28日国家标准化管理委员会发布*
2. *国家标准公告2017年第3号*

一、第2章中："GA/T 105 血、尿中乙醇、甲醇、正丙醇、乙醛、丙酮、异丙醇、正丁醇、异戊醇的定性分析及乙醇、甲醇、正丙醇的定量分析方法"改为："GA/T 1073 生物样品血液、尿液中乙醇、甲醇、正丙醇、乙醛、丙酮、异丙醇和正丁醇的顶空－气相色谱检验方法"。

二、第2章中："GA/T 842-2009 血液酒精含量的检验方法，GA/T 843-2009 唾液酒精检测试纸条"改为："GA/T 842 血液酒精含量的检验方法，GA/T 843 唾液酒精检测试纸条"。

三、第5.3.2条的"血液酒精含量检验方法按照GA/T 105或者GA/T 842-2009的规定"改为："血液酒精含量检验方法按照GA/T 1073或者GA/T 842的规定"。

四、第5.4.2条的"唾液酒精检测试纸条的技术指标、性能应符合GA/T 843-2009的规定"改为："唾液酒精检测试纸条的技术指标、性能应符合GA/T 843的规定"。

道路交通事故涉案者交通行为方式鉴定规范

1. *2023年10月7日司法部发布*
2. *SF/T 0162-2023*
3. *自2023年12月1日起实施*

前　言

本文件按照GB/T 1.1—2020《标准化工作导则　第1部分：标准化文件的结构和起草规则》的规定起草。

本文件代替SF/Z JD0101001—2016《道路交通事故涉案者交通行为方式鉴定》，与SF/Z JD0101001—2016

相比，除结构性调整和编辑性改动外，主要技术变化如下：

a) 更改了"范围"一章的内容（见第1章，2016年版的第1章）；

b) 更改了"规范性引用文件"清单（见第2章，2016年版的第2章）；

c) 将"总则"更改为"总体要求"（见第4章，2016年版的4.1）；

d) 增加了交通行为方式鉴定的"一般要求"（见第5章）；

e) 将"道路交通行为方式判断的原则与依据"更改为"鉴定方法"（见第6章，2016年版的第4章）；

f) 将"典型道路交通事故的交通行为方式判断"更改为"典型交通行为方式的鉴定"（见第7章，2016年版的第5章）；

g) 删除了"自行车驾驶/乘坐人员的判定"（见2016年版的5.3）；

h) 将"行人的直立、蹲踞、倒卧状态的判定"更改为"行人体位状态"（见第7.4，2016年版的5.5）；

i) 增加了鉴定意见的种类及要求（见第8章和附录A）。

请注意本文件的某些内容可能涉及专利。本文件的发布机构不承担识别专利的责任。

本文件由司法鉴定科学研究院提出。

本文件由司法部信息中心归口。

本文件起草单位：司法鉴定科学研究院、上海市公安局交通警察总队、北京市公安局公安交通管理局、中国医科大学、中国汽车技术研究中心有限公司、成都市公安局交通管理局、杭州市公安局交通警察支队。

本文件主要起草人：冯浩、刘宁国、秦志强、张建华、来剑戈、李丽莉、邹冬华、梅冰松、侯心一、邱忠、官大威、孔斌、黄思兴、陈明方、赵明辉、黄平、姜镇飞、张雷、张广秀、张龙、潘少猷、李正东、张志勇、田志岭、张培锋、陈敏、张泽枫、董贺文、衡威威、张吉、李威、杨明真、关冯、王金明。

本文件及其所代替文件的历次版本发布情况为：
——2010年首次发布为SF/Z JD0101001—2010，2016年第一次修订；
——本次为第二次修订。

1 范　围

本文件规定了道路交通事故涉案者事发时交通行为方式鉴定的总体要求、一般要求、鉴定方法、典型交通行为方式的鉴定以及鉴定意见种类和要求。

本文件适用于道路交通事故涉案者事发时交通行为方式的鉴定。车辆在道路以外通行时发生的事故及其他案事件中涉案者交通行为方式的鉴定参照执行。

2 规范性引用文件

下列文件中的内容通过文中的规范性引用而构成本文件必不可少的条款。其中，注日期的引用文件，仅该日期对应的版本适用于本文件；不注日期的引用文件，其最新版本（包括所有的修改单）适用于本文件。

GA/T 41　道路交通事故现场痕迹物证勘查

GA/T 147　法医学　尸体检验技术总则

GA/T 150　法医学　机械性窒息尸体检验规范

GA/T 168　法医学　机械性损伤尸体检验规范

GA/T 268—2019　道路交通事故尸体检验

GA/T 944—2011　道路交通事故机动车驾驶人识别调查取证规范

GA/T 1087　道路交通事故痕迹鉴定

GA/T 1450　法庭科学车体痕迹检验规范

SF/T 0072　道路交通事故痕迹物证鉴定通用规范

SF/T 0111　法医临床检验规范

3 术语和定义

GA/T 41、GA/T 268—2019、GA/T 944—2011、GA/T 1087界定的以及下列术语和定义适用于本文件。

3.1　交通行为方式　manner of action in road traffic accident

发生道路交通事故时涉案者的行为状态。

示例：驾驶车辆、乘坐车辆、骑行或推行车辆以及行人处于直立、蹲踞或倒卧等状态。

3.2　行人体位状态　pedestrian posture

道路交通事故发生时，涉案者所处的身体姿态。

示例：直立、蹲踞或倒卧。

3.3　特征性损伤　characteristic injury

可反映致伤物特点或致伤方式的损伤。

[来源：GA/T 268—2019,3.2]

3.4　致伤方式　mode of injury

人体损伤的形成方式。

示例：碰撞、碾压、拖擦、摔跌、挤压或抛甩。

[来源：GA/T 268—2019,3.1,有修改]

4 总体要求

4.1　鉴定人应根据案情，对道路交通事故现场、涉案车辆或人员进行勘查、检验后,结合现场调查或相关影像资料情况,依据勘查、检验结果进行综合分析,并对涉案者在事故发生时所处行为状态作出判断并提供书面意见。

4.2 交通行为方式鉴定应建立在事故过程分析的基础上,基于多专业知识,依据证据的充分性作出合理判断。在具体案件受理时应评估鉴定条件。

5 一般要求

5.1 鉴定程序

道路交通事故涉案者交通行为方式鉴定受理、送检材料接收、检验鉴定、材料流转、结果报告、记录与归档应按照 SF/T 0072 中相关规定实施。

5.2 材料收集

可通过委托人了解基本案情、获取涉案者相关的体表伤情照片、病历、医学影像资料、道路交通事故现场资料(如现场调查和走访材料、音视频材料)和车载电子数据等。

5.3 明确鉴定要求

5.3.1 应了解委托人的具体鉴定要求,确认鉴定委托事项,审查其是否符合道路交通事故涉案者交通行为方式的鉴定范围,评估是否具备鉴定条件。

5.3.2 道路交通事故涉案者交通行为方式的鉴定范围包括:

a) 道路交通事故涉案者的驾乘状态(驾驶或乘坐);

b) 涉案者对自行车、电动自行车和三轮车等车辆的骑推行状态(骑行或推行);

c) 碰撞时行人体位状态(直立、蹲踞或倒卧等)。

6 鉴定方法

6.1 检验

6.1.1 鉴定人应针对鉴定的具体要求,根据鉴定材料、鉴定条件以及鉴定对象的状态等,确定具体的检验方案,并选择适应的检验方法。

6.1.2 对车辆、道路环境及其他客体物的勘查和检验,选择使用的方法包括但不限于以下文件的相关规定:GA/T 41、GA/T 1087 和 GA/T 1450。

6.1.3 对人体损伤的检验,选择使用的方法包括但不限于以下文件的相关规定:GA/T 147、GA/T 150、GA/T 168、GA/T 268—2019、GA/T 944—2011 和 SF/T 0111。

6.1.4 检验过程中若发现可能作为进一步分析和判断依据的痕迹物证,可对相关检材进行微量物证或法医脱氧核糖核酸(DNA)检验,检材的固定、提取及送检等环节可参照的方法包括但不限于以下文件的相关规定:GB/T 40991、GA/T 148、GA/T 944—2011、GA/T 1087、GA/T 1162、SF/T 0072 和 SF/T 0111。

6.2 分析

6.2.1 应根据对事故所涉人员、车辆、道路及周围环境等的痕迹物证勘查和检验,分析道路交通事故形态,包括碰撞部位、碰撞过程、碰撞后车辆及人员的运动轨迹等。

6.2.2 应根据事故形态,辨析车辆与人员碰撞形成的痕迹和物质转移,结合相关检材的微量物证或法医 DNA 检验结果,分析痕迹物证的形成条件和过程,判断事故所涉人员在事发时所处的位置或状态。

6.2.3 应根据人体(活体或尸体)衣着痕迹(包括衣着、鞋、袜、手表、佩戴的饰品及携带物品等)、体表痕迹及特征性损伤,结合车辆和道路等信息,分析致伤物接触面和致伤方式。

6.2.4 交通行为方式鉴定可运用交通事故现场资料、案件调查事实和计算机仿真事故再现技术等进行辅助分析;必要时,可结合对视频图像的检验结果进行分析。

6.2.5 应综合分析道路交通事故过程,判断涉案者事发时的交通行为方式。

6.3 判断

6.3.1 认定性判断

具有认定交通行为方式的典型特征的损伤、痕迹物证和运动轨迹,可以作为交通行为方式判断的关键性依据,且符合有条件成立的,应得出认定性的意见。

6.3.2 有条件成立

在现有鉴定条件下,有关证据可以互相印证,能够确立存在逻辑链关系,应得出有条件成立的意见。

6.3.3 倾向性意见

在现有鉴定条件下,有关证据尚不能满足成立的条件,但可以通过对确立关系进行比较分析,得出倾向性的意见。

6.3.4 排除性判断

有关证据不能相互印证,不存在逻辑链关系,综合分析不符合客观事实的,应得出否定性的意见。

7 典型交通行为方式的鉴定

7.1 驾驶/乘坐汽车

7.1.1 应根据车内不同位置周围的环境差异,分析事故中涉案人员的受力情况及运动趋势,并结合人员损伤特征及痕迹物证进行分析判断。

7.1.2 根据车窗玻璃的损坏情况及附着痕迹,结合人员衣着痕迹、体表痕迹及损伤特征,分析车窗玻璃相关痕迹物证的形成条件及过程。

7.1.3 根据各座位乘员约束装置(如安全带、安全气囊和气帘等)痕迹物证及状态(如安全带预紧、织带拉伸、安全气囊或气帘起爆等),结合车内人员的衣着痕迹、体表痕迹及损伤特征,分析事发时各座位人员使用约束系统的情况。

7.1.4 将座椅及周围部件(如方向盘、仪表台、扶手、饰板和踏板等)的痕迹及附着物,与人员衣着、鞋底痕迹、体表痕迹及损伤(如方向盘损伤、安全带损伤和脚踏板损伤等)进行比对检验,必要时应进行微量物证检验。

7.1.5 将座椅及周围部件(如方向盘、仪表台、扶手、饰板和换挡杆等)遗留的指纹和掌纹等痕迹,与相关人员进行比对检验,必要时应结合其分布和形态,分析形成条件及过程。

7.1.6 将现场勘查检见的血迹、毛发、人体组织物或人体可能接触部位留有的脱落细胞等生物检材,与人员的体表损伤及痕迹进行比对检验,必要时应进行法医DNA检验;对于血迹,必要时结合其分布和形态,分析血迹的形成条件及过程。

7.1.7 对于座椅周围的遗留物品,必要时应确认其所有人。

7.1.8 根据车辆座椅设置参数,以及座位与加速踏板和制动踏板之间的距离,结合相关人员的身高体型进行分析判断。

7.1.9 根据各车门、车窗的变形、破损和锁闭情况,分析车内人员的撤离或被抛甩的条件;对于已经被抛甩出车外的人员,应结合现场人员和车辆的相对位置分析其被抛甩和摔跌的过程。

7.1.10 车载电子数据信息,如汽车行驶记录仪(VDR)和汽车事件数据记录系统(EDR)等相关数据,可作为分析判断驾乘状态的辅助条件。

7.1.11 应根据 7.1.1~7.1.10 的分析,结合相关检验鉴定的结果,采用 6.2 和 6.3 的方法进行综合分析及判断。

7.2 驾驶/乘坐两轮摩托车

7.2.1 应根据不同的碰撞对象及碰撞形态,分析事故中涉案车辆与人员的不同受力情况及运动轨迹,并结合不同的人员损伤特征及痕迹物证进行分析判断。

7.2.2 将摩托车前部凸出部件(如仪表盘、车把、后视镜和挡风罩等)的痕迹,与摩托车驾乘人员头颈部、胸腹部、上肢和手的损伤进行比对检验,分析其是否具有摩托车驾驶人的特征性损伤。

7.2.3 将摩托车前后座及周围部件的痕迹,与摩托车驾乘人员会阴部和下肢的损伤特征进行比对检验,分析各人员事发时所处的位置。

7.2.4 将摩托车表面附着物特征与驾乘人员衣着痕迹进行比对检验,必要时进行微量物证检验。

7.2.5 将摩托车上检见的血迹或人体组织等生物检材,与驾乘人员的损伤进行比对检验,必要时应进行法医DNA检验。

7.2.6 将驾乘人员的损伤进行比对检验,分析碰撞时各人员的相互位置关系。

7.2.7 应根据 7.2.1~7.2.6 的分析,结合相关检验鉴定的结果,采用 6.2 和 6.3 的方法进行综合分析及判断。

7.2.8 涉及驾驶/乘坐电动自行车的鉴定,可结合车辆结构特征,参照 7.2.1~7.2.7 中的方法进行综合分析及判断。

7.3 自行车骑行/推行状态

7.3.1 应根据涉案车辆及人员的检验情况,分析事故形态,并结合车辆及涉案者不同的痕迹形成过程和成伤机制进行分析判断。

7.3.2 将涉案者下肢直接撞击伤距其足底或所着鞋底的高度与其致伤物距地面的高度进行比较,分析碰撞时涉案者下肢所处的状态。

7.3.3 根据涉案者推车时的习惯,结合车辆痕迹及碰撞形态,分析碰撞时各车辆与涉案者的相对位置关系。

7.3.4 根据涉案者是否具有骑跨状态下形成的特征性损伤,分析其碰撞时的骑行或推行状态。

7.3.5 根据自行车车把和鞍座的偏转情况,以及涉案者鞋底新近形成的挫划痕迹和鞍座两侧新近形成的布纹擦痕等,分析是否具有骑行或推行状态下形成的特征性痕迹。

7.3.6 应根据7.3.1~7.3.5的分析,结合其他有关鉴定材料,采用6.2和6.3的方法进行综合分析及判断。

7.3.7 涉及电动自行车骑行/推行状态的鉴定,可结合车辆结构特征,参照7.3.1~7.3.6中的方法进行综合分析及判断。

7.4 行人体位状态

7.4.1 根据车体痕迹与涉案行人体表痕迹及损伤的比对检验,结合事故车辆的痕迹高度,分析行人碰撞部位的高度,判断行人所处的状态。

7.4.2 根据涉案行人的损伤部位、类型和形态,分析其致伤方式,结合碰撞、摔跌或拖擦等事故过程,判断行人所处的状态。

7.4.3 根据涉案行人鞋底新近形成的挫划痕迹,分析其是否在下肢承重状态下受到外力作用所形成。

7.4.4 事故现场人、血迹和车的相对位置可作为分析碰撞时涉案行人所处状态的辅助条件。

7.4.5 应根据7.4.1~7.4.4的分析,结合其他有关鉴定材料,采用6.2和6.3的方法进行综合分析及判断。

8 鉴定意见种类和要求

8.1 鉴定意见种类

鉴定意见的种类包括认定、否定、倾向性意见及无法判断。

8.2 鉴定意见要求

应根据鉴定要求,按照鉴定意见的种类及其他情况进行科学客观、准确规范、简明扼要的表述,鉴定意见的表述参见附录A。

附 录 A
(资料性)
鉴定意见的参考表述

A.1 认定的鉴定意见的参考表述如下。

a)驾乘状态:事发时,某人是某车辆的驾驶人可以成立。

b)骑推行状态:事发时,某人呈推行(或骑行)某车辆的状态可以成立。

c)行人体位状态:事发时,某人呈直立(或蹲踞、倒卧)状态可以成立。

A.2 否定的鉴定意见的参考表述如下。

a)驾乘状态:事发时,某人不是某车辆的驾驶人可以成立。

b)骑推行状态:事发时,某人呈非推行(或骑行)某车辆的状态可以成立。

c)行人体位状态:事发时,某人呈非直立(或蹲踞、倒卧)状态可以成立。

A.3 倾向性鉴定意见的参考表述如下。

a)驾乘状态:事发时,存在某人是某车辆驾驶人的可能性。

b)骑推行状态:事发时,某人符合(或较为符合)推行(或骑行)某车辆的状态。

c)行人体位状态:事发时,某人在直立(或蹲踞、倒卧)状态下与车辆发生碰撞可以形成其损伤及车辆的痕迹。

A.4 无法判断的鉴定意见的参考表述如下。

a)驾乘状态:根据现有条件,无法判断事发时某人是否为某车辆的驾驶人。

b)骑推行状态:根据现有条件,无法判断事发时某人是骑行还是推行车辆的状态。

c)行人体位状态:根据现有条件,无法判断事发时某人的体位状态。

道路交通事故受伤人员
精神伤残评定规范

1. *2014年3月17日司法部司法鉴定管理局发布*
2. *SF/Z JD 0104004－2014*
3. *自2014年3月17日起实施*

前　　言

本技术规范按照GB/T 1.1－2009给出的规则起草。

本技术规范由司法部司法鉴定科学技术研究所提出。

本技术规范由司法部司法鉴定管理局归口。

本技术规范起草单位:司法部司法鉴定科学技术研究所。

本技术规范主要起草人:张钦廷、管唯、蔡伟雄、汤涛、黄富银。

本技术规范为首次发布。

引　言

本规范根据中华人民共和国国家标准《道路交通事故受伤人员伤残评定》(GB 18667 - 2002)及司法部《司法鉴定程序通则》，运用精神医学、赔偿医学及法学的理论和技术，结合精神疾病司法鉴定的实践经验而制定，为道路交通事故受伤人员精神伤残程度的评定提供科学依据和统一标准。

1　范　围

本技术规范规定了道路交通事故受伤人员精神伤残程度评定的总则、要求、方法、判定标准。

本技术规范适用于对道路交通事故受伤人员精神伤残程度的评定，其他人身损害所致精神伤残程度的评定亦可参照执行。

2　规范性引用文件

下列文件对于本文件的应用是必不可少的。凡是注日期的引用文件，仅注日期的版本适用于本文件。凡是不注日期的引用文件，其最新版本(包括所有的修改单)适用于本文件。

GB 18667 - 2002　道路交通事故受伤人员伤残评定

SJ/Z JD0104001 - 2011　精神障碍者司法鉴定精神检查规范

3　术语和定义

下列术语和定义适用于本文件。

3.1　精神伤残　mental impairment

因道路交通事故颅脑损伤所致的精神残疾，是指道路交通事故受伤人员颅脑损伤后，大脑功能出现紊乱，出现不可逆的认知、情感、意志和行为等方面的精神紊乱和缺损，及其导致的生活、工作和社会活动能力不同程度损害。

3.2　精神障碍　mental disorder

在各种因素的作用下造成的心理功能失调，而出现感知、思维、情感、行为、意志及智力等精神活动方面的异常，又称精神疾病(mental illness)。

3.3　脑外伤所致精神障碍

mental disorder due to brain damage

颅脑遭受直接或间接外伤后，在脑组织损伤的基础上所产生的精神障碍和后遗综合征。

3.4　脑震荡后综合征

mental disorder due to brain concussion

脑震荡后出现的一组症状，根据出现的频度次序，可表现为头痛、头晕、疲乏、焦虑、失眠、对声光敏感、集中困难、易激惹、主观感觉不良、心情抑郁等；约有55%的病人在恢复期出现，20 - 30%的患者可迁延呈慢性状态。

3.5　精神病性症状　psychotic symptom

患者由于丧失了现实检验能力而明显地不能处理某些现实问题的表现。指有下列表现之一者：

a) 突出的妄想；
b) 持久或反复出现的幻觉；
c) 紧张症行为，包括紧张性兴奋与紧张性木僵；
d) 广泛的兴奋和活动过多；
e) 显著的精神运动性迟滞。

4　总　则

4.1　评定原则

4.1.1　精神伤残评定以道路交通事故所致人体损伤后治疗效果为依据，应认真分析残疾与事故、损伤之间的关系，实事求是地评定。

4.1.2　进行精神伤残程度评定时，首先应评定被评定人的精神状态，根据 CCMD - 3 或 ICD - 10 进行医学诊断；在确认被评定人患有脑外伤所致精神障碍的基础上，考察精神症状对被评定人的日常生活、工作和社会活动能力等的影响，根据受损程度评定精神伤残等级。

4.2　评定时机

4.2.1　评定时机应以事故直接所致的损伤或确因损伤所致的并发症治疗终结为准。

4.2.2　精神伤残的评定应当在医疗终结后进行，一般在脑外伤6个月以后进行。如被评定人后遗精神异常主要表现为明显的精神病性症状等较严重情形的，应在进行系统精神专科治疗后进行。

4.3　评定人条件

由具有法医精神病鉴定资质的司法鉴定人担任。

4.4　评定书

4.4.1　评定人进行评定后，应制作评定书并签名。

4.4.2　评定书包括一般情况、简要案情、旁证调查、病历摘抄、神经系统检查及精神检查所见、必要的辅助检查所得、分析说明及评定意见等内容。

4.5　精神伤残程度

4.5.1　本技术规范根据道路交通事故受伤人员的伤残状况，将受伤人员的精神伤残程度划分为10级，从第一级到第十级。

4.5.2　精神伤残程度评定时应遵循附录A中的判定准则。

5 脑外伤所致精神障碍的诊断原则和方法

5.1 病史资料审查

应当对被评定人诊断、治疗的相关病史资料进行审查,明确被评定人是否存在脑外伤及其具体形式,了解被评定人治疗及康复情况。一般应当对被评定人事故后的头颅影像学(CT、MRI 等)资料进行审核,确证道路交通事故后脑外伤情况。

5.2 旁证调查或旁证材料审查

5.2.1 一般应当对熟悉被评定人情况的相关人员进行调查,重点掌握道路交通事故前被评定人是否存在精神异常、是否具有影响被评定人精神功能状况的各种脑部及躯体疾患病史,以及事故后被评定人精神异常的表现形式及发展变化情况,了解事故前后被评定人工作、生活情况的改变情况。

5.2.2 掌握被评定人情况的相关人员也可通过书面形式向委托人或鉴定人反映上述情况。

5.3 神经系统检查和精神检查

5.3.1 神经系统检查:应按一定顺序,亦可根据病史和初步观察所见,有所侧重。通常先查颅神经,包括其运动、感觉、反射和植物神经各个功能;然后依次查上肢和下肢的运动系统和反射;最后查感觉和植物神经系统。

5.3.2 精神检查:按 SJ/Z JD0104001－2011 的规定进行。

5.4 辅助检查

5.4.1 智力测验

被评定人主要表现为智能损害的,应当进行标准化智力测验(一般选用中国修订韦氏智力量表,有语言功能障碍或种族因素者,可根据具体情况选用相应的智力测验工具),由于精神症状不能配合检查的除外。对被评定人在测验过程中的合作程度或努力程度应当进行描述。对智力测验结果应当进行评估,不能单纯根据智商确定智能缺损等级。

5.4.2 记忆测验

被评定人主要表现为记忆损害的,应当进行标准化记忆测验(一般选用中国修订韦氏记忆测验),由于精神症状影响不能配合完成检查的除外。对被评定人在测验过程中的合作程度或努力程度应当进行描述。

5.4.3 头颅影像学检查

条件许可时,可对被评定人行头颅 CT 或 MRI 检查,明确评定时或最近 3 个月内被评定人的脑解剖结构状况。

5.4.4 脑电生理检查

条件许可时,可对被评定人行脑电图、脑电地形图或事件相关电位检查,明确评定时被评定人脑自发电位或诱发电位状况。

5.5 诊 断

5.5.1 综合旁证材料、病史资料及检查所得,根据 ICD－10 或 CCMD－3 明确被评定人的精神状态;在分析说明部分应当说明被评定人主要的精神损害表现,如智能损害、记忆损害、人格改变或精神病性症状等。

5.5.2 脑外伤所致精神障碍的诊断必须首先确证存在脑外伤,如脑挫裂伤、颅内血肿(包括硬脑膜外、硬脑膜下血肿和脑内血肿)、蛛网膜下腔出血等。

5.5.3 脑震荡后综合征的诊断必须在排除脑实质性损害后确证存在脑震荡,即存在短暂意识丧失和逆行性遗忘。

6 道路交通事故受伤人员精神伤残程度判定标准

6.1 按 GB 18667－2002 的规定进行判定。

6.2 脑外伤所致精神障碍致日常活动能力轻度受限,可评定为十级伤残。

6.3 脑震荡后综合征明显影响日常生活、工作等,最高可评定为十级伤残。

7 附 则

7.1 评定道路交通事故受伤人员精神伤残程度时,应排除原有伤、病等进行评定。

7.2 存在原有伤、病时,可首先确定被评定人目前精神状况相当于的伤残程度;然后根据原有伤、病对目前造成伤残程度的影响后进行相应扣除,最终给出本次道路交通事故所致的精神伤残程度;如不能区分原有伤、病对造成目前伤残程度的影响,则说明不能评定原有伤、病的影响。

7.3 附录 A 与规范正文判定标准,二者应同时使用。

附 录 A
(规范性附录)
道路交通事故所致精神伤残程度评定细则

A.1 脑外伤所致精神障碍的诊断细则

A.1.1 症状标准

有脑外伤,伴有相应的神经系统及实验室检查证据,并至少有下列1项：
a) 器质性智能损害综合征；
b) 器质性遗忘综合征(器质性记忆损害)；
c) 器质性人格改变；
d) 器质性意识障碍；
e) 器质性精神病性症状；
f) 器质性情感障碍综合征(如躁狂综合征、抑郁综合征等)；
g) 器质性解离(转换)综合征；
h) 器质性神经症样综合征(如焦虑综合征、情感脆弱综合征等)。

A.1.2 严重标准：日常生活或社会功能受损。
A.1.3 病程标准：精神障碍的发生、发展，以及病程与脑外伤相关。
A.1.4 排除标准：缺乏精神障碍由其他原因(如精神活性物质)引起的足够证据。
A.1.5 脑外伤所致精神障碍评定时不作严重程度区分。

A.2 脑震荡后综合征的诊断细则

A.2.1 症状标准
A.2.1.1 有脑外伤导致不同程度的意识障碍病史；中枢神经系统和脑CT检查，不能发现弥漫性或局灶性损害征象。
A.2.1.2 精神障碍的发生、发展，及病程与脑外伤相关。
A.2.1.3 目前的症状与脑外伤相关，并至少有下列3项：
a) 头痛、眩晕、内感性不适，或疲乏；
b) 情绪改变，如易激惹、抑郁，或焦虑；
c) 主诉集中注意困难、思考效率低，或记忆损害，但是缺乏客观证据；
d) 失眠；
e) 对酒的耐受性降低；
f) 过分担心上述症状，一定程度的疑病性超价观念和采取病人角色。

A.2.2 严重标准：社会功能受损。
A.2.3 病程标准：符合症状标准和严重标准至少已3个月。
A.2.4 排除标准：排除脑挫裂伤后综合征、精神分裂症、情感性精神障碍，或创伤后应激障碍。

A.3 颅脑损伤所致智力缺损的诊断细则

A.3.1 症状标准
症状表现为：
a) 记忆减退，最明显的是学习新事物的能力受损；
b) 以思维和信息处理过程减退为特征的智能损害，如抽象概括能力减退，难以解释成语、谚语，掌握词汇量减少，不能理解抽象意义的词汇，难以概括同类事物的共同特征，或判断力减退；
c) 情感障碍，如抑郁、淡漠，或敌意增加；
d) 意志减退，如懒散、主动性降低；
e) 其他高级皮层功能受损，如失语、失认、失用，或人格改变等；
f) 无意识障碍；
g) 实验室检查：如CT、MRI检查对诊断有帮助，神经病理学检查有助于确诊，智商、记忆商等心理测验有助于量化智力及记忆缺损程度。

A.3.2 严重标准：日常生活或社会功能受损。
A.3.3 病程标准：符合症状标准和严重程度标准至少已6个月。
A.3.4 排除标准：排除假性痴呆、精神发育迟滞、归因于社会环境极度贫乏和教育受限的认知功能低下，或药源性智能损害。

A.3.5 智能缺损程度评定
A.3.5.1 极重度智能缺损
表现为：
a) 智商在20以下；
b) 社会功能完全丧失，不会逃避危险；
c) 生活完全不能自理，大小便失禁；
d) 言语功能丧失。

A.3.5.2 重度智能缺损
表现为：
a) 智商在20-34之间；
b) 表现显著的运动损害或其他相关的缺陷，不能学习和劳动；
c) 生活不能自理；
d) 言语功能严重受损，不能进行有效的交流。

A.3.5.3 中度智能受损
表现为：
a) 智商在35-49之间；
b) 不能适应普通学校学习，可进行个位数的加、减法计算；可从事简单劳动，但质量低、效率差；

c) 可学会自理简单生活,但需督促、帮助;
d) 可掌握简单生活用语,但词汇贫乏。

A.3.5.4 轻度智能缺损

表现为:

a) 智商在 50~69 之间;
b) 学习成绩差或工作能力差,只能完成较简单的手工劳动;
c) 能自理生活;
d) 无明显言语障碍,但对语言的理解和使用能力有不同程度的延迟。

· 指导案例 ·

某隧道重大交通事故痕迹物证综合鉴定

关键词:司法鉴定　交通事故痕迹物证鉴定　事故原因　轮胎自燃

案情概况

2017 年某月某日,某隧道内发生一起重大危险化学品运输车辆燃爆事故,造成 15 人死亡、3 人重度烧伤,16 名村民轻微受伤,9 部车辆、43 间民房受损,直接经济损失 4200 多万元。

为查清事故成因,事故调查组委托某省公安部门聘请北京中机车辆司法鉴定中心进行鉴定。接受委托后,北京中机车辆司法鉴定中心第一时间组织四名司法鉴定人组成专家组赶赴事发地实施鉴定。

到达某县事故停车场后,鉴定人发现涉案车辆承载的危化品氯酸钠在事故中曾发生剧烈爆炸,导致涉案车辆牵引车前一桥(转向桥)、半挂车三个后桥等与车架分离脱落,散落在不同的地方,且与其它事故车辆堆放在一起,难以区分。

鉴定人首先克服困难,查阅涉案车辆相关车型技术资料后,依据 GA/T 1087-2013《道路交通事故痕迹鉴定》、GA 41-2014《道路交通事故痕迹物证勘验》等技术标准,通过对车体痕迹和整体分离痕迹等开展仔细勘验,找出涉案车辆脱落的各个车桥,并确定与整车的相互对应关系,完整恢复出涉案车辆全貌,完成了鉴定的第一步。

初始起火区域的判定是本案鉴定的第二个难点。鉴定人按照 GA 839-2009《火灾现场勘验规则》、GA/T 812-2008《火灾原因调查指南》等技术标准,对涉案车辆的各个部件进行逐一勘验,发现半挂车后一桥受热锈蚀突出、烧损最为严重,初步认定该处为初始起火部件。在进一步的检验过程中,鉴定人发现半挂车后一桥左侧两车轮中,外侧轮毂变形呈现高温软化后受到平面物体撞击、挤压形态。经过现场初步检验、分析,发现该撞击、挤压是由于涉案车辆行驶过程中后一桥左侧车轮撞击隧道形成或者是在承载货物氯酸钠发生爆炸后,后一桥与半挂车车架发生分离、飞出过程中,撞击到其它车辆或隧道壁形成,但无论上述哪种情况发生,均是在半挂车后一桥左侧外侧车轮轮毂先发生高温软化后形成。另外,仅在半挂车后一桥左侧轮胎钢丝中发现大量金属球状熔珠、左侧内侧车轮处发现金属防尘罩受热扭曲变形严重且有球状熔痕存在、左侧两车轮中间区域轮毂发现大量、明显白色晶状附着物。结合以上检验结果,四名鉴定人经讨论分析一致认定涉案车辆半挂车后一桥左侧车轮先发生起火燃烧,为初始起火区域。

"涉案车辆究竟是先发生碰撞再起火燃烧,还是先起火燃烧再发生碰撞",这一难题又摆在了鉴定人的面前,这个问题不仅是本次司法鉴定需要解决的关键技术问题,更是办案机关明确事故成因和进行责任认定的重要依据。

鉴定人在现场提取了涉案车辆半挂车后一桥左侧车轮轮胎钢丝的金属球状熔珠、左侧两车轮中间区域轮毂的白色晶状物附着物、左侧内侧车轮金属防尘罩球状熔痕等检材,带回实验室使用扫描电镜-能谱仪、红外光谱仪、金相显微镜等仪器设备进行检验、分析,发现:

(1) 金属球状熔珠的外表面除 Fe、C、O 等元素外,还有 Na 元素与 Cl 元素存在,而其内部仅有 Fe、C、O 等元素存在,说明在半挂车后一桥左侧车轮轮胎钢丝局部熔化时,周围环境中并无氯酸钠($NaClO_3$)或氯化钠($NaCl$)存在,金属球状熔珠外表面的 Na 元素与 Cl 元素是在熔珠凝固后才附着上的,说明涉案车辆半挂车后一桥左侧车轮起火燃烧早于承载货物氯酸钠爆炸。

(2) 白色晶状附着物为氯化钠,由于半挂车各车桥左右两侧分别有两个车轮并排安装,在橡胶轮胎完好的情况下,两个车轮中间区域轮毂处于相对封闭状态,即使有氯酸钠爆炸,也不会有大量的氯化钠散落附着在该区域轮毂上,而是会直接被橡胶轮胎挡住。而仅在半挂车后一桥左侧两车轮中间区域轮毂发现大量、明显白色晶状附着物氯化钠,提示在氯酸钠爆炸一刻,半挂车后一桥左侧两车轮橡胶轮胎应该有部分燃烧缺失,才会导致氯化钠散落附着在轮毂上,说明涉案车辆半挂车后一桥左侧车轮起火燃烧早于承载货物氯酸钠爆炸。

(3)金相检验结果显示左侧内侧车轮金属防尘罩球状熔痕与未熔化区域整体均呈现过热熔化趋势,结合其它车轮金属防尘罩均基本完好的客观事实,说明涉案车辆半挂车后一桥左侧车轮在事故过程中温度远高于其它车轮。

以上检验、分析结果充分说明涉案车辆半挂车后一桥左侧车轮起火燃烧明显早于承载货物氯酸钠爆炸,即可以确认该起事故系涉案车辆半挂车后一桥左侧车橡胶轮胎首先发生自燃,进而引发承载危化品货物爆炸,最终导致整个事故发生。

基于以上鉴定意见,某省公安部门对涉案车辆所属的某运输公司展开进一步深入侦查,并查扣了与涉案车辆同批次购入的49辆同型重型半挂货车。再次聘请北京中机车辆司法鉴定中心对上述涉案车辆同型车进行车辆安全技术状况鉴定。经过鉴定,鉴定人发现涉案运输公司在购入该批车辆后,对每辆车均违法加装了柴油油箱,并将其伪装成制动喷淋装置的水箱。这一改装导致涉案车辆连续长下坡制动过程中制动性能下降、轮毂过热,从而引起橡胶轮胎自燃,是本起事故发生的根本原因。

北京中机车辆司法鉴定中心出具的两份司法鉴定意见书对事故调查组明确事故成因和责任认定起到了关键性作用,事故调查组在最终发布的《某隧道重大危险化学品运输车辆燃爆事故调查报告》中充分采信了上述司法鉴定意见。

鉴定要点

1. 涉案车辆承载的货物为危化品氯酸钠,在事故中发生剧烈爆炸,导致涉案车辆牵引车的前一桥(转向桥)等与车架分离脱落,半挂车三个后桥也与车架分离脱落。在鉴定过程中,司法鉴定人首先要通过对车体痕迹和整体分离痕迹开展逐项检验,确定脱落的各个车桥与涉案车辆的对应关系,最终的鉴定意见书要图文并茂地展示出整个检验过程。

2. 在分析过程中,除使用传统痕迹学的鉴定方法外,还结合了微量物证鉴定的方法和技术手段,通过轮毂变形痕迹、轮胎钢丝金属球状熔珠化学元素成分、车轮金属防尘罩受热扭曲变形状态以及轮毂白色晶状附着物检测结果等四个角度相互印证,充分论证得出车辆初始起火区域位于半挂车后一桥左侧车轮处,由于车辆连续长坡高速行驶、频繁制动,制动器过热导致橡胶轮胎自燃,引发承载货物氯酸钠爆炸,最终导致事故发生。上述分析过程只有在鉴定人具备丰富的交通事故痕迹物证、汽车工程、交通工程等专业知识基础上,勘验细致、检验准确、逻辑分析严谨,才能论证充分、判断正确。

案例意义

道路交通事故日益复杂,人、车、路等要素共同参与且相互作用,传统、单一的鉴定技术已无法满足鉴定需要。交通事故痕迹物证司法鉴定人应运用痕迹物证的相关理论和方法,结合车辆工程、交通工程和事故重建等技术,在痕迹物证检验的基础上,结合微量物证等相关检验鉴定结果,综合分析、判断事故的过程和原因。为案件的事实调查、过程重建和事故成因等诉讼相关调查中涉及的专门性问题提供鉴定服务。

专用名词解释

交通事故痕迹物证综合鉴定:是交通事故痕迹物证鉴定的一个项目,通常基于车辆安全技术状况鉴定、交通设施安全技术状况鉴定、交通事故痕迹鉴定或车辆速度鉴定的检验鉴定结果,必要时结合交通事故微量物证鉴定、声像资料鉴定、法医学鉴定等结果,综合判断涉案人员、车辆、设施等交通要素在事故过程中的状态、痕迹物证形成过程及原因等,包括交通行为方式、交通信号灯指示状态、事故车辆起火原因、轮胎破损原因等。

(3)工伤、职业病相关鉴定

工伤职工劳动能力鉴定管理办法

1. 2014年2月20日人力资源和社会保障部、国家卫生和计划生育委员会令第21号公布
2. 根据2018年12月14日人力资源和社会保障部令第38号《关于修改部分规章的决定》修正

第一章 总 则

第一条 为了加强劳动能力鉴定管理,规范劳动能力鉴定程序,根据《中华人民共和国社会保险法》、《中华人民共和国职业病防治法》和《工伤保险条例》,制定本办法。

第二条 劳动能力鉴定委员会依据《劳动能力鉴定 职工工伤与职业病致残等级》国家标准,对工伤职工劳动功能障碍程度和生活自理障碍程度组织进行技术性等

级鉴定,适用本办法。

第三条 省、自治区、直辖市劳动能力鉴定委员会和设区的市级(含直辖市的市辖区、县,下同)劳动能力鉴定委员会分别由省、自治区、直辖市和设区的市级人力资源社会保障行政部门、卫生计生行政部门、工会组织、用人单位代表以及社会保险经办机构代表组成。

承担劳动能力鉴定委员会日常工作的机构,其设置方式由各地根据实际情况决定。

第四条 劳动能力鉴定委员会履行下列职责:

(一)选聘医疗卫生专家,组建医疗卫生专家库,对专家进行培训和管理;

(二)组织劳动能力鉴定;

(三)根据专家组的鉴定意见作出劳动能力鉴定结论;

(四)建立完整的鉴定数据库,保管鉴定工作档案50年;

(五)法律、法规、规章规定的其他职责。

第五条 设区的市级劳动能力鉴定委员会负责本辖区内的劳动能力初次鉴定、复查鉴定。

省、自治区、直辖市劳动能力鉴定委员会负责对初次鉴定或者复查鉴定结论不服提出的再次鉴定。

第六条 劳动能力鉴定相关政策、工作制度和业务流程应当向社会公开。

第二章 鉴定程序

第七条 职工发生工伤,经治疗伤情相对稳定后存在残疾、影响劳动能力的,或者停工留薪期满(含劳动能力鉴定委员会确认的延长期限),工伤职工或者其用人单位应当及时向设区的市级劳动能力鉴定委员会提出劳动能力鉴定申请。

第八条 申请劳动能力鉴定应当填写劳动能力鉴定申请表,并提交下列材料:

(一)有效的诊断证明,按照医疗机构病历管理有关规定复印或者复制的检查、检验报告等完整病历材料;

(二)工伤职工的居民身份证或者社会保障卡等其他有效身份证明原件。

第九条 劳动能力鉴定委员会收到劳动能力鉴定申请后,应当及时对申请人提交的材料进行审核;申请人提供材料不完整的,劳动能力鉴定委员会应当自收到劳动能力鉴定申请之日起5个工作日内一次性书面告知申请人需要补正的全部材料。

申请人提供材料完整的,劳动能力鉴定委员会应当及时组织鉴定,并在收到劳动能力鉴定申请之日起60日内作出劳动能力鉴定结论。伤情复杂、涉及医疗卫生专业较多的,作出劳动能力鉴定结论的期限可以延长30日。

第十条 劳动能力鉴定委员会应当视伤情程度等从医疗卫生专家库中随机抽取3名或者5名与工伤职工伤情相关科别的专家组成专家组进行鉴定。

第十一条 劳动能力鉴定委员会应当提前通知工伤职工进行鉴定的时间、地点以及应当携带的材料。工伤职工应当按照通知的时间、地点参加现场鉴定。对行动不便的工伤职工,劳动能力鉴定委员会可以组织专家上门进行劳动能力鉴定。组织劳动能力鉴定的工作人员应当对工伤职工的身份进行核实。

工伤职工因故不能按时参加鉴定的,经劳动能力鉴定委员会同意,可以调整现场鉴定的时间,作出劳动能力鉴定结论的期限相应顺延。

第十二条 因鉴定工作需要,专家组提出应当进行有关检查和诊断的,劳动能力鉴定委员会可以委托具备资格的医疗机构协助进行有关的检查和诊断。

第十三条 专家组根据工伤职工伤情,结合医疗诊断情况,依据《劳动能力鉴定 职工工伤与职业病致残等级》国家标准提出鉴定意见。参加鉴定的专家都应当签署意见并签名。

专家意见不一致时,按照少数服从多数的原则确定专家组的鉴定意见。

第十四条 劳动能力鉴定委员会根据专家组的鉴定意见作出劳动能力鉴定结论。劳动能力鉴定结论书应当载明下列事项:

(一)工伤职工及其用人单位的基本信息;

(二)伤情介绍,包括伤残部位、器官功能障碍程度、诊断情况等;

(三)作出鉴定的依据;

(四)鉴定结论。

第十五条 劳动能力鉴定委员会应当自作出鉴定结论之日起20日内将劳动能力鉴定结论及时送达工伤职工及其用人单位,并抄送社会保险经办机构。

第十六条 工伤职工或者其用人单位对初次鉴定结论不服的,可以在收到该鉴定结论之日起15日内向省、自治区、直辖市劳动能力鉴定委员会申请再次鉴定。

申请再次鉴定,应当提供劳动能力鉴定申请表,以及工伤职工的居民身份证或者社会保障卡等有效身份证明原件。

省、自治区、直辖市劳动能力鉴定委员会作出的劳动能力鉴定结论为最终结论。

第十七条 自劳动能力鉴定结论作出之日起1年后，工伤职工、用人单位或者社会保险经办机构认为伤残情况发生变化的，可以向设区的市级劳动能力鉴定委员会申请劳动能力复查鉴定。

对复查鉴定结论不服的，可以按照本办法第十六条规定申请再次鉴定。

第十八条 工伤职工本人因身体等原因无法提出劳动能力初次鉴定、复查鉴定、再次鉴定申请的，可由其近亲属代为提出。

第十九条 再次鉴定和复查鉴定的程序、期限等按照本办法第九条至第十五条的规定执行。

第三章 监督管理

第二十条 劳动能力鉴定委员会应当每3年对专家库进行一次调整和补充，实行动态管理。确有需要的，可以根据实际情况适时调整。

第二十一条 劳动能力鉴定委员会选聘医疗卫生专家，聘期一般为3年，可以连续聘任。

聘任的专家应当具备下列条件：

（一）具有医疗卫生高级专业技术职务任职资格；

（二）掌握劳动能力鉴定的相关知识；

（三）具有良好的职业品德。

第二十二条 参加劳动能力鉴定的专家应当按照规定的时间、地点进行现场鉴定，严格执行劳动能力鉴定政策和标准，客观、公正地提出鉴定意见。

第二十三条 用人单位、工伤职工或者其近亲属应当如实提供鉴定需要的材料，遵守劳动能力鉴定相关规定，按照要求配合劳动能力鉴定工作。

工伤职工有下列情形之一的，当次鉴定终止：

（一）无正当理由不参加现场鉴定的；

（二）拒不参加劳动能力鉴定委员会安排的检查和诊断的。

第二十四条 医疗机构及其医务人员应当如实出具与劳动能力鉴定有关的各项诊断证明和病历材料。

第二十五条 劳动能力鉴定委员会组成人员、劳动能力鉴定工作人员以及参加鉴定的专家与当事人有利害关系的，应当回避。

第二十六条 任何组织或者个人有权对劳动能力鉴定中的违法行为进行举报、投诉。

第四章 法律责任

第二十七条 劳动能力鉴定委员会和承担劳动能力鉴定委员会日常工作的机构及其工作人员在从事或者组织劳动能力鉴定时，有下列行为之一的，由人力资源社会保障行政部门或者有关部门责令改正，对直接负责的主管人员和其他直接责任人员依法给予相应处分；构成犯罪的，依法追究刑事责任：

（一）未及时审核并书面告知申请人需要补正的全部材料的；

（二）未在规定期限内作出劳动能力鉴定结论的；

（三）未按照规定及时送达劳动能力鉴定结论的；

（四）未按照规定随机抽取相关科别专家进行鉴定的；

（五）擅自篡改劳动能力鉴定委员会作出的鉴定结论的；

（六）利用职务之便非法收受当事人财物的；

（七）有违反法律法规和本办法的其他行为的。

第二十八条 从事劳动能力鉴定的专家有下列行为之一的，劳动能力鉴定委员会应当予以解聘；情节严重的，由卫生计生行政部门依法处理：

（一）提供虚假鉴定意见的；

（二）利用职务之便非法收受当事人财物的；

（三）无正当理由不履行职责的；

（四）有违反法律法规和本办法的其他行为的。

第二十九条 参与工伤救治、检查、诊断等活动的医疗机构及其医务人员有下列情形之一的，由卫生计生行政部门依法处理：

（一）提供与病情不符的虚假诊断证明的；

（二）篡改、伪造、隐匿、销毁病历材料的；

（三）无正当理由不履行职责的。

第三十条 以欺诈、伪造证明材料或者其他手段骗取鉴定结论、领取工伤保险待遇的，按照《中华人民共和国社会保险法》第八十八条的规定，由人力资源社会保障行政部门责令退回骗取的社会保险金，处骗取金额2倍以上5倍以下的罚款。

第五章 附则

第三十一条 未参加工伤保险的公务员和参照公务员法管理的事业单位、社会团体工作人员因工（公）致残的劳动能力鉴定，参照本办法执行。

第三十二条 本办法中的劳动能力鉴定申请表、初次

（复查）鉴定结论书、再次鉴定结论书、劳动能力鉴定材料收讫补正告知书等文书基本样式由人力资源社会保障部制定。

第三十三条 本办法自 2014 年 4 月 1 日起施行。

附件：（略）

职工非因工伤残或因病丧失劳动能力程度鉴定标准（试行）

1. 2002 年 4 月 5 日劳动和社会保障部发布
2. 劳社部发〔2002〕8 号

职工非因工伤残或因病丧失劳动能力程度鉴定标准，是劳动者由于非因工伤残或因病后，于国家社会保障法规所规定的医疗期满或医疗终结时通过医学检查对伤残失能程度做出判定结论的准则和依据。

1 范 围

本标准规定了职工非因工伤残或因病丧失劳动能力程度的鉴定原则和分级标准。

本标准适用于职工非因工伤残或因病需进行劳动能力鉴定时，对其身体器官缺损或功能损失程度的鉴定。

2 总 则

2.1 本标准分完全丧失劳动能力和大部分丧失劳动能力两个程度档次。

2.2 本标准中的完全丧失劳动能力，是指因损伤或疾病造成人体组织器官缺失、严重缺损、畸形或严重损害，致使伤病的组织器官或生理功能完全丧失或存在严重功能障碍。

2.3 本标准中的大部分丧失劳动能力，是指因损伤或疾病造成人体组织器官大部分缺失、明显畸形或损害，致使受损组织器官功能中等以上障碍。

2.4 如果伤病职工同时符合不同类别疾病三项以上（含三项）"大部分丧失劳动能力"条件时，可确定为"完全丧失劳动能力"。

2.5 本标准将《职工工伤与职业病致残程度鉴定》（GB/T 16180－1996）中的 1 至 4 级和 5 至 6 级伤残程度分别列为本标准的完全丧失劳动能力和大部分丧失劳动能力的范围。

3 判定原则

3.1 本标准中劳动能力丧失程度主要以身体器官缺损或功能障碍程度作为判定依据。

3.2 本标准中对功能障碍的判定，以医疗期满或医疗终结时所作的医学检查结果为依据。

4 判定依据

4.1 完全丧失劳动能力的条件

4.1.1 各种中枢神经系统疾病或周围神经肌肉疾病等，经治疗后遗有下列情况之一者：
（1）单肢瘫，肌力 2 级以下（含 2 级）。
（2）两肢或三肢瘫，肌力 3 级以下（含 3 级）。
（3）双手或双足全肌瘫，肌力 2 级以下（含 2 级）。
（4）完全性（感觉性或混合性）失语。
（5）非肢体瘫的中度运动障碍。

4.1.2 长期重度呼吸困难。

4.1.3 心功能长期在Ⅲ级以上。左室疾患左室射血分数≤50%。

4.1.4 恶性室性心动过速经治疗无效。

4.1.5 各种难以治愈的严重贫血，经治疗后血红蛋白长期低于 6 克/分升以下（含 6 克/分升）者。

4.1.6 全胃切除或全结肠切除或小肠切除 3/4。

4.1.7 慢性重度肝功能损害。

4.1.8 不可逆转的慢性肾功能衰竭期。

4.1.9 各种代谢性或内分泌疾病、结缔组织疾病或自身免疫性疾病所导致心、脑、肾、肺、肝一个以上主要脏器严重合并症，功能不全失代偿期。

4.1.10 各种恶性肿瘤（含血液肿瘤）经综合治疗、放疗、化疗无效或术后复发。

4.1.11 一眼有光感或无光感，另眼矫正视力＜0.2 或视野半径≤20 度。

4.1.12 双眼矫正视力＜0.1 或视野半径≤20 度。

4.1.13 慢性器质性精神障碍，经系统治疗 2 年仍有下述症状之一，并严重影响职业功能者：痴呆（中度智能减退）；持续或经常出现的妄想和幻觉，持续或经常出现的情绪不稳定以及不能自控的冲动攻击行为。

4.1.14 精神分裂症，经系统治疗 5 年仍不能恢复正常者；偏执性精神障碍，妄想牢固，持续 5 年仍不能缓解，严重影响职业功能者。

4.1.15 难治性的情感障碍，经系统治疗 5 年仍不能恢复正常，男性年龄 50 岁以上（含 50 岁），女性 45 岁以上（含 45 岁），严重影响职业功能者。

4.1.16 具有明显强迫型人格发病基础的难治性强迫障碍，经系统治疗 5 年无效，严重影响职业功能者。

4.1.17 符合《职工工伤与职业病致残程度鉴定》标准1至4级者。

4.2 大部分丧失劳动能力的条件

4.2.1 各种中枢神经系统疾病或周围神经肌肉疾病等,经治疗后遗有下列情况之一者:
(1)单肢瘫,肌力3级。
(2)两肢或三肢瘫,肌力4级。
(3)单手或单足全肌瘫,肌力2级。
(4)双手或双足全肌瘫,肌力3级。

4.2.2 长期中度呼吸困难。
4.2.3 心功能长期在Ⅱ级。
4.2.4 中度肝功能损害。
4.2.5 各种疾病造瘘者。
4.2.6 慢性肾功能不全失代偿期。
4.2.7 一眼矫正视力≤0.05,另眼矫正视力≤0.3。
4.2.8 双眼矫正视力≤0.2或视野半径≤30度。
4.2.9 双耳听力损失≥91分贝。
4.2.10 符合《职工工伤与职业病致残程度鉴定》标准5至6级者。

5 判定基准

5.1 运动障碍判定基准

5.1.1 肢体瘫以肌力作为分级标准,划分为0至5级:

0级:肌肉完全瘫痪,无收缩。
1级:可看到或触及肌肉轻微收缩,但不能产生动作。
2级:肌肉在不受重力影响下,可进行运动,即肢体能在床面上移动,但不能抬高。
3级:在和地心引力相反的方向中尚能完成其动作,但不能对抗外加的阻力。
4级:能对抗一定的阻力,但较正常人为低。
5级:正常肌力。

5.1.2 非肢体瘫的运动障碍包括肌张力增高、共济失调、不自主运动、震颤或吞咽肌肉麻痹等。根据其对生活自理的影响程度划分为轻、中、重三度:
(1)重度运动障碍不能自行进食、大小便、洗漱、翻身和穿衣。
(2)中度运动障碍上述动作困难,但在他人帮助下可以完成。
(3)轻度运动障碍完成上述运动虽有一些困难,但基本可以自理。

5.2 呼吸困难及肺功能减退判定基准
5.2.1 呼吸困难分级

表1 呼吸困难分级

	轻度	中度	重度	严重度
临床表现	平路快步或登山、上楼时气短明显	平路步行100米即气短	稍活动(穿衣,谈话)即气短	静息时气短
阻塞性通气功能减退—一秒钟用力呼气量占预计值百分比	≥80%	50-79%	30-49%	<30%
限制性通气功能减退:肺活量	≥70%	60-69%	50-59%	<50%
血氧分压			60-87毫米汞柱	<60毫米汞柱

注:血气分析氧分压60-87毫米汞柱时,需参考其他肺功能结果。

5.3 心功能判定基准

心功能分级
Ⅰ级:体力活动不受限制。
Ⅱ级:静息时无不适,但稍重于日常生活活动量即致乏力、心悸、气促或心绞痛。
Ⅲ级:体力活动明显受限,静息时无不适,但低于日常活动量即致乏力、心悸、气促或心绞痛。
Ⅳ级:任何体力活动均引起症状,休息时亦可有心力衰竭或心绞痛。

5.4 肝功能损害程度判定基准

表2 肝功能损害的分级

	轻度	中度	重度
血浆白蛋白	3.1-3.5克/分升	2.5-3.0克/分升	<2.5克/分升
血清胆红质	1.5-5毫克/分升	5.1-10毫克/分升	>10毫克/分升
腹水	无	无或少量,治疗后消失	顽固性
脑症	无	轻度	明显
凝血酶原时间	稍延长(较对照组>3秒)	延长(较对照组>6秒)	明显延长(较对照组>9秒)

5.5 慢性肾功能损害程度判定基准

表3 肾功能损害程度分期

	肌酐清除率	血尿素氮	血肌酐	其他临床症状
肾功能不全代偿期	50－80毫升/分	正常	正常	无症状
肾功能不全失代偿期	20－50毫升/分	20－50毫克/分升	2－5毫克/分升	乏力；轻度贫血；食欲减退
肾功能衰竭期	10－20毫升/分	50－80毫克/分升	5－8毫克/分升	贫血；代谢性酸中毒；水电解质紊乱
尿毒症期	<10毫升/分	>80毫克/分升	>8毫克/分升	严重酸中毒和全身各系统症状

注：血尿素氮水平受多种因素影响，一般不单独作为衡量肾功能损害轻重的指标。

附件：

正确使用标准的说明

1. 本标准条目只列出达到完全丧失劳动能力的起点条件，比此条件严重的伤残或疾病均属于完全丧失劳动能力。
2. 标准中有关条目所指的"长期"是经系统治疗12个月以上（含12个月）。
3. 标准中所指的"系统治疗"是指经住院治疗，或每月二次以上（含二次）到医院进行门诊治疗并坚持服药一个疗程以上，以及恶性肿瘤在门诊进行放射或化学治疗。
4. 对未列出的其他伤病残丧失劳动能力程度的条目，可参照国家标准《职工工伤与职业病致残程度鉴定》(GB/T 16180－1996)相应条目执行。

劳动能力鉴定
职工工伤与职业病致残等级

1. 2014年9月3日国家质量监督检验检疫总局、中国国家标准化管理委员会发布
2. GB/T 16180－2014
3. 自2015年1月1日起实施

前　言

本标准按照GB/T 1.1－2009给出的规则起草。

本标准代替GB/T 16180－2006《劳动能力鉴定　职工工伤与职业病致残等级》，与GB/T 16180－2006相比，主要技术变化如下：

——将总则中的分级原则写入相应等级标准头条；
——对总则中4.1.4护理依赖的分级进一步予以明确；
——删除总则4.1.5心理障碍的描述；
——将附录中有明确定义的内容直接写进标准条款；
——在具体条款中取消年龄和是否生育的表述；
——附录B中增加手、足功能缺损评估参考图表；
——附录A中增加视力减弱补偿率的使用说明；
——对附录中外伤性椎间盘突出症的诊断要求做了调整；
——完善了对癫痫和智能障碍的综合评判要求；
——归并胸、腹腔脏器损伤部分条款；
——增加系统治疗的界定；
——增加四肢长管状骨的界定；
——增加了脊椎骨折的分型界定；
——增加了关节功能障碍的量化判定基准；
——增加"髌骨、跟骨、距骨、下颌骨或骨盆骨折内固定术后"条款；
——增加"四肢长管状骨骨折内固定术或外固定支架术后"条款；
——增加"四肢大关节肌腱及韧带撕裂伤术后遗留轻度功能障碍"条款；
——完善、调整或删除了部分不规范、不合理其至矛盾的条款；
——取消了部分条款后缀中易造成歧义的"无功能障碍"表述；
——伤残条目由572条调整为530条。

本标准由中华人民共和国人力资源和社会保障部提出。

本标准由中华人民共和国人力资源和社会保障部归口。

本标准起草单位：上海市劳动能力鉴定中心。

本标准主要起草人：陈道莅、张岩、杨庆铭、廖镇江、曹贵松、眭述平、叶纹、周泽深、陶明毅、王国民、程瑜、周安寿、左峰、林景荣、姚树源、王沛、孔翔飞、徐新荣、杨小锋、姜节凯、方晓松、刘声明、章艾武、李怀侠、姚凰。

本标准所代替标准的历次版本发布情况为：

——GB/T 16180-1996、GB/T 16180-2006。

1 范围

本标准规定了职工工伤与职业病致残劳动能力鉴定原则和分级标准。

本标准适用于职工在职业活动中因工负伤和因职业病致残程度的鉴定。

2 规范性引用文件

下列文件对于本文件的应用是必不可少的。凡是注日期的引用文件,仅注日期的版本适用于本文件。凡是不注日期的引用文件,其最新版本(包括所有的修改单)适用于本文件。

GB/T 4854(所有部分) 声学 校准测听设备的基准零级

GB/T 7341(所有部分) 听力计

GB/T 7582-2004 声学 听阈与年龄关系的统计分布

GB/T 7583 声学 纯音气导听阈测定 保护听力用

GB 11533 标准对数视力表

GBZ 4 职业性慢性二硫化碳中毒诊断标准

GBZ 5 职业性氟及无机化合物中毒的诊断

GBZ 7 职业性手臂振动病诊断标准

GBZ 9 职业性急性电光性眼炎(紫外线角膜结膜炎)诊断标准

GBZ 12 职业性铬鼻病诊断标准

GBZ 24 职业性减压病诊断标准

GBZ 35 职业性白内障诊断标准

GBZ 45 职业性三硝基甲苯白内障诊断标准

GBZ 49 职业性噪声聋诊断标准

GBZ 54 职业性化学性眼灼伤诊断标准

GBZ 57 职业性哮喘诊断标准

GBZ 60 职业性过敏性肺炎诊断标准

GBZ 61 职业性牙酸蚀病诊断标准

GBZ 70 尘肺病诊断标准

GBZ 81 职业性磷中毒诊断标准

GBZ 82 职业性煤矿井下工人滑囊炎诊断标准

GBZ 83 职业性砷中毒的诊断

GBZ 94 职业性肿瘤诊断标准

GBZ 95 放射性白内障诊断标准

GBZ 96 内照射放射病诊断标准

GBZ 97 放射性肿瘤诊断标准

GBZ 101 放射性甲状腺疾病诊断标准

GBZ 104 外照射急性放射病诊断标准

GBZ 105 外照射慢性放射病诊断标准

GBZ 106 放射性皮肤疾病诊断标准

GBZ 107 放射性性腺疾病的诊断

GBZ 109 放射性膀胱疾病诊断标准

GBZ 110 急性放射性肺炎诊断标准

GBZ/T 238 职业性爆震聋的诊断

3 术语和定义

下列术语和定义适用于本文件。

3.1 劳动能力鉴定 identify work ability

法定机构对劳动者在职业活动中因工负伤或患职业病后,根据国家工伤保险法规规定,在评定伤残等级时通过医学检查对劳动功能障碍程度(伤残程度)和生活自理障碍程度做出的技术性鉴定结论。

3.2 医疗依赖 medical dependence

工伤致残于评定伤残等级技术鉴定后仍不能脱离治疗。

3.3 生活自理障碍

ability of living independence

工伤致残者因生活不能自理,需依赖他人护理。

4 总则

4.1 判断依据

4.1.1 综合判定

依据工伤致残者于评定伤残等级技术鉴定时的器官损伤、功能障碍及其对医疗与日常生活护理的依赖程度,适当考虑由于伤残引起的社会心理因素影响,对伤残程度进行综合判定分级。

附录A为各门类工伤、职业病致残分级判定基准。

附录B为正确使用本标准的说明。

4.1.2 器官损伤

器官损伤是工伤的直接后果,但职业病不一定有器官缺损。

4.1.3 功能障碍

工伤后功能障碍的程度与器官缺损的部位及严重程度有关,职业病所致的器官功能障碍与疾病的严重程度相关。对功能障碍的判定,应以评定伤残等级技术鉴定时的医疗检查结果为依据,根据评残对象逐个确定。

4.1.4 医疗依赖

医疗依赖判定分级:

a) 特殊医疗依赖：工伤致残后必须终身接受特殊药物、特殊医疗设备或装置进行治疗；
b) 一般医疗依赖：工伤致残后仍需接受长期或终身药物治疗。

4.1.5 生活自理障碍

生活自理范围主要包括下列五项：
a) 进食：完全不能自主进食，需依赖他人帮助；
b) 翻身：不能自主翻身；
c) 大、小便：不能自主行动，排大、小便需依靠他人帮助；
d) 穿衣、洗漱：不能自己穿衣、洗漱，完全依赖他人帮助；
e) 自主行动：不能自主走动。

生活自理障碍程度分三级：
a) 完全生活自理障碍：生活完全不能自理，上述五项均需护理；
b) 大部分生活自理障碍：生活大部分不能自理，上述五项中三项或四项需要护理；
c) 部分生活自理障碍：生活部分不能自理，上述五项中一项或两项需要护理。

4.2 晋级原则

对于同一器官或者系统多处损伤，或一个以上器官不同部位同时受到损伤者，应先对单项伤残程度进行鉴定。如果几项伤残等级不同，以重者定级；如果两项及以上等级相同，最多晋升一级。

4.3 对原有伤残及合并症的处理

在劳动能力鉴定过程中，工伤或职业病后出现合并症，其致残等级的评定以鉴定时实际的致残结局为依据。

如受工伤损害的器官原有伤残或疾病史，即：单个或双器官（如双眼、四肢、肾脏）或系统损伤，本次鉴定时应检查本次伤情是否加重原有伤残，若加重原有伤残，鉴定时按实际的致残结局为依据；若本次伤情轻于原有伤残，鉴定时则按本次工伤情致残结局为依据。

对原有伤残的处理适用于初次或再次鉴定，复查鉴定不适用本规则。

4.4 门类划分

按照临床医学分科和各学科间相互关联的原则，对残情的判定划分为5个门类：
a) 神经内科、神经外科、精神科门。
b) 骨科、整形外科、烧伤科门。
c) 眼科、耳鼻喉科、口腔科门。
d) 普外科、胸外科、泌尿生殖科门。
e) 职业病内科门。

4.5 条目划分

按照4.4中的5个门类，以附录C中表C.1～C.5及一至十级分级系列，根据伤残的类别和残情的程度划分伤残条目，共列出残情530条。

4.6 等级划分

根据条目划分原则以及工伤致残程度，综合考虑各门类间的平衡，将残情级别分为一至十级。最重为第一级，最轻为第十级。对未列出的个别伤残情况，参照本标准中相应定级原则进行等级评定。

5 职工工伤与职业病致残等级分级

5.1 一 级

5.1.1 定级原则

器官缺失或功能完全丧失，其他器官不能代偿，存在特殊医疗依赖，或完全或大部分或部分生活自理障碍。

5.1.2 一级条款系列

凡符合5.1.1或下列条款之一者均为工伤一级。
1) 极重度智能损伤；
2) 四肢瘫肌力≤3级或三肢瘫肌力≤2级；
3) 重度非肢体瘫运动障碍；
4) 面部重度毁容，同时伴有表C.2中二级伤残之一者；
5) 全身重度瘢痕形成，占体表面积≥90%，伴有脊柱及四肢大关节活动功能基本丧失；
6) 双肘关节以上缺失或功能完全丧失；
7) 双下肢膝上缺失及一上肢肘上缺失；
8) 双下肢及一上肢瘢痕畸形，功能完全丧失；
9) 双眼无光感或仅有光感但光定位不准者；
10) 肺功能重度损伤和呼吸困难Ⅳ级，需终生依赖机械通气；
11) 双肺或心肺联合移植术；
12) 小肠切除≥90%；
13) 肝切除后原位肝移植；
14) 胆道损伤原位肝移植；
15) 全胰切除；
16) 双侧肾切除或孤肾切除术后，用透析维持或同种肾移植术后肾功能不全尿毒症期；
17) 尘肺叁期伴肺功能重度损伤及（或）重度低氧血症〔PO_2 < 5.3kPa（<40mmHg）〕；
18) 其他职业性肺部疾患，伴肺功能重度损伤及（或）重度低氧血症〔PO_2 < 5.3kPa（<40mmHg）〕；
19) 放射性肺炎后，两叶以上肺纤维化伴重度低氧血症〔$PO_2 < 5.3kPa(<40mmHg)$〕；

20）职业性肺癌伴肺功能重度损伤；

21）职业性肝血管肉瘤，重度肝功能损害；

22）肝硬化伴食道静脉破裂出血，肝功重度损害；

23）肾功能不全尿毒症期，内生肌酐清除率持续<10mL/min，或血浆肌酐水平持续>707μmol/L(8mg/dL)。

5.2 二 级

5.2.1 定级原则

器官严重缺损或畸形，有严重功能障碍或并发症，存在特殊医疗依赖，或大部分或部分生活自理障碍。

5.2.2 二级条款系列

凡符合5.2.1或下列条款之一者均为工伤二级。

1）重度智能损伤；
2）三肢瘫肌力3级；
3）偏瘫肌力≤2级；
4）截瘫肌力≤2级；
5）双手全肌瘫肌力≤2级；
6）完全感觉性或混合性失语；
7）全身重度瘢痕形成，占体表面积≥80%，伴有四肢大关节中3个以上活动功能受限；
8）全面部瘢痕或植皮伴有重度毁容；
9）双侧前臂缺失或双手功能完全丧失；
10）双下肢瘢痕畸形，功能完全丧失；
11）双膝以上缺失；
12）双膝、双踝关节功能完全丧失；
13）同侧上、下肢缺失或功能完全丧失；
14）四肢大关节（肩、髋、膝、肘）中4个及以上关节功能完全丧失者；
15）一眼有或无光感，另眼矫正视力≤0.02，或视野≤8%（或半径≤5°）；
16）无吞咽功能，完全依赖胃管进食；
17）双侧上颌骨或双侧下颌骨完全缺损；
18）一侧上颌骨及对侧下颌骨完全缺损，并伴有颜面软组织损伤>30cm²；
19）一侧全肺切除并胸廓成形术，呼吸困难Ⅲ级；
20）心功能不全三级；
21）食管闭锁或损伤后无法行食管重建术，依赖胃造瘘或穿肠造瘘进食；
22）小肠切除3/4，合并短肠综合症；
23）肝切除3/4，合并肝功能重度损害；
24）肝外伤后发生门脉高压三联症或发生Budd-chiari综合征；
25）胆道损伤致肝功能重度损害；
26）胰次全切除，胰腺移植术后；
27）孤肾部分切除后,肾功能不全失代偿期；
28）肺功能重度损伤及（或）重度低氧血症；
29）尘肺叁期伴肺功能中度损伤及（或）中度低氧血症；
30）尘肺贰期伴肺功能重度损伤及（或）重度低氧血症〔$PO_2 < 5.3kPa(40mmHg)$〕；
31）尘肺叁期伴活动性肺结核；
32）职业性肺癌或胸膜间皮瘤；
33）职业性急性白血病；
34）急性重型再生障碍性贫血；
35）慢性重度中毒性肝病；
36）肝血管肉瘤；
37）肾功能不全尿毒症期，内生肌酐清除率持续<25mL/min，或血浆肌酐水平持续>450μmol/L(5mg/dL)；
38）职业性膀胱癌；
39）放射性肿瘤。

5.3 三 级

5.3.1 定级原则

器官严重缺损或畸形，有严重功能障碍或并发症，存在特殊医疗依赖，或部分生活自理障碍。

5.3.2 三级条款系列

凡符合5.3.1或下列条款之一者均为工伤三级。

1）精神病性症状，经系统治疗1年后仍表现为危险或冲动行为者；
2）精神病性症状，经系统治疗1年后仍缺乏生活自理能力者；
3）偏瘫肌力3级；
4）截瘫肌力3级；
5）双足全肌瘫肌力≤2级；
6）中度非肢体瘫运动障碍；
7）完全性失用、失写、失读、失认等具有两项及两项以上者；
8）全身重度瘢痕形成，占体表面积≥70%，伴有四肢大关节中2个以上活动功能受限；
9）面部瘢痕或植皮≥2/3并有中度毁容；
10）一手缺失，另一手拇指缺失；
11）双手拇、食指缺失或功能完全丧失；
12）一手功能完全丧失，另一手拇指功能完全丧失；

13）双髋、双膝关节中,有一个关节缺失或功能完全丧失及另一关节重度功能障碍；

14）双膝以下缺失或功能完全丧失；

15）一侧髋、膝关节畸形,功能完全丧失；

16）非同侧腕上、踝上缺失；

17）非同侧上、下肢瘢痕畸形,功能完全丧失；

18）一眼有或无光感,另眼矫正视力≤0.05或视野≤16%（半径≤10°）；

19）双眼矫正视力<0.05或视野≤16%（半径≤10°）；

20）一侧眼球摘除或眼内容物剜出,另眼矫正视力<0.1或视野≤24%（或半径≤15°）；

21）呼吸完全依赖气管套管或造口；

22）喉或气管损伤导致静止状态下或仅轻微活动即有呼吸困难；

23）同侧上、下颌骨完全缺损；

24）一侧上颌骨或下颌骨完全缺损,伴颜面部软组织损伤>30cm^2；

25）舌缺损>全舌的2/3；

26）一侧全肺切除并胸廓成形术；

27）一侧胸廓成形术,肋骨切除6根以上；

28）一侧全肺切除并隆凸切除成形术；

29）一侧全肺切除并大血管重建术；

30）Ⅲ度房室传导阻滞；

31）肝切除2/3,并肝功能中度损害；

32）胰次全切除,胰岛素依赖；

33）一侧肾切除,对侧肾功能不全失代偿期；

34）双侧输尿管狭窄,肾功能不全失代偿期；

35）永久性输尿管腹壁造瘘；

36）膀胱全切除；

37）尘肺叁期；

38）尘肺贰期伴肺功能中度损伤及（或）中度低氧血症；

39）尘肺贰期合并活动性肺结核；

40）放射性肺炎后两叶肺纤维化,伴肺功能中度损伤及（或）中度低氧血症；

41）粒细胞缺乏症；

42）再生障碍性贫血；

43）职业性慢性白血病；

44）中毒性血液病,骨髓增生异常综合征；

45）中毒性血液病,严重出血或血小板含量≤2×10^{10}/L；

46）砷性皮肤癌；

47）放射性皮肤癌。

5.4 四 级

5.4.1 定级原则

器官严重缺损或畸形,有严重功能障碍或并发症,存在特殊医疗依赖,或部分生活自理障碍或无生活自理障碍。

5.4.2 四级条款系列

凡符合5.4.1或下列条款之一者均为工伤四级。

1）中度智能损伤；

2）重度癫痫；

3）精神病性症状,经系统治疗1年后仍缺乏社交能力者；

4）单肢瘫肌力≤2级；

5）双手部分肌瘫肌力≤2级；

6）脑脊液漏伴有颅底骨缺损不能修复或反复手术失败；

7）面部中度毁容；

8）全身瘢痕面积≥60%,四肢大关节中1个关节活动功能受限；

9）面部瘢痕或植皮≥1/2并有轻度毁容；

10）双拇指完全缺失或功能完全丧失；

11）一侧手功能完全丧失,另一手部分功能丧失；

12）一侧肘上缺失；

13）一侧膝以下缺失,另一侧前足缺失；

14）一侧膝以上缺失；

15）一侧踝以下缺失,另一足畸形行走困难；

16）一眼有或无光感,另眼矫正视力<0.2或视野≤32%（或半径≤20°）；

17）一眼矫正视力<0.05,另眼矫正视力≤0.1；

18）双眼矫正视力<0.1或视野≤32%（或半径≤20°）；

19）双耳听力损失≥91dB；

20）牙关紧闭或因食管狭窄只能进流食；

21）一侧上颌骨缺损1/2,伴颜面部软组织损伤>20cm^2；

22）下颌骨缺损长6cm以上的区段,伴口腔、颜面软组织损伤>20cm^2；

23）双侧颞下颌关节骨性强直,完全不能张口；

24）面颊部洞穿性缺损>20cm^2；

25）双侧完全性面瘫；

26) 一侧全肺切除术；
27) 双侧肺叶切除术；
28) 肺叶切除后并胸廓成形术后；
29) 肺叶切除并隆凸切除成形术后；
30) 一侧肺移植术；
31) 心瓣膜置换术后；
32) 心功能不全二级；
33) 食管重建术后吻合口狭窄,仅能进流食者；
34) 全胃切除；
35) 胰头、十二指肠切除；
36) 小肠切除 3/4；
37) 小肠切除 2/3,包括回盲部切除；
38) 全结肠、直肠、肛门切除,回肠造瘘；
39) 外伤后肛门排便重度障碍或失禁；
40) 肝切除 2/3；
41) 肝切除 1/2,肝功能轻度损害；
42) 胆道损伤致肝功能中度损害；
43) 甲状旁腺功能重度损害；
44) 肾修补术后,肾功能不全失代偿期；
45) 输尿管修补术后,肾功能不全失代偿期；
46) 永久性膀胱造瘘；
47) 重度排尿障碍；
48) 神经原性膀胱,残余尿≥50mL；
49) 双侧肾上腺缺损；
50) 尘肺贰期；
51) 尘肺壹期伴肺功能中度损伤及（或）中度低氧血症；
52) 尘肺壹期伴活动性肺结核；
53) 病态窦房结综合征（需安装起搏器者）；
54) 放射性损伤致肾上腺皮质功能明显减退；
55) 放射性损伤致免疫功能明显减退。

5.5 五　级

5.5.1 定级原则

器官大部缺损或明显畸形,有较重功能障碍或并发症,存在一般医疗依赖,无生活自理障碍。

5.5.2 五级条款系列

凡符合 5.5.1 或下列条款之一者均为工伤五级。
1) 四肢瘫肌力 4 级；
2) 单肢瘫肌力 3 级；
3) 双手部分肌瘫肌力 3 级；
4) 一手全肌瘫肌力≤2 级；
5) 双足全肌瘫肌力 3 级；
6) 完全运动性失语；
7) 完全性失用、失写、失读、失认等具有一项者；
8) 不完全性失用、失写、失读、失认等具有多项者；
9) 全身瘢痕占体表面积≥50%,并有关节活动功能受限；
10) 面部瘢痕或植皮≥1/3 并有毁容标准中的一项；
11) 脊柱骨折后遗 30°以上侧弯或后凸畸形,伴严重根性神经痛；
12) 一侧前臂缺失；
13) 一手功能完全丧失；
14) 肩、肘关节之一功能完全丧失；
15) 一手拇指缺失,另一手除拇指外三指缺失；
16) 一手拇指功能完全丧失,另一手除拇指外三指功能完全丧失；
17) 双前足缺失或双前足瘢痕畸形,功能完全丧失；
18) 双跟骨足底软组织缺损瘢痕形成,反复破溃；
19) 一髋（或一膝）功能完全丧失；
20) 四肢大关节之一人工关节术后遗留重度功能障碍；
21) 一侧膝以下缺失；
22) 第Ⅲ对脑神经麻痹；
23) 双眼外伤性青光眼术后,需用药物控制眼压者；
24) 一眼有或无光感,另眼矫正视力≤0.3 或视野≤40%（或半径≤25°）；
25) 一眼矫正视力＜0.05,另眼矫正视力≤0.2；
26) 一眼矫正视力＜0.1,另眼矫正视力等于 0.1；
27) 双眼视野≤40%（或半径≤25°）；
28) 双耳听力损失≥81dB；
29) 喉或气管损伤导致一般活动及轻工作时有呼吸困难；
30) 吞咽困难,仅能进半流食；
31) 双侧喉返神经损伤,喉保护功能丧失致饮食呛咳、误吸；
32) 一侧上颌骨缺损＞1/4,但＜1/2,伴软组织损伤＞10cm²,但＜20cm²；
33) 下颌骨缺损长 4cm 以上的区段,伴口腔、颜面软组织损伤＞10cm²；
34) 一侧完全面瘫,另一侧不完全面瘫；
35) 双肺叶切除术；
36) 肺叶切除术并大血管重建术；

37）隆凸切除成形术；
38）食管重建术后吻合口狭窄，仅能进半流食者；
39）食管气管或支气管瘘；
40）食管胸膜瘘；
41）胃切除3/4；
42）小肠切除2/3，包括回肠大部；
43）肛门、直肠、结肠部分切除，结肠造瘘；
44）肝切除1/2；
45）胰切除2/3；
46）甲状腺功能重度损害；
47）一侧肾切除，对侧肾功能不全代偿期；
48）一侧输尿管狭窄，肾功能不全代偿期；
49）尿道瘘不能修复者；
50）两侧睾丸、附睾缺损；
51）放射性损伤致生殖功能重度损伤；
52）阴茎全缺损；
53）双侧卵巢切除；
54）阴道闭锁；
55）会阴部瘢痕挛缩伴有阴道或尿道或肛门狭窄；
56）肺功能中度损伤或中度低氧血症；
57）莫氏Ⅱ型Ⅱ度房室传导阻滞；
58）病态窦房结综合征（不需安起搏器者）；
59）中毒性血液病，血小板减少（$\leq 4 \times 10^{10}/L$）并有出血倾向；
60）中毒性血液病，白细胞含量持续 $< 3 \times 10^9/L$（$< 3 000/mm^3$）或粒细胞含量 $< 1.5 \times 10^9/L$（$1 500/mm^3$）；
61）慢性中度中毒性肝病；
62）肾功能不全失代偿期，内生肌酐清除率持续 $< 50 mL/min$，或血浆肌酐水平持续 $> 177 \mu mol/L$（$2mg/dL$）；
63）放射性损伤致睾丸萎缩；
64）慢性重度磷中毒；
65）重度手臂振动病。

5.6　六　级

5.6.1　定级原则

器官大部缺损或明显畸形，有中等功能障碍或并发症，存在一般医疗依赖，无生活自理障碍。

5.6.2　六级条款系列

凡符合5.6.1或下列条款之一者均为工伤六级。
1）癫痫中度；
2）轻度智能损伤；
3）精神病性症状，经系统治疗1年后仍影响职业劳动能力者；
4）三肢瘫肌力4级；
5）截瘫双下肢肌力4级伴轻度排尿障碍；
6）双手全肌瘫肌力4级；
7）一手全肌瘫肌力3级；
8）双足部分肌瘫肌力≤2级；
9）单足全肌瘫肌力≤2级；
10）轻度非肢体瘫运动障碍；
11）不完全性感觉性失语；
12）面部重度异物色素沉着或脱失；
13）面部瘢痕或植皮≥1/3；
14）全身瘢痕面积≥40%；
15）撕脱伤后头皮缺失1/5以上；
16）一手一拇指完全缺失，连同另一手非拇指二指缺失；
17）一拇指功能完全丧失，另一手除拇指外有二指功能完全丧失；
18）一手三指（含拇指）缺失；
19）除拇指外其余四指缺失或功能完全丧失；
20）一侧踝以下缺失；或踝关节畸形，功能完全丧失；
21）下肢骨折成角畸形>15°，并有肢体短缩4cm以上；
22）一前足缺失，另一足仅残留拇趾；
23）一前足缺失，另一足除拇趾外，2～5趾畸形，功能完全丧失；
24）一足功能完全丧失，另一足部分功能丧失；
25）一髋或一膝关节功能重度障碍；
26）单侧跟骨足底软组织缺损瘢痕形成，反复破溃；
27）一侧眼球摘除；或一侧眼球明显萎缩，无光感；
28）一眼有或无光感，另一眼矫正视力≥0.4；
29）一眼矫正视力≤0.05，另一眼矫正视力≥0.3；
30）一眼矫正视力≤0.1，另一眼矫正视力≥0.2；
31）双眼矫正视力≤0.2，或视野≤48%（或半径≤30°）；
32）第Ⅳ或第Ⅵ对脑神经麻痹，或眼外肌损伤致复视的；
33）双耳听力损失≥71dB；
34）双侧前庭功能丧失，睁眼行走困难，不能并足站立；
35）单侧或双侧颞下颌关节强直，张口困难Ⅲ度；

36）一侧上颌骨缺损 1/4,伴口腔颌面软组织损伤 > 10cm²；

37）面部软组织缺损 > 20cm²,伴发涎瘘；

38）舌缺损 > 舌的 1/3,但 < 舌的 2/3；

39）双侧颧骨并颧弓骨折,伴有开口困难Ⅱ度以上及颜面部畸形经手术复位者；

40）双侧下颌骨髁状突颈部骨折,伴有开口困难Ⅱ度以上及咬合关系改变,经手术治疗者；

41）一侧完全性面瘫；

42）肺叶切除并肺段或楔形切除术；

43）肺叶切除并支气管成形术后；

44）支气管（或气管）胸膜瘘；

45）冠状动脉旁路移植术；

46）大血管重建术；

47）胃切除 2/3；

48）小肠切除 1/2,包括回盲部；

49）肛门外伤后排便轻度障碍或失禁；

50）肝切除 1/3；

51）胆道损伤致肝功能轻度损伤；

52）腹壁缺损面积≥腹壁的 1/4；

53）胰切除 1/2；

54）甲状腺功能中度损害；

55）甲状旁腺功能中度损害；

56）肾损伤性高血压；

57）尿道狭窄经系统治疗 1 年后仍需定期行扩张术；

58）膀胱部分切除合并轻度排尿障碍；

59）两侧睾丸创伤后萎缩,血睾酮低于正常值；

60）放射性损伤致生殖功能轻度损伤；

61）双侧输精管缺损,不能修复；

62）阴茎部分缺损；

63）女性双侧乳房切除或严重瘢痕畸形；

64）子宫切除；

65）双侧输卵管切除；

66）尘肺壹期伴肺功能轻度损伤及（或）轻度低氧血症；

67）放射性肺炎后肺纤维化（< 两叶）,伴肺功能轻度损伤及（或）轻度低氧血症；

68）其他职业性肺部疾患,伴肺功能轻度损伤；

69）白血病完全缓解；

70）中毒性肾病,持续性低分子蛋白尿伴白蛋白尿；

71）中毒性肾病,肾小管浓缩功能减退；

72）放射性损伤致肾上腺皮质功能轻度减退；

73）放射性损伤致甲状腺功能低下；

74）减压性骨坏死Ⅲ期；

75）中度手臂振动病；

76）氟及其无机化合物中毒慢性重度中毒。

5.7 七　　级

5.7.1　定级原则

器官大部缺损或畸形,有轻度功能障碍或并发症,存在一般医疗依赖,无生活自理障碍。

5.7.2　七级条款系列

凡符合 5.7.1 或下列条款之一者均为工伤七级。

1）偏瘫肌力 4 级；

2）截瘫肌力 4 级；

3）单手部分肌瘫肌力 3 级；

4）双足部分肌瘫肌力 3 级；

5）单足全肌瘫肌力 3 级；

6）中毒性周围神经病致深感觉障碍；

7）人格改变或边缘智能,经系统治疗 1 年后仍存在明显社会功能受损者；

8）不完全性运动性失语；

9）不完全性失用、失写、失读和失认等具有一项者；

10）符合重度毁容标准中的两项者；

11）烧伤后颅骨全层缺损≥30cm²,或在硬脑膜上植皮面积≥10cm²；

12）颈部瘢痕挛缩,影响颈部活动；

13）全身瘢痕面积≥30%；

14）面部瘢痕、异物或植皮伴色素改变占面部的 10% 以上；

15）骨盆骨折内固定术后,骨盆环不稳定,骶髂关节分离；

16）一手除拇指外,其他 2～3 指（含食指）近侧指间关节离断；

17）一手除拇指外,其他 2～3 指（含食指）近侧指间关节功能完全丧失；

18）肩、肘关节之一损伤后遗留关节重度功能障碍；

19）一腕关节功能完全丧失；

20）一足 1～5 趾缺失；

21）一前足缺失；

22）四肢大关节之一人工关节术后,基本能生活自理；

23）四肢大关节之一关节内骨折导致创伤性关节

炎,遗留中重度功能障碍;

24)下肢伤后短缩>2cm,但≤4cm者;

25)膝关节韧带损伤术后关节不稳定,伸屈功能正常者;

26)一眼有或无光感,另眼矫正视力≥0.8;

27)一眼有或无光感,另一眼各种客观检查正常;

28)一眼矫正视力≤0.05,另眼矫正视力≥0.6;

29)一眼矫正视力≤0.1,另眼矫正视力≥0.4;

30)双眼矫正视力≤0.3,或视野≤64%(或半径≤40°);

31)单眼外伤性青光眼术后,需用药物控制眼压者;

32)双耳听力损失≥56dB;

33)咽成形术后,咽下运动不正常;

34)牙槽骨损伤长度≥8cm,牙齿脱落10个及以上;

35)单侧颧骨并颧弓骨折,伴有开口困难Ⅱ度以上及颜面部畸形经手术复位者;

36)双侧不完全性面瘫;

37)肺叶切除术;

38)限局性脓胸行部分胸廓成形术;

39)气管部分切除术;

40)食管重建术后伴反流性食管炎;

41)食管外伤或成形术后咽下运动不正常;

42)胃切除1/2;

43)小肠切除1/2;

44)结肠大部分切除;

45)肝切除1/4;

46)胆道损伤,胆肠吻合术后;

47)脾切除;

48)胰切除1/3;

49)女性两侧乳房部分缺损;

50)一侧肾切除;

51)膀胱部分切除;

52)轻度排尿障碍;

53)阴道狭窄;

54)尘肺壹期,肺功能正常;

55)放射性肺炎后肺纤维化(<两叶),肺功能正常;

56)轻度低氧血症;

57)心功能不全一级;

58)再生障碍性贫血完全缓解;

59)白细胞减少症,含量持续<4×10^9/L(4 000/mm³);

60)中性粒细胞减少症,含量持续<2×10^9/L(2 000/mm³);

61)慢性轻度中毒性肝病;

62)肾功能不全代偿期,内生肌酐清除率<70mL/min;

63)三度牙酸蚀病。

5.8 八 级

5.8.1 定级原则

器官部分缺损,形态异常,轻度功能障碍,存在一般医疗依赖,无生活自理障碍。

5.8.2 八级条款系列

凡符合5.8.1或下列条款之一者均为工伤八级。

1)单肢体瘫肌力4级;

2)单手全肌瘫肌力4级;

3)双手部分肌瘫肌力4级;

4)双足部分肌瘫肌力4级;

5)单足部分肌瘫肌力≤3级;

6)脑叶部分切除术后;

7)符合重度毁容标准中的一项者;

8)面部烧伤植皮≥1/5;

9)面部轻度异物沉着或色素脱失;

10)双侧耳廓部分或一侧耳廓大部分缺损;

11)全身瘢痕面积≥20%;

12)一侧或双侧眼睑明显缺损;

13)脊椎压缩性骨折,椎体前缘高度减少1/2以上者或脊椎不稳定性骨折;

14)3个及以上节段脊柱内固定术;

15)一手除拇、食指外,有两指远侧指间关节离断;

16)一手除拇、食指外,有两指近侧指间关节功能完全丧失;

17)一拇指指间关节离断;

18)一拇指指间关节畸形,功能完全丧失;

19)一足拇趾缺损,另一足非拇趾一趾缺损;

20)一足拇趾畸形,功能完全丧失,另一足非拇趾一趾畸形;

21)一足除拇趾外,其他三趾缺失;

22)一足除拇趾外,其他四趾瘢痕畸形,功能完全丧失;

23)因开放骨折感染形成慢性骨髓炎,反复发作者;

24)四肢大关节之一关节内骨折导致创伤性关节炎,遗留轻度功能障碍;

25)急性放射皮肤损伤Ⅳ度及慢性放射性皮肤损伤

手术治疗后影响肢体功能；

26）放射性皮肤溃疡经久不愈者；

27）一眼矫正视力≤0.2,另眼矫正视力≥0.5；

28）双眼矫正视力等于0.4；

29）双眼视野≤80%（或半径≤50°）；

30）一侧或双侧睑外翻或睑闭合不全者；

31）上睑下垂盖及瞳孔1/3者；

32）睑球粘连影响眼球转动者；

33）外伤性青光眼行抗青光眼手术后眼压控制正常者；

34）双耳听力损失≥41dB或一耳≥91dB；

35）喉或气管损伤导致体力劳动时有呼吸困难；

36）喉源性损伤导致发声及言语困难；

37）牙槽骨损伤长度≥6cm,牙齿脱落8个及以上者；

38）舌缺损＜舌的1/3；

39）双侧鼻腔或鼻咽部闭锁；

40）双侧颞下颌关节强直,张口困难Ⅱ度；

41）上、下颌骨骨折,经牵引、固定治疗后有功能障碍者；

42）双侧颧骨并颧弓骨折,无开口困难,颜面部凹陷畸形不明显,不需手术复位；

43）肺段切除术；

44）支气管成形术；

45）双侧≥3根肋骨骨折致胸廓畸形；

46）膈肌破裂修补术后,伴膈神经麻痹；

47）心脏、大血管修补术；

48）心脏异物滞留或异物摘除术；

49）肺功能轻度损伤；

50）食管重建术后,进食正常者；

51）胃部分切除；

52）小肠部分切除；

53）结肠部分切除；

54）肝部分切除；

55）腹壁缺损面积＜腹壁的1/4；

56）脾部分切除；

57）胰部分切除；

58）甲状腺功能轻度损害；

59）甲状旁腺功能轻度损害；

60）尿道修补术；

61）一侧睾丸、附睾切除；

62）一侧输精管缺损,不能修复；

63）脊髓神经周围神经损伤,或盆腔、会阴手术后遗留性功能障碍；

64）一侧肾上腺缺损；

65）单侧输卵管切除；

66）单侧卵巢切除；

67）女性单侧乳房切除或严重瘢痕畸形；

68）其他职业性肺疾患,肺功能正常；

69）中毒性肾病,持续低分子蛋白尿；

70）慢性中度磷中毒；

71）氟及其无机化合物中毒慢性中度中毒；

72）减压性骨坏死Ⅱ期；

73）轻度手臂振动病；

74）二度牙酸蚀。

5.9 九 级

5.9.1 定级原则

器官部分缺损,形态异常,轻度功能障碍,无医疗依赖或者存在一般医疗依赖,无生活自理障碍。

5.9.2 九级条款系列

凡符合5.9.1或下列条款之一者均为工伤九级。

1）癫痫轻度；

2）中毒性周围神经病致浅感觉障碍；

3）脑挫裂伤无功能障碍；

4）开颅手术后无功能障碍；

5）颅内异物无功能障碍；

6）颈部外伤致颈总、颈内动脉狭窄,支架置入或血管搭桥手术后无功能障碍；

7）符合中度毁容标准中的两项或轻度毁容者；

8）发际边缘瘢痕性秃发或其他部位秃发,需戴假发者；

9）全身瘢痕占体表面积≥5%；

10）面部有≥8cm^{2}或3处以上≥1cm^{2}的瘢痕；

11）两个以上横突骨折；

12）脊椎压缩骨折,椎体前缘高度减少小于1/2者；

13）椎间盘髓核切除术后；

14）1~2节脊柱内固定术；

15）一拇指末节部分1/2缺失；

16）一手食指2~3节缺失；

17）一拇指指间关节僵直于功能位；

18）除拇指外,余3~4指末节缺失；

19）一足拇趾末节缺失；

20）除拇趾外其他二趾缺失或瘢痕畸形,功能不全者；
21）跖骨或跗骨骨折影响足弓者；
22）外伤后膝关节半月板切除、髌骨切除、膝关节交叉韧带修补术后；
23）四肢长管状骨骨折内固定或外固定支架术后；
24）髌骨、跟骨、距骨、下颌骨或骨盆骨折内固定术后；
25）第Ⅴ对脑神经眼支麻痹；
26）眶壁骨折致眼球内陷、两眼球突出度相差＞2mm 或错位变形影响外观者；
27）一眼矫正视力≤0.3,另眼矫正视力＞0.6；
28）双眼矫正视力等于0.5；
29）泪器损伤,手术无法改进溢泪者；
30）双耳听力损失≥31dB 或一耳损失≥71dB；
31）喉源性损伤导致发声及言语不畅；
32）铬鼻病有医疗依赖；
33）牙槽骨损伤长度＞4cm,牙脱落4个及以上；
34）上、下颌骨骨折,经牵引、固定治疗后无功能障碍者；
35）一侧下颌骨髁状突颈部骨折；
36）一侧颧骨并颧弓骨折；
37）肺内异物滞留或异物摘除术；
38）限局性脓胸行胸膜剥脱术；
39）胆囊切除；
40）一侧卵巢部分切除；
41）乳腺成形术；
42）胸、腹腔脏器探查术或修补术后。

5.10 十 级

5.10.1 定级原则

器官部分缺损,形态异常,无功能障碍或轻度功能障碍,无医疗依赖或者存在一般医疗依赖,无生活自理障碍。

5.10.2 十级条款系列

凡符合5.10.1或下列条款之一者均为工伤十级。
1）符合中度毁容标准中的一项者；
2）面部有瘢痕,植皮,异物色素沉着或脱失＞2cm²；
3）全身瘢痕面积＜5%,但≥1%；
4）急性外伤导致椎间盘髓核突出,并伴神经刺激征者；
5）一手指除拇指外,任何一指远侧指间关节离断或功能丧失；
6）指端植皮术后(增生性瘢痕1cm²以上)；
7）手背植皮面积＞50cm²,并有明显瘢痕；
8）手掌、足掌植皮面积＞30%者；
9）除拇趾外,任何一趾末节缺失；
10）足背植皮面积＞100cm²；
11）膝关节半月板损伤、膝关节交叉韧带损伤未做手术者；
12）身体各部位骨折愈合后无功能障碍或轻度功能障碍；
13）四肢大关节肌腱及韧带撕裂伤术后遗留轻度功能障碍；
14）一手或两手慢性放射性皮肤损伤Ⅱ度及Ⅱ度以上者；
15）一眼矫正视力≤0.5,另一眼矫正视力≥0.8；
16）双眼矫正视力≤0.8；
17）一侧或双侧睑外翻或睑闭合不全行成形手术后矫正者；
18）上睑下垂盖及瞳孔1/3行成形手术后矫正者；
19）睑球粘连影响眼球转动行成形手术后矫正者；
20）职业性及外伤性白内障术后人工晶状体眼,矫正视力正常者；
21）职业性及外伤性白内障Ⅰ度～Ⅱ度(或轻度、中度),矫正视力正常者；
22）晶状体部分脱位；
23）眶内异物未取出者；
24）眼球内异物未取出者；
25）外伤性瞳孔放大；
26）角巩膜穿通伤治愈者；
27）双耳听力损失≥26 dB,或一耳≥56 dB；
28）双侧前庭功能丧失,闭眼不能并足站立；
29）铬鼻病(无症状者)；
30）嗅觉丧失；
31）牙齿除智齿以外,切牙脱落1个以上或其他牙脱落2个以上；
32）一侧颞下颌关节强直,张口困难Ⅰ度；
33）鼻窦或面颊部有异物未取出；
34）单侧鼻腔或鼻孔闭锁；
35）鼻中隔穿孔；
36）一侧不完全性面瘫；
37）血、气胸行单纯闭式引流术后,胸膜粘连增厚；
38）腹腔脏器挫裂伤保守治疗后；
39）乳腺修补术后；

40) 放射性损伤致免疫功能轻度减退；
41) 慢性轻度磷中毒；
42) 氟及其无机化合物中毒慢性轻度中毒；
43) 井下工人滑囊炎；
44) 减压性骨坏死Ⅰ期；
45) 一度牙酸蚀病；
46) 职业性皮肤病久治不愈。

附 录 A
（规范性附录）
各门类工伤、职业病致残分级判定基准

A.1 神经内科、神经外科、精神科门

A.1.1 智能损伤

A.1.1.1 智能损伤的症状

智能损伤具体症状表现为：
a) 记忆减退，最明显的是学习新事物的能力受损；
b) 以思维和信息处理过程减退为特征的智能损害，如抽象概括能力减退，难以解释成语、谚语，掌握词汇量减少，不能理解抽象意义的词汇，难以概括同类事物的共同特征，或判断力减退；
c) 情感障碍，如抑郁、淡漠，或敌意增加等；
d) 意志减退，如懒散、主动性降低；
e) 其他高级皮层功能受损，如失语、失认、失用，或人格改变等；
f) 无意识障碍。

符合症状标准至少已6个月方可诊断。

A.1.1.2 智能损伤的级别

智能损伤分5级：
a) 极重度智能损伤
1) 记忆损伤，记忆商（MQ）0~19；
2) 智商（IQ）<20；
3) 生活完全不能自理。
b) 重度智能损伤
1) 记忆损伤，MQ20~34；
2) IQ20~34；
3) 生活大部不能自理。
c) 中度智能损伤
1) 记忆损伤，MQ35~49；
2) IQ35~49；

3) 生活能部分自理。
d) 轻度智能损伤
1) 记忆损伤，MQ50~69；
2) IQ50~69；
3) 生活勉强能自理，能做一般简单的非技术性工作。
e) 边缘智能
1) 记忆损伤，MQ70~79；
2) IQ70~79；
3) 生活基本自理，能做一般简单的非技术性工作。

A.1.2 精神障碍

A.1.2.1 精神病性症状

有下列表现之一者：
a) 突出的妄想；
b) 持久或反复出现的幻觉；
c) 病理性思维联想障碍；
d) 紧张综合征，包括紧张性兴奋与紧张性木僵；
e) 情感障碍显著，且妨碍社会功能（包括生活自理功能、社交功能及职业和角色功能）。

A.1.2.2 与工伤、职业病相关的精神障碍的认定

认定需具备以下条件：
a) 精神障碍的发病基础需有工伤、职业病的存在；
b) 精神障碍的起病时间需与工伤、职业病的发生相一致；
c) 精神障碍应随着工伤、职业病的改善和缓解而恢复正常；
d) 无证据提示精神障碍的发病有其他原因（如强阳性家族病史）。

A.1.3 人格改变

个体原来特有的人格模式发生了改变，人格改变需有两种或两种以上的下列特征，至少持续6个月方可诊断：
a) 语速和语流明显改变，如以赘述或粘滞为特征；
b) 目的性活动能力降低，尤以耗时较久才能得到满足的活动更明显；
c) 认知障碍，如偏执观念，过于沉湎于某一主题（如宗教），或单纯以对或错来对他人进行僵化的分类；
d) 情感障碍，如情绪不稳、欣快、肤浅、情感流露不协调、易激惹，或淡漠；
e) 不可抑制的需要和冲动（不顾后果和社会规范要求）。

A.1.4 癫痫的诊断

癫痫诊断的分级包括：

a)轻度:经系统服药治疗方能控制的各种类型癫痫发作者;

b)中度:各种类型的癫痫发作,经系统服药治疗一年后,全身性强直一阵挛发作、单纯或复杂部分发作,伴自动症或精神症状(相当于大发作、精神运动性发作)平均每月1次或1次以下,失神发作和其他类型发作平均每周1次以下;

c)重度:各种类型的癫痫发作,经系统服药治疗一年后,全身性强直一阵挛发作、单纯或复杂部分发作,伴自动症或精神症状(相当于大发作、精神运动性发作)平均每月1次以上,失神发作和其他类型发作平均每周1次以上者。

A.1.5 面神经损伤的评定

面神经损伤分中枢性(核上性)和外周性(核下性)损伤。本标准所涉及的面神经损伤主要指外周性病变。

一侧完全性面神经损伤系指面神经的5个分支支配的全部颜面肌肉瘫痪,表现为:

a)额纹消失,不能皱眉;

b)眼睑不能充分闭合,鼻唇沟变浅;

c)口角下垂,不能示齿、鼓腮、吹口哨,饮食时汤水流溢。

不完全性面神经损伤系指面神经颧枝损伤或下颌枝损伤或颞枝和颊枝损伤者。

A.1.6 运动障碍

A.1.6.1 肢体瘫

肢体瘫痪程度以肌力作为分级标准,具体级别包括:

a)0级:肌肉完全瘫痪,毫无收缩;

b)1级:可看到或触及肌肉轻微收缩,但不能产生动作;

c)2级:肌肉在不受重力影响下,可进行运动,即肢体能在床面上移动,但不能抬高;

d)3级:在和地心引力相反的方向中尚能完成其动作,但不能对抗外加的阻力;

e)4级:能对抗一定的阻力,但较正常人低;

f)5级:正常肌力。

A.1.6.2 非肢体瘫痪的运动障碍

包括肌张力增高、深感觉障碍和(或)小脑性共济失调、不自主运动或震颤等。根据其对生活自理的影响程度划分为轻度、中度、重度:

a)重度:不能自行进食,大小便、洗漱、翻身和穿衣需由他人护理。

b)中度:上述动作困难,但在他人帮助下可以完成。

c)轻度:完成上述运动虽有一些困难,但基本可以自理。

A.2 骨科、整形外科、烧伤科门

A.2.1 颜面毁容

A.2.1.1 重度

面部瘢痕畸形,并有以下六项中任意四项者:

a)眉毛缺失;

b)双睑外翻或缺失;

c)外耳缺失;

d)鼻缺失;

e)上下唇外翻、缺失或小口畸形;

f)颈颏粘连。

A.2.1.2 中度

具有下述六项中三项者:

a)眉毛部分缺失;

b)眼睑外翻或部分缺失;

c)耳廓部分缺失;

d)鼻部分缺失;

e)唇外翻或小口畸形;

f)颈部瘢痕畸形。

A.2.1.3 轻度

含中度畸形六项中两项者。

A.2.2 瘢痕诊断界定

指创面愈合后的增生性瘢痕,不包括皮肤平整、无明显质地改变的萎缩性瘢痕或疤痕。

A.2.3 面部异物色素沉着或脱失

A.2.3.1 轻度

异物色素沉着或脱失超过颜面总面积的1/4。

A.2.3.2 重度

异物色素沉着或脱失超过颜面总面积的1/2。

A.2.4 高位截肢

指肱骨或股骨缺失2/3以上。

A.2.5 关节功能障碍

A.2.5.1 关节功能完全丧失

非功能位关节僵直、固定或关节周围其他原因导致关节连枷状或严重不稳,以致无法完成其功能活动。

A.2.5.2 关节功能重度障碍

关节僵直于功能位,或残留关节活动范围约占正常的三分之一,较难完成原有劳动并对日常生活有明显影响。

A.2.5.3 关节功能中度障碍
残留关节活动范围约占正常的三分之二，能基本完成原有劳动，对日常生活有一定影响。

A.2.5.4 关节功能轻度障碍
残留关节活动范围约占正常的三分之二以上，对日常生活无明显影响。

A.2.6 四肢长管状骨
指肱骨、尺骨、桡骨、股骨、胫骨和腓骨。

A.2.7 脊椎骨折的类型
在评估脊椎损伤严重程度时，应根据暴力损伤机制、临床症状与体征，尤其是神经功能损伤情况以及影像等资料进行客观评估，出现以下情形之一时可判断为脊椎不稳定性骨折：
a) 脊椎有明显骨折移位，椎体前缘高度压缩大于50%，后凸或侧向成角大于30°；
b) 后缘骨折，且有骨块突入椎管内，椎管残留管腔小于40%；
c) 脊椎弓根、关节突、椎板骨折等影像学表现。

上述情形外的其他情形可判断为脊椎稳定性骨折。

A.2.8 放射性皮肤损伤

A.2.8.1 急性放射性皮肤损伤Ⅳ度
初期反应为红斑、麻木、瘙痒、水肿、刺痛，经过数小时至10天假愈期后出现第二次红斑、水疱、坏死、溃疡，所受剂量可能≥20Gy。

A.2.8.2 慢性放射性皮肤损伤Ⅱ度
临床表现为角化过度、皲裂或皮肤萎缩变薄，毛细血管扩张，指甲增厚变形。

A.2.8.3 慢性放射性皮肤损伤Ⅲ度
临床表现为坏死、溃疡，角质突起，指端角化与融合，肌腱挛缩，关节变形及功能障碍（具备其中一项即可）。

A.3 眼科、耳鼻喉科、口腔科门

A.3.1 视力的评定

A.3.1.1 视力检查
按照 GB 11533 的规定检查视力。视力记录可采用5分记录（对数视力表）或小数记录两种方式（详见表A.1）。

表 A.1 小数记录折算5分记录参考表

旧法记录	0（无光感）	1/∞（光感）	0.001（光感）
5分记录	0	1	2

旧法记录,cm（手指/cm）	6	8	10	12	15	20	25	30	35	40	45
5分记录	2.1	2.2	2.3	2.4	2.5	2.6	2.7	2.8	2.85	2.9	2.95
走近距离	50cm	60cm	80cm	1m	1.2m	1.5m	2m	2.5m	3m	3.5m	4m	4.5m
小数记录	0.01	0.012	0.015	0.02	0.025	0.03	0.04	0.05	0.06	0.07	0.08	0.09
5分记录	3.0	3.1	3.2	3.3	3.4	3.5	3.6	3.7	3.8	3.85	3.9	3.95
小数记录	0.1	0.12	0.15	0.2	0.25	0.3	0.4	0.5	0.6	0.7	0.8	0.9
5分记录	4.0	4.1	4.2	4.3	4.4	4.5	4.6	4.7	4.8	4.85	4.9	4.95
小数记录	1.0	1.2	1.5	2.0	2.5	3.0	4.0	5.0	6.0	8.0	10.0	
5分记录	5.0	5.1	5.2	5.3	5.4	5.5	5.6	5.7	5.8	5.9	6.0	

A.3.1.2 盲及低视力分级
盲及低视力分级见表 A.2。

表 A.2 盲及低视力分级

类别	级别	最佳矫正视力
盲	一级盲	<0.02～无光感，或视野半径<5°
	二级盲	<0.05～0.02，或视野半径<10°
低视力	一级低视力	<0.1～0.05
	二级低视力	<0.3～0.1

A.3.2 周边视野
A.3.2.1 视野检查的要求
视野检查的具体要求：
a) 视标颜色：白色；
b) 视标大小：3mm；
c) 检查距离：330mm；
d) 视野背景亮度：31.5asb。

A.3.2.2 视野缩小的计算
视野有效值计算方法为：

$$实测视野有效值 = \frac{8条子午线实测视野值}{500} \times 100\%$$

A.3.3 伪盲鉴定方法
A.3.3.1 单眼全盲检查法
全盲检查方法如下：
a) 视野检查法：在不遮盖眼的情况下，检查健眼的视野，鼻侧视野>60°者，可疑为伪盲。
b) 加镜检查法：将准备好的试镜架上（好眼之前）放一个屈光度为+6.00D的球镜片，在所谓盲眼前放上一个屈光度为+0.25D的球镜片，戴在患者眼前以后，如果仍能看清5m处的远距离视力表时，即为伪盲。或嘱患者两眼注视眼前一点，将一个三棱镜度为6的三棱镜放于所谓盲眼之前，不拘底向外或向内，注意该眼球必向内或向外转动，以避免发生复视。

A.3.3.2 单眼视力减退检查法
视力减退检查方法如下：
a) 加镜检查法：先记录两眼单独视力，然后将平面镜或不影响视力的低度球镜片放于所谓患眼之前，并将一个屈光度为+12.00D的凸球镜片同时放于好眼之前，再检查两眼同时看的视力，如果所得的视力较所谓患眼的单独视力更好时，则可证明患眼为伪装视力减退。
b) 视觉诱发电位（VEP）检查法（略）。

A.3.4 视力减弱补偿率
视力减弱补偿率是眼科致残评级依据之一。从表A.3中提示，如左眼检查视力0.15，右眼检查视力0.3，对照视力减弱补偿率，行是9，列是7，交汇点是38，即视力减弱补偿率为38，对应致残等级是七级。余可类推。

表 A.3 视力减弱补偿率表

左眼		右眼											
		6/6	5/6	6/9	5/9	6/12	6/18	6/24	6/36		6/60	4/60	3/60	
		1~0.9	0.8	0.6	0.6	0.5	0.4	0.3	0.2	0.15	0.1	1/15	1/20	<1/20
6/6	1~0.9	0	0	2	3	4	6	9	12	16	20	23	25	27
5/6	0.8	0	0	3	4	5	7	10	14	18	22	24	26	28
6/9	0.7	2	3	4	5	6	8	12	16	20	24	26	28	30
5/9	0.6	3	4	5	6	7	10	14	19	22	26	29	32	35
6/12	0.5	4	5	6	7	8	12	17	22	25	28	32	36	40
6/18	0.4	6	7	8	10	12	16	20	25	28	31	35	40	45
6/24	0.3	9	10	12	14	17	20	25	33	38	42	45	52	60
6/36	0.2	12	14	16	19	22	25	33	47	55	60	67	75	80
	0.15	16	18	20	22	25	28	38	55	63	70	78	83	83
6/60	0.1	20	22	24	26	28	31	42	60	70	80	85	90	95
4/60	1/15	23	24	26	29	32	35	47	67	78	85	92	95	98
3/60	1/20	25	26	28	32	36	40	52	75	83	90	95	98	100
	<1/20	27	28	30	35	40	45	60	80	88	95	98	100	100

表 A.4　视力减弱补偿率与工伤等级对应表

致残等级	视力减弱补偿率/%
一级	—
二级	—
三级	100
四级	86～99
五级	76～85
六级	41～75
七级	25～40
八级	16～24
九级	8～15
十级	0～7

注1：视力减弱补偿率不能代替《工伤鉴定标准》，只有现条款不能得出确定结论时，才可对照视力减弱补偿率表得出相应的视力减弱补偿率，并给出相对应的致残等级。

注2：视力减弱补偿率及其等级分布不适用于一、二级的评定和眼球摘除者的致残等级。

A.3.5　无晶状体眼的视觉损伤程度评价

因工伤或职业病导致眼晶状体摘除，除了导致视力障碍外，还分别影响到患者视野及立体视觉功能，因此，对无晶状体眼中心视力（矫正后）的有效值的计算要低于正常晶状体眼。计算办法可根据无晶状体眼的只数和无晶状体眼分别进行视力最佳矫正（包括戴眼镜或接触镜和植入人工晶状体）后，与正常晶状体眼，依视力递减受损程度百分比进行比较，来确定无晶状体眼视觉障碍的程度，见表 A.5。

表 A.5　无晶状体眼视觉损伤程度评价参考表

视力	无晶状体眼中心视力有效值百分比/%		
	晶状体眼	单眼无晶状体	双眼无晶状体
1.2	100	50	75
1.0	100	50	75
0.8	95	47	71
0.6	90	45	67
0.5	85	42	64
0.4	75	37	56
0.3	65	32	49

续表

视力	无晶状体眼中心视力有效值百分比/%		
	晶状体眼	单眼无晶状体	双眼无晶状体
0.25	60	30	45
0.20	50	25	37
0.15	40	20	30
0.12	30	—	22
0.1	20	—	—

A.3.6　听力损伤计算法

A.3.6.1　听阈值计算

30岁以上受检者在计算其听阈值时，应从实测值中扣除其年龄修正值（见表 A.6）后，取 GB/T 7582—2004 附录 B 中数值。

表 A.6　纯音气导阈的年龄修正值

年龄/岁	频率/Hz					
	男			女		
	500	1000	2000	500	1000	2000
30	1	1	1	1	1	1
40	2	2	3	2	2	3
50	4	4	7	4	4	6
60	6	7	12	6	7	11
70	10	11	19	10	11	16

A.3.6.2　单耳听力损失计算法

取该耳语频 500Hz、1 000Hz 及 2 000Hz 纯音气导听阈值相加取其均值，若听阈超过 100dB，仍按 100dB 计算。如所得均值不是整数，则小数点后之尾数采用四舍五入法进为整数。

A.3.6.3　双耳听力损失计算法

听力较好一耳的语频纯音气导听阈均值（PTA）乘以4加听力较差耳的均值，其和除以5。如听力较差耳的致聋原因与工伤或职业无关，则不予计入，直接以较好一耳的语频听阈均值为准。在标定听阈均值时，小数点后之尾数采取四舍五入法进为整数。

A.3.7　张口度判定及测量方法

以患者自身的食指、中指、无名指并列垂直置入上、下中切牙切缘间测量。

a）正常张口度：张口时上述三指可垂直置入上、下切牙切缘间（相当于4.5cm左右）。

b) 张口困难Ⅰ度:大张口时,只能垂直置入食指和中指(相当于3cm左右)。

c) 张口困难Ⅱ度:大张口时,只能垂直置入食指(相当于1.7cm左右)。

d) 张口困难Ⅲ度:大张口时,上、下切牙间距小于食指之横径。

e) 完全不能张口。

A.4 普外科、胸外科、泌尿生殖科门

A.4.1 肝功能损害

以血清白蛋白、血清胆红素、腹水、脑病和凝血酶原时间五项指标在肝功能损害中所占积分的多少作为其损害程度的判定(见表A.7)。

表 A.7 肝功能损害的判定

项目	分数		
	1分	2分	3分
血清白蛋白	3.0g/dL ~ 3.5g/dL	2.5g/dL ~ 3.0g/dL	<2.5g/dL
血清胆红素	1.5mg/dL ~ 2.0mg/dL	2.0mg/dL ~ 3.0mg/dL	>3.0mg/dL
腹水	无	少量腹水,易控制	腹水多,难于控制
脑病	无	轻度	重度
凝血酶原时间	延长>3s	延长>6s	延长>9s

肝功能损害级别包括:

a) 肝功能重度损害:10分~15分。

b) 肝功能中度损害:7分~9分。

c) 肝功能轻度损害:5分~6分。

A.4.2 肺、肾、心功能损害

参见 A.5

A.4.3 肾损伤性高血压判定

肾损伤所致高血压系指血压的两项指标(收缩压≥21.3kPa,舒张压≥12.7kPa)只需具备一项即可成立。

A.4.4 甲状腺功能低下分级

A.4.4.1 重度

重度表现为:

a) 临床症状严重;

b) T3、T4 或 FT3、FT4 低于正常值,TSH > 50μU/L。

A.4.4.2 中度

中度表现为:

a) 临床症状较重;

b) T3、T4 或 FT3、FT4 正常,TSH > 50μU/L。

A.4.4.3 轻度

轻度表现为:

a) 临床症状较轻;

b) T3、T4 或 FT3、FT4 正常,TSH 轻度增高但 < 50μU/L。

A.4.5 甲状旁腺功能低下分级

甲状旁腺功能低下分级:

a) 重度:空腹血钙质量浓度 <6mg/dL;

b) 中度:空腹血钙质量浓度 6mg/dL ~ 7mg/dL;

c) 轻度:空腹血钙质量浓度 7mg/dL ~ 8mg/dL。

注:以上分级均需结合临床症状分析。

A.4.6 肛门失禁

A.4.6.1 重度

重度表现为:

a) 大便不能控制;

b) 肛门括约肌收缩力很弱或丧失;

c) 肛门括约肌收缩反射很弱或消失;

d) 直肠内压测定:采用肛门注水法测定时直肠内压应小于 1 961Pa(20cmH$_2$O)。

A.4.6.2 轻度

轻度表现为:

a) 稀便不能控制;

b) 肛门括约肌收缩力较弱;

c) 肛门括约肌收缩反射较弱;

d) 直肠内压测定:采用肛门注水法测定时直肠内压应为 1 961Pa ~ 2 942Pa(20 ~ 30cmH$_2$O)。

A.4.7 排尿障碍

排尿障碍分级:

a) 重度:系出现真性重度尿失禁或尿潴留残余尿体积≥50mL 者。

b) 轻度:系出现真性轻度尿失禁或残余尿体积 < 50mL 者。

A.4.8 生殖功能损害
生殖功能损害分级:
a) 重度:精液中精子缺如。
b) 轻度:精液中精子数 <500 万/mL 或异常精子 >30% 或死精子或运动能力很弱的精子 >30%。

A.4.9 血睾酮正常值
血睾酮正常值为 14.4nmol/L ~ 41.5nmol/L (<60ng/dL)。

A.4.10 左侧肺叶计算
本标准按三叶划分,即顶区、舌叶和下叶。

A.4.11 大血管界定
本标准所称大血管是指主动脉、上腔静脉、下腔静脉、肺动脉和肺静脉。

A.4.12 呼吸困难
参见 A.5.1。

A.5 职业病内科门

A.5.1 呼吸困难及呼吸功能损害

A.5.1.1 呼吸困难分级
Ⅰ级:与同龄健康者在平地一同步行无气短,但登山或上楼时呈现气短。
Ⅱ级:平路步行 1 000m 无气短,但不能与同龄健康者保持同样速度,平路快步行走呈现气短,登山或上楼时气短明显。
Ⅲ级:平路步行 100m 即有气短。
Ⅳ级:稍活动(如穿衣、谈话)即气短。

A.5.1.2 肺功能损伤分级
肺功能损伤分级见表 A.8。

表 A.8 肺功能损伤分级   %

损伤级别	FVC	FEV1	MVV	FEV1/FVC	RV/TLC	DLco
正常	>80	>80	>80	>70	<35	>80
轻度损伤	60~79	60~79	60~79	55~69	36~45	60~79
中度损伤	40~59	40~59	40~59	35~54	46~55	45~59
重度损伤	<40	<40	<40	<35	>55	<45

注:FVC、FEV1、MVV、DLco 为占预计值百分数。

A.5.1.3 低氧血症分级
低氧血症分级如下:
a) 正常:PO_2 为 13.3kPa ~ 10.6kPa (100mmHg ~ 80mmHg);
b) 轻度:PO_2 为 10.5kPa ~ 8.0kPa (79mmHg ~ 60mmHg);
c) 中度:PO_2 为 7.9kPa ~ 5.3kPa (59mmHg ~ 40mmHg);
d) 重度:PO_2 <5.3kPa (<40mmHg)。

A.5.2 活动性肺结核病诊断

A.5.2.1 诊断要点
尘肺合并活动性肺结核,应根据胸部 X 射线片、痰涂片、痰结核杆菌培养和相关临床表现做出判断。

A.5.2.2 涂阳肺结核诊断
符合以下三项之一者:
a) 直接痰涂片镜检抗酸杆菌阳性 2 次;
b) 直接痰涂片镜检抗酸杆菌 1 次阳性,且胸片显示有活动性肺结核病变;
c) 直接痰涂片镜检抗酸杆菌 1 次阳性加结核分枝杆菌培养阳性 1 次。

A.5.2.3 涂阴肺结核的判定
直接痰涂片检查 3 次均阴性者,应从以下几方面进行分析和判断:
a) 有典型肺结核临床症状和胸部 X 线表现;
b) 支气管或肺部组织病理检查证实结核性改变。
此外,结核菌素(PPD 5 IU)皮肤试验反应 ≥15mm 或有丘疹水疱;血清抗结核抗体阳性;痰结核分枝杆菌 PCR 加探针检测阳性以及肺外组织病理检查证实结核病变等可作为参考指标。

A.5.3 心功能不全
心功能不全分级:
a) 一级心功能不全:能胜任一般日常劳动,但稍重体力劳动即有心悸、气急等症状。
b) 二级心功能不全:普通日常活动即有心悸、气急等症状,休息时消失。
c) 三级心功能不全:任何活动均可引起明显心悸、气急等症状,甚至卧床休息仍有症状。

A.5.4 中毒性肾病

A.5.4.1 特征性表现

肾小管功能障碍为中毒性肾病的特征性表现。

A.5.4.2 轻度中毒性肾病

轻度表现为:

a)近曲小管损伤:尿 β_2 微球蛋白持续 >1 000μg/g 肌酐,可见葡萄糖尿和氨基酸尿,尿钠排出增加,临床症状不明显;

b)远曲小管损伤:肾脏浓缩功能降低,尿液稀释(尿渗透压持续 <350mOsm/kgH$_2$O),尿液碱化(尿液 pH 持续 >6.2)。

A.5.4.3 重度中毒性肾病

除上述表现外,尚可波及肾小球,引起白蛋白尿(持续 >150mg/24h),甚至肾功能不全。

A.5.5 肾功能不全

肾功能不全分级:

a)肾功能不全尿毒症期:内生肌酐清除率 <25mL/min,血肌酐浓度为 450μmol/L～707μmol/L(5mg/dL～8mg/dL),血尿素氮浓度 >21.4mmol/L(60mg/dL),常伴有酸中毒及严重尿毒症临床症象。

b)肾功能不全失代偿期:内生肌酐清除率 25mL/min～49mL/min,血肌酐浓度 >177μmol/L(2mg/dL),但 <450μmol/L(5mg/dL),无明显临床症状,可有轻度贫血、夜尿、多尿。

c)肾功能不全代偿期:内生肌酐清除率降低至正常的 50%(50mL/min～70mL/min),血肌酐及血尿素氮水平正常,通常无明显临床症状。

A.5.6 中毒性血液病诊断分级

A.5.6.1 重型再生障碍性贫血

重型再生障碍性贫血指急性再生障碍性贫血及慢性再生障碍性贫血病情恶化期,具有以下表现:

a)临床:发病急,贫血呈进行性加剧,常伴严重感染、内脏出血;

b)血象:除血红蛋白下降较快外,须具备下列三项中的两项:

1)网织红细胞 <1%,含量 <15×10^9/L;

2)白细胞明显减少,中性粒细胞绝对值 <0.5×10^9/L;

3)血小板 <20×10^9/L。

c)骨髓象:

1)多部位增生减低,三系造血细胞明显减少,非造血细胞增多。如增生活跃须有淋巴细胞增多;

2)骨髓小粒中非造血细胞及脂肪细胞增多。

A.5.6.2 慢性再生障碍性贫血

慢性再生障碍性贫血病情恶化期:

a)临床:发病慢,贫血、感染、出血均较轻;

b)血象:血红蛋白下降速度较慢,网织红细胞、白细胞、中性粒细胞及血小板值常较急性再生障碍性贫血为高;

c)骨髓象:

1)三系或二系减少,至少 1 个部位增生不良,如增生良好,红系中常有晚幼红(炭核)比例增多,巨核细胞明显减少;

2)骨髓小粒中非造血细胞及脂肪细胞增多。

A.5.6.3 骨髓增生异常综合征

须具备以下条件:

a)骨髓至少两系呈病态造血;

b)外周血一系、二系或全血细胞减少,偶可见白细胞增多,可见有核红细胞或巨大红细胞或其他病态造血现象;

c)除外其他引起病态造血的疾病。

A.5.6.4 贫血

重度贫血:血红蛋白含量(Hb)<60g/L,红细胞含量(RBC)<2.5×10^{12}/L;

轻度贫血:成年男性 Hb<120g/L,RBC<4.5×10^{12}/L 及红细胞比积(HCT)<0.42,成年女性 Hb<11g/L,RBC<4.0×10^{12}/L 及 HCT<0.37。

A.5.6.5 粒细胞缺乏症

外周血中性粒细胞含量低于 0.5×10^9/L。

A.5.6.6 中性粒细胞减少症

外周血中性粒细胞含量低于 2.0×10^9/L。

A.5.6.7 白细胞减少症

外周血白细胞含量低于 4.0×10^9/L。

A.5.6.8 血小板减少症

外周血液血小板计数 <8×10^{10}/L,称血小板减少症;当 <4×10^{10}/L 以下时,则有出血危险。

A.5.7 再生障碍性贫血完全缓解

贫血和出血症状消失,血红蛋白含量:男不低于 120g/L,女不低于 100g/L;白细胞含量 4×10^9/L 左右;血小板含量达 8×10^{10}/L;3 个月内不输血,随访 1 年以上无复发者。

A.5.8 急性白血病完全缓解

症状完全缓解表现为:

a) 骨髓象：原粒细胞Ⅰ型+Ⅱ型（原单+幼稚单核细胞或原淋+幼稚淋巴细胞）≤5%，红细胞及巨核细胞系正常；

M2b型：原粒Ⅰ型+Ⅱ型≤5%，中性中幼粒细胞比例在正常范围。

M3型：原粒+早幼粒≤5%。

M4型：原粒Ⅰ、Ⅱ型+原红及幼单细胞≤5%。

M6型：原粒Ⅰ、Ⅱ型≤5%，原红+幼红以及红细胞比例基本正常。

M7型：粒、红二系比例正常，原巨+幼稚巨核细胞基本消失。

b) 血象：男 Hb 含量≥100g/L 或女 Hb 含量≥90g/L；中性粒细胞含量≥1.5×10^9/L；血小板含量≥10×10^{10}/L；外周血分类无白血病细胞。

c) 临床无白血病浸润所致的症状和体征，生活正常或接近正常。

A.5.9 慢性粒细胞白血病完全缓解

症状完全缓解表现为：

a) 临床：无贫血、出血、感染及白血病细胞浸润表现；

b) 血象：Hb 含量 >100g/L，白细胞总数（WBC）<10×10^9/L，分类无幼稚细胞，血小板含量10×10^{10}/L～40×10^{10}/L；

c) 骨髓象：正常。

A.5.10 慢性淋巴细胞白血病完全缓解

外周血白细胞含量≤10×10^9/L，淋巴细胞比例正常（或<40%），骨髓淋巴细胞比例正常（或<30%）临床症状消失，受累淋巴结和肝脾回缩至正常。

A.5.11 慢性中毒性肝病诊断分级

A.5.11.1 慢性轻度中毒性肝病

出现乏力、食欲减退、恶心、上腹饱胀或肝区疼痛等症状，肝脏肿大，质软或柔韧，有压痛；常规肝功能试验或复筛肝功能试验异常。

A.5.11.2 慢性中度中毒性肝病

有下述表现者：

a) A.5.11.1 所述症状较严重，肝脏有逐步缓慢性肿大或质地有变硬趋向，伴有明显压痛。

b) 乏力及胃肠道症状较明显，血清转氨酶活性、γ-谷氨酰转肽酶或γ-球蛋白等反复异常或持续升高。

c) 具有慢性轻度中毒性肝病的临床表现，伴有脾脏肿大。

A.5.11.3 慢性重度中毒性肝病

有下述表现之一者：

a) 肝硬化；

b) 伴有较明显的肾脏损害；

c) 在慢性中度中毒性肝病的基础上，出现白蛋白持续降低及凝血机制紊乱。

A.5.12 慢性肾上腺皮质功能减退

A.5.12.1 功能明显减退

有下述表现：

a) 乏力，消瘦，皮肤、黏膜色素沉着，白癜，血压降低，食欲不振；

b) 24h 尿中 17-羟类固醇 <4mg，17-酮类固醇 <10mg；

c) 血浆皮质醇含量：早上8时，<9mg/100mL，下午4时，<3mg/100mL；

d) 尿中皮质醇 <5mg/24h。

A.5.12.2 功能轻度减退

功能轻度减退表现为：

a) 具有 A.5.12.1 b)、c) 两项症状；

b) 无典型临床症状。

A.5.13 免疫功能减低

A.5.13.1 功能明显减低

具体表现为：

a) 易于感染，全身抵抗力下降；

b) 体液免疫（各类免疫球蛋白）及细胞免疫（淋巴细胞亚群测定及周围血白细胞总数和分类）功能减退。

A.5.13.2 功能轻度减低

具体表现为：

a) 具有 A.5.13.1 b) 项症状；

b) 无典型临床症状。

A.6 非职业病内科疾病的评残

由职业因素所致内科以外的，且属于国家卫生计生委等四部委联合颁布的职业病分类和目录中的病伤，在经治疗于停工留薪期满时其致残等级皆根据 4.5 中相应的残情进行鉴定，其中因职业肿瘤手术所致的残情，参照主要受损器官的相应条目进行评定。

A.7 系统治疗的界定

本标准中所指的"系统治疗"是指经住院治疗，或每月平均一次到医院门诊治疗并坚持服药或其他专科治疗等。

A.8 等级相应原则

在实际应用中，如果仍有某些损伤类型未在本标准中提及者，可按其对劳动、生活能力影响程度列入相应等级。

附 录 B
（资料性附录）
正确使用本标准的说明

B.1 神经内科、神经外科、精神科门

B.1.1 意识障碍是急性器质性脑功能障碍的临床表现。如持续性植物状态、去皮层状态、动作不能性缄默等常常长期存在，久治不愈。遇到这类意识障碍，因患者生活完全不能自理，一切需别人照料，应评为最重级。

反复发作性的意识障碍，作为癫痫的一组症状或癫痫发作的一种形式时，不单独评定其致残等级。

B.1.2 精神分裂症和躁郁症均为内源性精神病，发病主要取决于病人自身的生物学素质。在工伤或职业病过程中伴发的内源性精神病不应与工伤或职业病直接所致的精神性疾病相混淆。精神分裂症和躁郁症不属于工伤或职业病性精神病。

B.1.3 智能损伤说明：
a) 智能损伤的总体严重性以记忆或智能损伤程度予以考虑，按"就重原则"其中哪项重，就以哪项表示；
b) 记忆商（MQ）、智商（IQ）的测查结果仅供参考，鉴定时需结合病理基础、日常就诊记录等多方综合评判。

B.1.4 神经心理学障碍指局灶性皮层功能障碍，内容包括失语、失用、失写、失读、失认等。临床上以失语为最常见，其他较少单独出现。

B.1.5 鉴于手、足部肌肉由多条神经支配，可出现完全瘫，亦可表现不完全瘫，在评定手、足瘫致残程度时，应区分完全性瘫与不完全性瘫，再根据肌力分级判定基准，对肢体瘫痪致残程度详细分级。

B.1.6 神经系统多部位损伤或合并其他器官的伤残时，其致残程度的鉴定依照本标准第4章的有关规定处理。

B.1.7 癫痫是一种以反复发作性抽搐或以感觉、行为、意识等发作性障碍为特征的临床症候群，属于慢性病之一。因为它的临床体征较少，若无明显颅脑器质性损害则难于定性。为了科学、合理地进行劳动能力鉴定，在进行致残程度评定时，应根据以下信息资料综合评判：
a) 工伤和职业病所致癫痫的诊断前应有严重颅脑外伤或中毒性脑病的病史；
b) 一年来系统治疗病历资料；
c) 脑电图资料；
d) 其他有效资料，如血药浓度测定。

B.1.8 各种颅脑损伤出现功能障碍参照有关功能障碍评级。

B.1.9 为便于分类分级，将运动障碍按损伤部位不同分为脑、脊髓、周围神经损伤三类。鉴定中首先分清损伤部位，再给予评级。

B.1.10 考虑到颅骨缺损多可修补后按开颅术定级，且颅骨缺损的大小与功能障碍程度无必然联系，故不再以颅骨缺损大小作为评级标准。

B.1.11 脑挫裂伤应具有相应病史、临床治疗经过，经CT及（或）MRI等辅助检查证实有脑实质损害征象。

B.1.12 开颅手术包括开颅探查、去骨瓣减压术、颅骨整复、各种颅内血肿清除、慢性硬膜下血肿引流、脑室外引流、脑室-腹腔分流等。

B.1.13 脑脊液漏手术修补成功无功能障碍按开颅手术定级；脑脊液漏伴颅底骨缺损反复修补失败或无法修补者定为四级。

B.1.14 中毒性周围神经病表现为四肢对称性感觉减退或消失，肌力减退，肌肉萎缩，四肢腱反射（特别是跟腱反射）减退或消失。神经肌电图显示神经源性损害。如仅表现以感觉障碍为主的周围神经病，有深感觉障碍的定为七级，只有浅感觉障碍的定为九级，出现运动障碍者可参见神经科部分"运动障碍"定级。

外伤或职业中毒引起的周围神经损害，如出现肌萎缩者，可按肌力予以定级。

B.1.15 外伤或职业中毒引起的同向偏盲或象限性偏盲，其视野缺损程度可参见眼科标准予以定级。

B.2 骨科、整形外科、烧伤科门

B.2.1 本标准只适用于因工负伤或职业病所致脊柱、四肢损伤的致残程度鉴定之用，其他先天畸形，或随年龄增长出现的退行性改变，如骨性关节炎等，不适用本标准。

B.2.2 有关节内骨折史的骨性关节炎或创伤后关节骨坏死，按该关节功能损害程度，列入相应评残等级处理。

B.2.3 创伤性滑膜炎，滑膜切除术后留有关节功能损害或人工关节术后残留有功能不全者，按关节功能损害程度，列入相应等级处理。

B.2.4 脊柱骨折合并有神经系统症状，骨折治疗后仍残留不同程度的脊髓和神经功能障碍者，参照4.5相应条款进行处理。

B.2.5 外伤后（一周内）发生的椎间盘突出症，经

人力资源与社会保障部门认定为工伤的,按本标准相应条款进行伤残等级评定,若手术后残留有神经系统症状者,参照4.5相应条款进行处理。

B.2.6 职业性损害如氟中毒或减压病等所致骨与关节损害,按损害部位功能障碍情况列入相应评残等级处理。

B.2.7 神经根性疼痛的诊断需根据临床症状,同时结合必要的相关检查综合评判。

B.2.8 烧伤面积、深度不作为评残标准,需等治疗停工留薪期满后,依据造成的功能障碍程度、颜面瘢痕畸形程度和瘢痕面积(包括供皮区明显瘢痕)大小进行评级。

B.2.9 面部异物色素沉着是指由于工伤如爆炸伤所致颜面部各种异物(包括石子、铁粒等)的存留,或经取异物后仍有不同程度的色素沉着。但临床上很难对面部异物色素沉着量及面积做出准确的划分,考虑到实际工作中可能遇见多种复杂情况,故本标准将面部异物色素沉着分为轻度及重度两个级别,分别以超过颜面总面积的1/4及1/2作为判定轻、重的基准。

B.2.10 以外伤为主导诱因引发的急性腰椎间盘突出症,应按下列要求确定诊断:
a) 急性外伤史并发坐骨神经刺激征;
b) 有早期MRI(一个月内)影像学依据提示为急性损伤;
c) 无法提供早期MRI资料的,仅提供早期CT依据者应继续3~6个月治疗与观察后申请鉴定,鉴定时根据遗留症状与体征,如相应受损神经支配肌肉萎缩、肌力减退、异常神经反射等损害程度作出等级评定。

B.2.11 膝关节损伤的诊断应从以下几方面考虑:明确的外伤史;相应的体征;结合影像学资料。如果还不能确诊者,可行关节镜检查确定。

B.2.12 手、足功能缺损评估参考图表

考虑到手、足外伤复杂多样性,在现标准没有可对应条款情况下,可参照图B.1、图B.2,表B.1和表B.2定级。

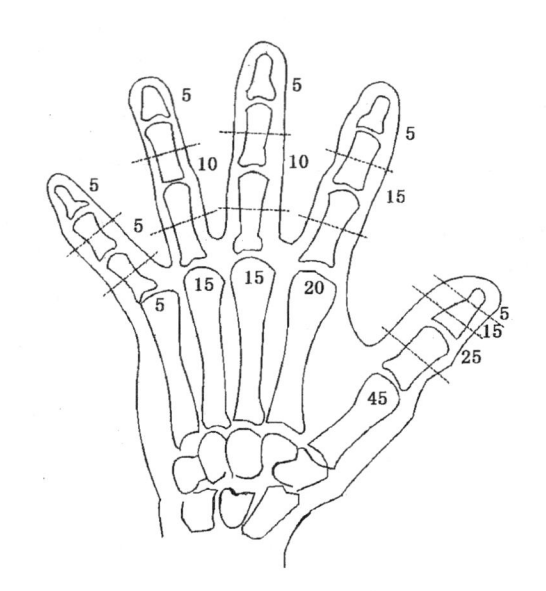

图B.1 手功能缺损评估参考图

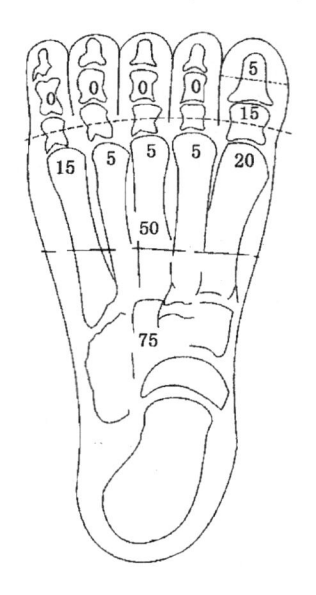

图B.2 足功能缺损评估参考图

表 B.1 手、足功能缺损分值定级区间参考表(仅用于单肢体)

级别	分值
一级	—
二级	—
三级	—
四级	—

续表

级别	分值
五级	81 分 ~ 100 分
六级	51 分 ~ 80 分
七级	31 分 ~ 50 分
八级	21 分 ~ 30 分
九级	11 分 ~ 20 分
十级	≤10 分

表 B.2　手、腕部功能障碍评估参考表

受累部位		功能障碍程度与分值定级		
		僵直于非功能位	僵直于功能位或<1/2 关节活动度	轻度功能障碍或>1/2 关节活动度
拇指	第一掌腕/掌指/指间关节均受累	40	25	15
	掌指、间关节同时受累	30	20	10
	掌指、间单一关节受累	20	15	5
食指	掌指、间关节均受累	20	15	5
	掌指或近侧指间关节受累	15	10	0
	远侧指间关节受累	5	5	0
中指	掌指、间关节均受累	15	5	5
	掌指或近侧指间关节受累	10	5	0
	远侧指间关节受累	5	0	0
环指	掌指、间关节均受累	10	5	5
	掌指或近侧指间关节受累	5	5	0
	远侧指间关节受累	5	0	0
小指	掌指、间关节均受累	5	5	0
	掌指或近侧指间关节受累	5	5	0
	远侧指间关节受累	0	0	0
腕关节	手功能大部分丧失时的腕关节受累	10	5	0
	单纯腕关节受累	40	30	20

B.3　眼科、耳鼻喉科、口腔科门

B.3.1　非工伤和非职业性五官科疾病如夜盲、立体盲、耳硬化症等不适用本标准。

B.3.2　职工工伤与职业病所致视觉损伤不仅仅是眼的损伤或破坏,重要的是涉及视功能的障碍以及有关的解剖结构和功能的损伤如眼睑等。因此,视觉损伤的鉴定包括：

a)眼睑、眼球及眼眶等的解剖结构和功能损伤或破坏程度的鉴定；

b)视功能(视敏锐度、视野和立体视觉等)障碍程度的鉴定。

B.3.3　眼伤残鉴定标准主要的鉴定依据为眼球或视神经器质性损伤所致的视力、视野、立体视功能障碍及其他解剖结构和功能的损伤或破坏。其中视力残疾主要参照了盲及低视力分级标准和视力减弱补偿率视力损伤百分计算办法。"一级"划线的最低限为双眼无光感或仅有光感但光定位不准；"二级"等于"盲"标准的一级盲；"三级"等于或相当于二级盲；"四级"相当于一级低视力；"五级"相当于二级低视力,"六级 ~ 十级"则分别相当于视力障碍的 0.2 ~ 0.8。

B.3.4　周边视野损伤程度鉴定以实际测得的 8 条子午线视野值的总和,计算平均值即有效视野值。当视野检查结果与眼部客观检查不符时,可用 Humphrey 视野或 Octopus 视野检查。

B.3.5　中心视野缺损目前尚无客观的计量办法,评残时可根据视力受损程度确定其相应级别。

B.3.6　无晶状体眼视觉损伤程度评价参见表 A.5。在确定无晶状体眼中心视力的实际有效值之后,分别套入本标准的实际级别。

B.3.7　中央视力及视野（周边视力）的改变，均需有相应的眼组织器质性改变来解释，如不能解释则要根据视觉诱发电位及多焦视网膜电流图检查结果定级。

B.3.8　伪盲鉴定参见 A.3.3。视觉诱发电位等的检查可作为临床鉴定伪盲的主要手段。如一眼有或无光感，另眼眼组织无器质性病变，并经视觉诱发电位及多焦视网膜电流图检查结果正常者，应考虑另眼为伪盲眼。也可采用其他行之有效的办法包括社会调查、家庭采访等。

B.3.9　睑球粘连严重、同时有角膜损伤者按中央视力定级。

B.3.10　职业性眼病（包括白内障、电光性眼炎、二硫化碳中毒、化学性眼灼伤）的诊断可分别参见 GBZ 35、GBZ 9、GBZ 4、GBZ 45、GBZ 54。

B.3.11　职业性及外伤性白内障视力障碍程度较本标准所规定之级别重者（即视力低于标准 9 级和 10 级之 0.5～0.8），则按视力减退情况分别套入不同级别。白内障术后评残办法参见 A.3.5。如果术前已经评残者，术后应根据矫正视力情况，并参照 A.3.5 无晶状体眼视觉损伤程度评价重新评残。

外伤性白内障未做手术者根据中央视力定级；白内障摘除人工晶状体植入术后谓人工晶状体眼，人工晶状体眼根据中央视力定级。白内障摘除未能植入人工晶状体者，谓无晶状体眼，根据其矫正视力并参见 B.3.6 的要求定级。

B.3.12　泪器损伤指泪道（包括泪小点、泪小管、泪囊、鼻泪管等）及泪腺的损伤。

B.3.13　有明确的外眼或内眼组织结构的破坏，而视功能检查好于本标准第十级（即双眼视力≤0.8）者，可视为十级。

B.3.14　本标准没有对光觉障碍（暗适应）作出规定，如果临床上确有因工或职业病所致明显暗适应功能减退者，应根据实际情况，做出适当的判定。

B.3.15　一眼受伤后健眼发生交感性眼炎者无论伤后何时都可以申请定级。

B.3.16　本标准中的双眼无光感、双眼矫正视力或双眼视野，其"双眼"为临床习惯称谓，实际工作（包括评残）中是以各眼检查或矫正结果为准。

B.3.17　听功能障碍包括长期暴露于生产噪声所致的职业性噪声聋，压力波、冲击波造成的爆震聋，其诊断分别见 GBZ 49、GBZ/T 238。此外，颅脑外伤所致的颞骨骨折、内耳震荡、耳蜗神经挫伤等产生的耳聋及中、外耳伤后遗的鼓膜穿孔、鼓室瘢痕粘连，外耳道闭锁等也可引起听觉损害。

B.3.18　听阈测定的设备和方法必须符合国家标准：GB/T 7341、GB 4854、GB/T 7583。

B.3.19　纯音电测听重度、极重度听功能障碍时，应同时加测听觉脑干诱发电位（A.B.R）。

B.3.20　耳廓、外鼻完全或部分缺损，可参照整形科"头面部毁容"。

B.3.21　耳科平衡功能障碍指前庭功能丧失而平衡功能代偿不全者。因肌肉、关节或其他神经损害引起的平衡障碍，按有关学科残情定级。

B.3.22　如职工因与工伤或职业有关的因素诱发功能性视力障碍和耳聋，应用相应的特殊检查法明确诊断，在其器质性视力和听力减退确定以前暂不评残。伪聋，也应先予排除，然后评残。

B.3.23　喉原性呼吸困难系指声门下区以上呼吸道的阻塞性疾患引起者。由胸外科、内科病所致的呼吸困难参见 A.5.1。

B.3.24　发声及言语困难系指喉外伤后致结构改变，虽呼吸通道无障碍，但有明显发声困难及言语表达障碍；轻者则为发声及言语不畅。

发声障碍系指声带麻痹或声带的缺损、小结等器质性损害致不能胜任原来的嗓音职业工作者。

B.3.25　职业性铬鼻病、氟及其无机化合物中毒、减压病、尘肺病、职业性肿瘤、慢性砷中毒、磷中毒、手臂振动病、牙酸蚀病以及井下工人滑囊炎等的诊断分别参见 GBZ 12、GBZ 5、GBZ 24、GBZ 70、GBZ 94、GBZ 83、GBZ 81、GBZ 7、GBZ 61、GBZ 82。

B.3.26　颞下颌关节强直，临床上分两类：一为关节内强直，一为关节外强直（颌间挛缩）。本标准中颞下颌关节强直即包括此两类。

B.3.27　本标准将舌划分为三等份即按舌尖、舌体和舌根计算损伤程度。

B.3.28　头面部毁容参见 A.2.1。

B.4　普外科、胸外科、泌尿生殖科门

B.4.1　器官缺损伴功能障碍者，在评残时一般应比器官完整伴功能障碍者级别高。

B.4.2　生殖器官缺损不能修复，导致未育者终生不能生育的，应在原级别基础上上升一级。

B.4.3 多器官损害的评级标准依照本标准第4章制定的有关规定处理。

B.4.4 任何并发症的诊断都要有影像学和实验室检查的依据,主诉和体征供参考。

B.4.5 评定任何一个器官的致残标准,都要有原始病历记录,其中包括病历记录、手术记录、病理报告等。

B.4.6 甲状腺损伤若伴有喉上神经和喉返神经损伤致声音嘶哑、呼吸困难或呛咳者,判定级别标准参照耳鼻喉科部分。

B.4.7 阴茎缺损指阴茎全切除或部分切除并功能障碍者。

B.4.8 心脏及大血管的各种损伤其致残程度的分级,均按停工留薪(或治疗)期满后的功能不全程度分级。

B.4.9 胸部(胸壁、气管、支气管、肺)各器官损伤的致残分级除按表C.4中列入各项外,其他可按治疗期结束后的肺功能损害和呼吸困难程度分级。

B.4.10 肝、脾、胰等挫裂伤,有明显外伤史并有影像学诊断依据者,保守治疗后可定为十级。

B.4.11 普外科开腹探查术后或任何开腹手术后发生粘连性肠梗阻,且反复发作,有明确影像学诊断依据,应在原级别基础上上升一级。

B.5 职业病内科门

B.5.1 本标准适用于确诊患有国家卫生计生委等四部委联合颁布的职业病分类和目录中的各种职业病所致肺脏、心脏、肝脏、血液或肾脏损害经治疗停工留薪期满时需评定致残程度者。

B.5.2 心律失常(包括传导阻滞)与心功能不全往往有联系,但两者的严重程度可不平衡,心律失常者,不一定有心功能不全或劳动能力减退,评残时应按实际情况定级。

B.5.3 本标准所列各类血液病、内分泌及免疫功能低下及慢性中毒性肝病等,病情常有变化,对已进行过评残,经继续治疗后残情发生变化者应按国家社会保险法规的要求,对残情重新进行评级。

B.5.4 肝功能的测定包括:
常规肝功能试验:包括血清丙氨酸氨基转换酶(ALT即GPT)、血清胆汁酸等。
复筛肝功能试验:包括血清蛋白电泳、总蛋白及白蛋白、球蛋白、血清天门冬氨酸氨基转移酶(AST即GOT)、血清谷氨酰转肽酶(γ-GT)、转铁蛋白或单胺氧化酶测定等,可根据临床具体情况选用。

静脉色氨酸耐量试验(ITTT),吲哚氰绿滞留试验(IGG)是敏感性和特异性都较好的肝功能试验,有条件可作为复筛指标。

B.5.5 职业性肺部疾患主要包括尘肺(参见GBZ 70)、职业性哮喘(参见GBZ 57)、过敏性肺炎(参见GBZ 60)等,在评定残情分级时,除尘肺在分级表中明确注明外,其他肺部疾病可分别参照相应的国家诊断标准,以呼吸功能损害程度定级。

B.5.6 对职业病患者进行肺部损害鉴定的要求:
a) 须持有职业病诊断证明书;
b) 须有近期胸部X线平片;
c) 须有肺功能测定结果及(或)血气测定结果。

B.5.7 肺功能测定时注意的事项:
a) 肺功能仪应在校对后使用;
b) 对测定对象,测定肺功能前应进行训练;
c) FVC、FEV1至少测定两次,两次结果相差不得超过5%;
d) 肺功能的正常预计值公式宜采用各实验室的公式作为预计正常值。

B.5.8 鉴于职业性哮喘在发作或缓解期所测得的肺功能不能正确评价哮喘病人的致残程度,可以其发作频度和影响工作的程度进行评价。

B.5.9 在判定呼吸困难有困难时或呼吸困难分级与肺功能测定结果有矛盾时,应以肺功能测定结果作为致残分级标准的依据。

B.5.10 石棉肺是尘肺的一种,本标准未单独列出,在评定致残分级时,可根据石棉肺(参见GBZ 70)的诊断,主要结合肺功能损伤情况进行评定。

B.5.11 放射性疾病包括外照射急性放射病,外照射慢性放射病,放射性皮肤病、放射性白内障、内照射放射病、放射性甲状腺疾病、放射性性腺疾病、放射性膀胱疾病、急性放射性肺炎及放射性肿瘤,临床诊断及处理可参照GBZ 104、GBZ 105、GBZ 106、GBZ 95、GBZ 96、GBZ 101、GBZ 107、GBZ 109、GBZ 110、GBZ 94、GBZ 97。放射性白内障可参照眼科评残处理办法,其他有关放射性损伤评残可参照相应条目进行处理。

B.5.12 本标准中有关慢性肾上腺皮质功能减低、免疫功能减低及血小板减少症均指由于放射性损伤所致,不适用于其他非放射性损伤的评残。

附录 C
（规范性附录）

职工工伤 职业病致残等级分级表

按门类对工伤进行分级，具体见表 C.1、表 C.2、表 C.3 和表 C.4。

表 C.1 神经内科、神经外科、精神科门

伤残类别	一	二	三	四	五	六	七	八	九	十
智能损伤	极重度	重度		中度		轻度				
精神症状			1.精神病性症状，经系统治疗1年后仍表现为危险或冲动行为者。2.精神病性症状，经系统治疗1年后仍缺乏生活自理能力者	精神病性症状，经系统治疗1年后仍缺乏社交能力者			人格改变或智能缓慢减退，经系统治疗1年后仍存在明显社会功能受损者			
癫痫				重度		中度			轻度	
运动障碍脑损伤	四肢瘫肌力≤3级或三肢瘫肌力≤2级	1.三肢瘫肌力3级。2.偏瘫肌力≤2级	偏瘫肌力3级	单肢瘫肌力2级	1.四肢瘫肌力4级。2.单肢瘫肌力3级	三肢瘫肌力4级	偏瘫肌力4级	单肢体瘫肌力4级		
脊髓损伤		截瘫肌力≤2级	截瘫肌力3级			截瘫双下肢肌力4级伴轻度排尿障碍	截瘫肌力4级			
周围神经损伤		双手全肌瘫肌力≤2级	双足全肌瘫肌力≤2级	双手部分肌瘫肌力≤2级	1.双手全肌瘫肌力4级。2.一手全肌瘫肌力3级。3.双足全肌瘫肌力3级	1.双手部分肌瘫肌力4级。2.一手全肌瘫肌力3级。3.双足全肌瘫肌力≤2级	1.单手部分肌瘫肌力3级。2.双足部分肌瘫肌力3级。3.单足全肌瘫肌力3级。4.中毒性周围神经病致深感觉障碍	1.单手全肌瘫肌力4级。2.双手部分肌瘫肌力4级。3.双足部分肌瘫肌力4级。4.单足部分肌瘫肌力≤3级	中毒性周围神经病致浅感觉障碍	

表 C.1（续）

伤残类别	分级 一	二	三	四	五	六	七	八	九	十
非肢体瘫运动功能障碍	重度		中度			轻度				
特殊皮层功能障碍 1.失语。2.失用、失写、失读、失认等		完全感觉性或混合性	两项及两项以上完全性		完全运动性。1.单项完全性。2.多项不完全性	不完全感觉性	不完全运动性单项不完全			
颅脑损伤				脑脊液漏伴有颅底骨缺损修复能力反复失败				脑叶部分切除术后	1.脑挫裂伤无功能障碍。2.开颅术后无功能障碍。3.颅内异物无功能障碍。4.外伤致颈总或颈内动脉狭窄，支架桥人或血管搭术后无功能障碍	

表 C.2 骨科、整形外科、烧伤科门

伤残类别	分级 一	二	三	四	五	六	七	八	九	十
头面部毁损	1.面部重度毁容，同时伴有表C.2中二级伤残之一者。2.全身重度瘢痕形成，占体表面积≥90%，伴有四肢大关节活动功能基本丧失	1.全面部瘢痕或植皮伴有中度毁容。2.全身重度瘢痕形成，瘢痕面积占体表面积≥80%，伴有四肢大关节中3个以上关节功能受限	1.面部瘢痕或植皮≥2/3并有中度毁容。2.全身重度瘢痕形成，瘢痕面积占体表面积≥70%，伴有四肢大关节中2个以上大关节功能受限	1.面部中度毁容。2.全身瘢痕面积≥60%，伴有四肢大关节中1个关节功能受限	1.面部瘢痕或植皮≥1/3并有轻度毁容一项者。2.全身瘢痕面积占体表面积≥50%，并有关节活动功能受限	1.面部重度色素沉着或植皮脱失。2.面部瘢痕≥1/3。3.全身瘢痕面积≥40%。4.撕脱伤后头皮缺损1/5以上	1.符合重度毁容标准中的两项者。2.烧伤后颅骨全层缺损≥30cm²，或伤后硬脑膜上植皮面积≥10cm²。3.面部瘢痕植皮伴色素改变占面部的10%以上。4.颈部瘢痕挛缩，影响颈部活动。5.全身瘢痕面积≥30%	1.符合重度毁容标准中的一项者。2.面部烧伤植皮≥1/5。3.面部轻度异物或色素沉着或植皮。4.双侧耳廓部分或一侧耳廓大部分缺损。5.全身瘢痕面积≥20%。6.一侧眼睑明显缺损	1.符合中度毁容标准中的两项或轻度毁容者。2.发际边缘瘢痕性秃发或其他部位充发，需戴假发。3.面部异物色素沉着或脱失>2cm²。4.全身瘢痕面积≥5%或有8cm²以上瘢痕3处达1cm²的瘢痕	1.符合中度毁容标准中的一项者。2.面部有瘢痕、植皮、异物、色素脱失<5%，但≥1%面积

表 C.2（续）

伤残类别	一	二	三	四	五	六	七	八	九	十
脊柱损伤					脊柱骨折后遗30°以上侧弯或后凸畸形，伴严重根性神经痛		骨盆骨折内固定术后，骨盆环不稳定，骶髂关节分离	1.脊椎压缩性骨折，椎体前缘高度减少1/2以上者或脊椎不稳定性骨折。2.3个及以上椎段脊柱内固定术	1.两个以上横突骨折。2.脊椎压缩骨折，椎体前缘高度减少小于1/2者。3.椎间盘髓核切除后。4.1节～2节脊柱内固定术	急性外伤导致椎间盘突出，并伴同侧神经刺激征者
上肢	双肘关节以上缺失或功能完全丧失	双侧前臂缺失或双手功能完全丧失	1.一手缺失，另一手拇、食指缺失。2.双手拇、食指缺失或功能完全丧失。3.一手功能完全丧失，另一手拇指功能丧失	1.双拇指完全缺失或功能完全丧失。2.一侧手功能完全丧失，另一手部分功能丧失。3.一侧上肢缺失	1.一侧臂缺失。2.一手功能完全丧失。3.肩、肘关节之一功能完全丧失。4.一手拇指缺失，另一手除拇指外三指缺失。5.一手拇指功能完全丧失，另一手除拇指外三指功能完全丧失	1.单纯一拇指完全缺失，连同另一指缺失。2.一拇指功能完全丧失，一手指（含拇指）除拇指外有四指功能完全丧失。3.一手三指（含拇指）缺失。4.除拇指外余四指缺失或功能完全丧失	1.一手除拇指外，其他2～3指（含食指）近侧指间关节离断。2.一手除拇指外，其他2～3指（含食指）近侧指间关节功能完全丧失。3.肩、肘关节之一损伤后遗留关节中度功能障碍。4.一腕关节功能完全丧失	1.一手除拇、食指外，有两指非拇指侧指间关节离断。2.一手除拇、食指外，有两指近侧指间关节功能完全丧失。3.一拇指指间关节离断。4.一拇指指间关节功能完全丧失	1.一拇指末节部分1/2缺失。2.一手食指2～3节缺失。3.一拇指指间关节功能位僵直。4.一手指除拇指外，3～4指末节缺失	1.一手指除拇指外，任何一指近侧指关节离断或功能丧失。2.指端植皮术后（增生性瘢痕1cm²以上）。3.一手背植皮面积＞50cm²，并有明显瘢痕
下肢	1.双下肢高位缺失。2.双下肢瘫痪，功能完全丧失。3.双膝、双踝关节功能完全丧失	1.双髋、双膝关节中，有一关节缺失或功能完全丧失及另一关节重度功能障碍。2.双膝以下缺失。3.一侧髋、膝关节功能完全丧失	1.一侧膝以下缺失，另一侧前足缺失。2.一侧膝以上缺失。3.一侧膝以下缺失，另一足畸形行走困难	1.双前足缺失或双足瘢痕畸形，功能完全丧失。2.双跟骨足底软组织缺损瘢痕形成，反复破溃。3.髋（或）膝功能完全丧失。4.一侧膝以下缺失	1.一侧前足缺失；或踝关节功能完全丧失。2.一足跗跖关节以上缺失。3.一前足缺失，另一足残跗畸形。4.一前足缺失，另一足跗趾、2～5趾畸形，功能丧失	1.一足1～5趾缺失。2.一前足缺失。3.下肢骨折成角畸形＞15°，并有肢体短缩大于2cm者。4.膝关节韧带损伤术后关节不稳定，伸屈功能正常者	1.一足拇趾及另一趾缺失。2.一足除拇趾外，其他三趾缺失。3.一足除拇趾外，其他二趾缺失。4.一足除拇趾外，其他四趾畸形，功能完全丧失	1.一足拇趾缺失。2.除拇趾外，其他一趾畸形，功能不全。3.骨折影响足弓者。4.外伤后髌骨切除，膝关节交叉韧带修补术后	1.除拇趾外，任何一趾缺失。2.足背植皮面积＞100cm²。3.膝关节半月板损伤、膝关节交叉韧带损伤未做手术者

表 C.2(续)

伤残类别	一	二	三	四	五	六	七	八	九	十
上下肢	1. 双下肢膝上缺失及一上肢肘上缺失。2. 双下肢瘫痕形,上肢瘫痕形,功能完全丧失	1. 同侧上、下肢缺失或功能完全丧失。2. 四肢大关节(肩、髋、膝、肘)中四个及以上关节功能完全丧失	1. 非同侧腕上、踝上缺失。2. 非同侧上、下肢瘫痕形,功能完全丧失		四肢大关节之一人工关节术后遗留严重度功能障碍	完全丧失。5. 一足功能完全丧失,另一足部分功能丧失。6. 一髋或一膝关节功能重度障碍。7. 单侧跟骨足底软组织缺损瘫痕形成,反复破溃	1. 四肢大关节之一人工关节术后,基本能生活自理。2. 四肢大关节内骨折之一关节内骨折致创伤性关节炎,遗留中重度功能障碍	1. 因开放骨折感染形成慢性骨髓炎,反复发作者。2. 四肢大关节内骨折之一关节内骨折致创伤性关节炎,遗留轻度功能障碍	1. 四肢长管状骨骨折内固定或外固定支架术后。2. 髌骨、跟骨、距骨、下颌骨或骨盆骨折内固定术后	1. 手掌、足掌皮面积>30%者。2. 身体各部位骨折愈合后无功能障碍或轻度功能障碍。3. 四肢大关节肌腱及韧带撕裂伤术后遗留轻度功能障碍

表 C.3 眼科、耳鼻喉科、口腔科门

伤残类别	一	二	三	四	五	分级 六	七	八	九	十
眼损伤与视功能障碍	双眼无光感或仅有光感但光定位不准者	一眼有或无光感,另眼矫正视力≤0.02,或视野≤8%(或半径≤5°)	1.一眼有或无光感,另眼矫正视力≤0.05或视野≤16%(半径≤10°)。2.双眼矫正视力<0.05或视野≤16%(或半径≤10°)。3.一侧眼球摘除或眼内容物剜出,另眼矫正视力<0.1或视野≤24%(或半径≤15°)	1.一眼有或无光感,另眼矫正视力≤0.2或视野≤32%(或半径≤20°)。2.一眼矫正视力<0.05,另眼矫正视力≤0.1。3.双眼矫正视力<0.1或视野≤32%(或半径≤20°)	1.第Ⅲ对脑神经麻痹。2.双眼外伤性青光眼术后控制眼压者。3.一眼有或无光感,另眼矫正视力≤0.3或视野≤40%(或半径≤25°)。4.一眼矫正视力<0.05,另眼矫正视力≤0.2。5.一眼矫正视力<0.1,另眼矫正视力等于0.1。6.双眼视野≤40%(或半径≤25°)	1.一侧眼球摘除;或一侧眼球明显萎缩,无光感。2.一眼矫正视力<0.4,另眼矫正视力≥0.3。3.一眼矫正视力≤0.05,另眼矫正视力≥0.2。4.一眼矫正视力<0.1,另眼矫正视力≥0.2。5.双眼视野≤48%(或半径≤30°)。6.第Ⅳ对脑神经麻痹,或第Ⅵ对脑神经麻痹,或眼外肌损伤致复视者	1.一眼有或无光感,另眼矫正视力≥0.8。2.一眼有或无光感,另眼各种检查正常。3.一眼矫正视力≤0.05,另眼矫正视力≥0.6。4.一眼矫正视力≤0.1,另眼矫正视力≥0.4。5.双眼矫正视力≤0.3或视野≤64%(或半径≤40°)。6.单眼外伤性青光眼术后用药物控制眼压者	1.一眼矫正视力≤0.2,另眼矫正视力≥0.5。2.双眼矫正视力等于0.4。3.双眼视野≤80%(或半径≤50°)。4.一侧或双侧睑外翻或睑闭合不全者。5.上睑下垂盖住瞳孔1/3者。6.睑球粘连影响眼球转动行成形手术后矫正者。7.外伤性抗青光眼手术后眼压控制正常者	1.第Ⅴ对脑神经眼支麻痹。2.眶壁骨折致眼球内陷,两眼相差>2mm或错位变形影响外观者。3.一眼矫正视力≤0.3,另眼矫正视力≥0.6。4.泪器损伤,手术无法改进溢泪者	1.一眼矫正视力≤0.5,另眼矫正视力≥0.8。2.双眼矫正视力≥0.8。3.一侧或双侧睑闭合不全行成形手术后矫正者。4.上睑下垂盖住瞳孔1/3行成形手术后矫正者。5.睑球粘连影响眼球转动行成形手术后矫正者。6.职业性及外伤性白内障术后人工晶状体眼,矫正视力正常者。7.职业性及外伤性白内障I度~II度(或矫正视力轻度、中度)、矫正视力正常者。8.晶状体部分脱位。9.眶内异物未取出者。10.眼球内异物未取出者。11.外伤性瞳孔放大。12.角巩膜穿通伤治愈者
听功能障碍				双耳听力损失≥91dB	双耳听力损失≥81dB	双耳听力损失≥71dB	双耳听力损失≥56dB	双耳听力损失≥41dB或一耳损失≥91dB	双耳听力损失≥31dB或一耳损失≥71dB	双耳听力损失≥26dB或一耳≥56dB
前庭性平衡障碍					一般活动经工作时有呼吸困难	双侧前庭功能丧失,睁眼行走困难,不能并足站立	双侧前庭功能行,不能并足站立			双侧前庭功能丧失,闭眼不能并足站立
喉源性呼吸困难及发声障碍			1.呼吸完全依赖气管套管或造口。2.静止状态下或经微活动即有呼吸困难		一般活动经工作时有呼吸困难			1.体力劳动时有呼吸困难。2.发声及言语困难	发声及言语不畅	

表 C.3（续）

伤残类别	一	二	三	四	五	六	七	八	九	十
吞咽功能障碍		无吞咽功能，完全依赖胃管进食		牙关紧闭或因食管狭窄颜面损伤只能进流食	1. 吞咽困难，仅能进半流食。2. 双侧喉返神经损伤，喉保护功能丧失致呛咳，误吸		咽成形术后，咽下运动不正常			
口腔颌面损伤		1. 双侧上、下颌骨或双侧上颌骨完全缺损。2. 一侧上颌骨及对侧下颌骨完全缺损，并伴颜面软组织损伤>30cm²	1. 同上、下颌骨完全缺损。2. 一侧或一侧上颌骨完全缺损，伴颜面软组织损伤>30cm²。3. 舌缺损>全舌的2/3	1. 一侧上颌骨缺损1/2，伴颜面部软组织损伤>20cm²。2. 下颌骨缺损长6cm以上的区段，伴口腔、颜面软组织损伤>20cm²。3. 双颞关节强直，完全不能张口。4. 面颊部洞穿性缺损，完全>20cm²	1. 一侧上颌骨缺损>1/4，但<1/2，伴软组织损伤>10cm²，但<20cm²	1. 单侧或双侧颞下颌关节强直，张口困难Ⅲ度。2. 一侧上颌骨缺损1/4，伴颜面软组织损伤>10cm²。3. 面部软组织缺损>20cm²，伴发涎瘘。4. 舌缺损>1/3，但<2/3。5. 双侧颞骨并伴有开口困难Ⅱ度以上及颜面部畸形经手术未治疗	1. 牙槽骨损伤长度≥8cm，牙齿脱落10个及以上。2. 单侧颞骨并伴颞骨骨折Ⅱ度以上及颜面部畸形经手术复位者	1. 牙槽骨损伤长度≥6cm，牙齿脱落8个及以上。2. 舌损<舌的1/3。3. 双侧鼻腔或鼻咽部闭锁。4. 双侧颞下颌关节强直，张口困难Ⅲ度。5. 上、下颌骨折，经牵引、固定治疗后有功能障碍者。6. 双侧颧骨并颧弓骨折，无开口困难，颜面部凹陷畸形不明显，手术不复位	1. 牙槽骨损伤长度>4cm，牙脱落4个及以上。2. 上、下颌骨折，经牵引、固定治疗后无功能障碍者。3. 一侧下颌骨髁状突颈部骨折。4. 一侧颧骨并颧弓骨折	1. 牙齿除智齿以外，切牙脱落1个以上或其他牙脱落2个以上。2. 一侧颞下颌关节强直，张口困难度。3. 鼻窦或面颊部有异物取出。4. 单侧鼻腔或鼻孔闭锁。5. 鼻中隔穿孔
嗅觉障碍和铬鼻病									铬鼻病有医疗依赖	1. 铬鼻病（无症状者）。2. 嗅觉丧失
面神经损伤				双侧完全性面瘫	一侧完全面瘫，另一侧不完全面瘫	一侧完全性面瘫	双侧不完全性面瘫			一侧不完全性面瘫

表 C.4 普外、胸外、泌尿生殖科门

伤残类别	一	二	三	四	五	六	七	八	九	十
胸壁、气管、支气管、肺	1.肺功能重度损伤和呼吸困难Ⅳ级，需终生依赖机械通气。2.双肺或心肺联合移植术。	一侧全肺切除并胸廓切除术，呼吸困难Ⅲ级	1.一侧全肺切除并胸廓成形术。2.一侧胸廓成形术，肋骨切除6根以上。3.一侧全肺切除并隆凸切除成形术。4.一侧全肺切除并重建大血管术	1.一侧全肺切除术。2.双侧肺叶切除术。3.肺叶切除并胸廓成形术。4.肺叶切除并隆凸切除成形术后。5.一侧肺移植术	1.双肺叶切除术。2.肺叶切除并大血管重建术。3.隆凸切除成形术	1.肺叶切除并肺段或楔形切除术。2.肺叶切除成形术后。3.支气管（或）胸膜瘘	1.肺叶切除术。2.限局性脓胸行部分胸廓成形术。3.气管部分切除术	1.肺段切除术。2.支气管成形术。3.双侧≥3根肋骨骨折致胸廓畸形。4.膈肌破裂修补术后，伴膈神经麻痹。5.肺功能轻度损伤	1.肺内异物滞留或异物摘除术。2.限局性脓胸行胸膜剥脱术	血、气胸行单纯闭式引流术后，胸膜粘连增厚
心脏与大血管		心功能不全三级	Ⅲ度房室传导阻滞	1.心瓣膜置换术后。2.心功能不全二级		1.冠状动脉旁路移植术。2.大血管重建术	心功能不全一级	1.心脏、大血管修补术。2.心脏异物滞留或异物摘除术		
食管		食管闭锁或损伤后无法行食管重建术，依赖胃造瘘或空肠造瘘进食		食管重建术后吻合口狭窄，仅能进流食者	1.食管重建术后吻合口狭窄，仅能进半流食者。2.食管气管或支气管瘘。3.食管胸膜瘘		1.食管重建术后反流性食管炎。2.食管外伤术后咽下运动不正常	食管重建术后，进食正常者		
胃				全胃切除	胃切除3/4	胃切除2/3	胃切除1/2	胃部分切除		
十二指肠				胰头、十二指肠切除						
小肠	小肠切除≥90%	小肠切除3/4，合并短肠综合症		1.小肠切除3/4。2.小肠切除2/3，包括回盲部切除	小肠切除2/3，包括回盲大部	小肠切除1/2，包括回盲部	小肠切除1/2	小肠部分切除		
结肠、直肠				1.全结肠、直肠、肛门切除、回肠造瘘。2.外伤后肛门排便重度障碍或失禁	肛门、直肠、结肠部分切除、结肠造瘘	肛门外伤后排便轻度障碍或失禁	结肠大部分切除	结肠部分切除		

表 C.4（续）

伤残类别	一	二	三	四	五	六	七	八	九	十
肝	肝切除后原位肝移植	1. 肝切除3/4，合并肝功能重度损害。2. 肝外伤后发生门脉高压三联症或Budd-chiari综合征	肝切除2/3，并肝功能中度损害	1. 肝切除2/3。2. 肝切除1/2，肝功能轻度损害	肝切除1/2	肝切除1/3	肝切除1/4	肝部分切除		
胆道	胆道损伤原位肝移植	胆道损伤致肝功能重度损害		胆道损伤致肝功能中度损害		胆道损伤致肝功能轻度损伤	胆道损伤，胆肠吻合术后		胆囊切除	
腹壁、腹腔						腹壁缺损面积≥腹壁的1/4		腹壁缺损面积<腹壁的1/4	胸、腹腔脏器探查术或修补术后	腹腔脏器挫裂伤保守治疗后
胰、脾	全胰切除		胰次全切除，胰岛素依赖		胰切除2/3	胰切除1/2	1. 脾切除。2. 胰切除1/3	1. 脾部分切除。2. 胰部分切除		
甲状腺					甲状腺功能重度损害	甲状腺功能中度损害		甲状腺功能轻度损害		
甲状旁腺				甲状旁腺功能重度损害	甲状旁腺功能重度损害	甲状旁腺功能中度损害		甲状旁腺功能轻度损害		
肾脏	双侧肾切除后，孤肾部分切除后，用透析维持或同种肾移植术后肾功能不全尿毒症期	孤肾部分切除后，肾功能全失代偿期	一侧肾全切除，对侧肾功能全失代偿期	肾修补术后，肾功能不全失代偿期	一侧肾切除，对侧肾功能不全代偿期	肾损伤致高血压	一侧切除			
肾上腺				双侧肾上腺缺损				一侧肾上腺缺损		
尿道					尿道瘘不能修复者	尿道狭窄经系统治疗1年后仍需定期行扩张术		尿道修补术		
阴茎					阴茎全缺损	阴茎部分缺损		脊髓神经周围神经损伤，会阴盆腔、术后遗留性功能障碍		

表 C.4（续）

伤残类别	一	二	三	四	五	六	七	八	九	十
输精管						双侧输精管缺损，不能修复		一侧输精管缺损，不能修复		
输尿管			1. 双侧输尿管狭窄，肾功能不全失代偿期。2. 永久性输尿管腹壁造瘘	输尿管修补术后，肾功能不全代偿期	一侧输尿管，肾功能不全代偿期					
膀胱			膀胱全切除	1. 永久性膀胱造瘘。2. 重度排尿障碍。3. 神经原性膀胱，残余尿≥50mL		膀胱部分切除合并轻度排尿障碍	1. 膀胱部分切除。2. 轻度排尿障碍			
睾丸					1. 两侧睾丸、附睾缺损。2. 生殖功能重度损伤	1. 两侧睾丸创伤后萎缩，血睾酮低于正常值。2. 生殖功能轻度损伤		一侧睾丸切除		
子宫						子宫切除				
卵巢					双侧卵巢切除			单侧卵巢切除	一侧卵巢部分切除	
输卵管						双侧输卵管切除		单侧输卵管切除		
阴道					1. 阴道闭锁。2. 会阴部瘢痕挛缩伴有阴道或尿道或肛门狭窄		阴道狭窄			
乳腺						女性双侧乳房切除或严重瘢痕畸形	女性两侧乳房部分缺损	女性单侧乳房切除或严重瘢痕畸形	乳腺成形术	乳腺修补术后

表 C.5 职业病内科门

伤残类别	一	二	三	四	五	六	七	八	九	十
肺部疾患	1.尘肺叁期伴肺功能重度损伤及/或重度低氧血症[PO_2<5.3kPa(<40mmHg)]。 2.其他职业性肺部疾患,伴肺功能重度损伤及/或重度低氧血症[PO_2<5.3kPa(<40mmHg)]。 3.放射性肺炎后,两叶以上肺纤维化伴重度低氧血症[PO_2<5.3kPa(<40mmHg)]。 4.职业性肺癌伴肺功能重度损伤	1.肺功能重度损伤及/或重度低氧血症[PO_2<5.3kPa(<40mmHg)]。 2.尘肺叁期伴肺功能中度损伤及/或中度低氧血症。 3.尘肺贰期伴肺功能重度损伤及/或重度低氧血症	1.尘肺叁期。 2.尘肺贰期伴(或)肺功能中度损伤及中度低氧血症。 3.尘肺贰期伴活动性肺结核。 4.放射性肺炎后两叶肺纤维化,伴肺功能中度损伤及(或)中度低氧血症。 5.职业性肺癌或胸膜间皮瘤	1.尘肺贰期。 2.尘肺壹期伴肺功能中度损伤或中度低氧血症。 3.尘肺壹期伴活动性肺结核	肺功能中度损伤或中度低氧血症	1.尘肺壹期伴肺功能轻度损伤及(或)轻度低氧血症。 2.放射性肺炎后肺纤维化(<两叶),伴(或)轻度低氧血症。 3.其他职业性肺部疾患,伴肺功能轻度损伤	1.尘肺壹期,肺功能正常。 2.放射性肺炎后肺纤维化(<两叶),肺功能正常。 3.轻度低氧血症	其他职业性肺疾患,肺功能正常		
心脏		心功能不全三级	III度房室传导阻滞	1.病态窦房结综合征(需安装起搏器者)。 2.心功能不全二级	1.莫氏II型III度房室传导阻滞。 2.病态窦房结综合征(不需安起搏器)		心功能不全一级			
血液		1.职业性急性白血病。 2.急性重型再生障碍性贫血	1.粒细胞缺乏症。 2.再生障碍性贫血。 3.职业性慢性白血病。 4.中毒性血液病,骨髓增生异常综合征。 5.中毒性血液病,严重出血或血小板含量≤2×10¹⁰/L		1.中毒性血液病,血小板减少(≤4×10¹⁰/L)并有出血倾向。 2.中毒性血液病,白细胞含量<3×10⁹/L(<3000/mm³)或粒细胞含量<1.5×10⁹/L(1500/mm³)	白血病完全缓解	1.再生障碍性贫血完全缓解。 2.白细胞减少症,含量持续<4×10⁹/L(4000/mm³)。 3.中性粒细胞减少症,持续<2×10⁹/L(2000/mm³)			

表 C.5（续）

伤残类别		一	二	三	四	五	六	七	八	九	十
肝脏		职业性肝血管肉瘤，重度肝功能损害。	1. 慢性重度中毒性肝病。2. 肝血管肉瘤			慢性中度中毒性肝病		慢性轻度中毒性肝病			
免疫功能					免疫功能明显减退						免疫功能轻度减退
内分泌					肾上腺皮质功能明显减退		肾上腺皮质功能轻度减退				
肾脏		肾功能不全尿毒症期，内生肌酐清除率持续<10mL/min，或血浆肌酐水平持续>707μmol/L（8mg/dL）	肾功能不全尿毒症期，内生肌酐清除率持续<25mL/min，或血浆肌酐水平持续>450μmol/L（5mg/dL）			肾功能不全失代偿期，内生肌酐清除率持续<50mL/min，或血浆肌酐水平持续>177μmol/L（2mg/dL）	1. 中毒性肾病，持续性低分子蛋白尿伴白蛋白尿。2. 中毒性肾小管病，肾小管浓缩功能减退	肾功能不全代偿期，内生肌酐清除率70mL/min	中毒性肾病持续低分子蛋白尿		
其他			1. 职业性膀胱癌。2. 放射性肿瘤	1. 神性皮肤癌。2. 放射性皮肤癌		1. 慢性重度磷中毒。2. 重度手臂振动病。3. 放射损伤致睾丸萎缩	1. 放射性损伤致甲状腺功能低下。2. 减压性骨坏死Ⅲ期。3. 中度手臂振动病。4. 氟及其无机化合物中毒慢性重度中毒		1. 慢性中度磷中毒。2. 氟及其无机化合物中毒慢性中度中毒。3. 减压性骨坏死Ⅱ期。4. 轻度手臂振动病。5. 二度牙酸蚀病。6. 急性放射性皮肤损伤Ⅳ度及慢性放射性皮肤损伤手术治疗后影响肢体功能。7. 放射性皮肤溃疡经久不愈者		1. 慢性轻度磷中毒。2. 氟及其无机化合物中毒慢性轻度中毒。3. 井下工人滑囊炎。4. 减压性骨坏死Ⅰ期。5. 一度牙酸蚀病。6. 职业性痤疮。7. 一手或两手慢性放射性皮肤损伤久治不愈及Ⅲ度以上者

职业病分类和目录

1. 2013年12月23日国家卫生和计划生育委员会、人力资源和社会保障部、国家安全生产监督管理总局、中华全国总工会发布
2. 国卫疾控发〔2013〕48号

一、职业性尘肺病及其他呼吸系统疾病

（一）尘肺病
1. 矽肺
2. 煤工尘肺
3. 石墨尘肺
4. 碳黑尘肺
5. 石棉肺
6. 滑石尘肺
7. 水泥尘肺
8. 云母尘肺
9. 陶工尘肺
10. 铝尘肺
11. 电焊工尘肺
12. 铸工尘肺
13. 根据《尘肺病诊断标准》和《尘肺病理诊断标准》可以诊断的其他尘肺病

（二）其他呼吸系统疾病
1. 过敏性肺炎
2. 棉尘病
3. 哮喘
4. 金属及其化合物粉尘肺沉着病（锡、铁、锑、钡及其化合物等）
5. 刺激性化学物所致慢性阻塞性肺疾病
6. 硬金属肺病

二、职业性皮肤病

1. 接触性皮炎
2. 光接触性皮炎
3. 电光性皮炎
4. 黑变病
5. 痤疮
6. 溃疡
7. 化学性皮肤灼伤
8. 白斑
9. 根据《职业性皮肤病的诊断总则》可以诊断的其他职业性皮肤病

三、职业性眼病

1. 化学性眼部灼伤
2. 电光性眼炎
3. 白内障（含放射性白内障、三硝基甲苯白内障）

四、职业性耳鼻喉口腔疾病

1. 噪声聋
2. 铬鼻病
3. 牙酸蚀病
4. 爆震聋

五、职业性化学中毒

1. 铅及其化合物中毒（不包括四乙基铅）
2. 汞及其化合物中毒
3. 锰及其化合物中毒
4. 镉及其化合物中毒
5. 铍病
6. 铊及其化合物中毒
7. 钡及其化合物中毒
8. 钒及其化合物中毒
9. 磷及其化合物中毒
10. 砷及其化合物中毒
11. 铀及其化合物中毒
12. 砷化氢中毒
13. 氯气中毒
14. 二氧化硫中毒
15. 光气中毒
16. 氨中毒
17. 偏二甲基肼中毒
18. 氮氧化合物中毒
19. 一氧化碳中毒
20. 二硫化碳中毒
21. 硫化氢中毒
22. 磷化氢、磷化锌、磷化铝中毒
23. 氟及其无机化合物中毒
24. 氰及腈类化合物中毒
25. 四乙基铅中毒
26. 有机锡中毒
27. 羰基镍中毒
28. 苯中毒
29. 甲苯中毒
30. 二甲苯中毒

31. 正已烷中毒
32. 汽油中毒
33. 一甲胺中毒
34. 有机氟聚合物单体及其热裂解物中毒
35. 二氯乙烷中毒
36. 四氯化碳中毒
37. 氯乙烯中毒
38. 三氯乙烯中毒
39. 氯丙烯中毒
40. 氯丁二烯中毒
41. 苯的氨基及硝基化合物(不包括三硝基甲苯)中毒
42. 三硝基甲苯中毒
43. 甲醇中毒
44. 酚中毒
45. 五氯酚(钠)中毒
46. 甲醛中毒
47. 硫酸二甲酯中毒
48. 丙烯酰胺中毒
49. 二甲基甲酰胺中毒
50. 有机磷中毒
51. 氨基甲酸酯类中毒
52. 杀虫脒中毒
53. 溴甲烷中毒
54. 拟除虫菊酯类中毒
55. 铟及其化合物中毒
56. 溴丙烷中毒
57. 碘甲烷中毒
58. 氯乙酸中毒
59. 环氧乙烷中毒
60. 上述条目未提及的与职业有害因素接触之间存在直接因果联系的其他化学中毒

六、物理因素所致职业病

1. 中暑
2. 减压病
3. 高原病
4. 航空病
5. 手臂振动病
6. 激光所致眼(角膜、晶状体、视网膜)损伤
7. 冻伤

七、职业性放射性疾病

1. 外照射急性放射病
2. 外照射亚急性放射病
3. 外照射慢性放射病
4. 内照射放射病
5. 放射性皮肤疾病
6. 放射性肿瘤(含矿工高氡暴露所致肺癌)
7. 放射性骨损伤
8. 放射性甲状腺疾病
9. 放射性性腺疾病
10. 放射复合伤
11. 根据《职业性放射性疾病诊断标准(总则)》可以诊断的其他放射性损伤

八、职业性传染病

1. 炭疽
2. 森林脑炎
3. 布鲁氏菌病
4. 艾滋病(限于医疗卫生人员及人民警察)
5. 莱姆病

九、职业性肿瘤

1. 石棉所致肺癌、间皮瘤
2. 联苯胺所致膀胱癌
3. 苯所致白血病
4. 氯甲醚、双氯甲醚所致肺癌
5. 砷及其化合物所致肺癌、皮肤癌
6. 氯乙烯所致肝血管肉瘤
7. 焦炉逸散物所致肺癌
8. 六价铬化合物所致肺癌
9. 毛沸石所致肺癌、胸膜间皮瘤
10. 煤焦油、煤焦油沥青、石油沥青所致皮肤癌
11. β-萘胺所致膀胱癌

十、其他职业病

1. 金属烟热
2. 滑囊炎(限于井下工人)
3. 股静脉血栓综合征、股动脉闭塞症或淋巴管闭塞症(限于刮研作业人员)

职业健康检查管理办法

1. 2015年3月26日国家卫生和计划生育委员会令第5号公布
2. 根据2019年2月28日国家卫生健康委员会令第2号《关于修改〈职业健康检查管理办法〉等4件部门规章的决定》修订

第一章 总 则

第一条 为加强职业健康检查工作,规范职业健康检查机构管理,保护劳动者健康权益,根据《中华人民共和国职业病防治法》(以下简称《职业病防治法》),制定本办法。

第二条 本办法所称职业健康检查是指医疗卫生机构按照国家有关规定,对从事接触职业病危害作业的劳动者进行的上岗前、在岗期间、离岗时的健康检查。

第三条 国家卫生健康委负责全国范围内职业健康检查工作的监督管理。

县级以上地方卫生健康主管部门负责本辖区职业健康检查工作的监督管理;结合职业病防治工作实际需要,充分利用现有资源,统一规划、合理布局;加强职业健康检查机构能力建设,并提供必要的保障条件。

第二章 职业健康检查机构

第四条 医疗卫生机构开展职业健康检查,应当在开展之日起15个工作日内向省级卫生健康主管部门备案。备案的具体办法由省级卫生健康主管部门依据本办法制定,并向社会公布。

省级卫生健康主管部门应当及时向社会公布备案的医疗卫生机构名单、地址、检查类别和项目等相关信息,并告知核发其《医疗机构执业许可证》的卫生健康主管部门。核发其《医疗机构执业许可证》的卫生健康主管部门应当在该机构的《医疗机构执业许可证》副本备注栏注明检查类别和项目等信息。

第五条 承担职业健康检查的医疗卫生机构(以下简称职业健康检查机构)应当具备以下条件:

(一)持有《医疗机构执业许可证》,涉及放射检查项目的还应当持有《放射诊疗许可证》;

(二)具有相应的职业健康检查场所、候检场所和检验室,建筑总面积不少于400平方米,每个独立的检查室使用面积不少于6平方米;

(三)具有与备案开展的职业健康检查类别和项目相适应的执业医师、护士等医疗卫生技术人员;

(四)至少具有1名取得职业病诊断资格的执业医师;

(五)具有与备案开展的职业健康检查类别和项目相适应的仪器、设备,具有相应职业卫生生物监测能力;开展外出职业健康检查,应当具有相应的职业健康检查仪器、设备、专用车辆等条件;

(六)建立职业健康检查质量管理制度;

(七)具有与职业健康检查信息报告相应的条件。

医疗卫生机构进行职业健康检查备案时,应当提交证明其符合以上条件的有关资料。

第六条 开展职业健康检查工作的医疗卫生机构对备案的职业健康检查信息的真实性、准确性、合法性承担全部法律责任。

当备案信息发生变化时,职业健康检查机构应当自信息发生变化之日起10个工作日内提交变更信息。

第七条 职业健康检查机构具有以下职责:

(一)在备案开展的职业健康检查类别和项目范围内,依法开展职业健康检查工作,并出具职业健康检查报告;

(二)履行疑似职业病的告知和报告义务;

(三)报告职业健康检查信息;

(四)定期向卫生健康主管部门报告职业健康检查工作情况,包括外出职业健康检查工作情况;

(五)开展职业病防治知识宣传教育;

(六)承担卫生健康主管部门交办的其他工作。

第八条 职业健康检查机构应当指定主检医师。主检医师应当具备以下条件:

(一)具有执业医师证书;

(二)具有中级以上专业技术职务任职资格;

(三)具有职业病诊断资格;

(四)从事职业健康检查相关工作三年以上,熟悉职业卫生和职业病诊断相关标准。

主检医师负责确定职业健康检查项目和周期,对职业健康检查过程进行质量控制,审核职业健康检查报告。

第九条 职业健康检查机构及其工作人员应当关心、爱护劳动者,尊重和保护劳动者的知情权及个人隐私。

第十条 省级卫生健康主管部门应当指定机构负责本辖区内职业健康检查机构的质量控制管理工作,组织开展实验室间比对和职业健康检查质量考核。

职业健康检查质量控制规范由中国疾病预防控制

中心制定。

第三章 职业健康检查规范

第十一条 按照劳动者接触的职业病危害因素，职业健康检查分为以下六类：

（一）接触粉尘类；

（二）接触化学因素类；

（三）接触物理因素类；

（四）接触生物因素类；

（五）接触放射因素类；

（六）其他类（特殊作业等）。

以上每类中包含不同检查项目。职业健康检查机构应当在备案的检查类别和项目范围内开展相应的职业健康检查。

第十二条 职业健康检查机构开展职业健康检查应当与用人单位签订委托协议书，由用人单位统一组织劳动者进行职业健康检查；也可以由劳动者持单位介绍信进行职业健康检查。

第十三条 职业健康检查机构应当依据相关技术规范，结合用人单位提交的资料，明确用人单位应当检查的项目和周期。

第十四条 在职业健康检查中，用人单位应当如实提供以下职业健康检查所需的相关资料，并承担检查费用：

（一）用人单位的基本情况；

（二）工作场所职业病危害因素种类及其接触人员名册、岗位（或工种）、接触时间；

（三）工作场所职业病危害因素定期检测等相关资料。

第十五条 职业健康检查的项目、周期按照《职业健康监护技术规范》（GBZ 188）执行，放射工作人员职业健康检查按照《放射工作人员职业健康监护技术规范》（GBZ 235）等规定执行。

第十六条 职业健康检查机构可以在执业登记机关管辖区域内或者省级卫生健康主管部门指定区域内开展外出职业健康检查。外出职业健康检查进行医学影像学检查和实验室检测，必须保证检查质量并满足放射防护和生物安全的管理要求。

第十七条 职业健康检查机构应当在职业健康检查结束之日起 30 个工作日内将职业健康检查结果，包括劳动者个人职业健康检查报告和用人单位职业健康检查总结报告，书面告知用人单位，用人单位应当将劳动者个人职业健康检查结果及职业健康检查机构的建议等情况书面告知劳动者。

第十八条 职业健康检查机构发现疑似职业病病人时，应当告知劳动者本人并及时通知用人单位，同时向所在地卫生健康主管部门报告。发现职业禁忌的，应当及时告知用人单位和劳动者。

第十九条 职业健康检查机构要依托现有的信息平台，加强职业健康检查的统计报告工作，逐步实现信息的互联互通和共享。

第二十条 职业健康检查机构应当建立职业健康检查档案。职业健康检查档案保存时间应当自劳动者最后一次职业健康检查结束之日起不少于 15 年。

职业健康检查档案应当包括下列材料：

（一）职业健康检查委托协议书；

（二）用人单位提供的相关资料；

（三）出具的职业健康检查结果总结报告和告知材料；

（四）其他有关材料。

第四章 监督管理

第二十一条 县级以上地方卫生健康主管部门应当加强对本辖区职业健康检查机构的监督管理。按照属地化管理原则，制定年度监督检查计划，做好职业健康检查机构的监督检查工作。监督检查主要内容包括：

（一）相关法律法规、标准的执行情况；

（二）按照备案的类别和项目开展职业健康检查工作的情况；

（三）外出职业健康检查工作情况；

（四）职业健康检查质量控制情况；

（五）职业健康检查结果、疑似职业病的报告与告知以及职业健康检查信息报告情况；

（六）职业健康检查档案管理情况等。

第二十二条 省级卫生健康主管部门应当对本辖区内的职业健康检查机构进行定期或者不定期抽查；设区的市级卫生健康主管部门每年应当至少组织一次对本辖区内职业健康检查机构的监督检查；县级卫生健康主管部门负责日常监督检查。

第二十三条 县级以上地方卫生健康主管部门监督检查时，有权查阅或者复制有关资料，职业健康检查机构应当予以配合。

第五章 法律责任

第二十四条 无《医疗机构执业许可证》擅自开展职业

健康检查的,由县级以上地方卫生健康主管部门依据《医疗机构管理条例》第四十四条的规定进行处理。

第二十五条 职业健康检查机构有下列行为之一的,由县级以上地方卫生健康主管部门责令改正,给予警告,可以并处3万元以下罚款:

（一）未按规定备案开展职业健康检查的;
（二）未按规定告知疑似职业病的;
（三）出具虚假证明文件的。

第二十六条 职业健康检查机构未按照规定报告疑似职业病的,由县级以上地方卫生健康主管部门依据《职业病防治法》第七十四条的规定进行处理。

第二十七条 职业健康检查机构有下列行为之一的,由县级以上地方卫生健康主管部门给予警告,责令限期改正;逾期不改的,处以三万元以下罚款:

（一）未指定主检医师或者指定的主检医师未取得职业病诊断资格的;
（二）未按要求建立职业健康检查档案的;
（三）未履行职业健康检查信息报告义务的;
（四）未按照相关职业健康监护技术规范规定开展工作的;
（五）违反本办法其他有关规定的。

第二十八条 职业健康检查机构未按规定参加实验室比对或者职业健康检查质量考核工作,或者参加质量考核不合格未按要求整改仍开展职业健康检查工作的,由县级以上地方卫生健康主管部门给予警告,责令限期改正;逾期不改的,处以三万元以下罚款。

第六章 附 则

第二十九条 本办法自2015年5月1日起施行。2002年3月28日原卫生部公布的《职业健康监护管理办法》同时废止。

职业病诊断与鉴定管理办法

1. 2021年1月4日国家卫生健康委员会令第6号公布
2. 自公布之日起施行

第一章 总 则

第一条 为了规范职业病诊断与鉴定工作,加强职业病诊断与鉴定管理,根据《中华人民共和国职业病防治法》(以下简称《职业病防治法》),制定本办法。

第二条 职业病诊断与鉴定工作应当按照《职业病防治法》、本办法的有关规定及《职业病分类和目录》、国家职业病诊断标准进行,遵循科学、公正、及时、便捷的原则。

第三条 国家卫生健康委负责全国范围内职业病诊断与鉴定的监督管理工作,县级以上地方卫生健康主管部门依据职责负责本行政区域内职业病诊断与鉴定的监督管理工作。

省、自治区、直辖市卫生健康主管部门(以下简称省级卫生健康主管部门)应当结合本行政区域职业病防治工作实际和医疗卫生服务体系规划,充分利用现有医疗卫生资源,实现职业病诊断机构区域覆盖。

第四条 各地要加强职业病诊断机构能力建设,提供必要的保障条件,配备相关的人员、设备和工作经费,以满足职业病诊断工作的需要。

第五条 各地要加强职业病诊断与鉴定信息化建设,建立健全劳动者接触职业病危害、开展职业健康检查、进行职业病诊断与鉴定等全过程的信息化系统,不断提高职业病诊断与鉴定信息报告的准确性、及时性和有效性。

第六条 用人单位应当依法履行职业病诊断、鉴定的相关义务:

（一）及时安排职业病病人、疑似职业病病人进行诊治;
（二）如实提供职业病诊断、鉴定所需的资料;
（三）承担职业病诊断、鉴定的费用和疑似职业病病人在诊断、医学观察期间的费用;
（四）报告职业病和疑似职业病;
（五）《职业病防治法》规定的其他相关义务。

第二章 诊 断 机 构

第七条 医疗卫生机构开展职业病诊断工作,应当在开展之日起十五个工作日内向省级卫生健康主管部门备案。

省级卫生健康主管部门应当自收到完整备案材料之日起十五个工作日内向社会公布备案的医疗卫生机构名单、地址、诊断项目(即《职业病分类和目录》中的职业病类别和病种)等相关信息。

第八条 医疗卫生机构开展职业病诊断工作应当具备下列条件:

（一）持有《医疗机构执业许可证》;
（二）具有相应的诊疗科目及与备案开展的诊断项目相适应的职业病诊断医师及相关医疗卫生技术

人员；

（三）具有与备案开展的诊断项目相适应的场所和仪器、设备；

（四）具有健全的职业病诊断质量管理制度。

第九条 医疗卫生机构进行职业病诊断备案时，应当提交以下证明其符合本办法第八条规定条件的有关资料：

（一）《医疗机构执业许可证》原件、副本及复印件；

（二）职业病诊断医师资格等相关资料；

（三）相关的仪器设备清单；

（四）负责职业病信息报告人员名单；

（五）职业病诊断质量管理制度等相关资料。

第十条 职业病诊断机构对备案信息的真实性、准确性、合法性负责。

当备案信息发生变化时，应当自信息发生变化之日起十个工作日内向省级卫生健康主管部门提交变更信息。

第十一条 设区的市没有医疗卫生机构备案开展职业病诊断的，省级卫生健康主管部门应当根据职业病诊断工作的需要，指定符合本办法第八条规定条件的医疗卫生机构承担职业病诊断工作。

第十二条 职业病诊断机构的职责是：

（一）在备案的诊断项目范围内开展职业病诊断；

（二）及时向所在地卫生健康主管部门报告职业病；

（三）按照卫生健康主管部门要求报告职业病诊断工作情况；

（四）承担《职业病防治法》中规定的其他职责。

第十三条 职业病诊断机构依法独立行使诊断权，并对其作出的职业病诊断结论负责。

第十四条 职业病诊断机构应当建立和健全职业病诊断管理制度，加强职业病诊断医师等有关医疗卫生人员技术培训和政策、法律培训，并采取措施改善职业病诊断工作条件，提高职业病诊断服务质量和水平。

第十五条 职业病诊断机构应当公开职业病诊断程序和诊断项目范围，方便劳动者进行职业病诊断。

职业病诊断机构及其相关工作人员应当尊重、关心、爱护劳动者，保护劳动者的隐私。

第十六条 从事职业病诊断的医师应当具备下列条件，并取得省级卫生健康主管部门颁发的职业病诊断资格证书：

（一）具有医师执业证书；

（二）具有中级以上卫生专业技术职务任职资格；

（三）熟悉职业病防治法律法规和职业病诊断标准；

（四）从事职业病诊断、鉴定相关工作三年以上；

（五）按规定参加职业病诊断医师相应专业的培训，并考核合格。

省级卫生健康主管部门应当依本办法的规定和国家卫生健康委制定的职业病诊断医师培训大纲，制定本行政区域职业病诊断医师培训考核办法并组织实施。

第十七条 职业病诊断医师应当依法在职业病诊断机构备案的诊断项目范围内从事职业病诊断工作，不得从事超出其职业病诊断资格范围的职业病诊断工作；职业病诊断医师应当按照有关规定参加职业卫生、放射卫生、职业医学等领域的继续医学教育。

第十八条 省级卫生健康主管部门应当加强本行政区域内职业病诊断机构的质量控制管理工作，组织开展职业病诊断机构质量控制评估。

职业病诊断质量控制规范和医疗卫生机构职业病报告规范另行制定。

第三章 诊 断

第十九条 劳动者可以在用人单位所在地、本人户籍所在地或者经常居住地的职业病诊断机构进行职业病诊断。

第二十条 职业病诊断应当按照《职业病防治法》、本办法的有关规定及《职业病分类和目录》、国家职业病诊断标准，依据劳动者的职业史、职业病危害接触史和工作场所职业病危害因素情况、临床表现以及辅助检查结果等，进行综合分析。材料齐全的情况下，职业病诊断机构应当在收齐材料之日起三十日内作出诊断结论。

没有证据否定职业病危害因素与病人临床表现之间的必然联系的，应当诊断为职业病。

第二十一条 职业病诊断需要以下资料：

（一）劳动者职业史和职业病危害接触史（包括在岗时间、工种、岗位、接触的职业病危害因素名称等）；

（二）劳动者职业健康检查结果；

（三）工作场所职业病危害因素检测结果；

（四）职业性放射性疾病诊断还需要个人剂量监

测档案等资料。

第二十二条 劳动者依法要求进行职业病诊断的，职业病诊断机构不得拒绝劳动者进行职业病诊断的要求，并告知劳动者职业病诊断的程序和所需材料。劳动者应当填写《职业病诊断就诊登记表》，并提供本人掌握的职业病诊断有关资料。

第二十三条 职业病诊断机构进行职业病诊断时，应当书面通知劳动者所在的用人单位提供本办法第二十一条规定的职业病诊断资料，用人单位应当在接到通知后的十日内如实提供。

第二十四条 用人单位未在规定时间内提供职业病诊断所需要资料的，职业病诊断机构可以依法提请卫生健康主管部门督促用人单位提供。

第二十五条 劳动者对用人单位提供的工作场所职业病危害因素检测结果等资料有异议，或者因劳动者的用人单位解散、破产，无用人单位提供上述资料的，职业病诊断机构应当依法提请用人单位所在地卫生健康主管部门进行调查。

卫生健康主管部门应当自接到申请之日起三十日内对存在异议的资料或者工作场所职业病危害因素情况作出判定。

职业病诊断机构在卫生健康主管部门作出调查结论或者判定前应当中止职业病诊断。

第二十六条 职业病诊断机构需要了解工作场所职业病危害因素情况时，可以对工作场所进行现场调查，也可以依法提请卫生健康主管部门组织现场调查。卫生健康主管部门应当在接到申请之日起三十日内完成现场调查。

第二十七条 在确认劳动者职业史、职业病危害接触史时，当事人对劳动关系、工种、工作岗位或者在岗时间有争议的，职业病诊断机构应当告知当事人依法向用人单位所在地的劳动人事争议仲裁委员会申请仲裁。

第二十八条 经卫生健康主管部门督促，用人单位仍不提供工作场所职业病危害因素检测结果、职业健康监护档案等资料或者提供资料不全的，职业病诊断机构应当结合劳动者的临床表现、辅助检查结果和劳动者的职业史、职业病危害接触史，并参考劳动者自述或工友旁证资料、卫生健康等有关部门提供的日常监督检查信息等，作出职业病诊断结论。对于作出无职业病诊断结论的病人，可依据病人的临床表现以及辅助检查结果，作出疾病的诊断，提出相关医学意见或者建议。

第二十九条 职业病诊断机构可以根据诊断需要，聘请其他单位职业病诊断医师参加诊断。必要时，可以邀请相关专业专家提供咨询意见。

第三十条 职业病诊断机构作出职业病诊断结论后，应当出具职业病诊断证明书。职业病诊断证明书应当由参与诊断的取得职业病诊断资格的执业医师签署。

职业病诊断机构应当对职业病诊断医师签署的职业病诊断证明书进行审核，确认诊断的依据与结论符合有关法律法规、标准的要求，并在职业病诊断证明书上盖章。

职业病诊断证明书的书写应当符合相关标准的要求。

职业病诊断证明书一式五份，劳动者一份，用人单位所在地县级卫生健康主管部门一份，用人单位两份，诊断机构存档一份。

职业病诊断证明书应当于出具之日起十五日内由职业病诊断机构送达劳动者、用人单位及用人单位所在地县级卫生健康主管部门。

第三十一条 职业病诊断机构应当建立职业病诊断档案并永久保存，档案应当包括：

（一）职业病诊断证明书；

（二）职业病诊断记录；

（三）用人单位、劳动者和相关部门、机构提交的有关资料；

（四）临床检查与实验室检验等资料。

职业病诊断机构拟不再开展职业病诊断工作的，应当在拟停止开展职业病诊断工作的十五个工作日之前告知省级卫生健康主管部门和所在地县级卫生健康主管部门，妥善处理职业病诊断档案。

第三十二条 职业病诊断机构发现职业病病人或者疑似职业病病人时，应当及时向所在地县级卫生健康主管部门报告。职业病诊断机构应当在作出职业病诊断之日起十五日内通过职业病及健康危害因素监测信息系统进行信息报告，并确保报告信息的完整、真实和准确。

确诊为职业病的，职业病诊断机构可以根据需要，向卫生健康主管部门、用人单位提出专业建议；告知职业病病人依法享有的职业健康权益。

第三十三条 未承担职业病诊断工作的医疗卫生机构，在诊疗活动中发现劳动者的健康损害可能与其所从事的职业有关时,应及时告知劳动者到职业病诊断机构进行职业病诊断。

第四章 鉴 定

第三十四条 当事人对职业病诊断机构作出的职业病诊断有异议的,可以在接到职业病诊断证明书之日起三十日内,向作出诊断的职业病诊断机构所在地设区的市级卫生健康主管部门申请鉴定。

职业病诊断争议由设区的市级以上地方卫生健康主管部门根据当事人的申请组织职业病诊断鉴定委员会进行鉴定。

第三十五条 职业病鉴定实行两级鉴定制,设区的市级职业病诊断鉴定委员会负责职业病诊断争议的首次鉴定。

当事人对设区的市级职业病鉴定结论不服的,可以在接到诊断鉴定书之日起十五日内,向原鉴定组织所在地省级卫生健康主管部门申请再鉴定,省级鉴定为最终鉴定。

第三十六条 设区的市级以上地方卫生健康主管部门可以指定办事机构,具体承担职业病诊断鉴定的组织和日常性工作。职业病鉴定办事机构的职责是:

（一）接受当事人申请；

（二）组织当事人或者接受当事人委托抽取职业病诊断鉴定专家；

（三）组织职业病诊断鉴定会议,负责会议记录、职业病诊断鉴定相关文书的收发及其他事务性工作；

（四）建立并管理职业病诊断鉴定档案；

（五）报告职业病诊断鉴定相关信息；

（六）承担卫生健康主管部门委托的有关职业病诊断鉴定的工作。

职业病诊断机构不能作为职业病鉴定办事机构。

第三十七条 设区的市级以上地方卫生健康主管部门应当向社会公布本行政区域内依法承担职业病诊断鉴定工作的办事机构的名称、工作时间、地点、联系人、联系电话和鉴定工作程序。

第三十八条 省级卫生健康主管部门应当设立职业病诊断鉴定专家库(以下简称专家库),并根据实际工作需要及时调整其成员。专家库可以按照专业类别进行分组。

第三十九条 专家库应当以取得职业病诊断资格的不同专业类别的医师为主要成员,吸收临床相关学科、职业卫生、放射卫生、法律等相关专业的专家组成。专家应当具备下列条件:

（一）具有良好的业务素质和职业道德；

（二）具有相关专业的高级专业技术职务任职资格；

（三）熟悉职业病防治法律法规和职业病诊断标准；

（四）身体健康,能够胜任职业病诊断鉴定工作。

第四十条 参加职业病诊断鉴定的专家,应当由当事人或者由其委托的职业病鉴定办事机构从专家库中按照专业类别以随机抽取的方式确定。抽取的专家组成职业病诊断鉴定委员会(以下简称鉴定委员会)。

经当事人同意,职业病鉴定办事机构可以根据鉴定需要聘请本省、自治区、直辖市以外的相关专业专家作为鉴定委员会成员,并有表决权。

第四十一条 鉴定委员会人数为五人以上单数,其中相关专业职业病诊断医师应当为本次鉴定专家人数的半数以上。疑难病例应当增加鉴定委员会人数,充分听取意见。鉴定委员会设主任委员一名,由鉴定委员会成员推举产生。

职业病诊断鉴定会议由鉴定委员会主任委员主持。

第四十二条 参加职业病诊断鉴定的专家有下列情形之一的,应当回避:

（一）是职业病诊断鉴定当事人或者当事人近亲属的；

（二）已参加当事人职业病诊断或者首次鉴定的；

（三）与职业病诊断鉴定当事人有利害关系的；

（四）与职业病诊断鉴定当事人有其他关系,可能影响鉴定公正的。

第四十三条 当事人申请职业病诊断鉴定时,应当提供以下资料:

（一）职业病诊断鉴定申请书；

（二）职业病诊断证明书；

（三）申请省级鉴定的还应当提交市级职业病诊断鉴定书。

第四十四条 职业病鉴定办事机构应当自收到申请资料之日起五个工作日内完成资料审核,对资料齐全的发给受理通知书；资料不全的,应当场或者在五个工作日内一次性告知当事人补充。资料补充齐全的,应当受理申请并组织鉴定。

职业病鉴定办事机构收到当事人鉴定申请之后,

根据需要可以向原职业病诊断机构或者组织首次鉴定的办事机构调阅有关的诊断、鉴定资料。原职业病诊断机构或者组织首次鉴定的办事机构应当在接到通知之日起十日内提交。

职业病鉴定办事机构应当在受理鉴定申请之日起四十日内组织鉴定、形成鉴定结论，并出具职业病诊断鉴定书。

第四十五条　根据职业病诊断鉴定工作需要，职业病鉴定办事机构可以向有关单位调取与职业病诊断、鉴定有关的资料，有关单位应当如实、及时提供。

鉴定委员会应当听取当事人的陈述和申辩，必要时可以组织进行医学检查，医学检查应当在三十日内完成。

需要了解被鉴定人的工作场所职业病危害因素情况时，职业病鉴定办事机构根据鉴定委员会的意见可以组织对工作场所进行现场调查，或者依法提请卫生健康主管部门组织现场调查。现场调查应当在三十日内完成。

医学检查和现场调查时间不计算在职业病鉴定规定的期限内。

职业病诊断鉴定应当遵循客观、公正的原则，鉴定委员会进行职业病诊断鉴定时，可以邀请有关单位人员旁听职业病诊断鉴定会议。所有参与职业病诊断鉴定的人员应当依法保护当事人的个人隐私、商业秘密。

第四十六条　鉴定委员会应当认真审阅鉴定资料，依照有关规定和职业病诊断标准，经充分合议后，根据专业知识独立进行鉴定。在事实清楚的基础上，进行综合分析，作出鉴定结论，并制作职业病诊断鉴定书。

鉴定结论应当经鉴定委员会半数以上成员通过。

第四十七条　职业病诊断鉴定书应当包括以下内容：

（一）劳动者、用人单位的基本信息及鉴定事由；

（二）鉴定结论及其依据，鉴定为职业病的，应当注明职业病名称、程度（期别）；

（三）鉴定时间。

诊断鉴定书加盖职业病鉴定委员会印章。

首次鉴定的职业病诊断鉴定书一式五份，劳动者、用人单位、用人单位所在地市级卫生健康主管部门、原诊断机构各一份，职业病鉴定办事机构存档一份；省级鉴定的职业病诊断鉴定书一式六份，劳动者、用人单位、用人单位所在地省级卫生健康主管部门、原诊断机构、首次职业病鉴定办事机构各一份，省级职业病鉴定办事机构存档一份。

职业病诊断鉴定书的格式由国家卫生健康委员会统一规定。

第四十八条　职业病鉴定办事机构出具职业病诊断鉴定书后，应当在出具之日起十日内送达当事人，并在出具职业病诊断鉴定书后的十日内将职业病诊断鉴定书等有关信息告知原职业病诊断机构或者首次职业病鉴定办事机构，并通过职业病及健康危害因素监测信息系统报告职业病鉴定相关信息。

第四十九条　职业病鉴定结论与职业病诊断结论或者首次职业病鉴定结论不一致的，职业病鉴定办事机构应当在出具职业病诊断鉴定书后十日内向相关卫生健康主管部门报告。

第五十条　职业病鉴定办事机构应当如实记录职业病诊断鉴定过程，内容应当包括：

（一）鉴定委员会的专家组成；

（二）鉴定时间；

（三）鉴定所用资料；

（四）鉴定专家的发言及其鉴定意见；

（五）表决情况；

（六）经鉴定专家签字的鉴定结论。

有当事人陈述和申辩的，应当如实记录。

鉴定结束后，鉴定记录应当随同职业病诊断鉴定书一并由职业病鉴定办事机构存档，永久保存。

第五章　监督管理

第五十一条　县级以上地方卫生健康主管部门应当定期对职业病诊断机构进行监督检查，检查内容包括：

（一）法律法规、标准的执行情况；

（二）规章制度建立情况；

（三）备案的职业病诊断信息真实性情况；

（四）按照备案的诊断项目开展职业病诊断工作情况；

（五）开展职业病诊断质量控制、参加质量控制评估及整改情况；

（六）人员、岗位职责落实和培训情况；

（七）职业病报告情况。

第五十二条　设区的市级以上地方卫生健康主管部门应当加强对职业病鉴定办事机构的监督管理，对职业病鉴定工作程序、制度落实情况及职业病报告等相关工作情况进行监督检查。

第五十三条　县级以上地方卫生健康主管部门监督检查

时,有权查阅或者复制有关资料,职业病诊断机构应当予以配合。

第六章 法律责任

第五十四条 医疗卫生机构未按照规定备案开展职业病诊断的,由县级以上地方卫生健康主管部门责令改正,给予警告,可以并处三万元以下罚款。

第五十五条 职业病诊断机构有下列行为之一的,其作出的职业病诊断无效,由县级以上地方卫生健康主管部门按照《职业病防治法》的第八十条的规定进行处理:

(一)超出诊疗项目登记范围从事职业病诊断的;

(二)不按照《职业病防治法》规定履行法定职责的;

(三)出具虚假证明文件的。

第五十六条 职业病诊断机构未按照规定报告职业病、疑似职业病的,由县级以上地方卫生健康主管部门按照《职业病防治法》第七十四条的规定进行处理。

第五十七条 职业病诊断机构违反本办法规定,有下列情形之一的,由县级以上地方卫生健康主管部门责令限期改正,逾期不改的,给予警告,并可以根据情节轻重处以三万元以下罚款:

(一)未建立职业病诊断管理制度的;

(二)未按照规定向劳动者公开职业病诊断程序的;

(三)泄露劳动者涉及个人隐私的有关信息、资料的;

(四)未按照规定参加质量控制评估,或者质量控制评估不合格且未按要求整改的;

(五)拒不配合卫生健康主管部门监督检查的。

第五十八条 职业病诊断鉴定委员会组成人员收受职业病诊断争议当事人的财物或者其他好处的,由省级卫生健康主管部门按照《职业病防治法》第八十一条的规定进行处理。

第五十九条 县级以上地方卫生健康主管部门及其工作人员未依法履行职责,按照《职业病防治法》第八十三条第二款规定进行处理。

第六十条 用人单位有下列行为之一的,由县级以上地方卫生健康主管部门按照《职业病防治法》第七十二条规定进行处理:

(一)未按照规定安排职业病病人、疑似职业病病人进行诊治的;

(二)拒不提供职业病诊断、鉴定所需资料的;

(三)未按照规定承担职业病诊断、鉴定费用。

第六十一条 用人单位未按照规定报告职业病、疑似职业病的,由县级以上地方卫生健康主管部门按照《职业病防治法》第七十四条规定进行处理。

第七章 附 则

第六十二条 本办法所称"证据",包括疾病的证据、接触职业病危害因素的证据,以及用于判定疾病与接触职业病危害因素之间因果关系的证据。

第六十三条 本办法自公布之日起施行。原卫生部2013年2月19日公布的《职业病诊断与鉴定管理办法》同时废止。

(4)医疗纠纷相关鉴定

医疗事故技术鉴定暂行办法

1. 2002年7月31日卫生部令第30号公布
2. 自2002年9月1日起施行

第一章 总 则

第一条 为规范医疗事故技术鉴定工作,确保医疗事故技术鉴定工作有序进行,依据《医疗事故处理条例》的有关规定制定本办法。

第二条 医疗事故技术鉴定工作应当按照程序进行,坚持实事求是的科学态度,做到事实清楚、定性准确、责任明确。

第三条 医疗事故技术鉴定分为首次鉴定和再次鉴定。

设区的市级和省、自治区、直辖市直接管辖的县(市)级地方医学会负责组织专家鉴定组进行首次医疗事故技术鉴定工作。

省、自治区、直辖市地方医学会负责组织医疗事故争议的再次鉴定工作。

负责组织医疗事故技术鉴定工作的医学会(以下简称医学会)可以设立医疗事故技术鉴定工作办公室,具体负责有关医疗事故技术鉴定的组织和日常工作。

第四条 医学会组织专家鉴定组,依照医疗卫生管理法律、行政法规、部门规章和诊疗护理技术操作规范、常规,运用医学科学原理和专业知识,独立进行医疗事故技术鉴定。

第二章 专家库的建立

第五条 医学会应当建立专家库。专家库应当依据学科专业组名录设置学科专业组。

医学会可以根据本地区医疗工作和医疗事故技术鉴定实际,对本专家库学科专业组设立予以适当增减和调整。

第六条 具备下列条件的医疗卫生专业技术人员可以成为专家库候选人:

(一)有良好的业务素质和执业品德;

(二)受聘于医疗卫生机构或者医学教学、科研机构并担任相应专业高级技术职务3年以上;

(三)健康状况能够胜任医疗事故技术鉴定工作。

符合前款(一)、(三)项规定条件并具备高级技术职务任职资格的法医可以受聘进入专家库。

负责首次医疗事故技术鉴定工作的医学会原则上聘请本行政区域内的专家建立专家库;当本行政区域内的专家不能满足建立专家库需要时,可以聘请本省、自治区、直辖市范围内的专家进入本专家库。

负责再次医疗事故鉴定工作的医学会原则上聘请本省、自治区、直辖市范围内的专家建立专家库;当本省、自治区、直辖市范围内的专家不能满足建立专家库需要时,可以聘请其他省、自治区、直辖市的专家进入本专家库。

第七条 医疗卫生机构或医学教学、科研机构、同级的医药卫生专业学会应当按照医学会要求,推荐专家库成员候选人;符合条件的个人经所在单位同意后也可以直接向组建专家库的医学会申请。

医学会对专家库成员候选人进行审核。审核合格的,予以聘任,并发给中华医学会统一格式的聘书。

符合条件的医疗卫生专业技术人员和法医,有义务受聘进入专家库。

第八条 专家库成员聘用期为4年。在聘用期间出现下列情形之一的,应当由专家库成员所在单位及时报告医学会,医学会应根据实际情况及时进行调整:

(一)因健康原因不能胜任医疗事故技术鉴定的;

(二)变更受聘单位或被解聘的;

(三)不具备完全民事行为能力的;

(四)受刑事处罚的;

(五)省级以上卫生行政部门规定的其他情形。

聘用期满需继续聘用的,由医学会重新审核、聘用。

第三章 鉴定的提起

第九条 双方当事人协商解决医疗事故争议,需进行医疗事故技术鉴定的,应共同书面委托医疗机构所在地负责首次医疗事故技术鉴定工作的医学会进行医疗事故技术鉴定。

第十条 县级以上地方人民政府卫生行政部门接到医疗机构关于重大医疗过失行为的报告或者医疗事故争议当事人要求处理医疗事故争议的申请后,对需要进行医疗事故技术鉴定的,应当书面移交负责首次医疗事故技术鉴定工作的医学会组织鉴定。

第十一条 协商解决医疗事故争议涉及多个医疗机构的,应当由涉及的所有医疗机构与患者共同委托其中任何一所医疗机构所在地负责组织首次医疗事故技术鉴定工作的医学会进行医疗事故技术鉴定。

医疗事故争议涉及多个医疗机构,当事人申请卫生行政部门处理的,只可以向其中一所医疗机构所在地卫生行政部门提出处理申请。

第四章 鉴定的受理

第十二条 医学会应当自受理医疗事故技术鉴定之日起5日内,通知医疗事故争议双方当事人按照《医疗事故处理条例》第二十八条规定提交医疗事故技术鉴定所需的材料。

当事人应当自收到医学会的通知之日起10日内提交有关医疗事故技术鉴定的材料、书面陈述及答辩。

对不符合受理条件的,医学会不予受理。不予受理的,医学会应说明理由。

第十三条 有下列情形之一的,医学会不予受理医疗事故技术鉴定:

(一)当事人一方直接向医学会提出鉴定申请的;

(二)医疗事故争议涉及多个医疗机构,其中一所医疗机构所在地的医学会已经受理的;

(三)医疗事故争议已经人民法院调解达成协议或判决的;

(四)当事人已向人民法院提起民事诉讼的(司法机关委托的除外);

(五)非法行医造成患者身体健康损害的;

(六)卫生部规定的其他情形。

第十四条 委托医学会进行医疗事故技术鉴定,应当按规定缴纳鉴定费。

第十五条 双方当事人共同委托医疗事故技术鉴定的,由双方当事人协商预先缴纳鉴定费。

卫生行政部门移交进行医疗事故技术鉴定的,由提出医疗事故争议处理的当事人预先缴纳鉴定费。经鉴定属于医疗事故的,鉴定费由医疗机构支付;经鉴定不属于医疗事故的,鉴定费由提出医疗事故争议处理申请的当事人支付。

县级以上地方人民政府卫生行政部门接到医疗机构关于重大医疗过失行为的报告后,对需要移交医学会进行医疗事故技术鉴定的,鉴定费由医疗机构支付。

第十六条 有下列情形之一的,医学会中止组织医疗事故技术鉴定:

（一）当事人未按规定提交有关医疗事故技术鉴定材料的;

（二）提供的材料不真实的;

（三）拒绝缴纳鉴定费的;

（四）卫生部规定的其他情形。

第五章 专家鉴定组的组成

第十七条 医学会应当根据医疗事故争议所涉及的学科专业,确定专家鉴定组的构成和人数。

专家鉴定组组成人数应为3人以上单数。

医疗事故争议涉及多学科专业的,其中主要学科专业的专家不得少于专家鉴定组成员的二分之一。

第十八条 医学会应当提前通知双方当事人,在指定时间、指定地点,从专家库相关学科专业组中随机抽取专家鉴定组成员。

第十九条 医学会主持双方当事人抽取专家鉴定组成员前,应当将专家库相关学科专业组中专家姓名、专业、技术职务、工作单位告知双方当事人。

第二十条 当事人要求专家库成员回避的,应当说明理由。符合下列情形之一的,医学会应当将回避的专家名单撤出,并经当事人签字确认后记录在案:

（一）医疗事故争议当事人或者当事人的近亲属的;

（二）与医疗事故争议有利害关系的;

（三）与医疗事故争议当事人有其他关系,可能影响公正鉴定的。

第二十一条 医学会对当事人准备抽取的专家进行随机编号,并主持双方当事人随机抽取相同数量的专家编号,最后一个专家由医学会随机抽取。

双方当事人还应当按照上款规定的方法各自随机抽取一个专家作为候补。

涉及死因、伤残等级鉴定的,应当按照前款规定由双方当事人各自随机抽取一名法医参加鉴定组。

第二十二条 随机抽取结束后,医学会当场向双方当事人公布所抽取的专家鉴定组成员和候补成员的编号并记录在案。

第二十三条 现有专家库成员不能满足鉴定工作需要时,医学会应当向双方当事人说明,并经双方当事人同意,可以从本省、自治区、直辖市其他医学会专家库中抽取相关学科专业组的专家参加专家鉴定组;本省、自治区、直辖市医学会专家库成员不能满足鉴定工作需要时,可以从其他省、自治区、直辖市医学会专家库中抽取相关学科专业组的专家参加专家鉴定组。

第二十四条 从其他医学会建立的专家库中抽取的专家无法到场参加医疗事故技术鉴定,可以以函件的方式提出鉴定意见。

第二十五条 专家鉴定组成员确定后,在双方当事人共同在场的情况下,由医学会对封存的病历资料启封。

第二十六条 专家鉴定组应当认真审查双方当事人提交的材料,妥善保管鉴定材料,保护患者的隐私,保守有关秘密。

第六章 医疗事故技术鉴定

第二十七条 医学会应当自接到双方当事人提交的有关医疗事故技术鉴定的材料、书面陈述及答辩之日起45日内组织鉴定并出具医疗事故技术鉴定书。

第二十八条 医学会可以向双方当事人和其他相关组织、个人进行调查取证,进行调查取证时不得少于2人。调查取证结束后,调查人员和调查对象应当在有关文书上签字。如调查对象拒绝签字的,应当记录在案。

第二十九条 医学会应当在医疗事故技术鉴定7日前,将鉴定的时间、地点、要求等书面通知双方当事人。双方当事人应当按照通知的时间、地点、要求参加鉴定。

参加医疗事故技术鉴定的双方当事人每一方人数不超过3人。

任何一方当事人无故缺席、自行退席或拒绝参加鉴定的,不影响鉴定的进行。

第三十条 医学会应当在医疗事故技术鉴定7日前书面通知专家鉴定组成员。专家鉴定组成员接到医学会通知后认为自己应当回避的,应当于接到通知时及时提出书面回避申请,并说明理由;因其他原因无法参加医疗事故技术鉴定的,应当于接到通知时及时书面告知医学会。

第三十一条 专家鉴定组成员因回避或因其他原因无法参加医疗事故技术鉴定时,医学会应当通知相关学科专业组候补成员参加医疗事故技术鉴定。

专家鉴定组成员因不可抗力因素未能及时告知医学会不能参加鉴定或虽告知但医学会无法按规定组成专家鉴定组的,医疗事故技术鉴定可以延期进行。

第三十二条 专家鉴定组组长由专家鉴定组成员推选产生,也可以由医疗事故争议所涉及的主要学科专家中具有最高专业技术职务任职资格的专家担任。

第三十三条 鉴定由专家鉴定组组长主持,并按照以下程序进行:

(一)双方当事人在规定的时间内分别陈述意见和理由。陈述顺序先患方,后医疗机构;

(二)专家鉴定组成员根据需要可以提问,当事人应当如实回答。必要时,可以对患者进行现场医学检查;

(三)双方当事人退场;

(四)专家鉴定组对双方当事人提供的书面材料、陈述及答辩等进行讨论;

(五)经合议,根据半数以上专家鉴定组成员的一致意见形成鉴定结论。专家鉴定组成员在鉴定结论上签名。专家鉴定组成员对鉴定结论的不同意见,应当予以注明。

第三十四条 医疗事故技术鉴定书应当根据鉴定结论作出,其文稿由专家鉴定组组长签发。

医疗事故技术鉴定书盖医学会医疗事故技术鉴定专用印章。

医学会应当及时将医疗事故技术鉴定书送达移交鉴定的卫生行政部门,经卫生行政部门审核,对符合规定作出的医疗事故技术鉴定结论,应当及时送达双方当事人;由双方当事人共同委托的,直接送达双方当事人。

第三十五条 医疗事故技术鉴定书应当包括下列主要内容:

(一)双方当事人的基本情况及要求;

(二)当事人提交的材料和医学会的调查材料;

(三)对鉴定过程的说明;

(四)医疗行为是否违反医疗卫生管理法律、行政法规、部门规章和诊疗护理规范、常规;

(五)医疗过失行为与人身损害后果之间是否存在因果关系;

(六)医疗过失行为在医疗事故损害后果中的责任程度;

(七)医疗事故等级;

(八)对医疗事故患者的医疗护理医学建议。

经鉴定为医疗事故的,鉴定结论应当包括上款(四)至(八)项内容;经鉴定不属于医疗事故的,应当在鉴定结论中说明理由。

医疗事故技术鉴定书格式由中华医学会统一制定。

第三十六条 专家鉴定组应当综合分析医疗过失行为在导致医疗事故损害后果中的作用、患者原有疾病状况等因素,判定医疗过失行为的责任程度。医疗事故中医疗过失行为责任程度分为:

(一)完全责任,指医疗事故损害后果完全由医疗过失行为造成。

(二)主要责任,指医疗事故损害后果主要由医疗过失行为造成,其他因素起次要作用。

(三)次要责任,指医疗事故损害后果主要由其他因素造成,医疗过失行为起次要作用。

(四)轻微责任,指医疗事故损害后果绝大部分由其他因素造成,医疗过失行为起轻微作用。

第三十七条 医学会参加医疗事故技术鉴定会的工作人员,应如实记录鉴定会过程和专家的意见。

第三十八条 因当事人拒绝配合,无法进行医疗事故技术鉴定的,应当终止本次鉴定,由医学会告知移交鉴定的卫生行政部门或共同委托鉴定的双方当事人,说明不能鉴定的原因。

第三十九条 医学会对经卫生行政部门审核认为参加鉴定的人员资格和专业类别或者鉴定程序不符合规定,需要重新鉴定的,应当重新组织鉴定。重新鉴定时不得收取鉴定费。

如参加鉴定的人员资格和专业类别不符合规定的,应当重新抽取专家,组成专家鉴定组进行重新鉴定。

如鉴定的程序不符合规定而参加鉴定的人员资格和专业类别符合规定的,可以由原专家鉴定组进行重新鉴定。

第四十条 任何一方当事人对首次医疗事故技术鉴定结论不服的,可以自收到首次医疗事故技术鉴定书之日起 15 日内,向原受理医疗事故争议处理申请的卫生行政部门提出再次鉴定的申请,或由双方当事人共同委托省、自治区、直辖市医学会组织再次鉴定。

第四十一条 县级以上地方人民政府卫生行政部门对发生医疗事故的医疗机构和医务人员进行行政处理时,应当以最后的医疗事故技术鉴定结论作为处理依据。

第四十二条 当事人对鉴定结论无异议,负责组织医疗事故技术鉴定的医学会应当及时将收到的鉴定材料中的病历资料原件等退还当事人,并保留有关复印件。

当事人提出再次鉴定申请的,负责组织首次医疗事故技术鉴定的医学会应当及时将收到的鉴定材料移送负责组织再次医疗事故技术鉴定的医学会。

第四十三条 医学会应当将专家鉴定组成员签名的鉴定结论、由专家鉴定组组长签发的医疗事故技术鉴定书文稿和复印或者复制的有关病历资料等存档,保存期限不得少于 20 年。

第四十四条 在受理医患双方共同委托医疗事故技术鉴定后至专家鉴定组作出鉴定结论前,双方当事人或者一方当事人提出停止鉴定的,医疗事故技术鉴定终止。

第四十五条 医学会应当于每年 3 月 31 日前将上一年度医疗事故技术鉴定情况报同级卫生行政部门。

第七章 附 则

第四十六条 必要时,对疑难、复杂并在全国有重大影响的医疗事故争议,省级卫生行政部门可以商请中华医学会组织医疗事故技术鉴定。

第四十七条 本办法由卫生部负责解释。

第四十八条 本办法自 2002 年 9 月 1 日起施行。

医院感染诊断标准(试行)

1. 2001 年 1 月 2 日卫生部发布
2. 卫医发[2001]2 号

医院感染定义

医院感染(Nosocomial Infection,Hospital Infection 或 Hospital acquired Infection)是指住院病人在医院内获得的感染,包括在住院期间发生的感染和在医院内获得出院后发生的感染;但不包括入院前已开始或入院时已存在的感染。医院工作人员在医院内获得的感染也属医院感染。

说明:

一、下列情况属于医院感染

1. 无明确潜伏期的感染,规定入院 48 小时后发生的感染为医院感染;有明确潜伏期的感染,自入院时起超过平均潜伏期后发生的感染为医院感染。

2. 本次感染直接与上次住院有关。

3. 在原有感染基础上出现其他部位新的感染(除外脓毒血症迁徙灶),或在原感染已知病原体基础上又分离出新的病原体(排除污染和原来的混合感染)的感染。

4. 新生儿在分娩过程中和产后获得的感染。

5. 由于诊疗措施激活的潜在性感染,如疱疹病毒、结核杆菌等的感染。

6. 医务人员在医院工作期间获得的感染。

二、下列情况不属于医院感染

1. 皮肤粘膜开放性伤口只有细菌定植而无炎症表现。

2. 由于创伤或非生物性因子刺激而产生的炎症表现。

3. 新生儿经胎盘获得(出生后 48 小时内发病)的感染,如单纯疱疹、弓形体病、水痘等。

4. 患者原有的慢性感染在医院内急性发作。

医院感染按临床诊断报告,力求做出病原学诊断。

呼 吸 系 统

一、上呼吸道感染

临床诊断

发热(≥38.0℃超过 2 天),有鼻咽、鼻旁窦和扁桃腺等上呼吸道急性炎症表现。

病原学诊断

临床诊断基础上,分泌物涂片或培养可发现有意义的病原微生物。

说明:

必须排除普通感冒和非感染性病因(如过敏等)所致的上呼吸道急性炎症。

二、下呼吸道感染

临床诊断

符合下述两条之一即可诊断。

1. 患者出现咳嗽、痰粘稠,肺部出现湿罗音,并有下列情况之一:

(1)发热。

(2)白细胞总数和(或)嗜中性粒细胞比例增高。

(3)X 线显示肺部有炎性浸润性病变。

2. 慢性气道疾患患者稳定期(慢性支气管炎伴或不伴阻塞性肺气肿、哮喘、支气管扩张症)继发急性感染,并有病原学改变或X线胸片显示与入院时比较有明显改变或新病变。

病原学诊断

临床诊断基础上,符合下述六条之一即可诊断。

1. 经筛选的痰液,连续两次分离到相同病原体。
2. 痰细菌定量培养分离病原菌数≥10^6cfu/ml。
3. 血培养或并发胸腔积液者的胸液分离到病原体。
4. 经纤维支气管镜或人工气道吸引采集的下呼吸道分泌物病原菌数≥10^5cfu/ml;经支气管肺泡灌洗(BAL)分离到病原菌数≥10^4cfu/ml;或经防污染标本刷(PSB)、防污染支气管肺泡灌洗(PBAL)采集的下呼吸道分泌物分离到病原菌,而原有慢性阻塞性肺病包括支气管扩张者病原菌数必须≥10^3cfu/ml。
5. 痰或下呼吸道采样标本中分离到通常非呼吸道定植的细菌或其他特殊病原体。
6. 免疫血清学、组织病理学的病原学诊断证据。

说明:

1. 痰液筛选的标准为痰液涂片镜检鳞状上皮细胞<10个/低倍视野和白细胞>25个/低倍视野或鳞状上皮细胞:白细胞≤1:2.5;免疫抑制和粒细胞缺乏患者见到柱状上皮细胞或锥状上皮细胞与白细胞同时存在,白细胞数量可以不严格限定。
2. 应排除非感染性原因如肺栓塞、心力衰竭、肺水肿、肺癌等所致的下呼吸道的胸片的改变。
3. 病变局限于气道者为医院感染气管—支气管炎;出现肺实质炎症(X线显示)为医院感染肺炎(包括肺脓肿),报告时需分别标明。

三、胸膜腔感染

临床诊断

发热,胸痛,胸水外观呈脓性、或带臭味、常规检查白细胞计数≥$1000×10^6$/L。

病原学诊断

临床诊断基础上,符合下述两条之一即可诊断。

1. 胸水培养分离到病原菌。
2. 胸水普通培养无菌生长,但涂片见到细菌。

说明:

1. 胸水发现病原菌,则不论胸水性状和常规检查结果如何,均可作出病原学诊断。
2. 应强调胸水的厌氧菌培养。
3. 邻近部位感染自然扩散而来的胸膜腔感染,如并发于肺炎、支气管胸膜瘘、肝脓肿者不列为医院感染;诊断操作促使感染扩散者则属医院感染。若肺炎系医院感染,如其并发脓胸按医院感染肺炎报告,另加注括号标明脓胸。
4. 结核性胸膜炎自然演变成结核性脓胸不属于医院感染。
5. 病人同时有上呼吸道和下呼吸道感染时,仅需报告下呼吸道感染。

心血管系统

一、侵犯心脏瓣膜(包括人工心瓣膜)的心内膜炎

临床诊断

病人至少有下列症状或体征中的两项且无其他明确原因可以解释:发热、新出现心脏杂音或杂音发生变化、栓塞性改变、皮肤异常表现(如淤斑、出血、疼痛性皮下肿块)、充血性心力衰竭、心脏传导异常,并合并有下列情况之一:

1. 外科手术或病理组织学发现心脏赘生物。
2. 超声心动图发现赘生物的证据。

病原学诊断

临床诊断基础上,符合下述三条之一即可诊断。

1. 心脏瓣膜或赘生物培养出病原体。
2. 临床诊断基础上,两次或多次血液培养阳性。
3. 临床诊断基础上,心脏瓣膜革兰染色发现病原菌。

二、心肌炎或心包炎

临床诊断

符合下述两条之一即可诊断。

1. 病人至少有下列症状或体征中的两项且无其他明确原因可以解释:发热、胸痛、奇脉、心脏扩大,并合并有下列情况之一:

(1) 有心肌炎或心包炎的异常心电图改变。
(2) 心脏组织病理学检查证据。
(3) 影像学发现心包渗出。

2. 病人≤1岁至少有下列症状或体征中的两项且无其他明确原因可以解释:发热、胸痛、奇脉或心脏扩大,呼吸暂停,心动过缓,并至少有下列情况之一:

(1) 有心肌炎或心包炎的异常心电图改变。
(2) 心脏组织病理学检查证据。
(3) 影像学发现心包渗出。

病原学诊断

临床诊断基础上,符合下述两条之一即可诊断。

1. 心包组织培养出病原菌或外科手术/针吸取物培养出病原体。

2. 在临床诊断基础上,血中抗体阳性(如流感嗜血杆菌、肺炎球菌),并排除其他部位感染。

血 液 系 统

一、血管相关性感染

临床诊断

符合下述三条之一即可诊断。

1. 静脉穿刺部位有脓液排出,或有弥散性红斑(蜂窝组织炎的表现)。

2. 沿导管的皮下走行部位出现疼痛性弥散性红斑并除外理化因素所致。

3. 经血管介入性操作,发热 >38℃,局部有压痛,无其他原因可解释。

病原学诊断

导管尖端培养和/或血液培养分离出有意义的病原微生物。

说明:

1. 导管管尖培养其接种方法应取导管尖端 5cm,在血平板表面往返滚动一次,细菌菌数 ≥15cfu/平板即为阳性。

2. 从穿刺部位抽血定量培养,细菌菌数 ≥100cfu/ml,或细菌菌数相当于对侧同时取血培养的 4—10 倍;或对侧同时取血培养出同种细菌。

二、败血症

临床诊断

发热 >38℃ 或低体温 <36℃,可伴有寒战,并合并下列情况之一:

1. 有入侵门户或迁徙病灶。

2. 有全身中毒症状而无明显感染灶。

3. 有皮疹或出血点、肝脾肿大、血液中性粒细胞增多伴核左移,且无其他原因可以解释。

4. 收缩压低于 12kPa(90mmHg),或较原收缩压下降超过 5.3kPa(40mmHg)。

病原学诊断

临床诊断基础上,符合下述两条之一即可诊断。

1. 血液培养分离出病原微生物。

2. 血液中检测到病原体的抗原物质。

说明:

1. 入院时有经血液培养证实的败血症,在入院后血液培养又出新的非污染菌,或医院败血症过程中又出现新的非污染菌,均属另一次医院感染败血症。

2. 血液培养分离出常见皮肤菌,如类白喉杆菌、肠杆菌、凝固酶阴性葡萄球菌、丙酸杆菌等,需不同时间采血,有两次或多次培养阳性。

3. 血液中发现有病原体抗原物质,如流感嗜血杆菌、肺炎链球菌、乙种溶血性链球菌,必须与症状、体征相符,且与其他感染部位无关。

4. 血管相关败(菌)血症属于此条,导管相关动静脉炎计入心血管感染。

5. 血培养有多种菌生长,在排除污染后可考虑复数菌败血症。

三、输血相关感染

常见有病毒性肝炎(乙、丙、丁、庚型等)、艾滋病、巨细胞病毒感染、疟疾、弓形体病等。

临床诊断

必须同时符合下述三种情况才可诊断。

1. 从输血至发病,或从输血至血液中出现病原免疫学标志物的时间超过该病原体感染的平均潜伏期。

2. 受血者受血前从未有过该种感染,免疫学标志物阴性。

3. 证实供血员血液存在感染性物质,如:血中查到病原体、免疫学标志物阳性、病原 DNA 或 RNA 阳性等。

病原学诊断

临床诊断基础上,符合下述四条之一即可诊断。

1. 血液中找到病原体。

2. 血液特异性病原体抗原检测阳性,或其血清在 IgM 抗体效价达到诊断水平,或双份血清 IgG 呈 4 倍升高。

3. 组织或体液涂片找到包涵体。

4. 病理活检证实。

说明:

1. 病人可有症状、体征,也可仅有免疫学改变。

2. 艾滋病潜伏期长,受血者在受血后 6 个月内可出现 HIV 抗体阳性,后者可作为初步诊断依据,但需进一步进行确证试验。

腹部和消化系统

一、感染性腹泻

临床诊断

符合下述三条之一即可诊断。

1. 急性腹泻,粪便常规镜检白细胞≥10个/高倍视野。
2. 急性腹泻,或伴发热、恶心、呕吐、腹痛等。
3. 急性腹泻每天3次以上,连续2天,或1天水泻5次以上。

病原学诊断

临床诊断基础上,符合下述四条之一即可诊断。
1. 粪便或肛拭子标本培养出肠道病原体。
2. 常规镜检或电镜直接检出肠道病原体。
3. 从血液或粪便中检出病原体的抗原或抗体,达到诊断标准。
4. 从组织培养的细胞病理变化(如毒素测定)判定系肠道病原体所致。

说明:
1. 急性腹泻次数应≥3次/24小时。
2. 应排除慢性腹泻的急性发作及非感染性因素如诊断治疗原因、基础疾病、心理紧张等所致的腹泻。

二、胃肠道感染

临床诊断

患者出现发热(≥38℃)、恶心、呕吐和(或)腹痛、腹泻,无其他原因可解释。

病原学诊断

临床诊断基础上,符合下述三条之一即可诊断。
1. 从外科手术或内镜取得组织标本或外科引流液培养出病原体。
2. 上述标本革兰染色或氢氧化钾浮载片可见病原体、多核巨细胞。
3. 手术或内镜标本显示感染的组织病理学证据。

三、抗菌药物相关性腹泻

临床诊断

近期曾应用或正在应用抗生素,出现腹泻,可伴大便性状改变如水样便、血便、粘液脓血便或见斑块条索状伪膜,可合并下列情况之一:
1. 发热≥38℃。
2. 腹痛或腹部压痛、反跳痛。
3. 周围血白细胞升高。

病原学诊断

临床诊断基础上,符合下述三条之一即可诊断。
1. 大便涂片有菌群失调或培养发现有意义的优势菌群。
2. 如情况许可时作纤维结肠镜检查见肠壁充血、水肿、出血,或见到2—20mm灰黄(白)色斑块伪膜。
3. 细菌毒素测定证实。

说明:
1. 急性腹泻次数≥3次/24小时。
2. 应排除慢性肠炎急性发作或急性胃肠道感染及非感染性原因所致的腹泻。

四、病毒性肝炎

临床诊断

有输血或应用血制品史、不洁食物史、肝炎接触史,出现下述症状或体征中的任何两项并有肝功能异常,无其他原因可解释。
1. 发热。
2. 厌食。
3. 恶心、呕吐。
4. 肝区疼痛。
5. 黄疸。

病原学诊断

在临床诊断基础上,血清甲、乙、丙、丁、戊、庚等任何一种肝炎病毒活动性标志物阳性。

说明:

应排除非感染性病因(如:a1—抗胰蛋白酶缺乏、酒精、药物等)和胆道疾病引起的肝炎或损害。

五、腹(盆)腔内组织感染

包括胆囊、胆道、肝、脾、胰、腹膜、膈下、盆腔、其他组织或腔隙的急性感染,含持续腹膜透析继发性腹膜炎。

临床诊断

具有下列症状、体征中任何两项,无其他原因可以解释,同时有检验、影像学检查的相应异常发现。
1. 发热≥38℃。
2. 恶心、呕吐。
3. 腹痛、腹部压痛或反跳痛或触及包块状物伴触痛。
4. 黄疸。

病原学诊断

在临床诊断基础上,符合下述两条之一即可诊断。
1. 经手术切除、引流管、穿刺吸引或内镜获取的标本检出病原体。
2. 血培养阳性,且与局部感染菌相同或与临床相符。

说明:
1. 应排除非生物因子引起的炎症反应及慢性感染

的急性发作。

2. 原发性脏器穿孔所致的感染不计为医院感染。

六、腹水感染

临床诊断

腹水原为漏出液,出现下述两条之一即可诊断。

1. 腹水检查变为渗出液。
2. 腹水不易消除,出现腹痛、腹部压痛或反跳痛。腹水常规检查白细胞 $> 200 \times 10^6/L$,中性粒细胞 $> 25\%$。

病原学诊断

临床诊断基础上,腹水细菌培养阳性。

中枢神经系统

一、细菌性脑膜炎、脑室炎

临床诊断

符合下述三条之一即可诊断。

1. 发热、颅高压症状(头痛、呕吐、婴儿前囟张力高、意识障碍)之一、脑膜刺激征(颈抵抗、布、克氏征阳性、角弓反张)之一、脑脊液(CSF)炎性改变。
2. 发热、颅高压症状、脑膜刺激症、及脑脊液白细胞轻至中度升高,或经抗菌药物治疗后症状体征消失,脑脊液恢复正常。
3. 在应用抗生素过程中,出现发热、不典型颅高压症状体征、脑脊液白细胞轻度增多,并具有下列情况之一:
   (1)脑脊液中抗特异性病原体的 IgM 达诊断标准,或 IgG 呈 4 倍升高,或脑脊液涂片找到细菌。
   (2)有颅脑侵袭性操作(如颅脑手术、颅内穿刺、颅内植入物)史,或颅脑外伤或腰椎穿刺史。
   (3)脑膜附近有感染灶(如头皮切口感染、颅骨骨髓炎等)或有脑脊液漏者。
   (4)新生儿血培养阳性。

病原学诊断

临床诊断基础上,符合下述三条之一即可诊断。

1. 脑脊液中培养出病原菌。
2. 脑脊液病原微生物免疫学检测阳性。
3. 脑脊液涂片找到病原菌。

说明:

1. 一岁以内婴儿有发热($>38℃$)或低体温($<36℃$),出现意识障碍、呼吸暂停或抽搐,如无其他原因可解释,应疑有脑膜炎并及时进行相关检查。
2. 老年人反应性低,可仅有嗜睡、意识活动减退、定向困难表现,应及时进行相关检查。
3. 细菌性脑膜炎与创伤性脑膜炎、脑瘤脑膜反应的区别要点是脑脊液糖量的降低,C—反应蛋白增高等。

二、颅内脓肿(包括脑脓肿、硬膜下和硬膜外脓肿等)

临床诊断

符合下述两条之一即可诊断。

1. 发热、颅高压症状之一、颅内占位体征(功能区定位征),并具有以下影像学检查证据之一:
   (1)CT 扫描。
   (2)脑血管造影。
   (3)核磁共振扫描。
   (4)核素扫描。
2. 外科手术证实。

病原学诊断

临床诊断基础上,穿刺脓液或组织活检找到病原体,或细菌培养阳性。

三、椎管内感染

包括硬脊膜下脓肿和脊髓内脓肿。

临床诊断

符合下述两条之一即可诊断。

1. 发热、有神经定位症状和体征或局限性腰背痛和脊柱运动受限,并具有下列情况之一:
   (1)棘突及棘突旁有剧烈压痛及叩击痛。
   (2)神经根痛。
   (3)完全或不完全脊髓压迫征。
   (4)检查证实:脊髓 CT、椎管内碘油造影、核磁共振、X 线平片、脑脊液蛋白及白细胞增加并奎氏试验有部分或完全性椎管梗阻。
2. 手术证实。

病原学诊断

手术引流液细菌培养阳性。

说明:

1. 并发脑膜炎的椎管内感染,归入细菌性脑膜炎统计报告。
2. 此类医院感染少见,多发生于败血症、脊柱邻近部位有炎症、脊柱外伤或手术有高位椎管麻醉史者。
3. 应排除败血症的转移性病灶或脊柱及其临近部位炎症的扩散所致。

泌 尿 系 统

临床诊断

患者出现尿频、尿急、尿痛等尿路刺激症状,或有

下腹触痛、肾区叩痛,伴或不伴发热,并具有下列情况之一:

1. 尿检白细胞男性≥5个/高倍视野,女性≥10个/高倍视野,插导尿管患者应结合尿培养。

2. 临床已诊断为泌尿道感染,或抗菌治疗有效而认定的泌尿道感染。

病原学诊断

临床诊断基础上,符合下述四条之一即可诊断。

1. 清洁中段尿或导尿留取尿液(非留置导尿)培养革兰阳性球菌菌数≥10^4cfu/ml、革兰阴性杆菌菌数≥10^5cfu/ml。

2. 耻骨联合上膀胱穿刺留取尿液培养细菌菌数≥10^3cfu/ml。

3. 新鲜尿液标本经离心应用相差显微镜检查(1×400),在30个视野中有半数视野见到细菌。

4. 无症状性菌尿症:患者虽然无症状,但在近期(通常为1周)有内镜检查或留置导尿史,尿液培养革兰阳性球菌浓度≥10^4cfu/ml、革兰阴性杆菌浓度≥10^5cfu/ml,应视为泌尿系统感染。

说明:

1. 非导尿或穿刺尿液标本细菌培养结果为两种或两种以上细菌,需考虑污染可能,建议重新留取标本送检。

2. 尿液标本应及时接种。若尿液标本在室温下放置超过2小时,即使其接种培养结果细菌菌数≥10^4或10^5cfu/ml,亦不应作为诊断依据,应予重新留取标本送检。

3. 影像学、手术、组织病理或其他方法证实的、可定位的泌尿系统(如肾、肾周围组织、输尿管、膀胱、尿道)感染,报告时应分别标明。

手术部位

一、表浅手术切口感染

仅限于切口涉及的皮肤和皮下组织,感染发生于术后30天内。

临床诊断

具有下述两条之一即可诊断。

1. 表浅切口有红、肿、热、痛,或有脓性分泌物。

2. 临床医师诊断的表浅切口感染。

病原学诊断

临床诊断基础上细菌培养阳性。

说明:

1. 创口包括外科手术切口和意外伤害所致伤口,为避免混乱,不用"创口感染"一词,与伤口有关感染参见皮肤软组织感染诊断标准。

2. 切口缝合针眼处有轻微炎症和少许分泌物不属于切口感染。

3. 切口脂肪液化,液体清亮,不属于切口感染。

二、深部手术切口感染

无植入物手术后30天内、有植入物(如人工心脏瓣膜、人造血管、机械心脏、人工关节等)术后1年内发生的与手术有关并涉及切口深部软组织(深筋膜和肌肉)的感染。

临床诊断

符合上述规定,并具有下述四条之一即可诊断。

1. 从深部切口引流出或穿刺抽到脓液,感染性手术后引流液除外。

2. 自然裂开或由外科医师打开的切口,有脓性分泌物或有发热≥38℃,局部有疼痛或压痛。

3. 再次手术探查、经组织病理学或影像学检查发现涉及深部切口脓肿或其他感染证据。

4. 临床医师诊断的深部切口感染。

病原学诊断

临床诊断基础上,分泌物细菌培养阳性。

三、器官(或腔隙)感染

无植入物手术后30天、有植入物手术后1年内发生的与手术有关(除皮肤、皮下、深筋膜和肌肉以外)的器官或腔隙感染。

临床诊断

符合上述规定,并具有下述三条之一即可诊断。

1. 引流或穿刺有脓液。

2. 再次手术探查、经组织病理学或影像学检查发现涉及器官(或腔隙)感染的证据。

3. 由临床医师诊断的器官(或腔隙)感染。

病原学诊断

临床诊断基础上,细菌培养阳性。

说明:

1. 临床和(或)有关检查显示典型的手术部位感染,即使细菌培养阴性,亦可以诊断。

2. 手术切口浅部和深部均有感染时,仅需报告深部感染。

3. 经切口引流所致器官(或腔隙)感染,不须再次手术者,应视为深部切口感染。

皮肤和软组织

一、皮肤感染
临床诊断

符合下述两条之一即可诊断。
1. 皮肤有脓性分泌物、脓疱、疖肿等。
2. 患者有局部疼痛或压痛,局部红肿或发热,无其他原因解释者。

病原学诊断

临床诊断基础上,符合下述两条之一即可诊断。
1. 从感染部位的引流物或抽吸物中培养出病原体。
2. 血液或感染组织特异性病原体抗原检测阳性。

二、软组织感染

软组织感染包括:坏死性筋膜炎、感染性坏疽、坏死性蜂窝组织炎、感染性肌炎、淋巴结炎及淋巴管炎。

临床诊断

符合下述三条之一即可诊断。
1. 从感染部位引流出脓液。
2. 外科手术或组织病理检查证实有感染。
3. 患者有局部疼痛或压痛、局部红肿或发热,无其他原因解释。

病原学诊断

临床诊断基础上,符合下述两条之一即可诊断。
1. 血液特异性病原体抗原检测阳性,或血清 IgM 抗体效价达到诊断水平,或双份血清 IgG 呈 4 倍升高。
2. 从感染部位的引流物或组织中培养出病原体。

三、褥疮感染

褥疮感染包括:褥疮浅表部和深部组织感染。

临床诊断

褥疮局部红、压痛或褥疮边缘肿胀,并有脓性分泌物。

病原学诊断

临床诊断基础上,分泌物培养阳性。

四、烧伤感染

临床诊断

烧伤表面的形态或特点发生变化,如:焦痂迅速分离,焦痂变成棕黑、黑或紫罗兰色,烧伤边缘水肿。同时具有下述两条之一即可诊断。
1. 创面有脓性分泌物。
2. 患者出现发热 >38℃ 或低体温 <36℃,合并低血压。

病原学诊断

临床诊断基础上,符合下述两条之一即可诊断。
1. 血液培养阳性并除外有其他部位感染。
2. 烧伤组织活检显示微生物向临近组织浸润。

说明:
1. 单纯发热不能诊断为感染,因为发热可能是组织损伤的结果或病人在其他部位有感染。
2. 移植的皮肤发生排斥反应并伴有感染临床证据(炎症或脓液),视为医院感染。
3. 供皮区感染属烧伤感染。

五、乳腺脓肿或乳腺炎

临床诊断

符合下述三条之一即可诊断。
1. 红、肿、热、痛等炎症表现或伴有发热,排除授乳妇女的乳汁淤积。
2. 外科手术证实。
3. 临床医生诊断的乳腺脓肿。

病原学诊断

临床诊断基础上,引流物或针吸物培养阳性。

六、脐炎

临床诊断

新生儿脐部有红肿或有脓性渗出物。

病原学诊断

临床诊断基础上,符合下述两条之一即可诊断。
1. 引流物或针吸液培养阳性。
2. 血液培养阳性,并排除其他部位感染。

说明:

与脐部插管有关的脐动静脉感染应归于心血管系统感染。

七、婴儿脓疱病

临床诊断

符合下述两条之一即可诊断。
1. 皮肤出现脓疱。
2. 临床医生诊断为脓疱病。

病原学诊断

临床诊断基础上,分泌物培养阳性。

骨、关节

一、关节和关节囊感染

临床诊断

符合下述两条之一即可诊断。
1. 病人有下列症状或体征中的两项且无其他原因

可以解释:关节疼痛、肿胀、触痛、发热、渗出或运动受限。并合并下列情况之一:
（1）关节液检验发现白细胞。
（2）关节液的细胞组成及化学检查符合感染且不能用风湿病解释。
（3）有感染的影像学证据。
2. 外科手术或组织病理学检查发现关节或关节囊感染的证据。

病原学诊断
符合下述两条之一即可诊断。
1. 关节液或滑囊活检培养出病原体。
2. 临床诊断的基础上,关节液革兰染色发现病原体。

二、骨髓炎

临床诊断
符合下述两条之一即可诊断。
1. 病人有下列症状或体征中的两项且无其他原因可以解释:发热(>38℃),局部肿块、触痛、发热或感染灶有引流物,并有感染的影像学证据。
2. 外科手术或组织病理学检查证实。

病原学诊断
符合下述两条之一即可诊断。
1. 骨髓培养出病原体。
2. 在临床诊断的基础上,血液培养出病原体或血液中查出细菌抗体(如流感嗜血杆菌、肺炎球菌),并排除其他部位感染。

三、椎间盘感染

临床诊断
符合下述三条之一即可诊断。
1. 病人无其他原因解释的发热或椎间盘疼痛,并有感染的影像学证据。
2. 外科手术或组织病理学检查发现椎间盘感染的证据。
3. 手术切下或针吸的椎间盘组织证实有感染。

病原学诊断
在临床诊断的基础上,符合下述两条之一即可诊断。
1. 感染部位组织中培养出病原体。
2. 血或尿中检出抗体(如流感嗜血杆菌、肺炎球菌、脑膜炎球菌或 B 组链球菌),并排除其他部位感染。

生 殖 道

一、外阴切口感染

经阴道分娩,病人外阴切口感染发生于产后 2 周内。

临床诊断
符合上述规定,并有下述两条之一即可诊断。
1. 外阴切口有红、肿、热、痛或有脓性分泌物。
2. 外阴切口有脓肿。

病原学诊断
临床诊断基础上,细菌培养阳性。

说明:
1. 外阴切口感染含会阴切开或会阴裂伤缝合术。
2. 切口缝合针眼处有轻微炎症和少许分泌物不属外阴切口感染。

二、阴道穹隆部感染

临床诊断
符合下述两条之一即可诊断。
1. 子宫切除术后,病人阴道残端有脓性分泌物。
2. 子宫切除术后,病人阴道残端有脓肿。

病原学诊断
临床诊断基础上,细菌培养阳性。

说明:
阴道穹隆部感染仅指子宫全切术后阴道残端部位。

三、急性盆腔炎

临床诊断
符合下述两条之一即可诊断。
1. 有下列症状或体征且无其他原因解释,发热、恶心、呕吐、下腹痛或触痛,尿频、尿急或腹泻,里急后重,阴道分泌物增多呈脓性。
2. 后穹隆或腹腔穿刺有脓液。

病原学诊断
在临床诊断基础上,宫颈管分泌物细菌培养阳性。

说明:
仅限于入院48 小时后,或有宫腔侵袭性操作、自然分娩24 小时后出院一周内发生者。

四、子宫内膜炎

临床诊断
发热或寒战,下腹痛或压痛,不规则阴道流血或恶露有臭味。

病原学诊断
临床诊断的基础上,宫腔刮出子宫内膜病理检查证实或分泌物细菌培养阳性。

说明：

1. 入院时，病人无羊水感染，羊膜破裂时间不超过 48 小时。

2. 子宫内膜炎仅包括早孕流产、中孕引产、分娩后一周内。

五、男女性生殖道的其他感染

临床诊断

符合下述两条之一即可诊断。

1. 病人有下列症状或体征中的两项且无其他原因解释：发热、局部疼痛、触痛或尿痛，并有影像学证实或病理学证实。

2. 外科手术或组织病理学发现感染部位脓肿或其他感染的证据。

病原学诊断

符合下述两条之一即可诊断。

1. 从感染部位的组织或分泌物中培养出病原体。

2. 临床诊断基础上，血液中培养出病原体。

口　　腔

临床诊断

符合下述三条之一即可诊断。

1. 口腔组织中有脓性分泌物。

2. 通过外科手术或组织病理检查而证实的口腔感染或有脓肿。

3. 临床医生诊断的感染并采用口腔抗真菌治疗。

病原学诊断

临床诊断基础上，符合下述五条之一即可诊断。

1. 革兰染色检出病原微生物。

2. 氢氧化钾染色阳性。

3. 粘膜刮屑显微镜检有多核巨细胞。

4. 口腔分泌物抗原检测阳性。

5. IgM 抗体效价达诊断水平或双份血清 IgG 呈 4 倍增加。

说明：

原发性单纯疱疹应属于此类感染。

其 他 部 位

涉及多个器官或系统，而又不适合归于某系统的感染；通常为病毒感染：如麻疹、风疹、传染性单核细胞增多症；病毒性皮疹也应列入此类，如单纯疱疹、水痘、带状疱疹等。

预防接种异常反应鉴定办法

1. *2008 年 9 月 11 日卫生部令第 60 号公布*
2. *自 2008 年 12 月 1 日起施行*

第一章　总　　则

第一条　为规范预防接种异常反应鉴定工作，根据《疫苗流通和预防接种管理条例》和《医疗事故处理条例》的规定，制定本办法。

第二条　预防接种异常反应，是指合格的疫苗在实施规范接种过程中或者实施规范接种后造成受种者机体组织器官、功能损害，相关各方均无过错的药品不良反应。

第三条　受种者或者监护人（以下简称受种方）、接种单位、疫苗生产企业对预防接种异常反应调查诊断结论有争议申请预防接种异常反应鉴定的，适用本办法。

预防接种异常反应调查诊断按照卫生部的规定及《预防接种工作规范》进行。

因接种单位违反预防接种工作规范、免疫程序、疫苗使用指导原则、接种方案等原因给受种者造成损害，需要进行医疗事故技术鉴定的，按照医疗事故技术鉴定办法办理。

对疫苗质量原因或者疫苗检验结果有争议的，按照《药品管理法》的规定，向药品监督管理部门申请处理。

第四条　预防接种异常反应鉴定工作应当遵循公开、公正的原则，坚持实事求是的科学态度，做到事实清楚、定性准确。

第五条　预防接种异常反应鉴定由设区的市级和省、自治区、直辖市医学会负责。

第二章　鉴定专家库

第六条　省、自治区、直辖市医学会建立预防接种异常反应鉴定专家库，为省级、设区的市级医学会的预防接种异常反应鉴定提供专家。专家库由临床、流行病、医学检验、药学、法医等相关学科的专家组成，并依据相关学科设置专业组。

医学会可以根据预防接种异常反应鉴定的实际情况，对专家库学科专业组予以适当增减，对专家库成员进行调整。

第七条　具备下列条件的医药卫生等专业技术人员可以

作为专家库候选人：

（一）有良好的业务素质和执业品德；

（二）受聘于医药卫生机构或者医药卫生教学、科研等机构并担任相应专业高级技术职务3年以上；

（三）流行病学专家应当有3年以上免疫预防相关工作经验；药学专家应当有3年以上疫苗相关工作经验；

（四）健康状况能够胜任预防接种异常反应鉴定工作。

符合前款（一）、（四）项规定条件并具备高级技术职务任职资格的法医可以受聘进入专家库。

省、自治区、直辖市医学会原则上聘请本行政区域内的专家进入专家库；当本行政区域内的专家不能满足建立专家库需要时，可以聘请本行政区域外的专家进入专家库。

第八条 医药卫生机构或者医药卫生教学、科研机构、医药卫生专业学会应当按照医学会要求，推荐专家库候选人；符合条件的个人经所在单位同意后也可以直接向组建专家库的医学会申请进入专家库。

医学会对专家库成员候选人进行审核。审核合格的，予以聘任，并发给中华医学会统一格式的聘书和证件。

第九条 专家库成员聘用期为4年。在聘用期间出现下列情形之一的，医学会根据实际情况及时进行调整：

（一）因健康原因不能胜任预防接种异常反应鉴定的；

（二）变更受聘单位或者被解聘的；

（三）不具备完全民事行为能力的；

（四）受刑事处罚的；

（五）违反鉴定工作纪律，情节严重的；

（六）省级以上卫生行政部门和药品监督管理部门规定的其他情形。

聘用期满需继续聘用的，由原聘医学会重新审核、聘用。

第三章　申请与受理

第十条 各级各类医疗机构、疾病预防控制机构和接种单位及其执行职务的人员发现预防接种异常反应、疑似预防接种异常反应或者接到相关报告，应当及时向所在地的县级卫生行政部门、药品监督管理部门报告。

第十一条 省级、设区的市级和县级疾病预防控制机构应当成立预防接种异常反应调查诊断专家组，负责预防接种异常反应调查诊断。调查诊断专家组由流行病学、临床医学、药学等专家组成。

县级卫生行政部门、药品监督管理部门接到疑似预防接种异常反应的报告后，对需要进行调查诊断的，交由县级疾病预防控制机构组织专家进行调查诊断。

有下列情形之一的，应当由设区的市级或者省级预防接种异常反应调查诊断专家组进行调查诊断：

（一）受种者死亡、严重残疾的；

（二）群体性疑似预防接种异常反应的；

（三）对社会有重大影响的疑似预防接种异常反应。

第十二条 预防接种异常反应调查诊断专家组应当依据法律、行政法规、部门规章和技术规范，结合临床表现、医学检查结果和疫苗质量检验结果等，进行综合分析，作出调查诊断结论。

死亡病例调查诊断需要尸检结果的，受种方拒绝或者不配合尸检，承担无法进行调查诊断的责任。

调查诊断专家组在作出调查诊断后10日内，将调查诊断结论报同级卫生行政部门和药品监督管理部门。

第十三条 调查诊断怀疑引起疑似预防接种异常反应的疫苗有质量问题的，药品监督管理部门负责组织对相关疫苗质量进行检验，出具检验结果报告。

第十四条 受种方、接种单位、疫苗生产企业对预防接种异常反应调查诊断结论有争议时，可以在收到预防接种异常反应调查诊断结论之日起60日内向接种单位所在地设区的市级医学会申请进行预防接种异常反应鉴定，并提交预防接种异常反应鉴定所需的材料。

第十五条 有关预防接种异常反应鉴定材料应当包括下列内容：

（一）预防接种异常反应调查诊断结论；

（二）受种者健康状况、知情同意告知以及医学建议等预防接种有关记录；

（三）与诊断治疗有关的门诊病历、住院志、体温单、医嘱单、化验单（检验报告）、医学影像检查资料、病理资料、护理记录等病历资料；

（四）疫苗接收、购进记录和储存温度记录等；

（五）相关疫苗该批次检验合格或者抽样检验报告，进口疫苗还应当由批发企业提供进口药品通关文件；

（六）与预防接种异常反应鉴定有关的其他材料。

受种方、接种单位、疫苗生产企业应当根据要求，分别提供由自己保存或者掌握的上述材料。

负责组织鉴定的医学会因鉴定需要可以向医疗机构调取受种者的病程记录、死亡病例讨论记录、会诊意见等病历资料。

第十六条 有下列情形之一的，医学会不予受理预防接种异常反应鉴定：

（一）无预防接种异常反应调查诊断结论的；

（二）已向人民法院提起诉讼的（人民法院、检察院委托的除外），或者已经人民法院调解达成协议或者判决的；

（三）受种方、接种单位、疫苗生产企业未按规定提交有关材料的；

（四）提供的材料不真实的；

（五）不缴纳鉴定费的；

（六）省级卫生行政部门规定的其他情形。

不予受理鉴定的，医学会应当书面说明理由。

第十七条 对设区的市级医学会鉴定结论不服的，可以在收到预防接种异常反应鉴定书之日起15日内，向接种单位所在地的省、自治区、直辖市医学会申请再鉴定。

第十八条 申请预防接种异常反应鉴定，由申请鉴定方预缴鉴定费。经鉴定属于一类疫苗引起的预防接种异常反应的，鉴定费用由同级财政部门按照规定统筹安排；由二类疫苗引起的预防接种异常反应的，鉴定费用由相关的疫苗生产企业承担。不属于异常反应的，鉴定费用由提出异常反应鉴定的申请方承担。预防接种异常反应鉴定收费标准按照国家有关规定执行。

第四章 鉴　　定

第十九条 负责鉴定的医学会应当根据受理的预防接种异常反应鉴定所涉及的学科专业，确定专家鉴定组的构成和人数。专家鉴定组人数为5人以上单数。专家鉴定组的人员由受种方在专家库中随机抽取。受种人员较多的，可以由受种方推选1－2名代表人随机抽取专家鉴定组成员。推选不出的，由医学会负责抽取。

第二十条 鉴定组成员有下列情形之一的，应当回避：

（一）受种者的亲属；

（二）接种单位的工作人员；

（三）与预防接种异常反应鉴定结果有利害关系的人员；

（四）参与预防接种异常反应调查诊断的人员；

（五）其他可能影响公正鉴定的人员。

第二十一条 专家鉴定组应当认真审查材料，必要时可以听取受种方、接种单位、疫苗生产企业的陈述，对受种者进行医学检查。

负责鉴定的医学会可以根据专家鉴定组的要求进行调查取证，进行调查取证时不得少于2人。调查取证结束后，调查人员和调查对象应当在有关文书上签字。如调查对象拒绝签字的，应当记录在案。

医学会组织鉴定时可以要求受种方、接种单位、疫苗生产企业必须如实提供相关材料，如不提供则承担相关不利后果。

第二十二条 专家鉴定组应当妥善保管鉴定材料，保护当事人的隐私，保守有关秘密。

第二十三条 专家鉴定组组长由专家鉴定组成员推选产生，也可以由预防接种异常反应争议所涉及的主要学科中资深的专家担任。

第二十四条 专家鉴定组可以根据需要，提请医学会邀请其他专家参加预防接种异常反应鉴定。邀请的专家可以提出技术意见、提供有关资料，但不参加鉴定结论的表决。

邀请的专家不得有本办法第二十条规定的情形。

第二十五条 疑难、复杂并在全国有重大影响的预防接种异常反应鉴定，地方医学会可以要求中华医学会给予技术指导和支持。

第二十六条 专家鉴定组应当认真审阅有关资料，依照有关规定和技术标准，运用科学原理和专业知识，独立进行鉴定。在事实清楚的基础上，进行综合分析，作出鉴定结论，并制作鉴定书。鉴定书格式由中华医学会统一制定。

鉴定结论应当按半数以上专家鉴定组成员的一致意见形成。专家鉴定组成员在鉴定结论上签名。专家鉴定组成员对鉴定结论的不同意见，应当予以注明。

第二十七条 预防接种异常反应鉴定书由专家鉴定组组长签发。鉴定书应当加盖预防接种异常反应鉴定专用章。

医学会应当在作出鉴定结论10日内将预防接种异常反应鉴定书送达申请人，并报送所在地同级卫生行政部门和药品监督管理部门。

第二十八条 预防接种异常反应鉴定书应当包括下列内容：

（一）申请人申请鉴定的理由；

（二）有关人员、单位提交的材料和医学会的调查材料；

(三)接种、诊治经过;
(四)对鉴定过程的说明;
(五)预防接种异常反应的判定及依据;
(六)预防接种异常反应损害程度分级。

经鉴定不属于预防接种异常反应的,应当在鉴定书中说明理由。

第二十九条 医学会参加预防接种异常反应鉴定会的工作人员,对鉴定过程应当如实记录。

第三十条 医学会应当自收到有关预防接种异常反应鉴定材料之日起45日内组织鉴定,出具预防接种异常反应鉴定书。情况特殊的可延长至90日。

第三十一条 卫生行政部门、药品监督管理部门等有关部门发现鉴定违反本办法有关规定的,可以要求医学会重新组织鉴定。

第三十二条 医学会应当将鉴定的文书档案和有关资料存档,保存期限不得少于20年。

第三十三条 省、自治区、直辖市医学会应当于每年4月30日前将本行政区域上一年度预防接种异常反应鉴定情况报中华医学会,同时报同级卫生行政部门、药品监督管理部门。

设区的市级医学会应当于每年3月31日前将本行政区域上一年度预防接种异常反应鉴定情况报省、自治区、直辖市医学会,同时报同级卫生行政部门、药品监督管理部门。

第五章 附 则

第三十四条 因预防接种异常反应需要对受种者予以补偿的,按照《疫苗流通和预防接种管理条例》第四十六条的规定执行。

第三十五条 本办法自2008年12月1日起施行。1980年1月22日卫生部发布的《预防接种后异常反应和事故的处理试行办法》同时废止。

卫生部关于医疗事故鉴定申请期限的批复

1. 2000年1月14日
2. 卫医发〔2000〕19号

浙江省卫生厅:

你厅《关于要求明确申请医疗事件鉴定期限的请示》(浙卫〔1999〕128号)收悉,经研究,现批复如下:

患者或其家属提请医疗事故鉴定的时效为其知道或应当知道权利受到侵害之日起1年。

此复

卫生部关于医疗事故技术鉴定工作有关问题的批复

1. 2001年4月24日
2. 卫医发〔2001〕124号

山东省卫生厅:

你厅《关于医疗事故技术鉴定工作有关问题的请示》(鲁卫医发〔2001〕10号)收悉。经研究,现批复如下:

凡公安、检察院、法院等司法机关委托的医疗事故技术鉴定,原则上都应受理。

此复

卫生部关于参加医疗事故技术鉴定专家学科问题的批复

1. 2005年6月14日
2. 卫医发〔2005〕242号

天津市卫生局:

你局《关于参加医疗事故技术鉴定时血管外科专家资质如何认定的请示》(津卫报〔2005〕8号)收悉。经研究,现批复如下:

血管外科属普通外科范畴。根据卫生部颁发的《医疗事故技术鉴定专家库学科专业组名录(试行)》的规定,外科二级学科普通外科专家库中包含血管外科专业人员符合规定。

此复。

卫生部关于医疗事故技术鉴定有关问题的批复

1. 2005年12月9日
2. 卫医发〔2005〕496号

山东省卫生厅:

你厅《关于医疗事故技术鉴定有关问题的请示》

（鲁卫字〔2005〕323号）收悉。经研究,现批复如下:

一、由于医疗机构的医疗过失导致产妇和新生儿两个损害后果的,对两个损害后果分别进行鉴定、定级。

二、根据《医疗事故处理条例》第十八条规定,如果医疗机构拒绝或者拖延尸检影响对死因判定的,由医疗机构承担医疗事故责任;如果患方拒绝或者拖延尸检,由患方自行承担后果。

三、在医疗事故技术鉴定中,如果医患双方均无证据否定所提交的病历资料的真实性,则该病历资料应当作为鉴定依据。

四、医疗机构不配合医疗事故技术鉴定的,按照我部《关于医疗机构不配合医疗事故技术鉴定所应承担的责任的批复》（卫政法发〔2005〕28号）执行;患方不配合医疗事故技术鉴定,造成医疗事故技术鉴定无法进行的,按放弃医疗事故技术鉴定处理。

此复。

卫生部关于在医疗事故技术鉴定中有关回避问题的批复

1. 2006年8月2日
2. 卫政法发〔2006〕296号

湖北省卫生厅:

你厅《关于在医疗事故技术鉴定中有关回避问题的请示》（鄂卫生文〔2006〕89号）收悉。经研究,现批复如下:

组织医疗事故技术鉴定的医学会工作人员,如果是医疗事故争议的当事人或与医疗事故争议有直接利害关系的,应当回避,符合《医疗事故处理条例》第二十六条规定的精神。

此复。

卫生部关于抽取法医参加医疗事故技术鉴定有关问题的批复

1. 2009年3月16日
2. 卫医管函〔2009〕84号

天津市卫生局:

你局《关于死者经公安部门刑事科学技术鉴定后再进行医疗事故技术鉴定是否抽取法医参加的请示》（津卫报〔2009〕13号）收悉。经研究,批复如下:

医疗事故技术鉴定过程中,患者死亡原因不明或需要确定伤残等级的,应当抽取法医参加鉴定专家组;患者死因明确或无需进行伤残等级鉴定的,可以不抽取法医参加鉴定专家组。

此复。

· 指导案例 ·

王惠医疗损害责任纠纷鉴定

关键词: 司法鉴定　法医临床鉴定　医疗损害责任纠纷鉴定

案情概况

2009年10月19日早上,19岁的女生王惠（化名）用力大便时,突感上腹剧痛,到某大学附属医院急诊住院。10月20日、21日经造影和CT检查,诊断为膈疝（腹腔脏器通过隔开胸腔和腹腔的膈肌薄弱处挤进了胸腔）,医生建议手术治疗。10月22日,王惠和家属同意转外科治疗。转科后,王惠腹痛症状一度缓解,但大夫查房发现其全身情况较差,经仔细询问,王惠告知自己曾患甲状腺功能亢进并经放射性碘剂治疗。大夫立即全面检查王惠的甲状腺功能,实验室结果报告其多项甲状腺功能指标已低到仪器无法测出,主管医生立即决定邀请内分泌专科会诊。24日晚王惠呼吸困难症状忽然明显加重,25日凌晨转入ICU。25日上午,医院组织胸外科、肾内科、内分泌科、ICU大夫参加的大会诊,一致认为王惠当前因膈疝导致心肺功能障碍,病情十分危重急需手术,但手术风险非常大。主管医生将病情、会诊意见和手术风险详细告诉王惠和家属,他们都表示愿意承担手术风险,在手术同意书上签了字。当天下午进行手术,术后王惠入住ICU,一直处于昏迷状态,呼吸道吸出大量血红色液体,血压不稳,动脉血含氧不足,心电图显示心脏缺氧性损伤,胸腔持续引流出血性液体,10月26日15:50宣告死亡。

家属认为王惠死亡是医院的错误治疗行为导致的,要求追究医院和手术医生的责任,不仅拒付住院费、治疗费,还要求巨额赔偿。医院认为不存在医疗过错,更不应承担赔偿责任。双方争执不下,王惠家属一纸诉状把医院告到了法院。

法院受理后,委托中山大学法医鉴定中心,一是就被告医院对王惠的医疗行为是否存在过错进行鉴定。二是如果鉴定结果为医方存在过错，则需明确该过错与王惠死亡之间是否存在因果关系，以及原因力的大小。

鉴定中心依法受理委托后，就指派两名具有法医临床鉴定资格、曾担任临床医生的司法鉴定人主持鉴定，还邀请临床医学专家提供咨询意见。司法鉴定机构召开了有法官、原告、被告、司法鉴定人、医学专家参加的听证会。鉴定人指出，因家属不同意解剖，将依据病历资料进行死因推断并据此鉴定，同时告知了相关风险，双方理解并签字同意。

鉴定人认真查阅病历，依据医疗规范逐项审查医疗措施，召开有胸外科、内分泌科、麻醉科等临床专科专家参加的案件研讨会，会后请专家"背靠背"写出意见。综合各方意见，根据诊疗规范，鉴定人出具鉴定意见认为：第一，医方对被鉴定人王惠的医疗行为遵守临床规范，未发现诊疗过程存在明显过错。第二，被鉴定人王惠死亡后果是其病情变化与转归的结果，与医疗行为之间存在因果关系的依据不足。

王惠家属不同意鉴定意见，经法院同意，他们聘请了一位医学专家出庭对鉴定意见进行质证。法院如期开庭，通知司法鉴定人出庭作证。庭上医患双方仍是各持己见，唇枪舌剑，互不相让。法官请鉴定人说明鉴定意见。鉴定人说，被鉴定人有用力解大便，导致腹腔压力增高的动力性诱因，医方诊断为膈疝是正确和符合诊疗规范。膈疝的首选治疗是手术，当王惠病情加重时更应及时手术，否则可危及生命，但甲状腺功能低下患者对麻醉药非常敏感，医方术中已经适当减少了药物用量并加强了监护，尽到了预见义务与危险结果回避义务，医疗行为无过错和明显不妥。法院鉴定要求一是鉴定医院有无过错，二是如有过错与王惠死亡后果之间的因果关系及参与度。因鉴定中未发现医方存在明显过错，故判定医疗行为与死亡后果之间存在因果关系的依据不足。

患方聘请的医学专家提出，虽然医院告知了手术风险，家属也理解，但是告知风险不等于排除了风险，医方应当承担医疗错误责任。医方人员认为，患者就诊时未主动说明甲状腺病史，医生追问后才承认，此后多次会诊，术前全院会诊，多次告知病情及风险，已尽到详尽告知义务，充分尊重了患者及家属的知情权、选择权。

鉴定人再次发言指出，对甲减患者通常应当先补充甲状腺激素，待功能恢复至基本正常水平再手术。但本例有两个特殊之处：一是本案发生时国产甲状腺激素只有口服剂，而被鉴定人当时显然无法口服吸收；二是甲状腺激素水平恢复较慢，一般需4至6周，而病情危急不允许拖延。如果不及时手术，被鉴定人将死于膈疝导致的心肺功能衰竭；如果手术，被鉴定人甲状腺功能严重低下很可能引发严重的呼吸循环抑制，且此种情况一旦发生，在抢救上存在很大难度，加上膈疝影响心肺功能，极有可能引发呼吸心跳骤停，甚至死亡。总之，手术，风险巨大，但尚有一线生机；不手术，死亡同样不可避免。医方虽然减少了麻醉药物用量，但仍无法避免王惠发生严重的心肺功能衰竭，最终死于肺水肿、休克。

最终法院采信鉴定意见，综合全案情况，判决驳回原告的诉讼请求。案件受理费由原告负担。原告未提起上诉。

鉴定要点

医疗损害责任纠纷鉴定主要包括：

（一）实施诊疗行为有无过错；

（二）诊疗行为与损害后果之间是否存在因果关系以及原因力大小；

（三）医疗机构是否尽到了说明义务、取得患者或者患者近亲属书面同意的义务；

（四）医疗产品是否有缺陷、该缺陷与损害后果之间是否存在因果关系以及原因力的大小。

患者主张医疗机构承担赔偿责任的，应当保存和提交在该医疗机构就诊、受到损害的证据。患者无法提交医疗机构及其医务人员有过错，医疗机构的诊疗行为与受到损害之间具有因果关系的证据，依法提出医疗损害鉴定申请的，人民法院应予准许。

案例意义

医疗纠纷的鉴定需要占有尽可能全面的材料。对于死亡案例，如需确定死亡原因的，一般均应当进行尸体解剖与病理组织学检验。虽然在病历资料完整的情况下，也可以进行死因分析，但分析结果可能与实际情况有所出入，甚至无法彻底查清死因，影响鉴定。

医疗是一项有风险的行为，绝大多数医生都能遵从医生职责，认真地履行救死扶伤、治病救人的崇高责任，在治疗中最大限度地预估和规避风险，患者及家属应当客观、公正地看待，合情、合理、合法地维权。

专用名词解释

医疗损害责任纠纷鉴定：是依据《中华人民共和国侵权责任法》，司法鉴定人通过审查病历资料、检查被鉴定人和/或查阅病理及其他辅助检查资料，对医疗行为是否存在过失、患者的损害后果，以及医疗过失与损害后果间的因果关系以及原因力大小进行分析判断的过程。

3. 法医精神病鉴定

精神疾病司法鉴定暂行规定

1. 1989年7月11日最高人民法院、最高人民检察院、公安部、司法部、卫生部发布
2. 卫医字〔1989〕17号
3. 自1989年8月1日起施行

第一章 总　　则

第一条　根据《中华人民共和国刑法》、《中华人民共和国刑事诉讼法》、《中华人民共和国民法通则》、《中华人民共和国民事诉讼法(试行)》、《中华人民共和国治安管理处罚条例》及其他有关法规,为司法机关依法正确处理案件,保护精神疾病患者的合法权益,特制定本规定。

第二条　精神疾病的司法鉴定,根据案件事实和被鉴定人的精神状态,作出鉴定结论,为委托鉴定机关提供有关法定能力的科学证据。

第二章　司法鉴定机构

第三条　为开展精神疾病的司法鉴定工作,各省、自治区、直辖市、地区、地级市,应当成立精神疾病司法鉴定委员会,负责审查、批准鉴定人,组织技术鉴定组,协调、开展鉴定工作。

第四条　鉴定委员会由人民法院、人民检察院和公安、司法、卫生机关的有关负责干部和专家若干人组成,人选由上述机关协商确定。

第五条　鉴定委员会根据需要,可以设置若干个技术鉴定组,承担具体鉴定工作,其成员由鉴定委员会聘请、指派。技术鉴定组不得少于两名成员参加鉴定。

第六条　对疑难案件,在省、自治区、直辖市内难以鉴定的,可以由委托鉴定机关重新委托其他省、自治区、直辖市鉴定委员会进行鉴定。

第三章　鉴定内容

第七条　对可能患有精神疾病的下列人员应当进行鉴定:

(一)刑事案件的被告人、被害人;
(二)民事案件的当事人;
(三)行政案件的原告人(自然人);
(四)违反治安管理应当受拘留处罚的人员;
(五)劳动改造的罪犯;
(六)劳动教养人员;
(七)收容审查人员;
(八)与案件有关需要鉴定的其他人员。

第八条　鉴定委员会根据情况可以接受被鉴定人补充鉴定、重新鉴定、复核鉴定的要求。

第九条　刑事案件中,精神疾病司法鉴定包括:

(一)确定被鉴定人是否患有精神疾病,患何种精神疾病,实施危害行为时的精神状态,精神疾病和所实施的危害行为之间的关系,以及有无刑事责任能力。

(二)确定被鉴定人在诉讼过程中的精神状态以及有无诉讼能力。

(三)确定被鉴定人在服刑期间的精神状态以及对应当采取的法律措施的建议。

第十条　民事案件中精神疾病司法鉴定任务如下:

(一)确定被鉴定人是否患有精神疾病,患何种精神疾病,在进行民事活动时的精神状态,精神疾病对其意思表达能力的影响,以及有无民事行为能力。

(二)确定被鉴定人在调解或审理阶段期间的精神状态,以及有无诉讼能力。

第十一条　确定各类案件的被害人等,在其人身、财产等合法权益遭受侵害时的精神状态,以及对侵犯行为有无辨认能力或者自我防卫、保护能力。

第十二条　确定案件中有关证人的精神状态,以及有无作证能力。

第四章　鉴　定　人

第十三条　具有下列资格之一的,可以担任鉴定人:

(一)具有五年以上精神科临床经验并具有司法精神病学知识的主治医师以上人员。

(二)具有司法精神病学知识、经验和工作能力的主检法医师以上人员。

第十四条　鉴定人权利:

(一)被鉴定人案件材料不充分时,可以要求委托鉴定机关提供所需要的案件材料。

(二)鉴定人有权通过委托鉴定机关,向被鉴定人的工作单位和亲属以及有关证人了解情况。

(三)鉴定人根据需要有权要求委托鉴定机关将被鉴定人移送至收治精神病人的医院住院检查和鉴定。

(四)鉴定机构可以向委托鉴定机关了解鉴定后

的处理情况。

第十五条 鉴定人义务：

（一）进行鉴定时，应当履行职责，正确、及时地作出结论。

（二）解答委托鉴定机关提出的与鉴定结论有关的问题。

（三）保守案件秘密。

（四）遵守有关回避的法律规定。

第十六条 鉴定人在鉴定过程中徇私舞弊、故意作虚假鉴定的，应当追究法律责任。

第五章 委托鉴定和鉴定书

第十七条 司法机关委托鉴定时，需有《委托鉴定书》，说明鉴定的要求和目的，并应当提供下列材料：

（一）被鉴定人及其家庭情况；

（二）案件的有关材料；

（三）工作单位提供的有关材料；

（四）知情人对被鉴定人精神状态的有关证言；

（五）医疗记录和其他有关检查结果。

第十八条 鉴定结束后，应当制作《鉴定书》。

《鉴定书》包括以下内容：

（一）委托鉴定机关的名称；

（二）案由、案号、鉴定书号；

（三）鉴定的目的和要求；

（四）鉴定的日期、场所、在场人；

（五）案情摘要；

（六）被鉴定人的一般情况；

（七）被鉴定人发案时和发案前后各阶段的精神状态；

（八）被鉴定人精神状态检查和其他检查所见；

（九）分析说明；

（十）鉴定结论；

（十一）鉴定人员签名，并加盖鉴定专用章；

（十二）有关医疗或监护的建议。

第六章 责任能力和行为能力的评定

第十九条 刑事案件被鉴定人责任能力的评定：

被鉴定人实施危害行为时，经鉴定患有精神疾病，由于严重的精神活动障碍，致使不能辨认或者不能控制自己行为的，为无刑事责任能力。

被鉴定人实施危害行为时，经鉴定属于下列情况之一的，为具有责任能力：

1.具有精神疾病的既往史，但实施危害行为时并无精神异常；

2.精神疾病的间歇期，精神症状已经完全消失。

第二十条 民事案件被鉴定人行为能力的评定：

（一）被鉴定人在进行民事活动时，经鉴定患有精神疾病，由于严重的精神活动障碍致使不能辨认或者不能保护自己合法权益的，为无民事行为能力。

（二）被鉴定人在进行民事活动时，经鉴定患有精神疾病，由于精神活动障碍致使不能完全辨认、不能控制或者不能完全保护自己合法权益的，为限制民事行为能力。

（三）被鉴定人在进行民事活动时，经鉴定属于下列情况之一的，为具有民事行为能力：

1.具有精神疾病既往史，但在民事活动时并无精神异常的；

2.精神疾病的间歇期，精神症状已经消失的；

3.虽患有精神疾病，但其病理性精神活动具有明显局限性，并对他所进行的民事活动具有辨认能力和能保护自己合法权益的；

4.智能低下，但对自己的合法权益仍具有辨认能力和保护能力的。

第二十一条 诉讼过程中有关法定能力的评定：

（一）被鉴定人为刑事案件的被告人，在诉讼过程中，经鉴定患有精神疾病，致使不能行使诉讼权利的，为无诉讼能力。

（二）被鉴定人为民事案件的当事人或者是刑事案件的自诉人，在诉讼过程中经鉴定患有精神疾病，致使不能行使诉讼权利的，为无诉讼能力。

（三）控告人、检举人、证人等提供不符合事实的证言，经鉴定患有精神疾病，致使缺乏对客观事实的理解力或判断力的，为无作证能力。

第二十二条 其他有关法定能力的评定：

（一）被鉴定人是女性，经鉴定患有精神病，在她的性不可侵犯权遭到侵害时，对自身所受的侵害或严重后果缺乏实质性理解能力的，为无自我防卫能力。

（二）被鉴定人在服刑、劳动教养或者被裁决受治安处罚中，经鉴定患有精神疾病，由于严重的精神活动障碍，致使其无辨认能力或控制能力的，为无服刑、受劳动教养能力或者无受处罚能力。

第七章 附 则

第二十三条 本规定自1989年8月1日起施行。

精神障碍者司法鉴定精神检查规范

1. 2011年3月17日司法部司法鉴定管理局发布
2. SF/Z JD 0104001-2011
3. 自2011年3月17日起生效

前　言

本技术规范根据最高人民法院、最高人民检察院、公安部、司法部、卫生部《精神疾病司法鉴定暂行规定》、司法部《司法鉴定程序通则》，运用精神病学及法学的理论和技术，结合精神疾病司法鉴定的实践经验而制定，对精神检查的内容和方法，以及应注意的事项进行了具体的规定，旨在保证精神检查的全面性和系统性。

本技术规范所涉及的精神检查的内容及方法参考《中国精神障碍分类与诊断标准（第三版），CCMD-3》及其配套的精神障碍诊断量表（DSMD）、《ICD-10精神与行为障碍分类》及其配套的复合性国际检查交谈量表（CIDI）和用于神经精神障碍的临床诊断量表（SCAN）、沈渔邨主编的《精神病学》（第五版）及《法医精神病学》（第三版）并按病理心理学对症状的分类依次编排。

本技术规范由司法部司法鉴定科学技术研究所提出。

本技术规范由司法部司法鉴定科学技术研究所负责起草。

本规范主要起草人：黄富银、张钦廷、蔡伟雄、管唯、汤涛、吴家声。

1　范　围

本技术规范规定了精神障碍者司法鉴定精神检查的基本原则、要求和方法。

本技术规范适用于进行精神疾病司法鉴定时的精神检查。

2　定　义

本技术规范采用以下定义：

2.1　精神检查　Mental state examination

指鉴定人与被鉴定人进行接触交谈的活动，是提供鉴定意见的重要步骤之一。

2.2　精神症状　Mental symptom

指大脑功能发生障碍时，精神活动所表现出的各种精神病理现象的总称，包括感知觉、思维、情感、记忆、智能和意志、意识等方面的异常。

2.3　精神障碍　Mental disorder

又称精神疾病（mental illness），是指在各种因素的作用下造成的心理功能失调，而出现感知、思维、情感、行为、意志及智力等精神活动方面的异常。

3　总　则

3.1　制定本技术规范目的是为规范精神障碍者司法鉴定精神检查的方法和内容。

3.2　由精神疾病司法鉴定人完成精神检查工作。精神检查应在比较安静的环境中进行，尽量避免外界的干扰。

3.3　鉴定人在精神检查前要熟悉案卷材料，检查时应以材料中的异常现象和可能的病因为线索，有重点地进行检查，并根据被鉴定人表现及交谈中发现的新情况进行针对性检查，避免刻板、公式化。

3.4　鉴定人作精神检查时，应以平和、耐心的态度对待被鉴定人，以消除交流的障碍，建立较为合作的关系；应根据被鉴定人的年龄、性别、个性、职业和检查当时的心理状态，采用灵活的检查方式以取得最佳的效果。

3.5　精神检查可以采用自由交谈法与询问法相结合的方式进行，一方面使被鉴定人在较为自然的气氛中不受拘束地交谈，另一方面又可在鉴定人有目的的提问下使其谈话不致偏离主题太远，做到重点突出。

3.6　精神检查时，既要倾听，又要注意观察被鉴定人的表情、姿势、态度及行为，要善于观察被鉴定人的细微变化，并适时描述记录。

3.7　精神检查时，要注意覆盖下述检查内容，做到全面、细致，并适时作好记录，确保记录内容真实和完整，必要时可进行录像、录音。

3.8　鉴定人认为必要时，可进行相关心理测验或实验室检查。

4　精神检查内容

4.1　合作被鉴定人的精神检查

4.1.1　一般情况

a）意识状态：意识是否清晰，有何种意识障碍，包括意识障碍的水平和内容。

b）定向力：时间、地点及人物的定向力；自我定向如姓名、年龄、职业等。

c）接触情况：主动或被动，合作情况及程度，对周围环境的态度。

d）日常生活：包括仪表、饮食、大小便；女性病人的经期情况；与其他人的接触及参加社会活动情况等。

4.1.2 认知过程

a)知觉障碍：

1)错觉：种类、出现时间及频度，与其他精神症状的关系及影响。

2)幻觉：种类、出现时间及频度，与其他精神症状的关系及影响，特别要检查有否诊断价值大的症状。

3)感知综合障碍：种类、出现时间及频度，与其他精神症状的关系及影响。

b)注意障碍：是否集中、涣散。

c)思维障碍：

1)思维过程和思维逻辑：语量和语速有无异常，有无思维迟缓、思维奔逸、思维中断、破裂性思维、思维贫乏及逻辑推理障碍等。

2)思维内容和结构：

有无妄想：种类、出现时间，内容及性质，发展动态，涉及范围，是否固定或成系统，荒谬程度或现实程度，与其他精神症状的关系。

有无强迫观念：种类、内容，发展动态及与情感意向活动的关系。

有无超价观念：种类、内容，发展动态及与情感意向活动的关系。

d)记忆障碍：有无记忆力减退（包括即刻记忆、近记忆及远记忆），记忆增强，有无遗忘、错构及虚构等，可辅助进行记忆测验。

e)智能障碍：包括一般常识、专业知识、计算力、理解力、分析综合及抽象概括能力等方面。可辅助进行智力测验。

f)自知力障碍：被鉴定人对所患的精神疾病是否存在自知力。

4.1.3 情感表现

包括是否存在情感高涨、情感低落、情感淡漠、情感倒错、情感迟钝、焦虑、紧张等。并注意被鉴定人的表情、姿势、声调、内心体验及情感强度、稳定性，情感与其他精神活动是否配合，对周围事物是否有相应的情感反应。

4.1.4 意志与行为活动

有无意志减退或增强，本能活动的减退或增强，有无木僵及怪异的动作行为。注意其稳定性及冲动性，与其他精神活动的关系及协调性等。

4.2 不合作被鉴定人的精神检查

处于极度兴奋躁动、木僵、缄默、违拗及意识模糊等状态的被鉴定人属于不合作被鉴定人。

4.2.1 一般情况

a)意识：通过观察被鉴定人的面部表情、自发言语、生活自理情况及行为等方面进行判断。

b)定向力：通过观察被鉴定人的自发言语、生活起居及接触他人时的反应等方面进行判断。

c)姿态：姿势是否自然，有无不舒服的姿势，姿势是否长时间不变或多动不定，肌力、肌张力如何。

d)日常生活：饮食及大小便能否自理，女性被鉴定人能否主动料理经期卫生。

4.2.2 言语

被鉴定人兴奋时应注意言语的连贯性及内容，有无模仿言语，吐字是否清晰，音调高低，是否用手势或表情示意。缄默不语时是否能够用文字表达其内心体验与要求，有无失语症。

4.2.3 面部表情与情感反应

面部表情如呆板、欣快、愉快、焦虑等，有无变化。周围无人时被鉴定人是否闭眼、凝视，是否警惕周围事物的变化。询问有关问题时，有无情感流露。

4.2.4 动作与行为

有无本能活动亢进、蜡样屈曲、刻板动作、模仿动作、重复动作。有无冲动、自伤、自杀行为。有无抗拒、违拗、躲避、攻击及被动服从。动作增多或减少，对指令是否服从。

4.3 与法律相关的问题

应根据相应的委托鉴定事项进行针对性询问，具体内容另行规定。

精神障碍者刑事责任能力评定指南

1. 2016年9月22日司法部司法鉴定管理局发布
2. SF/ZJD 0104002 - 2016
3. 自2016年9月22日起实施

前　言

本技术规范按照 GB/T 1.1 - 2009 给出的规则起草。

本技术规范根据《中华人民共和国刑法》及司法部《司法鉴定程序通则》，运用精神病学及法学的理论和技术，结合法医精神病学司法鉴定的实践经验而制定，为刑事责任能力鉴定提供科学依据和统一标准。

本技术规范参考了《中国精神障碍分类与诊断标准》(CCMD - 3 第三版)，《国际疾病及相关健康问题的分类》(ICD - 10 第十版)，《中华人民共和国精神卫生法》、"麦克劳顿条例"(McNaughton Rule)、"不可抗拒冲动法则"(Irrestible Impulse Test)及"美国法律协会法则"(ALI Test)、即实质能力标准法则(Substantial Capacity Rule)。

本技术规范由司法部司法鉴定科学技术研究所提出。

本技术规范由司法部司法鉴定管理局归口。

本技术规范起草单位：司法部司法鉴定科学技术研究所。

本技术规范主要起草人：蔡伟雄、张钦廷、管唯、汤涛、黄富银。

本技术规范所代替规范的历次版本发布情况为：SF/Z JD0104002-2011。

1 范围

本技术规范规定了刑事责任能力评定的基本原则、要求和方法。

本技术规范适用于对被鉴定人(犯罪嫌疑人、被告人)的刑事责任能力评定，有关违法案件的受处罚能力评定亦可参照执行。

2 规范性引用文件

下列文件对于本技术规范的应用是必不可少的。凡是注日期的引用文件，仅所注日期的版本适用于本技术规范。凡是不注日期的引用文件，其最新版本(包括所有的修改单)适用于本技术规范。

CCMD-3 中国精神障碍分类与诊断标准

ICD-10 国际疾病及相关健康问题的分类

3 定义

3.1 精神障碍 Mental Disorder

又称精神疾病(mental illness)，是指在各种因素的作用下造成的心理功能失调，而出现感知、思维、情感、行为、意志及智力等精神活动方面的异常。

3.2 刑事责任能力 Criminal Responsibility

刑事责任能力也称责任能力，是指行为人能够正确认识自己行为的性质、意义、作用和后果，并能够根据这种认识而自觉地选择和控制自己的行为，从而到达对自己所实施的刑法所禁止的危害社会行为承担刑事责任的能力，即对刑法所禁止的危害社会行为具有的辨认和控制能力。

3.2.1 完全刑事责任能力

行为人实施某种危害行为时，对自己的辨认和控制能力完整。

3.2.2 限定刑事责任能力

也称部分责任能力、限制责任能力，本技术规范建议使用限定(刑事)责任能力。在发生危害行为时，由于精神症状的影响，对自己行为的辨认或者控制能力明显削弱，但尚未到达丧失或不能的程度。

3.2.3 无刑事责任能力

是指行为人实施某种危害行为时，由于严重意识障碍、智能缺损、或幻觉妄想等精神症状的影响，不能控制自己的行为或不能理解与预见自己的行为结果的状态。

3.3 辨认能力 Capacity of Appreciation

是指行为人对自己的行为在刑法上的意义、性质、作用、后果的分辨认识能力。也可以认为是行为人对其行为的是非、是否触犯刑法、危害社会的分辨认识能力。具体地说，是行为人实施危害行为时是否意识其行为的动机、要达到的目的，为达到目的而准备或采取的手段，是否预见行为的后果、是否理解犯罪性质以及在法律上的意义等。

3.4 控制能力 Capacity of Control

指行为人具备选择自己实施或不实施为刑法所禁止、所制裁的行为的能力，即具备决定自己是否以行为触犯刑法的能力，既受辨认能力的制约，也受意志和情感活动的影响。

4 总则

4.1 本技术规范以精神病学及法学的理论和技术为基础，结合法医精神病学司法鉴定的实践经验而制定，为刑事责任能力评定提供科学依据和统一标准。

4.2 刑事责任能力的评定有两个要件：医学要件和法学要件。医学要件为存在某种精神障碍；法学要件为该精神障碍是否影响其危害行为的辨认能力或控制能力及影响程度。

4.3 本技术规范将刑事责任能力分为完全刑事责任能力、限定刑事责任能力和无刑事责任能力3等级。

4.4 进行刑事责任能力评定时，首先应评定被鉴定人的精神状态，根据CCMD或ICD进行医学诊断，在医学诊断的基础上再考察辨认和控制能力受损程度，根据辨认或控制能力的损害程度评定责任能力等级。

4.5 辨认与控制能力损害程度的判断应从以下方面进行评估：作案动机、作案前先兆、作案的诱因、作案时间选择性、地点选择性、对象选择性、工具选择性、作案当时情绪反应、作案后逃避责任、审讯或检查时对犯罪事实掩盖、审讯或检查时有无伪装、对作案行为的罪错性认识、对作案后果的估计、生活自理能力、工作或学习能力、自知力、现实检验能力、自我控制能力。

4.6 进行刑事责任能力评定可辅以标准化评定工具,但评定工具不能取代鉴定人工作。

4.7 本技术规范分为正文和附录两个部分。

4.8 使用本技术规范时,应严格遵循附录中的分级依据或者判定准则以及附录中正确使用的说明。

5 刑事责任能力判定标准

5.1 精神障碍者的刑事责任能力

5.1.1 完全刑事责任能力

a) 被鉴定人实施某种危害行为时,精神状态正常;或虽然能建立明确的精神障碍诊断,但其对危害行为的辨认和控制能力完整;

b) 参考标准:标准化评定工具检验在完全刑事责任能力范围内。

5.1.2 限定刑事责任能力

a) 在发生危害行为时,能建立明确的精神障碍诊断;

b) 被鉴定人对危害行为的辨认或控制能力削弱,但尚未到达丧失或不能的程度;

c) 辨认或控制能力削弱由精神障碍所致;

d) 参考标准:标准化评定工具检验在限定刑事责任能力范围内。

5.1.3 无刑事责任能力

a) 在发生危害行为时,能建立明确的精神障碍诊断;

b) 被鉴定人对危害行为的辨认或控制能力丧失;

c) 辨认或控制能力的丧失由精神障碍所致;

d) 参考标准:标准化评定工具检验在无刑事责任能力范围内。

5.2 特殊精神障碍者的刑事责任能力

5.2.1 反社会人格障碍者评定为完全刑事责任能力;

5.2.2 普通(急性)醉酒者评定为完全刑事责任能力;

5.2.3 复杂性醉酒者,实施危害行为时处于辨认或控制能力丧失或明显削弱状态的,评定为限定刑事责任能力;再次发生复杂性醉酒者,评定为完全刑事责任能力。

5.2.4 病理性醉酒者,实施危害行为时处于辨认或控制能力丧失的,评定为无刑事责任能力;再次发生病理性醉酒时,对自愿者评定为完全刑事责任能力。

5.2.5 对毒品所致精神障碍者,如为非自愿摄入者按5.1条款评定其刑事责任能力;对自愿摄入者,如果精神症状影响其辨认或控制能力时,不宜评定其刑事责任能力,可进行医学诊断并说明其作案时精神状态。

6 附 则

6.1 附录A与指南正文判定标准,两者须同时使用。

6.2 本技术规范推荐使用《精神病人刑事责任能力评定量表》作为标准化评定工具。

附 录 A
（规范性附录）
刑事责任能力判定标准细则

A.1 完全刑事责任能力

A.1.1 精神状态正常,也包括以下情形:

A.1.1.1 按CCMD标准诊断为"无精神病";

A.1.1.2 既往患有精神障碍已痊愈或缓解,作案时无精神症状表现;

A.1.1.3 伪装精神病或诈病;

A.1.1.4 精神障碍具间歇性特点,作案时精神状态完全恢复正常,如心境障碍(情感性精神病)的缓解期。

A.1.2 能建立明确的精神障碍诊断,指以下情形:

A.1.2.1 符合CCMD或ICD诊断标准的精神障碍,包括:器质性精神障碍,精神活性物质或非成瘾物质所致精神障碍,精神分裂症和其他精神病性障碍,心境障碍(情感性精神障碍),癔症、应激相关障碍、神经症,精神发育迟滞等。

A.1.3 对危害行为的辨认和控制能力完整,指以下情形:

A.1.3.1 辨认能力完整指被鉴定人对自己的行为在刑法上的意义、性质、作用、后果具有良好的分辨认识能力;

A.1.3.1.1 能充分认识行为的是非、对错;

A.1.3.1.2 能充分认识对行为的违法性和社会危害性;

A.1.3.1.3 能充分认识行为的必要性。

A.1.3.2 控制能力完整指被鉴定人完全具备选择自己实施或不实施为刑法所禁止、所制裁行为的能力;

A.1.4 标准化评定工具检验在完全刑事责任能力范围内,指以下情形:

A.1.4.1 《精神病人刑事责任能力量表》总分在37分以上(含37分);

A.1.4.2 《精神病人刑事责任能力量表》判别结果为完全刑事责任能力;

A.1.5 按CCMD标准诊断为普通(单纯)醉酒或反社会人格障碍者。

A.1.6 再次发生的复杂性醉酒者与因自愿陷入的病理性醉酒者。

A.2 限定刑事责任能力

A.2.1 同A.1.2条款

A.2.2 对危害行为的辨认或控制能力削弱,指以下情形:

A.2.2.1 辨认或控制能力界于完整与丧失之间;

A.2.2.2 辨认能力削弱指被鉴定人对自己的行为在刑法上的意义、性质、作用、后果的分辨认识能力受损;

A.2.2.3 控制能力削弱指犯罪嫌疑人选择自己实施或不实施为刑法所禁止、所制裁的行为的能力削弱。

A.2.3 标准化评定工具检验在限定刑事责任能力范围内,指以下情形:

A.2.3.1 《精神病人刑事责任能力量表》总分在16-36分之间;

A.2.3.2 《精神病人刑事责任能力量表》判别结果为限定刑事责任能力。

A.2.4 按CCMD标准被诊断为复杂性醉酒者,作案时符合A.2.2条款或A.3.2条款。

A.3 无刑事责任能力

A.3.1 同A.1.2条款

A.3.2 对作案行为的辨认或控制能力丧失,指以下情形:

A.3.2.1 辨认能力丧失指被鉴定人完全不能认识自己行为在刑法上的意义、性质、作用、后果;

A.3.2.2 实质性辨认能力丧失指被鉴定人虽然能认识作案行为的是非、对错或社会危害性,但不能认识其必要性;

A.3.2.3 控制能力丧失指被鉴定人不具备选择自己实施或不实施为刑法所禁止、所制裁的行为的能力。

A.3.3 标准化评定工具检验在无刑事责任能力范围内,指以下情形:

A.3.3.1 《精神病人刑事责任能力量表》总分在15分以下(含15分);

A.3.3.2 《精神病人刑事责任能力量表》判别结果属无刑事责任能力。

A.3.4 按CCMD标准被诊断为病理醉酒者,作案时符合A.3.2条款。

附 录 B
(资料性附录)
标准化评定工具简介及其评价

刑事责任能力需要从医学、心理学和法律等多方面作出综合评价。借鉴精神科定式检查和量表的模式,结合医学要件和法学要件编制出的标准化评定工具,可用来辅助刑事责任能力的评定。

B.1 《精神病人刑事责任能力评定量表》

系本指南推荐使用的主要标准化评定工具,可为精神疾病司法鉴定提供参考。

B.1.1 量表简介

本评定量表由蔡伟雄等人研制,其前身为司法部司法鉴定科学技术研究所联合国内多家鉴定机构编制的《精神病人限定刑事责任能力评定量表》,由18个条目构成,即作案动机、作案前先兆、作案的诱因、作案时间选择性、地点选择性、对象选择性、工具选择性、作案当时情绪反应、作案后逃避责任、审讯或检查时对犯罪事实掩盖、审讯或检查时有无伪装、对作案行为的罪错性认识、对作案后果的估计、生活自理能力、工作或学习能力、自知力、现实检验能力、自我控制能力。本量表基本涵盖法学标准,不局限于某种具体犯罪行为或案件、精神症状或疾病诊断,适用于各种刑事案件的责任能力评定,操作简便,易于掌握。

B.1.2 量表使用评价

本量表曾在国内多家鉴定机构试用,结果表明,全量表Cronbach α为0.9322,条目内部相关性尚可,18个条目均与量表总分相关(r从0.157-0.904)。主成分分析提取3个因子,累积贡献率为68.62%。刑事责任能力三分时,无、限定、完全组量表总分分别为 9.66 ± 5.11、26.54 ± 5.21、40.08 ± 7.90,具有显著差异,判别回代94%分类正确,与专家鉴定结论具有很高的一致性。

精神障碍者服刑能力评定指南

1. 2016年9月22日司法部司法鉴定管理局发布
2. SF/ZJD 0104003 - 2016
3. 自2016年9月22日起实施

前 言

本技术规范按照 GB/T 1.1 - 2009 给出的规则起草。

本技术规范根据《中华人民共和国刑事诉讼法》、《中华人民共和国监狱法》、司法部《暂予监外执行规定》及《司法鉴定程序通则》,运用精神病学及法学的理论和技术,结合法医精神病学司法鉴定的实践经验而制定,为服刑能力评定提供科学依据和统一标准。

本技术规范参考了《中国精神障碍分类与诊断标准》(CCMD-3 第三版)、《国际疾病及相关健康问题的分类》(ICD-10 第十版)、《监狱服刑人员行为规范》。

本技术规范由司法部司法鉴定科学技术研究所提出。

本技术规范由司法部司法鉴定管理局归口。

本技术规范起草单位:司法部司法鉴定科学技术研究所。

本技术规范主要起草人:蔡伟雄、黄富银、张钦廷、管唯、汤涛、刘超。

本技术规范所代替规范的历次版本发布情况为:SF/Z JD0104003 - 2011。

1 范 围

本技术规范规定了服刑能力评定的基本原则、要求和方法。

本技术规范适用于精神障碍服刑人员(被鉴定人)的服刑能力评定。

2 规范性引用文件

下列文件对于本技术规范的应用是必不可少的。凡是注日期的引用文件,仅所注日期的版本适用于本技术规范。凡是不注日期的引用文件,其最新版本(包括所有的修改单)适用于本技术规范。

CCMD-3 中国精神障碍分类与诊断标准
ICD-10 国际疾病及相关健康问题的分类

3 定 义

本技术规范采用以下定义:

3.1 精神障碍 Mental Disorder

又称精神疾病(mental illness),是指在各种因素的作用下造成的心理功能失调,而出现感知、思维、情感、行为、意志及智力等精神活动方面的异常。

3.2 服刑能力 Competency to Serve a Sentence

指服刑人员能够合理承受对其剥夺部分权益的惩罚,清楚地辨认自己犯罪行为的性质、后果,合理地理解刑罚的性质、目的和意义,并合理地控制自己言行以有效接受劳动改造的能力。

3.2.1 有服刑能力

能正确认识自己所承受刑罚的性质、意义和目的,能合理地认识自己的身份和出路,对自己当前应当遵循的行为规范具有相应的适应能力。

3.2.2 无服刑能力

不能合理认识自己目前所承受刑罚的性质、意义和目的,丧失了对自己当前身份和未来出路的合理的认识能力,或丧失了对自己当前应当遵循的行为规范的适应能力。

4 总 则

4.1 本技术规范以精神病学及法学的理论和技术为基础,结合精神疾病司法鉴定的实践经验而制定,为服刑能力评定提供科学依据和统一标准。

4.2 服刑能力的评定标准有两个要件:医学要件和法学要件。医学要件为存在精神障碍;法学要件为对刑罚的辨认能力及对自己应当遵循的行为规范的适应能力。

4.3 本技术规范将服刑能力分为有服刑能力、无服刑能力两个等级。

4.4 进行服刑能力评定时,首先应确定被鉴定人的精神状态,根据 CCMD 或 ICD 进行医学诊断,在医学诊断的基础上再考察对刑罚的辨认能力及对自己应当遵循行为规范的适应能力,根据其受损程度,评定服刑能力等级。

4.5 进行服刑能力评定可辅以标准化评定工具,但评定工具不得单独作为评定结论,不能取代鉴定人的评定意见。

4.6 本技术规范分为指南正文和附录两个部分。

4.7 在使用本技术规范时,应严格遵循附录中的分级依据或者判定准则和使用说明。

5 服刑能力评定标准

5.1 有服刑能力

目前无精神异常;或虽然目前存在确定精神异常,但精神症状对其相应的法律心理能力影响不明显,被鉴定人能正确认识自己所承受刑罚的性质、意义和目的,能合理地认识自己的身份和出路,对自己当前应当遵循的行为规范具有相应的适应能力。

5.2 无服刑能力

目前具有明显的精神异常,在精神症状的影响下,被鉴定人对自己目前所承受刑罚的性质、意义和目的不能合理认识,丧失了对自己当前身份和未来出路的合理的认识能力,或丧失了对自己当前应当遵循的行为规范的适应能力。

6 附 则

6.1 附录A与技术规范正文判定标准的细则须同时使用。

6.2 附录B是资料性附录,本技术规范推荐使用《精神障碍者服刑能力评定量表》作为标准化评定工具。

附 录 A
(规范性附录)
服刑能力评定标准细则

A.1 有服刑能力

A.1.1 精神状态正常,指以下情形:

A.1.1.1 按CCMD诊断标准诊断为"无精神病";

A.1.1.2 既往患有精神障碍已痊愈或缓解2年以上,目前无精神症状表现;

A.1.1.3 伪装精神病;

A.1.1.4 精神障碍具间歇性,目前精神状态完全恢复正常,如心境障碍(情感性精神病)缓解期等。

A.1.2 虽然目前存在确定精神异常,但精神症状对其相应的法律心理能力影响不明显,被鉴定人能合理认识自己所承受刑罚的性质、意义和目的,能合理地认识自己的身份和出路,对自己当前应当遵循的行为规范具有相应的适应能力。

A.1.3 参考标准:标准化评定工具《精神障碍者服刑能力评定量表》大于29分。

A.2 无服刑能力

A.2.1 能建立明确的精神障碍诊断,指以下情形:

符合CCMD或ICD诊断标准的精神障碍,包括:器质性精神障碍,精神活性物质或非成瘾物质所致精神障碍,精神分裂症和其他精神病性障碍,心境障碍(情感性精神障碍),癔症、应激相关障碍、神经症,精神发育迟滞等。

A.2.2 目前具有明显的精神异常,在精神症状的影响下,被鉴定人不能合理认识对自己目前所承受刑罚的性质、意义和目的,丧失了对自己当前身份和未来出路的合理的认识能力,或丧失了对自己当前应当遵循的行为规范的适应能力。

A.2.3 参考标准:标准化评定工具《精神障碍者服刑能力评定量表》等于或小于29分:

附 录 B
(资料性附录)
标准化评定工具简介及其评价

服刑能力需要从医学、心理学和法学等多方面作出综合评价。借鉴精神医学定式检查和量表的模式,结合医学要件和法学要件编制出的标准化评定工具,可用来辅助服刑能力的评定。

B.1 《精神障碍者服刑能力评定量表》系本技术规范推荐使用的标准化评定工具。

B.1.1 量表简介

本量表基本涵盖法学标准的范围,不局限于犯罪行为或案件类型、精神症状或疾病诊断,操作简便,易于掌握。

表1 精神障碍者服刑能力评定量表

被鉴定人		鉴定号		
项目	评分			
	轻度	中度	重度	
概念紊乱	3	2	1	
情感交流	3	2	1	
刑罚认知	3	2	1	
认罪服刑	3	2	1	
违规认知	3	2	1	
接受教育	3	2	1	
管教交往	3	2	1	
冲动控制	3	2	1	
同犯交往	3	2	1	
自伤自杀	3	2	1	

续表

项目	评分		
	轻度	中度	重度
运动迟滞	3	2	1
睡眠障碍	3	2	1
生产劳动	3	2	1
生活自理	3	2	1
自知力	3	2	1
总分			
评分者	评定时间		

B.1.1.1 概念紊乱

指被鉴定人思维联想过程紊乱,其特征为思维的目的性、连贯性破坏,如赘述、离题、联想散漫、不连贯、显著的不合逻辑,或思维阻隔。

评定依据:被鉴定人服刑中的情况反映及会谈中观察其认知语言表达过程。

3=轻度障碍或正常,被鉴定人思维正常;或显赘述,思维目的性存在障碍,在压力下显得有些联想散漫;

2=中度障碍,被鉴定人当交谈短暂和有序时尚可集中思维,当交谈较复杂或有轻微压力时就变得散漫或离题;

1=重度障碍,被鉴定人思维破裂、不连贯;或思维严重出轨及自相矛盾,导致明显的离题和思维中断,几乎是持续出现。

B.1.1.2 情感交流

指被鉴定人缺乏人际交往中的感情投入、交谈时的坦率及亲密感、兴趣或对会谈者的投入,表现在人际关系疏远及语言和非语言交流减少。

评定依据:会谈中的人际行为。

3=轻度障碍或正常,被鉴定人交谈以呆板、紧张或音调不自然为特征,可能缺乏情绪深度或停留在非个人、理智性的水平;

2=中度障碍,被鉴定人显出典型冷淡,人际关系相当疏远,被鉴定人可能机械地回答问题,或表现不耐烦或表示无兴趣;

1=重度障碍,被鉴定人显得高度冷淡,有明显人际疏远,回答问题敷衍,很少有投入会谈的非语言迹象,常常避开眼神接触和面部表情交流。

B.1.1.3 刑罚认知

指被鉴定人能合理辨认刑罚的性质、目的及意义。

评定依据:被鉴定人服刑期间的情况反映及会谈中的专门性问答。

3=轻度损害或正常,被鉴定人基本理解刑罚的性质、目的及意义;

2=中度损害,被鉴定人不能合理认识刑罚的性质,但基本理解刑罚的目的和意义;

1=重度损害,被鉴定人病态地歪曲刑罚的性质,不能合理认识刑罚的目的和意义。

B.1.1.4 认罪服刑

指被鉴定人对自己被判罪行能合理认识,并通过服刑过程表达出来。

评分依据:被鉴定人服刑中的言行及会谈中的专门性问答。

3=轻度损害或正常,被鉴定人基本理解被判罪行的性质,能够遵守劳动改造纪律;

2=中度损害,被鉴定人不能合理理解自己被判罪行的性质,但尚能通过合理方式反映;

1=重度损害,被鉴定人病态地理解自己被罪行的性质,并在服刑中表现出这种病态。

B.1.1.5 违规认知

指被鉴定人能合理辨认违反监管法规可能带来的后果。

评分依据:会谈中的专门性问答。

3=轻度损害或正常,被鉴定人基本理解违规的可能后果;

2=中度损害,被鉴定人仅简单知道违规受罚;

1=重度损害,被鉴定人病态地理解违规的可能后果。

B.1.1.6 接受教育

指被鉴定人能合理辨认接受教育的性质,并能遵守学习规范。

评分依据:被鉴定人服刑中学习情况及会谈中的专门性问答。

3=轻度损害或正常,被鉴定人能理解学习教育的性质,并能遵守学习规范;

2=中度损害,被鉴定人能理解学习教育的性质,但不能遵守学习规范;

1=重度损害,被鉴定人病态地理解接受教育的性质。

B.1.1.7 管教交往

指被鉴定人具有明确自己的身份意识,能遵守与管教交往中的相应规范。

评分依据:被鉴定人服刑中与管教交往的情况反映及会谈中的专门性问答。

3 = 轻度损害或正常,被鉴定人具有明确的身份意识,能遵守相应的监管法规;

2 = 中度损害,被鉴定人能合理辨认自己的身份,但在与管教的交往中不能遵守相应规范;

1 = 重度损害,被鉴定人病态歪曲自己或管教的身份,严重违反相应规范。

B.1.1.8 同犯交往

指被鉴定人能合理辨认自己与同犯的身份,在相互交往中能遵守相应的监管法规。

评分依据:被鉴定人服刑中与同犯交往的情况反映及会谈中的专门性问答。

3 = 轻度损害或正常,被鉴定人具有明确的身份意识,能遵守相应的监管法规;

2 = 中度损害,被鉴定人能合理辨认自己的身份,但在与同犯的交往中不能遵守相应规范;

1 = 重度损害,被鉴定人病态歪曲自己的身份,严重违反相应规范。

B.1.1.9 激惹冲动

指被鉴定人对内在冲动反应的调节和控制障碍,导致不顾后果的、突然的、无法调节的、武断的或误导的紧张情绪的宣泄。

评分依据:被鉴定人服刑中面临不如意、不顺心情况时反应的反映及会谈中观察行为。

3 = 轻度损害或正常,被鉴定人当面对应激或不如意时,容易出现愤怒和挫折感,但很少有冲动行为;

2 = 中度损害,被鉴定人对轻微的挑衅就会愤怒和谩骂,可能偶尔出现威胁、破坏或一两次身体冲突或程度较轻的打骂;

1 = 重度损害,被鉴定人经常不计后果地出现攻击行为、威胁或强人所难,可能有攻击性。

B.1.1.10 自伤自杀

指故意伤害自己身体或结束自己生命的观念或行为。

评分依据:被鉴定人服刑中情况反映及会谈中的专门性问答。

3 = 无自伤、自杀;

2 = 轻度自伤或自杀观念;

1 = 严重自伤或自杀未遂。

B.1.1.11 运动迟滞

指被鉴定人言语动作行为普遍性减少。

评分依据:被鉴定人服刑中情况反映及会谈中的行为观察。

3 = 轻度障碍或正常,被鉴定人言语动作行为有所减少,但能正常生活、劳动;

2 = 中度障碍,被鉴定人言语动作行为减少,在督促下能料理日常生活和参加生产劳动;

1 = 重度障碍,被鉴定人言语动作行为明显减少,不能完成日常生活和参加生产劳动。

B.1.1.12 睡眠障碍

指被鉴定人不能按照规定正常就寝休息,并影响他犯。

评分依据:被鉴定人服刑中睡眠的情况反映及会谈中的专门性问答。

3 = 轻度障碍或无,被鉴定人虽存在一定程度睡眠障碍,但尚能遵守相应生活规范,不影响他犯正常就寝休息;

2 = 中度障碍,被鉴定人表现存在入睡困难、易醒、早醒等睡眠障碍,并影响他犯正常就寝休息;

1 = 重度障碍,被鉴定人表现明显入睡困难、易醒、早醒等睡眠障碍,不能保障正常休息,或严重影响他犯正常就寝休息。

B.1.1.13 生产劳动

指被鉴定人在劳动改造场所能够服从分配参加劳动,在生产劳动过程中遵守各项劳动纪律,保质保量完成生产劳动任务。

评分依据:被鉴定人服刑中生产劳动的情况反映及会谈中的专门性问答。

3 = 轻度受损或正常,被鉴定人能服从分配参加劳动,并能遵守劳动纪律、完成生产劳动任务;

2 = 中度受损,被鉴定人服从参加劳动,但不能严格遵守劳动纪律,造成安全隐患或生产劳动效率明显降低;

1 = 重度受损,被鉴定人不能参加生产劳动。

B.1.1.14 生活自理

指被鉴定人能完成个人诸如饮食、个人卫生等日常生活。

评分依据:被鉴定人服刑中日常生活的情况反映。

3 = 轻度或无损害,被鉴定人能单独完成日常生活;

2 = 中度损害,被鉴定人能完成简单日常生活,但大部分日常生活需要他人督促帮助;

1＝重度损害,被鉴定人日常生活完全需要他人照顾。

B.1.1.15 自知力

指被鉴定人对其自身精神状态的认识和判断能力,即能察觉或识辨自己精神状态是否正常,并能指出自己既往和现在的表现与体验哪些属于病态。

评分依据:会谈中的专门性问答。

3＝自知力完整;

2＝自知力部分;

1＝自知力缺失。

说明

1. 使用范围:仅限于诊断明确的精神障碍者。
2. 操作人员:仅限于法医精神病鉴定人。

划界分:29 分,大于 29 分者具有服刑能力,等于或小于 29 分者无服刑能力。

B.1.2 量表使用评价

本量表曾在国内多家鉴定机构试用,结果表明,全量表 Cronbach α 为 0.959,条目内部一致性尚可。服刑能力二级划分时,无、有服刑能力组量表总分分别为 22.17 ± 4.97、37.64 ± 6.21,具有显著差异,评分分级结果与专家鉴定意见具有很高的一致性(Kappa＝0.773)。

· 指导案例 ·

马冰法医精神病鉴定

关键词: 司法鉴定　法医精神病鉴定

案情概况

马冰(化名)认为他偷盗邻居张三(化名)的弟弟花生之事被张三发现,还被张三的儿子发到网上。他时常感觉张三在夜间砸他家的墙,遂怀恨在心,购买刀具伺机报复。2012 年 9 月 12 日上午 9 时许,马冰朝张三兄弟的夹道里扔石头,张三发现后双方争执,马冰持刀刺中张三,并在追赶张三中连续刺其胸部、腰部、背部 11 刀,致张三心脏破裂死亡。作案后,马冰在家中被抓获。他供述,杀死张三是因为 2012 年农历 3 月听村民李四(化名)说,张三的儿子在网上说他偷花生的事,还说村里人都是这么说的,认为是张三告诉他儿子的。还有农历正月,自己在家时常听见后墙响,认为一定是张三砸他家的墙,马冰两次去砸张三家的墙,均被张三发现。

办案机关调查发现,马冰时年 24 岁,身体健康。父亲早故,母亲改嫁,与爷爷相依为命。爷爷与张氏兄弟交好,常托付他们教育马冰。马冰小学毕业后不再念书,平时宅在家里,不爱说话,比较老实不惹事。考虑马冰家族未发现精神病史,平素未见其精神异常,加上作案动机明确,辩护人未提出,司法机关未进行法医精神病鉴定。

一审马冰因犯故意杀人罪被判处死刑。二审时律师调查发现马冰所称张三儿子在网上公布其偷花生一事纯系乌有,村民李四当时外出打工,从未向马冰说及此事,感觉马冰可能存在精神异常,申请进行法医精神病鉴定。法院审查后认为辩护律师的申请符合本案实际,确有必要进行鉴定,遂批准委托司法鉴定机构对马冰作案时是否有精神障碍进行鉴定,如果有精神障碍,评定其刑事责任能力(即精神障碍对其作案行为辨认和控制能力的影响程度)。

司法鉴定科学技术研究所司法鉴定中心依法受理委托,指派三名具有法医精神病鉴定资格的鉴定人进行鉴定。鉴定人认真查阅了卷宗中文书、询问笔录、讯问笔录、一审判决书。向看守所管教人员调查了解马冰的表现和生活情况,管教人员反映马冰在关押期间表现得越来越内向,沉默少语,死刑判决后表示不上诉,问他有什么想法就"嘿嘿"笑两声,人变得越来越懒,不讲卫生,时而莫名发笑,有点痴呆。精神检查发现,马冰意识清楚,情感淡漠,目光茫然,不时莫名独自发笑。他说,偷花生的事被上网公布是听李四站在李家院子里说的,杀人也是因为此事。还经常听见张三说他的坏话,内容是说他偷东西一年多了,在看守所都能听见,作案前也听到其他不熟悉的人说他坏话,男声女声都有,但是就是找不到人。他坚信是张三儿子把他偷花生的事在网上公布的,他对被判死刑感到无所谓。

鉴定人分析认为,马冰无端怀疑自己偷花生一事被人在网上公布,怎样解释说服都无效,还凭空听见旁人说他坏话、听到有人砸他家墙壁,应该属于妄想与幻听,症状已持续一年多,涉案阶段也是如此,作案行为与精神症状直接相关,被精神症状驱动,丧失了对作案行为的实质性辨认能力。按照现行精神障碍诊断标准及刑事责任能力评定规范综合判断,鉴定意见为:马冰患"精神分裂症",作案时处于发病期,受精神病的影响,实质性辨认和控制能力完全丧失,应评定为无刑事责任能力。

二审法院通知鉴定人出庭作证。法庭上,被害人的代理人、公诉人提出质疑,马冰在作案前并没有表现出任何精神异常,仅凭管教的点滴反映,为什么鉴定为精神病?会不会是伪装精神病?

鉴定人回答说:法医精神病鉴定首先要排除伪装的可能。本案被鉴定人马冰从未接触过精神病学知识,其症状出现、演化符合疾病发展规律,到案后供述前后一致,旁证调查证实其怀疑内容的荒唐性。检查时症状流露自然,否认自己有精神病,据此可排除伪装精神病可能。精神分裂症是一组病因未明的精神病,多起病于青壮年,症状表现多样,具有思维、情感、行为等多方面障碍及精神活动不协调,诊断标准非常严格。大家比较容易发现、认同以行为紊乱为主要表现的所谓"武疯子",但是以思维障碍为主的"文疯子"的异常行为或精神活动比较隐蔽,一般人难以察觉其存在精神异常。如本案的马冰,周围人觉得他只是不愿与人多接触,年轻怕吃苦不愿外出打工,只有深入了解后才能发现他在偷花生后,逐渐出现了无端怀疑被人网上传播、凭空听见周围人议论此事,讲他坏话、砸他家墙壁等,现实检验能力丧失,与检查所见相互印证,其表现完全符合诊断精神分裂症的症状标准、病程标准、严重程度标准和排除标准,因此鉴定结论为马冰患有精神病。

经审理,法院采信司法鉴定意见,认定马冰作案时处于精神病的发病期,辨认和控制能力完全丧失,未追究其刑事责任,转而依法对其实施强制医疗。

鉴定要点

目前法医精神病鉴定的启动权主要由侦查机关、检察机关和人民法院等办案机关掌握,当事人或其委托的律师认为有必要的,可以提出鉴定申请。

从事法医精神病鉴定的鉴定机构,应当具备法律规定的设立条件。

对被鉴定人进行法医精神病鉴定的,应当通知委托人或者被鉴定人的近亲属到场见证。

接受委托的鉴定机构应当指定本机构二名以上鉴定人进行鉴定。对于疑难复杂的鉴定,可以指定多名鉴定人进行;重新鉴定,则应当至少有一名鉴定人具有高级技术职称。

案例意义

精神分裂症是精神病中一种常见类型,症状表现多样化,一些患者在一般人看来并不认为其有精神病,但在涉及妄想内容时,病人出现病态的推理和过激行为,给公共安全带来极大危害,家人和周围人应密切关注其言谈举止,注意发现精神异常的苗头,一旦出现可疑迹象,应当立即找精神科医生咨询或者就医。

专用名词解释

法医精神病鉴定:是运用司法精神病学的理论和方法,对涉及与法律有关的精神状态、法定能力(如刑事责任能力、受审能力、服刑能力、民事行为能力、监护能力、被害人自我防卫能力、作证能力等)、精神损伤程度、智能障碍等问题进行鉴定。

4. 法医物证鉴定

生物学全同胞关系鉴定实施规范

1. 2014年3月17日司法部司法鉴定管理局发布
2. SF/Z JD 0105002－2014
3. 自2014年3月17日起实施

前　　言

本技术规范按照 GB/T 1.1－2009 给出的规则起草。

本技术规范由司法部司法鉴定科学技术研究所和中山大学法医鉴定中心共同提出。

本技术规范由司法部司法鉴定管理局归口。

本技术规范起草单位：司法部司法鉴定科学技术研究所、中山大学法医鉴定中心、四川大学华西基础医学与法医学院。

本技术规范主要起草人：李成涛、孙宏钰、赵书民、陆惠玲、李莉、侯一平。

本技术规范为首次发布。

引　　言

本技术规范运用法医物证学、遗传学和统计学等学科的理论和技术，结合法医物证鉴定的实践经验而制订，为生物学全同胞关系鉴定提供科学依据和统一标准。

1　范　　围

本技术规范规定了法庭科学 DNA 实验室进行生物学全同胞关系鉴定的内容及结果判断标准。

本技术规范适用于在双亲皆无情形下甄别生物学全同胞与无关个体关系，若两名被鉴定人间存在其他亲缘关系（如半同胞、堂表亲等），则本技术规范不适用。

2　规范性引用文件

下列文件对于本文件的应用是必不可少的。凡是注日期的引用文件，仅注日期的版本适用于本文件。凡是不注日期的引用文件，其最新版本（包括所有的修改单）适用于本文件。

GA/T 382－2002　法庭科学 DNA 实验室规范

GA/T 383－2002　法庭科学 DNA 实验室检验规范

SF/Z JD0105001－2010　司法鉴定技术规范—亲权鉴定技术规范

司发通〔2007〕71号　司法鉴定文书规范

3　术语和定义

下列术语和定义适用于本文件。

3.1　全同胞　full sibling（FS）

具有相同的生物学父亲和生物学母亲的多个子代个体。

3.2　全同胞关系鉴定　full sibling testing

通过对人类遗传标记，如常染色体 STR 基因座的检测，根据遗传规律分析，对有争议的两名个体间是否存在全同胞关系进行鉴定，其参照关系为无关个体。

3.3　状态一致性评分

Identity by state（IBS）score

两名个体在同一基因座上可出现相同的等位基因，这些等位基因的"一致性"即称为状态一致性。该等位基因也称为状态一致性等位基因。相应地，在1个 STR 基因座上，两名被鉴定人间的状态一致性等位基因个数称之为 IBS 评分（IBS score, ibs），若采用包含 n 个相互独立的常染色体遗传标记分型系统对两名被鉴定人进行检测，各个遗传标记上的 ibs 之和即为累计状态一致性评分，记作 IBS。

3.4　检测系统效能

power of the genotyping system

采用给定的检测系统以及相应的判定标准进行生物学全同胞关系鉴定时，预计能够给出明确结论的可能性。

4　相关参数的计算方法

4.1　单个常染色体 STR 基因座的状态一致性评分（ibs）计算

依据状态一致性评分的定义，设有 A 和 B 两名被鉴定人，某一常染色体 STR 基因座有 P、Q、R 和 S 等多个等位基因，则 A 与 B 间在该遗传标记的状态一致性评分可依据表1计算。

表1　单个常染色体 STR 基因座的状态一致性评分计算表

被鉴定人基因型		ibs
个体 A	个体 B	
PP	PP	2
PQ	PQ	2
PP	PQ	1
PQ	QR	1
PP	QQ	0
PP	QR	0
PQ	RS	0

4.2 常染色体 STR 基因座分型系统累计状态一致性评分（IBS）的计算

依据状态一致性评分的定义，采用包含 n 个相互独立的常染色体 STR 基因座分型系统对两名被鉴定人进行检测后，其累计状态一致性评分按以下公式进行计算：

$$IBS = ibs_1 + ibs_2 + ibs_3 + \cdots + ibs_n = \sum_{i=1}^{n} ibs_i \quad (i = 1,2,3,\cdots,n)$$

式中：

IBS——常染色体 STR 基因座分型系统累计状态一致性评分

ibs_i——单个常染色体 STR 基因座的状态一致性评分

5 检验程序

5.1 采样要求

采样要求应符合 SF/Z JD0105001 - 2010 的规定。

5.2 DNA 提取和保存

检材的 DNA 提取和保存应符合 GA/T 383 - 2002 和 SF/Z JD0105001 - 2010 的规定。

5.3 DNA 定量分析

DNA 定量分析应按照 GA/T 382 - 2002 和 GA/T 383 - 2002 的要求进行。

5.4 PCR 扩增与分型

5.4.1 基因座

5.4.1.1 在进行生物学全同胞关系鉴定时，目前亲缘关系鉴定常用的 19 个常染色体 STR 基因座（vWA、D21S11、D18S51、D5S818、D7S820、D13S317、D16S539、FGA、D8S1179、D3S1358、CSF1PO、TH01、TPOX、Penta E、Penta D、D2S1338、D19S433、D12S391、D6S1043）为必检基因座。

5.4.1.2 鼓励在上述 19 个必检 STR 基因座基础上增加更多的、经过验证的、与上述 19 个 STR 基因座不存在连锁的其它常染色体 STR 基因座，以提高检测系统效能。不推荐在 19 个 STR 必检基因座的基础上每次增加 1 个或 2 个 STR 基因座，这对提高检测系统效能的帮助有限。建议在 19 个必检 STR 基因座基础上，每次增加 10 个常染色体 STR 基因座，如检测 29 个或 39 个，以下 22 个常染色体 STR 为部分可供选择的补充基因座（排序不分先后）：D1S1656、D2S441、D3S1744、D3S3045、D4S2366、D5S2500、D6S477、D7S1517、D7S3048、D8S1132、D10S1248、D10S1435、D10S2325、D11S2368、D13S325、D14S608、D15S659、D17S1290、D18S535、D19S253、D21S2055、D22 - GATA198B05。

5.4.1.3 当两名被鉴定人均为男性时，可以补充检验 Y - STR 基因座（如 DYS456、DYS389I、DYS390、DYS389II、DYS458、DYS19、DYS385 a/b、DYS393、DYS391、DYS439、DYS635、DYS392、Y GATA H4、DYS437、DYS438、DYS448 等）；当两名被鉴定人均为女性时，可以补充检验 X - STR 基因座（如 GATA172D05、HPRTB、DXS6789、DXS6795、DXS6803、DXS6809、DXS7132、DXS7133、DXS7423、DXS8377、DXS8378、DXS9895、DXS9898、DXS10101、DXS10134、DXS10135、DXS10074 等）。

5.4.1.4 可以通过线粒体 DNA 序列分析进行补充检验。补充检验不能单独使用。

5.4.2 PCR 扩增

宜选用商品化的试剂盒进行 DNA 扩增，在常染色体 STR 基因座分型中，至少应该包含本技术规范 5.4.1 中所规定的 19 个常用 STR 基因座的分型结果。每批检验均应有阳性对照样本（已知浓度和基因型的对照品 DNA 和/或以前检验过的、已知基因型的样本）以及不含人基因组 DNA 的阴性对照样本。PCR 扩增体系与温度循环参数均按试剂盒的操作说明书进行。

5.4.3 PCR 扩增产物的检测与结果判读

使用遗传分析仪，对 PCR 产物进行毛细管电泳分析，使用等位基因分型参照物（Ladder）来对样本分型，步骤方法按照仪器操作手册。

5.4.4 结果分析

全同胞关系鉴定主要依据常染色体 STR 基因座分型结果，通过计算两名被鉴定人间的累计状态一致性评分（IBS），结合 IBS 在无关个体对人群和全同胞对人群中的概率分布规律，对被鉴定人之间是否存在生物学全同胞关系做出判断。依据孟德尔遗传规律可知，即使是真正的全同胞，在同一个基因座上也可以出现基因型完全不同（即在该基因座上的状态一致性评分为 0）的情形，其发生概率为 0.2500；另一方面，即使是真正的无关个体，也可以因为偶然的因素在同一基因座上出现基因型完全相同（即在该基因座上的状态一致性评分为 2）的情形，其发生概率与等位基因的人群频率分布有关。

6 鉴定意见

6.1 依据常染色体 STR 基因座分型结果进行生物

学全同胞关系鉴定时,鉴定意见分为"倾向于认为两名被鉴定人为全同胞"、"倾向于认为两名被鉴定人为无关个体"和"在当前检测系统下,无法给出倾向性意见"3种。

6.2 鉴定意见的准确性受IBS值和检测系统效能的影响。表2列出了采用不同的常染色体STR基因座检测系统进行生物学全同胞关系鉴定的IBS域值和检测系统效能。由表2可见,仅仅依据19个常染色体基因座的分型结果,有相当一部分案例(约占25%)在不补充检验其它检测系统的情形下将无法得出结论。

表2 不同常染色体STR检测系统对应的生物学全同胞关系鉴定IBS阈值和检测系统效能

常染色体STR检测系统	鉴定意见	阈值	检测系统效能
19个必检基因座	倾向于认为两名被鉴定人为全同胞	IBS≥22	约0.7500
	无法给出倾向性意见	22>IBS>13	
	倾向于认为两名被鉴定人为无关个体	IBS≤13	
19个必检基因座基础上补充检验10个STR基因座	倾向于认为两名被鉴定人为全同胞	IBS≥32	约0.8500
	无法给出倾向性意见	32>IBS>21	
	倾向于认为两名被鉴定人为无关个体	IBS≤21	
19个必检基因座基础上补充检验20个STR基因座	倾向于认为两名被鉴定人为全同胞	IBS≥42	约0.9500
	无法给出倾向性意见	42>IBS>31	
	倾向于认为两名被鉴定人为无关个体	IBS≤31	

7 鉴定文书

生物学全同胞关系鉴定文书的格式要求参照《司法鉴定文书规范》。

8 特别说明

8.1 本实施规范定义的生物学全同胞关系特指在双亲皆无情形下甄别全同胞和无关个体两种检验假设。鉴定人应详细了解两名被鉴定人间是否存在其它可能的亲缘关系,若两名被鉴定人间存在其他亲缘关系(如半同胞、堂表亲等),则本实施规范不适用。

8.2 依据19个常染色体STR基因座的分型结果进行全同胞关系鉴定时,该检测系统的效能约为0.7500,即采用该系统同时依据相应的判定标准能够得出明确结论的可能性约为75.00%,得出的倾向性鉴定意见的准确性不低于99.00%;分别依据29个常染色体STR基因座和39个常染色体STR基因座的分型结果同时依据相应的判定标准进行全同胞关系鉴定时,检测系统的效能分别约为0.8500和0.9500,得出的倾向性鉴定意见的准确性均不低于99.90%。

8.3 表2所给出不同的常染色体STR基因座检测系统下进行生物学全同胞鉴定的IBS域值和检测系统效能,所依赖的基因座来源于5.4.1,相应的判定标准仅适用于检测19个、29个和39个常染色体STR基因座。在19个必检STR基因座基础上,每次补充检验10个常染色体STR基因座时,推荐的补充顺序为,将适合的候选常染色体STR基因座依据其在该人群中的个体识别力由大到小进行排序和选择,但最小的个体识别力应不低于0.9000。

8.4 对于补充检验的X染色体遗传标记、Y染色体遗传标记或线粒体DNA测序结果,应采用文字描述的方式进行分析。

生物检材中单乙酰吗啡、吗啡、可待因的测定

1. 2010年4月7日司法部司法鉴定管理局发布
2. SF/Z JD 0107006-2010
3. 2010年4月7日生效

前 言

本标准的附录A为资料性附录。

本标准由中华人民共和国司法部司法鉴定科学技术研究所提出。

本标准由中华人民共和国司法部归口。

本标准起草单位:中华人民共和国司法部司法鉴定科学技术研究所。

本标准主要起草人:卓先义、刘伟、向平、沈保华、卜

俊、马栋、严慧。

1 范 围

本标准规定了血液、尿液、组织及毛发中单乙酰吗啡、吗啡和可待因的免疫筛选法、气相色谱－质谱联用法和液相色谱－串联质谱法测定方法。

本标准适用于血液、尿液、组织及毛发中单乙酰吗啡、吗啡和可待因的免疫筛选法、气相色谱－质谱联用法和液相色谱－串联质谱法定性定量分析。

2 规范性引用文件

下列文件中的条款通过本标准的引用而成为本标准的条款。凡是注日期的引用文件，其随后所有的修改单（不包括勘误的内容）或修订版均不适用于本标准，然而，鼓励根据本标准达成协议的各方研究是否可使用这些文件的最新版本。凡是不注日期的引用文件，其最新版本适用于本标准。

GB/T 6682　分析实验室用水规格和试验方法（GB/T 6682-2008,ISO 3696:1987,MOD）

GA/T 122　毒物分析名词术语

第一篇　免疫筛选法
3 原 理

采用高度特异性的抗原－抗体反应的免疫胶体金层析技术，通过单克隆抗体竞争结合吗啡偶联物和尿液中可能含有的吗啡，试剂盒含有被事先固定于膜上测试区（T）的吗啡偶联物和被胶体金标记的抗吗啡单克隆抗体。

4 试 剂

吗啡尿液胶体金法试剂盒（MOP）。

5 操作方法

用吸管吸取尿液检材，滴入试剂盒的样品孔中5滴（约150～200μL），3～5分钟后观察结果。

6 结果判定

6.1 阳 性

仅质控区 C 出现紫红色带，而测试区 T 无紫红色带，提示尿液中存在吗啡类物质。

6.2 阴 性

质控区 C 及测试区 T 均出现紫红色带，提示尿液中无吗啡类物质或尿液中吗啡浓度在300ng/mL以下。

6.3 无 效

质控区 C 未出现紫红色带，结果无效，应重新检验。

第二篇　气相色谱－质谱联用法
7 原 理

单乙酰吗啡、吗啡和可待因在约 pH9.2 时可用氯仿:异丙醇（9:1）从生物检材中提出，用丙酸酐使单乙酰吗啡、吗啡和可待因结构上的羟基团丙酰化后，用气相色谱－质谱联用仪进行检测，经与平行操作的单乙酰吗啡、吗啡或可待因对照品比较，以保留时间和特征碎片离子定性分析。

8 试剂和材料

除另有规定外，试剂均为分析纯，水为 GB/T 6682 规定的二级水。

8.1 单乙酰吗啡、吗啡和可待因对照品纯度≥99%。

8.2 单乙酰吗啡、吗啡和可待因对照品溶液的制备

分别精密称取对照品单乙酰吗啡、吗啡、可待因各适量，用甲醇配成 1mg/mL 的对照品储备溶液，置于 -18℃冷冻保存，保存期为1年。试验中所用其它浓度的标准溶液均从上述储液稀释而得，储存在4℃冰箱中，保存期为6个月。

8.3 氯仿。

8.4 异丙醇。

8.5 10%氢氧化钠溶液。

8.6 丙酸酐。

8.7 吡啶。

8.8 硼砂缓冲液

pH9.0～9.2。

8.9 甲醇。

8.10 丙酮。

8.11 0.1%十二烷基磺酸钠溶液。

8.12 0.1%洗洁精溶液。

8.13 浓盐酸。

8.14 0.1mol/L 盐酸溶液。

8.15 MSTFA。

8.16 乙腈。

9 仪 器

9.1 气相色谱－质谱联用仪

配有电子轰击源（EI）。

9.2 分析天平

感量0.1mg。

9.3 微波炉

9.4 涡旋混合器。
9.5 离心机。
9.6 恒温水浴锅。
9.7 空气泵。
9.8 移液器。
9.9 具塞离心试管。
9.10 冷冻研磨机。

10 测定步骤

10.1 样品预处理

10.1.1 尿液直接提取

取尿液2mL置于10mL具塞离心管中,用10%氢氧化钠溶液调至pH9.0~9.2,加入1mL硼砂缓冲液,用氯仿:异丙醇(9:1)3mL提取,涡旋混合、离心,转移有机层至另一离心管中,约60℃水浴中空气流下吹干。残留物中加入丙酸酐(50μL)、吡啶(20μL),混匀,微波炉(500W)衍生化3min,60℃水浴中空气流下吹干,残留物用30μL甲醇溶解,取1μL进气相色谱－质谱联用仪分析。

10.1.2 尿液中总吗啡或可待因的提取

取尿液2mL置于10mL具塞离心管中,加入0.2mL浓盐酸沸水浴中水解30min,取出,冷却后加入1mL正丁醇,涡旋混合、离心,弃去有机层,用10%氢氧化钠溶液调至pH9.0~9.2,以下同10.1.1项下操作。

10.1.3 血液直接提取

取血液2mL置于10mL具塞离心管中,加入2mL硼砂缓冲液,用氯仿:异丙醇(9:1)3mL提取,以下同10.1.1项下操作。

10.1.4 组织提取

将组织剪碎或匀浆,称取2g,加入2mL水,再加入0.4mL浓盐酸,沸水浴中水解30min,取出,用10%氢氧化钠溶液调至pH9.0~9.2,以下同10.1.1项下操作。

10.1.5 毛发提取

10.1.5.1 毛发采集

贴发根处剪取毛发,发根处作标记。

10.1.5.2 毛发洗涤

毛发样品依次用0.1%十二烷基磺酸钠溶液、0.1%洗洁精溶液、水和丙酮振荡洗涤一次,晾干后剪成约1mm段,供检。

10.1.5.3 毛发的提取、净化

称取50mg毛发,加1mL 0.1mol/L盐酸溶液浸润,45℃水浴水解12~15小时或超声1小时(针对磨碎的头发),取出后用10%氢氧化钠溶液调至pH9.0~9.2,加入1mL硼砂缓冲液,用氯仿:异丙醇(9:1)3mL提取,涡旋混合、离心,转移有机层至另一离心管中,约60℃水浴中空气流下吹干。残留物中加入MSTFA(25μL)、乙腈(25μL),混匀,微波炉(500W)衍生化3min,冷却后取1μL进气相色谱－质谱联用仪分析。

10.2 样品测定

10.2.1 气相色谱－质谱参考条件

a)色谱柱:HP－1MS毛细管柱(30m×0.25mm×0.25μm)或相当者;

b)柱温:100℃保持1.5min,以25℃/min程序升温至280℃,保持15min;

c)载气:氦气,纯度≥99.999%,流速:1.0mL/min;

d)进样口温度:250℃;

e)进样量:1μL;

f)电子轰击源:70eV;

g)四极杆温度:150℃;

h)离子源温度:230℃;

i)接口温度:280℃;

j)检测方式:SIM。

每种化合物分别选择3个特征碎片离子。单乙酰吗啡、吗啡、可待因的保留时间与特征碎片离子见表1。

表1 单乙酰吗啡、吗啡、可待因的色谱峰保留时间与碎片离子

	保留时间(min)	碎片离子(m/z)
单乙酰吗啡丙酰化物	12.6	327,383,268
吗啡丙酰化物	13.8	341,397,268
可待因丙酰化物	11.6	229,355,282
单乙酰吗啡三甲基硅衍生物	9.8	287,340,399
吗啡三甲基硅衍生物	9.6	236,414,429
乙基吗啡三甲基硅衍生物	9.4	192,385

10.2.2 定性测定

进行样品测定时,如果检出的色谱峰保留时间与空白检材添加对照品的色谱峰保留时间比较,相对误差小于2%,并且在扣除背景后的样品质谱图中,所选择的离子均出现,而且所选择的离子相对丰度比与添加对照品的离子相对丰度比之相对误差不超过表2规定的范围,则可判断样品中存在这种化合物。

表2 相对离子丰度比的最大允许相对误差(%)

相对离子丰度比	≥50	20~50	10~20	≤10
允许的相对误差	±20	±25	±30	±50

10.2.3 定量测定

采用外标-校准曲线法或单点法定量。用相同基质空白添加适量目标物对照品制得一系列校准样品,以目标物的峰面积对目标物浓度绘制校准曲线,并且保证所测样品中目标物的浓度值在其线性范围内。当检材中目标物浓度在空白检材中添加目标物浓度的±50%以内时,可采用单点校准法来计算目标化合物的浓度。

10.3 平行试验

样品应按以上步骤同时平行测定两份。

平行试验中两份检材测定结果按两份检材的平均值计算,双样相对相差不得超过20%(腐败检材不超过30%)。双样相对相差按式(1)计算:

$$双样相对相差(\%) = \frac{|C_1 - C_2|}{\bar{C}} \times 100 \quad \cdots\cdots (1)$$

式中:
C_1、C_2——两份样品平行定量测定的结果;
$\bar{C}$——两份样品平行定量测定结果的平均值($C_1 + C_2$)/2。

10.4 空白试验

除以相同基质空白替代检材外,均按上述步骤进行。

11 结果计算

以外标-校准曲线法或按式(2)计算被测样品中单乙酰吗啡、吗啡或可待因浓度:

$$C = \frac{A_1 \times W}{A_2 \times W_1} \quad \cdots\cdots\cdots\cdots\cdots\cdots\cdots\cdots\cdots (2)$$

式中:
C——检材中目标物的浓度(μg/mL 或 μg/g)
A_1——检材中目标物的峰面积
A_2——空白检材中添加目标物的峰面积
W——空白检材中目标物的添加量(μg)
W_1——检材量(mL 或 g)

12 方法检出限

血液、尿液、组织和毛发中单乙酰吗啡、吗啡和可待因的检出限见附录A。

第三篇 液相色谱-串联质谱法

13 原 理

单乙酰吗啡、吗啡、可待因在约 pH9.2 时可用氯仿:异丙醇(9:1)从生物检材中提出,提取后的样品用液相色谱-串联质谱法的多反应监测模式进行检测,经与平行操作的单乙酰吗啡、吗啡和可待因对照品比较,以保留时间和两对母离子/子离子对进行定性分析。

14 试剂和材料

除另有规定外,试剂均为分析纯,水为 GB/T 6682 规定的一级水。

14.1 单乙酰吗啡、吗啡、可待因对照品及溶液的制备

同 8.1 及 8.2。

14.2 氯仿。

14.3 异丙醇。

14.4 丙酮。

14.5 硼砂缓冲液

pH9.0~9.2。

14.6 浓盐酸。

14.7 0.1mol/L 盐酸溶液。

14.8 10% 氢氧化钠溶液。

14.9 0.1% 十二烷基磺酸钠溶液。

14.10 0.1% 洗洁精溶液。

14.11 乙腈

色谱纯。

14.12 甲酸

优级纯。

14.13 乙酸胺

色谱纯。

14.14 流动相缓冲液

20mmol/L 乙酸铵和 0.1% 甲酸缓冲液:分别称取 1.54g 乙酸铵和 1.84g 甲酸置于 1000mL 容量瓶中,加水定容至刻度,pH 值约为 4。

15 仪 器

15.1 液相色谱-串联质谱仪
配有电喷雾离子源(ESI)。

15.2 分析天平
感量0.1mg。

15.3 涡旋混合器。

15.4 离心机。

15.5 恒温水浴锅。

15.6 空气泵。

15.7 移液器。

15.8 具塞离心试管。

15.9 冷冻研磨机。

16 测定步骤

16.1 样品预处理

16.1.1 尿液提取
取尿液2mL置于10mL具塞离心管中,用10%氢氧化钠溶液调至pH9.0~9.2,加入1mL硼砂缓冲液,用氯仿:异丙醇(9:1)3mL提取,涡旋混合、离心,转移有机层至另一离心管中,约60℃水浴中空气流下吹干。残留物中加入100μL乙腈:流动相缓冲液(70:30)进行溶解,取5μL进LC-MS/MS。

16.1.2 血液提取
取血液2mL置于10mL具塞离心管中,加入2mL硼砂缓冲液,用氯仿:异丙醇(9:1)3mL提取,以下同15.1.1项下操作。

16.1.3 组织提取
将组织剪碎或匀浆,称取2g,加入2mL水,再加入0.4mL浓盐酸沸水浴中水解30min,取出,用10%氢氧化钠溶液调至pH9.0~9.2,以下同15.1.1项下操作。

16.1.4 毛发提取
称取50mg毛发,加1mL 0.1mol/L盐酸溶液浸润,45℃水浴水解12~15小时或超声1小时(针对磨碎的头发),取出后用10%氢氧化钠溶液调至pH9.0~9.2,加入1mL硼砂缓冲液,以下同15.1.1项下操作。

16.2 样品测定

16.2.1 液相色谱-串联质谱参考条件
a) 色谱柱:Allure PFP Propyl 100mm × 2.1mm × 5μm或相当者,前接保护柱;
b) 柱温:室温;
c) 流动相:V(乙腈):V(缓冲液) = 70:30;
d) 流速:200μL/min;
e) 进样量:5μL;
f) 扫描方式:正离子扫描(ESI+);
g) 检测方式:多反应监测(MRM);
h) 离子喷雾电压:5500V;
i) 离子源温度:500℃;
j) 每个化合物分别选择2对母离子/子离子对作为定性离子对,以第一对离子对作为定量离子对。其定性离子对、定量离子对、去簇电压(DP)、碰撞能量(CE)和保留时间(t_R)见表3。

表3 单乙酰吗啡、吗啡和可待因的定性离子对、定量离子对、去簇电压(DP)、碰撞能量(CE)和保留时间(t_R)

名称	定性离子对	DP(V)	CE(eV)	t_R(min)
吗啡	286.1/201.2[1)	80	36	2.76
	286.1/165.3		56	
单乙酰吗啡	328.1/211.3[1)	80	36	4.16
	328.1/165.3		54	
可待因	300.2/199.2[1)	80	40	3.65
	300.2/165.3		60	

注:1)为定量离子对。

16.2.2 定性测定
进行样品测定时,如果检出的色谱峰保留时间与空白检材添加对照品的色谱峰保留时间比较,相对误差小于2%,并且在扣除背景后的样品质谱图中,均出现所选择的离子对,而且所选择的离子对相对丰度比与添加对照品的离子对相对丰度比之相对误差不超过表4规定的范围,则可判断样品中存在这种化合物。

表4 相对离子对丰度比的最大允许相对误差(%)

相对离子对丰度比	≥50	20~50	10~20	≤10
允许的相对误差	±20	±25	±30	±50

16.2.3 定量测定
采用外标-校准曲线法或单点法定量。用相同基质空白添加适量目标物对照品制得一系列校准样品,以目标物的峰面积对目标物浓度绘制校准曲线,并且保证所测样品中目标物的浓度值在其线性范围内。当检材中目标物浓度在空白检材中添加目标物浓度的±50%以内时,可采用单点校准法来计算目标化合物的浓度。

16.3 平行试验
样品应按以上步骤同时平行测定两份。
平行试验中两份检材测定结果按两份检材的平均值

计算,双样相对相差不得超过20%(腐败检材不超过30%)。双样相对相差按式(1)计算:

$$双样相对相差(\%) = \frac{|C_1 - C_2|}{\overline{C}} \times 100 \quad \cdots\cdots (1)$$

式中:
C_1、C_2——两份样品平行定量测定的结果;
$\overline{C}$——两份样品平行定量测定结果的平均值$(C_1 + C_2)/2$。

16.4 空白试验

除以相同基质空白替代检材外,均按上述步骤进行。

17 结果计算

以外标－校准曲线法或按式(2)计算被测样品中单乙酰吗啡、吗啡或可待因浓度:

$$C = \frac{A_1 \times W}{A_2 \times W_1} \quad \cdots\cdots\cdots\cdots\cdots (2)$$

式中:
C——检材中目标物的浓度(μg/mL 或 μg/g)
A_1——检材中目标物的峰面积
A_2——空白检材中添加目标物的峰面积
W——空白检材中目标物的添加量(μg)
W_1——检材量(mL 或 g)

18 方法检出限

血液、尿液、组织和毛发中单乙酰吗啡、吗啡和可待因的检出限见附录 A。

附 录 A
(资料性附录)
血液、尿液、组织和毛发中单乙酰吗啡、吗啡和可待因的检出限

血液、尿液、组织和毛发中单乙酰吗啡、吗啡和可待因的检出限见表 A。

表 A 生物检材中单乙酰吗啡、吗啡和可待因的检出限

样品	成分	GC－MS检出限 (μg/mL 或 μg/g)	LC－MS/MS检出限 (μg/mL 或 μg/g)
尿液、血液	单乙酰吗啡	0.1	0.01
	吗啡	0.1	0.01
	可待因	0.1	0.01

续表

样品	成分	GC－MS检出限 (μg/mL 或 μg/g)	LC－MS/MS检出限 (μg/mL 或 μg/g)
组织	单乙酰吗啡	0.2	0.02
	吗啡	0.2	0.02
	可待因	0.2	0.02
毛发	单乙酰吗啡	2	0.1
	吗啡	2	0.1
	可待因	2	0.1

生物检材中乌头碱、新乌头碱和次乌头碱的测定 液相色谱－串联质谱法

1. 2010年4月7日司法部司法鉴定管理局发布
2. SF/Z JD 0107009－2010
3. 2010年4月7日生效

前 言

本标准的附录 A 为资料性附录。

本标准由中华人民共和国司法部司法鉴定科学技术研究所提出。

本标准由中华人民共和国司法部归口。

本标准起草单位:中华人民共和国司法部司法鉴定科学技术研究所。

本标准主要起草人:刘伟、沈敏、卓先义、沈保华、向平、卜俊、马栋、严慧

1 范 围

本标准规定了生物检材中乌头碱、新乌头碱和次乌头碱的液相色谱－串联质谱测定方法。

本标准适用于生物检材中乌头碱、新乌头碱和次乌头碱的定性及定量分析。

本标准生物检材中乌头碱、新乌头碱和次乌头碱的检出限均为 0.1ng/mL(g);定量下限均为 0.5ng/mL(g)。

2 规范性引用文件

下列文件中的条款通过本标准的引用而成为本标准的条款。凡是注日期的引用文件,其随后所有的修改单(不包括勘误的内容)或修订版均不适用于本标准,然

而，鼓励根据本标准达成协议的各方研究是否可使用这些文件的最新版本。凡是不注日期的引用文件，其最新版本适用于本标准。

GB/T 6682 分析实验室用水规格和试验方法(GB/T 6682-2008,ISO 3696:1987,MOD)

GA/T 122 毒物分析名词术语

3 原理

乌头碱、新乌头碱和次乌头碱在碱性条件下可用乙醚从生物检材中提出，然后用 LC-MS/MS 进行检测，经与平行操作的乌头碱、新乌头碱和次乌头碱对照品比较，以保留时间和两对母离子/子离子对进行定性分析。

4 试剂和材料

除另有规定外，试剂均为分析纯，水为 GB/T 6682 规定的一级水。

4.1 对照品乌头碱、新乌头碱和次乌头碱

纯度≥98%。

4.2 乌头碱、新乌头碱和次乌头碱对照品溶液的配制

分别精密称取对照品乌头碱、新乌头碱、次乌头碱各适量，用 0.05%(v/v)盐酸甲醇溶液配成 1mg/mL 的对照品储备溶液，置于冰箱中冷冻保存，有效期为 12 个月。试验中所用其它浓度的标准溶液均从上述储备液稀释而得，冰箱中冷藏保存，有效期为 6 个月。

4.3 硼砂缓冲液

pH9.0~9.2。

4.4 乙醚。

4.5 乙酸铵

色谱纯。

4.6 甲酸

优级纯。

4.7 乙腈

色谱纯。

4.8 流动相缓冲液

20mmol/L 乙酸铵和 0.1% 甲酸缓冲液：分别称取 1.54g 乙酸铵和 1.84g 甲酸置于 1000mL 容量瓶中，加水定容至刻度，pH 值约为 4。

5 仪器

5.1 液相色谱-串联质谱仪

配有电喷雾离子源(ESI)。

5.2 分析天平

感量 0.1mg。

5.3 旋涡混合器。

5.4 离心机。

5.5 恒温水浴锅。

5.6 移液器。

5.7 具塞离心试管。

6 测定步骤

6.1 样品预处理

6.1.1 血液、尿液

取血液或尿液 0.5mL 置于 10mL 具塞离心试管中，加 1.0mL 硼砂缓冲液后，用乙醚 3mL 提取，涡旋混合、离心，将有机层转移至另一离心管中，置 60℃ 水浴中挥干，残留物用 200μL 乙腈:流动相缓冲液(70:30)溶解，供 LC-MS/MS 分析。

6.1.2 组织

将组织剪碎或匀浆，称取 0.5g 置于 10mL 具塞离心试管中，加 1.0mL 硼砂缓冲液浸泡半小时后，用乙醚 3mL 提取，以下同 6.1.1 项下操作。

6.2 样品测定

6.2.1 液相色谱-串联质谱参考条件

a) 色谱柱：Capcell Pak C_{18} 柱(250mm×2.0mm×5μm)或相当者，前接保护柱；

b) 柱温：室温；

c) 流动相：V(乙腈):V(20mmol/L 乙酸铵和 0.1% 甲酸缓冲溶液)=70:30；

d) 流速：200μL/min；

e) 进样量：5μL；

f) 扫描方式：正离子扫描(ESI+)；

g) 检测方式：多反应监测(MRM)；

h) 离子喷雾电压：5500V；

i) 离子源温度：500℃；

j) 每个化合物分别选择 2 对母离子/子离子对作为定性离子对，以第一对离子对作为定量离子对。其定性离子对、定量离子对、去簇电压(DP)、碰撞能量(CE)和保留时间(t_R)见表 1。

表1 乌头碱、新乌头碱、次乌头碱的定性离子对、定量离子对、去簇电压(DP)、碰撞能量(CE)和保留时间(t_R)

名称	英文名	定性离子对/(m/z)	DP/(V)	CE/(eV)	t_R/(min)
乌头碱	aconitine	646.4/586.1*	100	46	3.03
		646.4/526.2		51	
新乌头碱	mesaconitine	632.3/572.2*	100	46	2.82
		632.3/354.2		58	
次乌头碱	hypaconitine	616.4/556.2*	100	45	3.13
		616.4/524.0		48	

注:* 定量离子对

6.2.2 定性测定

进行样品测定时,如果检出的色谱峰保留时间与空白检材添加目标物对照品的色谱峰保留时间比较,相对误差小于2%,且所选择的离子对相对丰度比与添加目标物对照品的离子对相对丰度比之相对误差不超过表2规定的范围,则可判断样品中存在这种化合物。

表2 相对离子丰度比的最大允许相对误差(%)

相对离子丰度比	≥50	20～50	10～20	≤10
允许的相对误差	±20	±25	±30	±50

6.2.3 定量测定

采用外标-校准曲线法或单点法定量。用相同基质空白添加适量目标物对照品制得一系列校准样品,以目标物的峰面积对目标物浓度绘制校准曲线,并且保证所测样品中目标物的浓度值在其线性范围内。当空白检材中添加目标物浓度在检材中目标物浓度的±50%以内时,可采用单点校准计算目标物浓度。

6.3 平行试验

样品应按以上步骤同时平行测定两份。

平行试验中两份检材测定结果按两份检材的平均值计算,双样相对相差不得超过20%(腐败检材不超过30%)。双样相对相差按公式(1)计算。

$$双样相对相差(\%) = \frac{|C_1 - C_2|}{\overline{C}} \times 100 \quad \cdots\cdots\cdots\cdots (1)$$

式中:

C_1、C_2——两份样品平行定量测定的结果;

$\overline{C}$——两份样品平行定量测定结果的平均值($C_1 + C_2$)/2。

6.4 空白试验

除以相同基质空白替代检材外,均按上述步骤进行。

7 结果计算

以外标-校准曲线法或按式(1)计算:

$$C = \frac{A_1 \times W}{A_2 \times W_1} \quad \cdots\cdots\cdots\cdots (2)$$

式中:

C——检材中目标物的浓度,单位为纳克每毫升(ng/mL)或纳克每克(ng/g);

A_1——检材中目标物的峰面积;

A_2——空白检材中添加目标物的峰面积;

W——空白检材中目标物的添加量,单位为纳克(ng);

W_1——检材量,单位为毫升(mL)或克(g)。

附 录 A
（资料性附录）
乌头碱、新乌头碱和次乌头碱的 MRM 色谱图

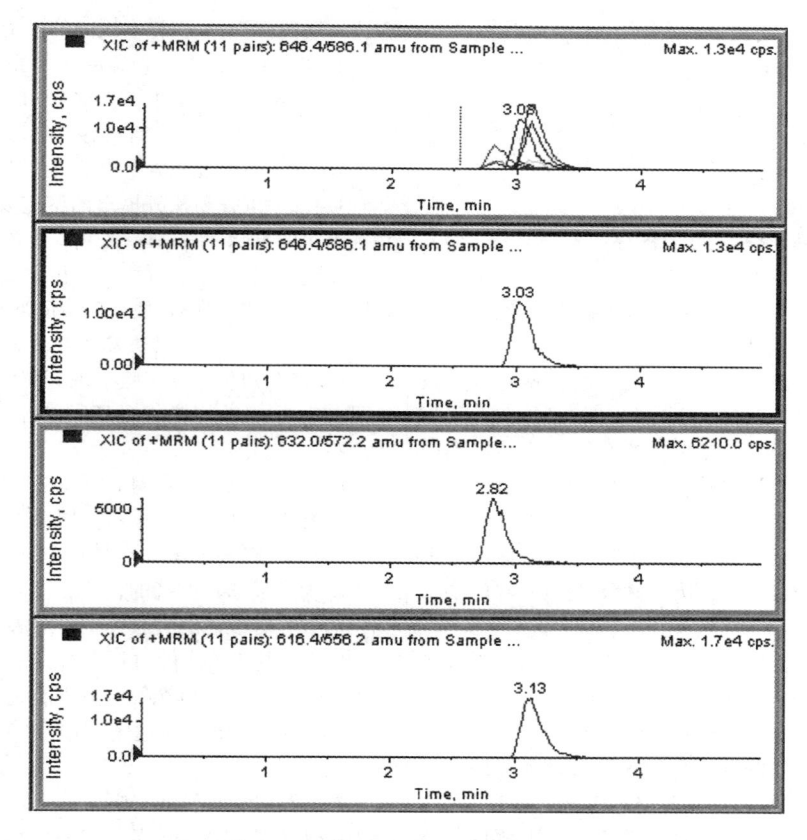

图 A　乌头碱、新乌头碱和次乌头碱的 MRM 色谱图

微量物证鉴定通用规范

1. 2018 年 11 月 8 日司法部公共法律服务管理局发布
2. SF/Z JD 0203006－2018
3. 自 2019 年 1 月 1 日起实施

前　言

本技术规范按照 GB/T 1.1－2009 给出的规则起草。

本技术规范由司法鉴定科学研究院提出。

本技术规范由司法部公共法律服务管理局归口。

本技术规范起草单位：司法鉴定科学研究院。

本技术规范主要起草人：杨旭、罗仪文、孙其然、张清华、王雅晨。

本技术规范为首次发布。

1　范　围

本技术规范规定了微量物证鉴定中的术语和定义、鉴定受理程序、检验鉴定程序、送检材料的流转程序、送检材料的保存和处置、结果报告程序、检验记录和归档。

本技术规范适用于司法鉴定/法庭科学领域中微量物证鉴定涉及的全部鉴定项目。

2 规范性引用文件

下列文件对于本文件的应用是必不可少的。凡是注日期的引用文件，仅注日期的版本适用于本文件。凡是不注日期的引用文件，其最新版本（包括所有的修改单）适用于本文件。

GB/T 19267　刑事技术微量物证的理化检验

GA/T 242　微量物证的理化检验术语

3 术语和定义

GB/T 19267 和 GA/T 242 中界定的术语和定义适用于本文件。

4 鉴定受理程序

4.1 总则

4.1.1 鉴定机构应取得从事司法鉴定/法庭科学领域中微量物证鉴定的资质。

4.1.2 鉴定机构应指派具备微量物证鉴定专业技术知识的人员受理鉴定委托（下称"受理人"）。

4.1.3 受理人应在委托人提供了介绍信、委托书等委托手续，并出示能够证明其身份的有效证件的前提下，启动鉴定受理程序。

4.1.4 受理人宜按 4.2 中的要求了解与鉴定有关的情况，应按 4.3 的要求审查送检材料，并按 4.4 的要求明确鉴定事项。

4.1.5 鉴定机构应按 4.5 的要求决定是否受理鉴定委托，接受委托的应按 4.6 的要求进行登记。

4.2 了解与鉴定有关的情况

4.2.1 了解案件的发生和发现经过及现场勘查情况；了解案件的鉴定目的、历次鉴定等情况。

4.2.2 了解检材和样本的来源以及发现、提取等情况。

4.2.3 了解是否需要鉴定人前往现场进行微量物证勘验工作。

4.3 审查送检材料

4.3.1 检材的审核

按以下要求对检材进行审核：

a) 检查检材的来源、数量、状态及封装情况。如存在异常的，应及时与委托方沟通；

b) 检查检材的标识情况，如无标识的，应要求委托方进行明确标识，以防检材之间的混淆；

c) 初步判断检材是否具备鉴定条件；

d) 需要补充检材的，应及时告知委托方。

4.3.2 样本的审核

按以下要求对样本进行审核：

a) 检查样本的来源、数量、状态及封装情况。如存在异常的，应及时与委托方沟通；

b) 检查样本的标识情况，如无标识的，应要求委托方进行明确标识，以防样本之间的混淆；

c) 初步判断样本是否满足比对条件；

d) 需要补充样本的，应及时告知委托方。

4.4 明确鉴定要求

4.4.1 明确委托方提出的具体鉴定要求。

4.4.2 审查委托方提出的鉴定要求是否属于微量物证鉴定的范围。

4.4.3 对于委托方所提不科学、不合理和不确切的鉴定要求，应相互沟通，使其提出适当的鉴定要求。

4.5 决定是否受理

4.5.1 初步评价实验室现有资源和能力是否能够满足鉴定要求，决定是否受理。如有以下情况可以不予受理：

a) 检材经初步检查明显不具备鉴定条件的；

b) 样本经初步检查不具备比对条件的；

c) 检材/样本的来源不明的；

d) 鉴定要求不明确的；

e) 委托方故意隐瞒有关重要案情的；

f) 在委托方要求的时效内不能完成鉴定的；

g) 实验室现有资源和能力不能满足鉴定要求的；

h)《司法鉴定程序通则》规定的其他不得受理的情况。

4.5.2 决定受理的，应与委托方签订司法鉴定委托（确认）书并明确相关条款，办理送检材料交接手续。

4.5.3 决定不受理的，应向委托方说明原因。

4.5.4 如不能当场决定是否受理的，可先行接收，并与委托方办理送检材料交接手续并确定审查时限。

接收后经审查决定不受理的，应在审查时限内将送检材料退回委托方，并向其说明原因。

4.5.5 委托受理时，如果需对送检材料进行有损检验的，应告知委托方并征得其同意。

4.5.6 委托受理时，应与委托方就鉴定后剩余送检材料的处置方式进行确认。

4.6 登记

4.6.1 案件接收后必须进行统一登记。

4.6.2 决定受理的案件，应进行唯一性编号。

5 检验鉴定程序

5.1 鉴定的启动

5.1.1 鉴定受理后,鉴定机构应指定本机构具有微量物证鉴定执业资质的鉴定人进行鉴定,并按有关法律法规的规定执行鉴定人回避制度。

5.1.2 鉴定机构可根据本机构资源配置的具体情况,设置不同等级的鉴定程序。

5.1.3 鉴定程序可分为普通程序、复杂程序等不同等级,不同鉴定程序中鉴定人的组成应满足5.2的要求。

5.1.4 鉴定机构应根据受理案件的具体情况选择相应的鉴定程序,组成鉴定组,确定鉴定组的负责人(下称"第一鉴定人")。

5.1.5 初次鉴定可采用普通程序,普通程序中鉴定人之间产生意见分歧的,转入复杂程序。

5.1.6 重新鉴定及复杂、疑难或者特殊鉴定事项的鉴定可直接采用复杂程序。

5.2 不同鉴定程序中鉴定人组成的要求

5.2.1 普通程序

普通程序中鉴定人应同时满足以下二个条件:

a) 取得微量物证鉴定执业资格的鉴定人2人;

b) 鉴定人中应至少有1名具备微量物证鉴定相关专业中级技术职称(职级)或取得微量物证鉴定执业资格后具有3年以上(含3年)本专业鉴定经历的鉴定人。

5.2.2 复杂程序

复杂程序中鉴定人应同时满足以下二个条件:

a) 取得微量物证鉴定执业资格的鉴定人3人以上(含3人);

b) 第一鉴定人应具有微量物证鉴定专业高级技术职称(职级)。

5.3 鉴定方式

5.3.1 根据鉴定项目的性质和送检材料的具体情况,选择协同鉴定或独立鉴定方式。

5.3.2 协同鉴定:鉴定人共同进行检验,并讨论形成鉴定组意见。

5.3.3 独立鉴定:鉴定人先独立进行检验,然后讨论形成鉴定组意见。

5.4 鉴定组讨论

5.4.1 鉴定组形成一致鉴定意见的,起草鉴定文书,并及时提交复核和签发。

5.4.2 鉴定组出现意见分歧的,按5.5的要求处理。

5.5 鉴定意见分歧的处理

5.5.1 普通鉴定程序中如出现意见分歧,通过讨论尚不能达成一致意见的,转入复杂程序。

5.5.2 复杂鉴定程序中如出现意见分歧:

a) 通过讨论尚不能达成一致意见,但不存在方向性意见分歧的,则以多数(三分之二以上)鉴定人的意见为最终的鉴定意见。不同意见有权保留,同时应记录在案;

b) 通过讨论仍存在重大意见分歧的,作无法鉴定处理。各种意见应记录在案。

5.6 检验原则和鉴定方法

5.6.1 检验原则

微量物证鉴定应按以下检验原则进行:

a) 先宏观后微观;

b) 先无损后有损;

c) 先定性后定量;

d) 需要时,应运用多种技术手段,以相互印证;

e) 进行检验前应先将送检材料通过拍照等方法固定原貌;

f) 根据送检材料的具体情况、检验方法进行取样,需要时图示说明取样位置;

g) 进行有损检验时应尽量选用破坏性小、消耗少的方法;

h) 在比较检验过程中,应保证检材和样本检验条件相同;

i) 在比较检验过程中,应根据送检材料情况,选择多个部位进行检验,防止由于成分分布不均匀对结果产生影响。

5.6.2 鉴定方法

根据委托要求及检验的具体内容确定检验方案,并按以下要求选择鉴定方法:

a) 应首先选择相应的国家标准、行业标准和行业主管部门颁布的技术规范等鉴定方法进行检验;

b) 对于需要使用非标准鉴定方法的,使用前应将其文件化,并选择有效的方法进行确认;

c) 非标准方法的使用应符合有关法律法规、实验室认可/资质认定的要求,使用前应告知委托方并得到委托方的书面同意;

d) 鉴定中使用专门仪器的,应当遵循相应仪器的方法和检验规程。

6 送检材料的流转程序

6.1 送检材料的标识

6.1.1 案件受理时应及时对送检材料进行唯一性标识。

6.1.2 送检材料的标识应遵循以下原则:

a) 在不影响检验的前提下,可在送检材料上粘贴标识,如检材(可简化用 JC)、样本(可简化用 YB);

b) 无法直接粘贴标识的,可在送检材料外包装容器上进行标识;

c) 对于有多个检材或样本的,应用编号予以区分,如 JC1、JC2、JC3……,或 YB1、YB2、YB3……;

d) 需要时可标注检材的需检位置和样本的供比对位置。

6.2 送检材料的固定

检验前应当根据送检材料的类别,采用拍照等方式对其进行固定,应放置唯一性标识和比例尺,以真实反映检材和样本的原貌。

6.3 送检材料的交接

6.3.1 送检材料在鉴定人之间流转的过程中,应办理交接手续。

6.3.2 在检验过程中,鉴定人应妥善保管送检材料,防止送检材料被污染、损坏或遗失。

6.4 送检材料的补充

6.4.1 检验过程中,如需补充材料,应与委托方联系,确定补充材料的内容、方式及时限,并记录相关情况。

6.4.2 根据《司法鉴定程序通则》规定,补充材料所需的时间不计算在鉴定时限内。

7 送检材料的保存和处置

7.1 送检材料的保存

7.1.1 送检材料应有专门保存场所,妥善存放,标识清晰,防止送检材料被污染、混淆、损坏或遗失。

7.1.2 在检验过程中,送检材料应放置在特定区域内,并有明确标识。

7.2 送检材料的处置

7.2.1 鉴定结束后,剩余送检材料按照委托时的约定进行处置:

a) 剩余送检材料的返回方式一般有委托方自取或邮寄;

b) 不需保存的,按照有关处理规定统一销毁;

c) 需保存的,一般保存期为三个月,重大案件的保存期可适当延长。保存期满后,按照有关处理规定统一销毁。

7.2.2 剩余送检材料的处置应做好记录。

8 结果报告程序

8.1 复核和签发

8.1.1 鉴定文书应由复核人(授权签字人)进行复核。

8.1.2 复核人应当对鉴定人使用的检验/鉴定方法、检验记录、鉴定依据、鉴定意见等,从技术层面上进行全面审查。

8.1.3 鉴定文书应由签发人签发。

8.1.4 签发人应当对鉴定项目及各鉴定人的资质、能力、鉴定程序、检验记录等,从程序层面上进行全面审查。

8.2 鉴定文书

8.2.1 鉴定文书应如实按照鉴定组讨论达成的意见起草,并须经过复核和签发。

8.2.2 鉴定文书应依照司法鉴定文书制作规范的要求,根据微量物证鉴定的专业特点制作。除常规要求外,还应包括送检材料的来源、送检材料的图片、鉴定采用的方法、鉴定使用的设备,需要时还可附检验图片等。

8.3 校对

8.3.1 鉴定文书制作完成后,应进行校对。

8.3.2 鉴定机构宜设置专门的人员对鉴定文书进行文字校对。

8.4 鉴定文书的发送

8.4.1 鉴定文书经鉴定人签名后,加盖鉴定专用章。

8.4.2 鉴定文书应按约定的方式及时提交委托方,并作好交接记录。

9 检验记录和归档

9.1 记录

9.1.1 受理人、鉴定人、复核人应实时记录第 4 章至第 8 章规定的与鉴定活动有关的要求和情况。

9.1.2 记录需要进行修改的,应由原记录人采用适当的方法实时进行修改,确保被修改的原有内容能被辨识。

9.1.3 记录的内容应全面、客观,包括但不限于:

a) 第 4 章鉴定受理程序中要求的,证明委托人身份的证件及鉴定委托书、委托协议或送检材料接收单及合同评审中的其它情况等;

b) 第 5 章检验鉴定程序中要求的,鉴定人协同鉴定或独立鉴定的检验记录、原始数据、图片、谱图等资料；

　　c) 第6章送检材料的流转程序中要求的,鉴定人之间送检材料的交接记录、鉴定过程中鉴定材料的补充确认情况等；

　　d) 第7章送检材料的保存和处置中要求的有关记录；

　　e) 第8章结果报告程序中要求的,鉴定人分歧意见的处理过程、最终鉴定意见形成过程、鉴定文书草稿及鉴定意见的复核情况等。

　　9.1.4　记录可采用纸质文件或电子文件的形式。对于纸质文件,鉴定机构应按9.2的要求及时归档；对于电子文件,鉴定机构应制定措施对其进行有效控制,确保其安全完整。

9.2　归　　档

　　9.2.1　鉴定机构应指派专门人员负责接收、整理并及时归档管理9.1中的记录资料和其他与鉴定相关的资料。

　　9.2.2　归档资料应装订成册,归档资料的内容包括但不限于：

　　a) 封面；

　　b) 目录；

　　c) 与出具的正式鉴定文书内容相同的鉴定文书副本(包括附件)；

　　d) 9.1中的记录资料；

　　e) 鉴定完成后,有关出庭、投诉等情况的记录资料；

　　f) 其他与鉴定相关的资料。

　　9.2.3　鉴定机构应长期妥善保存鉴定档案,保存期限应符合有关法律法规的要求。

物证类司法鉴定执业分类规定

1. 2020年6月23日司法部发布
2. 司规〔2020〕5号

第一章　总　　则

第一条　为规范物证类司法鉴定机构和鉴定人的执业活动,根据《全国人民代表大会常务委员会关于司法鉴定管理问题的决定》等规定,结合司法鉴定工作实际制定本规定。

第二条　物证类司法鉴定是在诉讼活动中鉴定人运用物理学、化学、文件检验学、痕迹检验学、理化检验技术等原理、方法和专门知识,对文书物证、痕迹物证、微量物证等涉及的专门性问题进行鉴别和判断并提供鉴定意见的活动。

第三条　物证类司法鉴定解决的专门性问题包括：文书物证的书写人、制作工具、制作材料、制作方法,及其内容、性质、状态、形成过程、制作时间等鉴定；痕迹物证的勘验提取；造痕体和承痕体的性质、状况及其形成痕迹的同一性、形成原因、形成过程、相互关系等鉴定；微量物证的物理性质、化学性质和成分组成等鉴定。

第二章　文书鉴定

第四条　文书鉴定是指鉴定人运用文件检验学的理论、方法和专门知识,对可疑文件(检材)的书写人、制作工具、制作材料、制作方法、内容、性质、状态、形成过程、制作时间等问题进行检验检测、分析鉴别和判断并提供鉴定意见的活动。

　　文书鉴定包括笔迹鉴定、印章印文鉴定、印刷文件鉴定、篡改(污损)文件鉴定、文件形成方式鉴定、特种文件鉴定、朱墨时序鉴定、文件材料鉴定、基于痕迹特征的文件形成时间鉴定、基于材料特性的文件形成时间鉴定、文本内容鉴定等。

第五条　笔迹鉴定。包括依据笔迹同一性鉴定标准,必要时结合笔迹形成方式的检验鉴定结果,判断检材之间或检材与样本之间的笔迹是否同一人书写或者是否出自于同一人。

第六条　印章印文鉴定。包括依据印章印文同一性鉴定标准,必要时结合印文形成方式的检验鉴定结果,判断检材之间或检材与样本之间的印文是否同一枚印章盖印或者是否出自于同一枚印章。

第七条　印刷文件鉴定。包括依据印刷方式鉴定标准判断检材是何种印刷方式印制形成,如制版印刷中的凹、凸、平、孔版印刷等,现代办公机具印刷中的复印、打印、传真等；依据印刷机具种类鉴定标准判断检材是何种机具印制形成；依据印刷机具或印版同一性鉴定标准判断检材之间或检材与样本之间是否同一机具或同一印版印制形成等。

第八条　篡改(污损)文件鉴定。包括依据变造文件鉴定标准判断检材是否存在添改、刮擦、拼凑、掩盖、换页、密封、消退、伪老化等变造现象；依据污损文件鉴定标准对破损、烧毁、浸损等污损检材进行清洁整理、整复固定、显现和辨识原始内容等；依据模糊记载鉴定标准对检材褪色记载、无色记载等模糊记载内容进行显现和辨识；依据压痕鉴定标准对检材压痕内容进行显现和辨识等。

第九条 文件形成方式鉴定。包括依据笔迹形成方式鉴定标准判断检材笔迹是书写形成还是复制形成；依据印章印文形成方式鉴定标准判断检材印文是盖印形成还是复制形成；依据指印形成方式鉴定标准判断文件上有色检材指印是否复制形成等。

第十条 特种文件鉴定。包括依据特种文件鉴定标准判断检材货币、证照、票据、商标、银行卡及其他安全标记等的真伪。

第十一条 朱墨时序鉴定。包括依据朱墨时序鉴定标准判断检材上文字、印文、指印等之间的形成先后顺序。

第十二条 文件材料鉴定。包括依据文件材料鉴定标准对需检纸张、墨水墨迹、油墨墨迹、墨粉墨迹、粘合剂等文件材料的特性进行检验检测及比较检验等。

第十三条 基于痕迹特征的文件形成时间鉴定。包括依据印章印文盖印时间鉴定标准判断检材印文的盖印时间；依据打印文件印制时间鉴定标准判断检材打印文件的打印时间；依据静电复印文件印制时间鉴定标准判断检材静电复印文件的复印时间；依据检材某要素的发明、生产时间或时间标记信息判断其文件要素的形成时间等。

第十四条 基于材料特性的文件形成时间鉴定。包括综合运用光谱、色谱、质谱等仪器检测分析技术，根据墨水墨迹、油墨墨迹、墨粉墨迹、印文色料、纸张等文件材料的某种(些)理化特性随时间的变化规律，依据相应的判定方法，分析判断检材的形成时间。

第十五条 文本内容鉴定。包括通过书面言语分析，判断检材文本作者的地域、年龄、文化程度、职业等属性；通过文本格式、内容、书面言语特征等的比较检验，分析判断检材之间或检材与样本之间文本的相互关系等。

第三章 痕迹鉴定

第十六条 痕迹鉴定是指鉴定人运用痕迹检验学的理论、方法和专门知识，对痕迹物证进行勘验提取，并对其性质、状况及其形成痕迹的同一性、形成原因、形成过程、相互关系等进行检验检测、分析鉴别和判断并提供鉴定意见的活动。

痕迹鉴定包括手印鉴定、潜在手印显现、足迹鉴定、工具痕迹鉴定、整体分离痕迹鉴定、枪弹痕迹鉴定、爆炸痕迹鉴定、火灾痕迹鉴定、人体特殊痕迹鉴定、日用物品损坏痕迹鉴定、交通事故痕迹物证鉴定等。

第十七条 手印鉴定。包括通过比较检验判断检材之间或检材与样本之间的指印是否同一；通过比较检验判断检材之间或检材与样本之间的掌印是否同一；通过对检材指掌印的检验判断其形成过程。

第十八条 潜在手印显现。包括使用物理学、化学或专用设备等方法显色增强潜在手印。

第十九条 足迹鉴定。包括通过比较检验判断检材之间或检材与样本之间的赤足印是否同一；通过比较检验判断检材之间或检材与样本之间的鞋、袜印是否同一。

第二十条 工具痕迹鉴定。包括通过勘查和检验判断检材线形痕迹、凹陷痕迹、断裂变形痕迹等的形成原因；通过比较检验判断检材线形痕迹、凹陷痕迹、断裂变形痕迹等是否为某一造痕体形成。

第二十一条 整体分离痕迹鉴定。包括通过检验判断分离物体之间是否存在整体分离关系。

第二十二条 枪弹痕迹鉴定。包括枪械射击弹头/弹壳痕迹检验、枪弹识别检验、枪支性能检验、利用射击弹头/弹壳痕迹认定发射枪支检验、利用射击弹头/弹壳痕迹认定发射枪种检验、枪击弹孔检验、枪支号码显现，以及通过对枪击现场的勘查和检验分析，必要时结合所涉射击残留物的理化特性检验检测结果，综合判断枪击事件中痕迹的形成过程及与事件之间的因果关系等。

第二十三条 爆炸痕迹鉴定。包括炸药爆炸力及炸药量检验、雷管及导火(爆)索检验、爆炸装置检验，以及通过对爆炸现场的勘查和检验分析，必要时结合所涉爆炸物的理化特性检验检测结果，综合判断爆炸事件中痕迹的形成过程及与事件之间的因果关系等。

第二十四条 火灾痕迹鉴定。包括通过火灾现场、监控信息等，对现场烟熏痕迹、倒塌痕迹、炭化痕迹、变形变色痕迹、熔化痕迹以及其他燃烧残留物进行勘查和检验分析，必要时结合火灾微量物证鉴定结果，综合判断火灾事故中痕迹形成过程及与事故之间的因果关系等。

第二十五条 人体特殊痕迹鉴定。包括除手印、脚印外的其他人体部位形成的痕迹鉴定，如牙齿痕迹鉴定、唇纹痕迹鉴定、耳廓痕迹鉴定等。

第二十六条 日用物品损坏痕迹鉴定。包括运用痕迹检验学的原理和技术方法，必要时结合所涉日用物品材料的理化特性检验检测结果，对日常生活中使用的玻璃物品、纺织物品、陶瓷物品、塑料物品、金属物品等的损坏痕迹的形态进行勘查和检验分析,综合判断其损坏原因。

第二十七条 交通事故痕迹物证鉴定。包括车辆安全技术状况鉴定;交通设施安全技术状况鉴定;交通事故痕迹鉴定;车辆速度鉴定;交通事故痕迹物证综合鉴定等。非交通事故的相关鉴定可参照本条款。

交通事故痕迹物证鉴定包括的具体项目内容如下:

(一)车辆安全技术状况鉴定。包括判断涉案车辆的类型(如机动车、非机动车);对车辆安全技术状况进行检验;判断车辆相关技术状况或性能的符合性(如制动系、转向系、行驶系、灯光、信号装置等)。

(二)交通设施安全技术状况鉴定。包括对交通事故现场或事故发生地点等相关区域进行勘查、测量;对路基、路面、桥涵、隧道、交通工程及沿线交通附属设施的安全技术状况进行检验(如道路线形、护栏、标志、标线等);判断事故相关区域交通设施的技术状况或性能的符合性(如材料、设置位置、几何尺寸、力学性能等)。

(三)交通事故痕迹鉴定。包括通过对涉案车辆唯一性检查,对涉案车辆、交通设施、人员及穿戴物等为承痕体、造痕体的痕迹和整体分离痕迹进行检验分析,必要时结合交通事故微量物证鉴定、法医学鉴定等结果,判断痕迹的形成过程和原因(如是否发生过接触碰撞、接触碰撞部位和形态等)。

(四)车辆速度鉴定。运用动力学、运动学、经验公式、模拟实验等方法,根据道路交通事故现场痕迹和资料、视频图像、车辆行驶记录信息等,判断事故瞬间速度(如碰撞、倾覆或坠落等瞬间的速度),采取避险措施时的速度(如采取制动、转向等避险措施时的速度),在某段距离、时间或过程的平均行驶速度及速度变化状态等。

(五)交通事故痕迹物证综合鉴定。基于以上交通事故痕迹物证鉴定项目的检验鉴定结果,必要时结合交通事故微量物证鉴定、声像资料鉴定、法医学鉴定等结果,综合判断涉案人员、车辆、设施等交通要素在事故过程中的状态、痕迹物证形成过程及原因,包括交通行为方式、交通信号灯指示状态、事故车辆起火原因、轮胎破损原因等。

第四章 微量物证鉴定

第二十八条 微量物证鉴定简称微量鉴定,是指鉴定人运用理化检验的原理、方法或专门知识,使用专门的分析仪器,对物质的物理性质、化学性质和成分组成进行检验检测和分析判断并提供鉴定意见的活动。其中,物理性质包括物质的外观、重量、密度、力学性质、热学性质、光学性质和电磁学性质等;化学性质包括物质的可燃性、助燃性、稳定性、不稳定性、热稳定性、酸性、碱性、氧化性和还原性等;成分组成包括物质中所含有机物、无机物的种类和含量等。

微量物证鉴定包括化工产品类鉴定、金属和矿物类鉴定、纺织品类鉴定、日用化学品类鉴定、文化用品类鉴定、食品类鉴定、易燃物质类鉴定、爆炸物类鉴定、射击残留物类鉴定、交通事故微量物证鉴定和火灾微量物证鉴定。

第二十九条 化工产品类鉴定。包括塑料、橡胶、涂料(油漆)、玻璃、陶瓷、胶黏剂、填料、化学试剂以及化工原料、化工中间体、化工成品等的物理性质、化学性质和成分组成的检验检测,以及上述材料的比较检验和种类判别。

第三十条 金属和矿物类鉴定。包括金属、合金、泥土、砂石、灰尘等的物理性质、化学性质和成分组成的检验检测,以及上述材料的比较检验和种类判别。

第三十一条 纺织品类鉴定。包括纤维、织物等的物理性质、化学性质和成分组成的检验检测,以及上述材料的比较检验和种类判别。

第三十二条 日用化学品类鉴定。包括洗涤剂、化妆品、香精香料等的物理性质、化学性质和成分组成的检验检测,以及上述材料的比较检验和种类判别。

第三十三条 文化用品类鉴定。包括墨水、油墨、墨粉、纸张、粘合剂等的物理性质、化学性质和成分组成的检验检测,以及上述材料的比较检验和种类判别。

第三十四条 食品类鉴定。包括食品的营养成分、重金属、添加剂、药物残留、毒素、微生物等的检验检测。

第三十五条 易燃物质类鉴定。包括易燃气体、易燃液体和易燃固体及其残留物的物理性质、化学性质和成分组成的检验检测,以及上述材料的比较检验和种类判别。

第三十六条 爆炸物类鉴定。包括易爆物质及其爆炸残留物的物理性质、化学性质和成分组成的检验检测,以及上述材料的比较检验和种类判别。

第三十七条 射击残留物类鉴定。包括射击残留物的物理性质、化学性质和成分组成的检验检测,以及上述材料的比较检验和种类判别。

第三十八条 交通事故微量物证鉴定。包括交通事故涉及的油漆、橡胶、塑料、玻璃、纤维、金属、易燃物质等的物理性质、化学性质和成分组成的检验检测，以及上述材料的比较检验和种类判别。

第三十九条 火灾微量物证鉴定。包括火灾现场涉及的易燃物质类、化工产品类、金属等的物理性质、化学性质和成分组成的检验检测，以及上述材料的比较检验和种类判别。

第五章 附 则

第四十条 本规定自公布之日起施行。

附表：物证类司法鉴定执业分类目录（略）

声像资料司法鉴定执业分类规定

1. 2020年6月23日司法部发布
2. 司规〔2020〕5号

第一章 总 则

第一条 为规范声像资料司法鉴定机构和鉴定人的执业活动，根据《全国人民代表大会常务委员会关于司法鉴定管理问题的决定》等规定，结合司法鉴定工作实际制定本规定。

第二条 声像资料司法鉴定是指在诉讼活动中鉴定人运用物理学、语言学、信息科学与技术、同一认定理论等原理、方法和专门知识，对录音、图像、电子数据等涉及的专门性问题进行鉴别和判断并提供鉴定意见的活动。

第三条 声像资料司法鉴定包括录音鉴定、图像鉴定、电子数据鉴定。解决的专门性问题包括：录音和图像（录像/视频、照片/图片）的真实性、同一性、相似性、所反映的内容等鉴定；电子数据的存在性、真实性、功能性、相似性等鉴定。

第二章 录音鉴定

第四条 录音鉴定是指鉴定人运用物理学、语言学、信息科学与技术、同一认定理论等原理、方法和专门知识，对检材录音的真实性、同一性、相似性及所反映的内容等问题进行检验、分析、鉴别和判断并提供鉴定意见的活动。

录音鉴定包括录音处理、录音真实性鉴定、录音同一性鉴定、录音内容分析、录音作品相似性鉴定等。

第五条 录音处理。包括依据录音处理方法，对检材录音进行降噪、增强等清晰化处理，以改善听觉或声谱质量。

第六条 录音真实性鉴定。包括依据录音原始性鉴定方法，判断检材录音是否为原始录音；依据录音完整性鉴定方法，判断检材录音是否经过剪辑处理。

第七条 录音同一性鉴定。包括依据语音同一性鉴定方法，判断检材与样本之间或检材之间的语音是否同一；参照语音同一性鉴定方法，判断检材与样本之间或检材之间的其他声音是否同一。

第八条 录音内容分析。包括依据录音内容辨听方法，结合录音处理和录音同一性鉴定结果，综合分析辨识并整理检材录音所反映的相关内容；依据说话人的口头言语特征，分析说话人的地域、性别、年龄、文化程度、职业等属性。

第九条 录音作品相似性鉴定。包括综合运用录音内容分析、录音同一性鉴定等鉴定技术，通过检材与样本之间或检材之间录音作品的比较检验综合判断是否来源于同一个作品或相似程度。

第三章 图像鉴定

第十条 图像鉴定是指鉴定人运用物理学、信息科学与技术、同一认定理论等原理、方法和专门知识，对检材图像（录像/视频、照片/图片）的真实性、同一性、相似性及所反映的内容等专门性问题进行检验、分析、鉴别和判断并提供鉴定意见的活动。

图像鉴定包括图像处理、图像真实性鉴定、图像同一性鉴定、图像内容分析、图像作品相似性鉴定、特种照相检验等。

第十一条 图像处理。包括依据图像处理方法，对检材图像进行降噪、增强、还原等清晰化处理，以改善视觉效果。

第十二条 图像真实性鉴定。包括依据图像原始性鉴定方法，判断检材图像是否为原始图像；依据图像完整性鉴定方法，判断检材图像是否经过剪辑处理。

第十三条 图像同一性鉴定。包括依据人像同一性鉴定方法，判断检材与样本之间或检材之间记载的人像是否同一；依据物像同一性鉴定方法，判断检材与样本之间或检材之间记载的物体是否同一。

第十四条 图像内容分析。包括依据图像内容分析方法，结合图像处理和图像同一性鉴定结果，综合判断检材图像所记载的人、物的状态和变化情况及事件发展过程,如案事件图像中的人物行为和事件过程、交通事故图像中的交通参与者行为及涉案车辆速度、火灾现场图像中的起火部位及火灾过程等。

第十五条 图像作品相似性鉴定。包括综合运用图像内容分析、图像同一性鉴定等鉴定技术,通过检材与样本之间或检材之间图像作品的比较检验综合判断是否来源于同一个作品或相似程度。

第十六条 特种照相检验。运用特种照相技术,包括红外照相、紫外照相、光致发光照相和光谱成像等技术对物证进行照相检验。

第四章 电子数据鉴定

第十七条 电子数据鉴定是指鉴定人运用信息科学与技术和专门知识,对电子数据的存在性、真实性、功能性、相似性等专门性问题进行检验、分析、鉴别和判断并提供鉴定意见的活动。

电子数据鉴定包括电子数据存在性鉴定、电子数据真实性鉴定、电子数据功能性鉴定、电子数据相似性鉴定等。

第十八条 电子数据存在性鉴定。包括电子数据的提取、固定与恢复及电子数据的形成与关联分析。其中电子数据的提取、固定与恢复包括对存储介质(硬盘、光盘、优盘、磁带、存储卡、存储芯片等)和电子设备(手机、平板电脑、可穿戴设备、考勤机、车载系统等)中电子数据的提取、固定与恢复,以及对公开发布的或经所有权人授权的网络数据的提取和固定;电子数据的形成与关联分析包括对计算机信息系统的数据生成、用户操作、内容关联等进行分析。

第十九条 电子数据真实性鉴定。包括对特定形式的电子数据,如电子邮件、即时通信、电子文档、数据库数据等的真实性或修改情况进行鉴定;依据相应验证算法对特定形式的电子签章,如电子签名、电子印章等进行验证。

第二十条 电子数据功能性鉴定。包括对软件、电子设备、计算机信息系统和破坏性程序的功能进行鉴定。

第二十一条 电子数据相似性鉴定。包括对软件(含代码)、数据库、电子文档等的相似程度进行鉴定;对集成电路布图设计的相似程度进行鉴定。

第五章 附 则

第二十二条 本规定自公布之日起施行。

附表:声像资料司法鉴定执业分类目录(略)

法医类 物证类 声像资料司法鉴定机构登记评审细则

1. 2021年6月15日司法部发布
2. 司规〔2021〕2号

第一条 为进一步加强对司法鉴定机构和鉴定人准入登记的审核,规范专家评审工作,根据《全国人民代表大会常务委员会关于司法鉴定管理问题的决定》《司法鉴定机构登记管理办法》(司法部令第95号)、《司法鉴定人登记管理办法》(司法部令第96号)、《关于〈司法鉴定机构登记管理办法〉第二十条、〈司法鉴定人登记管理办法〉第十五条的解释》(司规〔2020〕4号)等规定,制定本细则。

第二条 省级司法行政机关应当按照《行政许可法》、司法部令第95号、第96号和司规〔2020〕4号等规定,对申请从事法医类、物证类、声像资料司法鉴定业务的法人或者其他组织(以下简称申请机构)、人员(以下简称申请人员)的申请材料进行认真审查,根据审查结果,按照法定时限出具书面受理决定书或者不予受理决定书。决定受理的,省级司法行政机关应当于十五个工作日内组织评审专家开展评审工作。

第三条 省级司法行政机关应当选取相关的评审专家,分别按法医类、物证类、声像资料司法鉴定的专业领域组建专家评审组,每个专业领域的专家评审组人数不少于5人且为单数。评审专家原则上应为具备高级职称的鉴定人,执业范围应包含被评审的专业领域。评审组专家的专业能力应覆盖被评审的所有专业分领域及项目。

法医类司法鉴定评审专业领域分为法医病理鉴定、法医临床鉴定、法医精神病鉴定、法医物证鉴定、法医毒物鉴定。物证类司法鉴定评审专业领域分为文书鉴定、痕迹鉴定(不含交通事故痕迹物证鉴定)、交通事故痕迹物证鉴定、微量物证鉴定。声像资料司法鉴定评审专业领域分为录音鉴定、图像鉴定、电子数据鉴定。各专业领域包含的鉴定分领域及项目见《法医类司法鉴定执业分类规定》(司规〔2020〕3号)、《物证类司法鉴定执业分类规定》《声像资料司法鉴定执业分类规定》(司规〔2020〕5号)。

第四条 专家评审组应当按照确定评审组长、制定评审方案、开展评审工作、对申请人员进行评价、对申请机构进行综合评价、形成专家评审意见书等流程开展评审工作。

第五条 评审组采取组内推荐方式确定一名评审组长，由评审组长主持评审工作。若未能推选出评审组长，则由省级司法行政机关指定评审组长。

第六条 评审组根据申请机构拟申请从事鉴定业务的要求制定有针对性的评审方案。明确评审依据、评审时限、评审流程、评审内容、成员分工等，并统一评审标准，作为开展评审工作的指南和参考。

第七条 评审组按照评审方案开展评审工作。评审工作包括：查阅有关申请材料，听取申请机构的汇报，实地查看工作场所和环境，审查申请机构的管理制度和运行情况，对申请人员的专业技术能力进行考核评价，对实验室的仪器设备配置、质量管理水平进行现场核查和评估，也可以根据需要增加其他评审内容。

第八条 评审组的每名专家分别按照本细则确定的评分标准，根据申请人员拟从事的专业领域和分领域及项目对其逐人进行打分，评审得分取所有专家评分的平均值。

评审组应当根据评审得分，结合申请人员的工作能力和工作成果中反映出的专业特长，对申请人员可以从事的该专业领域的分领域及项目提出建议：

（一）原则上，不得跨法医类、物证类、声像资料司法鉴定执业，一个司法鉴定人的执业专业领域不超过3个。

（二）经评审，申请人员申请的专业领域评审得分60分（不含）以下的，不予通过；申请的专业领域评审得分60~80分（含）的，执业专业领域不超过1个；评审得分80分（不含）以上的，执业专业领域不超过3个。

（三）申请的专业领域评审得分60~80分（含）的，申请法医类和物证类（不含交通事故痕迹物证鉴定）专业领域的，可以从事的该专业领域的分领域及项目一般不超过5个，申请声像资料和交通事故痕迹物证鉴定专业领域的，可以从事的该专业领域的分领域及项目一般不超过3个；申请的专业领域评审得分80分（不含）以上的，可以从事的该专业领域的分领域及项目数量可以适当放宽。

评审组的每名专家分别按照本细则确定的评分标准，根据申请机构拟从事的专业领域和分领域及项目，按照该专业领域和分领域及项目实验室和仪器设备配置要求，结合申请人员的评价结果，对申请机构进行综合评分，评审得分取所有专家评分的平均值。

第九条 评审组应根据申请机构的评审得分，结合申请机构的鉴定人构成、鉴定能力和实验室条件反映出的综合情况，对申请机构可以从事的该专业领域的分领域及项目提出意见：

（一）评审得分为70分（不含）以下或鉴定人构成、鉴定能力和实验室条件得分中有一项未达到该项总分60%的申请机构，应当给予"不具备设立申请专业领域司法鉴定机构的技术条件和技术能力"的评审意见。

（二）评审得分为70分（含）以上，且鉴定人构成（鉴定人数量达到3人及以上）、鉴定能力和实验室条件均达到该项总分60%的申请机构，应当给予"具备设立申请专业领域司法鉴定机构的技术条件和技术能力"的评审意见，并对鉴定机构可以从事的该专业领域的分领域及项目提出意见。

各地可以根据司法鉴定行业发展实际对某专业领域评审通过的分数值进行适当调整，上下幅度不得超过10分。

第十条 评审工作完成后，评审组应当根据对申请机构评审得分情况及评审专家意见，汇总并填写《专家评审意见书》。评审结论应当明确是否"具备设立申请专业领域司法鉴定机构的技术条件和技术能力"，并明确通过评审的申请机构可以从事的该专业领域的分领域及项目。

每位评审专家应当在《专家评审意见书》上签名，并送交省级司法行政机关。评审结论应当经评审组三分之二以上专家同意，评审专家对评审结论有不同意见的，应当记录在《专家评审意见书》中。

第十一条 省级司法行政机关应当指定专人负责评审组的组织及联络沟通工作，并对评审过程进行见证和监督，同时做好相应的工作记录，将工作记录与专家评审材料一起作为工作档案留存。

评审专家产生的劳务费、差旅费等由司法行政机关承担，按照有关规定执行。

第十二条 省级司法行政机关应当按照《司法鉴定机构登记管理办法》《司法鉴定人登记管理办法》及有关规定，结合评审细则和《专家评审意见书》的评审结论，作出是否准予登记的决定。

第十三条 司法部组建国家级司法鉴定专家库,在全国范围内择优遴选政治素质高、业务能力强、工作业绩突出的司法鉴定专家入库。依托国家级司法鉴定专家库成立全国司法鉴定专家评审委员会(以下简称评审委员会)。省级司法行政机关组建省级司法鉴定专家库。

申请机构对省级司法行政机关组织的专家评审结果有异议,且能提出实质理由的,可以向评审委员会提出复审申请。经审查理由成立,确有必要进行复审的,从国家级司法鉴定专家库中抽取专家组成评审组进行复审。复审后的评审结论为专家评审的最终结果,交省级司法行政机关作为准入登记的参考。

第十四条 司法行政机关工作人员应当依法依规组织评审。

评审专家应当遵守法律、法规和有关保密、回避等要求,严格按照本细则所列的各个考核评审项目,独立、客观、公正地进行评审,并对评审意见负责。

司法行政机关工作人员或评审专家在评审工作中滥用职权、玩忽职守、弄虚作假、徇私舞弊的,按照有关规定承担相应责任;构成犯罪的,移送司法机关依法追究刑事责任。

第十五条 本细则适用于对申请从事法医类、物证类、声像资料司法鉴定业务的法人或者其他组织、人员的技术条件和专业能力进行评审的活动。

第十六条 本细则自发布之日起施行。原司法部颁布实施的《司法鉴定机构仪器设备配置标准》(司发通〔2011〕323号)同时废止。

·指导案例·

张大山同卵双胞胎的 DNA 鉴定

关键词:司法鉴定　法医物证鉴定　同卵双胞胎
案情概况

2012年6月30日下午,12岁女孩李平(化名)在放学路上失踪。6天后,警方在李平家邻居张大山(化名)家的化粪池中找到了李平赤裸的尸体。现场勘验人员在张大山家的床席上发现一块红色斑迹,炕洞内发现一包女性衣服,经李平家属辨认是李平失踪当天所穿,检查裤子发现有透明反光的可疑斑迹。对两处斑迹的检验结果显示,床席上的红色斑迹是人血,DNA分型结果与被害人李平相同,李平裤子上的斑迹是人精斑,DNA分型结果与张大山相同,张大山有重大作案嫌疑。张大山到案后,对先奸后杀李平的作案事实供认不讳,警方将犯罪嫌疑人张大山移送检察机关。检察机关在审查中发现张大山有一个双胞胎弟弟张小山(化名),虽然犯罪嫌疑人张大山已交代作案事实,为了排除合理怀疑,要求侦查机关对张小山也进行检验。检验结果让警方感到吃惊的是张氏兄弟是同卵双胞胎,DNA分型完全相同。为排除张小山作案的可能,检察机关将案卷退回公安机关要求补充侦查,警方委托第四军医大学法医司法鉴定所进行鉴定。

依法接受委托后,由一位主任法医师牵头组成鉴定小组,对张大山、张小山按照行业标准进行了STR分型检验。经比对,发现张小山在常染色体vWA基因座上出现了少见的三个等位基因的现象,为了办成经得起历史考验的铁案,又对张小山的精液进行DNA检验,发现同样存在这一现象。而张大山的vWA基因座未出现三等位基因现象,现场精斑在vWA基因座上与张大山的DNA分型结果一致。以此为据,鉴定人出具鉴定意见,认为案件与弟弟张小山无关,确定哥哥张大山为真凶,搁置几个月的疑难案件终于进入了公诉阶段。

法院通知本案司法鉴定人出庭作证,经法院同意,检察机关聘请了一位公安机关DNA专家出庭协助。法庭上,公安机关的DNA专家问道,如果发现某个基因座出现三等位基因现象,怎么确定是污染造成还是基因座本身的客观表型?出庭鉴定人胸有成竹地回答道,如果多个基因座都出现三等位基因现象,一般来说污染的可能性大,如果仅是单个基因座出现,再经过重复检验结果一致的话,通常可以确定该结果就是真实的。

最终法院采信了鉴定意见。在铁的证据面前,犯罪嫌疑人张大山受到了法律的严惩。

鉴定要点

一、需要做DNA鉴定时,应当委托司法行政机关登记的具有法医物证鉴定资格的司法鉴定机构去做。查验司法鉴定机构有无法医物证鉴定资质,可以在互联网上键入 www.12348.gov.cn,登录"12348中国法网",点击首页上的"寻鉴定",再按页面提示键入需要查询的鉴定机构名称,网页会显示鉴定机构和鉴定人的基本情况,供查询人挑选。

二、需要做DNA鉴定的每个人都要持本人身份证或者户口本原件亲自前往司法鉴定机构,工作人员将核对被鉴定人信息,复印有效证件,拍摄全体被鉴定人手持姓名和日期牌的合影,与被鉴定人签订鉴定委托书并收取鉴定费。

三、鉴定人将提取被鉴定人的血样或者唾液样本,被鉴定人要在样本采集单上捺印指纹。行动不便或者其他原因不能亲自到司法鉴定机构登记和取样的,可以请司法鉴定机构派员上门办理。绝不能通过邮寄、快递,以及被鉴定人自行取血送到鉴定机构等方式传递血样,以免发生差错、变质和遗失,即便是自己采的,自己送的,鉴定机构一概不予接受。

四、鉴定完成后,司法鉴定机构会把《鉴定意见书》送达被鉴定人,并严格按照法律要求,保护被鉴定人个人隐私,DNA样本绝不会用于被鉴定人要求以外的其他任何用途。

案例意义

常规DNA鉴定的作用和意义在我国已经是家喻户晓,这项技术使无数犯罪分子落入法网,也使无数走失、被拐卖的儿童回到父母怀抱。现代法医学对于非同卵双胞胎及其他个体的个体识别,已经具备了非常成熟的分子生物学技术,理论上,可以识别全世界除同卵双胞胎以外的所有个体。由于同卵双胞胎具有相同的遗传背景,基因所包含的DNA信息相同,常规法医学个体识别技术一般无法区分。本案的司法鉴定人员通过比对同卵双胞胎STR分型结果,发现了二者在vWA基因座上分型结果不同,进而抓住这一点,从重复检验和更换样本类型来证实这一结果的可靠性,从而科学地甄别了本案涉及的同卵双胞胎。这一案例,为同卵双胞胎的甄别提供了一种可借鉴的技术思路。

专用名词解释

一、法医物证鉴定:是指运用免疫学、生物学、生物化学、分子生物学等的理论和方法,利用遗传学标记系统的多态性对生物学检材的种类、种属及个体来源进行鉴定。主要包括:个体识别、亲权鉴定、性别鉴定、种族鉴定和种属认定等。

二、同卵双胞胎:是由一个受精卵分裂发育而成的双胞胎,二者理论上具有完全相同的基因组。从经典遗传学的角度,使用短串联重复序列和单核苷酸多态性等遗传标记均不能对其进行有效的个体甄别。近年来国内外的研究结果表明,同卵双胞胎的差异不仅体现在表观遗传水平(DNA甲基化、乙酰化等),还体现在基因组水平(拷贝数变异、线粒体等),这些都是甄别同卵双胞胎可以考虑的方法。

5. 法医毒物鉴定

血液中氰化物的测定
气相色谱法

1. 2010年4月7日司法部司法鉴定管理局发布
2. SF/Z JD 0107002-2010
3. 2010年4月7日生效

前 言

本标准由中华人民共和国司法部司法鉴定科学技术研究所提出。

本标准由中华人民共和国司法部归口。

本标准起草单位：中华人民共和国司法部司法鉴定科学技术研究所。

本标准主要起草人：刘伟、卓先义、向平、沈保华、卜俊、马栋、严慧。

1 范 围

本标准规定了血液中氰化物的气相色谱定量分析方法。

本标准适用于血液中氰化物的气相色谱定量分析。

本标准的方法检出限为 $0.04\mu g/mL$；定量下限为 $0.10\mu g/mL$。

2 规范性引用文件

下列文件中的条款通过本标准的引用而成为本标准的条款。凡是注日期的引用文件，其随后所有的修改单（不包括勘误的内容）或修订版均不适用于本标准，然而，鼓励根据本标准达成协议的各方研究是否可使用这些文件的最新版本。凡是不注日期的引用文件，其最新版本适用于本标准。

GB/T 6682 分析实验室用水规格和试验方法（GB/T 6682-2008，ISO 3696:1987，MOD）

GA/T 122 毒物分析名词术语

3 原 理

氰化物在酸性条件下形成氰氢酸，而氰氢酸具易挥发性，经衍生化后可用气相色谱/电子捕获检测器进行检测；经与平行操作的氰化物对照品比较，以外标-标准曲线法定量。

4 试剂和材料

除另有规定外，试剂均为分析纯，水为 GB/T 6682 规定的二级水。

4.1 氰化钠或氰化钾

分析纯，含量95%以上。

4.2 氰化钠或氰化钾对照品溶液

精密称取对照品氰化钠（或氰化钾）适量，用4% NaOH 溶液配成 1.0mg/mL 的氰化钠（或氰化钾）标准储备溶液，置于冰箱中冷藏保存，有效期为12个月。试验中所用其它浓度的标准溶液均从上述储备液稀释而得，冰箱中冷藏保存，有效期为3个月。

4.3 氯胺T。

4.4 0.5% 氯胺T溶液。

4.5 磷酸。

5 仪 器

5.1 气相色谱仪

配有电子捕获检测器（ECD）。

5.2 分析天平

感量 0.1mg。

5.3 10mL 顶空钳口瓶。

5.4 硅橡胶垫。

5.5 铝帽。

5.6 密封钳。

5.7 恒温水浴锅。

5.8 1mL 卡介苗注射器或气密注射器。

5.9 精密移液器。

6 测定步骤

6.1 样品处理

精密吸取血液样品 $200\mu L$ 置于已装有 4mL 水的 10mL 顶空钳口瓶中，混匀，瓶中放入加有 1mL 0.5% 氯胺T溶液的内管，再加 $100\mu L$ 磷酸于待检血液中，立即加盖密封。待检瓶在 65℃ 水浴中平衡 30min，取 0.4mL 液上气体注入气相色谱仪中分析。

6.2 样品测定

6.2.1 气相色谱参考条件

a) 色谱柱：SE-30 熔融石英毛细管柱（30m × 0.22mm × $0.25\mu m$）或相当者；

b) 柱温：40℃；

c) 载气：氮气（含量≥99.999%）；

d) 进样口温度：120℃；

e)检测器温度:300℃。
6.2.2 定量测定
本方法中采用外标-标准曲线法定量测定。用空白血液添加适量氰化钠(或氰化钾)对照品制得一系列标准样品,以氰化钠(或氰化钾)衍生化物的峰面积对氰化钠(或氰化钾)浓度绘制标准曲线,并且保证所测样品中氰化物的浓度值在其线性范围内。

6.3 平行试验
样品应按以上步骤同时平行测定两份。平行试验中两份检材测定结果按两份检材的平均值计算,双样相对相差不得超过20%(腐败检材不得超过30%)。双样相对相差按下式计算:

$$双样相对相差(\%) = \frac{|C_1 - C_2|}{\overline{C}} \times 100$$

式中:
C_1、C_2——两份样品平行定量测定的结果;
$\overline{C}$——两份样品平行定量测定的结果的平均值($C_1 + C_2$)/2。

6.4 空白试验
取空白全血200μL,按上述步骤进行分析。

7 结果计算
以外标-校准曲线法计算被测样品中氰化物浓度C(μg/mL)。

血液、尿液中毒鼠强的测定 气相色谱法

1. 2010年4月7日司法部司法鉴定管理局发布
2. SF/Z JD 0107003-2010
3. 2010年4月7日生效

前　言
本标准由中华人民共和国司法部司法鉴定科学技术研究所提出。
本标准由中华人民共和国司法部归口。
本标准起草单位:中华人民共和国司法部司法鉴定科学技术研究所。
本标准主要起草人:沈保华、卓先义、刘伟、向平、卜俊、马栋、严慧。

1 范　围
本标准规定了血液、尿液中毒鼠强的气相色谱定量分析方法。
本标准适用于血液、尿液中毒鼠强的气相色谱定量分析。
本标准血液、尿液中毒鼠强测定方法的定量下限为0.02μg/mL。

2 规范性引用文件
下列文件中的条款通过本标准的引用而成为本标准的条款。凡是注日期的引用文件,其随后所有的修改单(不包括勘误的内容)或修订版均不适用于本标准,然而,鼓励根据本标准达成协议的各方研究是否可使用这些文件的最新版本。凡是不注日期的引用文件,其最新版本适用于本标准。
GB/T 6682 分析实验室用水规格和试验方法(GB/T 6682-2008,ISO 3696:1987,MOD)
GA/T 122 毒物分析名词术语

3 原　理
本法利用毒鼠强可被有机溶剂从血液、尿液中提取出来,利用火焰光度检测器或氮磷检测器对其进行检测,经与平行操作的毒鼠强对照品比较,以保留时间或相对保留时间定性;用内标法进行定量分析。

4 试剂和材料
除另有说明外,水为GB/T 6682规定的一级水。

4.1 毒鼠强对照液
毒鼠强标准溶液200μg/mL,在冰箱中冷冻保存,有效期为12个月。试验中所用其它浓度的标准溶液均从上述标准溶液稀释而得,在冰箱中冷藏保存,有效期为6个月。

4.2 对硫磷对照液
对硫磷标准溶液200μg/mL,在冰箱中冷冻保存,有效期为12个月。试验中所用其它浓度的标准溶液均从上述标准溶液稀释而得,在冰箱中冷藏保存,有效期为6个月。

5 仪　器
5.1 气相色谱仪,
配有火焰光度检测器(FPD)或氮磷检测器(NPD)。
5.2 旋涡混合器。
5.3 离心机。

5.4 恒温水浴锅。
5.5 精密移液器。

6 测定步骤

6.1 样品预处理

取血液或尿液 2mL 置于 10mL 具塞离心管中,加 10μL 内标物对硫磷工作溶液,加入乙醚 3mL,涡旋混合,离心,转移有机层至另一离心管中,约 60℃ 水浴中空气流下吹干,残留物用 50μL 甲醇溶解,取 1μL 进样气相色谱分析。

6.2 测定

6.2.1 气相色谱测定参考条件

a) 色谱柱:DB-608 毛细管柱(30m × 0.53mm × 0.50μm)石英毛细管柱或相当者;
b) 柱温:初温 150℃(1min),以 20℃/min 程序升温至 230℃,保持 10min;
c) 载气:氮气,纯度≥99.999%,流速 4mL/min;
d) 进样口温度:250℃;
e) 检测器温度:250℃。

6.2.2 定量测定

本方法采用内标法-单点校正法或内标法-校准曲线法定量测定。

6.2.2.1 内标法-单点校正法

在相同基质中添加相近浓度的对照品,和检材按照以上步骤同时进行定量测定。检材浓度应在添加对照品浓度的 ±50% 以内。

6.2.2.2 内标法-校准曲线法

在相同基质中添加适量的毒鼠强对照品制得一系列校准样品,以毒鼠强峰面积与内标峰面积比对毒鼠强浓度作校准曲线,用标准曲线法对检材进行定量,并且保证所测样品中毒鼠强的浓度在其线性范围内。

6.3 平行试验

按以上步骤对同一试样进行平行试验。

平行试验中两份检材测定结果按两份检材的平均值计算,双样相对相差不得超过 20%。双样相对相差按照式(1)计算:

$$双样相对相差(\%) = \frac{|C_1 - C_2|}{\overline{C}} \times 100 \quad \cdots\cdots (1)$$

式中:
C_1、C_2——两份样品平行定量测定的结果;
$\overline{C}$——两份样品平行定量测定的结果的平均值$(C_1 + C_2)/2$。

7 结果计算

气相色谱测定采用校准曲线法或按式(2)计算:

$$C = \frac{A \times A_i' \times c}{A' \times A_i} \quad \cdots\cdots\cdots\cdots (2)$$

式中:
C——样品中毒鼠强含量,单位为微克每毫升(μg/mL);
A——样品中毒鼠强的峰面积;
A'——对照溶液中毒鼠强的峰面积;
A_i'——对照溶液中内标物的峰面积;
A_i——样品中内标物的峰面积;
c——标准溶液中毒鼠强浓度,单位为微克每毫升(μg/mL)。

血液和尿液中 108 种毒(药)物的气相色谱-质谱检验方法

1. 2015 年 11 月 20 日司法部司法鉴定管理局发布
2. SF/Z JD 0107014-2015
3. 自 2015 年 11 月 20 日起实施

前 言

本技术规范按照 GB/T 1.1-2009 给出的规则起草。
本技术规范由司法部司法鉴定科学技术研究所提出。
本技术规范由司法部司法鉴定管理局归口。
本技术规范起草单位:司法部司法鉴定科学技术研究所。
本技术规范主要起草人:卓先义、严慧、刘伟、向平、沈保华、卜俊、马栋。
本技术规范为首次发布。

1 范 围

本技术规范规定了血液和尿液中 108 种毒(药)物(参见附录 A)的气相色谱-质谱检验方法。

本技术规范适用于血液和尿液中 108 种毒(药)物的定性分析。也适用于体外样品、可疑物证中 108 种毒(药)物的定性分析。

2 规范性引用文件

下列文件对于本技术规范的应用是必不可少的。凡是注日期的引用文件,仅所注日期的版本适用于本技术规范。凡是不注日期的引用文件,其最新版本(包括所有的修改单)适用于本技术规范。

GB/T 6682 分析实验室用水规格和试验方法

GA/T 122 毒物分析名词术语

3 术语和定义

GA/T 122 中界定的术语和定义适用于本技术规范。

4 原 理

在酸性、碱性条件下,用有机溶剂将待测毒(药)物从血液或尿液中提取出来,用气相色谱-质谱法进行检测,以保留时间和特征碎片离子进行定性分析。

5 试剂、仪器和材料

5.1 试 剂

5.1.1 乙醚。

5.1.2 甲醇。

5.1.3 盐酸:用水配制成 1mol/L 盐酸溶液。

5.1.4 氢氧化钠:用水配制成 10% 氢氧化钠溶液。

5.1.5 对照品标准溶液的制备:分别精密称取 108 种毒(药)物对照品各适量,用甲醇配成 1mg/mL 的对照品储备溶液,置于冰箱中冷冻保存,保存时间 12 个月。试验中所用其他浓度的标准溶液均从上述储备溶液稀释而得。置于冰箱中冷藏保存,保存时间 3 个月。

5.1.6 内标物对照品标准溶液配制:精密称取 SKF_{525A} 和烯丙异丙巴比妥对照品适量,用甲醇配成 1mg/mL 的混合内标储备溶液,置于冰箱中冷冻保存,保存时间 12 个月。将内标储备液用甲醇稀释 5 倍,得 200μg/mL 的内标工作液,置于冰箱中冷藏保存,保存时间 3 个月。

注:本规范所用试剂除另有说明外均为分析纯,试验用水为二级水(见 GB/T 6682 规定)。

5.2 仪器和材料

5.2.1 气相色谱-质谱仪:配有电子轰击源(EI)。

5.2.2 旋涡混合器。

5.2.3 离心机。

5.2.4 恒温水浴锅。

5.2.5 移液器。

5.2.6 分析天平:感量 0.1mg。

6 测定步骤

6.1 样品预处理

6.1.1 待测样品

取待测血液或尿液 2mL 置于 10mL 离心管中,加入 200μg/mL 的内标工作液 10μL,加 1mol/L HCl 溶液使呈酸性(pH3-4),用乙醚 3mL 涡旋混合提取约 2min,离心使之分层,转移出乙醚提取液于 5mL 试管中,检材中再加 10% NaOH 溶液,使检材呈碱性(pH11-12),用乙醚 3mL 提取残留液,涡旋混合约 2min,离心使之分层,转移乙醚层,合并乙醚提取液,于约 60℃ 水浴中挥发至近干,残留物加 30μL 甲醇复溶,待测。

6.1.2 空白样品

取空白血液或尿液 2mL,按"6.1.1"项下进行操作和分析。

6.1.3 添加样品

取空白血液或尿液 2mL,添加待测样品中出现的可疑毒(药)物对照品,按"6.1.1"项下进行操作和分析。

6.2 测 定

6.2.1 气相色谱-质谱仪参考条件

以下为参考条件,可根据不同品牌仪器和不同样品等实际情况进行调整:

a) 色谱柱:DB-5MS 毛细管柱(30m × 0.25mm × 0.25μm)或等效色谱柱;

b) 柱温:100℃ 保持 1.5min,以 25℃/min 程序升温至 280℃ 保持 15min;

c) 载气:氦气,纯度≥99.999%;

d) 流速:1mL/min;

e) 进样量:1μL;

f) 进样口温度:250℃;

g) EI 源电压:70eV;

h) 离子源温度:230℃;

i) 四极杆温度:150℃;

j) 接口温度:280℃;

k) 采用全扫描模式,质量范围 m/z 50-500。

l) 108 种毒(药)物的保留时间与特征碎片离子见附录 A。

6.2.2 定性分析

在相同的试验条件下,待测样品中出现的色谱峰保留时间与添加对照样品的色谱峰保留时间相比较,相对误差在 ±2% 内,且特征碎片离子均出现,所选择的离子相对丰度比与添加对照品的离子相对丰度比之相对误差不超过表 1 规定的范围,则可判断样品中存在这种化合物。

表 1 相对离子丰度比的最大允许相对误差(%)

离子丰度比	≥50	20~50	10~20	≤10
允许的相对误差	±20	±25	±30	±50

7 结果评价

7.1 阴性结果评价

如果待测样品中仅检出内标 SKF$_{525A}$ 和烯丙异丙巴比妥未检出附录 A 中毒(药)物成分,则阴性结果可靠;如果待测样品中未检出内标,则阴性结果不可靠。

7.2 阳性结果评价

如果待测样品中检出附录 A 中毒(药)物成分且空白样品无干扰,则阳性结果可靠;如果待测样品中检出毒(药)物成分且空白样品亦呈阳性,则阳性结果不可靠。

8 方法检出限

本技术规范血液和尿液中 108 种毒(药)物成分的检出限参见附录 A。

附 录 A
(资料性附录)
108 种毒(药)物和内标的 GC–MS 参考参数

表 A.1 108 种毒(药)物和内标的 GC–MS 参考参数

编号	名称	保留时间(min)	特征碎片离子	检测限(μg/mL) 血液	检测限(μg/mL) 尿液
1	灭多威	3.04	88、105	0.2	0.1
2	苯丙胺	3.54	44、91	0.2	0.2
3	丙戊酸	3.66	57、73、102	0.5	0.5
4	甲基苯丙胺	4.16	58、91	0.05	0.02
5	残杀威	4.36	110、152	0.3	0.2
6	金刚烷胺	4.55	94、151	0.1	0.1
7	甲胺磷	5.11	94、141	0.1	–
8	敌敌畏	5.17	79、109、185	0.5	0.2
9	杀虫双(单)	5.41	70、103、149	0.5	0.3
10	尼古丁	5.63	84、133、162	0.1	0.05
11	去甲伪麻黄碱	5.86	44、77、105	0.1	0.05
12	异烟肼	5.87	78、106、137	0.2	0.2
13	MDMA	5.98	58、135、194	0.5	0.2
14	麻黄碱	6.16	58、166	0.125	0.1
15	甲基麻黄碱	6.27	42、72、105	0.1	0.05
16	尼可刹米	6.30	78、106、177	0.1	0.1
17	MDA	6.40	77、136、180	0.1	0.05
18	乙酰甲胺磷	6.43	94、136	0.1	–
19	托吡酯	6.48	127、171、245	0.5	–
20	氧乐果	6.57	110、156	0.2	–
21	布洛芬	6.67	91、161、206	0.1	0.05

续表

编号	名称	保留时间(min)	特征碎片离子	检测限(μg/mL) 血液	检测限(μg/mL) 尿液
22	治螟磷	6.86	97、202、322	0.2	—
23	巴比妥	6.87	141、156、184	5	2
24	异戊巴比妥	6.88	141、156	5	2
25	烯丙基异丙基巴比妥	6.95	167、195、153	0.5	0.2
26	非那西汀	7.00	108、137、179	0.2	0.1
27	对乙酰氨基酚	7.07	109、151	0.5	0.2
28	毒鼠强	7.19	212、240	0.02	0.01
29	乐果	7.21	87、125、230	0.5	0.2
30	哌替啶	7.36	71、172、247	0.05	0.02
31	呋喃丹	7.37	149、164、221	0.5	0.2
32	特丁磷	7.39	231、288	0.3	—
33	咖啡因	7.45	109、194	0.1	0.1
34	久效磷	7.46	127、192、224	0.3	—
35	司可巴比妥钠	7.50	168、195	5	2
36	可铁宁	7.57	98、147、176	0.1	0.05
37	硫喷妥	7.58	157、172	1	1
38	苯海拉明	7.88	58、73、165	0.2	0.2
39	氨基比林	7.90	96、188、231	0.125	0.1
40	氯胺酮	7.92	152、180	0.05	0.02
41	利多卡因	7.95	86、234	0.05	0.02
42	苯巴比妥	8.00	117、204	1	1
43	毒死蜱	8.09	258、314、352	0.2	—
44	福美双	8.17	88、121、208	0.2	0.2
45	异丙安替比林	8.19	215、230	0.1	0.05
46	曲马多	8.35	58、263	0.0125	0.01
47	扑尔敏	8.45	58、203	0.0125	0.01
48	安替比林	8.46	96、188	0.1	0.05
49	溴敌隆	8.47	178、260	0.5	—
50	对硫磷	8.48	97、109、291	0.5	—
51	甲基对硫磷	8.51	109、263	0.2	—
52	西洛西宾	8.66	58、204	0.5	—
53	文法拉辛	8.69	58、134、179	0.1	—

续表

编号	名称	保留时间(min)	特征碎片离子	检测限(μg/mL) 血液	检测限(μg/mL) 尿液
54	喹硫磷	8.69	146、157、298	0.2	—
55	美托洛尔	8.70	72、223、252、267	0.1	0.1
56	马拉硫磷	8.75	93、127、173	0.2	0.2
57	乙基对硫磷	8.91	109、139、291	0.2	—
58	美沙酮	8.94	72、294	0.025	0.02
59	阿米替林	9.06	58、202、215	0.05	0.02
60	丙咪嗪	9.06	58、193、234	0.1	0.05
61	安眠酮	9.07	235、250	0.1	0.05
62	多塞平	9.08	58、189	0.125	0.1
63	右美沙芬	9.09	59、150、271	0.2	0.1
64	氯美扎酮	9.16	98、152、208	0.5	0.5
65	氟卡尼	9.18	84、97、301	0.2	—
66	阿托品	9.20	124、289	0.125	0.1
67	溴虫腈	9.24	59、137、247	0.5	—
68	三唑磷	9.54	161、257、313	0.5	—
69	苯妥因	9.84	180、209、252	0.5	0.3
70	胺菊酯	9.89	123、164	0.3	0.2
71	卡马西平	9.91	193、236	0.2	0.1
72	SKF$_{525A}$	9.93	86、99、167	0.5	0.2
73	咳必清	9.98	86、144、318	0.1	0.1
74	苯妥因纳	10.07	180、223、252	0.4	0.2
75	安定	10.09	256、283、284	0.05	0.05
76	东莨菪碱	10.16	94、108、138、303	0.2	0.1
77	CBD(大麻二酚)	10.25	174、231、246、314	0.3	0.2
78	地芬尼多	10.28	98、232	0.1	0.1
79	异丙嗪	10.28	72、180、284	0.1	0.05
80	氯丙嗪	10.40	58、318	0.025	0.02
81	可待因	10.74	162、229、299	0.5	0.2
82	THC(四氢大麻酚)	10.81	231、271、299、314	0.1	0.05
83	咪达唑仑	10.99	310、325	0.125	0.1
84	罗拉西泮	11.05	239、274、302	3	2
85	CBN(大麻酚)	11.24	223、238、295、310	0.2	0.2

续表

编号	名称	保留时间(min)	特征碎片离子	检测限(μg/mL) 血液	检测限(μg/mL) 尿液
86	海洛因	11.30	268、327、369	0.1	0.05
87	乙酰可待因	11.41	229、282、341	0.1	0.05
88	硝苯地平	11.61	284、329	5	3
89	帕罗西汀	11.98	192、329	0.1	0.1
90	普罗帕酮	12.17	72、297、312	0.1	0.1
91	硝甲西泮	12.21	220、248、267、294	3	2
92	杀鼠醚	12.38	121、188、292	1	1
93	硝基西泮	12.40	253、264、280	3	2
94	氟硝西泮	12.60	285、286、312	3	2
95	二氯苯醚菊酯	12.73	127、163、183	1	1
96	氯硝西泮	13.26	280、314	3	2
97	杀灭菊酯	13.35	125、167、419	1	0.5
98	唑吡坦	13.62	235、307	0.1	0.05
99	氯氮平	14.10	243、256、326	0.125	0.12
100	氟安定	14.12	58、86、387	3	2
101	氯氰菊酯	14.14	127、163、181	0.5	0.2
102	阿普唑仑	14.46	204、273、308	0.5	0.2
103	氰戊菊酯	14.77	181、225、419	1	0.5
104	氟哌啶醇	15.14	123、224、237	0.5	0.5
105	艾司唑仑	15.24	205、259、294	0.5	0.2
106	利眠宁	15.34	241、282	0.1	0.05
107	延胡索乙素	15.84	164、190、355	0.5	0.2
108	三唑仑	15.90	238、313、342	0.5	0.2
109	溴氰菊酯	16.03	181、253	0.5	0.2
110	佐匹克隆	19.95	143、245	0.2	0.1

血液中45种有毒生物碱成分的液相色谱－串联质谱检验方法

1. 2015年11月20日司法部司法鉴定管理局发布
2. SF/Z JD 0107015－2015
3. 自2015年11月20日起实施

前 言

本技术规范按照GB/T 1.1－2009给出的规则起草。

本技术规范由司法部司法鉴定科学技术研究所提出。

本技术规范由司法部司法鉴定管理局归口。

本技术规范起草单位:司法部司法鉴定科学技术研究所。

本技术规范主要起草人:刘伟、沈敏、卓先义、沈保华、向平、卜俊、马栋、严慧。

本技术规范为首次发布。

1 范 围

本技术规范规定了血液中45种有毒生物碱成分(见附录A)的液相色谱－串联质谱(LC－MS/MS)检验

方法。

本技术规范适用于血液中45种有毒生物碱成分的定性定量分析。也适用于尿液及体外样品、可疑物证中45种有毒生物碱的定性分析。

2 规范性引用文件

下列文件中对本技术规范的应用是必不可少的。凡是注日期的引用文件,仅所注日期的版本适用于本技术规范。凡是不注日期的引用文件,其最新版本(包括所有的修改单)适用于本技术规范。

GA/T 122　毒物分析名词术语

GB/T 6682　分析实验室用水规格和试验方法

3 术语和定义

GA/T 122中界定的术语和定义适用于本技术规范。

4 原 理

本法利用45种有毒生物碱成分可在碱性条件下被有机溶剂从血液中提取出来的特点,以SKF_{525A}为内标,用液相色谱-串联质谱法的多反应监测(MRM)模式进行检测,经与平行操作的有毒生物碱对照品比较,以保留时间、两对母离子/子离子对进行定性分析;以定量离子对峰面积为依据,内标法或外标法定量。

5 试剂和仪器

5.1 试　剂

5.1.1　乙腈。

5.1.2　甲酸:优级纯。

5.1.3　甲醇。

5.1.4　乙醚:分析纯。

5.1.5　乙酸铵。

5.1.6　超纯水:由纯水系统制得,电阻率≥18.2MΩ·cm。

5.1.7　pH9.2硼砂缓冲液。

5.1.8　流动相缓冲液:20mmol/L乙酸铵和0.1%甲酸缓冲液:分别称取1.54g乙酸铵和1.84g甲酸置于1000mL容量瓶中,加水定容至刻度,pH值约为4。

5.1.9　45种有毒生物碱对照品标准溶液:分别精密称取45种有毒生物碱对照品各适量,用甲醇配成1.0mg/mL对照品标准储备溶液,置冰箱中冷冻保存,保存时间为12个月。试验中所用其它浓度的对照品标准溶液均从上述储备液用甲醇稀释而得。

5.1.10　内标物SKF_{525A}对照品标准溶液:精密称取SKF_{525A}适量,用甲醇配制成1.0mg/mL SKF_{525A}对照品标准储备溶液,置冰箱中冷冻保存,保存时间为12个月。将储备液用甲醇稀释得5μg/mL SKF_{525A}内标工作液,置冰箱中冷藏保存,保存时间为6个月。

注:本技术规范所用试剂除另有说明外均为色谱纯,试验用水为一级水(见GB/T 6682规定)。

5.2 仪　器

5.2.1　液相色谱-串联质谱仪:配电喷雾离子源(ESI)。

5.2.2　分析天平:感量0.1mg。

5.2.3　涡旋混合器。

5.2.4　离心机。

5.2.5　精密移液器。

5.2.6　恒温水浴锅。

6 测定步骤

6.1 样品预处理

6.1.1　待测样品

取待测血液1mL,加5μg/mL SKF_{525A}内标工作液10μL,加1mL pH9.2硼砂缓冲液后,用乙醚3mL提取,涡旋混合,离心,将乙醚层转移至另一试管中,同法提取两次,合并乙醚液,置60℃水浴中挥干,残留物用100μL流动相(乙腈:流动相缓冲液=70:30)定容,供LC-MS/MS分析。

6.1.2　空白样品

取空白血液1mL,按"6.1.1"项下进行操作和分析。

6.1.3　添加样品

取空白血液1mL,添加待测样品中出现的可疑有毒生物碱对照品,按"6.1.1"项下进行操作和分析。

6.2 测　定

6.2.1　液相色谱-串联质谱仪参考条件

a) 液相色谱柱:Capcell Pak C18(250mm×2.0mm,MG Ⅱ 5μm)或相当者;

b) 柱温:室温;

c) 流动相:V(乙腈):V(流动相缓冲液)=70:30;

d) 流速:200μL/min;

e) 进样量:5μL;

f) 离子源:电喷雾电离-正离子模式(ESI+);

g) 检测方式:多反应监测(MRM);

h) 离子源电压(IS):5500V;

i) 碰撞气(CAD)、气帘气(CUR)、雾化气(GS1)、辅助气2(GS2)均为高纯氮气,使用前调节各气流流量以

使质谱灵敏度达到检测要求;

j)各成分去簇电压(DP)、碰撞能量(CE)等电压值应优化至最佳灵敏度(见附录 A)。

6.2.2 定性分析

定性分析以两对母离子/子离子对进行(见附录 A)。如果待测样品出现某一有毒生物碱两对母离子/子离子对的特征色谱峰,保留时间与添加样品中相应对照品的色谱峰保留时间比较,相对误差在±2%内,且所选择的离子对相对丰度比与添加对照品的离子对相对丰度比之相对误差不超过表 1 规定的范围,则可认为待测样品中检出此种有毒生物碱成分。

表 1 相对离子对丰度比的最大允许相对误差(%)

相对离子对丰度比	≥50	20~50	10~20	≤10
允许的相对误差	±20	±25	±30	±50

6.2.3 定量分析

6.2.3.1 定量方法

根据待测样品中有毒生物碱的浓度情况,用空白血液添加相应有毒生物碱对照品,采用内标法或外标法,以定量离子对峰面积进行定量测定。定量方法可采用工作曲线法或单点校正法。

采用工作曲线法时待测样品中有毒生物碱的浓度应在工作曲线的线性范围内。配制系列浓度的有毒生物碱血液质控样品,按"6.1.1"进行样品处理,按"6.2.1"条件进行测定,以有毒生物碱和内标定量离子对峰面积比(或有毒生物碱定量离子对峰面积)为纵坐标,血液中有毒生物碱浓度为横坐标绘制工作曲线,用工作曲线对待测样品中有毒生物碱浓度进行定量。

采用单点校正法时待测样品中有毒生物碱的浓度应在添加样品中有毒生物碱浓度的±50%内。

6.2.3.2 结果计算

6.2.3.2.1 内标-工作曲线法

在系列浓度的有毒生物碱血液质控样品中,以有毒生物碱与内标 SKF_{525A} 定量离子对的峰面积比(Y)为纵坐标、有毒生物碱质量浓度(C)为横坐标进行线性回归,得线性方程。

根据待测样品中有毒生物碱与内标 SKF_{525A} 定量离子对峰面积比,按公式(1)计算出待测样品中有毒生物碱的质量浓度。

$$C = \frac{Y-a}{b} \quad\cdots\cdots\cdots\cdots\cdots\cdots\cdots\cdots\cdots\cdots\cdots\cdots (1)$$

式中:

C——待测样品中有毒生物碱质量浓度,单位为纳克每毫升(ng/mL);

Y——待测样品中有毒生物碱与内标峰面积比;

a——线性方程的截距;

b——线性方程的斜率。

6.2.3.2.2 内标-单点校正法

根据待测样品及添加样品中有毒生物碱与内标 SKF_{525A} 定量离子对峰面积比,按公式(2)计算出待测样品中有毒生物碱的质量浓度。

$$C = \frac{A \times A'_i \times c}{A' \times A_i} \quad\cdots\cdots\cdots\cdots\cdots\cdots\cdots\cdots (2)$$

式中:

C——待测样品中有毒生物碱质量浓度,单位为纳克每毫升(ng/mL);

A——待测样品中有毒生物碱的峰面积;

A'——添加样品中有毒生物碱的峰面积;

A_i——待测样品中内标的峰面积;

A'_i——添加样品中内标的峰面积;

c——添加样品中有毒生物碱的质量浓度,单位为纳克每毫升(ng/mL)。

6.2.3.2.3 外标-工作曲线法

在系列浓度的有毒生物碱血液质控样品中,以有毒生物碱定量离子对的峰面积(Y)为纵坐标、有毒生物碱质量浓度(C)为横坐标进行线性回归,得线性方程。

根据待测样品中有毒生物碱定量离子对峰面积,按公式(3)计算出待测样品中有毒生物碱的质量浓度。

$$C = \frac{Y-a}{b} \quad\cdots\cdots\cdots\cdots\cdots\cdots\cdots\cdots\cdots\cdots (3)$$

式中:

C——待测样品中有毒生物碱质量浓度,单位为纳克每毫升(ng/mL);

Y——待测样品中有毒生物碱的峰面积;

a——线性方程的截距;

b——线性方程的斜率。

6.2.3.2.4 外标-单点校正法

根据待测样品及添加样品中有毒生物碱定量离子对峰面积,按公式(4)计算出待测样品中有毒生物碱的质量浓度。

$$C = \frac{A \times c}{A'} \quad\cdots\cdots\cdots\cdots\cdots\cdots\cdots\cdots\cdots\cdots (4)$$

式中：

C——待测样品中有毒生物碱质量浓度，单位为纳克每毫升(ng/mL)；

A——待测样品中有毒生物碱的峰面积；

A'——添加样品中有毒生物碱的峰面积；

c——添加样品中有毒生物碱的质量浓度，单位为纳克每毫升(ng/mL)。

6.2.3.3 平行试验

待测样品同时平行测定两份，双样相对相差按公式(5)计算：

$$RD(\%) = \frac{|C_1 - C_2|}{\overline{C}} \times 100 \quad \cdots\cdots (5)$$

式中：

RD——相对相差；

C_1、C_2——两份待测样品平行定量测定的质量浓度；

$\overline{C}$——两份待测样品平行定量测定质量浓度的平均值。

6.2.4 空白试验

用空白血液进行空白试验。

7 结果评价

7.1 定性结果评价

7.1.1 阴性结果评价

如果待测样品中仅检出内标 SKF_{525A} 未检出附录A中45种有毒生物碱成分，则阴性结果可靠；如果待测样品中未检出内标，则阴性结果不可靠。

7.1.2 阳性结果评价

如果待测样品中检出附录A中有毒生物碱成分且空白样品无干扰，则阳性结果可靠；如果待测样品中检出有毒生物碱成分且空白样品亦呈阳性，则阳性结果不可靠。

7.2 定量结果评价

平行试验中两份检材的双样相对相差不得超过20%(腐败检材不得超过30%)，结果按两份检材浓度的平均值计算，否则需要重新测定。

8 检出限和定量下限

内容见附录A

附录(略)

生物检材中苯丙胺类兴奋剂、哌替啶和氯胺酮的测定

1. 2016年9月22日司法部司法鉴定管理局发布
2. SF/Z JD0107004－2016
3. 自2016年9月22日起实施

前　言

本技术规范按照 GB/T 1.1－2009 给出的规则起草。

本技术规范的附录A为资料性附录。

本技术规范由司法部司法鉴定科学技术研究所提出。

本技术规范由司法部司法鉴定管理局归口。

本技术规范起草单位：司法部司法鉴定科学技术研究所。

本技术规范主要起草人：刘伟、卓先义、向平、沈保华、卜俊、马栋、严慧。

本技术规范所代替规范的历次版本发布情况为：SF/Z JD0107004－2010。

1　范　围

本技术规范规定了血液、尿液及毛发中苯丙胺(AMP)、甲基苯丙胺(MAMP)、3、4－亚甲双氧甲基苯丙胺(MDMA)、4,5－亚甲双氧苯丙胺(MDA)、哌替啶和氯胺酮的测定方法。

本技术规范适用于血液、尿液及毛发中AMP、MAMP、MDMA、MDA、哌替啶和氯胺酮的定性定量分析。

2　规范性引用文件

下列文件对于本技术规范的应用是必不可少的。凡是注日期的引用文件，仅注日期的版本适用于本技术规范。凡是不注日期的引用文件，其最新版本(包括所有的修改单)适用于本技术规范。

GB/T 6682　分析实验室用水规格和试验方法

GA/T 122　毒物分析名词术语

第一篇　免疫筛选法

3　原　理

采用高度特异性的抗原－抗体反应的免疫胶体金层析技术，通过单克隆抗体竞争结合苯丙胺或甲基苯丙胺

偶联物和尿液中可能含有的苯丙胺或甲基苯丙胺,试剂盒含有被事先固定于膜上测试区(T)的苯丙胺或甲基苯丙胺偶联物和被胶体金标记的抗苯丙胺或甲基苯丙胺单克隆抗体。

4 试 剂

苯丙胺尿液胶体金法试剂盒,甲基苯丙胺尿液胶体金法试剂盒。

5 操作方法

用吸管吸取尿液检材,滴入试剂盒的样品孔中5滴(约150~200μL),3~5分钟后观察结果。

6 结果判定

6.1 苯丙胺尿液胶体金法试剂盒

6.1.1 阳性

仅质控区C出现紫红色带,而测试区T无紫红色带,提示含有苯丙胺成分。

6.1.2 阴性

质控区C及测试区T均出现紫红色带,表明尿液中无苯丙胺或苯丙胺浓度在1000ng/mL以下。

6.1.3 无效

质控区C未出现紫红色带,结果无效,应重新检验。

6.2 甲基苯丙胺尿液胶体金法试剂盒

6.2.1 阳性

仅质控区C出现紫红色带,而测试区T无紫红色带,表明甲基苯丙胺浓度在1000ng/mL以上。

6.2.2 阴性

质控区C及测试区T均出现紫红色带,表明尿液中无甲基苯丙胺或甲基苯丙胺浓度在1000ng/mL以下。

6.2.3 无效

质控区C未出现紫红色带,结果无效,应重新检验。

第二篇 气相色谱-质谱联用法

7 原 理

利用苯丙胺类兴奋剂、哌替啶和氯胺酮易溶于有机溶剂、难溶于水的特点,在碱性条件下用有机溶剂从生物检材中提出,用气相色谱-质谱联用仪进行检测,经与平行操作的苯丙胺类兴奋剂或哌替啶、氯胺酮对照品比较,以保留时间和特征碎片离子定性分析;以定量离子峰面积为依据,外标法定量。

8 试剂和材料

除另有规定外,试剂均为分析纯,水为GB/T6682规定的二级水。

8.1 AMP、MAMP、MDMA、MDA、哌替啶和氯胺酮纯度≥98%。

8.2 AMP、MAMP、MDMA、MDA、哌替啶、氯胺酮对照品溶液的制备

分别精密称取对照品AMP、MAMP、MDMA、MDA、哌替啶、氯胺酮各适量,用甲醇配成1mg/mL的对照品储备溶液,置于冰箱中冷冻保存,有效期为12个月。试验中所用其它浓度的标准溶液均从上述储备液稀释而得,冰箱中冷藏保存,有效期为6个月。

8.3 10%氢氧化钠溶液

8.4 乙醚

8.5 甲醇

8.6 丙酮

8.7 0.1%十二烷基磺酸钠溶液

8.8 0.1%洗洁精溶液

8.9 0.1mol/L盐酸溶液

9 仪 器

9.1 气相色谱-质谱联用仪

配有电子轰击源(EI)。

9.2 分析天平

感量0.1mg。

9.3 微波炉

9.4 涡旋混合器

9.5 离心机

9.6 恒温水浴锅

9.7 空气泵

9.8 移液器

9.9 具塞离心试管

9.10 冷冻研磨机

10 测定步骤

10.1 样品预处理

10.1.1 尿液直接提取

取尿液2mL置于10mL具塞离心管中,用10%氢氧化钠溶液调至pH>11,用乙醚3mL提取,涡旋混合、离心,转移有机层至另一离心管中,约60℃水浴中挥干,残留物用50μL甲醇溶解,取1μL进气相色谱/质谱联用仪分析。

10.1.2 血液直接提取

取血液 2mL 置于 10mL 具塞离心管中,加入 10% 氢氧化钠溶液 0.2mL,用乙醚 3mL 提取,以下同 10.1.1 项下操作。

10.1.3 毛发提取

10.1.3.1 毛发采集

贴发根处剪取毛发,发根处作标记。量取长度。

10.1.3.2 毛发洗涤

毛发样品依次用 0.1% 十二烷基磺酸钠溶液、0.1% 洗洁精溶液、水和丙酮振荡洗涤,晾干后剪成约 1mm 段,供检。

10.1.3.3 毛发的水解

10.1.3.3.1 毛发的酸水解

称取 50mg 毛发,加 1mL 0.1mol/L 盐酸溶液浸润,45℃ 水浴水解 12~15 小时,取出后用 10% 氢氧化钠溶液调至 pH > 11。

10.1.3.3.2 毛发的碱水解

称取 50mg 毛发,加 1mL 10% 氢氧化钠溶液,80℃ 水浴水解 5~10min,取出。

10.1.3.4 毛发的提取

毛发水解液用乙醚 3mL 提取,涡旋混合、离心分层,转移乙醚层至另一离心管中,约 60℃ 水浴中挥干。残留物用 50μL 甲醇溶解,取 1μL 进气相色谱 - 质谱联用仪分析。

10.2 样品测定

10.2.1 气相色谱 - 质谱参考条件

a) 色谱柱:HP - 5MS 毛细管柱(30m × 0.25mm × 0.25μm)或相当者;

b) 柱温:100℃ 保持 1.5min,以 25℃/min 程序升温至 280℃,保持 15min;

c) 载气:氦气,纯度≥99.999%,流速:1.0mL/min;

d) 进样口温度:250℃;

e) 进样量:1μL;

f) 电子轰击源:70eV;

g) 四极杆温度:150℃;

h) 离子源温度:230℃;

i) 接口温度:280℃;

j) 检测方式:全扫描;

k) 质量范围 50 - 500amu;

l) AMP、MAMP、MDMA、MDA、哌替啶及氯胺酮的保留时间与特征碎片离子见表 1。

表 1 AMP、MAMP、MDMA、MDA、哌替啶及氯胺酮的色谱峰保留时间与特征碎片离子

名称	GC/MS 保留时间(min)	碎片离子(m/z)
AMP	4.3	44、91[1)]、120
MAMP	4.7	58、91[1)]、134
MDA	6.6	77、136[1)]、179
MDMA	7.0	58、135[1)]、194
哌替啶	8.0	71、172、247[1)]
氯胺酮	8.4	180[1)]、209、152

注:1)为定量离子。

10.2.2 定性分析

进行样品测定时,如果检出的色谱峰保留时间与空白检材添加相应对照品的色谱峰保留时间比较,相对误差在 ±2% 内,并且在扣除背景后的样品质谱图中,所选择的离子均出现,且所选择的离子相对丰度比与添加对照品的离子相对丰度比之相对误差不超过表 2 规定的范围,则可判断样品中存在这种化合物。

表 2 相对离子丰度比的最大允许相对误差(%)

相对离子丰度比	≥50	20~50	10~20	≤10
允许的相对误差	±20	±25	±30	±50

10.2.3 定量测定

采用外标 - 校准曲线法或单点法定量。用相同基质空白添加适量目标物对照品制得一系列浓度校准样品,以目标物的峰面积对目标物浓度绘制校准曲线,并且保证待测样品中目标物的浓度在其线性范围内。当待测样品中目标物浓度在添加样品浓度的 50% 以内时,可采用单点校准。

10.3 平行试验

待测样品应按以上步骤同时平行测定两份。

平行试验中两份检材测定结果按两份检材的平均值计算,双样相对相差不得超过 20%(腐败检材不超过 30%)。双样相对相差按式(1)计算:

$$\text{双样相对相差}(\%) = \frac{|C_1 - C_2|}{\bar{C}} \times 100 \quad \cdots\cdots\cdots(1)$$

式中:

C_1、C_2——两份样品平行定量测定的结果;

$\bar{C}$——两份样品平行定量测定结果的平均值$(C_1 + C_2)/2$。

10.4 空白试验

除以相同基质空白替代检材外,均按上述步骤进行。

11 结果计算

以外标－校准曲线法或按式(2)计算被测样品中 AMP、MAMP、MDMA、MDA、哌替啶及氯胺酮浓度:

$$C = \frac{A_1 \times W}{A_2 \times W_1} \quad \cdots\cdots\cdots\cdots\cdots\cdots\cdots\cdots\cdots\cdots \quad (2)$$

式中:

C——待测样品中目标物的浓度(μg/mL 或 μg/g);

A_1——待测样品中目标物的峰面积;

A_2——添加样品中目标物的峰面积;

W——添加样品中目标物的添加量(μg);

W_1——待测样品取样量(mL 或 g)。

12 方法检出限

血液、尿液和毛发中苯丙胺类兴奋剂、哌替啶和氯胺酮的检出限见附录 A。

第三篇 液相色谱－串联质谱法

13 原 理

利用苯丙胺类兴奋剂、哌替啶和氯胺酮易溶于有机溶剂、难溶于水的特点,在碱性条件下用有机溶剂从生物检材中提出,提取后的样品用液相色谱－串联质谱法(LC－MS/MS)的多反应监测(MRM)模式进行检测,经与平行操作的苯丙胺类兴奋剂或哌替啶、氯胺酮对照品比较,以保留时间和两对母离子/子离子对进行定性分析;以定量离子对峰面积为依据,外标法定量。

14 试剂和材料

除另有规定外,试剂均为分析纯,水为 GB/T6682 规定的一级水。

14.1 AMP、MAMP、MDMA、MDA、哌替啶及氯胺酮对照品及溶液的制备

同 8.1 及 8.2。

14.2 丙酮

14.3 乙醚

14.4 10% 氢氧化钠溶液

14.5 0.1mol/L 盐酸溶液

14.6 0.1% 十二烷基磺酸钠溶液

14.7 0.1% 洗洁精溶液

14.8 乙腈

色谱纯。

14.9 甲酸

优级纯。

14.10 乙酸铵

色谱纯。

14.11 流动相缓冲液

20mmol/L 乙酸铵和 0.1% 甲酸缓冲液:分别称取 1.54g 乙酸铵和 1.84g 甲酸置于 1000mL 容量瓶中,加水定容至刻度,pH 值约为 4。

15 仪 器

15.1 液相色谱－串联质谱仪

配有电喷雾离子源(ESI)。

15.2 分析天平

感量 0.1mg。

15.3 涡旋混合器

15.4 离心机

15.5 恒温水浴锅

15.6 移液器

15.7 具塞离心试管

15.8 冷冻研磨机

16 测定步骤

16.1 样品预处理

16.1.1 尿液提取

取尿液 2mL 置于 10mL 具塞离心管中,用 10% 氢氧化钠溶液调至 pH＞11,用乙醚 3mL 提取,涡旋混合、离心,转移有机层至另一离心管中,约 60℃水浴中挥干,残留物中加入 100μL 乙腈:流动相缓冲液(70:30)进行溶解,取 5μL 进 LC－MS/MS 分析。

16.1.2 血液提取

取血液 2mL 置于 10mL 具塞离心管中,加入 10% 氢氧化钠溶液 0.2mL,用乙醚 3mL 提取,以下同 16.1.1 项下操作。

16.1.3 毛发提取

称取 50mg 毛发,同 10.1.3.3 项酸水解或碱水解后,用乙醚 3mL 提取,以下同 16.1.1 项下操作。

16.2 样品测定

16.2.1 液相色谱－串联质谱参考条件

a) 色谱柱:Allure PFP Propyl 100mm×2.1mm×5μm 或相当者,前接保护柱;

b) 柱温:室温;

c) 流动相:V(乙腈):V(缓冲液) = (70:30);

d) 流速:200μL/min;
e) 进样量:5μL;
f) 扫描方式:正离子扫描(ESI+);
g) 检测方式:多反应监测(MRM);
h) 离子喷雾电压:5500V;
i) 离子源温度:500℃;
j) 每个化合物分别选择2对母离子/子离子对作为定性离子对。其定性离子对、定量离子对、去簇电压(DP)、碰撞能量(CE)和保留时间(t_R)见表3。

表3 AMP、MAMP、MDMA、MDA、哌替啶及氯胺酮的定性离子对、定量离子对、去簇电压(DP)、碰撞能量(CE)和保留时间(t_R)

名称	定性离子对	DP(V)	CE(eV)	保留时间(min)
AMP	136.1/119.1[1]	20	33	5.12
	136.1/91.1		26	
MAMP	150.1/119.1[1]	30	16	6.07
	150.1/91.1		26	
MDMA	194.2/163.4[1]	35	18	5.93
	194.2/105.0		29	
MDA	180.1/163.1[1]	40	15	5.01
	180.1/135.1		28	
哌替啶	248.3/220.3	50	30	8.49
	248.3/174.1		30	
氯胺酮	238.1/179.1[1]	40	25	5.3
	238.1/125.1		40	

注:1)为定量离子对。

16.2.2 定性测定

进行样品测定时,如果检出的色谱峰保留时间与空白检材添加对照品的色谱峰保留时间比较,相对误差小于2%,并且在扣除背景后的样品质谱图中,均出现所选择的离子对,而且所选择的离子对相对丰度比与添加对照品的离子对相对丰度比之相对误差不超过表4规定的范围,则可判断样品中存在这种化合物。

表4 相对离子对丰度比的最大允许相对误差(%)

相对离子对丰度比	≥50	20~50	10~20	≤10
允许的相对误差	±20	±25	±30	±50

16.2.3 定量测定

采用外标-校准曲线法或单点法定量。用相同基质空白添加适量目标物对照品制得一系列校准样品,以目标物的峰面积对目标物浓度绘制校准曲线,并且保证所测样品中目标物的响应值在其线性范围内。当待测样品中目标物浓度在添加样品浓度的±50%以内时,可采用单点校准。

16.3 平行试验

待测样品应按以上步骤同时平行测定两份。

平行试验中两份检材测定结果按两份检材的平均值计算,双样相对相差不得超过20%(腐败检材不超过30%)。双样相对相差按式(1)计算:

$$双样相对相差(\%) = \frac{|C_1 - C_2|}{\overline{C}} \times 100 \quad \cdots\cdots (1)$$

式中:

C_1、C_2——两份样品平行定量测定的结果;

$\overline{C}$——两份样品平行定量测定结果的平均值($C_1 + C_2$)/2。

16.4 空白试验

除以相同基质空白替代检材外,均按上述步骤进行。

17 结果计算

以外标 – 校准曲线法或按式（2）计算被测样品中 AMP、MAMP、MDMA、MDA、哌替啶及氯胺酮浓度：

$$C = \frac{A_1 \times W}{A_2 \times W_1} \quad \cdots\cdots\cdots\cdots\cdots\cdots\cdots\cdots\cdots\cdots \quad (2)$$

式中：

C——待测样品中目标物的浓度（μg/mL 或 μg/g）；

A_1——待测样品中目标物的峰面积；

A_2——添加样品中目标物的峰面积；

W——添加样品中目标物的添加量（μg）；

W_1——待测样品取样量（mL 或 g）。

18 方法检出限

血液、尿液和毛发中苯丙胺类兴奋剂、哌替啶和氯胺酮的检出限见附录 A。

附 录 A
（资料性附录）
血液、尿液和毛发中 AMP、MAMP、MDMA、MDA、哌替啶及氯胺酮的检出限

血液、尿液和毛发中 AMP、MAMP、MDMA、MDA、哌替啶及氯胺酮的检出限见表 A。

表 A 生物检材中 AMP、MAMP、MDMA、MDA、哌替啶及氯胺酮的检出限

样品	成分	GC/MS 检出限（μg/mL 或 μg/g）	LC – MS/MS 检出限（μg/mL 或 μg/g）
尿液	AMP	0.1	0.05
	MAMP	0.1	0.02
	MDMA	0.1	0.02
	MDA	0.1	0.05
	哌替啶	0.1	0.02
	氯胺酮	0.1	0.02
血液	AMP	0.2	0.05
	MAMP	0.2	0.02
	MDMA	0.2	0.02
	MDA	0.2	0.05
	哌替啶	0.2	0.02
	氯胺酮	0.2	0.02
毛发	AMP	5	0.2
	MAMP	2	0.5
	MDMA	2	0.5
	MDA	5	0.2
	哌替啶	2	0.2
	氯胺酮	2	0.2

血液、尿液中238种毒(药)物的检测液相色谱－串联质谱法

1. 2016年9月22日司法部司法鉴定管理局发布
2. SF/Z JD0107005－2016
3. 自2016年9月22日起实施

前　言

本技术规范按照 GB/T 1.1－2009 给出的规则起草。

本技术规范由司法部司法鉴定科学技术研究所提出。

本技术规范由司法部司法鉴定管理局归口。

本技术规范起草单位：司法部司法鉴定科学技术研究所。

本技术规范主要起草人：向平、卓先义、沈敏、刘伟、沈保华、卜俊、马栋、严慧。

本技术规范所代替规范的历次版本发布情况为：SF/Z JD0107005——2010。

1　范　围

本技术规范规定了血液或尿液中阿片类、苯丙胺类、大麻酚类滥用药物，有机磷及氨基甲酸酯类杀虫剂、苯二氮卓类、抗抑郁类、抗癫痫类、平喘类、解热镇痛类药物以及其它常见治疗药物共238种毒(药)物(见附录A)的液相色谱－串联质谱(LC－MS/MS)检验方法。

本技术规范适用于血液或尿液中阿片类、苯丙胺类、大麻酚类滥用药物，有机磷类及氨基甲酸酯类杀虫剂、苯二氮卓类、抗抑郁类、抗癫痫类、平喘类、解热镇痛类药物以及其它常见治疗药物共238种毒(药)物的定性定量分析。也适用于体外样品、可疑物证中238种毒(药)物的定性分析。

2　规范性引用文件

下列文件中对本技术规范的应用是必不可少的。凡是注日期的引用文件，仅所注日期的版本适用于本技术规范。凡是不注日期的引用文件，其最新版本(包括所有的修改单)适用于本技术规范。

GA/T 122　毒物分析名词术语

GB/T 6682　分析实验室用水规格和试验方法

3　术语和定义

GA/T122中界定的术语和定义适用于本技术规范。

4　原　理

本技术规范利用阿片类、苯丙胺类、大麻酚类滥用药物，有机磷及氨基甲酸酯类杀虫剂、苯二氮卓类、抗抑郁类、抗癫痫类、平喘类、解热镇痛类以及其他常见治疗药物共238种毒(药)物可在碱性条件下被有机溶剂从生物检材中提取出来的特点，利用 LC－MS/MS 多反应监测进行检测。经与平行操作的毒(药)物对照品比较，以保留时间、两对母离子/子离子对进行定性分析；以定量离子对峰面积为依据，内标法或外标法定量。

5　试剂和仪器

5.1　试　剂

5.1.1　乙腈。

5.1.2　乙醚：分析纯。

5.1.3　乙酸胺。

5.1.4　甲酸(50%)：优级纯。

5.1.5　超纯水：由纯水系统制得，电阻率 18.2MΩ·cm。

5.1.6　pH9.2 硼砂缓冲液。

5.1.7　20mmol/L 乙酸铵和 0.1% 甲酸缓冲液：分别称取 1.54g 乙酸铵和 1.84g 甲酸，置于 1000mL 容量瓶中，加水至刻度，摇匀备用，pH 值约为4。

5.1.8　238种毒(药)物对照品标准溶液：分别精密称取238种毒(药)物对照品各适量，用甲醇配成 1.0mg/mL 对照品标准储备溶液，置冰箱中冷冻保存，保存时间为12个月。试验中所用其它浓度的对照品标准溶液均从上述储备液用甲醇稀释而得。

5.1.9　内标物地西泮－d5 和 SKF$_{525A}$ 对照品标准溶液：精密称取地西泮－d5 和 SKF$_{525A}$ 适量，用甲醇配制成 1.0mg/mL 地西泮－d5 和 SKF$_{525A}$ 对照品混合标准储备溶液，置冰箱中冷冻保存，保存时间为12个月。将储备液用甲醇稀释得 1μg/mL 地西泮－d5 和 SKF$_{525A}$ 内标工作液，置冰箱中冷藏保存，保存时间为6个月。

注：本技术规范所用试剂除另有说明外均为色谱纯，试验用水为一级水(见 GB/T 6682 规定)。

5.2　仪　器

5.2.1　液相色谱－串联质谱联用仪(LC－MS/MS)：配有电喷雾离子源。

5.2.2　旋涡混合器。

5.2.3　离心机。

5.2.4　恒温水浴锅。

5.2.5　精密移液器。

5.2.6 具塞离心试管。
5.2.7 分析天平：感量 0.1mg。

6 测定步骤

6.1 样品预处理

6.1.1 待测样品

取血液或尿液 1mL，加入 10μL 地西泮 – d5 和 SKF$_{525A}$ 内标溶液（1μg/mL），加入 2mL pH9.2 硼酸缓冲液后用 3.5mL 乙醚提取，混旋，离心。上清液于 60℃ 水浴中挥干，残余物中加入 200μL 流动相复溶，取 10μL 进 LC – MS/MS 分析。

6.1.2 空白样品

取空白血液或尿液 1mL，按"6.1.1"项下进行操作和分析。

6.1.3 添加样品

取空白血液或尿液 1mL，添加待测样品中出现的可疑毒（药）物对照品，按"6.1.1"项下进行操作和分析。

6.2 测　定

6.2.1 LC – MS/MS 参考条件

以下为参考条件，可根据不同品牌仪器和不同样品等实际情况进行调整：

a）液相柱：Allure PFP Propyl 100mm × 2.1mm × 5μm 或相当者，接 C18 保护柱；

b）流动相：乙腈：20mmol/L 乙酸铵和 0.1% 甲酸缓冲液（70：30）；

c）流速：200μL/min；

d）进样量：10μL；

e）离子源：电喷雾电离 – 正离子模式（ESI +）；

f）检测方式：多反应监测（MRM）；

g）碰撞气（CAD）、气帘气（CUR）、雾化气（GS1）、辅助加热气均为高纯氮气，使用前调节各气流流量以使质谱灵敏度达到检测要求；

h）去簇电压（DP）、碰撞能量（CE）等电压值应优化至最优灵敏度，参见附录 A。

6.2.2 定性分析

6.2.2.1 筛选

筛选分析选取毒（药）物的第一对母离子/子离子。如果待测样品的 MRM 色谱图中出现峰高超过 5000 的色谱峰，则记录该峰的保留时间和对应的母离子/子离子对，由附录 A 筛选出可疑的毒（药）物，并进行空白添加实验，进行确证分析。

6.2.2.2 确证

重新设定 LC – MS/MS 条件，按照附录 A 增加可疑毒（药）物的第二对母离子/子离子。如果待测样品出现可疑毒（药）物两对母离子/子离子对的特征色谱峰，保留时间与添加样品中相应对照的色谱峰保留时间比较，相对误差在 ±2.5% 内，且所选择的离子对相对丰度比与添加对照品的离子对相对丰度比之相对误差不超过表 1 规定的范围，则可认为待测样品中检出此种毒（药）物成分。

表 1　相对离子对丰度比的最大允许相对误差（%）

相对离子对丰度比	≥50	20~50	10~20	≤10
允许的相对误差	±20	±25	±30	±50

6.2.3 定量分析

6.2.3.1 定量方法

根据待测样品中毒（药）物的浓度情况，用空白血液或尿液添加相应毒（药）物对照品，采用内标法或外标法，以定量离子对峰面积进行定量测定。定量方法可采用工作曲线法或单点校正法。

采用工作曲线法时待测样品中毒（药）物的浓度应在工作曲线的线性范围内。配制系列浓度的毒（药）物血液或尿液质控样品，按"6.1.1"进行样品处理，按"6.2.1"条件进行测定，以毒（药）物和内标定量离子对峰面积比[或毒（药）物定量离子对峰面积]为纵坐标，血液或尿液中毒（药）物浓度为横坐标绘制工作曲线，用工作曲线对待测样品中毒（药）物浓度进行定量。

采用单点校正法时待测样品中毒（药）物的浓度应在添加样品中毒（药）物浓度的 ±50% 内。

6.2.3.2 结果计算

6.2.3.2.1 内标 – 工作曲线法

在系列浓度的毒（药）物血液或尿液质控样品中，以毒（药）物与内标定量离子对的峰面积比（Y）为纵坐标、毒（药）物质量浓度（C）为横坐标进行线性回归，得线性方程。

根据待测样品中毒（药）物与内标定量离子对峰面积比，按公式（1）计算出待测样品中毒（药）物的质量浓度。

$$C = \frac{Y-a}{b} \quad \cdots\cdots\cdots\cdots\cdots\cdots\cdots\cdots\cdots\cdots \quad (1)$$

式中：

C——待测样品中毒（药）物质量浓度，单位为纳克

每毫升(ng/mL);
Y——待测样品中毒(药)物与内标峰面积比;
a——线性方程的截距;
b——线性方程的斜率。

6.2.3.2.2　内标－单点校正法
根据待测样品及添加样品中毒(药)物与内标定量离子对峰面积比,按公式(2)计算出待测样品中毒(药)物的质量浓度。

$$C = \frac{A \times A'_i \times c}{A' \times A_i} \quad \cdots\cdots\cdots\cdots\cdots\cdots\cdots\cdots\cdots (2)$$

式中:
C——待测样品中毒(药)物质量浓度,单位为纳克每毫升(ng/mL);
A——待测样品中毒(药)物的峰面积;
A'——添加样品中毒(药)物的峰面积;
A_i——待测样品中内标的峰面积;
A'_i——添加样品中内标的峰面积;
c——添加样品中毒(药)物的质量浓度,单位为纳克每毫升(ng/mL)。

6.2.3.2.3　外标－工作曲线法
在系列浓度的毒(药)物血液或尿液质控样品中,以毒(药)物定量离子对的峰面积(Y)为纵坐标、毒(药)物质量浓度(C)为横坐标进行线性回归,得线性方程。
根据待测样品中毒(药)物定量离子对峰面积,按公式(3)计算出待测样品中毒(药)物的质量浓度。

$$C = \frac{Y-a}{b} \quad \cdots\cdots\cdots\cdots\cdots\cdots\cdots\cdots\cdots (3)$$

式中:
C——待测样品中毒(药)物质量浓度,单位为纳克每毫升(ng/mL);
Y——待测样品中毒(药)物的峰面积;
a——线性方程的截距;
b——线性方程的斜率。

6.2.3.2.4　外标－单点校正法
根据待测样品及添加样品中毒(药)物定量离子对峰面积,按公式(4)计算出待测样品中毒(药)物的质量浓度。

$$C = \frac{A \times c}{A'} \quad \cdots\cdots\cdots\cdots\cdots\cdots\cdots\cdots\cdots (4)$$

式中:
C——待测样品中毒(药)物质量浓度,单位为纳克每毫升(ng/mL);
A——待测样品中毒(药)物的峰面积;
A'——添加样品中毒(药)物的峰面积;
c——添加样品中毒(药)物的质量浓度,单位为纳克每毫升(ng/mL)。

6.2.3.3　平行试验
待测样品同时平行测定两份,双样相对相差按公式(5)计算:

$$RD(\%) = \frac{|C_1 - C_2|}{\bar{C}} \times 100 \quad \cdots\cdots\cdots\cdots (5)$$

式中:
RD——相对相差;
C_1、C_2——两份待测样品平行定量测定的质量浓度;
$\bar{C}$——两份待测样品平行定量测定质量浓度的平均值。

6.2.4　空白试验
用空白血液或尿液进行空白试验。

7　结果评价

7.1　定性结果评价

7.1.1　阴性结果评价
如果待测样品中仅检出内标地西泮－d5和SKF$_{525A}$,未检出附录A中238种毒(药)物成分,则阴性结果可靠;如果待测样品中未检出内标,则阴性结果不可靠。

7.1.2　阳性结果评价
如果待测样品中检出附录A中毒(药)物成分且空白样品无干扰,则阳性结果可靠;如果待测样品中检出毒(药)物成分且空白样品亦呈阳性,则阳性结果不可靠。

7.2　定量结果评价

平行试验中两份检材的双样相对相差不得超过20%(腐败检材不得超过30%),结果按两份检材浓度的平均值计算,否则需要重新测定。

8　方法检出限

本技术规范血液中238种毒(药)物成分的最低检出限见附录A。
附录(略)

法医毒物有机质谱定性分析通则

1. 2018年11月8日司法部公共法律服务管理局发布
2. SF/Z JD 0107019-2018
3. 自2019年1月1日起实施

前　言

本技术规范按照GB/T 1.1-2009给出的规则起草。

本技术规范由司法鉴定科学研究院提出。

本技术规范由司法部公共法律服务管理局归口。

本技术规范起草单位：司法鉴定科学研究院。

本技术规范主要起草人：向平、沈敏、卓先义、刘伟、沈保华、严慧、施妍、陈航、吴何坚。

本技术规范为首次发布。

1　范　围

本技术规范规定了法医毒物分析使用有机质谱定性分析的通用规则。

本技术规范适用于法医毒物分析使用有机质谱[质量分析系统包括四极杆、离子阱、飞行时间、扇形磁场及傅里叶变换离子回旋共振等类型，离子源包括电子轰击电离源(EI)、化学电离源(CI)、电喷雾离子源(ESI)、大气压化学离子源(APCI)等]对分子量低于800g/mol的毒(药)物的定性分析。

2　规范性引用文件

下列文件对于本文件的应用是必不可少的。凡是注日期的引用文件，仅注日期的版本适用于本文件。凡是不注日期的引用文件，其最新版本(包括所有的修改单)适用于本文件。

GB/T 6041　质谱分析方法通则

GB/T 13966　分析仪器术语

GB/Z 35959　液相色谱-质谱联用分析方法通则

GA/T 122　毒物分析名词术语

3　术语和定义

GB/T 6041、GB/T 13966、GB/Z 35959、GA/T 122中界定的以及下列术语和定义适用于本技术规范。

有机质谱法 organic mass spectrometry

有机样品分子在离子源内离子化后，裂解成各种质荷比(m/z)的离子，根据这些离子的质量数和相对丰度进行分析的方法。

4　原　理

有机质谱结合色谱的分离功能，对待测成分进行检测，得到分子量、分子结构和保留时间等信息，实现对目标物的定性分析。

5　色谱分离

气相色谱-质谱联用(GC-MS)分析的色谱分离需使用合适的毛细管柱；液相色谱-质谱联用(LC-MS)分析的色谱分离需使用合适的液相色谱柱。

5.1　采用GC进行色谱分离，在相同实验条件下，案件样品与相同基质添加样品之间，保留时间(RT)的相对误差允许为±2%以内。若有合适的内标或标志物(如柱流失峰)，计算相对保留时间(RRT)，RRT的相对误差允许为±1%以内。

5.2　采用LC进行色谱分离，在相同实验条件下，案件样品与相同基质添加样品之间，保留时间(RT)的相对误差允许为±2.5%以内。若有合适的内标或标志物(如柱流失峰)，计算相对保留时间(RRT)，RRT的相对误差允许为±2%以内。

6　质谱检测

有机质谱法分析可以采用质谱技术的全扫描、选择离子、多级质谱技术如多反应监测模式，或其它具有适当电离、采集模式的质谱、多级质谱等联合技术。

6.1　单级质谱电子轰击电离源分析

采用全扫描或选择离子监测模式时，应满足以下要求：

a) 至少选取3个相对离子丰度比≥5%的特征碎片离子，案件样品与相同基质添加样品中对应目标物比较，相对离子丰度比的相对误差应在表1所示的允许范围内。

表1　单级质谱电子轰击电离源分析定性时相对离子丰度比的最大允许相对误差

相对离子丰度比(基峰%)	最大允许相对误差
>50	±10%
>20~50	±15%
>10~20	±20%
≤10	±50%

若不计算相对离子丰度比,需选取 4 个特征碎片离子,样品的质谱图应能匹配相应标准品的质谱图;若无法获得 3 个特征碎片离子,则需要衍生化再分析或者采用另一种离子化技术分析。

b)所选取特征碎片离子色谱峰的信噪比(S/N)均应 >3:1。

c)每张质谱图上至少须有两个特征碎片离子。

6.2 单级质谱化学电离源分析

采用全扫描或选择离子监测模式时,应满足以下要求:

a)至少选取 2 个相对离子丰度比≥10%的特征碎片离子。

b)至少计算 1 个离子丰度比,案件样品与相同基质添加样品中对应目标物比较,相对离子丰度比的相对误差应在表 2 所示的允许范围内。

表 2 单级质谱化学电离源分析定性时
相对离子丰度比的最大允许相对误差

相对离子丰度比(基峰%)	最大允许相对误差
>50	±20%
>20～50	±25%
>10～20	±30%
≤10	±50%

c)所选取特征碎片离子色谱峰的信噪比(S/N)均应 >3:1。

6.3 串联质谱分析

采用多反应监测模式分析时,应满足以下要求:

a)母离子质量分辨应小于或等于 1Da。

b)至少监测 1 个母离子和 2 个子离子,计算离子丰度比。或者,监测 2 个母离子和各自对应的 1 个子离子。若无法获得子离子,则需要衍生化再分析或者采用另一种离子化技术分析。

c)所选取特征碎片离子色谱峰的信噪比(S/N)均应 >3:1。

d)案件样品与相同基质添加样品中对应目标物比较,相对离子丰度比的相对误差应在表 3 所示的允许范围内。

表 3 串联质谱分析定性时相对
离子丰度比的最大允许相对误差

相对离子丰度比(基峰%)	最大允许相对误差
>50	±20%
>20～50	±25%
>10～20	±30%
≤10	±50%

e)中性丢失和母离子扫描模式可以用于增加信息,但不能用于确证。

6.4 多级质谱(三级以上)分析

采用多级质谱分析时,应满足以下要求:

a)至少监测 MSn 的 1 个母离子和 MSn 的 1 个子离子。

b)MSn 的子离子色谱峰的信噪比(S/N)均应 >3:1。

c)案件样品与相同基质添加样品中对应目标物比较,相对离子丰度比的相对误差应在表 3 所示的允许范围内。

6.5 高分辨质谱分析

高分辨质谱的单级分析、多级质谱采用全扫描或部分扫描采集模式分析,均应满足以下要求:

a)案件样品中包含分子质量数的图谱与单同位素峰的理论值质量精度至少在 5×10^{-6} 以内。

b)案件样品的质谱图中应包含至少 2 个子离子,并且与相同基质添加样品中对应目标物子离子的质量精度至少在 5×10^{-6} 以内。

c)所选取特征碎片离子色谱峰的信噪比(S/N)均应 >3:1。

d)案件样品与相同基质添加样品中对应目标物比较,相对离子丰度比的相对误差应在表 4 所示的允许范围内。

表 4 高分辨质谱分析定性时相对
离子丰度比的最大允许相对误差

相对离子丰度比(基峰%)	最大允许相对误差
>50	±20%
>20～50	±25%
>10～20	±30%
≤10	±50%

血液中磷化氢及其代谢物的顶空气相色谱－质谱检验方法

1. 2018年11月8日司法部公共法律服务管理局发布
2. SF/Z JD 0107020－2018
3. 自2019年1月1日起实施

前　　言

本技术规范按照 GB/T 1.1－2009 给出的规则起草。

本技术规范由司法鉴定科学研究院提出。

本技术规范由司法部公共法律服务管理局归口。

本技术规范起草单位：司法鉴定科学研究院。

本技术规范主要起草人：严慧、向平、卓先义、刘伟、沈保华、陈航、乔正、沈敏、吴何坚。

本技术规范的附录 A、B 为资料性附录。

本技术规范为首次发布。

1　范　　围

本技术规范规定了血液中磷化氢及其代谢物的顶空气相色谱－质谱（HS－GC－MS）检验方法。

本技术规范适用于血液中磷化氢及其代谢物的定性与定量分析，其它生物检材和非生物检材中磷化氢及其代谢物的定性及定量分析可参照使用。

2　规范性引用文件

下列文件对于本文件的应用是必不可少的。凡是注日期的引用文件，仅注日期的版本适用于本文件。凡是不注日期的引用文件，其最新版本（包括所有的修改单）适用于本文件。

GA/T 122　毒物分析名词术语

GB/T 6682　分析实验室用水规格和试验方法

3　术语和定义

GA/T 122 中界定的术语和定义适用于本技术规范。

4　原　　理

血液中磷化氢代谢物亚磷酸和次磷酸，与锌粉和硫酸反应还原为磷化氢，用顶空气相色谱－质谱法进行检测，经与平行操作的空白样品及添加样品对照，以保留时间、特征碎片离子峰和相对丰度比进行定性分析；以峰面积为依据，采用外标法进行定量分析。

5　试剂、仪器和材料

5.1　试　剂

本技术规范所用试剂除另有说明外均为分析纯，试验用水为二级水（见 GB/T 6682 规定），所用试剂：

a）锌粉；

b）次磷酸钠一水化合物；

c）20% 硫酸；

d）次磷酸钠一水化合物对照品溶液：称取次磷酸钠一水化合物 31mg，精密称定，置 10mL 容量瓶中，加入适量水溶解并定容至刻度，配制成相当于磷化氢 1.0mg/mL 的对照品储备溶液，密封，置于冰箱中冷藏、避光保存，保存时间 12 个月。试验中所用其它浓度的标准溶液均从上述储备溶液用水稀释而得，密封，置于冰箱中冷藏保存，保存时间 3 个月。

5.2　仪器和材料

仪器和材料包括：

a）气相色谱－质谱仪：配有电子轰击源（EI）；

b）精密移液器；

c）电子分析天平：感量 0.1mg；

d）硅橡胶垫；

e）铝帽；

f）密封钳；

g）恒温水浴锅；

h）顶空进样瓶：10mL。

6　操作方法

6.1　定性分析

6.1.1　样品前处理

6.1.1.1　案件样品

将 40mg 锌粉均匀铺放在 10mL 顶空进样瓶底部，依次加入血液 1mL、水 2mL、20% 硫酸 0.5mL，然后立即密封。室温下放置 30min 后，40℃ 水浴中加热 60min，然后吸取 0.5mL 液上气体，进行 GC－MS 分析。

6.1.1.2　控制样品

取空白血液 1mL 两份，一份作为空白样品，一份添加对照品配制成含磷化氢 0.5μg/mL 的添加样品，余下同 6.1.1.1，与案件样品平行操作。

6.1.2　仪器检测

6.1.2.1　气相色谱－质谱仪条件

以下为参考条件，可根据不同品牌仪器和不同样品等实际情况进行调整：
　　a）色谱柱：GS-GASPRO（30m×0.32mm）石英毛细管柱或相当者；
　　注：GS-GASPRO柱为Agilent公司产品的商品名称，给出这一信息是为了方便本技术规范的使用者，并不是表示对该产品的认可。如果其他等效产品具有相同的效果，则可使用这些等效产品。
　　b）柱温：初温30℃（2min），以20℃/min程序升温至110℃，保持0.5min；
　　c）载气：氦气，纯度≥99.999%，流速3.5mL/min；
　　d）离子源温度：230℃；
　　e）四极杆温度：150℃；
　　f）进样口温度：180℃；
　　g）传输线温度：230℃；
　　h）检测方式：选择离子监测扫描（SIM），定性离子：m/z 31、33、34，定量离子：m/z 34。血液中磷化氢的GC-MS色谱图参见附录A，磷化氢的保留时间为2.1min。

6.1.2.2　进样
分别吸取案件样品、空白样品和添加样品液上气体，按6.1.2.1条件进样分析。

6.1.2.3　记录
记录各样品中磷化氢可疑色谱峰的保留时间、离子丰度比。

6.1.2.4　定性判断依据
以保留时间、质谱特征碎片离子峰和相对丰度比作为定性判断依据。

在相同的试验条件下，如果案件样品中出现的色谱峰保留时间与添加样品的色谱峰保留时间相比较，相对误差在±2%内，且特征碎片离子均出现，所选择的离子丰度比与浓度相近添加样品的离子丰度比之相对误差不超过表1规定的范围，则可判断案件样品中检出磷化氢。

表1　相对离子丰度比的最大允许相对误差（%）

离子丰度比	>50	>20~50	>10~20	≤10
允许的相对误差	±10	±15	±20	±50

6.2　定量分析
本技术规范采用外标法定量测定。

6.2.1　样品前处理
移取案件血液1mL两份，分别置于底部预先铺上40mg锌粉的10mL顶空进样瓶内，依次加入水2mL、20%硫酸0.5mL，余下同6.1.1.1。

另取空白血液若干份，添加适量磷化氢，制得系列浓度或单点浓度的添加样品，与案件样品平行操作。方法学有效性验证数据参见附录B。

案件样品中磷化氢浓度应在工作曲线的线性范围内。配制单点浓度的添加样品时，案件样品中磷化氢浓度需在该浓度的±50%内。

6.2.2　仪器检测
6.2.2.1　仪器参考条件
同6.1.2.1。

6.2.2.2　进样
分别取案件样品、系列浓度的添加样品或单点浓度添加样品，按6.1.2.1条件进样分析。

6.2.3　记录与计算
记录案件样品、系列浓度的添加样品或单点浓度添加样品中磷化氢定量离子的峰面积值，然后计算案件样品中磷化氢含量。

6.2.3.1　外标-工作曲线法
在系列浓度的添加样品中，以磷化氢定量离子的峰面积（Y）为纵坐标、磷化氢质量浓度（C）为横坐标进行线性回归，得线性方程。

根据案件样品中磷化氢的峰面积值，按公式（1）计算含量。

$$C = \frac{Y-a}{b} \quad\quad\quad\quad (1)$$

式中：
C——案件样品中磷化氢的含量，单位为微克每毫升（μg/mL）；
Y——案件样品中磷化氢的峰面积值；
a——线性方程的截距；
b——线性方程的斜率。

6.2.3.2　外标-单点校正法
根据案件样品和添加样品中磷化氢的峰面积值，按公式（2）计算出案件样品中磷化氢的含量。

$$C = \frac{A \times c}{A'} \quad\quad\quad\quad (2)$$

式中：
C——案件样品中磷化氢的含量，单位为微克每毫升（μg/mL）；
A——案件样品中磷化氢的峰面积值；
A'——添加样品中磷化氢的峰面积值；
c——添加样品中磷化氢的含量，单位为微克每毫升

(μg/mL)。

6.2.4 计算相对相差

案件样品按以上步骤平行测定两份,双样相对相差按公式(3)计算:

$$RD = \frac{|C_1 - C_2|}{\overline{C}} \times 100\% \quad \cdots\cdots\cdots\cdots\cdots\cdots (3)$$

式中:

RD——相对相差(%);

C_1、C_2——两份案件样品平行定量测定的结果,单位为微克每毫升(μg/mL);

$\overline{C}$——两份案件样品平行定量测定结果的平均值$(C_1 + C_2)/2$,单位为微克每毫升(μg/mL)。

7 分析结果评价

7.1 定性分析结果评价

7.1.1 阴性结果评价

如果案件样品中未检出磷化氢,而添加样品中检出磷化氢,则阴性结果可靠;如果添加样品中未检出磷化氢,则阴性结果不可靠,应按6.1重新检验。

7.1.2 阳性结果评价

如果案件样品中检出磷化氢,且空白样品无干扰,则阳性结果可靠;如果案件样品中检出磷化氢,且空白样品中亦检出磷化氢,则阳性结果不可靠,应按6.1重新检验。

7.2 定量分析结果评价

两份案件样品的双样相对相差不超过20%(腐败检材不超过30%)时,结果按两份案件样品含量的平均值计算,否则需要重新测定。

附录:

A 血液中磷化氢的 GC-MS 色谱图(略)

B 方法学有效性验证数据(略)

三、军人伤残抚恤

资料补充栏

中华人民共和国
军人地位和权益保障法（节录）

1. 2021年6月10日第十三届全国人民代表大会常务委员会第二十九次会议通过
2. 2021年6月10日中华人民共和国主席令第86号公布
3. 自2021年8月1日起施行

第四章 待遇保障

第三十三条 【军人待遇保障制度】[①]国家建立军人待遇保障制度，保证军人履行职责使命，保障军人及其家庭的生活水平。

对执行作战任务和重大非战争军事行动任务的军人，以及在艰苦边远地区、特殊岗位工作的军人，待遇保障从优。

第三十四条 【工资待遇】国家建立相对独立、特色鲜明、具有比较优势的军人工资待遇制度。军官和军士实行工资制度，义务兵实行供给制生活待遇制度。军人享受个人所得税优惠政策。

国家建立军人工资待遇正常增长机制。

军人工资待遇的结构、标准及其调整办法，由中央军事委员会规定。

第三十五条 【住房待遇】国家采取军队保障、政府保障与市场配置相结合，实物保障与货币补贴相结合的方式，保障军人住房待遇。

军人符合规定条件的，享受军队公寓住房或者安置住房保障。

国家建立健全军人住房公积金制度和住房补贴制度。军人符合规定条件购买住房的，国家给予优惠政策支持。

第三十六条 【医疗待遇】国家保障军人按照规定享受免费医疗和疾病预防、疗养、康复等待遇。

军人在地方医疗机构就医所需费用，符合规定条件的，由军队保障。

第三十七条 【保险制度】国家实行体现军人职业特点、与社会保险制度相衔接的军人保险制度，适时补充军人保险项目，保障军人的保险待遇。

国家鼓励和支持商业保险机构为军人及其家庭成员提供专属保险产品。

第三十八条 【休息休假权利】军人享有年休假、探亲假等休息休假的权利。对确因工作需要未休假或者未休满假的，给予经济补偿。

军人配偶、子女与军人两地分居的，可以前往军人所在部队探亲。军人配偶前往部队探亲的，其所在单位应当按照规定安排假期并保障相应的薪酬待遇，不得因其享受探亲假期而辞退、解聘或者解除劳动关系。符合规定条件的军人配偶、未成年子女和不能独立生活的成年子女的探亲路费，由军人所在部队保障。

第三十九条 【军人教育培训体系】国家建立健全军人教育培训体系，保障军人的受教育权利，组织和支持军人参加专业和文化学习培训，提高军人履行职责的能力和退出现役后的就业创业能力。

第四十条 【女军人的特殊保护】女军人的合法权益受法律保护。军队应当根据女军人的特点，合理安排女军人的工作任务和休息休假，在生育、健康等方面为女军人提供特别保护。

第四十一条 【军婚的特殊保护】国家对军人的婚姻给予特别保护，禁止任何破坏军人婚姻的行为。

第四十二条 【随军落户权和户籍变动权】军官和符合规定条件的军士，其配偶、未成年子女和不能独立生活的成年子女可以办理随军落户；符合规定条件的军人父母可以按照规定办理随子女落户。夫妻双方均为军人的，其子女可以选择父母中的一方随军落户。

军人服现役所在地发生变动的，已随军的家属可以随迁落户，或者选择将户口迁至军人、军人配偶原户籍所在地或者军人父母、军人配偶父母户籍所在地。

地方人民政府有关部门、军队有关单位应当及时高效地为军人家属随军落户办理相关手续。

第四十三条 【国家对军人户籍的保障责任】国家保障军人、军人家属的户籍管理和相关权益。

公民入伍时保留户籍。

符合规定条件的军人，可以享受服现役所在地户籍人口在教育、养老、医疗、住房保障等方面的相关权益。

军人户籍管理和相关权益保障办法，由国务院和中央军事委员会规定。

第四十四条 【国家对退役军人的安置责任】国家对依法退出现役的军人，依照退役军人保障法律法规的有关规定，给予妥善安置和相应优待保障。

[①] 条文主旨为编者所加，下同。

军人抚恤优待条例(节录)

1. 2004年8月1日国务院、中央军事委员会令第413号公布
2. 根据2011年7月29日国务院、中央军事委员会令第602号《关于修改〈军人抚恤优待条例〉的决定》第一次修订
3. 根据2019年3月2日国务院令第709号《关于修改部分行政法规的决定》第二次修订
4. 2024年8月5日国务院、中央军事委员会令第788号第三次修订

第三章 军人残疾抚恤

第二十四条 残疾军人享受残疾抚恤金,并可以按照规定享受供养待遇、护理费等。

第二十五条 军人残疾,符合下列情形之一的,认定为因战致残:

(一)对敌作战负伤致残的;

(二)因执行任务遭敌人或者犯罪分子伤害致残,或者被俘、被捕后不屈遭敌人伤害或者被折磨致残的;

(三)为抢救和保护国家财产、集体财产、公民生命财产或者执行反恐怖任务和处置突发事件致残的;

(四)因执行军事演习、战备航行飞行、空降和导弹发射训练、试航试飞任务以及参加武器装备科研试验致残的;

(五)在执行外交任务或者国家派遣的对外援助、维持国际和平任务中致残的;

(六)其他因战致残的。

军人残疾,符合下列情形之一的,认定为因公致残:

(一)在执行任务中、工作岗位上或者在上下班途中,由于意外事件致残的;

(二)因患职业病致残的;

(三)在执行任务中或者在工作岗位上突发疾病受伤致残的;

(四)其他因公致残的。

义务兵和初级军士除前款第二项、第三项规定情形以外,因其他疾病导致残疾的,认定为因病致残。

第二十六条 残疾的等级,根据劳动功能障碍程度和生活自理障碍程度确定,由重到轻分为一级至十级。

残疾等级的具体评定标准由国务院退役军人工作主管部门会同国务院人力资源社会保障部门、卫生健康部门和军队有关部门规定。

第二十七条 军人因战、因公致残经治疗伤情稳定后,符合评定残疾等级条件的,应当及时评定残疾等级。义务兵和初级军士因病致残经治疗病情稳定后,符合评定残疾等级条件的,本人(无民事行为能力人或者限制民事行为能力人由其监护人)或者所在单位应当及时提出申请,在服现役期间评定残疾等级。

因战、因公致残,残疾等级被评定为一级至十级的,享受抚恤;因病致残,残疾等级被评定为一级至六级的,享受抚恤。评定残疾等级的,从批准当月起发给残疾抚恤金。

第二十八条 因战、因公、因病致残性质的认定和残疾等级的评定权限是:

(一)义务兵和初级军士的残疾,由军队军级以上单位卫生部门会同相关部门认定和评定;

(二)军官、中级以上军士的残疾,由军队战区级以上单位卫生部门会同相关部门认定和评定;

(三)退出现役的军人和移交政府安置的军队离休退休干部、退休军士需要认定残疾性质和评定残疾等级的,由省级人民政府退役军人工作主管部门认定和评定。

评定残疾等级,应当依据医疗卫生专家小组出具的残疾等级医学鉴定意见。

残疾军人由认定残疾性质和评定残疾等级的机关发给《中华人民共和国残疾军人证》。

第二十九条 军人因战、因公致残,未及时评定残疾等级,退出现役后,本人(无民事行为能力人或者限制民事行为能力人由其监护人)应当及时申请补办评定残疾等级;凭原始档案记载及原始病历能够证明服现役期间的残情和伤残性质符合评定残疾等级条件的,可以评定残疾等级。

被诊断、鉴定为职业病或者因体内残留弹片致残,符合残疾等级评定条件的,可以补办评定残疾等级。

军人被评定残疾等级后,在服现役期间或者退出现役后原致残部位残疾情况发生明显变化,原定残疾等级与残疾情况明显不符,本人(无民事行为能力人或者限制民事行为能力人由其监护人)申请或者军队卫生部门、地方人民政府退役军人工作主管部门提出需要调整残疾等级的,可以重新评定残疾等级。申请调整残疾等级应当在上一次评定残疾等级1年后提出。

第三十条 退出现役的残疾军人或者向政府移交的残疾军人，应当自军队办理退役手续或者移交手续后60日内，向户籍迁入地县级人民政府退役军人工作主管部门申请转入抚恤关系，按照残疾性质和等级享受残疾抚恤金。其退役或者向政府移交当年的残疾抚恤金由所在部队发给，迁入地县级人民政府退役军人工作主管部门从下一年起按照当地的标准发给。

因工作需要继续服现役的残疾军人，经军队军级以上单位批准，由所在部队按照规定发给残疾抚恤金。

第三十一条 残疾军人的抚恤金标准应当参照上一年度全国城镇单位就业人员年平均工资水平确定。残疾抚恤金的标准以及一级至十级残疾军人享受残疾抚恤金的具体办法，由国务院退役军人工作主管部门会同国务院财政部门规定。

对领取残疾抚恤金后生活仍有特殊困难的残疾军人，县级以上地方人民政府可以增发抚恤金或者采取其他方式予以困难补助。

第三十二条 退出现役的因战、因公致残的残疾军人因旧伤复发死亡的，由县级人民政府退役军人工作主管部门按照因公牺牲军人的抚恤金标准发给其遗属一次性抚恤金，其遗属按照国家规定享受因公牺牲军人遗属定期抚恤金待遇。

退出现役的残疾军人因病死亡的，对其遗属继续发放12个月其原享受的残疾抚恤金，作为丧葬补助；其中，因战、因公致残的一级至四级残疾军人因病死亡的，其遗属按照国家规定享受病故军人遗属定期抚恤金待遇。

第三十三条 退出现役时为一级至四级的残疾军人，由国家供养终身；其中，对需要长年医疗或者独身一人不便分散供养的，经省级人民政府退役军人工作主管部门批准，可以集中供养。

第三十四条 对退出现役时分散供养的一级至四级、退出现役后补办或者调整为一级至四级、服现役期间因患精神障碍评定为五级至六级的残疾军人发给护理费，护理费的标准为：

（一）因战、因公一级和二级残疾的，为当地上一年度城镇单位就业人员月平均工资的50%；

（二）因战、因公三级和四级残疾的，为当地上一年度城镇单位就业人员月平均工资的40%；

（三）因病一级至四级残疾的，为当地上一年度城镇单位就业人员月平均工资的30%；

（四）因精神障碍五级至六级残疾的，为当地上一年度城镇单位就业人员月平均工资的25%。

退出现役并移交地方的残疾军人的护理费，由县级以上地方人民政府退役军人工作主管部门发给。未退出现役或者未移交地方的残疾军人的护理费，由所在部队按照军队有关规定发给。移交政府安置的离休退休残疾军人的护理费，按照国家和军队有关规定执行。

享受护理费的残疾军人在优抚医院集中收治期间，护理费由优抚医院统筹使用。享受护理费的残疾军人在部队期间，由单位从地方购买照护服务的，护理费按照规定由单位纳入购买社会服务费用统一管理使用。

第三十五条 残疾军人因残情需要配制假肢、轮椅、助听器等康复辅助器具，正在服现役的，由军队军级以上单位负责解决；退出现役的，由省级人民政府退役军人工作主管部门负责解决，所需经费由省级人民政府保障。

伤残抚恤管理办法

1. 2019年12月16日退役军人事务部令第1号公布
2. 自2020年2月1日起施行

第一章 总 则

第一条 为了规范和加强退役军人事务部门管理的伤残抚恤工作，根据《军人抚恤优待条例》等法规，制定本办法。

第二条 本办法适用于符合下列情况的中国公民：

（一）在服役期间因战因公致残退出现役的军人，在服役期间因病评定了残疾等级退出现役的残疾军人；

（二）因战因公负伤时为行政编制的人民警察；

（三）因参战、参加军事演习、军事训练和执行军事勤务致残的预备役人员、民兵、民工以及其他人员；

（四）为维护社会治安同违法犯罪分子进行斗争致残的人员；

（五）为抢救和保护国家财产、人民生命财产致残的人员；

（六）法律、行政法规规定应当由退役军人事务部门负责伤残抚恤的其他人员。

前款所列第（三）、第（四）、第（五）项人员根据

《工伤保险条例》应当认定视同工伤的,不再办理因战、因公伤残抚恤。

第三条 本办法第二条所列人员符合《军人抚恤优待条例》及有关政策中因战因公致残规定的,可以认定因战因公致残;个人对导致伤残的事件和行为负有过错责任的,以及其他不符合因战因公致残情形的,不得认定为因战因公致残。

第四条 伤残抚恤工作应当遵循公开、公平、公正的原则。县级人民政府退役军人事务部门应当公布有关评残程序和抚恤金标准。

第二章 残疾等级评定

第五条 评定残疾等级包括新办评定残疾等级、补办评定残疾等级、调整残疾等级。

新办评定残疾等级是指对本办法第二条第一款第（一）项以外的人员认定因战因公残疾性质,评定残疾等级。补办评定残疾等级是指对现役军人因战因公致残未能及时评定残疾等级,在退出现役后依据《军人抚恤优待条例》的规定,认定因战因公残疾性质、评定残疾等级。调整残疾等级是指对已经评定残疾等级,因原致残部位残疾情况变化与原评定的残疾等级明显不符的人员调整残疾等级级别,对达不到最低评残标准的可以取消其残疾等级。

属于新办评定残疾等级的,申请人应当在因战因公负伤或者被诊断、鉴定为职业病3年内提出申请;属于调整残疾等级的,应当在上一次评定残疾等级1年后提出申请。

第六条 申请人（精神病患者由其利害关系人帮助申请,下同）申请评定残疾等级,应当向所在单位提出书面申请。申请人所在单位应及时审查评定残疾等级申请,出具书面意见并加盖单位公章,连同相关材料一并报送户籍地县级人民政府退役军人事务部门审查。

没有工作单位的或者以原致残部位申请评定残疾等级的,可以直接向户籍地县级人民政府退役军人事务部门提出申请。

第七条 申请人申请评定残疾等级,应当提供以下真实确切材料:书面申请,身份证或者居民户口簿复印件,退役军人证（退役军人登记表）、人民警察证等证件复印件,本人近期二寸免冠彩色照片。

申请新办评定残疾等级的,应当提交致残经过证明和医疗诊断证明。致残经过证明应包括相关职能部门提供的执行公务证明,交通事故责任认定书、调解协议书、民事判决书、医疗事故鉴定书等证明材料;抢救和保护国家财产、人民生命财产致残或者为维护社会治安同犯罪分子斗争致残证明;统一组织参战、参加军事演习、军事训练和执行军事勤务的证明材料。医疗诊断证明应包括加盖出具单位相关印章的门诊病历原件、住院病历复印件及相关检查报告。

申请补办评定残疾等级,应当提交因战因公致残档案记载或者原始医疗证明。档案记载是指本人档案中所在部队作出的涉及本人负伤原始情况、治疗情况及善后处理情况等确切书面记载。职业病致残需提供有直接从事该职业病相关工作经历的记载。医疗事故致残需提供军队后勤卫生机关出具的医疗事故鉴定结论。原始医疗证明是指原所在部队体系医院出具的能说明致残原因、残疾情况的病情诊断书、出院小结或者门诊病历原件、加盖出具单位相关印章的住院病历复印件。

申请调整残疾等级,应当提交近6个月内在二级甲等以上医院的就诊病历及医院检查报告、诊断结论等。

第八条 县级人民政府退役军人事务部门对报送的有关材料进行核对,对材料不全或者材料不符合法定形式的应当告知申请人补充材料。

县级人民政府退役军人事务部门经审查认为申请人符合因战因公负伤条件的,在报经设区的市级人民政府以上退役军人事务部门审核同意后,应当填写《残疾等级评定审批表》,并在受理之日起20个工作日内,签发《受理通知书》,通知本人到设区的市级人民政府以上退役军人事务部门指定的医疗卫生机构,对属于因战因公导致的残疾情况进行鉴定,由医疗卫生专家小组根据《军人残疾等级评定标准》,出具残疾等级医学鉴定意见。职业病的残疾情况鉴定由省级人民政府退役军人事务部门指定的承担职业病诊断的医疗卫生机构作出;精神病的残疾情况鉴定由省级人民政府退役军人事务部门指定的二级以上精神病专科医院作出。

县级人民政府退役军人事务部门依据医疗卫生专家小组出具的残疾等级医学鉴定意见对申请人拟定残疾等级,在《残疾等级评定审批表》上签署意见,加盖印章,连同其他申请材料,于收到医疗卫生专家小组签署意见之日起20个工作日内,一并报送设区的市级人民政府退役军人事务部门。

县级人民政府退役军人事务部门对本办法第二条第一款第（一）项人员，经审查认为不符合因战因公负伤条件的，或者经医疗卫生专家小组鉴定达不到补评或者调整残疾等级标准的，应当根据《军人抚恤优待条例》相关规定逐级上报省级人民政府退役军人事务部门。对本办法第二条第一款第（一）项以外的人员，经审查认为不符合因战因公负伤条件的，或者经医疗卫生专家小组鉴定达不到新评或者调整残疾等级标准的，应当填写《残疾等级评定结果告知书》，连同申请人提供的材料，退还申请人或者所在单位。

第九条 设区的市级人民政府退役军人事务部门对报送的材料审查后，在《残疾等级评定审批表》上签署意见，并加盖印章。

对符合条件的，于收到材料之日起20个工作日内，将上述材料报送省级人民政府退役军人事务部门。对不符合条件的，属于本办法第二条第一款第（一）项人员，根据《军人抚恤优待条例》相关规定上报省级人民政府退役军人事务部门；属于本办法第二条第一款第（一）项以外的人员，填写《残疾等级评定结果告知书》，连同申请人提供的材料，逐级退还申请人或者其所在单位。

第十条 省级人民政府退役军人事务部门对报送的材料初审后，认为符合条件的，逐级通知县级人民政府退役军人事务部门对申请人的评残情况进行公示。公示内容应当包括致残的时间、地点、原因、残疾情况（涉及隐私或者不宜公开的不公示）、拟定的残疾等级以及县级退役军人事务部门联系方式。公示应当在申请人工作单位所在地或者居住地进行，时间不少于7个工作日。县级人民政府退役军人事务部门应当对公示中反馈的意见进行核实并签署意见，逐级上报省级人民政府退役军人事务部门，对调整等级的应当将本人持有的伤残人员证一并上报。

省级人民政府退役军人事务部门应当对公示的意见进行审核，在《残疾等级评定审批表》上签署审批意见，加盖印章。对符合条件的，办理伤残人员证（调整等级的，在证件变更栏处填写新等级），于公示结束之日起60个工作日内逐级发给申请人或者其所在单位。对不符合条件的，填写《残疾等级评定结果告知书》，连同申请人提供的材料，于收到材料之日或者公示结束之日起60个工作日内逐级退还申请人或者其所在单位。

第十一条 申请人或者退役军人事务部门对医疗卫生专家小组作出的残疾等级医学鉴定意见有异议的，可以到省级人民政府退役军人事务部门指定的医疗卫生机构重新进行鉴定。

省级人民政府退役军人事务部门可以成立医疗卫生专家小组，对残疾情况与应当评定的残疾等级提出评定意见。

第十二条 伤残人员以军人、人民警察或者其他人员不同身份多次致残的，退役军人事务部门按上述顺序只发给一种证件，并在伤残证件变更栏上注明再次致残的时间和性质，以及合并评残后的等级和性质。

致残部位不能合并评残的，可以先对各部位分别评残。等级不同的，以重者定级；两项（含）以上等级相同的，只能晋升一级。

多次致残的伤残性质不同的，以等级重者定性。等级相同的，按因战、因公、因病的顺序定性。

第三章 伤残证件和档案管理

第十三条 伤残证件的发放种类：

（一）退役军人在服役期间因战因公因病致残的，发给《中华人民共和国残疾军人证》；

（二）人民警察因战因公致残的，发给《中华人民共和国伤残人民警察证》；

（三）退出国家综合性消防救援队伍的人员在职期间因战因公因病致残的，发给《中华人民共和国残疾消防救援人员证》；

（四）因参战、参加军事演习、军事训练和执行军事勤务致残的预备役人员、民兵、民工以及其他人员，发给《中华人民共和国伤残预备役人员、伤残民兵民工证》；

（五）其他人员因公致残的，发给《中华人民共和国因公伤残人员证》。

第十四条 伤残证件由国务院退役军人事务部门统一制作。证件的有效期：15周岁以下为5年，16－25周岁为10年，26－45周岁为20年，46周岁以上为长期。

第十五条 伤残证件有效期满或者损毁、遗失的，证件持有人应当到县级人民政府退役军人事务部门申请换发证件或者补发证件。伤残证件遗失的须本人登报声明作废。

县级人民政府退役军人事务部门经审查认为符合条件的，填写《伤残人员换证补证审批表》，连同照片逐级上报省级人民政府退役军人事务部门。省级人民政府退役军人事务部门将新办理的伤残证件逐级通过县级人民政府退役军人事务部门发给申请人。各级退役军人事务部门应当在 20 个工作日内完成本级需要办理的事项。

第十六条　伤残人员前往我国香港特别行政区、澳门特别行政区、台湾地区定居或者其他国家和地区定居前，应当向户籍地（或者原户籍地）县级人民政府退役军人事务部门提出申请，由户籍地（或者原户籍地）县级人民政府退役军人事务部门在变更栏内注明变更内容。对需要换发新证的，"身份证号"处填写定居地的居住证件号码。"户籍地"为国内抚恤关系所在地。

第十七条　伤残人员死亡的，其家属或者利害关系人应及时告知伤残人员户籍地县级人民政府退役军人事务部门，县级人民政府退役军人事务部门应当注销其伤残证件，并逐级上报省级人民政府退役军人事务部门备案。

第十八条　退役军人事务部门对申报和审批的各种材料、伤残证件应当有登记手续。送达的材料或者证件，均须挂号邮寄或者由申请人签收。

第十九条　县级人民政府退役军人事务部门应当建立伤残人员资料档案，一人一档，长期保存。

第四章　伤残抚恤关系转移

第二十条　残疾军人退役或者向政府移交，必须自军队办理了退役手续或者移交手续后 60 日内，向户籍迁入地的县级人民政府退役军人事务部门申请转入抚恤关系。退役军人事务部门必须进行审查、登记、备案。审查的材料有：《户口登记簿》、《残疾军人证》、军队相关部门监制的《军人残疾等级评定表》、《换领〈中华人民共和国残疾军人证〉申报审批表》、退役证件或者移交政府安置的相关证明。

县级人民政府退役军人事务部门应当对残疾军人残疾情况及有关材料进行审查，必要时可以复查鉴定残疾情况。认为符合条件的，将《残疾军人证》及有关材料逐级报送省级人民政府退役军人事务部门。省级人民政府退役军人事务部门审查无误的，在《残疾军人证》变更栏内填写新的户籍地、重新编号，并加盖印章，将《残疾军人证》逐级通过县级人民政府退役军人事务部门发还申请人。各级退役军人事务部门应当在 20 个工作日内完成本级需要办理的事项。如复查、鉴定残疾情况的可以适当延长工作日。

《军人残疾等级评定表》或者《换领〈中华人民共和国残疾军人证〉申报审批表》记载的残疾情况与残疾等级明显不符的，县级人民政府退役军人事务部门应当暂缓登记，逐级上报省级人民政府退役军人事务部门通知原审批机关更正，或者按复查鉴定的残疾情况重新评定残疾等级。伪造、变造《残疾军人证》和评残材料的，县级人民政府退役军人事务部门收回《残疾军人证》不予登记，并移交当地公安机关处理。

第二十一条　伤残人员跨省迁移户籍时，应同步转移伤残抚恤关系，迁出地的县级人民政府退役军人事务部门根据伤残人员申请及其伤残证件和迁入地户口簿，将伤残档案、迁入地户口簿复印件以及《伤残人员关系转移证明》，发送迁入地县级人民政府退役军人事务部门，并同时将此信息逐级上报本省级人民政府退役军人事务部门。

迁入地县级人民政府退役军人事务部门在收到上述材料和申请人提供的伤残证件后，逐级上报省级人民政府退役军人事务部门。省级人民政府退役军人事务部门在向迁出地省级人民政府退役军人事务部门核实无误后，在伤残证件变更栏内填写新的户籍地、重新编号，并加盖印章，逐级通过县级人民政府退役军人事务部门发还申请人。各级退役军人事务部门应当在 20 个工作日内完成本级需要办理的事项。

迁出地退役军人事务部门邮寄伤残档案时，应当将伤残证件及其军队或者地方相关的评残审批表或者换证表复印备查。

第二十二条　伤残人员本省、自治区、直辖市范围内迁移的有关手续，由省、自治区、直辖市人民政府退役军人事务部门规定。

第五章　抚恤金发放

第二十三条　伤残人员从被批准残疾等级评定后的下一个月起，由户籍地县级人民政府退役军人事务部门按照规定予以抚恤。伤残人员抚恤关系转移的，其当年的抚恤金由部队或者迁出地的退役军人事务部门负责发给，从下一年起由迁入地退役军人事务部门按当地标准发给。由于申请人原因造成抚恤金断发的，不再补发。

第二十四条　在境内异地（指非户籍地）居住的伤残人员或者前往我国香港特别行政区、澳门特别行政区、台湾地区定居或者其他国家和地区定居的伤残人员，经向其户籍地（或者原户籍地）县级人民政府退役军人事务部门申请并办理相关手续后，其伤残抚恤金可以委托他人代领，也可以委托其户籍地（或者原户籍地）

县级人民政府退役军人事务部门存入其指定的金融机构账户，所需费用由本人负担。

第二十五条 伤残人员本人（或者其家属）每年应当与其户籍地（或者原户籍地）的县级人民政府退役军人事务部门联系一次，通过见面、人脸识别等方式确认伤残人员领取待遇资格。当年未联系和确认的，县级人民政府退役军人事务部门应当经过公告或者通知本人或者其家属及时联系、确认；经过公告或者通知本人或者其家属后60日内仍未联系、确认的，从下一个月起停发伤残抚恤金和相关待遇。

伤残人员（或者其家属）与其户籍地（或者原户籍地）退役军人事务部门重新确认伤残人员领取待遇资格后，从下一个月起恢复发放伤残抚恤金和享受相关待遇，停发的抚恤金不予补发。

第二十六条 伤残人员变更国籍、被取消残疾等级或者死亡的，从变更国籍、被取消残疾等级或者死亡后的下一个月起停发伤残抚恤金和相关待遇，其伤残人员证件自然失效。

第二十七条 有下列行为之一的，由县级人民政府退役军人事务部门给予警告，停止其享受的抚恤、优待，追回非法所得；构成犯罪的，依法追究刑事责任：

（一）伪造残情的；

（二）冒领抚恤金的；

（三）骗取医药费等费用的；

（四）出具假证明、伪造证件、印章骗取抚恤金和相关待遇的。

第二十八条 县级人民政府退役军人事务部门依据人民法院生效的法律文书、公安机关发布的通缉令或者国家有关规定，对具有中止抚恤、优待情形的伤残人员，决定中止抚恤、优待，并通知本人或者其家属、利害关系人。

第二十九条 中止抚恤的伤残人员在刑满释放并恢复政治权利、取消通缉或者符合国家有关规定后，经本人（精神病患者由其利害关系人）申请，并经县级退役军人事务部门审查符合条件的，从审核确认的下一个月起恢复抚恤和相关待遇，原停发的抚恤金不予补发。办理恢复抚恤手续应当提供下列材料：本人申请、户口登记簿、司法机关的相关证明。需要重新办证的，按照证件丢失规定办理。

第六章　附　　则

第三十条 本办法适用于中国人民武装警察部队。

第三十一条 因战因公致残的深化国防和军队改革期间部队现役干部转改的文职人员，因参加军事训练、非战争军事行动和作战支援保障任务致残的其他文职人员，因战因公致残消防救援人员、因病致残评定了残疾等级的消防救援人员，退出军队或国家综合性消防救援队伍后的伤残抚恤管理参照退出现役的残疾军人有关规定执行。

第三十二条 未列入行政编制的人民警察，参照本办法评定伤残等级，其伤残抚恤金由所在单位按规定发放。

第三十三条 省级人民政府退役军人事务部门可以根据本地实际情况，制定具体工作细则。

第三十四条 本办法自2007年8月1日起施行。

附件：（略）

军人残疾等级评定标准

1. 2011年12月27日民政部、人力资源和社会保障部、卫生部、总后勤部发布
2. 民发〔2011〕218号

依据《军人抚恤优待条例》，综合考虑残疾军人于医疗期满后的器官缺损、功能障碍、心理障碍和对医疗护理依赖的程度，将现役军人因战、因公（含职业病）致残等级评定标准由重至轻分为1～10级，其中，1～6级同时适用于因病致残的义务兵和初级士官。

一、具有下列残情之一，器官缺失或功能完全丧失，其他器官不能代偿，存在特殊医疗依赖和完全护理依赖的，为一级：

1. 植物状态（持续三个月以上）；
2. 极重度智能减退；
3. 四肢瘫肌力3级或三肢瘫肌力2级；
4. 重度运动障碍；
5. 双肘关节以上缺失或功能完全丧失（含肘关节离断）；
6. 双下肢高位及一上肢高位缺失（股骨上三分之一、肱骨上三分之一缺失）；
7. 肩、肘、髋、膝关节中5个以上关节功能完全丧失；
8. 脊柱损伤后致完全截瘫；
9. 全身瘢痕占体表面积>90%，四肢大关节中6个以上关节功能不全；

10. 全面部瘢痕并重度毁容；

11. 双眼球摘除；

12. 双眼无光感或仅有光感但光定位不准；

13. 双侧上、下颌骨完全缺损；

14. 呼吸困难Ⅳ级，需终生依赖机械通气；

15. 大部分小肠切除，残余小肠不足50cm；

16. 小肠移植术后移植肠功能不全，不能耐受肠内营养或普通饮食；

17. 慢性肾功能不全（尿毒症期）6个月以上需终生血液透析维持治疗（无法行肾移植手术）。

二、具有下列残情之一，器官严重缺损或畸形，有严重功能障碍或并发症，存在特殊医疗依赖和大部分护理依赖的，为二级：

1. 重度智能减退；

2. 后组颅神经双侧完全麻痹；

3. 三肢瘫肌力3级或截瘫、偏瘫肌力2级；

4. 器质性精神障碍、精神分裂症，病程≥2年，经连续住院治疗≥2年，症状不缓解，生活、劳动和社交能力基本丧失；

5. 双前臂缺失或双手功能完全丧失（不含肘关节离断）；

6. 双下肢高位缺失（股骨上三分之一以上）；

7. 双膝、双踝强直于非功能位或功能完全丧失；

8. 肩、肘、髋、膝关节中4个关节功能完全丧失；

9. 全身瘢痕占体表面积>80%，四肢大关节中4个以上关节功能不全；

10. 面部瘢痕占全面部的90%并重度毁容；

11. 一眼有或无光感，另眼矫正视力≤0.02或双眼视野≤8%（或半径≤5°）；

12. 双眼矫正视力<0.02或双眼视野≤8%（或半径≤5°）；

13. 双侧上颌骨或双侧下颌骨完全缺损；

14. 一侧上颌骨并对侧下颌骨完全缺损；

15. 肺功能严重损害，呼吸困难Ⅳ级，需依赖氧疗维持生命；

16. 食管损伤后无法行食管重建术，依赖胃造瘘或空肠造瘘进食；

17. 气管食管瘘无法手术修补，不能正常进食；

18. 双肺或心肺联合移植术后；

19. 器质性心脏病心功能Ⅳ级或心室扩大伴左室射血分数≤35%（含高原性心脏病心功能Ⅳ级）；

20. 器质性心脏病两次以上反复发作的血流动力学不稳定的室性心动过速/心室颤动（器质性心脏病不包括急性心肌梗死40天内）；

21. 小肠移植术后（能够耐受普通饮食或肠内营养）；

22. 大部分小肠切除，残余小肠50～100cm；

23. 肝切除术后或胆道损伤伴肝功能重度损害；

24. 原位肝移植术后；

25. 肝外伤后发生门脉高压三联症或布—加（Budd—chiari）综合征；

26. 全胰切除；

27. 慢性肾功能不全（肾功能衰竭期）6个月以上，终生依赖药物治疗或间断透析；

28. 尘肺Ⅲ期伴肺功能中度损害，或呼吸困难Ⅲ级；

29. 放射性肺炎后，两叶以上肺纤维化，伴肺功能中度损伤或呼吸困难Ⅲ级；

30. 急性白血病治疗后未缓解；

31. 重型再生障碍性贫血（免疫治疗或造血干细胞移植后未缓解）；

32. 骨髓增生异常综合征RAEB；

33. 淋巴瘤Ⅲ～Ⅳ期，治疗后病情继续进展；

34. 急性极重度骨髓型放射病。

三、具有下列残情之一，器官严重缺损或畸形，有严重功能障碍或并发症，存在特殊医疗依赖和部分护理依赖的，为三级：

1. 中度运动障碍；

2. 截瘫或偏瘫肌力3级；

3. 双手全肌瘫肌力3级；

4. 后组颅神经双侧不完全麻痹，或单侧完全麻痹；

5. 器质性精神障碍、精神分裂症，病程≥2年，每年经系统治疗≥3次，症状仍缓解不全或有危险、冲动行为，生活、劳动和社交能力大部分丧失；

6. 一手缺失（腕关节平面），另一手拇指缺失（含掌骨）；

7. 双手拇、食指（含掌骨）缺失或功能完全丧失；

8. 肘上缺失（含肘关节离断）；

9. 一侧腕关节平面缺失或一侧手功能完全丧失，伴另一手中度功能不全；

10. 双髋、双膝关节中，有两个关节缺失或无功能及另一关节功能重度不全；

11. 单侧腕上缺失合并一侧踝上缺失；
12. 全身瘢痕占体表面积＞70%，四肢大关节中2个以上关节功能不全；
13. 面部瘢痕＞80%并中度毁容；
14. 一眼有或无光感，另眼矫正视力≤0.05或视野≤16%（或半径≤10°）；
15. 双眼矫正视力＜0.05或双眼视野≤16%（或半径≤10°）；
16. 一侧眼球摘除或眶内容物剜出，另眼矫正视力＜0.3或视野≤24%（或半径≤15°）；
17. 呼吸完全依赖气管套管或造口；
18. 无吞咽功能，完全依赖胃管进食；
19. 同侧上、下颌骨完全缺损；
20. 一侧上或下颌骨完全缺损，伴口腔、颜面软组织缺损＞30cm²；
21. 肺功能重度损害，呼吸困难Ⅲ级；
22. 一侧全肺切除并胸廓改形术后，或一侧胸廓改形术（切除肋骨≥6根）后伴中度肺功能损害；
23. 器质性心脏病心功能Ⅲ级或心室扩大伴左室射血分数≤40%（含高原性心脏病心功能Ⅲ级）；
24. Ⅲ°房室传导阻滞，未安装永久起搏器；
25. 主动脉夹层动脉瘤（未行手术者）；
26. 高血压3级伴心、脑、肾任一脏器严重损害（含高原高血压病3级）；
27. 腹壁全层缺损≥1/2，无法修复；
28. 肝切除术后或胆道损伤伴肝功能中度损害；
29. 大部分小肠切除，残余小肠100～150cm；
30. 慢性肾功能不全（肾功能失代偿期6个月以上）；
31. 肾移植术后，移植肾功能不全（肾功能不全代偿期）；
32. 永久性输尿管腹壁造瘘；
33. 膀胱全切除；
34. 肝硬化失代偿期Child—Pugh C级，反复发生肝性脑病或顽固性腹水；
35. 重度炎症性肠病（糖皮质激素依赖、抵抗或使用糖皮质激素期间病情持续活动）；
36. 腹部多次手术、腹腔炎症或腹腔放射等原因造成的反复发作的肠梗阻伴营养不良；
37. 尘肺Ⅲ期；
38. 尘肺Ⅱ期伴肺功能中度损害或呼吸困难Ⅲ级；
39. 尘肺Ⅰ、Ⅱ期伴活动性肺结核；
40. 放射性肺炎后两叶肺纤维化，伴肺功能中度损伤或呼吸困难Ⅲ级；
41. 淋巴瘤Ⅲ～Ⅳ期，需定期化疗；
42. 胰岛细胞瘤（含增生）术后复发；
43. 糖尿病出现下列并发症之一者：心功能Ⅲ级、肾功能不全失代偿、双眼增殖性视网膜病变、下肢坏疽致截肢。

四、具有下列残情之一，器官严重缺损或畸形，有严重功能障碍或并发症，存在特殊医疗依赖和小部分护理依赖的，为四级：
1. 中度智能减退；
2. 重度癫痫；
3. 完全混合性失语或完全性感觉性失语；
4. 双手部分肌瘫肌力2级；
5. 单肢瘫肌力2级；
6. 双足全肌瘫肌力2级；
7. 器质性精神障碍、精神分裂症，病程≥2年，每年经系统治疗≥2次，仍有突出的妄想，持久或反复出现的幻觉，思维贫乏、意志减退、情感淡漠等症状，生活、劳动和社交能力部分丧失；
8. 双拇指腕掌关节平面完全缺失或无功能；
9. 前臂缺失或手功能完全丧失；
10. 一侧膝以下小腿缺失，另一侧前足缺失；
11. 一侧下肢高位截肢；
12. 一足踝平面缺失，另一足功能完全丧失；
13. 双膝以下缺失；
14. 脊柱损伤术后不完全性截瘫，双下肢肌力4级伴大小便功能障碍；
15. 全身瘢痕占体表面积＞60%，四肢大关节中一个关节功能不全；
16. 面部瘢痕＞60%并轻度毁容；
17. 一眼有或无光感，另眼矫正视力＜0.3或视野≤32%（或半径≤20°）；
18. 一眼矫正视力＜0.05，另一眼矫正视力≤0.1；
19. 双眼矫正视力＜0.1或视野≤32%（或半径≤20°）；
20. 双耳感音神经性聋，双耳听力损失≥90dBHL；
21. 吞咽障碍，仅能进全流食；
22. 一侧上颌骨部分缺损，伴口腔、颜面软组织缺损＞20cm²；

23. 下颌骨缺损 8cm 以上，伴口腔、颜面软组织缺损 >20cm^2；

24. 双侧颞下颌关节强直，完全不能张口；

25. 舌缺损 > 全舌 2/3；

26. 双侧完全性面瘫；

27. 肺功能中度损害，呼吸困难Ⅱ级；

28. 一侧全肺切除或双侧肺叶切除伴中度肺功能损害，呼吸困难Ⅱ级；

29. 严重胸部外伤后伴有呼吸困难Ⅱ级；

30. 食管重建术后狭窄，仅能进流食；

31. 心脏移植术后；

32. 单肺移植术后；

33. 莫氏Ⅱ°Ⅱ型房室传导阻滞或病态窦房结综合征，需植入但因禁忌证不能植入永久起搏器；

34. 治疗无效的非器质性心脏病两次以上反复发作的血流动力学不稳定的室性心动过速或心室颤动；

35. 全胃切除；

36. 大部分小肠切除，包括回盲部或右半结肠切除，残余小肠 150～200cm；

37. 全结肠、直肠和肛门切除，回肠造瘘；

38. 外伤后重度肛门排便失禁；

39. 胰次全切除合并有胰岛素依赖；

40. 肾移植术后；

41. 永久性膀胱造瘘；

42. 神经原性膀胱伴双肾积水、残余尿量 >50ml；

43. 阴茎缺失；

44. 50 岁以下未育妇女双侧卵巢切除或功能丧失；

45. 会阴、阴道严重挛缩、畸形，难以修复；

46. 阴道闭锁；

47. 慢性胰腺炎伴胰腺功能损害，伴糖尿病或中重度营养不良，需要胰岛素或消化酶长期替代治疗；

48. 尘肺Ⅱ期；

49. 尘肺Ⅰ期伴肺功能中度损害或呼吸困难Ⅱ级；

50. 肝硬化失代偿期 Child—Pugh B 级或 C 级，曾发生食管胃底静脉曲张出血、肝性脑病或腹水；

51. 粒细胞缺乏症，长期依赖药物治疗；

52. 急性重度骨髓型放射病；

53. 慢性粒细胞白血病治疗后进展或造血干细胞移植后复发；

54. 慢性再生障碍性贫血，血红蛋白持续低于 60g/L，需长期治疗；

55. 频繁发作的阵发性睡眠性血红蛋白尿，血红蛋白持续低于 60g/L，需长期治疗；

56. 骨髓增生异常综合征，血红蛋白持续低于 60g/L，需长期治疗；

57. 造血干细胞移植术后慢性广泛性移植物抗宿主病；

58. Ⅰ型糖尿病伴糖尿病肾病或双眼增殖性视网膜病变；

59. 功能性垂体瘤、肾上腺功能性肿瘤（原发性醛固酮增多症、皮质醇增多症、嗜铬细胞瘤等）因禁忌证无法手术或术后复发。

五、具有下列残情之一，器官大部缺损或明显畸形，有较重功能障碍或并发症，存在一般医疗依赖的，为五级：

1. 完全运动性或不完全性感觉性失语；

2. 完全性失用、失写、失读、失认；

3. 四肢瘫肌力 4 级；

4. 单肢瘫肌力 3 级；

5. 单手全肌瘫肌力 3 级；

6. 双足全肌瘫肌力 3 级；

7. 后组颅神经单侧不完全麻痹；

8. 双手部分肌瘫肌力 3 级；

9. 器质性精神障碍、精神分裂症、双相情感障碍，病程≥2 年，经系统治疗≥1 次，仍残留部分幻觉、妄想、情感反应迟钝、意志减退、抑郁、消极等症状，劳动和社交能力部分丧失；

10. 单侧膝以下缺失；

11. 一手拇指缺失（含掌骨），另一手除拇指外三指缺失；

12. 一手拇指无功能，另一手除拇指外三指功能丧失；

13. 双前足缺失（跖骨以远含跖骨）；

14. 一髋（或一膝）功能完全丧失；

15. 全身瘢痕占体表面积 >50%；

16. 面部瘢痕 >40% 并符合毁容标准 6 项中之一；

17. 50 岁以下未育妇女双侧乳房完全缺损或严重瘢痕畸形；

18. 50 岁以下未育妇女双侧乳腺切除；

19. 一眼矫正视力 <0.05，另眼矫正视力 <0.3 或双眼视野≤40%（或半径≤25°）；

20. 一眼矫正视力 <0.1，另眼矫正视力 <0.3；

21. 双眼矫正视力<0.3或双眼视野≤40%（或半径25°）；

22. 一侧眼球摘除，0.3≤另眼矫正视力<0.8；

23. 第Ⅲ对颅神经完全麻痹；

24. 双眼外伤性青光眼术后，需用药物维持眼压者，且视野≤48%（或半径≤30°）；

25. 双耳感音神经性聋，双耳听力损失≥80dBHL；

26. 鼻缺损>1/3或双耳廓完全缺损；

27. 一侧完全性面瘫合并另一侧不完全性面瘫；

28. 一侧上颌骨部分缺损，伴口腔、颜面软组织缺损>10cm²；

29. 下颌骨缺损长4cm以上，伴口腔、颜面软组织缺损>10cm²；

30. 上唇或下唇缺损>1/2；

31. 面颊部洞穿性缺损>20cm²；

32. 舌缺损>全舌1/3；

33. 心脏瓣膜置换或成形术后；

34. 冠状动脉旁路移植术和室壁瘤切除术；

35. 血管代用品重建胸主动脉，术后仍有其它胸主动脉夹层或动脉瘤；

36. 胸主动脉夹层或动脉瘤腔内支架治疗术后；

37. 心脏穿透伤修补术后心肌缺血或心肌梗死；

38. 双侧肺叶切除术后或肺叶切除并胸廓改形术后，肺功能轻度损害，呼吸困难Ⅰ级；

39. 严重胸部外伤，并轻度肺功能损害，呼吸困难Ⅰ级；

40. 气管食管瘘手术修补或支架治疗后遗留气道狭窄或吞咽功能障碍；

41. 器质性心脏病心功能Ⅱ级，或左室射血分数≤45%（含高原性心脏病心功能Ⅱ级）；

42. 高血压3级伴心、脑、肾任一脏器中度损害（含高原高血压病3级）；

43. 各种心律失常且伴永久起搏器植入术后；

44. 肛门、直肠切除，结肠部分切除，结肠造瘘；

45. 大部分小肠切除，残余小肠150～200cm，回盲部保留；

46. 肝切除术后或胆道损伤伴轻度肝功能损害；

47. 胰腺切除2/3伴胰岛素依赖；

48. 慢性肾功能不全（肾功能不全代偿期6个月以上）；

49. 肾病24小时尿蛋白定量>2.0g，持续6个月以上，经肾穿刺活检明确病理诊断，长期依赖药物治疗；

50. 原发性完全性肾小管酸中毒，终生依赖药物治疗；

51. 肝硬化代偿期Child—Pugh A级，伴有食管胃底静脉曲张；

52. 重度慢性活动性肝炎；

53. 炎症性肠病服用免疫调节剂2年以上，症状仍有发作或伴营养不良；

54. 慢性胰腺炎伴反复急性发作；

55. 尿道瘘不能修复；

56. 两侧睾丸及附睾缺损，生殖功能重度损害；

57. 双侧输精管缺损，不能修复；

58. 50岁以下未育妇女子宫切除或次全切除；

59. 50岁以下未育妇女双侧输卵管切除；

60. 50岁以下已育妇女双侧卵巢切除或无功能；

61. 会阴部瘢痕致阴道狭窄、尿道外口狭窄、肛门狭窄不能修复（达其中2项）；

62. 完全性中枢性尿崩症伴一个以上垂体前叶靶腺轴功能损害；

63. 两个以上垂体前叶靶腺轴功能损害；

64. 尿道狭窄需定期行扩张术；

65. 双侧肾上腺缺失或肾上腺皮质功能不全，需长期药物替代治疗；

66. 神经原性膀胱不伴肾积水；

67. 淋巴瘤Ⅰ期、Ⅱ期，需要定期化疗；

68. 血小板持续减少（≤30×10⁹/L）难治伴反复出血；

69. 痛风伴有严重并发症（痛风石致关节功能受损或痛风肾病致肾功能受损）。

六、具有下列残情之一，器官大部缺损或明显畸形，有中度功能障碍或并发症，存在一般医疗依赖的，为六级：

1. 轻度智能减退；
2. 中度癫痫；
3. 轻度运动障碍；
4. 三肢瘫肌力4级；
5. 双足部分肌瘫肌力2级；
6. 单足全肌瘫肌力2级；
7. 脑叶切除术后；
8. Chair—Ⅱ畸形和脊髓空洞症伴运动和感觉障碍；

9. 器质性精神障碍、精神分裂症、分裂情感性障碍、妄想性障碍、双相情感障碍,病程≥1年,经系统治疗≥1次后,精神症状缓解但仍需维持治疗;

10. 躁狂发作、复发性抑郁障碍、创伤后应激障碍,病程≥2年,经系统治疗≥2次后仍需继续维持治疗;

11. 强迫症,病程≥2年,经系统治疗≥2次,症状缓解不全,需继续维持治疗;

12. 人格改变:表现为情绪不稳,缺乏自我控制能力,易激惹,反复的暴怒发作和攻击行为,行为不顾及后果,症状持续时间≥1年,社会功能明显受损;

13. 一拇指掌骨及远缺失(含掌骨);

14. 一拇指无功能,另一手除拇指外有两指功能完全丧失;

15. 一手三指(含拇指)掌指关节以远缺失;

16. 除拇指外其余四指掌指关节以远缺失或功能完全丧失;

17. 肩、肘、腕关节之一功能完全丧失;

18. 一髋或一膝关节重度功能不全;

19. 一侧踝以下缺失;

20. 一侧踝关节畸形,功能完全丧失;

21. 下肢骨折成角畸形>15°,并有肢体短缩>4cm;

22. 四肢大关节人工关节置换术后;

23. 鼻缺损>1/4或一侧耳廓全缺损;

24. 全身瘢痕占体表面积>40%;

25. 面部瘢痕>20%;

26. 全头皮缺损或瘢痕性秃发;

27. 女性双侧乳房完全缺损或严重瘢痕畸形;

28. 一眼矫正视力≤0.05,另一眼矫正视力等于0.3或双眼视野≤48%(或半径≤30°);

29. 双眼矫正视力等于0.3或双眼视野≤48%(或半径≤30°);

30. 一侧眼球摘除另眼矫正视力≥0.8;

31. 双耳感音神经性聋,双耳听力损失≥70dBHL;

32. 前庭功能障碍,睁眼行走困难,不能并足站立;

33. 双侧颞下颌关节功能不全,张口度(上、下中切牙切缘间距,下同)<1cm;

34. 口腔、颜面软组织缺损>20cm^2;

35. 一侧完全性面瘫;

36. 肺爆震伤后肺功能轻度损害,呼吸困难Ⅰ级;

37. 气管、支气管成形术后管腔狭窄伴有呼吸困难Ⅰ级,或支架术后;

38. 喉返神经损伤致饮食呛咳、误吸;

39. 吞咽障碍,仅能进半流食;

40. 食管重建术后经造影检查证实吻合口狭窄,仅能进半流食,或内镜证实反流性食管炎粘膜损害融合≥2/3管周;

41. 支气管胸膜瘘;

42. 经治疗未转复的持续性心房颤动;

43. 冠心病伴心绞痛,并且经冠状动脉造影或冠状动脉CT三维重建证实存在狭窄≥50%的病变血管;

44. 冠状动脉旁路移植术后;

45. 冠状动脉疾病介入治疗术后;

46. 莫氏Ⅱ°Ⅱ型房室传导阻滞或病态窦房结综合征,植入永久起搏器;

47. 高原性心脏病心功能Ⅰ级;

48. 胃切除≥2/3;

49. 胰腺切除≥1/2伴胰岛素依赖;

50. 腹壁缺损≥1/4,不能修复;

51. 甲状腺功能低下;

52. 甲状旁腺功能低下;

53. 原发性甲状旁腺功能亢进术后伴中度骨质疏松;

54. 完全性中枢性尿崩症;

55. 内分泌源性浸润性突眼;

56. 糖尿病合并神经、心血管、脑血管、肾脏、视网膜等两种以上器官明显损害或致严重体位性低血压;

57. 肾损伤致高血压;

58. 一侧肾切除;

59. 双侧睾丸萎缩,血睾酮低于正常值;

60. 外伤后阴茎勃起功能障碍;

61. 阴茎部分切除术后(冠状沟以近);

62. 50岁以下未育妇女单侧卵巢切除;

63. 骨盆骨折致产道狭窄(50岁以下未育者);

64. 会阴部瘢痕导致阴道狭窄或尿道外口狭窄或肛门狭窄,不能修复;

65. 尘肺Ⅰ期,肺功能轻度损害,呼吸困难Ⅰ级;

66. 肺纤维化,肺功能轻度损害,呼吸困难Ⅰ级;

67. 吸入性肺损伤伴肺功能轻度损害,呼吸困难Ⅰ级;

68. 肺叶切除术,并轻度肺功能损害,呼吸困难Ⅰ级;

69. 重度哮喘;

70. 支气管扩张症伴反复感染或咯血(每年≥3次,咯血量每次 30ml 以上);

71. 慢性活动性肺结核规律治疗≥2年,痰结核杆菌阳性;

72. 肾脏疾病致 24 小时尿蛋白定量 0.5g～1.9g 达 6 个月以上,经肾穿刺活检明确病理诊断,长期依赖药物治疗;

73. 原发性不完全性肾小管酸中毒,需终生依赖药物治疗;

74. 肝硬化代偿期(Child—Pugh A 级)伴肝功能轻度损害;

75. 中度慢性活动性肝炎(肝组织病理学检查 G3S1—3/G1—3S3);

76. 反复发生的不明原因的消化道出血并慢性中度以上贫血;

77. 白血病完全缓解或造血干细胞移植术后;

78. 淋巴瘤完全缓解;

79. 中度骨髓型放射病;

80. 类风湿关节炎三个以上关节区 X 线平片 Ⅱ 期改变;

81. 强直性脊柱炎 X 线平片有双侧骶髂关节 Ⅱ 级改变或经 CT 片证实;

82. 弥漫性结缔组织病或系统性血管炎;

83. 一个垂体前叶靶腺轴功能受损;

84. 异物色素沉着或色素脱失超过颜面总面积的 50%;

85. 重度特发性骨质疏松或伴脆性骨折的重度骨质疏松。

七、具有下列残情之一,器官大部分缺损或畸形,有轻度功能障碍或并发症,存在一般医疗依赖的,为七级:

1. 不完全性失用、失写、失读、失认或不完全性运动性失语;
2. 截瘫或偏瘫肌力 4 级;
3. 双手全肌瘫肌力 4 级;
4. 单手部分肌瘫肌力 3 级;
5. 双足部分肌瘫肌力 3 级;
6. 单足全肌瘫肌力 3 级;
7. 象限盲或偏盲;
8. 骨盆骨折严重移位,影响功能;
9. 一侧前足(跖骨以远)缺失,另一足仅残留 跟趾;

10. 一侧前足(跖骨以远)缺失,另一足除跗趾外,2～5 趾畸形,功能丧失;

11. 一侧全足功能丧失,另一足部分功能丧失;

12. 一拇指指间关节以远缺失或腕掌关节功能丧失;

13. 一手除拇指外,其他 2～3 指(含食指)近侧指间关节离断,或功能完全丧失;

14. 双足跗趾全失或一足跗趾全失兼有其他足趾失去两个以上;

15. 肩、肘、腕、踝关节之一功能重度不全;

16. 髌骨、跟骨骨髓炎,反复发作一年以上;

17. 肢体短缩 >4cm;

18. 髋、膝关节之一中度功能不全;

19. 鼻缺损 >1/5;

20. 一耳或双耳廓累计缺损 >2/3;

21. 全身瘢痕占体表面积 >30%;

22. 面部瘢痕 >15%;

23. 头皮缺损或瘢痕性秃发 >50%;

24. 女性一侧乳房缺损或严重瘢痕畸形,另一侧部分缺损或瘢痕畸形;

25. 一眼有或无光感,另眼矫正视力≥0.8;

26. 一眼矫正视力≤0.05,另眼矫正视力≥0.6;

27. 一眼矫正视力≤0.1,另眼矫正视力≥0.4;

28. 双眼矫正视力≤0.4 或双眼视野≤64%(或半径≤40°);

29. 眼球内异物未取出者;

30. 第Ⅳ或第Ⅵ对颅神经麻痹,或眼外肌损伤致复视者;

31. 单眼外伤性青光眼术后,需用药物维持眼压者;

32. 双耳感音神经性聋,双耳听力损失≥60dBHL;

33. 牙槽骨损伤长度 >8cm,牙齿脱落 10 颗以上;

34. 双侧不完全性面瘫;

35. 部分胸廓改形术后;

36. 食管重建术后合并轻度返流性食管炎;

37. 左半、右半或横结肠切除,或结肠切除≥1/2;

38. 外伤后肛门排便轻度失禁;

39. 脾切除;

40. 轻度排尿障碍伴膀胱容量缩小;

41. 男性生殖功能轻度损害;

42. 50岁以下未育妇女单侧乳腺切除；
43. 女性双侧乳腺切除；
44. 已育女性子宫切除或次全切除；
45. 已育女性双侧输卵管切除；
46. 已育女性单侧卵巢切除；
47. 阴道狭窄；
48. 尘肺Ⅰ期，肺功能正常；
49. 放射性白细胞减少≤3×10^9/L；
50. 放射性血小板减少≤60×10^9/L；
51. 轻度骨髓型放病。

八、具有下列残情之一，器官部分缺损，形态明显异常，有轻度功能障碍，存在一般医疗依赖的，为八级：
1. 轻度癫痫；
2. 单肢瘫或单手全肌瘫肌力4级；
3. 双手部分肌瘫肌力4级；
4. 双足部分肌瘫肌力4级；
5. 单足全肌瘫肌力4级；
6. 颅骨缺损≥25cm²；
7. 脊柱骨折内固定术后；
8. 一手除拇指、食指外，有两指近侧指间关节离断或功能完全丧失；
9. 一足跗趾缺失，另一足非跗趾一趾缺失或功能完全丧失；
10. 一足除跗趾外，其他三趾缺失或功能完全丧失；
11. 四肢骨折非关节活动方向成角畸形≥15°；
12. 四肢长骨慢性骨髓炎，反复发作一年以上；
13. 下肢短缩>2cm；
14. 肩、肘、腕、踝关节之一功能中度不全；
15. 膝关节交叉韧带修复重建术后；
16. 全身瘢痕占体表面积>20%；
17. 面部瘢痕>10%；
18. 头皮缺损或瘢痕性秃发>30%；
19. 女性一侧乳房完全缺损或严重瘢痕畸形；
20. 一眼矫正视力≤0.2，另眼矫正视力≥0.5；
21. 双眼矫正视力≤0.5或双眼视野≤80%（或半径≤50°）；
22. 双侧睑外翻合并睑闭合不全；
23. 外伤性青光眼行抗青光眼手术后眼压控制正常者；
24. 感音神经性聋，双耳听力损失≥50dBHL或一耳听力损失≥90dBHL；
25. 发声及构音困难；
26. 一耳或双耳廓缺损累计>1/3；
27. 双侧鼻腔或鼻咽部闭锁；
28. 牙槽骨损伤长度>6cm，牙齿脱落8颗以上；
29. 舌缺损>全舌1/6；
30. 双侧颞下颌关节功能不全，张口度<2cm；
31. 肺叶切除术后；
32. 双侧多根多处肋骨骨折（≥3根）；
33. 血管代用品重建胸主动脉术后（其余胸主动脉无夹层或动脉瘤）；
34. 食管外伤或成形术后咽下运动不正常；
35. 食管切除重建术后；
36. 膈肌破裂修补术后伴膈神经麻痹；
37. 肺内多处异物存留；
38. 气管损伤成形术后；
39. 胃部分切除、胃肠重建术后；
40. 小肠部分切除；
41. 肝部分切除；
42. 胆道修补或胆肠吻合术后；
43. 胰腺部分切除；
44. 双侧输卵管缺损，不能修复；
45. 异物色素沉着或色素脱失超过颜面总面积30%。

九、具有下列残情之一，器官部分缺损，形态明显异常，有轻度功能障碍的，为九级：
1. 颅骨缺损9cm²~24cm²；
2. 一手食指两节缺失；
3. 一拇指掌指关节功能不全；
4. 一手食、中指两指末节缺失；
5. 一足跗趾末节缺失；
6. 跗骨骨折影响足弓；
7. 跟骨、距骨骨折；
8. 指（趾）骨慢性骨髓炎，反复发作一年以上；
9. 脊椎滑脱术后、椎间盘突出术后、髌骨骨折或脱位术后、半月板切除术后（不含椎间盘内减压术）；
10. 陈旧性肩关节脱位肩关节成形术后、肩袖损伤修复术后；
11. 四肢大关节外伤手术后，残留创伤性关节炎，无积液；
12. 脊柱椎体骨折，前缘高度压缩>1/2，无需手术；

13. 四肢大关节创伤性滑膜炎术后,经病理诊断证实;
14. 全身瘢痕占体表面积>10%;
15. 面部瘢痕>5%;
16. 头皮缺损或瘢痕性秃发>10%;
17. 女性一侧乳房部分缺损或瘢痕畸形;
18. 一眼矫正视力≤0.3,另眼矫正视力>0.6;
19. 双眼矫正视力≤0.6;
20. 泪器损伤,手术无效;
21. 一侧睑外翻合并睑闭合不全;
22. 睑球粘连影响眼球转动;
23. 上睑下垂盖及瞳孔1/3者;
24. 眶壁骨折致眼球内陷、两眼球突出度相差>2mm或错位变形影响外观者;
25. 第Ⅴ对颅神经眼支麻痹;
26. 感音神经性聋,双耳听力损失≥40dBHL或一耳听力损失≥80dBHL;
27. 发声及构音不清;
28. 一耳或双耳廓缺损累计>1/5;
29. 一侧不完全性面瘫;
30. 牙槽骨损伤长度>4cm,牙脱落6颗以上;
31. 颌面部多发性骨折术后面部畸形、咬合错乱;
32. 心脏异物滞留或异物摘除术后;
33. 心脏、大血管损伤修补术后;
34. 肺段切除或修补术后;
35. 支气管成形术后;
36. 阴茎部分切除术后(冠状沟以远);
37. 肾部分切除术后;
38. 脾部分切除术后;
39. 子宫修补术后;
40. 一侧睾丸、附睾切除;
41. 一侧输精管缺损,不能修复;
42. 一侧肾上腺缺损;
43. 单侧输卵管切除;
44. 阴道修补或成形术后。

十、具有下列残情之一,器官部分缺损,形态异常,有轻度功能障碍的,为十级:

1. 脑外伤半年后有发作性头痛,住院超过1个月,脑电图异常(3次以上);
2. 脑外伤后,边缘智能;
3. 脑外伤后颅骨缺损3cm^2~9cm^{2}或颅骨缺损≥9cm^{2}行颅骨修补术后;
4. 颅内异物;
5. 除拇指外,其余任一手指末节缺失;
6. 脊柱椎体骨折,前缘高度压缩<1/2,无需手术;
7. 四肢长骨干骨折术后;
8. 肌腱及韧带损伤术后合并轻度功能障碍;
9. 两节及以上脊柱横突骨折不愈合合并腰痛;
10. 创伤后四肢大关节之一轻度功能不全;
11. 全身瘢痕占体表面积>5%;
12. 面部瘢痕>2%;
13. 头皮缺损或瘢痕性秃发>5%;
14. 一眼矫正视力≤0.5,另眼矫正视力≥0.8;
15. 双眼矫正视力<0.8;
16. 放射性或外伤性白内障Ⅰ—Ⅱ期;
17. 放射性或外伤性白内障术后人工晶状体眼,矫正视力正常或术后无晶体眼,矫正视力正常;
18. 一侧或双侧睑外翻或睑闭合不全行成形术矫正,但仍影响外观;
19. 上睑下垂盖及瞳孔1/3,行成形术,但仍影响外观;
20. 睑球粘连影响转动,行成形术,但眼球转动仍有限制;
21. 晶状体部分脱位;
22. 角巩膜穿通伤治愈;
23. 眶内异物未取出;
24. 外伤性瞳孔散大;
25. 感音神经性聋,双耳听力损失≥30dBHL或一耳听力损失≥70dBHL;
26. 前庭功能障碍,闭眼不能并足站立;
27. 严重声音嘶哑;
28. 一耳或双耳再造术后;
29. 嗅觉完全丧失;
30. 单侧鼻腔和(或)鼻孔闭锁;
31. 一侧颞下颌关节功能不全,张口度<2.5cm;
32. 颌面部有异物存留;
33. 牙槽骨损伤长度>4cm,牙脱落4颗以上;
34. 肋骨骨折≥3根;
35. 肺内异物存留;
36. 腹腔脏器损伤修补术后;
37. 一侧卵巢部分切除

38. 异物色素沉着或色素脱失超过颜面总面积25%。

说明：

1. 医疗期满系指损伤在现代医疗水平的情况下，按照一般医疗常规，继续治疗已无意义（可能存在医疗依赖）；伤者所遗留的功能障碍相对为永久固定性或呈不可逆转性；精神病患者系统治疗指住院治疗3个月以上。

2. 职业病或职业暴露引起的器官损伤、功能障碍、心理障碍及对医疗护理依赖，依据本标准相关残情进行等级评定。

3. 本标准未列载的各种恶性肿瘤及其它伤、病致残情况，可参照相应残情进行等级评定。

4. 对于同一器官或系统多处损伤，或一个以上器官同时受到损伤者，应先对单项伤残程度进行鉴定。如几项伤残等级不同，以重者定级；两项以上等级相同，最多晋升一级。

5. 各种实验室检查结果必须取近半年内三次检查结果的平均值，并结合临床症状判断分级（内分泌代谢疾病经替代治疗除外）。

6. 前庭功能障碍是指耳科前庭系统出现器质性损害，造成平衡功能受损者。评定前庭功能残情者，必须提交前庭功能检查结果（含人体姿态平衡检查项目和眼震电图检查项目）。因肌肉、关节或其他神经损害引起的平衡障碍，按有关学科残情定级。

7. 评定视力障碍残情必须提交如下客观检查资料：

（1）视野；

（2）眼前后节照相；

（3）眼前后节OCT检查；

（4）眼底造影和眼电生理检查；

（5）眼眶、眼球影像资料。

8. 评定五官面容形态必须提供照片资料。

附件：功能分级判定依据及基准

附件：

功能分级判定依据及基准

一、医疗依赖分级

1. 特殊医疗依赖：伤、病致残于医疗期满后，仍需终身接受特殊药物（如：免疫抑制剂）或特殊医疗器械（如：呼吸机、血液透析）治疗。

2. 一般医疗依赖：伤、病致残于医疗期满后，仍需终身接受一般药物（如：降压药、抗凝药）治疗。

二、护理依赖分级

1. 完全护理依赖：伤、病致残于医疗期满后，生活完全不能自理，进食、翻身、大小便、穿衣洗漱、自我移动5项均需依赖他人护理。

2. 大部分护理依赖：伤、病致残于医疗期满后，生活大部分不能自理，进食、翻身、大小便、穿衣洗漱、自我移动5项中有3~4项需依赖他人护理。

3. 部分护理依赖：伤、病致残于医疗期满后，生活部分不能自理，进食、翻身、大小便、穿衣洗漱、自我移动5项中有2项需依赖他人护理。

4. 小部分护理依赖：伤、病致残于医疗期满后，生活小部分不能自理，进食、翻身、大小便、穿衣洗漱、自我移动5项中有1项需依赖他人护理。

三、智能减退分级

1. 极重度智能减退：(1)记忆损伤，记忆商(MQ)0~19；(2)智商(IQ)<20；(3)生活完全不能自理。

2. 重度智能减退：(1)记忆损伤，MQ20~34；(2)IQ20~34；(3)生活大部不能自理。

3. 中度智能减退：(1)记忆损伤，MQ35~49；(2)IQ35~49；(3)生活能部分自理。

4. 轻度智能减退：(1)记忆损伤，MQ50~69；(2)IQ50~69；(3)生活勉强能自理，能做一般简单的非技术性工作。

5. 边缘智能：(1)记忆损伤，MQ70~86；(2)IQ70~86；(3)抽象思维能力或思维的广度、深度、机敏性显示不良，不能完成高级复杂的脑力劳动。

四、癫痫分级

1. 重度癫痫：各种类型的癫痫发作，经系统服药治疗两年后，全身性强直——阵挛发作、单纯或复杂部分发作，伴自动症或精神症状（相当于大发作、精神运动性发作）平均每月3次以上，经两家三级医院24小时脑电图监测提示重度异常脑电图各2次。

2. 中度癫痫：各种类型的癫痫发作，经系统服药治疗两年后，全身性强直——阵挛发作、单纯或复杂部分发作，伴自动症或精神症状（相当于大发作、精神运动性发作）平均每月1—2次或每日均有失神发作和其他类型发作，经两家三级医院24小时脑电图监测提示中度异常脑电图各1次。

3.轻度癫痫:需系统服药治疗方能控制的各种类型癫痫发作,偶有各种类型癫痫发作,常规脑电图检查异常3次。

五、颜面毁容分级

1.重度:具有下述六项中4项者。
2.中度:具有下述六项中3项者。
3.轻度:具有下述六项中2项者。
(1)眉毛缺失;(2)睑外翻或缺失;(3)耳廓部分缺失;(4)鼻翼部分缺失;(5)唇外翻或小口畸形;(6)颈部瘢痕畸形。

六、非肢体瘫性运动障碍分级

1.重度运动障碍:肌张力异常及共济失调导致不能自行进食、大小便、洗漱、翻身和穿衣。
2.中度运动障碍:肌张力异常及共济失调导致上述动作困难,但在他人帮助下可以完成。
3.轻度运动障碍:肌张力异常及共济失调导致完成上述运动虽有一些困难,但基本可以自理。

七、肢体瘫性运动障碍肌力分级

1.0级:肌肉完全瘫痪,毫无收缩。
2.1级:可看到或触及肌肉轻微收缩,但不能产生动作。
3.2级:肌肉在不受重力影响下,可进行运动,即肢体能在平面上移动,但不能抬离平面。
4.3级:在和地心引力相反的方向中尚能完成其动作,但不能对抗外加的阻力。
5.4级:能对抗一定的阻力,但较正常人为低。
6.5级:正常肌力。

八、关节功能分级

1.关节功能完全丧失:指关节僵硬(或挛缩)固定于非功能位,或关节周围肌肉韧带缺失或麻痹松弛,关节呈连枷状或严重不稳,无法完成其功能。
2.关节功能重度不全:残留关节屈伸范围约占正常的三分之一,较难完成原有劳动并对日常生活有明显影响。
3.关节功能中度不全:残留关节屈伸范围约占正常的三分之二,能基本完成原有劳动,对日常生活有一定影响。
4.关节功能轻度不全:残留关节屈伸范围约占正常的三分之二以上,对日常生活无明显影响。

九、吞咽障碍分级

1.极重度吞咽障碍:因鼻咽返流、呛咳、误咽、颈部咽漏、下咽部狭窄等造成的吞咽困难,只能依赖胃管或胃造瘘。
2.重度吞咽障碍:因鼻咽返流、呛咳、误咽、颈部咽漏、下咽部狭窄等造成的吞咽困难,只能进流食。
3.中度吞咽障碍:因鼻咽返流、呛咳、误咽、颈部咽漏、下咽部狭窄等造成的吞咽困难,只能进半流食。

十、发声及构音障碍分级

评定声音嘶哑残情者,必须提交图像资料(电子动态喉镜或纤维喉镜)。
1.发声及构音困难:呼吸通道虽无障碍,但有失声、构音不全等明显言语发音障碍。
2.发声及构音不清:发声不畅、构音含混等言语发音障碍。
3.严重声音嘶哑:声带损伤、小结等器质性损害致不能胜任原来的嗓音职业工作。

十一、肝功能损害分级

1.肝功能重度损害
(1)血浆白蛋白<28g/L;(2)血清胆红素>85.5μmol/L;(3)顽固性腹水;(4)肝性脑病;(5)凝血酶原时间活动度<40%。
2.肝功能中度损害
(1)血浆白蛋白28~32g/L;(2)血清胆红素51.3~85.5μmol/L;(3)无或少量腹水;(4)无或轻度肝性脑病;(5)凝血酶原时间活动度60~40%。
3.肝功能轻度损害
(1)血浆白蛋白32~35g/L;(2)血清胆红素34.2~51.3μmol/L;(3)无腹水;(4)无肝性脑病;(5)凝血酶原时间活动度>60%。

十二、排尿障碍分级

1.重度排尿障碍:真性重度尿失禁或排尿困难(残余尿≥50mL)。
2.轻度排尿障碍:真性轻度尿失禁或排尿困难(残余尿<50mL)。

十三、生殖功能损害分级

1.生殖功能重度损害:精液中精子缺如。
2.生殖功能轻度损害:精液中精子数<500万/mL或异常精子、死精子、运动能力很弱精子任何一项>30%。

十四、肛门失禁分级

1.重度:(1)大便不能控制;(2)肛门括约肌收缩力很弱或丧失;(3)肛门括约肌收缩反射很弱或消失;(4)直肠内压测定,肛门注水法<20cmH$_2$O

2.轻度:(1)稀便不能控制;(2)肛门括约肌收缩力较弱;(3)肛门括约肌收缩反射较弱;(4)直肠内压测定,肛门注水法 20~30cmH$_2$O。

十五、心功能分级

1.Ⅳ级:任何体力活动均引起症状,休息时亦可有心力衰竭或心绞痛。

2.Ⅲ级:体力活动明显受限,静息时无不适,低于日常活动量即乏力、心悸、气促或心绞痛。

3.Ⅱ级:静息时无不适,但稍重于日常生活活动量即致乏力、心悸、气促或心绞痛。

4.Ⅰ级:体力活动不受限制。

十六、高血压分级

1.高血压 3 级:在未服药情况下,不同时间 3 次所测平均血压,收缩压≥180mmHg 和/或舒张压≥110mmHg。

2.高血压 2 级:在未服药情况下,不同时间 3 次所测平均血压,收缩压 160mmHg~179mmHg 和/或舒张压 100mmHg~109mmHg。

3.高血压 1 级:在未服药情况下,不同时间 3 次所测平均血压,收缩压 140mmHg~159mmHg 和/或舒张压 90mmHg~99mmHg。

十七、高血压致脏器损害程度分级

1.严重损害:有器质性的损害,并有器官的功能衰竭,如:偏瘫、失语或语言困难、认知障碍、痴呆、心力衰竭、肾功能衰竭、糖尿病并发症、夹层动脉瘤、视力障碍、失明等。

2.中度损害:有器质性的损害,但功能代偿,如:左心室肥厚、血清肌酐轻度升高、微量白蛋白尿等。

十八、肾损伤性高血压判定

肾损伤所致高血压系指血压的两项指标(收缩压≥160mmHg,舒张压≥90mmHg)只需具备一项即可成立。

十九、呼吸困难分级

1.呼吸困难Ⅳ级:(1)静息时气短;(2)动脉血氧分压<50mmHg;(3)阻塞性通气功能减退,一秒钟用力呼气量占预计值<30%,或者限制性通气功能减退,肺活量占预计值<50%。

2.呼吸困难Ⅲ级:(1)稍活动(穿衣、谈话)即气短;(2)动脉血氧分压 50~59mmHg;(3)阻塞性通气功能减退,一秒钟用力呼气量占预计值 30~49%,或者限制性通气功能减退,肺活量占预计值 50~59%。

3.呼吸困难Ⅱ级:(1)平路步行 100 米即气短;(2)动脉血氧分压 60mmHg~69mmHg;(3)阻塞性通气功能减退,一秒钟用力呼气量占预计值 50~79%,或者限制性通气功能减退,肺活量占预计值 60~69%。

4.呼吸困难Ⅰ级:(1)平路快步或登山、上楼时气短明显;(2)动脉血氧分压 70mmHg~79mmHg;(3)阻塞性通气功能减退,一秒钟用力呼气量占预计值 80~90%,或者限制性通气功能减退,肺活量占预计值 70~80%。

二十、非急性发作期哮喘重度

症状频繁发作(每周≥3 次),夜间哮喘频繁发作(每月≥2 次),严重影响睡眠,体力活动受限,PEF 或 FEV1<60%预计值,PEF 变异率>30%。

二十一、慢性肾功能不全分期

1.尿毒症期:(1)尿素氮>28.6mmol/L;(2)肌酐≥707μmol/L;(3)GFR<10ml/min。

2.肾功能衰竭期:(1)尿素氮 17.9~28.6mmol/L;(2)肌酐 443~707μmol/L;(3)GFR10~20ml/min。

3.肾功能不全失代偿期:(1)尿素氮 7.1mmol/L~17.9mmol/L;(2)肌酐 178μmol/L~442μmol/L;(3)GFR20ml/min~50ml/min。

4.肾功能不全代偿期:(1)尿素氮正常;(2)肌酐 133μmol/L~177μmol/L;(3)GFR50ml/min~80ml/min。

二十二、评定听力障碍残情方法

1.必须提交如下听功能检查资料:(1)纯音测听(含语言频率听阈值和听力图);(2)听觉诱发电位(含听阈阈值和图形);(3)声阻抗(含鼓室压图+声反射+声反射衰减);(4)耳声发射。

2.听力损伤计算法:取患耳的语言频率 500Hz、1000Hz 及 2000Hz 纯音气导听阈值,即(HL500+HL1000+HL2000)÷3(dB)。若听阈超过 90dBHL,仍按 90dBHL 计算。如所得均值不是整数,则小数点后之尾数采用四舍五入法进为整数。

二十三、面神经损伤的评定

面神经损伤分中枢性和周围性损伤。本标准所涉及到的面神经损伤主要指周围性病变。一侧完全性面神经损伤系指面神经的五个分支(颞支、颧支、颊支、下颌缘支及颈支)支配的全部颜面肌肉瘫痪,表现为:

1.额纹消失,不能皱眉;

2.眼睑不能充分闭合,鼻唇沟变浅;

3.口角下垂,不能示齿、鼓腮、吹口哨、饮食时汤水流逸。

不完全性面神经损伤系指出现部分上述症状和体征及鳄鱼泪综合征、面肌间歇抽搐或在面部运动时出现联动者。

总后勤部、卫生部关于对越自卫还击战伤残评定如何区分公残、战残的批复

1. 1982年8月30日
2. 〔82〕卫医字第223号

×××军后勤部卫生处：

7月16日函悉。原则同意你们关于对越自卫还击作战伤残评定工作中区分公残、战残的四条意见。即：

1. 战前训练、战后休整期间负伤致残者，按公残论。
2. 临战前在边境线附近执行潜伏、侦察（按：包括巡逻、执行后勤保障）等任务，遭敌武器伤或因其他意外伤致残者，按战残论（按：平时在边境线执行潜伏、侦察、巡逻、后勤保障等任务遭敌武器伤或误伤致残者，按战残论；其他伤致残者按公残论）。
3. 战斗中负伤致残者，均按战残论。
4. 临战前或战斗中在战役后方执行警戒、护路、后勤保障等任务时，摔伤、压伤等致残者，按公残论。

四、民事赔偿

《中华人民共和国民法典》第七编"侵权责任"导读

侵权责任是民事主体侵害他人权益应当承担的法律后果。2009年十一届全国人大常委会第十二次会议通过了《中华人民共和国侵权责任法》(以下简称《侵权责任法》)。《侵权责任法》实施以来,在保护民事主体的合法权益、预防和制裁侵权行为方面发挥了重要作用。《中华人民共和国民法典》第七编"侵权责任"在总结实践经验的基础上,针对侵权领域出现的新情况,吸收借鉴司法解释的有关规定,对侵权责任制度作了必要的补充和完善。该编共十章、九十五条,主要内容有:

1.关于一般规定。第七编第一章规定了侵权责任的归责原则、多数人侵权的责任承担、侵权责任的减轻或者免除等一般规则,并在《侵权责任法》的基础上作了进一步的完善:一是确立"自甘风险"规则,规定自愿参加具有一定风险的文体活动,因其他参加者的行为受到损害的,受害人不得请求没有故意或者重大过失的其他参加者承担侵权责任。二是规定"自助行为"制度,明确合法权益受到侵害,情况紧迫且不能及时获得国家机关保护,不立即采取措施将使其合法权益受到难以弥补的损害的,受害人可以在保护自己合法权益的必要范围内采取扣留侵权人的财物等合理措施,但是应当立即请求有关国家机关处理。受害人采取的措施不当造成他人损害的,应当承担侵权责任。

2.关于损害赔偿。第七编第二章规定了侵害人身权益和财产权益的赔偿规则、精神损害赔偿规则等。同时,在《侵权责任法》的基础上,对有关规定作了进一步完善:一是完善精神损害赔偿制度,规定因故意或者重大过失侵害自然人具有人身意义的特定物造成严重精神损害的,被侵权人有权请求精神损害赔偿。二是为加强对知识产权的保护,提高侵权违法成本,增加规定,故意侵害他人知识产权,情节严重的,被侵权人有权请求相应的惩罚性赔偿。

3.关于责任主体的特殊规定。第七编第三章规定了无民事行为能力人、限制民事行为能力人及其监护人的侵权责任,用人单位的侵权责任,网络侵权责任,以及公共场所的安全保障义务等。同时,在《侵权责任法》的基础上作了进一步完善:一是增加规定委托监护的侵权责任。二是完善网络侵权责任制度。为了更好地保护权利人的利益,平衡好网络用户和网络服务提供者之间的利益,细化了网络侵权责任的具体规定,完善了权利人通知规则和网络服务提供者的转通知规则。

4.关于各种具体侵权责任。第七编的其他各章分别对产品生产销售、机动车交通事故、医疗、环境污染和生态破坏、高度危险、饲养动物、建筑物和物件等领域的侵权责任规则作出了具体规定。并在《侵权责任法》的基础上,对有关内容作了进一步完善:一是完善生产者、销售者召回缺陷产品的责任,增加规定,依照相关规定采取召回措施的,生产者、销售者应当负担被侵权人因此支出的必要费用。二是明确交通事故损害赔偿的顺序,即先由机动车强制保险理赔,不足部分由机动车商业保险理赔,仍不足的由侵权人赔偿。三是进一步保障患者的知情同意权,明确医务人员的相关说明义务,加强医疗机构及其医务人员对患者隐私和个人信息的保护。四是贯彻落实习近平生态文明思想,增加规定生态环境损害的惩罚性赔偿制度,并明确规定了生态环境损害的修复和赔偿规则。五是加强生物安全管理,完善高度危险责任,明确占有或者使用高致病性危险物造成他人损害的,应当承担侵权责任。六是完善高空抛物坠物治理规则。为保障好人民群众的生命财产安全,对高空抛物坠物治理规则作了进一步的完善,规定禁止从建筑物中抛掷物品,同时针对此类事件处理的主要困难是行为人难以确定的问题,强调有关机关应当依法及时调查,查清责任人,并规定物业服务企业等建筑物管理人应当采取必要的安全保障措施防止此类行为的发生。

1. 综 合

中华人民共和国民法典(节录)

1. 2020年5月28日第十三届全国人民代表大会第三次会议通过
2. 2020年5月28日中华人民共和国主席令第45号公布
3. 自2021年1月1日起施行

第七编 侵权责任
第一章 一般规定

第一千一百六十四条 【侵权责任编的调整范围】本编调整因侵害民事权益产生的民事关系。

第一千一百六十五条 【过错责任与过错推定责任原则】行为人因过错侵害他人民事权益造成损害的,应当承担侵权责任。

依照法律规定推定行为人有过错,其不能证明自己没有过错的,应当承担侵权责任。

第一千一百六十六条 【无过错责任原则】行为人造成他人民事权益损害,不论行为人有无过错,法律规定应当承担侵权责任的,依照其规定。

第一千一百六十七条 【危及他人人身、财产安全的责任承担方式】侵权行为危及他人人身、财产安全的,被侵权人有权请求侵权人承担停止侵害、排除妨碍、消除危险等侵权责任。

第一千一百六十八条 【共同侵权】二人以上共同实施侵权行为,造成他人损害的,应当承担连带责任。

第一千一百六十九条 【教唆侵权、帮助侵权】教唆、帮助他人实施侵权行为的,应当与行为人承担连带责任。

教唆、帮助无民事行为能力人、限制民事行为能力人实施侵权行为的,应当承担侵权责任;该无民事行为能力人、限制民事行为能力人的监护人未尽到监护职责的,应当承担相应的责任。

第一千一百七十条 【共同危险行为】二人以上实施危及他人人身、财产安全的行为,其中一人或者数人的行为造成他人损害,能够确定具体侵权人的,由侵权人承担责任;不能确定具体侵权人的,行为人承担连带责任。

第一千一百七十一条 【分别侵权承担连带责任】二人以上分别实施侵权行为造成同一损害,每个人的侵权行为都足以造成全部损害的,行为人承担连带责任。

第一千一百七十二条 【分别侵权承担按份责任】二人以上分别实施侵权行为造成同一损害,能够确定责任大小的,各自承担相应的责任;难以确定责任大小的,平均承担责任。

第一千一百七十三条 【与有过错】被侵权人对同一损害的发生或者扩大有过错的,可以减轻侵权人的责任。

第一千一百七十四条 【受害人故意】损害是因受害人故意造成的,行为人不承担责任。

第一千一百七十五条 【第三人过错】损害是因第三人造成的,第三人应当承担侵权责任。

第一千一百七十六条 【自甘风险】自愿参加具有一定风险的文体活动,因其他参加者的行为受到损害的,受害人不得请求其他参加者承担侵权责任;但是,其他参加者对损害的发生有故意或者重大过失的除外。

活动组织者的责任适用本法第一千一百九十八条至第一千二百零一条的规定。

第一千一百七十七条 【自助行为】合法权益受到侵害,情况紧迫且不能及时获得国家机关保护,不立即采取措施将使其合法权益受到难以弥补的损害的,受害人可以在保护自己合法权益的必要范围内采取扣留侵权人的财物等合理措施;但是,应当立即请求有关国家机关处理。

受害人采取的措施不当造成他人损害的,应当承担侵权责任。

第一千一百七十八条 【优先适用特别规定】本法和其他法律对不承担责任或者减轻责任的情形另有规定的,依照其规定。

第二章 损害赔偿

第一千一百七十九条 【人身损害赔偿范围】侵害他人造成人身损害的,应当赔偿医疗费、护理费、交通费、营养费、住院伙食补助费等为治疗和康复支出的合理费用,以及因误工减少的收入。造成残疾的,还应当赔偿辅助器具费和残疾赔偿金;造成死亡的,还应当赔偿丧葬费和死亡赔偿金。

第一千一百八十条 【以相同数额确定死亡赔偿金】因同一侵权行为造成多人死亡的,可以以相同数额确定死亡赔偿金。

第一千一百八十一条 【被侵权人死亡后请求权主体的确定】被侵权人死亡的,其近亲属有权请求侵权人承担侵权责任。被侵权人为组织,该组织分立、合并的,承继权利的组织有权请求侵权人承担侵权责任。

被侵权人死亡的,支付被侵权人医疗费、丧葬费等合理费用的人有权请求侵权人赔偿费用,但是侵权人已经支付该费用的除外。

第一千一百八十二条　【侵害他人人身权益造成财产损失的赔偿数额的确定】侵害他人人身权益造成财产损失的,按照被侵权人因此受到的损失或者侵权人因此获得的利益赔偿;被侵权人因此受到的损失以及侵权人因此获得的利益难以确定,被侵权人和侵权人就赔偿数额协商不一致,向人民法院提起诉讼的,由人民法院根据实际情况确定赔偿数额。

第一千一百八十三条　【精神损害赔偿】侵害自然人人身权益造成严重精神损害的,被侵权人有权请求精神损害赔偿。

因故意或者重大过失侵害自然人具有人身意义的特定物造成严重精神损害的,被侵权人有权请求精神损害赔偿。

第一千一百八十四条　【财产损失计算方式】侵害他人财产的,财产损失按照损失发生时的市场价格或者其他合理方式计算。

第一千一百八十五条　【侵害知识产权的惩罚性赔偿】故意侵害他人知识产权,情节严重的,被侵权人有权请求相应的惩罚性赔偿。

第一千一百八十六条　【公平责任原则】受害人和行为人对损害的发生都没有过错,依照法律的规定由双方分担损失。

第一千一百八十七条　【赔偿费用支付方式】损害发生后,当事人可以协商赔偿费用的支付方式。协商不一致的,赔偿费用应当一次性支付;一次性支付确有困难的,可以分期支付,但是被侵权人有权请求提供相应的担保。

第三章　责任主体的特殊规定

第一千一百八十八条　【监护人责任】无民事行为能力人、限制民事行为能力人造成他人损害的,由监护人承担侵权责任。监护人尽到监护职责的,可以减轻其侵权责任。

有财产的无民事行为能力人、限制民事行为能力人造成他人损害的,从本人财产中支付赔偿费用;不足部分,由监护人赔偿。

第一千一百八十九条　【委托监护责任】无民事行为能力人、限制民事行为能力人造成他人损害,监护人将监护职责委托给他人的,监护人应当承担侵权责任;受托人有过错的,承担相应的责任。

第一千一百九十条　【丧失意识侵权责任】完全民事行为能力人对自己的行为暂时没有意识或者失去控制造成他人损害有过错的,应当承担侵权责任;没有过错的,根据行为人的经济状况对受害人适当补偿。

完全民事行为能力人因醉酒、滥用麻醉药品或者精神药品对自己的行为暂时没有意识或者失去控制造成他人损害的,应当承担侵权责任。

第一千一百九十一条　【用人单位责任和劳务派遣单位、劳务用工单位责任】用人单位的工作人员因执行工作任务造成他人损害的,由用人单位承担侵权责任。用人单位承担侵权责任后,可以向有故意或者重大过失的工作人员追偿。

劳务派遣期间,被派遣的工作人员因执行工作任务造成他人损害的,由接受劳务派遣的用工单位承担侵权责任;劳务派遣单位有过错的,承担相应的责任。

第一千一百九十二条　【个人劳务关系中的侵权责任】个人之间形成劳务关系,提供劳务一方因劳务造成他人损害的,由接受劳务一方承担侵权责任。接受劳务一方承担侵权责任后,可以向有故意或者重大过失的提供劳务一方追偿。提供劳务一方因劳务受到损害的,根据双方各自的过错承担相应的责任。

提供劳务期间,因第三人的行为造成提供劳务一方损害的,提供劳务一方有权请求第三人承担侵权责任,也有权请求接受劳务一方给予补偿。接受劳务一方补偿后,可以向第三人追偿。

第一千一百九十三条　【承揽关系中的侵权责任】承揽人在完成工作过程中造成第三人损害或者自己损害的,定作人不承担侵权责任。但是,定作人对定作、指示或者选任有过错的,应当承担相应的责任。

第一千一百九十四条　【网络侵权责任】网络用户、网络服务提供者利用网络侵害他人民事权益的,应当承担侵权责任。法律另有规定的,依照其规定。

第一千一百九十五条　【网络服务提供者侵权补救措施与责任承担】网络用户利用网络服务实施侵权行为的,权利人有权通知网络服务提供者采取删除、屏蔽、断开链接等必要措施。通知应当包括构成侵权的初步证据及权利人的真实身份信息。

网络服务提供者接到通知后,应当及时将该通知转送相关网络用户,并根据构成侵权的初步证据和服务类型采取必要措施;未及时采取必要措施的,对损害的扩大部分与该网络用户承担连带责任。

权利人因错误通知造成网络用户或者网络服务提供者损害的,应当承担侵权责任。法律另有规定的,依照其规定。

第一千一百九十六条　【不侵权声明】网络用户接到转送的通知后,可以向网络服务提供者提交不存在侵权行为的声明。声明应当包括不存在侵权行为的初步证据及网络用户的真实身份信息。

网络服务提供者接到声明后,应当将该声明转送发出通知的权利人,并告知其可以向有关部门投诉或者向人民法院提起诉讼。网络服务提供者在转送声明到达权利人后的合理期限内,未收到权利人已经投诉或者提起诉讼通知的,应当及时终止所采取的措施。

第一千一百九十七条　【网络服务提供者的连带责任】网络服务提供者知道或者应当知道网络用户利用其网络服务侵害他人民事权益,未采取必要措施的,与该网络用户承担连带责任。

第一千一百九十八条　【安全保障义务人责任】宾馆、商场、银行、车站、机场、体育场馆、娱乐场所等经营场所、公共场所的经营者、管理者或者群众性活动的组织者,未尽到安全保障义务,造成他人损害的,应当承担侵权责任。

因第三人的行为造成他人损害的,由第三人承担侵权责任;经营者、管理者或者组织者未尽到安全保障义务的,承担相应的补充责任。经营者、管理者或者组织者承担补充责任后,可以向第三人追偿。

第一千一百九十九条　【教育机构的过错推定责任】无民事行为能力人在幼儿园、学校或者其他教育机构学习、生活期间受到人身损害的,幼儿园、学校或者其他教育机构应当承担侵权责任;但是,能够证明尽到教育、管理职责的,不承担侵权责任。

第一千二百条　【教育机构的过错责任】限制民事行为能力人在学校或者其他教育机构学习、生活期间受到人身损害,学校或者其他教育机构未尽到教育、管理职责的,应当承担侵权责任。

第一千二百零一条　【在教育机构内第三人侵权时的责任分担】无民事行为能力人或者限制民事行为能力人在幼儿园、学校或者其他教育机构学习、生活期间,受到幼儿园、学校或者其他教育机构以外的第三人人身损害的,由第三人承担侵权责任;幼儿园、学校或者其他教育机构未尽到管理职责的,承担相应的补充责任。幼儿园、学校或者其他教育机构承担补充责任后,可以向第三人追偿。

第四章　产品责任

第一千二百零二条　【产品生产者责任】因产品存在缺陷造成他人损害的,生产者应当承担侵权责任。

第一千二百零三条　【被侵权人请求损害赔偿的途径和先行赔偿人追偿权】因产品存在缺陷造成他人损害的,被侵权人可以向产品的生产者请求赔偿,也可以向产品的销售者请求赔偿。

产品缺陷由生产者造成的,销售者赔偿后,有权向生产者追偿。因销售者的过错使产品存在缺陷的,生产者赔偿后,有权向销售者追偿。

第一千二百零四条　【生产者和销售者对有过错第三人的追偿权】因运输者、仓储者等第三人的过错使产品存在缺陷,造成他人损害的,产品的生产者、销售者赔偿后,有权向第三人追偿。

第一千二百零五条　【危及他人人身、财产安全的责任承担方式】因产品缺陷危及他人人身、财产安全的,被侵权人有权请求生产者、销售者承担停止侵害、排除妨碍、消除危险等侵权责任。

第一千二百零六条　【流通后发现有缺陷的补救措施和侵权责任】产品投入流通后发现存在缺陷的,生产者、销售者应当及时采取停止销售、警示、召回等补救措施;未及时采取补救措施或者补救措施不力造成损害扩大的,对扩大的损害也应当承担侵权责任。

依据前款规定采取召回措施的,生产者、销售者应当负担被侵权人因此支出的必要费用。

第一千二百零七条　【产品责任惩罚性赔偿】明知产品存在缺陷仍然生产、销售,或者没有依据前条规定采取有效补救措施,造成他人死亡或者健康严重损害的,被侵权人有权请求相应的惩罚性赔偿。

第五章　机动车交通事故责任

第一千二百零八条　【机动车交通事故责任的法律适用】机动车发生交通事故造成损害的,依照道路交通安全法律和本法的有关规定承担赔偿责任。

第一千二百零九条　【机动车所有人、管理人与使用人不一致时的侵权责任】因租赁、借用等情形机动车所有人、管理人与使用人不是同一人时,发生交通事故造成损害,属于该机动车一方责任的,由机动车使用人承担赔偿责任;机动车所有人、管理人对损害的发生有过错的,承担相应的赔偿责任。

第一千二百一十条 【转让并交付但未办理登记的机动车侵权责任】当事人之间已经以买卖或者其他方式转让并交付机动车但是未办理登记,发生交通事故造成损害,属于该机动车一方责任的,由受让人承担赔偿责任。

第一千二百一十一条 【挂靠机动车侵权责任】以挂靠形式从事道路运输经营活动的机动车,发生交通事故造成损害,属于该机动车一方责任的,由挂靠人和被挂靠人承担连带责任。

第一千二百一十二条 【未经允许驾驶他人机动车侵权责任】未经允许驾驶他人机动车,发生交通事故造成损害,属于该机动车一方责任的,由机动车使用人承担赔偿责任;机动车所有人、管理人对损害的发生有过错的,承担相应的赔偿责任,但是本章另有规定的除外。

第一千二百一十三条 【交通事故责任承担主体赔偿顺序】机动车发生交通事故造成损害,属于该机动车一方责任的,先由承保机动车强制保险的保险人在强制保险责任限额范围内予以赔偿;不足部分,由承保机动车商业保险的保险人按照保险合同的约定予以赔偿;仍然不足或者没有投保机动车商业保险的,由侵权人赔偿。

第一千二百一十四条 【拼装车或报废车侵权责任】以买卖或者其他方式转让拼装或者已经达到报废标准的机动车,发生交通事故造成损害的,由转让人和受让人承担连带责任。

第一千二百一十五条 【盗窃、抢劫或抢夺机动车侵权责任】盗窃、抢劫或者抢夺的机动车发生交通事故造成损害的,由盗窃人、抢劫人或者抢夺人承担赔偿责任。盗窃人、抢劫人或者抢夺人与机动车使用人不是同一人,发生交通事故造成损害,属于该机动车一方责任的,由盗窃人、抢劫人或者抢夺人与机动车使用人承担连带责任。

保险人在机动车强制保险责任限额范围内垫付抢救费用的,有权向交通事故责任人追偿。

第一千二百一十六条 【肇事后逃逸责任及受害人救济】机动车驾驶人发生交通事故后逃逸,该机动车参加强制保险的,由保险人在机动车强制保险责任限额范围内予以赔偿;机动车不明、该机动车未参加强制保险或者抢救费用超过机动车强制保险责任限额,需要支付被侵权人人身伤亡的抢救、丧葬等费用的,由道路交通事故社会救助基金垫付。道路交通事故社会救助基金垫付后,其管理机构有权向交通事故责任人追偿。

第一千二百一十七条 【好意同乘的责任承担】非营运机动车发生交通事故造成无偿搭乘人损害,属于该机动车一方责任的,应当减轻其赔偿责任,但是机动车使用人有故意或者重大过失的除外。

第六章 医疗损害责任

第一千二百一十八条 【医疗损害责任归责原则和责任承担主体】患者在诊疗活动中受到损害,医疗机构或者其医务人员有过错的,由医疗机构承担赔偿责任。

第一千二百一十九条 【医务人员说明义务和患者知情同意权】医务人员在诊疗活动中应当向患者说明病情和医疗措施。需要实施手术、特殊检查、特殊治疗的,医务人员应当及时向患者具体说明医疗风险、替代医疗方案等情况,并取得其明确同意;不能或者不宜向患者说明的,应当向患者的近亲属说明,并取得其明确同意。

医务人员未尽到前款义务,造成患者损害的,医疗机构应当承担赔偿责任。

第一千二百二十条 【紧急情况下实施医疗措施】因抢救生命垂危的患者等紧急情况,不能取得患者或者其近亲属意见的,经医疗机构负责人或者授权的负责人批准,可以立即实施相应的医疗措施。

第一千二百二十一条 【医务人员过错诊疗的赔偿责任】医务人员在诊疗活动中未尽到与当时的医疗水平相应的诊疗义务,造成患者损害的,医疗机构应当承担赔偿责任。

第一千二百二十二条 【推定医疗机构有过错的情形】患者在诊疗活动中受到损害,有下列情形之一的,推定医疗机构有过错:

(一)违反法律、行政法规、规章以及其他有关诊疗规范的规定;

(二)隐匿或者拒绝提供与纠纷有关的病历资料;

(三)遗失、伪造、篡改或者违法销毁病历资料。

第一千二百二十三条 【药品、消毒产品、医疗器械的缺陷,或者输入不合格血液的侵权责任】因药品、消毒产品、医疗器械的缺陷,或者输入不合格的血液造成患者损害的,患者可以向药品上市许可持有人、生产者、血液提供机构请求赔偿,也可以向医疗机构请求赔偿。患者向医疗机构请求赔偿的,医疗机构赔偿后,有权向负有责任的药品上市许可持有人、生产者、血液提供机构追偿。

第一千二百二十四条 【医疗机构免责情形】患者在诊疗活动中受到损害,有下列情形之一的,医疗机构不承担赔偿责任:

（一）患者或者其近亲属不配合医疗机构进行符合诊疗规范的诊疗;

（二）医务人员在抢救生命垂危的患者等紧急情况下已经尽到合理诊疗义务;

（三）限于当时的医疗水平难以诊疗。

前款第一项情形中,医疗机构或者其医务人员也有过错的,应当承担相应的赔偿责任。

第一千二百二十五条 【医疗机构对病历资料的义务、患者对病历资料的权利】医疗机构及其医务人员应当按照规定填写并妥善保管住院志、医嘱单、检验报告、手术及麻醉记录、病理资料、护理记录等病历资料。

患者要求查阅、复制前款规定的病历资料的,医疗机构应当及时提供。

第一千二百二十六条 【患者隐私和个人信息保护】医疗机构及其医务人员应当对患者的隐私和个人信息保密。泄露患者的隐私和个人信息,或者未经患者同意公开其病历资料的,应当承担侵权责任。

第一千二百二十七条 【禁止违规实施不必要的检查】医疗机构及其医务人员不得违反诊疗规范实施不必要的检查。

第一千二百二十八条 【维护医疗机构及其医务人员合法权益】医疗机构及其医务人员的合法权益受法律保护。

干扰医疗秩序,妨碍医务人员工作、生活,侵害医务人员合法权益的,应当依法承担法律责任。

第七章　环境污染和生态破坏责任

第一千二百二十九条 【污染环境、破坏生态致损的侵权责任】因污染环境、破坏生态造成他人损害的,侵权人应当承担侵权责任。

第一千二百三十条 【环境污染、生态破坏侵权举证责任】因污染环境、破坏生态发生纠纷,行为人应当就法律规定的不承担责任或者减轻责任的情形及其行为与损害之间不存在因果关系承担举证责任。

第一千二百三十一条 【两个以上侵权人的责任大小确定】两个以上侵权人污染环境、破坏生态的,承担责任的大小,根据污染物的种类、浓度、排放量、破坏生态的方式、范围、程度,以及行为对损害后果所起的作用等因素确定。

第一千二百三十二条 【环境污染、生态破坏侵权的惩罚性赔偿】侵权人违反法律规定故意污染环境、破坏生态造成严重后果的,被侵权人有权请求相应的惩罚性赔偿。

第一千二百三十三条 【因第三人的过错污染环境、破坏生态的侵权责任】因第三人的过错污染环境、破坏生态的,被侵权人可以向侵权人请求赔偿,也可以向第三人请求赔偿。侵权人赔偿后,有权向第三人追偿。

第一千二百三十四条 【生态环境修复责任】违反国家规定造成生态环境损害,生态环境能够修复的,国家规定的机关或者法律规定的组织有权请求侵权人在合理期限内承担修复责任。侵权人在期限内未修复的,国家规定的机关或者法律规定的组织可以自行或者委托他人进行修复,所需费用由侵权人负担。

第一千二百三十五条 【生态环境损害赔偿范围】违反国家规定造成生态环境损害的,国家规定的机关或者法律规定的组织有权请求侵权人赔偿下列损失和费用:

（一）生态环境受到损害至修复完成期间服务功能丧失导致的损失;

（二）生态环境功能永久性损害造成的损失;

（三）生态环境损害调查、鉴定评估等费用;

（四）清除污染、修复生态环境费用;

（五）防止损害的发生和扩大所支出的合理费用。

第八章　高度危险责任

第一千二百三十六条 【高度危险责任的一般规定】从事高度危险作业造成他人损害的,应当承担侵权责任。

第一千二百三十七条 【民用核设施或者核材料致害责任】民用核设施或者运入运出核设施的核材料发生核事故造成他人损害的,民用核设施的营运单位应当承担侵权责任;但是,能够证明损害是因战争、武装冲突、暴乱等情形或者受害人故意造成的,不承担责任。

第一千二百三十八条 【民用航空器致害责任】民用航空器造成他人损害的,民用航空器的经营者应当承担侵权责任;但是,能够证明损害是因受害人故意造成的,不承担责任。

第一千二百三十九条 【占有或使用高度危险物致害责任】占有或者使用易燃、易爆、剧毒、高放射性、强腐蚀性、高致病性等高度危险物造成他人损害的,占有人或者使用人应当承担侵权责任;但是,能够证明损害是因受害人故意或者不可抗力造成的,不承担责任。被侵权人对损害的发生有重大过失的,可以减轻占有人或者使用人的责任。

第一千二百四十条　【从事高空、高压、地下挖掘活动或者使用高速轨道运输工具致害责任】从事高空、高压、地下挖掘活动或者使用高速轨道运输工具造成他人损害的,经营者应当承担侵权责任;但是,能够证明损害是因受害人故意或者不可抗力造成的,不承担责任。被侵权人对损害的发生有重大过失的,可以减轻经营者的责任。

第一千二百四十一条　【遗失、抛弃高度危险物致害责任】遗失、抛弃高度危险物造成他人损害的,由所有人承担侵权责任。所有人将高度危险物交由他人管理的,由管理人承担侵权责任;所有人有过错的,与管理人承担连带责任。

第一千二百四十二条　【非法占有高度危险物致害责任】非法占有高度危险物造成他人损害的,由非法占有人承担侵权责任。所有人、管理人不能证明对防止非法占有尽到高度注意义务的,与非法占有人承担连带责任。

第一千二百四十三条　【高度危险场所安全保障责任】未经许可进入高度危险活动区域或者高度危险物存放区域受到损害,管理人能够证明已经采取足够安全措施并尽到充分警示义务的,可以减轻或者不承担责任。

第一千二百四十四条　【高度危险责任赔偿限额】承担高度危险责任,法律规定赔偿限额的,依照其规定,但是行为人有故意或者重大过失的除外。

第九章　饲养动物损害责任

第一千二百四十五条　【饲养动物致害责任的一般规定】饲养的动物造成他人损害的,动物饲养人或者管理人应当承担侵权责任;但是,能够证明损害是因被侵权人故意或者重大过失造成的,可以不承担或者减轻责任。

第一千二百四十六条　【违反规定未对动物采取安全措施致害责任】违反管理规定,未对动物采取安全措施造成他人损害的,动物饲养人或者管理人应当承担侵权责任;但是,能够证明损害是因被侵权人故意造成的,可以减轻责任。

第一千二百四十七条　【禁止饲养的危险动物致害责任】禁止饲养的烈性犬等危险动物造成他人损害的,动物饲养人或者管理人应当承担侵权责任。

第一千二百四十八条　【动物园的动物致害责任】动物园的动物造成他人损害的,动物园应当承担侵权责任;但是,能够证明尽到管理职责的,不承担侵权责任。

第一千二百四十九条　【遗弃、逃逸的动物致害责任】遗弃、逃逸的动物在遗弃、逃逸期间造成他人损害的,由动物原饲养人或者管理人承担侵权责任。

第一千二百五十条　【因第三人的过错致使动物致害责任】因第三人的过错致使动物造成他人损害的,被侵权人可以向动物饲养人或者管理人请求赔偿,也可以向第三人请求赔偿。动物饲养人或者管理人赔偿后,有权向第三人追偿。

第一千二百五十一条　【饲养动物应履行的义务】饲养动物应当遵守法律法规,尊重社会公德,不得妨碍他人生活。

第十章　建筑物和物件损害责任

第一千二百五十二条　【建筑物、构筑物或者其他设施倒塌、塌陷致害责任】建筑物、构筑物或者其他设施倒塌、塌陷造成他人损害的,由建设单位与施工单位承担连带责任,但是建设单位与施工单位能够证明不存在质量缺陷的除外。建设单位、施工单位赔偿后,有其他责任人的,有权向其他责任人追偿。

因所有人、管理人、使用人或者第三人的原因,建筑物、构筑物或者其他设施倒塌、塌陷造成他人损害的,由所有人、管理人、使用人或者第三人承担侵权责任。

第一千二百五十三条　【建筑物、构筑物或者其他设施及其搁置物、悬挂物脱落、坠落致害责任】建筑物、构筑物或者其他设施及其搁置物、悬挂物发生脱落、坠落造成他人损害,所有人、管理人或者使用人不能证明自己没有过错的,应当承担侵权责任。所有人、管理人或者使用人赔偿后,有其他责任人的,有权向其他责任人追偿。

第一千二百五十四条　【从建筑物中抛掷物、坠落物致害责任】禁止从建筑物中抛掷物品。从建筑物中抛掷物品或者从建筑物上坠落的物品造成他人损害的,由侵权人依法承担侵权责任;经调查难以确定具体侵权人的,除能够证明自己不是侵权人的外,由可能加害的建筑物使用人给予补偿。可能加害的建筑物使用人补偿后,有权向侵权人追偿。

物业服务企业等建筑物管理人应当采取必要的安全保障措施防止前款规定情形的发生;未采取必要的安全保障措施的,应当依法承担未履行安全保障义务的侵权责任。

发生本条第一款规定的情形的,公安等机关应当依法及时调查,查清责任人。

第一千二百五十五条 【堆放物倒塌、滚落或者滑落致害责任】堆放物倒塌、滚落或者滑落造成他人损害,堆放人不能证明自己没有过错的,应当承担侵权责任。

第一千二百五十六条 【在公共道路上堆放、倾倒、遗撒妨碍通行的物品致害责任】在公共道路上堆放、倾倒、遗撒妨碍通行的物品造成他人损害的,由行为人承担侵权责任。公共道路管理人不能证明已经尽到清理、防护、警示等义务的,应当承担相应的责任。

第一千二百五十七条 【林木折断、倾倒或者果实坠落等致人损害的侵权责任】因林木折断、倾倒或者果实坠落等造成他人损害,林木的所有人或者管理人不能证明自己没有过错的,应当承担侵权责任。

第一千二百五十八条 【公共场所或者道路上施工致害责任和窨井等地下设施致害责任】在公共场所或者道路上挖掘、修缮安装地下设施等造成他人损害,施工人不能证明已经设置明显标志和采取安全措施的,应当承担侵权责任。

窨井等地下设施造成他人损害,管理人不能证明尽到管理职责的,应当承担侵权责任。

最高人民法院关于审理人身损害赔偿案件适用法律若干问题的解释

1. 2003年12月4日最高人民法院审判委员会第1299次会议通过、2003年12月26日公布、自2004年5月1日起施行(法释〔2003〕20号)
2. 根据2020年12月23日最高人民法院审判委员会第1823次会议通过、2020年12月29日公布、自2021年1月1日起施行的《最高人民法院关于修改〈最高人民法院关于在民事审判工作中适用《中华人民共和国工会法》若干问题的解释〉等二十七件民事类司法解释的决定》(法释〔2020〕17号)第一次修正
3. 根据2022年2月15日最高人民法院审判委员会第1864次会议通过、2022年4月24日公布、自2022年5月1日起施行的《最高人民法院关于修改〈最高人民法院关于审理人身损害赔偿案件适用法律若干问题的解释〉的决定》(法释〔2022〕14号)第二次修正

为正确审理人身损害赔偿案件,依法保护当事人的合法权益,根据《中华人民共和国民法典》《中华人民共和国民事诉讼法》等有关法律规定,结合审判实践,制定本解释。

第一条 因生命、身体、健康遭受侵害,赔偿权利人起诉请求赔偿义务人赔偿物质损害和精神损害的,人民法院应予受理。

本条所称"赔偿权利人",是指因侵权行为或者其他致害原因直接遭受人身损害的受害人以及死亡受害人的近亲属。

本条所称"赔偿义务人",是指因自己或者他人的侵权行为以及其他致害原因依法应当承担民事责任的自然人、法人或者非法人组织。

第二条 赔偿权利人起诉部分共同侵权人的,人民法院应当追加其他共同侵权人作为共同被告。赔偿权利人在诉讼中放弃对部分共同侵权人的诉讼请求的,其他共同侵权人对被放弃诉讼请求的被告应当承担的赔偿份额不承担连带责任。责任范围难以确定的,推定各共同侵权人承担同等责任。

人民法院应当将放弃诉讼请求的法律后果告知赔偿权利人,并将放弃诉讼请求的情况在法律文书中叙明。

第三条 依法应当参加工伤保险统筹的用人单位的劳动者,因工伤事故遭受人身损害,劳动者或者其近亲属向人民法院起诉请求用人单位承担民事赔偿责任的,告知其按《工伤保险条例》的规定处理。

因用人单位以外的第三人侵权造成劳动者人身损害,赔偿权利人请求第三人承担民事赔偿责任的,人民法院应予支持。

第四条 无偿提供劳务的帮工人,在从事帮工活动中致人损害的,被帮工人应当承担赔偿责任。被帮工人承担赔偿责任后向有故意或者重大过失的帮工人追偿的,人民法院应予支持。被帮工人明确拒绝帮工的,不承担赔偿责任。

第五条 无偿提供劳务的帮工人因帮工活动遭受人身损害的,根据帮工人和被帮工人各自的过错承担相应的责任;被帮工人明确拒绝帮工的,被帮工人不承担赔偿责任,但可以在受益范围内予以适当补偿。

帮工人在帮工活动中因第三人的行为遭受人身损害的,有权请求第三人承担赔偿责任,也有权请求被帮工人予以适当补偿。被帮工人补偿后,可以向第三人追偿。

第六条 医疗费根据医疗机构出具的医药费、住院费等收款凭证,结合病历和诊断证明等相关证据确定。赔偿义务人对治疗的必要性和合理性有异议的,应当承担相应的举证责任。

医疗费的赔偿数额,按照一审法庭辩论终结前实际发生的数额确定。器官功能恢复训练所必要的康复费、适当的整容费以及其他后续治疗费,赔偿权利人可以待实际发生后另行起诉。但根据医疗证明或者鉴定结论确定必然发生的费用,可以与已经发生的医疗费一并予以赔偿。

第七条 误工费根据受害人的误工时间和收入状况确定。

误工时间根据受害人接受治疗的医疗机构出具的证明确定。受害人因伤致残持续误工的,误工时间可以计算至定残日前一天。

受害人有固定收入的,误工费按照实际减少的收入计算。受害人无固定收入的,按照其最近三年的平均收入计算;受害人不能举证证明其最近三年的平均收入状况的,可以参照受诉法院所在地相同或者相近行业上一年度职工的平均工资计算。

第八条 护理费根据护理人员的收入状况和护理人数、护理期限确定。

护理人员有收入的,参照误工费的规定计算;护理人员没有收入或者雇佣护工的,参照当地护工从事同等级别护理的劳务报酬标准计算。护理人员原则上为一人,但医疗机构或者鉴定机构有明确意见的,可以参照确定护理人员人数。

护理期限应计算至受害人恢复生活自理能力时止。受害人因残疾不能恢复生活自理能力的,可以根据其年龄、健康状况等因素确定合理的护理期限,但最长不超过二十年。

受害人定残后的护理,应当根据其护理依赖程度并结合配制残疾辅助器具的情况确定护理级别。

第九条 交通费根据受害人及其必要的陪护人员因就医或者转院治疗实际发生的费用计算。交通费应当以正式票据为凭;有关凭据应当与就医地点、时间、人数、次数相符合。

第十条 住院伙食补助费可以参照当地国家机关一般工作人员的出差伙食补助标准予以确定。

受害人确有必要到外地治疗,因客观原因不能住院,受害人本人及其陪护人员实际发生的住宿费和伙食费,其合理部分应予赔偿。

第十一条 营养费根据受害人伤残情况参照医疗机构的意见确定。

第十二条 残疾赔偿金根据受害人丧失劳动能力程度或者伤残等级,按照受诉法院所在地上一年度城镇居民人均可支配收入标准,自定残之日起按二十年计算。但六十周岁以上的,年龄每增加一岁减少一年;七十五周岁以上的,按五年计算。

受害人因伤致残但实际收入没有减少,或者伤残等级较轻但造成职业妨害严重影响其劳动就业的,可以对残疾赔偿金作相应调整。

第十三条 残疾辅助器具费按照普通适用器具的合理费用标准计算。伤情有特殊需要的,可以参照辅助器具配制机构的意见确定相应的合理费用标准。

辅助器具的更换周期和赔偿期限参照配制机构的意见确定。

第十四条 丧葬费按照受诉法院所在地上一年度职工月平均工资标准,以六个月总额计算。

第十五条 死亡赔偿金按照受诉法院所在地上一年度城镇居民人均可支配收入标准,按二十年计算。但六十周岁以上的,年龄每增加一岁减少一年;七十五周岁以上的,按五年计算。

第十六条 被扶养人生活费计入残疾赔偿金或者死亡赔偿金。

第十七条 被扶养人生活费根据扶养人丧失劳动能力程度,按照受诉法院所在地上一年度城镇居民人均消费支出标准计算。被扶养人为未成年人的,计算至十八周岁;被扶养人无劳动能力又无其他生活来源的,计算二十年。但六十周岁以上的,年龄每增加一岁减少一年;七十五周岁以上的,按五年计算。

被扶养人是指受害人依法应当承担扶养义务的未成年人或者丧失劳动能力又无其他生活来源的成年近亲属。被扶养人还有其他扶养人的,赔偿义务人只赔偿受害人依法应当负担的部分。被扶养人有数人的,年赔偿总额累计不超过上一年度城镇居民人均消费支出额。

第十八条 赔偿权利人举证证明其住所地或者经常居住地城镇居民人均可支配收入高于受诉法院所在地标准的,残疾赔偿金或者死亡赔偿金可以按照其住所地或者经常居住地的相关标准计算。

被扶养人生活费的相关计算标准,依照前款原则确定。

第十九条 超过确定的护理期限、辅助器具费给付年限或者残疾赔偿金给付年限，赔偿权利人向人民法院起诉请求继续给付护理费、辅助器具费或者残疾赔偿金的，人民法院应予受理。赔偿权利人确需继续护理、配制辅助器具，或者没有劳动能力和生活来源的，人民法院应当判令赔偿义务人继续给付相关费用五至十年。

第二十条 赔偿义务人请求以定期金方式给付残疾赔偿金、辅助器具费的，应当提供相应的担保。人民法院可以根据赔偿义务人的给付能力和提供担保的情况，确定以定期金方式给付相关费用。但是，一审法庭辩论终结前已经发生的费用、死亡赔偿金以及精神损害抚慰金，应当一次性给付。

第二十一条 人民法院应当在法律文书中明确定期金的给付时间、方式以及每期给付标准。执行期间有关统计数据发生变化的，给付金额应当适时进行相应调整。

定期金按照赔偿权利人的实际生存年限给付，不受本解释有关赔偿期限的限制。

第二十二条 本解释所称"城镇居民人均可支配收入""城镇居民人均消费支出""职工平均工资"，按照政府统计部门公布的各省、自治区、直辖市以及经济特区和计划单列市上一年度相关统计数据确定。

"上一年度"，是指一审法庭辩论终结时的上一统计年度。

第二十三条 精神损害抚慰金适用《最高人民法院关于确定民事侵权精神损害赔偿责任若干问题的解释》予以确定。

第二十四条 本解释自 2022 年 5 月 1 日起施行。施行后发生的侵权行为引起的人身损害赔偿案件适用本解释。

本院以前发布的司法解释与本解释不一致的，以本解释为准。

最高人民法院关于确定民事侵权精神损害赔偿责任若干问题的解释

1. 2001 年 2 月 26 日最高人民法院审判委员会第 1161 次会议通过、2001 年 3 月 8 日公布、自 2001 年 3 月 10 日起施行（法释〔2001〕7 号）
2. 根据 2020 年 12 月 23 日最高人民法院审判委员会第 1823 次会议通过、2020 年 12 月 29 日公布、自 2021 年 1 月 1 日起施行的《最高人民法院关于修改〈最高人民法院关于在民事审判工作中适用《中华人民共和国工会法》若干问题的解释〉等二十七件民事类司法解释的决定》（法释〔2020〕17 号）修正

为在审理民事侵权案件中正确确定精神损害赔偿责任，根据《中华人民共和国民法典》等有关法律规定，结合审判实践，制定本解释。

第一条 因人身权益或者具有人身意义的特定物受到侵害，自然人或者其近亲属向人民法院提起诉讼请求精神损害赔偿的，人民法院应当依法予以受理。

第二条 非法使被监护人脱离监护，导致亲子关系或者近亲属间的亲属关系遭受严重损害，监护人向人民法院起诉请求赔偿精神损害的，人民法院应当依法予以受理。

第三条 死者的姓名、肖像、名誉、荣誉、隐私、遗体、遗骨等受到侵害，其近亲属向人民法院提起诉讼请求精神损害赔偿的，人民法院应当依法予以支持。

第四条 法人或者非法人组织以名誉权、荣誉权、名称权遭受侵害为由，向人民法院起诉请求精神损害赔偿的，人民法院不予支持。

第五条 精神损害的赔偿数额根据以下因素确定：

（一）侵权人的过错程度，但是法律另有规定的除外；

（二）侵权行为的目的、方式、场合等具体情节；

（三）侵权行为所造成的后果；

（四）侵权人的获利情况；

（五）侵权人承担责任的经济能力；

（六）受理诉讼法院所在地的平均生活水平。

第六条 在本解释公布施行之前已经生效施行的司法解释，其内容有与本解释不一致的，以本解释为准。

· 指导案例 ·

最高人民法院指导案例222号：
广州德某水产设备科技有限公司
诉广州宇某水产科技有限公司、
南某水产研究所财产损害赔偿纠纷案

（最高人民法院审判委员会讨论通过
2023年12月15日发布）

【关键词】

民事诉讼　财产损害赔偿　未缴纳专利年费　专利权终止　赔偿损失

【裁判要点】

登记的专利权人在专利权权属争议期间负有善意维护专利权效力的义务，因其过错致使专利权终止、无效或者丧失，损害真正权利人合法权益的，构成对真正权利人财产权的侵害，应当承担赔偿损失的民事责任。

【相关法条】

《中华人民共和国民法典》第1165条、第1173条（本案适用的是2010年7月1日施行的《中华人民共和国侵权责任法》第6条、第26条）

【基本案情】

专利号为ZL200910192778.6、名称为"一种多功能循环水处理设备"发明专利（以下简称涉案专利）的专利权人为南某水产研究所、广州宇某水产科技有限公司（以下简称宇某公司），发明人为姜某平、李某厚、颉某勇。涉案专利申请日为2009年9月28日，授权日为2012年5月30日，因未及时缴费，涉案专利的专利权于2012年9月28日被终止。

广州德某水产设备科技有限公司（以下简称德某公司）认为，姜某平曾是德某公司员工，其离职后成为了宇某公司的股东，李某厚、颉某勇是南某水产研究所的员工。涉案专利是姜某平的职务发明，专利的申请权应该属于德某公司。德某公司曾分别于2010年、2011年就涉案专利申请权纠纷起诉南某水产研究所、宇某公司等，请求判令涉案专利申请权归德某公司所有。涉案专利权因未缴费而终止失效时，相关权属纠纷正在审理中。故德某公司以宇某公司和南某水产研究所故意未缴纳该专利年费，致使该专利权终止失效，给德某公司造成了无法挽回的损失为由诉至法院，请求判令各被告赔偿经济损失及维权合理开支共计150万元。

【裁判结果】

广州知识产权法院于2019年7月12日作出（2016）粤73民初803号民事判决：一、宇某公司、南某水产研究所应于本判决发生法律效力之日起十日内赔偿德某公司经济损失及合理维权费用共50万元；二、驳回德某公司的其他诉讼请求。宣判后，宇某公司、南某水产研究所向最高人民法院提起上诉。最高人民法院于2020年4月1日作出（2019）最高法知民终424号民事判决，在变更本案案由的基础上，驳回上诉，维持原判。

【裁判理由】

最高人民法院认为：

一、关于本案案由的确定

专利法第十一条第一款规定，发明和实用新型专利权被授予后，除本法另有规定的以外，任何单位或者个人未经专利权人许可，都不得实施其专利，即不得为生产经营目的的制造、使用、许诺销售、销售、进口其专利产品，或者使用其专利方法以及使用、许诺销售、销售、进口依照该专利方法直接获得的产品。根据该规定，侵害发明专利权的行为仅限于以生产经营为目的的制造、使用、许诺销售、销售、进口专利产品的行为和使用专利方法以及使用、许诺销售、销售、进口依照该专利方法直接获得的产品的行为。也即，专利法实行专利侵权行为法定原则，除法律明确规定为侵害专利权的行为外，其他行为即使与专利权有关，也不属于侵害专利权的行为。在登记的专利权人不是专利技术所有人的情况下，如登记的专利权人故意不缴纳专利年费导致专利权终止失效而给专利技术所有人造成经济损失，那么该损失实际上是与该专利技术有关的财产损失。故意不缴纳专利年费导致专利权终止失效的行为应当属于一般侵权行为，该种案件案由可以确定为财产损害赔偿纠纷。本案中，根据德某公司的主张，其认为南某水产研究所、宇某公司将归其所有的职务发明申请专利，之后却故意不缴纳专利年费导致专利权终止失效，致使该技术进入公有领域，失去了专利权的保护，损害了其本应该基于涉案专利获得的市场独占利益，因此德某公司主张的侵权行为不是侵害专利权的行为，其主张的经济损失实际上是与该专利技术有关的财产损失，故本案应当属于财产损害赔偿纠纷，而非侵害发明专利权纠纷。原审判决将本案案由确定为侵害发明专利权纠纷，显属不当，应予纠正。

二、南某水产研究所、宇某公司是否应当对涉案专利权终止失效承担赔偿责任，应否赔偿德某公司50万元的经济损失与合理费用

诚实信用原则是民法的基本原则，它要求民事主体在民事活动中恪守诺言，诚实不欺，在不损害他人利益和社会利益的前提下追求自己的利益，从而在当事人之间的利益关系和当事人与社会之间的利益关系中实现平衡，并维持市场道德秩序。专利权是经国家行政审查后授予的有期限的知识产权，其在权利保护期内有效存续需要专利权人持续缴纳专利年费、不主动放弃等。当事人无论基于何种原因对专利申请权、专利权权属发生争议时，基于诚实信用原则，登记的专利权人通常应当负有使已经获得授权的专利权维持有效的善良管理责任，包括持续缴纳专利年费等，因为专利权一旦终止失效，专利技术通常情况下即会进入公有领域，从而使专利技术所有人丧失市场独占利益，损害到专利技术所有人的合法权益。登记的专利权人未尽到该善良管理责任，给专利技术所有人造成损失的，应当负有赔偿责任。本案中，在2010年、2011年德某公司已经两次以专利申请权权属纠纷为由起诉南某水产研究所、宇某公司，尤其是德某公司主张涉案发明是职务发明的第二次诉讼正在进行的情况下，作为登记的专利权人，南某水产研究所、宇某公司应当负有在涉案专利授权以后维持其持续有效的善良管理责任，包括持续缴纳专利年费，以避免可能给德某公司造成损害。但南某水产研究所、宇某公司却未缴纳专利年费，导致涉案专利权于2012年9月28日被终止失效，侵害了德某公司的合法权益，其显然未尽到善良管理责任，违背了诚实信用原则，应当赔偿因此给德某公司造成的损失。对于赔偿损失的具体数额，本案应当根据涉案专利权终止失效时的市场价格确定具体赔偿数额。鉴于双方均未提供证据证明涉案专利权在终止失效时的市场价格，综合考虑到涉案专利为发明专利、涉案专利权在授权公告当年即被终止失效、南某水产研究所和宇某公司过错严重、德某公司历时较长的维权情况等，即便考虑德某公司也存在一定过失，原审判决确定的经济损失及合理费用共计50万元的赔偿也并无不妥。

2. 产品侵权损害赔偿

中华人民共和国产品质量法

1. 1993年2月22日第七届全国人民代表大会常务委员会第三十次会议通过
2. 根据2000年7月8日第九届全国人民代表大会常务委员会第十六次会议《关于修改〈中华人民共和国产品质量法〉的决定》第一次修正
3. 根据2009年8月27日第十一届全国人民代表大会常务委员会第十次会议《关于修改部分法律的决定》第二次修正
4. 根据2018年12月29日第十三届全国人民代表大会常务委员会第七次会议《关于修改〈中华人民共和国产品质量法〉等五部法律的决定》第三次修正

目 录

第一章 总 则
第二章 产品质量的监督
第三章 生产者、销售者的产品质量责任和义务
　第一节 生产者的产品质量责任和义务
　第二节 销售者的产品质量责任和义务
第四章 损害赔偿
第五章 罚 则
第六章 附 则

第一章 总 则

第一条 【立法目的】为了加强对产品质量的监督管理，提高产品质量水平，明确产品质量责任，保护消费者的合法权益，维护社会经济秩序，制定本法。

第二条 【适用范围】在中华人民共和国境内从事产品生产、销售活动，必须遵守本法。

本法所称产品是指经过加工、制作，用于销售的产品。

建设工程不适用本法规定；但是，建设工程使用的建筑材料、建筑构配件和设备，属于前款规定的产品范围的，适用本法规定。

第三条 【生产者、销售者质量管理责任】生产者、销售者应当建立健全内部产品质量管理制度，严格实施岗位质量规范、质量责任以及相应的考核办法。

第四条 【责任依据】生产者、销售者依照本法规定承担产品质量责任。

第五条 【禁止性条款】禁止伪造或者冒用认证标志等质量标志；禁止伪造产品的产地，伪造或者冒用他人的厂名、厂址；禁止在生产、销售的产品中掺杂、掺假，以假充真，以次充好。

第六条 【国家扶持】国家鼓励推行科学的质量管理方法，采用先进的科学技术，鼓励企业产品质量达到并且超过行业标准、国家标准和国际标准。

对产品质量管理先进和产品质量达到国际先进水平、成绩显著的单位和个人，给予奖励。

第七条 【政府职责】各级人民政府应当把提高产品质量纳入国民经济和社会发展规划，加强对产品质量工作的统筹规划和组织领导，引导、督促生产者、销售者加强产品质量管理，提高产品质量，组织各有关部门依法采取措施，制止产品生产、销售中违反本法规定的行为，保障本法的施行。

第八条 【主管部门】国务院市场监督管理部门主管全国产品质量监督工作。国务院有关部门在各自的职责范围内负责产品质量监督工作。

县级以上地方市场监督管理部门主管本行政区域内的产品质量监督工作。县级以上地方人民政府有关部门在各自的职责范围内负责产品质量监督工作。

法律对产品质量的监督部门另有规定的，依照有关法律的规定执行。

第九条 【工作人员职责】各级人民政府工作人员和其他国家机关工作人员不得滥用职权、玩忽职守或者徇私舞弊，包庇、放纵本地区、本系统发生的产品生产、销售中违反本法规定的行为，或者阻挠、干预依法对产品生产、销售中违反本法规定的行为进行查处。

各级地方人民政府和其他国家机关有包庇、放纵产品生产、销售中违反本法规定的行为的，依法追究其主要负责人的法律责任。

第十条 【检举和奖励】任何单位和个人有权对违反本法规定的行为，向市场监督管理部门或者其他有关部门检举。

市场监督管理部门和有关部门应当为检举人保密，并按照省、自治区、直辖市人民政府的规定给予奖励。

第十一条 【市场准入】任何单位和个人不得排斥非本地区或者非本系统企业生产的质量合格产品进入本地

区、本系统。

第二章 产品质量的监督

第十二条 【产品质量检验】产品质量应当检验合格,不得以不合格产品冒充合格产品。

第十三条 【产品安全】可能危及人体健康和人身、财产安全的工业产品,必须符合保障人体健康和人身、财产安全的国家标准、行业标准;未制定国家标准、行业标准的,必须符合保障人体健康和人身、财产安全的要求。

禁止生产、销售不符合保障人体健康和人身、财产安全的标准和要求的工业产品。具体管理办法由国务院规定。

第十四条 【质量体系认证】国家根据国际通用的质量管理标准,推行企业质量体系认证制度。企业根据自愿原则可以向国务院市场监督管理部门认可的或者国务院市场监督管理部门授权的部门认可的认证机构申请企业质量体系认证。经认证合格的,由认证机构颁发企业质量体系认证证书。

国家参照国际先进的产品标准和技术要求,推行产品质量认证制度。企业根据自愿原则可以向国务院市场监督管理部门认可的或者国务院市场监督管理部门授权的部门认可的认证机构申请产品质量认证。经认证合格的,由认证机构颁发产品质量认证证书,准许企业在产品或者其包装上使用产品质量认证标志。

第十五条 【质量监督检查】国家对产品质量实行以抽查为主要方式的监督检查制度,对可能危及人体健康和人身、财产安全的产品,影响国计民生的重要工业产品以及消费者、有关组织反映有质量问题的产品进行抽查。抽查的样品应当在市场上或者企业成品仓库内的待销产品中随机抽取。监督抽查工作由国务院市场监督管理部门规划和组织。县级以上地方市场监督管理部门在本行政区域内也可以组织监督抽查。法律对产品质量的监督检查另有规定的,依照有关法律的规定执行。

国家监督抽查的产品,地方不得另行重复抽查;上级监督抽查的产品,下级不得另行重复抽查。

根据监督抽查的需要,可以对产品进行检验。检验抽取样品的数量不得超过检验的合理需要,并不得向被检查人收取检验费用。监督抽查所需检验费用按照国务院规定列支。

生产者、销售者对抽查检验的结果有异议的,可以自收到检验结果之日起十五日内向实施监督抽查的市场监督管理部门或者其上级市场监督管理部门申请复检,由受理复检的市场监督管理部门作出复检结论。

第十六条 【质量检查配合】对依法进行的产品质量监督检查,生产者、销售者不得拒绝。

第十七条 【质量不合格的处理】依照本法规定进行监督抽查的产品质量不合格的,由实施监督抽查的市场监督管理部门责令其生产者、销售者限期改正。逾期不改正的,由省级以上人民政府市场监督管理部门予以公告;公告后经复查仍不合格的,责令停业,限期整顿;整顿期满后经复查产品质量仍不合格的,吊销营业执照。

监督抽查的产品有严重质量问题的,依照本法第五章的有关规定处罚。

第十八条 【对涉嫌违法行为的查处】县级以上市场监督管理部门根据已经取得的违法嫌疑证据或者举报,对涉嫌违反本法规定的行为进行查处时,可以行使下列职权:

(一)对当事人涉嫌从事违反本法的生产、销售活动的场所实施现场检查;

(二)向当事人的法定代表人、主要负责人和其他有关人员调查、了解与涉嫌从事违反本法的生产、销售活动有关的情况;

(三)查阅、复制当事人有关的合同、发票、帐簿以及其他有关资料;

(四)对有根据认为不符合保障人体健康和人身、财产安全的国家标准、行业标准的产品或者有其他严重质量问题的产品,以及直接用于生产、销售该项产品的原辅材料、包装物、生产工具,予以查封或者扣押。

第十九条 【检验机构资格】产品质量检验机构必须具备相应的检测条件和能力,经省级以上人民政府市场监督管理部门或者其授权的部门考核合格后,方可承担产品质量检验工作。法律、行政法规对产品质量检验机构另有规定的,依照有关法律、行政法规的规定执行。

第二十条 【中介机构设立】从事产品质量检验、认证的社会中介机构必须依法设立,不得与行政机关和其他国家机关存在隶属关系或者其他利益关系。

第二十一条 【质量检验及认证要求】产品质量检验机构、认证机构必须依法按照有关标准,客观、公正地出具检验结果或者认证证明。

产品质量认证机构应当依照国家规定对准许使用认证标志的产品进行认证后的跟踪检查;对不符合认证标准而使用认证标志的,要求其改正;情节严重的,取消其使用认证标志的资格。

第二十二条 【消费者权利】消费者有权就产品质量问题,向产品的生产者、销售者查询;向市场监督管理部门及有关部门申诉,接受申诉的部门应当负责处理。

第二十三条 【支持起诉】保护消费者权益的社会组织可以就消费者反映的产品质量问题建议有关部门负责处理,支持消费者对因产品质量造成的损害向人民法院起诉。

第二十四条 【产品质量状况公告】国务院和省、自治区、直辖市人民政府的市场监督管理部门应当定期发布其监督抽查的产品的质量状况公告。

第二十五条 【质检部门推荐禁止】市场监督管理部门或者其他国家机关以及产品质量检验机构不得向社会推荐生产者的产品;不得以对产品进行监制、监销等方式参与产品经营活动。

第三章 生产者、销售者的产品质量责任和义务

第一节 生产者的产品质量责任和义务

第二十六条 【生产者产品质量责任】生产者应当对其生产的产品质量负责。

产品质量应当符合下列要求:

(一)不存在危及人身、财产安全的不合理的危险,有保障人体健康和人身、财产安全的国家标准、行业标准的,应当符合该标准;

(二)具备产品应当具备的使用性能,但是,对产品存在使用性能的瑕疵作出说明的除外;

(三)符合在产品或者其包装上注明采用的产品标准,符合以产品说明、实物样品等方式表明的质量状况。

第二十七条 【标识要求】产品或者其包装上的标识必须真实,并符合下列要求:

(一)有产品质量检验合格证明;

(二)有中文标明的产品名称、生产厂厂名和厂址;

(三)根据产品的特点和使用要求,需要标明产品规格、等级、所含主要成份的名称和含量的,用中文相应予以标明;需要事先让消费者知晓的,应当在外包装上标明,或者预先向消费者提供有关资料;

(四)限期使用的产品,应当在显著位置清晰地标明生产日期和安全使用期或者失效日期;

(五)使用不当,容易造成产品本身损坏或者可能危及人身、财产安全的产品,应当有警示标志或者中文警示说明。

裸装的食品和其他根据产品的特点难以附加标识的裸装产品,可以不附加产品标识。

第二十八条 【特殊产品包装】易碎、易燃、易爆、有毒、有腐蚀性、有放射性等危险物品以及储运中不能倒置和其他有特殊要求的产品,其包装质量必须符合相应要求,依照国家有关规定作出警示标志或者中文警示说明,标明储运注意事项。

第二十九条 【淘汰产品禁止生产】生产者不得生产国家明令淘汰的产品。

第三十条 【伪造产地、厂名、厂址的禁止】生产者不得伪造产地,不得伪造或者冒用他人的厂名、厂址。

第三十一条 【禁止伪造、冒用质量标志】生产者不得伪造或者冒用认证标志等质量标志。

第三十二条 【掺假禁止】生产者生产产品,不得掺杂、掺假,不得以假充真、以次充好,不得以不合格产品冒充合格产品。

第二节 销售者的产品质量责任和义务

第三十三条 【进货检验】销售者应当建立并执行进货检查验收制度,验明产品合格证明和其他标识。

第三十四条 【产品质量保持】销售者应当采取措施,保持销售产品的质量。

第三十五条 【失效产品禁止销售】销售者不得销售国家明令淘汰并停止销售的产品和失效、变质的产品。

第三十六条 【标识要求】销售者销售的产品的标识应当符合本法第二十七条的规定。

第三十七条 【伪造产地、厂址、厂名禁止】销售者不得伪造产地,不得伪造或者冒用他人的厂名、厂址。

第三十八条 【认证标志冒用、伪造禁止】销售者不得伪造或者冒用认证标志等质量标志。

第三十九条 【掺假禁止】销售者销售产品,不得掺杂、掺假,不得以假充真、以次充好,不得以不合格产品冒充合格产品。

第四章 损害赔偿

第四十条 【售出产品不合格时的处理】售出的产品有下列情形之一的,销售者应当负责修理、更换、退货;给购买产品的消费者造成损失的,销售者应当赔偿损失:

（一）不具备产品应当具备的使用性能而事先未作说明的;

（二）不符合在产品或者其包装上注明采用的产品标准的;

（三）不符合以产品说明、实物样品等方式表明的质量状况的。

销售者依照前款规定负责修理、更换、退货、赔偿损失后,属于生产者的责任或者属于向销售者提供产品的其他销售者（以下简称供货者）的责任的,销售者有权向生产者、供货者追偿。

销售者未按照第一款规定给予修理、更换、退货或者赔偿损失的,由市场监督管理部门责令改正。

生产者之间,销售者之间,生产者与销售者之间订立的买卖合同、承揽合同有不同约定的,合同当事人按照合同约定执行。

第四十一条 【生产者责任承担情形】因产品存在缺陷造成人身、缺陷产品以外的其他财产（以下简称他人财产）损害的,生产者应当承担赔偿责任。

生产者能够证明有下列情形之一的,不承担赔偿责任:

（一）未将产品投入流通的;

（二）产品投入流通时,引起损害的缺陷尚不存在的;

（三）将产品投入流通时的科学技术水平尚不能发现缺陷的存在的。

第四十二条 【销售者责任承担情形】由于销售者的过错使产品存在缺陷,造成人身、他人财产损害的,销售者应当承担赔偿责任。

销售者不能指明缺陷产品的生产者也不能指明缺陷产品的供货者的,销售者应当承担赔偿责任。

第四十三条 【产品损害赔偿责任的承担】因产品存在缺陷造成人身、他人财产损害的,受害人可以向产品的生产者要求赔偿,也可以向产品的销售者要求赔偿。属于产品的生产者的责任,产品的销售者赔偿的,产品的销售者有权向产品的生产者追偿。属于产品的销售者的责任,产品的生产者赔偿的,产品的生产者有权向产品的销售者追偿。

第四十四条 【赔偿范围】因产品存在缺陷造成受害人人身伤害的,侵害人应当赔偿医疗费、治疗期间的护理费、因误工减少的收入等费用;造成残疾的,还应当支付残疾者生活自助具费、生活补助费、残疾赔偿金以及由其扶养的人所必需的生活费等费用;造成受害人死亡的,并应当支付丧葬费、死亡赔偿金以及由死者生前扶养的人所必需的生活费等费用。

因产品存在缺陷造成受害人财产损失的,侵害人应当恢复原状或者折价赔偿。受害人因此遭受其他重大损失的,侵害人应当赔偿损失。

第四十五条 【诉讼时效】因产品存在缺陷造成损害要求赔偿的诉讼时效期间为二年,自当事人知道或者应当知道其权益受到损害时起计算。

因产品存在缺陷造成损害要求赔偿的请求权,在造成损害的缺陷产品交付最初消费者满十年丧失;但是,尚未超过明示的安全使用期的除外。

第四十六条 【缺陷解释】本法所称缺陷,是指产品存在危及人身、他人财产安全的不合理的危险;产品有保障人体健康和人身、财产安全的国家标准、行业标准的,是指不符合该标准。

第四十七条 【质量纠纷解决办法】因产品质量发生民事纠纷时,当事人可以通过协商或者调解解决。当事人不愿通过协商、调解解决或者协商、调解不成的,可以根据当事人各方的协议向仲裁机构申请仲裁;当事人各方没有达成仲裁协议或者仲裁协议无效的,可以直接向人民法院起诉。

第四十八条 【质检委托】仲裁机构或者人民法院可以委托本法第十九条规定的产品质量检验机构,对有关产品质量进行检验。

第五章 罚则

第四十九条 【违反安全标准规定的处理】生产、销售不符合保障人体健康和人身、财产安全的国家标准、行业标准的产品的,责令停止生产、销售,没收违法生产、销售的产品,并处违法生产、销售产品（包括已售出和未售出的产品,下同）货值金额等值以上三倍以下的罚款;有违法所得的,并处没收违法所得;情节严重的,吊销营业执照;构成犯罪的,依法追究刑事责任。

第五十条 【掺假处理】在产品中掺杂、掺假,以假充真,以次充好,或者以不合格产品冒充合格产品的,责令停止生产、销售,没收违法生产、销售的产品,并处违法生产、销售产品货值金额百分之五十以上三倍以下的罚款;有违法所得的,并处没收违法所得;情节严重的,吊销营业执照;构成犯罪的,依法追究刑事责任。

第五十一条 【生产禁止性产品处理】生产国家明令淘汰的产品的,销售国家明令淘汰并停止销售的产品的,责令停止生产、销售,没收违法生产、销售的产品,并处违法生产、销售产品货值金额等值以下的罚款;有违法所得的,并处没收违法所得;情节严重的,吊销营业执照。

第五十二条 【销售失效产品处理】销售失效、变质的产品的,责令停止销售,没收违法销售的产品,并处违法销售产品货值金额二倍以下的罚款;有违法所得的,并处没收违法所得;情节严重的,吊销营业执照;构成犯罪的,依法追究刑事责任。

第五十三条 【伪造产地、厂名、厂址的处理】伪造产品产地的,伪造或者冒用他人厂名、厂址的,伪造或者冒用认证标志等质量标志的,责令改正,没收违法生产、销售的产品,并处违法生产、销售产品货值金额等值以下的罚款;有违法所得的,并处没收违法所得;情节严重的,吊销营业执照。

第五十四条 【标识不合格的处理】产品标识不符合本法第二十七条规定的,责令改正;有包装的产品标识不符合本法第二十七条第(四)项、(五)项规定,情节严重的,责令停止生产、销售,并处违法生产、销售产品货值金额百分之三十以下的罚款;有违法所得的,并处没收违法所得。

第五十五条 【从轻情节】销售者销售本法第四十九条至第五十三条规定禁止销售的产品,有充分证据证明其不知道该产品为禁止销售的产品并如实说明其进货来源的,可以从轻或者减轻处罚。

第五十六条 【拒检处理】拒绝接受依法进行的产品质量监督检查的,给予警告,责令改正;拒不改正的,责令停业整顿;情节特别严重的,吊销营业执照。

第五十七条 【伪造检验证明的处理】产品质量检验机构、认证机构伪造检验结果或者出具虚假证明的,责令改正,对单位处五万元以上十万元以下的罚款,对直接负责的主管人员和其他直接责任人员处一万元以上五万元以下的罚款;有违法所得的,并处没收违法所得;情节严重的,取消其检验资格、认证资格;构成犯罪的,依法追究刑事责任。

产品质量检验机构、认证机构出具的检验结果或者证明不实,造成损失的,应当承担相应的赔偿责任;造成重大损失的,撤销其检验资格、认证资格。

产品质量认证机构违反本法第二十一条第二款的规定,对不符合认证标准而使用认证标志的产品,未依法要求其改正或者取消其使用认证标志资格的,对因产品不符合认证标准给消费者造成的损失,与产品的生产者、销售者承担连带责任;情节严重的,撤销其认证资格。

第五十八条 【团体、中介机构连带责任】社会团体、社会中介机构对产品质量作出承诺、保证,而该产品又不符合其承诺、保证的质量要求,给消费者造成损失的,与产品的生产者、销售者承担连带责任。

第五十九条 【广告误导处理】在广告中对产品质量作虚假宣传,欺骗和误导消费者的,依照《中华人民共和国广告法》的规定追究法律责任。

第六十条 【伪劣产品生产工具的没收责任】对生产者专门用于生产本法第四十九条、第五十一条所列的产品或者以假充真的产品的原辅材料、包装物、生产工具,应当予以没收。

第六十一条 【非法运输、保管仓储的处理】知道或者应当知道属于本法规定禁止生产、销售的产品而为其提供运输、保管、仓储等便利条件的,或者为以假充真的产品提供制假生产技术的,没收全部运输、保管、仓储或者提供制假生产技术的收入,并处违法收入百分之五十以上三倍以下的罚款;构成犯罪的,依法追究刑事责任。

第六十二条 【违反第49条至第52条的处理】服务业的经营者将本法第四十九条至第五十二条规定禁止销售的产品用于经营性服务的,责令停止使用;对知道或者应当知道所使用的产品属于本法规定禁止销售的产品的,按照违法使用的产品(包括已使用和尚未使用的产品)的货值金额,依照本法对销售者的处罚规定处罚。

第六十三条 【封、押物品隐匿、变卖的处理】隐匿、转移、变卖、损毁被市场监督管理部门查封、扣押的物品的,处被隐匿、转移、变卖、损毁物品货值金额等值以上三倍以下的罚款;有违法所得的,并处没收违法

第六十四条 【执行优先的规定】违反本法规定,应当承担民事赔偿责任和缴纳罚款、罚金,其财产不足以同时支付时,先承担民事赔偿责任。

第六十五条 【对政府工作人员的处罚】各级人民政府工作人员和其他国家机关工作人员有下列情形之一的,依法给予行政处分;构成犯罪的,依法追究刑事责任:

（一）包庇、放纵产品生产、销售中违反本法规定行为的;

（二）向从事违反本法规定的生产、销售活动的当事人通风报信,帮助其逃避查处的;

（三）阻挠、干预市场监督管理部门依法对产品生产、销售中违反本法规定的行为进行查处,造成严重后果的。

第六十六条 【质检部门超规索样和收取处理检验费】市场监督管理部门在产品质量监督抽查中超过规定的数量索取样品或者向被检查人收取检验费用的,由上级市场监督管理部门或者监察机关责令退还;情节严重的,对直接负责的主管人员和其他直接责任人员依法给予行政处分。

第六十七条 【质检部门违反第25条的处理】市场监督管理部门或者其他国家机关违反本法第二十五条的规定,向社会推荐生产者的产品或者以监制、监销等方式参与产品经营活动的,由其上级机关或者监察机关责令改正,消除影响,有违法收入的予以没收;情节严重的,对直接负责的主管人员和其他直接责任人员依法给予行政处分。

产品质量检验机构有前款所列违法行为的,由市场监督管理部门责令改正,消除影响,有违法收入的予以没收,可以并处违法收入一倍以下的罚款;情节严重的,撤销其质量检验资格。

第六十八条 【渎职处罚】市场监督管理部门的工作人员滥用职权、玩忽职守、徇私舞弊,构成犯罪的,依法追究刑事责任;尚不构成犯罪的,依法给予行政处分。

第六十九条 【阻挠公务的处罚】以暴力、威胁方法阻碍市场监督管理部门的工作人员依法执行职务的,依法追究刑事责任;拒绝、阻碍未使用暴力、威胁方法的,由公安机关依照治安管理处罚法的规定处罚。

第七十条 【处罚权限】本法第四十九条至第五十七条、第六十条至第六十三条规定的行政处罚由市场监督管理部门决定。法律、行政法规对行使行政处罚权的机关另有规定的,依照有关法律、行政法规的规定执行。

第七十一条 【没收产品处理】对依照本法规定没收的产品,依照国家有关规定进行销毁或者采取其他方式处理。

第七十二条 【货值计算】本法第四十九条至第五十四条、第六十二条、第六十三条所规定的货值金额以违法生产、销售产品的标价计算;没有标价的,按照同类产品的市场价格计算。

第六章 附 则

第七十三条 【特殊规定】军工产品质量监督管理办法,由国务院、中央军事委员会另行制定。

因核设施、核产品造成损害的赔偿责任,法律、行政法规另有规定的,依照其规定。

第七十四条 【施行日期】本法自1993年9月1日起施行。

中华人民共和国
农产品质量安全法（节录）

1. 2006年4月29日第十届全国人民代表大会常务委员会第二十一次会议通过
2. 根据2018年10月26日第十三届全国人民代表大会常务委员会第六次会议《关于修改〈中华人民共和国野生动物保护法〉等十五部法律的决定》修正
3. 2022年9月2日第十三届全国人民代表大会常务委员会第三十六次会议修订

第一章 总 则

第一条 【立法目的】为了保障农产品质量安全,维护公众健康,促进农业和农村经济发展,制定本法。

第二条 【农产品及农产品质量安全的含义】本法所称农产品,是指来源于种植业、林业、畜牧业和渔业等的初级产品,即在农业活动中获得的植物、动物、微生物及其产品。

本法所称农产品质量安全,是指农产品质量达到农产品质量安全标准,符合保障人的健康、安全的要求。

第三条 【适用范围】与农产品质量安全有关的农产品生产经营及其监督管理活动,适用本法。

《中华人民共和国食品安全法》对食用农产品的市场销售、有关质量安全标准的制定、有关安全信息的公布和农业投入品已经作出规定的,应当遵守其规定。

第四条 【监督管理制度】国家加强农产品质量安全工作,实行源头治理、风险管理、全程控制,建立科学、严格的监督管理制度,构建协同、高效的社会共治体系。

第五条 【国务院各部门的监督管理职责】国务院农业农村主管部门、市场监督管理部门依照本法和规定的职责,对农产品质量安全实施监督管理。

国务院其他有关部门依照本法和规定的职责承担农产品质量安全的有关工作。

第六条 【地方各级政府的监督管理职责】县级以上地方人民政府对本行政区域的农产品质量安全工作负责,统一领导、组织、协调本行政区域的农产品质量安全工作,建立健全农产品质量安全工作机制,提高农产品质量安全水平。

县级以上地方人民政府应当依照本法和有关规定,确定本级农业农村主管部门、市场监督管理部门和其他有关部门的农产品质量安全监督管理工作职责。各有关部门在职责范围内负责本行政区域的农产品质量安全监督管理工作。

乡镇人民政府应当落实农产品质量安全监督管理责任,协助上级人民政府及其有关部门做好农产品质量安全监督管理工作。

第七条 【生产经营者责任】农产品生产经营者应当对其生产经营的农产品质量安全负责。

农产品生产经营者应当依照法律、法规和农产品质量安全标准从事生产经营活动,诚信自律,接受社会监督,承担社会责任。

第八条 【加强农产品质量安全监管】县级以上人民政府应当将农产品质量安全管理工作纳入本级国民经济和社会发展规划,所需经费列入本级预算,加强农产品质量安全监督管理能力建设。

第九条 【标准化生产】国家引导、推广农产品标准化生产,鼓励和支持生产绿色优质农产品,禁止生产、销售不符合国家规定的农产品质量安全标准的农产品。

第十条 【科技研究】国家支持农产品质量安全科学技术研究,推行科学的质量安全管理方法,推广先进安全的生产技术。国家加强农产品质量安全科学技术国际交流与合作。

第十一条 【加强农产品质量安全宣传】各级人民政府及有关部门应当加强农产品质量安全知识的宣传,发挥基层群众性自治组织、农村集体经济组织的优势和作用,指导农产品生产经营者加强质量安全管理,保障农产品消费安全。

新闻媒体应当开展农产品质量安全法律、法规和农产品质量安全知识的公益宣传,对违法行为进行舆论监督。有关农产品质量安全的宣传报道应当真实、公正。

第十二条 【农民专业合作社和农产品行业协会的职责】农民专业合作社和农产品行业协会等应当及时为其成员提供生产技术服务,建立农产品质量安全管理制度,健全农产品质量安全控制体系,加强自律管理。

第三章 农产品产地

第二十条 【产地监测制度】国家建立健全农产品产地监测制度。

县级以上地方人民政府农业农村主管部门应当会同同级生态环境、自然资源等部门制定农产品产地监测计划,加强农产品产地安全调查、监测和评价工作。

第二十一条 【特定农产品禁止生产区域的划定和管理】县级以上地方人民政府农业农村主管部门应当会同同级生态环境、自然资源等部门按照保障农产品质量安全的要求,根据农产品品种特性和产地安全调查、监测、评价结果,依照土壤污染防治等法律、法规的规定提出划定特定农产品禁止生产区域的建议,报本级人民政府批准后实施。

任何单位和个人不得在特定农产品禁止生产区域种植、养殖、捕捞、采集特定农产品和建立特定农产品生产基地。

特定农产品禁止生产区域划定和管理的具体办法由国务院农业农村主管部门商国务院生态环境、自然资源等部门制定。

第二十二条 【禁止违法向农产品产地排放或者倾倒有毒有害物质】任何单位和个人不得违反有关环境保护法律、法规的规定向农产品产地排放或者倾倒废水、废气、固体废物或者其他有毒有害物质。

农业生产用水和用作肥料的固体废物,应当符合法律、法规和国家有关强制性标准的要求。

第二十三条 【农业投入品的使用和处置】农产品生产者应当科学合理使用农药、兽药、肥料、农用薄膜等农业投入品,防止对农产品产地造成污染。

农药、肥料、农用薄膜等农业投入品的生产者、经营者、使用者应当按照国家有关规定回收并妥善处置包装物和废弃物。

第二十四条 【改善农产品生产条件】县级以上人民政府应当采取措施,加强农产品基地建设,推进农业标准化示范建设,改善农产品的生产条件。

第四章 农产品生产

第二十五条 【制定技术要求和操作规程,加强培训和指导】县级以上地方人民政府农业农村主管部门应当根据本地区的实际情况,制定保障农产品质量安全的生产技术要求和操作规程,并加强对农产品生产经营者的培训和指导。

农业技术推广机构应当加强对农产品生产经营者质量安全知识和技能的培训。国家鼓励科研教育机构开展农产品质量安全培训。

第二十六条 【加强农产品质量安全管理】农产品生产企业、农民专业合作社、农业社会化服务组织应当加强农产品质量安全管理。

农产品生产企业应当建立农产品质量安全管理制度,配备相应的技术人员;不具备配备条件的,应当委托具有专业技术知识的人员进行农产品质量安全指导。

国家鼓励和支持农产品生产企业、农民专业合作社、农业社会化服务组织建立和实施危害分析和关键控制点体系,实施良好农业规范,提高农产品质量安全管理水平。

第二十七条 【农产品生产记录】农产品生产企业、农民专业合作社、农业社会化服务组织应当建立农产品生产记录,如实记载下列事项:

（一）使用农业投入品的名称、来源、用法、用量和使用、停用的日期;

（二）动物疫病、农作物病虫害的发生和防治情况;

（三）收获、屠宰或者捕捞的日期。

农产品生产记录应当至少保存二年。禁止伪造、变造农产品生产记录。

国家鼓励其他农产品生产者建立农产品生产记录。

第二十八条 【农业投入品许可制度及其监督抽查】对可能影响农产品质量安全的农药、兽药、饲料和饲料添加剂、肥料、兽医器械,依照有关法律、行政法规的规定实行许可制度。

省级以上人民政府农业农村主管部门应当定期或者不定期组织对可能危及农产品质量安全的农药、兽药、饲料和饲料添加剂、肥料等农业投入品进行监督抽查,并公布抽查结果。

农药、兽药经营者应当依照有关法律、行政法规的规定建立销售台账,记录购买者、销售日期和药品施用范围等内容。

第二十九条 【依法、科学使用农业投入品】农产品生产经营者应当依照有关法律、行政法规和国家有关强制性标准、国务院农业农村主管部门的规定,科学合理使用农药、兽药、饲料和饲料添加剂、肥料等农业投入品,严格执行农业投入品使用安全间隔期或者休药期的规定;不得超范围、超剂量使用农业投入品危及农产品质量安全。

禁止在农产品生产经营过程中使用国家禁止使用的农业投入品以及其他有毒有害物质。

第三十条 【农产品生产场所及使用物品的质量要求】农产品生产场所以及生产活动中使用的设施、设备、消毒剂、洗涤剂等应当符合国家有关质量安全规定,防止污染农产品。

第三十一条 【农业投入品的安全使用制度】县级以上人民政府农业农村主管部门应当加强对农业投入品使用的监督管理和指导,建立健全农业投入品的安全使用制度,推广农业投入品科学使用技术,普及安全、环保农业投入品的使用。

第三十二条 【打造农产品品牌】国家鼓励和支持农产品生产经营者选用优质特色农产品品种,采用绿色生产技术和全程质量控制技术,生产绿色优质农产品,实施分等分级,提高农产品品质,打造农产品品牌。

第三十三条 【保障冷链农产品质量安全】国家支持农产品产地冷链物流基础设施建设,健全有关农产品冷链物流标准、服务规范和监管保障机制,保障冷链物流农产品畅通高效、安全便捷,扩大高品质市场供给。

从事农产品冷链物流的生产经营者应当依照法律、法规和有关农产品质量安全标准,加强冷链技术创新与应用、质量安全控制,执行对冷链物流农产品及其包装、运输工具、作业环境等的检验检测检疫要求,保证冷链农产品质量安全。

第五章 农产品销售

第三十四条 【农产品质量安全监测】销售的农产品应当符合农产品质量安全标准。

农产品生产企业、农民专业合作社应当根据质量安全控制要求自行或者委托检测机构对农产品质量安全进行检测;经检测不符合农产品质量安全标准的农产品,应当及时采取管控措施,且不得销售。

农业技术推广等机构应当为农户等农产品生产经营者提供农产品检测技术服务。

第三十五条　【农产品包装、保鲜、储存、运输的要求】农产品在包装、保鲜、储存、运输中所使用的保鲜剂、防腐剂、添加剂、包装材料等,应当符合国家有关强制性标准以及其他农产品质量安全规定。

储存、运输农产品的容器、工具和设备应当安全、无害。禁止将农产品与有毒有害物质一同储存、运输,防止污染农产品。

第三十六条　【禁止销售的农产品】有下列情形之一的农产品,不得销售:

(一)含有国家禁止使用的农药、兽药或者其他化合物;

(二)农药、兽药等化学物质残留或者含有的重金属等有毒有害物质不符合农产品质量安全标准;

(三)含有的致病性寄生虫、微生物或者生物毒素不符合农产品质量安全标准;

(四)未按照国家有关强制性标准以及其他农产品质量安全规定使用保鲜剂、防腐剂、添加剂、包装材料等,或者使用的保鲜剂、防腐剂、添加剂、包装材料等不符合国家有关强制性标准以及其他质量安全规定;

(五)病死、毒死或者死因不明的动物及其产品;

(六)其他不符合农产品质量安全标准的情形。

对前款规定不得销售的农产品,应当依照法律、法规的规定进行处置。

第三十七条　【农产品批发市场、农产品销售企业和食品生产者对农产品的检测、查验和检验】农产品批发市场应当按照规定设立或者委托检测机构,对进场销售的农产品质量安全状况进行抽查检测;发现不符合农产品质量安全标准的,应当要求销售者立即停止销售,并向所在地市场监督管理、农业农村等部门报告。

农产品销售企业对其销售的农产品,应当建立健全进货检查验收制度;经查验不符合农产品质量安全标准的,不得销售。

食品生产者采购农产品等食品原料,应当依照《中华人民共和国食品安全法》的规定查验许可证和合格证明,对无法提供合格证明的,应当按照规定进行检验。

第三十八条　【农产品的包装或者附加标识及要求】农产品生产企业、农民专业合作社以及从事农产品收购的单位或者个人销售的农产品,按照规定应当包装或者附加承诺达标合格证等标识的,须经包装或者附加标识后方可销售。包装物或者标识上应当按照规定标明产品的品名、产地、生产者、生产日期、保质期、产品质量等级等内容;使用添加剂的,还应当按照规定标明添加剂的名称。具体办法由国务院农业农村主管部门制定。

第三十九条　【承诺达标合格证】农产品生产企业、农民专业合作社应当执行法律、法规的规定和国家有关强制性标准,保证其销售的农产品符合农产品质量安全标准,并根据质量安全控制、检测结果等开具承诺达标合格证,承诺不使用禁用的农药、兽药及其他化合物且使用的常规农药、兽药残留不超标等。鼓励和支持农户销售农产品时开具承诺达标合格证。法律、行政法规对畜禽产品的质量安全合格证明有特别规定的,应当遵守其规定。

从事农产品收购的单位或者个人应当按照规定收取、保存承诺达标合格证或者其他质量安全合格证明,对其收购的农产品进行混装或者分装后销售的,应当按照规定开具承诺达标合格证。

农产品批发市场应当建立健全农产品承诺达标合格证查验等制度。

县级以上人民政府农业农村主管部门应当做好承诺达标合格证有关工作的指导服务,加强日常监督检查。

农产品质量安全承诺达标合格证管理办法由国务院农业农村主管部门会同国务院有关部门制定。

第四十条　【网络销售的管理】农产品生产经营者通过网络平台销售农产品的,应当依照本法和《中华人民共和国电子商务法》、《中华人民共和国食品安全法》等法律、法规的规定,严格落实质量安全责任,保证其销售的农产品符合质量安全标准。网络平台经营者应当依法加强对农产品生产经营者的管理。

第四十一条　【质量安全追溯管理】国家对列入农产品质量安全追溯目录的农产品实施追溯管理。国务院农业农村主管部门应当会同国务院市场监督管理等部门建立农产品质量安全追溯协作机制。农产品质量安全追溯管理办法和追溯目录由国务院农业农村主管部门会同国务院市场监督管理等部门制定。

国家鼓励具备信息化条件的农产品生产经营者采

用现代信息技术手段采集、留存生产记录、购销记录等生产经营信息。

第四十二条　【农产品质量标志和地理标志】农产品质量符合国家规定的有关优质农产品标准的,农产品生产经营者可以申请使用农产品质量标志。禁止冒用农产品质量标志。

国家加强地理标志农产品保护和管理。

第四十三条　【转基因农产品的标识】属于农业转基因生物的农产品,应当按照农业转基因生物安全管理的有关规定进行标识。

第四十四条　【农产品检疫】依法需要实施检疫的动植物及其产品,应当附具检疫标志、检疫证明。

第七章　法律责任

第六十二条　【地方各级政府直接负责的主管人员和其他直接责任人员的法律责任】违反本法规定,地方各级人民政府有下列情形之一的,对直接负责的主管人员和其他直接责任人员给予警告、记过、记大过处分;造成严重后果的,给予降级或者撤职处分:

(一)未确定有关部门的农产品质量安全监督管理工作职责,未建立健全农产品质量安全工作机制,或者未落实农产品质量安全监督管理责任;

(二)未制定本行政区域的农产品质量安全突发事件应急预案,或者发生农产品质量安全事故后未按照规定启动应急预案。

第六十三条　【县级以上政府部门直接负责的主管人员和其他责任人员的法律责任】违反本法规定,县级以上人民政府农业农村等部门有下列行为之一的,对直接负责的主管人员和其他直接责任人员给予记大过处分;情节较重的,给予降级或者撤职处分;情节严重的,给予开除处分;造成严重后果的,其主要负责人还应当引咎辞职:

(一)隐瞒、谎报、缓报农产品质量安全事故或者隐匿、伪造、毁灭有关证据;

(二)未按照规定查处农产品质量安全事故,或者接到农产品质量安全事故报告未及时处理,造成事故扩大或者蔓延;

(三)发现农产品质量安全重大风险隐患后,未及时采取相应措施,造成农产品质量安全事故或者不良社会影响;

(四)不履行农产品质量安全监督管理职责,导致发生农产品质量安全事故。

第六十四条　【县级以上政府部门违法实施执法措施的法律责任】县级以上地方人民政府农业农村、市场监督管理等部门在履行农产品质量安全监督管理职责过程中,违法实施检查、强制等执法措施,给农产品生产经营者造成损失的,应当依法予以赔偿,对直接负责的主管人员和其他直接责任人员依法给予处分。

第六十五条　【质量安全检测机构、检测人员出具虚假检测报告的法律责任】农产品质量安全检测机构、检测人员出具虚假检测报告的,由县级以上人民政府农业农村主管部门没收所收取的检测费用,检测费用不足一万元的,并处五万元以上十万元以下罚款,检测费用一万元以上的,并处检测费用五倍以上十倍以下罚款;对直接负责的主管人员和其他直接责任人员处一万元以上五万元以下罚款;使消费者的合法权益受到损害的,农产品质量安全检测机构应当与农产品生产经营者承担连带责任。

因农产品质量安全违法行为受到刑事处罚或者因出具虚假检测报告导致发生重大农产品质量安全事故的检测人员,终身不得从事农产品质量安全检测工作。农产品质量安全检测机构不得聘用上述人员。

农产品质量安全检测机构有前两款违法行为的,由授予其资质的主管部门或者机构吊销该农产品质量安全检测机构的资质证书。

第六十六条　【违法在特定农产品禁止生产区域进行农产品生产及违法向农产品产地排放或者倾倒有毒有害物质的法律责任】违反本法规定,在特定农产品禁止生产区域种植、养殖、捕捞、采集特定农产品或者建立特定农产品生产基地的,由县级以上地方人民政府农业农村主管部门责令停止违法行为,没收农产品和违法所得,并处违法所得一倍以上三倍以下罚款。

违反法律、法规规定,向农产品产地排放或者倾倒废水、废气、固体废物或者其他有毒有害物质的,依照有关环境保护法律、法规的规定处理、处罚;造成损害的,依法承担赔偿责任。

第六十七条　【农业投入品的生产者、经营者、使用者违规回收和处置农业投入品的法律责任】农药、肥料、农用薄膜等农业投入品的生产者、经营者、使用者未按照规定回收并妥善处置包装物或者废弃物的,由县级以上地方人民政府农业农村主管部门依照有关法律、法规的规定处理、处罚。

第六十八条　【农产品生产企业的法律责任】违反本法

规定,农产品生产企业有下列情形之一的,由县级以上地方人民政府农业农村主管部门责令限期改正;逾期不改正的,处五千元以上五万元以下罚款:

（一）未建立农产品质量安全管理制度;

（二）未配备相应的农产品质量安全管理技术人员,且未委托具有专业技术知识的人员进行农产品质量安全指导。

第六十九条 【农产品生产企业、农民专业合作社、农业社会化服务组织的法律责任】农产品生产企业、农民专业合作社、农业社会化服务组织未依照本法规定建立、保存农产品生产记录,或者伪造、变造农产品生产记录的,由县级以上地方人民政府农业农村主管部门责令限期改正;逾期不改正的,处二千元以上二万元以下罚款。

第七十条 【农产品生产经营者的法律责任之一】违反本法规定,农产品生产经营者有下列行为之一,尚不构成犯罪的,由县级以上地方人民政府农业农村主管部门责令停止生产经营、追回已经销售的农产品,对违法生产经营的农产品进行无害化处理或者予以监督销毁,没收违法所得,并可以没收用于违法生产经营的工具、设备、原料等物品;违法生产经营的农产品货值金额不足一万元的,并处十万元以上十五万元以下罚款,货值金额一万元以上的,并处货值金额十五倍以上三十倍以下罚款;对农户,并处一千元以上一万元以下罚款;情节严重的,有许可证的吊销许可证,并可以由公安机关对其直接负责的主管人员和其他直接责任人员处五日以上十五日以下拘留:

（一）在农产品生产经营过程中使用国家禁止使用的农业投入品或者其他有毒有害物质;

（二）销售含有国家禁止使用的农药、兽药或者其他化合物的农产品;

（三）销售病死、毒死或者死因不明的动物及其产品。

明知农产品生产经营者从事前款规定的违法行为,仍为其提供生产经营场所或者其他条件的,由县级以上地方人民政府农业农村主管部门责令停止违法行为,没收违法所得,并处十万元以上二十万元以下罚款;使消费者的合法权益受到损害的,应当与农产品生产经营者承担连带责任。

第七十一条 【农产品生产经营者的法律责任之二】违反本法规定,农产品生产经营者有下列行为之一,尚不

构成犯罪的,由县级以上地方人民政府农业农村主管部门责令停止生产经营、追回已经销售的农产品,对违法生产经营的农产品进行无害化处理或者予以监督销毁,没收违法所得,并可以没收用于违法生产经营的工具、设备、原料等物品;违法生产经营的农产品货值金额不足一万元的,并处五万元以上十万元以下罚款,货值金额一万元以上的,并处货值金额十倍以上二十倍以下罚款;对农户,并处五百元以上五千元以下罚款:

（一）销售农药、兽药等化学物质残留或者含有的重金属等有毒有害物质不符合农产品质量安全标准的农产品;

（二）销售含有的致病性寄生虫、微生物或者生物毒素不符合农产品质量安全标准的农产品;

（三）销售其他不符合农产品质量安全标准的农产品。

第七十二条 【农产品生产经营者的法律责任之三】违反本法规定,农产品生产经营者有下列行为之一的,由县级以上地方人民政府农业农村主管部门责令停止生产经营、追回已经销售的农产品,对违法生产经营的农产品进行无害化处理或者予以监督销毁,没收违法所得,并可以没收用于违法生产经营的工具、设备、原料等物品;违法生产经营的农产品货值金额不足一万元的,并处五千元以上五万元以下罚款,货值金额一万元以上的,并处货值金额五倍以上十倍以下罚款;对农户,并处三百元以上三千元以下罚款:

（一）在农产品生产场所以及生产活动中使用的设施、设备、消毒剂、洗涤剂等不符合国家有关质量安全规定;

（二）未按照国家有关强制性标准或者其他农产品质量安全规定使用保鲜剂、防腐剂、添加剂、包装材料等,或者使用的保鲜剂、防腐剂、添加剂、包装材料等不符合国家有关强制性标准或者其他质量安全规定;

（三）将农产品与有毒有害物质一同储存、运输。

第七十三条 【未开具、收取、保存达标合格证的法律责任】违反本法规定,有下列行为之一的,由县级以上地方人民政府农业农村主管部门按照职责给予批评教育,责令限期改正;逾期不改正的,处一百元以上一千元以下罚款:

（一）农产品生产企业、农民专业合作社、从事农产品收购的单位或者个人未按照规定开具承诺达标合格证;

（二）从事农产品收购的单位或者个人未按照规定收取、保存承诺达标合格证或者其他合格证明。

第七十四条 【农产品生产经营者冒用农产品质量标志，或者销售冒用农产品质量标志的农产品的法律责任】农产品生产经营者冒用农产品质量标志，或者销售冒用农产品质量标志的农产品的，由县级以上地方人民政府农业农村主管部门按照职责责令改正，没收违法所得；违法生产经营的农产品货值金额不足五千元的，并处五千元以上五万元以下罚款，货值金额五千元以上的，并处货值金额十倍以上二十倍以下罚款。

第七十五条 【违反农产品质量安全追溯管理规定的法律责任】违反本法关于农产品质量安全追溯规定的，由县级以上地方人民政府农业农村主管部门按照职责责令限期改正；逾期不改正，可以处一万元以下罚款。

第七十六条 【拒绝、阻挠依法开展的农产品质量安全监督检查、事故调查处理、抽样检测和风险评估的法律责任】违反本法规定，拒绝、阻挠依法开展的农产品质量安全监督检查、事故调查处理、抽样检测和风险评估的，由有关主管部门按照职责责令停产停业，并处二千元以上五万元以下罚款；构成违反治安管理行为的，由公安机关依法给予治安管理处罚。

第七十七条 【法律适用】《中华人民共和国食品安全法》对食用农产品进入批发、零售市场或者生产加工企业后的违法行为和法律责任有规定的，由县级以上地方人民政府市场监督管理部门依照其规定进行处罚。

第七十八条 【刑事责任】违反本法规定，构成犯罪的，依法追究刑事责任。

第七十九条 【民事责任】违反本法规定，给消费者造成人身、财产或者其他损害的，依法承担民事赔偿责任。生产经营者财产不足以同时承担民事赔偿责任和缴纳罚款、罚金时，先承担民事赔偿责任。

食用农产品生产经营者违反本法规定，污染环境、侵害众多消费者合法权益，损害社会公共利益的，人民检察院可以依照《中华人民共和国民事诉讼法》《中华人民共和国行政诉讼法》等法律的规定向人民法院提起诉讼。

第八章 附 则

第八十条 【其他适用规定】粮食收购、储存、运输环节的质量安全管理，依照有关粮食管理的法律、行政法规执行。

第八十一条 【施行日期】本法自 2023 年 1 月 1 日起施行。

中华人民共和国食品安全法（节录）

1. 2009 年 2 月 28 日第十一届全国人民代表大会常务委员会第七次会议通过
2. 2015 年 4 月 24 日第十二届全国人民代表大会常务委员会第十四次会议修订
3. 根据 2018 年 12 月 29 日第十三届全国人民代表大会常务委员会第七次会议《关于修改〈中华人民共和国产品质量法〉等五部法律的决定》第一次修正
4. 根据 2021 年 4 月 29 日第十三届全国人民代表大会常务委员会第二十八次会议《关于修改〈中华人民共和国道路交通安全法〉等八部法律的决定》第二次修正

目 录

第一章 总 则
第二章 食品安全风险监测和评估
第三章 食品安全标准
第四章 食品生产经营
　第一节 一般规定
　第二节 生产经营过程控制
　第三节 标签、说明书和广告
　第四节 特殊食品
第五章 食品检验
第六章 食品进出口
第七章 食品安全事故处置
第八章 监督管理
第九章 法律责任
第十章 附 则

第一章 总 则

第一条 【立法目的】为了保证食品安全，保障公众身体健康和生命安全，制定本法。

第二条 【调整范围】在中华人民共和国境内从事下列活动，应当遵守本法：

（一）食品生产和加工（以下称食品生产），食品销售和餐饮服务（以下称食品经营）；

（二）食品添加剂的生产经营；

（三）用于食品的包装材料、容器、洗涤剂、消毒剂和用于食品生产经营的工具、设备（以下称食品相关产品）的生产经营；

（四）食品生产经营者使用食品添加剂、食品相关产品；

（五）食品的贮存和运输；

（六）对食品、食品添加剂、食品相关产品的安全管理。

供食用的源于农业的初级产品（以下称食用农产品）的质量安全管理，遵守《中华人民共和国农产品质量安全法》的规定。但是，食用农产品的市场销售、有关质量安全标准的制定、有关安全信息的公布和本法对农业投入品作出规定的，应当遵守本法的规定。

第三条 【食品安全工作方针】食品安全工作实行预防为主、风险管理、全程控制、社会共治，建立科学、严格的监督管理制度。

第四条 【食品生产经营者社会责任】食品生产经营者对其生产经营食品的安全负责。

食品生产经营者应当依照法律、法规和食品安全标准从事生产经营活动，保证食品安全，诚信自律，对社会和公众负责，接受社会监督，承担社会责任。

第五条 【食品安全监管体制】国务院设立食品安全委员会，其职责由国务院规定。

国务院食品安全监督管理部门依照本法和国务院规定的职责，对食品生产经营活动实施监督管理。

国务院卫生行政部门依照本法和国务院规定的职责，组织开展食品安全风险监测和风险评估，会同国务院食品安全监督管理部门制定并公布食品安全国家标准。

国务院其他有关部门依照本法和国务院规定的职责，承担有关食品安全工作。

第六条 【地方政府职责】县级以上地方人民政府对本行政区域的食品安全监督管理工作负责，统一领导、组织、协调本行政区域的食品安全监督管理工作以及食品安全突发事件应对工作，建立健全食品安全全程监督管理工作机制和信息共享机制。

县级以上地方人民政府依照本法和国务院的规定，确定本级食品安全监督管理、卫生行政部门和其他有关部门的职责。有关部门在各自职责范围内负责本行政区域的食品安全监督管理工作。

县级人民政府食品安全监督管理部门可以在乡镇或者特定区域设立派出机构。

第七条 【评议、考核制度】县级以上地方人民政府实行食品安全监督管理责任制。上级人民政府负责对下一级人民政府的食品安全监督管理工作进行评议、考核。县级以上地方人民政府负责对本级食品安全监督管理部门和其他有关部门的食品安全监督管理工作进行评议、考核。

第八条 【监督部门沟通配合】县级以上人民政府应当将食品安全工作纳入本级国民经济和社会发展规划，将食品安全工作经费列入本级政府财政预算，加强食品安全监督管理能力建设，为食品安全工作提供保障。

县级以上人民政府食品安全监督管理部门和其他有关部门应当加强沟通、密切配合，按照各自职责分工，依法行使职权，承担责任。

第九条 【行业协会等的责任】食品行业协会应当加强行业自律，按照章程建立健全行业规范和奖惩机制，提供食品安全信息、技术等服务，引导和督促食品生产经营者依法生产经营，推动行业诚信建设，宣传、普及食品安全知识。

消费者协会和其他消费者组织对违反本法规定，损害消费者合法权益的行为，依法进行社会监督。

第十条 【食品安全的宣传教育】各级人民政府应当加强食品安全的宣传教育，普及食品安全知识，鼓励社会组织、基层群众性自治组织、食品生产经营者开展食品安全法律、法规以及食品安全标准和知识的普及工作，倡导健康的饮食方式，增强消费者食品安全意识和自我保护能力。

新闻媒体应当开展食品安全法律、法规以及食品安全标准和知识的公益宣传，并对食品安全违法行为进行舆论监督。有关食品安全的宣传报道应当真实、公正。

第十一条 【食品安全基础研究】国家鼓励和支持开展与食品安全有关的基础研究、应用研究，鼓励和支持食品生产经营者为提高食品安全水平采用先进技术和先进管理规范。

国家对农药的使用实行严格的管理制度，加快淘汰剧毒、高毒、高残留农药，推动替代产品的研发和应用，鼓励使用高效低毒低残留农药。

第十二条 【举报违法行为】任何组织或者个人有权举报食品安全违法行为，依法向有关部门了解食品安全信息，对食品安全监督管理工作提出意见和建议。

第十三条 【表彰与奖励】对在食品安全工作中做出突出贡献的单位和个人，按照国家有关规定给予表彰、奖励。

第二章 食品安全风险监测和评估(略)
第三章 食品安全标准(略)
第四章 食品生产经营
第一节 一般规定

第三十三条 【食品生产经营要求】食品生产经营应当符合食品安全标准,并符合下列要求:

(一)具有与生产经营的食品品种、数量相适应的食品原料处理和食品加工、包装、贮存等场所,保持该场所环境整洁,并与有毒、有害场所以及其他污染源保持规定的距离;

(二)具有与生产经营的食品品种、数量相适应的生产经营设备或者设施,有相应的消毒、更衣、盥洗、采光、照明、通风、防腐、防尘、防蝇、防鼠、防虫、洗涤以及处理废水、存放垃圾和废弃物的设备或者设施;

(三)有专职或者兼职的食品安全专业技术人员、食品安全管理人员和保证食品安全的规章制度;

(四)具有合理的设备布局和工艺流程,防止待加工食品与直接入口食品、原料与成品交叉污染,避免食品接触有毒物、不洁物;

(五)餐具、饮具和盛放直接入口食品的容器,使用前应当洗净、消毒,炊具、用具用后应当洗净,保持清洁;

(六)贮存、运输和装卸食品的容器、工具和设备应当安全、无害,保持清洁,防止食品污染,并符合保证食品安全所需的温度、湿度等特殊要求,不得将食品与有毒、有害物品一同贮存、运输;

(七)直接入口的食品应当使用无毒、清洁的包装材料、餐具、饮具和容器;

(八)食品生产经营人员应当保持个人卫生,生产经营食品时,应当将手洗净,穿戴清洁的工作衣、帽等;销售无包装的直接入口食品时,应当使用无毒、清洁的容器、售货工具和设备;

(九)用水应当符合国家规定的生活饮用水卫生标准;

(十)使用的洗涤剂、消毒剂应当对人体安全、无害;

(十一)法律、法规规定的其他要求。

非食品生产经营者从事食品贮存、运输和装卸的,应当符合前款第六项的规定。

第三十四条 【禁止生产经营的食品、食品添加剂、食品相关产品】禁止生产经营下列食品、食品添加剂、食品相关产品:

(一)用非食品原料生产的食品或者添加食品添加剂以外的化学物质和其他可能危害人体健康物质的食品,或者用回收食品作为原料生产的食品;

(二)致病性微生物,农药残留、兽药残留、生物毒素、重金属等污染物质以及其他危害人体健康的物质含量超过食品安全标准限量的食品、食品添加剂、食品相关产品;

(三)用超过保质期的食品原料、食品添加剂生产的食品、食品添加剂;

(四)超范围、超限量使用食品添加剂的食品;

(五)营养成分不符合食品安全标准的专供婴幼儿和其他特定人群的主辅食品;

(六)腐败变质、油脂酸败、霉变生虫、污秽不洁、混有异物、掺假掺杂或者感官性状异常的食品、食品添加剂;

(七)病死、毒死或者死因不明的禽、畜、兽、水产动物肉类及其制品;

(八)未按规定进行检疫或者检疫不合格的肉类,或者未经检验或者检验不合格的肉类制品;

(九)被包装材料、容器、运输工具等污染的食品、食品添加剂;

(十)标注虚假生产日期、保质期或者超过保质期的食品、食品添加剂;

(十一)无标签的预包装食品、食品添加剂;

(十二)国家为防病等特殊需要明令禁止生产经营的食品;

(十三)其他不符合法律、法规或者食品安全标准的食品、食品添加剂、食品相关产品。

第三十五条 【食品生产经营许可】国家对食品生产经营实行许可制度。从事食品生产、食品销售、餐饮服务,应当依法取得许可。但是,销售食用农产品和仅销售预包装食品的,不需要取得许可。仅销售预包装食品的,应当报所在地县级以上地方人民政府食品安全监督管理部门备案。

县级以上地方人民政府食品安全监督管理部门应当依照《中华人民共和国行政许可法》的规定,审核申请人提交的本法第三十三条第一款第一项至第四项规定要求的相关资料,必要时对申请人的生产经营场所进行现场核查;对符合规定条件的,准予许可;对不符合规定条件的,不予许可并书面说明理由。

第三十六条　【食品生产加工小作坊和食品摊贩等的管理】食品生产加工小作坊和食品摊贩等从事食品生产经营活动,应当符合本法规定的与其生产经营规模、条件相适应的食品安全要求,保证所生产经营的食品卫生、无毒、无害,食品安全监督管理部门应当对其加强监督管理。

县级以上地方人民政府应当对食品生产加工小作坊、食品摊贩等进行综合治理,加强服务和统一规划,改善其生产经营环境,鼓励和支持其改进生产经营条件,进入集中交易市场、店铺等固定场所经营,或者在指定的临时经营区域、时段经营。

食品生产加工小作坊和食品摊贩等的具体管理办法由省、自治区、直辖市制定。

第三十七条　【"三新"产品许可】利用新的食品原料生产食品,或者生产食品添加剂新品种、食品相关产品新品种,应当向国务院卫生行政部门提交相关产品的安全性评估材料。国务院卫生行政部门应当自收到申请之日起六十日内组织审查;对符合食品安全要求的,准予许可并公布;对不符合食品安全要求的,不予许可并书面说明理由。

第三十八条　【食品中不得添加药品】生产经营的食品中不得添加药品,但是可以添加按照传统既是食品又是中药材的物质。按照传统既是食品又是中药材的物质目录由国务院卫生行政部门会同国务院食品安全监督管理部门制定、公布。

第三十九条　【食品添加剂生产许可】国家对食品添加剂生产实行许可制度。从事食品添加剂生产,应当具有与所生产食品添加剂品种相适应的场所、生产设备或者设施、专业技术人员和管理制度,并依照本法第三十五条第二款规定的程序,取得食品添加剂生产许可。

生产食品添加剂应当符合法律、法规和食品安全国家标准。

第四十条　【食品添加剂允许使用的条件和使用要求】食品添加剂应当在技术上确有必要且经过风险评估证明安全可靠,方可列入允许使用的范围;有关食品安全国家标准应当根据技术必要性和食品安全风险评估结果及时修订。

食品生产经营者应当按照食品安全国家标准使用食品添加剂。

第四十一条　【生产食品相关产品的要求】生产食品相关产品应当符合法律、法规和食品安全国家标准。对直接接触食品的包装材料等具有较高风险的食品相关产品,按照国家有关工业产品生产许可证管理的规定实施生产许可。食品安全监督管理部门应当加强对食品相关产品生产活动的监督管理。

第四十二条　【食品安全全程追溯制度】国家建立食品安全全程追溯制度。

食品生产经营者应当依照本法的规定,建立食品安全追溯体系,保证食品可追溯。国家鼓励食品生产经营者采用信息化手段采集、留存生产经营信息,建立食品安全追溯体系。

国务院食品安全监督管理部门会同国务院农业行政等有关部门建立食品安全全程追溯协作机制。

第四十三条　【食品规模化生产和食品安全责任保险】地方各级人民政府应当采取措施鼓励食品规模化生产和连锁经营、配送。

国家鼓励食品生产经营企业参加食品安全责任保险。

第二节　生产经营过程控制

第四十四条　【企业的食品安全管理制度要求】食品生产经营企业应当建立健全食品安全管理制度,对职工进行食品安全知识培训,加强食品检验工作,依法从事生产经营活动。

食品生产经营企业的主要负责人应当落实企业食品安全管理制度,对本企业的食品安全工作全面负责。

食品生产经营企业应当配备食品安全管理人员,加强对其培训和考核。经考核不具备食品安全管理能力的,不得上岗。食品安全监督管理部门应当对企业食品安全管理人员随机进行监督抽查考核并公布考核情况。监督抽查考核不得收取费用。

第四十五条　【从业人员健康管理制度】食品生产经营者应当建立并执行从业人员健康管理制度。患有国务院卫生行政部门规定的有碍食品安全疾病的人员,不得从事接触直接入口食品的工作。

从事接触直接入口食品工作的食品生产经营人员应当每年进行健康检查,取得健康证明后方可上岗工作。

第四十六条　【生产企业实施控制要求】食品生产企业应当就下列事项制定并实施控制要求,保证所生产的食品符合食品安全标准:

(一)原料采购、原料验收、投料等原料控制;

（二）生产工序、设备、贮存、包装等生产关键环节控制；

（三）原料检验、半成品检验、成品出厂检验等检验控制；

（四）运输和交付控制。

第四十七条 【自查制度】食品生产经营者应当建立食品安全自查制度,定期对食品安全状况进行检查评价。生产经营条件发生变化,不再符合食品安全要求的,食品生产经营者应当立即采取整改措施;有发生食品安全事故潜在风险的,应当立即停止食品生产经营活动,并向所在地县级人民政府食品安全监督管理部门报告。

第四十八条 【鼓励食品生产经营企业符合良好生产规范】国家鼓励食品生产经营企业符合良好生产规范要求,实施危害分析与关键控制点体系,提高食品安全管理水平。

对通过良好生产规范、危害分析与关键控制点体系认证的食品生产经营企业,认证机构应当依法实施跟踪调查;对不再符合认证要求的企业,应当依法撤销认证,及时向县级以上人民政府食品安全监督管理部门通报,并向社会公布。认证机构实施跟踪调查不得收取费用。

第四十九条 【农业投入品的使用】食用农产品生产者应当按照食品安全标准和国家有关规定使用农药、肥料、兽药、饲料和饲料添加剂等农业投入品,严格执行农业投入品使用安全间隔期或者休药期的规定,不得使用国家明令禁止的农业投入品。禁止将剧毒、高毒农药用于蔬菜、瓜果、茶叶和中草药材等国家规定的农作物。

食用农产品的生产企业和农民专业合作经济组织应当建立农业投入品使用记录制度。

县级以上人民政府农业行政部门应当加强对农业投入品使用的监督管理和指导,建立健全农业投入品安全使用制度。

第五十条 【食品生产者的进货查验记录制度】食品生产者采购食品原料、食品添加剂、食品相关产品,应当查验供货者的许可证和产品合格证明;对无法提供合格证明的食品原料,应当按照食品安全标准进行检验;不得采购或者使用不符合食品安全标准的食品原料、食品添加剂、食品相关产品。

食品生产企业应当建立食品原料、食品添加剂、食品相关产品进货查验记录制度,如实记录食品原料、食品添加剂、食品相关产品的名称、规格、数量、生产日期或者生产批号、保质期、进货日期以及供货者名称、地址、联系方式等内容,并保存相关凭证。记录和凭证保存期限不得少于产品保质期满后六个月;没有明确保质期的,保存期限不得少于二年。

第五十一条 【食品出厂检验记录制度】食品生产企业应当建立食品出厂检验记录制度,查验出厂食品的检验合格证和安全状况,如实记录食品的名称、规格、数量、生产日期或者生产批号、保质期、检验合格证号、销售日期以及购货者名称、地址、联系方式等内容,并保存相关凭证。记录和凭证保存期限应当符合本法第五十条第二款的规定。

第五十二条 【食品原料、食品添加剂、食品相关产品的质量检验】食品、食品添加剂、食品相关产品的生产者,应当按照食品安全标准对所生产的食品、食品添加剂、食品相关产品进行检验,检验合格后方可出厂或者销售。

第五十三条 【食品经营者的进货查验记录制度】食品经营者采购食品,应当查验供货者的许可证和食品出厂检验合格证或者其他合格证明(以下称合格证明文件)。

食品经营企业应当建立食品进货查验记录制度,如实记录食品的名称、规格、数量、生产日期或者生产批号、保质期、进货日期以及供货者名称、地址、联系方式等内容,并保存相关凭证。记录和凭证保存期限应当符合本法第五十条第二款的规定。

实行统一配送经营方式的食品经营企业,可以由企业总部统一查验供货者的许可证和食品合格证明文件,进行食品进货查验记录。

从事食品批发业务的经营企业应当建立食品销售记录制度,如实记录批发食品的名称、规格、数量、生产日期或者生产批号、保质期、销售日期以及购货者名称、地址、联系方式等内容,并保存相关凭证。记录和凭证保存期限应当符合本法第五十条第二款的规定。

第五十四条 【食品经营者贮存食品的要求】食品经营者应当按照保证食品安全的要求贮存食品,定期检查库存食品,及时清理变质或者超过保质期的食品。

食品经营者贮存散装食品,应当在贮存位置标明食品的名称、生产日期或者生产批号、保质期、生产者名称及联系方式等内容。

第五十五条 【餐饮服务提供者原料控制要求】餐饮服务提供者应当制定并实施原料控制要求,不得采购不符合食品安全标准的食品原料。倡导餐饮服务提供者公开加工过程,公示食品原料及其来源等信息。

餐饮服务提供者在加工过程中应当检查待加工的食品及原料,发现有本法第三十四条第六项规定情形的,不得加工或者使用。

第五十六条 【餐饮服务提供者的食品安全管理】餐饮服务提供者应当定期维护食品加工、贮存、陈列等设施、设备;定期清洗、校验保温设施及冷藏、冷冻设施。

餐饮服务提供者应当按要求对餐具、饮具进行清洗消毒,不得使用未经清洗消毒的餐具、饮具;餐饮服务提供者委托清洗消毒餐具、饮具的,应当委托符合本法规定条件的餐具、饮具集中消毒服务单位。

第五十七条 【集中用餐单位的要求】学校、托幼机构、养老机构、建筑工地等集中用餐单位的食堂应当严格遵守法律、法规和食品安全标准;从供餐单位订餐的,应当从取得食品生产经营许可的企业订购,并按照要求对订购的食品进行查验。供餐单位应当严格遵守法律、法规和食品安全标准,当餐加工,确保食品安全。

学校、托幼机构、养老机构、建筑工地等集中用餐单位的主管部门应当加强对集中用餐单位的食品安全教育和日常管理,降低食品安全风险,及时消除食品安全隐患。

第五十八条 【餐具、饮具集中消毒服务单位的要求】餐具、饮具集中消毒服务单位应当具备相应的作业场所、清洗消毒设备或者设施,用水和使用的洗涤剂、消毒剂应当符合相关食品安全国家标准和其他国家标准、卫生规范。

餐具、饮具集中消毒服务单位应当对消毒餐具、饮具进行逐批检验,检验合格后方可出厂,并应当随附消毒合格证明。消毒后的餐具、饮具应当在独立包装上标注单位名称、地址、联系方式、消毒日期以及使用期限等内容。

第五十九条 【食品添加剂生产者的出厂检验记录制度】食品添加剂生产者应当建立食品添加剂出厂检验记录制度,查验出厂产品的检验合格证和安全状况,如实记录食品添加剂的名称、规格、数量、生产日期或者生产批号、保质期、检验合格证号、销售日期以及购货者名称、地址、联系方式等相关内容,并保存相关凭证。记录和凭证保存期限应当符合本法第五十条第二款的规定。

第六十条 【食品添加剂经营者的进货查验记录制度】食品添加剂经营者采购食品添加剂,应当依法查验供货者的许可证和产品合格证明文件,如实记录食品添加剂的名称、规格、数量、生产日期或者生产批号、保质期、进货日期以及供货者名称、地址、联系方式等内容,并保存相关凭证。记录和凭证保存期限应当符合本法第五十条第二款的规定。

第六十一条 【集中交易市场等的食品安全管理责任】集中交易市场的开办者、柜台出租者和展销会举办者,应当依法审查入场食品经营者的许可证,明确其食品安全管理责任,定期对其经营环境和条件进行检查,发现其有违反本法规定行为的,应当及时制止并立即报告所在地县级人民政府食品安全监督管理部门。

第六十二条 【网络食品交易第三方平台提供者的义务】网络食品交易第三方平台提供者应当对入网食品经营者进行实名登记,明确其食品安全管理责任;依法应当取得许可证的,还应当审查其许可证。

网络食品交易第三方平台提供者发现入网食品经营者有违反本法规定行为的,应当及时制止并立即报告所在地县级人民政府食品安全监督管理部门;发现严重违法行为的,应当立即停止提供网络交易平台服务。

第六十三条 【食品召回制度】国家建立食品召回制度。食品生产者发现其生产的食品不符合食品安全标准或者有证据证明可能危害人体健康的,应当立即停止生产,召回已经上市销售的食品,通知相关生产经营者和消费者,并记录召回和通知情况。

食品经营者发现其经营的食品有前款规定情形的,应当立即停止经营,通知相关生产经营者和消费者,并记录停止经营和通知情况。食品生产者认为应当召回的,应当立即召回。由于食品经营者的原因造成其经营的食品有前款规定情形的,食品经营者应当召回。

食品生产经营者应当对召回的食品采取无害化处理、销毁等措施,防止其再次流入市场。但是,对因标签、标志或者说明书不符合食品安全标准而被召回的食品,食品生产者在采取补救措施且能保证食品安全的情况下可以继续销售;销售时应当向消费者明示补救措施。

食品生产经营者应当将食品召回和处理情况向所

在地县级人民政府食品安全监督管理部门报告；需要对召回的食品进行无害化处理、销毁的，应当提前报告时间、地点。食品安全监督管理部门认为必要的，可以实施现场监督。

食品生产经营者未依照本条规定召回或者停止经营的，县级以上人民政府食品安全监督管理部门可以责令其召回或者停止经营。

第六十四条　【食用农产品批发市场的管理】食用农产品批发市场应当配备检验设备和检验人员或者委托符合本法规定的食品检验机构，对进入该批发市场销售的食用农产品进行抽样检验；发现不符合食品安全标准的，应当要求销售者立即停止销售，并向食品安全监督管理部门报告。

第六十五条　【食用农产品销售者进货查验记录制度】食用农产品销售者应当建立食用农产品进货查验记录制度，如实记录食用农产品的名称、数量、进货日期以及供货者名称、地址、联系方式等内容，并保存相关凭证。记录和凭证保存期限不得少于六个月。

第六十六条　【食用农产品销售环节使用食品添加剂和包装材料的要求】进入市场销售的食用农产品在包装、保鲜、贮存、运输中使用保鲜剂、防腐剂等食品添加剂和包装材料等食品相关产品，应当符合食品安全国家标准。

第三节　标签、说明书和广告

第六十七条　【预包装食品标签】预包装食品的包装上应当有标签。标签应当标明下列事项：
（一）名称、规格、净含量、生产日期；
（二）成分或者配料表；
（三）生产者的名称、地址、联系方式；
（四）保质期；
（五）产品标准代号；
（六）贮存条件；
（七）所使用的食品添加剂在国家标准中的通用名称；
（八）生产许可证编号；
（九）法律、法规或者食品安全标准规定应当标明的其他事项。

专供婴幼儿和其他特定人群的主辅食品，其标签还应当标明主要营养成分及其含量。

食品安全国家标准对标签标注事项另有规定的，从其规定。

第六十八条　【散装食品标注的要求】食品经营者销售散装食品，应当在散装食品的容器、外包装上标明食品的名称、生产日期或者生产批号、保质期以及生产经营者名称、地址、联系方式等内容。

第六十九条　【转基因食品的标示】生产经营转基因食品应当按照规定显著标示。

第七十条　【食品添加剂标签、说明书和包装的要求】食品添加剂应当有标签、说明书和包装。标签、说明书应当载明本法第六十七条第一款第一项至第六项、第八项、第九项规定的事项，以及食品添加剂的使用范围、用量、使用方法，并在标签上载明"食品添加剂"字样。

第七十一条　【标签、说明书的真实性要求】食品和食品添加剂的标签、说明书，不得含有虚假内容，不得涉及疾病预防、治疗功能。生产经营者对其提供的标签、说明书的内容负责。

食品和食品添加剂的标签、说明书应当清楚、明显，生产日期、保质期等事项应当显著标注，容易辨识。

食品和食品添加剂与其标签、说明书的内容不符的，不得上市销售。

第七十二条　【预包装食品的销售要求】食品经营者应当按照食品标签标示的警示标志、警示说明或者注意事项的要求销售食品。

第七十三条　【食品广告要求】食品广告的内容应当真实合法，不得含有虚假内容，不得涉及疾病预防、治疗功能。食品生产经营者对食品广告内容的真实性、合法性负责。

县级以上人民政府食品安全监督管理部门和其他有关部门以及食品检验机构、食品行业协会不得以广告或者其他形式向消费者推荐食品。消费者组织不得以收取费用或者其他牟取利益的方式向消费者推荐食品。

第四节　特殊食品

第七十四条　【特殊食品严格监管原则】国家对保健食品、特殊医学用途配方食品和婴幼儿配方食品等特殊食品实行严格监督管理。

第七十五条　【保健食品原料目录和功能目录】保健食品声称保健功能，应当具有科学依据，不得对人体产生急性、亚急性或者慢性危害。

保健食品原料目录和允许保健食品声称的保健功

能目录,由国务院食品安全监督管理部门会同国务院卫生行政部门、国家中医药管理部门制定、调整并公布。

保健食品原料目录应当包括原料名称、用量及其对应的功效;列入保健食品原料目录的原料只能用于保健食品生产,不得用于其他食品生产。

第七十六条 【保健食品注册和备案制度】使用保健食品原料目录以外原料的保健食品和首次进口的保健食品应当经国务院食品安全监督管理部门注册。但是,首次进口的保健食品中属于补充维生素、矿物质等营养物质的,应当报国务院食品安全监督管理部门备案。其他保健食品应当报省、自治区、直辖市人民政府食品安全监督管理部门备案。

进口的保健食品应当是出口国(地区)主管部门准许上市销售的产品。

第七十七条 【保健食品注册和备案的材料】依法应当注册的保健食品,注册时应当提交保健食品的研发报告、产品配方、生产工艺、安全性和保健功能评价、标签、说明书等材料及样品,并提供相关证明文件。国务院食品安全监督管理部门经组织技术审评,对符合安全和功能声称要求的,准予注册;对不符合要求的,不予注册并书面说明理由。对使用保健食品原料目录以外原料的保健食品作出准予注册决定的,应当及时将该原料纳入保健食品原料目录。

依法应当备案的保健食品,备案时应当提交产品配方、生产工艺、标签、说明书以及表明产品安全性和保健功能的材料。

第七十八条 【保健食品标签和说明书】保健食品的标签、说明书不得涉及疾病预防、治疗功能,内容应当真实,与注册或者备案的内容相一致,载明适宜人群、不适宜人群、功效成分或者标志性成分及其含量等,并声明"本品不能代替药物"。保健食品的功能和成分应当与标签、说明书相一致。

第七十九条 【保健食品广告】保健食品广告除应当符合本法第七十三条第一款的规定外,还应当声明"本品不能代替药物";其内容应当经生产企业所在地省、自治区、直辖市人民政府食品安全监督管理部门审查批准,取得保健食品广告批准文件。省、自治区、直辖市人民政府食品安全监督管理部门应当公布并及时更新已经批准的保健食品广告目录以及批准的广告内容。

第八十条 【特殊医学用途配方食品】特殊医学用途配方食品应当经国务院食品安全监督管理部门注册。注册时,应当提交产品配方、生产工艺、标签、说明书以及表明产品安全性、营养充足性和特殊医学用途临床效果的材料。

特殊医学用途配方食品广告适用《中华人民共和国广告法》和其他法律、行政法规关于药品广告管理的规定。

第八十一条 【婴幼儿配方食品】婴幼儿配方食品生产企业应当实施从原料进厂到成品出厂的全过程质量控制,对出厂的婴幼儿配方食品实施逐批检验,保证食品安全。

生产婴幼儿配方食品使用的生鲜乳、辅料等食品原料、食品添加剂等,应当符合法律、行政法规的规定和食品安全国家标准,保证婴幼儿生长发育所需的营养成分。

婴幼儿配方食品生产企业应当将食品原料、食品添加剂、产品配方及标签等事项向省、自治区、直辖市人民政府食品安全监督管理部门备案。

婴幼儿配方乳粉的产品配方应当经国务院食品安全监督管理部门注册。注册时,应当提交配方研发报告和其他表明配方科学性、安全性的材料。

不得以分装方式生产婴幼儿配方乳粉,同一企业不得用同一配方生产不同品牌的婴幼儿配方乳粉。

第八十二条 【材料的真实性和保密等要求】保健食品、特殊医学用途配方食品、婴幼儿配方乳粉的注册人或者备案人应当对其提交材料的真实性负责。

省级以上人民政府食品安全监督管理部门应当及时公布注册或者备案的保健食品、特殊医学用途配方食品、婴幼儿配方乳粉目录,并对注册或者备案中获知的企业商业秘密予以保密。

保健食品、特殊医学用途配方食品、婴幼儿配方乳粉生产企业应当按照注册或者备案的产品配方、生产工艺等技术要求组织生产。

第八十三条 【特殊食品生产质量管理体系】生产保健食品、特殊医学用途配方食品、婴幼儿配方食品和其他专供特定人群的主辅食品的企业,应当按照良好生产规范的要求建立与所生产食品相适应的生产质量管理体系,定期对该体系的运行情况进行自查,保证其有效运行,并向所在地县级人民政府食品安全监督管理部门提交自查报告。

第五章 食品检验（略）

第六章 食品进出口（略）

第七章 食品安全事故处置

第一百零二条 【食品安全事故应急预案】国务院组织制定国家食品安全事故应急预案。

县级以上地方人民政府应当根据有关法律、法规的规定和上级人民政府的食品安全事故应急预案以及本行政区域的实际情况，制定本行政区域的食品安全事故应急预案，并报上一级人民政府备案。

食品安全事故应急预案应当对食品安全事故分级、事故处置组织指挥体系与职责、预防预警机制、处置程序、应急保障措施等作出规定。

食品生产经营企业应当制定食品安全事故处置方案，定期检查本企业各项食品安全防范措施的落实情况，及时消除事故隐患。

第一百零三条 【应急处置、报告、通报】发生食品安全事故的单位应当立即采取措施，防止事故扩大。事故单位和接收病人进行治疗的单位应当及时向事故发生地县级人民政府食品安全监督管理、卫生行政部门报告。

县级以上人民政府农业行政等部门在日常监督管理中发现食品安全事故或者接到事故举报，应当立即向同级食品安全监督管理部门通报。

发生食品安全事故，接到报告的县级人民政府食品安全监督管理部门应当按照应急预案的规定向本级人民政府和上级人民政府食品安全监督管理部门报告。县级人民政府和上级人民政府食品安全监督管理部门应当按照应急预案的规定上报。

任何单位和个人不得对食品安全事故隐瞒、谎报、缓报，不得隐匿、伪造、毁灭有关证据。

第一百零四条 【医疗机构报告】医疗机构发现其接收的病人属于食源性疾病病人或者疑似病人的，应当按照规定及时将相关信息向所在地县级人民政府卫生行政部门报告。县级人民政府卫生行政部门认为与食品安全有关的，应当及时通报同级食品安全监督管理部门。

县级以上人民政府卫生行政部门在调查处理传染病或者其他突发公共卫生事件中发现与食品安全相关的信息，应当及时通报同级食品安全监督管理部门。

第一百零五条 【防止、减轻社会危害的措施】县级以上人民政府食品安全监督管理部门接到食品安全事故的报告后，应当立即会同同级卫生行政、农业行政等部门进行调查处理，并采取下列措施，防止或者减轻社会危害：

（一）开展应急救援工作，组织救治因食品安全事故导致人身伤害的人员；

（二）封存可能导致食品安全事故的食品及其原料，并立即进行检验；对确认属于被污染的食品及其原料，责令食品生产经营者依照本法第六十三条的规定召回或者停止经营；

（三）封存被污染的食品相关产品，并责令进行清洗消毒；

（四）做好信息发布工作，依法对食品安全事故及其处理情况进行发布，并对可能产生的危害加以解释、说明。

发生食品安全事故需要启动应急预案的，县级以上人民政府应当立即成立事故处置指挥机构，启动应急预案，依照前款和应急预案的规定进行处置。

发生食品安全事故，县级以上疾病预防控制机构应当对事故现场进行卫生处理，并对与事故有关的因素开展流行病学调查，有关部门应当予以协助。县级以上疾病预防控制机构应当向同级食品安全监督管理、卫生行政部门提交流行病学调查报告。

第一百零六条 【事故责任调查】发生食品安全事故，设区的市级以上人民政府食品安全监督管理部门应当立即会同有关部门进行事故责任调查，督促有关部门履行职责，向本级人民政府和上一级人民政府食品安全监督管理部门提出事故责任调查处理报告。

涉及两个以上省、自治区、直辖市的重大食品安全事故由国务院食品安全监督管理部门依照前款规定组织事故责任调查。

第一百零七条 【事故责任调查原则、主要任务】调查食品安全事故，应当坚持实事求是、尊重科学的原则，及时、准确查清事故性质和原因，认定事故责任，提出整改措施。

调查食品安全事故，除了查明事故单位的责任，还应当查明有关监督管理部门、食品检验机构、认证机构及其工作人员的责任。

第一百零八条 【调查部分的权力】食品安全事故调查部门有权向有关单位和个人了解与事故有关的情况，并要求提供相关资料和样品。有关单位和个人应当予以配合,按照要求提供相关资料和样品,不得拒绝。

任何单位和个人不得阻挠、干涉食品安全事故的调查处理。

第八章 监督管理(略)

第九章 法律责任

第一百二十二条 【未经许可从事食品生产经营活动等的法律责任】违反本法规定,未取得食品生产经营许可从事食品生产经营活动,或者未取得食品添加剂生产许可从事食品添加剂生产活动的,由县级以上人民政府食品安全监督管理部门没收违法所得和违法生产经营的食品、食品添加剂以及用于违法生产经营的工具、设备、原料等物品;违法生产经营的食品、食品添加剂货值金额不足一万元的,并处五万元以上十万元以下罚款;货值金额一万元以上的,并处货值金额十倍以上二十倍以下罚款。

明知从事前款规定的违法行为,仍为其提供生产经营场所或者其他条件的,由县级以上人民政府食品安全监督管理部门责令停止违法行为,没收违法所得,并处五万元以上十万元以下罚款;使消费者的合法权益受到损害的,应当与食品、食品添加剂生产经营者承担连带责任。

第一百二十三条 【八类最严重违法食品生产经营行为的法律责任】违反本法规定,有下列情形之一,尚不构成犯罪的,由县级以上人民政府食品安全监督管理部门没收违法所得和违法生产经营的食品,并可以没收用于违法生产经营的工具、设备、原料等物品;违法生产经营的食品货值金额不足一万元的,并处十万元以上十五万元以下罚款;货值金额一万元以上的,并处货值金额十五倍以上三十倍以下罚款;情节严重的,吊销许可证,并可以由公安机关对其直接负责的主管人员和其他直接责任人员处五日以上十五日以下拘留:

(一)用非食品原料生产食品、在食品中添加食品添加剂以外的化学物质和其他可能危害人体健康的物质,或者用回收食品作为原料生产食品,或者经营上述食品;

(二)生产经营营养成分不符合食品安全标准的专供婴幼儿和其他特定人群的主辅食品;

(三)经营病死、毒死或者死因不明的禽、畜、兽、水产动物肉类,或者生产经营其制品;

(四)经营未按规定进行检疫或者检疫不合格的肉类,或者生产经营未经检验或者检验不合格的肉类制品;

(五)生产经营国家为防病等特殊需要明令禁止生产经营的食品;

(六)生产经营添加药品的食品。

明知从事前款规定的违法行为,仍为其提供生产经营场所或者其他条件的,由县级以上人民政府食品安全监督管理部门责令停止违法行为,没收违法所得,并处十万元以上二十万元以下罚款;使消费者的合法权益受到损害的,应当与食品生产经营者承担连带责任。

违法使用剧毒、高毒农药的,除依照有关法律、法规规定给予处罚外,可以由公安机关依照第一款规定给予拘留。

第一百二十四条 【十一类违法生产经营行为的法律责任】违反本法规定,有下列情形之一,尚不构成犯罪的,由县级以上人民政府食品安全监督管理部门没收违法所得和违法生产经营的食品、食品添加剂,并可以没收用于违法生产经营的工具、设备、原料等物品;违法生产经营的食品、食品添加剂货值金额不足一万元的,并处五万元以上十万元以下罚款;货值金额一万元以上的,并处货值金额十倍以上二十倍以下罚款;情节严重的,吊销许可证:

(一)生产经营致病性微生物,农药残留、兽药残留、生物毒素、重金属等污染物质以及其他危害人体健康的物质含量超过食品安全标准限量的食品、食品添加剂;

(二)用超过保质期的食品原料、食品添加剂生产食品、食品添加剂,或者经营上述食品、食品添加剂;

(三)生产经营超范围、超限量使用食品添加剂的食品;

(四)生产经营腐败变质、油脂酸败、霉变生虫、污秽不洁、混有异物、掺假掺杂或者感官性状异常的食品、食品添加剂;

(五)生产经营标注虚假生产日期、保质期或者超过保质期的食品、食品添加剂;

(六)生产经营未按规定注册的保健食品、特殊医学用途配方食品、婴幼儿配方乳粉,或者未按注册的产品配方、生产工艺等技术要求组织生产;

(七)以分装方式生产婴幼儿配方乳粉,或者同一企业以同一配方生产不同品牌的婴幼儿配方乳粉;

(八)利用新的食品原料生产食品,或者生产食品添加剂新品种,未通过安全性评估;

(九)食品生产经营者在食品安全监督管理部门责令其召回或者停止经营后,仍拒不召回或者停止经营。

除前款和本法第一百二十三条、第一百二十五条规定的情形外,生产经营不符合法律、法规或者食品安全标准的食品、食品添加剂的,依照前款规定给予处罚。

生产食品相关产品新品种,未通过安全性评估,或者生产不符合食品安全标准的食品相关产品的,由县级以上人民政府食品安全监督管理部门依照第一款规定给予处罚。

第一百二十五条 【四类违法生产经营行为的法律责任】违反本法规定,有下列情形之一的,由县级以上人民政府食品安全监督管理部门没收违法所得和违法生产经营的食品、食品添加剂,并可以没收用于违法生产经营的工具、设备、原料等物品;违法生产经营的食品、食品添加剂货值金额不足一万元的,并处五千元以上五万元以下罚款;货值金额一万元以上的,并处货值金额五倍以上十倍以下罚款;情节严重的,责令停产停业,直至吊销许可证:

(一)生产经营被包装材料、容器、运输工具等污染的食品、食品添加剂;

(二)生产经营无标签的预包装食品、食品添加剂或者标签、说明书不符合本法规定的食品、食品添加剂;

(三)生产经营转基因食品未按规定进行标示;

(四)食品生产经营者采购或者使用不符合食品安全标准的食品原料、食品添加剂、食品相关产品。

生产经营的食品、食品添加剂的标签、说明书存在瑕疵但不影响食品安全且不会对消费者造成误导的,由县级以上人民政府食品安全监督管理部门责令改正;拒不改正的,处二千元以下罚款。

第一百二十六条 【生产经营过程违法行为的法律责任】违反本法规定,有下列情形之一的,由县级以上人民政府食品安全监督管理部门责令改正,给予警告;拒不改正的,处五千元以上五万元以下罚款;情节严重的,责令停产停业,直至吊销许可证:

(一)食品、食品添加剂生产者未按规定对采购的食品原料和生产的食品、食品添加剂进行检验;

(二)食品生产经营企业未按规定建立食品安全管理制度,或者未按规定配备或者培训、考核食品安全管理人员;

(三)食品、食品添加剂生产经营者进货时未查验许可证和相关证明文件,或者未按规定建立并遵守进货查验记录、出厂检验记录和销售记录制度;

(四)食品生产经营企业未制定食品安全事故处置方案;

(五)餐具、饮具和盛放直接入口食品的容器,使用前未经洗净、消毒或者清洗消毒不合格,或者餐饮服务设施、设备未按规定定期维护、清洗、校验;

(六)食品生产经营者安排未取得健康证明或者患有国务院卫生行政部门规定的有碍食品安全疾病的人员从事接触直接入口食品的工作;

(七)食品经营者未按规定要求销售食品;

(八)保健食品生产企业未按规定向食品安全监督管理部门备案,或者未按备案的产品配方、生产工艺等技术要求组织生产;

(九)婴幼儿配方食品生产企业未将食品原料、食品添加剂、产品配方、标签等向食品安全监督管理部门备案;

(十)特殊食品生产企业未按规定建立生产质量管理体系并有效运行,或者未定期提交自查报告;

(十一)食品生产经营者未定期对食品安全状况进行检查评价,或者生产经营条件发生变化,未按规定处理;

(十二)学校、托幼机构、养老机构、建筑工地等集中用餐单位未按规定履行食品安全管理责任;

(十三)食品生产企业、餐饮服务提供者未按规定制定、实施生产经营过程控制要求。

餐具、饮具集中消毒服务单位违反本法规定用水,使用洗涤剂、消毒剂,或者出厂的餐具、饮具未按规定检验合格并随附消毒合格证明,或者未按规定在独立包装上标注相关内容的,由县级以上人民政府卫生行政部门依照前款规定给予处罚。

食品相关产品生产者未按规定对生产的食品相关产品进行检验的,由县级以上人民政府食品安全监督管理部门依照第一款规定给予处罚。

食用农产品销售者违反本法第六十五条规定的,由县级以上人民政府食品安全监督管理部门依照第一款规定给予处罚。

第一百二十七条　【食品生产加工小作坊、食品摊贩等的违法行为如何处罚】对食品生产加工小作坊、食品摊贩等的违法行为的处罚，依照省、自治区、直辖市制定的具体管理办法执行。

第一百二十八条　【事故单位违法行为的法律责任】违反本法规定，事故单位在发生食品安全事故后未进行处置、报告的，由有关主管部门按照各自职责分工责令改正，给予警告；隐匿、伪造、毁灭有关证据的，责令停产停业，没收违法所得，并处十万元以上五十万元以下罚款；造成严重后果的，吊销许可证。

第一百二十九条　【进出口违法行为的法律责任】违反本法规定，有下列情形之一的，由出入境检验检疫机构依照本法第一百二十四条的规定给予处罚：

（一）提供虚假材料，进口不符合我国食品安全国家标准的食品、食品添加剂、食品相关产品；

（二）进口尚无食品安全国家标准的食品，未提交所执行的标准或者经国务院卫生行政部门审查，或者进口利用新的食品原料生产的食品或者进口食品添加剂新品种、食品相关产品新品种，未通过安全性评估；

（三）未遵守本法的规定出口食品；

（四）进口商在有关主管部门责令其依照本法规定召回进口的食品后，仍拒不召回。

违反本法规定，进口商未建立并遵守食品、食品添加剂进口和销售记录制度、境外出口商或者生产企业审核制度的，由出入境检验检疫机构依照本法第一百二十六条的规定给予处罚。

第一百三十条　【集中交易市场违法行为的法律责任】违反本法规定，集中交易市场的开办者、柜台出租者、展销会的举办者允许未依法取得许可的食品经营者进入市场销售食品，或者未履行检查、报告等义务的，由县级以上人民政府食品安全监督管理部门责令改正，没收违法所得，并处五万元以上二十万元以下罚款；造成严重后果的，责令停业，直至由原发证部门吊销许可证；使消费者的合法权益受到损害的，应当与食品经营者承担连带责任。

食用农产品批发市场违反本法第六十四条规定的，依照前款规定承担责任。

第一百三十一条　【网络食品交易违法行为的法律责任】违反本法规定，网络食品交易第三方平台提供者未对入网食品经营者进行实名登记、审查许可证，或者未履行报告、停止提供网络交易平台服务等义务的，由县级以上人民政府食品安全监督管理部门责令改正，没收违法所得，并处五万元以上二十万元以下罚款；造成严重后果的，责令停业，直至由原发证部门吊销许可证；使消费者的合法权益受到损害的，应当与食品经营者承担连带责任。

消费者通过网络食品交易第三方平台购买食品，其合法权益受到损害的，可以向入网食品经营者或者食品生产者要求赔偿。网络食品交易第三方平台提供者不能提供入网食品经营者的真实名称、地址和有效联系方式的，由网络食品交易第三方平台提供者赔偿。网络食品交易第三方平台提供者赔偿后，有权向入网食品经营者或者食品生产者追偿。网络食品交易第三方平台提供者作出更有利于消费者承诺的，应当履行其承诺。

第一百三十二条　【食品贮存、运输和装卸违法行为的法律责任】违反本法规定，未按要求进行食品贮存、运输和装卸的，由县级以上人民政府食品安全监督管理等部门按照各自职责分工责令改正，给予警告；拒不改正的，责令停产停业，并处一万元以上五万元以下罚款；情节严重的，吊销许可证。

第一百三十三条　【拒绝、阻挠、干涉开展食品安全工作等的法律责任】违反本法规定，拒绝、阻挠、干涉有关部门、机构及其工作人员依法开展食品安全监督检查、事故调查处理、风险监测和风险评估的，由有关主管部门按照各自职责分工责令停产停业，并处二千元以上五万元以下罚款；情节严重的，吊销许可证；构成违反治安管理行为的，由公安机关依法给予治安管理处罚。

违反本法规定，对举报人以解除、变更劳动合同或者其他方式打击报复的，应当依照有关法律的规定承担责任。

第一百三十四条　【屡次违法的法律责任】食品生产经营者在一年内累计三次因违反本法规定受到责令停产停业、吊销许可证以外处罚的，由食品安全监督管理部门责令停产停业，直至吊销许可证。

第一百三十五条　【严重违法犯罪者的从业禁止】被吊销许可证的食品生产经营者及其法定代表人、直接负责的主管人员和其他直接责任人员自处罚决定作出之日起五年内不得申请食品生产经营许可，或者从事食品生产经营管理工作、担任食品生产经营企业食品安全管理人员。

因食品安全犯罪被判处有期徒刑以上刑罚的，终身不得从事食品生产经营管理工作,也不得担任食品生产经营企业食品安全管理人员。

食品生产经营者聘用人员违反前两款规定的,由县级以上人民政府食品安全监督管理部门吊销许可证。

第一百三十六条 【食品经营者免予处罚的情形】食品经营者履行了本法规定的进货查验等义务,有充分证据证明其不知道所采购的食品不符合食品安全标准,并能如实说明其进货来源的,可以免予处罚,但应当依法没收其不符合食品安全标准的食品;造成人身、财产或者其他损害的,依法承担赔偿责任。

第一百三十七条 【提供虚假食品安全风险监测、评估信息的法律责任】违反本法规定,承担食品安全风险监测、风险评估工作的技术机构、技术人员提供虚假监测、评估信息的,依法对技术机构直接负责的主管人员和技术人员给予撤职、开除处分;有执业资格的,由授予其资格的主管部门吊销执业证书。

第一百三十八条 【虚假检验报告的法律责任】违反本法规定,食品检验机构、食品检验人员出具虚假检验报告的,由授予其资质的主管部门或者机构撤销该食品检验机构的检验资质,没收所收取的检验费用,并处检验费用五倍以上十倍以下罚款,检验费用不足一万元的,并处五万元以上十万元以下罚款;依法对食品检验机构直接负责的主管人员和食品检验人员给予撤职或者开除处分;导致发生重大食品安全事故的,对直接负责的主管人员和食品检验人员给予开除处分。

违反本法规定,受到开除处分的食品检验机构人员,自处分决定作出之日起十年内不得从事食品检验工作;因食品安全违法行为受到刑事处罚或者因出具虚假检验报告导致发生重大食品安全事故受到开除处分的食品检验机构人员,终身不得从事食品检验工作。食品检验机构聘用不得从事食品检验工作的人员的,由授予其资质的主管部门或者机构撤销该食品检验机构的检验资质。

食品检验机构出具虚假检验报告,使消费者的合法权益受到损害的,应当与食品生产经营者承担连带责任。

第一百三十九条 【虚假认证的法律责任】违反本法规定,认证机构出具虚假认证结论,由认证认可监督管理部门没收所收取的认证费用,并处认证费用五倍以上十倍以下罚款,认证费用不足一万元的,并处五万元以上十万元以下罚款;情节严重的,责令停业,直至撤销认证机构批准文件,并向社会公布;对直接负责的主管人员和负有直接责任的认证人员,撤销其执业资格。

认证机构出具虚假认证结论,使消费者的合法权益受到损害的,应当与食品生产经营者承担连带责任。

第一百四十条 【虚假宣传和违法推荐食品的法律责任】违反本法规定,在广告中对食品作虚假宣传,欺骗消费者,或者发布未取得批准文件、广告内容与批准文件不一致的保健食品广告的,依照《中华人民共和国广告法》的规定给予处罚。

广告经营者、发布者设计、制作、发布虚假食品广告,使消费者的合法权益受到损害的,应当与食品生产经营者承担连带责任。

社会团体或者其他组织、个人在虚假广告或者其他虚假宣传中向消费者推荐食品,使消费者的合法权益受到损害的,应当与食品生产经营者承担连带责任。

违反本法规定,食品安全监督管理等部门、食品检验机构、食品行业协会以广告或者其他形式向消费者推荐食品,消费者组织以收取费用或者其他牟取利益的方式向消费者推荐食品的,由有关主管部门没收违法所得,依法对直接负责的主管人员和其他直接责任人员给予记大过、降级或者撤职处分;情节严重的,给予开除处分。

对食品作虚假宣传且情节严重的,由省级以上人民政府食品安全监督管理部门决定暂停销售该食品,并向社会公布;仍然销售该食品的,由县级以上人民政府食品安全监督管理部门没收违法所得和违法销售的食品,并处二万元以上五万元以下罚款。

第一百四十一条 【编造、散布虚假信息的法律责任】违反本法规定,编造、散布虚假食品安全信息,构成违反治安管理行为的,由公安机关依法给予治安管理处罚。

媒体编造、散布虚假食品安全信息的,由有关主管部门依法给予处罚,并对直接负责的主管人员和其他直接责任人员给予处分;使公民、法人或者其他组织的合法权益受到损害的,依法承担消除影响、恢复名誉、赔偿损失、赔礼道歉等民事责任。

第一百四十二条 【食品安全事故处置有关法律责任】违反本法规定,县级以上地方人民政府有下列行为之一的,对直接负责的主管人员和其他直接责任人员给予记大过处分;情节较重的,给予降级或者撤职处分;情节严重的,给予开除处分;造成严重后果的,其主要负责人还应当引咎辞职：

（一）对发生在本行政区域内的食品安全事故，未及时组织协调有关部门开展有效处置，造成不良影响或者损失；

（二）对本行政区域内涉及多环节的区域性食品安全问题，未及时组织整治，造成不良影响或者损失；

（三）隐瞒、谎报、缓报食品安全事故；

（四）本行政区域内发生特别重大食品安全事故，或者连续发生重大食品安全事故。

第一百四十三条　【政府不作为有关法律责任】违反本法规定，县级以上地方人民政府有下列行为之一的，对直接负责的主管人员和其他直接责任人员给予警告、记过或者记大过处分；造成严重后果的，给予降级或者撤职处分：

（一）未确定有关部门的食品安全监督管理职责，未建立健全食品安全全程监督管理工作机制和信息共享机制，未落实食品安全监督管理责任制；

（二）未制定本行政区域的食品安全事故应急预案，或者发生食品安全事故后未按规定立即成立事故处置指挥机构、启动应急预案。

第一百四十四条　【监管部门有关法律责任】违反本法规定，县级以上人民政府食品安全监督管理、卫生行政、农业行政等部门有下列行为之一的，对直接负责的主管人员和其他直接责任人员给予记大过处分；情节较重的，给予降级或者撤职处分；情节严重的，给予开除处分；造成严重后果的，其主要负责人还应当引咎辞职：

（一）隐瞒、谎报、缓报食品安全事故；

（二）未按规定查处食品安全事故，或者接到食品安全事故报告未及时处理，造成事故扩大或者蔓延；

（三）经食品安全风险评估得出食品、食品添加剂、食品相关产品不安全结论后，未及时采取相应措施，造成食品安全事故或者不良社会影响；

（四）对不符合条件的申请人准予许可，或者超越法定职权准予许可；

（五）不履行食品安全监督管理职责，导致发生食品安全事故。

第一百四十五条　【监管部门有关法律责任】违反本法规定，县级以上人民政府食品安全监督管理、卫生行政、农业行政等部门有下列行为之一，造成不良后果的，对直接负责的主管人员和其他直接责任人员给予警告、记过或者记大过处分；情节较重的，给予降级或者撤职处分；情节严重的，给予开除处分：

（一）在获知有关食品安全信息后，未按规定向上级主管部门和本级人民政府报告，或者未按规定相互通报；

（二）未按规定公布食品安全信息；

（三）不履行法定职责，对查处食品安全违法行为不配合，或者滥用职权、玩忽职守、徇私舞弊。

第一百四十六条　【行政检查和行政强制法律责任】食品安全监督管理等部门在履行食品安全监督管理职责过程中，违法实施检查、强制等执法措施，给生产经营者造成损失的，应当依法予以赔偿，对直接负责的主管人员和其他直接责任人员依法给予处分。

第一百四十七条　【民事责任优先原则】违反本法规定，造成人身、财产或者其他损害的，依法承担赔偿责任。生产经营者财产不足以同时承担民事赔偿责任和缴纳罚款、罚金时，先承担民事赔偿责任。

第一百四十八条　【首付责任制和惩罚性赔偿】消费者因不符合食品安全标准的食品受到损害的，可以向经营者要求赔偿损失，也可以向生产者要求赔偿损失。接到消费者赔偿要求的生产经营者，应当实行首负责任制，先行赔付，不得推诿；属于生产者责任的，经营者赔偿后有权向生产者追偿；属于经营者责任的，生产者赔偿后有权向经营者追偿。

生产不符合食品安全标准的食品或者经营明知是不符合食品安全标准的食品，消费者除要求赔偿损失外，还可以向生产者或者经营者要求支付价款十倍或者损失三倍的赔偿金；增加赔偿的金额不足一千元的，为一千元。但是，食品的标签、说明书存在不影响食品安全且不会对消费者造成误导的瑕疵的除外。

第一百四十九条　【刑事责任】违反本法规定，构成犯罪的，依法追究刑事责任。

第十章　附　则

第一百五十条　【有关用语的含义】本法下列用语的含义：

食品，指各种供人食用或者饮用的成品和原料以及按照传统既是食品又是中药材的物品，但是不包括以治疗为目的的物品。

食品安全，指食品无毒、无害，符合应当有的营养要求，对人体健康不造成任何急性、亚急性或者慢性危害。

预包装食品，指预先定量包装或者制作在包装材料、容器中的食品。

食品添加剂,指为改善食品品质和色、香、味以及为防腐、保鲜和加工工艺的需要而加入食品中的人工合成或者天然物质,包括营养强化剂。

用于食品的包装材料和容器,指包装、盛放食品或者食品添加剂用的纸、竹、木、金属、搪瓷、陶瓷、塑料、橡胶、天然纤维、化学纤维、玻璃等制品和直接接触食品或者食品添加剂的涂料。

用于食品生产经营的工具、设备,指在食品或者食品添加剂生产、销售、使用过程中直接接触食品或者食品添加剂的机械、管道、传送带、容器、用具、餐具等。

用于食品的洗涤剂、消毒剂,指直接用于洗涤或者消毒食品、餐具、饮具以及直接接触食品的工具、设备或者食品包装材料和容器的物质。

食品保质期,指食品在标明的贮存条件下保持品质的期限。

食源性疾病,指食品中致病因素进入人体引起的感染性、中毒性等疾病,包括食物中毒。

食品安全事故,指食源性疾病、食品污染等源于食品,对人体健康有危害或者可能有危害的事故。

第一百五十一条 【转基因食品和食盐的有关管理规定】转基因食品和食盐的食品安全管理,本法未作规定的,适用其他法律、行政法规的规定。

第一百五十二条 【铁路、民航的食品安全管理】铁路、民航运营中食品安全的管理办法由国务院食品安全监督管理部门会同国务院有关部门依照本法制定。

保健食品的具体管理办法由国务院食品安全监督管理部门依照本法制定。

食品相关产品生产活动的具体管理办法由国务院食品安全监督管理部门依照本法制定。

国境口岸食品的监督管理由出入境检验检疫机构依照本法以及有关法律、行政法规的规定实施。

军队专用食品和自供食品的食品安全管理办法由中央军事委员会依照本法制定。

第一百五十三条 【监管体制的调整】国务院根据实际需要,可以对食品安全监督管理体制作出调整。

第一百五十四条 【施行日期】本法自 2015 年 10 月 1 日起施行。

中华人民共和国
消费者权益保护法

1. 1993 年 10 月 31 日第八届全国人民代表大会常务委员会第四次会议通过
2. 根据 2009 年 8 月 27 日第十一届全国人民代表大会常务委员会第十次会议《关于修改部分法律的决定》第一次修正
3. 根据 2013 年 10 月 25 日第十二届全国人民代表大会常务委员会第五次会议《关于修改〈中华人民共和国消费者权益保护法〉的决定》第二次修正

目　　录

第一章　总　　则
第二章　消费者的权利
第三章　经营者的义务
第四章　国家对消费者合法权益的保护
第五章　消费者组织
第六章　争议的解决
第七章　法律责任
第八章　附　　则

第一章　总　　则

第一条　【立法目的】为保护消费者的合法权益,维护社会经济秩序,促进社会主义市场经济健康发展,制定本法。

第二条　【消费者的范围】消费者为生活消费需要购买、使用商品或者接受服务,其权益受本法保护;本法未作规定的,受其他有关法律、法规保护。

第三条　【经营者的范围】经营者为消费者提供其生产、销售的商品或者提供服务,应当遵守本法;本法未作规定的,应当遵守其他有关法律、法规。

第四条　【基本原则】经营者与消费者进行交易,应当遵循自愿、平等、公平、诚实信用的原则。

第五条　【国家对消费者的保护】国家保护消费者的合法权益不受侵害。

国家采取措施,保障消费者依法行使权利,维护消费者的合法权益。

国家倡导文明、健康、节约资源和保护环境的消费方式,反对浪费。

第六条　【社会对消费者的保护】保护消费者的合法权

益是全社会的共同责任。

国家鼓励、支持一切组织和个人对损害消费者合法权益的行为进行社会监督。

大众传播媒介应当做好维护消费者合法权益的宣传,对损害消费者合法权益的行为进行舆论监督。

第二章 消费者的权利

第七条 【人身、财产安全的权利】消费者在购买、使用商品和接受服务时享有人身、财产安全不受损害的权利。

消费者有权要求经营者提供的商品和服务,符合保障人身、财产安全的要求。

第八条 【商品、服务知悉权】消费者享有知悉其购买、使用的商品或者接受的服务的真实情况的权利。

消费者有权根据商品或者服务的不同情况,要求经营者提供商品的价格、产地、生产者、用途、性能、规格、等级、主要成份、生产日期、有效期限、检验合格证明、使用方法说明书、售后服务,或者服务的内容、规格、费用等有关情况。

第九条 【自主选择权】消费者享有自主选择商品或者服务的权利。

消费者有权自主选择提供商品或者服务的经营者,自主选择商品品种或者服务方式,自主决定购买或者不购买任何一种商品、接受或者不接受任何一项服务。

消费者在自主选择商品或者服务时,有权进行比较、鉴别和挑选。

第十条 【公平交易权】消费者享有公平交易的权利。

消费者在购买商品或者接受服务时,有权获得质量保障、价格合理、计量正确等公平交易条件,有权拒绝经营者的强制交易行为。

第十一条 【损害赔偿权】消费者因购买、使用商品或者接受服务受到人身、财产损害的,享有依法获得赔偿的权利。

第十二条 【结社权】消费者享有依法成立维护自身合法权益的社会组织的权利。

第十三条 【知识了解权】消费者享有获得有关消费和消费者权益保护方面的知识的权利。

消费者应当努力掌握所需商品或者服务的知识和使用技能,正确使用商品,提高自我保护意识。

第十四条 【受尊重权】消费者在购买、使用商品和接受服务时,享有人格尊严、民族风俗习惯得到尊重的权利,享有个人信息依法得到保护的权利。

第十五条 【监督权】消费者享有对商品和服务以及保护消费者权益工作进行监督的权利。

消费者有权检举、控告侵害消费者权益的行为和国家机关及其工作人员在保护消费者权益工作中的违法失职行为,有权对保护消费者权益工作提出批评、建议。

第三章 经营者的义务

第十六条 【守法义务】经营者向消费者提供商品或者服务,应当依照本法和其他有关法律、法规的规定履行义务。

经营者和消费者有约定的,应当按照约定履行义务,但双方的约定不得违背法律、法规的规定。

经营者向消费者提供商品或者服务,应当恪守社会公德,诚信经营,保障消费者的合法权益;不得设定不公平、不合理的交易条件,不得强制交易。

第十七条 【接受监督义务】经营者应当听取消费者对其提供的商品或者服务的意见,接受消费者的监督。

第十八条 【安全保障义务】经营者应当保证其提供的商品或者服务符合保障人身、财产安全的要求。对可能危及人身、财产安全的商品和服务,应当向消费者作出真实的说明和明确的警示,并说明和标明正确使用商品或者接受服务的方法以及防止危害发生的方法。

宾馆、商场、餐馆、银行、机场、车站、港口、影剧院等经营场所的经营者,应当对消费者尽到安全保障义务。

第十九条 【缺陷报告和告知等义务】经营者发现其提供的商品或者服务存在缺陷,有危及人身、财产安全危险的,应当立即向有关行政部门报告和告知消费者,并采取停止销售、警示、召回、无害化处理、销毁、停止生产或者服务等措施。采取召回措施的,经营者应当承担消费者因商品被召回支出的必要费用。

第二十条 【真实信息告知义务】经营者向消费者提供有关商品或者服务的质量、性能、用途、有效期限等信息,应当真实、全面,不得作虚假或者引人误解的宣传。

经营者对消费者就其提供的商品或者服务的质量和使用方法等问题提出的询问,应当作出真实、明确的答复。

经营者提供商品或者服务应当明码标价。

第二十一条 【真实标记义务】经营者应当标明其真实名称和标记。

租赁他人柜台或者场地的经营者,应当标明其真实名称和标记。

第二十二条 【出具单据义务】经营者提供商品或者服务,应当按照国家有关规定或者商业惯例向消费者出具发票等购货凭证或者服务单据;消费者索要发票等购货凭证或者服务单据的,经营者必须出具。

第二十三条 【质量保证义务】经营者应当保证在正常使用商品或者接受服务的情况下其提供的商品或者服务应当具有的质量、性能、用途和有效期限;但消费者在购买该商品或者接受该服务前已经知道其存在瑕疵,且存在该瑕疵不违反法律强制性规定的除外。

经营者以广告、产品说明、实物样品或者其他方式表明商品或者服务的质量状况的,应当保证其提供的商品或者服务的实际质量与表明的质量状况相符。

经营者提供的机动车、计算机、电视机、电冰箱、空调器、洗衣机等耐用商品或者装饰装修等服务,消费者自接受商品或者服务之日起六个月内发现瑕疵,发生争议的,由经营者承担有关瑕疵的举证责任。

第二十四条 【售后服务义务】经营者提供的商品或者服务不符合质量要求的,消费者可以依照国家规定、当事人约定退货,或者要求经营者履行更换、修理等义务。没有国家规定和当事人约定的,消费者可以自收到商品之日起七日内退货;七日后符合法定解除合同条件的,消费者可以及时退货,不符合法定解除合同条件的,可以要求经营者履行更换、修理等义务。

依照前款规定进行退货、更换、修理的,经营者应当承担运输等必要费用。

第二十五条 【特殊方式销售商品的退货义务】经营者采用网络、电视、电话、邮购等方式销售商品,消费者有权自收到商品之日起七日内退货,且无需说明理由,但下列商品除外:

(一)消费者定作的;

(二)鲜活易腐的;

(三)在线下载或者消费者拆封的音像制品、计算机软件等数字化商品;

(四)交付的报纸、期刊。

除前款所列商品外,其他根据商品性质并经消费者在购买时确认不宜退货的商品,不适用无理由退货。

消费者退货的商品应当完好。经营者应当自收到退回商品之日起七日内返还消费者支付的商品价款。退回商品的运费由消费者承担;经营者和消费者另有约定的,按照约定。

第二十六条 【格式条款的使用与禁止】经营者在经营活动中使用格式条款的,应当以显著方式提请消费者注意商品或者服务的数量和质量、价款或者费用、履行期限和方式、安全注意事项和风险警示、售后服务、民事责任等与消费者有重大利害关系的内容,并按照消费者的要求予以说明。

经营者不得以格式条款、通知、声明、店堂告示等方式,作出排除或者限制消费者权利、减轻或者免除经营者责任、加重消费者责任等对消费者不公平、不合理的规定,不得利用格式条款并借助技术手段强制交易。

格式条款、通知、声明、店堂告示等含有前款所列内容的,其内容无效。

第二十七条 【禁止侵犯消费者人身权】经营者不得对消费者进行侮辱、诽谤,不得搜查消费者的身体及其携带的物品,不得侵犯消费者的人身自由。

第二十八条 【特殊经营者的信息提供义务】采用网络、电视、电话、邮购等方式提供商品或者服务的经营者,以及提供证券、保险、银行等金融服务的经营者,应当向消费者提供经营地址、联系方式、商品或者服务的数量和质量、价款或者费用、履行期限和方式、安全注意事项和风险警示、售后服务、民事责任等信息。

第二十九条 【消费者个人信息保护义务】经营者收集、使用消费者个人信息,应当遵循合法、正当、必要的原则,明示收集、使用信息的目的、方式和范围,并经消费者同意。经营者收集、使用消费者个人信息,应当公开其收集、使用规则,不得违反法律、法规的规定和双方的约定收集、使用信息。

经营者及其工作人员对收集的消费者个人信息必须严格保密,不得泄露、出售或者非法向他人提供。经营者应当采取技术措施和其他必要措施,确保信息安全,防止消费者个人信息泄露、丢失。在发生或者可能发生信息泄露、丢失的情况时,应当立即采取补救措施。

经营者未经消费者同意或请求,或者消费者明确表示拒绝的,不得向其发送商业性信息。

第四章 国家对消费者合法权益的保护

第三十条 【立法参与】国家制定有关消费者权益的法律、法规、规章和强制性标准,应当听取消费者和消费者协会等组织的意见。

第三十一条 【政府监管】各级人民政府应当加强领导，组织、协调、督促有关行政部门做好保护消费者合法权益的工作，落实保护消费者合法权益的职责。

各级人民政府应当加强监督，预防危害消费者人身、财产安全行为的发生，及时制止危害消费者人身、财产安全的行为。

第三十二条 【主管部门】各级人民政府工商行政管理部门和其他有关行政部门应当依照法律、法规的规定，在各自的职责范围内，采取措施，保护消费者的合法权益。

有关行政部门应当听取消费者和消费者协会等组织对经营者交易行为、商品和服务质量问题的意见，及时调查处理。

第三十三条 【有关部门的抽查检验等职责】有关行政部门在各自的职责范围内，应当定期或者不定期对经营者提供的商品和服务进行抽查检验，并及时向社会公布抽查检验结果。

有关行政部门发现并认定经营者提供的商品或者服务存在缺陷，有危及人身、财产安全危险的，应当立即责令经营者采取停止销售、警示、召回、无害化处理、销毁、停止生产或者服务等措施。

第三十四条 【违法惩处】有关国家机关应当依照法律、法规的规定，惩处经营者在提供商品和服务中侵害消费者合法权益的违法犯罪行为。

第三十五条 【方便诉讼】人民法院应当采取措施，方便消费者提起诉讼。对符合《中华人民共和国民事诉讼法》起诉条件的消费者权益争议，必须受理，及时审理。

第五章 消费者组织

第三十六条 【消费者组织】消费者协会和其他消费者组织是依法成立的对商品和服务进行社会监督的保护消费者合法权益的社会组织。

第三十七条 【消费者协会的职能】消费者协会履行下列公益性职责：

（一）向消费者提供消费信息和咨询服务，提高消费者维护自身合法权益的能力，引导文明、健康、节约资源和保护环境的消费方式；

（二）参与制定有关消费者权益的法律、法规、规章和强制性标准；

（三）参与有关行政部门对商品和服务的监督、检查；

（四）就有关消费者合法权益的问题，向有关部门反映、查询，提出建议；

（五）受理消费者的投诉，并对投诉事项进行调查、调解；

（六）投诉事项涉及商品和服务质量问题的，可以委托具备资格的鉴定人鉴定，鉴定人应当告知鉴定意见；

（七）就损害消费者合法权益的行为，支持受损害的消费者提起诉讼或者依照本法提起诉讼；

（八）对损害消费者合法权益的行为，通过大众传播媒介予以揭露、批评。

各级人民政府对消费者协会履行职责应当予以必要的经费等支持。

消费者协会应当认真履行保护消费者合法权益的职责，听取消费者的意见和建议，接受社会监督。

依法成立的其他消费者组织依照法律、法规及其章程的规定，开展保护消费者合法权益的活动。

第三十八条 【禁止消费者组织牟利】消费者组织不得从事商品经营和营利性服务，不得以收取费用或者其他牟取利益的方式向消费者推荐商品和服务。

第六章 争议的解决

第三十九条 【争议解决途径】消费者和经营者发生消费者权益争议的，可以通过下列途径解决：

（一）与经营者协商和解；

（二）请求消费者协会或者依法成立的其他调解组织调解；

（三）向有关行政部门投诉；

（四）根据与经营者达成的仲裁协议提请仲裁机构仲裁；

（五）向人民法院提起诉讼。

第四十条 【赔偿请求权的行使】消费者在购买、使用商品时，其合法权益受到损害的，可以向销售者要求赔偿。销售者赔偿后，属于生产者的责任或者属于向销售者提供商品的其他销售者的责任的，销售者有权向生产者或者其他销售者追偿。

消费者或者其他受害人因商品缺陷造成人身、财产损害的，可以向销售者要求赔偿，也可以向生产者要求赔偿。属于生产者责任的，销售者赔偿后，有权向生产者追偿。属于销售者责任的，生产者赔偿后，有权向销售者追偿。

消费者在接受服务时,其合法权益受到损害的,可以向服务者要求赔偿。

第四十一条 【企业合并、分立的赔偿】消费者在购买、使用商品或者接受服务时,其合法权益受到损害,因原企业分立、合并的,可以向变更后承受其权利义务的企业要求赔偿。

第四十二条 【使用他人执照经营的损害赔偿】使用他人营业执照的违法经营者提供商品或者服务,损害消费者合法权益的,消费者可以向其要求赔偿,也可以向营业执照的持有人要求赔偿。

第四十三条 【展销、租赁柜台经营的损害赔偿】消费者在展销会、租赁柜台购买商品或者接受服务,其合法权益受到损害的,可以向销售者或者服务者要求赔偿。展销会结束或者柜台租赁期满后,也可以向展销会的举办者、柜台的出租者要求赔偿。展销会的举办者、柜台的出租者赔偿后,有权向销售者或者服务者追偿。

第四十四条 【网络交易损害赔偿的责任承担】消费者通过网络交易平台购买商品或者接受服务,其合法权益受到损害的,可以向销售者或者服务者要求赔偿。网络交易平台提供者不能提供销售者或者服务者的真实名称、地址和有效联系方式的,消费者也可以向网络交易平台提供者要求赔偿;网络交易平台提供者作出更有利于消费者的承诺的,应当履行承诺。网络交易平台提供者赔偿后,有权向销售者或者服务者追偿。

网络交易平台提供者明知或者应知销售者或者服务者利用其平台侵害消费者合法权益,未采取必要措施的,依法与该销售者或者服务者承担连带责任。

第四十五条 【利用虚假宣传方式经营的损害赔偿】消费者因经营者利用虚假广告或者其他虚假宣传方式提供商品或者服务,其合法权益受到损害的,可以向经营者要求赔偿。广告经营者、发布者发布虚假广告的,消费者可以请求行政主管部门予以惩处。广告经营者、发布者不能提供经营者的真实名称、地址和有效联系方式的,应当承担赔偿责任。

广告经营者、发布者设计、制作、发布关系消费者生命健康商品或者服务的虚假广告,造成消费者损害的,应当与提供该商品或者服务的经营者承担连带责任。

社会团体或者其他组织、个人在关系消费者生命健康商品或者服务的虚假广告或者其他虚假宣传中向消费者推荐商品或者服务,造成消费者损害的,应当与提供该商品或者服务的经营者承担连带责任。

第四十六条 【投诉的处理】消费者向有关行政部门投诉的,该部门应当自收到投诉之日起七个工作日内,予以处理并告知消费者。

第四十七条 【消费者公益诉讼】对侵害众多消费者合法权益的行为,中国消费者协会以及在省、自治区、直辖市设立的消费者协会,可以向人民法院提起诉讼。

第七章 法 律 责 任

第四十八条 【承担民事责任的情形】经营者提供商品或者服务有下列情形之一的,除本法另有规定外,应当依照其他有关法律、法规的规定,承担民事责任:

(一)商品或者服务存在缺陷的;

(二)不具备商品应当具备的使用性能而出售时未作说明的;

(三)不符合在商品或者其包装上注明采用的商品标准的;

(四)不符合商品说明、实物样品等方式表明的质量状况的;

(五)生产国家明令淘汰的商品或者销售失效、变质的商品的;

(六)销售的商品数量不足的;

(七)服务的内容和费用违反约定的;

(八)对消费者提出的修理、重作、更换、退货、补足商品数量、退还货款和服务费用或者赔偿损失的要求,故意拖延或者无理拒绝的;

(九)法律、法规规定的其他损害消费者权益的情形。

经营者对消费者未尽到安全保障义务,造成消费者损害的,应当承担侵权责任。

第四十九条 【造成消费者人身伤害或死亡的民事责任】经营者提供商品或者服务,造成消费者或者其他受害人人身伤害的,应当赔偿医疗费、护理费、交通费等为治疗和康复支出的合理费用,以及因误工减少的收入。造成残疾的,还应当赔偿残疾生活辅助具费和残疾赔偿金。造成死亡的,还应当赔偿丧葬费和死亡赔偿金。

第五十条 【侵害消费者人格尊严、人身自由或个人信息的民事责任】经营者侵害消费者的人格尊严、侵犯消费者人身自由或者侵害消费者个人信息依法得到保护的权利的,应当停止侵害、恢复名誉、消除影响、赔礼道歉,并赔偿损失。

第五十一条 【造成消费者严重精神损害的民事责任】经营者有侮辱诽谤、搜查身体、侵犯人身自由等侵害消费者或者其他受害人人身权益的行为,造成严重精神损害的,受害人可以要求精神损害赔偿。

第五十二条 【造成消费者财产损害的民事责任】经营者提供商品或者服务,造成消费者财产损害的,应当依照法律规定或者当事人约定承担修理、重作、更换、退货、补足商品数量、退还货款和服务费用或者赔偿损失等民事责任。

第五十三条 【预收款方式的违约责任】经营者以预收款方式提供商品或者服务的,应当按照约定提供。未按照约定提供的,应当按照消费者的要求履行约定或者退回预付款;并应当承担预付款的利息、消费者必须支付的合理费用。

第五十四条 【不合格商品的民事责任】依法经有关行政部门认定为不合格的商品,消费者要求退货的,经营者应当负责退货。

第五十五条 【欺诈经营的民事责任】经营者提供商品或者服务有欺诈行为的,应当按照消费者的要求增加赔偿其受到的损失,增加赔偿的金额为消费者购买商品的价款或者接受服务的费用的三倍;增加赔偿的金额不足五百元的,为五百元。法律另有规定的,依照其规定。

经营者明知商品或者服务存在缺陷,仍然向消费者提供,造成消费者或者其他受害人死亡或者健康严重损害的,受害人有权要求经营者依照本法第四十九条、第五十一条等法律规定赔偿损失,并有权要求所受损失二倍以下的惩罚性赔偿。

第五十六条 【承担行政责任的情形】经营者有下列情形之一,除承担相应的民事责任外,其他有关法律、法规对处罚机关和处罚方式有规定的,依照法律、法规的规定执行;法律、法规未作规定的,由工商行政管理部门或者其他有关行政部门责令改正,可以根据情节单处或者并处警告、没收违法所得、处以违法所得一倍以上十倍以下的罚款,没有违法所得的,处以五十万元以下的罚款;情节严重的,责令停业整顿、吊销营业执照:

(一)提供的商品或者服务不符合保障人身、财产安全要求的;

(二)在商品中掺杂、掺假,以假充真,以次充好,或者以不合格商品冒充合格商品的;

(三)生产国家明令淘汰的商品或者销售失效、变质的商品的;

(四)伪造商品的产地,伪造或者冒用他人的厂名、厂址,篡改生产日期,伪造或者冒用认证标志等质量标志的;

(五)销售的商品应当检验、检疫而未检验、检疫或者伪造检验、检疫结果的;

(六)对商品或者服务作虚假或者引人误解的宣传的;

(七)拒绝或者拖延有关行政部门责令对缺陷商品或者服务采取停止销售、警示、召回、无害化处理、销毁、停止生产或者服务等措施的;

(八)对消费者提出的修理、重作、更换、退货、补足商品数量、退还货款和服务费用或者赔偿损失的要求,故意拖延或者无理拒绝的;

(九)侵害消费者人格尊严、侵犯消费者人身自由或者侵害消费者个人信息依法得到保护的权利的;

(十)法律、法规规定的对损害消费者权益应当予以处罚的其他情形。

经营者有前款规定情形的,除依照法律、法规规定予以处罚外,处罚机关应当记入信用档案,向社会公布。

第五十七条 【承担刑事责任的情形】经营者违反本法规定提供商品或者服务,侵害消费者合法权益,构成犯罪的,依法追究刑事责任。

第五十八条 【民事赔偿责任优先】经营者违反本法规定,应当承担民事赔偿责任和缴纳罚款、罚金,其财产不足以同时支付的,先承担民事赔偿责任。

第五十九条 【对行政处罚的复议或起诉】经营者对行政处罚决定不服的,可以依法申请行政复议或者提起行政诉讼。

第六十条 【妨害公务的法律责任】以暴力、威胁等方法阻碍有关行政部门工作人员依法执行职务的,依法追究刑事责任;拒绝、阻碍有关行政部门工作人员依法执行职务,未使用暴力、威胁方法的,由公安机关依照《中华人民共和国治安管理处罚法》的规定处罚。

第六十一条 【玩忽职守或包庇的法律责任】国家机关工作人员玩忽职守或者包庇经营者侵害消费者合法权益的行为的,由其所在单位或者上级机关给予行政处分;情节严重,构成犯罪的,依法追究刑事责任。

第八章 附 则

第六十二条 【购买、使用农资参照本法】农民购买、使用直接用于农业生产的生产资料,参照本法执行。

第六十三条 【施行日期】本法自 1994 年 1 月 1 日起施行。

3. 交通事故损害赔偿

(1)道路交通事故

中华人民共和国道路交通安全法

1. 2003年10月28日第十届全国人民代表大会常务委员会第五次会议通过
2. 根据2007年12月29日第十届全国人民代表大会常务委员会第三十一次会议《关于修改〈中华人民共和国道路交通安全法〉的决定》第一次修正
3. 根据2011年4月22日第十一届全国人民代表大会常务委员会第二十次会议《关于修改〈中华人民共和国道路交通安全法〉的决定》第二次修正
4. 根据2021年4月29日第十三届全国人民代表大会常务委员会第二十八次会议《关于修改〈中华人民共和国道路交通安全法〉等八部法律的决定》第三次修正

目 录

第一章 总 则
第二章 车辆和驾驶人
　第一节 机动车、非机动车
　第二节 机动车驾驶人
第三章 道路通行条件
第四章 道路通行规定
　第一节 一般规定
　第二节 机动车通行规定
　第三节 非机动车通行规定
　第四节 行人和乘车人通行规定
　第五节 高速公路的特别规定
第五章 交通事故处理
第六章 执法监督
第七章 法律责任
第八章 附 则

第一章 总 则

第一条　【立法目的】为了维护道路交通秩序,预防和减少交通事故,保护人身安全,保护公民、法人和其他组织的财产安全及其他合法权益,提高通行效率,制定本法。

第二条　【适用范围】中华人民共和国境内的车辆驾驶人、行人、乘车人以及与道路交通活动有关的单位和个人,都应当遵守本法。

第三条　【工作原则】道路交通安全工作,应当遵循依法管理、方便群众的原则,保障道路交通有序、安全、畅通。

第四条　【政府职责】各级人民政府应当保障道路交通安全管理工作与经济建设和社会发展相适应。

　　县级以上地方各级人民政府应当适应道路交通发展的需要,依据道路交通安全法律、法规和国家有关政策,制定道路交通安全管理规划,并组织实施。

第五条　【主管部门】国务院公安部门负责全国道路交通安全管理工作。县级以上地方各级人民政府公安机关交通管理部门负责本行政区域内的道路交通安全管理工作。

　　县级以上各级人民政府交通、建设管理部门依据各自职责,负责有关的道路交通工作。

第六条　【宣传教育】各级人民政府应当经常进行道路交通安全教育,提高公民的道路交通安全意识。

　　公安机关交通管理部门及其交通警察执行职务时,应当加强道路交通安全法律、法规的宣传,并模范遵守道路交通安全法律、法规。

　　机关、部队、企业事业单位、社会团体以及其他组织,应当对本单位的人员进行道路交通安全教育。

　　教育行政部门、学校应当将道路交通安全教育纳入法制教育的内容。

　　新闻、出版、广播、电视等有关单位,有进行道路交通安全教育的义务。

第七条　【科学推广】对道路交通安全管理工作,应当加强科学研究,推广、使用先进的管理方法、技术、设备。

第二章 车辆和驾驶人

第一节 机动车、非机动车

第八条　【机动车登记制度】国家对机动车实行登记制度。机动车经公安机关交通管理部门登记后,方可上道路行驶。尚未登记的机动车,需要临时上道路行驶的,应当取得临时通行牌证。

第九条　【申请登记证明及受理】申请机动车登记,应当提交以下证明、凭证:

　　(一)机动车所有人的身份证明;
　　(二)机动车来历证明;

(三)机动车整车出厂合格证明或者进口机动车进口凭证;

(四)车辆购置税的完税证明或者免税凭证;

(五)法律、行政法规规定应当在机动车登记时提交的其他证明、凭证。

公安机关交通管理部门应当自受理申请之日起五个工作日内完成机动车登记审查工作,对符合前款规定条件的,应当发放机动车登记证书、号牌和行驶证;对不符合前款规定条件的,应当向申请人说明不予登记的理由。

公安机关交通管理部门以外的任何单位或者个人不得发放机动车号牌或者要求机动车悬挂其他号牌,本法另有规定的除外。

机动车登记证书、号牌、行驶证的式样由国务院公安部门规定并监制。

第十条 【安全技术检验】准予登记的机动车应当符合机动车国家安全技术标准。申请机动车登记时,应当接受对该机动车的安全技术检验。但是,经国家机动车产品主管部门依据机动车国家安全技术标准认定的企业生产的机动车型,该车型的新车在出厂时经检验符合机动车国家安全技术标准,获得检验合格证的,免予安全技术检验。

第十一条 【车牌号的使用规定】驾驶机动车上道路行驶,应当悬挂机动车号牌,放置检验合格标志、保险标志,并随车携带机动车行驶证。

机动车号牌应当按照规定悬挂并保持清晰、完整,不得故意遮挡、污损。

任何单位和个人不得收缴、扣留机动车号牌。

第十二条 【变更登记】有下列情形之一的,应当办理相应的登记:

(一)机动车所有权发生转移的;

(二)机动车登记内容变更的;

(三)机动车用作抵押的;

(四)机动车报废的。

第十三条 【安检】对登记后上道路行驶的机动车,应当依照法律、行政法规的规定,根据车辆用途、载客载货数量、使用年限等不同情况,定期进行安全技术检验。对提供机动车行驶证和机动车第三者责任强制保险单的,机动车安全技术检验机构应当予以检验,任何单位不得附加其他条件。对符合机动车国家安全技术标准的,公安机关交通管理部门应当发给检验合格标志。

对机动车的安全技术检验实行社会化。具体办法由国务院规定。

机动车安全技术检验实行社会化的地方,任何单位不得要求机动车到指定的场所进行检验。

公安机关交通管理部门、机动车安全技术检验机构不得要求机动车到指定的场所进行维修、保养。

机动车安全技术检验机构对机动车检验收取费用,应当严格执行国务院价格主管部门核定的收费标准。

第十四条 【强制报废制度】国家实行机动车强制报废制度,根据机动车的安全技术状况和不同用途,规定不同的报废标准。

应当报废的机动车必须及时办理注销登记。

达到报废标准的机动车不得上道路行驶。报废的大型客、货车及其他营运车辆应当在公安机关交通管理部门的监督下解体。

第十五条 【特种车辆标志的使用】警车、消防车、救护车、工程救险车应当按照规定喷涂标志图案,安装警报器、标志灯具。其他机动车不得喷涂、安装、使用上述车辆专用的或者与其相类似的标志图案、警报器或者标志灯具。

警车、消防车、救护车、工程救险车应当严格按照规定的用途和条件使用。

公路监督检查的专用车辆,应当依照公路法的规定,设置统一的标志和示警灯。

第十六条 【禁止行为】任何单位或者个人不得有下列行为:

(一)拼装机动车或者擅自改变机动车已登记的结构、构造或者特征;

(二)改变机动车型号、发动机号、车架号或者车辆识别代号;

(三)伪造、变造或者使用伪造、变造的机动车登记证书、号牌、行驶证、检验合格标志、保险标志;

(四)使用其他机动车的登记证书、号牌、行驶证、检验合格标志、保险标志。

第十七条 【强制保险】国家实行机动车第三者责任强制保险制度,设立道路交通事故社会救助基金。具体办法由国务院规定。

第十八条 【非机动车的登记】依法应当登记的非机动车,经公安机关交通管理部门登记后,方可上道路行驶。

依法应当登记的非机动车的种类,由省、自治区、直辖市人民政府根据当地实际情况规定。

非机动车的外形尺寸、质量、制动器、车铃和夜间反光装置,应当符合非机动车安全技术标准。

第二节 机动车驾驶人

第十九条 【驾驶证】驾驶机动车,应当依法取得机动车驾驶证。

申请机动车驾驶证,应当符合国务院公安部门规定的驾驶许可条件;经考试合格后,由公安机关交通管理部门发给相应类别的机动车驾驶证。

持有境外机动车驾驶证的人,符合国务院公安部门规定的驾驶许可条件,经公安机关交通管理部门考核合格的,可以发给中国的机动车驾驶证。

驾驶人应当按照驾驶证载明的准驾车型驾驶机动车;驾驶机动车时,应当随身携带机动车驾驶证。

公安机关交通管理部门以外的任何单位或者个人,不得收缴、扣留机动车驾驶证。

第二十条 【驾驶培训】机动车的驾驶培训实行社会化,由交通运输主管部门对驾驶培训学校、驾驶培训班实行备案管理,并对驾驶培训活动加强监督,其中专门的拖拉机驾驶培训学校、驾驶培训班由农业(农业机械)主管部门实行监督管理。

驾驶培训学校、驾驶培训班应当严格按照国家有关规定,对学员进行道路交通安全法律、法规、驾驶技能的培训,确保培训质量。

任何国家机关以及驾驶培训和考试主管部门不得举办或者参与举办驾驶培训学校、驾驶培训班。

第二十一条 【上路前检查】驾驶人驾驶机动车上道路行驶前,应当对机动车的安全技术性能进行认真检查;不得驾驶安全设施不全或者机件不符合技术标准等具有安全隐患的机动车。

第二十二条 【安全、文明驾驶】机动车驾驶人应当遵守道路交通安全法律、法规的规定,按照操作规范安全驾驶、文明驾驶。

饮酒、服用国家管制的精神药品或者麻醉药品,或者患有妨碍安全驾驶机动车的疾病,或者过度疲劳影响安全驾驶的,不得驾驶机动车。

任何人不得强迫、指使、纵容驾驶人违反道路交通安全法律、法规和机动车安全驾驶要求驾驶机动车。

第二十三条 【驾驶证审验制度】公安机关交通管理部门依照法律、行政法规的规定,定期对机动车驾驶证实施审验。

第二十四条 【累积记分制】公安机关交通管理部门对机动车驾驶人违反道路交通安全法律、法规的行为,除依法给予行政处罚外,实行累积记分制度。公安机关交通管理部门对累积记分达到规定分值的机动车驾驶人,扣留机动车驾驶证,对其进行道路交通安全法律、法规教育,重新考试;考试合格的,发还其驾驶证。

对遵守道路交通安全法律、法规,在一年内无累积记分的机动车驾驶人,可以延长机动车驾驶证的审验期。具体办法由国务院公安部门规定。

第三章 道路通行条件

第二十五条 【道路交通信号】全国实行统一的道路交通信号。

交通信号包括交通信号灯、交通标志、交通标线和交通警察的指挥。

交通信号灯、交通标志、交通标线的设置应当符合道路交通安全、畅通的要求和国家标准,并保持清晰、醒目、准确、完好。

根据通行需要,应当及时增设、调换、更新道路交通信号。增设、调换、更新限制性的道路交通信号,应当提前向社会公告,广泛进行宣传。

第二十六条 【交通信号灯】交通信号灯由红灯、绿灯、黄灯组成。红灯表示禁止通行,绿灯表示准许通行,黄灯表示警示。

第二十七条 【铁路警示标志】铁路与道路平面交叉的道口,应当设置警示灯、警示标志或者安全防护设施。无人看守的铁路道口,应当在距道口一定距离处设置警示标志。

第二十八条 【交通设施的保护】任何单位和个人不得擅自设置、移动、占用、损毁交通信号灯、交通标志、交通标线。

道路两侧及隔离带上种植的树木或者其他植物,设置的广告牌、管线等,应当与交通设施保持必要的距离,不得遮挡路灯、交通信号灯、交通标志,不得妨碍安全视距,不得影响通行。

第二十九条 【安全防范】道路、停车场和道路配套设施的规划、设计、建设,应当符合道路交通安全、畅通的要求,并根据交通需求及时调整。

公安机关交通管理部门发现已经投入使用的道路存在交通事故频发路段,或者停车场、道路配套设施存在交通安全严重隐患的,应当及时向当地人民政府报告,并提出防范交通事故、消除隐患的建议,当地人民政府应当及时作出处理决定。

第三十条　【警示与修复损毁道路】道路出现坍塌、坑漕、水毁、隆起等损毁或者交通信号灯、交通标志、交通标线等交通设施损毁、灭失的,道路、交通设施的养护部门或者管理部门应当设置警示标志并及时修复。

公安机关交通管理部门发现前款情形,危及交通安全,尚未设置警示标志的,应当及时采取安全措施,疏导交通,并通知道路、交通设施的养护部门或者管理部门。

第三十一条　【非法占道】未经许可,任何单位和个人不得占用道路从事非交通活动。

第三十二条　【施工要求】因工程建设需要占用、挖掘道路,或者跨越、穿越道路架设、增设管线设施,应当事先征得道路主管部门的同意;影响交通安全的,还应当征得公安机关交通管理部门的同意。

施工作业单位应当在经批准的路段和时间内施工作业,并在距离施工作业地点来车方向安全距离处设置明显的安全警示标志,采取防护措施;施工作业完毕,应当迅速清除道路上的障碍物,消除安全隐患,经道路主管部门和公安机关交通管理部门验收合格,符合通行要求后,方可恢复通行。

对未中断交通的施工作业道路,公安机关交通管理部门应当加强交通安全监督检查,维护道路交通秩序。

第三十三条　【停车泊位】新建、改建、扩建的公共建筑、商业街区、居住区、大(中)型建筑等,应当配建、增建停车场;停车泊位不足的,应当及时改建或者扩建;投入使用的停车场不得擅自停止使用或者改作他用。

在城市道路范围内,在不影响行人、车辆通行的情况下,政府有关部门可以施划停车泊位。

第三十四条　【人行横道及盲道】学校、幼儿园、医院、养老院门前的道路没有行人过街设施的,应当施划人行横道线,设置提示标志。

城市主要道路的人行道,应当按照规划设置盲道。盲道的设置应当符合国家标准。

第四章　道路通行规定
第一节　一般规定

第三十五条　【右行】机动车、非机动车实行右侧通行。

第三十六条　【分道通行】根据道路条件和通行需要,道路划分为机动车道、非机动车道和人行道的,机动车、非机动车、行人实行分道通行。没有划分机动车道、非机动车道和人行道的,机动车在道路中间通行,非机动车和行人在道路两侧通行。

第三十七条　【专用车道的使用】道路划设专用车道的,在专用车道内,只准许规定的车辆通行,其他车辆不得进入专用车道内行驶。

第三十八条　【通行原则】车辆、行人应当按照交通信号通行;遇有交通警察现场指挥时,应当按照交通警察的指挥通行;在没有交通信号的道路上,应当在确保安全、畅通的原则下通行。

第三十九条　【交通限制的提前公告】公安机关交通管理部门根据道路和交通流量的具体情况,可以对机动车、非机动车、行人采取疏导、限制通行、禁止通行等措施。遇有大型群众性活动、大范围施工等情况,需要采取限制交通的措施,或者作出与公众的道路交通活动直接有关的决定,应当提前向社会公告。

第四十条　【交通管制的条件】遇有自然灾害、恶劣气象条件或者重大交通事故等严重影响交通安全的情形,采取其他措施难以保证交通安全时,公安机关交通管理部门可以实行交通管制。

第四十一条　【立法委任】有关道路通行的其他具体规定,由国务院规定。

第二节　机动车通行规定

第四十二条　【车速】机动车上道路行驶,不得超过限速标志标明的最高时速。在没有限速标志的路段,应当保持安全车速。

夜间行驶或者在容易发生危险的路段行驶,以及遇有沙尘、冰雹、雨、雪、雾、结冰等气象条件时,应当降低行驶速度。

第四十三条　【安全车距及禁止超车情形】同车道行驶的机动车,后车应当与前车保持足以采取紧急制动措施的安全距离。有下列情形之一的,不得超车:

(一)前车正在左转弯、掉头、超车的;
(二)与对面来车有会车可能的;
(三)前车为执行紧急任务的警车、消防车、救护车、工程救险车的;
(四)行经铁路道口、交叉路口、窄桥、弯道、陡坡、隧道、人行横道、市区交通流量大的路段等没有超车条件的。

第四十四条　【减速行驶】机动车通过交叉路口,应当按照交通信号灯、交通标志、交通标线或者交通警察的指挥通过;通过没有交通信号灯、交通标志、交通标线或者交通警察指挥的交叉路口时,应当减速慢行,并让行人和优先通行的车辆先行。

第四十五条 【超车限制】机动车遇有前方车辆停车排队等候或者缓慢行驶时,不得借道超车或者占用对面车道,不得穿插等候的车辆。

在车道减少的路段、路口,或者在没有交通信号灯、交通标志、交通标线或者交通警察指挥的交叉路口遇到停车排队等候或者缓慢行驶时,机动车应当依次交替通行。

第四十六条 【铁路道口行驶规定】机动车通过铁路道口时,应当按照交通信号或者管理人员的指挥通行;没有交通信号或者管理人员的,应当减速或者停车,在确认安全后通过。

第四十七条 【避让行人】机动车行经人行横道时,应当减速行驶;遇有人正在通过人行横道,应当停车让行。

机动车行经没有交通信号的道路时,遇行人横过道路,应当避让。

第四十八条 【载物规定】机动车载物应当符合核定的载质量,严禁超载;载物的长、宽、高不得违反装载要求,不得遗洒、飘散载运物。

机动车运载超限的不可解体的物品,影响交通安全的,应当按照公安机关交通管理部门指定的时间、路线、速度行驶,悬挂明显标志。在公路上运载超限的不可解体的物品,并应当依照公路法的规定执行。

机动车载运爆炸物品、易燃易爆化学物品以及剧毒、放射性等危险物品,应当经公安机关批准后,按指定的时间、路线、速度行驶,悬挂警示标志并采取必要的安全措施。

第四十九条 【核定载人量】机动车载人不得超过核定的人数,客运机动车不得违反规定载货。

第五十条 【货运机动车载客限制】禁止货运机动车载客。

货运机动车需要附载作业人员的,应当设置保护作业人员的安全措施。

第五十一条 【安全带及头盔】机动车行驶时,驾驶人、乘坐人员应当按规定使用安全带,摩托车驾驶人及乘坐人员应当按规定戴安全头盔。

第五十二条 【排除故障】机动车在道路上发生故障,需要停车排除故障时,驾驶人应当立即开启危险报警闪光灯,将机动车移至不妨碍交通的地方停放;难以移动的,应当持续开启危险报警闪光灯,并在来车方向设置警告标志等措施扩大示警距离,必要时迅速报警。

第五十三条 【优先通行权之一】警车、消防车、救护车、工程救险车执行紧急任务时,可以使用警报器、标志灯具;在确保安全的前提下,不受行驶路线、行驶方向、行驶速度和信号灯的限制,其他车辆和行人应当让行。

警车、消防车、救护车、工程救险车非执行紧急任务时,不得使用警报器、标志灯具,不享有前款规定的道路优先通行权。

第五十四条 【优先通行权之二】道路养护车辆、工程作业车进行作业时,在不影响过往车辆通行的前提下,其行驶路线和方向不受交通标志、标线限制,过往车辆和人员应当注意避让。

洒水车、清扫车等机动车应当按照安全作业标准作业;在不影响其他车辆通行的情况下,可以不受车辆分道行驶的限制,但是不得逆向行驶。

第五十五条 【拖拉机通行规定】高速公路、大中城市中心城区内的道路,禁止拖拉机通行。其他禁止拖拉机通行的道路,由省、自治区、直辖市人民政府根据当地实际情况规定。

在允许拖拉机通行的道路上,拖拉机可以从事货运,但是不得用于载人。

第五十六条 【机动车停放】机动车应当在规定地点停放。禁止在人行道上停放机动车;但是,依照本法第三十三条规定施划的停车泊位除外。

在道路上临时停车的,不得妨碍其他车辆和行人通行。

第三节 非机动车通行规定

第五十七条 【非机动车行驶规定】驾驶非机动车在道路上行驶应当遵守有关交通安全的规定。非机动车应当在非机动车道内行驶;在没有非机动车道的道路上,应当靠车行道的右侧行驶。

第五十八条 【残疾人机动轮椅车、电动自行车的最高时速限制】残疾人机动轮椅车、电动自行车在非机动车道内行驶时,最高时速不得超过十五公里。

第五十九条 【非机动车停放】非机动车应当在规定地点停放。未设停放地点的,非机动车停放不得妨碍其他车辆和行人通行。

第六十条 【驾驭畜力车规定】驾驭畜力车,应当使用驯服的牲畜;驾驭畜力车横过道路时,驾驭人应当下车牵引牲畜;驾驭人离开车辆时,应当拴系牲畜。

第四节　行人和乘车人通行规定

第六十一条　【行人行走规则】行人应当在人行道内行走,没有人行道的靠路边行走。

第六十二条　【通过路口或横过道路】行人通过路口或者横过道路,应当走人行横道或者过街设施;通过有交通信号灯的人行横道,应当按照交通信号灯指示通行;通过没有交通信号灯、人行横道的路口,或者在没有过街设施的路段横过道路,应当在确认安全后通过。

第六十三条　【妨碍道路交通安全行为】行人不得跨越、倚坐道路隔离设施,不得扒车、强行拦车或者实施妨碍道路交通安全的其他行为。

第六十四条　【限制行为能力人的保护】学龄前儿童以及不能辨认或者不能控制自己行为的精神疾病患者、智力障碍者在道路上通行,应当由其监护人、监护人委托的人或者对其负有管理、保护职责的人带领。

盲人在道路上通行,应当使用盲杖或者采取其他导盲手段,车辆应当避让盲人。

第六十五条　【通过铁路道口规定】行人通过铁路道口时,应当按照交通信号或者管理人员的指挥通行;没有交通信号和管理人员的,应当在确认无火车驶临后,迅速通过。

第六十六条　【禁带危险物品乘车】乘车人不得携带易燃易爆等危险物品,不得向车外抛洒物品,不得有影响驾驶人安全驾驶的行为。

第五节　高速公路的特别规定

第六十七条　【禁入高速公路的规定及高速限速】行人、非机动车、拖拉机、轮式专用机械车、铰接式客车、全挂拖斗车以及其他设计最高时速低于七十公里的机动车,不得进入高速公路。高速公路限速标志标明的最高时速不得超过一百二十公里。

第六十八条　【高速公路上的故障处理】机动车在高速公路上发生故障时,应当依照本法第五十二条的有关规定办理;但是,警告标志应当设置在故障车来车方向一百五十米以外,车上人员应当迅速转移到右侧路肩上或者应急车道内,并且迅速报警。

机动车在高速公路上发生故障或者交通事故,无法正常行驶的,应当由救援车、清障车拖曳、牵引。

第六十九条　【禁止拦截高速公路行驶车辆】任何单位、个人不得在高速公路上拦截检查行驶的车辆,公安机关的人民警察依法执行紧急公务除外。

第五章　交通事故处理

第七十条　【交通事故的现场处理】在道路上发生交通事故,车辆驾驶人应当立即停车,保护现场;造成人身伤亡的,车辆驾驶人应当立即抢救受伤人员,并迅速报告执勤的交通警察或者公安机关交通管理部门。因抢救受伤人员变动现场的,应当标明位置。乘车人、过往车辆驾驶人、过往行人应当予以协助。

在道路上发生交通事故,未造成人身伤亡,当事人对事实及成因无争议的,可以即行撤离现场,恢复交通,自行协商处理损害赔偿事宜;不即行撤离现场的,应当迅速报告执勤的交通警察或者公安机关交通管理部门。

在道路上发生交通事故,仅造成轻微财产损失,并且基本事实清楚的,当事人应当先撤离现场再进行协商处理。

第七十一条　【交通肇事逃逸】车辆发生交通事故后逃逸的,事故现场目击人员和其他知情人员应当向公安机关交通管理部门或者交通警察举报。举报属实的,公安机关交通管理部门应当给予奖励。

第七十二条　【事故处理措施】公安机关交通管理部门接到交通事故报警后,应当立即派交通警察赶赴现场,先组织抢救受伤人员,并采取措施,尽快恢复交通。

交通警察应当对交通事故现场进行勘验、检查,收集证据;因收集证据的需要,可以扣留事故车辆,但是应当妥善保管,以备核查。

对当事人的生理、精神状况等专业性较强的检验,公安机关交通管理部门应当委托专门机构进行鉴定。鉴定结论应当由鉴定人签名。

第七十三条　【交通事故认定书】公安机关交通管理部门应当根据交通事故现场勘验、检查、调查情况和有关的检验、鉴定结论,及时制作交通事故认定书,作为处理交通事故的证据。交通事故认定书应当载明交通事故的基本事实、成因和当事人的责任,并送达当事人。

第七十四条　【事故赔偿争议】对交通事故损害赔偿的争议,当事人可以请求公安机关交通管理部门调解,也可以直接向人民法院提起民事诉讼。

经公安机关交通管理部门调解,当事人未达成协议或者调解书生效后不履行的,当事人可以向人民法院提起民事诉讼。

第七十五条　【抢救费用】医疗机构对交通事故中的受伤人员应当及时抢救,不得因抢救费用未及时支付而拖延救治。肇事车辆参加机动车第三者责任强制保险的，由保险公司在责任限额范围内支付抢救费用；抢救费用超过责任限额的，未参加机动车第三者责任强制保险或者肇事后逃逸的，由道路交通事故社会救助基金先行垫付部分或者全部抢救费用，道路交通事故社会救助基金管理机构有权向交通事故责任人追偿。

第七十六条 【交通事故的赔偿原则】机动车发生交通事故造成人身伤亡、财产损失的，由保险公司在机动车第三者责任强制保险责任限额范围内予以赔偿；不足的部分，按照下列规定承担赔偿责任：

（一）机动车之间发生交通事故的，由有过错的一方承担赔偿责任；双方都有过错的，按照各自过错的比例分担责任。

（二）机动车与非机动车驾驶人、行人之间发生交通事故，非机动车驾驶人、行人没有过错的，由机动车一方承担赔偿责任；有证据证明非机动车驾驶人、行人有过错的，根据过错程度适当减轻机动车一方的赔偿责任；机动车一方没有过错的，承担不超过百分之十的赔偿责任。

交通事故的损失是由非机动车驾驶人、行人故意碰撞机动车造成的，机动车一方不承担赔偿责任。

第七十七条 【道路外交通事故的处理】车辆在道路以外通行时发生的事故，公安机关交通管理部门接到报案的，参照本法有关规定办理。

第六章 执法监督

第七十八条 【交警培训与考核】公安机关交通管理部门应当加强对交通警察的管理，提高交通警察的素质和管理道路交通的水平。

公安机关交通管理部门应当对交通警察进行法制和交通安全管理业务培训、考核。交通警察经考核不合格的，不得上岗执行职务。

第七十九条 【工作目标】公安机关交通管理部门及其交通警察实施道路交通安全管理，应当依据法定的职权和程序，简化办事手续，做到公正、严格、文明、高效。

第八十条 【警容警纪】交通警察执行职务时，应当按照规定着装，佩带人民警察标志，持有人民警察证件，保持警容严整，举止端庄，指挥规范。

第八十一条 【工本费】依照本法发放牌证等收取工本费，应当严格执行国务院价格主管部门核定的收费标准，并全部上缴国库。

第八十二条 【罚款决定与收缴分离】公安机关交通管理部门依法实施罚款的行政处罚，应当依照有关法律、行政法规的规定，实施罚款决定与罚款收缴分离；收缴的罚款以及依法没收的违法所得，应当全部上缴国库。

第八十三条 【回避】交通警察调查处理道路交通安全违法行为和交通事故，有下列情形之一的，应当回避：

（一）是本案的当事人或者当事人的近亲属；

（二）本人或者其近亲属与本案有利害关系；

（三）与本案当事人有其他关系，可能影响案件的公正处理。

第八十四条 【执法监督】公安机关交通管理部门及其交通警察的行政执法活动，应当接受行政监察机关依法实施的监督。

公安机关督察部门应当对公安机关交通管理部门及其交通警察执行法律、法规和遵守纪律的情况依法进行监督。

上级公安机关交通管理部门应当对下级公安机关交通管理部门的执法活动进行监督。

第八十五条 【社会监督】公安机关交通管理部门及其交通警察执行职务，应当自觉接受社会和公民的监督。

任何单位和个人都有权对公安机关交通管理部门及其交通警察不严格执法以及违法违纪行为进行检举、控告。收到检举、控告的机关，应当依据职责及时查处。

第八十六条 【不得下达罚款指标】任何单位不得给公安机关交通管理部门下达或者变相下达罚款指标；公安机关交通管理部门不得以罚款数额作为考核交通警察的标准。

公安机关交通管理部门及其交通警察对超越法律、法规规定的指令，有权拒绝执行，并同时向上级机关报告。

第七章 法律责任

第八十七条 【现场处罚】公安机关交通管理部门及其交通警察对道路交通安全违法行为，应当及时纠正。

公安机关交通管理部门及其交通警察应当依据事实和本法的有关规定对道路交通安全违法行为予以处罚。对于情节轻微，未影响道路通行的，指出违法行为，给予口头警告后放行。

第八十八条 【处罚种类】对道路交通安全违法行为的处罚种类包括：警告、罚款、暂扣或者吊销机动车驾驶证、拘留。

第八十九条 【行人、乘车人、非机动车驾驶人违规】行人、乘车人、非机动车驾驶人违反道路交通安全法律、法规关于道路通行规定的，处警告或者五元以上五十元以下罚款；非机动车驾驶人拒绝接受罚款处罚的，可以扣留其非机动车。

第九十条　【机动车驾驶人违规】机动车驾驶人违反道路交通安全法律、法规关于道路通行规定的，处警告或者二十元以上二百元以下罚款。本法另有规定的，依照规定处罚。

第九十一条　【酒后驾车】饮酒后驾驶机动车的，处暂扣六个月机动车驾驶证，并处一千元以上二千元以下罚款。因饮酒后驾驶机动车被处罚，再次饮酒后驾驶机动车的，处十日以下拘留，并处一千元以上二千元以下罚款，吊销机动车驾驶证。

醉酒驾驶机动车的，由公安机关交通管理部门约束至酒醒，吊销机动车驾驶证，依法追究刑事责任；五年内不得重新取得机动车驾驶证。

饮酒后驾驶营运机动车的，处十五日拘留，并处五千元罚款，吊销机动车驾驶证，五年内不得重新取得机动车驾驶证。

醉酒驾驶营运机动车的，由公安机关交通管理部门约束至酒醒，吊销机动车驾驶证，依法追究刑事责任；十年内不得重新取得机动车驾驶证，重新取得机动车驾驶证后，不得驾驶营运机动车。

饮酒后或者醉酒驾驶机动车发生重大交通事故，构成犯罪的，依法追究刑事责任，并由公安机关交通管理部门吊销机动车驾驶证，终生不得重新取得机动车驾驶证。

第九十二条　【超载】公路客运车辆载客超过额定乘员的，处二百元以上五百元以下罚款；超过额定乘员百分之二十或者违反规定载货的，处五百元以上二千元以下罚款。

货运机动车超过核定载质量的，处二百元以上五百元以下罚款；超过核定载质量百分之三十或者违反规定载客的，处五百元以上二千元以下罚款。

有前两款行为的，由公安机关交通管理部门扣留机动车至违法状态消除。

运输单位的车辆有本条第一款、第二款规定的情形，经处罚不改的，对直接负责的主管人员处二千元以上五千元以下罚款。

第九十三条　【违规停车】对违反道路交通安全法律、法规关于机动车停放、临时停车规定的，可以指出违法行为，并予以口头警告，令其立即驶离。

机动车驾驶人不在现场或者虽在现场但拒绝立即驶离，妨碍其他车辆、行人通行的，处二十元以上二百元以下罚款，并可以将该机动车拖移至不妨碍交通的地点或者公安机关交通管理部门指定的地点停放。公安机关交通管理部门拖车不得向当事人收取费用，并应当及时告知当事人停放地点。

因采取不正确的方法拖车造成机动车损坏的，应当依法承担补偿责任。

第九十四条　【违反安检规定】机动车安全技术检验机构实施机动车安全技术检验超过国务院价格主管部门核定的收费标准收取费用的，退还多收取的费用，并由价格主管部门依照《中华人民共和国价格法》的有关规定给予处罚。

机动车安全技术检验机构不按照机动车国家安全技术标准进行检验，出具虚假检验结果的，由公安机关交通管理部门处所收检验费用五倍以上十倍以下罚款，并依法撤销其检验资格；构成犯罪的，依法追究刑事责任。

第九十五条　【无牌、无证驾驶】上道路行驶的机动车未悬挂机动车号牌，未放置检验合格标志、保险标志，或者未随车携带行驶证、驾驶证的，公安机关交通管理部门应当扣留机动车，通知当事人提供相应的牌证、标志或者补办相应手续，并可以依照本法第九十条的规定予以处罚。当事人提供相应的牌证、标志或者补办相应手续的，应当及时退还机动车。

故意遮挡、污损或者不按规定安装机动车号牌的，依照本法第九十条的规定予以处罚。

第九十六条　【使用虚假或他人证照】伪造、变造或者使用伪造、变造的机动车登记证书、号牌、行驶证、驾驶证的，由公安机关交通管理部门予以收缴，扣留该机动车，处十五日以下拘留，并处二千元以上五千元以下罚款；构成犯罪的，依法追究刑事责任。

伪造、变造或者使用伪造、变造的检验合格标志、保险标志的，由公安机关交通管理部门予以收缴，扣留该机动车，处十日以下拘留，并处一千元以上三千元以下罚款；构成犯罪的，依法追究刑事责任。

使用其他车辆的机动车登记证书、号牌、行驶证、检验合格标志、保险标志的，由公安机关交通管理部门予以收缴，扣留该机动车，处二千元以上五千元以下罚款。

当事人提供相应的合法证明或者补办相应手续的,应当及时退还机动车。

第九十七条　【非法安装警报器具】非法安装警报器、标志灯具的,由公安机关交通管理部门强制拆除,予以收缴,并处二百元以上二千元以下罚款。

第九十八条　【未上第三者责任强制险】机动车所有人、管理人未按照国家规定投保机动车第三者责任强制保险的,由公安机关交通管理部门扣留车辆至依照规定投保后,并处依照规定投保最低责任限额应缴纳的保险费的二倍罚款。

依照前款缴纳的罚款全部纳入道路交通事故社会救助基金。具体办法由国务院规定。

第九十九条　【其他行政处罚】有下列行为之一的,由公安机关交通管理部门处二百元以上二千元以下罚款:

(一)未取得机动车驾驶证、机动车驾驶证被吊销或者机动车驾驶证被暂扣期间驾驶机动车的;

(二)将机动车交由未取得机动车驾驶证或者机动车驾驶证被吊销、暂扣的人驾驶的;

(三)造成交通事故后逃逸,尚不构成犯罪的;

(四)机动车行驶超过规定时速百分之五十的;

(五)强迫机动车驾驶人违反道路交通安全法律、法规和机动车安全驾驶要求驾驶机动车,造成交通事故,尚不构成犯罪的;

(六)违反交通管制的规定强行通行,不听劝阻的;

(七)故意损毁、移动、涂改交通设施,造成危害后果,尚不构成犯罪的;

(八)非法拦截、扣押机动车辆,不听劝阻,造成交通严重阻塞或者较大财产损失的。

行为人有前款第二项、第四项情形之一的,可以并处吊销机动车驾驶证;有第一项、第三项、第五项至第八项情形之一的,可以并处十五日以下拘留。

第一百条　【驾驶、出售不合标准机动车】驾驶拼装的机动车或者已达到报废标准的机动车上道路行驶的,公安机关交通管理部门应当予以收缴,强制报废。

对驾驶前款所列机动车上道路行驶的驾驶人,处二百元以上二千元以下罚款,并吊销机动车驾驶证。

出售已达到报废标准的机动车的,没收违法所得,处销售金额等额的罚款,对该机动车依照本条第一款的规定处理。

第一百零一条　【重大交通事故责任】违反道路交通安全法律、法规的规定,发生重大交通事故,构成犯罪的,依法追究刑事责任,并由公安机关交通管理部门吊销机动车驾驶证。

造成交通事故后逃逸的,由公安机关交通管理部门吊销机动车驾驶证,且终生不得重新取得机动车驾驶证。

第一百零二条　【半年内二次以上发生特大交通事故】对六个月内发生二次以上特大交通事故负有主要责任或者全部责任的专业运输单位,由公安机关交通管理部门责令消除安全隐患,未消除安全隐患的机动车,禁止上道路行驶。

第一百零三条　【有关机动车生产、销售的违法行为】国家机动车产品主管部门未按照机动车国家安全技术标准严格审查,许可不合格机动车型投入生产的,对负有责任的主管人员和其他直接责任人员给予降级或者撤职的行政处分。

机动车生产企业经国家机动车产品主管部门许可生产的机动车型,不执行机动车国家安全技术标准或者不严格进行机动车成品质量检验,致使质量不合格的机动车出厂销售的,由质量技术监督部门依照《中华人民共和国产品质量法》的有关规定给予处罚。

擅自生产、销售未经国家机动车产品主管部门许可生产的机动车型的,没收非法生产、销售的机动车成品及配件,可以并处非法产品价值三倍以上五倍以下罚款;有营业执照的,由工商行政管理部门吊销营业执照,没有营业执照的,予以查封。

生产、销售拼装的机动车或者生产、销售擅自改装的机动车的,依照本条第三款的规定处罚。

有本条第二款、第三款、第四款所列违法行为,生产或者销售不符合机动车国家安全技术标准的机动车,构成犯罪的,依法追究刑事责任。

第一百零四条　【道路施工影响交通安全行为】未经批准,擅自挖掘道路、占用道路施工或者从事其他影响道路交通安全活动的,由道路主管部门责令停止违法行为,并恢复原状,可以依法给予罚款;致使通行的人员、车辆及其他财产遭受损失的,依法承担赔偿责任。

有前款行为,影响道路交通安全活动的,公安机关交通管理部门可以责令停止违法行为,迅速恢复交通。

第一百零五条　【未采取安全防护措施行为】道路施工作业或者道路出现损毁,未及时设置警示标志、未采取防护措施,或者应当设置交通信号灯、交通标志、交通标线而没有设置或者应当及时变更交通信号灯、交通标志、交通标线而没有及时变更,致使通行的人员、车辆及其他财产遭受损失的,负有相关职责的单位应当依法承担赔偿责任。

第一百零六条 【妨碍安全视距行为】在道路两侧及隔离带上种植树木、其他植物或者设置广告牌、管线等,遮挡路灯、交通信号灯、交通标志,妨碍安全视距的,由公安机关交通管理部门责令行为人排除妨碍;拒不执行的,处二百元以上二千元以下罚款,并强制排除妨碍,所需费用由行为人负担。

第一百零七条 【当场处罚决定书】对道路交通违法行为人予以警告、二百元以下罚款,交通警察可以当场作出行政处罚决定,并出具行政处罚决定书。

行政处罚决定书应当载明当事人的违法事实、行政处罚的依据、处罚内容、时间、地点以及处罚机关名称,并由执法人员签名或者盖章。

第一百零八条 【罚款的缴纳】当事人应当自收到罚款的行政处罚决定书之日起十五日内,到指定的银行缴纳罚款。

对行人、乘车人和非机动车驾驶人的罚款,当事人无异议的,可以当场予以收缴罚款。

罚款应当开具省、自治区、直辖市财政部门统一制发的罚款收据;不出具财政部门统一制发的罚款收据的,当事人有权拒绝缴纳罚款。

第一百零九条 【对不履行处罚决定可采取的措施】当事人逾期不履行行政处罚决定的,作出行政处罚决定的行政机关可以采取下列措施:

(一)到期不缴纳罚款的,每日按罚款数额的百分之三加处罚款;

(二)申请人民法院强制执行。

第一百一十条 【暂扣或吊销驾驶证】执行职务的交通警察认为应当对道路交通违法行为人给予暂扣或者吊销机动车驾驶证处罚的,可以先予扣留机动车驾驶证,并在二十四小时内将案件移交公安机关交通管理部门处理。

道路交通违法行为人应当在十五日内到公安机关交通管理部门接受处理。无正当理由逾期未接受处理的,吊销机动车驾驶证。

公安机关交通管理部门暂扣或者吊销机动车驾驶证的,应当出具行政处罚决定书。

第一百一十一条 【拘留裁决机关】对违反本法规定予以拘留的行政处罚,由县、市公安局、公安分局或者相当于县一级的公安机关裁决。

第一百一十二条 【对扣留车辆的处理】公安机关交通管理部门扣留机动车、非机动车,应当当场出具凭证,并告知当事人在规定期限内到公安机关交通管理部门接受处理。

公安机关交通管理部门对被扣留的车辆应当妥善保管,不得使用。

逾期不来接受处理,并且经公告三个月仍不来接受处理的,对扣留的车辆依法处理。

第一百一十三条 【暂扣与重新申领驾驶证期限的计算】暂扣机动车驾驶证的期限从处罚决定生效之日起计算;处罚决定生效前先予扣留机动车驾驶证的,扣留一日折抵暂扣期限一日。

吊销机动车驾驶证后重新申请领取机动车驾驶证的期限,按照机动车驾驶证管理规定办理。

第一百一十四条 【电子警察的处罚依据】公安机关交通管理部门根据交通技术监控记录资料,可以对违法的机动车所有人或者管理人依法予以处罚。对能够确定驾驶人的,可以依照本法的规定依法予以处罚。

第一百一十五条 【行政处分】交通警察有下列行为之一的,依法给予行政处分:

(一)为不符合法定条件的机动车发放机动车登记证书、号牌、行驶证、检验合格标志的;

(二)批准不符合法定条件的机动车安装、使用警车、消防车、救护车、工程救险车的警报器、标志灯具,喷涂标志图案的;

(三)为不符合驾驶许可条件、未经考试或者考试不合格人员发放机动车驾驶证的;

(四)不执行罚款决定与罚款收缴分离制度或者不按规定将依法收取的费用、收缴的罚款及没收的违法所得全部上缴国库的;

(五)举办或者参与举办驾驶学校或者驾驶培训班、机动车修理厂或者收费停车场等经营活动的;

(六)利用职务上的便利收受他人财物或者谋取其他利益的;

(七)违法扣留车辆、机动车行驶证、驾驶证、车辆号牌的;

(八)使用依法扣留的车辆的;

(九)当场收取罚款不开具罚款收据或者不如实

填写罚款额的;

(十)徇私舞弊,不公正处理交通事故的;

(十一)故意刁难,拖延办理机动车牌证的;

(十二)非执行紧急任务时使用警报器、标志灯具的;

(十三)违反规定拦截、检查正常行驶的车辆的;

(十四)非执行紧急公务时拦截搭乘机动车的;

(十五)不履行法定职责的。

公安机关交通管理部门有前款所列行为之一的,对直接负责的主管人员和其他直接责任人员给予相应的行政处分。

第一百一十六条 【停职和辞退】依照本法第一百一十五条的规定,给予交通警察行政处分的,在作出行政处分决定前,可以停止其执行职务;必要时,可以予以禁闭。

依照本法第一百一十五条的规定,交通警察受到降级或者撤职行政处分的,可以予以辞退。

交通警察受到开除处分或者被辞退的,应当取消警衔;受到撤职以下行政处分的交通警察,应当降低警衔。

第一百一十七条 【渎职责任】交通警察利用职权非法占有公共财物,索取、收受贿赂,或者滥用职权、玩忽职守,构成犯罪的,依法追究刑事责任。

第一百一十八条 【执法不当的损失赔偿】公安机关交通管理部门及其交通警察有本法第一百一十五条所列行为之一,给当事人造成损失的,应当依法承担赔偿责任。

第八章 附 则

第一百一十九条 【用语含义】本法中下列用语的含义:

(一)"道路",是指公路、城市道路和虽在单位管辖范围但允许社会机动车通行的地方,包括广场、公共停车场等用于公众通行的场所。

(二)"车辆",是指机动车和非机动车。

(三)"机动车",是指以动力装置驱动或者牵引,上道路行驶的供人员乘用或者用于运送物品以及进行工程专项作业的轮式车辆。

(四)"非机动车",是指以人力或者畜力驱动,上道路行驶的交通工具,以及虽有动力装置驱动但设计最高时速、空车质量、外形尺寸符合有关国家标准的残疾人机动轮椅车、电动自行车等交通工具。

(五)"交通事故",是指车辆在道路上因过错或者意外造成的人身伤亡或者财产损失的事件。

第一百二十条 【部队在编机动车管理】中国人民解放军和中国人民武装警察部队在编机动车牌证、在编机动车检验以及机动车驾驶人考核工作,由中国人民解放军、中国人民武装警察部队有关部门负责。

第一百二十一条 【拖拉机管理】对上道路行驶的拖拉机,由农业(农业机械)主管部门行使本法第八条、第九条、第十三条、第十九条、第二十三条规定的公安机关交通管理部门的管理职权。

农业(农业机械)主管部门依照前款规定行使职权,应当遵守本法有关规定,并接受公安机关交通管理部门的监督;对违反规定的,依照本法有关规定追究法律责任。

本法施行前由农业(农业机械)主管部门发放的机动车牌证,在本法施行后继续有效。

第一百二十二条 【入境的境外机动车管理】国家对入境的境外机动车的道路交通安全实施统一管理。

第一百二十三条 【地方执行标准】省、自治区、直辖市人民代表大会常务委员会可以根据本地区的实际情况,在本法规定的罚款幅度内,规定具体的执行标准。

第一百二十四条 【实施日期】本法自2004年5月1日起施行。

中华人民共和国道路交通安全法实施条例

1. 2004年4月30日国务院令第405号公布
2. 根据2017年10月7日国务院令第687号《关于修改部分行政法规的决定》修订

第一章 总 则

第一条 根据《中华人民共和国道路交通安全法》(以下简称道路交通安全法)的规定,制定本条例。

第二条 中华人民共和国境内的车辆驾驶人、行人、乘车人以及与道路交通活动有关的单位和个人,应当遵守道路交通安全法和本条例。

第三条 县级以上地方各级人民政府应当建立、健全道路交通安全工作协调机制,组织有关部门对城市建设项目进行交通影响评价,制定道路交通安全管理规划,确定管理目标,制定实施方案。

第二章 车辆和驾驶人

第一节 机 动 车

第四条 机动车的登记，分为注册登记、变更登记、转移登记、抵押登记和注销登记。

第五条 初次申领机动车号牌、行驶证的，应当向机动车所有人住所地的公安机关交通管理部门申请注册登记。

申请机动车注册登记，应当交验机动车，并提交以下证明、凭证：

（一）机动车所有人的身份证明；

（二）购车发票等机动车来历证明；

（三）机动车整车出厂合格证明或者进口机动车进口凭证；

（四）车辆购置税完税证明或者免税凭证；

（五）机动车第三者责任强制保险凭证；

（六）法律、行政法规规定应当在机动车注册登记时提交的其他证明、凭证。

不属于国务院机动车产品主管部门规定免于安全技术检验的车型的，还应当提供机动车安全技术检验合格证明。

第六条 已注册登记的机动车有下列情形之一的，机动车所有人应当向登记该机动车的公安机关交通管理部门申请变更登记：

（一）改变机动车车身颜色的；

（二）更换发动机的；

（三）更换车身或者车架的；

（四）因质量有问题，制造厂更换整车的；

（五）营运机动车改为非营运机动车或者非营运机动车改为营运机动车的；

（六）机动车所有人的住所迁出或者迁入公安机关交通管理部门管辖区域的。

申请机动车变更登记，应当提交下列证明、凭证，属于前款第（一）项、第（二）项、第（三）项、第（四）项、第（五）项情形之一的，还应当交验机动车；属于前款第（二）项、第（三）项情形之一的，还应当同时提交机动车安全技术检验合格证明：

（一）机动车所有人的身份证明；

（二）机动车登记证书；

（三）机动车行驶证。

机动车所有人的住所在公安机关交通管理部门管辖区域内迁移、机动车所有人的姓名（单位名称）或者联系方式变更的，应当向登记该机动车的公安机关交通管理部门备案。

第七条 已注册登记的机动车所有权发生转移的，应当及时办理转移登记。

申请机动车转移登记，当事人应当向登记该机动车的公安机关交通管理部门交验机动车，并提交以下证明、凭证：

（一）当事人的身份证明；

（二）机动车所有权转移的证明、凭证；

（三）机动车登记证书；

（四）机动车行驶证。

第八条 机动车所有人将机动车作为抵押物抵押的，机动车所有人应当向登记该机动车的公安机关交通管理部门申请抵押登记。

第九条 已注册登记的机动车达到国家规定的强制报废标准的，公安机关交通管理部门应当在报废期满的2个月前通知机动车所有人办理注销登记。机动车所有人应当在报废期满前将机动车交售给机动车回收企业，由机动车回收企业将报废的机动车登记证书、号牌、行驶证交公安机关交通管理部门注销。机动车所有人逾期不办理注销登记的，公安机关交通管理部门应当公告该机动车登记证书、号牌、行驶证作废。

因机动车灭失申请注销登记的，机动车所有人应当向公安机关交通管理部门提交本人身份证明，交回机动车登记证书。

第十条 办理机动车登记的申请人提交的证明、凭证齐全、有效的，公安机关交通管理部门应当当场办理登记手续。

人民法院、人民检察院以及行政执法部门依法查封、扣押的机动车，公安机关交通管理部门不予办理机动车登记。

第十一条 机动车登记证书、号牌、行驶证丢失或者损毁，机动车所有人申请补发的，应当向公安机关交通管理部门提交本人身份证明和申请材料。公安机关交通管理部门经与机动车登记档案核实后，在收到申请之日起15日内补发。

第十二条 税务部门、保险机构可以在公安机关交通管理部门的办公场所集中办理与机动车有关的税费缴纳、保险合同订立等事项。

第十三条 机动车号牌应当悬挂在车前、车后指定位置，保持清晰、完整。重型、中型载货汽车及其挂车、拖拉机及其挂车的车身或者车厢后部应当喷涂放大的牌号,字样应当端正并保持清晰。

　　机动车检验合格标志、保险标志应当粘贴在机动车前窗右上角。

　　机动车喷涂、粘贴标识或者车身广告的,不得影响安全驾驶。

第十四条　用于公路营运的载客汽车、重型载货汽车、半挂牵引车应当安装、使用符合国家标准的行驶记录仪。交通警察可以对机动车行驶速度、连续驾驶时间以及其他行驶状态信息进行检查。安装行驶记录仪可以分步实施,实施步骤由国务院机动车产品主管部门会同有关部门规定。

第十五条　机动车安全技术检验由机动车安全技术检验机构实施。机动车安全技术检验机构应当按照国家机动车安全技术检验标准对机动车进行检验,对检验结果承担法律责任。

　　质量技术监督部门负责对机动车安全技术检验机构实行计量认证管理,对机动车安全技术检验设备进行检定,对执行国家机动车安全技术检验标准的情况进行监督。

　　机动车安全技术检验项目由国务院公安部门会同国务院质量技术监督部门规定。

第十六条　机动车应当从注册登记之日起,按照下列期限进行安全技术检验:

　　(一)营运载客汽车5年以内每年检验1次;超过5年的,每6个月检验1次;

　　(二)载货汽车和大型、中型非营运载客汽车10年以内每年检验1次;超过10年的,每6个月检验1次;

　　(三)小型、微型非营运载客汽车6年以内每2年检验1次;超过6年的,每年检验1次;超过15年的,每6个月检验1次;

　　(四)摩托车4年以内每2年检验1次;超过4年的,每年检验1次;

　　(五)拖拉机和其他机动车每年检验1次。

　　营运机动车在规定检验期限内经安全技术检验合格的,不再重复进行安全技术检验。

第十七条　已注册登记的机动车进行安全技术检验时,机动车行驶证记载的登记内容与该机动车的有关情况不符,或者未按照规定提供机动车第三者责任强制保险凭证的,不予通过检验。

第十八条　警车、消防车、救护车、工程救险车标志图案的喷涂以及警报器、标志灯具的安装、使用规定,由国务院公安部门制定。

第二节　机动车驾驶人

第十九条　符合国务院公安部门规定的驾驶许可条件的人,可以向公安机关交通管理部门申请机动车驾驶证。

　　机动车驾驶证由国务院公安部门规定式样并监制。

第二十条　学习机动车驾驶,应当先学习道路交通安全法律、法规和相关知识,考试合格后,再学习机动车驾驶技能。

　　在道路上学习驾驶,应当按照公安机关交通管理部门指定的路线、时间进行。在道路上学习机动车驾驶技能应当使用教练车,在教练员随车指导下进行,与教学无关的人员不得乘坐教练车。学员在学习驾驶中有道路交通安全违法行为或者造成交通事故的,由教练员承担责任。

第二十一条　公安机关交通管理部门应当对申请机动车驾驶证的人进行考试,对考试合格的,在5日内核发机动车驾驶证;对考试不合格的,书面说明理由。

第二十二条　机动车驾驶证的有效期为6年,本条例另有规定的除外。

　　机动车驾驶人初次申领机动车驾驶证后的12个月为实习期。在实习期内驾驶机动车的,应当在车身后部粘贴或者悬挂统一式样的实习标志。

　　机动车驾驶人在实习期内不得驾驶公共汽车、营运客车或者执行任务的警车、消防车、救护车、工程救险车以及载有爆炸物品、易燃易爆化学物品、剧毒或者放射性等危险物品的机动车;驾驶的机动车不得牵引挂车。

第二十三条　公安机关交通管理部门对机动车驾驶人的道路交通安全违法行为除给予行政处罚外,实行道路交通安全违法行为累积记分(以下简称记分)制度,记分周期为12个月。对在一个记分周期内记分达到12分的,由公安机关交通管理部门扣留其机动车驾驶证,该机动车驾驶人应当按照规定参加道路交通安全法律、法规的学习并接受考试。考试合格的,记分予以清除,发还机动车驾驶证;考试不合格的,继续参加学习和考试。

　　应当给予记分的道路交通安全违法行为及其分值,由国务院公安部门根据道路交通安全违法行为的危害程度规定。

公安机关交通管理部门应当提供记分查询方式供机动车驾驶人查询。

第二十四条 机动车驾驶人在一个记分周期内记分未达到12分,所处罚款已经缴纳的,记分予以清除;记分虽未达到12分,但尚有罚款未缴纳的,记分转入下一记分周期。

机动车驾驶人在一个记分周期内记分2次以上达到12分的,除按照第二十三条的规定扣留机动车驾驶证、参加学习、接受考试外,还应当接受驾驶技能考试。考试合格的,记分予以清除,发还机动车驾驶证;考试不合格的,继续参加学习和考试。

接受驾驶技能考试的,按照本人机动车驾驶证载明的最高准驾车型考试。

第二十五条 机动车驾驶人记分达到12分,拒不参加公安机关交通管理部门通知的学习,也不接受考试的,由公安机关交通管理部门公告其机动车驾驶证停止使用。

第二十六条 机动车驾驶人在机动车驾驶证的6年有效期内,每个记分周期均未达到12分的,换发10年有效期的机动车驾驶证;在机动车驾驶证的10年有效期内,每个记分周期均未达到12分的,换发长期有效的机动车驾驶证。

换发机动车驾驶证时,公安机关交通管理部门应当对机动车驾驶证进行审验。

第二十七条 机动车驾驶证丢失、损毁,机动车驾驶人申请补发的,应当向公安机关交通管理部门提交本人身份证明和申请材料。公安机关交通管理部门经与机动车驾驶证档案核实后,在收到申请之日起3日内补发。

第二十八条 机动车驾驶人在机动车驾驶证丢失、损毁、超过有效期或者被依法扣留、暂扣期间以及记分达到12分的,不得驾驶机动车。

第三章 道路通行条件

第二十九条 交通信号灯分为:机动车信号灯、非机动车信号灯、人行横道信号灯、车道信号灯、方向指示信号灯、闪光警告信号灯、道路与铁路平面交叉道口信号灯。

第三十条 交通标志分为:指示标志、警告标志、禁令标志、指路标志、旅游区标志、道路施工安全标志和辅助标志。

道路交通标线分为:指示标线、警告标线、禁止标线。

第三十一条 交通警察的指挥分为:手势信号和使用器具的交通指挥信号。

第三十二条 道路交叉路口和行人横过道路较为集中的路段应当设置人行横道、过街天桥或者过街地下通道。

在盲人通行较为集中的路段,人行横道信号灯应当设置声响提示装置。

第三十三条 城市人民政府有关部门可以在不影响行人、车辆通行的情况下,在城市道路上施划停车泊位,并规定停车泊位的使用时间。

第三十四条 开辟或者调整公共汽车、长途汽车的行驶路线或者车站,应当符合交通规划和安全、畅通的要求。

第三十五条 道路养护施工单位在道路上进行养护、维修时,应当按照规定设置规范的安全警示标志和安全防护设施。道路养护施工作业车辆、机械应当安装示警灯,喷涂明显的标志图案,作业时应当开启示警灯和危险报警闪光灯。对未中断交通的施工作业道路,公安机关交通管理部门应当加强交通安全监督检查。发生交通阻塞时,及时做好分流、疏导,维护交通秩序。

道路施工需要车辆绕行的,施工单位应当在绕行处设置标志;不能绕行的,应当修建临时通道,保证车辆和行人通行。需要封闭道路中断交通的,除紧急情况外,应当提前5日向社会公告。

第三十六条 道路或者交通设施养护部门、管理部门应当在急弯、陡坡、临崖、临水等危险路段,按照国家标准设置警告标志和安全防护设施。

第三十七条 道路交通标志、标线不规范,机动车驾驶人容易发生辨认错误的,交通标志、标线的主管部门应当及时予以改善。

道路照明设施应当符合道路建设技术规范,保持照明功能完好。

第四章 道路通行规定

第一节 一般规定

第三十八条 机动车信号灯和非机动车信号灯表示:

(一)绿灯亮时,准许车辆通行,但转弯的车辆不得妨碍被放行的直行车辆、行人通行;

(二)黄灯亮时,已越过停止线的车辆可以继续通行;

(三)红灯亮时,禁止车辆通行。

在未设置非机动车信号灯和人行横道信号灯的路口,非机动车和行人应当按照机动车信号灯的表示通行。

红灯亮时,右转弯的车辆在不妨碍被放行的车辆、行人通行的情况下,可以通行。

第三十九条 人行横道信号灯表示:

(一)绿灯亮时,准许行人通过人行横道;

(二)红灯亮时,禁止行人进入人行横道,但是已经进入人行横道的,可以继续通过或者在道路中心线处停留等候。

第四十条 车道信号灯表示:

(一)绿色箭头灯亮时,准许本车道车辆按指示方向通行;

(二)红色叉形灯或者箭头灯亮时,禁止本车道车辆通行。

第四十一条 方向指示信号灯的箭头方向向左、向上、向右分别表示左转、直行、右转。

第四十二条 闪光警告信号灯为持续闪烁的黄灯,提示车辆、行人通行时注意瞭望,确认安全后通过。

第四十三条 道路与铁路平面交叉道口有两个红灯交替闪烁或者一个红灯亮时,表示禁止车辆、行人通行;红灯熄灭时,表示允许车辆、行人通行。

第二节 机动车通行规定

第四十四条 在道路同方向划有2条以上机动车道的,左侧为快速车道,右侧为慢速车道。在快速车道行驶的机动车应当按照快速车道规定的速度行驶,未达到快速车道规定的行驶速度的,应当在慢速车道行驶。摩托车应当在最右侧车道行驶。有交通标志标明行驶速度的,按照标明的行驶速度行驶。慢速车道内的机动车超越前车时,可以借用快速车道行驶。

在道路同方向划有2条以上机动车道的,变更车道的机动车不得影响相关车道内行驶的机动车的正常行驶。

第四十五条 机动车在道路上行驶不得超过限速标志、标线标明的速度。在没有限速标志、标线的道路上,机动车不得超过下列最高行驶速度:

(一)没有道路中心线的道路,城市道路为每小时30公里,公路为每小时40公里;

(二)同方向只有1条机动车道的道路,城市道路为每小时50公里,公路为每小时70公里。

第四十六条 机动车行驶中遇有下列情形之一的,最高行驶速度不得超过每小时30公里,其中拖拉机、电瓶车、轮式专用机械车不得超过每小时15公里:

(一)进出非机动车道,通过铁路道口、急弯路、窄路、窄桥时;

(二)掉头、转弯、下陡坡时;

(三)遇雾、雨、雪、沙尘、冰雹,能见度在50米以内时;

(四)在冰雪、泥泞的道路上行驶时;

(五)牵引发生故障的机动车时。

第四十七条 机动车超车时,应当提前开启左转向灯、变换使用远、近光灯或者鸣喇叭。在没有道路中心线或者同方向只有1条机动车道的道路上,前车遇后车发出超车信号时,在条件许可的情况下,应当降低速度、靠右让路。后车应当在确认有充足的安全距离后,从前车的左侧超越,在与被超车辆拉开必要的安全距离后,开启右转向灯,驶回原车道。

第四十八条 在没有中心隔离设施或者没有中心线的道路上,机动车遇相对方向来车时应当遵守下列规定:

(一)减速靠右行驶,并与其他车辆、行人保持必要的安全距离;

(二)在有障碍的路段,无障碍的一方先行;但有障碍的一方已驶入障碍路段而无障碍的一方未驶入时,有障碍的一方先行;

(三)在狭窄的坡路,上坡的一方先行;但下坡的一方已行至中途而上坡的一方未上坡时,下坡的一方先行;

(四)在狭窄的山路,不靠山体的一方先行;

(五)夜间会车应当在距相对方向来车150米以外改用近光灯,在窄路、窄桥与非机动车会车时应当使用近光灯。

第四十九条 机动车在有禁止掉头或者禁止左转弯标志、标线的地点以及在铁路道口、人行横道、桥梁、急弯、陡坡、隧道或者容易发生危险的路段,不得掉头。

机动车在没有禁止掉头或者没有禁止左转弯标志、标线的地点可以掉头,但不得妨碍正常行驶的其他车辆和行人的通行。

第五十条 机动车倒车时,应当察明车后情况,确认安全后倒车。不得在铁路道口、交叉路口、单行路、桥梁、急弯、陡坡或者隧道中倒车。

第五十一条 机动车通过有交通信号灯控制的交叉路口,应当按照下列规定通行:

(一)在划有导向车道的路口,按所需行进方向驶入导向车道;

（二）准备进入环形路口的让已在路口内的机动车先行；

（三）向左转弯时，靠路口中心点左侧转弯。转弯时开启转向灯，夜间行驶开启近光灯；

（四）遇放行信号时，依次通过；

（五）遇停止信号时，依次停在停止线以外。没有停止线的，停在路口以外；

（六）向右转弯遇有同车道前车正在等候放行信号时，依次停车等候；

（七）在没有方向指示信号灯的交叉路口，转弯的机动车让直行的车辆、行人先行。相对方向行驶的右转弯机动车让左转弯车辆先行。

第五十二条 机动车通过没有交通信号灯控制也没有交通警察指挥的交叉路口，除应当遵守第五十一条第（二）项、第（三）项的规定外，还应当遵守下列规定：

（一）有交通标志、标线控制的，让优先通行的一方先行；

（二）没有交通标志、标线控制的，在进入路口前停车瞭望，让右方道路的来车先行；

（三）转弯的机动车让直行的车辆先行；

（四）相对方向行驶的右转弯的机动车让左转弯的车辆先行。

第五十三条 机动车遇有前方交叉路口交通阻塞时，应当依次停在路口以外等候，不得进入路口。

机动车在遇有前方机动车停车排队等候或者缓慢行驶时，应当依次排队，不得从前方车辆两侧穿插或者超越行驶，不得在人行横道、网状线区域内停车等候。

机动车在车道减少的路口、路段，遇有前方机动车停车排队等候或者缓慢行驶的，应当每车道一辆依次交替驶入车道减少后的路口、路段。

第五十四条 机动车载物不得超过机动车行驶证上核定的载质量，装载长度、宽度不得超出车厢，并应当遵守下列规定：

（一）重型、中型载货汽车，半挂车载物，高度从地面起不得超过4米，载运集装箱的车辆不得超过4.2米；

（二）其他载货的机动车载物，高度从地面起不得超过2.5米；

（三）摩托车载物，高度从地面起不得超过1.5米，长度不得超出车身0.2米。两轮摩托车载物宽度左右各不得超出车把0.15米；三轮摩托车载物宽度不得超过车身。

载客汽车除车身外部的行李架和内置的行李箱外，不得载货。载客汽车行李架载货，从车顶起高度不得超过0.5米，从地面起高度不得超过4米。

第五十五条 机动车载人应当遵守下列规定：

（一）公路载客汽车不得超过核定的载客人数，但按照规定免票的儿童除外，在载客人数已满的情况下，按照规定免票的儿童不得超过核定载客人数的10%；

（二）载货汽车车厢不得载客。在城市道路上，货运机动车在留有安全位置的情况下，车厢内可以附载临时作业人员1人至5人；载物高度超过车厢栏板时，货物上不得载人；

（三）摩托车后座不得乘坐未满12周岁的未成年人，轻便摩托车不得载人。

第五十六条 机动车牵引挂车应当符合下列规定：

（一）载货汽车、半挂牵引车、拖拉机只允许牵引1辆挂车。挂车的灯光信号、制动、连接、安全防护等装置应当符合国家标准；

（二）小型载客汽车只允许牵引旅居挂车或者总质量700千克以下的挂车。挂车不得载人；

（三）载货汽车所牵引挂车的载质量不得超过载货汽车本身的载质量。

大型、中型载客汽车，低速载货汽车，三轮汽车以及其他机动车不得牵引挂车。

第五十七条 机动车应当按照下列规定使用转向灯：

（一）向左转弯、向左变更车道、准备超车、驶离停车地点或者掉头时，应当提前开启左转向灯；

（二）向右转弯、向右变更车道、超车完毕驶回原车道、靠路边停车时，应当提前开启右转向灯。

第五十八条 机动车在夜间没有路灯、照明不良或者遇有雾、雨、雪、沙尘、冰雹等低能见度情况下行驶时，应当开启前照灯、示廓灯和后位灯，但同方向行驶的后车与前车近距离行驶时，不得使用远光灯。机动车雾天行驶应当开启雾灯和危险报警闪光灯。

第五十九条 机动车在夜间通过急弯、坡路、拱桥、人行横道或者没有交通信号灯控制的路口时，应当交替使用远近光灯示意。

机动车驶近急弯、坡道顶端等影响安全视距的路段以及超车或者遇有紧急情况时，应当减速慢行，并鸣喇叭示意。

第六十条 机动车在道路上发生故障或者发生交通事

故,妨碍交通又难以移动的,应当按照规定开启危险报警闪光灯并在车后50米至100米处设置警告标志,夜间还应当同时开启示廓灯和后位灯。

第六十一条　牵引故障机动车应当遵守下列规定:
（一）被牵引的机动车除驾驶人外不得载人,不得拖带挂车;
（二）被牵引的机动车宽度不得大于牵引机动车的宽度;
（三）使用软连接牵引装置时,牵引车与被牵引车之间的距离应当大于4米小于10米;
（四）对制动失效的被牵引车,应当使用硬连接牵引装置牵引;
（五）牵引车和被牵引车均应当开启危险报警闪光灯。

汽车吊车和轮式专用机械车不得牵引车辆。摩托车不得牵引车辆或者被其他车辆牵引。

转向或者照明、信号装置失效的故障机动车,应当使用专用清障车拖曳。

第六十二条　驾驶机动车不得有下列行为:
（一）在车门、车厢没有关好时行车;
（二）在机动车驾驶室的前后窗范围内悬挂、放置妨碍驾驶人视线的物品;
（三）拨打接听手持电话、观看电视等妨碍安全驾驶的行为;
（四）下陡坡时熄火或者空挡滑行;
（五）向道路上抛撒物品;
（六）驾驶摩托车手离车把或者在车把上悬挂物品;
（七）连续驾驶机动车超过4小时未停车休息或者停车休息时间少于20分钟;
（八）在禁止鸣喇叭的区域或者路段鸣喇叭。

第六十三条　机动车在道路上临时停车,应当遵守下列规定:
（一）在设有禁停标志、标线的路段,在机动车道与非机动车道、人行道之间设有隔离设施的路段以及人行横道、施工地段,不得停车;
（二）交叉路口、铁路道口、急弯路、宽度不足4米的窄路、桥梁、陡坡、隧道以及距离上述地点50米以内的路段,不得停车;
（三）公共汽车站、急救站、加油站、消防栓或者消防队（站）门前以及距离上述地点30米以内的路段,除使用上述设施的以外,不得停车;
（四）车辆停稳前不得开车门和上下人员,开关车门不得妨碍其他车辆和行人通行;
（五）路边停车应当紧靠道路右侧,机动车驾驶人不得离车,上下人员或者装卸物品后,立即驶离;
（六）城市公共汽车不得在站点以外的路段停车上下乘客。

第六十四条　机动车行经漫水路或者漫水桥时,应当停车察明水情,确认安全后,低速通过。

第六十五条　机动车载运超限物品行经铁路道口的,应当按照当地铁路部门指定的铁路道口、时间通过。

机动车行经渡口,应当服从渡口管理人员指挥,按照指定地点依次待渡。机动车上下渡船时,应当低速慢行。

第六十六条　警车、消防车、救护车、工程救险车在执行紧急任务遇交通受阻时,可以断续使用警报器,并遵守下列规定:
（一）不得在禁止使用警报器的区域或者路段使用警报器;
（二）夜间在市区不得使用警报器;
（三）列队行驶时,前车已经使用警报器的,后车不再使用警报器。

第六十七条　在单位院内、居民居住区内,机动车应当低速行驶,避让行人;有限速标志的,按照限速标志行驶。

第三节　非机动车通行规定

第六十八条　非机动车通过有交通信号灯控制的交叉路口,应当按照下列规定通行:
（一）转弯的非机动车让直行的车辆、行人优先通行;
（二）遇有前方路口交通阻塞时,不得进入路口;
（三）向左转弯时,靠路口中心点的右侧转弯;
（四）遇有停止信号时,应当依次停在路口停止线以外。没有停止线的,停在路口以外;
（五）向右转弯遇有同方向前车正在等候放行信号时,在本车道内能够转弯的,可以通行;不能转弯的,依次等候。

第六十九条　非机动车通过没有交通信号灯控制也没有交通警察指挥的交叉路口,除应当遵守第六十八条第（一）项、第（二）项和第（三）项的规定外,还应当遵守下列规定:
（一）有交通标志、标线控制的,让优先通行的一方先行；

（二）没有交通标志、标线控制的，在路口外慢行或者停车瞭望，让右方道路的来车先行；

（三）相对方向行驶的右转弯的非机动车让左转弯的车辆先行。

第七十条 驾驶自行车、电动自行车、三轮车在路段上横过机动车道，应当下车推行，有人行横道或者行人过街设施的，应当从人行横道或者行人过街设施通过；没有人行横道、没有行人过街设施或者不便使用行人过街设施的，在确认安全后直行通过。

因非机动车道被占用无法在本车道内行驶的非机动车，可以在受阻的路段借用相邻的机动车道行驶，并在驶过被占用路段后迅速驶回非机动车道。机动车遇此情况应当减速让行。

第七十一条 非机动车载物，应当遵守下列规定：

（一）自行车、电动自行车、残疾人机动轮椅车载物，高度从地面起不得超过 1.5 米，宽度左右各不得超出车把 0.15 米，长度前端不得超出车轮，后端不得超出车身 0.3 米；

（二）三轮车、人力车载物，高度从地面起不得超过 2 米，宽度左右各不得超出车身 0.2 米，长度不得超出车身 1 米；

（三）畜力车载物，高度从地面起不得超过 2.5 米，宽度左右各不得超出车身 0.2 米，长度前端不得超出车辕，后端不得超出车身 1 米。

自行车载人的规定，由省、自治区、直辖市人民政府根据当地实际情况制定。

第七十二条 在道路上驾驶自行车、三轮车、电动自行车、残疾人机动轮椅车应当遵守下列规定：

（一）驾驶自行车、三轮车必须年满 12 周岁；

（二）驾驶电动自行车和残疾人机动轮椅车必须年满 16 周岁；

（三）不得醉酒驾驶；

（四）转弯前应当减速慢行，伸手示意，不得突然猛拐，超越前车时不得妨碍被超越的车辆行驶；

（五）不得牵引、攀扶车辆或者被其他车辆牵引，不得双手离把或者手中持物；

（六）不得扶身并行、互相追逐或者曲折竞驶；

（七）不得在道路上骑独轮自行车或者 2 人以上骑行的自行车；

（八）非下肢残疾的人不得驾驶残疾人机动轮椅车；

（九）自行车、三轮车不得加装动力装置；

（十）不得在道路上学习驾驶非机动车。

第七十三条 在道路上驾驭畜力车应当年满 16 周岁，并遵守下列规定：

（一）不得醉酒驾驭；

（二）不得并行，驾驭人不得离开车辆；

（三）行经繁华路段、交叉路口、铁路道口、人行横道、急弯路、宽度不足 4 米的窄路或者窄桥、陡坡、隧道或者容易发生危险的路段，不得超车。驾驭两轮畜力车应当下车牵引牲畜；

（四）不得使用未经驯服的牲畜驾车，随车幼畜须拴系；

（五）停放车辆应当拉紧车闸，拴系牲畜。

第四节　行人和乘车人通行规定

第七十四条 行人不得有下列行为：

（一）在道路上使用滑板、旱冰鞋等滑行工具；

（二）在车行道内坐卧、停留、嬉闹；

（三）追车、抛物击车等妨碍道路交通安全的行为。

第七十五条 行人横过机动车道，应当从行人过街设施通过；没有行人过街设施的，应当从人行横道通过；没有人行横道的，应当观察来往车辆的情况，确认安全后直行通过，不得在车辆临近时突然加速横穿或者中途倒退、折返。

第七十六条 行人列队在道路上通行，每横列不得超过 2 人，但在已经实行交通管制的路段不受限制。

第七十七条 乘坐机动车应当遵守下列规定：

（一）不得在机动车道上拦乘机动车；

（二）在机动车道上不得从机动车左侧上下车；

（三）开关车门不得妨碍其他车辆和行人通行；

（四）机动车行驶中，不得干扰驾驶，不得将身体任何部分伸出车外，不得跳车；

（五）乘坐两轮摩托车应当正向骑坐。

第五节　高速公路的特别规定

第七十八条 高速公路应当标明车道的行驶速度，最高车速不得超过每小时 120 公里，最低车速不得低于每小时 60 公里。

在高速公路上行驶的小型载客汽车最高车速不得超过每小时 120 公里，其他机动车不得超过每小时

100公里,摩托车不得超过每小时80公里。

同方向有2条车道的,左侧车道的最低车速为每小时100公里;同方向有3条以上车道的,最左侧车道的最低车速为每小时110公里,中间车道的最低车速为每小时90公里。道路限速标志标明的车速与上述车道行驶车速的规定不一致的,按照道路限速标志标明的车速行驶。

第七十九条　机动车从匝道驶入高速公路,应当开启左转向灯,在不妨碍已在高速公路内的机动车正常行驶的情况下驶入车道。

机动车驶离高速公路时,应当开启右转向灯,驶入减速车道,降低车速后驶离。

第八十条　机动车在高速公路上行驶,车速超过每小时100公里时,应当与同车道前车保持100米以上的距离,车速低于每小时100公里时,与同车道前车距离可以适当缩短,但最小距离不得少于50米。

第八十一条　机动车在高速公路上行驶,遇有雾、雨、雪、沙尘、冰雹等低能见度气象条件时,应当遵守下列规定:

(一)能见度小于200米时,开启雾灯、近光灯、示廓灯和前后位灯,车速不得超过每小时60公里,与同车道前车保持100米以上的距离;

(二)能见度小于100米时,开启雾灯、近光灯、示廓灯、前后位灯和危险报警闪光灯,车速不得超过每小时40公里,与同车道前车保持50米以上的距离;

(三)能见度小于50米时,开启雾灯、近光灯、示廓灯、前后位灯和危险报警闪光灯,车速不得超过每小时20公里,并从最近的出口尽快驶离高速公路。

遇有前款规定情形时,高速公路管理部门应当通过显示屏等方式发布速度限制、保持车距等提示信息。

第八十二条　机动车在高速公路上行驶,不得有下列行为:

(一)倒车、逆行、穿越中央分隔带掉头或者在车道内停车;

(二)在匝道、加速车道或者减速车道上超车;

(三)骑、轧车行道分界线或者在路肩上行驶;

(四)非紧急情况时在应急车道行驶或者停车;

(五)试车或者学习驾驶机动车。

第八十三条　在高速公路上行驶的载货汽车车厢不得载人。两轮摩托车在高速公路行驶时不得载人。

第八十四条　机动车通过施工作业路段时,应当注意警示标志,减速行驶。

第八十五条　城市快速路的道路交通安全管理,参照本节的规定执行。

高速公路、城市快速路的道路交通安全管理工作,省、自治区、直辖市人民政府公安机关交通管理部门可以指定设区的市人民政府公安机关交通管理部门或者相当于同级的公安机关交通管理部门承担。

第五章　交通事故处理

第八十六条　机动车与机动车、机动车与非机动车在道路上发生未造成人身伤亡的交通事故,当事人对事实及成因无争议的,在记录交通事故的时间、地点、对方当事人的姓名和联系方式、机动车牌号、驾驶证号、保险凭证号、碰撞部位,并共同签名后,撤离现场,自行协商损害赔偿事宜。当事人对交通事故事实及成因有争议的,应当迅速报警。

第八十七条　非机动车与非机动车或者行人在道路上发生交通事故,未造成人身伤亡,且基本事实及成因清楚的,当事人应当先撤离现场,再自行协商处理损害赔偿事宜。当事人对交通事故事实及成因有争议的,应当迅速报警。

第八十八条　机动车发生交通事故,造成道路、供电、通讯等设施损毁的,驾驶人应当报警等候处理,不得驶离。机动车可以移动的,应当将机动车移至不妨碍交通的地点。公安机关交通管理部门应当将事故有关情况通知有关部门。

第八十九条　公安机关交通管理部门或者交通警察接到交通事故报警,应当及时赶赴现场,对未造成人身伤亡,事实清楚,并且机动车可以移动的,应当在记录事故情况后责令当事人撤离现场,恢复交通。对拒不撤离现场的,予以强制撤离。

对属于前款规定情况的道路交通事故,交通警察可以适用简易程序处理,并当场出具事故认定书。当事人共同请求调解的,交通警察可以当场对损害赔偿争议进行调解。

对道路交通事故造成人员伤亡和财产损失需要勘验、检查现场的,公安机关交通管理部门应当按照勘查现场工作规范进行。现场勘查完毕,应当组织清理现场,恢复交通。

第九十条　投保机动车第三者责任强制保险的机动车发生交通事故,因抢救受伤人员需要保险公司支付抢救费用的,由公安机关交通管理部门通知保险公司。

抢救受伤人员需要道路交通事故救助基金垫付费用的，由公安机关交通管理部门通知道路交通事故社会救助基金管理机构。

第九十一条 公安机关交通管理部门应当根据交通事故当事人的行为对发生交通事故所起的作用以及过错的严重程度，确定当事人的责任。

第九十二条 发生交通事故后当事人逃逸的，逃逸的当事人承担全部责任。但是，有证据证明对方当事人也有过错的，可以减轻责任。

当事人故意破坏、伪造现场、毁灭证据的，承担全部责任。

第九十三条 公安机关交通管理部门对经过勘验、检查现场的交通事故应当在勘查现场之日起 10 日内制作交通事故认定书。对需要进行检验、鉴定的，应当在检验、鉴定结果确定之日起 5 日内制作交通事故认定书。

第九十四条 当事人对交通事故损害赔偿有争议，各方当事人一致请求公安机关交通管理部门调解的，应当在收到交通事故认定书之日起 10 日内提出书面调解申请。

对交通事故致死的，调解从办理丧葬事宜结束之日起开始；对交通事故致伤的，调解从治疗终结或者定残之日起开始；对交通事故造成财产损失的，调解从确定损失之日起开始。

第九十五条 公安机关交通管理部门调解交通事故损害赔偿争议的期限为 10 日。调解达成协议的，公安机关交通管理部门应当制作调解书送交各方当事人，调解书经各方当事人共同签字后生效；调解未达成协议的，公安机关交通管理部门应当制作调解终结书送交各方当事人。

交通事故损害赔偿项目和标准依照有关法律的规定执行。

第九十六条 对交通事故损害赔偿的争议，当事人向人民法院提起民事诉讼的，公安机关交通管理部门不再受理调解申请。

公安机关交通管理部门调解期间，当事人向人民法院提起民事诉讼的，调解终止。

第九十七条 车辆在道路以外发生交通事故，公安机关交通管理部门接到报案的，参照道路交通安全法和本条例的规定处理。

车辆、行人与火车发生的交通事故以及在渡口发生的交通事故，依照国家有关规定处理。

第六章 执法监督

第九十八条 公安机关交通管理部门应当公开办事制度、办事程序，建立警风警纪监督员制度，自觉接受社会和群众的监督。

第九十九条 公安机关交通管理部门及其交通警察办理机动车登记，发放号牌，对驾驶人考试、发证，处理道路交通安全违法行为，处理道路交通事故，应当严格遵守有关规定，不得越权执法，不得延迟履行职责，不得擅自改变处罚的种类和幅度。

第一百条 公安机关交通管理部门应当公布举报电话，受理群众举报投诉，并及时调查核实，反馈查处结果。

第一百零一条 公安机关交通管理部门应当建立执法质量考核评议、执法责任制和执法过错追究制度，防止和纠正道路交通安全执法中的错误或者不当行为。

第七章 法律责任

第一百零二条 违反本条例规定的行为，依照道路交通安全法和本条例的规定处罚。

第一百零三条 以欺骗、贿赂等不正当手段取得机动车登记或者驾驶许可的，收缴机动车登记证书、号牌、行驶证或者机动车驾驶证，撤销机动车登记或者机动车驾驶许可；申请人在 3 年内不得申请机动车登记或者机动车驾驶许可。

第一百零四条 机动车驾驶人有下列行为之一，又无其他机动车驾驶人即时替代驾驶的，公安机关交通管理部门除依法给予处罚外，可以将其驾驶的机动车移至不妨碍交通的地点或者有关部门指定的地点停放：

（一）不能出示本人有效驾驶证的；

（二）驾驶的机动车与驾驶证载明的准驾车型不符的；

（三）饮酒、服用国家管制的精神药品或者麻醉药品、患有妨碍安全驾驶的疾病，或者过度疲劳仍继续驾驶的；

（四）学习驾驶人员没有教练人员随车指导单独驾驶的。

第一百零五条 机动车驾驶人有饮酒、醉酒、服用国家管制的精神药品或者麻醉药品嫌疑的，应当接受测试、检验。

第一百零六条 公路客运载客汽车超过核定乘员、载货汽车超过核定载质量的，公安机关交通管理部门依法扣留机动车后，驾驶人应当将超载的乘车人转运、将超载的货物卸载，费用由超载机动车的驾驶人或者所有人承担。

第一百零七条 依照道路交通安全法第九十二条、第九十五条、第九十六条、第九十八条的规定被扣留的机动车，驾驶人或者所有人、管理人30日内没有提供被扣留机动车的合法证明，没有补办相应手续，或者不前来接受处理，经公安机关交通管理部门通知并且经公告3个月仍不前来接受处理的，由公安机关交通管理部门将该机动车送交有资格的拍卖机构拍卖，所得价款上缴国库；非法拼装的机动车予以拆除；达到报废标准的机动车予以报废；机动车涉及其他违法犯罪行为的，移交有关部门处理。

第一百零八条 交通警察按照简易程序当场作出行政处罚的，应当告知当事人道路交通安全违法行为的事实、处罚的理由和依据，并将行政处罚决定书当场交付被处罚人。

第一百零九条 对道路交通安全违法行为人处以罚款或者暂扣驾驶证处罚的，由违法行为发生地的县级以上人民政府公安机关交通管理部门或者相当于同级的公安机关交通管理部门作出决定；对处以吊销机动车驾驶证处罚的，由设区的市人民政府公安机关交通管理部门或者相当于同级的公安机关交通管理部门作出决定。

公安机关交通管理部门对非本辖区机动车的道路交通安全违法行为没有当场处罚的，可以由机动车登记地的公安机关交通管理部门处罚。

第一百一十条 当事人对公安机关交通管理部门及其交通警察的处罚有权进行陈述和申辩，交通警察应当充分听取当事人的陈述和申辩，不得因当事人陈述、申辩而加重其处罚。

第八章 附 则

第一百一十一条 本条例所称上道路行驶的拖拉机，是指手扶拖拉机等最高设计行驶速度不超过每小时20公里的轮式拖拉机和最高设计行驶速度不超过每小时40公里、牵引挂车方可从事道路运输的轮式拖拉机。

第一百一十二条 农业（农业机械）主管部门应当定期向公安机关交通管理部门提供拖拉机登记、安全技术检验以及拖拉机驾驶证发放的资料、数据。公安机关交通管理部门对拖拉机驾驶人作出暂扣、吊销驾驶证处罚或者记分处理的，应当定期将处罚决定书和记分情况通报有关的农业（农业机械）主管部门。吊销驾驶证的，还应当将驾驶证送交有关的农业（农业机械）

主管部门。

第一百一十三条 境外机动车入境行驶，应当向入境地的公安机关交通管理部门申请临时通行号牌、行驶证。临时通行号牌、行驶证应当根据行驶需要，载明有效日期和允许行驶的区域。

入境的境外机动车申请临时通行号牌、行驶证以及境外人员申请机动车驾驶许可的条件、考试办法由国务院公安部门规定。

第一百一十四条 机动车驾驶许可考试的收费标准，由国务院价格主管部门规定。

第一百一十五条 本条例自2004年5月1日起施行。1960年2月11日国务院批准、交通部发布的《机动车管理办法》，1988年3月9日国务院发布的《中华人民共和国道路交通管理条例》，1991年9月22日国务院发布的《道路交通事故处理办法》，同时废止。

机动车交通事故责任
强制保险条例（节录）

1. 2006年3月21日国务院令第462号公布
2. 根据2012年3月30日国务院令第618号《关于修改〈机动车交通事故责任强制保险条例〉的决定》第一次修订
3. 根据2012年12月17日国务院令第630号《关于修改〈机动车交通事故责任强制保险条例〉的决定》第二次修订
4. 根据2016年2月6日国务院令第666号《关于修改部分行政法规的决定》第三次修订
5. 根据2019年3月2日国务院令第709号《关于修改部分行政法规的决定》第四次修订

第三章 赔 偿

第二十一条 被保险机动车发生道路交通事故造成本车人员、被保险人以外的受害人人身伤亡、财产损失的，由保险公司依法在机动车交通事故责任强制保险责任限额范围内予以赔偿。

道路交通事故的损失是由受害人故意造成的，保险公司不予赔偿。

第二十二条 有下列情形之一的，保险公司在机动车交通事故责任强制保险责任限额范围内垫付抢救费用，并有权向致害人追偿：

（一）驾驶人未取得驾驶资格或者醉酒的；

（二）被保险机动车被盗抢期间肇事的；

（三）被保险人故意制造道路交通事故的。

有前款所列情形之一，发生道路交通事故的，造成受害人的财产损失，保险公司不承担赔偿责任。

第二十三条 机动车交通事故责任强制保险在全国范围内实行统一的责任限额。责任限额分为死亡伤残赔偿限额、医疗费用赔偿限额、财产损失赔偿限额以及被保险人在道路交通事故中无责任的赔偿限额。

机动车交通事故责任强制保险责任限额由国务院保险监督管理机构会同国务院公安部门、国务院卫生主管部门、国务院农业主管部门规定。

第二十四条 国家设立道路交通事故社会救助基金（以下简称救助基金）。有下列情形之一时，道路交通事故中受害人人身伤亡的丧葬费用、部分或者全部抢救费用，由救助基金先行垫付，救助基金管理机构有权向道路交通事故责任人追偿：

（一）抢救费用超过机动车交通事故责任强制保险责任限额的；

（二）肇事机动车未参加机动车交通事故责任强制保险的；

（三）机动车肇事后逃逸的。

第二十五条 救助基金的来源包括：

（一）按照机动车交通事故责任强制保险的保险费的一定比例提取的资金；

（二）对未按照规定投保机动车交通事故责任强制保险的机动车的所有人、管理人的罚款；

（三）救助基金管理机构依法向道路交通事故责任人追偿的资金；

（四）救助基金孳息；

（五）其他资金。

第二十六条 救助基金的具体管理办法，由国务院财政部门会同国务院保险监督管理机构、国务院公安部门、国务院卫生主管部门、国务院农业主管部门制定试行。

第二十七条 被保险机动车发生道路交通事故，被保险人或者受害人通知保险公司的，保险公司应当立即给予答复，告知被保险人或者受害人具体的赔偿程序等有关事项。

第二十八条 被保险机动车发生道路交通事故的，由被保险人向保险公司申请赔偿保险金。保险公司应当自收到赔偿申请之日起 1 日内，书面告知被保险人需要向保险公司提供的与赔偿有关的证明和资料。

第二十九条 保险公司应当自收到被保险人提供的证明和资料之日起 5 日内，对是否属于保险责任作出核定，并将结果通知被保险人；对不属于保险责任的，应当书面说明理由；对属于保险责任的，在与被保险人达成赔偿保险金的协议后 10 日内，赔偿保险金。

第三十条 被保险人与保险公司对赔偿有争议的，可以依法申请仲裁或者向人民法院提起诉讼。

第三十一条 保险公司可以向被保险人赔偿保险金，也可以直接向受害人赔偿保险金。但是，因抢救受伤人员需要保险公司支付或者垫付抢救费用的，保险公司在接到公安机关交通管理部门通知后，经核对应当及时向医疗机构支付或者垫付抢救费用。

因抢救受伤人员需要救助基金管理机构垫付抢救费用的，救助基金管理机构在接到公安机关交通管理部门通知后，经核对应当及时向医疗机构垫付抢救费用。

第三十二条 医疗机构应当参照国务院卫生主管部门组织制定的有关临床诊疗指南，抢救、治疗道路交通事故中的受伤人员。

第三十三条 保险公司赔偿保险金或者垫付抢救费用，救助基金管理机构垫付抢救费用，需要向有关部门、医疗机构核实有关情况的，有关部门、医疗机构应当予以配合。

第三十四条 保险公司、救助基金管理机构的工作人员对当事人的个人隐私应当保密。

第三十五条 道路交通事故损害赔偿项目和标准依照有关法律的规定执行。

道路交通事故处理程序规定

1. 2017 年 7 月 22 日公安部令第 146 号公布
2. 自 2018 年 5 月 1 日起施行

第一章 总 则

第一条 为了规范道路交通事故处理程序，保障公安机关交通管理部门依法履行职责，保护道路交通事故当事人的合法权益，根据《中华人民共和国道路交通安全法》及其实施条例等有关法律、行政法规，制定本规定。

第二条 处理道路交通事故，应当遵循合法、公正、公开、便民、效率的原则，尊重和保障人权，保护公民的人格尊严。

第三条 道路交通事故分为财产损失事故、伤人事故和死亡事故。

　　财产损失事故是指造成财产损失,尚未造成人员伤亡的道路交通事故。

　　伤人事故是指造成人员受伤,尚未造成人员死亡的道路交通事故。

　　死亡事故是指造成人员死亡的道路交通事故。

第四条　道路交通事故的调查处理应当由公安机关交通管理部门负责。

　　财产损失事故可以由当事人自行协商处理,但法律法规及本规定另有规定的除外。

第五条　交通警察经过培训并考试合格,可以处理适用简易程序的道路交通事故。

　　处理伤人事故,应当由具有道路交通事故处理初级以上资格的交通警察主办。

　　处理死亡事故,应当由具有道路交通事故处理中级以上资格的交通警察主办。

第六条　公安机关交通管理部门处理道路交通事故应当使用全国统一的交通管理信息系统。

　　鼓励应用先进的科技装备和先进技术处理道路交通事故。

第七条　交通警察处理道路交通事故,应当按照规定使用执法记录设备。

第八条　公安机关交通管理部门应当建立与司法机关、保险机构等有关部门间的数据信息共享机制,提高道路交通事故处理工作信息化水平。

第二章　管　辖

第九条　道路交通事故由事故发生地的县级公安机关交通管理部门管辖。未设立县级公安机关交通管理部门的,由设区的市公安机关交通管理部门管辖。

第十条　道路交通事故发生在两个以上管辖区域的,由事故起始点所在地公安机关交通管理部门管辖。

　　对管辖权有争议的,由共同的上一级公安机关交通管理部门指定管辖。指定管辖前,最先发现或者最先接到报警的公安机关交通管理部门应当先行处理。

第十一条　上级公安机关交通管理部门在必要的时候,可以处理下级公安机关交通管理部门管辖的道路交通事故,或者指定下级公安机关交通管理部门限时将案件移送其他下级公安机关交通管理部门处理。

　　案件管辖权发生转移的,处理时限从案件接收之日起计算。

第十二条　中国人民解放军、中国人民武装警察部队人员、车辆发生道路交通事故的,按照本规定处理。依法应当吊销、注销中国人民解放军、中国人民武装警察部队核发的机动车驾驶证以及对现役军人实施行政拘留或者追究刑事责任的,移送中国人民解放军、中国人民武装警察部队有关部门处理。

　　上道路行驶的拖拉机发生道路交通事故的,按照本规定处理。公安机关交通管理部门对拖拉机驾驶人依法暂扣、吊销、注销驾驶证或者记分处理的,应当将决定书和记分情况通报有关的农业(农业机械)主管部门。吊销、注销驾驶证的,还应当将驾驶证送交有关的农业(农业机械)主管部门。

第三章　报警和受案

第十三条　发生死亡事故、伤人事故的,或者发生财产损失事故且有下列情形之一的,当事人应当保护现场并立即报警:

　　(一)驾驶人无有效机动车驾驶证或者驾驶的机动车与驾驶证载明的准驾车型不符的;

　　(二)驾驶人有饮酒、服用国家管制的精神药品或者麻醉药品嫌疑的;

　　(三)驾驶人有从事校车业务或者旅客运输,严重超过额定乘员载客,或者严重超过规定时速行驶嫌疑的;

　　(四)机动车无号牌或者使用伪造、变造的号牌的;

　　(五)当事人不能自行移动车辆的;

　　(六)一方当事人离开现场的;

　　(七)有证据证明事故是由一方故意造成的。

　　驾驶人必须在确保安全的原则下,立即组织车上人员疏散到路外安全地点,避免发生次生事故。驾驶人已因道路交通事故死亡或者受伤无法行动的,车上其他人员应当自行组织疏散。

第十四条　发生财产损失事故且有下列情形之一,车辆可以移动的,当事人应当组织车上人员疏散到路外安全地点,在确保安全的原则下,采取现场拍照或者标划事故车辆现场位置等方式固定证据,将车辆移至不妨碍交通的地点后报警:

　　(一)机动车无检验合格标志或者无保险标志的;

　　(二)碰撞建筑物、公共设施或者其他设施的。

第十五条　载运爆炸性、易燃性、毒害性、放射性、腐蚀性、传染病原体等危险物品车辆发生事故的,当事人应当立即报警,危险物品车辆驾驶人、押运人应当按照危险物品安全管理法律、法规、规章以及有关操作规程的规定,采取相应的应急处置措施。

第十六条 公安机关及其交通管理部门接到报警的,应当受理,制作受案登记表并记录下列内容:
(一)报警方式、时间,报警人姓名、联系方式,电话报警的,还应当记录报警电话;
(二)发生或者发现道路交通事故的时间、地点;
(三)人员伤亡情况;
(四)车辆类型、车辆号牌号码,是否载有危险物品以及危险物品的种类、是否发生泄漏等;
(五)涉嫌交通肇事逃逸的,还应当询问并记录肇事车辆的车型、颜色、特征及其逃逸方向、逃逸驾驶人的体貌特征等有关情况。

报警人不报姓名的,应当记录在案。报警人不愿意公开姓名的,应当为其保密。

第十七条 接到道路交通事故报警后,需要派员到现场处置,或者接到出警指令的,公安机关交通管理部门应当立即派交通警察赶赴现场。

第十八条 发生道路交通事故后当事人未报警,在事故现场撤除后,当事人又报警请求公安机关交通管理部门处理的,公安机关交通管理部门应当按照本规定第十六条规定的记录内容予以记录,并在三日内作出是否接受案件的决定。

经核查道路交通事故事实存在的,公安机关交通管理部门应当受理,制作受案登记表;经核查无法证明道路交通事故事实存在,或者不属于公安机关交通管理部门管辖的,应当书面告知当事人,并说明理由。

第四章 自行协商

第十九条 机动车与机动车、机动车与非机动车发生财产损失事故,当事人应当在确保安全的原则下,采取现场拍照或者标划事故车辆现场位置等方式固定证据后,立即撤离现场,将车辆移至不妨碍交通的地点,再协商处理损害赔偿事宜,但有本规定第十三条第一款情形的除外。

非机动车与非机动车或者行人发生财产损失事故,当事人应当先撤离现场,再协商处理损害赔偿事宜。

对应当自行撤离现场而未撤离的,交通警察应当责令当事人撤离现场;造成交通堵塞的,对驾驶人处以200元罚款。

第二十条 发生可以自行协商处理的财产损失事故,当事人可以通过互联网在线自行协商处理;当事人对事实及成因有争议的,可以通过互联网共同申请公安机关交通管理部门在线确定当事人的责任。

当事人报警的,交通警察、警务辅助人员可以指导当事人自行协商处理。当事人要求交通警察到场处理的,应当指派交通警察到现场调查处理。

第二十一条 当事人自行协商达成协议的,制作道路交通事故自行协商协议书,并共同签名。道路交通事故自行协商协议书应当载明事故发生的时间、地点、天气、当事人姓名、驾驶证号或者身份证号、联系方式、机动车种类和号牌号码、保险公司、保险凭证号、事故形态、碰撞部位、当事人的责任等内容。

第二十二条 当事人自行协商达成协议的,可以按照下列方式履行道路交通事故损害赔偿:
(一)当事人自行赔偿;
(二)到投保的保险公司或者道路交通事故保险理赔服务场所办理损害赔偿事宜。

当事人自行协商达成协议后未履行的,可以申请人民调解委员会调解或者向人民法院提起民事诉讼。

第五章 简易程序

第二十三条 公安机关交通管理部门可以适用简易程序处理以下道路交通事故,但有交通肇事、危险驾驶犯罪嫌疑的除外:
(一)财产损失事故;
(二)受伤当事人伤势轻微,各方当事人一致同意适用简易程序处理的伤人事故。

适用简易程序的,可以由一名交通警察处理。

第二十四条 交通警察适用简易程序处理道路交通事故时,应当在固定现场证据后,责令当事人撤离现场,恢复交通。拒不撤离现场的,予以强制撤离。当事人无法及时移动车辆影响通行和交通安全的,交通警察应当将车辆移至不妨碍交通的地点。具有本规定第十三条第一款第一项、第二项情形之一的,按照《中华人民共和国道路交通安全法实施条例》第一百零四条规定处理。

撤离现场后,交通警察应当根据现场固定的证据和当事人、证人陈述等,认定并记录道路交通事故发生的时间、地点、天气、当事人姓名、驾驶证号或者身份证号、联系方式、机动车种类和号牌号码、保险公司、保险凭证号、道路交通事故形态、碰撞部位等,并根据本规定第六十条确定当事人的责任,当场制作道路交通事故认定书。不具备当场制作条件的,交通警察应当在三日内制作道路交通事故认定书。

道路交通事故认定书应当由当事人签名,并现场送达当事人。当事人拒绝签名或者接收的,交通警察应当在道路交通事故认定书上注明情况。

第二十五条 当事人共同请求调解的,交通警察应当当场进行调解,并在道路交通事故认定书上记录调解结果,由当事人签名,送达当事人。

第二十六条 有下列情形之一的,不适用调解,交通警察可以在道路交通事故认定书上载明有关情况后,将道路交通事故认定书送达当事人:

(一)当事人对道路交通事故认定有异议的;

(二)当事人拒绝在道路交通事故认定书上签名的;

(三)当事人不同意调解的。

第六章 调 查

第一节 一般规定

第二十七条 除简易程序外,公安机关交通管理部门对道路交通事故进行调查时,交通警察不得少于二人。

交通警察调查时应当向被调查人员出示《人民警察证》,告知被调查人依法享有的权利和义务,向当事人发送联系卡。联系卡载明交通警察姓名、办公地址、联系方式、监督电话等内容。

第二十八条 交通警察调查道路交通事故时,应当合法、及时、客观、全面地收集证据。

第二十九条 对发生一次死亡三人以上道路交通事故的,公安机关交通管理部门应当开展深度调查;对造成其他严重后果或者存在严重安全问题的道路交通事故,可以开展深度调查。具体程序另行规定。

第二节 现场处置和调查

第三十条 交通警察到达事故现场后,应当立即进行下列工作:

(一)按照事故现场安全防护有关标准和规范的要求划定警戒区域,在安全距离位置放置发光或者反光锥筒和警告标志,确定专人负责现场交通指挥和疏导。因道路交通事故导致交通中断或者现场处置、勘查需要采取封闭道路等交通管制措施的,还应当视情在事故现场来车方向提前组织分流,放置绕行提示标志;

(二)组织抢救受伤人员;

(三)指挥救护、勘查等车辆停放在安全和便于抢救、勘查的位置,开启警灯,夜间还应当开启危险报警闪光灯和示廓灯;

(四)查找道路交通事故当事人和证人,控制肇事嫌疑人;

(五)其他需要立即开展的工作。

第三十一条 道路交通事故造成人员死亡的,应当经急救、医疗人员或者法医确认,并由具备资质的医疗机构出具死亡证明。尸体应当存放在殡葬服务单位或者医疗机构等有停尸条件的场所。

第三十二条 交通警察应当对事故现场开展下列调查工作:

(一)勘查事故现场,查明事故车辆、当事人、道路及其空间关系和事故发生时的天气情况;

(二)固定、提取或者保全现场证据材料;

(三)询问当事人、证人并制作询问笔录;现场不具备制作询问笔录条件的,可以通过录音、录像记录询问过程;

(四)其他调查工作。

第三十三条 交通警察勘查道路交通事故现场,应当按照有关法规和标准的规定,拍摄现场照片,绘制现场图,及时提取、采集与案件有关的痕迹、物证等,制作现场勘查笔录。现场勘查过程中发现当事人涉嫌利用交通工具实施其他犯罪的,应当妥善保护犯罪现场和证据,控制犯罪嫌疑人,并立即报告公安机关主管部门。

发生一次死亡三人以上事故的,应当进行现场摄像,必要时可以聘请具有专门知识的人参加现场勘验、检查。

现场图、现场勘查笔录应当由参加勘查的交通警察、当事人和见证人签名。当事人、见证人拒绝签名或者无法签名以及无见证人的,应当记录在案。

第三十四条 痕迹、物证等证据可能因时间、地点、气象等原因导致改变、毁损、灭失的,交通警察应当及时固定、提取或者保全。

对涉嫌饮酒或者服用国家管制的精神药品、麻醉药品驾驶车辆的人员,公安机关交通管理部门应当按照《道路交通安全违法行为处理程序规定》及时抽血或者提取尿样等检材,送交有检验鉴定资质的机构进行检验。

车辆驾驶人员当场死亡的,应当及时抽血检验。不具备抽血条件的,应当由医疗机构或者鉴定机构出具证明。

第三十五条 交通警察应当核查当事人的身份证件、机动车驾驶证、机动车行驶证、检验合格标志、保险标志等。

对交通肇事嫌疑人可以依法传唤。对在现场发现的交通肇事嫌疑人，经出示《人民警察证》，可以口头传唤，并在询问笔录中注明嫌疑人到案经过、到案时间和离开时间。

第三十六条 勘查事故现场完毕后，交通警察应当清点并登记现场遗留物品，迅速组织清理现场，尽快恢复交通。

现场遗留物品能够当场发还的，应当当场发还并做记录；当场无法确定所有人的，应当登记，并妥善保管，待所有人确定后，及时发还。

第三十七条 因调查需要，公安机关交通管理部门可以向有关单位、个人调取汽车行驶记录仪、卫星定位装置、技术监控设备的记录资料以及其他与事故有关的证据材料。

第三十八条 因调查需要，公安机关交通管理部门可以组织道路交通事故当事人、证人对肇事嫌疑人、嫌疑车辆等进行辨认。

辨认应当在交通警察的主持下进行。主持辨认的交通警察不得少于二人。多名辨认人对同一辨认对象进行辨认时，应当由辨认人个别进行。

辨认时，应当将辨认对象混杂在特征相类似的其他对象中，不得给辨认人任何暗示。辨认肇事嫌疑人时，被辨认的人数不得少于七人；对肇事嫌疑人照片进行辨认的，不得少于十人的照片。辨认嫌疑车辆时，同类车辆不得少于五辆；对肇事嫌疑车辆照片进行辨认时，不得少于十辆的照片。

对尸体等特定辨认对象进行辨认，或者辨认人能够准确描述肇事嫌疑人、嫌疑车辆独有特征的，不受数量的限制。

对肇事嫌疑人的辨认，辨认人不愿意公开进行时，可以在不暴露辨认人的情况下进行，并应当为其保守秘密。

对辨认经过和结果，应当制作辨认笔录，由交通警察、辨认人、见证人签名。必要时，应当对辨认过程进行录音或者录像。

第三十九条 因收集证据的需要，公安机关交通管理部门可以扣留事故车辆，并开具行政强制措施凭证。扣留的车辆应当妥善保管。

公安机关交通管理部门不得扣留事故车辆所载货物。对所载货物在核实重量、体积及货物损失后，通知机动车驾驶人或者货物所有人自行处理。无法通知当事人或者当事人不自行处理的，按照《公安机关办理行政案件程序规定》的有关规定办理。

严禁公安机关交通管理部门指定停车场停放扣留的事故车辆。

第四十条 当事人涉嫌犯罪的，因收集证据的需要，公安机关交通管理部门可以依据《中华人民共和国刑事诉讼法》《公安机关办理刑事案件程序规定》，扣押机动车驾驶证等与事故有关的物品、证件，并按照规定出具扣押法律文书。扣押的物品应当妥善保管。

对扣押的机动车驾驶证等物品、证件，作为证据使用的，应当随案移送，并制作随案移送清单一式两份，一份留存，一份交人民检察院。对于实物不宜移送的，应当将其清单、照片或者其他证明文件随案移送。待人民法院作出生效判决后，按照人民法院的通知，依法作出处理。

第四十一条 经过调查，不属于公安机关交通管理部门管辖的，应当将案件移送有关部门并书面通知当事人，或者告知当事人处理途径。

公安机关交通管理部门在调查过程中，发现当事人涉嫌交通肇事、危险驾驶犯罪的，应当按照《中华人民共和国刑事诉讼法》《公安机关办理刑事案件程序规定》立案侦查。发现当事人有其他违法犯罪嫌疑的，应当及时移送有关部门，移送不影响事故的调查和处理。

第四十二条 投保机动车交通事故责任强制保险的车辆发生道路交通事故，因抢救受伤人员需要保险公司支付抢救费用的，公安机关交通管理部门应当书面通知保险公司。

抢救受伤人员需要道路交通事故社会救助基金垫付费用的，公安机关交通管理部门应当书面通知道路交通事故社会救助基金管理机构。

道路交通事故造成人员死亡需要救助基金垫付丧葬费用的，公安机关交通管理部门应当在送达尸体处理通知书的同时，告知受害人亲属向道路交通事故社会救助基金管理机构提出书面垫付申请。

第三节 交通肇事逃逸查缉

第四十三条 公安机关交通管理部门应当根据管辖区域

和道路情况,制定交通肇事逃逸案件查缉预案,并组织专门力量办理交通肇事逃逸案件。

发生交通肇事逃逸案件后,公安机关交通管理部门应当立即启动查缉预案,布置警力堵截,并通过全国机动车缉查布控系统查缉。

第四十四条 案发地公安机关交通管理部门可以通过发协查通报、向社会公告等方式要求协查、举报交通肇事逃逸车辆或者侦破线索。发出协查通报或者向社会公告时,应当提供交通肇事逃逸案件基本事实、交通肇事逃逸车辆情况、特征及逃逸方向等有关情况。

中国人民解放军和中国人民武装警察部队车辆涉嫌交通肇事逃逸的,公安机关交通管理部门应当通报中国人民解放军、中国人民武装警察部队有关部门。

第四十五条 接到协查通报的公安机关交通管理部门,应当立即布置堵截或者排查。发现交通肇事逃逸车辆或者嫌疑车辆的,应当予以扣留,依法传唤交通肇事逃逸人或者与协查通报相符的嫌疑人,并及时将有关情况通知案发地公安机关交通管理部门。案发地公安机关交通管理部门应当立即派交通警察前往办理移交。

第四十六条 公安机关交通管理部门查获交通肇事逃逸车辆或者交通肇事逃逸嫌疑人后,应当按原范围撤销协查通报,并通过全国机动车缉查布控系统撤销布控。

第四十七条 公安机关交通管理部门侦办交通肇事逃逸案件期间,交通肇事逃逸案件的受害人及其家属向公安机关交通管理部门询问案件侦办情况的,除依法不应当公开的内容外,公安机关交通管理部门应当告知并做好记录。

第四十八条 道路交通事故社会救助基金管理机构已经为受害人垫付抢救费用或者丧葬费用的,公安机关交通管理部门应当在交通肇事逃逸案件侦破后及时书面告知道路交通事故社会救助基金管理机构交通肇事逃逸驾驶人的有关情况。

第四节 检验、鉴定

第四十九条 需要进行检验、鉴定的,公安机关交通管理部门应当按照有关规定,自事故现场调查结束之日起三日内委托具备资质的鉴定机构进行检验、鉴定。

尸体检验应当在死亡之日起三日内委托。对交通肇事逃逸车辆的检验、鉴定自查获肇事嫌疑车辆之日起三日内委托。

对现场调查结束之日起三日后需要检验、鉴定的,应当报经上一级公安机关交通管理部门批准。

对精神疾病的鉴定,由具有精神病鉴定资质的鉴定机构进行。

第五十条 检验、鉴定费用由公安机关交通管理部门承担,但法律法规另有规定或者当事人自行委托伤残评定、财产损失评估的除外。

第五十一条 公安机关交通管理部门应当与鉴定机构确定检验、鉴定完成的期限,确定的期限不得超过三十日。超过三十日的,应当报经上一级公安机关交通管理部门批准,但最长不得超过六十日。

第五十二条 尸体检验不得在公众场合进行。为了确定死因需要解剖尸体的,应当征得死者家属同意。死者家属不同意解剖尸体的,经县级以上公安机关或者上一级公安机关交通管理部门负责人批准,可以解剖尸体,并且通知死者家属到场,由其在解剖尸体通知书上签名。

死者家属无正当理由拒不到场或者拒绝签名的,交通警察应当在解剖尸体通知书上注明。对身份不明的尸体,无法通知死者家属的,应当记录在案。

第五十三条 尸体检验报告确定后,应当书面通知死者家属在十日内办理丧葬事宜。无正当理由逾期不办理的应记录在案,并经县级以上公安机关或者上一级公安机关交通管理部门负责人批准,由公安机关或者上一级公安机关交通管理部门处理尸体,逾期存放的费用由死者家属承担。

对于没有家属、家属不明或者因自然灾害等不可抗力导致无法通知或者通知后家属拒绝领回的,经县级以上公安机关或者上一级公安机关交通管理部门负责人批准,可以及时处理。

对身份不明的尸体,由法医提取人身识别检材,并对尸体拍照、采集相关信息后,由公安机关交通管理部门填写身份不明尸体信息登记表,并在设区的市级以上报纸刊登认尸启事。登报后三十日仍无人认领的,经县级以上公安机关或者上一级公安机关交通管理部门负责人批准,可以及时处理。

因宗教习俗等原因对尸体处理期限有特殊需要的,经县级以上公安机关或者上一级公安机关交通管理部门负责人批准,可以紧急处理。

第五十四条 鉴定机构应当在规定的期限内完成检验、鉴定,并出具书面检验报告、鉴定意见,由鉴定人签名,鉴定意见还应当加盖机构印章。检验报告、鉴定意见应当载明以下事项:

（一）委托人；
（二）委托日期和事项；
（三）提交的相关材料；
（四）检验、鉴定的时间；
（五）依据和结论性意见，通过分析得出结论性意见的，应当有分析证明过程。

检验报告、鉴定意见应当附有鉴定机构、鉴定人的资质证明或者其他证明文件。

第五十五条 公安机关交通管理部门应当对检验报告、鉴定意见进行审核，并在收到检验报告、鉴定意见之日起五日内，将检验报告、鉴定意见复印件送达当事人，但有下列情形之一的除外：

（一）检验、鉴定程序违法或者违反相关专业技术要求，可能影响检验报告、鉴定意见公正、客观的；
（二）鉴定机构、鉴定人不具备鉴定资质和条件的；
（三）检验报告、鉴定意见明显依据不足的；
（四）故意作虚假鉴定的；
（五）鉴定人应当回避而没有回避的；
（六）检材虚假或者检材被损坏，不具备鉴定条件的；
（七）其他可能影响检验报告、鉴定意见公正、客观的情形。

检验报告、鉴定意见有前款规定情形之一的，经县级以上公安机关交通管理部门负责人批准，应当在收到检验报告、鉴定意见之日起三日内重新委托检验、鉴定。

第五十六条 当事人对检验报告、鉴定意见有异议，申请重新检验、鉴定的，应当自公安机关交通管理部门送达之日起三日内提出书面申请，经县级以上公安机关交通管理部门负责人批准，原办案单位应当重新委托检验、鉴定。检验报告、鉴定意见不具有本规定第五十五条第一款情形的，经县级以上公安机关交通管理部门负责人批准，由原办案单位作出不准予重新检验、鉴定的决定，并在作出决定之日起三日内书面通知申请人。

同一交通事故的同一检验、鉴定事项，重新检验、鉴定以一次为限。

第五十七条 重新检验、鉴定应当另行委托鉴定机构。

第五十八条 自检验报告、鉴定意见确定之日起五日内，公安机关交通管理部门应当通知当事人领取扣留的事故车辆。

因扣留车辆发生的费用由作出决定的公安机关交通管理部门承担，但公安机关交通管理部门通知当事人领取，当事人逾期未领取产生的停车费用由当事人自行承担。

经通知当事人三十日后不领取的车辆，经公告三个月仍不领取的，对扣留的车辆依法处理。

第七章 认定与复核

第一节 道路交通事故认定

第五十九条 道路交通事故认定应当做到事实清楚、证据确实充分、适用法律正确、责任划分公正、程序合法。

第六十条 公安机关交通管理部门应当根据当事人的行为对发生道路交通事故所起的作用以及过错的严重程度，确定当事人的责任。

（一）因一方当事人的过错导致道路交通事故的，承担全部责任；
（二）因两方或者两方以上当事人的过错发生道路交通事故的，根据其行为对事故发生的作用以及过错的严重程度，分别承担主要责任、同等责任和次要责任；
（三）各方均无导致道路交通事故的过错，属于交通意外事故的，各方均无责任。

一方当事人故意造成道路交通事故的，他方无责任。

第六十一条 当事人有下列情形之一的，承担全部责任：

（一）发生道路交通事故后逃逸的；
（二）故意破坏、伪造现场、毁灭证据的。

为逃避法律责任追究，当事人弃车逃逸以及潜逃藏匿的，如有证据证明其他当事人也有过错，可以适当减轻责任，但同时有证据证明逃逸当事人有第一款第二项情形的，不予减轻。

第六十二条 公安机关交通管理部门应当自现场调查之日起十日内制作道路交通事故认定书。交通肇事逃逸案件在查获交通肇事车辆和驾驶人后十日内制作道路交通事故认定书。对需要进行检验、鉴定的，应当在检验报告、鉴定意见确定之日起五日内制作道路交通事故认定书。

有条件的地方公安机关交通管理部门可以试行在互联网公布道路交通事故认定书，但对涉及的国家秘密、商业秘密或者个人隐私，应当保密。

第六十三条 发生死亡事故以及复杂、疑难的伤人事故后，公安机关交通管理部门应当在制作道路交通事故认定书或者道路交通事故证明前,召集各方当事人到场,公开调查取得的证据。

证人要求保密或者涉及国家秘密、商业秘密以及个人隐私的,按照有关法律法规的规定执行。

当事人不到场的,公安机关交通管理部门应当予以记录。

第六十四条 道路交通事故认定书应当载明以下内容:

(一)道路交通事故当事人、车辆、道路和交通环境等基本情况;

(二)道路交通事故发生经过;

(三)道路交通事故证据及事故形成原因分析;

(四)当事人导致道路交通事故的过错及责任或者意外原因;

(五)作出道路交通事故认定的公安机关交通管理部门名称和日期。

道路交通事故认定书应当由交通警察签名或者盖章,加盖公安机关交通管理部门道路交通事故处理专用章。

第六十五条 道路交通事故认定书应当在制作后三日内分别送达当事人,并告知申请复核、调解和提起民事诉讼的权利、期限。

当事人收到道路交通事故认定书后,可以查阅、复制、摘录公安机关交通管理部门处理道路交通事故的证据材料,但证人要求保密或者涉及国家秘密、商业秘密以及个人隐私的,按照有关法律法规的规定执行。公安机关交通管理部门对当事人复制的证据材料应当加盖公安机关交通管理部门事故处理专用章。

第六十六条 交通肇事逃逸案件尚未侦破,受害一方当事人要求出具道路交通事故认定书的,公安机关交通管理部门应当在接到当事人书面申请后十日内,根据本规定第六十一条确定各方当事人责任,制作道路交通事故认定书,并送达受害方当事人。道路交通事故认定书应当载明事故发生的时间、地点、受害人情况及调查得到的事实,以及受害方当事人的责任。

交通肇事逃逸案件侦破后,已经按照前款规定制作道路交通事故认定书的,应当按照本规定第六十一条重新确定责任,制作道路交通事故认定书,分别送达当事人。重新制作的道路交通事故认定书除应当载明本规定第六十四条规定的内容外,还应当注明撤销原道路交通事故认定书。

第六十七条 道路交通事故基本事实无法查清、成因无法判定的,公安机关交通管理部门应当出具道路交通事故证明,载明道路交通事故发生的时间、地点、当事人情况及调查得到的事实,分别送达当事人,并告知申请复核、调解和提起民事诉讼的权利、期限。

第六十八条 由于事故当事人、关键证人处于抢救状态或者因其他客观原因导致无法及时取证,现有证据不足以认定案件基本事实的,经上一级公安机关交通管理部门批准,道路交通事故认定的时限可中止计算,并书面告知各方当事人或者其代理人,但中止的时间最长不得超过六十日。

当中止认定的原因消失,或者中止期满受伤人员仍然无法接受调查的,公安机关交通管理部门应当在五日内,根据已经调查取得的证据制作道路交通事故认定书或者出具道路交通事故证明。

第六十九条 伤人事故符合下列条件,各方当事人一致书面申请快速处理的,经县级以上公安机关交通管理部门负责人批准,可以根据已经取得的证据,自当事人申请之日起五日内制作道路交通事故认定书:

(一)当事人不涉嫌交通肇事、危险驾驶犯罪的;

(二)道路交通事故基本事实及成因清楚,当事人无异议的。

第七十条 对尚未查明身份的当事人,公安机关交通管理部门应当在道路交通事故认定书或者道路交通事故证明中予以注明,待身份信息查明以后,制作书面补充说明送达各方当事人。

第二节 复 核

第七十一条 当事人对道路交通事故认定或者出具道路交通事故证明有异议的,可以自道路交通事故认定书或者道路交通事故证明送达之日起三日内提出书面复核申请。当事人逾期提交复核申请的,不予受理,并书面通知申请人。

复核申请应当载明复核请求及其理由和主要证据。同一事故的复核以一次为限。

第七十二条 复核申请人通过作出道路交通事故认定的公安机关交通管理部门提出复核申请的,作出道路交通事故认定的公安机关交通管理部门应当自收到复核申请之日起二日内将复核申请连同道路交通事故有关材料移送上一级公安机关交通管理部门。

复核申请人直接向上一级公安机关交通管理部门提出复核申请的,上一级公安机关交通管理部门应当通知作出道路交通事故认定的公安机关交通管理部门自收到通知之日起五日内提交案卷材料。

第七十三条 除当事人逾期提交复核申请的情形外，上一级公安机关交通管理部门收到复核申请之日即为受理之日。

第七十四条 上一级公安机关交通管理部门自受理复核申请之日起三十日内，对下列内容进行审查，并作出复核结论：

（一）道路交通事故认定的事实是否清楚、证据是否确实充分、适用法律是否正确、责任划分是否公正；

（二）道路交通事故调查及认定程序是否合法；

（三）出具道路交通事故证明是否符合规定。

复核原则上采取书面审查的形式，但当事人提出要求或者公安机关交通管理部门认为有必要时，可以召集各方当事人到场，听取各方意见。

办理复核案件的交通警察不得少于二人。

第七十五条 复核审查期间，申请人提出撤销复核申请的，公安机关交通管理部门应当终止复核，并书面通知各方当事人。

受理复核申请后，任何一方当事人就该事故向人民法院提起诉讼并经人民法院受理的，公安机关交通管理部门应当将受理当事人复核申请的有关情况告知相关人民法院。

受理复核申请后，人民检察院对交通肇事犯罪嫌疑人作出批准逮捕决定的，公安机关交通管理部门应当将受理当事人复核申请的有关情况告知相关人民检察院。

第七十六条 上一级公安机关交通管理部门认为原道路交通事故认定事实清楚、证据确实充分、适用法律正确、责任划分公正、程序合法的，应当作出维持原道路交通事故认定的复核结论。

上一级公安机关交通管理部门认为调查及认定程序存在瑕疵，但不影响道路交通事故认定的，在责令原办案单位补正或者作出合理解释后，可以作出维持原道路交通事故认定的复核结论。

上一级公安机关交通管理部门认为原道路交通事故认定有下列情形之一的，应当作出责令原办案单位重新调查、认定的复核结论：

（一）事实不清的；

（二）主要证据不足的；

（三）适用法律错误的；

（四）责任划分不公正的；

（五）调查及认定违反法定程序可能影响道路交通事故认定的。

第七十七条 上一级公安机关交通管理部门审查原道路交通事故证明后，按下列规定处理：

（一）认为事故成因属无法查清，应当作出维持原道路交通事故证明的复核结论；

（二）认为事故成因仍需进一步调查的，应当作出责令原办案单位重新调查、认定的复核结论。

第七十八条 上一级公安机关交通管理部门应当在作出复核结论后三日内将复核结论送达各方当事人。公安机关交通管理部门认为必要的，应当召集各方当事人，当场宣布复核结论。

第七十九条 上一级公安机关交通管理部门作出责令重新调查、认定的复核结论后，原办案单位应当在十日内依照本规定重新调查，重新作出道路交通事故认定，撤销原道路交通事故认定书或者原道路交通事故证明。

重新调查需要检验、鉴定的，原办案单位应当在检验报告、鉴定意见确定之日起五日内，重新作出道路交通事故认定。

重新作出道路交通事故认定的，原办案单位应当送达各方当事人，并报上一级公安机关交通管理部门备案。

第八十条 上一级公安机关交通管理部门可以设立道路交通事故复核委员会，由办理复核案件的交通警察会同相关行业代表、社会专家学者等人员共同组成，负责案件复核，并以上一级公安机关交通管理部门的名义作出复核结论。

第八章 处罚执行

第八十一条 公安机关交通管理部门应当按照《道路交通安全违法行为处理程序规定》，对当事人的道路交通安全违法行为依法作出处罚。

第八十二条 对发生道路交通事故构成犯罪，依法应当吊销驾驶人机动车驾驶证的，应当在人民法院作出有罪判决后，由设区的市公安机关交通管理部门依法吊销机动车驾驶证。同时具有逃逸情形的，公安机关交通管理部门应当同时依法作出终生不得重新取得机动车驾驶证的决定。

第八十三条 专业运输单位六个月内两次发生一次死亡三人以上事故，且单位或者车辆驾驶人对事故承担全部责任或者主要责任的，专业运输单位所在地的公安机关交通管理部门应当报经设区的市公安机关交通管理部门批准后,作出责令限期消除安全隐患的决定,禁止未消除安全隐患的机动车上道路行驶,并通报道路交通事故发生地及运输单位所在地的人民政府有关行政管理部门。

第九章 损害赔偿调解

第八十四条 当事人可以采取以下方式解决道路交通事故损害赔偿争议:

(一)申请人民调解委员会调解;

(二)申请公安机关交通管理部门调解;

(三)向人民法院提起民事诉讼。

第八十五条 当事人申请人民调解委员会调解,达成调解协议后,双方当事人认为有必要的,可以根据《中华人民共和国人民调解法》共同向人民法院申请司法确认。

当事人申请人民调解委员会调解,调解未达成协议的,当事人可以直接向人民法院提起民事诉讼,或者自人民调解委员会作出终止调解之日起三日内,一致书面申请公安机关交通管理部门进行调解。

第八十六条 当事人申请公安机关交通管理部门调解的,应当在收到道路交通事故认定书、道路交通事故证明或者上一级公安机关交通管理部门维持原道路交通事故认定的复核结论之日起十日内一致书面申请。

当事人申请公安机关交通管理部门调解,调解未达成协议的,当事人可以依法向人民法院提起民事诉讼,或者申请人民调解委员会进行调解。

第八十七条 公安机关交通管理部门应当按照合法、公正、自愿、及时的原则进行道路交通事故损害赔偿调解。

道路交通事故损害赔偿调解应当公开进行,但当事人申请不予公开的除外。

第八十八条 公安机关交通管理部门应当与当事人约定调解的时间、地点,并于调解时间三日前通知当事人。口头通知的,应当记入调解记录。

调解参加人因故不能按期参加调解的,应当在预定调解时间一日前通知承办的交通警察,请求变更调解时间。

第八十九条 参加损害赔偿调解的人员包括:

(一)道路交通事故当事人及其代理人;

(二)道路交通事故车辆所有人或者管理人;

(三)承保机动车保险的保险公司人员;

(四)公安机关交通管理部门认为有必要参加的其他人员。

委托代理人应当出具由委托人签名或者盖章的授权委托书。授权委托书应当载明委托事项和权限。

参加损害赔偿调解的人员每方不得超过三人。

第九十条 公安机关交通管理部门受理调解申请后,应当按照下列规定日期开始调解:

(一)造成人员死亡的,从规定的办理丧葬事宜时间结束之日起;

(二)造成人员受伤的,从治疗终结之日起;

(三)因伤致残的,从定残之日起;

(四)造成财产损失的,从确定损失之日起。

公安机关交通管理部门受理调解申请时已超过前款规定的时间,调解自受理调解申请之日起开始。

公安机关交通管理部门应当自调解开始之日起十日内制作道路交通事故损害赔偿调解书或者道路交通事故损害赔偿调解终结书。

第九十一条 交通警察调解道路交通事故损害赔偿,按照下列程序实施:

(一)告知各方当事人权利、义务;

(二)听取各方当事人的请求及理由;

(三)根据道路交通事故认定书认定的事实以及《中华人民共和国道路交通安全法》第七十六条的规定,确定当事人承担的损害赔偿责任;

(四)计算损害赔偿的数额,确定各方当事人承担的比例,人身损害赔偿的标准按照《中华人民共和国侵权责任法》《最高人民法院关于审理人身损害赔偿案件适用法律若干问题的解释》《最高人民法院关于审理道路交通事故损害赔偿案件适用法律若干问题的解释》等有关规定执行,财产损失的修复费用、折价赔偿费用按照实际价值或者评估机构的评估结论计算;

(五)确定赔偿履行方式及期限。

第九十二条 因确定损害赔偿的数额,需要进行伤残评定、财产损失评估的,由各方当事人协商确定有资质的机构进行,但财产损失数额巨大涉嫌刑事犯罪的,由公安机关交通管理部门委托。

当事人委托伤残评定、财产损失评估的费用,由当事人承担。

第九十三条 经调解达成协议的,公安机关交通管理部门应当当场制作道路交通事故损害赔偿调解书,由各方当事人签字,分别送达各方当事人。

调解书应当载明以下内容:

(一)调解依据;
(二)道路交通事故认定书认定的基本事实和损失情况;
(三)损害赔偿的项目和数额;
(四)各方的损害赔偿责任及比例;
(五)赔偿履行方式和期限;
(六)调解日期。

经调解各方当事人未达成协议的,公安机关交通管理部门应当终止调解,制作道路交通事故损害赔偿调解终结书,送达各方当事人。

第九十四条 有下列情形之一的,公安机关交通管理部门应当终止调解,并记录在案:
(一)调解期间有一方当事人向人民法院提起民事诉讼的;
(二)一方当事人无正当理由不参加调解的;
(三)一方当事人调解过程中退出调解的。

第九十五条 有条件的地方公安机关交通管理部门可以联合有关部门,设置道路交通事故保险理赔服务场所。

第十章 涉外道路交通事故处理

第九十六条 外国人在中华人民共和国境内发生道路交通事故的,除按照本规定执行外,还应当按照办理涉外案件的有关法律、法规、规章的规定执行。

公安机关交通管理部门处理外国人发生的道路交通事故,应当告知当事人我国法律、法规、规章规定的当事人在处理道路交通事故中的权利和义务。

第九十七条 外国人发生道路交通事故有下列情形之一的,不准其出境:
(一)涉嫌犯罪的;
(二)有未了结的道路交通事故损害赔偿案件,人民法院决定不准出境的;
(三)法律、行政法规规定不准出境的其他情形。

第九十八条 外国人发生道路交通事故并承担全部责任或者主要责任的,公安机关交通管理部门应当告知道路交通事故损害赔偿权利人可以向人民法院提出采取诉前保全措施的请求。

第九十九条 公安机关交通管理部门在处理道路交通事故过程中,使用中华人民共和国通用的语言文字。对不通晓我国语言文字的,应当为其提供翻译;当事人通晓我国语言文字而不需要他人翻译的,应当出具书面声明。

经公安机关交通管理部门批准,外国人可以自行聘请翻译,翻译费由当事人承担。

第一百条 享有外交特权与豁免的人员发生道路交通事故时,应当主动出示有效身份证件,交通警察认为应当给予暂扣或者吊销机动车驾驶证处罚的,可以扣留其机动车驾驶证。需要对享有外交特权与豁免的人员进行调查的,可以约谈,谈话时仅限于与道路交通事故有关的内容。需要检验、鉴定车辆的,公安机关交通管理部门应当征得其同意,并在检验、鉴定后立即发还。

公安机关交通管理部门应当根据收集的证据,制作道路交通事故认定书送达当事人,当事人拒绝接收的,送达至其所在机构;没有所在机构或者所在机构不明确的,由当事人所属国家的驻华使领馆转交送达。

享有外交特权与豁免的人员应当配合公安机关交通管理部门的调查和检验、鉴定。对于经核查确实享有外交特权与豁免但不同意接受调查或者检验、鉴定的,公安机关交通管理部门应当将有关情况记录在案,损害赔偿事宜通过外交途径解决。

第一百零一条 公安机关交通管理部门处理享有外交特权与豁免的外国人发生人员死亡事故的,应当将其身份、证件及事故经过、损害后果等基本情况记录在案,并将有关情况迅速通报省级人民政府外事部门和该外国人所属国家的驻华使馆或者领馆。

第一百零二条 外国驻华领事机构、国际组织、国际组织驻华代表机构享有特权与豁免的人员发生道路交通事故的,公安机关交通管理部门参照本规定第一百条、第一百零一条规定办理,但《中华人民共和国领事特权与豁免条例》、中国已参加的国际公约以及我国与有关国家或者国际组织缔结的协议有不同规定的除外。

第十一章 执法监督

第一百零三条 公安机关警务督察部门可以依法对公安机关交通管理部门及其交通警察处理道路交通事故工作进行现场督察,查处违纪违法行为。

上级公安机关交通管理部门对下级公安机关交通管理部门处理道路交通事故工作进行监督,发现错误应当及时纠正,造成严重后果的,依纪依法追究有关人员的责任。

第一百零四条 公安机关交通管理部门及其交通警察处理道路交通事故,应当公开办事制度、办事程序,建立警风警纪监督员制度,并自觉接受社会和群众的监督。

任何单位和个人都有权对公安机关交通管理部门及其交通警察不依法严格公正处理道路交通事故、利用职务上的便利收受他人财物或者谋取其他利益、徇私舞弊、滥用职权、玩忽职守以及其他违纪违法行为进行检举、控告。收到检举、控告的机关，应当依据职责及时查处。

第一百零五条 在调查处理道路交通事故时，交通警察或者公安机关检验、鉴定人员有下列情形之一的，应当回避：

（一）是本案的当事人或者是当事人的近亲属的；

（二）本人或者其近亲属与本案有利害关系的；

（三）与本案当事人有其他关系，可能影响案件公正处理的。

交通警察或者公安机关检验、鉴定人员需要回避的，由本级公安机关交通管理部门负责人或者检验、鉴定人员所属的公安机关决定。公安机关交通管理部门负责人需要回避的，由公安机关或者上一级公安机关交通管理部门负责人决定。

对当事人提出的回避申请，公安机关交通管理部门应当在二日内作出决定，并通知申请人。

第一百零六条 人民法院、人民检察院审理、审查道路交通事故案件，需要公安机关交通管理部门提供有关证据的，公安机关交通管理部门应当在接到调卷公函之日起三日内，或者按照其时限要求，将道路交通事故案件调查材料正本移送人民法院或者人民检察院。

第一百零七条 公安机关交通管理部门对查获交通肇事逃逸车辆及人员提供有效线索或者协助的人员、单位，应当给予表彰和奖励。

公安机关交通管理部门及其交通警察接到协查通报不配合协查并造成严重后果的，由公安机关或者上级公安机关交通管理部门追究有关人员和单位主管领导的责任。

第十二章 附 则

第一百零八条 道路交通事故处理资格等级管理规定由公安部另行制定，资格证书式样全国统一。

第一百零九条 公安机关交通管理部门应当在邻省、市（地）、县交界的国、省、县道上，以及辖区内交通流量集中的路段，设置标有管辖地公安机关交通管理部门名称及道路交通事故报警电话号码的提示牌。

第一百一十条 车辆在道路以外通行时发生的事故，公安机关交通管理部门接到报案的，参照本规定处理。涉嫌犯罪的，及时移送有关部门。

第一百一十一条 执行本规定所需要的法律文书式样，由公安部制定。公安部没有制定式样，执法工作中需要的其他法律文书，省级公安机关可以制定式样。

当事人自行协商处理损害赔偿事宜的，可以自行制作协议书，但应当符合本规定第二十一条关于协议书内容的规定。

第一百一十二条 本规定中下列用语的含义是：

（一）"交通肇事逃逸"，是指发生道路交通事故后，当事人为逃避法律责任，驾驶或者遗弃车辆逃离道路交通事故现场以及潜逃藏匿的行为。

（二）"深度调查"，是指以有效防范道路交通事故为目的，对道路交通事故发生的深层次原因以及道路交通安全相关因素开展延伸调查，分析查找安全隐患及管理漏洞，并提出从源头解决问题的意见和建议的活动。

（三）"检验报告、鉴定意见确定"，是指检验报告、鉴定意见复印件送达当事人之日起三日内，当事人未申请重新检验、鉴定的，以及公安机关交通管理部门批准重新检验、鉴定，鉴定机构出具检验报告、鉴定意见的。

（四）"外国人"，是指不具有中国国籍的人。

（五）本规定所称的"一日"、"二日"、"三日"、"五日"、"十日"，是指工作日，不包括节假日。

（六）本规定所称"以上"、"以下"均包括本数在内。

（七）"县级以上公安机关交通管理部门"，是指县级以上人民政府公安机关交通管理部门或者相当于同级的公安机关交通管理部门。

（八）"设区的市公安机关交通管理部门"，是指设区的市人民政府公安机关交通管理部门或者相当于同级的公安机关交通管理部门。

（九）"设区的市公安机关"，是指设区的市人民政府公安机关或者相当于同级的公安机关。

第一百一十三条 本规定没有规定的道路交通事故案件办理程序，依照《公安机关办理行政案件程序规定》《公安机关办理刑事案件程序规定》的有关规定执行。

第一百一十四条 本规定自2018年5月1日起施行。2008年8月17日发布的《道路交通事故处理程序规定》（公安部令第104号）同时废止。

道路交通事故社会救助基金管理办法

1. 2021年12月1日财政部、中国银行保险监督管理委员会、公安部、国家卫生健康委员会、农业农村部令第107号公布
2. 自2022年1月1日起施行

第一章 总 则

第一条 为加强道路交通事故社会救助基金管理,对道路交通事故中受害人依法进行救助,根据《中华人民共和国道路交通安全法》、《机动车交通事故责任强制保险条例》,制定本办法。

第二条 道路交通事故社会救助基金的筹集、使用和管理适用本办法。

本办法所称道路交通事故社会救助基金(以下简称救助基金),是指依法筹集用于垫付机动车道路交通事故中受害人人身伤亡的丧葬费用、部分或者全部抢救费用的社会专项基金。

第三条 救助基金实行统一政策、地方筹集、分级管理、分工负责。

救助基金管理应当坚持扶危救急、公开透明、便捷高效的原则,保障救助基金安全高效和可持续运行。

第四条 省、自治区、直辖市、计划单列市人民政府(以下统称省级人民政府)应当设立救助基金。

省级救助基金主管部门会同有关部门报省级人民政府确定省级以下救助基金的设立以及管理级次,并推进省级以下救助基金整合,逐步实现省级统筹。

第五条 财政部门是救助基金的主管部门。

财政部负责会同有关部门制定救助基金的有关政策,并对省级救助基金的筹集、使用和管理进行指导。

县级以上地方财政部门根据救助基金设立情况,依法监督检查救助基金的筹集、使用和管理,按照规定确定救助基金管理机构,并对其管理情况进行考核。

第六条 国务院保险监督管理机构的派出机构负责对保险公司缴纳救助基金情况实施监督检查。

县级以上地方公安机关交通管理部门负责通知救助基金管理机构垫付道路交通事故中受害人的抢救费用,并协助救助基金管理机构做好相关救助基金垫付费用的追偿工作。

县级以上地方农业机械化主管部门负责协助救助基金管理机构做好相关救助基金垫付费用的追偿工作。

县级以上地方卫生健康主管部门负责监督医疗机构按照道路交通事故受伤人员临床诊疗相关指南和规范及时抢救道路交通事故中的受害人以及依法申请救助基金垫付抢救费用。

第七条 县级以上财政部门、公安机关交通管理部门、卫生健康主管部门、农业机械化主管部门以及国务院保险监督管理机构及其派出机构,应当通过多种渠道加强救助基金有关政策的宣传和提示,为道路交通事故受害人及其亲属申请使用救助基金提供便利。

第八条 救助基金主管部门可以通过政府采购等方式依法确定救助基金管理机构。

保险公司或者其他能够独立承担民事责任的专业机构可以作为救助基金管理机构,具体负责救助基金运行管理。

第二章 救助基金筹集

第九条 救助基金的来源包括:

(一)按照机动车交通事故责任强制保险(以下简称交强险)的保险费的一定比例提取的资金;

(二)对未按照规定投保交强险的机动车的所有人、管理人的罚款;

(三)依法向机动车道路交通事故责任人追偿的资金;

(四)救助基金孳息;

(五)地方政府按照规定安排的财政临时补助;

(六)社会捐款;

(七)其他资金。

第十条 每年5月1日前,财政部会同国务院保险监督管理机构根据上一年度救助基金的收支情况,按照收支平衡的原则,合理确定当年从交强险保险费中提取救助基金的比例幅度。省级人民政府在幅度范围内确定本地区具体提取比例。

以省级为单位,救助基金累计结余达到上一年度支出金额3倍以上的,本年度暂停从交强险保险费中提取。

第十一条 办理交强险业务的保险公司应当按照确定的比例,从交强险保险费中提取资金,并在每季度结束后10个工作日内,通过银行转账方式足额转入省级救助基金账户。

第十二条 县级以上地方财政部门应当根据当年预算在

每季度结束后10个工作日内,将未按照规定投保交强险的罚款全额划拨至省级救助基金账户。

第十三条　县级以上地方财政部门向救助基金安排临时补助的,应当依照《中华人民共和国预算法》等预算管理法律法规的规定及时拨付。

第三章　救助基金使用

第十四条　有下列情形之一时,救助基金垫付道路交通事故中受害人人身伤亡的丧葬费用、部分或者全部抢救费用:

(一)抢救费用超过交强险责任限额的;

(二)肇事机动车未参加交强险的;

(三)机动车肇事后逃逸的。

救助基金一般垫付受害人自接受抢救之时起7日内的抢救费用,特殊情况下超过7日的抢救费用,由医疗机构书面说明理由。具体费用应当按照规定的收费标准核算。

第十五条　依法应当由救助基金垫付受害人丧葬费用、部分或者全部抢救费用的,由道路交通事故发生地的救助基金管理机构及时垫付。

第十六条　发生本办法第十四条所列情形之一需要救助基金垫付部分或者全部抢救费用的,公安机关交通管理部门应当在处理道路交通事故之日起3个工作日内书面通知救助基金管理机构。

第十七条　医疗机构在抢救受害人结束后,对尚未结算的抢救费用,可以向救助基金管理机构提出垫付申请,并提供需要垫付抢救费用的相关材料。

受害人或者其亲属对尚未支付的抢救费用,可以向救助基金管理机构提出垫付申请,医疗机构应当予以协助并提供需要垫付抢救费用的相关材料。

第十八条　救助基金管理机构收到公安机关交通管理部门的抢救费用垫付通知或者申请人的抢救费用垫付申请以及相关材料后,应当在3个工作日内按照本办法有关规定、道路交通事故受伤人员临床诊疗相关指南和规范,以及规定的收费标准,对下列内容进行审核,并将审核结果书面告知处理该道路交通事故的公安机关交通管理部门或者申请人:

(一)是否属于本办法第十四条规定的救助基金垫付情形;

(二)抢救费用是否真实、合理;

(三)救助基金管理机构认为需要审核的其他内容。

对符合垫付要求的,救助基金管理机构应当在2个工作日内将相关费用结算划入医疗机构账户。对不符合垫付要求的,不予垫付,并向处理该交通事故的公安机关交通管理部门或者申请人书面说明理由。

第十九条　发生本办法第十四条所列情形之一需要救助基金垫付丧葬费用的,由受害人亲属凭处理该道路交通事故的公安机关交通管理部门出具的《尸体处理通知书》向救助基金管理机构提出书面垫付申请。

对无主或者无法确认身份的遗体,由县级以上公安机关交通管理部门会同有关部门按照规定处理。

第二十条　救助基金管理机构收到丧葬费用垫付申请和相关材料后,对符合垫付要求的,应当在3个工作日内按照有关标准垫付丧葬费用;对不符合垫付要求的,不予垫付,并向申请人书面说明理由。救助基金管理机构应当同时将审核结果书面告知处理该道路交通事故的公安机关交通管理部门。

第二十一条　救助基金管理机构对抢救费用和丧葬费用的垫付申请进行审核时,可以向公安机关交通管理部门、医疗机构和保险公司等有关单位核实情况,有关单位应当予以配合。

第二十二条　救助基金管理机构与医疗机构或者其他单位就垫付抢救费用、丧葬费用问题发生争议时,由救助基金主管部门会同卫生健康主管部门或者其他有关部门协调解决。

第四章　救助基金管理

第二十三条　救助基金管理机构应当保持相对稳定,一经确定,除本办法另有规定外,3年内不得变更。

第二十四条　救助基金管理机构履行下列管理职责:

(一)接收救助基金资金;

(二)制作、发放宣传材料,积极宣传救助基金申请使用和管理有关政策;

(三)受理、审核垫付申请,并及时垫付;

(四)追偿垫付款,向人民法院、公安机关等单位通报拒不履行偿还义务的机动车道路交通事故责任人信息;

(五)如实报告救助基金业务事项;

(六)管理救助基金的其他职责。

第二十五条　救助基金管理机构应当建立符合救助基金筹集、使用和管理要求的信息系统,建立数据信息交互机制,规范救助基金网上申请和审核流程,提高救助基金使用和管理效率。

救助基金管理机构应当设立热线电话,建立24小时值班制度,确保能够及时受理、审核垫付申请。

第二十六条 救助基金管理机构应当公开以下信息:

(一)救助基金有关政策文件;

(二)救助基金管理机构的电话、地址和救助网点;

(三)救助基金申请流程以及所需提供的材料清单;

(四)救助基金筹集、使用、追偿和结余信息,但涉及国家秘密、商业秘密的除外;

(五)救助基金主管部门对救助基金管理机构的考核结果;

(六)救助基金主管部门规定的其他信息。

救助基金管理机构、有关部门及其工作人员对被救助人的个人隐私和个人信息,应当依法予以保密。

第二十七条 救助基金账户应当按照国家有关银行账户管理规定开立。

救助基金实行单独核算、专户管理,并按照本办法第十四条的规定使用,不得用于担保、出借、投资或者其他用途。

第二十八条 救助基金管理机构根据本办法垫付抢救费用和丧葬费用后,应当依法向机动车道路交通事故责任人进行追偿。

发生本办法第十四条第三项情形救助基金垫付丧葬费用、部分或者全部抢救费用的,道路交通事故案件侦破后,处理该道路交通事故的公安机关交通管理部门应当及时通知救助基金管理机构。

有关单位、受害人或者其继承人应当协助救助基金管理机构进行追偿。

第二十九条 道路交通事故受害人或者其继承人已经从机动车道路交通事故责任人或者通过其他方式获得赔偿的,应当退还救助基金垫付的相应费用。

对道路交通事故死亡人员身份无法确认或者其受益人不明的,救助基金管理机构可以在扣除垫付的抢救费用和丧葬费用后,代为保管死亡人员所得赔偿款,死亡人员身份或者其受益人身份确定后,应当依法处理。

第三十条 救助基金管理机构已经履行追偿程序和职责,但有下列情形之一导致追偿未果的,可以提请救助基金主管部门批准核销:

(一)肇事逃逸案件超过3年未侦破的;

(二)机动车道路交通事故责任人死亡(被宣告死亡)、被宣告失踪或者终止,依法认定无财产可供追偿的;

(三)机动车道路交通事故责任人、应当退还救助基金垫付费用的受害人或者其继承人家庭经济特别困难,依法认定无财产可供追偿或者退还的。

省级救助基金主管部门会同有关部门根据本省实际情况,遵循账销案存权存的原则,制定核销实施细则。

第三十一条 救助基金管理机构应当于每季度结束后15个工作日内,将上一季度的财务会计报告报送至救助基金主管部门;于每年2月1日前,将上一年度工作报告和财务会计报告报送至救助基金主管部门,并接受救助基金主管部门依法实施的年度考核、监督检查。

第三十二条 救助基金管理机构变更或者终止时,应当委托会计师事务所依法进行审计,并对救助基金进行清算。

第三十三条 救助基金主管部门应当每年向社会公告救助基金的筹集、使用、管理和追偿情况。

第三十四条 救助基金主管部门应当委托会计师事务所对救助基金年度财务会计报告依法进行审计,并将审计结果向社会公告。

第三十五条 救助基金主管部门应当根据救助基金管理机构年度服务数量和质量结算管理费用。

救助基金的管理费用列入本级预算,不得在救助基金中列支。

第三十六条 救助基金主管部门在确定救助基金管理机构时,应当书面约定有下列情形之一的,救助基金主管部门可以变更救助基金管理机构,并依法追究有关单位和人员的责任:

(一)未按照本办法规定受理、审核救助基金垫付申请并进行垫付的;

(二)提供虚假工作报告、财务会计报告的;

(三)违反本办法规定使用救助基金的;

(四)违规核销的;

(五)拒绝或者妨碍有关部门依法实施监督检查的;

(六)可能严重影响救助基金管理的其他情形。

第三十七条 省级救助基金主管部门应当于每年3月1日前,将本地区上一年度救助基金的筹集、使用、管理、

第五章　法　律　责　任

第三十八条　办理交强险业务的保险公司未依法从交强险保险费中提取资金并及时足额转入救助基金账户的,由国务院保险监督管理机构的派出机构进行催缴,超过3个工作日仍未足额上缴的,给予警告,并予以公告。

第三十九条　医疗机构提供虚假抢救费用材料或者拒绝、推诿、拖延抢救道路交通事故受害人的,由卫生健康主管部门按照有关规定予以处理。

第四十条　救助基金主管部门和有关部门工作人员,在工作中滥用职权、玩忽职守、徇私舞弊的,依法给予处分;涉嫌犯罪的,依法追究刑事责任。

第六章　附　　　则

第四十一条　本办法所称受害人,是指机动车发生道路交通事故造成人身伤亡的人员。

第四十二条　本办法所称抢救费用,是指机动车发生道路交通事故导致人员受伤时,医疗机构按照道路交通事故受伤人员临床诊疗相关指南和规范,对生命体征不平稳和虽然生命体征平稳但如果不采取必要的救治措施会产生生命危险,或者导致残疾、器官功能障碍,或者导致病程明显延长的受伤人员,采取必要的救治措施所发生的医疗费用。

第四十三条　本办法所称丧葬费用,是指丧葬所必需的遗体接运、存放、火化、骨灰寄存和安葬等服务费用。
具体垫付费用标准由救助基金主管部门会同有关部门结合当地实际,参考有关规定确定。

第四十四条　机动车在道路以外的地方通行时发生事故,造成人身伤亡的,参照适用本办法。

第四十五条　省级救助基金主管部门应当依据本办法有关规定,会同本地区有关部门制定实施细则,明确有关主体的职责、细化垫付等具体工作流程和规则,并将实施细则报财政部和有关部门备案。

第四十六条　本办法自2022年1月1日起施行。《道路交通事故社会救助基金管理试行办法》(财政部　保监会　公安部　卫生部　农业部令第56号)同时废止。

最高人民法院关于审理
道路交通事故损害赔偿案件
适用法律若干问题的解释

1. 2012年9月17日最高人民法院审判委员会第1556次会议通过,2012年11月27日公布,自2012年12月21日起施行(法释〔2012〕19号)
2. 根据2020年12月23日最高人民法院审判委员会第1823次会议通过、2020年12月29日公布、自2021年1月1日起施行的《最高人民法院关于修改〈最高人民法院关于在民事审判工作中适用《中华人民共和国工会法》若干问题的解释〉等二十七件民事类司法解释的决定》(法释〔2020〕17号)修正

为正确审理道路交通事故损害赔偿案件,根据《中华人民共和国民法典》《中华人民共和国道路交通安全法》《中华人民共和国保险法》《中华人民共和国民事诉讼法》等法律的规定,结合审判实践,制定本解释。

一、关于主体责任的认定

第一条　机动车发生交通事故造成损害,机动车所有人或者管理人有下列情形之一,人民法院应当认定其对损害的发生有过错,并适用民法典第一千二百零九条的规定确定其相应的赔偿责任:

（一）知道或者应当知道机动车存在缺陷,且该缺陷是交通事故发生原因之一的;

（二）知道或者应当知道驾驶人无驾驶资格或者未取得相应驾驶资格的;

（三）知道或者应当知道驾驶人因饮酒、服用国家管制的精神药品或者麻醉药品,或者患有妨碍安全驾驶机动车的疾病等依法不能驾驶机动车的;

（四）其它应当认定机动车所有人或者管理人有过错的。

第二条　被多次转让但是未办理登记的机动车发生交通事故造成损害,属于该机动车一方责任,当事人请求由最后一次转让并交付的受让人承担赔偿责任的,人民法院应予支持。

第三条　套牌机动车发生交通事故造成损害,属于该机动车一方责任,当事人请求由套牌机动车的所有人或者管理人承担赔偿责任的,人民法院应予支持;被套牌机动车所有人或者管理人同意套牌的,应当与套牌机

动车的所有人或者管理人承担连带责任。

第四条 拼装车、已达到报废标准的机动车或者依法禁止行驶的其他机动车被多次转让,并发生交通事故造成损害,当事人请求由所有的转让人和受让人承担连带责任的,人民法院应予支持。

第五条 接受机动车驾驶培训的人员,在培训活动中驾驶机动车发生交通事故造成损害,属于该机动车一方责任,当事人请求驾驶培训单位承担赔偿责任的,人民法院应予支持。

第六条 机动车试乘过程中发生交通事故造成试乘人损害,当事人请求提供试乘服务者承担赔偿责任的,人民法院应予支持。试乘人有过错的,应当减轻提供试乘服务者的赔偿责任。

第七条 因道路管理维护缺陷导致机动车发生交通事故造成损害,当事人请求道路管理者承担相应赔偿责任的,人民法院应予支持。但道路管理者能够证明已经依照法律、法规、规章的规定,或者按照国家标准、行业标准、地方标准的要求尽到安全防护、警示等管理维护义务的除外。

依法不得进入高速公路的车辆、行人,进入高速公路发生交通事故造成自身损害,当事人请求高速公路管理者承担赔偿责任的,适用民法典第一千二百四十三条的规定。

第八条 未按照法律、法规、规章或者国家标准、行业标准、地方标准的强制性规定设计、施工,致使道路存在缺陷并造成交通事故,当事人请求建设单位与施工单位承担相应赔偿责任的,人民法院应予支持。

第九条 机动车存在产品缺陷导致交通事故造成损害,当事人请求生产者或者销售者依照民法典第七编第四章的规定承担赔偿责任的,人民法院应予支持。

第十条 多辆机动车发生交通事故造成第三人损害,当事人请求多个侵权人承担赔偿责任的,人民法院应当区分不同情况,依照民法典第一千一百七十条、第一千一百七十一条、第一千一百七十二条的规定,确定侵权人承担连带责任或者按份责任。

二、关于赔偿范围的认定

第十一条 道路交通安全法第七十六条规定的"人身伤亡",是指机动车发生交通事故侵害被侵权人的生命权、身体权、健康权等人身权益所造成的损害,包括民法典第一千一百七十九条和第一千一百八十三条规定的各项损害。

道路交通安全法第七十六条规定的"财产损失",是指因机动车发生交通事故侵害被侵权人的财产权益所造成的损失。

第十二条 因道路交通事故造成下列财产损失,当事人请求侵权人赔偿的,人民法院应予支持:

(一)维修被损坏车辆所支出的费用、车辆所载物品的损失、车辆施救费用;

(二)因车辆灭失或者无法修复,为购买交通事故发生时与被损坏车辆价值相当的车辆重置费用;

(三)依法从事货物运输、旅客运输等经营性活动的车辆,因无法从事相应经营活动所产生的合理停运损失;

(四)非经营性车辆因无法继续使用,所产生的通常替代性交通工具的合理费用。

三、关于责任承担的认定

第十三条 同时投保机动车第三者责任强制保险(以下简称"交强险")和第三者责任商业保险(以下简称"商业三者险")的机动车发生交通事故造成损害,当事人同时起诉侵权人和保险公司的,人民法院应当依照民法典第一千二百一十三条的规定,确定赔偿责任。

被侵权人或者其近亲属请求承保交强险的保险公司优先赔偿精神损害的,人民法院应予支持。

第十四条 投保人允许的驾驶人驾驶机动车致使投保人遭受损害,当事人请求承保交强险的保险公司在责任限额范围内予以赔偿的,人民法院应予支持,但投保人为本车上人员的除外。

第十五条 有下列情形之一导致第三人人身损害,当事人请求保险公司在交强险责任限额范围内予以赔偿,人民法院应予支持:

(一)驾驶人未取得驾驶资格或者未取得相应驾驶资格的;

(二)醉酒、服用国家管制的精神药品或者麻醉药品后驾驶机动车发生交通事故的;

(三)驾驶人故意制造交通事故的。

保险公司在赔偿范围内向侵权人主张追偿权的,人民法院应予支持。追偿权的诉讼时效期间自保险公司实际赔偿之日起计算。

第十六条 未依法投保交强险的机动车发生交通事故造成损害,当事人请求投保义务人在交强险责任限额范围内予以赔偿的,人民法院应予支持。

投保义务人和侵权人不是同一人,当事人请求投保义务人和侵权人在交强险责任限额范围内承担相应责任的,人民法院应予支持。

第十七条　具有从事交强险业务资格的保险公司违法拒绝承保、拖延承保或者违法解除交强险合同,投保义务人在向第三人承担赔偿责任后,请求该保险公司在交强险责任限额范围内承担相应赔偿责任的,人民法院应予支持。

第十八条　多辆机动车发生交通事故造成第三人损害,损失超出各机动车交强险责任限额之和的,由各保险公司在各自责任限额范围内承担赔偿责任;损失未超出各机动车交强险责任限额之和,当事人请求由各保险公司按照其责任限额与责任限额之和的比例承担赔偿责任的,人民法院应予支持。

依法分别投保交强险的牵引车和挂车连接使用时发生交通事故造成第三人损害,当事人请求由各保险公司在各自的责任限额范围内平均赔偿的,人民法院应予支持。

多辆机动车发生交通事故造成第三人损害,其中部分机动车未投保交强险,当事人请求先由已承保交强险的保险公司在责任限额范围内予以赔偿的,人民法院应予支持。保险公司就超出其应承担的部分向未投保交强险的投保义务人或侵权人行使追偿权的,人民法院应予支持。

第十九条　同一交通事故的多个被侵权人同时起诉的,人民法院应当按照各被侵权人的损失比例确定交强险的赔偿数额。

第二十条　机动车所有权在交强险合同有效期内发生变动,保险公司在交通事故发生后,以该机动车未办理交强险合同变更手续为由主张免除赔偿责任的,人民法院不予支持。

机动车在交强险合同有效期内发生改装、使用性质改变等导致危险程度增加的情形,发生交通事故后,当事人请求保险公司在责任限额范围内予以赔偿的,人民法院应予支持。

前款情形下,保险公司另行起诉请求投保义务人按照重新核定后的保险费标准补足当期保险费的,人民法院应予支持。

第二十一条　当事人主张交强险人身伤亡保险金请求权转让或者设定担保的行为无效的,人民法院应予支持。

四、关于诉讼程序的规定

第二十二条　人民法院审理道路交通事故损害赔偿案件,应当将承保交强险的保险公司列为共同被告。但该保险公司已经在交强险责任限额范围内予以赔偿且当事人无异议的除外。

人民法院审理道路交通事故损害赔偿案件,当事人请求将承保商业三者险的保险公司列为共同被告的,人民法院应予准许。

第二十三条　被侵权人因道路交通事故死亡,无近亲属或者近亲属不明,未经法律授权的机关或者有关组织向人民法院起诉主张死亡赔偿金的,人民法院不予受理。

侵权人以已向未经法律授权的机关或者有关组织支付死亡赔偿金为理由,请求保险公司在交强险责任限额范围内予以赔偿的,人民法院不予支持。

被侵权人因道路交通事故死亡,无近亲属或者近亲属不明,支付被侵权人医疗费、丧葬费等合理费用的单位或者个人,请求保险公司在交强险责任限额范围内予以赔偿的,人民法院应予支持。

第二十四条　公安机关交通管理部门制作的交通事故认定书,人民法院应依法审查并确认其相应的证明力,但有相反证据推翻的除外。

五、关于适用范围的规定

第二十五条　机动车在道路以外的地方通行时引发的损害赔偿案件,可以参照适用本解释的规定。

第二十六条　本解释施行后尚未终审的案件,适用本解释;本解释施行前已经终审,当事人申请再审或者按照审判监督程序决定再审的案件,不适用本解释。

· 指导案例 ·

最高人民法院指导案例24号：荣宝英诉王阳、永诚财产保险股份有限公司江阴支公司机动车交通事故责任纠纷案

（最高人民法院审判委员会讨论通过
2014年1月26日发布）

【关键词】

民事　交通事故　过错责任

【裁判要点】

交通事故的受害人没有过错,其体质状况对损害后

果的影响不属于可以减轻侵权人责任的法定情形。

【相关法条】
《中华人民共和国侵权责任法》第二十六条
《中华人民共和国道路交通安全法》第七十六条第一款第(二)项

【基本案情】
原告荣宝英诉称:被告王阳驾驶轿车与其发生刮擦,致其受伤。该事故经江苏省无锡市公安局交通巡逻警察支队滨湖大队(简称滨湖交警大队)认定:王阳负事故的全部责任,荣宝英无责。原告要求下述两被告赔偿医疗费用30 006元、住院伙食补助费414元、营养费1620元、残疾赔偿金27 658.05元、护理费6000元、交通费800元、精神损害抚慰金10 500元,并承担本案诉讼费用及鉴定费用。

被告永诚财产保险股份有限公司江阴支公司(简称永诚保险公司)辩称:对于事故经过及责任认定没有异议,其愿意在交强险限额范围内予以赔偿;对于医疗费用30 006元、住院伙食补助费414元没有异议;因鉴定意见结论中载明"损伤参与度评定为75%,其个人体质的因素占25%",故确定残疾赔偿金应当乘以损伤参与度系数0.75,认可20 743.54元;对于营养费认可1350元,护理费认可3300元,交通费认可400元,鉴定费用不予承担。

被告王阳辩称:对于事故经过及责任认定没有异议,原告的损失应当由永诚保险公司在交强险限额范围内优先予以赔偿;鉴定费用请求法院依法判决,其余各项费用同意保险公司意见;其已向原告赔偿20 000元。

法院经审理查明:2012年2月10日14时45分许,王阳驾驶号牌为苏MT1888的轿车,沿江苏省无锡市滨湖区蠡湖大道由北往南行驶至蠡湖大道大通路口人行横道线时,碰擦行人荣宝英致其受伤。2月11日,滨湖交警大队作出《道路交通事故认定书》。荣宝英申请并经无锡市中西医结合医院司法鉴定所鉴定,结论为:1.荣宝英左桡骨远端骨折的伤残等级评定为十级;左下肢损伤的伤残等级评定为九级。损伤参与度评定为75%,其个人体质的因素占25%。2.荣宝英的误工期评定为150日,护理期评定为60日,营养期评定为90日。一审法院据此确认残疾赔偿金27 658.05元扣减25%为20 743.54元。

【裁判结果】
江苏省无锡市滨湖区人民法院于2013年2月8日作出(2012)锡滨民初字第1138号判决:一、被告永诚保险公司于本判决生效后十日内赔偿荣宝英医疗费用、住院伙食补助费、营养费、残疾赔偿金、护理费、交通费、精神损害抚慰金共计45 343.54元。二、被告王阳于本判决生效后十日内赔偿荣宝英医疗费用、住院伙食补助费、营养费、鉴定费共计4040元。三、驳回原告荣宝英的其他诉讼请求。宣判后,荣宝英向江苏省无锡市中级人民法院提出上诉。无锡市中级人民法院经审理于2013年6月21日以原审适用法律错误为由作出(2013)锡民终字第497号民事判决:一、撤销无锡市滨湖区人民法院(2012)锡滨民初字第1138号民事判决;二、被告永诚保险公司于本判决生效后十日内赔偿荣宝英52 258.05元;三、被告王阳于本判决生效后十日内赔偿荣宝英4040元;四、驳回原告荣宝英的其他诉讼请求。

【裁判理由】
法院生效裁判认为:《中华人民共和国侵权责任法》第二十六条规定:"被侵权人对损害的发生也有过错的,可以减轻侵权人的责任。"《中华人民共和国道路交通安全法》第七十六条第一款第(二)项规定,机动车与非机动车驾驶人、行人之间发生交通事故,非机动车驾驶人、行人没有过错的,由机动车一方承担赔偿责任;有证据证明非机动车驾驶人、行人有过错的,根据过错程度适当减轻机动车一方的赔偿责任。因此,交通事故中在计算残疾赔偿金是否应当扣减时应当根据受害人对损失的发生或扩大是否存在过错进行分析。本案中,虽然原告荣宝英的个人体质状况对损害后果的发生具有一定的影响,但这不是侵权责任法等法律规定的过错,荣宝英不应因个人体质状况对交通事故导致的伤残存在一定影响而自负相应责任,原审判决以伤残等级鉴定结论中将荣宝英个人体质状况"损伤参与度评定为75%"为由,在计算残疾赔偿金时作相应扣减属适用法律错误,应予纠正。

从交通事故受害人发生损伤及造成损害后果的因果关系看,本起交通事故的引发系肇事者王阳驾驶机动车穿越人行横道线时,未尽到安全注意义务碰擦行人荣宝英所致;本起交通事故造成的损害后果系受害人荣宝英被机动车碰撞、跌倒发生骨折所致,事故责任认定荣宝英对本起事故不负责任,其对事故的发生及损害后果的造成均无过错。虽然荣宝英年事已高,但其年老骨质疏松仅是事故造成后果的客观因素,并无法律上的因果关系。因此,受害人荣宝英对于损害的发生或者扩大没有过错,不存在减轻或者免除加害人赔偿责任的法定情形。同时,机动车应当遵守文明行车、礼让行人的一般交通规则和社会公德。本案所涉事故发生在人行横道线上,正常行走的荣宝英对将被机动车碰撞这一事件无法预见,而王阳驾驶机动车在路经人行横道线时未依法减速慢行、避让行人,导致事故发生。因此,依法应当由机动车一方承担事故引发的全部赔偿责任。

根据我国道路交通安全法的相关规定,机动车发生交通事故造成人身伤亡、财产损失的,由保险公司在机动车第三者责任强制保险责任限额范围内予以赔偿。而我国交强险立法并未规定在确定交强险责任时应依据受害人体质状况对损害后果的影响作相应扣减,保险公司的免责事由也仅限于受害人故意造成交通事故的情形,即便是投保机动车无责,保险公司也应在交强险无责限额内予以赔偿。因此,对于受害人符合法律规定的赔偿项目和标准的损失,均属交强险的赔偿范围,参照"损伤参与度"确定损害赔偿责任和交强险责任均没有法律依据。

(2)铁路交通事故

中华人民共和国铁路法(节录)

1. 1990年9月7日第七届全国人民代表大会常务委员会第十五次会议通过
2. 根据2009年8月27日第十一届全国人民代表大会常务委员会第十次会议《关于修改部分法律的决定》第一次修正
3. 根据2015年4月24日第十二届全国人民代表大会常务委员会第十四次会议《关于修改〈中华人民共和国义务教育法〉等五部法律的决定》第二次修正

第五十七条 【交通事故】发生铁路交通事故,铁路运输企业应当依照国务院和国务院有关主管部门关于事故调查处理的规定办理,并及时恢复正常行车,任何单位和个人不得阻碍铁路线路开通和列车运行。

第五十八条 【人身伤亡】因铁路行车事故及其他铁路运营事故造成人身伤亡的,铁路运输企业应当承担赔偿责任;如果人身伤亡是因不可抗力或者由于受害人自身的原因造成的,铁路运输企业不承担赔偿责任。

违章通过平交道口或者人行过道,或者在铁路线路上行走、坐卧造成的人身伤亡,属于受害人自身的原因造成的人身伤亡。

最高人民法院关于审理铁路运输损害赔偿案件若干问题的解释

1. 1994年10月27日印发(法发〔1994〕25号)
2. 根据2020年12月23日最高人民法院审判委员会第1823次会议通过、2020年12月29日公布、自2021年1月1日起施行的《最高人民法院关于修改〈最高人民法院关于在民事审判工作中适用《中华人民共和国工会法》若干问题的解释〉等二十七件民事类司法解释的决定》(法释〔2020〕17号)修正

为了正确、及时地审理铁路运输损害赔偿案件,现就审判工作中遇到的一些问题,根据《中华人民共和国铁路法》(以下简称铁路法)和有关的法律规定,结合审判实践,作出如下解释,供在审判工作中执行。

一、实际损失的赔偿范围

铁路法第十七条中的"实际损失",是指因灭失、短少、变质、污染、损坏导致货物、包裹、行李实际价值的损失。

铁路运输企业按照实际损失赔偿时,对灭失、短少的货物、包裹、行李,按照其实际价值赔偿;对变质、污染、损坏降低原有价值的货物、包裹、行李,可按照其受损前后实际价值的差额或者加工、修复费用赔偿。

货物、包裹、行李的赔偿价值按照托运时的实际价值计算。实际价值中未包含已支付的铁路运杂费、包装费、保险费、短途搬运费等费用的,按照损失部分的比例加算。

二、铁路运输企业的重大过失

铁路法第十七条中的"重大过失"是指铁路运输企业或者其受雇人、代理人对承运的货物、包裹、行李明知可能造成损失而轻率地作为或者不作为。

三、保价货物损失的赔偿

铁路法第十七条第一款(一)项中规定的"按照实际损失赔偿,但最高不超过保价额。"是指保价运输的货物、包裹、行李在运输中发生损失,无论托运人在办理保价运输时,保价额是否与货物、包裹、行李的实际价值相符,均应在保价额内按照损失部分的实际价值

赔偿,实际损失超过保价额的部分不予赔偿。

如果损失是因铁路运输企业的故意或者重大过失造成的,比照铁路法第十七条第一款(二)项的规定,不受保价额的限制,按照实际损失赔偿。

四、保险货物损失的赔偿

投保货物运输险的货物在运输中发生损失,对不属于铁路运输企业免责范围的,适用铁路法第十七条第一款(二)项的规定,由铁路运输企业承担赔偿责任。

保险公司按照保险合同的约定向托运人或收货人先行赔付后,对于铁路运输企业应按货物实际损失承担赔偿责任的,保险公司按照支付的保险金额向铁路运输企业追偿,因不足额保险产生的实际损失与保险金的差额部分,由铁路运输企业赔偿;对于铁路运输企业应按限额承担赔偿责任的,在足额保险的情况下,保险公司向铁路运输企业的追偿额为铁路运输企业的赔偿限额,在不足额保险的情况下,保险公司向铁路运输企业的追偿额在铁路运输企业的赔偿限额内按照投保金额与货物实际价值的比例计算,因不足额保险产生的铁路运输企业的赔偿限额与保险公司在限额内追偿额的差额部分,由铁路运输企业赔偿。

五、保险保价货物损失的赔偿

既保险又保价的货物在运输中发生损失,对不属于铁路运输企业免责范围的,适用铁路法第十七条第一款(一)项的规定由铁路运输企业承担赔偿责任。对于保险公司先行赔付的,比照本解释第四条对保险货物损失的赔偿处理。

六、保险补偿制度的适用

《铁路货物运输实行保险与负责运输相结合的补偿制度的规定(试行)》(简称保险补偿制度),适用于1991年5月1日铁路法实施以前已投保货物运输险的案件。铁路法实施后投保货物运输险的案件,适用铁路法第十七条第一款的规定,保险补偿制度中有关保险补偿的规定不再适用。

七、逾期交付的责任

货物、包裹、行李逾期交付,如果是因铁路逾期运到造成的,由铁路运输企业支付逾期违约金;如果是因收货人或旅客逾期领取造成的,由收货人或旅客支付保管费;既因逾期运到又因收货人或旅客逾期领取造成的,由双方各自承担相应的责任。

铁路逾期运到并且发生损失时,铁路运输企业除支付逾期违约金外,还应当赔偿损失。对收货人或者旅客逾期领取,铁路运输企业在代保管期间因保管不当造成损失的,由铁路运输企业赔偿。

八、误交付的责任

货物、包裹、行李误交付(包括被第三者冒领造成的误交付),铁路运输企业查找超过运到期限的,由铁路运输企业支付逾期违约金。不能交付的,或者交付时有损失的,由铁路运输企业赔偿。铁路运输企业赔付后,再向有责任的第三者追偿。

九、赔偿后又找回原物的处理

铁路运输企业赔付后又找回丢失、被盗、冒领、逾期等按灭失处理的货物、包裹、行李的,在通知托运人,收货人或旅客退还赔款领回原物的期限届满后仍无人领取的,适用铁路法第二十二条按无主货物的规定处理。铁路运输企业未通知托运人,收货人或者旅客而自行处理找回的货物、包裹、行李的,由铁路运输企业赔偿实际损失与已付赔款差额。

十、代办运输货物损失的赔偿

代办运输的货物在铁路运输中发生损失,对代办运输企业接受托运人的委托以自己的名义与铁路运输企业签订运输合同托运或领取货物的,如委托人依据委托合同要求代办运输企业向铁路运输企业索赔的,应予支持。对代办运输企业未及时索赔而超过运输合同索赔时效的,代办运输企业应当赔偿。

十一、铁路旅客运送责任期间

铁路运输企业对旅客运送的责任期间自旅客持有效车票进站时起到旅客出站或者应当出站时止。不包括旅客在候车室内的期间。

十二、第三者责任造成旅客伤亡的赔偿

在铁路旅客运送期间因第三者责任造成旅客伤亡,旅客或者其继承人要求铁路运输企业先予赔偿的,应予支持。铁路运输企业赔付后,有权向有责任的第三者追偿。

最高人民法院关于审理
铁路运输人身损害赔偿纠纷案件
适用法律若干问题的解释

1. 2010年1月4日最高人民法院审判委员会第1482次会议通过、2010年3月3日公布、自2010年3月16日起施行（法释〔2010〕5号）
2. 根据2020年12月23日最高人民法院审判委员会第1823次会议通过、2020年12月29日公布、自2021年1月1日起施行的《最高人民法院关于修改〈最高人民法院关于在民事审判工作中适用〈中华人民共和国工会法〉若干问题的解释〉等二十七件民事类司法解释的决定》（法释〔2020〕17号）第一次修正
3. 根据2021年11月24日最高人民法院审判委员会第1853次会议通过、2021年12月8日公布、自2022年1月1日起施行的《最高人民法院关于修改〈最高人民法院关于审理铁路运输人身损害赔偿纠纷案件适用法律若干问题的解释〉的决定》（法释〔2021〕19号）第二次修正

为正确审理铁路运输人身损害赔偿纠纷案件，依法维护各方当事人的合法权益，根据《中华人民共和国民法典》《中华人民共和国铁路法》《中华人民共和国民事诉讼法》等法律的规定，结合审判实践，就有关适用法律问题作如下解释：

第一条 人民法院审理铁路行车事故及其他铁路运营事故造成的铁路运输人身损害赔偿纠纷案件，适用本解释。

铁路运输企业在客运合同履行过程中造成旅客人身损害的赔偿纠纷案件，不适用本解释；与铁路运输企业建立劳动合同关系或者形成劳动关系的铁路职工在执行职务中发生的人身损害，依照有关调整劳动关系的法律规定及其他相关法律规定处理。

第二条 铁路运输人身损害的受害人以及死亡受害人的近亲属为赔偿权利人，有权请求赔偿。

第三条 赔偿权利人要求对方当事人承担侵权责任的，由事故发生地、列车最先到达地或者被告住所地铁路运输法院管辖。

前款规定的地区没有铁路运输法院的，由高级人民法院指定的其他人民法院管辖。

第四条 铁路运输造成人身损害的，铁路运输企业应当承担赔偿责任；法律另有规定的，依照其规定。

第五条 铁路行车事故及其他铁路运营事故造成人身损害，有下列情形之一的，铁路运输企业不承担赔偿责任：

（一）不可抗力造成的；

（二）受害人故意以卧轨、碰撞等方式造成的；

（三）法律规定铁路运输企业不承担赔偿责任的其他情形造成的。

第六条 因受害人的过错行为造成人身损害，依照法律规定应当由铁路运输企业承担赔偿责任的，根据受害人的过错程度可以适当减轻铁路运输企业的赔偿责任，并按照以下情形分别处理：

（一）铁路运输企业未充分履行安全防护、警示等义务，铁路运输企业承担事故主要责任的，应当在全部损害的百分之九十至百分之六十之间承担赔偿责任；铁路运输企业承担事故同等责任的，应当在全部损害的百分之六十至百分之五十之间承担赔偿责任；铁路运输企业承担事故次要责任的，应当在全部损害的百分之四十至百分之十之间承担赔偿责任；

（二）铁路运输企业已充分履行安全防护、警示等义务，受害人仍施以过错行为的，铁路运输企业应当在全部损害的百分之十以内承担赔偿责任。

铁路运输企业已充分履行安全防护、警示等义务，受害人不听从值守人员劝阻强行通过铁路平交道口、人行过道，或者明知危险后果仍然无视警示规定沿铁路线路纵向行走、坐卧故意造成人身损害的，铁路运输企业不承担赔偿责任，但是有证据证明并非受害人故意造成损害的除外。

第七条 铁路运输造成无民事行为能力人人身损害的，铁路运输企业应当承担赔偿责任；监护人有过错的，按照过错程度减轻铁路运输企业的赔偿责任。

铁路运输造成限制民事行为能力人人身损害的，铁路运输企业应当承担赔偿责任；监护人或者受害人自身有过错的，按照过错程度减轻铁路运输企业的赔偿责任。

第八条 铁路机车车辆与机动车发生碰撞造成机动车驾驶人员以外的人人身损害的，由铁路运输企业与机动车一方对受害人承担连带赔偿责任。铁路运输企业与机动车一方之间的责任份额根据各自责任大小确定；难以确定责任大小的，平均承担责任。对受害人实际承担赔偿责任超出应当承担份额的一方，有权向另一

方追偿。

铁路机车车辆与机动车发生碰撞造成机动车驾驶人员人身损害的,按照本解释第四条至第六条的规定处理。

第九条 在非铁路运输企业实行监护的铁路无人看守道口发生事故造成人身损害的,由铁路运输企业按照本解释的有关规定承担赔偿责任。道口管理单位有过错的,铁路运输企业对赔偿权利人承担赔偿责任后,有权向道口管理单位追偿。

第十条 对于铁路桥梁、涵洞等设施负有管理、维护等职责的单位,因未尽职责使该铁路桥梁、涵洞等设施不能正常使用,导致行人、车辆穿越铁路线路造成人身损害的,铁路运输企业按照本解释有关规定承担赔偿责任后,有权向该单位追偿。

第十一条 有权作出事故认定的组织依照《铁路交通事故应急救援和调查处理条例》等有关规定制作的事故认定书,经庭审质证,对于事故认定书所认定的事实,当事人没有相反证据和理由足以推翻的,人民法院应当作为认定事实的根据。

第十二条 在专用铁路及铁路专用线上因运输造成人身损害,依法应当由肇事工具或者设备的所有人、使用人或者管理人承担赔偿责任的,适用本解释。

第十三条 本院以前发布的司法解释与本解释不一致的,以本解释为准。

(3)水上交通事故

中华人民共和国海商法(节录)

1. 1992年11月7日第七届全国人民代表大会常务委员会第二十八次会议通过
2. 1992年11月7日中华人民共和国主席令第64号公布
3. 自1993年7月1日起施行

第四章 海上货物运输合同
第二节 承运人的责任

第四十六条 【责任期间】承运人对集装箱装运的货物的责任期间,是指从装货港接收货物时起至卸货港交付货物时止,货物处于承运人掌管之下的全部期间。承运人对非集装箱装运的货物的责任期间,是指从货物装上船时起至卸下船时止,货物处于承运人掌管之下的全部期间。在承运人的责任期间,货物发生灭失或者损坏,除本节另有规定外,承运人应当负赔偿责任。

前款规定,不影响承运人就非集装箱装运的货物,在装船前和卸船后所承担的责任,达成任何协议。

第四十七条 【船舶适航】承运人在船舶开航前和开航当时,应当谨慎处理,使船舶处于适航状态,妥善配备船员、装备船舶和配备供应品,并使货舱、冷藏舱、冷气舱和其他载货处所适于并能安全收受、载运和保管货物。

第四十八条 【货物的妥善处理】承运人应当妥善地、谨慎地装载、搬移、积载、运输、保管、照料和卸载所运货物。

第四十九条 【合理航线】承运人应当按照约定的或者习惯的或者地理上的航线将货物运往卸货港。

船舶在海上为救助或者企图救助人命或者财产而发生的绕航或者其他合理绕航,不属于违反前款规定的行为。

第五十条 【延迟交付的责任】货物未能在明确约定的时间内,在约定的卸货港交付的,为迟延交付。

除依照本章规定承运人不负赔偿责任的情形外,由于承运人的过失,致使货物因迟延交付而灭失或者损坏的,承运人应当负赔偿责任。

除依照本章规定承运人不负赔偿责任的情形外,由于承运人的过失,致使货物因迟延交付而遭受经济损失的,即使货物没有灭失或者损坏,承运人仍然应当负赔偿责任。

承运人未能在本条第一款规定的时间届满六十日内交付货物,有权对货物灭失提出赔偿请求的人可以认为货物已经灭失。

第五十一条 【承运人免责事由】在责任期间货物发生的灭失或者损坏是由于下列原因之一造成的,承运人不负赔偿责任:

(一)船长、船员、引航员或者承运人的其他雇人在驾驶船舶或者管理船舶中的过失;

(二)火灾,但是由于承运人本人的过失所造成的除外;

(三)天灾,海上或者其他可航水域的危险或者意外事故;

(四)战争或者武装冲突;

(五)政府或者主管部门的行为、检疫限制或者司

法扣押;

（六）罢工、停工或者劳动受到限制;

（七）在海上救助或者企图救助人命或者财产;

（八）托运人、货物所有人或者他们的代理人的行为;

（九）货物的自然特性或者固有缺陷;

（十）货物包装不良或者标志欠缺、不清;

（十一）经谨慎处理仍未发现的船舶潜在缺陷;

（十二）非由于承运人或者承运人的受雇人、代理人的过失造成的其他原因。

承运人依照前款规定免除赔偿责任的,除第（二）项规定的原因外,应当负举证责任。

第五十二条　【活动物毁损的责任】因运输活动物的固有的特殊风险造成活动物灭失或者损害的,承运人不负赔偿责任。但是,承运人应当证明业已履行托运人关于运输活动物的特别要求,并证明根据实际情况,灭失或者损害是由于此种固有的特殊风险造成的。

第五十三条　【舱面货】承运人在舱面上装载货物,应当同托运人达成协议,或者符合航运惯例,或者符合有关法律、行政法规的规定。

承运人依照前款规定将货物装载在舱面上,对由于此种装载的特殊风险造成的货物灭失或者损坏,不负赔偿责任。

承运人违反本条第一款规定将货物装载在舱面上,致使货物遭受灭失或者损坏的,应当负赔偿责任。

第五十四条　【承运人的责任范围】货物的灭失、损坏或者迟延交付是由于承运人或者承运人的受雇人、代理人的不能免除赔偿责任的原因和其他原因共同造成的,承运人仅在其不能免除赔偿责任的范围内负赔偿责任;但是,承运人对其他原因造成的灭失、损坏或者迟延交付应当负举证责任。

第五十五条　【赔偿额的确定】货物灭失的赔偿额,按照货物的实际价值计算;货物损坏的赔偿额,按照货物受损前后实际价值的差额或者货物的修复费用计算。

货物的实际价值,按照货物装船时的价值加保险费加运费计算。

前款规定的货物实际价值,赔偿时应当减去因货物灭失或者损坏而少付或者免付的有关费用。

第五十六条　【赔偿限额】承运人对货物的灭失或者损坏的赔偿限额,按照货物件数或者其他货运单位数计算,每件或者每个其他货运单位为666.67计算单位,或者按照货物毛重计算,每公斤为2计算单位,以二者中赔偿限额较高的为准。但是,托运人在货物装运前已经申报其性质和价值,并在提单中载明的,或者承运人与托运人已经另行约定高于本条规定的赔偿限额的除外。

货物用集装箱、货盘或者类似装运器具集装的,提单中载明装在此类装运器具中的货物件数或者其他货运单位数,视为前款所指的货物件数或者其他货运单位数;未载明的,每一装运器具视为一件或者一个单位。

装运器具不属于承运人所有或者非由承运人提供的,装运器具本身应当视为一件或者一个单位。

第五十七条　【迟延交付的赔偿限额】承运人对货物因迟延交付造成经济损失的赔偿限额,为所迟延交付的货物的运费数额。货物的灭失或者损坏和迟延交付同时发生的,承运人的赔偿责任限额适用本法第五十六条第一款规定的限额。

第五十八条　【抗辩理由和限制赔偿责任规定的适用】就海上货物运输合同所涉及的货物灭失、损坏或者迟延交付对承运人提起的任何诉讼,不论海事请求人是否合同的一方,也不论是根据合同或者是根据侵权行为提起的,均适用本章关于承运人的抗辩理由和限制赔偿责任的规定。

前款诉讼是对承运人的受雇人或者代理人提起的,经承运人的受雇人或者代理人证明,其行为是在受雇或者受委托的范围之内的,适用前款规定。

第五十九条　【限制赔偿责任适用的例外】经证明,货物的灭失、损坏或者迟延交付是由于承运人的故意或者明知可能造成损失而轻率地作为或者不作为造成的,承运人不得援用本法第五十六条或者第五十七条限制赔偿责任的规定。

经证明,货物的灭失、损坏或者迟延交付是由于承运人的受雇人、代理人的故意或者明知可能造成损失而轻率地作为或者不作为造成的,承运人的受雇人或者代理人不得援用本法第五十六条或者第五十七条限制赔偿责任的规定。

第六十条　【承运人与实际承运人的责任】承运人将货物运输或者部分运输委托给实际承运人履行的,承运人仍然应当依照本章规定对全部运输负责。对实际承运人承担的运输,承运人应当对实际承运人的行为或者实际承运人的受雇人、代理人在受雇或者受委托的范围内的行为负责。

虽有前款规定,在海上运输合同中明确约定合同所包括的特定的部分运输由承运人以外的指定的实际承运人履行的,合同可以同时约定,货物在指定的实际承运人掌管期间发生的灭失、损坏或者迟延交付,承运人不负赔偿责任。

第六十一条 【实际承运人的责任】本章对承运人责任的规定,适用于实际承运人。对实际承运人的受雇人、代理人提起诉讼的,适用本法第五十八条第二款和第五十九条第二款的规定。

第六十二条 【特别协议的适用】承运人承担本章未规定的义务或者放弃本章赋予的权利的任何特别协议,经实际承运人书面明确同意的,对实际承运人发生效力;实际承运人是否同意,不影响此项特别协议对承运人的效力。

第六十三条 【连带责任】承运人与实际承运人都负有赔偿责任的,应当在此项责任范围内负连带责任。

第六十四条 【赔偿总额的限制】就货物的灭失或者损坏分别向承运人、实际承运人以及他们的受雇人、代理人提出赔偿请求的,赔偿总额不超过本法第五十六条规定的限额。

第六十五条 【相互追偿权】本法第六十条至第六十四条的规定,不影响承运人和实际承运人之间相互追偿。

第五章 海上旅客运输合同

第一百零七条 【海上旅客运输合同的定义】海上旅客运输合同,是指承运人以适合运送旅客的船舶经海路将旅客及其行李从一港运送至另一港,由旅客支付票款的合同。

第一百零八条 【用语含义】本章下列用语的含义:

(一)"承运人",是指本人或者委托他人以本人名义与旅客订立海上旅客运输合同的人。

(二)"实际承运人",是指接受承运人委托,从事旅客运送或者部分运送的人,包括接受转委托从事此项运送的其他人。

(三)"旅客",是指根据海上旅客运输合同运送的人;经承运人同意,根据海上货物运输合同,随船护送货物的人,视为旅客。

(四)"行李",是指根据海上旅客运输合同由承运人载运的任何物品和车辆,但是活动物除外。

(五)"自带行李",是指旅客自行携带、保管或者放置在客舱中的行李。

第一百零九条 【责任适用】本章关于承运人责任的规定,适用于实际承运人。本章关于承运人的受雇人、代理人责任的规定,适用于实际承运人的受雇人、代理人。

第一百一十条 【旅客客票】旅客客票是海上旅客运输合同成立的凭证。

第一百一十一条 【运送期间】海上旅客运输的运送期间,自旅客登船时起至旅客离船时止。客票票价含接送费用的,运送期间并包括承运人经水路将旅客从岸上接到船上和从船上送到岸上的时间,但是不包括旅客在港站内、码头上或者在港口其他设施内的时间。

旅客的自带行李,运送期间同前款规定。旅客自带行李以外的其他行李,运送期间自旅客将行李交付承运人或者承运人的受雇人、代理人时起至承运人或者承运人的受雇人、代理人交还旅客时止。

第一百一十二条 【无票、越级、超程乘船的责任】旅客无票乘船、越级乘船或者超程乘船,应当按照规定补足票款,承运人可以按照规定加收票款;拒不交付的,船长有权在适当地点令其离船,承运人有权向其追偿。

第一百一十三条 【携带危险品的责任】旅客不得随身携带或者在行李中夹带违禁品或者易燃、易爆、有毒、有腐蚀性、有放射性以及有可能危及船上人身和财产安全的其他危险品。

承运人可以在任何时间、任何地点将旅客违反前款规定随身携带或者在行李中夹带的违禁品、危险品卸下、销毁或者使之不能为害,或者送交有关部门,而不负赔偿责任。

旅客违反本条第一款规定,造成损害的,应当负赔偿责任。

第一百一十四条 【承运人的赔偿责任】在本法第一百一十一条规定的旅客及其行李的运送期间,因承运人或者承运人的受雇人、代理人在受雇或者受委托的范围内的过失引起事故,造成旅客人身伤亡或者行李灭失、损坏的,承运人应当负赔偿责任。

请求人对承运人或者承运人的受雇人、代理人的过失,应当负举证责任;但是,本条第三款和第四款规定的情形除外。

旅客的人身伤亡或者自带行李的灭失、损坏，是由于船舶的沉没、碰撞、搁浅、爆炸、火灾所引起或者是由于船舶的缺陷所引起的，承运人或者承运人的受雇人、代理人除非提出反证，应当视为其有过失。

旅客自带行李以外的其他行李的灭失或者损坏，不论由于何种事故所引起，承运人或者承运人的受雇人、代理人除非提出反证，应当视为其有过失。

第一百一十五条　【承运人责任的免除】经承运人证明，旅客的人身伤亡或行李的灭失、损坏，是由于旅客本人的过失或者旅客和承运人的共同过失造成的，可以免除或者相应减轻承运人的赔偿责任。

经承运人证明，旅客的人身伤亡或者行李的灭失、损坏，是由于旅客本人的故意造成的，或者旅客的人身伤亡是由于旅客本人健康状况造成的，承运人不负赔偿责任。

第一百一十六条　【贵重物品灭失、损坏的责任】承运人对旅客的货币、金银、珠宝、有价证券或者其他贵重物品所发生的灭失、损坏，不负赔偿责任。

旅客与承运人约定将前款规定的物品交由承运人保管的，承运人应当依照本法第一百一十七条的规定负赔偿责任；双方以书面约定的赔偿限额高于本法第一百一十七条的规定的，承运人应当按照约定的数额负赔偿责任。

第一百一十七条　【赔偿责任限额】除本条第四款规定的情形外，承运人在每次海上旅客运输中的赔偿责任限额，依照下列规定执行：

（一）旅客人身伤亡的，每名旅客不超过46666计算单位；

（二）旅客自带行李灭失或者损坏的，每名旅客不超过833计算单位；

（三）旅客车辆包括该车辆所载行李灭失或者损坏的，每一车辆不超过3333计算单位；

（四）本款第（二）、（三）项以外的旅客其他行李灭失或者损坏的，每名旅客不超过1200计算单位。

承运人和旅客可以约定，承运人对旅客车辆和旅客车辆以外的其他行李损失的免赔额。但是，对每一车辆损失的免赔额不得超过117计算单位，对每名旅客的车辆以外的其他行李损失的免赔额不得超过13计算单位。在计算每一车辆或者每名旅客的车辆以外的其他行李的损失赔偿数额时，应当扣除约定的承运人免赔额。

承运人和旅客可以书面约定高于本条第一款规定的赔偿责任限额。

中华人民共和国港口之间的海上旅客运输，承运人的赔偿责任限额，由国务院交通主管部门制定，报国务院批准后施行。

第一百一十八条　【限制赔偿责任适用的例外】经证明，旅客的人身伤亡或者行李的灭失、损坏，是由于承运人的故意或者明知可能造成损害而轻率地作为或者不作为造成的，承运人不得援用本法第一百一十六条和第一百一十七条限制赔偿责任的规定。

经证明，旅客的人身伤亡或者行李的灭失、损坏，是由于承运人的受雇人、代理人的故意或者明知可能造成损害而轻率地作为或者不作为造成的，承运人的受雇人、代理人不得援用本法第一百一十六条和第一百一十七条限制赔偿责任的规定。

第一百一十九条　【书面通知的提交】行李发生明显损坏的，旅客应当依照下列规定向承运人或者承运人的受雇人、代理人提交书面通知：

（一）自带行李，应当在旅客离船前或者离船时提交；

（二）其他行李，应当在行李交还前或者交还时提交。

行李的损坏不明显，旅客在离船时或者行李交还时难以发现的，以及行李发生灭失的，旅客应当在离船或者行李交还或者应当交还之日起十五日内，向承运人或者承运人的受雇人、代理人提交书面通知。

旅客未依照本条第一、二款规定及时提交书面通知的，除非提出反证，视为已经完整无损地收到行李。

行李交还时，旅客已经会同承运人对行李进行联合检查或者检验的，无需提交书面通知。

第一百二十条　【抗辩理由和赔偿责任限制规定的援用】向承运人的受雇人、代理人提出的赔偿请求，受雇人或者代理人证明其行为是在受雇或者受委托的范围内的，有权援用本法第一百一十五条、第一百一十六条和第一百一十七条的抗辩理由和赔偿责任限制的规定。

第一百二十一条　【承运人的运送责任】承运人将旅客运送或者部分运送委托给实际承运人履行的，仍然应当依照本章规定，对全程运送负责。实际承运人履行运送的，承运人应当对实际承运人的行为或者实际承运人的受雇人、代理人在受雇或者受委托的范围内的行为负责。

第一百二十二条　【特别协议适用】承运人承担本章未规定的义务或者放弃本章赋予的权利的任何特别协议,经实际承运人书面明确同意的,对实际承运人发生效力;实际承运人是否同意,不影响此项特别协议对承运人的效力。

第一百二十三条　【连带责任】承运人与实际承运人均负有赔偿责任的,应当在此项责任限度内负连带责任。

第一百二十四条　【赔偿总额的限制】就旅客的人身伤亡或者行李的灭失、损坏,分别向承运人、实际承运人以及他们的受雇人、代理人提出赔偿请求的,赔偿总额不得超过本法第一百一十七条规定的限额。

第一百二十五条　【相互追偿权】本法第一百二十一条至第一百二十四条的规定,不影响承运人和实际承运人之间相互追偿。

第一百二十六条　【合同无效条款】海上旅客运输合同中含有下列内容之一的条款无效:
(一)免除承运人对旅客应当承担的法定责任;
(二)降低本章规定的承运人责任限额;
(三)对本章规定的举证责任作出相反的约定;
(四)限制旅客提出赔偿请求的权利。
前款规定的合同条款的无效,不影响合同其他条款的效力。

第八章　船舶碰撞

第一百六十五条　【船舶碰撞的定义】船舶碰撞,是指船舶在海上或者与海相通的可航水域发生接触造成损害的事故。
前款所称船舶,包括与本法第三条所指船舶碰撞的任何其他非用于军事的或者政府公务的船艇。

第一百六十六条　【船长责任】船舶发生碰撞,当事船舶的船长在不严重危及本船和船上人员安全的情况下,对于相碰的船舶和船上人员必须尽力施救。
碰撞船舶的船长应当尽可能将其船舶名称、船籍港、出发港和目的港通知对方。

第一百六十七条　【互不赔偿的情形】船舶发生碰撞,是由于不可抗力或者其他不能归责于任何一方的原因或者无法查明的原因造成的,碰撞各方互相不负赔偿责任。

第一百六十八条　【过失原则】船舶发生碰撞,是由于一船的过失造成的,由有过失的船舶负赔偿责任。

第一百六十九条　【互有过失的赔偿】船舶发生碰撞,碰撞的船舶互有过失的,各船按照过失程度的比例负赔偿责任;过失程度相当或者过失程度的比例无法判定的,平均负赔偿责任。
互有过失的船舶,对碰撞造成的船舶以及船上货物和其他财产的损失,依照前款规定的比例负赔偿责任。碰撞造成第三人财产损失的,各船的赔偿责任均不超过其应当承担的比例。
互有过失的船舶,对造成的第三人的人身伤亡,负连带赔偿责任。一船连带支付的赔偿超过本条第一款规定的比例的,有权向其他有过失的船舶追偿。

第一百七十条　【无碰撞发生的适用】船舶因操纵不当或者不遵守航行规章,虽然实际上没有同其他船舶发生碰撞,但是使其他船舶以及船上的人员、货物或者其他财产遭受损失的,适用本章的规定。

第十章　共　同　海　损

第一百九十三条　【共同海损的界定】共同海损,是指在同一海上航程中,船舶、货物和其他财产遭遇共同危险,为了共同安全,有意地合理地采取措施所直接造成的特殊牺牲、支付的特殊费用。
无论在航程中或者在航程结束后发生的船舶或者货物因迟延所造成的损失,包括船期损失和行市损失以及其他间接损失,均不得列入共同海损。

第一百九十四条　【列入共同海损的费用】船舶因发生意外、牺牲或者其他特殊情况而损坏时,为了安全完成本航程,驶入避难港口、避难地点或者驶回装货港口、装货地点进行必要的修理,在该港口或者地点额外停留期间所支付的港口费,船员工资、给养,船舶所消耗的燃料、物料,为修理而卸载、储存、重装或者搬移船上货物、燃料、物料以及其他财产所造成的损失、支付的费用,应当列入共同海损。

第一百九十五条　【代替费用】为代替可以列为共同海损的特殊费用而支付的额外费用,可以作为代替费用列入共同海损;但是,列入共同海损的代替费用的金额,不得超过被代替的共同海损的特殊费用。

第一百九十六条　【举证责任】提出共同海损分摊请求的一方应当负举证责任,证明其损失应当列入共同海损。

第一百九十七条　【过失方的分摊权】引起共同海损特殊牺牲、特殊费用的事故,可能是由航程中一方的过失造成的,不影响该方要求分摊共同海损的权利;但是,非过失方或者过失方可以就此项过失提出赔偿请求或者进行抗辩。

第一百九十八条 【共同海损金额的确定】船舶、货物和运费的共同海损牺牲的金额,依照下列规定确定:

(一)船舶共同海损牺牲的金额,按照实际支付的修理费,减除合理的以新换旧的扣减额计算。船舶尚未修理的,按照牺牲造成的合理贬值计算,但是不得超过估计的修理费。

船舶发生实际全损或者修理费用超过修复后的船舶价值的,共同海损牺牲金额按照该船舶在完好状态下的估计价值,减除不属于共同海损损坏的估计的修理费和该船舶受损后的价值的余额计算。

(二)货物共同海损牺牲的金额,货物灭失的,按照货物在装船时的价值加保险费加运费,减除由于牺牲无需支付的运费计算。货物损坏,在就损坏程度达成协议前售出的,按照货物在装船时的价值加保险费加运费,与出售货物净得的差额计算。

(三)运费共同海损牺牲的金额,按照货物遭受牺牲造成的运费的损失金额,减除为取得这笔运费本应支付,但是由于牺牲无需支付的营运费用计算。

第一百九十九条 【共同海损的分摊】共同海损应当由受益方按照各自的分摊价值的比例分摊。

船舶、货物和运费的共同海损分摊价值,分别依照下列规定确定:

(一)船舶共同海损分摊价值,按照船舶在航程终止时的完好价值,减除不属于共同海损的损失金额计算,或者按照船舶在航程终止时的实际价值,加上共同海损牺牲的金额计算。

(二)货物共同海损分摊价值,按照货物在装船时的价值加保险费加运费,减除不属于共同海损的损失金额和承运人承担风险的运费计算。货物在抵达目的港以前售出的,按照出售净得金额,加上共同海损牺牲的金额计算。

旅客的行李和私人物品,不分摊共同海损。

(三)运费分摊价值,按照承运人承担风险并于航程终止时有权收取的运费,减除为取得该项运费而在共同海损事故发生后,为完成本航程所支付的营运费用,加上共同海损牺牲的金额计算。

第二百条 【货物的未报、谎报或低价申报】未申报的货物或者谎报的货物,应当参加共同海损分摊;其遭受特殊牺牲,不得列入共同海损。

不正当地以低于货物实际价值作为申报价值的,按照实际价值分摊共同海损;在发生共同海损牺牲时,按照申报价值计算牺牲金额。

第二百零一条 【利息和手续费】对共同海损特殊牺牲和垫付的共同海损特殊费用,应当计算利息。对垫付的共同海损特殊费用,除船员工资、给养和船舶消耗的燃料、物料外,应当计算手续费。

第二百零二条 【担保的提供】经利益关系人要求,各分摊方应当提供共同海损担保。

以提供保证金方式进行共同海损担保的,保证金应当交由海损理算师以保管人名义存入银行。

保证金的提供、使用或者退还,不影响各方最终的分摊责任。

第二百零三条 【共同海损理算】共同海损理算,适用合同约定的理算规则;合同未约定的,适用本章的规定。

第十一章 海事赔偿责任限制

第二百零四条 【限制赔偿责任的适用】船舶所有人、救助人,对本法第二百零七条所列海事赔偿请求,可以依照本章规定限制赔偿责任。

前款所称的船舶所有人,包括船舶承租人和船舶经营人。

第二百零五条 【其他人员的援引权】本法第二百零七条所列海事赔偿请求,不是向船舶所有人、救助人本人提出,而是向他们对其行为、过失负有责任的人员提出的,这些人员可以依照本章规定限制赔偿责任。

第二百零六条 【被保险人的权利】被保险人依照本章规定可以限制赔偿责任的,对该海事赔偿请求承担责任的保险人,有权依照本章规定享受相同的赔偿责任限制。

第二百零七条 【责任人的援引权】下列海事赔偿请求,除本法第二百零八条和第二百零九条另有规定外,无论赔偿责任的基础有何不同,责任人均可以依照本章规定限制赔偿责任:

(一)在船上发生的或者与船舶营运、救助作业直接相关的人身伤亡或者财产的灭失、损坏,包括对港口工程、港池、航道和助航设施造成的损坏,以及由此引起的相应损失的赔偿请求;

(二)海上货物运输因迟延交付或者旅客及其行李运输因迟延到达造成损失的赔偿请求;

(三)与船舶营运或者救助作业直接相关的,侵犯非合同权利的行为造成其他损失的赔偿请求;

(四)责任人以外的其他人,为避免或者减少责任人依照本章规定可以限制赔偿责任的损失而采取措施的赔偿请求,以及因此项措施造成进一步损失的赔偿请求。

前款所列赔偿请求,无论提出的方式有何不同,均可以限制赔偿责任。但是,第(四)项涉及责任人以合同约定支付的报酬,责任人的支付责任不得援用本条赔偿责任限制的规定。

第二百零八条 【适用的例外】本章规定不适用于下列各项:

(一)对救助款项或者共同海损分摊的请求;

(二)中华人民共和国参加的国际油污损害民事责任公约规定的油污损害的赔偿请求;

(三)中华人民共和国参加的国际核能损害责任限制公约规定的核能损害的赔偿请求;

(四)核动力船舶造成的核能损害的赔偿请求;

(五)船舶所有人或者救助人的受雇人提出的赔偿请求,根据调整劳务合同的法律,船舶所有人或者救助人对该类赔偿请求无权限制赔偿责任,或者该项法律作了高于本章规定的赔偿限额的规定。

第二百零九条 【援引禁止】经证明,引起赔偿请求的损失是由于责任人的故意或者明知可能造成损失而轻率地作为或者不作为造成的,责任人无权依照本章规定限制赔偿责任。

第二百一十条 【赔偿限额的计算】除本法第二百一十一条另有规定外,海事赔偿责任限制,依照下列规定计算赔偿限额:

(一)关于人身伤亡的赔偿请求

1.总吨位300吨至500吨的船舶,赔偿限额为333000计算单位;

2.总吨位超过500吨的船舶,500吨以下部分适用本项第1目的规定,500吨以上的部分,应当增加下列数额:

501吨至3000吨的部分,每吨增加500计算单位;

3001吨至30000吨的部分,每吨增加333计算单位;

30001吨至70000吨的部分,每吨增加250计算单位;

超过70000吨的部分,每吨增加167计算单位。

(二)关于非人身伤亡的赔偿请求

1.总吨位300吨至500吨的船舶,赔偿限额为167000计算单位;

2.总吨位超过500吨的船舶,500吨以下部分适用本项第1目的规定,500吨以上的部分,应当增加下列数额:

501吨至30000吨的部分,每吨增加167计算单位;

30001吨至70000吨的部分,每吨增加125计算单位;

超过70000吨的部分,每吨增加83计算单位。

(三)依照第(一)项规定的限额,不足以支付全部人身伤亡的赔偿请求的,其差额应当与非人身伤亡的赔偿请求并列,从第(二)项数额中按照比例受偿。

(四)在不影响第(三)项关于人身伤亡赔偿请求的情况下,就港口工程、港池、航道和助航设施的损害提出的赔偿请求,应当较第(二)项中的其他赔偿请求优先受偿。

(五)不以船舶进行救助作业或者在被救船舶上进行救助作业的救助人,其责任限额按照总吨位为1500吨的船舶计算。

总吨位不满300吨的船舶,从事中华人民共和国港口之间的运输的船舶,以及从事沿海作业的船舶,其赔偿限额由国务院交通主管部门制定,报国务院批准后施行。

第二百一十一条 【旅客运输的赔偿责任限制】海上旅客运输的旅客人身伤亡赔偿责任限制,按照46666计算单位乘以船舶证书规定的载客定额计算赔偿限额,但是最高不超过25000000计算单位。

中华人民共和国港口之间海上旅客运输的旅客人身伤亡,赔偿限额由国务院交通主管部门制定,报国务院批准后施行。

第二百一十二条 【赔偿总额】本法第二百一十条和第二百一十一条规定的赔偿限额,适用于特定场合发生的事故引起的,向船舶所有人、救助人本人和他们对其行为、过失负有责任的人员提出的请求的总额。

第二百一十三条 【责任限制基金的设立】责任人要求依照本法规定限制赔偿责任的,可以在有管辖权的法院设立责任限制基金。基金数额分别为本法第二百一十条、第二百一十一条规定的限额,加上自责任产生之日起至基金设立之日止的相应利息。

第二百一十四条 【责任限制基金设立的效力】责任人

设立责任限制基金后,向责任人提出请求的任何人,不得对责任人的任何财产行使任何权利;已设立责任限制基金的责任人的船舶或者其他财产已经被扣押,或者基金设立人已经提交抵押物的,法院应当及时下令释放或者责令退还。

第二百一十五条 【反请求】享受本章规定的责任限制的人,就同一事故向请求人提出反请求的,双方的请求金额应当相互抵销,本章规定的赔偿限额仅适用于两个请求金额之间的差额。

第十二章 海上保险合同
第三节 被保险人的义务

第二百三十四条 【保险费支付】除合同另有约定外,被保险人应当在合同订立后立即支付保险费;被保险人支付保险费前,保险人可以拒绝签发保险单证。

第二百三十五条 【违反保证条款时的义务】被保险人违反合同约定的保证条款时,应当立即书面通知保险人。保险人收到通知后,可以解除合同,也可以要求修改承保条件、增加保险费。

第二百三十六条 【被保险人的通知义务】一旦保险事故发生,被保险人应当立即通知保险人,并采取必要的合理措施,防止或者减少损失。被保险人收到保险人发出的有关采取防止或者减少损失的合理措施的特别通知的,应当按照保险人通知的要求处理。

对于被保险人违反前款规定所造成的扩大的损失,保险人不负赔偿责任。

第四节 保险人的责任

第二百三十七条 【保险赔偿的支付】发生保险事故造成损失后,保险人应当及时向被保险人支付保险赔偿。

第二百三十八条 【保险赔偿金确定】保险人赔偿保险事故造成的损失,以保险金额为限。保险金额低于保险价值的,在保险标的发生部分损失时,保险人按照保险金额与保险价值的比例负赔偿责任。

第二百三十九条 【多次损失赔偿】保险标的在保险期间发生几次保险事故所造成的损失,即使损失金额的总和超过保险金额,保险人也应当赔偿。但是,对发生部分损失后未经修复又发生全部损失的,保险人按照全部损失赔偿。

第二百四十条 【另行支付费用】被保险人为防止或者减少根据保险合同可以得到赔偿的损失而支出的合理费用,为确定保险事故的性质、程度而支出的检验、估价的合理费用,以及为执行保险人的特别通知而支出的费用,应当由保险人在保险标的损失赔偿之外另行支付。

保险人对前款规定的费用的支付,以相当于保险金额的数额为限。

保险金额低于保险价值的,除合同另有约定外,保险人应当按照保险金额与保险价值的比例,支付本条规定的费用。

第二百四十一条 【按比例赔偿原则】保险金额低于共同海损分摊价值的,保险人按照保险金额同分摊价值的比例赔偿共同海损分摊。

第二百四十二条 【故意造成的损失】对于被保险人故意造成的损失,保险人不负赔偿责任。

第二百四十三条 【对货物损失不负责任的情形】除合同另有约定外,因下列原因之一造成货物损失的,保险人不负赔偿责任:

(一)航行迟延、交货迟延或者行市变化;

(二)货物的自然损耗、本身的缺陷和自然特性;

(三)包装不当。

第二百四十四条 【对船舶损失不负责任的情形】除合同另有约定外,因下列原因之一造成保险船舶损失的,保险人不负赔偿责任:

(一)船舶开航时不适航,但是在船舶定期保险中被保险人不知道的除外;

(二)船舶自然磨损或者锈蚀。

运费保险比照适用本条的规定。

第五节 保险标的的损失和委付

第二百四十五条 【实际全损】保险标的发生保险事故后灭失,或者受到严重损坏完全失去原有形体、效用,或者不能再归被保险人所拥有的,为实际全损。

第二百四十六条 【推定全损】船舶发生保险事故后,认为实际全损已经不可避免,或者为避免发生实际全损所需支付的费用超过保险价值的,为推定全损。

货物发生保险事故后,认为实际全损已经不可避免,或者为避免发生实际全损所需支付的费用与继续将货物运抵目的地的费用之和超过保险价值的,为推定全损。

第二百四十七条 【部分损失】不属于实际全损和推定全损的损失,为部分损失。

第二百四十八条 【视为实际全损】船舶在合理时间内

未从被获知最后消息的地点抵达目的地,除合同另有约定外,满两个月后仍没有获知其消息的,为船舶失踪。船舶失踪视为实际全损。

第二百四十九条 【委付】保险标的发生推定全损,被保险人要求保险人按照全部损失赔偿的,应当向保险人委付保险标的。保险人可以接受委付,也可以不接受委付,但是应当在合理的时间内将接受委付或者不接受委付的决定通知被保险人。

委付不得附带任何条件。委付一经保险人接受,不得撤回。

第二百五十条 【委付的效力】保险人接受委付的,被保险人对委付财产的全部权利和义务转移给保险人。

第六节 保险赔偿的支付

第二百五十一条 【提供证明和资料的义务】保险事故发生后,保险人向被保险人支付保险赔偿前,可以要求被保险人提供与确认保险事故性质和损失程度有关的证明和资料。

第二百五十二条 【索赔权转移】保险标的发生保险责任范围内的损失是由第三人造成的,被保险人向第三人要求赔偿的权利,自保险人支付赔偿之日起,相应转移给保险人。

被保险人应当向保险人提供必要的文件和其所需要知道的情况,并尽力协助保险人向第三人追偿。

第二百五十三条 【保险赔偿的扣减】被保险人未经保险人同意放弃向第三人要求赔偿的权利,或者由于过失致使保险人不能行使追偿权利的,保险人可以相应扣减保险赔偿。

第二百五十四条 【扣减或退还】保险人支付保险赔偿时,可以从应支付的赔偿额中相应扣减被保险人已经从第三人取得的赔偿。

保险人从第三人取得的赔偿,超过其支付的保险赔偿的,超过部分应当退还给被保险人。

第二百五十五条 【权利的放弃】发生保险事故后,保险人有权放弃对保险标的的权利,全额支付合同约定的保险赔偿,以解除对保险标的的义务。

保险人行使前款规定的权利,应当自收到被保险人有关赔偿损失的通知之日起的七日内通知被保险人;被保险人在收到通知前,为避免或者减少损失而支付的必要的合理费用,仍然应当由保险人偿还。

第二百五十六条 【对保险标的的权利】除本法第二百五十五条的规定外,保险标的发生全损,保险人支付全部保险金额的,取得对保险标的的全部权利;但是,在不足额保险的情况下,保险人按照保险金额与保险价值的比例取得对保险标的的部分权利。

第十三章 时 效

第二百五十七条 【海上货物运输赔偿时效】就海上货物运输向承运人要求赔偿的请求权,时效期间为一年,自承运人交付或者应当交付货物之日起计算;在时效期间内或者时效期间届满后,被认定为负有责任的人向第三人提起追偿请求的,时效期间为九十日,自追偿请求人解决原赔偿请求之日起或者收到受理对其本人提起诉讼的法院的起诉状副本之日起计算。

有关航次租船合同的请求权,时效期间为二年,自知道或者应当知道权利被侵害之日起计算。

第二百五十八条 【海上旅客运输赔偿时效】就海上旅客运输向承运人要求赔偿的请求权,时效期间为二年,分别依照下列规定计算:

(一)有关旅客人身伤害的请求权,自旅客离船或者应当离船之日起计算;

(二)有关旅客死亡的请求权,发生在运送期间的,自旅客应当离船之日起计算;因运送期间内的伤害而导致旅客离船后死亡的,自旅客死亡之日起计算,但是此期限自离船之日起不得超过三年;

(三)有关行李灭失或者损坏的请求权,自旅客离船或者应当离船之日起计算。

第二百五十九条 【船舶租用合同赔偿时效】有关船舶租用合同的请求权,时效期间为二年,自知道或者应当知道权利被侵害之日起计算。

第二百六十条 【拖航合同赔偿时效】有关海上拖航合同的请求权,时效期间为一年,自知道或者应当知道权利被侵害之日起计算。

第二百六十一条 【船舶碰撞赔偿时效】有关船舶碰撞的请求权,时效期间为二年,自碰撞事故发生之日起计算;本法第一百六十九条第三款规定的追偿请求权,时效期间为一年,自当事人连带支付损害赔偿之日起计算。

第二百六十二条 【海难救助赔偿时效】有关海难救助的请求权,时效期间为二年,自救助作业终止之日起计算。

第二百六十三条 【共同海损分摊时效】有关共同海损分摊的请求权,时效期间为一年,自理算结束之日起计算。

第二百六十四条 【海上保险合同赔偿时效】根据海上保险合同向保险人要求保险赔偿的请求权,时效期间为二年,自保险事故发生之日起计算。

第二百六十五条 【油污损害请求权时效】有关船舶发生油污损害的请求权,时效期间为三年,自损害发生之日起计算;但是,在任何情况下时效期间不得超过从造成损害的事故发生之日起六年。

第二百六十六条 【时效中止】在时效期间的最后六个月内,因不可抗力或者其他障碍不能行使请求权的,时效中止。自中止时效的原因消除之日起,时效期间继续计算。

第二百六十七条 【时效中断】时效因请求人提起诉讼、提交仲裁或者被请求人同意履行义务而中断。但是,请求人撤回起诉、撤回仲裁或者起诉被裁定驳回的,时效不中断。

请求人申请扣船的,时效自申请扣船之日起中断。

自中断时起,时效期间重新计算。

中华人民共和国
内河交通安全管理条例

1. 2002年6月28日国务院令第355号公布
2. 根据2011年1月8日国务院令第588号《关于废止和修改部分行政法规的决定》第一次修订
3. 根据2017年3月1日国务院令第676号《关于修改和废止部分行政法规的决定》第二次修订
4. 根据2019年3月2日国务院令第709号《关于修改部分行政法规的决定》第三次修订

第一章 总 则

第一条 为了加强内河交通安全管理,维护内河交通秩序,保障人民群众生命、财产安全,制定本条例。

第二条 在中华人民共和国内河通航水域从事航行、停泊和作业以及与内河交通安全有关的活动,必须遵守本条例。

第三条 内河交通安全管理遵循安全第一、预防为主、方便群众、依法管理的原则,保障内河交通安全、有序、畅通。

第四条 国务院交通主管部门主管全国内河交通安全管理工作。国家海事管理机构在国务院交通主管部门的领导下,负责全国内河交通安全监督管理工作。

国务院交通主管部门在中央管理水域设立的海事管理机构和省、自治区、直辖市人民政府在中央管理水域以外的其他水域设立的海事管理机构(以下统称海事管理机构)依据各自的职责权限,对所辖内河通航水域实施水上交通安全监督管理。

第五条 县级以上地方各级人民政府应当加强本行政区域内的内河交通安全管理工作,建立、健全内河交通安全管理责任制。

乡(镇)人民政府对本行政区域内的内河交通安全管理履行下列职责:

(一)建立、健全行政村和船主的船舶安全责任制;

(二)落实渡口船舶、船员、旅客定额的安全管理责任制;

(三)落实船舶水上交通安全管理的专门人员;

(四)督促船舶所有人、经营人和船员遵守有关内河交通安全的法律、法规和规章。

第二章 船舶、浮动设施和船员

第六条 船舶具备下列条件,方可航行:

(一)经海事管理机构认可的船舶检验机构依法检验并持有合格的船舶检验证书;

(二)经海事管理机构依法登记并持有船舶登记证书;

(三)配备符合国务院交通主管部门规定的船员;

(四)配备必要的航行资料。

第七条 浮动设施具备下列条件,方可从事有关活动:

(一)经海事管理机构认可的船舶检验机构依法检验并持有合格的检验证书;

(二)经海事管理机构依法登记并持有登记证书;

(三)配备符合国务院交通主管部门规定的掌握水上交通安全技能的船员。

第八条 船舶、浮动设施应当保持适于安全航行、停泊或者从事有关活动的状态。

船舶、浮动设施的配载和系固应当符合国家安全技术规范。

第九条 船员经水上交通安全专业培训,其中客船和载运危险货物船舶的船员还应当经相应的特殊培训,并经海事管理机构考试合格,取得相应的适任证书或者其他适任证件,方可担任船员职务。严禁未取得适任证书或者其他适任证件的船员上岗。

船员应当遵守职业道德,提高业务素质,严格依法履行职责。

第十条　船舶、浮动设施的所有人或者经营人,应当加强对船舶、浮动设施的安全管理,建立、健全相应的交通安全管理制度,并对船舶、浮动设施的交通安全负责;不得聘用无适任证书或者其他适任证件的人员担任船员;不得指使、强令船员违章操作。

第十一条　船舶、浮动设施的所有人或者经营人,应当根据船舶、浮动设施的技术性能、船员状况、水域和水文气象条件,合理调度船舶或者使用浮动设施。

第十二条　按照国家规定必须取得船舶污染损害责任、沉船打捞责任的保险文书或者财务保证书的船舶,其所有人或者经营人必须取得相应的保险文书或者财务担保证明,并随船携带其副本。

第十三条　禁止伪造、变造、买卖、租借、冒用船舶检验证书、船舶登记证书、船员适任证书或者其他适任证件。

第三章　航行、停泊和作业

第十四条　船舶在内河航行,应当悬挂国旗,标明船名、船籍港、载重线。

按照国家规定应当报废的船舶、浮动设施,不得航行或者作业。

第十五条　船舶在内河航行,应当保持瞭望,注意观察,并采用安全航速航行。船舶安全航速应当根据能见度、通航密度、船舶操纵性能和风、浪、水流、航路状况以及周围环境等主要因素决定。使用雷达的船舶,还应当考虑雷达设备的特性、效率和局限性。

船舶在限制航速的区域和汛期高水位期间,应当按照海事管理机构规定的航速航行。

第十六条　船舶在内河航行时,上行船舶应当沿缓流或者航路一侧航行,下行船舶应当沿主流或者航路中间航行;在潮流河段、湖泊、水库、平流区域,应当尽可能沿本船右舷一侧航路航行。

第十七条　船舶在内河航行时,应当谨慎驾驶,保障安全;对来船动态不明、声号不统一或者遇有紧迫情况时,应当减速、停车或者倒车,防止碰撞。

船舶相遇,各方应当注意避让。按照船舶航行规则应当让路的船舶,必须主动避让被让路船舶;被让路船舶应当注意让路船舶的行动,并适时采取措施,协助避让。

船舶避让时,各方避让意图经统一后,任何一方不得擅自改变避让行动。

船舶航行、避让和信号显示的具体规则,由国务院交通主管部门制定。

第十八条　船舶进出内河港口,应当向海事管理机构报告船舶的航次计划、适航状态、船员配备和载货载客等情况。

第十九条　下列船舶在内河航行,应当向引航机构申请引航:

(一)外国籍船舶;

(二)1000总吨以上的海上机动船舶,但船长驾驶同一类型的海上机动船舶在同一内河通航水域航行与上一航次间隔2个月以内的除外;

(三)通航条件受限制的船舶;

(四)国务院交通主管部门规定应当申请引航的客船、载运危险货物的船舶。

第二十条　船舶进出港口和通过交通管制区、通航密集区或者航行条件受限制的区域,应当遵守海事管理机构发布的有关通航规定。

任何船舶不得擅自进入或者穿越海事管理机构公布的禁航区。

第二十一条　从事货物或者旅客运输的船舶,必须符合船舶强度、稳性、吃水、消防和救生等安全技术要求和国务院交通主管部门规定的载货或者载客条件。

任何船舶不得超载运输货物或者旅客。

第二十二条　船舶在内河通航水域载运或者拖带超重、超长、超高、超宽、半潜的物体,必须在装船或者拖带前24小时报海事管理机构核定拟航行的航路、时间,并采取必要的安全措施,保障船舶载运或者拖带安全。船舶需要护航的,应当向海事管理机构申请护航。

第二十三条　遇有下列情形之一时,海事管理机构可以根据情况采取限时航行、单航、封航等临时性限制、疏导交通的措施,并予公告:

(一)恶劣天气;

(二)大范围水上施工作业;

(三)影响航行的水上交通事故;

(四)水上大型群众性活动或者体育比赛;

(五)对航行安全影响较大的其他情形。

第二十四条　船舶应当在码头、泊位或者依法公布的锚地、停泊区、作业区停泊;遇有紧急情况,需要在其他水域停泊的,应当向海事管理机构报告。

船舶停泊,应当按照规定显示信号,不得妨碍或者危及其他船舶航行、停泊或者作业的安全。

船舶停泊,应当留有足以保证船舶安全的船员值班。

第二十五条　在内河通航水域或者岸线上进行下列可能影响通航安全的作业或者活动的,应当在进行作业或者活动前报海事管理机构批准:
（一）勘探、采掘、爆破;
（二）构筑、设置、维修、拆除水上水下构筑物或者设施;
（三）架设桥梁、索道;
（四）铺设、检修、拆除水上水下电缆或者管道;
（五）设置系船浮筒、浮趸、缆桩等设施;
（六）航道建设,航道、码头前沿水域疏浚;
（七）举行大型群众性活动、体育比赛。

进行前款所列作业或者活动,需要进行可行性研究的,在进行可行性研究时应当征求海事管理机构的意见;依照法律、行政法规的规定,需经其他有关部门审批的,还应当依法办理有关审批手续。

第二十六条　海事管理机构审批本条例第二十五条规定的作业或者活动,应当自收到申请之日起30日内作出批准或者不批准的决定,并书面通知申请人。

遇有紧急情况,需要对航道进行修复或者对航道、码头前沿水域进行疏浚的,作业人可以边申请边施工。

第二十七条　航道内不得养殖、种植植物、水生物和设置永久性固定设施。

划定航道,涉及水产养殖区的,航道主管部门应当征求渔业行政主管部门的意见;设置水产养殖区,涉及航道的,渔业行政主管部门应当征求航道主管部门和海事管理机构的意见。

第二十八条　在内河通航水域进行下列可能影响通航安全的作业,应当在进行作业前向海事管理机构备案:
（一）气象观测、测量、地质调查;
（二）航道日常养护;
（三）大面积清除水面垃圾;
（四）可能影响内河通航水域交通安全的其他行为。

第二十九条　进行本条例第二十五条、第二十八条规定的作业或者活动时,应当在作业或者活动区域设置标志和显示信号,并按照海事管理机构的规定,采取相应的安全措施,保障通航安全。

前款作业或者活动完成后,不得遗留任何妨碍航行的物体。

第四章　危险货物监管

第三十条　从事危险货物装卸的码头、泊位,必须符合国家有关安全规范要求,并征求海事管理机构的意见,经验收合格后,方可投入使用。

禁止在内河运输法律、行政法规以及国务院交通主管部门规定禁止运输的危险货物。

第三十一条　载运危险货物的船舶,必须持有经海事管理机构认可的船舶检验机构依法检验并颁发的危险货物适装证书,并按照国家有关危险货物运输的规定和安全技术规范进行配载和运输。

第三十二条　船舶装卸、过驳危险货物或者载运危险货物进出港口,应当将危险货物的名称、特性、包装、装卸或者过驳的时间、地点以及进出港时间等事项,事先报告海事管理机构和港口管理机构,经其同意后,方可进行装卸、过驳作业或者进出港口;但是,定船、定线、定货的船舶可以定期报告。

第三十三条　载运危险货物的船舶,在航行、装卸或者停泊时,应当按照规定显示信号;其他船舶应当避让。

第三十四条　从事危险货物装卸的码头、泊位和载运危险货物的船舶,必须编制危险货物事故应急预案,并配备相应的应急救援设备和器材。

第五章　渡口管理

第三十五条　设置或者撤销渡口,应当经渡口所在地县级人民政府审批;县级人民政府审批前,应当征求当地海事管理机构的意见。

第三十六条　渡口的设置应当具备下列条件:
（一）选址应当在水流平缓、水深足够、坡岸稳定、视野开阔、适宜船舶停靠的地点,并远离危险物品生产、堆放场所;
（二）具备货物装卸、旅客上下的安全设施;
（三）配备必要的救生设备和专门管理人员。

第三十七条　渡口经营者应当在渡口设置明显的标志,维护渡运秩序,保障渡运安全。

渡口所在地县级人民政府应当建立、健全渡口安全管理责任制,指定有关部门负责对渡口和渡运安全实施监督检查。

第三十八条　渡口工作人员应当经培训、考试合格,并取得渡口所在地县级人民政府指定的部门颁发的合格证书。

渡口船舶应当持有合格的船舶检验证书和船舶登记证书。

第三十九条　渡口载客船舶应当有符合国家规定的识别标志,并在明显位置标明载客定额、安全注意事项。

渡口船舶应当按照渡口所在地的县级人民政府核定的路线渡运,并不得超载;渡运时,应当注意避让过往船舶,不得抢航或者强行横越。

遇有洪水或者大风、大雾、大雪等恶劣天气,渡口应当停止渡运。

第六章 通航保障

第四十条 内河通航水域的航道、航标和其他标志的规划、建设、设置、维护,应当符合国家规定的通航安全要求。

第四十一条 内河航道发生变迁,水深、宽度发生变化,或者航标发生位移、损坏、灭失,影响通航安全的,航道、航标主管部门必须及时采取措施,使航道、航标保持正常状态。

第四十二条 内河通航水域内可能影响航行安全的沉没物、漂流物、搁浅物,其所有人和经营人,必须按照国家有关规定设置标志,向海事管理机构报告,并在海事管理机构限定的时间内打捞清除;没有所有人或者经营人的,由海事管理机构打捞清除或者采取其他相应措施,保障通航安全。

第四十三条 在内河通航水域中拖放竹、木等物体,应当在拖放前24小时报经海事管理机构同意,按照核定的时间、路线拖放,并采取必要的安全措施,保障拖放安全。

第四十四条 任何单位和个人发现下列情况,应当迅速向海事管理机构报告:

(一)航道变迁,航道水深、宽度发生变化;
(二)妨碍通航安全的物体;
(三)航标发生位移、损坏、灭失;
(四)妨碍通航安全的其他情况。

海事管理机构接到报告后,应当根据情况发布航行通告或者航行警告,并通知航道、航标主管部门。

第四十五条 海事管理机构划定或者调整禁航区、交通管制区、港区外锚地、停泊区和安全作业区,以及对进行本条例第二十五条、第二十八条规定的作业或者活动,需要发布航行通告、航行警告的,应当及时发布。

第七章 救 助

第四十六条 船舶、浮动设施遇险,应当采取一切有效措施进行自救。

船舶、浮动设施发生碰撞等事故,任何一方应当在不危及自身安全的情况下,积极救助遇险的他方,不得逃逸。

船舶、浮动设施遇险,必须迅速将遇险的时间、地点、遇险状况、遇险原因、救助要求,向遇险地海事管理机构以及船舶、浮动设施所有人、经营人报告。

第四十七条 船员、浮动设施上的工作人员或者其他人员发现其他船舶、浮动设施遇险,或者收到求救信号后,必须尽力救助遇险人员,并将有关情况及时向遇险地海事管理机构报告。

第四十八条 海事管理机构收到船舶、浮动设施遇险求救信号或者报告后,必须立即组织力量救助遇险人员,同时向遇险地县级以上地方人民政府和上级海事管理机构报告。

遇险地县级以上地方人民政府收到海事管理机构的报告后,应当对救助工作进行领导和协调,动员各方力量积极参与救助。

第四十九条 船舶、浮动设施遇险时,有关部门和人员必须积极协助海事管理机构做好救助工作。

遇险现场和附近的船舶、人员,必须服从海事管理机构的统一调度和指挥。

第八章 事故调查处理

第五十条 船舶、浮动设施发生交通事故,其所有人或者经营人必须立即向交通事故发生地海事管理机构报告,并做好现场保护工作。

第五十一条 海事管理机构接到内河交通事故报告后,必须立即派员前往现场,进行调查和取证。

海事管理机构进行内河交通事故调查和取证,应当全面、客观、公正。

第五十二条 接受海事管理机构调查、取证的有关人员,应当如实提供有关情况和证据,不得谎报或者隐匿、毁灭证据。

第五十三条 海事管理机构应当在内河交通事故调查、取证结束后30日内,依据调查事实和证据作出调查结论,并书面告知内河交通事故当事人。

第五十四条 海事管理机构在调查处理内河交通事故过程中,应当采取有效措施,保证航路畅通,防止发生其他事故。

第五十五条 地方人民政府应当依照国家有关规定积极做好内河交通事故的善后工作。

第五十六条 特大内河交通事故的报告、调查和处理,按照国务院有关规定执行。

第九章 监督检查

第五十七条 在旅游、交通运输繁忙的湖泊、水库,在气候恶劣的季节,在法定或者传统节日、重大集会、集市、农忙、学生放学放假等交通高峰期间,县级以上地方各级人民政府应当加强对维护内河交通安全的组织、协调工作。

第五十八条 海事管理机构必须建立、健全内河交通安全监督检查制度,并组织落实。

第五十九条 海事管理机构必须依法履行职责,加强对船舶、浮动设施、船员和通航安全环境的监督检查。发现内河交通安全隐患时,应当责令有关单位和个人立即消除或者限期消除;有关单位和个人不立即消除或者逾期不消除的,海事管理机构必须采取责令其临时停航、停止作业、禁止进港、离港等强制性措施。

第六十条 对内河交通密集区域、多发事故水域以及货物装卸、乘客上下比较集中的港口,对客渡船、滚装客船、高速客轮、旅游船和载运危险货物的船舶,海事管理机构必须加强安全巡查。

第六十一条 海事管理机构依照本条例实施监督检查时,可以根据情况对违反本条例有关规定的船舶,采取责令临时停航、驶向指定地点、禁止进港、离港、强制卸载、拆除动力装置、暂扣船舶等保障通航安全的措施。

第六十二条 海事管理机构的工作人员依法在内河通航水域对船舶、浮动设施进行内河交通安全监督检查,任何单位和个人不得拒绝或者阻挠。

有关单位或者个人应当接受海事管理机构依法实施的安全监督检查,并为其提供方便。

海事管理机构的工作人员依照本条例实施监督检查时,应当出示执法证件,表明身份。

第十章 法律责任

第六十三条 违反本条例的规定,应当报废的船舶、浮动设施在内河航行或者作业的,由海事管理机构责令停航或者停止作业,并对船舶、浮动设施予以没收。

第六十四条 违反本条例的规定,船舶、浮动设施未持有合格的检验证书、登记证书或者船舶未持有必要的航行资料,擅自航行或者作业的,由海事管理机构责令停止航行或者作业;拒不停止的,暂扣船舶、浮动设施;情节严重的,予以没收。

第六十五条 违反本条例的规定,船舶未按照国务院交通主管部门的规定配备船员擅自航行,或者浮动设施未按照国务院交通主管部门的规定配备掌握水上交通安全技能的船员擅自作业的,由海事管理机构责令限期改正,对船舶、浮动设施所有人或者经营人处1万元以上10万元以下的罚款;逾期不改正的,责令停航或者停止作业。

第六十六条 违反本条例的规定,未经考试合格并取得适任证书或者其他适任证件的人员擅自从事船舶航行的,由海事管理机构责令其立即离岗,对直接责任人员处2000元以上2万元以下的罚款,并对聘用单位处1万元以上10万元以下的罚款。

第六十七条 违反本条例的规定,按照国家规定必须取得船舶污染损害责任、沉船打捞责任的保险文书或者财务保证书的船舶的所有人或者经营人,未取得船舶污染损害责任、沉船打捞责任保险文书或者财务担保证明的,由海事管理机构责令限期改正;逾期不改正的,责令停航,并处1万元以上10万元以下的罚款。

第六十八条 违反本条例的规定,船舶在内河航行时,有下列情形之一的,由海事管理机构责令改正,处5000元以上5万元以下的罚款;情节严重的,禁止船舶进出港口或者责令停航,并可以对责任船员给予暂扣适任证书或者其他适任证件3个月至6个月的处罚:

(一)未按照规定悬挂国旗,标明船名、船籍港、载重线的;

(二)未按照规定向海事管理机构报告船舶的航次计划、适航状态、船员配备和载货载客等情况的;

(三)未按照规定申请引航的;

(四)擅自进出内河港口,强行通过交通管制区、通航密集区、航行条件受限制区域或者禁航区的;

(五)载运或者拖带超重、超长、超高、超宽、半潜的物体,未申请或者未按照核定的航路、时间航行的。

第六十九条 违反本条例的规定,船舶未在码头、泊位或者依法公布的锚地、停泊区、作业区停泊的,由海事管理机构责令改正;拒不改正的,予以强行拖离,因拖离发生的费用由船舶所有人或者经营人承担。

第七十条 违反本条例的规定,在内河通航水域或者岸线上进行有关作业或者活动未经批准或者备案,或者未设置标志、显示信号的,由海事管理机构责令改正,处5000元以上5万元以下的罚款。

第七十一条 违反本条例的规定,从事危险货物作业,有下列情形之一的,由海事管理机构责令停止作业或者航行,对负有责任的主管人员或者其他直接责任人员处2万元以上10万元以下的罚款;属于船员的,并给予暂扣适任证书或者其他适任证件6个月以上直至吊销适任证书或者其他适任证件的处罚:

（一）从事危险货物运输的船舶,未编制危险货物事故应急预案或者未配备相应的应急救援设备和器材的;

（二）船舶装卸、过驳危险货物或者载运危险货物进出港口未经海事管理机构、港口管理机构同意的。

未持有危险货物适装证书擅自载运危险货物或者未按照安全技术规范进行配载和运输的,依照《危险化学品安全管理条例》的规定处罚。

第七十二条 违反本条例的规定,未经批准擅自设置或者撤销渡口的,由渡口所在地县级人民政府指定的部门责令限期改正;逾期不改正的,予以强制拆除或者恢复,因强制拆除或者恢复发生的费用分别由设置人、撤销人承担。

第七十三条 违反本条例的规定,渡口船舶未标明识别标志、载客定额、安全注意事项的,由渡口所在地县级人民政府指定的部门责令改正,处2000元以上1万元以下的罚款;逾期不改正的,责令停航。

第七十四条 违反本条例的规定,在内河通航水域的航道内养殖、种植植物、水生物或者设置永久性固定设施的,由海事管理机构责令限期改正;逾期不改正的,予以强制清除,因清除发生的费用由其所有人或者经营人承担。

第七十五条 违反本条例的规定,内河通航水域中的沉没物、漂流物、搁浅物的所有人或者经营人,未按照国家有关规定设置标志或者未在规定的时间内打捞清除的,由海事管理机构责令限期改正;逾期不改正的,海事管理机构强制设置标志或者组织打捞清除;需要立即组织打捞清除的,海事管理机构应当及时组织打捞清除。海事管理机构因设置标志或者打捞清除发生的费用,由沉没物、漂流物、搁浅物的所有人或者经营人承担。

第七十六条 违反本条例的规定,船舶、浮动设施遇险后未履行报告义务或者不积极施救的,由海事管理机构给予警告,并可以对责任船员给予暂扣适任证书或者其他适任证件3个月至6个月直至吊销适任证书或者其他适任证件的处罚。

第七十七条 违反本条例的规定,船舶、浮动设施发生内河交通事故的,除依法承担相应的法律责任外,由海事管理机构根据调查结论,对责任船员给予暂扣适任证书或者其他适任证件6个月以上直至吊销适任证书或者其他适任证件的处罚。

第七十八条 违反本条例的规定,遇险现场和附近的船舶、船员不服从海事管理机构的统一调度和指挥的,由海事管理机构给予警告,并可以对责任船员给予暂扣适任证书或者其他适任证件3个月至6个月直至吊销适任证书或者其他适任证件的处罚。

第七十九条 违反本条例的规定,伪造、变造、买卖、转借、冒用船舶检验证书、船舶登记证书、船员适任证书或者其他适任证件的,由海事管理机构没收有关的证书或者证件;有违法所得的,没收违法所得,并处违法所得2倍以上5倍以下的罚款;没有违法所得或者违法所得不足2万元的,处1万元以上5万元以下的罚款;触犯刑律的,依照刑法关于伪造、变造、买卖国家机关公文、证件罪或者其他罪的规定,依法追究刑事责任。

第八十条 违反本条例的规定,船舶、浮动设施的所有人或者经营人指使、强令船员违章操作的,由海事管理机构给予警告,处1万元以上5万元以下的罚款,并可以责令停航或者停止作业;造成重大伤亡事故或者严重后果的,依照刑法关于重大责任事故罪或者其他罪的规定,依法追究刑事责任。

第八十一条 违反本条例的规定,船舶在内河航行、停泊或者作业,不遵守航行、避让和信号显示规则的,由海事管理机构责令改正,处1000元以上1万元以下的罚款;情节严重的,对责任船员给予暂扣适任证书或者其他适任证件3个月至6个月直至吊销适任证书或者其他适任证件的处罚;造成重大内河交通事故的,依照刑法关于交通肇事罪或者其他罪的规定,依法追究刑事责任。

第八十二条 违反本条例的规定,船舶不具备安全技术条件从事货物、旅客运输,或者超载运输货物、旅客的,由海事管理机构责令改正,处2万元以上10万元以下的罚款,可以对责任船员给予暂扣适任证书或者其他适任证件6个月以上直至吊销适任证书或者其他适任证件的处罚,并对超载运输的船舶强制卸载,因卸载而发生的卸货费、存货费、旅客安置费和船舶监管费由船舶所有人或者经营人承担;发生重大伤亡事故或者造成其他严重后果的,依照刑法关于重大劳动安全事故罪或者其他罪的规定,依法追究刑事责任。

第八十三条 违反本条例的规定,船舶、浮动设施发生内河交通事故后逃逸的,由海事管理机构对责任船员给予吊销适任证书或者其他适任证件的处罚;证书或者证件吊销后,5年内不得重新从业;触犯刑律的,依照刑法关于交通肇事罪或者其他罪的规定,依法追究刑事责任。

第八十四条 违反本条例的规定,阻碍、妨碍内河交通事故调查取证,或者谎报、隐匿、毁灭证据的,由海事管理机构给予警告,并对直接责任人员处1000元以上1万元以下的罚款;属于船员的,并给予暂扣适任证书或者其他适任证件12个月以上直至吊销适任证书或者其他适任证件的处罚;以暴力、威胁方法阻碍内河交通事故调查取证的,依照刑法关于妨害公务罪的规定,依法追究刑事责任。

第八十五条 违反本条例的规定,海事管理机构不依据法定的安全条件进行审批、许可的,对负有责任的主管人员和其他直接责任人员根据不同情节,给予降级或者撤职的行政处分;造成重大内河交通事故或者致使公共财产、国家和人民利益遭受重大损失的,依照刑法关于滥用职权罪、玩忽职守罪或者其他罪的规定,依法追究刑事责任。

第八十六条 违反本条例的规定,海事管理机构对审批、许可的安全事项不实施监督检查的,对负有责任的主管人员和其他直接责任人员根据不同情节,给予记大过、降级或者撤职的行政处分;造成重大内河交通事故或者致使公共财产、国家和人民利益遭受重大损失的,依照刑法关于滥用职权罪、玩忽职守罪或者其他罪的规定,依法追究刑事责任。

第八十七条 违反本条例的规定,海事管理机构发现船舶、浮动设施不再具备安全航行、停泊、作业条件而不及时撤销批准或者许可并予以处理的,对负有责任的主管人员和其他直接责任人员根据不同情节,给予记大过、降级或者撤职的行政处分;造成重大内河交通事故或者致使公共财产、国家和人民利益遭受重大损失的,依照刑法关于滥用职权罪、玩忽职守罪或者其他罪的规定,依法追究刑事责任。

第八十八条 违反本条例的规定,海事管理机构对未经审批、许可擅自从事旅客、危险货物运输的船舶不实施监督检查,或者发现内河交通安全隐患不及时依法处理,或者对违法行为不依法予以处罚的,对负有责任的主管人员和其他直接责任人员根据不同情节,给予降级或者撤职的行政处分;造成重大内河交通事故或者致使公共财产、国家和人民利益遭受重大损失的,依照刑法关于滥用职权罪、玩忽职守罪或者其他罪的规定,依法追究刑事责任。

第八十九条 违反本条例的规定,渡口所在地县级人民政府指定的部门,有下列情形之一的,根据不同情节,对负有责任的主管人员和其他直接责任人员,给予降级或者撤职的行政处分;造成重大内河交通事故或者致使公共财产、国家和人民利益遭受重大损失的,依照刑法关于滥用职权罪、玩忽职守罪或者其他罪的规定,依法追究刑事责任:

(一)对县级人民政府批准的渡口不依法实施监督检查的;

(二)对未经县级人民政府批准擅自设立的渡口不予以查处的;

(三)对渡船超载、人与大牲畜混载、人与爆炸品、压缩气体和液化气体、易燃液体、易燃固体、自燃物品和遇湿易燃物品、氧化剂和有机过氧化物、有毒品和腐蚀品等危险品混载以及其他危及安全的行为不及时纠正并依法处理的。

第九十条 违反本条例的规定,触犯《中华人民共和国治安管理处罚法》,构成违反治安管理行为的,由公安机关给予治安管理处罚。

第十一章 附 则

第九十一条 本条例下列用语的含义:

(一)内河通航水域,是指由海事管理机构认定的可供船舶航行的江、河、湖泊、水库、运河等水域。

(二)船舶,是指各类排水或者非排水的船、艇、筏、水上飞行器、潜水器、移动式平台以及其他水上移动装置。

(三)浮动设施,是指采用缆绳或者锚链等非刚性固定方式系固并漂浮或者潜于水中的建筑、装置。

(四)交通事故,是指船舶、浮动设施在内河通航水域发生的碰撞、触碰、触礁、浪损、搁浅、火灾、爆炸、沉没等引起人身伤亡和财产损失的事件。

第九十二条 军事船舶在内河通航水域航行,应当遵守内河航行、避让和信号显示规则。军事船舶的检验、登记和船员的考试、发证等管理办法,按照国家有关规定执行。

第九十三条 渔船的登记以及进出渔港报告,渔船船员的考试、发证,渔船之间交通事故的调查处理,以及渔港水域内渔船的交通安全管理办法,由国务院渔业行政主管部门依据本条例另行规定。

渔业船舶的检验及相关监督管理,由国务院交通运输主管部门按照相关渔业船舶检验的行政法规执行。

第九十四条 城市园林水域水上交通安全管理的具体办法,由省、自治区、直辖市人民政府制定;但是,有关船舶检验、登记和船员管理,依照国家有关规定执行。

第九十五条 本条例自 2002 年 8 月 1 日起施行。1986 年 12 月 16 日国务院发布的《中华人民共和国内河交通安全管理条例》同时废止。

中华人民共和国
海上交通事故调查处理条例

1. 1990 年 1 月 11 日国务院批准
2. 1990 年 3 月 3 日交通部令第 14 号公布施行

第一章 总 则

第一条 为了加强海上交通安全管理,及时调查处理海上交通事故,根据《中华人民共和国海上交通安全法》的有关规定,制定本条例。

第二条 中华人民共和国港务监督机构是本条例的实施机关。

第三条 本条例适用于船舶、设施在中华人民共和国沿海水域内发生的海上交通事故。

以渔业为主的渔港水域内发生的海上交通事故和沿海水域内渔业船舶之间、军用船舶之间发生的海上交通事故的调查处理,国家法律、行政法规另有专门规定的,从其规定。

第四条 本条例所称海上交通事故是指船舶、设施发生的下列事故:

(一)碰撞、触碰或浪损;
(二)触礁或搁浅;
(三)火灾或爆炸;
(四)沉没;
(五)在航行中发生影响适航性能的机件或重要属具的损坏或灭失;
(六)其他引起财产损失和人身伤亡的海上交通事故。

第二章 报 告

第五条 船舶、设施发生海上交通事故,必须立即用甚高频电话、无线电报或其他有效手段向就近港口的港务监督报告。报告的内容应当包括:船舶或设施的名称、呼号、国籍、起迄港,船舶或设施的所有人或经营人名称,事故发生的时间、地点、海况以及船舶、设施的损害程度、救助要求等。

第六条 船舶、设施发生海上交通事故,除应按第五条规定立即提出扼要报告外,还必须按下列规定向港务监督提交《海上交通事故报告书》和必要的文书资料;

(一)船舶、设施在港区水域内发生海上交通事故,必须在事故发生后二十四小时内向当地港务监督提交。

(二)船舶、设施在港区水域以外的沿海水域发生海上交通事故,船舶必须在到达中华人民共和国的第一个港口后四十八小时内向港务监督提交;设施必须在事故发生后四十八小时内用电报向就近港口的港务监督报告《海上交通事故报告书》要求的内容。

(三)引航员在引领船舶的过程中发生海上交通事故,应当在返港后二十四小时内向当地港务监督提交《海上交通事故报告书》。

前款(一)、(二)项因特殊情况不能按规定时间提交《海上交通事故报告书》的,在征得港务监督同意后可予以适当延迟。

第七条 《海上交通事故报告书》应当如实写明下列情况:

(一)船舶、设施概况和主要性能数据;
(二)船舶、设施所有人或经营人的名称、地址;
(三)事故发生的时间和地点;
(四)事故发生时的气象和海况;
(五)事故发生的详细经过(碰撞事故应附相对运动示意图);
(六)损害情况(附船舶、设施受损部位简图。难以在规定时间内查清的,应于检验后补报);
(七)船舶、设施沉没的,其沉没概位;
(八)与事故有关的其他情况。

第八条 海上交通事故报告必须真实,不得隐瞒或捏造。

第九条 因海上交通事故致使船舶、设施发生损害,船长、设施负责人应申请中国当地或船舶第一到达港地的检验部门进行检验或鉴定,并应将检验报告副本送交港务监督备案。

前款检验、鉴定事项,港务监督可委托有关单位或部门进行,其费用由船舶、设施所有人或经营人承担。

船舶、设施发生火灾、爆炸等事故,船长、设施负责人必须申请公安消防监督机关鉴定,并将鉴定书副本送交港务监督备案。

第三章 调 查

第十条 在港区水域内发生的海上交通事故,由港区地的港务监督进行调查。

在港区水域外发生的海上交通事故,由就近港口的港务监督或船舶到达的中华人民共和国的第一个港口的港务监督进行调查。必要时,由中华人民共和国港务监督局指定的港务监督进行调查。

港务监督认为必要时,可以通知有关机关和社会组织参加事故调查。

第十一条 港务监督在接到事故报告后,应及时进行调查。调查应客观、全面,不受事故当事人提供材料的限制。根据调查工作的需要,港务监督有权:

(一)询问有关人员;

(二)要求被调查人员提供书面材料和证明;

(三)要求有关当事人提供航海日志、轮机日志、车钟记录、报务日志、航向记录、海图、船舶资料、航行设备仪器的性能以及其他必要的原始文书资料;

(四)检查船舶、设施及有关设备的证书、人员证书和核实事故发生前船舶的适航状态、设施的技术状态;

(五)检查船舶、设施及其货物的损害情况和人员伤亡情况;

(六)勘查事故现场,搜集有关物证。

港务监督在调查中,可以使用录音、照相、录像等设备,并可采取法律允许的其他调查手段。

第十二条 被调查人必须接受调查,如实陈述事故的有关情节,并提供真实的文书资料。

港务监督人员在执行调查任务时,应当向被调查人员出示证件。

第十三条 港务监督因调查海上交通事故的需要,可以令当事船舶驶抵指定地点接受调查。当事船舶在不危及自身安全的情况下,未经港务监督同意,不得离开指定地点。

第十四条 港务监督的海上交通事故调查材料,公安机关、国家安全机关、监察机关、检察机关、审判机关和海事仲裁委员会及法律规定的其他机关和人员因办案需要可以查阅、摘录或复制,审判机关确因开庭需要可以借用。

第四章 处 理

第十五条 港务监督应当根据对海上交通事故的调查,作出《海上交通事故调查报告书》,查明事故发生的原因,判明当事人的责任;构成重大事故的,通报当地检察机关。

第十六条 《海上交通事故调查报告书》应包括以下内容:

(一)船舶、设施的概况和主要数据;

(二)船舶、设施所有人或经营人的名称和地址;

(三)事故发生的时间、地点、过程、气象海况、损害情况等;

(四)事故发生的原因及依据;

(五)当事人各方的责任及依据;

(六)其他有关情况。

第十七条 对海上交通事故的发生负有责任的人员,港务监督可以根据其责任的性质和程度依法给予下列处罚:

(一)对中国籍船员、引航员或设施上的工作人员,可以给予警告、罚款或扣留、吊销职务证书;

(二)对外国籍船员或设施上的工作人员,可以给予警告、罚款或将其过失通报其所属国家的主管机关。

第十八条 对海上交通事故的发生负有责任的人员及船舶、设施的所有人或经营人,需要追究其行政责任的,由港务监督提交其主管机关或行政监察机关处理;构成犯罪的,由司法机关依法追究刑事责任。

第十九条 根据海上交通事故发生的原因,港务监督可责令有关船舶、设施的所有人、经营人限期加强对所属船舶、设施的安全管理。对拒不加强安全管理或在限期内达不到安全要求的,港务监督有权责令其停航、改航、停止作业,并可采取其他必要的强制性处置措施。

第五章 调 解

第二十条 对船舶、设施发生海上交通事故引起的民事侵权赔偿纠纷,当事人可以申请港务监督调解。

调解必须遵循自愿、公平的原则,不得强迫。

第二十一条 前条民事纠纷,凡已向海事法院起诉或申请海事仲裁机构仲裁的,当事人不得再申请港务监督调解。

第二十二条 调解由当事人各方在事故发生之日起三十日内向负责事故调查的港务监督提交书面申请。港务监督要求提供担保的,当事人应附经济赔偿担保证明文件。

第二十三条　经调解达成协议的,港务监督应制作调解书。调解书应写明当事人的姓名或名称、住所、法定代表人或代理人的姓名及职务、纠纷的主要事实、当事人的责任、协议的内容、调解费的承担、调解协议履行的期限。调解书由当事人各方共同签字,并经港务监督盖印确认。调解书应交当事方各持一份,港务监督留存一份。

第二十四条　调解达成协议的,当事人各方应当自动履行。达成协议后当事人反悔的或逾期不履行协议的,视为调解不成。

第二十五条　凡向港务监督申请调解的民事纠纷,当事人中途不愿调解的,应当向港务监督递交撤销调解的书面申请,并通知对方当事人。

第二十六条　港务监督自收到调解申请书之日起三个月内未能使当事人各方达成调解协议的,可以宣布调解不成。

第二十七条　不愿意调解或调解不成的,当事人可以向海事法院起诉或申请海事仲裁机构仲裁。

第二十八条　凡申请港务监督调解的,应向港务监督缴纳调解费。调解的收费标准,由交通部会同国家物价局、财政部制定。

经调解达成协议的,调解费用按当事人过失比例或约定的数额分摊;调解不成的,由当事人各方平均分摊。

第六章　罚　　则

第二十九条　违反本条例规定,有下列行为之一的,港务监督可视情节对有关当事人(自然人)处以警告或者二百元以下罚款;对船舶所有人、经营人处以警告或者五千元以下罚款:

（一）未按规定的时间向港务监督报告事故或提交《海上交通事故报告书》或本条例第三十二条要求的判决书、裁决书、调解书的副本的;

（二）未按港务监督要求驶往指定地点,或在未出现危及船舶安全的情况下未经港务监督同意擅自驶离指定地点的;

（三）事故报告或《海上交通事故报告书》的内容不符合规定要求或不真实,影响调查工作进行或给有关部门造成损失的;

（四）违反第九条规定,影响事故调查的;

（五）拒绝接受调查或无理阻挠、干扰港务监督进行调查的;

（六）在受调查时故意隐瞒事实或提供虚假证明的。

前款第（五）、（六）项行为构成犯罪的,由司法机关依法追究刑事责任。

第三十条　对违反本条例规定,玩忽职守、滥用职权、营私舞弊、索贿受贿的港务监督人员,由行政监察机关或其所在单位给予行政处分;构成犯罪的,由司法机关依法追究刑事责任。

第三十一条　当事人对港务监督依据本条例给予的处罚不服的,可以依法向人民法院提起行政诉讼。

第七章　特别规定

第三十二条　中国籍船舶在中华人民共和国沿海水域以外发生的海上交通事故,其所有人或经营人应当向船籍港的港务监督报告,并于事故发生之日起六十日内提交《海上交通事故报告书》。如果事故在国外诉讼、仲裁或调解,船舶所有人或经营人应在诉讼、仲裁或调解结束后六十日内将判决书、裁决书或调解书的副本或影印件报船籍港的港务监督备案。

第三十三条　派往外国籍船舶任职的持有中华人民共和国船员职务证书的中国籍船员对海上交通事故的发生负有责任的,其派出单位应当在事故发生之日起六十日内向签发该职务证书的港务监督提交《海上交通事故报告书》。

本条第一款和第三十二条的海上交通事故的调查处理,按本条例的有关规定办理。

第八章　附　　则

第三十四条　对违反海上交通安全管理法规进行违章操作,虽未造成直接的交通事故,但构成重大潜在事故隐患的,港务监督可以依据本条例进行调查和处罚。

第三十五条　因海上交通事故产生的海洋环境污染,按照我国海洋环境保护的有关法律、法规处理。

第三十六条　本条例由交通部负责解释。

第三十七条　本条例自发布之日起施行。

中华人民共和国港口间海上旅客运输赔偿责任限额规定

1. 1993年12月17日交通部令第6号公布
2. 自1994年1月1日起施行

第一条　根据《中华人民共和国海商法》第一百一十七

条、第二百一十一条的规定,制定本规定。

第二条　本规定适用于中华人民共和国港口之间海上旅客运输。

第三条　承运人在每次海上旅客运输中的赔偿责任限额,按照下列规定执行:

(一)旅客人身伤亡的,每名旅客不超过 4 万元人民币;

(二)旅客自带行李灭失或者损坏的,每名旅客不超过 800 元人民币;

(三)旅客车辆包括该车辆所载行李灭失或者损坏的,每一车辆不超过 3200 元人民币;

(四)本款第(二)项、第(三)项以外的旅客其他行李灭失或者损坏的,每千克不超过 20 元人民币。

承运人和旅客可以书面约定高于本条第一款规定的赔偿责任限额。

第四条　海上旅客运输的旅客人身伤亡赔偿责任限制,按照 4 万元人民币乘以船舶证书规定的载客定额计算赔偿限额,但是最高不超过 2100 万元人民币。

第五条　向外籍旅客、华侨和港、澳、台胞旅客给付的赔偿金,可以兑换成该外国或者地区的货币。其汇率按照赔偿金给付之日中华人民共和国外汇管理部门公布的外汇牌价确定。

第六条　本规定由中华人民共和国交通部负责解释。

第七条　本规定自 1994 年 1 月 1 日起施行。

最高人民法院关于审理船舶碰撞和触碰案件财产损害赔偿的规定

1. 1995 年 8 月 18 日公布(法发〔1995〕17 号)
2. 根据 2020 年 12 月 23 日最高人民法院审判委员会第 1823 次会议通过、2020 年 12 月 29 日公布、自 2021 年 1 月 1 日起施行的《最高人民法院关于修改〈最高人民法院关于破产企业国有划拨土地使用权应否列入破产财产等问题的批复〉等二十九件商事类司法解释的决定》(法释〔2020〕18 号)修正

根据《中华人民共和国民法典》和《中华人民共和国海商法》的有关规定,结合我国海事审判实践并参照国际惯例,对审理船舶碰撞和触碰案件的财产损害赔偿规定如下:

一、请求人可以请求赔偿对船舶碰撞或者触碰所造成的财产损失,船舶碰撞或者触碰后相继发生的有关费用和损失,为避免或者减少损害而产生的合理费用和损失,以及预期可得利益的损失。

因请求人的过错造成的损失或者使损失扩大的部分,不予赔偿。

二、赔偿应当尽量达到恢复原状,不能恢复原状的折价赔偿。

三、船舶损害赔偿分为全损赔偿和部分损害赔偿。

(一)船舶全损的赔偿包括:

船舶价值损失;

未包括在船舶价值内的船舶上的燃料、物料、备件、供应品,渔船上的捕捞设备、网具、渔具等损失;

船员工资、遣返费及其他合理费用。

(二)船舶部分损害的赔偿包括:合理的船舶临时修理费、永久修理费及辅助费用、维持费用,但应满足下列条件:

船舶应就近修理,除非请求人能证明在其他地方修理更能减少损失和节省费用,或者有其他合理的理由。如果船舶经临时修理可继续营运,请求人有责任进行临时修理;

船舶碰撞部位的修理,同请求人为保证船舶适航,或者因另外事故所进行的修理,或者与船舶例行的检修一起进行时,赔偿仅限于修理本次船舶碰撞的受损部位所需的费用和损失。

(三)船舶损害赔偿还包括:

合理的救助费,沉船的勘查、打捞和清除费用,设置沉船标志费用;

拖航费用,本航次的租金或者运费损失,共同海损分摊;

合理的船期损失;

其他合理的费用。

四、船上财产的损害赔偿包括:

船上财产的灭失或者部分损坏引起的贬值损失;

合理的修复或者处理费用;

合理的财产救助、打捞和清除费用,共同海损分摊;

其他合理费用。

五、船舶触碰造成设施损害的赔偿包括:

设施的全损或者部分损坏修复费用;

设施修复前不能正常使用所产生的合理的收益损失。

六、船舶碰撞或者触碰造成第三人财产损失的,应予

赔偿。

七、除赔偿本金外,利息损失也应赔偿。

八、船舶价值损失的计算,以船舶碰撞发生地当时类似船舶的市价确定;碰撞发生地无类似船舶市价的,以船舶船籍港类似船舶的市价确定,或者以其他地区类似船舶市价的平均价确定;没有市价的,以原船舶的造价或者购置价,扣除折旧(折旧率按年4-10%)计算;折旧后没有价值的按残值计算。

船舶被打捞后尚有残值的,船舶价值应扣除残值。

九、船上财产损失的计算:

(一)货物灭失的,按照货物的实际价值,即以货物装船时的价值加运费加请求人已支付的货物保险费计算,扣除可节省的费用;

(二)货物损坏的,以修复所需的费用,或者以货物的实际价值扣除残值和可节省的费用计算;

(三)由于船舶碰撞在约定的时间内迟延交付所产生的损失,按迟延交付货物的实际价值加预期可得利润与到岸时的市价的差价计算,但预期可得利润不得超过货物实际价值的10%;

(四)船上捕捞的鱼货,以实际的鱼货价值计算。鱼货价值参照海事发生时当地市价,扣除可节省的费用;

(五)船上渔具、网具的种类和数量,以本次出海捕捞作业所需量扣减现存量计算,但所需量超过渔政部门规定或者许可的种类和数量的,不予认定;渔具、网具的价值,按原购置价或者原造价扣除折旧费用和残值计算;

(六)旅客行李、物品(包括自带行李)的损失,属本船旅客的损失,依照海商法的规定处理;属他船旅客的损失,可参照旅客运输合同中有关旅客行李灭失或者损坏的赔偿规定处理;

(七)船员个人生活必需品的损失,按实际损失适当予以赔偿;

(八)承运人与旅客书面约定由承运人保管的货币、金银、珠宝、有价证券或者其他贵重物品的损失,依海商法的规定处理;船员、旅客、其他人员个人携带的货币、金银、珠宝、有价证券或者其他贵重物品的损失,不予认定;

(九)船上其他财产的损失,按其实际价值计算。

十、船期损失的计算:

期限:船舶全损的,以找到替代船所需的合理期间为限,但最长不得超过两个月;船舶部分损害的修船期限,以实际修复所需的合理期间为限,其中包括联系、住坞、验船等所需的合理时间;渔业船舶,按上述期限扣除休渔期为限,或者以一个渔汛期为限。

船期损失,一般以船舶碰撞前后各两个航次的平均净盈利计算;无前后各两个航次可参照的,以其他相应航次的平均净盈利计算。

渔业渔汛损失,以该渔船前3年的同期渔汛平均净收益计算,或者以本年内同期同类渔船的平均净收益计算。计算渔汛损失时,应当考虑到碰撞渔船在对船捕渔作业或者围网灯光捕渔作业中的作用等因素。

十一、租金或者运费损失的计算:

碰撞导致期租合同承租人停租或者不付租金的,以停租或者不付租金额,扣除可节省的费用计算。

因货物灭失或者损坏导致到付运费损失的,以尚未收取的运费金额扣除可节省的费用计算。

十二、设施损害赔偿的计算:

期限:以实际停止使用期间扣除常规检修的期间为限;

设施部分损坏或者全损,分别以合理的修复费用或者重新建造的费用,扣除已使用年限的折旧费计算;

设施使用的收益损失,以实际减少的净收益,即按停止使用前3个月的平均净盈利计算;部分使用并有收益的,应当扣减。

十三、利息损失的计算:

船舶价值的损失利息,从船期损失停止计算之日起至判决或者调解指定的应付之日止;

其他各项损失的利息,从损失发生之日或者费用产生之日起计算至判决或调解指定的应付之日止;

利息按本金性质的同期利率计算。

十四、计算损害赔偿的货币,当事人有约定的,依约定;没有约定的,按以下相关的货币计算:

按船舶营运或者生产经营所使用的货币计算;

船载进、出口货物的价值,按买卖合同或者提单、运单记明的货币计算;

以特别提款权计算损失的,按法院判决或者调解之日的兑换率换算成相应的货币。

十五、本规定不包括对船舶碰撞或者触碰责任的确定,不影响船舶所有人或者承运人依法享受免责和责任限制的权利。

十六、本规定中下列用语的含义:

"船舶"是指所有用作或者能够用作水上运输工具的各类水上船筏,包括非排水船舶和水上飞机。但是用于军事的和政府公务的船舶除外。

"设施"是指人为设置的固定或者可移动的构造物,包括固定平台、浮鼓、码头、堤坝、桥梁、敷设或者架设的电缆、管道等。

"船舶碰撞"是指在海上或者与海相通的可航水域,两艘或者两艘以上的船舶之间发生接触或者没有直接接触,造成财产损害的事故。

"船舶触碰"是指船舶与设施或者障碍物发生接触并造成财产损害的事故。

"船舶全损"是指船舶实际全部损失,或者损坏已达到相当严重的程度,以至于救助、打捞、修理费等费用之和达到或者超过碰撞或者触碰发生前的船舶价值。

"辅助费用"是指为进行修理而产生的合理费用,包括必要的进坞费、清航除气费、排放油污水处理费、港口使费、引航费、检验费以及修船期间所产生的住坞费、码头费等费用,但不限于上述费用。

"维持费用"是指船舶修理期间,船舶和船员日常消耗的费用,包括燃料、物料、淡水及供应品的消耗和船员工资等。

十七、本规定自发布之日起施行。

最高人民法院关于审理船舶碰撞纠纷案件若干问题的规定

1. 2008年4月28日最高人民法院审判委员会第1446次会议通过、2008年5月19日公布、自2008年5月23日起施行(法释〔2008〕7号)
2. 根据2020年12月23日最高人民法院审判委员会第1823次会议通过、2020年12月29日公布、自2021年1月1日起施行的《最高人民法院关于修改〈最高人民法院关于破产企业国有划拨土地使用权应否列入破产财产等问题的批复〉等二十九件商事类司法解释的决定》(法释〔2020〕18号)修正

为正确审理船舶碰撞纠纷案件,依照《中华人民共和国民法典》《中华人民共和国民事诉讼法》《中华人民共和国海商法》《中华人民共和国海事诉讼特别程序法》等法律,制定本规定。

第一条 本规定所称船舶碰撞,是指海商法第一百六十五条所指的船舶碰撞,不包括内河船舶之间的碰撞。

海商法第一百七十条所指的损害事故,适用本规定。

第二条 审理船舶碰撞纠纷案件,依照海商法第八章的规定确定碰撞船舶的赔偿责任。

第三条 因船舶碰撞导致船舶触碰引起的侵权纠纷,依照海商法第八章的规定确定碰撞船舶的赔偿责任。

非因船舶碰撞导致船舶触碰引起的侵权纠纷,依照民法通则的规定①确定触碰船舶的赔偿责任,但不影响海商法第八章之外其他规定的适用。

第四条 船舶碰撞产生的赔偿责任由船舶所有人承担,碰撞船舶在光船租赁期间并经依法登记的,由光船租用人承担。

第五条 因船舶碰撞发生的船上人员的人身伤亡属于海商法第一百六十九条第三款规定的第三人的人身伤亡。

第六条 碰撞船舶互有过失造成船载货物损失,船载货物的权利人对承运货物的本船提起违约赔偿之诉,或者对碰撞船舶一方或者双方提起侵权赔偿之诉的,人民法院应当依法予以受理。

第七条 船载货物的权利人因船舶碰撞造成其货物损失向承运货物的本船提起诉讼的,承运船舶可以依照海商法第一百六十九条第二款的规定主张按照过失程度的比例承担赔偿责任。

前款规定不影响承运人和实际承运人援用海商法第四章关于承运人抗辩理由和限制赔偿责任的规定。

第八条 碰撞船舶船载货物权利人或者第三人向碰撞船舶一方或者双方就货物或其他财产损失提出赔偿请求的,由碰撞船舶方提供证据证明过失程度的比例。无正当理由拒不提供证据的,由碰撞船舶一方承担全部赔偿责任或者由双方承担连带赔偿责任。

前款规定的证据指具有法律效力的判决书、裁定书、调解书和仲裁裁决书。对于碰撞船舶提交的国外的判决书、裁定书、调解书和仲裁裁决书,依照民事诉讼法第二百八十二条和第二百八十三条规定的程序审查。

第九条 因起浮、清除、拆毁由船舶碰撞造成的沉没、遇难、搁浅或被弃船舶及船上货物或者使其无害的费用

---

① 可参照《中华人民共和国民法典》侵权责任编的相关法条。——编者注

提出的赔偿请求,责任人不能依照海商法第十一章的规定享受海事赔偿责任限制。

第十条 审理船舶碰撞纠纷案件时,人民法院根据当事人的申请进行证据保全取得的或者向有关部门调查收集的证据,应当在当事人完成举证并出具完成举证说明书后出示。

第十一条 船舶碰撞事故发生后,主管机关依法进行调查取得并经过事故当事人和有关人员确认的碰撞事实调查材料,可以作为人民法院认定案件事实的证据,但有相反证据足以推翻的除外。

最高人民法院关于审理海事赔偿责任限制相关纠纷案件的若干规定

1. 2010年3月22日最高人民法院审判委员会第1484次会议通过、2010年8月27日公布、自2010年9月15日起施行(法释〔2010〕11号)
2. 根据2020年12月23日最高人民法院审判委员会第1823次会议通过、2020年12月29日公布、自2021年1月1日起施行的《最高人民法院关于修改〈最高人民法院关于破产企业国有划拨土地使用权应否列入破产财产等问题的批复〉等二十九件商事类司法解释的决定》(法释〔2020〕18号)修正

　　为正确审理海事赔偿责任限制相关纠纷案件,依照《中华人民共和国海事诉讼特别程序法》《中华人民共和国海商法》的规定,结合审判实际,制定本规定。

第一条 审理海事赔偿责任限制相关纠纷案件,适用海事诉讼特别程序法、海商法的规定;海事诉讼特别程序法、海商法没有规定的,适用其他相关法律、行政法规的规定。

第二条 同一海事事故中,不同的责任人在起诉前依据海事诉讼特别程序法第一百零二条的规定向不同的海事法院申请设立海事赔偿责任限制基金的,后立案的海事法院应当依照民事诉讼法的规定,将案件移送先立案的海事法院管辖。

第三条 责任人在诉讼中申请设立海事赔偿责任限制基金的,应当向受理相关海事纠纷案件的海事法院提出。

　　相关海事纠纷由不同海事法院受理,责任人申请设立海事赔偿责任限制基金的,应当依据诉讼管辖协议向最先立案的海事法院提出;当事人之间未订立诉讼管辖协议的,向最先立案的海事法院提出。

第四条 海事赔偿责任限制基金设立后,设立基金的海事法院对海事请求人就与海事事故相关纠纷向责任人提起的诉讼具有管辖权。

　　海事请求人向其他海事法院提起诉讼的,受理案件的海事法院应当依照民事诉讼法的规定,将案件移送设立海事赔偿责任限制基金的海事法院,但当事人之间订有诉讼管辖协议的除外。

第五条 海事诉讼特别程序法第一百零六条第二款规定的海事法院在十五日内作出裁定的期间,自海事法院受理设立海事赔偿责任限制基金申请的最后一次公告发布之次日起第三十日开始计算。

第六条 海事诉讼特别程序法第一百一十二条规定的申请债权登记期间的届满之日,为海事法院受理设立海事赔偿责任限制基金申请的最后一次公告发布之次日起第六十日。

第七条 债权人申请登记债权,符合有关规定的,海事法院应当在海事赔偿责任限制基金设立后,依照海事诉讼特别程序法第一百一十四条的规定作出裁定;海事赔偿责任限制基金未依法设立的,海事法院应当裁定终结债权登记程序。债权人已经交纳的申请费由申请设立海事赔偿责任限制基金的人负担。

第八条 海事赔偿责任限制基金设立后,海事请求人基于责任人依法不能援引海事赔偿责任限制抗辩的海事赔偿请求,可以对责任人的财产申请保全。

第九条 海事赔偿责任限制基金设立后,海事请求人就同一海事事故产生的属于海商法第二百零七条规定的可以限制赔偿责任的海事赔偿请求,以行使船舶优先权为由申请扣押船舶的,人民法院不予支持。

第十条 债权人提起确权诉讼时,依据海商法第二百零九条的规定主张责任人无权限制赔偿责任的,应当以书面形式提出。案件的审理不适用海事诉讼特别程序法规定的确权诉讼程序,当事人对海事法院作出的判决、裁定可以依法提起上诉。

　　两个以上债权人主张责任人无权限制赔偿责任的,海事法院可以将相关案件合并审理。

第十一条 债权人依据海事诉讼特别程序法第一百一十六条第一款的规定提起确权诉讼后,需要判定碰撞船舶过失程度比例的,案件的审理不适用海事诉讼特别程序法规定的确权诉讼程序,当事人对海事法院作出的判决、裁定可以依法提起上诉。

第十二条 海商法第二百零四条规定的船舶经营人是指

登记的船舶经营人,或者接受船舶所有人委托实际使用和控制船舶并应当承担船舶责任的人,但不包括无船承运业务经营者。

第十三条 责任人未申请设立海事赔偿责任限制基金,不影响其在诉讼中对海商法第二百零七条规定的海事请求提出海事赔偿责任限制抗辩。

第十四条 责任人未提出海事赔偿责任限制抗辩的,海事法院不应主动适用海商法关于海事赔偿责任限制的规定进行裁判。

第十五条 责任人在一审判决作出前未提出海事赔偿责任限制抗辩,在二审、再审期间提出的,人民法院不予支持。

第十六条 责任人对海商法第二百零七条规定的海事赔偿请求未提出海事赔偿责任限制抗辩,债权人依据有关生效裁判文书或者仲裁裁决书,申请执行责任人海事赔偿责任限制基金以外的财产的,人民法院应予支持,但债权人以上述文书作为债权证据申请登记债权并经海事法院裁定准予的除外。

第十七条 海商法第二百零七条规定的可以限制赔偿责任的海事赔偿请求不包括因沉没、遇难、搁浅或者被弃船舶的起浮、清除、拆毁或者使之无害提起的索赔,或者因船上货物的清除、拆毁或者使之无害提起的索赔。

由于船舶碰撞致使责任人遭受前款规定的索赔,责任人就因此产生的损失向对方船舶追偿时,被请求人主张依据海商法第二百零七条的规定限制赔偿责任的,人民法院应予支持。

第十八条 海商法第二百零九条规定的"责任人"是指海事事故的责任人本人。

第十九条 海事请求人以发生海事事故的船舶不适航为由主张责任人无权限制赔偿责任,但不能证明引起赔偿请求的损失是由于责任人本人的故意或者明知可能造成损失而轻率地作为或者不作为造成的,人民法院不予支持。

第二十条 海事赔偿责任限制基金应当以人民币设立,其数额按法院准予设立基金的裁定生效之日的特别提款权对人民币的换算办法计算。

第二十一条 海商法第二百一十三条规定的利息,自海事事故发生之日起至基金设立之日止,按同期全国银行间同业拆借中心公布的贷款市场报价利率计算。

以担保方式设立海事赔偿责任限制基金的,基金设立期间的利息按同期全国银行间同业拆借中心公布的贷款市场报价利率计算。

第二十二条 本规定施行前已经终审的案件,人民法院进行再审时,不适用本规定。

第二十三条 本规定施行前本院发布的司法解释与本规定不一致的,以本规定为准。

(4)航空事故

中华人民共和国民用航空法(节录)

1. 1995年10月30日第八届全国人民代表大会常务委员会第十六次会议通过
2. 根据2009年8月27日第十一届全国人民代表大会常务委员会第十次会议《关于修改部分法律的决定》第一次修正
3. 根据2015年4月24日第十二届全国人民代表大会常务委员会第十四次会议《关于修改〈中华人民共和国计量法〉等五部法律的决定》第二次修正
4. 根据2016年11月7日第十二届全国人民代表大会常务委员会第二十四次会议《关于修改〈中华人民共和国对外贸易法〉等十二部法律的决定》第三次修正
5. 根据2017年11月4日第十二届全国人民代表大会常务委员会第三十次会议《关于修改〈中华人民共和国会计法〉等十一部法律的决定》第四次修正
6. 根据2018年12月29日第十三届全国人民代表大会常务委员会第七次会议《关于修改〈中华人民共和国劳动法〉等七部法律的决定》第五次修正
7. 根据2021年4月29日第十三届全国人民代表大会常务委员会第二十八次会议《关于修改〈中华人民共和国道路交通安全法〉等八部法律的决定》第六次修正

第九章 公共航空运输
第一节 一般规定

第一百零六条 【适用范围】本章适用于公共航空运输企业使用民用航空器经营的旅客、行李或者货物的运输,包括公共航空运输企业使用民用航空器办理的免费运输。

本章不适用于使用民用航空器办理的邮件运输。

对多式联运方式的运输,本章规定适用于其中的航空运输部分。

第一百零七条 【国内、国际航空运输】本法所称国内航空运输,是指根据当事人订立的航空运输合同,运输的出发地点、约定的经停地点和目的地点均在中华人民共和国境内的运输。

本法所称国际航空运输，是指根据当事人订立的航空运输合同，无论运输有无间断或者有无转运，运输的出发地点、目的地点或者约定的经停地点之一不在中华人民共和国境内的运输。

第一百零八条　【运输合同】航空运输合同各方认为几个连续的航空运输承运人办理的运输是一项单一业务活动的，无论其形式是以一个合同订立或者数个合同订立，应当视为一项不可分割的运输。

第二节　运输凭证

第一百零九条　【出票、验票】承运人运送旅客，应当出具客票。旅客乘坐民用航空器，应当交验有效客票。

第一百一十条　【客票内容】客票应当包括的内容由国务院民用航空主管部门规定，至少应当包括以下内容：

（一）出发地点和目的地点；

（二）出发地点和目的地点均在中华人民共和国境内，而在境外有一个或者数个约定的经停地点的，至少注明一个经停地点；

（三）旅客航程的最终目的地点、出发地点或者约定的经停地点之一不在中华人民共和国境内，依照所适用的国际航空运输公约的规定，应当在客票上声明此项运输适用该公约的，客票上应当载有该项声明。

第一百一十一条　【客票作用】客票是航空旅客运输合同订立和运输合同条件的初步证据。

旅客未能出示客票、客票不符合规定或者客票遗失，不影响运输合同的存在或者有效。

在国内航空运输中，承运人同意旅客不经其出票而乘坐民用航空器的，承运人无权援用本法第一百二十八条有关赔偿责任限制的规定。

在国际航空运输中，承运人同意旅客不经其出票而乘坐民用航空器的，或者客票上未依照本法第一百一十条第（三）项的规定声明的，承运人无权援用本法第一百二十九条有关赔偿责任限制的规定。

第一百一十二条　【行李票】承运人载运托运行李时，行李票可以包含在客票之内或者与客票相结合。除本法第一百一十条的规定外，行李票还应当包括下列内容：

（一）托运行李的件数和重量；

（二）需要声明托运行李在目的地点交付时的利益的，注明声明金额。

行李票是行李托运和运输合同条件的初步证据。

旅客未能出示行李票、行李票不符合规定或者行李票遗失，不影响运输合同的存在或者有效。

在国内航空运输中，承运人载运托运行李而不出具行李票的，承运人无权援用本法第一百二十八条有关赔偿责任限制的规定。

在国际航空运输中，承运人载运托运行李而不出具行李票的，或者行李票上未依照本法第一百一十条第（三）项的规定声明的，承运人无权援用本法第一百二十九条有关赔偿责任限制的规定。

第一百一十三条　【航空货运单及其作用】承运人有权要求托运人填写航空货运单，托运人有权要求承运人接受该航空货运单。托运人未能出示航空货运单、航空货运单不符合规定或者航空货运单遗失，不影响运输合同的存在或者有效。

第一百一十四条　【航空货运单形式】托运人应当填写航空货运单正本一式三份，连同货物交给承运人。

航空货运单第一份注明"交承运人"，由托运人签字、盖章；第二份注明"交收货人"，由托运人和承运人签字、盖章；第三份由承运人在接受货物后签字、盖章，交给托运人。

承运人根据托运人的请求填写航空货运单的，在没有相反证据的情况下，应当视为代托运人填写。

第一百一十五条　【航空货运单内容】航空货运单应当包括的内容由国务院民用航空主管部门规定，至少应当包括以下内容：

（一）出发地点和目的地点；

（二）出发地点和目的地点均在中华人民共和国境内，而在境外有一个或者数个约定的经停地点的，至少注明一个经停地点；

（三）货物运输的最终目的地点、出发地点或者约定的经停地点之一不在中华人民共和国境内，依照所适用的国际航空运输公约的规定，应当在货运单上声明此项运输适用该公约的，货运单上应当载有该项声明。

第一百一十六条　【未填航空货运单而载运货物的后果】在国内航空运输中，承运人同意未经填具航空货运单而载运货物的，承运人无权援用本法第一百二十八条有关赔偿责任限制的规定。

在国际航空运输中，承运人同意未经填具航空货运单而载运货物的，或者航空货运单上未依照本法第一百一十五条第（三）项的规定声明的，承运人无权援用本法第一百二十九条有关赔偿责任限制的规定。

第一百一十七条　【托运人义务】托运人应当对航空货运单上所填关于货物的说明和声明的正确性负责。

因航空货运单上所填的说明和声明不符合规定、不正确或者不完全，给承运人或者承运人对之负责的其他人造成损失的，托运人应当承担赔偿责任。

第一百一十八条　【航空货运单效力】航空货运单是航空货物运输合同订立和运输条件以及承运人接受货物的初步证据。

航空货运单上关于货物的重量、尺寸、包装和包装件数的说明具有初步证据的效力。除经过承运人和托运人当面查对并在航空货运单上注明经过查对或者书写关于货物的外表情况的说明外，航空货运单上关于货物的数量、体积和情况的说明不能构成不利于承运人的证据。

第一百一十九条　【托运人权利】托运人在履行航空货物运输合同规定的义务的条件下，有权在出发地机场或者目的地机场将货物提回，或者在途中经停时中止运输，或者在目的地点或者途中要求将货物交给非航空货运单上指定的收货人，或者要求将货物运回出发地机场；但是，托运人不得因行使此种权利而使承运人或者其他托运人遭受损失，并应当偿付由此产生的费用。

托运人的指示不能执行的，承运人应当立即通知托运人。

承运人按照托运人的指示处理货物，没有要求托运人出示其所收执的航空货运单，给该航空货运单的合法持有人造成损失的，承运人应当承担责任，但是不妨碍承运人向托运人追偿。

收货人的权利依照本法第一百二十条规定开始时，托运人的权利即告终止；但是，收货人拒绝接受航空货运单或者货物，或者承运人无法同收货人联系的，托运人恢复其对货物的处置权。

第一百二十条　【收货人权利】除本法第一百一十九条所列情形外，收货人于货物到达目的地点，并在缴付应付款项和履行航空货运单上所列运输条件后，有权要求承运人移交航空货运单并交付货物。

除另有约定外，承运人应当在货物到达后立即通知收货人。

承运人承认货物已经遗失，或者货物在应当到达之日起七日后仍未到达的，收货人有权向承运人行使航空货物运输合同所赋予的权利。

第一百二十一条　【托运人、收货人权利行使方式】托运人和收货人在履行航空货物运输合同规定的义务的条件下，无论为本人或者他人的利益，可以以本人的名义分别行使本法第一百一十九条和第一百二十条所赋予的权利。

第一百二十二条　【托运人与收货人关系不因一方权利的行使受影响】本法第一百一十九条、第一百二十条和第一百二十一条的规定，不影响托运人同收货人之间的相互关系，也不影响从托运人或者收货人获得权利的第三人之间的关系。

任何与本法第一百一十九条、第一百二十条和第一百二十一条规定不同的合同条款，应当在航空货运单上载明。

第一百二十三条　【与货物有关的文件、资料】托运人应当提供必需的资料和文件，以便在货物交付收货人前完成法律、行政法规规定的有关手续；因没有此种资料、文件，或者此种资料、文件不充足或者不符合规定造成的损失，除由于承运人或者其受雇人、代理人的过错造成的外，托运人应当对承运人承担责任。

除法律、行政法规另有规定外，承运人没有对前款规定的资料或者文件进行检查的义务。

第三节　承运人的责任

第一百二十四条　【人身损害责任】因发生在民用航空器上或者在旅客上、下民用航空器过程中的事件，造成旅客人身伤亡的，承运人应当承担责任；但是，旅客的人身伤亡完全是由于旅客本人的健康状况造成的，承运人不承担责任。

第一百二十五条　【财产损害责任及免责】因发生在民用航空器上或者在旅客上、下民用航空器过程中的事件，造成旅客随身携带物品毁灭、遗失或者损坏的，承运人应当承担责任。因发生在航空运输期间的事件，造成旅客的托运行李毁灭、遗失或者损坏的，承运人应当承担责任。

旅客随身携带物品或者托运行李的毁灭、遗失或者损坏完全是由于行李本身的自然属性、质量或者缺陷造成的，承运人不承担责任。

本章所称行李，包括托运行李和旅客随身携带的物品。

因发生在航空运输期间的事件，造成货物毁灭、遗失或者损坏的，承运人应当承担责任；但是，承运人证

明货物的毁灭、遗失或者损坏完全是由于下列原因之一造成的,不承担责任:

（一）货物本身的自然属性、质量或者缺陷;

（二）承运人或者其受雇人、代理人以外的人包装货物的,货物包装不良;

（三）战争或者武装冲突;

（四）政府有关部门实施的与货物入境、出境或者过境有关的行为。

本条所称航空运输期间,是指在机场内、民用航空器上或者机场外降落的任何地点,托运行李、货物处于承运人掌管之下的全部期间。

航空运输期间,不包括机场外的任何陆路运输、海上运输、内河运输过程;但是,此种陆路运输、海上运输、内河运输是为了履行航空运输合同而装载、交付或者转运,在没有相反证据的情况下,所发生的损失视为在航空运输期间发生的损失。

第一百二十六条　【运输延误责任】 旅客、行李或者货物在航空运输中因延误造成的损失,承运人应当承担责任;但是,承运人证明本人或者其受雇人、代理人为了避免损失的发生,已经采取一切必要措施或者不可能采取此种措施的,不承担责任。

第一百二十七条　【受害人过错】 在旅客、行李运输中,经承运人证明,损失是由索赔人的过错造成或者促成的,应当根据造成或者促成此种损失的过错的程度,相应免除或者减轻承运人的责任。旅客以外的其他人就旅客死亡或者受伤提出赔偿请求时,经承运人证明,死亡或者受伤是旅客本人的过错造成或者促成的,同样应当根据造成或者促成此种损失的过错的程度,相应免除或者减轻承运人的责任。

在货物运输中,经承运人证明,损失是由索赔人或者代行权利人的过错造成或者促成的,应当根据造成或者促成此种损失的过错的程度,相应免除或者减轻承运人的责任。

第一百二十八条　【国内航空运输赔偿责任限额】 国内航空运输承运人的赔偿责任限额由国务院民用航空主管部门制定,报国务院批准后公布执行。

旅客或者托运人在交运托运行李或者货物时,特别声明在目的地点交付时的利益,并在必要时支付附加费的,除承运人证明旅客或者托运人声明的金额高于托运行李或者货物在目的地点交付时的实际利益外,承运人应当在声明金额范围内承担责任;本法第一百二十九条的其他规定,除赔偿责任限额外,适用于国内航空运输。

第一百二十九条　【国际航空运输赔偿责任限额】 国际航空运输承运人的赔偿责任限额按照下列规定执行:

（一）对每名旅客的赔偿责任限额为 16600 计算单位;但是,旅客可以同承运人书面约定高于本项规定的赔偿责任限额。

（二）对托运行李或者货物的赔偿责任限额,每公斤为 17 计算单位。旅客或者托运人在交运托运行李或者货物时,特别声明在目的地点交付时的利益,并在必要时支付附加费的,除承运人证明旅客或者托运人声明的金额高于托运行李或者货物在目的地点交付时的实际利益外,承运人应当在声明金额范围内承担责任。

托运行李或者货物的一部分或者托运行李、货物中的任何物件毁灭、遗失、损坏或者延误的,用以确定承运人赔偿责任限额的重量,仅为该一包件或者数包件的总重量;但是,因托运行李或者货物的一部分或者托运行李、货物中的任何物件的毁灭、遗失、损坏或者延误,影响同一份行李票或者同一份航空货运单所列其他包件的价值的,确定承运人的赔偿责任限额时,此种包件的总重量也应当考虑在内。

（三）对每名旅客随身携带的物品的赔偿责任限额为 332 计算单位。

第一百三十条　【无效免责条款】 任何旨在免除本法规定的承运人责任或者降低本法规定的赔偿责任限额的条款,均属无效;但是,此种条款的无效,不影响整个航空运输合同的效力。

第一百三十一条　【诉讼限额】 有关航空运输中发生的损失的诉讼,不论其根据如何,只能依照本法规定的条件和赔偿责任限额提出,但是不妨碍谁有权提起诉讼以及他们各自的权利。

第一百三十二条　【不适用赔偿责任限制的规定】 经证明,航空运输中的损失是由于承运人或者其受雇人、代理人的故意或者明知可能造成损失而轻率地作为或者不作为造成的,承运人无权援用本法第一百二十八条、第一百二十九条有关赔偿责任限制的规定;证明承运人的受雇人、代理人有此种作为或者不作为的,还应当证明该受雇人、代理人是在受雇、代理范围内行事。

第一百三十三条　【赔偿责任限制适用承运人的受雇人、代理人】 就航空运输中的损失向承运人的受雇人、代理人提起诉讼时,该受雇人、代理人证明他是在受雇、代理范围内行事的,有权援用本法第一百二十八条、第一百二十九条有关赔偿责任限制的规定。

在前款规定情形下,承运人及其受雇人、代理人的赔偿总额不得超过法定的赔偿责任限额。

经证明,航空运输中的损失是由于承运人的受雇人、代理人的故意或者明知可能造成损失而轻率地作为或者不作为造成的,不适用本条第一款和第二款的规定。

第一百三十四条 【异议提出】 旅客或者收货人收受托运行李或者货物而未提出异议,为托运行李或者货物已经完好交付并与运输凭证相符的初步证据。

托运行李或者货物发生损失的,旅客或者收货人应当在发现损失后向承运人提出异议。托运行李发生损失的,至迟应当自收到托运行李之日起七日内提出;货物发生损失的,至迟应当自收到货物之日起十四日内提出。托运行李或者货物发生延误的,至迟应当自托运行李或者货物交付旅客或者收货人处置之日起二十一日内提出。

任何异议均应当在前款规定的期间内写在运输凭证上或者另以书面提出。

除承运人有欺诈行为外,旅客或者收货人未在本条第二款规定的期间内提出异议的,不能向承运人提出索赔诉讼。

第一百三十五条 【诉讼时效】 航空运输的诉讼时效期间为二年,自民用航空器到达目的地点、应当到达目的地点或者运输终止之日起计算。

第一百三十六条 【连运责任】 由几个航空承运人办理的连续运输,接受旅客、行李或者货物的每一个承运人应当受本法规定的约束,并就其根据合同办理的运输区段作为运输合同的订约一方。

对前款规定的连续运输,除合同明文约定第一承运人应当对全程运输承担责任外,旅客或者其继承人只能对发生事故或者延误的运输区段的承运人提起诉讼。

托运行李或者货物的毁灭、遗失、损坏或者延误,旅客或者托运人有权对第一承运人提起诉讼,旅客或者收货人有权对最后承运人提起诉讼,旅客、托运人和收货人均可以对发生毁灭、遗失、损坏或者延误的运输区段的承运人提起诉讼。上述承运人应当对旅客、托运人或者收货人承担连带责任。

第四节 实际承运人履行航空运输的特别规定

第一百三十七条 【缔约承运人、实际承运人】 本节所称缔约承运人,是指以本人名义与旅客或者托运人,或者与旅客或者托运人的代理人,订立本章调整的航空运输合同的人。

本节所称实际承运人,是指根据缔约承运人的授权,履行前款全部或者部分运输的人,不是指本章规定的连续承运人;在没有相反证明时,此种授权被认为是存在的。

第一百三十八条 【缔约承运人、实际承运人责任范围】 除本节另有规定外,缔约承运人和实际承运人都应当受本章规定的约束。缔约承运人应当对合同约定的全部运输负责。实际承运人应当对其履行的运输负责。

第一百三十九条 【缔约承运人、实际承运人行为对彼此的效力】 实际承运人的作为和不作为,实际承运人的受雇人、代理人在受雇、代理范围内的作为和不作为,关系到实际承运人履行的运输的,应当视为缔约承运人的作为和不作为。

缔约承运人的作为和不作为,缔约承运人的受雇人、代理人在受雇、代理范围内的作为和不作为,关系到实际承运人履行的运输的,应当视为实际承运人的作为和不作为;但是,实际承运人承担的责任不因此种作为或者不作为而超过法定的赔偿责任限额。

任何有关缔约承运人承担本章未规定的义务或者放弃本章赋予的权利的特别协议,或者任何有关依照本法第一百二十八条、第一百二十九条规定所作的在目的地点交付时利益的特别声明,除经实际承运人同意外,均不得影响实际承运人。

第一百四十条 【索赔或指示对缔约承运人、实际承运人的效力】 依照本章规定提出的索赔或者发出的指示,无论是向缔约承运人还是向实际承运人提出或者发出的,具有同等效力;但是,本法第一百一十九条规定的指示,只在向缔约承运人发出时,方有效。

第一百四十一条 【实际承运人、缔约承运人的受雇人、代理人适用赔偿责任限制】 实际承运人的受雇人、代理人或者缔约承运人的受雇人、代理人,证明他是在受雇、代理范围内行事的,就实际承运人履行的运输而言,有权援用本法第一百二十八条、第一百二十九条有关赔偿责任限制的规定,但是依照本法规定不得援用赔偿责任限制规定的除外。

第一百四十二条 【实际承运人履约运输赔偿总额限制】对于实际承运人履行的运输,实际承运人、缔约承运人以及他们的在受雇、代理范围内行事的受雇人、代理人的赔偿总额不得超过依照本法得以从缔约承运人或者实际承运人获得赔偿的最高数额;但是,其中任何人都不承担超过对他适用的赔偿责任限额。

第一百四十三条 【对实际承运人提出诉讼】对实际承运人履行的运输提起的诉讼,可以分别对实际承运人或者缔约承运人提起,也可以同时对实际承运人和缔约承运人提起;被提起诉讼的承运人有权要求另一承运人参加应诉。

第一百四十四条 【实际承运人与缔约承运人的权利、义务不受影响】除本法第一百四十三条规定外,本节规定不影响实际承运人和缔约承运人之间的权利、义务。

第十章 通用航空

第一百四十五条 【通用航空含义】通用航空,是指使用民用航空器从事公共航空运输以外的民用航空活动,包括从事工业、农业、林业、渔业和建筑业的作业飞行以及医疗卫生、抢险救灾、气象探测、海洋监测、科学实验、教育训练、文化体育等方面的飞行活动。

第一百四十六条 【应备条件】从事通用航空活动,应当具备下列条件:

(一)有与所从事的通用航空活动相适应,符合保证飞行安全要求的民用航空器;

(二)有必需的依法取得执照的航空人员;

(三)符合法律、行政法规规定的其他条件。

从事经营性通用航空,限于企业法人。

第一百四十七条 【登记】从事非经营性通用航空的,应当向国务院民用航空主管部门备案。

从事经营性通用航空的,应当向国务院民用航空主管部门申请领取通用航空经营许可证。

第一百四十八条 【合同】通用航空企业从事经营性通用航空活动,应当与用户订立书面合同,但是紧急情况下的救护或者救灾飞行除外。

第一百四十九条 【责任】组织实施作业飞行时,应当采取有效措施,保证飞行安全,保护环境和生态平衡,防止对环境、居民、作物或者牲畜等造成损害。

第一百五十条 【保险】从事通用航空活动的,应当投保地面第三人责任险。

第十一章 搜寻援救和事故调查

第一百五十一条 【民用航空器遇险】民用航空器遇到紧急情况时,应当发送信号,并向空中交通管制单位报告,提出援救请求;空中交通管制单位应当立即通知搜寻援救协调中心。民用航空器在海上遇到紧急情况时,还应当向船舶和国家海上搜寻援救组织发送信号。

第一百五十二条 【发现民用航空器遇险】发现民用航空器遇到紧急情况或者收听到民用航空器遇到紧急情况的信号的单位或者个人,应当立即通知有关的搜寻援救协调中心、海上搜寻援救组织或者当地人民政府。

第一百五十三条 【收到搜寻援救通知】收到通知的搜寻援救协调中心、地方人民政府和海上搜寻援救组织,应当立即组织搜寻援救。

收到通知的搜寻援救协调中心,应当设法将已经采取的搜寻援救措施通知遇到紧急情况的民用航空器。

搜寻援救民用航空器的具体办法,由国务院规定。

第一百五十四条 【执行救援】执行搜寻援救任务的单位或者个人,应当尽力抢救民用航空器所载人员,按照规定对民用航空器采取抢救措施并保护现场,保存证据。

第一百五十五条 【协助调查】民用航空器事故的当事人以及有关人员在接受调查时,应当如实提供现场情况和与事故有关的情节。

第一百五十六条 【事故调查组织、程序】民用航空器事故调查的组织和程序,由国务院规定。

第十二章 对地面第三人损害的赔偿责任

第一百五十七条 【赔偿范围】因飞行中的民用航空器或者从飞行中的民用航空器上落下的人或者物,造成地面(包括水面,下同)上的人身伤亡或者财产损害的,受害人有权获得赔偿;但是,所受损害并非造成损害的事故的直接后果,或者所受损害仅是民用航空器依照国家有关的空中交通规则在空中通过造成的,受害人无权要求赔偿。

前款所称飞行中,是指自民用航空器为实际起飞而使用动力时起至着陆冲程终了时止;就轻于空气的民用航空器而言,飞行中是指自其离开地面时起至其重新着地时止。

第一百五十八条 【赔偿责任人】本法第一百五十七条规定的赔偿责任,由民用航空器的经营人承担。

前款所称经营人,是指损害发生时使用民用航空器的人。民用航空器的使用权已经直接或者间接地授予他人,本人保留对该民用航空器的航行控制权的,本人仍被视为经营人。

经营人的受雇人、代理人在受雇、代理过程中使用民用航空器,无论是否在其受雇、代理范围内行事,均视为经营人使用民用航空器。

民用航空器登记的所有人应当被视为经营人,并承担经营人的责任;除非在判定其责任的诉讼中,所有人证明经营人是他人,并在法律程序许可的范围内采取适当措施使该人成为诉讼当事人之一。

第一百五十九条 【连带赔偿责任】未经对民用航空器有航行控制权的人同意而使用民用航空器,对地面第三人造成损害的,有航行控制权的人除证明本人已经适当注意防止此种使用外,应当与该非法使用人承担连带责任。

第一百六十条 【责任免除】损害是武装冲突或者骚乱的直接后果,依照本章规定应当承担责任的人不承担责任。

依照本章规定应当承担责任的人对民用航空器的使用权业经国家机关依法剥夺的,不承担责任。

第一百六十一条 【受害人过错】依照本章规定应当承担责任的人证明损害是完全由于受害人或者其受雇人、代理人的过错造成的,免除其赔偿责任;应当承担责任的人证明损害是部分由于受害人或者其受雇人、代理人的过错造成的,相应减轻其赔偿责任。但是,损害是由于受害人的受雇人、代理人的过错造成时,受害人证明其受雇人、代理人的行为超出其所授权的范围的,不免除或者不减轻应当承担责任的人的赔偿责任。

一人对另一人的死亡或者伤害提起诉讼,请求赔偿时,损害是该另一人或者其受雇人、代理人的过错造成的,适用前款规定。

第一百六十二条 【共同赔偿责任】两个以上的民用航空器在飞行中相撞或者相扰,造成本法第一百五十七条规定的应当赔偿的损害,或者两个以上的民用航空器共同造成此种损害的,各有关民用航空器均应当被认为已经造成此种损害,各有关民用航空器的经营人均应当承担责任。

第一百六十三条 【抗辩权】本法第一百五十八条第四款和第一百五十九条规定的人,享有依照本章规定经营人所能援用的抗辩权。

第一百六十四条 【过失造成损害不承担责任】除本章有明确规定外,经营人、所有人和本法第一百五十九条规定的应当承担责任的人,以及他们的受雇人、代理人,对于飞行中的民用航空器或者从飞行中的民用航空器上落下的人或者物造成的地面上的损害不承担责任,但是故意造成此种损害的人除外。

第一百六十五条 【追偿】本章不妨碍依照本章规定应当对损害承担责任的人向他人追偿的权利。

第一百六十六条 【保险或责任担保】民用航空器的经营人应当投保地面第三人责任险或者取得相应的责任担保。

第一百六十七条 【保险人、担保人抗辩权】保险人和担保人除享有与经营人相同的抗辩权,以及对伪造证件进行抗辩的权利外,对依照本章规定提出的赔偿请求只能进行下列抗辩:

(一)损害发生在保险或者担保终止有效后;然而保险或者担保在飞行中期满的,该项保险或者担保在飞行计划中所载下一次降落前继续有效,但是不得超过二十四小时;

(二)损害发生在保险或者担保所指定的地区范围外,除非飞行超出该范围是由于不可抗力、援助他人所必需,或者驾驶、航行或者领航上的差错造成的。

前款关于保险或者担保继续有效的规定,只在对受害人有利时适用。

第一百六十八条 【对保险人或担保人提起诉讼】仅在下列情形下,受害人可以直接对保险人或者担保人提起诉讼,但是不妨碍受害人根据有关保险合同或者担保合同的法律规定提起直接诉讼的权利:

(一)根据本法第一百六十七条第(一)项、第(二)项规定,保险或者担保继续有效的;

(二)经营人破产的。

除本法第一百六十七条第一款规定的抗辩权,保险人或者担保人对受害人依照本章规定提起的直接诉讼不得以保险或者担保的无效或者追溯力终止为由进行抗辩。

第一百六十九条 【优先支付指定】依照本法第一百六十六条规定提供的保险或者担保,应当被专门指定优先支付本章规定的赔偿。

第一百七十条 【优先权】保险人应当支付给经营人的款项，在本章规定的第三人的赔偿请求未满足前，不受经营人的债权人的扣留和处理。

第一百七十一条 【诉讼时效】地面第三人损害赔偿的诉讼时效期间为二年，自损害发生之日起计算；但是，在任何情况下，时效期间不得超过自损害发生之日起三年。

第一百七十二条 【适用除外】本章规定不适用于下列损害：

（一）对飞行中的民用航空器或者对该航空器上的人或者物造成的损害；

（二）为受害人同经营人或者同发生损害时对民用航空器有使用权的人订立的合同所约束，或者为适用两方之间的劳动合同的法律有关职工赔偿的规定所约束的损害；

（三）核损害。

第十六章 附 则

第二百一十三条 【计算单位】本法所称计算单位，是指国际货币基金组织规定的特别提款权；其人民币数额为法院判决之日、仲裁机构裁决之日或者当事人协议之日，按照国家外汇主管机关规定的国际货币基金组织的特别提款权对人民币的换算办法计算得出的人民币数额。

第二百一十四条 【对无人驾驶航空器的管理规定】国务院、中央军事委员会对无人驾驶航空器的管理另有规定的，从其规定。

第二百一十五条 【施行日期】本法自 1996 年 3 月 1 日起施行。

国内航空运输承运人
赔偿责任限额规定

1. 2006 年 2 月 28 日中国民用航空总局令第 164 号公布
2. 自 2006 年 3 月 28 日起施行

第一条 为了维护国内航空运输各方当事人的合法权益，根据《中华人民共和国民用航空法》（以下简称《民用航空法》）第一百二十八条，制定本规定。

第二条 本规定适用于中华人民共和国国内航空运输中发生的损害赔偿。

第三条 国内航空运输承运人（以下简称承运人）应当在下列规定的赔偿责任限额内按照实际损害承担赔偿责任，但是《民用航空法》另有规定的除外：

（一）对每名旅客的赔偿责任限额为人民币 40 万元；

（二）对每名旅客随身携带物品的赔偿责任限额为人民币 3000 元；

（三）对旅客托运的行李和对运输的货物的赔偿责任限额，为每公斤人民币 100 元。

第四条 本规定第三条所确定的赔偿责任限额的调整，由国务院民用航空主管部门制定，报国务院批准后公布执行。

第五条 旅客自行向保险公司投保航空旅客人身意外保险的，此项保险金额的给付，不免除或者减少承运人应当承担的赔偿责任。

第六条 本规定自 2006 年 3 月 28 日起施行。

4. 医疗损害赔偿

医疗事故处理条例

1. 2002年4月4日国务院令第351号公布
2. 自2002年9月1日起施行

第一章 总　则

第一条　为了正确处理医疗事故,保护患者和医疗机构及其医务人员的合法权益,维护医疗秩序,保障医疗安全,促进医学科学的发展,制定本条例。

第二条　本条例所称医疗事故,是指医疗机构及其医务人员在医疗活动中,违反医疗卫生管理法律、行政法规、部门规章和诊疗护理规范、常规,过失造成患者人身损害的事故。

第三条　处理医疗事故,应当遵循公开、公平、公正、及时、便民的原则,坚持实事求是的科学态度,做到事实清楚、定性准确、责任明确、处理恰当。

第四条　根据对患者人身造成的损害程度,医疗事故分为四级:

一级医疗事故:造成患者死亡、重度残疾的;

二级医疗事故:造成患者中度残疾、器官组织损伤导致严重功能障碍的;

三级医疗事故:造成患者轻度残疾、器官组织损伤导致一般功能障碍的;

四级医疗事故:造成患者明显人身损害的其他后果的。

具体分级标准由国务院卫生行政部门制定。

第二章　医疗事故的预防与处置

第五条　医疗机构及其医务人员在医疗活动中,必须严格遵守医疗卫生管理法律、行政法规、部门规章和诊疗护理规范、常规,恪守医疗服务职业道德。

第六条　医疗机构应当对其医务人员进行医疗卫生管理法律、行政法规、部门规章和诊疗护理规范、常规的培训和医疗服务职业道德教育。

第七条　医疗机构应当设置医疗服务质量监控部门或者配备专(兼)职人员,具体负责监督本医疗机构的医务人员的医疗服务工作,检查医务人员执业情况,接受患者对医疗服务的投诉,向其提供咨询服务。

第八条　医疗机构应当按照国务院卫生行政部门规定的要求,书写并妥善保管病历资料。

因抢救急危患者,未能及时书写病历的,有关医务人员应当在抢救结束后6小时内据实补记,并加以注明。

第九条　严禁涂改、伪造、隐匿、销毁或者抢夺病历资料。

第十条　患者有权复印或者复制其门诊病历、住院志、体温单、医嘱单、化验单(检验报告)、医学影像检查资料、特殊检查同意书、手术同意书、手术及麻醉记录单、病理资料、护理记录以及国务院卫生行政部门规定的其他病历资料。

患者依照前款规定要求复印或者复制病历资料的,医疗机构应当提供复印或者复制服务并在复印或者复制的病历资料上加盖证明印记。复印或者复制病历资料时,应当有患者在场。

医疗机构应患者的要求,为其复印或者复制病历资料,可以按照规定收取工本费。具体收费标准由省、自治区、直辖市人民政府价格主管部门会同同级卫生行政部门规定。

第十一条　在医疗活动中,医疗机构及其医务人员应当将患者的病情、医疗措施、医疗风险等如实告知患者,及时解答其咨询;但是,应当避免对患者产生不利后果。

第十二条　医疗机构应当制定防范、处理医疗事故的预案,预防医疗事故的发生,减轻医疗事故的损害。

第十三条　医务人员在医疗活动中发生或者发现医疗事故、可能引起医疗事故的医疗过失行为或者发生医疗事故争议的,应当立即向所在科室负责人报告,科室负责人应当及时向本医疗机构负责医疗服务质量监控的部门或者专(兼)职人员报告;负责医疗服务质量监控的部门或者专(兼)职人员接到报告后,应当立即进行调查、核实,将有关情况如实向本医疗机构的负责人报告,并向患者通报、解释。

第十四条　发生医疗事故的,医疗机构应当按照规定向所在地卫生行政部门报告。

发生下列重大医疗过失行为的,医疗机构应当在12小时内向所在地卫生行政部门报告:

(一)导致患者死亡或者可能为二级以上的医疗事故;

(二)导致3人以上人身损害后果;

(三)国务院卫生行政部门和省、自治区、直辖市人民政府卫生行政部门规定的其他情形。

第十五条 发生或者发现医疗过失行为,医疗机构及其医务人员应当立即采取有效措施,避免或者减轻对患者身体健康的损害,防止损害扩大。

第十六条 发生医疗事故争议时,死亡病例讨论记录、疑难病例讨论记录、上级医师查房记录、会诊意见、病程记录应当在医患双方在场的情况下封存和启封。封存的病历资料可以是复印件,由医疗机构保管。

第十七条 疑似输液、输血、注射、药物等引起不良后果的,医患双方应当共同对现场实物进行封存和启封,封存的现场实物由医疗机构保管;需要检验的,应当由双方共同指定的、依法具有检验资格的检验机构进行检验;双方无法共同指定时,由卫生行政部门指定。

疑似输血引起不良后果,需要对血液进行封存保留的,医疗机构应当通知提供该血液的采供血机构派员到场。

第十八条 患者死亡,医患双方当事人不能确定死因或者对死因有异议的,应当在患者死亡后48小时内进行尸检;具备尸体冻存条件的,可以延长至7日。尸检应当经死者近亲属同意并签字。

尸检应当由按照国家有关规定取得相应资格的机构和病理解剖专业技术人员进行。承担尸检任务的机构和病理解剖专业技术人员有进行尸检的义务。

医疗事故争议双方当事人可以请法医病理学人员参加尸检,也可以委派代表观察尸检过程。拒绝或者拖延尸检,超过规定时间,影响对死因判定的,由拒绝或者拖延的一方承担责任。

第十九条 患者在医疗机构内死亡的,尸体应当立即移放太平间。死者尸体存放时间一般不得超过2周。逾期不处理的尸体,经医疗机构所在地卫生行政部门批准,并报经同级公安部门备案后,由医疗机构按照规定进行处理。

第三章 医疗事故的技术鉴定

第二十条 卫生行政部门接到医疗机构关于重大医疗过失行为的报告或者医疗事故争议当事人要求处理医疗事故争议的申请后,对需要进行医疗事故技术鉴定的,应当交由负责医疗事故技术鉴定工作的医学会组织鉴定;医患双方协商解决医疗事故争议,需要进行医疗事故技术鉴定的,由双方当事人共同委托负责医疗事故技术鉴定工作的医学会组织鉴定。

第二十一条 设区的市级地方医学会和省、自治区、直辖市直接管辖的县(市)地方医学会负责组织首次医疗事故技术鉴定工作。省、自治区、直辖市地方医学会负责组织再次鉴定工作。

必要时,中华医学会可以组织疑难、复杂并在全国有重大影响的医疗事故争议的技术鉴定工作。

第二十二条 当事人对首次医疗事故技术鉴定结论不服的,可以自收到首次鉴定结论之日起15日内向医疗机构所在地卫生行政部门提出再次鉴定的申请。

第二十三条 负责组织医疗事故技术鉴定工作的医学会应当建立专家库。

专家库由具备下列条件的医疗卫生专业技术人员组成:

(一)有良好的业务素质和执业品德;

(二)受聘于医疗卫生机构或者医学教学、科研机构并担任相应专业高级技术职务3年以上。

符合前款第(一)项规定条件并具备高级技术任职资格的法医可以受聘进入专家库。

负责组织医疗事故技术鉴定工作的医学会依照本条例规定聘请医疗卫生专业技术人员和法医进入专家库,可以不受行政区域的限制。

第二十四条 医疗事故技术鉴定,由负责组织医疗事故技术鉴定工作的医学会组织专家鉴定组进行。

参加医疗事故技术鉴定的相关专业的专家,由医患双方在医学会主持下从专家库中随机抽取。在特殊情况下,医学会根据医疗事故技术鉴定工作的需要,可以组织医患双方在其他医学会建立的专家库中随机抽取相关专业的专家参加鉴定或者函件咨询。

符合本条例第二十三条规定条件的医疗卫生专业技术人员和法医有义务受聘进入专家库,并承担医疗事故技术鉴定工作。

第二十五条 专家鉴定组进行医疗事故技术鉴定,实行合议制。专家鉴定组人数为单数,涉及的主要学科的专家一般不得少于鉴定组成员的二分之一;涉及死因、伤残等级鉴定的,并应当从专家库中随机抽取法医参加专家鉴定组。

第二十六条 专家鉴定组成员有下列情形之一的,应当回避,当事人也可以以口头或者书面的方式申请其回避:

(一)是医疗事故争议当事人或者当事人的近亲属的;

(二)与医疗事故争议有利害关系的;

(三)与医疗事故争议当事人有其他关系,可能影响公正鉴定的。

第二十七条 专家鉴定组依照医疗卫生管理法律、行政法规、部门规章和诊疗护理规范、常规,运用医学科学原理和专业知识,独立进行医疗事故技术鉴定,对医疗事故进行鉴别和判定,为处理医疗事故争议提供医学依据。

任何单位或者个人不得干扰医疗事故技术鉴定工作,不得威胁、利诱、辱骂、殴打专家鉴定组成员。

专家鉴定组成员不得接受双方当事人的财物或者其他利益。

第二十八条 负责组织医疗事故技术鉴定工作的医学会应当自受理医疗事故技术鉴定之日起5日内通知医疗事故争议双方当事人提交进行医疗事故技术鉴定所需的材料。

当事人应当自收到医学会的通知之日起10日内提交有关医疗事故技术鉴定的材料、书面陈述及答辩。医疗机构提交的有关医疗事故技术鉴定的材料应当包括下列内容:

(一)住院患者的病程记录、死亡病例讨论记录、疑难病例讨论记录、会诊意见、上级医师查房记录等病历资料原件;

(二)住院患者的住院志、体温单、医嘱单、化验单(检验报告)、医学影像检查资料、特殊检查同意书、手术同意书、手术及麻醉记录单、病理资料、护理记录等病历资料原件;

(三)抢救急危患者,在规定时间内补记的病历资料原件;

(四)封存保留的输液、注射用物品和血液、药物等实物,或者依法具有检验资格的检验机构对这些物品、实物作出的检验报告;

(五)与医疗事故技术鉴定有关的其他材料。

在医疗机构建有病历档案的门诊、急诊患者,其病历资料由医疗机构提供;没有在医疗机构建立病历档案的,由患者提供。

医患双方应当依照本条例的规定提交相关材料。医疗机构无正当理由未依照本条例的规定如实提供相关材料,导致医疗事故技术鉴定不能进行的,应当承担责任。

第二十九条 负责组织医疗事故技术鉴定工作的医学会应当自接到当事人提交的有关医疗事故技术鉴定的材料、书面陈述及答辩之日起45日内组织鉴定并出具医疗事故技术鉴定书。

负责组织医疗事故技术鉴定工作的医学会可以向双方当事人调查取证。

第三十条 专家鉴定组应当认真审查双方当事人提交的材料,听取双方当事人的陈述及答辩并进行核实。

双方当事人应当按照本条例的规定如实提交进行医疗事故技术鉴定所需要的材料,并积极配合调查。当事人任何一方不予配合,影响医疗事故技术鉴定的,由不予配合的一方承担责任。

第三十一条 专家鉴定组应当在事实清楚、证据确凿的基础上,综合分析患者的病情和个体差异,作出鉴定结论,并制作医疗事故技术鉴定书。鉴定结论以专家鉴定组成员的过半数通过。鉴定过程应当如实记载。

医疗事故技术鉴定书应当包括下列主要内容:

(一)双方当事人的基本情况及要求;

(二)当事人提交的材料和负责组织医疗事故鉴定工作的医学会的调查材料;

(三)对鉴定过程的说明;

(四)医疗行为是否违反医疗卫生管理法律、行政法规、部门规章和诊疗护理规范、常规;

(五)医疗过失行为与人身损害后果之间是否存在因果关系;

(六)医疗过失行为在医疗事故损害后果中的责任程度;

(七)医疗事故等级;

(八)对医疗事故患者的医疗护理医学建议。

第三十二条 医疗事故技术鉴定办法由国务院卫生行政部门制定。

第三十三条 有下列情形之一的,不属于医疗事故:

(一)在紧急情况下为抢救垂危患者生命而采取紧急医学措施造成不良后果的;

(二)在医疗活动中由于患者病情异常或者患者体质特殊而发生医疗意外的;

(三)在现有医学科学技术条件下,发生无法预料或者不能防范的不良后果的;

(四)无过错输血感染造成不良后果的;

(五)因患方原因延误诊疗导致不良后果的;

(六)因不可抗力造成不良后果的。

第三十四条 医疗事故技术鉴定,可以收取鉴定费用。经鉴定,属于医疗事故的,鉴定费用由医疗机构支付;

不属于医疗事故的,鉴定费用由提出医疗事故处理申请的一方支付。鉴定费用标准由省、自治区、直辖市人民政府价格主管部门会同同级财政部门、卫生行政部门规定。

第四章　医疗事故的行政处理与监督

第三十五条　卫生行政部门应当依照本条例和有关法律、行政法规、部门规章的规定,对发生医疗事故的医疗机构和医务人员作出行政处理。

第三十六条　卫生行政部门接到医疗机构关于重大医疗过失行为的报告后,除责令医疗机构及时采取必要的医疗救治措施,防止损害后果扩大外,应当组织调查,判定是否属于医疗事故;对不能判定是否属于医疗事故的,应当依照本条例的有关规定交由负责医疗事故技术鉴定工作的医学会组织鉴定。

第三十七条　发生医疗事故争议,当事人申请卫生行政部门处理的,应当提出书面申请。申请书应当载明申请人的基本情况、有关事实、具体请求及理由等。

当事人自知道或者应当知道其身体健康受到损害之日起1年内,可以向卫生行政部门提出医疗事故争议处理申请。

第三十八条　发生医疗事故争议,当事人申请卫生行政部门处理的,由医疗机构所在地的县级人民政府卫生行政部门受理。医疗机构所在地是直辖市的,由医疗机构所在地的区、县人民政府卫生行政部门受理。

有下列情形之一的,县级人民政府卫生行政部门应当自接到医疗机构的报告或者当事人提出医疗事故争议处理申请之日起7日内移送上一级人民政府卫生行政部门处理:

（一）患者死亡;
（二）可能为二级以上的医疗事故;
（三）国务院卫生行政部门和省、自治区、直辖市人民政府卫生行政部门规定的其他情形。

第三十九条　卫生行政部门应当自收到医疗事故争议处理申请之日起10日内进行审查,作出是否受理的决定。对符合本条例规定,予以受理,需要进行医疗事故技术鉴定的,应当自作出受理决定之日起5日内将有关材料交由负责医疗事故技术鉴定工作的医学会组织鉴定并书面通知申请人;对不符合本条例规定,不予受理的,应当书面通知申请人并说明理由。

当事人对首次医疗事故技术鉴定结论有异议,申请再次鉴定的,卫生行政部门应当自收到申请之日起7日内交由省、自治区、直辖市地方医学会组织再次鉴定。

第四十条　当事人既向卫生行政部门提出医疗事故争议处理申请,又向人民法院提起诉讼的,卫生行政部门不予受理;卫生行政部门已经受理的,应当终止处理。

第四十一条　卫生行政部门收到负责组织医疗事故技术鉴定工作的医学会出具的医疗事故技术鉴定书后,应当对参加鉴定的人员资格和专业类别、鉴定程序进行审核;必要时,可以组织调查,听取医疗事故争议双方当事人的意见。

第四十二条　卫生行政部门经审核,对符合本条例规定作出的医疗事故技术鉴定结论,应当作为对发生医疗事故的医疗机构和医务人员作出行政处理以及进行医疗事故赔偿调解的依据;经审核,发现医疗事故技术鉴定不符合本条例规定的,应当要求重新鉴定。

第四十三条　医疗事故争议由双方当事人自行协商解决的,医疗机构应当自协商解决之日起7日内向所在地卫生行政部门作出书面报告,并附具协议书。

第四十四条　医疗事故争议经人民法院调解或者判决解决的,医疗机构应当自收到生效的人民法院的调解书或者判决书之日起7日内向所在地卫生行政部门作出书面报告,并附具调解书或者判决书。

第四十五条　县级以上地方人民政府卫生行政部门应当按照规定逐级将当地发生的医疗事故以及依法对发生医疗事故的医疗机构和医务人员作出行政处理的情况,上报国务院卫生行政部门。

第五章　医疗事故的赔偿

第四十六条　发生医疗事故的赔偿等民事责任争议,医患双方可以协商解决;不愿意协商或者协商不成的,当事人可以向卫生行政部门提出调解申请,也可以直接向人民法院提起民事诉讼。

第四十七条　双方当事人协商解决医疗事故的赔偿等民事责任争议的,应当制作协议书。协议书应当载明双方当事人的基本情况和医疗事故的原因、双方当事人共同认定的医疗事故等级以及协商确定的赔偿数额等,并由双方当事人在协议书上签名。

第四十八条　已确定为医疗事故的,卫生行政部门应医疗事故争议双方当事人请求,可以进行医疗事故赔偿调解。调解时,应当遵循当事人双方自愿原则,并应当依据本条例的规定计算赔偿数额。

经调解，双方当事人就赔偿数额达成协议的，制作调解书，双方当事人应当履行；调解不成或者经调解达成协议后一方反悔的，卫生行政部门不再调解。

第四十九条　医疗事故赔偿，应当考虑下列因素，确定具体赔偿数额：

（一）医疗事故等级；

（二）医疗过失行为在医疗事故损害后果中的责任程度；

（三）医疗事故损害后果与患者原有疾病状况之间的关系。

不属于医疗事故的，医疗机构不承担赔偿责任。

第五十条　医疗事故赔偿，按照下列项目和标准计算：

（一）医疗费：按照医疗事故对患者造成的人身损害进行治疗所发生的医疗费用计算，凭据支付，但不包括原发病医疗费用。结案后确实需要继续治疗的，按照基本医疗费用支付。

（二）误工费：患者有固定收入的，按照本人因误工减少的固定收入计算，对收入高于医疗事故发生地上一年度职工年平均工资3倍以上的，按照3倍计算；无固定收入的，按照医疗事故发生地上一年度职工年平均工资计算。

（三）住院伙食补助费：按照医疗事故发生地国家机关一般工作人员的出差伙食补助标准计算。

（四）陪护费：患者住院期间需要专人陪护的，按照医疗事故发生地上一年度职工年平均工资计算。

（五）残疾生活补助费：根据伤残等级，按照医疗事故发生地居民年平均生活费计算，自定残之月起最长赔偿30年；但是，60周岁以上的，不超过15年；70周岁以上的，不超过5年。

（六）残疾用具费：因残疾需要配置补偿功能器具的，凭医疗机构证明，按照普及型器具的费用计算。

（七）丧葬费：按照医疗事故发生地规定的丧葬费补助标准计算。

（八）被扶养人生活费：以死者生前或者残疾者丧失劳动能力前实际扶养且没有劳动能力的人为限，按照其户籍所在地或者居所地居民最低生活保障标准计算。对不满16周岁的，扶养到16周岁。对年满16周岁但无劳动能力的，扶养20年；但是，60周岁以上的，不超过15年；70周岁以上的，不超过5年。

（九）交通费：按照患者实际必需的交通费用计算，凭据支付。

（十）住宿费：按照医疗事故发生地国家机关一般工作人员的出差住宿补助标准计算，凭据支付。

（十一）精神损害抚慰金：按照医疗事故发生地居民年平均生活费计算。造成患者死亡的，赔偿年限最长不超过6年；造成患者残疾的，赔偿年限最长不超过3年。

第五十一条　参加医疗事故处理的患者近亲属所需交通费、误工费、住宿费，参照本条例第五十条的有关规定计算，计算费用的人数不超过2人。

医疗事故造成患者死亡的，参加丧葬活动的患者的配偶和直系亲属所需交通费、误工费、住宿费，参照本条例第五十条的有关规定计算，计算费用的人数不超过2人。

第五十二条　医疗事故赔偿费用，实行一次性结算，由承担医疗事故责任的医疗机构支付。

第六章　罚　　则

第五十三条　卫生行政部门的工作人员在处理医疗事故过程中违反本条例的规定，利用职务上的便利收受他人财物或者其他利益，滥用职权，玩忽职守，或者发现违法行为不予查处，造成严重后果的，依照刑法关于受贿罪、滥用职权罪、玩忽职守罪或者其他有关罪的规定，依法追究刑事责任；尚不够刑事处罚的，依法给予降级或者撤职的行政处分。

第五十四条　卫生行政部门违反本条例的规定，有下列情形之一的，由上级卫生行政部门给予警告并责令限期改正；情节严重的，对负有责任的主管人员和其他直接责任人员依法给予行政处分：

（一）接到医疗机构关于重大医疗过失行为的报告后，未及时组织调查的；

（二）接到医疗事故争议处理申请后，未在规定时间内审查或者移送上一级人民政府卫生行政部门处理的；

（三）未将应当进行医疗事故技术鉴定的重大医疗过失行为或者医疗事故争议移交医学会组织鉴定的；

（四）未按照规定逐级将当地发生的医疗事故以及依法对发生医疗事故的医疗机构和医务人员的行政处理情况上报的；

（五）未依照本条例规定审核医疗事故技术鉴定书的。

第五十五条　医疗机构发生医疗事故的，由卫生行政部门根据医疗事故等级和情节,给予警告;情节严重的,责令限期停业整顿直至由原发证部门吊销执业许可证,对负有责任的医务人员依照刑法关于医疗事故罪的规定,依法追究刑事责任;尚不够刑事处罚的,依法给予行政处分或者纪律处分。

对发生医疗事故的有关医务人员,除依照前款处罚外,卫生行政部门并可以责令暂停6个月以上1年以下执业活动;情节严重的,吊销其执业证书。

第五十六条 医疗机构违反本条例的规定,有下列情形之一的,由卫生行政部门责令改正;情节严重的,对负有责任的主管人员和其他直接责任人员依法给予行政处分或者纪律处分:

（一）未如实告知患者病情、医疗措施和医疗风险的;

（二）没有正当理由,拒绝为患者提供复印或者复制病历资料服务的;

（三）未按照国务院卫生行政部门规定的要求书写和妥善保管病历资料的;

（四）未在规定时间内补记抢救工作病历内容的;

（五）未按照本条例的规定封存、保管和启封病历资料和实物的;

（六）未设置医疗服务质量监控部门或者配备专(兼)职人员的;

（七）未制定有关医疗事故防范和处理预案的;

（八）未在规定时间内向卫生行政部门报告重大医疗过失行为的;

（九）未按照本条例的规定向卫生行政部门报告医疗事故的;

（十）未按照规定进行尸检和保存、处理尸体的。

第五十七条 参加医疗事故技术鉴定工作的人员违反本条例的规定,接受申请鉴定双方或者一方当事人的财物或者其他利益,出具虚假医疗事故技术鉴定书,造成严重后果的,依照刑法关于受贿罪的规定,依法追究刑事责任;尚不够刑事处罚的,由原发证部门吊销其执业证书或者资格证书。

第五十八条 医疗机构或者其他有关机构违反本条例的规定,有下列情形之一的,由卫生行政部门责令改正,给予警告;对负有责任的主管人员和其他直接责任人员依法给予行政处分或者纪律处分;情节严重的,由原发证部门吊销其执业证书或者资格证书:

（一）承担尸检任务的机构没有正当理由,拒绝进行尸检的;

（二）涂改、伪造、隐匿、销毁病历资料的。

第五十九条 以医疗事故为由,寻衅滋事、抢夺病历资料,扰乱医疗机构正常医疗秩序和医疗事故技术鉴定工作,依照刑法关于扰乱社会秩序罪的规定,依法追究刑事责任;尚不够刑事处罚的,依法给予治安管理处罚。

第七章 附　则

第六十条 本条例所称医疗机构,是指依照《医疗机构管理条例》的规定取得《医疗机构执业许可证》的机构。

县级以上城市从事计划生育技术服务的机构依照《计划生育技术服务管理条例》的规定开展与计划生育有关的临床医疗服务,发生的计划生育技术服务事故,依照本条例的有关规定处理;但是,其中不属于医疗机构的县级以上城市从事计划生育技术服务的机构发生的计划生育技术服务事故,由计划生育行政部门行使依照本条例有关规定由卫生行政部门承担的受理、交由负责医疗事故技术鉴定工作的医学会组织鉴定和赔偿调解的职能;对发生计划生育技术服务事故的该机构及其有关责任人员,依法进行处理。

第六十一条 非法行医,造成患者人身损害,不属于医疗事故,触犯刑律的,依法追究刑事责任;有关赔偿,由受害人直接向人民法院提起诉讼。

第六十二条 军队医疗机构的医疗事故处理办法,由中国人民解放军卫生主管部门会同国务院卫生行政部门依据本条例制定。

第六十三条 本条例自2002年9月1日起施行。1987年6月29日国务院发布的《医疗事故处理办法》同时废止。本条例施行前已经处理结案的医疗事故争议,不再重新处理。

医疗纠纷预防和处理条例

1. 2018年7月31日国务院令第701号公布
2. 自2018年10月1日起施行

第一章 总　则

第一条 为了预防和妥善处理医疗纠纷,保护医患双方的合法权益,维护医疗秩序,保障医疗安全,制定本条例。

第二条 本条例所称医疗纠纷,是指医患双方因诊疗活动引发的争议。

第三条 国家建立医疗质量安全管理体系,深化医药卫生体制改革,规范诊疗活动,改善医疗服务,提高医疗质量,预防、减少医疗纠纷。

在诊疗活动中,医患双方应当互相尊重,维护自身权益应当遵守有关法律、法规的规定。

第四条 处理医疗纠纷,应当遵循公平、公正、及时的原则,实事求是,依法处理。

第五条 县级以上人民政府应当加强对医疗纠纷预防和处理工作的领导、协调,将其纳入社会治安综合治理体系,建立部门分工协作机制,督促部门依法履行职责。

第六条 卫生主管部门负责指导、监督医疗机构做好医疗纠纷的预防和处理工作,引导医患双方依法解决医疗纠纷。

司法行政部门负责指导医疗纠纷人民调解工作。

公安机关依法维护医疗机构治安秩序,查处、打击侵害患者和医务人员合法权益以及扰乱医疗秩序等违法犯罪行为。

财政、民政、保险监督管理等部门和机构按照各自职责做好医疗纠纷预防和处理的有关工作。

第七条 国家建立完善医疗风险分担机制,发挥保险机制在医疗纠纷处理中的第三方赔付和医疗风险社会化分担的作用,鼓励医疗机构参加医疗责任保险,鼓励患者参加医疗意外保险。

第八条 新闻媒体应当加强医疗卫生法律、法规和医疗卫生常识的宣传,引导公众理性对待医疗风险;报道医疗纠纷,应当遵守有关法律、法规的规定,恪守职业道德,做到真实、客观、公正。

第二章 医疗纠纷预防

第九条 医疗机构及其医务人员在诊疗活动中应当以患者为中心,加强人文关怀,严格遵守医疗卫生法律、法规、规章和诊疗相关规范、常规,恪守职业道德。

医疗机构应当对其医务人员进行医疗卫生法律、法规、规章和诊疗相关规范、常规的培训,并加强职业道德教育。

第十条 医疗机构应当制定并实施医疗质量安全管理制度,设置医疗服务质量监控部门或者配备专(兼)职人员,加强对诊断、治疗、护理、药事、检查等工作的规范化管理,优化服务流程,提高服务水平。

医疗机构应当加强医疗风险管理,完善医疗风险的识别、评估和防控措施,定期检查措施落实情况,及时消除隐患。

第十一条 医疗机构应当按照国务院卫生主管部门制定的医疗技术临床应用管理规定,开展与其技术能力相适应的医疗技术服务,保障临床应用安全,降低医疗风险;采用医疗新技术的,应当开展技术评估和伦理审查,确保安全有效、符合伦理。

第十二条 医疗机构应当依照有关法律、法规的规定,严格执行药品、医疗器械、消毒药剂、血液等的进货查验、保管等制度。禁止使用无合格证明文件、过期等不合格的药品、医疗器械、消毒药剂、血液等。

第十三条 医务人员在诊疗活动中应当向患者说明病情和医疗措施。需要实施手术,或者开展临床试验等存在一定危险性、可能产生不良后果的特殊检查、特殊治疗的,医务人员应当及时向患者说明医疗风险、替代医疗方案等情况,并取得其书面同意;在患者处于昏迷等无法自主作出决定的状态或者病情不宜向患者说明等情形下,应当向患者的近亲属说明,并取得其书面同意。

紧急情况下不能取得患者或者其近亲属意见的,经医疗机构负责人或者授权的负责人批准,可以立即实施相应的医疗措施。

第十四条 开展手术、特殊检查、特殊治疗等具有较高医疗风险的诊疗活动,医疗机构应当提前预备应对方案,主动防范突发风险。

第十五条 医疗机构及其医务人员应当按照国务院卫生主管部门的规定,填写并妥善保管病历资料。

因紧急抢救未能及时填写病历的,医务人员应当在抢救结束后6小时内据实补记,并加以注明。

任何单位和个人不得篡改、伪造、隐匿、毁灭或者抢夺病历资料。

第十六条 患者有权查阅、复制其门诊病历、住院志、体温单、医嘱单、化验单(检验报告)、医学影像检查资料、特殊检查同意书、手术同意书、手术及麻醉记录、病理资料、护理记录、医疗费用以及国务院卫生主管部门规定的其他属于病历的全部资料。

患者要求复制病历资料的,医疗机构应当提供复制服务,并在复制的病历资料上加盖证明印记。复制病历资料时,应当有患者或者其近亲属在场。医疗机构应患者的要求为其复制病历资料,可以收取工本费,收费标准应当公开。

患者死亡的,其近亲属可以依照本条例的规定,查阅、复制病历资料。

第十七条 医疗机构应当建立健全医患沟通机制,对患者在诊疗过程中提出的咨询、意见和建议,应当耐心解释、说明,并按照规定进行处理;对患者就诊疗行为提出的疑问,应当及时予以核实、自查,并指定有关人员与患者或者其近亲属沟通,如实说明情况。

第十八条 医疗机构应当建立健全投诉接待制度,设置统一的投诉管理部门或者配备专(兼)职人员,在医疗机构显著位置公布医疗纠纷解决途径、程序和联系方式等,方便患者投诉或者咨询。

第十九条 卫生主管部门应当督促医疗机构落实医疗质量安全管理制度,组织开展医疗质量安全评估,分析医疗质量安全信息,针对发现的风险制定防范措施。

第二十条 患者应当遵守医疗秩序和医疗机构有关就诊、治疗、检查的规定,如实提供与病情有关的信息,配合医务人员开展诊疗活动。

第二十一条 各级人民政府应当加强健康促进与教育工作,普及健康科学知识,提高公众对疾病治疗等医学科学知识的认知水平。

第三章 医疗纠纷处理

第二十二条 发生医疗纠纷,医患双方可以通过下列途径解决:

（一）双方自愿协商;
（二）申请人民调解;
（三）申请行政调解;
（四）向人民法院提起诉讼;
（五）法律、法规规定的其他途径。

第二十三条 发生医疗纠纷,医疗机构应当告知患者或者其近亲属下列事项:

（一）解决医疗纠纷的合法途径;
（二）有关病历资料、现场实物封存和启封的规定;
（三）有关病历资料查阅、复制的规定。

患者死亡的,还应当告知其近亲属有关尸检的规定。

第二十四条 发生医疗纠纷需要封存、启封病历资料的,应当在医患双方在场的情况下进行。封存的病历资料可以是原件,也可以是复制件,由医疗机构保管。病历尚未完成需要封存的,对已完成病历先行封存;病历按照规定完成后,再对后续完成部分进行封存。医疗机构应当对封存的病历开列封存清单,由医患双方签字或者盖章,各执一份。

病历资料封存后医疗纠纷已经解决,或者患者在病历资料封存满3年未再提出解决医疗纠纷要求的,医疗机构可以自行启封。

第二十五条 疑似输液、输血、注射、用药等引起不良后果的,医患双方应当共同对现场实物进行封存、启封,封存的现场实物由医疗机构保管。需要检验的,应当由双方共同委托依法具有检验资格的检验机构进行检验;双方无法共同委托的,由医疗机构所在地县级人民政府卫生主管部门指定。

疑似输血引起不良后果,需要对血液进行封存保留的,医疗机构应当通知提供该血液的血站派员到场。

现场实物封存后医疗纠纷已经解决,或者患者在现场实物封存满3年未再提出解决医疗纠纷要求的,医疗机构可以自行启封。

第二十六条 患者死亡,医患双方对死因有异议的,应当在患者死亡后48小时内进行尸检;具备尸体冻存条件的,可以延长至7日。尸检应当经死者近亲属同意并签字,拒绝签字的,视为死者近亲属不同意进行尸检。不同意或者拖延尸检,超过规定时间,影响对死因判定的,由不同意或者拖延的一方承担责任。

尸检应当由按照国家有关规定取得相应资格的机构和专业技术人员进行。

医患双方可以委派代表观察尸检过程。

第二十七条 患者在医疗机构内死亡的,尸体应当立即移放太平间或者指定的场所,死者尸体存放时间一般不得超过14日。逾期不处理的尸体,由医疗机构在向所在地县级人民政府卫生主管部门和公安机关报告后,按照规定处理。

第二十八条 发生重大医疗纠纷的,医疗机构应当按照规定向所在地县级以上地方人民政府卫生主管部门报告。卫生主管部门接到报告后,应当及时了解掌握情况,引导医患双方通过合法途径解决纠纷。

第二十九条 医患双方应当依法维护医疗秩序。任何单位和个人不得实施危害患者和医务人员人身安全、扰乱医疗秩序的行为。

医疗纠纷中发生涉嫌违反治安管理行为或者犯罪行为的,医疗机构应当立即向所在地公安机关报案。公安机关应当及时采取措施,依法处置,维护医疗秩序。

第三十条 医患双方选择协商解决医疗纠纷的,应当在专门场所协商,不得影响正常医疗秩序。医患双方人数较多的,应当推举代表进行协商,每方代表人数不超过5人。

协商解决医疗纠纷应当坚持自愿、合法、平等的原则,尊重当事人的权利,尊重客观事实。医患双方应当文明、理性表达意见和要求,不得有违法行为。

协商确定赔付金额应当以事实为依据,防止畸高或者畸低。对分歧较大或者索赔数额较高的医疗纠纷,鼓励医患双方通过人民调解的途径解决。

医患双方经协商达成一致的,应当签署书面和解协议书。

第三十一条 申请医疗纠纷人民调解的,由医患双方共同向医疗纠纷人民调解委员会提出申请;一方申请调解的,医疗纠纷人民调解委员会在征得另一方同意后进行调解。

申请人可以以书面或者口头形式申请调解。书面申请的,申请书应当载明申请人的基本情况、申请调解的争议事项和理由等;口头申请的,医疗纠纷人民调解员应当当场记录申请人的基本情况、申请调解的争议事项和理由等,并经申请人签字确认。

医疗纠纷人民调解委员会获悉医疗机构内发生重大医疗纠纷,可以主动开展工作,引导医患双方申请调解。

当事人已经向人民法院提起诉讼并且已被受理,或者已经申请卫生主管部门调解并且已被受理的,医疗纠纷人民调解委员会不予受理;已经受理的,终止调解。

第三十二条 设立医疗纠纷人民调解委员会,应当遵守《中华人民共和国人民调解法》的规定,并符合本地区实际需要。医疗纠纷人民调解委员会应当自设立之日起30个工作日内向所在地县级以上地方人民政府司法行政部门备案。

医疗纠纷人民调解委员会应当根据具体情况,聘任一定数量的具有医学、法学等专业知识且热心调解工作的人员担任专(兼)职医疗纠纷人民调解员。

医疗纠纷人民调解委员会调解医疗纠纷,不得收取费用。医疗纠纷人民调解工作所需经费按照国务院财政、司法行政部门的有关规定执行。

第三十三条 医疗纠纷人民调解委员会调解医疗纠纷时,可以根据需要咨询专家,并可以从本条例第三十五条规定的专家库中选取专家。

第三十四条 医疗纠纷人民调解委员会调解医疗纠纷,需要进行医疗损害鉴定以明确责任的,由医患双方共同委托医学会或者司法鉴定机构进行鉴定,也可以经医患双方同意,由医疗纠纷人民调解委员会委托鉴定。

医学会或者司法鉴定机构接受委托从事医疗损害鉴定,应当由鉴定事项所涉专业的临床医学、法医学等专业人员进行鉴定;医学会或者司法鉴定机构没有相关专业人员的,应当从本条例第三十五条规定的专家库中抽取相关专业专家进行鉴定。

医学会或者司法鉴定机构开展医疗损害鉴定,应当执行规定的标准和程序,尊重科学,恪守职业道德,对出具的医疗损害鉴定意见负责,不得出具虚假鉴定意见。医疗损害鉴定的具体管理办法由国务院卫生、司法行政部门共同制定。

鉴定费预先向医患双方收取,最终按照责任比例承担。

第三十五条 医疗损害鉴定专家库由设区的市级以上人民政府卫生、司法行政部门共同设立。专家库应当包含医学、法学、法医学等领域的专家。聘请专家进入专家库,不受行政区域的限制。

第三十六条 医学会、司法鉴定机构作出的医疗损害鉴定意见应当载明并详细论述下列内容:

(一)是否存在医疗损害以及损害程度;

(二)是否存在医疗过错;

(三)医疗过错与医疗损害是否存在因果关系;

(四)医疗过错在医疗损害中的责任程度。

第三十七条 咨询专家、鉴定人员有下列情形之一的,应当回避,当事人也可以以口头或者书面形式申请其回避:

(一)是医疗纠纷当事人或者当事人的近亲属;

(二)与医疗纠纷有利害关系;

(三)与医疗纠纷当事人有其他关系,可能影响医疗纠纷公正处理。

第三十八条 医疗纠纷人民调解委员会应当自受理之日起30个工作日内完成调解。需要鉴定的,鉴定时间不计入调解期限。因特殊情况需要延长调解期限的,医疗纠纷人民调解委员会和医患双方可以约定延长调解期限。超过调解期限未达成调解协议的,视为调解不成。

第三十九条 医患双方经人民调解达成一致的,医疗纠纷人民调解委员会应当制作调解协议书。调解协议书经医患双方签字或者盖章,人民调解员签字并加盖医疗纠纷人民调解委员会印章后生效。

达成调解协议的,医疗纠纷人民调解委员会应当告知医患双方可以依法向人民法院申请司法确认。

第四十条 医患双方申请医疗纠纷行政调解的,应当参照本条例第三十一条第一款、第二款的规定向医疗纠纷发生地县级人民政府卫生主管部门提出申请。

卫生主管部门应当自收到申请之日起 5 个工作日内作出是否受理的决定。当事人已经向人民法院提起诉讼并且已被受理,或者已经申请医疗纠纷人民调解委员会调解并且已被受理的,卫生主管部门不予受理;已经受理的,终止调解。

卫生主管部门应当自受理之日起 30 个工作日内完成调解。需要鉴定的,鉴定时间不计入调解期限。超过调解期限未达成调解协议的,视为调解不成。

第四十一条 卫生主管部门调解医疗纠纷需要进行专家咨询的,可以从本条例第三十五条规定的专家库中抽取专家;医患双方认为需要进行医疗损害鉴定以明确责任的,参照本条例第三十四条的规定进行鉴定。

医患双方经卫生主管部门调解达成一致的,应当签署调解协议书。

第四十二条 医疗纠纷人民调解委员会及其人民调解员、卫生主管部门及其工作人员应当对医患双方的个人隐私等事项予以保密。

未经医患双方同意,医疗纠纷人民调解委员会、卫生主管部门不得公开进行调解,也不得公开调解协议的内容。

第四十三条 发生医疗纠纷,当事人协商、调解不成的,可以依法向人民法院提起诉讼。当事人也可以直接向人民法院提起诉讼。

第四十四条 发生医疗纠纷,需要赔偿的,赔付金额依照法律的规定确定。

第四章 法律责任

第四十五条 医疗机构篡改、伪造、隐匿、毁灭病历资料的,对直接负责的主管人员和其他直接责任人员,由县级以上人民政府卫生主管部门给予或者责令给予降低岗位等级或者撤职的处分,对有关医务人员责令暂停 6 个月以上 1 年以下执业活动;造成严重后果的,对直接负责的主管人员和其他直接责任人员给予或者责令给予开除的处分,对有关医务人员由原发证部门吊销执业证书;构成犯罪的,依法追究刑事责任。

第四十六条 医疗机构将未通过技术评估和伦理审查的医疗新技术应用于临床的,由县级以上人民政府卫生主管部门没收违法所得,并处 5 万元以上 10 万元以下罚款,对直接负责的主管人员和其他直接责任人员给予或者责令给予降低岗位等级或者撤职的处分,对有关医务人员责令暂停 6 个月以上 1 年以下执业活动;情节严重的,对直接负责的主管人员和其他直接责任人员给予或者责令给予开除的处分,对有关医务人员由原发证部门吊销执业证书;构成犯罪的,依法追究刑事责任。

第四十七条 医疗机构及其医务人员有下列情形之一的,由县级以上人民政府卫生主管部门责令改正,给予警告,并处 1 万元以上 5 万元以下罚款;情节严重的,对直接负责的主管人员和其他直接责任人员给予或者责令给予降低岗位等级或者撤职的处分,对有关医务人员可以责令暂停 1 个月以上 6 个月以下执业活动;构成犯罪的,依法追究刑事责任:

(一)未按规定制定和实施医疗质量安全管理制度;

(二)未按规定告知患者病情、医疗措施、医疗风险、替代医疗方案等;

(三)开展具有较高医疗风险的诊疗活动,未提前预备应对方案防范突发风险;

(四)未按规定填写、保管病历资料,或者未按规定补记抢救病历;

(五)拒绝为患者提供查阅、复制病历资料服务;

(六)未建立投诉接待制度、设置统一投诉管理部门或者配备专(兼)职人员;

(七)未按规定封存、保管、启封病历资料和现场实物;

(八)未按规定向卫生主管部门报告重大医疗纠纷;

(九)其他未履行本条例规定义务的情形。

第四十八条 医学会、司法鉴定机构出具虚假医疗损害鉴定意见的,由县级以上人民政府卫生、司法行政部门依据职责没收违法所得,并处 5 万元以上 10 万元以下罚款,对该医学会、司法鉴定机构和有关鉴定人员责令暂停 3 个月以上 1 年以下医疗损害鉴定业务,对直接负责的主管人员和其他直接责任人员给予或者责令给予降低岗位等级或者撤职的处分;情节严重的,该医学会、司法鉴定机构和有关鉴定人员 5 年内不得从事医疗损害鉴定业务或者撤销登记,对直接负责的主管人员和其他直接责任人员给予或者责令给予开除的处分;构成犯罪的,依法追究刑事责任。

第四十九条　尸检机构出具虚假尸检报告的,由县级以上人民政府卫生、司法行政部门依据职责没收违法所得,并处5万元以上10万元以下罚款,对该尸检机构和有关尸检专业技术人员责令暂停3个月以上1年以下尸检业务,对直接负责的主管人员和其他直接责任人员给予或者责令给予降低岗位等级或者撤职的处分;情节严重的,撤销该尸检机构和有关尸检专业技术人员的尸检资格,对直接负责的主管人员和其他直接责任人员给予或者责令给予开除的处分;构成犯罪的,依法追究刑事责任。

第五十条　医疗纠纷人民调解员有下列行为之一的,由医疗纠纷人民调解委员会给予批评教育、责令改正;情节严重的,依法予以解聘:
　　(一)偏袒一方当事人;
　　(二)侮辱当事人;
　　(三)索取、收受财物或者牟取其他不正当利益;
　　(四)泄露医患双方个人隐私等事项。

第五十一条　新闻媒体编造、散布虚假医疗纠纷信息的,由有关主管部门依法给予处罚;给公民、法人或者其他组织的合法权益造成损害的,依法承担消除影响、恢复名誉、赔偿损失、赔礼道歉等民事责任。

第五十二条　县级以上人民政府卫生主管部门和其他有关部门及其工作人员在医疗纠纷预防和处理工作中,不履行职责或者滥用职权、玩忽职守、徇私舞弊的,由上级人民政府卫生等有关部门或者监察机关责令改正;依法对直接负责的主管人员和其他直接责任人员给予处分;构成犯罪的,依法追究刑事责任。

第五十三条　医患双方在医疗纠纷处理中,造成人身、财产或者其他损害的,依法承担民事责任;构成违反治安管理行为的,由公安机关依法给予治安管理处罚;构成犯罪的,依法追究刑事责任。

第五章　附　　则

第五十四条　军队医疗机构的医疗纠纷预防和处理办法,由中央军委机关有关部门会同国务院卫生主管部门依据本条例制定。

第五十五条　对诊疗活动中医疗事故的行政调查处理,依照《医疗事故处理条例》的相关规定执行。

第五十六条　本条例自2018年10月1日起施行。

医疗质量管理办法

1. 2016年9月25日国家卫生和计划生育委员会令第10号公布
2. 自2016年11月1日起施行

第一章　总　　则

第一条　为加强医疗质量管理,规范医疗服务行为,保障医疗安全,根据有关法律法规,制定本办法。

第二条　本办法适用于各级卫生计生行政部门以及各级各类医疗机构医疗质量管理工作。

第三条　国家卫生计生委负责全国医疗机构医疗质量管理工作。
　　县级以上地方卫生计生行政部门负责本行政区域内医疗机构医疗质量管理工作。
　　国家中医药管理局和军队卫生主管部门分别在职责范围内负责中医和军队医疗机构医疗质量管理工作。

第四条　医疗质量管理是医疗管理的核心,各级各类医疗机构是医疗质量管理的第一责任主体,应当全面加强医疗质量管理,持续改进医疗质量,保障医疗安全。

第五条　医疗质量管理应当充分发挥卫生行业组织的作用,各级卫生计生行政部门应当为卫生行业组织参与医疗质量管理创造条件。

第二章　组织机构和职责

第六条　国家卫生计生委负责组织或者委托专业机构、行业组织(以下称专业机构)制订医疗质量管理相关制度、规范、标准和指南,指导地方各级卫生计生行政部门和医疗机构开展医疗质量管理与控制工作。省级卫生计生行政部门可以根据本地区实际,制订行政区域医疗质量管理相关制度、规范和具体实施方案。
　　县级以上地方卫生计生行政部门在职责范围内负责监督、指导医疗机构落实医疗质量管理有关规章制度。

第七条　国家卫生计生委建立国家医疗质量管理与控制体系,完善医疗质量控制与持续改进的制度和工作机制。
　　各级卫生计生行政部门组建或者指定各级、各专业医疗质量控制组织(以下称质控组织)落实医疗质量管理与控制的有关工作要求。

第八条　国家级各专业质控组织在国家卫生计生委指

导下,负责制订全国统一的质控指标、标准和质量管理要求,收集、分析医疗质量数据,定期发布质控信息。

省级和有条件的地市级卫生计生行政部门组建相应级别、专业的质控组织,开展医疗质量管理与控制工作。

第九条 医疗机构医疗质量管理实行院、科两级责任制。

医疗机构主要负责人是本机构医疗质量管理的第一责任人;临床科室以及药学、护理、医技等部门(以下称业务科室)主要负责人是本科室医疗质量管理的第一责任人。

第十条 医疗机构应当成立医疗质量管理专门部门,负责本机构的医疗质量管理工作。

二级以上的医院、妇幼保健院以及专科疾病防治机构(以下称二级以上医院)应当设立医疗质量管理委员会。医疗质量管理委员会主任由医疗机构主要负责人担任,委员由医疗管理、质量控制、护理、医院感染管理、医学工程、信息、后勤等相关职能部门负责人以及相关临床、药学、医技等科室负责人组成,指定或者成立专门部门具体负责日常管理工作。其他医疗机构应当设立医疗质量管理工作小组或者指定专(兼)职人员,负责医疗质量具体管理工作。

第十一条 医疗机构医疗质量管理委员会的主要职责是:

(一)按照国家医疗质量管理的有关要求,制订本机构医疗质量管理制度并组织实施;

(二)组织开展本机构医疗质量监测、预警、分析、考核、评估以及反馈工作,定期发布本机构质量管理信息;

(三)制订本机构医疗质量持续改进计划、实施方案并组织实施;

(四)制订本机构临床新技术引进和医疗技术临床应用管理相关工作制度并组织实施;

(五)建立本机构医务人员医疗质量管理相关法律、法规、规章制度、技术规范的培训制度,制订培训计划并监督实施;

(六)落实省级以上卫生计生行政部门规定的其他内容。

第十二条 二级以上医院各业务科室应当成立本科室医疗质量管理工作小组,组长由科室主要负责人担任,指定专人负责日常具体工作。医疗质量管理工作小组主要职责是:

(一)贯彻执行医疗质量管理相关的法律、法规、规章、规范性文件和本科室医疗质量管理制度;

(二)制订本科室年度质量控制实施方案,组织开展科室医疗质量管理与控制工作;

(三)制订本科室医疗质量持续改进计划和具体落实措施;

(四)定期对科室医疗质量进行分析和评估,对医疗质量薄弱环节提出整改措施并组织实施;

(五)对本科室医务人员进行医疗质量管理相关法律、法规、规章制度、技术规范、标准、诊疗常规及指南的培训和宣传教育;

(六)按照有关要求报送本科室医疗质量管理相关信息。

第十三条 各级卫生计生行政部门和医疗机构应当建立健全医疗质量管理人员的培养和考核制度,充分发挥专业人员在医疗质量管理工作中的作用。

第三章 医疗质量保障

第十四条 医疗机构应当加强医务人员职业道德教育,发扬救死扶伤的人道主义精神,坚持"以患者为中心",尊重患者权利,履行防病治病、救死扶伤、保护人民健康的神圣职责。

第十五条 医务人员应当恪守职业道德,认真遵守医疗质量管理相关法律法规、规范、标准和本机构医疗质量管理制度的规定,规范临床诊疗行为,保障医疗质量和医疗安全。

第十六条 医疗机构应当按照核准登记的诊疗科目执业。卫生技术人员开展诊疗活动应当依法取得执业资质,医疗机构人力资源配备应当满足临床工作需要。

医疗机构应当按照有关法律法规、规范、标准要求,使用经批准的药品、医疗器械、耗材开展诊疗活动。

医疗机构开展医疗技术应当与其功能任务和技术能力相适应,按照国家关于医疗技术和手术管理有关规定,加强医疗技术临床应用管理。

第十七条 医疗机构及其医务人员应当遵循临床诊疗指南、临床技术操作规范、行业标准和临床路径等有关要求开展诊疗工作,严格遵守医疗质量安全核心制度,做到合理检查、合理用药、合理治疗。

第十八条 医疗机构应当加强药学部门建设和药事质量管理,提升临床药学服务能力,推行临床药师制,发挥药师在处方审核、处方点评、药学监护等合理用药管理方面的作用。临床诊断、预防和治疗疾病用药应当遵循安全、有效、经济的合理用药原则，尊重患者对药品使用的知情权。

第十九条 医疗机构应当加强护理质量管理，完善并实施护理相关工作制度、技术规范和护理指南；加强护理队伍建设，创新管理方法，持续改善护理质量。

第二十条 医疗机构应当加强医技科室的质量管理，建立覆盖检查、检验全过程的质量管理制度，加强室内质量控制，配合做好室间质量评价工作，促进临床检查检验结果互认。

第二十一条 医疗机构应当完善门急诊管理制度，规范门急诊质量管理，加强门急诊专业人员和技术力量配备，优化门急诊服务流程，保证门急诊医疗质量和医疗安全，并把门急诊工作质量作为考核科室和医务人员的重要内容。

第二十二条 医疗机构应当加强医院感染管理，严格执行消毒隔离、手卫生、抗菌药物合理使用和医院感染监测等规定，建立医院感染的风险监测、预警以及多部门协同干预机制，开展医院感染防控知识的培训和教育，严格执行医院感染暴发报告制度。

第二十三条 医疗机构应当加强病历质量管理，建立并实施病历质量管理制度，保障病历书写客观、真实、准确、及时、完整、规范。

第二十四条 医疗机构及其医务人员开展诊疗活动，应当遵循患者知情同意原则，尊重患者的自主选择权和隐私权，并对患者的隐私保密。

第二十五条 医疗机构开展中医医疗服务，应当符合国家关于中医诊疗、技术、药事等管理的有关规定，加强中医医疗质量管理。

第四章 医疗质量持续改进

第二十六条 医疗机构应当建立本机构全员参与、覆盖临床诊疗服务全过程的医疗质量管理与控制工作制度。医疗机构应当严格按照卫生计生行政部门和质控组织关于医疗质量管理控制工作的有关要求，积极配合质控组织开展工作，促进医疗质量持续改进。

医疗机构应当按照有关要求，向卫生计生行政部门或者质控组织及时、准确地报送本机构医疗质量安全相关数据信息。

医疗机构应当熟练运用医疗质量管理工具开展医疗质量管理与自我评价，根据卫生计生行政部门或者质控组织发布的质控指标和标准完善本机构医疗质量管理相关指标体系，及时收集相关信息，形成本机构医疗质量基础数据。

第二十七条 医疗机构应当加强临床专科服务能力建设，重视专科协同发展，制订专科建设发展规划并组织实施，推行"以患者为中心、以疾病为链条"的多学科诊疗模式。加强继续医学教育，重视人才培养、临床技术创新性研究和成果转化，提高专科临床服务能力与水平。

第二十八条 医疗机构应当加强单病种质量管理与控制工作，建立本机构单病种管理的指标体系，制订单病种医疗质量参考标准，促进医疗质量精细化管理。

第二十九条 医疗机构应当制订满意度监测指标并不断完善，定期开展患者和员工满意度监测，努力改善患者就医体验和员工执业感受。

第三十条 医疗机构应当开展全过程成本精确管理，加强成本核算、过程控制、细节管理和量化分析，不断优化投入产出比，努力提高医疗资源利用效率。

第三十一条 医疗机构应当对各科室医疗质量管理情况进行现场检查和抽查，建立本机构医疗质量内部公示制度，对各科室医疗质量关键指标的完成情况予以内部公示。

医疗机构应当定期对医疗卫生技术人员开展医疗卫生管理法律法规、医院管理制度、医疗质量管理与控制方法、专业技术规范等相关内容的培训和考核。

医疗机构应当将科室医疗质量管理情况作为科室负责人综合目标考核以及聘任、晋升、评先评优的重要指标。

医疗机构应当将科室和医务人员医疗质量管理情况作为医师定期考核、晋升以及科室和医务人员绩效考核的重要依据。

第三十二条 医疗机构应当强化基于电子病历的医院信息平台建设，提高医院信息化工作的规范化水平，使信息化工作满足医疗质量管理与控制需要，充分利用信息化手段开展医疗质量管理与控制。建立完善医疗机构信息管理制度，保障信息安全。

第三十三条 医疗机构应当对本机构医疗质量管理要求执行情况进行评估，对收集的医疗质量信息进行及时分析和反馈，对医疗质量问题和医疗安全风险进行预警，对存在的问题及时采取有效干预措施，并评估干预效果，促进医疗质量的持续改进。

第五章　医疗安全风险防范

第三十四条　国家建立医疗质量(安全)不良事件报告制度,鼓励医疗机构和医务人员主动上报临床诊疗过程中的不良事件,促进信息共享和持续改进。

医疗机构应当建立医疗质量(安全)不良事件信息采集、记录和报告相关制度,并作为医疗机构持续改进医疗质量的重要基础工作。

第三十五条　医疗机构应当建立药品不良反应、药品损害事件和医疗器械不良事件监测报告制度,并按照国家有关规定向相关部门报告。

第三十六条　医疗机构应当提高医疗安全意识,建立医疗安全与风险管理体系,完善医疗安全管理相关工作制度、应急预案和工作流程,加强医疗质量重点部门和关键环节的安全与风险管理,落实患者安全目标。医疗机构应当提高风险防范意识,建立完善相关制度,利用医疗责任保险、医疗意外保险等风险分担形式,保障医患双方合法权益。制订防范、处理医疗纠纷的预案,预防、减少医疗纠纷的发生。完善投诉管理,及时化解和妥善处理医疗纠纷。

第六章　监督管理

第三十七条　县级以上地方卫生计生行政部门负责对本行政区域医疗机构医疗质量管理情况的监督检查。医疗机构应当予以配合,不得拒绝、阻碍或者隐瞒有关情况。

第三十八条　县级以上地方卫生计生行政部门应当建立医疗机构医疗质量管理评估制度,可以根据当地实际情况,组织或者委托专业机构,利用信息化手段开展第三方评估工作,定期在行业内发布评估结果。

县级以上地方卫生计生行政部门和各级质控组织应当重点加强对县级医院、基层医疗机构和民营医疗机构的医疗质量管理和监督。

第三十九条　国家卫生计生委依托国家级人口健康信息平台建立全国医疗质量管理与控制信息系统,对全国医疗质量管理的主要指标信息进行收集、分析和反馈。

省级卫生计生行政部门应当依托区域人口健康信息平台,建立本行政区域的医疗质量管理与控制信息系统,对本行政区域医疗机构医疗质量管理相关信息进行收集、分析和反馈,对医疗机构医疗质量进行评价,并实现与全国医疗质量管理与控制信息系统互连互通。

第四十条　各级卫生计生行政部门应当建立医疗机构医疗质量管理激励机制,采取适当形式对医疗质量管理先进的医疗机构和管理人员予以表扬和鼓励,积极推广先进经验和做法。

第四十一条　县级以上地方卫生计生行政部门应当建立医疗机构医疗质量管理情况约谈制度。对发生重大或者特大医疗质量安全事件、存在严重医疗质量安全隐患,或者未按要求整改的各级各类医疗机构负责人进行约谈;对造成严重后果的,予以通报,依法处理,同时报上级卫生计生行政部门备案。

第四十二条　各级卫生计生行政部门应当将医疗机构医疗质量管理情况和监督检查结果纳入医疗机构及其主要负责人考核的关键指标,并与医疗机构校验、医院评审、评价以及个人业绩考核相结合。考核不合格的,视情况对医疗机构及其主要负责人进行处理。

第七章　法律责任

第四十三条　医疗机构开展诊疗活动超出登记范围、使用非卫生技术人员从事诊疗工作、违规开展禁止或者限制临床应用的医疗技术、使用不合格或者未经批准的药品、医疗器械、耗材等开展诊疗活动的,由县级以上地方卫生计生行政部门依据国家有关法律法规进行处理。

第四十四条　医疗机构有下列情形之一的,由县级以上卫生计生行政部门责令限期改正;逾期不改的,给予警告,并处三万元以下罚款;对公立医疗机构负有责任的主管人员和其他直接责任人员,依法给予处分:

(一)未建立医疗质量管理部门或者未指定专(兼)职人员负责医疗质量管理工作的;

(二)未建立医疗质量管理相关规章制度的;

(三)医疗质量管理制度不落实或者落实不到位,导致医疗质量管理混乱的;

(四)发生重大医疗质量安全事件隐匿不报的;

(五)未按照规定报送医疗质量安全相关信息的;

(六)其他违反本办法规定的行为。

第四十五条　医疗机构执业的医师、护士在执业活动中,有下列行为之一的,由县级以上地方卫生计生行政部门依据《执业医师法》《护士条例》等有关法律法规的规定进行处理;构成犯罪的,依法追究刑事责任:

(一)违反卫生法律、法规、规章制度或者技术操作规范,造成严重后果的;

(二)由于不负责任延误急危患者抢救和诊治,造成严重后果的；

（三）未经亲自诊查，出具检查结果和相关医学文书的；

（四）泄露患者隐私，造成严重后果的；

（五）开展医疗活动未遵守知情同意原则的；

（六）违规开展禁止或者限制临床应用的医疗技术、不合格或者未经批准的药品、医疗器械、耗材等开展诊疗活动的；

（七）其他违反本办法规定的行为。

其他卫生技术人员违反本办法规定的，根据有关法律、法规的规定予以处理。

第四十六条 县级以上地方卫生计生行政部门未按照本办法规定履行监管职责，造成严重后果的，对直接负责的主管人员和其他直接责任人员依法给予行政处分。

第八章 附 则

第四十七条 本办法下列用语的含义：

（一）医疗质量：指在现有医疗技术水平及能力、条件下，医疗机构及其医务人员在临床诊断及治疗过程中，按照职业道德及诊疗规范要求，给予患者医疗照顾的程度。

（二）医疗质量管理：指按照医疗质量形成的规律和有关法律、法规要求，运用现代科学管理方法，对医疗服务要素、过程和结果进行管理与控制，以实现医疗质量系统改进、持续改进的过程。

（三）医疗质量安全核心制度：指医疗机构及其医务人员在诊疗活动中应当严格遵守的相关制度，主要包括：首诊负责制度、三级查房制度、会诊制度、分级护理制度、值班和交接班制度、疑难病例讨论制度、急危重患者抢救制度、术前讨论制度、死亡病例讨论制度、查对制度、手术安全核查制度、手术分级管理制度、新技术和新项目准入制度、危急值报告制度、病历管理制度、抗菌药物分级管理制度、临床用血审核制度、信息安全管理制度等。

（四）医疗质量管理工具：指为实现医疗质量管理目标和持续改进所采用的措施、方法和手段，如全面质量管理（TQC）、质量环（PDCA 循环）、品管圈（QCC）、疾病诊断相关组（DRGs）绩效评价、单病种管理、临床路径管理等。

第四十八条 本办法自 2016 年 11 月 1 日起施行。

最高人民法院关于审理
医疗损害责任纠纷案件
适用法律若干问题的解释

1. *2017 年 3 月 27 日最高人民法院审判委员会第 1713 次会议通过、2017 年 12 月 13 日公布、自 2017 年 12 月 14 日起施行（法释〔2017〕20 号）*
2. *根据 2020 年 12 月 23 日最高人民法院审判委员会第 1823 次会议通过、2020 年 12 月 29 日公布、自 2021 年 1 月 1 日起施行的《最高人民法院关于修改〈最高人民法院关于在民事审判工作中适用《中华人民共和国工会法》若干问题的解释〉等二十七件民事类司法解释的决定》（法释〔2020〕17 号）修正*

为正确审理医疗损害责任纠纷案件，依法维护当事人的合法权益，推动构建和谐医患关系，促进卫生健康事业发展，根据《中华人民共和国民法典》《中华人民共和国民事诉讼法》等法律规定，结合审判实践，制定本解释。

第一条 患者以在诊疗活动中受到人身或者财产损害为由请求医疗机构，医疗产品的生产者、销售者、药品上市许可持有人或者血液提供机构承担侵权责任的案件，适用本解释。

患者以在美容医疗机构或者开设医疗美容科室的医疗机构实施的医疗美容活动中受到人身或者财产损害为由提起的侵权纠纷案件，适用本解释。

当事人提起的医疗服务合同纠纷案件，不适用本解释。

第二条 患者因同一伤病在多个医疗机构接受诊疗受到损害，起诉部分或者全部就诊的医疗机构的，应予受理。

患者起诉部分就诊的医疗机构后，当事人依法申请追加其他就诊的医疗机构为共同被告或者第三人的，应予准许。必要时，人民法院可以依法追加相关当事人参加诉讼。

第三条 患者因缺陷医疗产品受到损害，起诉部分或者全部医疗产品的生产者、销售者、药品上市许可持有人和医疗机构的，应予受理。

患者仅起诉医疗产品的生产者、销售者、药品上市许可持有人、医疗机构中部分主体，当事人依法申请追加其他主体为共同被告或者第三人的，应予准许。

必要时,人民法院可以依法追加相关当事人参加诉讼。

患者因输入不合格的血液受到损害提起侵权诉讼的,参照适用前两款规定。

第四条 患者依据民法典第一千二百一十八条规定主张医疗机构承担赔偿责任的,应当提交到该医疗机构就诊、受到损害的证据。

患者无法提交医疗机构或者其医务人员有过错、诊疗行为与损害之间具有因果关系的证据,依法提出医疗损害鉴定申请的,人民法院应予准许。

医疗机构主张不承担责任的,应当就民法典第一千二百二十四条第一款规定情形等抗辩事由承担举证证明责任。

第五条 患者依据民法典第一千二百一十九条规定主张医疗机构承担赔偿责任的,应当按照前条第一款规定提交证据。

实施手术、特殊检查、特殊治疗的,医疗机构应当承担说明义务并取得患者或者患者近亲属明确同意,但属于民法典第一千二百二十条规定情形的除外。医疗机构提交患者或者患者近亲属明确同意证据的,人民法院可以认定医疗机构尽到说明义务,但患者有相反证据足以反驳的除外。

第六条 民法典第一千二百二十二条规定的病历资料包括医疗机构保管的门诊病历、住院志、体温单、医嘱单、检验报告、医学影像检查资料、特殊检查(治疗)同意书、手术同意书、手术及麻醉记录、病理资料、护理记录、出院记录以及国务院卫生行政主管部门规定的其他病历资料。

患者依法向人民法院申请医疗机构提交由其保管的与纠纷有关的病历资料等,医疗机构未在人民法院指定期限内提交的,人民法院可以依照民法典第一千二百二十二条第二项规定推定医疗机构有过错,但是因不可抗力等客观原因无法提交的除外。

第七条 患者依据民法典第一千二百二十三条规定请求赔偿的,应当提交使用医疗产品或者输入血液、受到损害的证据。

患者无法提交使用医疗产品或者输入血液与损害之间具有因果关系的证据,依法申请鉴定的,人民法院应予准许。

医疗机构,医疗产品的生产者、销售者、药品上市许可持有人或者血液提供机构主张不承担责任的,应当对医疗产品不存在缺陷或者血液合格等抗辩事由承担举证证明责任。

第八条 当事人依法申请对医疗损害责任纠纷中的专门性问题进行鉴定的,人民法院应予准许。

当事人未申请鉴定,人民法院对前款规定的专门性问题认为需要鉴定的,应当依职权委托鉴定。

第九条 当事人申请医疗损害鉴定的,由双方当事人协商确定鉴定人。

当事人就鉴定人无法达成一致意见,人民法院提出确定鉴定人的方法,当事人同意的,按照该方法确定;当事人不同意的,由人民法院指定。

鉴定人应当从具备相应鉴定能力、符合鉴定要求的专家中确定。

第十条 委托医疗损害鉴定的,当事人应当按照要求提交真实、完整、充分的鉴定材料。提交的鉴定材料不符合要求的,人民法院应当通知当事人更换或者补充相应材料。

在委托鉴定前,人民法院应当组织当事人对鉴定材料进行质证。

第十一条 委托鉴定书,应当有明确的鉴定事项和鉴定要求。鉴定人应当按照委托鉴定的事项和要求进行鉴定。

下列专门性问题可以作为申请医疗损害鉴定的事项:

(一)实施诊疗行为有无过错;

(二)诊疗行为与损害后果之间是否存在因果关系以及原因力大小;

(三)医疗机构是否尽到了说明义务、取得患者或者患者近亲属明确同意的义务;

(四)医疗产品是否有缺陷、该缺陷与损害后果之间是否存在因果关系以及原因力的大小;

(五)患者损伤残疾程度;

(六)患者的护理期、休息期、营养期;

(七)其他专门性问题。

鉴定要求包括鉴定人的资质、鉴定人的组成、鉴定程序、鉴定意见、鉴定期限等。

第十二条 鉴定意见可以按照导致患者损害的全部原因、主要原因、同等原因、次要原因、轻微原因或者与患者损害无因果关系,表述诊疗行为或者医疗产品等造成患者损害的原因力大小。

第十三条 鉴定意见应当经当事人质证。

当事人申请鉴定人出庭作证,经人民法院审查同意,或者人民法院认为鉴定人有必要出庭的,应当通知鉴定人出庭作证。双方当事人同意鉴定人通过书面说明、视听传输技术或者视听资料等方式作证的,可以准许。

鉴定人因健康原因、自然灾害等不可抗力或者其他正当理由不能按期出庭的,可以延期开庭;经人民法院许可,也可以通过书面说明、视听传输技术或者视听资料等方式作证。

无前款规定理由,鉴定人拒绝出庭作证,当事人对鉴定意见又不认可的,对该鉴定意见不予采信。

第十四条 当事人申请通知一至二名具有医学专门知识的人出庭,对鉴定意见或者案件的其他专门性事实问题提出意见,人民法院准许的,应当通知具有医学专门知识的人出庭。

前款规定的具有医学专门知识的人提出的意见,视为当事人的陈述,经质证可以作为认定案件事实的根据。

第十五条 当事人自行委托鉴定人作出的医疗损害鉴定意见,其他当事人认可的,可予采信。

当事人共同委托鉴定人作出的医疗损害鉴定意见,一方当事人不认可的,应当提出明确的异议内容和理由。经审查,有证据足以证明异议成立的,对鉴定意见不予采信;异议不成立的,应予采信。

第十六条 对医疗机构或者其医务人员的过错,应当依据法律、行政法规、规章以及其他有关诊疗规范进行认定,可以综合考虑患者病情的紧急程度、患者个体差异、当地的医疗水平、医疗机构与医务人员资质等因素。

第十七条 医务人员违反民法典第一千二百一十九条第一款规定义务,但未造成患者人身损害,患者请求医疗机构承担损害赔偿责任的,不予支持。

第十八条 因抢救生命垂危的患者等紧急情况且不能取得患者意见时,下列情形可以认定为民法典第一千二百二十条规定的不能取得患者近亲属意见:

(一)近亲属不明的;
(二)不能及时联系到近亲属的;
(三)近亲属拒绝发表意见的;
(四)近亲属达不成一致意见的;
(五)法律、法规规定的其他情形。

前款情形,医务人员经医疗机构负责人或者授权的负责人批准立即实施相应医疗措施,患者因此请求医疗机构承担赔偿责任的,不予支持;医疗机构及其医务人员怠于实施相应医疗措施造成损害,患者请求医疗机构承担赔偿责任的,应予支持。

第十九条 两个以上医疗机构的诊疗行为造成患者同一损害,患者请求医疗机构承担赔偿责任的,应当区分不同情况,依照民法典第一千一百六十八条、第一千一百七十一条或者第一千一百七十二条的规定,确定各医疗机构承担的赔偿责任。

第二十条 医疗机构邀请本单位以外的医务人员对患者进行诊疗,因受邀医务人员的过错造成患者损害的,由邀请医疗机构承担赔偿责任。

第二十一条 因医疗产品的缺陷或者输入不合格血液受到损害,患者请求医疗机构,缺陷医疗产品的生产者、销售者、药品上市许可持有人或者血液提供机构承担赔偿责任的,应予支持。

医疗机构承担赔偿责任后,向缺陷医疗产品的生产者、销售者、药品上市许可持有人或者血液提供机构追偿的,应予支持。

因医疗机构的过错使医疗产品存在缺陷或者血液不合格,医疗产品的生产者、销售者、药品上市许可持有人或者血液提供机构承担赔偿责任后,向医疗机构追偿的,应予支持。

第二十二条 缺陷医疗产品与医疗机构的过错诊疗行为共同造成患者同一损害,患者请求医疗机构与医疗产品的生产者、销售者、药品上市许可持有人承担连带责任的,应予支持。

医疗机构或者医疗产品的生产者、销售者、药品上市许可持有人承担赔偿责任后,向其他责任主体追偿的,应当根据诊疗行为与缺陷医疗产品造成患者损害的原因力大小确定相应的数额。

输入不合格血液与医疗机构的过错诊疗行为共同造成患者同一损害的,参照适用前两款规定。

第二十三条 医疗产品的生产者、销售者、药品上市许可持有人明知医疗产品存在缺陷仍然生产、销售,造成患者死亡或者健康严重损害,被侵权人请求生产者、销售者、药品上市许可持有人赔偿损失及二倍以下惩罚性赔偿的,人民法院应予支持。

第二十四条 被侵权人同时起诉两个以上医疗机构承担赔偿责任,人民法院经审理,受诉法院所在地的医疗机构依法不承担赔偿责任,其他医疗机构承担赔偿责任

的,残疾赔偿金、死亡赔偿金的计算,按下列情形分别处理:

(一)一个医疗机构承担责任的,按照该医疗机构所在地的赔偿标准执行;

(二)两个以上医疗机构均承担责任的,可以按照其中赔偿标准较高的医疗机构所在地标准执行。

第二十五条 患者死亡后,其近亲属请求医疗损害赔偿的,适用本解释;支付患者医疗费、丧葬费等合理费用的人请求赔偿该费用的,适用本解释。

本解释所称的"医疗产品"包括药品、消毒产品、医疗器械等。

第二十六条 本院以前发布的司法解释与本解释不一致的,以本解释为准。

本解释施行后尚未终审的案件,适用本解释;本解释施行前已经终审,当事人申请再审或者按照审判监督程序决定再审的案件,不适用本解释。

5.环境污染损害赔偿

中华人民共和国环境保护法

1. 1989年12月26日第七届全国人民代表大会常务委员会第十一次会议通过
2. 2014年4月24日第十二届全国人民代表大会常务委员会第八次会议修订
3. 自2015年1月1日起施行

目 录

第一章 总 则
第二章 监督管理
第三章 保护和改善环境
第四章 防治污染和其他公害
第五章 信息公开和公众参与
第六章 法律责任
第七章 附 则

第一章 总 则

第一条 【立法目的】为保护和改善环境,防治污染和其他公害,保障公众健康,推进生态文明建设,促进经济社会可持续发展,制定本法。

第二条 【环境的含义】本法所称环境,是指影响人类生存和发展的各种天然的和经过人工改造的自然因素的总体,包括大气、水、海洋、土地、矿藏、森林、草原、湿地、野生生物、自然遗迹、人文遗迹、自然保护区、风景名胜区、城市和乡村等。

第三条 【适用范围】本法适用于中华人民共和国领域和中华人民共和国管辖的其他海域。

第四条 【基本国策】保护环境是国家的基本国策。

国家采取有利于节约和循环利用资源、保护和改善环境、促进人与自然和谐的经济、技术政策和措施,使经济社会发展与环境保护相协调。

第五条 【基本原则】环境保护坚持保护优先、预防为主、综合治理、公众参与、损害担责的原则。

第六条 【环境保护义务】一切单位和个人都有保护环境的义务。

地方各级人民政府应当对本行政区域的环境质量负责。

企业事业单位和其他生产经营者应当防止、减少环境污染和生态破坏,对所造成的损害依法承担责任。

公民应当增强环境保护意识,采取低碳、节俭的生活方式,自觉履行环境保护义务。

第七条 【环保科教】国家支持环境保护科学技术研究、开发和应用,鼓励环境保护产业发展,促进环境保护信息化建设,提高环境保护科学技术水平。

第八条 【加大财政投入】各级人民政府应当加大保护和改善环境、防治污染和其他公害的财政投入,提高财政资金的使用效益。

第九条 【环保宣传与舆论监督】各级人民政府应当加强环境保护宣传和普及工作,鼓励基层群众性自治组织、社会组织、环境保护志愿者开展环境保护法律法规和环境保护知识的宣传,营造保护环境的良好风气。

教育行政部门、学校应当将环境保护知识纳入学校教育内容,培养学生的环境保护意识。

新闻媒体应当开展环境保护法律法规和环境保护知识的宣传,对环境违法行为进行舆论监督。

第十条 【环保工作管理体制】国务院环境保护主管部门,对全国环境保护工作实施统一监督管理;县级以上地方人民政府环境保护主管部门,对本行政区域环境保护工作实施统一监督管理。

县级以上人民政府有关部门和军队环境保护部门,依照有关法律的规定对资源保护和污染防治等环境保护工作实施监督管理。

第十一条 【奖励】对保护和改善环境有显著成绩的单位和个人,由人民政府给予奖励。

第十二条 【环境日】每年6月5日为环境日。

第二章 监 督 管 理

第十三条 【环保规划】县级以上人民政府应当将环境保护工作纳入国民经济和社会发展规划。

国务院环境保护主管部门会同有关部门,根据国民经济和社会发展规划编制国家环境保护规划,报国务院批准并公布实施。

县级以上地方人民政府环境保护主管部门会同有关部门,根据国家环境保护规划的要求,编制本行政区域的环境保护规划,报同级人民政府批准并公布实施。

环境保护规划的内容应当包括生态保护和污染防治的目标、任务、保障措施等,并与主体功能区规划、土地利用总体规划和城乡规划等相衔接。

第十四条 【政策制定考虑环境影响】国务院有关部门和省、自治区、直辖市人民政府组织制定经济、技术政策,应当充分考虑对环境的影响,听取有关方面和专家的意见。

第十五条 【环境质量标准制定】国务院环境保护主管部门制定国家环境质量标准。

省、自治区、直辖市人民政府对国家环境质量标准中未作规定的项目,可以制定地方环境质量标准;对国家环境质量标准中已作规定的项目,可以制定严于国家环境质量标准的地方环境质量标准。地方环境质量标准应当报国务院环境保护主管部门备案。

国家鼓励开展环境基准研究。

第十六条 【污染物排放标准制定】国务院环境保护主管部门根据国家环境质量标准和国家经济、技术条件,制定国家污染物排放标准。

省、自治区、直辖市人民政府对国家污染物排放标准中未作规定的项目,可以制定地方污染物排放标准;对国家污染物排放标准中已作规定的项目,可以制定严于国家污染物排放标准的地方污染物排放标准。地方污染物排放标准应当报国务院环境保护主管部门备案。

第十七条 【环境监测】国家建立、健全环境监测制度。国务院环境保护主管部门制定监测规范,会同有关部门组织监测网络,统一规划国家环境质量监测站(点)的设置,建立监测数据共享机制,加强对环境监测的管理。

有关行业、专业等各类环境质量监测站(点)的设置应当符合法律法规规定和监测规范的要求。

监测机构应当使用符合国家标准的监测设备,遵守监测规范。监测机构及其负责人对监测数据的真实性和准确性负责。

第十八条 【预警机制制定】省级以上人民政府应当组织有关部门或者委托专业机构,对环境状况进行调查、评价,建立环境资源承载能力监测预警机制。

第十九条 【环境影响评价】编制有关开发利用规划,建设对环境有影响的项目,应当依法进行环境影响评价。

未依法进行环境影响评价的开发利用规划,不得组织实施;未依法进行环境影响评价的建设项目,不得开工建设。

第二十条 【区域联防联控】国家建立跨行政区域的重点区域、流域环境污染和生态破坏联合防治协调机制,实行统一规划、统一标准、统一监测、统一的防治措施。

前款规定以外的跨行政区域的环境污染和生态破坏的防治,由上级人民政府协调解决,或者由有关地方人民政府协商解决。

第二十一条 【鼓励和支持措施】国家采取财政、税收、价格、政府采购等方面的政策和措施,鼓励和支持环境保护技术装备、资源综合利用和环境服务等环境保护产业的发展。

第二十二条 【鼓励和支持减排企业】企业事业单位和其他生产经营者,在污染物排放符合法定要求的基础上,进一步减少污染物排放的,人民政府应当依法采取财政、税收、价格、政府采购等方面的政策和措施予以鼓励和支持。

第二十三条 【环境污染整治企业】企业事业单位和其他生产经营者,为改善环境,依照有关规定转产、搬迁、关闭的,人民政府应当予以支持。

第二十四条 【现场检查制度】县级以上人民政府环境保护主管部门及其委托的环境监察机构和其他负有环境保护监督管理职责的部门,有权对排放污染物的企业事业单位和其他生产经营者进行现场检查。被检查者应当如实反映情况,提供必要的资料。实施现场检查的部门、机构及其工作人员应当为被检查者保守商业秘密。

第二十五条 【环保部门行政强制措施权】企业事业单位和其他生产经营者违反法律法规规定排放污染物,造成或者可能造成严重污染的,县级以上人民政府环境保护主管部门和其他负有环境保护监督管理职责的部门,可以查封、扣押造成污染物排放的设施、设备。

第二十六条 【环境保护目标责任制和考核评价制度】国家实行环境保护目标责任制和考核评价制度。县级以上人民政府应当将环境保护目标完成情况纳入对本级人民政府负有环境保护监督管理职责的部门及其负责人和下级人民政府及其负责人的考核内容,作为对其考核评价的重要依据。考核结果应当向社会公开。

第二十七条 【人大监督】县级以上人民政府应当每年向本级人民代表大会或者人民代表大会常务委员会报告环境状况和环境保护目标完成情况,对发生的重大环境事件应当及时向本级人民代表大会常务委员会报告,依法接受监督。

第三章 保护和改善环境

第二十八条 【地方政府改善环境质量】地方各级人民政府应当根据环境保护目标和治理任务,采取有效措施,改善环境质量。

未达到国家环境质量标准的重点区域、流域的有关地方人民政府,应当制定限期达标规划,并采取措施按期达标。

第二十九条 【生态保护红线】国家在重点生态功能区、生态环境敏感区和脆弱区等区域划定生态保护红线,实行严格保护。

各级人民政府对具有代表性的各种类型的自然生态系统区域,珍稀、濒危的野生动植物自然分布区域,重要的水源涵养区域,具有重大科学文化价值的地质构造、著名溶洞和化石分布区、冰川、火山、温泉等自然遗迹,以及人文遗迹、古树名木,应当采取措施予以保护,严禁破坏。

第三十条 【保护生物多样性】开发利用自然资源,应当合理开发,保护生物多样性,保障生态安全,依法制定有关生态保护和恢复治理方案并予以实施。

引进外来物种以及研究、开发和利用生物技术,应当采取措施,防止对生物多样性的破坏。

第三十一条 【生态保护补偿】国家建立、健全生态保护补偿制度。

国家加大对生态保护地区的财政转移支付力度。有关地方人民政府应当落实生态保护补偿资金,确保其用于生态保护补偿。

国家指导受益地区和生态保护地区人民政府通过协商或者按照市场规则进行生态保护补偿。

第三十二条 【保护大气、水、土壤】国家加强对大气、水、土壤等的保护,建立和完善相应的调查、监测、评估和修复制度。

第三十三条 【农业与农村环境保护】各级人民政府应当加强对农业环境的保护,促进农业环境保护新技术的使用,加强对农业污染源的监测预警,统筹有关部门采取措施,防治土壤污染和土地沙化、盐渍化、贫瘠化、石漠化、地面沉降以及防治植被破坏、水土流失、水体富营养化、水源枯竭、种源灭绝等生态失调现象,推广植物病虫害的综合防治。

县级、乡级人民政府应当提高农村环境保护公共服务水平,推动农村环境综合整治。

第三十四条 【海洋环境保护】国务院和沿海地方各级人民政府应当加强对海洋环境的保护。向海洋排放污染物、倾倒废弃物,进行海岸工程和海洋工程建设,应当符合法律法规规定和有关标准,防止和减少对海洋环境的污染损害。

第三十五条 【城乡建设的环境保护】城乡建设应当结合当地自然环境的特点,保护植被、水域和自然景观,加强城市园林、绿地和风景名胜区的建设与管理。

第三十六条 【绿色采购、绿色消费】国家鼓励和引导公民、法人和其他组织使用有利于保护环境的产品和再生产品,减少废弃物的产生。

国家机关和使用财政资金的其他组织应当优先采购和使用节能、节水、节材等有利于保护环境的产品、设备和设施。

第三十七条 【地方政府组织处理生活废弃物】地方各级人民政府应当采取措施,组织对生活废弃物的分类处置、回收利用。

第三十八条 【公民环境保护义务】公民应当遵守环境保护法律法规,配合实施环境保护措施,按照规定对生活废弃物进行分类放置,减少日常生活对环境造成的损害。

第三十九条 【国家监测制度和研究】国家建立、健全环境与健康监测、调查和风险评估制度;鼓励和组织开展环境质量对公众健康影响的研究,采取措施预防和控制与环境污染有关的疾病。

第四章 防治污染和其他公害

第四十条 【促进清洁生产和资源循环利用】国家促进清洁生产和资源循环利用。

国务院有关部门和地方各级人民政府应当采取措施,推广清洁能源的生产和使用。

企业应当优先使用清洁能源,采用资源利用率高、污染物排放量少的工艺、设备以及废弃物综合利用技术和污染物无害化处理技术,减少污染物的产生。

第四十一条 【防污设施的设计、施工与投产】建设项目中防治污染的设施,应当与主体工程同时设计、同时施工、同时投产使用。防治污染的设施应当符合经批准的环境影响评价文件的要求,不得擅自拆除或者闲置。

第四十二条 【排污者防治污染责任】排放污染物的企业事业单位和其他生产经营者,应当采取措施,防治在生产建设或者其他活动中产生的废气、废水、废渣、医疗废物、粉尘、恶臭气体、放射性物质以及噪声、振动、光辐射、电磁辐射等对环境的污染和危害。

排放污染物的企业事业单位,应当建立环境保护责任制度,明确单位负责人和相关人员的责任。

重点排污单位应当按照国家有关规定和监测规范

安装使用监测设备,保证监测设备正常运行,保存原始监测记录。

严禁通过暗管、渗井、渗坑、灌注或者篡改、伪造监测数据,或者不正常运行防治污染设施等逃避监管的方式违法排放污染物。

第四十三条　【排污费和环境保护税】排放污染物的企业事业单位和其他生产经营者,应当按照国家有关规定缴纳排污费。排污费应当全部专项用于环境污染防治,任何单位和个人不得截留、挤占或者挪作他用。

依照法律规定征收环境保护税的,不再征收排污费。

第四十四条　【重点污染物排放总量控制】国家实行重点污染物排放总量控制制度。重点污染物排放总量控制指标由国务院下达,省、自治区、直辖市人民政府分解落实。企业事业单位在执行国家和地方污染物排放标准的同时,应当遵守分解落实到本单位的重点污染物排放总量控制指标。

对超过国家重点污染物排放总量控制指标或者未完成国家确定的环境质量目标的地区,省级以上人民政府环境保护主管部门应当暂停审批其新增重点污染物排放总量的建设项目环境影响评价文件。

第四十五条　【排污许可管理制度】国家依照法律规定实行排污许可管理制度。

实行排污许可管理的企业事业单位和其他生产经营者应当按照排污许可证的要求排放污染物;未取得排污许可证的,不得排放污染物。

第四十六条　【工艺、设备和产品实行淘汰制度】国家对严重污染环境的工艺、设备和产品实行淘汰制度。任何单位和个人不得生产、销售或者转移、使用严重污染环境的工艺、设备和产品。

禁止引进不符合我国环境保护规定的技术、设备、材料和产品。

第四十七条　【突发环境事件处理】各级人民政府及其有关部门和企业事业单位,应当依照《中华人民共和国突发事件应对法》的规定,做好突发环境事件的风险控制、应急准备、应急处置和事后恢复等工作。

县级以上人民政府应当建立环境污染公共监测预警机制,组织制定预警方案;环境受到污染,可能影响公众健康和环境安全时,依法及时公布预警信息,启动应急措施。

企业事业单位应当按照国家有关规定制定突发环境事件应急预案,报环境保护主管部门和有关部门备案。在发生或者可能发生突发环境事件时,企业事业单位应当立即采取措施处理,及时通报可能受到危害的单位和居民,并向环境保护主管部门和有关部门报告。

突发环境事件应急处置工作结束后,有关人民政府应当立即组织评估事件造成的环境影响和损失,并及时将评估结果向社会公布。

第四十八条　【化学物品和含有放射性物质物品安全控制和管理】生产、储存、运输、销售、使用、处置化学物品和含有放射性物质的物品,应当遵守国家有关规定,防止污染环境。

第四十九条　【农业、农村环境污染防治】各级人民政府及其农业等有关部门和机构应当指导农业生产经营者科学种植和养殖,科学合理施用农药、化肥等农业投入品,科学处置农用薄膜、农作物秸秆等农业废弃物,防止农业面源污染。

禁止将不符合农用标准和环境保护标准的固体废物、废水施入农田。施用农药、化肥等农业投入品及进行灌溉,应当采取措施,防止重金属和其他有毒有害物质污染环境。

畜禽养殖场、养殖小区、定点屠宰企业等的选址、建设和管理应当符合有关法律法规规定。从事畜禽养殖和屠宰的单位和个人应当采取措施,对畜禽粪便、尸体和污水等废弃物进行科学处置,防止污染环境。

县级人民政府负责组织农村生活废弃物的处置工作。

第五十条　【农村环境污染防治资金支持】各级人民政府应当在财政预算中安排资金,支持农村饮用水水源地保护、生活污水和其他废弃物处理、畜禽养殖和屠宰污染防治、土壤污染防治和农村工矿污染治理等环境保护工作。

第五十一条　【农村环境卫生设施和环境保护公共设施建设】各级人民政府应当统筹城乡建设污水处理设施及配套管网,固体废物的收集、运输和处置等环境卫生设施,危险废物集中处置设施、场所以及其他环境保护公共设施,并保障其正常运行。

第五十二条　【环境污染责任保险】国家鼓励投保环境污染责任保险。

第五章　信息公开和公众参与

第五十三条　【环境权利及其保障机制】公民、法人和其他组织依法享有获取环境信息、参与和监督环境保护的权利。

各级人民政府环境保护主管部门和其他负有环境保护监督管理职责的部门,应当依法公开环境信息、完善公众参与程序,为公民、法人和其他组织参与和监督环境保护提供便利。

第五十四条 【环境信息公开】国务院环境保护主管部门统一发布国家环境质量、重点污染源监测信息及其他重大环境信息。省级以上人民政府环境保护主管部门定期发布环境状况公报。

县级以上人民政府环境保护主管部门和其他负有环境保护监督管理职责的部门,应当依法公开环境质量、环境监测、突发环境事件以及环境行政许可、行政处罚、排污费的征收和使用情况等信息。

县级以上地方人民政府环境保护主管部门和其他负有环境保护监督管理职责的部门,应当将企业事业单位和其他生产经营者的环境违法信息记入社会诚信档案,及时向社会公布违法者名单。

第五十五条 【企业环境信息公开】重点排污单位应当如实向社会公开其主要污染物的名称、排放方式、排放浓度和总量、超标排放情况,以及防治污染设施的建设和运行情况,接受社会监督。

第五十六条 【公众参与】对依法应当编制环境影响报告书的建设项目,建设单位应当在编制时向可能受影响的公众说明情况,充分征求意见。

负责审批建设项目环境影响评价文件的部门在收到建设项目环境影响报告书后,除涉及国家秘密和商业秘密的事项外,应当全文公开;发现建设项目未充分征求公众意见的,应当责成建设单位征求公众意见。

第五十七条 【举报】公民、法人和其他组织发现任何单位和个人有污染环境和破坏生态行为的,有权向环境保护主管部门或者其他负有环境保护监督管理职责的部门举报。

公民、法人和其他组织发现地方各级人民政府、县级以上人民政府环境保护主管部门和其他负有环境保护监督管理职责的部门不依法履行职责的,有权向其上级机关或者监察机关举报。

接受举报的机关应当对举报人的相关信息予以保密,保护举报人的合法权益。

第五十八条 【环境公益诉讼】对污染环境、破坏生态,损害社会公共利益的行为,符合下列条件的社会组织可以向人民法院提起诉讼:

(一)依法在设区的市级以上人民政府民政部门登记;

(二)专门从事环境保护公益活动连续五年以上且无违法记录。

符合前款规定的社会组织向人民法院提起诉讼,人民法院应当依法受理。

提起诉讼的社会组织不得通过诉讼牟取经济利益。

第六章 法律责任

第五十九条 【按日计罚制度】企业事业单位和其他生产经营者违法排放污染物,受到罚款处罚,被责令改正,拒不改正的,依法作出处罚决定的行政机关可以自责令改正之日的次日起,按照原处罚数额按日连续处罚。

前款规定的罚款处罚,依照有关法律法规按照防治污染设施的运行成本、违法行为造成的直接损失或者违法所得等因素确定的规定执行。

地方性法规可以根据环境保护的实际需要,增加第一款规定的按日连续处罚的违法行为的种类。

第六十条 【超标超总量的法律责任】企业事业单位和其他生产经营者超过污染物排放标准或者超过重点污染物排放总量控制指标排放污染物的,县级以上人民政府环境保护主管部门可以责令其采取限制生产、停产整治等措施;情节严重的,报经有批准权的人民政府批准,责令停业、关闭。

第六十一条 【擅自开工建设的法律责任】建设单位未依法提交建设项目环境影响评价文件或者环境影响评价文件未经批准,擅自开工建设的,由负有环境保护监督管理职责的部门责令停止建设,处以罚款,并可以责令恢复原状。

第六十二条 【违规公开环境信息的法律责任】违反本法规定,重点排污单位不公开或者不如实公开环境信息的,由县级以上地方人民政府环境保护主管部门责令公开,处以罚款,并予以公告。

第六十三条 【行政拘留】企业事业单位和其他生产经营者有下列行为之一,尚不构成犯罪的,除依照有关法律法规规定予以处罚外,由县级以上人民政府环境保护主管部门或者其他有关部门将案件移送公安机关,对其直接负责的主管人员和其他直接责任人员,处十日以上十五日以下拘留;情节较轻的,处五日以上十日以下拘留：

（一）建设项目未依法进行环境影响评价，被责令停止建设，拒不执行的；

（二）违反法律规定，未取得排污许可证排放污染物，被责令停止排污，拒不执行的；

（三）通过暗管、渗井、渗坑、灌注或者篡改、伪造监测数据，或者不正常运行防治污染设施等逃避监管的方式违法排放污染物的；

（四）生产、使用国家明令禁止生产、使用的农药，被责令改正，拒不改正的。

第六十四条 【侵权责任】因污染环境和破坏生态造成损害的，应当依照《中华人民共和国侵权责任法》的有关规定承担侵权责任。

第六十五条 【环境服务机构与污染者的连带责任】环境影响评价机构、环境监测机构以及从事环境监测设备和防治污染设施维护、运营的机构，在有关环境服务活动中弄虚作假，对造成的环境污染和生态破坏负有责任的，除依照有关法律法规规定予以处罚外，还应当与造成环境污染和生态破坏的其他责任者承担连带责任。

第六十六条 【诉讼时效期间】提起环境损害赔偿诉讼的时效期间为三年，从当事人知道或者应当知道其受到损害时起计算。

第六十七条 【上级对下级进行监督】上级人民政府及其环境保护主管部门应当加强对下级人民政府及其有关部门环境保护工作的监督。发现有关工作人员有违法行为，依法应当给予处分的，应当向其任免机关或者监察机关提出处分建议。

依法应当给予行政处罚，而有关环境保护主管部门不给予行政处罚的，上级人民政府环境保护主管部门可以直接作出行政处罚的决定。

第六十八条 【监管部门的法律责任】地方各级人民政府、县级以上人民政府环境保护主管部门和其他负有环境保护监督管理职责的部门有下列行为之一的，对直接负责的主管人员和其他直接责任人员给予记过、记大过或者降级处分；造成严重后果的，给予撤职或者开除处分，其主要负责人应当引咎辞职：

（一）不符合行政许可条件准予行政许可的；

（二）对环境违法行为进行包庇的；

（三）依法应当作出责令停业、关闭的决定而未作出的；

（四）对超标排放污染物、采用逃避监管的方式排放污染物、造成环境事故以及不落实生态保护措施造成生态破坏等行为，发现或者接到举报未及时查处的；

（五）违反本法规定，查封、扣押企业事业单位和其他生产经营者的设施、设备的；

（六）篡改、伪造或者指使篡改、伪造监测数据的；

（七）应当依法公开环境信息而未公开的；

（八）将征收的排污费截留、挤占或者挪作他用的；

（九）法律法规规定的其他违法行为。

第六十九条 【刑事责任】违反本法规定，构成犯罪的，依法追究刑事责任。

第七章 附 则

第七十条 【施行日期】本法自 2015 年 1 月 1 日起施行。

中华人民共和国
海洋环境保护法

1. 1982 年 8 月 23 日第五届全国人民代表大会常务委员会第二十四次会议通过
2. 1999 年 12 月 25 日第九届全国人民代表大会常务委员会第十三次会议第一次修订
3. 根据 2013 年 12 月 28 日第十二届全国人民代表大会常务委员会第六次会议《关于修改〈中华人民共和国海洋环境保护法〉等七部法律的决定》第一次修正
4. 根据 2016 年 11 月 7 日第十二届全国人民代表大会常务委员会第二十四次会议《关于修改〈中华人民共和国海洋环境保护法〉的决定》第二次修正
5. 根据 2017 年 11 月 4 日第十二届全国人民代表大会常务委员会第三十次会议《关于修改〈中华人民共和国会计法〉等十一部法律的决定》第三次修正
6. 2023 年 10 月 24 日第十四届全国人民代表大会常务委员会第六次会议第二次修订

目 录

第一章　总　　则
第二章　海洋环境监督管理
第三章　海洋生态保护
第四章　陆源污染物污染防治
第五章　工程建设项目污染防治
第六章　废弃物倾倒污染防治
第七章　船舶及有关作业活动污染防治

第八章　法律责任
第九章　附　　则

第一章　总　　则

第一条　【立法目的】为了保护和改善海洋环境,保护海洋资源,防治污染损害,保障生态安全和公众健康,维护国家海洋权益,建设海洋强国,推进生态文明建设,促进经济社会可持续发展,实现人与自然和谐共生,根据宪法,制定本法。

第二条　【适用范围】本法适用于中华人民共和国管辖海域。

在中华人民共和国管辖海域内从事航行、勘探、开发、生产、旅游、科学研究及其他活动,或者在沿海陆域内从事影响海洋环境活动的任何单位和个人,应当遵守本法。

在中华人民共和国管辖海域以外,造成中华人民共和国管辖海域环境污染、生态破坏的,适用本法相关规定。

第三条　【原则】海洋环境保护应当坚持保护优先、预防为主、源头防控、陆海统筹、综合治理、公众参与、损害担责的原则。

第四条　【监管部门】国务院生态环境主管部门负责全国海洋环境的监督管理,负责全国防治陆源污染物、海岸工程和海洋工程建设项目(以下称工程建设项目)、海洋倾倒废弃物对海洋环境污染损害的环境保护工作,指导、协调和监督全国海洋生态保护修复工作。

国务院自然资源主管部门负责海洋保护和开发利用的监督管理,负责全国海洋生态、海域海岸线和海岛的修复工作。

国务院交通运输主管部门负责所辖港区水域内非军事船舶和港区水域外非渔业、非军事船舶污染海洋环境的监督管理,组织、协调、指挥重大海上溢油应急处置。海事管理机构具体负责上述水域内相关船舶污染海洋环境的监督管理,并负责污染事故的调查处理;对在中华人民共和国管辖海域航行、停泊和作业的外国籍船舶造成的污染事故登轮检查处理。船舶污染事故给渔业造成损害的,应当吸收渔业主管部门参与调查处理。

国务院渔业主管部门负责渔港水域内非军事船舶和渔港水域外渔业船舶污染海洋环境的监督管理,负责保护渔业水域生态环境工作,并调查处理前款规定的污染事故以外的渔业污染事故。

国务院发展改革、水行政、住房和城乡建设、林业和草原等部门在各自职责范围内负责有关行业、领域涉及的海洋环境保护工作。

海警机构在职责范围内对海洋工程建设项目、海洋倾倒废弃物对海洋环境污染损害、自然保护地海岸线向海一侧保护利用等活动进行监督检查,查处违法行为,按照规定权限参与海洋环境污染事故的应急处置和调查处理。

军队生态环境保护部门负责军事船舶污染海洋环境的监督管理及污染事故的调查处理。

第五条　【目标责任制和考核评价制度】沿海县级以上地方人民政府对其管理海域的海洋环境质量负责。

国家实行海洋环境保护目标责任制和考核评价制度,将海洋环境保护目标完成情况纳入考核评价的内容。

第六条　【海洋环境保护区域协作机制】沿海县级以上地方人民政府可以建立海洋环境保护区域协作机制,组织协调其管理海域的环境保护工作。

跨区域的海洋环境保护工作,由有关沿海地方人民政府协商解决,或者由上级人民政府协调解决。

跨部门的重大海洋环境保护工作,由国务院生态环境主管部门协调;协调未能解决的,由国务院作出决定。

第七条　【纳入国民经济和社会发展规划】国务院和沿海县级以上地方人民政府应当将海洋环境保护工作纳入国民经济和社会发展规划,按照事权和支出责任划分原则,将海洋环境保护工作所需经费纳入本级政府预算。

第八条　【宣传普及和信息公开】各级人民政府及其有关部门应当加强海洋环境保护的宣传教育和知识普及工作,增强公众海洋环境保护意识,引导公众依法参与海洋环境保护工作;鼓励基层群众性自治组织、社会组织、志愿者等开展海洋环境保护法律法规和知识的宣传活动;按照职责分工依法公开海洋环境相关信息。

新闻媒体应当采取多种形式开展海洋环境保护的宣传报道,并对违法行为进行舆论监督。

第九条　【保护义务和监督权利】任何单位和个人都有保护海洋环境的义务,并有权对污染海洋环境、破坏海洋生态的单位和个人,以及海洋环境监督管理人员的违法行为进行监督和检举。

从事影响海洋环境活动的任何单位和个人,都应当采取有效措施,防止、减轻海洋环境污染、生态破坏。排污者应当依法公开排污信息。

第十条　【科学技术与交流合作】国家鼓励、支持海洋环境保护科学技术研究、开发和应用,促进海洋环境保护信息化建设,加强海洋环境保护专业技术人才培养,提高海洋环境保护科学技术水平。

国家鼓励、支持海洋环境保护国际交流与合作。

第十一条　【表彰奖励】对在海洋环境保护工作中做出显著成绩的单位和个人,按照国家有关规定给予表彰和奖励。

第二章　海洋环境监督管理

第十二条　【强化陆海统筹、区域联动】国家实施陆海统筹、区域联动的海洋环境监督管理制度,加强规划、标准、监测等监督管理制度的衔接协调。

各级人民政府及其有关部门应当加强海洋环境监督管理能力建设,提高海洋环境监督管理科技化、信息化水平。

第十三条　【严守生态保护红线】国家优先将生态功能极重要、生态极敏感脆弱的海域划入生态保护红线,实行严格保护。

开发利用海洋资源或者从事影响海洋环境的建设活动,应当根据国土空间规划科学合理布局,严格遵守国土空间用途管制要求,严守生态保护红线,不得造成海洋生态环境的损害。沿海地方各级人民政府应当根据国土空间规划,保护和科学合理地使用海域。沿海省、自治区、直辖市人民政府应当加强对生态保护红线内人为活动的监督管理,定期评估保护成效。

国务院有关部门、沿海设区的市级以上地方人民政府及其有关部门,对其组织编制的国土空间规划和相关规划,应当依法进行包括海洋环境保护内容在内的环境影响评价。

第十四条　【海洋生态环境保护规划】国务院生态环境主管部门会同有关部门、机构和沿海省、自治区、直辖市人民政府制定全国海洋生态环境保护规划,报国务院批准后实施。全国海洋生态环境保护规划应当与全国国土空间规划相衔接。

沿海地方各级人民政府应当根据全国海洋生态环境保护规划,组织实施其管理海域的海洋环境保护工作。

第十五条　【生态环境分区管控】沿海省、自治区、直辖市人民政府应当根据其管理海域的生态环境和资源利用状况,将其管理海域纳入生态环境分区管控方案和生态环境准入清单,报国务院生态环境主管部门备案后实施。生态环境分区管控方案和生态环境准入清单应当与国土空间规划相衔接。

第十六条　【海洋环境质量标准的制定】国务院生态环境主管部门根据海洋环境质量状况和国家经济、技术条件,制定国家海洋环境质量标准。

沿海省、自治区、直辖市人民政府对国家海洋环境质量标准中未作规定的项目,可以制定地方海洋环境质量标准;对国家海洋环境质量标准中已作规定的项目,可以制定严于国家海洋环境质量标准的地方海洋环境质量标准。地方海洋环境质量标准应当报国务院生态环境主管部门备案。

国家鼓励开展海洋环境基准研究。

第十七条　【海洋环境质量标准的评估与修订】制定海洋环境质量标准,应当征求有关部门、行业协会、企业事业单位、专家和公众等的意见,提高海洋环境质量标准的科学性。

海洋环境质量标准应当定期评估,并根据评估结果适时修订。

第十八条　【水污染物排放标准的制定依据】国家和有关地方水污染物排放标准的制定,应当将海洋环境质量标准作为重要依据之一。

对未完成海洋环境保护目标的海域,省级以上人民政府生态环境主管部门暂停审批新增相应种类污染物排放总量的建设项目环境影响报告书(表),会同有关部门约谈该地区人民政府及其有关部门的主要负责人,要求其采取有效措施及时整改,约谈和整改情况应当向社会公开。

第十九条　【排污许可管理】国家加强海洋环境质量管控,推进海域综合治理,严格海域排污许可管理,提升重点海域海洋环境质量。

需要直接向海洋排放工业废水、医疗污水的海岸工程和海洋工程单位,城镇污水集中处理设施的运营单位及其他企业事业单位和生产经营者,应当依法取得排污许可证。排污许可的管理按照国务院有关规定执行。

实行排污许可管理的企业事业单位和其他生产经营者应当执行排污许可证关于排放污染物的种类、浓度、排放量、排放方式、排放去向和自行监测等要求。

禁止通过私设暗管或者篡改、伪造监测数据,以及不正常运行污染防治设施等逃避监管的方式向海洋排放污染物。

第二十条 【综合治理行动方案的制定】国务院生态环境主管部门根据海洋环境状况和质量改善要求,会同国务院发展改革、自然资源、住房和城乡建设、交通运输、水行政、渔业等部门和海警机构,划定国家环境治理重点海域及其控制区域,制定综合治理行动方案,报国务院批准后实施。

沿海设区的市级以上地方人民政府应当根据综合治理行动方案,制定其管理海域的实施方案,因地制宜采取特别管控措施,开展综合治理,协同推进重点海域治理与美丽海湾建设。

第二十一条 【环境保护税及倾倒费的缴纳】直接向海洋排放应税污染物的企业事业单位和其他生产经营者,应当依照法律规定缴纳环境保护税。

向海洋倾倒废弃物,应当按照国家有关规定缴纳倾倒费。具体办法由国务院发展改革部门、国务院财政主管部门会同国务院生态环境主管部门制定。

第二十二条 【落后工艺和设备的淘汰】国家加强防治海洋环境污染损害的科学技术的研究和开发,对严重污染海洋环境的落后生产工艺和落后设备,实行淘汰制度。

企业事业单位和其他生产经营者应当优先使用清洁低碳能源,采用资源利用率高、污染物排放量少的清洁生产工艺,防止对海洋环境的污染。

第二十三条 【海洋生态环境质量监测】国务院生态环境主管部门负责海洋生态环境监测工作,制定海洋生态环境监测规范和标准并监督实施,组织实施海洋生态环境质量监测,统一发布国家海洋生态环境状况公报,定期组织对海洋生态环境质量状况进行调查评价。

国务院自然资源主管部门组织开展海洋资源调查和海洋生态预警监测,发布海洋生态预警监测警报和公报。

其他依照本法规定行使海洋环境监督管理权的部门和机构应当按照职责分工开展监测、监视。

第二十四条 【资料提供】国务院有关部门和海警机构应当向国务院生态环境主管部门提供编制国家海洋生态环境状况公报所必需的入海河口和海洋环境监测、调查、监视等方面的资料。

生态环境主管部门应当向有关部门和海警机构提供与海洋环境监督管理有关的资料。

第二十五条 【海洋综合信息管理】国务院生态环境主管部门会同有关部门和机构通过智能化的综合信息系统,为海洋环境保护监督管理、信息共享提供服务。

国务院有关部门、海警机构和沿海县级以上地方人民政府及其有关部门应当按照规定,推进综合监测、协同监测和常态化监测,加强监测数据、执法信息等海洋环境管理信息共享,提高海洋环境保护综合管理水平。

第二十六条 【海洋辐射环境监测】国家加强海洋辐射环境监测,国务院生态环境主管部门负责制定海洋辐射环境应急监测方案并组织实施。

第二十七条 【污染事故通报和处理】因发生事故或者其他突发性事件,造成或者可能造成海洋环境污染、生态破坏事件的单位和个人,应当立即采取有效措施解除或者减轻危害,及时向可能受到危害者通报,并向依照本法规定行使海洋环境监督管理权的部门和机构报告,接受调查处理。

沿海县级以上地方人民政府在本行政区域近岸海域的生态环境受到严重损害时,应当采取有效措施,解除或者减轻危害。

第二十八条 【重大污染事故应急预案】国家根据防止海洋环境污染的需要,制定国家重大海上污染事件应急预案,建立健全海上溢油污染等应急机制,保障应对工作的必要经费。

国家建立重大海上溢油应急处置部际联席会议制度。国务院交通运输主管部门牵头组织编制国家重大海上溢油应急处置预案并组织实施。

国务院生态环境主管部门负责制定全国海洋石油勘探开发海上溢油污染事件应急预案并组织实施。

国家海事管理机构负责制定全国船舶重大海上溢油污染事件应急预案,报国务院生态环境主管部门、国务院应急管理部门备案。

沿海县级以上地方人民政府及其有关部门应当制定有关应急预案,在发生海洋突发环境事件时,及时启动应急预案,采取有效措施,解除或者减轻危害。

可能发生海洋突发环境事件的单位,应当按照有关规定,制定本单位的应急预案,配备应急设备和器材,定期组织开展应急演练;应急预案应当向依照本法规定行使海洋环境监督管理权的部门和机构备案。

第二十九条 【海上联合执法】依照本法规定行使海洋环境监督管理权的部门和机构,有权对从事影响海洋环境活动的单位和个人进行现场检查;在巡航监视中发现违反本法规定的行为时,应当予以制止并调查取证,必要时有权采取有效措施,防止事态扩大,并报告有关部门或者机构处理。

被检查者应当如实反映情况,提供必要的资料。检查者应当依法为被检查者保守商业秘密、个人隐私和个人信息。

依照本法规定行使海洋环境监督管理权的部门和机构可以在海上实行联合执法。

第三十条 【查封、扣押】造成或者可能造成严重海洋环境污染、生态破坏的,或者有关证据可能灭失或者被隐匿的,依照本法规定行使海洋环境监督管理权的部门和机构可以查封、扣押有关船舶、设施、设备、物品。

第三十一条 【域外适用】在中华人民共和国管辖海域以外,造成或者可能造成中华人民共和国管辖海域环境污染、生态破坏的,有关部门和机构有权采取必要的措施。

第三十二条 【信用记录与评价应用制度】国务院生态环境主管部门会同有关部门和机构建立向海洋排放污染物、从事废弃物海洋倾倒、从事海洋生态环境治理和服务的企业事业单位和其他生产经营者信用记录与评价应用制度,将相关信用记录纳入全国公共信用信息共享平台。

第三章 海洋生态保护

第三十三条 【海洋生态保护范围】国家加强海洋生态保护,提升海洋生态系统质量和多样性、稳定性、持续性。

国务院和沿海地方各级人民政府应当采取有效措施,重点保护红树林、珊瑚礁、海藻场、海草床、滨海湿地、海岛、海湾、入海河口、重要渔业水域等具有典型性、代表性的海洋生态系统,珍稀濒危海洋生物的天然集中分布区,具有重要经济价值的海洋生物生存区域及有重大科学文化价值的海洋自然遗迹和自然景观。

第三十四条 【自然保护地范围】国务院和沿海省、自治区、直辖市人民政府及其有关部门根据保护海洋的需要,依法将重要的海洋生态系统、珍稀濒危海洋生物的天然集中分布区、海洋自然遗迹和自然景观集中分布区等区域纳入国家公园、自然保护区或者自然公园等自然保护地。

第三十五条 【海洋生态保护补偿制度】国家建立健全海洋生态保护补偿制度。

国务院和沿海省、自治区、直辖市人民政府应当通过转移支付、产业扶持等方式支持开展海洋生态保护补偿。

沿海地方各级人民政府应当落实海洋生态保护补偿资金,确保其用于海洋生态保护补偿。

第三十六条 【海洋生物多样性保护】国家加强海洋生物多样性保护,健全海洋生物多样性调查、监测、评估和保护体系,维护和修复重要海洋生态廊道,防止对海洋生物多样性的破坏。

开发利用海洋和海岸带资源,应当对重要海洋生态系统、生物物种、生物遗传资源实施有效保护,维护海洋生物多样性。

引进海洋动植物物种,应当进行科学论证,避免对海洋生态系统造成危害。

第三十七条 【修复改善海洋生态的措施】国家鼓励科学开展水生生物增殖放流,支持科学规划,因地制宜采取投放人工鱼礁和种植海藻场、海草床、珊瑚等措施,恢复海洋生物多样性,修复改善海洋生态。

第三十八条 【海岛及周围海域生态保护】开发海岛及周围海域的资源,应当采取严格的生态保护措施,不得造成海岛地形、岸滩、植被和海岛周围海域生态环境的损害。

第三十九条 【自然岸线保护】国家严格保护自然岸线,建立健全自然岸线控制制度。沿海省、自治区、直辖市人民政府负责划定严格保护岸线的范围并发布。

沿海地方各级人民政府应当加强海岸线分类保护与利用,保护修复自然岸线,促进人工岸线生态化,维护岸线岸滩稳定平衡,因地制宜、科学合理划定海岸建筑退缩线。

禁止违法占用、损害自然岸线。

第四十条 【生态流量管控指标】国务院水行政主管部门确定重要入海河流的生态流量管控指标,应当征求并研究国务院生态环境、自然资源等部门的意见。确定生态流量管控指标,应当进行科学论证,综合考虑水资源条件、气候状况、生态环境保护要求、生活生产用水状况等因素。

入海河口所在地县级以上地方人民政府及其有关部门按照河海联动的要求,制定实施河口生态修复和其他保护措施方案,加强对水、沙、盐、潮滩、生物种群、河口形态的综合监测,采取有效措施防止海水入侵和倒灌,维护河口良好生态功能。

第四十一条 【沿海地区综合治理】沿海地方各级人民政府应当结合当地自然环境的特点，建设海岸防护设施、沿海防护林、沿海城镇园林和绿地，对海岸侵蚀和海水入侵地区进行综合治理。

禁止毁坏海岸防护设施、沿海防护林、沿海城镇园林和绿地。

第四十二条 【海洋生态系统修复】对遭到破坏的具有重要生态、经济、社会价值的海洋生态系统，应当进行修复。海洋生态修复应当以改善生境、恢复生物多样性和生态系统基本功能为重点，以自然恢复为主、人工修复为辅，并优先修复具有典型性、代表性的海洋生态系统。

国务院自然资源主管部门负责统筹海洋生态修复，牵头组织编制海洋生态修复规划并实施有关海洋生态修复重大工程。编制海洋生态修复规划，应当进行科学论证评估。

国务院自然资源、生态环境等部门应当按照职责分工开展修复成效监督评估。

第四十三条 【海洋生态灾害防治】国务院自然资源主管部门负责开展全国海洋生态灾害预防、风险评估和隐患排查治理。

沿海县级以上地方人民政府负责其管理海域的海洋生态灾害应对工作，采取必要的灾害预防、处置和灾后恢复措施，防止和减轻灾害影响。

企业事业单位和其他生产经营者应采取必要应对措施，防止海洋生态灾害扩大。

第四十四条 【生态渔业】国家鼓励发展生态渔业，推广多种生态渔业生产方式，改善海洋生态状况，保护海洋环境。

沿海县级以上地方人民政府应当因地制宜编制并组织实施养殖水域滩涂规划，确定可以用于养殖业的水域和滩涂，科学划定海水养殖禁养区、限养区和养殖区，建立禁养区内海水养殖的清理和退出机制。

第四十五条 【海水养殖污染防治】从事海水养殖活动应当保护海域环境，科学确定养殖规模和养殖密度，合理投饵、投肥，正确使用药物，及时规范收集处理固体废物，防止造成海洋生态环境的损害。

禁止在氮磷浓度严重超标的近岸海域新增或者扩大投饵、投肥海水养殖规模。

向海洋排放养殖尾水污染物等应当符合污染物排放标准。沿海省、自治区、直辖市人民政府应当制定海水养殖污染物排放相关地方标准，加强养殖尾水污染防治的监督管理。

工厂化养殖和设置统一排污口的集中连片养殖的排污单位，应当按照有关规定对养殖尾水自行监测。

第四章 陆源污染物污染防治

第四十六条 【陆源污染物排放要求】向海域排放陆源污染物，应当严格执行国家或者地方规定的标准和有关规定。

第四十七条 【入海排污口设置】入海排污口位置的选择，应当符合国土空间用途管制要求，根据海水动力条件和有关规定，经科学论证后，报设区的市级以上人民政府生态环境主管部门备案。排污口的责任主体应当加强排污口监测，按照规定开展监控和自动监测。

生态环境主管部门应当在完成备案后十五个工作日内将入海排污口设置情况通报自然资源、渔业等部门和海事管理机构、海警机构、军队生态环境保护部门。

沿海县级以上地方人民政府应当根据排污口类别、责任主体，组织有关部门对本行政区域内各类入海排污口进行排查整治和日常监督管理，建立健全近岸水体、入海排污口、排污管线、污染源全链条治理体系。

国务院生态环境主管部门负责制定入海排污口设置和管理的具体办法，制定入海排污口技术规范，组织建设统一的入海排污口信息平台，加强动态更新、信息共享和公开。

第四十八条 【特别保护区域禁设排污口】禁止在自然保护地、重要渔业水域、海水浴场、生态保护红线区域及其他需要特别保护的区域，新设工业排污口和城镇污水处理厂排污口；法律、行政法规另有规定的除外。

在有条件的地区，应当将排污口深水设置，实行离岸排放。

第四十九条 【经开放式沟（渠）向海洋排放污染物】经开放式沟（渠）向海洋排放污染物的，对开放式沟（渠）按照国家和地方的有关规定、标准实施水环境质量管理。

第五十条 【入海河流管理】国务院有关部门和县级以上地方人民政府及其有关部门应当依照水污染防治有关法律、行政法规的规定，加强入海河流管理，协同推进入海河流污染防治，使入海河口的水质符合入海河口环境质量相关要求。

入海河流流域省、自治区、直辖市人民政府应当按照国家有关规定,加强入海总氮、总磷排放的管控,制定控制方案并组织实施。

第五十一条 【废液、废水的禁排与严格控制】禁止向海域排放油类、酸液、碱液、剧毒废液。

禁止向海域排放污染海洋环境、破坏海洋生态的放射性废水。

严格控制向海域排放含有不易降解的有机物和重金属的废水。

第五十二条 【含病原体的污水排放要求】含病原体的医疗污水、生活污水和工业废水应当经过处理,符合国家和地方有关排放标准后,方可排入海域。

第五十三条 【含有机物、营养物的废污水排放】含有机物和营养物质的工业废水、生活污水,应当严格控制向海湾、半封闭海及其他自净能力较差的海域排放。

第五十四条 【含热废水排放】向海域排放含热废水,应当采取有效措施,保证邻近自然保护地、渔业水域的水温符合国家和地方海洋环境质量标准,避免热污染对珍稀濒危海洋生物、海洋水产资源造成危害。

第五十五条 【沿海农业面源污染防治】沿海地方各级人民政府应当加强农业面源污染防治。沿海农田、林场施用化学农药,应当执行国家农药安全使用的规定和标准。沿海农田、林场应合理使用化肥和植物生长调节剂。

第五十六条 【从严防控岸滩固体废物】在沿海陆域弃置、堆放和处理尾矿、矿渣、煤灰渣、垃圾和其他固体废物的,依照《中华人民共和国固体废物污染环境防治法》的有关规定执行,并采取有效措施防止固体废物进入海洋。

禁止在岸滩弃置、堆放和处理固体废物;法律、行政法规另有规定的除外。

第五十七条 【海洋垃圾监测、清理制度】沿海县级以上地方人民政府负责其管辖海域的海洋垃圾污染防治,建立海洋垃圾监测、清理制度,统筹规划建设陆域接收、转运、处理海洋垃圾的设施,明确有关部门、乡镇、街道、企业事业单位等的海洋垃圾管控区域,建立海洋垃圾监测、拦截、收集、打捞、运输、处理体系并组织实施,采取有效措施鼓励、支持公众参与上述活动。国务院生态环境、住房和城乡建设、发展改革等部门应当按照职责分工加强海洋垃圾污染防治的监督指导和保障。

第五十八条 【危险废物转移的限制】禁止经中华人民共和国内水、领海过境转移危险废物。

经中华人民共和国管辖的其他海域转移危险废物的,应当事先取得国务院生态环境主管部门的书面同意。

第五十九条 【污水海洋处置工程】沿海县级以上地方人民政府应当建设和完善排水管网,根据改善海洋环境质量的需要建设城镇污水处理厂和其他污水处理设施,加强城乡污水处理。

建设污水海洋处置工程,应当符合国家有关规定。

第六十条 【大气海洋环境污染控制】国家采取必要措施,防止、减少和控制来自大气层或者通过大气层造成的海洋环境污染损害。

第五章 工程建设项目污染防治

第六十一条 【工程建设项目防污总体要求】新建、改建、扩建工程建设项目,应当遵守国家有关建设项目环境保护管理的规定,并把污染防治和生态保护所需资金纳入建设项目投资计划。

禁止在依法划定的自然保护地、重要渔业水域及其他需要特别保护的区域,违法建设污染环境、破坏生态的工程建设项目或者从事其他活动。

第六十二条 【环境影响评价】工程建设项目应当按照国家有关建设项目环境影响评价的规定进行环境影响评价。未依法进行并通过环境影响评价的建设项目,不得开工建设。

环境保护设施应当与主体工程同时设计、同时施工、同时投产使用。环境保护设施应当符合经批准的环境影响评价报告书(表)的要求。建设单位应当依照有关法律法规的规定,对环境保护设施进行验收,编制验收报告,并向社会公开。环境保护设施未经验收或者经验收不合格的,建设项目不得投入生产或者使用。

第六十三条 【沿海陆域新建生产项目的限制】禁止在沿海陆域新建不符合国家产业政策的化学制浆造纸、化工、印染、制革、电镀、酿造、炼油、岸边冲滩拆船及其他严重污染海洋环境的生产项目。

第六十四条 【海岸工程建设项目的生态保护】新建、改建、扩建工程建设项目,应当采取有效措施,保护国家和地方重点保护的野生动植物及其生存环境,保护海洋水产资源,避免或者减轻对海洋生物的影响。

禁止在严格保护岸线范围内开采海砂。依法在其他区域开发利用海砂资源,应当采取严格措施,保护海洋环境。载运海砂资源应当持有合法来源证明；海砂开采者应当为载运海砂的船舶提供合法来源证明。

从岸上打井开采海底矿产资源，应当采取有效措施，防止污染海洋环境。

第六十五条　【材料使用限制】工程建设项目不得使用含超标准放射性物质或者易溶出有毒有害物质的材料；不得造成领海基点及其周围环境的侵蚀、淤积和损害，不得危及领海基点的稳定。

第六十六条　【爆破作业的海洋资源保护】工程建设项目需要爆破作业时，应当采取有效措施，保护海洋环境。

海洋石油勘探开发及输油过程中，应当采取有效措施，避免溢油事故的发生。

第六十七条　【含油污物的排放与回收】工程建设项目不得违法向海洋排放污染物、废弃物及其他有害物质。

海洋油气钻井平台（船）、生产生活平台、生产储卸装置等海洋油气装备的含油污水和油性混合物，应当经过处理达标后排放；残油、废油应当予以回收，不得排放入海。

钻井所使用的油基泥浆和其他有毒复合泥浆不得排放入海。水基泥浆和无毒复合泥浆及钻屑的排放，应当符合国家有关规定。

第六十八条　【海上设施的工业固体废物处置】海洋油气钻井平台（船）、生产生活平台、生产储卸装置等海洋油气装备及其有关海上设施，不得向海域处置含油的工业固体废物。处置其他固体废物，不得造成海洋环境污染。

第六十九条　【海上试油】海上试油时，应当确保油气充分燃烧，油和油性混合物不得排放入海。

第七十条　【油气污染应急预案】勘探开发海洋油气资源，应当按照有关规定编制油气污染应急预案，报国务院生态环境主管部门海域派出机构备案。

第六章　废弃物倾倒污染防治

第七十一条　【废弃物倾倒申批】任何个人和未经批准的单位，不得向中华人民共和国管辖海域倾倒任何废弃物。

需要倾倒废弃物的，产生废弃物的单位应当向国务院生态环境主管部门海域派出机构提出书面申请，并出具废弃物特性和成分检验报告，取得倾倒许可证后，方可倾倒。

国家鼓励疏浚物等废弃物的综合利用，避免或者减少海洋倾倒。

禁止中华人民共和国境外的废弃物在中华人民共和国管辖海域倾倒。

第七十二条　【倾废评价程序和标准制定】国务院生态环境主管部门根据废弃物的毒性、有毒物质含量和对海洋环境影响程度，制定海洋倾倒废弃物评价程序和标准。

可以向海洋倾倒的废弃物名录，由国务院生态环境主管部门制定。

第七十三条　【海洋倾倒区的选划】国务院生态环境主管部门会同国务院自然资源主管部门编制全国海洋倾倒区规划，并征求国务院交通运输、渔业等部门和海警机构的意见，报国务院批准。

国务院生态环境主管部门根据全国海洋倾倒区规划，按照科学、合理、经济、安全的原则及时选划海洋倾倒区，征求国务院交通运输、渔业等部门和海警机构的意见，并向社会公告。

第七十四条　【倾倒区使用管理】国务院生态环境主管部门组织开展海洋倾倒区使用状况评估，根据评估结果予以调整、暂停使用或者封闭海洋倾倒区。

海洋倾倒区的调整、暂停使用和封闭情况，应当通报国务院有关部门、海警机构并向社会公布。

第七十五条　【倾倒要求】获准和实施倾倒废弃物的单位，应当按照许可证注明的期限及条件，到指定的区域进行倾倒。倾倒作业船舶等载运工具应当安装使用符合要求的海洋倾倒在线监控设备，并与国务院生态环境主管部门监管系统联网。

第七十六条　【倾倒报告】获准和实施倾倒废弃物的单位，应当按照规定向颁发许可证的国务院生态环境主管部门海域派出机构报告倾倒情况。倾倒废弃物的船舶应当向驶出港的海事管理机构、海警机构作出报告。

第七十七条　【禁止海上处置】禁止在海上焚烧废弃物。

禁止在海上处置污染海洋环境、破坏海洋生态的放射性废物或者其他放射性物质。

第七十八条　【受托单位实施海洋倾倒作业的要求】获准倾倒废弃物的单位委托实施废弃物海洋倾倒作业的，应当对受托单位的主体资格、技术能力和信用状况进行核实，依法签订书面合同，在合同中约定污染防治与生态保护要求，并监督实施。

受托单位实施废弃物海洋倾倒作业，应当依照有关法律法规的规定和合同约定，履行污染防治和生态保护要求。

获准倾倒废弃物的单位违反本条第一款规定的,除依照有关法律法规的规定予以处罚外,还应当与造成环境污染、生态破坏的受托单位承担连带责任。

第七章 船舶及有关作业活动污染防治

第七十九条 【船舶及相关作业总体要求】 在中华人民共和国管辖海域,任何船舶及相关作业不得违法向海洋排放船舶垃圾、生活污水、含油污水、含有毒有害物质污水、废气等污染物,废弃物,压载水和沉积物及其他有害物质。

船舶应当按照国家有关规定采取有效措施,对压载水和沉积物进行处理处置,严格防控引入外来有害生物。

从事船舶污染物、废弃物接收和船舶清舱、洗舱作业活动的,应当具备相应的接收处理能力。

第八十条 【防污设备和器材配备】 船舶应当配备相应的防污设备和器材。

船舶的结构、配备的防污设备和器材应当符合国家防治船舶污染海洋环境的有关规定,并经检验合格。

船舶应当取得并持有防治海洋环境污染的证书与文书,在进行涉及船舶污染物、压载水和沉积物排放及操作时,应当按照有关规定监测、监控,如实记录并保存。

第八十一条 【事故防止】 船舶应当遵守海上交通安全法律、法规的规定,防止因碰撞、触礁、搁浅、火灾或者爆炸等引起的海难事故,造成海洋环境的污染。

第八十二条 【损害承担】 国家完善并实施船舶油污损害民事赔偿责任制度;按照船舶油污损害赔偿责任由船东和货主共同承担风险的原则,完善并实施船舶油污保险、油污损害赔偿基金制度,具体办法由国务院规定。

第八十三条 【载运污染危害性货物的船舶申报】 载运具有污染危害性货物进出港口的船舶,其承运人、货物所有人或者代理人,应当事先向海事管理机构申报。经批准后,方可进出港口或者装卸作业。

第八十四条 【如实告知及先行评估】 交付船舶载运污染危害性货物的,托运人应当将货物的正式名称、污染危害性以及应当采取的防护措施如实告知承运人。污染危害性货物的单证、包装、标志、数量限制等,应当符合对所交付货物的有关规定。

需要船舶载运污染危害性不明的货物,应当按照有关规定事先进行评估。

装卸油类及有毒有害货物的作业,船岸双方应当遵守安全防污操作规程。

第八十五条 【统筹规划建设船舶污染物等处置设施】 港口、码头、装卸站和船舶修造拆解单位所在地县级以上地方人民政府应当统筹规划建设船舶污染物等的接收、转运、处理处置设施,建立相应的接收、转运、处理处置多部门联合监管制度。

沿海县级以上地方人民政府负责对其管理海域的渔港和渔业船舶停泊点及周边区域污染防治的监督管理,规范生产生活污水和渔业垃圾回收处置,推进污染防治设备建设和环境清理整治。

港口、码头、装卸站和船舶修造拆解单位应当按照有关规定配备足够的用于处理船舶污染物、废弃物的接收设施,使该设施处于良好状态并有效运行。

装卸油类等污染危害性货物的港口、码头、装卸站和船舶应当编制污染应急预案,并配备相应的污染应急设备和器材。

第八十六条 【有害材料名录】 国家海事管理机构组织制定中国籍船舶禁止或者限制安装和使用的有害材料名录。

船舶修造单位或者船舶所有人、经营人或者管理人应当在船上备有有害材料清单,在船舶建造、营运和维修过程中持续更新,并在船舶拆解前提供给从事船舶拆解的单位。

第八十七条 【船舶拆解污染防治】 从事船舶拆解的单位,应当采取有效的污染防治措施,在船舶拆解前将船舶污染物减至最小量,对拆解产生的船舶污染物、废弃物和其他有害物质进行安全与环境无害化处置。拆解的船舶部件不得进入水体。

禁止采取冲滩方式进行船舶拆解作业。

第八十八条 【绿色低碳智能航运】 国家倡导绿色低碳智能航运,鼓励船舶使用新能源或者清洁能源,淘汰高耗能高排放老旧船舶,减少温室气体和大气污染物的排放。沿海县级以上地方人民政府应当制定港口岸电、船舶受电等设施建设和改造计划,并组织实施。港口岸电设施的供电能力应当与靠港船舶的用电需求相适应。

船舶应当按照国家有关规定采取有效措施提高能效水平。具备岸电使用条件的船舶靠港应当按照国家有关规定使用岸电,但是使用清洁能源的除外。具备岸电供应能力的港口经营人、岸电供电企业应当按照国家有关规定为具备岸电使用条件的船舶提供岸电。

国务院和沿海县级以上地方人民政府对港口岸电设施、船舶受电设施的改造和使用，清洁能源或者新能源动力船舶建造等按照规定给予支持。

第八十九条　【监管报批】船舶及有关作业活动应当遵守有关法律法规和标准，采取有效措施，防止造成海洋环境污染。海事管理机构等应当加强对船舶及有关作业活动的监督管理。

船舶进行散装液体污染危害性货物的过驳作业，应当编制作业方案，采取有效的安全和污染防治措施，并事先按照有关规定报经批准。

第九十条　【海滩事故处理】船舶发生海难事故，造成或者可能造成海洋环境重大污染损害的，国家海事管理机构有权强制采取避免或者减少污染损害的措施。

对在公海上因发生海难事故，造成中华人民共和国管辖海域重大污染损害后果或者具有污染威胁的船舶、海上设施，国家海事管理机构有权采取与实际的或者可能发生的损害相称的必要措施。

第九十一条　【海上污染监视】所有船舶均有监视海上污染的义务，在发现海上污染事件或者违反本法规定的行为时，应当立即向就近的依照本法规定行使海洋环境监督管理权的部门或者机构报告。

民用航空器发现海上排污或者污染事件，应当及时向就近的民用航空空中交通管制单位报告。接到报告的单位，应当立即依照本法规定行使海洋环境监督管理权的部门或者机构通报。

第九十二条　【船舶污染物排放控制区】国务院交通运输主管部门可以划定船舶污染物排放控制区。进入控制区的船舶应当符合船舶污染物排放相关控制要求。

第八章　法律责任

第九十三条　【违法排放等行为的处罚】违反本法规定，有下列行为之一，由依照本法规定行使海洋环境监督管理权的部门或者机构责令改正或者责令采取限制生产、停产整治等措施，并处以罚款；情节严重的，报经有批准权的人民政府批准，责令停业、关闭：

（一）向海域排放本法禁止排放的污染物或者其他物质的；

（二）未依法取得排污许可证排放污染物的；

（三）超过标准、总量控制指标排放污染物的；

（四）通过私设暗管或者篡改、伪造监测数据，或者不正常运行污染防治设施等逃避监管的方式违法向海洋排放污染物的；

（五）违反本法有关船舶压载水和沉积物排放和管理规定的；

（六）其他未依照本法规定向海洋排放污染物、废弃物的。

有前款第一项、第二项行为之一的，处二十万元以上一百万元以下的罚款；有前款第三项行为的，处十万元以上一百万元以下的罚款；有前款第四项行为的，处十万元以上一百万元以下的罚款，情节严重的，吊销排污许可证；有前款第五项、第六项行为之一的，处一万元以上二十万元以下的罚款。个人擅自在岸滩弃置、堆放和处理生活垃圾的，按次处一百元以上一千元以下的罚款。

第九十四条　【未依法公开排污信息或者弄虚作假等行为的处罚】违反本法规定，有下列行为之一，由依照本法规定行使海洋环境监督管理权的部门或者机构责令改正，处以罚款：

（一）未依法公开排污信息或者弄虚作假的；

（二）因发生事故或者其他突发性事件，造成或者可能造成海洋环境污染、生态破坏事件，未按照规定通报或者报告的；

（三）未按照有关规定制定应急预案并备案，或者未按照有关规定配备应急设备、器材的；

（四）因发生事故或者其他突发性事件，造成或者可能造成海洋环境污染、生态破坏事件，未立即采取有效措施或者逃逸的；

（五）未采取必要应对措施，造成海洋生态灾害危害扩大的。

有前款第一项行为的，处二万元以上二十万元以下的罚款，拒不改正的，责令限制生产、停产整治；有前款第二项行为的，处五万元以上五十万元以下的罚款，对直接负责的主管人员和其他直接责任人员处一万元以上十万元以下的罚款，并可以暂扣或者吊销相关任职资格许可；有前款第三项行为的，处二万元以上二十万元以下的罚款；有前款第四项、第五项行为之一的，处二十万元以上二百万元以下的罚款。

第九十五条　【拒绝、阻挠调查和现场检查等行为的处罚】违反本法规定，拒绝、阻挠调查和现场检查，或者在被检查时弄虚作假的，由依照本法规定行使海洋环境监督管理权的部门或者机构责令改正，处五万元以上二十万元以下的罚款;对直接负责的主管人员和其他直接责任人员处二万元以上十万元以下的罚款。

第九十六条　【破坏海洋生态系统或自然保护地的处罚】违反本法规定,造成珊瑚礁等海洋生态系统或者自然保护地破坏的,由依照本法规定行使海洋环境监督管理权的部门或者机构责令改正、采取补救措施,处每平方米一千元以上一万元以下的罚款。

第九十七条　【占用、损害自然岸线等行为的处罚】违反本法规定,有下列行为之一,由依照本法规定行使海洋环境监督管理权的部门或者机构责令改正,处以罚款:

(一)占用、损害自然岸线的;

(二)在严格保护岸线范围内开采海砂的;

(三)违反本法其他关于海砂、矿产资源规定的。

有前款第一项行为的,处每米五百元以上一万元以下的罚款;有前款第二项行为的,处货值金额二倍以上二十倍以下的罚款,货值金额不足十万元的,处二十万元以上二百万元以下的罚款;有前款第三项行为的,处五万元以上五十万元以下的罚款。

第九十八条　【违法从事海水养殖活动的处罚】违反本法规定,从事海水养殖活动有下列行为之一,由依照本法规定行使海洋环境监督管理权的部门或者机构责令改正,处二万元以上二十万元以下的罚款;情节严重的,报经有批准权的人民政府批准,责令停业、关闭:

(一)违反禁养区、限养区规定的;

(二)违反养殖规模、养殖密度规定的;

(三)违反投饵、投肥、药物使用规定的;

(四)未按照有关规定对养殖尾水自行监测的。

第九十九条　【违法设置入海排污口等行为的处罚】违反本法规定设置入海排污口,由生态环境主管部门责令关闭或者拆除,处二万元以上十万元以下的罚款;拒不关闭或者拆除的,强制关闭、拆除,所需费用由违法者承担,处十万元以上五十万元以下的罚款;情节严重的,可以责令停产整治。

违反本法规定,设置入海排污口未备案的,由生态环境主管部门责令改正,处二万元以上十万元以下的罚款。

违反本法规定,入海排污口的责任主体未按照规定开展监控、自动监测的,由生态环境主管部门责令改正,处二万元以上十万元以下的罚款;拒不改正的,可以责令停产整治。

自然资源、渔业等部门和海事管理机构、海警机构、军队生态环境保护部门发现前三款违法行为之一的,应当通报生态环境主管部门。

第一百条　【转移危险废物行为的处罚】违反本法规定,经中华人民共和国管辖海域,转移危险废物的,由国家海事管理机构责令非法运输该危险废物的船舶退出中华人民共和国管辖海域,处五十万元以上五百万元以下的罚款。

第一百零一条　【建设单位违法行为的处罚】违反本法规定,建设单位未落实建设项目投资计划有关要求的,由生态环境主管部门责令改正,处五万元以上二十万元以下的罚款;拒不改正的,处二十万元以上一百万元以下的罚款。

违反本法规定,建设单位未依法报批或者报请重新审核环境影响报告书(表),擅自开工建设的,由生态环境主管部门或者海警机构责令其停止建设,根据违法情节和危害后果,处建设项目总投资额百分之一以上百分之五以下的罚款,并可以责令恢复原状;对建设单位直接负责的主管人员和其他直接责任人员,依法给予处分。建设单位未依法备案环境影响登记表的,由生态环境主管部门责令备案,处五万元以下的罚款。

第一百零二条　【违法进行生产建设活动的处罚】违反本法规定,在依法划定的自然保护地、重要渔业水域及其他需要特别保护的区域建设污染环境、破坏生态的工程建设项目或者从事其他活动,或者在沿海陆域新建不符合国家产业政策的生产项目的,由县级以上人民政府按照管理权限责令关闭。

违反生态环境准入清单进行生产建设活动的,由依照本法规定行使海洋环境监督管理权的部门或者机构责令停止违法行为,限期拆除并恢复原状,所需费用由违法者承担,处五十万元以上五百万元以下的罚款,对直接负责的主管人员和其他直接责任人员处五万元以上十万元以下的罚款;情节严重的,报经有批准权的人民政府批准,责令关闭。

第一百零三条　【环境保护设施违法的处罚】违反本法规定,环境保护设施未与主体工程同时设计、同时施工、同时投产使用的,或者环境保护设施未建成、未达到规定要求、未经验收或者经验收不合格即投入生产、使用的,由生态环境主管部门或者海警机构责令改正,处二十万元以上一百万元以下的罚款;拒不改正的,处一百万元以上二百万元以下的罚款;对直接负责的主管人员和其他责任人员处五万元以上二十万元以下的罚款;造成重大环境污染、生态破坏的,责令其停止生产、使用,或者报经有批准权的人民政府批准,责令关闭。

第一百零四条 【工程建设项目违法的处罚】违反本法规定,工程建设项目有下列行为之一,由依照本法规定行使海洋环境监督管理权的部门或者机构责令其停止违法行为、消除危害,处二十万元以上一百万元以下的罚款;情节严重的,报经有批准权的人民政府批准,责令停业、关闭:

（一）使用含超标准放射性物质或者易溶出有毒有害物质的材料的;

（二）造成领海基点及其周围环境的侵蚀、淤积、损害,或者危及领海基点稳定的。

第一百零五条 【违反规定进行海洋油气勘探开发活动的处罚】违反本法规定进行海洋油气勘探开发活动,造成海洋环境污染的,由海警机构责令改正,给予警告,并处二十万元以上一百万元以下的罚款。

第一百零六条 【倾倒废弃物的船舶驶出港口未报告等行为的处罚】违反本法规定,有下列行为之一,由国务院生态环境主管部门及其海域派出机构、海事管理机构或者海警机构责令改正,处以罚款,必要时可以扣押船舶;情节严重的,报经有批准权的人民政府批准,责令停业、关闭:

（一）倾倒废弃物的船舶驶出港口未报告的;

（二）未取得倾倒许可证,向海洋倾倒废弃物的;

（三）在海上焚烧废弃物或者处置放射性废物及其他放射性物质的。

有前款第一项行为的,对违法船舶的所有人、经营人或者管理人处三千元以上三万元以下的罚款,对船长、责任船员或者其他责任人员处五百元以上五千元以下的罚款;有前款第二项行为的,处二十万元以上二百万元以下的罚款;有前款第三项行为的,处五十万元以上五百万元以下的罚款。有前款第二项、第三项行为之一,两年内受到行政处罚三次以上的,三年内不得从事废弃物海洋倾倒活动。

第一百零七条 【未按规定报告倾倒情况等行为的处罚】违反本法规定,有下列行为之一,由国务院生态环境主管部门及其海域派出机构、海事管理机构或者海警机构责令改正,处以罚款,暂扣或者吊销倾倒许可证,必要时可以扣押船舶;情节严重的,报经有批准权的人民政府批准,责令停业、关闭:

（一）未按照国家规定报告倾倒情况的;

（二）未按照国家规定安装使用海洋倾废在线监控设备的;

（三）获准倾倒废弃物的单位未依照本法规定委托实施废弃物海洋倾倒作业或者未依照本法规定监督实施的;

（四）未按照倾倒许可证的规定倾倒废弃物的。

有前款第一项行为的,按次处五千元以上二万元以下的罚款;有前款第二项行为的,处二万元以上二十万元以下的罚款;有前款第三项行为的,处三万元以上三十万元以下的罚款;有前款第四项行为的,处二十万元以上一百万元以下的罚款,被吊销倾倒许可证的,三年内不得从事废弃物海洋倾倒活动。

以提供虚假申请材料、欺骗、贿赂等不正当手段申请取得倾倒许可证的,由国务院生态环境主管部门及其海域派出机构依法撤销倾倒许可证,并处二十万元以上五十万元以下的罚款;三年内不得再次申请倾倒许可证。

第一百零八条 【将境外废弃物运进国内海域倾倒的处罚】违反本法规定,将中华人民共和国境外废弃物运进中华人民共和国管辖海域倾倒的,由海警机构责令改正,根据造成或者可能造成的危害后果,处五十万元以上五百万元以下的罚款。

第一百零九条 【违反本法有关防污措施规定的处罚】违反本法规定,有下列行为之一,由依照本法规定行使海洋环境监督管理权的部门或者机构责令改正,处以罚款:

（一）港口、码头、装卸站、船舶修造拆解单位未按照规定配备或有效运行船舶污染物、废弃物接收设施,或者船舶的结构、配备的防污设备和器材不符合国家防污规定或者未经检验合格的;

（二）从事船舶污染物、废弃物接收和船舶清舱、洗舱作业活动,不具备相应接收处理能力的;

（三）从事船舶拆解、旧船改装、打捞和其他水上、水下施工作业,造成海洋环境污染损害的;

（四）采取冲滩方式进行船舶拆解作业的。

有前款第一项、第二项行为之一的,处二万元以上三十万元以下的罚款;有前款第三项行为的,处五万元以上二十万元以下的罚款;有前款第四项行为的,处十万元以上一百万元以下的罚款。

第一百一十条 【未在船上备有有害材料清单等行为的处罚】违反本法规定,有下列行为之一,由依照本法规定行使海洋环境监督管理权的部门或者机构责令改正,处以罚款:

(一)未在船上备有有害材料清单,未在船舶建造、营运和维修过程中持续更新有害材料清单,或者未在船舶拆解前将有害材料清单提供给从事船舶拆解单位的;

(二)船舶未持有防污证书、防污文书,或者不按照规定监测、监控,如实记载和保存船舶污染物、压载水和沉积物的排放及操作记录的;

(三)船舶采取措施提高能效水平未达到有关规定的;

(四)进入控制区的船舶不符合船舶污染物排放相关控制要求的;

(五)具备岸电供应能力的港口经营人、岸电供电企业未按照国家规定为具备岸电使用条件的船舶提供岸电的;

(六)具备岸电使用条件的船舶靠港,不按照国家规定使用岸电的。

有前款第一项行为的,处二万元以下的罚款;有前款第二项行为的,处十万元以下的罚款;有前款第三项行为的,处一万元以上十万元以下的罚款;有前款第四项行为的,处三万元以上三十万元以下的罚款;有前款第五项、第六项行为之一的,处一万元以上十万元以下的罚款,情节严重的,处十万元以上五十万元以下的罚款。

第一百一十一条 【拒报或者谎报船舶载运污染危害性货物申报事项等行为的处罚】违反本法规定,有下列行为之一,由依照本法规定行使海洋环境监督管理权的部门或者机构责令改正,处以罚款:

(一)拒报或者谎报船舶载运污染危害性货物申报事项的;

(二)托运人未将托运的污染危害性货物的正式名称、污染危害性以及应当采取的防护措施如实告知承运人的;

(三)托运人交付承运人的污染危害性货物的单证、包装、标志、数量限制不符合对所交付货物的有关规定的;

(四)托运人在托运的普通货物中夹带污染危害性货物或者将污染危害性货物谎报为普通货物的;

(五)需要船舶载运污染危害性不明的货物,未按照有关规定事先进行评估的。

有前款第一项行为的,处五万元以下的罚款;有前款第二项行为的,处五万元以上十万元以下的罚款;有前款第三项、第五项行为之一的,处二万元以上十万元以下的罚款;有前款第四项行为的,处十万元以上二十万元以下的罚款。

第一百一十二条 【具有污染危害性货物的船舶违规作业等行为的处罚】违反本法规定,有下列行为之一,由依照本法规定行使海洋环境监督管理权的部门或者机构责令改正,处一万元以上五万元以下的罚款:

(一)载运具有污染危害性货物的船舶未经许可进出港口或者装卸作业的;

(二)装卸油类及有毒有害货物的作业,船岸双方未遵守安全防污操作规程的;

(三)船舶进行散装液体污染危害性货物的过驳作业,未编制作业方案或者未按照有关规定报经批准的。

第一百一十三条 【组织复查】企业事业单位和其他生产经营者违反本法规定向海域排放、倾倒、处置污染物、废弃物或者其他物质,受到罚款处罚,被责令改正的,依法作出处罚决定的部门或者机构应当组织复查,发现其继续实施该违法行为或者拒绝、阻挠复查的,依照《中华人民共和国环境保护法》的规定按日连续处罚。

第一百一十四条 【海洋环境污染损害的赔偿责任】对污染海洋环境、破坏海洋生态,造成他人损害的,依照《中华人民共和国民法典》等法律的规定承担民事责任。

对污染海洋环境、破坏海洋生态,给国家造成重大损失的,由依照本法规定行使海洋环境监督管理权的部门代表国家对责任者提出损害赔偿要求。

前款规定的部门不提起诉讼的,人民检察院可以向人民法院提起诉讼。前款规定的部门提起诉讼的,人民检察院可以支持起诉。

第一百一十五条 【污染事故处理】对违反本法规定,造成海洋环境污染、生态破坏事故的单位,除依法承担赔偿责任外,由依照本法规定行使海洋环境监督管理权的部门或者机构处以罚款;对直接负责的主管人员和其他直接责任人员可以处上一年度从本单位取得收入百分之五十以下的罚款;直接负责的主管人员和其他直接责任人员属于公职人员的,依法给予处分。

对造成一般或者较大海洋环境污染、生态破坏事故的,按照直接损失的百分之二十计算罚款;对造成重大或者特大海洋环境污染、生态破坏事故的,按照直接损失的百分之三十计算罚款。

第一百一十六条　【免责事项】完全属于下列情形之一,经过及时采取合理措施,仍然不能避免对海洋环境造成污染损害的,造成污染损害的有关责任者免予承担责任:

(一)战争;

(二)不可抗拒的自然灾害;

(三)负责灯塔或者其他助航设备的主管部门,在执行职责时的疏忽,或者其他过失行为。

第一百一十七条　【未按规定缴纳倾倒费的处罚】未依照本法规定缴纳倾倒费的,由国务院生态环境主管部门及其海域派出机构责令限期缴纳;逾期拒不缴纳的,处应缴纳倾倒费数额一倍以上三倍以下的罚款,并可以报经有批准权的人民政府批准,责令停业、关闭。

第一百一十八条　【渎职行为的处罚】海洋环境监督管理人员滥用职权、玩忽职守、徇私舞弊,造成海洋环境污染损害、生态破坏的,依法给予处分。

第一百一十九条　【治安处罚与刑事责任】违反本法规定,构成违反治安管理行为的,依法给予治安管理处罚;构成犯罪的,依法追究刑事责任。

第九章　附　则

第一百二十条　【用语解释】本法中下列用语的含义是:

(一)海洋环境污染损害,是指直接或者间接地把物质或者能量引入海洋环境,产生损害海洋生物资源、危害人体健康、妨害渔业和海上其他合法活动、损害海水使用素质和减损环境质量等有害影响。

(二)内水,是指我国领海基线向内陆一侧的所有海域。

(三)沿海陆域,是指与海岸相连,或者通过管道、沟渠、设施,直接或者间接向海洋排放污染物及其相关活动的一带区域。

(四)滨海湿地,是指低潮时水深不超过六米的水域及其沿岸浸湿地带,包括水深不超过六米的永久性水域、潮间带(或者洪泛地带)和沿海低地等,但是用于养殖的人工的水域和滩涂除外。

(五)陆地污染源(简称陆源),是指从陆地向海域排放污染物,造成或者可能造成海洋环境污染的场所、设施等。

(六)陆源污染物,是指由陆地污染源排放的污染物。

(七)倾倒,是指通过船舶、航空器、平台或者其他载运工具,向海洋处置废弃物和其他有害物质的行为,包括弃置船舶、航空器、平台及其辅助设施和其他浮动工具的行为。

(八)海岸线,是指多年大潮平均高潮位时海陆分界痕迹线,以国家组织开展的海岸线修测结果为准。

(九)入海河口,是指河流终端与受水体(海)相结合的地段。

(十)海洋生态灾害,是指受自然环境变化或者人为因素影响,导致一种或者多种海洋生物暴发性增殖或者高度聚集,对海洋生态系统结构和功能造成损害。

(十一)渔业水域,是指鱼虾蟹贝类的产卵场、索饵场、越冬场、洄游通道和鱼虾蟹贝藻类及其他水生动植物的养殖场。

(十二)排放,是指把污染物排入海洋的行为,包括泵出、溢出、泄出、喷出和倒出。

(十三)油类,是指任何类型的油及其炼制品。

(十四)入海排污口,是指直接或者通过管道、沟、渠等排污通道向海洋环境水体排放污水的口门,包括工业排污口、城镇污水处理厂排污口、农业排口及其他排口等类型。

(十五)油性混合物,是指任何含有油份的混合物。

(十六)海上焚烧,是指以热摧毁为目的,在海上焚烧设施上,故意焚烧废弃物或者其他物质的行为,但是船舶、平台或者其他人工构造物正常操作中所附带发生的行为除外。

第一百二十一条　【补充规定】涉及海洋环境监督管理的有关部门的具体职权划分,本法未作规定的,由国务院规定。

沿海县级以上地方人民政府行使海洋环境监督管理权的部门的职责,由省、自治区、直辖市人民政府根据本法及国务院有关规定确定。

第一百二十二条　【军事法规制定】军事船舶和军事用海环境保护管理办法,由国务院、中央军事委员会依照本法制定。

第一百二十三条　【国际条约优先】中华人民共和国缔结或者参加的与海洋环境保护有关的国际条约与本法

有不同规定的,适用国际条约的规定;但是,中华人民共和国声明保留的条款除外。

第一百二十四条 【施行日期】本法自2024年1月1日起施行。

中华人民共和国
水污染防治法(节录)

1. 1984年5月11日第六届全国人民代表大会常务委员会第五次会议通过
2. 根据1996年5月15日第八届全国人民代表大会常务委员会第十九次会议《关于修改〈中华人民共和国水污染防治法〉的决定》第一次修正
3. 2008年2月28日第十届全国人民代表大会常务委员会第三十二次会议修订
4. 根据2017年6月27日第十二届全国人民代表大会常务委员会第二十八次会议《关于修改〈中华人民共和国水污染防治法〉的决定》第二次修正

第七章 法律责任

第八十条 【水污染监督管理部门的法律责任】环境保护主管部门或者其他依照本法规定行使监督管理权的部门,不依法作出行政许可或者办理批准文件的,发现违法行为或者接到对违法行为的举报后不予查处的,或者有其他未依照本法规定履行职责的行为的,对直接负责的主管人员和其他直接责任人员依法给予处分。

第八十一条 【拒绝、阻挠监督检查和弄虚作假的法律责任】以拖延、围堵、滞留执法人员等方式拒绝、阻挠环境保护主管部门或者其他依照本法规定行使监督管理权的部门的监督检查,或者在接受监督检查时弄虚作假的,由县级以上人民政府环境保护主管部门或者其他依照本法规定行使监督管理权的部门责令改正,处二万元以上二十万元以下的罚款。

第八十二条 【违反水污染防治管理有关规定的法律责任】违反本法规定,有下列行为之一的,由县级以上人民政府环境保护主管部门责令限期改正,处二万元以上二十万元以下的罚款;逾期不改正的,责令停产整治:

(一)未按照规定对所排放的水污染物自行监测,或者未保存原始监测记录的;

(二)未按照规定安装水污染物排放自动监测设备,未按照规定与环境保护主管部门的监控设备联网,或者未保证监测设备正常运行的;

(三)未按照规定对有毒有害水污染物的排污口和周边环境进行监测,或者未公开有毒有害水污染物信息的。

第八十三条 【超标排污或者超过排放总量控制指标排污的法律责任】违反本法规定,有下列行为之一的,由县级以上人民政府环境保护主管部门责令改正或者责令限制生产、停产整治,并处十万元以上一百万元以下的罚款;情节严重的,报经有批准权的人民政府批准,责令停业、关闭:

(一)未依法取得排污许可证排放水污染物的;

(二)超过水污染物排放标准或者超过重点水污染物排放总量控制指标排放水污染物的;

(三)利用渗井、渗坑、裂隙、溶洞,私设暗管,篡改、伪造监测数据,或者不正常运行水污染防治设施等逃避监管的方式排放水污染物的;

(四)未按照规定进行预处理,向污水集中处理设施排放不符合处理工艺要求的工业废水的。

第八十四条 【违法设置排污口的法律责任】在饮用水水源保护区内设置排污口的,由县级以上地方人民政府责令限期拆除,处十万元以上五十万元以下的罚款;逾期不拆除的,强制拆除,所需费用由违法者承担,处五十万元以上一百万元以下的罚款,并可以责令停产整治。

除前款规定外,违反法律、行政法规和国务院环境保护主管部门的规定设置排污口的,由县级以上地方人民政府环境保护主管部门责令限期拆除,处二万元以上十万元以下的罚款;逾期不拆除的,强制拆除,所需费用由违法者承担,处十万元以上五十万元以下的罚款;情节严重的,可以责令停产整治。

未经水行政主管部门或者流域管理机构同意,在江河、湖泊新建、改建、扩建排污口的,由县级以上人民政府水行政主管部门或者流域管理机构依据职权,依照前款规定采取措施、给予处罚。

第八十五条 【违法排放水污染物的法律责任】有下列行为之一的,由县级以上地方人民政府环境保护主管部门责令停止违法行为,限期采取治理措施,消除污染,处以罚款;逾期不采取治理措施的,环境保护主管部门可以指定有治理能力的单位代为治理,所需费用由违法者承担：

（一）向水体排放油类、酸液、碱液的；

（二）向水体排放剧毒废液，或者将含有汞、镉、砷、铬、铅、氰化物、黄磷等的可溶性剧毒废渣向水体排放、倾倒或者直接埋入地下的；

（三）在水体清洗装贮过油类、有毒污染物的车辆或者容器的；

（四）向水体排放、倾倒工业废渣、城镇垃圾或者其他废弃物，或者在江河、湖泊、运河、渠道、水库最高水位线以下的滩地、岸坡堆放、存贮固体废弃物或者其他污染物的；

（五）向水体排放、倾倒放射性固体废物或者含高放射性、中放射性物质的废水的；

（六）违反国家有关规定或者标准，向水体排放含低放射性物质的废水、热废水或者含病原体的污水的；

（七）未采取防渗漏等措施，或者未建设地下水水质监测井进行监测的；

（八）加油站等的地下油罐未使用双层罐或者采取建造防渗池等其他有效措施，或者未进行防渗漏监测的；

（九）未按照规定采取防护性措施，或者利用无防渗漏措施的沟渠、坑塘等输送或者存贮含有毒污染物的废水、含病原体的污水或者其他废弃物的。

有前款第三项、第四项、第六项、第七项、第八项行为之一的，处二万元以上二十万元以下的罚款。有前款第一项、第二项、第五项、第九项行为之一的，处十万元以上一百万元以下的罚款；情节严重的，报经有批准权的人民政府批准，责令停业、关闭。

第八十六条　【违反淘汰落后生产工艺和设备制度的法律责任】违反本法规定，生产、销售、进口或者使用列入禁止生产、销售、进口、使用的严重污染水环境的设备名录中的设备，或者采用列入禁止采用的严重污染水环境的工艺名录中的工艺的，由县级以上人民政府经济综合宏观调控部门责令改正，处五万元以上二十万元以下的罚款；情节严重的，由县级以上人民政府经济综合宏观调控部门提出意见，报请本级人民政府责令停业、关闭。

第八十七条　【建设严重污染水环境生产项目的法律责任】违反本法规定，建设不符合国家产业政策的小型造纸、制革、印染、染料、炼焦、炼硫、炼砷、炼汞、炼油、电镀、农药、石棉、水泥、玻璃、钢铁、火电以及其他严重污染水环境的生产项目的，由所在地的市、县人民政府责令关闭。

第八十八条　【处理处置后的污泥不符合国家标准的法律责任】城镇污水集中处理设施的运营单位或者污泥处理处置单位，处理处置后的污泥不符合国家标准，或者对污泥去向等未进行记录的，由城镇排水主管部门责令限期采取治理措施，给予警告；造成严重后果的，处十万元以上二十万元以下的罚款；逾期不采取治理措施的，城镇排水主管部门可以指定有治理能力的单位代为治理，所需费用由违法者承担。

第八十九条　【违反船舶污染防治规定的法律责任】船舶未配置相应的防污染设备和器材，或者未持有合法有效的防止水域环境污染的证书与文书的，由海事管理机构、渔业主管部门按照职责分工责令限期改正，处二千元以上二万元以下的罚款；逾期不改正的，责令船舶临时停航。

船舶进行涉及污染物排放的作业，未遵守操作规程或者未在相应的记录簿上如实记载的，由海事管理机构、渔业主管部门按照职责分工责令改正，处二千元以上二万元以下的罚款。

第九十条　【违反船舶作业规定的法律责任】违反本法规定，有下列行为之一的，由海事管理机构、渔业主管部门按照职责分工责令停止违法行为，处一万元以上十万元以下的罚款；造成水污染的，责令限期采取治理措施，消除污染，处二万元以上二十万元以下的罚款；逾期不采取治理措施的，海事管理机构、渔业主管部门按照职责分工可以指定有治理能力的单位代为治理，所需费用由船舶承担：

（一）向水体倾倒船舶垃圾或者排放船舶的残油、废油的；

（二）未经作业地海事管理机构批准，船舶进行散装液体污染危害性货物的过驳作业的；

（三）船舶及有关作业单位从事有污染风险的作业活动，未按照规定采取污染防治措施的；

（四）以冲滩方式进行船舶拆解的；

（五）进入中华人民共和国内河的国际航线船舶，排放不符合规定的船舶压载水的。

第九十一条　【违反饮用水水源保护区规定的法律责任】有下列行为之一的，由县级以上地方人民政府环境保护主管部门责令停止违法行为，处十万元以上五十万元以下的罚款；并报经有批准权的人民政府批准，责令拆除或者关闭：

（一）在饮用水水源一级保护区内新建、改建、扩建与供水设施和保护水源无关的建设项目的；

（二）在饮用水水源二级保护区内新建、改建、扩建排放污染物的建设项目的；

（三）在饮用水水源准保护区内新建、扩建对水体污染严重的建设项目，或者改建建设项目增加排污量的。

在饮用水水源一级保护区内从事网箱养殖或者组织进行旅游、垂钓或者其他可能污染饮用水水体的活动的，由县级以上地方人民政府环境保护主管部门责令停止违法行为，处二万元以上十万元以下的罚款。个人在饮用水水源一级保护区内游泳、垂钓或者从事其他可能污染饮用水水体的活动的，由县级以上地方人民政府环境保护主管部门责令停止违法行为，可以处五百元以下的罚款。

第九十二条　【饮用水水质不符合国家规定标准的法律责任】饮用水供水单位供水水质不符合国家规定标准的，由所在地市、县级人民政府供水主管部门责令改正，处二万元以上二十万元以下的罚款；情节严重的，报经有批准权的人民政府批准，可以责令停业整顿；对直接负责的主管人员和其他直接责任人员依法给予处分。

第九十三条　【企业事业单位违反水污染事故应急处置规定的法律责任】企业事业单位有下列行为之一的，由县级以上人民政府环境保护主管部门责令改正；情节严重的，处二万元以上十万元以下的罚款：

（一）不按照规定制定水污染事故的应急方案的；

（二）水污染事故发生后，未及时启动水污染事故的应急方案，采取有关应急措施的。

第九十四条　【企业事业单位造成水污染事故的法律责任】企业事业单位违反本法规定，造成水污染事故的，除依法承担赔偿责任外，由县级以上人民政府环境保护主管部门依照本条第二款的规定处以罚款，责令限期采取治理措施，消除污染；未按照要求采取治理措施或者不具备治理能力的，由环境保护主管部门指定有治理能力的单位代为治理，所需费用由违法者承担；对造成重大或者特大水污染事故的，还可以报经有批准权的人民政府批准，责令关闭；对直接负责的主管人员和其他直接责任人员可以处上一年度从本单位取得的收入百分之五十以下的罚款；有《中华人民共和国环境保护法》第六十三条规定的违法排放水污染物等行为之一，尚不构成犯罪的，由公安机关对直接负责的主管人员和其他直接责任人员处十日以上十五日以下的拘留；情节较轻的，处五日以上十日以下的拘留。

对造成一般或者较大水污染事故的，按照水污染事故造成的直接损失的百分之二十计算罚款；对造成重大或者特大水污染事故的，按照水污染事故造成的直接损失的百分之三十计算罚款。

造成渔业污染事故或者渔业船舶造成水污染事故的，由渔业主管部门进行处罚；其他船舶造成水污染事故的，由海事管理机构进行处罚。

第九十五条　【复查】企业事业单位和其他生产经营者违法排放水污染物，受到罚款处罚，被责令改正的，依法作出处罚决定的行政机关应当组织复查，发现其继续违法排放水污染物或者拒绝、阻挠复查的，依照《中华人民共和国环境保护法》的规定按日连续处罚。

第九十六条　【水污染损害的民事责任】因水污染受到损害的当事人，有权要求排污方排除危害和赔偿损失。

由于不可抗力造成水污染损害的，排污方不承担赔偿责任；法律另有规定的除外。

水污染损害是由受害人故意造成的，排污方不承担赔偿责任。水污染损害是由受害人重大过失造成的，可以减轻排污方的赔偿责任。

水污染损害是由第三人造成的，排污方承担赔偿责任后，有权向第三人追偿。

第九十七条　【损害赔偿责任和赔偿金额纠纷的解决途径】因水污染引起的损害赔偿责任和赔偿金额的纠纷，可以根据当事人的请求，由环境保护主管部门或者海事管理机构、渔业主管部门按照职责分工调解处理；调解不成的，当事人可以向人民法院提起诉讼。当事人也可以直接向人民法院提起诉讼。

第九十八条　【水污染损害赔偿诉讼中的举证责任倒置】因水污染引起的损害赔偿诉讼，由排污方就法律规定的免责事由及其行为与损害结果之间不存在因果关系承担举证责任。

第九十九条　【水污染侵权共同诉讼、支持诉讼和法律援助】因水污染受到损害的当事人人数众多的，可以依法由当事人推选代表人进行共同诉讼。

环境保护主管部门和有关社会团体可以依法支持因水污染受到损害的当事人向人民法院提起诉讼。

国家鼓励法律服务机构和律师为水污染损害诉讼

中的受害人提供法律援助。

第一百条 【环境监测机构在损害赔偿纠纷中可以接受委托提供监测数据】因水污染引起的损害赔偿责任和赔偿金额的纠纷,当事人可以委托环境监测机构提供监测数据。环境监测机构应当接受委托,如实提供有关监测数据。

第一百零一条 【刑事责任】违反本法规定,构成犯罪的,依法追究刑事责任。

中华人民共和国
大气污染防治法(节录)

1. 1987年9月5日第六届全国人民代表大会常务委员会第二十二次会议通过
2. 根据1995年8月29日第八届全国人民代表大会常务委员会第十五次会议《关于修改〈中华人民共和国大气污染防治法〉的决定》第一次修正
3. 2000年4月29日第九届全国人民代表大会常务委员会第十五次会议第一次修订
4. 2015年8月29日第十二届全国人民代表大会常务委员会第十六次会议第二次修订
5. 根据2018年10月26日第十三届全国人民代表大会常务委员会第六次会议《关于修改〈中华人民共和国野生动物保护法〉等十五部法律的决定》第二次修正

第七章 法律责任

第九十八条 【不配合监督检查的法律责任】违反本法规定,以拒绝进入现场等方式拒不接受生态环境主管部门及其环境执法机构或者其他负有大气环境保护监督管理职责的部门的监督检查,或者在接受监督检查时弄虚作假的,由县级以上人民政府生态环境主管部门或者其他负有大气环境保护监督管理职责的部门责令改正,处二万元以上二十万元以下的罚款;构成违反治安管理行为的,由公安机关依法予以处罚。

第九十九条 【违法排污的法律责任】违反本法规定,有下列行为之一的,由县级以上人民政府生态环境主管部门责令改正或者限制生产、停产整治,并处十万元以上一百万元以下的罚款;情节严重的,报经有批准权的人民政府批准,责令停业、关闭:

(一)未依法取得排污许可证排放大气污染物的;

(二)超过大气污染物排放标准或者超过重点大气污染物排放总量控制指标排放大气污染物的;

(三)通过逃避监管的方式排放大气污染物的。

第一百条 【未按规定监测的法律责任】违反本法规定,有下列行为之一的,由县级以上人民政府生态环境主管部门责令改正,处二万元以上二十万元以下的罚款;拒不改正的,责令停产整治:

(一)侵占、损毁或者擅自移动、改变大气环境质量监测设施或者大气污染物排放自动监测设备的;

(二)未按照规定对所排放的工业废气和有毒有害大气污染物进行监测并保存原始监测记录的;

(三)未按照规定安装、使用大气污染物排放自动监测设备或者未按照规定与生态环境主管部门的监控设备联网,并保证监测设备正常运行的;

(四)重点排污单位不公开或者不如实公开自动监测数据的;

(五)未按照规定设置大气污染物排放口的。

第一百零一条 【违反产业政策目录的法律责任】违反本法规定,生产、进口、销售或者使用国家综合性产业政策目录中禁止的设备和产品,采用国家综合性产业政策目录中禁止的工艺,或者将淘汰的设备和产品转让给他人使用的,由县级以上人民政府经济综合主管部门、海关按照职责责令改正,没收违法所得,并处货值金额一倍以上三倍以下的罚款;拒不改正的,报经有批准权的人民政府批准,责令停业、关闭。进口行为构成走私的,由海关依法予以处罚。

第一百零二条 【煤矿违反规定的法律责任】违反本法规定,煤矿未按照规定建设配套煤炭洗选设施的,由县级以上人民政府能源主管部门责令改正,处十万元以上一百万元以下的罚款;拒不改正的,报经有批准权的人民政府批准,责令停业、关闭。

违反本法规定,开采含放射性和砷等有毒有害物质超过规定标准的煤炭的,由县级以上人民政府按照国务院规定的权限责令停业、关闭。

第一百零三条 【销售不合标准的煤炭等的法律责任】违反本法规定,有下列行为之一的,由县级以上地方人民政府市场监督管理部门责令改正,没收原材料、产品和违法所得,并处货值金额一倍以上三倍以下的罚款:

(一)销售不符合质量标准的煤炭、石油焦的;

(二)生产、销售挥发性有机物含量不符合质量标准或者要求的原材料和产品的;

(三)生产、销售不符合标准的机动车船和非道路移动机械用燃料、发动机油、氮氧化物还原剂、燃料和润滑油添加剂以及其他添加剂的；

（四）在禁燃区内销售高污染燃料的。

第一百零四条　【进口不合标准的煤炭等的法律责任】违反本法规定，有下列行为之一的，由海关责令改正，没收原材料、产品和违法所得，并处货值金额一倍以上三倍以下的罚款；构成走私的，由海关依法予以处罚：

（一）进口不符合质量标准的煤炭、石油焦的；

（二）进口挥发性有机物含量不符合质量标准或者要求的原材料和产品的；

（三）进口不符合标准的机动车船和非道路移动机械用燃料、发动机油、氮氧化物还原剂、燃料和润滑油添加剂以及其他添加剂的。

第一百零五条　【单位燃用不合标准的煤炭、石油焦的法律责任】违反本法规定，单位燃用不符合质量标准的煤炭、石油焦的，由县级以上人民政府生态环境主管部门责令改正，处货值金额一倍以上三倍以下的罚款。

第一百零六条　【使用不合标准的船舶用燃油的法律责任】违反本法规定，使用不符合标准或者要求的船舶用燃油的，由海事管理机构、渔业主管部门按照职责处一万元以上十万元以下的罚款。

第一百零七条　【燃用高污染燃料或者锅炉的法律责任】违反本法规定，在禁燃区内新建、扩建燃用高污染燃料的设施，或者未按照规定停止燃用高污染燃料，或者在城市集中供热管网覆盖地区新建、扩建分散燃煤供热锅炉，或者未按照规定拆除已建成的不能达标排放的燃煤供热锅炉的，由县级以上地方人民政府生态环境主管部门没收燃用高污染燃料的设施，组织拆除燃煤供热锅炉，并处二万元以上二十万元以下的罚款。

违反本法规定，生产、进口、销售或者使用不符合规定标准或者要求的锅炉的，由县级以上人民政府市场监督管理、生态环境主管部门责令改正，没收违法所得，并处二万元以上二十万元以下的罚款。

第一百零八条　【违反挥发性有机物防治义务的法律责任】违反本法规定，有下列行为之一的，由县级以上人民政府生态环境主管部门责令改正，处二万元以上二十万元以下的罚款；拒不改正的，责令停产整治：

（一）产生含挥发性有机物废气的生产和服务活动，未在密闭空间或者设备中进行，未按照规定安装、使用污染防治设施，或者未采取减少废气排放措施的；

（二）工业涂装企业未使用低挥发性有机物含量涂料或者未建立、保存台账的；

（三）石油、化工以及其他生产和使用有机溶剂的企业，未采取措施对管道、设备进行日常维护、维修，减少物料泄漏或者对泄漏的物料未及时收集处理的；

（四）储油储气库、加油加气站和油罐车、气罐车等，未按照国家有关规定安装并正常使用油气回收装置的；

（五）钢铁、建材、有色金属、石油、化工、制药、矿产开采等企业，未采取集中收集处理、密闭、围挡、遮盖、清扫、洒水等措施，控制、减少粉尘和气态污染物排放的；

（六）工业生产、垃圾填埋或者其他活动中产生的可燃性气体未回收利用，不具备回收利用条件未进行防治污染处理，或者可燃性气体回收利用装置不能正常作业，未及时修复或者更新的。

第一百零九条　【机动车生产的法律责任】违反本法规定，生产超过污染物排放标准的机动车、非道路移动机械的，由省级以上人民政府生态环境主管部门责令改正，没收违法所得，并处货值金额一倍以上三倍以下的罚款，没收销毁无法达到污染物排放标准的机动车、非道路移动机械；拒不改正的，责令停产整治，并由国务院机动车生产主管部门责令停止生产该车型。

违反本法规定，机动车、非道路移动机械生产企业对发动机、污染控制装置弄虚作假、以次充好，冒充排放检验合格产品出厂销售的，由省级以上人民政府生态环境主管部门责令停产整治，没收违法所得，并处货值金额一倍以上三倍以下的罚款，没收销毁无法达到污染物排放标准的机动车、非道路移动机械，并由国务院机动车生产主管部门责令停止生产该车型。

第一百一十条　【违法进口、销售的法律责任】违反本法规定，进口、销售超过污染物排放标准的机动车、非道路移动机械的，由县级以上人民政府市场监督管理部门、海关按照职责没收违法所得，并处货值金额一倍以上三倍以下的罚款，没收销毁无法达到污染物排放标准的机动车、非道路移动机械；进口行为构成走私的，由海关依法予以处罚。

违反本法规定，销售的机动车、非道路移动机械不符合污染物排放标准的，销售者应当负责修理、更换、退货；给购买者造成损失的，销售者应当赔偿损失。

第一百一十一条　【信息公布的法律责任】违反本法规定，机动车生产、进口企业未按照规定向社会公布其生产、进口机动车车型的排放检验信息或者污染控制技术信息的,由省级以上人民政府生态环境主管部门责令改正,处五万元以上五十万元以下的罚款。

违反本法规定,机动车生产、进口企业未按照规定向社会公布其生产、进口机动车车型的有关维修技术信息的,由省级以上人民政府交通运输主管部门责令改正,处五万元以上五十万元以下的罚款。

第一百一十二条 【检验的法律责任】违反本法规定,伪造机动车、非道路移动机械排放检验结果或者出具虚假排放检验报告的,由县级以上人民政府生态环境主管部门没收违法所得,并处十万元以上五十万元以下的罚款;情节严重的,由负责资质认定的部门取消其检验资格。

违反本法规定,伪造船舶排放检验结果或者出具虚假排放检验报告的,由海事管理机构依法予以处罚。

违反本法规定,以临时更换机动车污染控制装置等弄虚作假的方式通过机动车排放检验或者破坏机动车车载排放诊断系统的,由县级以上人民政府生态环境主管部门责令改正,对机动车所有人处五千元的罚款;对机动车维修单位处每辆机动车五千元的罚款。

第一百一十三条 【机动车驾驶人的法律责任】违反本法规定,机动车驾驶人驾驶排放检验不合格的机动车上道路行驶的,由公安机关交通管理部门依法予以处罚。

第一百一十四条 【非道路移动机械、在用重型柴油车违法行为的法律责任】违反本法规定,使用排放不合格的非道路移动机械,或者在用重型柴油车、非道路移动机械未按照规定加装、更换污染控制装置的,由县级以上人民政府生态环境等主管部门按照职责责令改正,处五千元的罚款。

违反本法规定,在禁止使用高排放非道路移动机械的区域使用高排放非道路移动机械的,由城市人民政府生态环境等主管部门依法予以处罚。

第一百一十五条 【施工单位、建设单位未采取扬尘污染防治措施的法律责任】违反本法规定,施工单位有下列行为之一的,由县级以上人民政府住房城乡建设等主管部门按照职责责令改正,处一万元以上十万元以下的罚款;拒不改正的,责令停工整治:

(一)施工工地未设置硬质围挡,或者未采取覆盖、分段作业、择时施工、洒水抑尘、冲洗地面和车辆等有效防尘降尘措施的;

(二)建筑土方、工程渣土、建筑垃圾未及时清运,或者未采用密闭式防尘网遮盖的。

违反本法规定,建设单位未对暂时不能开工的建设用地的裸露地面进行覆盖,或者未对超过三个月不能开工的建设用地的裸露地面进行绿化、铺装或者遮盖的,由县级以上人民政府住房城乡建设等主管部门依照前款规定予以处罚。

第一百一十六条 【运输环节未采取防尘、降尘措施的法律责任】违反本法规定,运输煤炭、垃圾、渣土、砂石、土方、灰浆等散装、流体物料的车辆,未采取密闭或者其他措施防止物料遗撒的,由县级以上地方人民政府确定的监督管理部门责令改正,处二千元以上二万元以下的罚款;拒不改正的,车辆不得上道路行驶。

第一百一十七条 【料堆扬尘等的法律责任】违反本法规定,有下列行为之一的,由县级以上人民政府生态环境等主管部门按照职责责令改正,处一万元以上十万元以下的罚款;拒不改正的,责令停工整治或者停业整治:

(一)未密闭煤炭、煤矸石、煤渣、煤灰、水泥、石灰、石膏、砂土等易产生扬尘的物料的;

(二)对不能密闭的易产生扬尘的物料,未设置不低于堆放物高度的严密围挡,或者未采取有效覆盖措施防治扬尘污染的;

(三)装卸物料未采取密闭或者喷淋等方式控制扬尘排放的;

(四)存放煤炭、煤矸石、煤渣、煤灰等物料,未采取防燃措施的;

(五)码头、矿山、填埋场和消纳场未采取有效措施防治扬尘污染的;

(六)排放有毒有害大气污染物名录中所列有毒有害大气污染物的企业事业单位,未按照规定建设环境风险预警体系或者对排放口和周边环境进行定期监测、排查环境安全隐患并采取有效措施防范环境风险的;

(七)向大气排放持久性有机污染物的企业事业单位和其他生产经营者以及废弃物焚烧设施的运营单位,未按照国家有关规定采取有利于减少持久性有机污染物排放的技术方法和工艺,配备净化装置的;

(八)未采取措施防止排放恶臭气体的。

第一百一十八条 【餐饮服务业经营者的法律责任】违反本法规定,排放油烟的餐饮服务业经营者未安装油烟净化设施、不正常使用油烟净化设施或者未采取其他油烟净化措施,超过排放标准排放油烟的,由县级以上地方人民政府确定的监督管理部门责令改正,处五千元以上五万元以下的罚款;拒不改正的,责令停业整治。

违反本法规定,在居民住宅楼、未配套设立专用烟道的商住综合楼、商住综合楼内与居住层相邻的商业楼层内新建、改建、扩建产生油烟、异味、废气的餐饮服务项目的,由县级以上地方人民政府确定的监督管理部门责令改正;拒不改正的,予以关闭,并处一万元以上十万元以下的罚款。

违反本法规定,在当地人民政府禁止的时段和区域内露天烧烤食品或者为露天烧烤食品提供场地的,由县级以上地方人民政府确定的监督管理部门责令改正,没收烧烤工具和违法所得,并处五百元以上二万元以下的罚款。

第一百一十九条 【产生烟尘污染的物质的法律责任】违反本法规定,在人口集中地区对树木、花草喷洒剧毒、高毒农药,或者露天焚烧秸秆、落叶等产生烟尘污染的物质的,由县级以上地方人民政府确定的监督管理部门责令改正,并可以处五百元以上二千元以下的罚款。

违反本法规定,在人口集中地区和其他依法需要特殊保护的区域内,焚烧沥青、油毡、橡胶、塑料、皮革、垃圾以及其他产生有毒有害烟尘和恶臭气体的物质的,由县级人民政府确定的监督管理部门责令改正,对单位处一万元以上十万元以下的罚款,对个人处五百元以上二千元以下的罚款。

违反本法规定,在城市人民政府禁止的时段和区域内燃放烟花爆竹的,由县级以上地方人民政府确定的监督管理部门依法予以处罚。

第一百二十条 【从事服装干洗和机动车维修等服务活动的法律责任】违反本法规定,从事服装干洗和机动车维修等服务活动,未设置异味和废气处理装置等污染防治设施并保持正常使用,影响周边环境的,由县级以上地方人民政府生态环境主管部门责令改正,处二千元以上二万元以下的罚款;拒不改正的,责令停业整治。

第一百二十一条 【擅自向社会发布重污染天气预报预警信息,拒不执行重污染天气应急措施的法律责任】违反本法规定,擅自向社会发布重污染天气预报预警信息,构成违反治安管理行为的,由公安机关依法予以处罚。

违反本法规定,拒不执行停止工地土石方作业或者建筑物拆除施工等重污染天气应急措施的,由县级以上地方人民政府确定的监督管理部门处一万元以上十万元以下的罚款。

第一百二十二条 【造成大气污染事故的法律责任】违反本法规定,造成大气污染事故的,由县级以上人民政府生态环境主管部门依照本条第二款的规定处以罚款;对直接负责的主管人员和其他直接责任人员可以处上一年度从本企业事业单位取得收入百分之五十以下的罚款。

对造成一般或者较大大气污染事故的,按照污染事故造成直接损失的一倍以上三倍以下计算罚款;对造成重大或者特大大气污染事故的,按照污染事故造成的直接损失的三倍以上五倍以下计算罚款。

第一百二十三条 【按日连续处罚】违反本法规定,企业事业单位和其他生产经营者有下列行为之一,受到罚款处罚,被责令改正,拒不改正的,依法作出处罚决定的行政机关可以自责令改正之日的次日起,按照原处罚数额按日连续处罚:

(一)未依法取得排污许可证排放大气污染物的;

(二)超过大气污染物排放标准或者超过重点大气污染物排放总量控制指标排放大气污染物的;

(三)通过逃避监管的方式排放大气污染物的;

(四)建筑施工或者贮存易产生扬尘的物料未采取有效措施防治扬尘污染的。

第一百二十四条 【用人单位打击报复的法律责任】违反本法规定,对举报人以解除、变更劳动合同或者其他方式打击报复的,应当依照有关法律的规定承担责任。

第一百二十五条 【侵权责任】排放大气污染物造成损害的,应当依法承担侵权责任。

第一百二十六条 【监管部门及工作人员的法律责任】地方各级人民政府、县级以上人民政府生态环境主管部门和其他负有大气环境保护监督管理职责的部门及其工作人员滥用职权、玩忽职守、徇私舞弊、弄虚作假的,依法给予处分。

第一百二十七条 【刑事责任】违反本法规定,构成犯罪的,依法追究刑事责任。

中华人民共和国
固体废物污染环境防治法(节录)

1. 1995年10月30日第八届全国人民代表大会常务委员会第十六次会议通过
2. 2004年12月29日第十届全国人民代表大会常务委员会第十三次会议第一次修订
3. 根据2013年6月29日第十二届全国人民代表大会常务委员会第三次会议《关于修改〈中华人民共和国文物保护法〉等十二部法律的决定》第一次修正
4. 根据2015年4月24日第十二届全国人民代表大会常务委员会第十四次会议《关于修改〈中华人民共和国港口法〉等七部法律的决定》第二次修正
5. 根据2016年11月7日第十二届全国人民代表大会常务委员会第二十四次会议《关于修改〈中华人民共和国对外贸易法〉等十二部法律的决定》第三次修正
6. 2020年4月29日第十三届全国人民代表大会常务委员会第十七次会议第二次修订

第八章 法律责任

第一百零一条 【主管部门的违法责任】生态环境主管部门或者其他负有固体废物污染环境防治监督管理职责的部门违反本法规定,有下列行为之一,由本级人民政府或者上级人民政府有关部门责令改正,对直接负责的主管人员和其他直接责任人员依法给予处分:

(一)未依法作出行政许可或者办理批准文件的;
(二)对违法行为进行包庇的;
(三)未依法查封、扣押的;
(四)发现违法行为或者接到对违法行为的举报后未予查处的;
(五)有其他滥用职权、玩忽职守、徇私舞弊等违法行为的。

依照本法规定应当作出行政处罚决定而未作出的,上级主管部门可以直接作出行政处罚决定。

第一百零二条 【生产经营者的违法责任】违反本法规定,有下列行为之一,由生态环境主管部门责令改正,处以罚款,没收违法所得;情节严重的,报经有批准权的人民政府批准,可以责令停业或者关闭:

(一)产生、收集、贮存、运输、利用、处置固体废物的单位未依法及时公开固体废物污染环境防治信息的;

(二)生活垃圾处理单位未按照国家有关规定安装使用监测设备、实时监测污染物的排放情况并公开污染排放数据的;

(三)将列入限期淘汰名录被淘汰的设备转让给他人使用的;

(四)在生态保护红线区域、永久基本农田集中区域和其他需要特别保护的区域内,建设工业固体废物、危险废物集中贮存、利用、处置的设施、场所和生活垃圾填埋场的;

(五)转移固体废物出省、自治区、直辖市行政区域贮存、处置未经批准的;

(六)转移固体废物出省、自治区、直辖市行政区域利用未报备案的;

(七)擅自倾倒、堆放、丢弃、遗撒工业固体废物,或者未采取相应防范措施,造成工业固体废物扬散、流失、渗漏或者其他环境污染的;

(八)产生工业固体废物的单位未建立固体废物管理台账并如实记录的;

(九)产生工业固体废物的单位违反本法规定委托他人运输、利用、处置工业固体废物的;

(十)贮存工业固体废物未采取符合国家环境保护标准的防护措施的;

(十一)单位和其他生产经营者违反固体废物管理其他要求,污染环境、破坏生态的。

有前款第一项、第八项行为之一,处五万元以上二十万元以下的罚款;有前款第二项、第三项、第四项、第五项、第六项、第九项、第十项、第十一项行为之一,处十万元以上一百万元以下的罚款;有前款第七项行为,处所需处置费用一倍以上三倍以下的罚款,所需处置费用不足十万元的,按十万元计算。对前款第十一项行为的处罚,有关法律、行政法规另有规定的,适用其规定。

第一百零三条 【拒绝、阻挠监督检查及弄虚作假的违法责任】违反本法规定,以拖延、围堵、滞留执法人员等方式拒绝、阻挠监督检查,或者在接受监督检查时弄虚作假的,由生态环境主管部门或者其他负有固体废物污染环境防治监督管理职责的部门责令改正,处五万元以上二十万元以下的罚款;对直接负责的主管人员和其他直接责任人员,处二万元以上十万元以下的罚款。

第一百零四条 【未经许可排放工业固体废物的违法责

任】违反本法规定,未依法取得排污许可证产生工业固体废物的,由生态环境主管部门责令改正或者限制生产、停产整治,处十万元以上一百万元以下的罚款;情节严重的,报经有批准权的人民政府批准,责令停业或者关闭。

第一百零五条 【未遵守限制商品过度包装的强制性标准的法律责任】违反本法规定,生产经营者未遵守限制商品过度包装的强制性标准的,由县级以上地方人民政府市场监督管理部门或者有关部门责令改正;拒不改正的,处二千元以上二万元以下的罚款;情节严重的,处二万元以上十万元以下的罚款。

第一百零六条 【未遵守有关一次性塑料制品的国家规定的法律责任】违反本法规定,未遵守国家有关禁止、限制使用不可降解塑料袋等一次性塑料制品的规定,或者未按照国家有关规定报告塑料袋等一次性塑料制品的使用情况的,由县级以上地方人民政府商务、邮政等主管部门责令改正,处一万元以上十万元以下的罚款。

第一百零七条 【未及时管理畜禽粪污等固体废物的违法责任】从事畜禽规模养殖未及时收集、贮存、利用或者处置养殖过程中产生的畜禽粪污等固体废物的,由生态环境主管部门责令改正,可以处十万元以下的罚款;情节严重的,报经有批准权的人民政府批准,责令停业或者关闭。

第一百零八条 【城镇污水处理设施维护运营单位与污泥处理单位的违法责任】违反本法规定,城镇污水处理设施维护运营单位或者污泥处理单位对污泥流向、用途、用量等未进行跟踪、记录,或者处理后的污泥不符合国家有关标准的,由城镇排水主管部门责令改正,给予警告;造成严重后果的,处十万元以上二十万元以下的罚款;拒不改正的,城镇排水主管部门可以指定有治理能力的单位代为治理,所需费用由违法者承担。

违反本法规定,擅自倾倒、堆放、丢弃、遗撒城镇污水处理设施产生的污泥和处理后的污泥的,由城镇排水主管部门责令改正,处二十万元以上二百万元以下的罚款,对直接负责的主管人员和其他直接责任人员处二万元以上十万元以下的罚款;造成严重后果的,处二百万元以上五百万元以下的罚款,对直接负责的主管人员和其他直接责任人员处五万元以上五十万元以下的罚款;拒不改正的,城镇排水主管部门可以指定有治理能力的单位代为治理,所需费用由违法者承担。

第一百零九条 【生产、销售、进口或者使用淘汰的设备和生产工艺的违法责任】违反本法规定,生产、销售、进口或者使用淘汰的设备,或者采用淘汰的生产工艺的,由县级以上地方人民政府指定的部门责令改正,处十万元以上一百万元以下的罚款,没收违法所得;情节严重的,由县级以上地方人民政府指定的部门提出意见,报经有批准权的人民政府批准,责令停业或者关闭。

第一百一十条 【矿业固体废物贮存设施停用后未封场的违法责任】尾矿、煤矸石、废石等矿业固体废物贮存设施停止使用后,未按照国家有关环境保护规定进行封场的,由生态环境主管部门责令改正,处二十万元以上一百万元以下的罚款。

第一百一十一条 【单位和个人的违法责任】违反本法规定,有下列行为之一,由县级以上地方人民政府环境卫生主管部门责令改正,处以罚款,没收违法所得:

(一)随意倾倒、抛撒、堆放或者焚烧生活垃圾的;

(二)擅自关闭、闲置或者拆除生活垃圾处理设施、场所的;

(三)工程施工单位未编制建筑垃圾处理方案报备案,或者未及时清运施工过程中产生的固体废物的;

(四)工程施工单位擅自倾倒、抛撒或者堆放工程施工过程中产生的建筑垃圾,或者未按照规定对施工过程中产生的固体废物进行利用或者处置的;

(五)产生、收集厨余垃圾的单位和其他生产经营者未将厨余垃圾交由具备相应资质条件的单位进行无害化处理的;

(六)畜禽养殖场、养殖小区利用未经无害化处理的厨余垃圾饲喂畜禽的;

(七)在运输过程中沿途丢弃、遗撒生活垃圾的。

单位有前款第一项、第七项行为之一,处五万元以上五十万元以下的罚款;单位有前款第二项、第三项、第四项、第五项、第六项行为之一,处十万元以上一百万元以下的罚款;个人有前款第一项、第五项、第七项行为之一,处一百元以上五百元以下的罚款。

违反本法规定,未在指定的地点分类投放生活垃圾的,由县级以上地方人民政府环境卫生主管部门责令改正;情节严重的,对单位处五万元以上五十万元以下的罚款,对个人依法处以罚款。

第一百一十二条 【未按规定管理危险废物的法律责任】违反本法规定,有下列行为之一,由生态环境主管部门责令改正，处以罚款，没收违法所得；情节严重的，报经有批准权的人民政府批准，可以责令停业或者关闭：

（一）未按照规定设置危险废物识别标志的；

（二）未按照国家有关规定制定危险废物管理计划或者申报危险废物有关资料的；

（三）擅自倾倒、堆放危险废物的；

（四）将危险废物提供或者委托给无许可证的单位或者其他生产经营者从事经营活动的；

（五）未按照国家有关规定填写、运行危险废物转移联单或者未经批准擅自转移危险废物的；

（六）未按照国家环境保护标准贮存、利用、处置危险废物或者将危险废物混入非危险废物中贮存的；

（七）未经安全性处置，混合收集、贮存、运输、处置具有不相容性质的危险废物的；

（八）将危险废物与旅客在同一运输工具上载运的；

（九）未经消除污染处理，将收集、贮存、运输、处置危险废物的场所、设施、设备和容器、包装物及其他物品转作他用的；

（十）未采取相应防范措施，造成危险废物扬散、流失、渗漏或者其他环境污染的；

（十一）在运输过程中沿途丢弃、遗撒危险废物的；

（十二）未制定危险废物意外事故防范措施和应急预案的；

（十三）未按照国家有关规定建立危险废物管理台账并如实记录的。

有前款第一项、第二项、第五项、第六项、第七项、第八项、第九项、第十二项、第十三项行为之一，处十万元以上一百万元以下的罚款；有前款第三项、第四项、第十项、第十一项行为之一，处所需处置费用三倍以上五倍以下的罚款，所需处置费用不足二十万元的，按二十万元计算。

第一百一十三条 【危险废物的代为处置】违反本法规定，危险废物产生者未按照规定处置其产生的危险废物被责令改正后拒不改正的，由生态环境主管部门组织代为处置，处置费用由危险废物产生者承担；拒不承担代为处置费用的，处代为处置费用一倍以上三倍以下的罚款。

第一百一十四条 【未经许可及未按许可管理危险废物的法律责任】无许可证从事收集、贮存、利用、处置危险废物经营活动的，由生态环境主管部门责令改正，处一百万元以上五百万元以下的罚款，并报经有批准权的人民政府批准，责令停业或者关闭；对法定代表人、主要负责人、直接负责的主管人员和其他责任人员，处十万元以上一百万元以下的罚款。

未按照许可证规定从事收集、贮存、利用、处置危险废物经营活动的，由生态环境主管部门责令改正，限制生产、停产整治，处五十万元以上二百万元以下的罚款；对法定代表人、主要负责人、直接负责的主管人员和其他责任人员，处五万元以上五十万元以下的罚款；情节严重的，报经有批准权的人民政府批准，责令停业或者关闭，还可以由发证机关吊销许可证。

第一百一十五条 【固体废物违法入境的法律责任】违反本法规定，将中华人民共和国境外的固体废物输入境内的，由海关责令退运该固体废物，处五十万元以上五百万元以下的罚款。

承运人对前款规定的固体废物的退运、处置，与进口者承担连带责任。

第一百一十六条 【固体废物违法过境的法律责任】违反本法规定，经中华人民共和国过境转移危险废物的，由海关责令退运该危险废物，处五十万元以上五百万元以下的罚款。

第一百一十七条 【已非法入境的固体废物的法律责任】对已经非法入境的固体废物，由省级以上人民政府生态环境主管部门依法向海关提出处理意见，海关应当依照本法第一百一十五条的规定作出处罚决定；已经造成环境污染的，由省级以上人民政府生态环境主管部门责令进口者消除污染。

第一百一十八条 【固体废物污染环境事故的违法责任】违反本法规定，造成固体废物污染环境事故的，除依法承担赔偿责任外，由生态环境主管部门依照本条第二款的规定处以罚款，责令限期采取治理措施；造成重大或者特大固体废物污染环境事故的，还可以报经有批准权的人民政府批准，责令关闭。

造成一般或者较大固体废物污染环境事故的，按照事故造成的直接经济损失的一倍以上三倍以下计算罚款；造成重大或者特大固体废物污染环境事故的，按照事故造成的直接经济损失的三倍以上五倍以下计算罚款，并对法定代表人、主要负责人、直接负责的主管人员和其他责任人员处上一年度从本单位取得的收入百分之五十以下的罚款。

第一百一十九条 【继续实施违法行为的法律责任】单位和其他生产经营者违反本法规定排放固体废物,受到罚款处罚,被责令改正的,依法作出处罚决定的行政机关应当组织复查,发现其继续实施该违法行为的,依照《中华人民共和国环境保护法》的规定按日连续处罚。

第一百二十条 【尚不构成犯罪的违法行为的法律责任】违反本法规定,有下列行为之一,尚不构成犯罪的,由公安机关对法定代表人、主要负责人、直接负责的主管人员和其他责任人员处十日以上十五日以下的拘留;情节较轻的,处五日以上十日以下的拘留:

（一）擅自倾倒、堆放、丢弃、遗撒固体废物,造成严重后果的;

（二）在生态保护红线区域、永久基本农田集中区域和其他需要特别保护的区域内,建设工业固体废物、危险废物集中贮存、利用、处置的设施、场所和生活垃圾填埋场的;

（三）将危险废物提供或者委托给无许可证的单位或者其他生产经营者堆放、利用、处置的;

（四）无许可证或者未按照许可证规定从事收集、贮存、利用、处置危险废物经营活动的;

（五）未经批准擅自转移危险废物的;

（六）未采取防范措施,造成危险废物扬散、流失、渗漏或者其他严重后果的。

第一百二十一条 【固体废物污染环境的起诉】固体废物污染环境、破坏生态,损害国家利益、社会公共利益的,有关机关和组织可以依照《中华人民共和国环境保护法》、《中华人民共和国民事诉讼法》、《中华人民共和国行政诉讼法》等法律的规定向人民法院提起诉讼。

第一百二十二条 【固体废物污染环境的损害赔偿责任】固体废物污染环境、破坏生态给国家造成重大损失的,由设区的市级以上地方人民政府或者其指定的部门、机构组织与造成环境污染和生态破坏的单位和其他生产经营者进行磋商,要求其承担损害赔偿责任;磋商未达成一致的,可以向人民法院提起诉讼。

对于执法过程中查获的无法确定责任人或者无法退运的固体废物,由所在地县级以上地方人民政府组织处理。

第一百二十三条 【相关的行政、刑事和民事责任】违反本法规定,构成违反治安管理行为的,由公安机关依法给予治安管理处罚;构成犯罪的,依法追究刑事责任;造成人身、财产损害的,依法承担民事责任。

中华人民共和国噪声污染防治法（节录）

1. 2021年12月24日第十三届全国人民代表大会常务委员会第三十二次会议通过
2. 2021年12月24日中华人民共和国主席令第104号公布
3. 自2022年6月5日起施行

第八章　法　律　责　任

第七十一条 【拒绝、阻挠监督检查的法律责任】违反本法规定,拒绝、阻挠监督检查,或者在接受监督检查时弄虚作假的,由生态环境主管部门或者其他负有噪声污染防治监督管理职责的部门责令改正,处二万元以上二十万元以下的罚款。

第七十二条 【生产、进口、销售超过噪声限值的产品的法律责任】违反本法规定,生产、进口、销售超过噪声限值的产品的,由县级以上人民政府市场监督管理部门、海关按照职责责令改正,没收违法所得,并处货值金额一倍以上三倍以下的罚款;情节严重的,报经有批准权的人民政府批准,责令停业、关闭。

违反本法规定,生产、进口、销售、使用淘汰的设备,或者采用淘汰的工艺的,由县级以上人民政府指定的部门责令改正,没收违法所得,并处货值金额一倍以上三倍以下的罚款;情节严重的,报经有批准权的人民政府批准,责令停业、关闭。

第七十三条 【违规建设噪声敏感建筑物的法律责任】违反本法规定,建设单位建设噪声敏感建筑物不符合民用建筑隔声设计相关标准要求的,由县级以上地方人民政府住房和城乡建设主管部门责令改正,处建设工程合同价款百分之二以上百分之四以下的罚款。

违反本法规定,建设单位在噪声敏感建筑物禁止建设区域新建与航空无关的噪声敏感建筑物的,由地方人民政府指定的部门责令停止违法行为,处建设工程合同价款百分之二以上百分之十以下的罚款,并报经有批准权的人民政府批准,责令拆除。

第七十四条 【在噪声敏感建筑物集中区域新建排放噪声工业企业的法律责任】违反本法规定,在噪声敏感建筑物集中区域新建排放噪声的工业企业的,由生态环境主管部门责令停止违法行为,处十万元以上五十万元以下的罚款,并报经有批准权的人民政府批准,责令关闭。

违反本法规定,在噪声敏感建筑物集中区域改建、扩建工业企业,未采取有效措施防止工业噪声污染的,由生态环境主管部门责令改正,处十万元以上五十万元以下的罚款;拒不改正的,报经有批准权的人民政府批准,责令关闭。

第七十五条 【无排污许可证或者超过噪声排放标准排放工业噪声的法律责任】 违反本法规定,无排污许可证或者超过噪声排放标准排放工业噪声的,由生态环境主管部门责令改正或者限制生产、停产整治,并处二万元以上二十万元以下的罚款;情节严重的,报经有批准权的人民政府批准,责令停业、关闭。

第七十六条 【违反噪声监测规定的法律责任】 违反本法规定,有下列行为之一,由生态环境主管部门责令改正,处二万元以上二十万元以下的罚款;拒不改正的,责令限制生产、停产整治:

(一)实行排污许可管理的单位未按照规定对工业噪声开展自行监测,未保存原始监测记录,或者未向社会公开监测结果的;

(二)噪声重点排污单位未按照国家规定安装、使用、维护噪声自动监测设备,或者未与生态环境主管部门的监控设备联网的。

第七十七条 【超标排放噪声、违规夜间作业的法律责任】 违反本法规定,建设单位、施工单位有下列行为之一,由工程所在地人民政府指定的部门责令改正,处一万元以上十万元以下的罚款;拒不改正的,可以责令暂停施工:

(一)超过噪声排放标准排放建筑施工噪声的;

(二)未按照规定取得证明,在噪声敏感建筑物集中区域夜间进行产生噪声的建筑施工作业的。

第七十八条 【违规产生建筑施工噪声污染的法律责任】 违反本法规定,有下列行为之一,由工程所在地人民政府指定的部门责令改正,处五千元以上五万元以下的罚款;拒不改正的,处五万元以上二十万元以下的罚款:

(一)建设单位未按照规定将噪声污染防治费用列入工程造价的;

(二)施工单位未按照规定制定噪声污染防治实施方案,或者未采取有效措施减少振动、降低噪声的;

(三)在噪声敏感建筑物集中区域施工作业的建设单位未按照国家规定设置噪声自动监测系统,未与监督管理部门联网,或者未保存原始监测记录的;

(四)因特殊需要必须连续施工作业,建设单位未按照规定公告附近居民的。

第七十九条 【违规损坏消声器、使用声响装置的法律责任】 违反本法规定,驾驶拆除或者损坏消声器、加装排气管等擅自改装的机动车轰鸣、疾驶,机动车运行时未按照规定使用声响装置,或者违反禁止机动车行驶和使用声响装置的路段和时间规定的,由县级以上地方人民政府公安机关交通管理部门依照有关道路交通安全的法律法规处罚。

违反本法规定,铁路机车车辆、城市轨道交通车辆、机动船舶等交通运输工具运行时未按照规定使用声响装置的,由交通运输、铁路监督管理、海事等部门或者地方人民政府指定的城市轨道交通有关部门按照职责责令改正,处五千元以上一万元以下的罚款。

第八十条 【违规产生交通运输噪声污染的法律责任】 违反本法规定,有下列行为之一,由交通运输、铁路监督管理、民用航空等部门或者地方人民政府指定的城市道路、城市轨道交通有关部门,按照职责责令改正,处五千元以上五万元以下的罚款;拒不改正的,处五万元以上二十万元以下的罚款:

(一)公路养护管理单位、城市道路养护维修单位、城市轨道交通运营单位、铁路运输企业未履行维护和保养义务,未保持减少振动、降低噪声设施正常运行的;

(二)城市轨道交通运营单位、铁路运输企业未按照国家规定进行监测,或者未保存原始监测记录的;

(三)民用机场管理机构、航空运输企业、通用航空企业未采取措施防止、减轻民用航空器噪声污染的;

(四)民用机场管理机构未按照国家规定对机场周围民用航空器噪声进行监测,未保存原始监测记录,或者监测结果未定期报送的。

第八十一条 【违规产生社会生活噪声污染的法律责任】 违反本法规定,有下列行为之一,由地方人民政府指定的部门责令改正,处五千元以上五万元以下的罚款;拒不改正的,处五万元以上二十万元以下的罚款,并可以报经有批准权的人民政府批准,责令停业:

(一)超过噪声排放标准排放社会生活噪声的;

(二)在商业经营活动中使用高音广播喇叭或者

采用其他持续反复发出高噪声的方法进行广告宣传的;

(三)未对商业经营活动中产生的其他噪声采取有效措施造成噪声污染的。

第八十二条 【违规产生社会生活噪声污染的法律责任二】违反本法规定,有下列行为之一,由地方人民政府指定的部门说服教育,责令改正;拒不改正的,给予警告,对个人可以处二百元以上一千元以下的罚款,对单位可以处二千元以上二万元以下的罚款:

(一)在噪声敏感建筑物集中区域使用高音广播喇叭的;

(二)在公共场所组织或者开展娱乐、健身等活动,未遵守公共场所管理者有关活动区域、时段、音量等规定,未采取有效措施造成噪声污染,或者违反规定使用音响器材产生过大音量的;

(三)对已竣工交付使用的建筑物进行室内装修活动,未按照规定在限定的作业时间内进行,或者未采取有效措施造成噪声污染的;

(四)其他违反法律规定造成社会生活噪声污染的。

第八十三条 【新建居民住房的房地产开发经营者违规的法律责任】违反本法规定,有下列行为之一,由县级以上地方人民政府房产管理部门责令改正,处一万元以上五万元以下的罚款;拒不改正的,责令暂停销售:

(一)新建居民住房的房地产开发经营者未在销售场所公示住房可能受到噪声影响的情况以及采取或者拟采取的防治措施,或者未纳入买卖合同的;

(二)新建居民住房的房地产开发经营者未在买卖合同中明确住房的共用设施设备位置或者建筑隔声情况的。

第八十四条 【居民住宅区噪音超标的法律责任】违反本法规定,有下列行为之一,由地方人民政府指定的部门责令改正,处五千元以上五万元以下的罚款;拒不改正的,处五万元以上二十万元以下的罚款:

(一)居民住宅区安装共用设施设备,设置不合理或者未采取减少振动、降低噪声的措施,不符合民用建筑隔声设计相关标准要求的;

(二)对已建成使用的居民住宅区共用设施设备,专业运营单位未进行维护管理,不符合民用建筑隔声设计相关标准要求的。

第八十五条 【渎职责任】噪声污染防治监督管理人员滥用职权、玩忽职守、徇私舞弊的,由监察机关或者任免机关、单位依法给予处分。

第八十六条 【民事责任】受到噪声侵害的单位和个人,有权要求侵权人依法承担民事责任。

对赔偿责任和赔偿金额纠纷,可以根据当事人的请求,由相应的负有噪声污染防治监督管理职责的部门、人民调解委员会调解处理。

国家鼓励排放噪声的单位、个人和公共场所管理者与受到噪声侵害的单位和个人友好协商,通过调整生产经营时间、施工作业时间,采取减少振动、降低噪声措施,支付补偿金、异地安置等方式,妥善解决噪声纠纷。

第八十七条 【治安管理处罚及刑事责任】违反本法规定,产生社会生活噪声,经劝阻、调解和处理未能制止,持续干扰他人正常生活、工作和学习,或者有其他扰乱公共秩序、妨害社会管理等违反治安管理行为的,由公安机关依法给予治安管理处罚。

违反本法规定,构成犯罪的,依法追究刑事责任。

建设项目环境保护管理条例(节录)

1. 1998年11月29日国务院令第253号发布
2. 根据2017年7月16日国务院令第682号《关于修改〈建设项目环境保护管理条例〉的决定》修订

第三章 环境保护设施建设

第十五条 建设项目需要配套建设的环境保护设施,必须与主体工程同时设计、同时施工、同时投产使用。

第十六条 建设项目的初步设计,应当按照环境保护设计规范的要求,编制环境保护篇章,落实防治环境污染和生态破坏的措施以及环境保护设施投资概算。

建设单位应当将环境保护设施建设纳入施工合同,保证环境保护设施建设进度和资金,并在项目建设过程中同时组织实施环境影响报告书、环境影响报告表及其审批部门审批决定中提出的环境保护对策措施。

第十七条 编制环境影响报告书、环境影响报告表的建设项目竣工后,建设单位应当按照国务院环境保护行政主管部门规定的标准和程序,对配套建设的环境保护设施进行验收,编制验收报告。

建设单位在环境保护设施验收过程中,应当如实查验、监测、记载建设项目环境保护设施的建设和调试情况,不得弄虚作假。

除按照国家规定需要保密的情形外,建设单位应当依法向社会公开验收报告。

第十八条 分期建设、分期投入生产或者使用的建设项目,其相应的环境保护设施应当分期验收。

第十九条 编制环境影响报告书、环境影响报告表的建设项目,其配套建设的环境保护设施经验收合格,方可投入生产或者使用;未经验收或者验收不合格的,不得投入生产或者使用。

前款规定的建设项目投入生产或者使用后,应当按照国务院环境保护行政主管部门的规定开展环境影响后评价。

第二十条 环境保护行政主管部门应当对建设项目环境保护设施设计、施工、验收、投入生产或者使用情况,以及有关环境影响评价文件确定的其他环境保护措施的落实情况,进行监督检查。

环境保护行政主管部门应当将建设项目有关环境违法信息记入社会诚信档案,及时向社会公开违法者名单。

第四章 法 律 责 任

第二十一条 建设单位有下列行为之一的,依照《中华人民共和国环境影响评价法》的规定处罚:

(一)建设项目环境影响报告书、环境影响报告表未依法报批或者报请重新审核,擅自开工建设;

(二)建设项目环境影响报告书、环境影响报告表未经批准或者重新审核同意,擅自开工建设;

(三)建设项目环境影响登记表未依法备案。

第二十二条 违反本条例规定,建设单位编制建设项目初步设计未落实防治环境污染和生态破坏的措施以及环境保护设施投资概算,未将环境保护设施建设纳入施工合同,或者未依法开展环境影响后评价的,由建设项目所在地县级以上环境保护行政主管部门责令限期改正,处5万元以上20万元以下的罚款;逾期不改正的,处20万元以上100万元以下的罚款。

违反本条例规定,建设单位在项目建设过程中未同时组织实施环境影响报告书、环境影响报告表及其审批部门审批决定中提出的环境保护对策措施的,由建设项目所在地县级以上环境保护行政主管部门责令限期改正,处20万元以上100万元以下的罚款;逾期

不改正的,责令停止建设。

第二十三条 违反本条例规定,需要配套建设的环境保护设施未建成、未经验收或者验收不合格,建设项目即投入生产或者使用,或者在环境保护设施验收中弄虚作假的,由县级以上环境保护行政主管部门责令限期改正,处20万元以上100万元以下的罚款;逾期不改正的,处100万元以上200万元以下的罚款;对直接负责的主管人员和其他责任人员,处5万元以上20万元以下的罚款;造成重大环境污染或者生态破坏的,责令停止生产或者使用,或者报经有批准权的人民政府批准,责令关闭。

违反本条例规定,建设单位未依法向社会公开环境保护设施验收报告的,由县级以上环境保护行政主管部门责令公开,处5万元以上20万元以下的罚款,并予以公告。

第二十四条 违反本条例规定,技术机构向建设单位、从事环境影响评价工作的单位收取费用的,由县级以上环境保护行政主管部门责令退还所收费用,处所收费用1倍以上3倍以下的罚款。

第二十五条 从事建设项目环境影响评价工作的单位,在环境影响评价工作中弄虚作假的,由县级以上环境保护行政主管部门处所收费用1倍以上3倍以下的罚款。

第二十六条 环境保护行政主管部门的工作人员徇私舞弊、滥用职权、玩忽职守,构成犯罪的,依法追究刑事责任;尚不构成犯罪的,依法给予行政处分。

最高人民法院关于审理生态环境侵权责任纠纷案件适用法律若干问题的解释

1. 2023年6月5日最高人民法院审判委员会第1890次会议通过
2. 2023年8月14日公布
3. 法释〔2023〕5号
4. 自2023年9月1日起施行

为正确审理生态环境侵权责任纠纷案件,依法保护当事人合法权益,根据《中华人民共和国民法典》《中华人民共和国民事诉讼法》《中华人民共和国环境保护法》等法律的规定,结合审判实践,制定本解释。

第一条 侵权人因实施下列污染环境、破坏生态行为造成他人人身、财产损害,被侵权人请求侵权人承担生态环境侵权责任的,人民法院应予支持:

（一）排放废气、废水、废渣、医疗废物、粉尘、恶臭气体、放射性物质等污染环境的；

（二）排放噪声、振动、光辐射、电磁辐射等污染环境的；

（三）不合理开发利用自然资源的；

（四）违反国家规定，未经批准，擅自引进、释放、丢弃外来物种的；

（五）其他污染环境、破坏生态的行为。

第二条 因下列污染环境、破坏生态引发的民事纠纷，不作为生态环境侵权案件处理：

（一）未经由大气、水、土壤等生态环境介质，直接造成损害的；

（二）在室内、车内等封闭空间内造成损害的；

（三）不动产权利人在日常生活中造成相邻不动产权利人损害的；

（四）劳动者在职业活动中受到损害的。

前款规定的情形，依照相关法律规定确定民事责任。

第三条 不动产权利人因经营活动污染环境、破坏生态造成相邻不动产权利人损害，被侵权人请求其承担生态环境侵权责任的，人民法院应予支持。

第四条 污染环境、破坏生态造成他人损害，行为人不论有无过错，都应当承担侵权责任。

行为人以外的其他责任人对损害发生有过错的，应当承担侵权责任。

第五条 两个以上侵权人分别污染环境、破坏生态造成同一损害，每一个侵权人的行为都足以造成全部损害，被侵权人根据民法典第一千一百七十一条的规定请求侵权人承担连带责任的，人民法院应予支持。

第六条 两个以上侵权人分别污染环境、破坏生态，每一个侵权人的行为都不足以造成全部损害，被侵权人根据民法典第一千一百七十二条的规定请求侵权人承担责任的，人民法院应予支持。

侵权人主张其污染环境、破坏生态行为不足以造成全部损害的，应当承担相应举证责任。

第七条 两个以上侵权人分别污染环境、破坏生态，部分侵权人的行为足以造成全部损害，部分侵权人的行为只造成部分损害，被侵权人请求足以造成全部损害的侵权人对全部损害承担责任，并与其他侵权人就共同造成的损害部分承担连带责任的，人民法院应予支持。

被侵权人依照前款规定请求足以造成全部损害的侵权人与其他侵权人承担责任的，受偿范围应以侵权行为造成的全部损害为限。

第八条 两个以上侵权人分别污染环境、破坏生态，部分侵权人能够证明其他侵权人的侵权行为已先行造成全部或者部分损害，并请求在相应范围内不承担责任或者减轻责任的，人民法院应予支持。

第九条 两个以上侵权人分别排放的物质相互作用产生污染物造成他人损害，被侵权人请求侵权人承担连带责任的，人民法院应予支持。

第十条 为侵权人污染环境、破坏生态提供场地或者储存、运输等帮助，被侵权人根据民法典第一千一百六十九条的规定请求行为人与侵权人承担连带责任的，人民法院应予支持。

第十一条 过失为侵权人污染环境、破坏生态提供场地或者储存、运输等便利条件，被侵权人请求行为人承担与过错相适应责任的，人民法院应予支持。

前款规定的行为人存在重大过失的，依照本解释第十条的规定处理。

第十二条 排污单位将所属的环保设施委托第三方治理机构运营，第三方治理机构在合同履行过程中污染环境造成他人损害，被侵权人请求排污单位承担侵权责任的，人民法院应予支持。

排污单位依照前款规定承担责任后向有过错的第三方治理机构追偿的，人民法院应予支持。

第十三条 排污单位将污染物交由第三方治理机构集中处置，第三方治理机构在合同履行过程中污染环境造成他人损害，被侵权人请求第三方治理机构承担侵权责任的，人民法院应予支持。

排污单位在选任、指示第三方治理机构中有过错，被侵权人请求排污单位承担相应责任的，人民法院应予支持。

第十四条 存在下列情形之一的，排污单位与第三方治理机构应当根据民法典第一千一百六十八条的规定承担连带责任：

（一）第三方治理机构按照排污单位的指示，违反污染防治相关规定排放污染物的；

（二）排污单位将明显存在缺陷的环保设施交由第三方治理机构运营，第三方治理机构利用该设施违反污染防治相关规定排放污染物的；

（三）排污单位以明显不合理的价格将污染物交由第三方治理机构处置，第三方治理机构违反污染防治相关规定排放污染物的；

（四）其他应当承担连带责任的情形。

第十五条　公司污染环境、破坏生态,被侵权人请求股东承担责任,符合公司法第二十条规定情形的,人民法院应予支持。

第十六条　侵权人污染环境、破坏生态造成他人损害,被侵权人请求未尽到安全保障义务的经营场所、公共场所的经营者、管理者或者群众性活动的组织者承担相应补充责任的,人民法院应予支持。

第十七条　依照法律规定应当履行生态环境风险管控和修复义务的民事主体,未履行法定义务造成他人损害,被侵权人请求其承担相应责任的,人民法院应予支持。

第十八条　因第三人的过错污染环境、破坏生态造成他人损害,被侵权人请求侵权人或者第三人承担责任的,人民法院应予支持。

侵权人以损害是由第三人过错造成的为由,主张不承担责任或者减轻责任的,人民法院不予支持。

第十九条　因第三人的过错污染环境、破坏生态造成他人损害,被侵权人同时起诉侵权人和第三人承担责任,侵权人对损害的发生没有过错的,人民法院应当判令侵权人、第三人就全部损害承担责任。侵权人承担责任后有权向第三人追偿。

侵权人对损害的发生有过错的,人民法院应当判令侵权人就全部损害承担责任,第三人承担与其过错相适应的责任。侵权人承担责任后有权就第三人应当承担的责任份额向其追偿。

第二十条　被侵权人起诉第三人承担责任的,人民法院应当向被侵权人释明是否同时起诉侵权人。被侵权人不起诉侵权人的,人民法院应当根据民事诉讼法第五十九条的规定通知侵权人参加诉讼。

被侵权人仅请求第三人承担责任,侵权人对损害的发生也有过错的,人民法院应当判令第三人承担与其过错相适应的责任。

第二十一条　环境影响评价机构、环境监测机构以及从事环境监测设备和防治污染设施维护、运营的机构存在下列情形之一,被侵权人请求其与造成环境污染、生态破坏的其他责任人根据环境保护法第六十五条的规定承担连带责任的,人民法院应予支持：

（一）故意出具失实评价文件的；

（二）隐瞒委托人超过污染物排放标准或者超过重点污染物排放总量控制指标的事实的；

（三）故意不运行或者不正常运行环境监测设备或者防治污染设施的；

（四）其他根据法律规定应当承担连带责任的情形。

第二十二条　被侵权人请求侵权人赔偿因污染环境、破坏生态造成的人身、财产损害,以及为防止损害发生和扩大而采取必要措施所支出的合理费用的,人民法院应予支持。

被侵权人同时请求侵权人根据民法典第一千二百三十五条的规定承担生态环境损害赔偿责任的,人民法院不予支持。

第二十三条　因污染环境、破坏生态影响他人取水、捕捞、狩猎、采集等日常生活并造成经济损失,同时符合下列情形,请求人主张行为人承担责任的,人民法院应予支持：

（一）请求人的活动位于或者接近生态环境受损区域；

（二）请求人的活动依赖受损生态环境；

（三）请求人的活动不具有可替代性或者替代成本过高；

（四）请求人的活动具有稳定性和公开性。

根据国家规定须经相关行政主管部门许可的活动,请求人在污染环境、破坏生态发生时未取得许可的,人民法院对其请求不予支持。

第二十四条　两个以上侵权人就污染环境、破坏生态造成的损害承担连带责任,实际承担责任超过自己责任份额的侵权人根据民法典第一百七十八条的规定向其他侵权人追偿的,人民法院应予支持。侵权人就惩罚性赔偿责任向其他侵权人追偿的,人民法院不予支持。

第二十五条　两个以上侵权人污染环境、破坏生态造成他人损害,人民法院应当根据行为有无许可,污染物的种类、浓度、排放量、危害性,破坏生态的方式、范围、程度,以及行为对损害后果所起的作用等因素确定各侵权人的责任份额。

两个以上侵权人污染环境、破坏生态承担连带责任,实际承担责任的侵权人向其他侵权人追偿的,依照前款规定处理。

第二十六条　被侵权人对同一污染环境、破坏生态行为造成损害的发生或者扩大有重大过失,侵权人请求减轻责任的,人民法院可以予以支持。

第二十七条　被侵权人请求侵权人承担生态环境侵权责

任的诉讼时效期间,以被侵权人知道或者应当知道权利受到损害以及侵权人、其他责任人之日起计算。

被侵权人知道或者应当知道权利受到损害以及侵权人、其他责任人之日,侵权行为仍持续的,诉讼时效期间自行为结束之日起计算。

第二十八条 被侵权人以向负有环境资源监管职能的行政机关请求处理因污染环境、破坏生态造成的损害为由,主张诉讼时效中断的,人民法院应予支持。

第二十九条 本解释自2023年9月1日起施行。

本解释公布施行后,《最高人民法院关于审理环境侵权责任纠纷案件适用法律若干问题的解释》(法释〔2015〕12号)同时废止。

最高人民法院关于审理海洋自然资源与生态环境损害赔偿纠纷案件若干问题的规定

1. 2017年11月20日最高人民法院审判委员会第1727次会议通过
2. 2017年12月29日公布
3. 法释〔2017〕23号
4. 自2018年1月15日起施行

为正确审理海洋自然资源与生态环境损害赔偿纠纷案件,根据《中华人民共和国海洋环境保护法》《中华人民共和国民事诉讼法》《中华人民共和国海事诉讼特别程序法》等法律的规定,结合审判实践,制定本规定。

第一条 人民法院审理为请求赔偿海洋环境保护法第八十九条第二款规定的海洋自然资源与生态环境损害而提起的诉讼,适用本规定。

第二条 在海上或者沿海陆域内从事活动,对中华人民共和国管辖海域内海洋自然资源与生态环境造成损害,由此提起的海洋自然资源与生态环境损害赔偿诉讼,由损害行为发生地、损害结果地或者采取预防措施地海事法院管辖。

第三条 海洋环境保护法第五条规定的行使海洋环境监督管理权的机关,根据其职能分工提起海洋自然资源与生态环境损害赔偿诉讼,人民法院应予受理。

第四条 人民法院受理海洋自然资源与生态环境损害赔偿诉讼,应当在立案之日起五日内公告案件受理情况。

人民法院在审理中发现可能存在下列情形之一的,可以书面告知其他依法行使海洋环境监督管理权的机关:

(一)同一损害涉及不同区域或者不同部门;
(二)不同损害应由其他依法行使海洋环境监督管理权的机关索赔。

本规定所称不同损害,包括海洋自然资源与生态环境损害中不同种类和同类但可以明确区分属不同机关索赔范围的损害。

第五条 在人民法院依照本规定第四条的规定发布公告之日起三十日内,或者书面告知之日起七日内,对同一损害有权提起诉讼的其他机关申请参加诉讼,经审查符合法定条件的,人民法院应当将其列为共同原告;逾期申请的,人民法院不予准许。裁判生效后另行起诉的,人民法院参照《最高人民法院关于审理环境民事公益诉讼案件适用法律若干问题的解释》第二十八条的规定处理。

对于不同损害,可以由各依法行使海洋环境监督管理权的机关分别提起诉讼;索赔人共同起诉或者在规定期限内申请参加诉讼的,人民法院依照民事诉讼法第五十二条第一款的规定决定是否按共同诉讼进行审理。

第六条 依法行使海洋环境监督管理权的机关请求造成海洋自然资源与生态环境损害的责任者承担停止侵害、排除妨碍、消除危险、恢复原状、赔礼道歉、赔偿损失等民事责任的,人民法院应当根据诉讼请求以及具体案情,合理判定责任者承担民事责任。

第七条 海洋自然资源与生态环境损失赔偿范围包括:

(一)预防措施费用,即为减轻或者防止海洋环境污染、生态恶化、自然资源减少所采取合理应急处置措施而发生的费用;
(二)恢复费用,即采取或者将要采取措施恢复或者部分恢复受损害海洋自然资源与生态环境功能所需费用;
(三)恢复期间损失,即受损害的海洋自然资源与生态环境功能部分或者完全恢复前的海洋自然资源损失、生态环境服务功能损失;
(四)调查评估费用,即调查、勘查、监测污染区域和评估污染等损害风险与实际损害所发生的费用。

第八条 恢复费用,限于现实修复实际发生和未来修复必然发生的合理费用,包括制定和实施修复方案和监测、监管产生的费用。

未来修复必然发生的合理费用和恢复期间损失,可以根据有资格的鉴定评估机构依据法律法规、国家主管部门颁布的鉴定评估技术规范作出的鉴定意见予以确定,但当事人有相反证据足以反驳的除外。

预防措施费用和调查评估费用,以实际发生和未来必然发生的合理费用计算。

责任者已经采取合理预防、恢复措施,其主张相应减少损失赔偿数额的,人民法院应予支持。

第九条 依照本规定第八条的规定难以确定恢复费用和恢复期间损失的,人民法院可以根据责任者因损害行为所获得的收益或者所减少支付的污染防治费用,合理确定损失赔偿数额。

前款规定的收益或者费用无法认定的,可以参照政府部门相关统计资料或者其他证据所证明的同区域同类生产经营者同期平均收入、同期平均污染防治费用,合理酌定。

第十条 人民法院判决责任者赔偿海洋自然资源与生态环境损失的,可以一并写明依法行使海洋环境监督管理权的机关受领赔款后向国库账户交纳。

发生法律效力的裁判需要采取强制执行措施的,应当移送执行。

第十一条 海洋自然资源与生态环境损害赔偿诉讼当事人达成调解协议或者自行达成和解协议的,人民法院依照《最高人民法院关于审理环境民事公益诉讼案件适用法律若干问题的解释》第二十五条的规定处理。

第十二条 人民法院审理海洋自然资源与生态环境损害赔偿纠纷案件,本规定没有规定的,适用《最高人民法院关于审理环境侵权责任纠纷案件适用法律若干问题的解释》《最高人民法院关于审理环境民事公益诉讼案件适用法律若干问题的解释》等相关司法解释的规定。

在海上或者沿海陆域内从事活动,对中华人民共和国管辖海域内海洋自然资源与生态环境形成损害威胁,人民法院审理由此引起的赔偿纠纷案件,参照适用本规定。

人民法院审理因船舶引起的海洋自然资源与生态环境损害赔偿纠纷案件,法律、行政法规、司法解释另有特别规定的,依照其规定。

第十三条 本规定自2018年1月15日起施行,人民法院尚未审结的一审、二审案件适用本规定;本规定施行前已经作出生效裁判的案件,本规定施行后依法再审的,不适用本规定。

本规定施行后,最高人民法院以前颁布的司法解释与本规定不一致的,以本规定为准。

最高人民法院关于审理生态环境损害赔偿案件的若干规定(试行)

1. 2019年5月20日最高人民法院审判委员会第1769次会议通过、2019年6月4日公布、自2019年6月5日起施行(法释〔2019〕8号)
2. 根据2020年12月23日最高人民法院审判委员会第1823次会议通过、2020年12月29日公布、自2021年1月1日起施行的《最高人民法院关于修改〈最高人民法院关于在民事审判工作中适用《中华人民共和国工会法》若干问题的解释〉等二十七件民事类司法解释的决定》(法释〔2020〕17号)修正

为正确审理生态环境损害赔偿案件,严格保护生态环境,依法追究损害生态环境责任者的赔偿责任,依据《中华人民共和国民法典》《中华人民共和国环境保护法》《中华人民共和国民事诉讼法》等法律的规定,结合审判工作实际,制定本规定。

第一条 具有下列情形之一,省级、市地级人民政府及其指定的相关部门、机构,或者受国务院委托行使全民所有自然资源资产所有权的部门,因与造成生态环境损害的自然人、法人或者其他组织经磋商未达成一致或者无法进行磋商的,可以作为原告提起生态环境损害赔偿诉讼:

(一)发生较大、重大、特别重大突发环境事件的;

(二)在国家和省级主体功能区规划中划定的重点生态功能区、禁止开发区发生环境污染、生态破坏事件的;

(三)发生其他严重影响生态环境后果的。

前款规定的市地级人民政府包括设区的市,自治州、盟、地区,不设区的地级市,直辖市的区、县人民政府。

第二条 下列情形不适用本规定:

(一)因污染环境、破坏生态造成人身损害、个人和集体财产损失要求赔偿的;

(二)因海洋生态环境损害要求赔偿的。

第三条　第一审生态环境损害赔偿诉讼案件由生态环境损害行为实施地、损害结果发生地或者被告住所地的中级以上人民法院管辖。

经最高人民法院批准,高级人民法院可以在辖区内确定部分中级人民法院集中管辖第一审生态环境损害赔偿诉讼案件。

中级人民法院认为确有必要的,可以在报请高级人民法院批准后,裁定将本院管辖的第一审生态环境损害赔偿诉讼案件交由具备审理条件的基层人民法院审理。

生态环境损害赔偿诉讼案件由人民法院环境资源审判庭或者指定的专门法庭审理。

第四条　人民法院审理第一审生态环境损害赔偿诉讼案件,应当由法官和人民陪审员组成合议庭进行。

第五条　原告提起生态环境损害赔偿诉讼,符合民事诉讼法和本规定并提交下列材料的,人民法院应当登记立案:

(一)证明具备提起生态环境损害赔偿诉讼原告资格的材料;

(二)符合本规定第一条规定情形之一的证明材料;

(三)与被告进行磋商但未达成一致或者因客观原因无法与被告进行磋商的说明;

(四)符合法律规定的起诉状,并按照被告人数提出副本。

第六条　原告主张被告承担生态环境损害赔偿责任的,应当就以下事实承担举证责任:

(一)被告实施了污染环境、破坏生态的行为或者具有其他应当依法承担责任的情形;

(二)生态环境受到损害,以及所需修复费用、损害赔偿等具体数额;

(三)被告污染环境、破坏生态的行为与生态环境损害之间具有关联性。

第七条　被告反驳原告主张的,应当提供证据加以证明。被告主张具有法律规定的不承担责任或者减轻责任情形的,应当承担举证责任。

第八条　已为发生法律效力的刑事裁判所确认的事实,当事人在生态环境损害赔偿诉讼案件中无须举证证明,但有相反证据足以推翻的除外。

对刑事裁判未予确认的事实,当事人提供的证据达到民事诉讼证明标准的,人民法院应当予以认定。

第九条　负有相关环境资源保护监督管理职责的部门或者其委托的机构在行政执法过程中形成的事件调查报告、检验报告、检测报告、评估报告、监测数据等,经当事人质证并符合证据标准的,可以作为认定案件事实的根据。

第十条　当事人在诉前委托具备环境司法鉴定资质的鉴定机构出具的鉴定意见,以及委托国务院环境资源保护监督管理相关主管部门推荐的机构出具的检验报告、检测报告、评估报告、监测数据等,经当事人质证并符合证据标准的,可以作为认定案件事实的根据。

第十一条　被告违反国家规定造成生态环境损害的,人民法院应当根据原告的诉讼请求以及具体案情,合理判决被告承担修复生态环境、赔偿损失、停止侵害、排除妨碍、消除危险、赔礼道歉等民事责任。

第十二条　受损生态环境能够修复的,人民法院应当依法判决被告承担修复责任,并同时确定被告不履行修复义务时应承担的生态环境修复费用。

生态环境修复费用包括制定、实施修复方案的费用,修复期间的监测、监管费用,以及修复完成后的验收费用、修复效果后评估费用等。

原告请求被告赔偿生态环境受到损害至修复完成期间服务功能损失的,人民法院根据具体案情予以判决。

第十三条　受损生态环境无法修复或者无法完全修复,原告请求被告赔偿生态环境功能永久性损害造成的损失的,人民法院根据具体案情予以判决。

第十四条　原告请求被告承担下列费用的,人民法院根据具体案情予以判决:

(一)实施应急方案、清除污染以及为防止损害的发生和扩大所支出的合理费用;

(二)为生态环境损害赔偿磋商和诉讼支出的调查、检验、鉴定、评估等费用;

(三)合理的律师费以及其他为诉讼支出的合理费用。

第十五条　人民法院判决被告承担的生态环境服务功能损失赔偿资金、生态环境功能永久性损害造成的损失赔偿资金,以及被告不履行生态环境修复义务时所应承担的修复费用,应当依照法律、法规、规章予以缴纳、管理和使用。

第十六条　在生态环境损害赔偿诉讼案件审理过程中,

同一损害生态环境行为又被提起民事公益诉讼,符合起诉条件的,应当由受理生态环境损害赔偿诉讼案件的人民法院受理并由同一审判组织审理。

第十七条 人民法院受理因同一损害生态环境行为提起的生态环境损害赔偿诉讼案件和民事公益诉讼案件,应先中止民事公益诉讼案件的审理,待生态环境损害赔偿诉讼案件审理完毕后,就民事公益诉讼案件未被涵盖的诉讼请求依法作出裁判。

第十八条 生态环境损害赔偿诉讼案件的裁判生效后,有权提起民事公益诉讼的国家规定的机关或者法律规定的组织就同一损害生态环境行为有证据证明存在前案审理时未发现的损害,并提起民事公益诉讼的,人民法院应予受理。

民事公益诉讼案件的裁判生效后,有权提起生态环境损害赔偿诉讼的主体就同一损害生态环境行为有证据证明存在前案审理时未发现的损害,并提起生态环境损害赔偿诉讼的,人民法院应予受理。

第十九条 实际支出应急处置费用的机关提起诉讼主张该费用的,人民法院应予受理,但人民法院已经受理就同一损害生态环境行为提起的生态环境损害赔偿诉讼案件且该案原告已经主张应急处置费用的除外。

生态环境损害赔偿诉讼案件原告未主张应急处置费用,因同一损害生态环境行为实际支出应急处置费用的机关提起诉讼主张该费用的,由受理生态环境损害赔偿诉讼案件的人民法院受理并由同一审判组织审理。

第二十条 经磋商达成生态环境损害赔偿协议的,当事人可以向人民法院申请司法确认。

人民法院受理申请后,应当公告协议内容,公告期间不少于三十日。公告期满后,人民法院经审查认为协议的内容不违反法律法规强制性规定且不损害国家利益、社会公共利益的,裁定确认协议有效。裁定书应当写明案件的基本事实和协议内容,并向社会公开。

第二十一条 一方当事人在期限内未履行或者未全部履行发生法律效力的生态环境损害赔偿诉讼案件裁判或者经司法确认的生态环境损害赔偿协议的,对方当事人可以向人民法院申请强制执行。需要修复生态环境的,依法由省级、市地级人民政府及其指定的相关部门、机构组织实施。

第二十二条 人民法院审理生态环境损害赔偿案件,本规定没有规定的,参照适用《最高人民法院关于审理环境民事公益诉讼案件适用法律若干问题的解释》《最高人民法院关于审理环境侵权责任纠纷案件适用法律若干问题的解释》等相关司法解释的规定。

第二十三条 本规定自2019年6月5日起施行。

· 指导案例 ·

**最高人民法院指导案例210号:
九江市人民政府诉江西正鹏
环保科技有限公司、杭州连新
建材有限公司、李德等
生态环境损害赔偿诉讼案**

(最高人民法院审判委员会讨论通过
2022年12月30日发布)

【关键词】

民事 生态环境损害赔偿诉讼 部分诉前磋商 司法确认 证据 继续审理

【裁判要点】

1. 生态环境损害赔偿案件中,国家规定的机关通过诉前磋商,与部分赔偿义务人达成生态环境损害赔偿协议的,可以依法向人民法院申请司法确认;对磋商不成的其他赔偿义务人,国家规定的机关可以依法提起生态环境损害赔偿诉讼。

2. 侵权人虽因同一污染环境、破坏生态行为涉嫌刑事犯罪,但生态环境损害赔偿诉讼案件中认定侵权事实证据充分的,不以相关刑事案件审理结果为依据,人民法院应当继续审理,依法判决侵权人承担生态环境修复和赔偿责任。

【相关法条】

《中华人民共和国民法典》第1229条(本案适用的是自2010年7月1日起实施的《中华人民共和国侵权责任法》第65条)

【基本案情】

2017年至2018年间,江西正鹏环保科技有限公司(以下简称正鹏公司)与杭州塘栖热电有限公司(以下简称塘栖公司)等签署合同,运输、处置多家公司生产过程中产生的污泥,收取相应的污泥处理费用。正鹏公司实际负责人李德将从多处收购来的污泥直接倾倒,与丰城市志合新材料有限公司(以下简称志合公司,已注销)合作倾倒,或者交由不具有处置资质的张永良、舒正峰等人倾倒至九江市区多处地块,杭州连新建材有限公司(以下简称连新公司)明知张永良从事非法转运污泥,仍放任其持有加盖公司公章的空白合同处置污泥。经鉴定,上述被倾倒的污泥共计1.48万吨,造成土壤、水及空气污染,所需修复费用1446.288万元。案发后,九江市浔阳区人民检察院依法对被告人张永良等6人提起刑事诉讼,后经九江市中级人民法院二审审理,于2019年10月25日判处被告人张永良、舒正峰、黄永、陈世水、马祖兴、沈孝军6人犯污染环境罪(李德、夏吉萍另案处理),有期徒刑三年二个月至有期徒刑十个月不等,并处罚金10万元至5万元不等。九江市人民政府依据相关规定开展磋商,与塘栖公司达成金额计4 872 387元的赔偿协议,但未能与正鹏公司、连新公司、李德等7人达成赔偿协议。塘栖公司所赔款项包括1号地块、2号地块全部修复费用及4号地块部分修复费用等,已按协议全部履行。协议双方向九江市中级人民法院申请司法确认,九江市中级人民法院已依法裁定对该磋商协议作出确认。因未能与正鹏公司、连新公司、李德等7人达成赔偿协议,九江市人民政府就3号地块、5号地块修复费用及4号地块剩余修复费用等提起本案诉讼,要求各被告履行修复生态环境义务,支付生态环境修复费用、公开赔礼道歉并承担律师费和诉讼费用。

【裁判结果】

江西省九江市中级人民法院于2019年11月4日作出(2019)赣04民初201号民事判决:一、被告正鹏公司、李德、黄永、舒正峰、陈世水于本判决生效后三个月内对九江市经济技术开发区沙阎路附近山坳地块(3号地块)污泥共同承担生态修复义务,如未履行该修复义务,则上述各被告应于期限届满之日起十日内共同赔偿生态修复费用280.3396万元(被告舒正峰已自愿缴纳10万元生态修复金至法院账户);二、被告正鹏公司、连新公司、张永良、李德、黄永、舒正峰、夏吉萍、陈世水于本判决生效后三个月内对九江市经济技术开发区沙阎路伍丰村郑家湾地块(4号地块)污泥共同承担生态修复义务,如未履行该修复义务,则上述各被告应于期限届满之日起十日内共同赔偿生态修复费用201.8515万元(被告连新公司已自愿缴纳100万元生态修复金至法院账户);三、被告正鹏公司、张永良、李德、夏吉萍、马祖兴于本判决生效后三个月内对九江市永修县九颂山河珑园周边地块(5号地块)污泥共同承担生态修复义务,如未履行该修复义务,则上述各被告应于期限届满之日起十日内共同赔偿生态修复费用448.9181万元;四、各被告应于本判决生效后十日内共同支付环评报告编制费20万元,风险评估方案编制费10万元及律师代理费4万元;五、各被告于本判决生效后十日内,在省级或以上媒体向社会公开赔礼道歉;六、驳回原告九江人民政府的其他诉讼请求。宣判后,当事人未上诉,一审判决生效。

【裁判理由】

法院生效裁判认为:正鹏公司、连新公司、张永良、李德、舒正峰、黄永、夏吉萍、陈世水、马祖兴以分工合作的方式非法转运、倾倒污泥造成生态环境污染,损害了社会公共利益,应当承担相应的生态环境损害赔偿责任。因各被告倾倒的每一地块污泥已混同,同一地块的污泥无法分开进行修复,应由相关被告承担同一地块的共同修复责任。本案各被告对涉3、4、5号地块环境污染应承担的侵权责任逐一认定如下:

一、3号地块污泥系李德从长江江面多家公司接手,由黄永、舒正峰、陈世水分工合作倾倒,该地块修复费用280.3396万元,应由上述各被告共同承担。陈世水辩解其系李德雇员且在非法倾倒行为中非法所得较少及作用较小,应由雇主李德承担赔偿责任或由其承担较小赔偿责任。因环境共同侵权并非以非法所得或作用大小来计算修复责任大小,该案无证据可证明陈世水系李德雇员,陈世水与其他被告系以分工合作的方式非法倾倒污泥,应承担共同侵权连带环境修复责任。

二、4号地块部分污泥来源于连新公司(系张永良以连新公司名义获得),由李德、黄永、舒正峰、陈世水分工合作进行倾倒,该地块剩余修复费用201.8515万元,应由上述各被告共同承担。连新公司辩称来源于张永良的污泥并不等同于来源于连新公司,连新公司不应承担赔偿责任。依据审理查明的事实可知,连新公司是在处理污泥能力有限的情况下,将公司公章、空白合同交由张永良处理污泥,其对张永良处理污泥的过程未按照法律规定的流程进行追踪,存在明显监管过失,且张永良、证人黄某某证言证实4号地块的部分污泥来源于连新公司。因而,连新公司该抗辩意见不应予以支持。

三、5号地块污泥来源于张永良,由李德、马祖兴分工合作进行倾倒,该地块修复费用448.9181万元,应由上述各被告共同承担。环境损害鉴定报告中评估报告编制费20万元,风险评估方案编制费10万元以及律师代理费4万元,均属本案诉讼的合理支出费用,原告主张的上述费用应予以支持。生态环境损害赔偿案件承担责任的方式包括赔礼道歉，九江市人民政府要求被告在省级或以上媒体向社会公开道歉的诉讼请求于法有据，应予以支持。

本案裁判还认为，李德作为正鹏公司的实际控制人，在正鹏公司无处理污泥资质及能力的情况下，以正鹏公司的名义参与污泥的非法倾倒，李德与正鹏公司应共同承担生态环境修复责任。在上述4号、5号地块的污泥非法倾倒中，夏吉萍以志合公司的名义与正鹏公司合作处理污泥的方式参与其中，且作为志合公司实际负责人取得相关利润分成，故夏吉萍应共同承担上述地块的生态修复责任。对夏吉萍辩称其不明知被告正鹏公司非法倾倒污泥的行为，不应承担生态环境损害修复责任，其本人涉嫌环境污染刑事犯罪正在公诉，刑案应优先于本案审理的理由，本案正鹏公司与志合公司的合作协议、银行流水记录及李德、夏吉萍、张永良的供述、证人王某某的证言、志合公司转运联单等证据足以证明志合公司与正鹏公司于2017年9月14日合作后，双方共同参与了涉案污泥倾倒，夏吉萍取得倾倒污泥的利润分成，应当承担所涉污泥倾倒导致的环境损害赔偿责任。本案对夏吉萍侵权事实的认定已有相关证据予以支撑，并非必须以相关刑事案件审理结果为依据，继续审理并无不妥。

6. 工伤事故损害赔偿

中华人民共和国
社会保险法（节录）

1. 2010年10月28日第十一届全国人民代表大会常务委员会第十七次会议通过
2. 根据2018年12月29日第十三届全国人民代表大会常务委员会第七次会议《关于修改〈中华人民共和国社会保险法〉的决定》修正

第四章 工伤保险

第三十三条 【参保范围和缴费主体】职工应当参加工伤保险，由用人单位缴纳工伤保险费，职工不缴纳工伤保险费。

第三十四条 【费率确定】国家根据不同行业的工伤风险程度确定行业的差别费率，并根据使用工伤保险基金、工伤发生率等情况在每个行业内确定费率档次。行业差别费率和行业内费率档次由国务院社会保险行政部门制定，报国务院批准后公布施行。

社会保险经办机构根据用人单位使用工伤保险基金、工伤发生率和所属行业费率档次等情况，确定用人单位缴费费率。

第三十五条 【工伤保险费缴纳数额】用人单位应当按照本单位职工工资总额，根据社会保险经办机构确定的费率缴纳工伤保险费。

第三十六条 【享受工伤保险待遇的条件】职工因工作原因受到事故伤害或者患职业病，且经工伤认定的，享受工伤保险待遇；其中，经劳动能力鉴定丧失劳动能力的，享受伤残待遇。

工伤认定和劳动能力鉴定应当简捷、方便。

第三十七条 【不认定为工伤的情形】职工因下列情形之一导致本人在工作中伤亡的，不认定为工伤：

（一）故意犯罪；
（二）醉酒或者吸毒；
（三）自残或者自杀；
（四）法律、行政法规规定的其他情形。

第三十八条 【工伤保险基金支付的待遇】因工伤发生的下列费用，按照国家规定从工伤保险基金中支付：

（一）治疗工伤的医疗费用和康复费用；
（二）住院伙食补助费；
（三）到统筹地区以外就医的交通食宿费；
（四）安装配置伤残辅助器具所需费用；
（五）生活不能自理的，经劳动能力鉴定委员会确认的生活护理费；
（六）一次性伤残补助金和一至四级伤残职工按月领取的伤残津贴；
（七）终止或者解除劳动合同时，应当享受的一次性医疗补助金；
（八）因工死亡的，其遗属领取的丧葬补助金、供养亲属抚恤金和因工死亡补助金；
（九）劳动能力鉴定费。

第三十九条 【用人单位支付的待遇】因工伤发生的下列费用，按照国家规定由用人单位支付：

（一）治疗工伤期间的工资福利；
（二）五级、六级伤残职工按月领取的伤残津贴；
（三）终止或者解除劳动合同时，应当享受的一次性伤残就业补助金。

第四十条 【与职工基本养老保险的衔接】工伤职工符合领取基本养老金条件的，停发伤残津贴，享受基本养老保险待遇。基本养老保险待遇低于伤残津贴的，从工伤保险基金中补足差额。

第四十一条 【单位未缴费的工伤处理】职工所在用人单位未依法缴纳工伤保险费，发生工伤事故的，由用人单位支付工伤保险待遇。用人单位不支付的，从工伤保险基金中先行支付。

从工伤保险基金中先行支付的工伤保险待遇应当由用人单位偿还。用人单位不偿还的，社会保险经办机构可以依照本法第六十三条的规定追偿。

第四十二条 【第三人造成工伤的处理】由于第三人的原因造成工伤，第三人不支付工伤医疗费用或者无法确定第三人的，由工伤保险基金先行支付。工伤保险基金先行支付后，有权向第三人追偿。

第四十三条 【停止享受待遇的情形】工伤职工有下列情形之一的，停止享受工伤保险待遇：

（一）丧失享受待遇条件的；
（二）拒不接受劳动能力鉴定的；
（三）拒绝治疗的。

工伤保险条例

1. 2003年4月27日国务院令第375号公布
2. 根据2010年12月20日国务院令第586号《关于修改〈工伤保险条例〉的决定》修订

第一章　总　　则

第一条　【立法目的】为了保障因工作遭受事故伤害或者患职业病的职工获得医疗救治和经济补偿，促进工伤预防和职业康复，分散用人单位的工伤风险，制定本条例。

第二条　【适用范围】中华人民共和国境内的企业、事业单位、社会团体、民办非企业单位、基金会、律师事务所、会计师事务所等组织和有雇工的个体工商户（以下称用人单位）应当依照本条例规定参加工伤保险，为本单位全部职工或者雇工（以下称职工）缴纳工伤保险费。

中华人民共和国境内的企业、事业单位、社会团体、民办非企业单位、基金会、律师事务所、会计师事务所等组织的职工和个体工商户的雇工，均有依照本条例的规定享受工伤保险待遇的权利。

第三条　【工伤保险费的征缴】工伤保险费的征缴按照《社会保险费征缴暂行条例》关于基本养老保险费、基本医疗保险费、失业保险费的征缴规定执行。

第四条　【用人单位的工伤保险责任】用人单位应当将参加工伤保险的有关情况在本单位内公示。

用人单位和职工应当遵守有关安全生产和职业病防治的法律法规，执行安全卫生规程和标准，预防工伤事故发生，避免和减少职业病危害。

职工发生工伤时，用人单位应当采取措施使工伤职工得到及时救治。

第五条　【管理机关和经办机构】国务院社会保险行政部门负责全国的工伤保险工作。

第六条　【工伤保险政策和标准征求意见】社会保险行政部门等部门制定工伤保险的政策、标准，应当征求工会组织、用人单位代表的意见。

第二章　工伤保险基金

第七条　【工伤保险基金构成】工伤保险基金由用人单位缴纳的工伤保险费、工伤保险基金的利息和依法纳入工伤保险基金的其他资金构成。

第八条　【工伤保险费率确定】工伤保险费根据以支定收、收支平衡的原则，确定费率。

国家根据不同行业的工伤风险程度确定行业的差别费率，并根据工伤保险费使用、工伤发生率等情况在每个行业内确定若干费率档次。行业差别费率及行业内费率档次由国务院社会保险行政部门制定，报国务院批准后公布施行。

统筹地区经办机构根据用人单位工伤保险费使用、工伤发生率等情况，适用所属行业内相应的费率档次确定单位缴费费率。

第九条　【行业差别费率和档次的调整】国务院社会保险行政部门应当定期了解全国各统筹地区工伤保险基金收支情况，及时提出调整行业差别费率及行业内费率档次的方案，报国务院批准后公布施行。

第十条　【工伤保险费的缴纳】用人单位应当按时缴纳工伤保险费。职工个人不缴纳工伤保险费。

用人单位缴纳工伤保险费的数额为本单位职工工资总额乘以单位缴费费率之积。

对难以按照工资总额缴纳工伤保险费的行业，其缴纳工伤保险费的具体方式，由国务院社会保险行政部门规定。

第十一条　【工伤保险基金统筹】工伤保险基金逐步实行省级统筹。

跨地区、生产流动性较大的行业，可以采取相对集中的方式异地参加统筹地区的工伤保险。具体办法由国务院社会保险行政部门会同有关行业的主管部门制定。

第十二条　【工伤保险基金的管理和用途】工伤保险基金存入社会保障基金财政专户，用于本条例规定的工伤保险待遇，劳动能力鉴定，工伤预防的宣传、培训等费用，以及法律、法规规定的用于工伤保险的其他费用的支付。

工伤预防费用的提取比例、使用和管理的具体办法，由国务院社会保险行政部门会同国务院财政、卫生行政、安全生产监督管理等部门规定。

任何单位或者个人不得将工伤保险基金用于投资运营、兴建或者改建办公场所、发放奖金，或者挪作其他用途。

第十三条　【工伤保险的储备金】工伤保险基金应当留有一定比例的储备金，用于统筹地区重大事故的工伤保险待遇支付；储备金不足支付的，由统筹地区的人民政府垫付。储备金占基金总额的具体比例和储备金的使用办法，由省、自治区、直辖市人民政府规定。

第三章　工伤认定

第十四条　【应当认定为工伤的情形】职工有下列情形之一的，应当认定为工伤：

（一）在工作时间和工作场所内，因工作原因受到事故伤害的；

（二）工作时间前后在工作场所内，从事与工作有关的预备性或者收尾性工作受到事故伤害的；

（三）在工作时间和工作场所内，因履行工作职责受到暴力等意外伤害的；

（四）患职业病的；

（五）因工外出期间，由于工作原因受到伤害或者发生事故下落不明的；

（六）在上下班途中，受到非本人主要责任的交通事故或者城市轨道交通、客运轮渡、火车事故伤害的；

（七）法律、行政法规规定应当认定为工伤的其他情形。

第十五条　【视同工伤的情形及相应工伤保险待遇】职工有下列情形之一的，视同工伤：

（一）在工作时间和工作岗位，突发疾病死亡或者在48小时之内经抢救无效死亡的；

（二）在抢险救灾等维护国家利益、公共利益活动中受到伤害的；

（三）职工原在军队服役，因战、因公负伤致残，已取得革命伤残军人证，到用人单位后旧伤复发的。

职工有前款第（一）项、第（二）项情形的，按照本条例的有关规定享受工伤保险待遇；职工有前款第（三）项情形的，按照本条例的有关规定享受除一次性伤残补助金以外的工伤保险待遇。

第十六条　【不属于工伤的情形】职工符合本条例第十四条、第十五条的规定，但是有下列情形之一的，不得认定为工伤或者视同工伤：

（一）故意犯罪的；

（二）醉酒或者吸毒的；

（三）自残或者自杀的。

第十七条　【工伤认定申请】职工发生事故伤害或者按照职业病防治法规定被诊断、鉴定为职业病，所在单位应当自事故伤害发生之日或者被诊断、鉴定为职业病之日起30日内，向统筹地区社会保险行政部门提出工伤认定申请。遇有特殊情况，经报社会保险行政部门同意，申请时限可以适当延长。

用人单位未按前款规定提出工伤认定申请的，工伤职工或者其近亲属、工会组织在事故伤害发生之日或者被诊断、鉴定为职业病之日起1年内，可以直接向用人单位所在地统筹地区社会保险行政部门提出工伤认定申请。

按照本条第一款规定应当由省级社会保险行政部门进行工伤认定的事项，根据属地原则由用人单位所在地的设区的市级社会保险行政部门办理。

用人单位未在本条第一款规定的时限内提交工伤认定申请，在此期间发生符合本条例规定的工伤待遇等有关费用由该用人单位负担。

第十八条　【工伤认定申请材料】提出工伤认定申请应当提交下列材料：

（一）工伤认定申请表；

（二）与用人单位存在劳动关系（包括事实劳动关系）的证明材料；

（三）医疗诊断证明或者职业病诊断证明书（或者职业病诊断鉴定书）。

工伤认定申请表应当包括事故发生的时间、地点、原因以及职工伤害程度等基本情况。

工伤认定申请人提供材料不完整的，社会保险行政部门应当一次性书面告知工伤认定申请人需要补正的全部材料。申请人按照书面告知要求补正材料后，社会保险行政部门应当受理。

第十九条　【工伤事故调查与举证】社会保险行政部门受理工伤认定申请后，根据审核需要可以对事故伤害进行调查核实，用人单位、职工、工会组织、医疗机构以及有关部门应当予以协助。职业病诊断和诊断争议的鉴定，依照职业病防治法的有关规定执行。对依法取得职业病诊断证明书或者职业病诊断鉴定书的，社会保险行政部门不再进行调查核实。

职工或者其近亲属认为是工伤，用人单位不认为是工伤的，由用人单位承担举证责任。

第二十条　【工伤认定的时限与回避】社会保险行政部门应当自受理工伤认定申请之日起60日内作出工伤认定的决定，并书面通知申请工伤认定的职工或者其近亲属和该职工所在单位。

社会保险行政部门对受理的事实清楚、权利义务明确的工伤认定申请，应当在15日内作出工伤认定的决定。

作出工伤认定决定需要以司法机关或者有关行政主管部门的结论为依据的,在司法机关或者有关行政主管部门尚未作出结论期间,作出工伤认定决定的时限中止。

社会保险行政部门工作人员与工伤认定申请人有利害关系的,应当回避。

第四章 劳动能力鉴定

第二十一条 【劳动能力鉴定的条件】职工发生工伤,经治疗伤情相对稳定后存在残疾、影响劳动能力的,应当进行劳动能力鉴定。

第二十二条 【劳动能力鉴定的等级】劳动能力鉴定是指劳动功能障碍程度和生活自理障碍程度的等级鉴定。

劳动功能障碍分为十个伤残等级,最重的为一级,最轻的为十级。

生活自理障碍分为三个等级:生活完全不能自理、生活大部分不能自理和生活部分不能自理。

劳动能力鉴定标准由国务院社会保险行政部门会同国务院卫生行政部门等部门制定。

第二十三条 【劳动能力鉴定申请与受理】劳动能力鉴定由用人单位、工伤职工或者其近亲属向设区的市级劳动能力鉴定委员会提出申请,并提供工伤认定决定和职工工伤医疗的有关资料。

第二十四条 【劳动能力鉴定委员会与专家库】省、自治区、直辖市劳动能力鉴定委员会和设区的市级劳动能力鉴定委员会分别由省、自治区、直辖市和设区的市级社会保险行政部门、卫生行政部门、工会组织、经办机构代表以及用人单位代表组成。

劳动能力鉴定委员会建立医疗卫生专家库。列入专家库的医疗卫生专业技术人员应当具备下列条件:

(一)具有医疗卫生高级专业技术职务任职资格;

(二)掌握劳动能力鉴定的相关知识;

(三)具有良好的职业品德。

第二十五条 【劳动能力鉴定的步骤和时限】设区的市级劳动能力鉴定委员会收到劳动能力鉴定申请后,应当从其建立的医疗卫生专家库中随机抽取3名或者5名相关专家组成专家组,由专家组提出鉴定意见。设区的市级劳动能力鉴定委员会根据专家组的鉴定意见作出工伤职工劳动能力鉴定结论;必要时,可以委托具备资格的医疗机构协助进行有关的诊断。

设区的市级劳动能力鉴定委员会应当自收到劳动能力鉴定申请之日起60日内作出劳动能力鉴定结论,必要时,作出劳动能力鉴定结论的期限可以延长30日。劳动能力鉴定结论应当及时送达申请鉴定的单位和个人。

第二十六条 【再次鉴定】申请鉴定的单位或者个人对设区的市级劳动能力鉴定委员会作出的鉴定结论不服的,可以在收到该鉴定结论之日起15日内向省、自治区、直辖市劳动能力鉴定委员会提出再次鉴定申请。省、自治区、直辖市劳动能力鉴定委员会作出的劳动能力鉴定结论为最终结论。

第二十七条 【劳动能力鉴定的工作原则】劳动能力鉴定工作应当客观、公正。劳动能力鉴定委员会组成人员或者参加鉴定的专家与当事人有利害关系的,应当回避。

第二十八条 【劳动能力复查鉴定】自劳动能力鉴定结论作出之日起1年后,工伤职工或者其近亲属、所在单位或者经办机构认为伤残情况发生变化的,可以申请劳动能力复查鉴定。

第二十九条 【劳动能力再次鉴定和复查鉴定的时限】劳动能力鉴定委员会依照本条例第二十六条和第二十八条的规定进行再次鉴定和复查鉴定的期限,依照本条例第二十五条第二款的规定执行。

第五章 工伤保险待遇

第三十条 【工伤职工的治疗】职工因工作遭受事故伤害或者患职业病进行治疗,享受工伤医疗待遇。

职工治疗工伤应当在签订服务协议的医疗机构就医,情况紧急时可以先到就近的医疗机构急救。

治疗工伤所需费用符合工伤保险诊疗项目目录、工伤保险药品目录、工伤保险住院服务标准的,从工伤保险基金支付。工伤保险诊疗项目目录、工伤保险药品目录、工伤保险住院服务标准,由国务院社会保险行政部门会同国务院卫生行政部门、食品药品监督管理部门等部门规定。

职工住院治疗工伤的伙食补助费,以及经医疗机构出具证明,报经办机构同意,工伤职工到统筹地区以外就医所需的交通、食宿费用从工伤保险基金支付,基金支付的具体标准由统筹地区人民政府规定。

第三十一条 【行政复议、行政诉讼期间工伤保险医疗费用】社会保险行政部门作出认定为工伤的决定后发生行政复议、行政诉讼的,行政复议和行政诉讼期间不停止支付工伤职工治疗工伤的医疗费用。

第三十二条 【工伤职工辅助器具的配置】工伤职工因日常生活或者就业需要，经劳动能力鉴定委员会确认，可以安装假肢、矫形器、假眼、假牙和配置轮椅等辅助器具，所需费用按照国家规定的标准从工伤保险基金支付。

第三十三条 【停工留薪期的待遇】职工因工作遭受事故伤害或者患职业病需要暂停工作接受工伤医疗的，在停工留薪期内，原工资福利待遇不变，由所在单位按月支付。

停工留薪期一般不超过 12 个月。伤情严重或者情况特殊，经设区的市级劳动能力鉴定委员会确认，可以适当延长，但延长不得超过 12 个月。工伤职工评定伤残等级后，停发原待遇，按照本章的有关规定享受伤残待遇。工伤职工在停工留薪期满后仍需治疗的，继续享受工伤医疗待遇。

生活不能自理的工伤职工在停工留薪期需要护理的，由所在单位负责。

第三十四条 【生活护理费】工伤职工已经评定伤残等级并经劳动能力鉴定委员会确认需要生活护理的，从工伤保险基金按月支付生活护理费。

生活护理费按照生活完全不能自理、生活大部分不能自理或者生活部分不能自理 3 个不同等级支付，其标准分别为统筹地区上年度职工月平均工资的 50%、40% 或者 30%。

第三十五条 【一至四级伤残职工的工伤待遇】职工因工致残被鉴定为一级至四级伤残的，保留劳动关系，退出工作岗位，享受以下待遇：

（一）从工伤保险基金按伤残等级支付一次性伤残补助金，标准为：一级伤残为 27 个月的本人工资，二级伤残为 25 个月的本人工资，三级伤残为 23 个月的本人工资，四级伤残为 21 个月的本人工资；

（二）从工伤保险基金按月支付伤残津贴，标准为：一级伤残为本人工资的 90%，二级伤残为本人工资的 85%，三级伤残为本人工资的 80%，四级伤残为本人工资的 75%。伤残津贴实际金额低于当地最低工资标准的，由工伤保险基金补足差额；

（三）工伤职工达到退休年龄并办理退休手续后，停发伤残津贴，按国家有关规定享受基本养老保险待遇。基本养老保险待遇低于伤残津贴的，由工伤保险基金补足差额。

职工因工致残被鉴定为一级至四级伤残的，由用人单位和职工个人以伤残津贴为基数，缴纳基本医疗保险费。

第三十六条 【五级、六级伤残职工的工伤待遇】职工因工致残被鉴定为五级、六级伤残的，享受以下待遇：

（一）从工伤保险基金按伤残等级支付一次性伤残补助金，标准为：五级伤残为 18 个月的本人工资，六级伤残为 16 个月的本人工资；

（二）保留与用人单位的劳动关系，由用人单位安排适当工作。难以安排工作的，由用人单位按月发给伤残津贴，标准为：五级伤残为本人工资的 70%，六级伤残为本人工资的 60%，并由用人单位按照规定为其缴纳应缴纳的各项社会保险费。伤残津贴实际金额低于当地最低工资标准的，由用人单位补足差额。

经工伤职工本人提出，该职工可以与用人单位解除或者终止劳动关系，由工伤保险基金支付一次性工伤医疗补助金，由用人单位支付一次性伤残就业补助金。一次性工伤医疗补助金和一次性伤残就业补助金的具体标准由省、自治区、直辖市人民政府规定。

第三十七条 【七至十级伤残的工伤待遇】职工因工致残被鉴定为七级至十级伤残的，享受以下待遇：

（一）从工伤保险基金按伤残等级支付一次性伤残补助金，标准为：七级伤残为 13 个月的本人工资，八级伤残为 11 个月的本人工资，九级伤残为 9 个月的本人工资，十级伤残为 7 个月的本人工资；

（二）劳动、聘用合同期满终止，或者职工本人提出解除劳动、聘用合同的，由工伤保险基金支付一次性工伤医疗补助金，由用人单位支付一次性伤残就业补助金。一次性工伤医疗补助金和一次性伤残就业补助金的具体标准由省、自治区、直辖市人民政府规定。

第三十八条 【工伤职工工伤复发的工伤待遇】工伤职工工伤复发，确认需要治疗的，享受本条例第三十条、第三十二条和第三十三条规定的工伤待遇。

第三十九条 【职工因工死亡的工亡待遇】职工因工死亡，其近亲属按照下列规定从工伤保险基金领取丧葬补助金、供养亲属抚恤金和一次性工亡补助金：

（一）丧葬补助金为 6 个月的统筹地区上年度职工月平均工资；

（二）供养亲属抚恤金按照职工本人工资的一定比例发给由因工死亡职工生前提供主要生活来源、无劳动能力的亲属。标准为：配偶每月 40%，其他亲属每人每月 30%，孤寡老人或者孤儿每人每月在上述标准的基础上增加 10%。核定的各供养亲属的抚恤金之和不应高于因工死亡职工生前的工资。供养亲属的具体范围由国务院社会保险行政部门规定；

（三）一次性工亡补助金标准为上一年度全国城镇居民人均可支配收入的 20 倍。

伤残职工在停工留薪期内因工伤导致死亡的，其近亲属享受本条第一款规定的待遇。

一级至四级伤残职工在停工留薪期满后死亡的，其近亲属可以享受本条第一款第（一）项、第（二）项规定的待遇。

第四十条　【**工伤保险待遇调整**】伤残津贴、供养亲属抚恤金、生活护理费由统筹地区社会保险行政部门根据职工平均工资和生活费用变化等情况适时调整。调整办法由省、自治区、直辖市人民政府规定。

第四十一条　【**职工在抢险救灾中或者因工外出期间下落不明的处理**】职工因工外出期间发生事故或者在抢险救灾中下落不明的，从事故发生当月起 3 个月内照发工资，从第 4 个月起停发工资，由工伤保险基金向其供养亲属按月支付供养亲属抚恤金。生活有困难的，可以预支一次性工亡补助金的 50%。职工被人民法院宣告死亡的，按照本条例第三十九条职工因工死亡的规定处理。

第四十二条　【**停止支付工伤保险待遇的情形**】工伤职工有下列情形之一的，停止享受工伤保险待遇：

（一）丧失享受待遇条件的；

（二）拒不接受劳动能力鉴定的；

（三）拒绝治疗的。

第四十三条　【**用人单位特殊情况下的工伤保险责任**】用人单位分立、合并、转让的，承继单位应当承担原用人单位的工伤保险责任；原用人单位已经参加工伤保险的，承继单位应当到当地经办机构办理工伤保险变更登记。

用人单位实行承包经营的，工伤保险责任由职工劳动关系所在单位承担。

职工被借调期间受到工伤事故伤害的，由原用人单位承担工伤保险责任，但原用人单位与借调单位可以约定补偿办法。

企业破产的，在破产清算时依法拨付应当由单位支付的工伤保险待遇费用。

第四十四条　【**职工被派遣出境工作期间的工伤关系**】职工被派遣出境工作，依据前往国家或者地区的法律应当参加当地工伤保险的，参加当地工伤保险，其国内工伤保险关系中止；不能参加当地工伤保险的，其国内工伤保险关系不中止。

第四十五条　【**职工再次发生工伤的待遇**】职工再次发生工伤，根据规定应当享受伤残津贴的，按照新认定的伤残等级享受伤残津贴待遇。

第六章　监　督　管　理

第四十六条　【**工伤保险工作职责范围**】经办机构具体承办工伤保险事务，履行下列职责：

（一）根据省、自治区、直辖市人民政府规定，征收工伤保险费；

（二）核查用人单位的工资总额和职工人数，办理工伤保险登记，并负责保存用人单位缴费和职工享受工伤保险待遇情况的记录；

（三）进行工伤保险的调查、统计；

（四）按照规定管理工伤保险基金的支出；

（五）按照规定核定工伤保险待遇；

（六）为工伤职工或者其近亲属免费提供咨询服务。

第四十七条　【**服务协议**】经办机构与医疗机构、辅助器具配置机构在平等协商的基础上签订服务协议，并公布签订服务协议的医疗机构、辅助器具配置机构的名单。具体办法由国务院社会保险行政部门分别会同国务院卫生行政部门、民政部门等部门制定。

第四十八条　【**社会保险经办机构核查和结算**】经办机构按照协议和国家有关目录、标准对工伤职工医疗费用、康复费用、辅助器具费用的使用情况进行核查，并按时足额结算费用。

第四十九条　【**工伤保险基金收支情况和调整费率建议**】经办机构应当定期公布工伤保险基金的收支情况，及时向社会保险行政部门提出调整费率的建议。

第五十条　【**社会保险行政部门、经办机构听取意见**】社会保险行政部门、经办机构应当定期听取工伤职工、医疗机构、辅助器具配置机构以及社会各界对改进工伤保险工作的意见。

第五十一条　【**社会保险有关部门的监督**】社会保险行政部门依法对工伤保险费的征缴和工伤保险基金的支付情况进行监督检查。

财政部门和审计机关依法对工伤保险基金的收支、管理情况进行监督。

第五十二条　【群众监督】任何组织和个人对有关工伤保险的违法行为，有权举报。社会保险行政部门对举报应当及时调查，按照规定处理，并为举报人保密。

第五十三条　【工会监督】工会组织依法维护工伤职工的合法权益，对用人单位的工伤保险工作实行监督。

第五十四条　【职工与用人单位之间的工伤待遇争议】职工与用人单位发生工伤待遇方面的争议，按照处理劳动争议的有关规定处理。

第五十五条　【用人单位和个人与社会保险行政部门或者社会保险经办机构发生工伤保险争议】有下列情形之一的，有关单位或者个人可以依法申请行政复议，也可以依法向人民法院提起行政诉讼：

（一）申请工伤认定的职工或者其近亲属、该职工所在单位对工伤认定申请不予受理的决定不服的；

（二）申请工伤认定的职工或者其近亲属、该职工所在单位对工伤认定结论不服的；

（三）用人单位对经办机构确定的单位缴费费率不服的；

（四）签订服务协议的医疗机构、辅助器具配置机构认为经办机构未履行有关协议或者规定的；

（五）工伤职工或者其近亲属对经办机构核定的工伤保险待遇有异议的。

第七章　法律责任

第五十六条　【挪用工伤保险基金行为的法律责任】单位或者个人违反本条例第十二条规定挪用工伤保险基金，构成犯罪的，依法追究刑事责任；尚不构成犯罪的，依法给予处分或者纪律处分。被挪用的基金由社会保险行政部门追回，并入工伤保险基金；没收的违法所得依法上缴国库。

第五十七条　【社会保险行政部门工作人员违法、违纪应承担的法律责任】社会保险行政部门工作人员有下列情形之一的，依法给予处分；情节严重，构成犯罪的，依法追究刑事责任：

（一）无正当理由不受理工伤认定申请，或者弄虚作假将不符合工伤条件的人员认定为工伤职工的；

（二）未妥善保管申请工伤认定的证据材料，致使有关证据灭失的；

（三）收受当事人财物的。

第五十八条　【经办机构违反规定应承担的法律责任】经办机构有下列行为之一的，由社会保险行政部门责令改正，对直接负责的主管人员和其他责任人员依法给予纪律处分；情节严重，构成犯罪的，依法追究刑事责任；造成当事人经济损失的，由经办机构依法承担赔偿责任：

（一）未按规定保存用人单位缴费和职工享受工伤保险待遇情况记录的；

（二）不按规定核定工伤保险待遇的；

（三）收受当事人财物的。

第五十九条　【医疗机构、辅助器具配置机构与经办机构的权利义务关系】医疗机构、辅助器具配置机构不按服务协议提供服务的，经办机构可以解除服务协议。

经办机构不按时足额结算费用的，由社会保险行政部门责令改正；医疗机构、辅助器具配置机构可以解除服务协议。

第六十条　【骗取工伤保险基金支出的处罚】用人单位、工伤职工或者其近亲属骗取工伤保险待遇，医疗机构、辅助器具配置机构骗取工伤保险基金支出的，由社会保险行政部门责令退还，处骗取金额2倍以上5倍以下的罚款；情节严重，构成犯罪的，依法追究刑事责任。

第六十一条　【劳动能力鉴定组织或者个人的违法责任】从事劳动能力鉴定的组织或者个人有下列情形之一的，由社会保险行政部门责令改正，处2000元以上1万元以下的罚款；情节严重，构成犯罪的，依法追究刑事责任：

（一）提供虚假鉴定意见的；

（二）提供虚假诊断证明的；

（三）收受当事人财物的。

第六十二条　【应参加而未参加保险的用人单位处罚和工伤保险基金责任】用人单位依照本条例规定应当参加工伤保险而未参加的，由社会保险行政部门责令限期参加，补缴应当缴纳的工伤保险费，并自欠缴之日起，按日加收万分之五的滞纳金；逾期仍不缴纳的，处欠缴数额1倍以上3倍以下的罚款。

依照本条例规定应当参加工伤保险而未参加工伤保险的用人单位职工发生工伤的，由该用人单位按照本条例规定的工伤保险待遇项目和标准支付费用。

用人单位参加工伤保险并补缴应当缴纳的工伤保

险费、滞纳金后,由工伤保险基金和用人单位依照本条例的规定支付新发生的费用。

第六十三条 【用人单位拒不协助调查核实事故的处罚】用人单位违反本条例第十九条的规定,拒不协助社会保险行政部门对事故进行调查核实的,由社会保险行政部门责令改正,处 2000 元以上 2 万元以下的罚款。

第八章 附 则

第六十四条 【相关名词解释】本条例所称工资总额,是指用人单位直接支付给本单位全部职工的劳动报酬总额。

本条例所称本人工资,是指工伤职工因工作遭受事故伤害或者患职业病前 12 个月平均月缴费工资。本人工资高于统筹地区职工平均工资 300% 的,按照统筹地区职工平均工资的 300% 计算;本人工资低于统筹地区职工平均工资 60% 的,按照统筹地区职工平均工资的 60% 计算。

第六十五条 【公务员和参公人员的工伤保险办法】公务员和参照公务员法管理的事业单位、社会团体的工作人员因工作遭受事故伤害或者患职业病的,由所在单位支付费用。具体办法由国务院社会保险行政部门会同国务院财政部门规定。

第六十六条 【工伤一次性赔偿及相关争议的解决途径】无营业执照或者未经依法登记、备案的单位以及被依法吊销营业执照或者撤销登记、备案的单位的职工受到事故伤害或者患职业病的,由该单位向伤残职工或者死亡职工的近亲属给予一次性赔偿,赔偿标准不得低于本条例规定的工伤保险待遇;用人单位不得使用童工,用人单位使用童工造成童工伤残、死亡的,由该单位向童工或者童工的近亲属给予一次性赔偿,赔偿标准不得低于本条例规定的工伤保险待遇。具体办法由国务院社会保险行政部门规定。

前款规定的伤残职工或者死亡职工的近亲属就赔偿数额与单位发生争议的,以及前款规定的童工或者童工的近亲属就赔偿数额与单位发生争议的,按照处理劳动争议的有关规定处理。

第六十七条 【施行日期】本条例自 2004 年 1 月 1 日起施行。本条例施行前已受到事故伤害或者患职业病的职工尚未完成工伤认定的,按照本条例的规定执行。

劳动和社会保障部关于实施《工伤保险条例》若干问题的意见

1. 2004 年 11 月 1 日
2. 劳社部函〔2004〕256 号

各省、自治区、直辖市劳动和社会保障厅(局):

《工伤保险条例》(以下简称条例)已于 2004 年 1 月 1 日起施行,现就条例实施中的有关问题提出如下意见。

一、职工在两个或两个以上用人单位同时就业的,各用人单位应当分别为职工缴纳工伤保险费。职工发生工伤,由职工受到伤害时其工作的单位依法承担工伤保险责任。

二、条例第十四条规定"上下班途中,受到机动车事故伤害的,应当认定为工伤"。这里"上下班途中"既包括职工正常工作的上下班途中,也包括职工加班加点的上下班途中。"受到机动车事故伤害的"既可以是职工驾驶或乘坐的机动车发生事故造成的,也可以是职工因其他机动车事故造成的。

三、条例第十五条规定"职工在工作时间和工作岗位,突发疾病死亡或者在 48 小时之内经抢救无效死亡的,视同工伤"。这里"突发疾病"包括各类疾病。"48 小时"的起算时间,以医疗机构的初次诊断时间作为突发疾病的起算时间。

四、条例第十七条第二款规定的有权申请工伤认定的"工会组织"包括职工所在用人单位的工会组织以及符合《中华人民共和国工会法》规定的各级工会组织。

五、用人单位未按规定为职工提出工伤认定申请,受到事故伤害或者患职业病的职工或者其直系亲属、工会组织提出工伤认定申请,职工所在单位是否同意(签字、盖章),不是必经程序。

六、条例第十七条第四款规定"用人单位未在本条第一款规定的时限内提交工伤认定申请的,在此期间发生符合本条例规定的工伤待遇等有关费用由该用人单位负担"。这里用人单位承担工伤待遇等有关费用的期间是指从事故伤害发生之日或职业病确诊之日起到劳动保障行政部门受理工伤认定申请之日止。

七、条例第三十六条规定的工伤职工旧伤复发,是否需要治疗应由治疗工伤职工的协议医疗机构提出意见,有争议的由劳动能力鉴定委员会确认。

八、职工因工死亡，其供养亲属享受抚恤金待遇的资格，按职工因工死亡时的条件核定。

人力资源和社会保障部关于执行《工伤保险条例》若干问题的意见

1. 2013年4月25日
2. 人社部发〔2013〕34号

各省、自治区、直辖市及新疆生产建设兵团人力资源社会保障厅（局）：

《国务院关于修改〈工伤保险条例〉的决定》（国务院令第586号）已经于2011年1月1日实施。为贯彻执行新修订的《工伤保险条例》，妥善解决实际工作中的问题，更好地保障职工和用人单位的合法权益，现提出如下意见。

一、《工伤保险条例》（以下简称《条例》）第十四条第（五）项规定的"因工外出期间"的认定，应当考虑职工外出是否属于用人单位指派的因工作外出，遭受的事故伤害是否因工作原因所致。

二、《条例》第十四条第（六）项规定的"非本人主要责任"的认定，应当以有关机关出具的法律文书或者人民法院的生效裁决为依据。

三、《条例》第十六条第（一）项"故意犯罪"的认定，应当以司法机关的生效法律文书或者结论性意见为依据。

四、《条例》第十六条第（二）项"醉酒或者吸毒"的认定，应当以有关机关出具的法律文书或者人民法院的生效裁决为依据。无法获得上述证据的，可以结合相关证据认定。

五、社会保险行政部门受理工伤认定申请后，发现劳动关系存在争议且无法确认的，应告知当事人可以向劳动人事争议仲裁委员会申请仲裁。在此期间，作出工伤认定决定的时限中止，并书面通知申请工伤认定的当事人。劳动关系依法确认后，当事人应将有关法律文书送交受理工伤认定申请的社会保险行政部门，该部门自收到生效法律文书之日起恢复工伤认定程序。

六、符合《条例》第十五条第（一）项情形的，职工所在用人单位原则上应自职工死亡之日起5个工作日内向用人单位所在统筹地区社会保险行政部门报告。

七、具备用工主体资格的承包单位违反法律、法规规定，将承包业务转包、分包给不具备用工主体资格的组织或者自然人，该组织或者自然人招用的劳动者从事承包业务时因工伤亡的，由该具备用工主体资格的承包单位承担用人单位依法应承担的工伤保险责任。

八、曾经从事接触职业病危害作业、当时没有发现罹患职业病、离开工作岗位后被诊断或鉴定为职业病的符合下列条件的人员，可以自诊断、鉴定为职业病之日起一年内申请工伤认定，社会保险行政部门应当受理：

（一）办理退休手续后，未再从事接触职业病危害作业的退休人员；

（二）劳动或聘用合同期满后或者本人提出而解除劳动或聘用合同后，未再从事接触职业病危害作业的人员。

经工伤认定和劳动能力鉴定，前款第（一）项人员符合领取一次性伤残补助金条件的，按就高原则以本人退休前12个月平均月缴费工资或者确诊职业病前12个月的月平均养老金为基数计发。前款第（二）项人员被鉴定为一级至十级伤残、按《条例》规定应以本人工资作为基数享受相关待遇的，按本人终止或者解除劳动、聘用合同前12个月平均月缴费工资计发。

九、按照本意见第八条规定被认定为工伤的职业病人员，职业病诊断证明书（或职业病诊断鉴定书）中明确的用人单位，在该职工从业期间依法为其缴纳工伤保险费的，按《条例》的规定，分别由工伤保险基金和用人单位支付工伤保险待遇；未依法为该职工缴纳工伤保险费的，由用人单位按照《条例》规定的相关项目和标准支付待遇。

十、职工在同一用人单位连续工作期间多次发生工伤的，符合《条例》第三十六条、第三十七条规定领取相关待遇时，按照其在同一用人单位发生工伤的最高伤残级别，计发一次性伤残就业补助金和一次性工伤医疗补助金。

十一、依据《条例》第四十二条的规定停止支付工伤保险待遇的，在停止支付待遇的情形消失后，自下月起恢复工伤保险待遇，停止支付的工伤保险待遇不予补发。

十二、《条例》第六十二条第三款规定的"新发生的费用"，是指用人单位职工参加工伤保险前发生工伤的，在参加工伤保险后新发生的费用。

十三、由工伤保险基金支付的各项待遇应按《条例》相关规定支付，不得采取将长期待遇改为一次性支付的办法。

十四、核定工伤职工工伤保险待遇时,若上一年度相关数据尚未公布,可暂按前一年度的全国城镇居民人均可支配收入、统筹地区职工月平均工资核定和计发,待相关数据公布后再重新核定,社会保险经办机构或者用人单位予以补发差额部分。

本意见自发文之日起执行,此前有关规定与本意见不一致的,按本意见执行。执行中有重大问题,请及时报告我部。

人力资源和社会保障部关于执行《工伤保险条例》若干问题的意见(二)

1. 2016年3月28日
2. 人社部发〔2016〕29号

各省、自治区、直辖市及新疆生产建设兵团人力资源社会保障厅(局):

为更好地贯彻执行新修订的《工伤保险条例》,提高依法行政能力和水平,妥善解决实际工作中的问题,保障职工和用人单位合法权益,现提出如下意见:

一、一级至四级工伤职工死亡,其近亲属同时符合领取工伤保险丧葬补助金、供养亲属抚恤金待遇和职工基本养老保险丧葬补助金、抚恤金待遇条件的,由其近亲属选择领取工伤保险或职工基本养老保险其中一种。

二、达到或超过法定退休年龄,但未办理退休手续或者未依法享受城镇职工基本养老保险待遇,继续在原用人单位工作期间受到事故伤害或患职业病的,用人单位依法承担工伤保险责任。

用人单位招用已经达到、超过法定退休年龄或已经领取城镇职工基本养老保险待遇的人员,在用工期间因工作原因受到事故伤害或患职业病的,如招用单位已按项目参保等方式为其缴纳工伤保险费,应适用《工伤保险条例》。

三、《工伤保险条例》第六十二条规定的"新发生的费用",是指用人单位参加工伤保险前发生工伤的职工,在参加工伤保险后新发生的费用。其中由工伤保险基金支付的费用,按不同情况予以处理:

(一)因工受伤的,支付参保后新发生的工伤医疗费、工伤康复费、住院伙食补助费、统筹地区以外就医交通食宿费、辅助器具配置费、生活护理费、一级至四级伤残职工伤残津贴,以及参保后解除劳动合同时的一次性工伤医疗补助金;

(二)因工死亡的,支付参保后新发生的符合条件的供养亲属抚恤金。

四、职工在参加用人单位组织或者受用人单位指派参加其他单位组织的活动中受到事故伤害的,应当视为工作原因,但参加与工作无关的活动除外。

五、职工因工作原因驻外,有固定的住所、有明确的作息时间,工伤认定时按照在驻在地当地正常工作的情形处理。

六、职工以上下班为目的、在合理时间内往返于工作单位和居住地之间的合理路线,视为上下班途中。

七、用人单位注册地与生产经营地不在同一统筹地区的,原则上应在注册地为职工参加工伤保险;未在注册地参加工伤保险的职工,可由用人单位在生产经营地为其参加工伤保险。

劳务派遣单位跨地区派遣劳动者,应根据《劳务派遣暂行规定》参加工伤保险。建筑施工企业按项目参保的,应在施工项目所在地参加工伤保险。

职工受到事故伤害或者患职业病后,在参保地进行工伤认定、劳动能力鉴定,并按照参保地的规定依法享受工伤保险待遇;未参加工伤保险的职工,应当在生产经营地进行工伤认定、劳动能力鉴定,并按照生产经营地的规定依法由用人单位支付工伤保险待遇。

八、有下列情形之一的,被延误的时间不计算在工伤认定申请时限内。

(一)受不可抗力影响的;

(二)职工由于被国家机关依法采取强制措施等人身自由受到限制不能申请工伤认定的;

(三)申请人正式提交了工伤认定申请,但因社会保险机构未登记或者材料遗失等原因造成申请超时限的;

(四)当事人就确认劳动关系申请劳动仲裁或提起民事诉讼的;

(五)其他符合法律法规规定的情形。

九、《工伤保险条例》第六十七条规定的"尚未完成工伤认定的",是指在《工伤保险条例》施行前遭受事故伤害或被诊断鉴定为职业病,且在工伤认定申请法定时限内(从《工伤保险条例》施行之日起算)提出工伤认定申请,尚未做出工伤认定的情形。

十、因工伤认定申请人或者用人单位隐瞒有关情况或者提供虚假材料,导致工伤认定决定错误的,社会保险行政部门发现后,应当及时予以更正。

本意见自发文之日起执行,此前有关规定与本意见不一致的,按本意见执行。执行中有重大问题,请及时报告我部。

工伤认定办法

1. 2010年12月31日人力资源和社会保障部令第8号公布
2. 自2011年1月1日起施行

第一条 为规范工伤认定程序,依法进行工伤认定,维护当事人的合法权益,根据《工伤保险条例》的有关规定,制定本办法。

第二条 社会保险行政部门进行工伤认定按照本办法执行。

第三条 工伤认定应当客观公正、简捷方便,认定程序应当向社会公开。

第四条 职工发生事故伤害或者按照职业病防治法规定被诊断、鉴定为职业病,所在单位应当自事故伤害发生之日或者被诊断、鉴定为职业病之日起30日内,向统筹地区社会保险行政部门提出工伤认定申请。遇有特殊情况,经报社会保险行政部门同意,申请时限可以适当延长。

按照前款规定应当向省级社会保险行政部门提出工伤认定申请的,根据属地原则应当向用人单位所在地设区的市级社会保险行政部门提出。

第五条 用人单位未在规定的时限内提出工伤认定申请的,受伤害职工或者其近亲属、工会组织在事故伤害发生之日或者被诊断、鉴定为职业病之日起1年内,可以直接按照本办法第四条规定提出工伤认定申请。

第六条 提出工伤认定申请应当填写《工伤认定申请表》,并提交下列材料:

(一)劳动、聘用合同文本复印件或者与用人单位存在劳动关系(包括事实劳动关系)、人事关系的其他证明材料;

(二)医疗机构出具的受伤后诊断证明书或者职业病诊断证明书(或者职业病诊断鉴定书)。

第七条 工伤认定申请人提交的申请材料符合要求,属于社会保险行政部门管辖范围且在受理时限内的,社会保险行政部门应当受理。

第八条 社会保险行政部门收到工伤认定申请后,应当在15日内对申请人提交的材料进行审核,材料完整的,作出受理或者不予受理的决定;材料不完整的,应当以书面形式一次性告知申请人需要补正的全部材料。社会保险行政部门收到申请人提交的全部补正材料后,应当在15日内作出受理或者不予受理的决定。

社会保险行政部门决定受理的,应当出具《工伤认定申请受理决定书》;决定不予受理的,应当出具《工伤认定申请不予受理决定书》。

第九条 社会保险行政部门受理工伤认定申请后,可以根据需要对申请人提供的证据进行调查核实。

第十条 社会保险行政部门进行调查核实,应当由两名以上工作人员共同进行,并出示执行公务的证件。

第十一条 社会保险行政部门工作人员在工伤认定中,可以进行以下调查核实工作:

(一)根据工作需要,进入有关单位和事故现场;

(二)依法查阅与工伤认定有关的资料,询问有关人员并作出调查笔录;

(三)记录、录音、录像和复制与工伤认定有关的资料。调查核实工作的证据收集参照行政诉讼证据收集的有关规定执行。

第十二条 社会保险行政部门工作人员进行调查核实时,有关单位和个人应当予以协助。用人单位、工会组织、医疗机构以及有关部门应当负责安排相关人员配合工作,据实提供情况和证明材料。

第十三条 社会保险行政部门在进行工伤认定时,对申请人提供的符合国家有关规定的职业病诊断证明书或者职业病诊断鉴定书,不再进行调查核实。职业病诊断证明书或者职业病诊断鉴定书不符合国家规定的要求和格式的,社会保险行政部门可以要求出具证据部门重新提供。

第十四条 社会保险行政部门受理工伤认定申请后,可以根据工作需要,委托其他统筹地区的社会保险行政部门或者相关部门进行调查核实。

第十五条 社会保险行政部门工作人员进行调查核实时,应当履行下列义务:

(一)保守有关单位商业秘密以及个人隐私;

(二)为提供情况的有关人员保密。

第十六条 社会保险行政部门工作人员与工伤认定申请人有利害关系的,应当回避。

第十七条 职工或者其近亲属认为是工伤,用人单位不认为是工伤的,由该用人单位承担举证责任。用人单位拒不举证的,社会保险行政部门可以根据受伤害职工提供的证据或者调查取得的证据,依法作出工伤认定决定。

第十八条 社会保险行政部门应当自受理工伤认定申请之日起60日内作出工伤认定决定,出具《认定工伤决定书》或者《不予认定工伤决定书》。

第十九条 《认定工伤决定书》应当载明下列事项:

（一）用人单位全称;

（二）职工的姓名、性别、年龄、职业、身份证号码;

（三）受伤害部位、事故时间和诊断时间或职业病名称、受伤害经过和核实情况、医疗救治的基本情况和诊断结论;

（四）认定工伤或者视同工伤的依据;

（五）不服认定决定申请行政复议或者提起行政诉讼的部门和时限;

（六）作出认定工伤或者视同工伤决定的时间。

《不予认定工伤决定书》应当载明下列事项:

（一）用人单位全称;

（二）职工的姓名、性别、年龄、职业、身份证号码;

（三）不予认定工伤或者不视同工伤的依据;

（四）不服认定决定申请行政复议或者提起行政诉讼的部门和时限;

（五）作出不予认定工伤或者不视同工伤决定的时间。

《认定工伤决定书》和《不予认定工伤决定书》应当加盖社会保险行政部门工伤认定专用印章。

第二十条 社会保险行政部门受理工伤认定申请后,作出工伤认定决定需要以司法机关或者有关行政主管部门的结论为依据的,在司法机关或者有关行政主管部门尚未作出结论期间,作出工伤认定决定的时限中止,并书面通知申请人。

第二十一条 社会保险行政部门对于事实清楚、权利义务明确的工伤认定申请,应当自受理工伤认定申请之日起15日内作出工伤认定决定。

第二十二条 社会保险行政部门应当自工伤认定决定作出之日起20日内,将《认定工伤决定书》或者《不予认定工伤决定书》送达受伤害职工(或者其近亲属)和用人单位,并抄送社会保险经办机构。

《认定工伤决定书》和《不予认定工伤决定书》的送达参照民事法律有关送达的规定执行。

第二十三条 职工或者其近亲属、用人单位对不予受理决定不服或者对工伤认定决定不服的,可以依法申请行政复议或者提起行政诉讼。

第二十四条 工伤认定结束后,社会保险行政部门应当将工伤认定的有关资料保存50年。

第二十五条 用人单位拒不协助社会保险行政部门对事故伤害进行调查核实的,由社会保险行政部门责令改正,处2000元以上2万元以下的罚款。

第二十六条 本办法中的《工伤认定申请表》、《工伤认定申请受理决定书》、《工伤认定申请不予受理决定书》、《认定工伤决定书》、《不予认定工伤决定书》的样式由国务院社会保险行政部门统一制定。

第二十七条 本办法自2011年1月1日起施行。劳动和社会保障部2003年9月23日颁布的《工伤认定办法》同时废止。

非法用工单位伤亡人员一次性赔偿办法

1. 2010年12月31日人力资源和社会保障部令第9号公布
2. 自2011年1月1日起施行

第一条 根据《工伤保险条例》第六十六条第一款的授权,制定本办法。

第二条 本办法所称非法用工单位伤亡人员,是指无营业执照或者未经依法登记、备案的单位以及被依法吊销营业执照或者撤销登记、备案的单位受到事故伤害或者患职业病的职工,或者用人单位使用童工造成的伤残、死亡童工。

前款所列单位必须按照本办法的规定向伤残职工或者死亡职工的近亲属、伤残童工或者死亡童工的近亲属给予一次性赔偿。

第三条 一次性赔偿包括受到事故伤害或者患职业病的职工或童工在治疗期间的费用和一次性赔偿金。一次性赔偿金数额应当在受到事故伤害或者患职业病的职工或童工死亡或者经劳动能力鉴定后确定。

劳动能力鉴定按照属地原则由单位所在地设区的市级劳动能力鉴定委员会办理。劳动能力鉴定费用由伤亡职工或童工所在单位支付。

第四条 职工或童工受到事故伤害或者患职业病,在劳动能力鉴定之前进行治疗期间的生活费按照统筹地区上年度职工月平均工资标准确定,医疗费、护理费、住院期间的伙食补助费以及所需的交通费等费用按照《工伤保险条例》规定的标准和范围确定,并全部由伤残职工或童工所在单位支付。

第五条　一次性赔偿金按照以下标准支付：

一级伤残的为赔偿基数的16倍,二级伤残的为赔偿基数的14倍,三级伤残的为赔偿基数的12倍,四级伤残的为赔偿基数的10倍,五级伤残的为赔偿基数的8倍,六级伤残的为赔偿基数的6倍,七级伤残的为赔偿基数的4倍,八级伤残的为赔偿基数的3倍,九级伤残的为赔偿基数的2倍,十级伤残的为赔偿基数的1倍。

前款所称赔偿基数,是指单位所在工伤保险统筹地区上年度职工年平均工资。

第六条　受到事故伤害或者患职业病造成死亡的,按照上一年度全国城镇居民人均可支配收入的20倍支付一次性赔偿金,并按照上一年度全国城镇居民人均可支配收入的10倍一次性支付丧葬补助等其他赔偿金。

第七条　单位拒不支付一次性赔偿的,伤残职工或者死亡职工的近亲属、伤残童工或者死亡童工的近亲属可以向人力资源和社会保障行政部门举报。经查证属实的,人力资源和社会保障行政部门应当责令该单位限期改正。

第八条　伤残职工或者死亡职工的近亲属、伤残童工或者死亡童工的近亲属就赔偿数额与单位发生争议的,按照劳动争议处理的有关规定处理。

第九条　本办法自2011年1月1日起施行。劳动和社会保障部2003年9月23日颁布的《非法用工单位伤亡人员一次性赔偿办法》同时废止。

人力资源社会保障部关于工伤保险待遇调整和确定机制的指导意见

1. 2017年7月28日
2. 人社部发〔2017〕58号

各省、自治区、直辖市及新疆生产建设兵团人力资源社会保障厅(局)：

工伤保险待遇是工伤保险制度的重要内容。随着经济社会发展,职工平均工资与生活费用发生变化,适时调整工伤保险待遇水平,既是工伤保险制度的内在要求,也是促进社会公平、维护社会和谐的职责所在,是各级党委、政府保障和改善民生的具体体现。根据《工伤保险条例》,现就工伤保险待遇调整和确定机制,制定如下指导意见：

一、总体要求

全面贯彻党的十八大和十八届三中、四中、五中、六中全会精神,深入贯彻习近平总书记系列重要讲话精神和治国理政新理念新思想新战略,紧紧围绕统筹推进"五位一体"总体布局和协调推进"四个全面"战略布局,坚持以人民为中心的发展思想,依据社会保险法和《工伤保险条例》,建立工伤保险待遇调整和确定机制,科学合理确定待遇调整水平,提高工伤保险待遇给付的服务与管理水平,推进建立更加公平、更可持续的工伤保险制度,不断增强人民群众的获得感与幸福感。

工伤保险待遇调整和确定要与经济发展水平相适应,综合考虑职工工资增长、居民消费价格指数变化、工伤保险基金支付能力、相关社会保障待遇调整情况等因素,兼顾不同地区待遇差别,按照基金省级统筹要求,适度、稳步提升,实现待遇平衡。原则上每两年至少调整一次。

二、主要内容

(一)伤残津贴的调整。伤残津贴是对因工致残而退出工作岗位的工伤职工工资收入损失的合理补偿。一级至四级伤残津贴调整以上年度省(区、市)一级至四级工伤职工月人均伤残津贴为基数,综合考虑职工平均工资增长和居民消费价格指数变化情况,侧重职工平均工资增长因素,兼顾工伤保险基金支付能力和相关社会保障待遇调整情况,综合进行调节。伤残津贴调整可以采取定额调整和适当倾斜的办法,对伤残程度高、伤残津贴低于平均水平的工伤职工予以适当倾斜。(具体计算公式见附件1)

五级、六级工伤职工的伤残津贴按照《工伤保险条例》的规定执行。

(二)供养亲属抚恤金的调整。供养亲属抚恤金是工亡职工供养亲属基本生活的合理保障。供养亲属抚恤金调整以上年度省(区、市)月人均供养亲属抚恤金为基数,综合考虑职工平均工资增长和居民消费价格指数变化情况,侧重居民消费价格指数变化,兼顾工伤保险基金支付能力和相关社会保障待遇调整情况,

综合进行调节。供养亲属抚恤金调整采取定额调整的办法。（具体计算公式见附件2）

（三）生活护理费的调整。生活护理费根据《工伤保险条例》和《劳动能力鉴定职工工伤与职业病致残等级》相关规定进行计发，按照上年度省（区、市）职工平均工资增长比例同步调整。职工平均工资下降时不调整。

（四）住院伙食补助费的确定。省（区、市）可参考当地城镇居民消费支出结构，科学确定工伤职工住院伙食补助费标准。住院伙食补助费原则上不超过上年度省（区、市）城镇居民日人均消费支出额的40%。

（五）其他待遇。一次性伤残补助金、一次性工亡补助金、丧葬补助金按照《工伤保险条例》规定的计发标准计发。工伤医疗费、辅助器具配置费、工伤康复和统筹地区以外就医期间交通、食宿费用等待遇，根据《工伤保险条例》和相关目录、标准据实支付。

一次性伤残就业补助金和一次性工伤医疗补助金，由省（区、市）综合考虑工伤职工伤残程度、伤病类别、年龄等因素制定标准，注重引导和促进工伤职工稳定就业。

三、工作要求

（一）高度重视，加强部署。建立工伤保险待遇调整和确定机制，关系广大工伤职工及工亡职工供养亲属的切身利益。各地要切实加强组织领导，提高认识，扎实推进，从2018年开始，要按照指导意见规定，结合当地实际，做好待遇调整和确定工作，与工伤保险基金省级统筹工作有机结合、紧密配合、同步推进，防止出现衔接问题和政策冲突。

（二）统筹兼顾，加强管理。要统筹考虑工伤保险待遇调整涉及的多种因素，详细论证、周密测算，选好参数和系数，确定科学、合理的调整额，建立科学、有效的调整机制。省（区、市）人力资源社会保障部门要根据《工伤保险条例》和本指导意见制定调整方案，报经省（区、市）人民政府批准后实施。要加强管理，根据《工伤保险条例》规定，统筹做好工伤保险其他待遇的调整、确定和计发，进一步加强待遇支付管理，依规发放和支付，防止跑冒滴漏、恶意骗保，维护基金安全。

（三）正确引导，确保稳定。工伤保险待遇调整直接涉及民生，关乎公平与效率。要加强工伤保险政策宣传，正确引导舆论，争取社会对待遇调整工作的理解与支持，为调整工作营造良好舆论氛围。做好调整方案的风险评估工作，制定应急处置预案，确保待遇调整工作平稳、有序、高效。待遇调整情况请及时报人力资源社会保障部。

附件1

一级至四级工伤职工
伤残津贴调整公式

$$Z1 = S \times (G \times a + X \times b) \pm C$$
$$a + b = 1, a > b, C \geq 0。$$

其中：Z1——一级至四级工伤职工伤残津贴人均调整额。

S——上年度省（区、市）一级至四级工伤职工月人均伤残津贴。

G——上年度省（区、市）职工平均工资增长率。

X——上年度省（区、市）居民消费价格指数。

a——职工平均工资增长率的权重系数。

b——居民消费价格指数的权重系数。

C——省（区、市）工伤保险基金支付能力和相关社会保障待遇调整等因素综合调节额。

当职工平均工资下降时，G = 0；当居民消费价格指数为负时，X = 0。

附件2

供养亲属抚恤金调整公式

$$Z2 = F \times (G \times a + X \times b) \pm C$$
$$a + b = 1, a < b, C \geq 0。$$

其中：Z2——供养亲属抚恤金人均调整额。

F——上年度省（区、市）月人均供养亲属抚恤金。

G——上年度省（区、市）职工平均工资增长率。

X——上年度省（区、市）居民消费价格指数。

a——职工平均工资增长率的权重系数。

b——居民消费价格指数的权重系数。

C——省（区、市）工伤保险基金支付能力和相关社会保障待遇调整等因素综合调节额。

当职工平均工资下降时，G = 0；当居民消费价格指数为负时，X = 0。

7. 旅游侵权损害赔偿

中华人民共和国旅游法

1. 2013年4月25日第十二届全国人民代表大会常务委员会第二次会议通过
2. 根据2016年11月7日第十二届全国人民代表大会常务委员会第二十四次会议《关于修改〈中华人民共和国对外贸易法〉等十二部法律的决定》第一次修正
3. 根据2018年10月26日第十三届全国人民代表大会常务委员会第六次会议《关于修改〈中华人民共和国野生动物保护法〉等十五部法律的决定》第二次修正

目 录

第一章 总 则
第二章 旅 游 者
第三章 旅游规划和促进
第四章 旅游经营
第五章 旅游服务合同
第六章 旅游安全
第七章 旅游监督管理
第八章 旅游纠纷处理
第九章 法律责任
第十章 附 则

第一章 总 则

第一条 【立法目的】为保障旅游者和旅游经营者的合法权益,规范旅游市场秩序,保护和合理利用旅游资源,促进旅游业持续健康发展,制定本法。

第二条 【适用范围】在中华人民共和国境内的和在中华人民共和国境内组织到境外的游览、度假、休闲等形式的旅游活动以及为旅游活动提供相关服务的经营活动,适用本法。

第三条 【国家发展旅游事业】国家发展旅游事业,完善旅游公共服务,依法保护旅游者在旅游活动中的权利。

第四条 【基本原则】旅游业发展应当遵循社会效益、经济效益和生态效益相统一的原则。国家鼓励各类市场主体在有效保护旅游资源的前提下,依法合理利用旅游资源。利用公共资源建设的游览场所应当体现公益性质。

第五条 【社会参与】国家倡导健康、文明、环保的旅游方式,支持和鼓励各类社会机构开展旅游公益宣传,对促进旅游业发展做出突出贡献的单位和个人给予奖励。

第六条 【旅游市场规范】国家建立健全旅游服务标准和市场规则,禁止行业垄断和地区垄断。旅游经营者应当诚信经营,公平竞争,承担社会责任,为旅游者提供安全、健康、卫生、方便的旅游服务。

第七条 【旅游综合协调机制】国务院建立健全旅游综合协调机制,对旅游业发展进行综合协调。
县级以上地方人民政府应当加强对旅游工作的组织和领导,明确相关部门或者机构,对本行政区域的旅游业发展和监督管理进行统筹协调。

第八条 【旅游行业组织】依法成立的旅游行业组织,实行自律管理。

第二章 旅 游 者

第九条 【公平交易权】旅游者有权自主选择旅游产品和服务,有权拒绝旅游经营者的强制交易行为。
旅游者有权知悉其购买的旅游产品和服务的真实情况。
旅游者有权要求旅游经营者按照约定提供产品和服务。

第十条 【受尊重权】旅游者的人格尊严、民族风俗习惯和宗教信仰应当得到尊重。

第十一条 【特殊群体的便利和优惠】残疾人、老年人、未成年人等旅游者在旅游活动中依照法律、法规和有关规定享受便利和优惠。

第十二条 【获得救助权和赔偿】旅游者在人身、财产安全遇有危险时,有请求救助和保护的权利。
旅游者人身、财产受到侵害的,有依法获得赔偿的权利。

第十三条 【文明旅游】旅游者在旅游活动中应当遵守社会公共秩序和社会公德,尊重当地的风俗习惯、文化传统和宗教信仰,爱护旅游资源,保护生态环境,遵守旅游文明行为规范。

第十四条 【不得损害他人合法权益】旅游者在旅游活动中或者在解决纠纷时,不得损害当地居民的合法权益,不得干扰他人的旅游活动,不得损害旅游经营者和旅游从业人员的合法权益。

第十五条 【旅游者安全义务】旅游者购买、接受旅游服务时,应当向旅游经营者如实告知与旅游活动相关的个人健康信息,遵守旅游活动中的安全警示规定。

旅游者对国家应对重大突发事件暂时限制旅游活动的措施以及有关部门、机构或者旅游经营者采取的安全防范和应急处置措施,应当予以配合。

旅游者违反安全警示规定,或者对国家应对重大突发事件暂时限制旅游活动的措施、安全防范和应急处置措施不予配合的,依法承担相应责任。

第十六条 【出境入境旅游者义务】出境旅游者不得在境外非法滞留,随团出境的旅游者不得擅自分团、脱团。

入境旅游者不得在境内非法滞留,随团入境的旅游者不得擅自分团、脱团。

第三章 旅游规划和促进

第十七条 【规划编制】国务院和县级以上地方人民政府应当将旅游业发展纳入国民经济和社会发展规划。

国务院和省、自治区、直辖市人民政府以及旅游资源丰富的设区的市和县级人民政府,应当按照国民经济和社会发展规划的要求,组织编制旅游发展规划。对跨行政区域且适宜进行整体利用的旅游资源进行利用时,应当由上级人民政府组织编制或者由相关地方人民政府协商编制统一的旅游发展规划。

第十八条 【规划内容】旅游发展规划应当包括旅游业发展的总体要求和发展目标,旅游资源保护和利用的要求和措施,以及旅游产品开发、旅游服务质量提升、旅游文化建设、旅游形象推广、旅游基础设施和公共服务设施建设的要求和促进措施等内容。

根据旅游发展规划,县级以上地方人民政府可以编制重点旅游资源开发利用的专项规划,对特定区域内的旅游项目、设施和服务功能配套提出专门要求。

第十九条 【规划衔接】旅游发展规划应当与土地利用总体规划、城乡规划、环境保护规划以及其他自然资源和文物等人文资源的保护和利用规划相衔接。

第二十条 【规划兼顾】各级人民政府编制土地利用总体规划、城乡规划,应当充分考虑相关旅游项目、设施的空间布局和建设用地要求。规划和建设交通、通信、供水、供电、环保等基础设施和公共服务设施,应当兼顾旅游业发展的需要。

第二十一条 【资源保护】对自然资源和文物等人文资源进行旅游利用,必须严格遵守有关法律、法规的规定,符合资源、生态保护和文物安全的要求,尊重和维护当地传统文化和习俗,维护资源的区域整体性、文化代表性和地域特殊性,并考虑军事设施保护的需要。有关主管部门应当加强对资源保护和旅游利用状况的监督检查。

第二十二条 【规划执行评估】各级人民政府应当组织对本级政府编制的旅游发展规划的执行情况进行评估,并向社会公布。

第二十三条 【政策扶持】国务院和县级以上地方人民政府应当制定并组织实施有利于旅游业持续健康发展的产业政策,推进旅游休闲体系建设,采取措施推动区域旅游合作,鼓励跨区域旅游线路和产品开发,促进旅游与工业、农业、商业、文化、卫生、体育、科教等领域的融合,扶持少数民族地区、革命老区、边远地区和贫困地区旅游业发展。

第二十四条 【资金支持】国务院和县级以上地方人民政府应当根据实际情况安排资金,加强旅游基础设施建设、旅游公共服务和旅游形象推广。

第二十五条 【旅游形象推广】国家制定并实施旅游形象推广战略。国务院旅游主管部门统筹组织国家旅游形象的境外推广工作,建立旅游形象推广机构和网络,开展旅游国际合作与交流。

县级以上地方人民政府统筹组织本地的旅游形象推广工作。

第二十六条 【公共服务】国务院旅游主管部门和县级以上地方人民政府应当根据需要建立旅游公共信息和咨询平台,无偿向旅游者提供旅游景区、线路、交通、气象、住宿、安全、医疗急救等必要信息和咨询服务。设区的市和县级人民政府有关部门应当根据需要在交通枢纽、商业中心和旅游者集中场所设置旅游咨询中心,在景区和通往主要景区的道路设置旅游指示标识。

旅游资源丰富的设区的市和县级人民政府可以根据本地的实际情况,建立旅游客运专线或者游客中转站,为旅游者在城市及周边旅游提供服务。

第二十七条 【职业教育和培训】国家鼓励和支持发展旅游职业教育和培训,提高旅游从业人员素质。

第四章 旅游经营

第二十八条 【旅行社设立】设立旅行社,招徕、组织、接待旅游者,为其提供旅游服务,应当具备下列条件,取得旅游主管部门的许可,依法办理工商登记:

(一)有固定的经营场所;

(二)有必要的营业设施;

（三）有符合规定的注册资本；
（四）有必要的经营管理人员和导游；
（五）法律、行政法规规定的其他条件。

第二十九条　【旅行社业务范围】旅行社可以经营下列业务：
（一）境内旅游；
（二）出境旅游；
（三）边境旅游；
（四）入境旅游；
（五）其他旅游业务。
旅行社经营前款第二项和第三项业务，应当取得相应的业务经营许可，具体条件由国务院规定。

第三十条　【禁止非法转让】旅行社不得出租、出借旅行社业务经营许可证，或者以其他形式非法转让旅行社业务经营许可。

第三十一条　【旅游服务质量保证金】旅行社应当按照规定交纳旅游服务质量保证金，用于旅游者权益损害赔偿和垫付旅游者人身安全遇有危险时紧急救助的费用。

第三十二条　【禁止虚假宣传】旅行社为招徕、组织旅游者发布信息，必须真实、准确，不得进行虚假宣传，误导旅游者。

第三十三条　【项目活动安排的禁止规定】旅行社及其从业人员组织、接待旅游者，不得安排参观或者参与违反我国法律、法规和社会公德的项目或者活动。

第三十四条　【产品和服务的订购】旅行社组织旅游活动应当向合格的供应商订购产品和服务。

第三十五条　【禁止不合理低价组团、诱骗消费】旅行社不得以不合理的低价组织旅游活动，诱骗旅游者，并通过安排购物或者另行付费旅游项目获取回扣等不正当利益。

旅行社组织、接待旅游者，不得指定具体购物场所，不得安排另行付费旅游项目。但是，经双方协商一致或者旅游者要求，且不影响其他旅游者行程安排的除外。

发生违反前两款规定情形的，旅游者有权在旅游行程结束后三十日内，要求旅行社为其办理退货并先行垫付退货货款，或者退还另行付费旅游项目的费用。

第三十六条　【领队或导游陪同】旅行社组织团队出境旅游或者组织、接待团队入境旅游，应当按照规定安排领队或者导游全程陪同。

第三十七条　【导游执业资格】参加导游资格考试成绩合格，与旅行社订立劳动合同或者在相关旅游行业组织注册的人员，可以申请取得导游证。

第三十八条　【旅行社对导游的义务】旅行社应当与其聘用的导游依法订立劳动合同，支付劳动报酬，缴纳社会保险费用。

旅行社临时聘用导游为旅游者提供服务的，应当全额向导游支付本法第六十条第三款规定的导游服务费用。

旅行社安排导游为团队旅游提供服务的，不得要求导游垫付或者向导游收取任何费用。

第三十九条　【领队执业资格】从事领队业务，应当取得导游证，具有相应的学历、语言能力和旅游从业经历，并与委派其从事领队业务的取得出境旅游业务经营许可的旅行社订立劳动合同。

第四十条　【导游和领队的委派】导游和领队为旅游者提供服务必须接受旅行社委派，不得私自承揽导游和领队业务。

第四十一条　【导游和领队从业行为规范】导游和领队从事业务活动，应当佩戴导游证，遵守职业道德，尊重旅游者的风俗习惯和宗教信仰，应当向旅游者告知和解释旅游文明行为规范，引导旅游者健康、文明旅游，劝阻旅游者违反社会公德的行为。

导游和领队应当严格执行旅游行程安排，不得擅自变更旅游行程或者中止服务活动，不得向旅游者索取小费，不得诱导、欺骗、强迫或者变相强迫旅游者购物或者参加另行付费旅游项目。

第四十二条　【景区开放条件】景区开放应当具备下列条件，并听取旅游主管部门的意见：
（一）有必要的旅游配套服务和辅助设施；
（二）有必要的安全设施及制度，经过安全风险评估，满足安全条件；
（三）有必要的环境保护设施和生态保护措施；
（四）法律、行政法规规定的其他条件。

第四十三条　【景区门票和收费管理】利用公共资源建设的景区的门票以及景区内的游览场所、交通工具等另行收费项目，实行政府定价或者政府指导价，严格控制价格上涨。拟收费或者提高价格的，应当举行听证会，征求旅游者、经营者和有关方面的意见，论证其必要性、可行性。

利用公共资源建设的景区，不得通过增加另行收费项目等方式变相涨价;另行收费项目已收回投资成本的,应当相应降低价格或者取消收费。

公益性的城市公园、博物馆、纪念馆等,除重点文物保护单位和珍贵文物收藏单位外,应当逐步免费开放。

第四十四条　【景区门票收费公示】景区应当在醒目位置公示门票价格、另行收费项目的价格及团体收费价格。景区提高门票价格应当提前六个月公布。

将不同景区的门票或者同一景区内不同游览场所的门票合并出售的,合并后的价格不得高于各单项门票的价格之和,且旅游者有权选择购买其中的单项票。

景区内的核心游览项目因故暂停向旅游者开放或者停止提供服务的,应当公示并相应减少收费。

第四十五条　【景区流量控制】景区接待旅游者不得超过景区主管部门核定的最大承载量。景区应当公布景区主管部门核定的最大承载量,制定和实施旅游者流量控制方案,并可以采取门票预约等方式,对景区接待旅游者的数量进行控制。

旅游者数量可能达到最大承载量时,景区应当提前公告并同时向当地人民政府报告,景区和当地人民政府应当及时采取疏导、分流等措施。

第四十六条　【居民从事旅游经营】城镇和乡村居民利用自有住宅或者其他条件依法从事旅游经营,其管理办法由省、自治区、直辖市制定。

第四十七条　【高风险旅游项目经营许可】经营高空、高速、水上、潜水、探险等高风险旅游项目,应当按照国家有关规定取得经营许可。

第四十八条　【网络业务经营】通过网络经营旅行社业务的,应当依法取得旅行社业务经营许可,并在其网站主页的显著位置标明其业务经营许可证信息。

发布旅游经营信息的网站,应当保证其信息真实、准确。

第四十九条　【相关旅游服务】为旅游者提供交通、住宿、餐饮、娱乐等服务的经营者,应当符合法律、法规规定的要求,按照合同约定履行义务。

第五十条　【安全保障和质量标准】旅游经营者应当保证其提供的商品和服务符合保障人身、财产安全的要求。

旅游经营者取得相关质量标准等级的,其设施和服务不得低于相应标准;未取得质量标准等级的,不得使用相关质量等级的称谓和标识。

第五十一条　【禁止商业贿赂】旅游经营者销售、购买商品或者服务,不得给予或者收受贿赂。

第五十二条　【旅游者个人信息保护】旅游经营者对其在经营活动中知悉的旅游者个人信息,应当予以保密。

第五十三条　【旅游客运经营规范】从事道路旅游客运的经营者应当遵守道路客运安全管理的各项制度,并在车辆显著位置明示道路旅游客运专用标识,在车厢内显著位置公示经营者和驾驶人信息、道路运输管理机构监督电话等事项。

第五十四条　【交由他人经营的责任】景区、住宿经营者将其部分经营项目或者场地交由他人从事住宿、餐饮、购物、游览、娱乐、旅游交通等经营的,应当对实际经营者的经营行为给旅游者造成的损害承担连带责任。

第五十五条　【经营者报告义务】旅游经营者组织、接待出入境旅游,发现旅游者从事违法活动或者有违反本法第十六条规定情形的,应当及时向公安机关、旅游主管部门或者我国驻外机构报告。

第五十六条　【责任保险】国家根据旅游活动的风险程度,对旅行社、住宿、旅游交通以及本法第四十七条规定的高风险旅游项目等经营者实施责任保险制度。

第五章　旅游服务合同

第五十七条　【旅游服务合同的订立】旅行社组织和安排旅游活动,应当与旅游者订立合同。

第五十八条　【包价旅游合同】包价旅游合同应当采用书面形式,包括下列内容:

(一)旅行社、旅游者的基本信息;
(二)旅游行程安排;
(三)旅游团成团的最低人数;
(四)交通、住宿、餐饮等旅游服务安排和标准;
(五)游览、娱乐等项目的具体内容和时间;
(六)自由活动时间安排;
(七)旅游费用及其交纳的期限和方式;
(八)违约责任和解决纠纷的方式;
(九)法律、法规规定和双方约定的其他事项。

订立包价旅游合同时,旅行社应当向旅游者详细说明前款第二项至第八项所载内容。

第五十九条　【旅游行程单】旅行社应当在旅游行程开始前向旅游者提供旅游行程单。旅游行程单是包价旅游合同的组成部分。

第六十条　【载明委托社、代理社、地接社、导游服务费】旅行社委托其他旅行社代理销售包价旅游产品并与旅游者订立包价旅游合同的,应当在包价旅游合同中载明委托社和代理社的基本信息。

旅行社依照本法规定将包价旅游合同中的接待业务委托给地接社履行的,应当在包价旅游合同中载明地接社的基本信息。

安排导游为旅游者提供服务的,应当在包价旅游合同中载明导游服务费用。

第六十一条　【投保提示义务】旅行社应当提示参加团队旅游的旅游者按照规定投保人身意外伤害保险。

第六十二条　【相关事项告知义务】订立包价旅游合同时,旅行社应当向旅游者告知下列事项:

（一）旅游者不适合参加旅游活动的情形;

（二）旅游活动中的安全注意事项;

（三）旅行社依法可以减免责任的信息;

（四）旅游者应当注意的旅游目的地相关法律、法规和风俗习惯、宗教禁忌,依照中国法律不宜参加的活动等;

（五）法律、法规规定的其他应当告知的事项。

在包价旅游合同履行中,遇有前款规定事项的,旅行社也应当告知旅游者。

第六十三条　【不能出团的处理】旅行社招徕旅游者组团旅游,因未达到约定人数不能出团的,组团社可以解除合同。但是,境内旅游应当至少提前七日通知旅游者,出境旅游应当至少提前三十日通知旅游者。

因未达到约定人数不能出团的,组团社经征得旅游者书面同意,可以委托其他旅行社履行合同。组团社对旅游者承担责任,受委托的旅行社对组团社承担责任。旅游者不同意的,可以解除合同。

因未达到约定的成团人数解除合同的,组团社应当向旅游者退还已收取的全部费用。

第六十四条　【包价旅游合同的转让】旅游行程开始前,旅游者可以将包价旅游合同中自身的权利义务转让给第三人,旅行社没有正当理由的不得拒绝,因此增加的费用由旅游者和第三人承担。

第六十五条　【旅游者解除合同】旅游行程结束前,旅游者解除合同的,组团社应当在扣除必要的费用后,将余款退还旅游者。

第六十六条　【因旅游者的原因解除合同】旅游者有下列情形之一的,旅行社可以解除合同:

（一）患有传染病等疾病,可能危害其他旅游者健康和安全的;

（二）携带危害公共安全的物品且不同意交有关部门处理的;

（三）从事违法或者违反社会公德的活动的;

（四）从事严重影响其他旅游者权益的活动,且不听劝阻、不能制止的;

（五）法律规定的其他情形。

因前款规定情形解除合同的,组团社应当在扣除必要的费用后,将余款退还旅游者;给旅行社造成损失的,旅游者应当依法承担赔偿责任。

第六十七条　【不可抗力等情形的处理】因不可抗力或者旅行社、履行辅助人已尽合理注意义务仍不能避免的事件,影响旅游行程的,按照下列情形处理:

（一）合同不能继续履行的,旅行社和旅游者均可以解除合同。合同不能完全履行的,旅行社经向旅游者作出说明,可以在合理范围内变更合同;旅游者不同意变更的,可以解除合同。

（二）合同解除的,组团社应当在扣除已向地接社或者履行辅助人支付且不可退还的费用后,将余款退还旅游者;合同变更的,因此增加的费用由旅游者承担,减少的费用退还旅游者。

（三）危及旅游者人身、财产安全的,旅行社应当采取相应的安全措施,因此支出的费用,由旅行社与旅游者分担。

（四）造成旅游者滞留的,旅行社应当采取相应的安置措施。因此增加的食宿费用,由旅游者承担;增加的返程费用,由旅行社与旅游者分担。

第六十八条　【协助返回】旅游行程中解除合同的,旅行社应当协助旅游者返回出发地或者旅游者指定的合理地点。由于旅行社或者履行辅助人的原因导致合同解除的,返程费用由旅行社承担。

第六十九条　【包价旅游合同的履行】旅行社应当按照包价旅游合同的约定履行义务,不得擅自变更旅游行程安排。

经旅游者同意,旅行社将包价旅游合同中的接待业务委托给其他具有相应资质的地接社履行的,应当与地接社订立书面委托合同,约定双方的权利和义务,向地接社提供与旅游者订立的包价旅游合同的副本,并向地接社支付不低于接待和服务成本的费用。地接社应当按照包价旅游合同和委托合同提供服务。

第七十条　【违约责任】旅行社不履行包价旅游合同义务或者履行合同义务不符合约定的,应当依法承担继续履行、采取补救措施或者赔偿损失等违约责任;造成旅游者人身损害、财产损失的,应当依法承担赔偿责任。旅行社具备履行条件,经旅游者要求仍拒绝履行合同,造成旅游者人身损害、滞留等严重后果的,旅游者还可以要求旅行社支付旅游费用一倍以上三倍以下的赔偿金。

由于旅游者自身原因导致包价旅游合同不能履行或者不能按照约定履行,或者造成旅游者人身损害、财产损失的,旅行社不承担责任。

在旅游者自行安排活动期间,旅行社未尽到安全提示、救助义务的,应当对旅游者的人身损害、财产损失承担相应责任。

第七十一条 【因地接社、履行辅助人原因违约】由于地接社、履行辅助人的原因导致违约的,由组团社承担责任;组团社承担责任后可以向地接社、履行辅助人追偿。

由于地接社、履行辅助人的原因造成旅游者人身损害、财产损失的,旅游者可以要求地接社、履行辅助人承担赔偿责任,也可以要求组团社承担赔偿责任;组团社承担责任后可以向地接社、履行辅助人追偿。但是,由于公共交通经营者的原因造成旅游者人身损害、财产损失的,由公共交通经营者依法承担赔偿责任,旅行社应当协助旅游者向公共交通经营者索赔。

第七十二条 【旅游者的赔偿责任】旅游者在旅游活动中或者在解决纠纷时,损害旅行社、履行辅助人、旅游从业人员或者其他旅游者的合法权益的,依法承担赔偿责任。

第七十三条 【旅游者要求的包价旅游合同】旅行社根据旅游者的具体要求安排旅游行程,与旅游者订立包价旅游合同的,旅游者请求变更旅游行程安排,因此增加的费用由旅游者承担,减少的费用退还旅游者。

第七十四条 【旅游代订、设计、咨询合同】旅行社接受旅游者的委托,为其代订交通、住宿、餐饮、游览、娱乐等旅游服务,收取代办费用的,应当亲自处理委托事务。因旅行社的过错给旅游者造成损失的,旅行社应当承担赔偿责任。

旅行社接受旅游者的委托,为其提供旅游行程设计、旅游信息咨询等服务的,应当保证设计合理、可行,信息及时、准确。

第七十五条 【按约定提供住宿服务】住宿经营者应当按照旅游服务合同的约定为团队旅游者提供住宿服务。住宿经营者未能按照旅游服务合同提供服务的,应当为旅游者提供不低于原定标准的住宿服务,因此增加的费用由住宿经营者承担;但由于不可抗力、政府因公共利益需要采取措施造成不能提供服务的,住宿经营者应当协助安排旅游者住宿。

第六章 旅 游 安 全

第七十六条 【旅游安全监管职责】县级以上人民政府统一负责旅游安全工作。县级以上人民政府有关部门依照法律、法规履行旅游安全监管职责。

第七十七条 【安全风险提示】国家建立旅游目的地安全风险提示制度。旅游目的地安全风险提示的级别划分和实施程序,由国务院旅游主管部门会同有关部门制定。

县级以上人民政府及其有关部门应当将旅游安全作为突发事件监测和评估的重要内容。

第七十八条 【旅游应急管理】县级以上人民政府应当依法将旅游应急管理纳入政府应急管理体系,制定应急预案,建立旅游突发事件应对机制。

突发事件发生后,当地人民政府及其有关部门和机构应当采取措施开展救援,并协助旅游者返回出发地或者旅游者指定的合理地点。

第七十九条 【旅游经营者的安全保障义务】旅游经营者应当严格执行安全生产管理和消防安全管理的法律、法规和国家标准、行业标准,具备相应的安全生产条件,制定旅游者安全保护制度和应急预案。

旅游经营者应当对直接为旅游者提供服务的从业人员开展经常性应急救助技能培训,对提供的产品和服务进行安全检验、监测和评估,采取必要措施防止危害发生。

旅游经营者组织、接待老年人、未成年人、残疾人等旅游者,应当采取相应的安全保障措施。

第八十条 【旅游经营者的安全说明、警示义务】旅游经营者应当就旅游活动中的下列事项,以明示的方式事先向旅游者作出说明或者警示:

(一)正确使用相关设施、设备的方法;

(二)必要的安全防范和应急措施;

(三)未向旅游者开放的经营、服务场所和设施、设备;

(四)不适宜参加相关活动的群体;

(五)可能危及旅游者人身、财产安全的其他情形。

第八十一条 【旅游经营者的安全救助、报告义务】突发事件或者旅游安全事故发生后,旅游经营者应当立即采取必要的救助和处置措施,依法履行报告义务,并对旅游者作出妥善安排。

第八十二条 【旅游者请求救助】旅游者在人身、财产安全遇有危险时,有权请求旅游经营者、当地政府和相关机构进行及时救助。

中国出境旅游者在境外陷于困境时,有权请求我国驻当地机构在其职责范围内给予协助和保护。

旅游者接受相关组织或者机构的救助后,应当支付应由个人承担的费用。

第七章 旅游监督管理

第八十三条 【监管职责】县级以上人民政府旅游主管部门和有关部门依照本法和有关法律、法规的规定,在各自职责范围内对旅游市场实施监督管理。

县级以上人民政府应当组织旅游主管部门、有关主管部门和市场监督管理、交通等执法部门对相关旅游经营行为实施监督检查。

第八十四条 【旅游主管部门及其工作人员的禁止行为】旅游主管部门履行监督管理职责,不得违反法律、行政法规的规定向监督管理对象收取费用。

旅游主管部门及其工作人员不得参与任何形式的旅游经营活动。

第八十五条 【旅游主管部门的监管权限】县级以上人民政府旅游主管部门有权对下列事项实施监督检查:

(一)经营旅行社业务以及从事导游、领队服务是否取得经营、执业许可;

(二)旅行社的经营行为;

(三)导游和领队等旅游从业人员的服务行为;

(四)法律、法规规定的其他事项。

旅游主管部门依照前款规定实施监督检查,可以对涉嫌违法的合同、票据、账簿以及其他资料进行查阅、复制。

第八十六条 【履职要求】旅游主管部门和有关部门依法实施监督检查,其监督检查人员不得少于二人,并应当出示合法证件。监督检查人员少于二人或未出示合法证件的,被检查单位和个人有权拒绝。

监督检查人员对在监督检查中知悉的被检查单位的商业秘密和个人信息应当依法保密。

第八十七条 【配合义务】对依法实施的监督检查,有关单位和个人应当配合,如实说明情况并提供文件、资料,不得拒绝、阻碍和隐瞒。

第八十八条 【对违法行为的处理】县级以上人民政府旅游主管部门和有关部门,在履行监督检查职责中或者在处理举报、投诉时,发现违反本法规定行为的,应当依法及时作出处理;对不属于本部门职责范围的事项,应当及时书面通知并移交有关部门查处。

第八十九条 【信息共享】县级以上地方人民政府建立旅游违法行为查处信息的共享机制,对需要跨部门、跨地区联合查处的违法行为,应当进行督办。

旅游主管部门和有关部门应当按照各自职责,及时向社会公布监督检查的情况。

第九十条 【行业自律】依法成立的旅游行业组织依照法律、行政法规和章程的规定,制定行业经营规范和服务标准,对其会员的经营行为和服务质量进行自律管理,组织开展职业道德教育和业务培训,提高从业人员素质。

第八章 旅游纠纷处理

第九十一条 【旅游投诉受理机构】县级以上人民政府应当指定或者设立统一的旅游投诉受理机构。受理机构接到投诉,应当及时进行处理或者移交有关部门处理,并告知投诉者。

第九十二条 【旅游纠纷解决途径】旅游者与旅游经营者发生纠纷,可以通过下列途径解决:

(一)双方协商;

(二)向消费者协会、旅游投诉受理机构或者有关调解组织申请调解;

(三)根据与旅游经营者达成的仲裁协议提请仲裁机构仲裁;

(四)向人民法院提起诉讼。

第九十三条 【调解】消费者协会、旅游投诉受理机构和有关调解组织在双方自愿的基础上,依法对旅游者与旅游经营者之间的纠纷进行调解。

第九十四条 【代表人】旅游者与旅游经营者发生纠纷,旅游者一方人数众多并有共同请求的,可以推选代表人参加协商、调解、仲裁、诉讼活动。

第九章 法律责任

第九十五条 【违反旅行社业务经营许可规定的法律责任】违反本法规定,未经许可经营旅行社业务的,由旅游主管部门或者市场监督管理部门责令改正,没收违法所得,并处一万元以上十万元以下罚款;违法所得十万元以上的,并处违法所得一倍以上五倍以下罚款;对有关责任人员,处二千元以上二万元以下罚款。

旅行社违反本法规定,未经许可经营本法第二十九条第一款第二项、第三项业务,或者出租、出借旅行社业务经营许可证,或者以其他方式非法转让旅行社业务经营许可的,除依照前款规定处罚外,并责令停业整顿;情节严重的,吊销旅行社业务经营许可证;对直接负责的主管人员,处二千元以上二万元以下罚款。

第九十六条 【旅行社违反安排导游或领队有关规定的法律责任】旅行社违反本法规定,有下列行为之一的,由旅游主管部门责令改正,没收违法所得,并处五千元以上五万元以下罚款;情节严重的,责令停业整顿或者吊销旅行社业务经营许可证;对直接负责的主管人员和其他直接责任人员,处二千元以上二万元以下罚款:

(一)未按照规定为出境或者入境团队旅游安排领队或者导游全程陪同的;

(二)安排未取得导游证的人员提供导游服务或者安排不具备领队条件的人员提供领队服务的;

(三)未向临时聘用的导游支付导游服务费用的;

(四)要求导游垫付或者向导游收取费用的。

第九十七条 【旅行社违反有关经营规范的法律责任】旅行社违反本法规定,有下列行为之一的,由旅游主管部门或者有关部门责令改正,没收违法所得,并处五千元以上五万元以下罚款;违法所得五万元以上的,并处违法所得一倍以上五倍以下罚款;情节严重的,责令停业整顿或者吊销旅行社业务经营许可证;对直接负责的主管人员和其他直接责任人员,处二千元以上二万元以下罚款:

(一)进行虚假宣传,误导旅游者的;

(二)向不合格的供应商订购产品和服务的;

(三)未按照规定投保旅行社责任保险的。

第九十八条 【旅行社低价组团、诱骗消费的法律责任】旅行社违反本法第三十五条规定的,由旅游主管部门责令改正,没收违法所得,责令停业整顿,并处三万元以上三十万元以下罚款;违法所得三十万元以上的,并处违法所得一倍以上五倍以下罚款;情节严重的,吊销旅行社业务经营许可证;对直接负责的主管人员和其他直接责任人员,没收违法所得,处二千元以上二万元以下罚款,并暂扣或者吊销导游证。

第九十九条 【旅行社违反报告义务的法律责任】旅行社未履行本法第五十五条规定的报告义务的,由旅游主管部门处五千元以上五万元以下罚款;情节严重的,责令停业整顿或者吊销旅行社业务经营许可证;对直接负责的主管人员和其他直接责任人员,处二千元以上二万元以下罚款,并暂扣或者吊销导游证。

第一百条 【旅行社有关违约行为的法律责任】旅行社违反本法规定,有下列行为之一的,由旅游主管部门责令改正,处三万元以上三十万元以下罚款,并责令停业整顿;造成旅游者滞留等严重后果的,吊销旅行社业务经营许可证;对直接负责的主管人员和其他直接责任人员,处二千元以上二万元以下罚款,并暂扣或者吊销导游证:

(一)在旅游行程中擅自变更旅游行程安排,严重损害旅游者权益的;

(二)拒绝履行合同的;

(三)未征得旅游者书面同意,委托其他旅行社履行包价旅游合同的。

第一百零一条 【旅行社安排违法或者违反社会公德的活动的法律责任】旅行社违反本法规定,安排旅游者参观或者参与违反我国法律、法规和社会公德的项目或者活动的,由旅游主管部门责令改正,没收违法所得,责令停业整顿,并处二万元以上二十万元以下罚款;情节严重的,吊销旅行社业务经营许可证;对直接负责的主管人员和其他直接责任人员,处二千元以上二万元以下罚款,并暂扣或者吊销导游证。

第一百零二条 【违反导游和领队从业规定的法律责任】违反本法规定,未取得导游证或者不具备领队条件而从事导游、领队活动的,由旅游主管部门责令改正,没收违法所得,并处一千元以上一万元以下罚款,予以公告。

导游、领队违反本法规定,私自承揽业务的,由旅游主管部门责令改正,没收违法所得,处一千元以上一万元以下罚款,并暂扣或者吊销导游证。

导游、领队违反本法规定,向旅游者索取小费的,由旅游主管部门责令退还,处一千元以上一万元以下罚款;情节严重的,并暂扣或者吊销导游证。

第一百零三条 【从业禁止】违反本法规定被吊销导游证的导游、领队和受到吊销旅行社业务经营许可证处罚的旅行社的有关管理人员,自处罚之日起未逾三年的,不得重新申请导游证或者从事旅行社业务。

第一百零四条 【行贿和受贿的法律责任】旅游经营者违反本法规定,给予或者收受贿赂的,由市场监督管理

第一百零五条 【景区的法律责任一】景区不符合本法规定的开放条件而接待旅游者的,由景区主管部门责令停业整顿直至符合开放条件,并处二万元以上二十万元以下罚款。

景区在旅游者数量可能达到最大承载量时,未依照本法规定公告或者未向当地人民政府报告,未及时采取疏导、分流等措施,或者超过最大承载量接待旅游者的,由景区主管部门责令改正,情节严重的,责令停业整顿一个月至六个月。

第一百零六条 【景区的法律责任二】景区违反本法规定,擅自提高门票或者另行收费项目的价格,或者有其他价格违法行为的,由有关主管部门依照有关法律、法规的规定处罚。

第一百零七条 【旅游经营者违反有关安全管理规定的法律责任】旅游经营者违反有关安全生产管理和消防安全管理的法律、法规或者国家标准、行业标准的,由有关主管部门依照有关法律、法规的规定处罚。

第一百零八条 【信用档案及公示】对违反本法规定的旅游经营者及其从业人员,旅游主管部门和有关部门应当记入信用档案,向社会公布。

第一百零九条 【监管部门工作人员渎职的法律责任】旅游主管部门和有关部门的工作人员在履行监督管理职责中,滥用职权、玩忽职守、徇私舞弊,尚不构成犯罪的,依法给予处分。

第一百一十条 【刑事责任】违反本法规定,构成犯罪的,依法追究刑事责任。

第十章 附 则

第一百一十一条 【用语含义】本法下列用语的含义:

(一)旅游经营者,是指旅行社、景区以及为旅游者提供交通、住宿、餐饮、购物、娱乐等服务的经营者。

(二)景区,是指为旅游者提供游览服务、有明确的管理界限的场所或者区域。

(三)包价旅游合同,是指旅行社预先安排行程,提供或者通过履行辅助人提供交通、住宿、餐饮、游览、导游或者领队等两项以上旅游服务,旅游者以总价支付旅游费用的合同。

(四)组团社,是指与旅游者订立包价旅游合同的旅行社。

(五)地接社,是指接受组团社委托,在目的地接待旅游者的旅行社。

(六)履行辅助人,是指与旅行社存在合同关系,协助其履行包价旅游合同义务,实际提供相关服务的法人或者自然人。

第一百一十二条 【施行日期】本法自2013年10月1日起施行。

旅行社条例(节录)

1. 2009年2月20日国务院令第550号公布
2. 根据2016年2月6日国务院令第666号《关于修改部分行政法规的决定》第一次修订
3. 根据2017年3月1日国务院令第676号《关于修改和废止部分行政法规的决定》第二次修订
4. 根据2020年11月29日国务院令第732号《关于修改和废止部分行政法规的决定》第三次修订

第一章 总 则

第一条 为了加强对旅行社的管理,保障旅游者和旅行社的合法权益,维护旅游市场秩序,促进旅游业的健康发展,制定本条例。

第二条 本条例适用于中华人民共和国境内旅行社的设立及经营活动。

本条例所称旅行社,是指从事招徕、组织、接待旅游者等活动,为旅游者提供相关旅游服务,开展国内旅游业务、入境旅游业务或者出境旅游业务的企业法人。

第三条 国务院旅游行政主管部门负责全国旅行社的监督管理工作。

县级以上地方人民政府管理旅游工作的部门按照职责负责本行政区域内旅行社的监督管理工作。

县级以上各级人民政府工商、价格、商务、外汇等有关部门,应当按照职责分工,依法对旅行社进行监督管理。

第四条 旅行社在经营活动中应当遵循自愿、平等、公平、诚信的原则,提高服务质量,维护旅游者的合法权益。

第五条 旅行社行业组织应当按照章程为旅行社提供服务,发挥协调和自律作用,引导旅行社合法、公平竞争和诚信经营。

第四章 旅行社经营

第二十四条 旅行社向旅游者提供的旅游服务信息必须真实可靠,不得作虚假宣传。

第二十五条　经营出境旅游业务的旅行社不得组织旅游者到国务院旅游行政主管部门公布的中国公民出境旅游目的地之外的国家和地区旅游。

第二十六条　旅行社为旅游者安排或者介绍的旅游活动不得含有违反有关法律、法规规定的内容。

第二十七条　旅行社不得以低于旅游成本的报价招徕旅游者。未经旅游者同意,旅行社不得在旅游合同约定之外提供其他有偿服务。

第二十八条　旅行社为旅游者提供服务,应当与旅游者签订旅游合同并载明下列事项:

（一）旅行社的名称及其经营范围、地址、联系电话和旅行社业务经营许可证编号;

（二）旅行社经办人的姓名、联系电话;

（三）签约地点和日期;

（四）旅游行程的出发地、途经地和目的地;

（五）旅游行程中交通、住宿、餐饮服务安排及其标准;

（六）旅行社统一安排的游览项目的具体内容及时间;

（七）旅游者自由活动的时间和次数;

（八）旅游者应当交纳的旅游费用及交纳方式;

（九）旅行社安排的购物次数、停留时间及购物场所的名称;

（十）需要旅游者另行付费的游览项目及价格;

（十一）解除或者变更合同的条件和提前通知的期限;

（十二）违反合同的纠纷解决机制及应当承担的责任;

（十三）旅游服务监督、投诉电话;

（十四）双方协商一致的其他内容。

第二十九条　旅行社在与旅游者签订旅游合同时,应当对旅游合同的具体内容作出真实、准确、完整的说明。

旅行社和旅游者签订的旅游合同约定不明确或者对格式条款的理解发生争议的,应当按照通常理解予以解释;对格式条款有两种以上解释的,应当作出有利于旅游者的解释;格式条款和非格式条款不一致的,应当采用非格式条款。

第三十条　旅行社组织中国内地居民出境旅游的,应当为旅游团队安排领队全程陪同。

第三十一条　旅行社为接待旅游者委派的导游人员,应当持有国家规定的导游证。

取得出境旅游业务经营许可的旅行社为组织旅游者出境旅游委派的领队,应当取得导游证,具有相应的学历、语言能力和旅游从业经历,并与委派其从事领队业务的旅行社订立劳动合同。旅行社应当将本单位领队名单报所在地设区的市级旅游行政管理部门备案。

第三十二条　旅行社聘用导游人员、领队人员应当依法签订劳动合同,并向其支付不低于当地最低工资标准的报酬。

第三十三条　旅行社及其委派的导游人员和领队人员不得有下列行为:

（一）拒绝履行旅游合同约定的义务;

（二）非因不可抗力改变旅游合同安排的行程;

（三）欺骗、胁迫旅游者购物或者参加需要另行付费的游览项目。

第三十四条　旅行社不得要求导游人员和领队人员接待不支付接待和服务费用或者支付的费用低于接待和服务成本的旅游团队,不得要求导游人员和领队人员承担接待旅游团队的相关费用。

第三十五条　旅行社违反旅游合同约定,造成旅游者合法权益受到损害的,应当采取必要的补救措施,并及时报告旅游行政管理部门。

第三十六条　旅行社需要对旅游业务作出委托的,应当委托给具有相应资质的旅行社,征得旅游者的同意,并与接受委托的旅行社就接待旅游者的事宜签订委托合同,确定接待旅游者的各项服务安排及其标准,约定双方的权利、义务。

第三十七条　旅行社将旅游业务委托给其他旅行社的,应当向接受委托的旅行社支付不低于接待和服务成本的费用;接受委托的旅行社不得接待不支付或者不足额支付接待和服务费用的旅游团队。

接受委托的旅行社违约,造成旅游者合法权益受到损害的,作出委托的旅行社应当承担相应的赔偿责任。作出委托的旅行社赔偿后,可以向接受委托的旅行社追偿。

接受委托的旅行社故意或者重大过失造成旅游者合法权益损害的,应当承担连带责任。

第三十八条　旅行社应当投保旅行社责任险。旅行社责任险的具体方案由国务院旅游行政主管部门会同国务院保险监督管理机构另行制定。

第三十九条　旅行社对可能危及旅游者人身、财产安全的事项,应当向旅游者作出真实的说明和明确的警示,并采取防止危害发生的必要措施。

发生危及旅游者人身安全的情形的,旅行社及其委派的导游人员、领队人员应当采取必要的处置措施并及时报告旅游行政管理部门;在境外发生的,还应当及时报告中华人民共和国驻该国使领馆、相关驻外机构、当地警方。

第四十条 旅游者在境外滞留不归的,旅行社委派的领队人员应当及时向旅行社和中华人民共和国驻该国使领馆、相关驻外机构报告。旅行社接到报告后应当及时向旅游行政管理部门和公安机关报告,并协助提供非法滞留者的信息。

旅行社接待入境旅游发生旅游者非法滞留我国境内的,应当及时向旅游行政管理部门、公安机关和外事部门报告,并协助提供非法滞留者的信息。

第五章 监督检查

第四十一条 旅游、工商、价格、商务、外汇等有关部门应当依法加强对旅行社的监督管理,发现违法行为,应当及时予以处理。

第四十二条 旅游、工商、价格等行政管理部门应当及时向社会公告监督检查的情况。公告的内容包括旅行社业务经营许可证的颁发、变更、吊销、注销情况,旅行社的违法经营行为以及旅行社的诚信记录、旅游者投诉信息等。

第四十三条 旅行社损害旅游者合法权益的,旅游者可以向旅游行政管理部门、工商行政管理部门、价格主管部门、商务主管部门或者外汇管理部门投诉,接到投诉的部门应当按照其职责权限及时调查处理,并将调查处理的有关情况告知旅游者。

第四十四条 旅行社及其分社应当接受旅游行政管理部门对其旅游合同、服务质量、旅游安全、财务账簿等情况的监督检查,并按照国家有关规定向旅游行政管理部门报送经营和财务信息等统计资料。

第四十五条 旅游、工商、价格、商务、外汇等有关部门工作人员不得接受旅行社的任何馈赠,不得参加由旅行社支付费用的购物活动或者游览项目,不得通过旅行社为自己、亲友或者其他个人、组织牟取私利。

第六章 法律责任

第四十六条 违反本条例的规定,有下列情形之一的,由旅游行政管理部门或者工商行政管理部门责令改正,没收违法所得,违法所得10万元以上的,并处违法所得1倍以上5倍以下的罚款;违法所得不足10万元或者没有违法所得的,并处10万元以上50万元以下的罚款:

(一)未取得相应的旅行社业务经营许可证,经营国内旅游业务、入境旅游业务、出境旅游业务的;

(二)分社超出设立分社的旅行社的经营范围经营旅游业务的;

(三)旅行社服务网点从事招徕、咨询以外的旅行社业务经营活动的。

第四十七条 旅行社转让、出租、出借旅行社业务经营许可证的,由旅游行政管理部门责令停业整顿1个月至3个月,并没收违法所得;情节严重的,吊销旅行社业务经营许可证。受让或者租借旅行社业务经营许可证的,由旅游行政管理部门责令停止非法经营,没收违法所得,并处10万元以上50万元以下的罚款。

第四十八条 违反本条例的规定,旅行社未在规定期限内向其质量保证金账户存入、增存、补足质量保证金或者提交相应的银行担保的,由旅游行政管理部门责令改正;拒不改正的,吊销旅行社业务经营许可证。

第四十九条 违反本条例的规定,旅行社不投保旅行社责任险的,由旅游行政管理部门责令改正;拒不改正的,吊销旅行社业务经营许可证。

第五十条 违反本条例的规定,旅行社有下列情形之一的,由旅游行政管理部门责令改正;拒不改正的,处1万元以下的罚款:

(一)变更名称、经营场所、法定代表人等登记事项或者终止经营,未在规定期限内向原许可的旅游行政管理部门备案,换领或者交回旅行社业务经营许可证的;

(二)设立分社未在规定期限内向分社所在地旅游行政管理部门备案的;

(三)不按照国家有关规定向旅游行政管理部门报送经营和财务信息等统计资料的。

第五十一条 违反本条例的规定,外商投资旅行社经营中国内地居民出国旅游业务以及赴香港特别行政区、澳门特别行政区和台湾地区旅游业务,或者经营出境旅游业务的旅行社组织旅游者到国务院旅游行政主管部门公布的中国公民出境旅游目的地之外的国家和地区旅游的,由旅游行政管理部门责令改正,没收违法所得,违法所得10万元以上的,并处违法所得1倍以上5倍以下的罚款;违法所得不足10万元或者没有违法所得的,并处10万元以上50万元以下的罚款;情节严重的,吊销旅行社业务经营许可证。

第五十二条 违反本条例的规定,旅行社为旅游者安排或者介绍的旅游活动含有违反有关法律、法规规定的内容的,由旅游行政管理部门责令改正,没收违法所得,并处2万元以上10万元以下的罚款;情节严重的,吊销旅行社业务经营许可证。

第五十三条 违反本条例的规定,旅行社向旅游者提供的旅游服务信息含有虚假内容或者作虚假宣传的,由工商行政管理部门依法给予处罚。

违反本条例的规定,旅行社以低于旅游成本的报价招徕旅游者的,由价格主管部门依法给予处罚。

第五十四条 违反本条例的规定,旅行社未经旅游者同意在旅游合同约定之外提供其他有偿服务的,由旅游行政管理部门责令改正,处1万元以上5万元以下的罚款。

第五十五条 违反本条例的规定,旅行社有下列情形之一的,由旅游行政管理部门责令改正,处2万元以上10万元以下的罚款;情节严重的,责令停业整顿1个月至3个月:

(一)未与旅游者签订旅游合同;

(二)与旅游者签订的旅游合同未载明本条例第二十八条规定的事项;

(三)未取得旅游者同意,将旅游业务委托给其他旅行社;

(四)将旅游业务委托给不具有相应资质的旅行社;

(五)未与接受委托的旅行社就接待旅游者的事宜签订委托合同。

第五十六条 违反本条例的规定,旅行社组织中国内地居民出境旅游,不为旅游团队安排领队全程陪同的,由旅游行政管理部门责令改正,处1万元以上5万元以下的罚款;拒不改正的,责令停业整顿1个月至3个月。

第五十七条 违反本条例的规定,旅行社委派的导游人员未持有国家规定的导游证或者委派的领队人员不具备规定的领队条件的,由旅游行政管理部门责令改正,对旅行社处2万元以上10万元以下的罚款。

第五十八条 违反本条例的规定,旅行社不向其聘用的导游人员、领队人员支付报酬,或者所支付的报酬低于当地最低工资标准的,按照《中华人民共和国劳动合同法》的有关规定处理。

第五十九条 违反本条例的规定,有下列情形之一的,对旅行社,由旅游行政管理部门或者工商行政管理部门责令改正,处10万元以上50万元以下的罚款;对导游人员、领队人员,由旅游行政管理部门责令改正,处1万元以上5万元以下的罚款;情节严重的,吊销旅行社业务经营许可证、导游证:

(一)拒不履行旅游合同约定的义务的;

(二)非因不可抗力改变旅游合同安排的行程的;

(三)欺骗、胁迫旅游者购物或者参加需要另行付费的游览项目的。

第六十条 违反本条例的规定,旅行社要求导游人员和领队人员接待不支付接待和服务费用、支付的费用低于接待和服务成本的旅游团队,或者要求导游人员和领队人员承担接待旅游团队的相关费用的,由旅游行政管理部门责令改正,处2万元以上10万元以下的罚款。

第六十一条 旅行社违反旅游合同约定,造成旅游者合法权益受到损害,不采取必要的补救措施的,由旅游行政管理部门或者工商行政管理部门责令改正,处1万元以上5万元以下的罚款;情节严重的,由旅游行政管理部门吊销旅行社业务经营许可证。

第六十二条 违反本条例的规定,有下列情形之一的,由旅游行政管理部门责令改正,停业整顿1个月至3个月;情节严重的,吊销旅行社业务经营许可证:

(一)旅行社不向接受委托的旅行社支付接待和服务费用的;

(二)旅行社向接受委托的旅行社支付的费用低于接待和服务成本的;

(三)接受委托的旅行社接待不支付或者不足额支付接待和服务费用的旅游团队的。

第六十三条 违反本条例的规定,旅行社及其委派的导游人员、领队人员有下列情形之一的,由旅游行政管理部门责令改正,对旅行社处2万元以上10万元以下的罚款;对导游人员、领队人员处4000元以上2万元以下的罚款;情节严重的,责令旅行社停业整顿1个月至3个月,或者吊销旅行社业务经营许可证、导游证:

(一)发生危及旅游者人身安全的情形,未采取必要的处置措施并及时报告的;

(二)旅行社组织出境旅游的旅游者非法滞留境外,旅行社未及时报告并协助提供非法滞留者信息的;

(三)旅行社接待入境旅游的旅游者非法滞留境内,旅行社未及时报告并协助提供非法滞留者信息的。

第六十四条 因妨害国(边)境管理受到刑事处罚的,在刑罚执行完毕之日起五年内不得从事旅行社业务经营活动;旅行社被吊销旅行社业务经营许可的,其主要负责人在旅行社业务经营许可被吊销之日起五年内不得担任任何旅行社的主要负责人。

第六十五条 旅行社违反本条例的规定,损害旅游者合法权益的,应当承担相应的民事责任;构成犯罪的,依法追究刑事责任。

第六十六条 违反本条例的规定,旅游行政管理部门或者其他有关部门及其工作人员有下列情形之一的,对直接负责的主管人员和其他直接责任人员依法给予处分:

(一)发现违法行为不及时予以处理的;
(二)未及时公告对旅行社的监督检查情况的;
(三)未及时处理旅游者投诉并将调查处理的有关情况告知旅游者的;
(四)接受旅行社的馈赠的;
(五)参加由旅行社支付费用的购物活动或者游览项目的;
(六)通过旅行社为自己、亲友或者其他个人、组织牟取私利的。

第七章 附 则

第六十七条 香港特别行政区、澳门特别行政区和台湾地区的投资者在内地投资设立的旅行社,参照适用本条例。

第六十八条 本条例自2009年5月1日起施行。1996年10月15日国务院发布的《旅行社管理条例》同时废止。

旅行社条例实施细则(节录)

1. 2009年4月3日国家旅游局令第30号公布
2. 根据2016年12月12日国家旅游局令第42号《关于修改〈旅行社条例实施细则〉和废止〈出境旅游领队人员管理办法〉的决定》修正

第一章 总 则

第一条 根据《旅行社条例》(以下简称《条例》),制定本实施细则。

第二条 《条例》第二条所称招徕、组织、接待旅游者提供的相关旅游服务,主要包括:

(一)安排交通服务;
(二)安排住宿服务;
(三)安排餐饮服务;
(四)安排观光游览、休闲度假等服务;
(五)导游、领队服务;
(六)旅游咨询、旅游活动设计服务。

旅行社还可以接受委托,提供下列旅游服务:

(一)接受旅游者的委托,代订交通客票、代订住宿和代办出境、入境、签证手续等;
(二)接受机关、事业单位和社会团体的委托,为其差旅、考察、会议、展览等公务活动,代办交通、住宿、餐饮、会务等事务;
(三)接受企业委托,为其各类商务活动、奖励旅游等,代办交通、住宿、餐饮、会务、观光游览、休闲度假等事务;
(四)其他旅游服务。

前款所列出境、签证手续等服务,应当由具备出境旅游业务经营权的旅行社代办。

第三条 《条例》第二条所称国内旅游业务,是指旅行社招徕、组织和接待中国内地居民在境内旅游的业务。

《条例》第二条所称入境旅游业务,是指旅行社招徕、组织、接待外国旅游者来我国旅游,香港特别行政区、澳门特别行政区旅游者来内地旅游,台湾地区居民来大陆旅游,以及招徕、组织、接待中国内地的外国人、在内地的香港特别行政区、澳门特别行政区居民和在大陆的台湾地区居民在境内旅游的业务。

《条例》第二条所称出境旅游业务,是指旅行社招徕、组织、接待中国内地居民出国旅游,赴香港特别行政区、澳门特别行政区和台湾地区旅游,以及招徕、组织、接待在中国内地的外国人、在内地的香港特别行政区、澳门特别行政区居民和在大陆的台湾地区居民出境旅游的业务。

第四条 对旅行社及其分支机构的监督管理,县级以上旅游行政管理部门应当按照《条例》、本细则的规定和职责,实行分级管理和属地管理。

第五条 鼓励旅行社实行服务质量等级制度;鼓励旅行社向专业化、网络化、品牌化发展。

第四章 旅行社经营规范

第二十六条 旅行社及其分社、服务网点,应当将《旅行社业务经营许可证》、《旅行社分社备案登记证明》或者《旅行社服务网点备案登记证明》，与营业执照一起，悬挂在经营场所的显要位置。

第二十七条 旅行社业务经营许可证不得转让、出租或者出借。

旅行社的下列行为属于转让、出租或者出借旅行社业务经营许可证的行为：

（一）除招徕旅游者和符合本实施细则第四十条第一款规定的接待旅游者的情形外，准许或者默许其他企业、团体或者个人，以自己的名义从事旅行社业务经营活动的；

（二）准许其他企业、团体或者个人，以部门或者个人承包、挂靠的形式经营旅行社业务的。

第二十八条 旅行社设立的办事处、代表处或者联络处等办事机构，不得从事旅行社业务经营活动。

第二十九条 旅行社以互联网形式经营旅行社业务的，除符合法律、法规规定外，其网站首页应当载明旅行社的名称、法定代表人、许可证编号和业务经营范围，以及原许可的旅游行政管理部门的投诉电话。

第三十条 《条例》第二十六条规定的旅行社不得安排的活动，主要包括：

（一）含有损害国家利益和民族尊严内容的；

（二）含有民族、种族、宗教歧视内容的；

（三）含有淫秽、赌博、涉毒内容的；

（四）其他含有违反法律、法规规定内容的。

第三十一条 旅行社为组织旅游者出境旅游委派的领队，应当具备下列条件：

（一）取得导游证；

（二）具有大专以上学历；

（三）取得相关语言水平测试等级证书或通过外语语种导游资格考试，但为赴港澳台地区旅游委派的领队除外；

（四）具有两年以上旅行社业务经营、管理或者导游等相关从业经历；

（五）与委派其从事领队业务的取得出境旅游业务经营许可的旅行社订立劳动合同。

赴台旅游领队还应当符合《大陆居民赴台湾地区旅游管理办法》规定的要求。

第三十二条 旅行社应当将本单位领队信息及变更情况，报所在地设区的市级旅游行政管理部门备案。领队备案信息包括：身份信息、导游证号、学历、语种、语言等级（外语导游）、从业经历、所在旅行社、旅行社社会保险登记证号等。

第三十三条 领队从事领队业务，应当接受与其订立劳动合同的取得出境旅游业务许可的旅行社委派，并携带导游证、佩戴导游身份标识。

第三十四条 领队应当协助旅游者办理出入境手续，协调、监督境外地接社及从业人员履行合同，维护旅游者的合法权益。

第三十五条 不具备领队条件的，不得从事领队业务。

领队不得委托他人代为提供领队服务。

第三十六条 旅行社委派的领队，应当掌握相关旅游目的地国家（地区）语言或者英语。

第三十七条 《条例》第三十四条所规定的旅行社不得要求导游人员和领队人员承担接待旅游团队的相关费用，主要包括：

（一）垫付旅游接待费用；

（二）为接待旅游团队向旅行社支付费用；

（三）其他不合理费用。

第三十八条 旅行社招徕、组织、接待旅游者，其选择的交通、住宿、餐饮、景区等企业，应当符合具有合法经营资格和接待服务能力的要求。

第三十九条 在签订旅游合同时，旅行社不得要求旅游者必须参加旅行社安排的购物活动或者需要旅游者另行付费的旅游项目。

同一旅游团队中，旅行社不得由于下列因素，提出与其他旅游者不同的合同事项：

（一）旅游者拒绝参加旅行社安排的购物活动或者需要旅游者另行付费的旅游项目的；

（二）旅游者存在的年龄或者职业上的差异。但旅行社提供了与其他旅游者相比更多的服务，或者旅游者主动要求的除外。

第四十条 旅行社需要将在旅游目的地接待旅游者的业务作出委托的，应当按照《条例》第三十六条的规定，委托给旅游目的地的旅行社并签订委托接待合同。

旅行社对接待旅游者的业务作出委托的，应当按照《条例》第三十六条的规定，将旅游目的地接受委托的旅行社的名称、地址、联系人和联系电话，告知旅游者。

第四十一条 旅游行程开始前，当发生约定的解除旅游合同的情形时，经征得旅游者的同意，旅行社可以将旅游者推荐给其他旅行社组织、接待，并由旅游者与被推荐的旅行社签订旅游合同。

未经旅游者同意的,旅行社不得将旅游者转交给其他旅行社组织、接待。

第四十二条 旅行社及其委派的导游人员和领队人员的下列行为,属于擅自改变旅游合同安排行程:

(一)减少游览项目或者缩短游览时间的;

(二)增加或者变更旅游项目的;

(三)增加购物次数或者延长购物时间的;

(四)其他擅自改变旅游合同安排的行为。

第四十三条 在旅游行程中,当发生不可抗力、危及旅游者人身、财产安全,或者非旅行社责任造成的意外情形,旅行社不得不调整或者变更旅游合同约定的行程安排时,应当在事前向旅游者作出说明;确因客观情况无法在事前说明的,应当在事后作出说明。

第四十四条 在旅游行程中,旅游者有权拒绝参加旅行社在旅游合同之外安排的购物活动或者需要旅游者另行付费的旅游项目。

旅行社及其委派的导游人员和领队人员不得因旅游者拒绝参加旅行社安排的购物活动或者需要旅游者另行付费的旅游项目等情形,以任何借口、理由,拒绝继续履行合同、提供服务,或者以拒绝继续履行合同、提供服务相威胁。

第四十五条 旅行社及其委派的导游人员、领队人员,应当对其提供的服务可能危及旅游者人身、财产安全的事项,向旅游者作出真实的说明和明确的警示。

在旅游行程中的自由活动时间,旅游者应当选择自己能够控制风险的活动项目,并在自己能够控制风险的范围内活动。

第四十六条 为减少自然灾害等意外风险给旅游者带来的损害,旅行社在招徕、接待旅游者时,可以提示旅游者购买旅游意外保险。

鼓励旅行社依法取得保险代理资格,并接受保险公司的委托,为旅游者提供购买人身意外伤害保险的服务。

第四十七条 发生出境旅游者非法滞留境外或者入境旅游者非法滞留境内的,旅行社应当立即向所在地县级以上旅游行政管理部门、公安机关和外事部门报告。

第四十八条 在旅游行程中,旅行社及其委派的导游人员、领队人员应当提示旅游者遵守文明旅游公约和礼仪。

第四十九条 旅行社及其委派的导游人员、领队人员在经营、服务中享有下列权利:

(一)要求旅游者如实提供旅游所必需的个人信息,按时提交相关证明文件;

(二)要求旅游者遵守旅游合同约定的旅游行程安排,妥善保管随身物品;

(三)出现突发公共事件或者其他危急情形,以及旅行社因违反旅游合同约定采取补救措施时,要求旅游者配合处理防止扩大损失,以将损失降低到最低程度;

(四)拒绝旅游者提出的超出旅游合同约定的不合理要求;

(五)制止旅游者违背旅游目的地的法律、风俗习惯的言行。

第五十条 旅行社应当妥善保存《条例》规定的招徕、组织、接待旅游者的各类合同及相关文件、资料,以备县级以上旅游行政管理部门核查。

前款所称的合同及文件、资料的保存期,应当不少于两年。

旅行社不得向其他经营者或者个人,泄露旅游者因签订旅游合同提供的个人信息;超过保存期限的旅游者个人信息资料,应当妥善销毁。

第五章 监督检查

第五十一条 根据《条例》和本实施细则规定,受理旅行社申请或者备案的旅游行政管理部门,可以要求申请人或者旅行社,对申请设立旅行社、办理《条例》规定的备案时提交的证明文件、材料的原件,提供复印件并盖章确认,交由旅游行政管理部门留存。

第五十二条 县级以上旅游行政管理部门对旅行社及其分支机构实施监督检查时,可以进入其经营场所,查阅招徕、组织、接待旅游者的各类合同、相关文件、资料,以及财务账簿、交易记录和业务单据等材料,旅行社及其分支机构应当给予配合。

县级以上旅游行政管理部门对旅行社及其分支机构监督检查时,应当由两名以上持有旅游行政执法证件的执法人员进行。

不符合前款规定要求的,旅行社及其分支机构有权拒绝检查。

第五十三条 旅行社应当按年度将下列经营和财务信息等统计资料,在次年4月15日前,报送原许可的旅游行政管理部门:

(一)旅行社的基本情况,包括企业形式、出资人、员工人数、部门设置、分支机构、网络体系等;

(二)旅行社的经营情况,包括营业收入、利税等;

(三)旅行社组织接待情况,包括国内旅游、入境旅游、出境旅游的组织、接待人数等;

(四)旅行社安全、质量、信誉情况,包括投保旅行社责任保险、认证认可和奖惩等。

对前款资料中涉及旅行社商业秘密的内容,旅游行政管理部门应当予以保密。

第五十四条 《条例》第十七条、第四十二条规定的各项公告,县级以上旅游行政管理部门应当通过本部门或者上级旅游行政管理部门的政府网站向社会发布。

质量保证金存缴数额降低、旅行社业务经营许可证的颁发、变更和注销的,国务院旅游行政主管部门或者省级旅游行政管理部门应当在作出许可决定或者备案后20个工作日内向社会公告。

旅行社违法经营或者被吊销旅行社业务经营许可证的,由作出行政处罚决定的旅游行政管理部门,在处罚生效后10个工作日内向社会公告。

旅游者对旅行社的投诉信息,由处理投诉的旅游行政管理部门每季度向社会公告。

第五十五条 因下列情形之一,给旅游者的合法权益造成损害的,旅游者有权向县级以上旅游行政管理部门投诉:

(一)旅行社违反《条例》和本实施细则规定的;

(二)旅行社提供的服务,未达到旅游合同约定的服务标准或者档次的;

(三)旅行社破产或者其他原因造成旅游者预交旅游费用损失的。

划拨旅行社质量保证金的决定,应当由旅行社或者其分社所在地处理旅游者投诉的县级以上旅游行政管理部门作出。

第五十六条 县级以上旅游行政管理部门,可以在其法定权限内,委托符合法定条件的同级旅游质监执法机构实施监督检查。

第六章 法律责任

第五十七条 违反本实施细则第十二条第三款、第二十三条、第二十六条的规定,擅自引进外商投资、设立服务网点未在规定期限内备案,或者旅行社及其分社、服务网点未悬挂旅行社业务经营许可证、备案登记证明的,由县级以上旅游行政管理部门责令改正,可以处1万元以下的罚款。

第五十八条 违反本实施细则第二十二条第三款、第二十八条的规定,服务网点超出设立社经营范围招徕旅游者、提供旅游咨询服务,或者旅行社的办事处、联络处、代表处等从事旅行社业务经营活动的,由县级以上旅游行政管理部门依照《条例》第四十六条的规定处罚。

第五十九条 违反本实施细则第三十五条第二款的规定,领队委托他人代为提供领队服务,由县级以上旅游行政管理部门责令改正,可以处1万元以下的罚款。

第六十条 违反本实施细则第三十八条的规定,旅行社为接待旅游者选择的交通、住宿、餐饮、景区等企业,不具有合法经营资格或者接待服务能力的,由县级以上旅游行政管理部门责令改正,没收违法所得,处违法所得3倍以下但最高不超过3万元的罚款,没有违法所得的,处1万元以下的罚款。

第六十一条 违反本实施细则第三十九条的规定,要求旅游者必须参加旅行社安排的购物活动、需要旅游者另行付费的旅游项目,或者对同一旅游团队的旅游者提出与其他旅游者不同合同事项的,由县级以上旅游行政管理部门责令改正,处1万元以下的罚款。

第六十二条 违反本实施细则第四十条第二款的规定,旅行社未将旅游目的地接待旅行社的情况告知旅游者的,由县级以上旅游行政管理部门依照《条例》第五十五条的规定处罚。

第六十三条 违反本实施细则第四十一条第二款的规定,旅行社未经旅游者的同意,将旅游者转交给其他旅行社组织、接待的,由县级以上旅游行政管理部门依照《条例》第五十五条的规定处罚。

第六十四条 违反本实施细则第四十四条第二款的规定,旅行社及其导游人员和领队人员拒绝继续履行合同、提供服务,或者以拒绝继续履行合同、提供服务相威胁的,由县级以上旅游行政管理部门依照《条例》第五十九条的规定处罚。

第六十五条 违反本实施细则第五十条的规定,未妥善保存各类旅游合同及相关文件、资料,保存期不够两年,或者泄露旅游者个人信息的,由县级以上旅游行政管理部门责令改正,没收违法所得,处违法所得3倍以下但最高不超过3万元的罚款;没有违法所得的,处1万元以下的罚款。

第六十六条 对旅行社作出停业整顿行政处罚的,旅行社在停业整顿期间,不得招徕旅游者、签订旅游合同;停业整顿期间,不影响已签订的旅游合同的履行。

第七章 附 则

第六十七条 本实施细则由国务院旅游行政主管部门负责解释。

第六十八条 本实施细则自 2009 年 5 月 3 日起施行。2001 年 12 月 27 日国家旅游局公布的《旅行社管理条例实施细则》同时废止。

旅游投诉处理办法

1. 2010 年 5 月 5 日国家旅游局令第 32 号公布
2. 自 2010 年 7 月 1 日起施行

第一章 总 则

第一条 为了维护旅游者和旅游经营者的合法权益,依法公正处理旅游投诉,依据《中华人民共和国消费者权益保护法》、《旅行社条例》、《导游人员管理条例》和《中国公民出国旅游管理办法》等法律、法规,制定本办法。

第二条 本办法所称旅游投诉,是指旅游者认为旅游经营者损害其合法权益,请求旅游行政管理部门、旅游质量监督管理机构或者旅游执法机构(以下统称"旅游投诉处理机构"),对双方发生的民事争议进行处理的行为。

第三条 旅游投诉处理机构应当在其职责范围内处理旅游投诉。

地方各级旅游行政主管部门应当在本级人民政府的领导下,建立、健全相关行政管理部门共同处理旅游投诉的工作机制。

第四条 旅游投诉处理机构在处理旅游投诉中,发现被投诉人或者其从业人员有违法或犯罪行为的,应当按照法律、法规和规章的规定,作出行政处罚、向有关行政管理部门提出行政处罚建议或者移送司法机关。

第二章 管 辖

第五条 旅游投诉由旅游合同签订地或者被投诉人所在地县级以上地方旅游投诉处理机构管辖。

需要立即制止、纠正被投诉人的损害行为的,应当由损害行为发生地旅游投诉处理机构管辖。

第六条 上级旅游投诉处理机构有权处理下级旅游投诉处理机构管辖的投诉案件。

第七条 发生管辖争议的,旅游投诉处理机构可以协商确定,或者报请共同的上级旅游投诉处理机构指定管辖。

第三章 受 理

第八条 投诉人可以就下列事项向旅游投诉处理机构投诉:

(一)认为旅游经营者违反合同约定的;

(二)因旅游经营者的责任致使投诉人人身、财产受到损害的;

(三)因不可抗力、意外事故致使旅游合同不能履行或者不能完全履行,投诉人与被投诉人发生争议的;

(四)其他损害旅游者合法权益的。

第九条 下列情形不予受理:

(一)人民法院、仲裁机构、其他行政管理部门或者社会调解机构已经受理或者处理的;

(二)旅游投诉处理机构已经作出处理,且没有新情况、新理由的;

(三)不属于旅游投诉处理机构职责范围或者管辖范围的;

(四)超过旅游合同结束之日 90 天的;

(五)不符合本办法第十条规定的旅游投诉条件的;

(六)本办法规定情形之外的其他经济纠纷。

属于前款第(三)项规定的情形的,旅游投诉处理机构应当及时告知投诉人向有管辖权的旅游投诉处理机构或者有关行政管理部门投诉。

第十条 旅游投诉应当符合下列条件:

(一)投诉人与投诉事项有直接利害关系;

(二)有明确的被投诉人、具体的投诉请求、事实和理由。

第十一条 旅游投诉一般应当采取书面形式,一式两份,并载明下列事项:

(一)投诉人的姓名、性别、国籍、通讯地址、邮政编码、联系电话及投诉日期;

(二)被投诉人的名称、所在地;

(三)投诉的要求、理由及相关的事实根据。

第十二条 投诉事项比较简单的,投诉人可以口头投诉,由旅游投诉处理机构进行记录或者登记,并告知被投诉人;对于不符合受理条件的投诉,旅游投诉处理机构可以口头告知投诉人不予受理及其理由,并进行记录或者登记。

第十三条 投诉人委托代理人进行投诉活动的,应当向旅游投诉处理机构提交授权委托书,并载明委托权限。

第十四条 投诉人 4 人以上,以同一事由投诉同一被投诉人的,为共同投诉。

共同投诉可以由投诉人推选1至3名代表进行投诉。代表人参加旅游投诉处理机构处理投诉过程的行为,对全体投诉人发生效力,但代表人变更、放弃投诉请求或者进行和解,应当经全体投诉人同意。

第十五条 旅游投诉处理机构接到投诉,应当在5个工作日内作出以下处理:

(一)投诉符合本办法的,予以受理;

(二)投诉不符合本办法的,应当向投诉人送达《旅游投诉不予受理通知书》,告知不予受理的理由;

(三)依照有关法律、法规和本办法规定,本机构无管辖权的,应当以《旅游投诉转办通知书》或者《旅游投诉转办函》,将投诉材料转交有管辖权的旅游投诉处理机构或者其他有关行政管理部门,并书面告知投诉人。

第四章 处 理

第十六条 旅游投诉处理机构处理旅游投诉,除本办法另有规定外,实行调解制度。

旅游投诉处理机构应当在查明事实的基础上,遵循自愿、合法的原则进行调解,促使投诉人与被投诉人相互谅解,达成协议。

第十七条 旅游投诉处理机构处理旅游投诉,应当立案办理,填写《旅游投诉立案表》,并附有关投诉材料,在受理投诉之日起5个工作日内,将《旅游投诉受理通知书》和投诉书副本送达被投诉人。

对于事实清楚、应当即时制止或者纠正被投诉人损害行为的,可以不填写《旅游投诉立案表》和向被投诉人送达《旅游投诉受理通知书》,但应当对处理情况进行记录存档。

第十八条 被投诉人应当在接到通知之日起10日内作出书面答复,提出答辩的事实、理由和证据。

第十九条 投诉人和被投诉人应当对自己的投诉或者答辩提供证据。

第二十条 旅游投诉处理机构应当对双方当事人提出的事实、理由及证据进行审查。

旅游投诉处理机构认为有必要收集新的证据,可以根据有关法律、法规的规定,自行收集或者召集有关当事人进行调查。

第二十一条 需要委托其他旅游投诉处理机构协助调查、取证的,应当出具《旅游投诉调查取证委托书》,受委托的旅游投诉处理机构应当予以协助。

第二十二条 对专门性事项需要鉴定或者检测的,可以由当事人双方约定的鉴定或者检测部门鉴定。没有约定的,当事人一方可以自行向法定鉴定或者检测机构申请鉴定或者检测。

鉴定、检测费用按双方约定承担。没有约定的,由鉴定、检测申请方先行承担;达成调解协议后,按调解协议承担。

鉴定、检测的时间不计入投诉处理时间。

第二十三条 在投诉处理过程中,投诉人与被投诉人自行和解的,应当将和解结果告知旅游投诉处理机构;旅游投诉处理机构在核实后应当予以记录并由双方当事人、投诉处理人员签名或者盖章。

第二十四条 旅游投诉处理机构受理投诉后,应当积极安排当事双方进行调解,提出调解方案,促成双方达成调解协议。

第二十五条 旅游投诉处理机构应当在受理旅游投诉之日起60日内,作出以下处理:

(一)双方达成调解协议的,应当制作《旅游投诉调解书》,载明投诉请求、查明的事实、处理过程和调解结果,由当事人双方签字并加盖旅游投诉处理机构印章;

(二)调解不成的,终止调解,旅游投诉处理机构应当向双方当事人出具《旅游投诉终止调解书》。

调解不成的,或者调解书生效后没有执行的,投诉人可以按照国家法律、法规的规定,向仲裁机构申请仲裁或者向人民法院提起诉讼。

第二十六条 在下列情形下,经旅游投诉处理机构调解,投诉人与旅行社不能达成调解协议的,旅游投诉处理机构应当做出划拨旅行社质量保证金赔偿的决定,或向旅游行政管理部门提出划拨旅行社质量保证金的建议:

(一)旅行社因解散、破产或者其他原因造成旅游者预交旅游费用损失的;

(二)因旅行社中止履行旅游合同义务、造成旅游者滞留,而实际发生了交通、食宿或返程等必要及合理费用的。

第二十七条 旅游投诉处理机构应当每季度公布旅游者的投诉信息。

第二十八条 旅游投诉处理机构应当使用统一规范的旅游投诉处理信息系统。

第二十九条 旅游投诉处理机构应当为受理的投诉制作

档案并妥善保管相关资料。

第三十条 本办法中有关文书式样,由国家旅游局统一制定。

第五章 附则

第三十一条 本办法由国家旅游局负责解释。

第三十二条 本办法自 2010 年 7 月 1 日起施行。《旅行社质量保证金暂行规定》、《旅行社质量保证金暂行规定实施细则》、《旅行社质量保证金赔偿暂行办法》同时废止。

最高人民法院关于审理旅游纠纷案件适用法律若干问题的规定

1. 2010 年 9 月 13 日最高人民法院审判委员会第 1496 次会议通过、2010 年 10 月 26 日公布、自 2010 年 11 月 1 日起施行(法释〔2010〕13 号)
2. 根据 2020 年 12 月 23 日最高人民法院审判委员会第 1823 次会议通过、2020 年 12 月 29 日公布、自 2021 年 1 月 1 日起施行的《最高人民法院关于修改〈最高人民法院关于在民事审判工作中适用〈中华人民共和国工会法〉若干问题的解释〉等二十七件民事类司法解释的决定》(法释〔2020〕17 号)修正

为正确审理旅游纠纷案件,依法保护当事人合法权益,根据《中华人民共和国民法典》《中华人民共和国消费者权益保护法》《中华人民共和国旅游法》《中华人民共和国民事诉讼法》等有关法律规定,结合民事审判实践,制定本规定。

第一条 本规定所称的旅游纠纷,是指旅游者与旅游经营者、旅游辅助服务者之间因旅游发生的合同纠纷或者侵权纠纷。

"旅游经营者"是指以自己的名义经营旅游业务,向公众提供旅游服务的人。

"旅游辅助服务者"是指与旅游经营者存在合同关系,协助旅游经营者履行旅游合同义务,实际提供交通、游览、住宿、餐饮、娱乐等旅游服务的人。

旅游者在自行旅游过程中与旅游景点经营者因旅游发生的纠纷,参照适用本规定。

第二条 以单位、家庭等集体形式与旅游经营者订立旅游合同,在履行过程中发生纠纷,除集体以合同一方当事人名义起诉外,旅游者个人提起旅游合同纠纷诉讼的,人民法院应予受理。

第三条 因旅游经营者方面的同一原因造成旅游者人身损害、财产损失,旅游者选择请求旅游经营者承担违约责任或者侵权责任的,人民法院应当根据当事人选择的案由进行审理。

第四条 因旅游辅助服务者的原因导致旅游经营者违约,旅游者仅起诉旅游经营者的,人民法院可以将旅游辅助服务者追加为第三人。

第五条 旅游经营者已投保责任险,旅游者因保险责任事故仅起诉旅游经营者的,人民法院可以应当事人的请求将保险公司列为第三人。

第六条 旅游经营者以格式条款、通知、声明、店堂告示等方式作出排除或者限制旅游者权利、减轻或者免除旅游经营者责任、加重旅游者责任等对旅游者不公平、不合理的规定,旅游者依据消费者权益保护法第二十六条的规定请求认定该内容无效的,人民法院应予支持。

第七条 旅游经营者、旅游辅助服务者未尽到安全保障义务,造成旅游者人身损害、财产损失,旅游者请求旅游经营者、旅游辅助服务者承担责任的,人民法院应予支持。

因第三人的行为造成旅游者人身损害、财产损失,由第三人承担责任;旅游经营者、旅游辅助服务者未尽安全保障义务,旅游者请求其承担相应补充责任的,人民法院应予支持。

第八条 旅游经营者、旅游辅助服务者对可能危及旅游者人身、财产安全的旅游项目未履行告知、警示义务,造成旅游者人身损害、财产损失,旅游者请求旅游经营者、旅游辅助服务者承担责任的,人民法院应予支持。

旅游者未按旅游经营者、旅游辅助服务者的要求提供与旅游活动相关的个人健康信息并履行如实告知义务,或者不听从旅游经营者、旅游辅助服务者的告知、警示,参加不适合自身条件的旅游活动,导致旅游过程中出现人身损害、财产损失,旅游者请求旅游经营者、旅游辅助服务者承担责任的,人民法院不予支持。

第九条 旅游经营者、旅游辅助服务者以非法收集、存储、使用、加工、传输、买卖、提供、公开等方式处理旅游者个人信息,旅游者请求其承担相应责任的,人民法院应予支持。

第十条 旅游经营者将旅游业务转让给其他旅游经营者,旅游者不同意转让,请求解除旅游合同、追究旅游经营者违约责任的,人民法院应予支持。

旅游经营者擅自将其旅游业务转让给其他旅游经营者,旅游者在旅游过程中遭受损害,请求与其签订旅游合同的旅游经营者和实际提供旅游服务的旅游经营者承担连带责任的,人民法院应予支持。

第十一条　除合同性质不宜转让或者合同另有约定之外,在旅游行程开始前的合理期间内,旅游者将其在旅游合同中的权利义务转让给第三人,请求确认转让合同效力的,人民法院应予支持。

因前款所述原因,旅游经营者请求旅游者、第三人给付增加的费用或者旅游者请求旅游经营者退还减少的费用的,人民法院应予支持。

第十二条　旅游行程开始前或者进行中,因旅游者单方解除合同,旅游者请求旅游经营者退还尚未实际发生的费用,或者旅游经营者请求旅游者支付合理费用的,人民法院应予支持。

第十三条　签订旅游合同的旅游经营者将其部分旅游业务委托旅游目的地的旅游经营者,因受托方未尽旅游合同义务,旅游者在旅游过程中受到损害,要求作出委托的旅游经营者承担赔偿责任的,人民法院应予支持。

旅游经营者委托除前款规定以外的人从事旅游业务,发生旅游纠纷,旅游者起诉旅游经营者的,人民法院应予受理。

第十四条　旅游经营者准许他人挂靠其名下从事旅游业务,造成旅游者人身损害、财产损失,旅游者依据民法典第一千一百六十八条的规定请求旅游经营者与挂靠人承担连带责任的,人民法院应予支持。

第十五条　旅游经营者违反合同约定,有擅自改变旅游行程、遗漏旅游景点、减少旅游服务项目、降低旅游服务标准等行为,旅游者请求旅游经营者赔偿未完成约定旅游服务项目等合理费用的,人民法院应予支持。

旅游经营者提供服务时有欺诈行为,旅游者依据消费者权益保护法第五十五条第一款规定请求旅游经营者承担惩罚性赔偿责任的,人民法院应予支持。

第十六条　因飞机、火车、班轮、城际客运班车等公共客运交通工具延误,导致合同不能按照约定履行,旅游者请求旅游经营者退还未实际发生的费用的,人民法院应予支持。合同另有约定的除外。

第十七条　旅游者在自行安排活动期间遭受人身损害、财产损失,旅游经营者未尽到必要的提示义务、救助义务,旅游者请求旅游经营者承担相应责任的,人民法院应予支持。

前款规定的自行安排活动期间,包括旅游经营者安排的在旅游行程中独立的自由活动期间、旅游者不参加旅游行程的活动期间以及旅游者经导游或者领队同意暂时离队的个人活动期间等。

第十八条　旅游者在旅游行程中未经导游或者领队许可,故意脱离团队,遭受人身损害、财产损失,请求旅游经营者赔偿损失的,人民法院不予支持。

第十九条　旅游经营者或者旅游辅助服务者为旅游者代管的行李物品损毁、灭失,旅游者请求赔偿损失的,人民法院应予支持,但下列情形除外:

(一)损失是由于旅游者未听从旅游经营者或者旅游辅助服务者的事先声明或者提示,未将现金、有价证券、贵重物品由其随身携带而造成的;

(二)损失是由于不可抗力造成的;

(三)损失是由于旅游者的过错造成的;

(四)损失是由于物品的自然属性造成的。

第二十条　旅游者要求旅游经营者返还下列费用的,人民法院应予支持:

(一)因拒绝旅游经营者安排的购物活动或者另行付费的项目被增收的费用;

(二)在同一旅游行程中,旅游经营者提供相同服务,因旅游者的年龄、职业等差异而增收的费用。

第二十一条　旅游经营者因过错致其代办的手续、证件存在瑕疵,或者未尽妥善保管义务而遗失、毁损,旅游者请求旅游经营者补办或者协助补办相关手续、证件并承担相应费用的,人民法院应予支持。

因上述行为影响旅游行程,旅游者请求旅游经营者退还尚未发生的费用、赔偿损失的,人民法院应予支持。

第二十二条　旅游经营者事先设计,并以确定的总价提供交通、住宿、游览等一项或者多项服务,不提供导游和领队服务,由旅游者自行安排游览行程的旅游过程中,旅游经营者提供的服务不符合合同约定,侵害旅游者合法权益,旅游者请求旅游经营者承担相应责任的,人民法院应予支持。

第二十三条　本规定施行前已经终审,本规定施行后当事人申请再审或者按照审判监督程序决定再审的案件,不适用本规定。

8. 其他损害赔偿

学生伤害事故处理办法

1. 2002年8月21日教育部令第12号公布
2. 根据2010年12月13日教育部令第30号《关于修改和废止部分规章的决定》修正

第一章 总 则

第一条 为积极预防、妥善处理在校学生伤害事故,保护学生、学校的合法权益,根据《中华人民共和国教育法》《中华人民共和国未成年人保护法》和其他相关法律、行政法规及有关规定,制定本办法。

第二条 在学校实施的教育教学活动或者学校组织的校外活动中,以及在学校负有管理责任的校舍、场地、其他教育教学设施、生活设施内发生的,造成在校学生人身损害后果的事故的处理,适用本办法。

第三条 学生伤害事故应当遵循依法、客观公正、合理适当的原则,及时、妥善地处理。

第四条 学校的举办者应当提供符合安全标准的校舍、场地、其他教育教学设施和生活设施。

教育行政部门应当加强学校安全工作,指导学校落实预防学生伤害事故的措施,指导、协助学校妥善处理学生伤害事故,维护学校正常的教育教学秩序。

第五条 学校应当对在校学生进行必要的安全教育和自护自救教育;应当按照规定,建立健全安全制度,采取相应的管理措施,预防和消除教育教学环境中存在的安全隐患;当发生伤害事故时,应当及时采取措施救助受伤害学生。

学校对学生进行安全教育、管理和保护,应当针对学生年龄、认知能力和法律行为能力的不同,采用相应的内容和预防措施。

第六条 学生应当遵守学校的规章制度和纪律;在不同的受教育阶段,应当根据自身的年龄、认知能力和法律行为能力,避免和消除相应的危险。

第七条 未成年学生的父母或者其他监护人(以下称为监护人)应当依法履行监护职责,配合学校对学生进行安全教育、管理和保护工作。

学校对未成年学生不承担监护职责,但法律有规定的或者学校依法接受委托承担相应监护职责的情形除外。

第二章 事故与责任

第八条 发生学生伤害事故,造成学生人身损害的,学校应当按照《中华人民共和国侵权责任法》及相关法律、法规的规定,承担相应的事故责任。

第九条 因下列情形之一造成的学生伤害事故,学校应当依法承担相应的责任:

(一)学校的校舍、场地、其他公共设施,以及学校提供给学生使用的学具、教育教学和生活设施、设备不符合国家规定的标准,或者有明显不安全因素的;

(二)学校的安全保卫、消防、设施设备管理等安全管理制度有明显疏漏,或者管理混乱,存在重大安全隐患,而未及时采取措施的;

(三)学校向学生提供的药品、食品、饮用水等不符合国家或者行业的有关标准、要求的;

(四)学校组织学生参加教育教学活动或者校外活动,未对学生进行相应的安全教育,并未在可预见的范围内采取必要的安全措施的;

(五)学校知道教师或者其他工作人员患有不宜担任教育教学工作的疾病,但未采取必要措施的;

(六)学校违反有关规定,组织或者安排未成年学生从事不宜未成年人参加的劳动、体育运动或者其他活动的;

(七)学生有特异体质或者特定疾病,不宜参加某种教育教学活动,学校知道或者应当知道,但未予以必要的注意的;

(八)学生在校期间突发疾病或者受到伤害,学校发现,但未根据实际情况及时采取相应措施,导致不良后果加重的;

(九)学校教师或者其他工作人员体罚或者变相体罚学生,或者在履行职责过程中违反工作要求、操作规程、职业道德或者其他有关规定的;

(十)学校教师或者其他工作人员在负有组织、管理未成年学生的职责期间,发现学生行为具有危险性,但未进行必要的管理、告诫或者制止的;

(十一)对未成年学生擅自离校等与学生人身安全直接相关的信息,学校发现或者知道,但未及时告知未成年学生的监护人,导致未成年学生因脱离监护人的保护而发生伤害的;

(十二)学校有未依法履行职责的其他情形的。

第十条 学生或者未成年学生监护人由于过错,有下列情形之一,造成学生伤害事故,应当依法承担相应的责任:

(一)学生违反法律法规的规定,违反社会公共行为准则、学校的规章制度或者纪律,实施按其年龄和认知能力应当知道具有危险或者可能危及他人的行为的;

(二)学生行为具有危险性,学校、教师已经告诫、纠正,但学生不听劝阻、拒不改正的;

(三)学生或者其监护人知道学生有特异体质,或者患有特定疾病,但未告知学校的;

(四)未成年学生的身体状况、行为、情绪等有异常情况,监护人知道或者已被学校告知,但未履行相应监护职责的;

(五)学生或者未成年学生监护人有其他过错的。

第十一条 学校安排学生参加活动,因提供场地、设备、交通工具、食品及其他消费与服务的经营者,或者学校以外的活动组织者的过错造成的学生伤害事故,有过错的当事人应当依法承担相应的责任。

第十二条 因下列情形之一造成的学生伤害事故,学校已履行了相应职责,行为并无不当的,无法律责任:

(一)地震、雷击、台风、洪水等不可抗的自然因素造成的;

(二)来自学校外部的突发性、偶发性侵害造成的;

(三)学生有特异体质、特定疾病或者异常心理状态,学校不知道或者难于知道的;

(四)学生自杀、自伤的;

(五)在对抗性或者具有风险性的体育竞赛活动中发生意外伤害的;

(六)其他意外因素造成的。

第十三条 下列情形下发生的造成学生人身损害后果的事故,学校行为并无不当的,不承担事故责任;事故责任应当按有关法律法规或者其他有关规定认定:

(一)在学生自行上学、放学、返校、离校途中发生的;

(二)在学生自行外出或者擅自离校期间发生的;

(三)在放学后、节假日或者假期等学校工作时间以外,学生自行滞留学校或者自行到校发生的;

(四)其他在学校管理职责范围外发生的。

第十四条 因学校教师或者其他工作人员与其职务无关的个人行为,或者因学生、教师及其他个人故意实施的违法犯罪行为,造成学生人身损害的,由致害人依法承担相应的责任。

第三章 事故处理程序

第十五条 发生学生伤害事故,学校应当及时救助受伤害学生,并应当及时告知未成年学生的监护人;有条件的,应当采取紧急救援等方式救助。

第十六条 发生学生伤害事故,情形严重的,学校应当及时向主管教育行政部门及有关部门报告;属于重大伤亡事故的,教育行政部门应当按照有关规定及时向同级人民政府和上一级教育行政部门报告。

第十七条 学校的主管教育行政部门应学校要求或者认为必要,可以指导、协助学校进行事故的处理工作,尽快恢复学校正常的教育教学秩序。

第十八条 发生学生伤害事故,学校与受伤害学生或者学生家长可以通过协商方式解决;双方自愿,可以书面请求主管教育行政部门进行调解。

成年学生或者未成年学生的监护人也可以依法直接提起诉讼。

第十九条 教育行政部门收到调解申请,认为必要的,可以指定专门人员进行调解,并应当在受理申请之日起60日内完成调解。

第二十条 经教育行政部门调解,双方就事故处理达成一致意见的,应当在调解人员的见证下签订调解协议,结束调解;在调解期限内,双方不能达成一致意见,或者调解过程中一方提起诉讼,人民法院已经受理的,应当终止调解。

调解结束或者终止,教育行政部门应当书面通知当事人。

第二十一条 对经调解达成的协议,一方当事人不履行或者反悔的,双方可以依法提起诉讼。

第二十二条 事故处理结束,学校应当将事故处理结果书面报告主管的教育行政部门;重大伤亡事故的处理结果,学校主管的教育行政部门应当向同级人民政府和上一级教育行政部门报告。

第四章 事故损害的赔偿

第二十三条 对发生学生伤害事故负有责任的组织或者个人,应当按照法律法规的有关规定,承担相应的损害赔偿责任。

第二十四条 学生伤害事故赔偿的范围与标准,按照有关行政法规、地方性法规或者最高人民法院司法解释中的有关规定确定。

教育行政部门进行调解时,认为学校有责任的,可以依照有关法律法规及国家有关规定,提出相应的调解方案。

第二十五条 对受伤害学生的伤残程度存在争议的,可以委托当地具有相应鉴定资格的医院或者有关机构,依据国家规定的人体伤残标准进行鉴定。

第二十六条 学校对学生伤害事故负有责任的,根据责任大小,适当予以经济赔偿,但不承担解决户口、住房、就业等与救助受伤害学生、赔偿相应经济损失无直接关系的其他事项。

学校无责任的,如果有条件,可以根据实际情况,本着自愿和可能的原则,对受伤害学生给予适当的帮助。

第二十七条 因学校教师或者其他工作人员在履行职务中的故意或者重大过失造成的学生伤害事故,学校予以赔偿后,可以向有关责任人员追偿。

第二十八条 未成年学生对学生伤害事故负有责任的,由其监护人依法承担相应的赔偿责任。

学生的行为侵害学校教师及其他工作人员以及其他组织、个人的合法权益,造成损失的,成年学生或者未成年学生的监护人应当依法予以赔偿。

第二十九条 根据双方达成的协议、经调解形成的协议或者人民法院的生效判决,应当由学校负担的赔偿金,学校应当负责筹措;学校无力完全筹措的,由学校的主管部门或者举办者协助筹措。

第三十条 县级以上人民政府教育行政部门或者学校举办者有条件的,可以通过设立学生伤害赔偿准备金等多种形式,依法筹措伤害赔偿金。

第三十一条 学校有条件的,应当依据保险法的有关规定,参加学校责任保险。

教育行政部门可以根据实际情况,鼓励中小学参加学校责任保险。

提倡学生自愿参加意外伤害保险。在尊重学生意愿的前提下,学校可以为学生参加意外伤害保险创造便利条件,但不得从中收取任何费用。

第五章 事故责任者的处理

第三十二条 发生学生伤害事故,学校负有责任且情节严重的,教育行政部门应当根据有关规定,对学校的直接负责的主管人员和其他直接责任人员,分别给予相应的行政处分;有关责任人的行为触犯刑律的,应当移送司法机关依法追究刑事责任。

第三十三条 学校管理混乱,存在重大安全隐患的,主管的教育行政部门或者其他有关部门应当责令其限期整顿;对情节严重或者拒不改正的,应当依据法律法规的有关规定,给予相应的行政处罚。

第三十四条 教育行政部门未履行相应职责,对学生伤害事故的发生负有责任的,由有关部门对直接负责的主管人员和其他直接责任人员分别给予相应的行政处分;有关责任人的行为触犯刑律的,应当移送司法机关依法追究刑事责任。

第三十五条 违反学校纪律,对造成学生伤害事故负有责任的学生,学校可以给予相应的处分;触犯刑律的,由司法机关依法追究刑事责任。

第三十六条 受伤害学生的监护人、亲属或者其他有关人员,在事故处理过程中无理取闹,扰乱学校正常教育教学秩序,或者侵犯学校、学校教师或者其他工作人员的合法权益的,学校应当报告公安机关依法处理;造成损失的,可以依法要求赔偿。

第六章 附 则

第三十七条 本办法所称学校,是指国家或者社会力量举办的全日制的中小学(含特殊教育学校)、各类中等职业学校、高等学校。

本办法所称学生是指在上述学校中全日制就读的受教育者。

第三十八条 幼儿园发生的幼儿伤害事故,应当根据幼儿为完全无行为能力人的特点,参照本办法处理。

第三十九条 其他教育机构发生的学生伤害事故,参照本办法处理。

在学校注册的其他受教育者在学校管理范围内发生的伤害事故,参照本办法处理。

第四十条 本办法自 2002 年 9 月 1 日起实施,原国家教委、教育部颁布的与学生人身安全事故处理有关的规定,与本办法不符的,以本办法为准。

在本办法实施之前已处理完毕的学生伤害事故不再重新处理。

国务院关于核事故
损害赔偿责任问题的批复

1. 2007年6月30日
2. 国函〔2007〕64号

国家原子能机构：

现对核事故损害赔偿责任问题批复如下：

一、中华人民共和国境内，依法取得法人资格，营运核电站、民用研究堆、民用工程实验反应堆的单位或者从事民用核燃料生产、运输和乏燃料贮存、运输、后处理且拥有核设施的单位，为该核电站或者核设施的营运者。

二、营运者应当对核事故造成的人身伤亡、财产损失或者环境受到的损害承担赔偿责任。营运者以外的其他人不承担赔偿责任。

三、对核事故造成的跨越中华人民共和国边境的核事故损害，依照中华人民共和国与相关国家签订的条约或者协定办理，没有签订条约或者协定的，按照对等原则处理。

四、同一营运者在同一场址所设数个核设施视为一个核设施。

五、核事故损害涉及2个以上营运者，且不能明确区分各营运者所应承担的责任的，相关营运者应当承担连带责任。

六、对直接由于武装冲突、敌对行动、战争或者暴乱所引起的核事故造成的核事故损害，营运者不承担赔偿责任。

七、核电站的营运者和乏燃料贮存、运输、后处理的营运者，对一次核事故所造成的核事故损害的最高赔偿额为3亿元人民币；其他营运者对一次核事故所造成的核事故损害的最高赔偿额为1亿元人民币。核事故损害的应赔总额超过规定的最高赔偿额的，国家提供最高限额为8亿元人民币的财政补偿。

对非常核事故造成的核事故损害赔偿，需要国家增加财政补偿金额的由国务院评估后决定。

八、营运者应当做出适当的财务保证安排，以确保发生核事故损害时能够及时、有效的履行核事故损害赔偿责任。

在核电站运行之前或者乏燃料贮存、运输、后处理之前，营运者必须购买足以履行其责任限额的保险。

九、营运者与他人签订的书面合同对追索权有约定的，营运者向受害人赔偿后，按照合同的约定对他人行使追索权。

核事故损害是由自然人的故意作为或者不作为造成的，营运者向受害人赔偿后，对该自然人行使追索权。

十、受到核事故损害的自然人、法人以及其他组织有权请求核事故损害赔偿。

在起草《中华人民共和国原子能法(草案)》时，对上述各项内容以及诉讼时效、法院管辖等应当做出明确规定。

五、国家赔偿

《中华人民共和国国家赔偿法》导读

《中华人民共和国国家赔偿法》(以下简称《国家赔偿法》),于1994年5月12日由八届全国人大常委会第七次会议通过,并于1995年1月1日起实施,这标志着我国国家赔偿制度的正式建立。随着国家经济社会的发展,有关方面对《国家赔偿法》也提出了一些修改意见。根据《国家赔偿法》的实施情况和各方面的意见,2010年4月29日,十一届全国人大常委会第十四次会议审议通过了《全国人民代表大会常务委员会关于修改〈中华人民共和国国家赔偿法〉的决定》。新修正的《国家赔偿法》有如下特点:

1. 承认国家赔偿归责原则多元化

《国家赔偿法》的归责原则关注的是以何标准和依据确定国家对其侵权行为承担责任,它是确立国家赔偿责任的关键所在。2010年《国家赔偿法》将过去的违法归责原则取消,从而在实质上承认了国家赔偿归责原则的多元化。

修订后的《国家赔偿法》第二条与原《国家赔偿法》第二条相比较,将"国家机关和国家机关工作人员违法行使职权"修改为"国家机关和国家机关工作人员行使职权"。看似很简单地去掉了"违法"二字,却意味着我国国家赔偿归责原则的重大进步,确立了包括违法归责原则和结果归责原则的多元归责原则。

2. 拓宽了国家赔偿的范围

原《国家赔偿法》采用了违法归责原则,即只有国家机关或工作人员违法了,才能纳入国家赔偿范围,这就人为地限制了国家赔偿的范围,造成了国家赔偿范围过窄。修改后的《国家赔偿法》删去了"违法行使职权"的前提,规定"有本法规定的侵犯公民、法人和其他组织合法权益的情形,造成损害的",受害人有权取得赔偿。修改后的《国家赔偿法》确立了多元归责原则,拓宽了国家赔偿的范围。

3. 完善了国家赔偿程序

国家赔偿程序的完善,首先体现为赔偿程序的畅通。例如,取消了刑事赔偿中的确认程序。按照修改后的《国家赔偿法》的规定,赔偿请求人向赔偿义务机关请求赔偿的,赔偿义务机关直接作出是否赔偿的决定,而不再经过确认程序。赔偿义务机关在规定期限内未作出是否赔偿的决定,赔偿请求人可以向赔偿义务机关的上一级机关申请复议;不服复议决定或复议机关逾期不作决定的,可以向复议机关所在地的同级人民法院赔偿委员会申请作出赔偿决定。

其次体现为国家赔偿程序的可操作性更强。原《国家赔偿法》对行政、刑事赔偿程序仅作了原则性规定,这给赔偿请求人带来了不少麻烦,这种局面将随着《国家赔偿法》的修改而改观。例如,修改后的本法第十二条明确规定,对于赔偿请求人提出的赔偿请求,赔偿义务机关的具体作为义务。又如,修改后的本法第十五条明确了赔偿义务机关的举证责任。

4. 提高了国家赔偿标准,明确精神损害赔偿

修改后的《国家赔偿法》提高了国家赔偿的标准。对于生命健康权的损害,国家赔偿金的计算更加符合社会经济的发展。对于财产权的损害赔偿标准也进行了完善,对一些间接损失也承认进行赔偿,如返还执行的罚款或者罚金、追缴或者没收的金钱,解除冻结的存款或者汇款的,应当支付银行同期存款利息等。

此外，本次修法明确了精神损害赔偿。原《国家赔偿法》没有关于精神损害赔偿的规定。修改后的《国家赔偿法》规定，致人精神损害的，赔偿义务机关应当消除影响、恢复名誉、赔礼道歉；对造成严重后果的，应当支付相应的精神损害抚慰金。

5.赔偿费用支付有了保障

原《国家赔偿法》没有对赔偿费用的支付机制作出具体规定，赔偿金支付并没有法律保障。修改后的《国家赔偿法》对赔偿费用的支付机制作了完善，规定国家赔偿的费用要列入各级财政预算。赔偿请求人凭生效的判决书、复议决定书、赔偿决定书或者调解书，向赔偿义务机关申请支付赔偿金。赔偿义务机关应当自收到支付赔偿金申请之日起七日内，依照预算管理权限向有关的财政部门提出支付申请。财政部门应当自收到支付申请之日起十五日内支付赔偿金。相信经过这一修改，国家赔偿费用的支付会有真正的保障。

修改后的《国家赔偿法》，畅通了赔偿请求渠道，完善了赔偿程序，明确了赔偿的范围和标准，理顺了赔偿费用管理和支付机构，这对于保护公民、法人和其他组织依法取得国家赔偿的权利，促进国家机关及其工作人员依法行使职权，化解矛盾纠纷，维护社会的和谐稳定，具有重大意义。

2012年10月26日，十一届全国人大常委会第二十九次会议对《国家赔偿法》第十九条作了修改，使之与同年修改的《刑事诉讼法》相适应。本次修改不涉及本法其他条文。

1. 综 合

中华人民共和国
国家赔偿法

1. 1994年5月12日第八届全国人民代表大会常务委员会第七次会议通过
2. 根据2010年4月29日第十一届全国人民代表大会常务委员会第十四次会议《关于修改〈中华人民共和国国家赔偿法〉的决定》第一次修正
3. 根据2012年10月26日第十一届全国人民代表大会常务委员会第二十九次会议《关于修改〈中华人民共和国国家赔偿法〉的决定》第二次修正

目　　录

第一章　总　　则
第二章　行政赔偿
　第一节　赔偿范围
　第二节　赔偿请求人和赔偿义务机关
　第三节　赔偿程序
第三章　刑事赔偿
　第一节　赔偿范围
　第二节　赔偿请求人和赔偿义务机关
　第三节　赔偿程序
第四章　赔偿方式和计算标准
第五章　其他规定
第六章　附　　则

第一章　总　　则

第一条　【立法宗旨和依据】为保障公民、法人和其他组织享有依法取得国家赔偿的权利，促进国家机关依法行使职权，根据宪法，制定本法。

第二条　【国家赔偿归责原则及赔偿义务机关】国家机关和国家机关工作人员行使职权，有本法规定的侵犯公民、法人和其他组织合法权益的情形，造成损害的，受害人有依照本法取得国家赔偿的权利。

本法规定的赔偿义务机关，应当依照本法及时履行赔偿义务。

第二章　行政赔偿
第一节　赔偿范围

第三条　【侵犯人身权的行政赔偿范围】行政机关及其工作人员在行使行政职权时有下列侵犯人身权情形之一的，受害人有取得赔偿的权利：

（一）违法拘留或者违法采取限制公民人身自由的行政强制措施的；

（二）非法拘禁或者以其他方法非法剥夺公民人身自由的；

（三）以殴打、虐待等行为或者唆使、放纵他人以殴打、虐待等行为造成公民身体伤害或者死亡的；

（四）违法使用武器、警械造成公民身体伤害或者死亡的；

（五）造成公民身体伤害或者死亡的其他违法行为。

第四条　【侵犯财产权的行政赔偿范围】行政机关及其工作人员在行使行政职权时有下列侵犯财产权情形之一的，受害人有取得赔偿的权利：

（一）违法实施罚款、吊销许可证和执照、责令停产停业、没收财物等行政处罚的；

（二）违法对财产采取查封、扣押、冻结等行政强制措施的；

（三）违法征收、征用财产的；

（四）造成财产损害的其他违法行为。

第五条　【行政侵权中的免责情形】属于下列情形之一的，国家不承担赔偿责任：

（一）行政机关工作人员与行使职权无关的个人行为；

（二）因公民、法人和其他组织自己的行为致使损害发生的；

（三）法律规定的其他情形。

第二节　赔偿请求人和赔偿义务机关

第六条　【行政赔偿请求人】受害的公民、法人和其他组织有权要求赔偿。

受害的公民死亡，其继承人和其他有扶养关系的亲属有权要求赔偿。

受害的法人或者其他组织终止的，其权利承受人有权要求赔偿。

第七条　【行政赔偿义务机关】行政机关及其工作人员行使行政职权侵犯公民、法人和其他组织的合法权益造成损害的，该行政机关为赔偿义务机关。

两个以上行政机关共同行使行政职权时侵犯公民、法人和其他组织的合法权益造成损害的,共同行使行政职权的行政机关为共同赔偿义务机关。

法律、法规授权的组织在行使授予的行政权力时侵犯公民、法人和其他组织的合法权益造成损害的,被授权的组织为赔偿义务机关。

受行政机关委托的组织或者个人在行使受委托的行政权力时侵犯公民、法人和其他组织的合法权益造成损害的,委托的行政机关为赔偿义务机关。

赔偿义务机关被撤销的,继续行使其职权的行政机关为赔偿义务机关;没有继续行使其职权的行政机关的,撤销该赔偿义务机关的行政机关为赔偿义务机关。

第八条 【经过行政复议的赔偿义务机关】经复议机关复议的,最初造成侵权行为的行政机关为赔偿义务机关,但复议机关的复议决定加重损害的,复议机关对加重的部分履行赔偿义务。

第三节 赔偿程序

第九条 【赔偿请求人要求行政赔偿的途径】赔偿义务机关有本法第三条、第四条规定情形之一的,应当给予赔偿。

赔偿请求人要求赔偿,应当先向赔偿义务机关提出,也可以在申请行政复议或者提起行政诉讼时一并提出。

第十条 【行政赔偿的共同赔偿义务机关】赔偿请求人可以向共同赔偿义务机关中的任何一个赔偿义务机关要求赔偿,该赔偿义务机关应当先予赔偿。

第十一条 【根据损害提出数项赔偿要求】赔偿请求人根据受到的不同损害,可以同时提出数项赔偿要求。

第十二条 【赔偿请求人递交赔偿申请书】要求赔偿应当递交申请书,申请书应当载明下列事项:

(一)受害人的姓名、性别、年龄、工作单位和住所,法人或者其他组织的名称、住所和法定代表人或者主要负责人的姓名、职务;

(二)具体的要求、事实根据和理由;

(三)申请的年、月、日。

赔偿请求人书写申请书确有困难的,可以委托他人代书;也可以口头申请,由赔偿义务机关记入笔录。

赔偿请求人不是受害人本人的,应当说明与受害人的关系,并提供相应证明。

赔偿请求人当面递交申请书的,赔偿义务机关应当当场出具加盖本行政机关专用印章并注明收讫日期的书面凭证。申请材料不齐全的,赔偿义务机关应当当场或者在五日内一次性告知赔偿请求人需要补正的全部内容。

第十三条 【行政赔偿义务机关作出赔偿决定】赔偿义务机关应当自收到申请之日起两个月内,作出是否赔偿的决定。赔偿义务机关作出赔偿决定,应当充分听取赔偿请求人的意见,并可以与赔偿请求人就赔偿方式、赔偿项目和赔偿数额依照本法第四章的规定进行协商。

赔偿义务机关决定赔偿的,应当制作赔偿决定书,并自作出决定之日起十日内送达赔偿请求人。

赔偿义务机关决定不予赔偿的,应当自作出决定之日起十日内书面通知赔偿请求人,并说明不予赔偿的理由。

第十四条 【赔偿请求人向法院提起诉讼】赔偿义务机关在规定期限内未作出是否赔偿的决定,赔偿请求人可以自期限届满之日起三个月内,向人民法院提起诉讼。

赔偿请求人对赔偿的方式、项目、数额有异议的,或者赔偿义务机关作出不予赔偿决定的,赔偿请求人可以自赔偿义务机关作出赔偿或者不予赔偿决定之日起三个月内,向人民法院提起诉讼。

第十五条 【举证责任】人民法院审理行政赔偿案件,赔偿请求人和赔偿义务机关对自己提出的主张,应当提供证据。

赔偿义务机关采取行政拘留或者限制人身自由的强制措施期间,被限制人身自由的人死亡或者丧失行为能力的,赔偿义务机关的行为与被限制人身自由的人的死亡或者丧失行为能力是否存在因果关系,赔偿义务机关应当提供证据。

第十六条 【行政追偿】赔偿义务机关赔偿损失后,应当责令有故意或者重大过失的工作人员或者受委托的组织或者个人承担部分或者全部赔偿费用。

对有故意或者重大过失的责任人员,有关机关应当依法给予处分;构成犯罪的,应当依法追究刑事责任。

第三章 刑事赔偿
第一节 赔偿范围

第十七条 【侵犯人身权的刑事赔偿范围】行使侦查、检察、审判职权的机关以及看守所、监狱管理机关及其工作人员在行使职权时有下列侵犯人身权情形之一的,受害人有取得赔偿的权利：

（一）违反刑事诉讼法的规定对公民采取拘留措施的，或者依照刑事诉讼法规定的条件和程序对公民采取拘留措施，但是拘留时间超过刑事诉讼法规定的时限，其后决定撤销案件、不起诉或者判决宣告无罪终止追究刑事责任的；

（二）对公民采取逮捕措施后，决定撤销案件、不起诉或者判决宣告无罪终止追究刑事责任的；

（三）依照审判监督程序再审改判无罪，原判刑罚已经执行的；

（四）刑讯逼供或者以殴打、虐待等行为或者唆使、放纵他人以殴打、虐待等行为造成公民身体伤害或者死亡的；

（五）违法使用武器、警械造成公民身体伤害或者死亡的。

第十八条　【侵犯财产权的刑事赔偿范围】行使侦查、检察、审判职权的机关以及看守所、监狱管理机关及其工作人员在行使职权时有下列侵犯财产权情形之一的，受害人有取得赔偿的权利：

（一）违法对财产采取查封、扣押、冻结、追缴等措施的；

（二）依照审判监督程序再审改判无罪，原判罚金、没收财产已经执行的。

第十九条　【刑事赔偿免责情形】属于下列情形之一的，国家不承担赔偿责任：

（一）因公民自己故意作虚伪供述，或者伪造其他有罪证据被羁押或者被判处刑罚的；

（二）依照刑法第十七条、第十八条规定不负刑事责任的人被羁押的；

（三）依照刑事诉讼法第十五条、第一百七十三条第二款、第二百七十三条第二款、第二百七十九条规定不追究刑事责任的人被羁押的；

（四）行使侦查、检察、审判职权的机关以及看守所、监狱管理机关的工作人员与行使职权无关的个人行为；

（五）因公民自伤、自残等故意行为致使损害发生的；

（六）法律规定的其他情形。

第二节　赔偿请求人和赔偿义务机关

第二十条　【刑事赔偿请求人】赔偿请求人的确定依照本法第六条的规定。

第二十一条　【刑事赔偿义务机关】行使侦查、检察、审判职权的机关以及看守所、监狱管理机关及其工作人员在行使职权时侵犯公民、法人和其他组织的合法权益造成损害的，该机关为赔偿义务机关。

对公民采取拘留措施，依照本法的规定应当给予国家赔偿的，作出拘留决定的机关为赔偿义务机关。

对公民采取逮捕措施后决定撤销案件、不起诉或者判决宣告无罪的，作出逮捕决定的机关为赔偿义务机关。

再审改判无罪的，作出原生效判决的人民法院为赔偿义务机关。二审改判无罪，以及二审发回重审后作无罪处理的，作出一审有罪判决的人民法院为赔偿义务机关。

第三节　赔偿程序

第二十二条　【刑事赔偿的提出和赔偿义务机关先行处理】赔偿义务机关有本法第十七条、第十八条规定情形之一的，应当给予赔偿。

赔偿请求人要求赔偿，应当先向赔偿义务机关提出。

赔偿请求人提出赔偿请求，适用本法第十一条、第十二条的规定。

第二十三条　【刑事赔偿义务机关赔偿决定的作出】赔偿义务机关应当自收到申请之日起两个月内，作出是否赔偿的决定。赔偿义务机关作出赔偿决定，应当充分听取赔偿请求人的意见，并可以与赔偿请求人就赔偿方式、赔偿项目和赔偿数额依照本法第四章的规定进行协商。

赔偿义务机关决定赔偿的，应当制作赔偿决定书，并自作出决定之日起十日内送达赔偿请求人。

赔偿义务机关决定不予赔偿的，应当自作出决定之日起十日内书面通知赔偿请求人，并说明不予赔偿的理由。

第二十四条　【刑事赔偿复议申请的提出】赔偿义务机关在规定期限内未作出是否赔偿的决定，赔偿请求人可以自期限届满之日起三十日内向赔偿义务机关的上一级机关申请复议。

赔偿请求人对赔偿的方式、项目、数额有异议的，或者赔偿义务机关作出不予赔偿决定的，赔偿请求人可以自赔偿义务机关作出赔偿或者不予赔偿决定之日起三十日内，向赔偿义务机关的上一级机关申请复议。

赔偿义务机关是人民法院的，赔偿请求人可以依照本条规定向其上一级人民法院赔偿委员会申请作出赔偿决定。

第二十五条　【刑事赔偿复议的处理和对复议决定的救济】复议机关应当自收到申请之日起两个月内作出决定。

赔偿请求人不服复议决定的,可以在收到复议决定之日起三十日内向复议机关所在地的同级人民法院赔偿委员会申请作出赔偿决定;复议机关逾期不作决定的,赔偿请求人可以自期限届满之日起三十日内向复议机关所在地的同级人民法院赔偿委员会申请作出赔偿决定。

第二十六条　【举证责任分配】人民法院赔偿委员会处理赔偿请求,赔偿请求人和赔偿义务机关对自己提出的主张,应当提供证据。

被羁押人在羁押期间死亡或者丧失行为能力的,赔偿义务机关的行为与被羁押人的死亡或者丧失行为能力是否存在因果关系,赔偿义务机关应当提供证据。

第二十七条　【赔偿委员会办理案件程序】人民法院赔偿委员会处理赔偿请求,采取书面审查的办法。必要时,可以向有关单位和人员调查情况、收集证据。赔偿请求人与赔偿义务机关对损害事实及因果关系有争议的,赔偿委员会可以听取赔偿请求人和赔偿义务机关的陈述和申辩,并可以进行质证。

第二十八条　【赔偿委员会办理案件期限】人民法院赔偿委员会应当自收到赔偿申请之日起三个月内作出决定;属于疑难、复杂、重大案件的,经本院院长批准,可以延长三个月。

第二十九条　【赔偿委员会的组成】中级以上的人民法院设立赔偿委员会,由人民法院三名以上审判员组成,组成人员的人数应当为单数。

赔偿委员会作赔偿决定,实行少数服从多数的原则。

赔偿委员会作出的赔偿决定,是发生法律效力的决定,必须执行。

第三十条　【赔偿委员会重新审查程序】赔偿请求人或者赔偿义务机关对赔偿委员会作出的决定,认为确有错误的,可以向上一级人民法院赔偿委员会提出申诉。

赔偿委员会作出的赔偿决定生效后,如发现赔偿决定违反本法规定的,经本院院长决定或者上级人民法院指令,赔偿委员会应当在两个月内重新审查并依法作出决定,上一级人民法院赔偿委员会也可以直接审查并作出决定。

最高人民检察院对各级人民法院赔偿委员会作出的决定,上级人民检察院对下级人民法院赔偿委员会作出的决定,发现违反本法规定的,应当向同级人民法院赔偿委员会提出意见,同级人民法院赔偿委员会应当在两个月内重新审查并依法作出决定。

第三十一条　【刑事赔偿的追偿】赔偿义务机关赔偿后,应当向有下列情形之一的工作人员追偿部分或者全部赔偿费用:

(一)有本法第十七条第四项、第五项规定情形的;

(二)在处理案件中有贪污受贿,徇私舞弊,枉法裁判行为的。

对有前款规定情形的责任人员,有关机关应当依法给予处分;构成犯罪的,应当依法追究刑事责任。

第四章　赔偿方式和计算标准

第三十二条　【赔偿方式】国家赔偿以支付赔偿金为主要方式。

能够返还财产或者恢复原状的,予以返还财产或者恢复原状。

第三十三条　【人身自由的国家赔偿标准】侵犯公民人身自由的,每日赔偿金按照国家上年度职工日平均工资计算。

第三十四条　【生命健康权的国家赔偿标准】侵犯公民生命健康权的,赔偿金按照下列规定计算:

(一)造成身体伤害的,应当支付医疗费、护理费,以及赔偿因误工减少的收入。减少的收入每日的赔偿金按照国家上年度职工日平均工资计算,最高额为国家上年度职工年平均工资的五倍;

(二)造成部分或者全部丧失劳动能力的,应当支付医疗费、护理费、残疾生活辅助具费、康复费等因残疾而增加的必要支出和继续治疗所必需的费用,以及残疾赔偿金。残疾赔偿金根据丧失劳动能力的程度,按照国家规定的伤残等级确定,最高不超过国家上年度职工年平均工资的二十倍。造成全部丧失劳动能力的,对其扶养的无劳动能力的人,还应当支付生活费;

(三)造成死亡的,应当支付死亡赔偿金、丧葬费,总额为国家上年度职工年平均工资的二十倍。对死者生前扶养的无劳动能力的人,还应当支付生活费。

前款第二项、第三项规定的生活费的发放标准,参照当地最低生活保障标准执行。被扶养的人是未成年人的,生活费给付至十八周岁止;其他无劳动能力的人,生活费给付至死亡时止。

第三十五条　【精神损害的国家赔偿标准】有本法第三条或者第十七条规定情形之一,致人精神损害的,应当在侵权行为影响的范围内,为受害人消除影响,恢复名誉,赔礼道歉;造成严重后果的,应当支付相应的精神损害抚慰金。

第三十六条　【财产权的国家赔偿标准】侵犯公民、法人和其他组织的财产权造成损害的,按照下列规定处理:

（一）处罚款、罚金、追缴、没收财产或者违法征收、征用财产的,返还财产;

（二）查封、扣押、冻结财产的,解除对财产的查封、扣押、冻结,造成财产损坏或者灭失的,依照本条第三项、第四项的规定赔偿;

（三）应当返还的财产损坏的,能够恢复原状的恢复原状,不能恢复原状的,按照损害程度给付相应的赔偿金;

（四）应当返还的财产灭失的,给付相应的赔偿金;

（五）财产已经拍卖或者变卖的,给付拍卖或者变卖所得的价款;变卖的价款明显低于财产价值的,应当支付相应的赔偿金;

（六）吊销许可证和执照、责令停产停业的,赔偿停产停业期间必要的经常性费用开支;

（七）返还执行的罚款或者罚金、追缴或者没收的金钱,解除冻结的存款或者汇款的,应当支付银行同期存款利息;

（八）对财产权造成其他损害的,按照直接损失给予赔偿。

第三十七条　【国家赔偿费用】赔偿费用列入各级财政预算。

赔偿请求人凭生效的判决书、复议决定书、赔偿决定书或者调解书,向赔偿义务机关申请支付赔偿金。

赔偿义务机关应当自收到支付赔偿金申请之日起七日内,依照预算管理权限向有关的财政部门提出支付申请。财政部门应当自收到支付申请之日起十五日内支付赔偿金。

赔偿费用预算与支付管理的具体办法由国务院规定。

第五章　其他规定

第三十八条　【民事、行政诉讼中的司法赔偿】人民法院在民事诉讼、行政诉讼过程中,违法采取对妨害诉讼的强制措施、保全措施或者对判决、裁定及其他生效法律文书执行错误,造成损害的,赔偿请求人要求赔偿的程序,适用本法刑事赔偿程序的规定。

第三十九条　【国家赔偿请求时效】赔偿请求人请求国家赔偿的时效为两年,自其知道或者应当知道国家机关及其工作人员行使职权时的行为侵犯其人身权、财产权之日起计算,但被羁押等限制人身自由期间不计算在内。在申请行政复议或者提起行政诉讼时一并提出赔偿请求的,适用行政复议法、行政诉讼法有关时效的规定。

赔偿请求人在赔偿请求时效的最后六个月内,因不可抗力或者其他障碍不能行使请求权的,时效中止。从中止时效的原因消除之日起,赔偿请求时效期间继续计算。

第四十条　【对等原则】外国人、外国企业和组织在中华人民共和国领域内要求中华人民共和国国家赔偿的,适用本法。

外国人、外国企业和组织的所属国对中华人民共和国公民、法人和其他组织要求该国国家赔偿的权利不予保护或者限制的,中华人民共和国与该外国人、外国企业和组织的所属国实行对等原则。

第六章　附　则

第四十一条　【不得收费和征税】赔偿请求人要求国家赔偿的,赔偿义务机关、复议机关和人民法院不得向赔偿请求人收取任何费用。

对赔偿请求人取得的赔偿金不予征税。

第四十二条　【施行时间】本法自1995年1月1日起施行。

国家赔偿费用管理条例

2011年1月17日国务院令第589号公布施行

第一条　为了加强国家赔偿费用管理,保障公民、法人和其他组织享有依法取得国家赔偿的权利,促进国家机关依法行使职权,根据《中华人民共和国国家赔偿法》（以下简称国家赔偿法）,制定本条例。

第二条　本条例所称国家赔偿费用,是指依照国家赔偿法的规定,应当向赔偿请求人赔偿的费用。

第三条　国家赔偿费用由各级人民政府按照财政管理体

制分级负担。

各级人民政府应当根据实际情况，安排一定数额的国家赔偿费用，列入本级年度财政预算。当年需要支付的国家赔偿费用超过本级年度财政预算安排的，应当按照规定及时安排资金。

第四条 国家赔偿费用由各级人民政府财政部门统一管理。

国家赔偿费用的管理应当依法接受监督。

第五条 赔偿请求人申请支付国家赔偿费用的，应当向赔偿义务机关提出书面申请，并提交与申请有关的生效判决书、复议决定书、赔偿决定书或者调解书以及赔偿请求人的身份证明。

赔偿请求人书写申请书确有困难的，可以委托他人代书；也可以口头申请，由赔偿义务机关如实记录，交赔偿请求人核对或者向赔偿请求人宣读，并由赔偿请求人签字确认。

第六条 申请材料真实、有效、完整的，赔偿义务机关收到申请材料即为受理。赔偿义务机关受理申请的，应当书面通知赔偿请求人。

申请材料不完整的，赔偿义务机关应当当场或者在3个工作日内一次告知赔偿请求人需要补正的全部材料。赔偿请求人按照赔偿义务机关的要求提交补正材料的，赔偿义务机关收到补正材料即为受理。未告知需要补正材料的，赔偿义务机关收到申请材料即为受理。

申请材料虚假、无效，赔偿义务机关决定不予受理的，应当书面通知赔偿请求人并说明理由。

第七条 赔偿请求人对赔偿义务机关不予受理决定有异议的，可以自收到书面通知之日起10日内向赔偿义务机关的上一级机关申请复核。上一级机关应当自收到复核申请之日起5个工作日内依法作出决定。

上一级机关认为不予受理决定错误的，应当自作出复核决定之日起3个工作日内通知赔偿义务机关受理，并告知赔偿请求人。赔偿义务机关应当在收到通知后立即受理。

上一级机关维持不予受理决定的，应当自作出复核决定之日起3个工作日内书面通知赔偿请求人并说明理由。

第八条 赔偿义务机关应当自受理赔偿请求人支付申请之日起7日内，依照预算管理权限向有关财政部门提出书面支付申请，并提交下列材料：

（一）赔偿请求人请求支付国家赔偿费用的申请；

（二）生效的判决书、复议决定书、赔偿决定书或者调解书；

（三）赔偿请求人的身份证明。

第九条 财政部门收到赔偿义务机关申请材料后，应当根据下列情况分别作出处理：

（一）申请的国家赔偿费用依照预算管理权限不属于本财政部门支付的，应当在3个工作日内退回申请材料并书面通知赔偿义务机关向有管理权限的财政部门申请；

（二）申请材料符合要求的，收到申请即为受理，并书面通知赔偿义务机关；

（三）申请材料不符合要求的，应当在3个工作日内一次告知赔偿义务机关需要补正的全部材料。赔偿义务机关应当在5个工作日内按照要求提交全部补正材料，财政部门收到补正材料即为受理。

第十条 财政部门应当自受理申请之日起15日内，按照预算和财政国库管理的有关规定支付国家赔偿费用。

财政部门发现赔偿项目、计算标准违反国家赔偿法规定的，应当提交作出赔偿决定的机关或者其上级机关依法处理、追究有关人员的责任。

第十一条 财政部门自支付国家赔偿费用之日起3个工作日内告知赔偿义务机关、赔偿请求人。

第十二条 赔偿义务机关应当依照国家赔偿法第十六条、第三十一条的规定，责令有关工作人员、受委托的组织或者个人承担或者向有关工作人员追偿部分或者全部国家赔偿费用。

赔偿义务机关依照前款规定作出决定后，应当书面通知有关财政部门。

有关工作人员、受委托的组织或者个人应当依照财政收入收缴的规定上缴应当承担或者被追偿的国家赔偿费用。

第十三条 赔偿义务机关、财政部门及其工作人员有下列行为之一，根据《财政违法行为处罚处分条例》的规定处理、处分；构成犯罪的，依法追究刑事责任：

（一）以虚报、冒领等手段骗取国家赔偿费用的；

（二）违反国家赔偿法规定的范围和计算标准实施国家赔偿造成财政资金损失的；

（三）不依法支付国家赔偿费用的；

（四）截留、滞留、挪用、侵占国家赔偿费用的；

（五）未依照规定责令有关工作人员、受委托的组

织或者个人承担国家赔偿费用或者向有关工作人员追偿国家赔偿费用的;

(六)未依照规定将应当承担或者被追偿的国家赔偿费用及时上缴财政的。

第十四条 本条例自公布之日起施行。1995年1月25日国务院发布的《国家赔偿费用管理办法》同时废止。

最高人民法院关于人民法院执行《中华人民共和国国家赔偿法》几个问题的解释

1. 1996年5月6日
2. 法发〔1996〕15号

一、根据《中华人民共和国国家赔偿法》(以下简称赔偿法)第十七条第(二)项、第(三)项的规定,依照刑法第十四条、第十五条规定不负刑事责任的人和依照刑事诉讼法第十五条规定不追究刑事责任的人被羁押,国家不承担赔偿责任。但是对起诉后经人民法院判处拘役、有期徒刑、无期徒刑和死刑并已执行的上列人员,有权依法取得赔偿。判决确定前被羁押的日期依法不予赔偿。

二、依照赔偿法第三十一条的规定,人民法院在民事诉讼、行政诉讼过程中,违法采取对妨害诉讼的强制措施、保全措施或者对判决、裁定及其他生效法律文书执行错误,造成损害,具有以下情形之一的,适用刑事赔偿程序予以赔偿:

(一)错误实施司法拘留、罚款的;

(二)实施赔偿法第十五条第(四)项、第(五)项规定行为的;

(三)实施赔偿法第十六条第(一)项规定行为的。

人民法院审理的民事、经济、行政案件发生错判并已执行,依法应当执行回转的,或者当事人申请财产保全、先予执行,申请有错误造成财产损失依法应由申请人赔偿的,国家不承担赔偿责任。

三、公民、法人和其他组织申请人民法院依照赔偿法规定予以赔偿的案件,应当经过依法确认。未经依法确认的,赔偿请求人应当要求有关人民法院予以确认。被要求的人民法院由有关审判庭负责办理依法确认事宜,并应以人民法院的名义答复赔偿请求人。被要求的人民法院不予确认的,赔偿请求人有权申诉。

四、根据赔偿法第二十六条、第二十七条的规定,人民法院判处管制、有期徒刑缓刑、剥夺政治权利等刑罚的人被依法改判无罪的,国家不承担赔偿责任,但是,赔偿请求人在判决生效前被羁押的,依法有权取得赔偿。

五、根据赔偿法第十九条第四款"再审改判无罪的,作出原生效判决的人民法院为赔偿义务机关"的规定,原一审人民法院作出判决后,被告人没有上诉,人民检察院没有抗诉,判决发生法律效力的,原一审人民法院为赔偿义务机关;被告人上诉或者人民检察院抗诉,原二审人民法院维持一审判决或者对一审人民法院判决予以改判的,原二审人民法院为赔偿义务机关。

六、赔偿法第二十六条关于"侵犯公民人身自由的,每日的赔偿金按照国家上年度职工日平均工资计算"中规定的上年度,应为赔偿义务机关、复议机关或者人民法院赔偿委员会作出赔偿决定时的上年度;复议机关或者人民法院赔偿委员会决定维持原赔偿决定的,按作出原赔偿决定时的上年度执行。

国家上年度职工日平均工资数额,应当以职工年平均工资除以全年法定工作日数的方法计算。年平均工资以国家统计局公布的数字为准。

最高人民法院关于适用《中华人民共和国国家赔偿法》若干问题的解释(一)

1. 2011年2月14日最高人民法院审判委员会第1511次会议通过
2. 2011年2月28日公布
3. 法释〔2011〕4号
4. 自2011年3月18日起施行

为正确适用2010年4月29日第十一届全国人民代表大会常务委员会第十四次会议修正的《中华人民共和国国家赔偿法》,对人民法院处理国家赔偿案件中适用国家赔偿法的有关问题解释如下:

第一条 国家机关及其工作人员行使职权侵犯公民、法人和其他组织合法权益的行为发生在2010年12月1日以后,或者发生在2010年12月1日以前、持续至2010年12月1日以后的,适用修正的国家赔偿法。

第二条 国家机关及其工作人员行使职权侵犯公民、法人和其他组织合法权益的行为发生在2010年12月1

日以前的,适用修正前的国家赔偿法,但有下列情形之一的,适用修正的国家赔偿法:

(一)2010年12月1日以前已经受理赔偿请求人的赔偿请求但尚未作出生效赔偿决定的;

(二)赔偿请求人在2010年12月1日以后提出赔偿请求的。

第三条 人民法院对2010年12月1日以前已经受理但尚未审结的国家赔偿确认案件,应当继续审理。

第四条 公民、法人和其他组织对行使侦查、检察、审判职权的机关以及看守所、监狱管理机关在2010年12月1日以前作出并已发生法律效力的不予确认职务行为违法的法律文书不服,未依据修正前的国家赔偿法规定提出申诉并经有权机关作出侵权确认结论,直接向人民法院赔偿委员会申请赔偿的,不予受理。

第五条 公民、法人和其他组织对在2010年12月1日以前发生法律效力的赔偿决定不服提出申诉的,人民法院审查处理时适用修正前的国家赔偿法;但是仅就修正的国家赔偿法增加的赔偿项目及标准提出申诉的,人民法院不予受理。

第六条 人民法院审查发现2010年12月1日以前发生法律效力的确认裁定、赔偿决定确有错误应当重新审查处理的,适用修正前的国家赔偿法。

第七条 赔偿请求人认为行使侦查、检察、审判职权的机关以及看守所、监狱管理机关及其工作人员在行使职权时有修正的国家赔偿法第十七条第(一)、(二)、(三)项、第十八条规定情形的,应当在刑事诉讼程序终结后提出赔偿请求,但下列情形除外:

(一)赔偿请求人有证据证明其与尚未终结的刑事案件无关的;

(二)刑事案件被害人依据刑事诉讼法第一百九十八条的规定,以财产未返还或者认为返还的财产受到损害而要求赔偿的。

第八条 赔偿请求人认为人民法院有修正的国家赔偿法第三十八条规定情形的,应当在民事、行政诉讼程序或者执行程序终结后提出赔偿请求,但人民法院已依法撤销对妨害诉讼采取的强制措施的情形除外。

第九条 赔偿请求人或者赔偿义务机关认为人民法院赔偿委员会作出的赔偿决定存在错误,依法向上一级人民法院赔偿委员会提出申诉的,不停止赔偿决定的执行;但人民法院赔偿委员会依据修正的国家赔偿法第三十条的规定决定重新审查的,可以决定中止原赔偿决定的执行。

第十条 人民检察院依据修正的国家赔偿法第三十条第三款的规定,对人民法院赔偿委员会在2010年12月1日以后作出的赔偿决定提出意见的,同级人民法院赔偿委员会应当决定重新审查,并可以决定中止原赔偿决定的执行。

第十一条 本解释自公布之日起施行。

最高人民检察院关于适用修改后《中华人民共和国国家赔偿法》若干问题的意见

1. 2011年4月25日
2. 高检发刑申字〔2011〕3号

第十一届全国人民代表大会常务委员会第十四次会议于2010年4月29日通过的《关于修改〈中华人民共和国国家赔偿法〉的决定》,自2010年12月1日起施行。现就人民检察院处理国家赔偿案件中适用修改后国家赔偿法的若干问题提出以下意见:

一、人民检察院和人民检察院工作人员行使职权侵犯公民、法人和其他组织合法权益的行为发生在2010年12月1日以后的,适用修改后国家赔偿法的规定。

人民检察院和人民检察院工作人员行使职权侵犯公民、法人和其他组织合法权益的行为发生在2010年12月1日以前的,适用修改前国家赔偿法的规定,但在2010年12月1日以后提出赔偿请求的,或者在2010年12月1日以前提出赔偿请求但尚未作出生效赔偿决定的,适用修改后国家赔偿法的规定。

人民检察院和人民检察院工作人员行使职权侵犯公民、法人和其他组织合法权益的行为发生在2010年12月1日以前、持续至2010年12月1日以后的,适用修改后国家赔偿法的规定。

二、人民检察院在2010年12月1日以前受理但尚未办结的刑事赔偿确认案件,继续办理。办结后,对予以确认的,依法进入赔偿程序,适用修改后国家赔偿法的规定办理;对不服不予确认申诉的,适用修改前国家赔偿法的规定处理。

人民检察院在2010年12月1日以前已经作出决定并发生法律效力的刑事赔偿确认案件,赔偿请求人申诉或者原决定确有错误需要纠正的,适用修改前国家赔偿法的规定处理。

三、赔偿请求人不服人民检察院在 2010 年 12 月 1 日以前已经生效的刑事赔偿决定,向人民检察院申诉的,人民检察院适用修改前国家赔偿法的规定办理;赔偿请求人仅就修改后国家赔偿法增加的赔偿项目及标准提出申诉的,人民检察院不予受理。

四、赔偿请求人或者赔偿义务机关不服人民法院赔偿委员会在 2010 年 12 月 1 日以后作出的赔偿决定,向人民检察院申诉的,人民检察院应当依法受理,依照修改后国家赔偿法第三十条第三款的规定办理。

赔偿请求人或者赔偿义务机关不服人民法院赔偿委员会在 2010 年 12 月 1 日以前作出的赔偿决定,向人民检察院申诉的,不适用修改后国家赔偿法第三十条第三款的规定,人民检察院应当告知其依照法律规定向人民法院提出申诉。

五、人民检察院控告申诉检察部门、民事行政检察部门在 2010 年 12 月 1 日以后接到不服人民法院行政赔偿判决、裁定的申诉案件,以及不服人民法院赔偿委员会决定的申诉案件,应当移送本院国家赔偿工作办公室办理。

人民检察院民事行政检察部门在 2010 年 12 月 1 日以前已经受理,尚未办结的不服人民法院行政赔偿判决、裁定申诉案件,仍由民事行政检察部门办理。

六、本意见自公布之日起施行。

最高人民法院关于
国家赔偿案件立案工作的规定

1. 2011 年 12 月 26 日最高人民法院审判委员会第 1537 次会议通过
2. 2012 年 1 月 13 日公布
3. 法释〔2012〕1 号
4. 自 2012 年 2 月 15 日起施行

为保障公民、法人和其他组织依法行使请求国家赔偿的权利,保证人民法院及时、准确审查受理国家赔偿案件,根据《中华人民共和国国家赔偿法》及有关法律规定,现就人民法院国家赔偿案件立案工作规定如下:

第一条 本规定所称国家赔偿案件,是指国家赔偿法第十七条、第十八条、第二十一条、第三十八条规定的下列案件:

(一)违反刑事诉讼法的规定对公民采取拘留措施的,或者依照刑事诉讼法规定的条件和程序对公民采取拘留措施,但是拘留时间超过刑事诉讼法规定的时限,其后决定撤销案件、不起诉或者判决宣告无罪终止追究刑事责任的;

(二)对公民采取逮捕措施后,决定撤销案件、不起诉或者判决宣告无罪终止追究刑事责任的;

(三)二审改判无罪,以及二审发回重审后作无罪处理的;

(四)依照审判监督程序再审改判无罪,原判刑罚已经执行的;

(五)刑讯逼供或者以殴打、虐待等行为或者唆使、放纵他人以殴打、虐待等行为造成公民身体伤害或者死亡的;

(六)违法使用武器、警械造成公民身体伤害或者死亡的;

(七)在刑事诉讼过程中违法对财产采取查封、扣押、冻结、追缴等措施的;

(八)依照审判监督程序再审改判无罪,原判罚金、没收财产已经执行的;

(九)在民事诉讼、行政诉讼过程中,违法采取对妨害诉讼的强制措施、保全措施或者对判决、裁定及其他生效法律文书执行错误,造成损害的。

第二条 赔偿请求人向作为赔偿义务机关的人民法院提出赔偿申请,或者依照国家赔偿法第二十四条、第二十五条的规定向人民法院赔偿委员会提出赔偿申请的,收到申请的人民法院根据本规定予以审查立案。

第三条 赔偿请求人当面递交赔偿申请的,收到申请的人民法院应当依照国家赔偿法第十二条的规定,当场出具加盖本院专用印章并注明收讫日期的书面凭证。

赔偿请求人以邮寄等形式提出赔偿申请的,收到申请的人民法院应当及时登记审查。

申请材料不齐全的,收到申请的人民法院应当在五日内一次性告知赔偿请求人需要补正的全部内容。收到申请的时间自人民法院收到补正材料之日起计算。

第四条 赔偿请求人向作为赔偿义务机关的人民法院提出赔偿申请,收到申请的人民法院经审查认为其申请符合下列条件的,应予立案:

(一)赔偿请求人具备法律规定的主体资格;

(二)本院是赔偿义务机关;

（三）有具体的申请事项和理由；
（四）属于本规定第一条规定的情形。

第五条 赔偿请求人对作为赔偿义务机关的人民法院作出的是否赔偿的决定不服，依照国家赔偿法第二十四条的规定向其上一级人民法院赔偿委员会提出赔偿申请，收到申请的人民法院经审查认为其申请符合下列条件的，应予立案：

（一）有赔偿义务机关作出的是否赔偿的决定书；
（二）符合法律规定的请求期间，因不可抗力或者其他障碍未能在法定期间行使请求权的情形除外。

第六条 作为赔偿义务机关的人民法院逾期未作出是否赔偿的决定，赔偿请求人依照国家赔偿法第二十四条的规定向其上一级人民法院赔偿委员会提出赔偿申请，收到申请的人民法院经审查认为其申请符合下列条件的，应予立案：

（一）赔偿请求人具备法律规定的主体资格；
（二）被申请的赔偿义务机关是法律规定的赔偿义务机关；
（三）有具体的申请事项和理由；
（四）属于本规定第一条规定的情形；
（五）有赔偿义务机关已经收到赔偿申请的收讫凭证或者相应证据；
（六）符合法律规定的请求期间，因不可抗力或者其他障碍未能在法定期间行使请求权的情形除外。

第七条 赔偿请求人对行使侦查、检察职权的机关以及看守所、监狱管理机关作出的决定不服，经向其上一级机关申请复议，对复议机关的复议决定仍不服，依照国家赔偿法第二十五条的规定向复议机关所在地的同级人民法院赔偿委员会提出赔偿申请，收到申请的人民法院经审查认为其申请符合下列条件的，应予立案：

（一）有复议机关的复议决定书；
（二）符合法律规定的请求期间，因不可抗力或者其他障碍未能在法定期间行使请求权的情形除外。

第八条 复议机关逾期未作出复议决定，赔偿请求人依照国家赔偿法第二十五条的规定向复议机关所在地的同级人民法院赔偿委员会提出赔偿申请，收到申请的人民法院经审查认为其申请符合下列条件的，应予立案：

（一）赔偿请求人具备法律规定的主体资格；
（二）被申请的赔偿义务机关、复议机关是法律规定的赔偿义务机关、复议机关；
（三）有具体的申请事项和理由；
（四）属于本规定第一条规定的情形；
（五）有赔偿义务机关、复议机关已经收到赔偿申请的收讫凭证或者相应证据；
（六）符合法律规定的请求期间，因不可抗力或者其他障碍未能在法定期间行使请求权的情形除外。

第九条 人民法院应当在收到申请之日起七日内决定是否立案。

决定立案的，人民法院应当在立案之日起五日内向赔偿请求人送达受理案件通知书。属于人民法院赔偿委员会审理的国家赔偿案件，还应当同时向赔偿义务机关、复议机关送达受理案件通知书、国家赔偿申请书或者《申请赔偿登记表》副本。

经审查不符合立案条件的，人民法院应当在七日内作出不予受理决定，并应当在作出决定之日起十日内送达赔偿请求人。

第十条 赔偿请求人对复议机关或者作为赔偿义务机关的人民法院作出的决定不予受理的文书不服，依照国家赔偿法第二十四条、第二十五条的规定向人民法院赔偿委员会提出赔偿申请，收到申请的人民法院可以依照本规定第六条、第八条予以审查立案。

经审查认为原不予受理错误的，人民法院赔偿委员会可以直接审查并作出决定，必要时也可以交由复议机关或者作为赔偿义务机关的人民法院作出决定。

第十一条 自本规定施行之日起，《最高人民法院关于刑事赔偿和非刑事司法赔偿案件立案工作的暂行规定（试行）》即行废止；本规定施行前本院发布的司法解释与本规定不一致的，以本规定为准。

最高人民法院关于司法赔偿案件案由的规定

1. 2023年4月3日最高人民法院审判委员会第1883次会议通过
2. 2023年4月19日发布
3. 法〔2023〕68号
4. 自2023年6月1日起施行

为正确适用法律，统一确定案由，根据《中华人民共和国国家赔偿法》等法律规定，结合人民法院司法赔偿审判工作实际情况，对司法赔偿案件案由规定如下：

一、刑事赔偿

适用于赔偿请求人主张赔偿义务机关在行使刑事司法职权时侵犯人身权或者财产权的赔偿案件。

（一）人身自由损害刑事赔偿

适用于赔偿请求人主张赔偿义务机关在行使刑事司法职权时侵犯人身自由的赔偿案件。

1. 违法刑事拘留赔偿

适用于赔偿请求人主张赔偿义务机关违反刑事诉讼法规定的条件、程序或者时限采取拘留措施的赔偿案件。

2. 变相羁押赔偿

适用于赔偿请求人主张赔偿义务机关违反刑事诉讼法的规定指定居所监视居住或者超出法定时限连续传唤、拘传，实际已达到刑事拘留效果的赔偿案件。

3. 无罪逮捕赔偿

适用于赔偿请求人主张赔偿义务机关采取逮捕措施错误的赔偿案件。

4. 二审无罪赔偿

适用于赔偿请求人主张二审已改判无罪，赔偿义务机关此前作出一审有罪错判的赔偿案件。

5. 重审无罪赔偿

适用于赔偿请求人主张二审发回重审后已作无罪处理，赔偿义务机关此前作出一审有罪错判的赔偿案件。

6. 再审无罪赔偿

适用于赔偿请求人主张依照审判监督程序已再审改判无罪或者改判部分无罪，赔偿义务机关此前作出原生效有罪错判的赔偿案件。

（二）生命健康损害刑事赔偿

适用于赔偿请求人主张赔偿义务机关在行使刑事司法职权时侵犯生命健康的赔偿案件。

1. 刑讯逼供致伤、致死赔偿

适用于赔偿请求人主张赔偿义务机关刑讯逼供造成身体伤害或者死亡的赔偿案件。

2. 殴打、虐待致伤、致死赔偿

适用于赔偿请求人主张赔偿义务机关以殴打、虐待行为或者唆使、放纵他人以殴打、虐待行为造成身体伤害或者死亡的赔偿案件。

3. 怠于履行监管职责致伤、致死赔偿

适用于赔偿请求人主张赔偿义务机关未尽法定监管、救治职责，造成被羁押人身体伤害或者死亡的赔偿案件。

4. 违法使用武器、警械致伤、致死赔偿

适用于赔偿请求人主张赔偿义务机关违法使用武器、警械造成身体伤害或者死亡的赔偿案件。

（三）财产损害刑事赔偿

适用于赔偿请求人主张赔偿义务机关在行使刑事司法职权时侵犯财产权益的赔偿案件。

1. 刑事违法查封、扣押、冻结、追缴赔偿

适用于赔偿请求人主张赔偿义务机关在刑事诉讼过程中，违法对财产采取查封、扣押、冻结、追缴措施的赔偿案件。

2. 违法没收、拒不退还取保候审保证金赔偿

适用于赔偿请求人主张赔偿义务机关违法没收取保候审保证金、无正当理由对应当退还的取保候审保证金不予退还的赔偿案件。

3. 错判罚金、没收财产赔偿

适用于赔偿请求人主张原判罚金、没收财产执行后，依照审判监督程序已再审改判财产刑的赔偿案件。

二、非刑事司法赔偿

适用于赔偿请求人主张人民法院在民事、行政诉讼等非刑事司法活动中，侵犯人身权或者财产权的赔偿案件。

（四）违法采取对妨害诉讼的强制措施赔偿

适用于赔偿请求人主张人民法院在民事、行政诉讼中，违法采取对妨害诉讼的强制措施的赔偿案件。

1. 违法司法罚款赔偿

适用于赔偿请求人主张人民法院在民事、行政诉讼中，违法司法罚款的赔偿案件。

2. 违法司法拘留赔偿

适用于赔偿请求人主张人民法院在民事、行政诉讼中，违法司法拘留的赔偿案件。

（五）违法保全赔偿

适用于赔偿请求人主张人民法院在民事、行政诉讼中，违法采取或者违法解除保全措施的赔偿案件。

（六）违法先予执行赔偿

适用于赔偿请求人主张人民法院在民事、行政诉讼中，违法采取先予执行措施的赔偿案件。

（七）错误执行赔偿

适用于赔偿请求人主张人民法院对民事、行政判决、裁定以及其他生效法律文书执行错误的赔偿案件。

1. 无依据、超范围执行赔偿

适用于赔偿请求人主张人民法院执行未生效法律文书,或者超出生效法律文书确定的数额、范围执行的赔偿案件。

2. 违法执行损害案外人权益赔偿

适用于赔偿请求人主张人民法院违法执行案外人财产、未依法保护案外人优先受偿权等合法权益,或者对其他法院已经依法保全、执行的财产违法执行的赔偿案件。

3. 违法采取执行措施赔偿

适用于赔偿请求人主张人民法院违法采取查封、扣押、冻结、拍卖、变卖、以物抵债、交付等执行措施,或者在采取前述措施过程中存在未履行监管职责等过错的赔偿案件。

4. 违法采取执行强制措施赔偿

适用于赔偿请求人主张人民法院违法采取纳入失信被执行人名单、限制消费、限制出境、罚款、拘留等执行强制措施的赔偿案件。

5. 违法不执行、拖延执行赔偿

适用于赔偿请求人主张人民法院违法不执行、拖延执行或者应当依法恢复执行而不恢复的赔偿案件。

最高人民法院关于人民法院赔偿委员会审理国家赔偿案件程序的规定

1. 2011 年 2 月 28 日最高人民法院审判委员会第 1513 次会议通过
2. 2011 年 3 月 17 日公布
3. 法释〔2011〕6 号
4. 自 2011 年 3 月 22 日起施行

根据 2010 年 4 月 29 日修正的《中华人民共和国国家赔偿法》(以下简称国家赔偿法),结合国家赔偿工作实际,对人民法院赔偿委员会(以下简称赔偿委员会)审理国家赔偿案件的程序作如下规定:

第一条 赔偿请求人向赔偿委员会申请作出赔偿决定,应当递交赔偿申请书一式四份。赔偿请求人书写申请书确有困难的,可以口头申请。口头提出申请的,人民法院应当填写《申请赔偿登记表》,由赔偿请求人签名或者盖章。

第二条 赔偿请求人向赔偿委员会申请作出赔偿决定,应当提供以下法律文书和证明材料:

(一)赔偿义务机关作出的决定书;

(二)复议机关作出的复议决定书,但赔偿义务机关是人民法院的除外;

(三)赔偿义务机关或者复议机关逾期未作出决定的,应当提供赔偿义务机关对赔偿申请的收讫凭证等相关证明材料;

(四)行使侦查、检察、审判职权的机关在赔偿申请所涉案件的刑事诉讼程序、民事诉讼程序、行政诉讼程序、执行程序中作出的法律文书;

(五)赔偿义务机关职权行为侵犯赔偿请求人合法权益造成损害的证明材料;

(六)证明赔偿申请符合申请条件的其他材料。

第三条 赔偿委员会收到赔偿申请,经审查认为符合申请条件的,应当在七日内立案,并通知赔偿请求人、赔偿义务机关和复议机关;认为不符合申请条件的,应当在七日内决定不予受理;立案后发现不符合申请条件的,决定驳回申请。

前款规定的期限,自赔偿委员会收到赔偿申请之日起计算。申请材料不齐全的,赔偿委员会应当在五日内一次性告知赔偿请求人需要补正的全部内容,收到赔偿申请的时间应当自赔偿委员会收到补正材料之日起计算。

第四条 赔偿委员会应当在立案之日起五日内将赔偿申请书副本或者《申请赔偿登记表》副本送达赔偿义务机关和复议机关。

第五条 赔偿请求人可以委托一至二人作为代理人。律师、提出申请的公民的近亲属、有关的社会团体或者所在单位推荐的人,经赔偿委员会许可的其他公民,都可以被委托为代理人。

赔偿义务机关、复议机关可以委托本机关工作人员一至二人作为代理人。

第六条 赔偿请求人、赔偿义务机关、复议机关委托他人代理,应当向赔偿委员会提交由委托人签名或者盖章的授权委托书。

授权委托书应当载明委托事项和权限。代理人代为承认、放弃、变更赔偿请求,应当有委托人的特别授权。

第七条 赔偿委员会审理赔偿案件,应当指定一名审判员负责具体承办。

负责具体承办赔偿案件的审判员应当查清事实并写出审理报告,提请赔偿委员会讨论决定。

赔偿委员会作赔偿决定,必须有三名以上审判员参加,按照少数服从多数的原则作出决定。

第八条 审判人员有下列情形之一的,应当回避,赔偿请求人和赔偿义务机关有权以书面或者口头方式申请其回避:

(一)是本案赔偿请求人的近亲属;

(二)是本案代理人的近亲属;

(三)与本案有利害关系的;

(四)与本案有其他关系,可能影响对案件公正审理的。

前款规定,适用于书记员、翻译人员、鉴定人、勘验人。

第九条 赔偿委员会审理赔偿案件,可以组织赔偿义务机关与赔偿请求人就赔偿方式、赔偿项目和赔偿数额依照国家赔偿法第四章的规定进行协商。

第十条 组织协商应当遵循自愿和合法的原则。赔偿请求人、赔偿义务机关一方或者双方不愿协商,或者协商不成的,赔偿委员会应当及时作出决定。

第十一条 赔偿请求人和赔偿义务机关经协商达成协议的,赔偿委员会审查确认后应当制作国家赔偿决定书。

第十二条 赔偿请求人、赔偿义务机关对自己提出的主张或者反驳对方主张所依据的事实有责任提供证据加以证明。有国家赔偿法第二十六条第二款规定情形的,应当由赔偿义务机关提供证据。

没有证据或者证据不足以证明其事实主张的,由负有举证责任的一方承担不利后果。

第十三条 赔偿义务机关对其职权行为的合法性负有举证责任。

赔偿请求人可以提供证明职权行为违法的证据,但不因此免除赔偿义务机关对其职权行为合法性的举证责任。

第十四条 有下列情形之一的,赔偿委员会可以组织赔偿请求人和赔偿义务机关进行质证:

(一)对侵权事实、损害后果及因果关系争议较大的;

(二)对是否属于国家赔偿法第十九条规定的国家不承担赔偿责任的情形争议较大的;

(三)对赔偿方式、赔偿项目或者赔偿数额争议较大的;

(四)赔偿委员会认为应当质证的其他情形。

第十五条 赔偿委员会认为重大、疑难的案件,应报请院长提交审判委员会讨论决定。审判委员会的决定,赔偿委员会应当执行。

第十六条 赔偿委员会作出决定前,赔偿请求人撤回赔偿申请的,赔偿委员会应当依法审查并作出是否准许的决定。

第十七条 有下列情形之一的,赔偿委员会应当决定中止审理:

(一)赔偿请求人死亡,需要等待其继承人和其他有扶养关系的亲属表明是否参加赔偿案件处理的;

(二)赔偿请求人丧失行为能力,尚未确定法定代理人的;

(三)作为赔偿请求人的法人或者其他组织终止,尚未确定权利义务承受人的;

(四)赔偿请求人因不可抗拒的事由,在法定审限内不能参加赔偿案件处理的;

(五)宣告无罪的案件,人民法院决定再审或者人民检察院按照审判监督程序提出抗诉的;

(六)应当中止审理的其他情形。

中止审理的原因消除后,赔偿委员会应当及时恢复审理,并通知赔偿请求人、赔偿义务机关和复议机关。

第十八条 有下列情形之一的,赔偿委员会应当决定终结审理:

(一)赔偿请求人死亡,没有继承人和其他有扶养关系的亲属或者赔偿请求人的继承人和其他有扶养关系的亲属放弃要求赔偿权利的;

(二)作为赔偿请求人的法人或者其他组织终止后,其权利义务承受人放弃要求赔偿权利的;

(三)赔偿请求人据以申请赔偿的撤销案件决定、不起诉决定或者无罪判决被撤销的;

(四)应当终结审理的其他情形。

第十九条 赔偿委员会审理赔偿案件应当按照下列情形,分别作出决定:

(一)赔偿义务机关的决定或者复议机关的复议决定认定事实清楚,适用法律正确的,依法予以维持;

(二)赔偿义务机关的决定、复议机关的复议决定认定事实清楚,但适用法律错误的,依法重新决定;

(三)赔偿义务机关的决定、复议机关的复议决定认定事实不清、证据不足的,查清事实后依法重新决定;

(四)赔偿义务机关、复议机关逾期未作决定的,查清事实后依法作出决定。

第二十条 赔偿委员会审理赔偿案件作出决定,应当制作国家赔偿决定书,加盖人民法院印章。

第二十一条 国家赔偿决定书应当载明以下事项：

（一）赔偿请求人的基本情况,赔偿义务机关、复议机关的名称及其法定代表人；

（二）赔偿请求人申请事项及理由,赔偿义务机关的决定、复议机关的复议决定情况；

（三）赔偿委员会认定的事实及依据；

（四）决定的理由及法律依据；

（五）决定内容。

第二十二条 赔偿委员会作出的决定应当分别送达赔偿请求人、赔偿义务机关和复议机关。

第二十三条 人民法院办理本院为赔偿义务机关的国家赔偿案件参照本规定。

第二十四条 自本规定公布之日起,《人民法院赔偿委员会审理赔偿案件程序的暂行规定》即行废止；本规定施行前本院发布的司法解释与本规定不一致的,以本规定为准。

最高人民法院关于
人民法院赔偿委员会适用质证程序
审理国家赔偿案件的规定

1. 2013年12月16日最高人民法院审判委员会第1600次会议通过
2. 2013年12月19日公布
3. 法释〔2013〕27号
4. 自2014年3月1日起施行

为规范人民法院赔偿委员会(以下简称赔偿委员会)适用质证程序审理国家赔偿案件,根据《中华人民共和国国家赔偿法》等有关法律规定,结合国家赔偿工作实际,制定本规定。

第一条 赔偿委员会根据国家赔偿法第二十七条的规定,听取赔偿请求人、赔偿义务机关的陈述和申辩,进行质证的,适用本规定。

第二条 有下列情形之一,经书面审理不能解决的,赔偿委员会可以组织赔偿请求人和赔偿义务机关进行质证：

（一）对侵权事实、损害后果及因果关系有争议的；

（二）对是否属于国家赔偿法第十九条规定的国家不承担赔偿责任的情形有争议的；

（三）对赔偿方式、赔偿项目或者赔偿数额有争议的；

（四）赔偿委员会认为应当质证的其他情形。

第三条 除涉及国家秘密、个人隐私或者法律另有规定的以外,质证应当公开进行。

赔偿请求人或者赔偿义务机关申请不公开质证,对方同意的,赔偿委员会可以不公开质证。

第四条 赔偿请求人和赔偿义务机关在质证活动中的法律地位平等,有权委托代理人,提出回避申请,提供证据,申请查阅、复制本案质证材料,进行陈述、质询、申辩,并应当依法行使质证权利,遵守质证秩序。

第五条 赔偿请求人、赔偿义务机关对其主张的有利于自己的事实负举证责任,但法律、司法解释另有规定的除外。

没有证据或者证据不足以证明其事实主张的,由负有举证责任的一方承担不利后果。

第六条 下列事实需要证明的,由赔偿义务机关负举证责任：

（一）赔偿义务机关行为的合法性；

（二）赔偿义务机关无过错；

（三）因赔偿义务机关过错致使赔偿请求人不能证明的待证事实；

（四）赔偿义务机关行为与被羁押人在羁押期间死亡或者丧失行为能力不存在因果关系。

第七条 下列情形,由赔偿义务机关负举证责任：

（一）属于法定免责情形；

（二）赔偿请求超过法定时效；

（三）具有其他抗辩事由。

第八条 赔偿委员会认为必要时,可以通知复议机关参加质证,由复议机关对其作出复议决定的事实和法律依据进行说明。

第九条 赔偿请求人可以在举证期限内申请赔偿委员会调取下列证据：

（一）由国家有关部门保存,赔偿请求人及其委托代理人无权查阅调取的证据；

（二）涉及国家秘密、商业秘密、个人隐私的证据；

（三）赔偿请求人及其委托代理人因客观原因不能自行收集的其他证据。

赔偿请求人申请赔偿委员会调取证据,应当提供具体线索。

第十条 赔偿委员会有权要求赔偿请求人、赔偿义务机关提供或者补充证据。

涉及国家利益、社会公共利益或者他人合法权益的事实，或者涉及依职权追加质证参加人、中止审理、终结审理、回避等程序性事项的，赔偿委员会可以向有关单位和人员调查情况、收集证据。

第十一条 赔偿请求人、赔偿义务机关应当在收到受理案件通知书之日起十日内提供证据。赔偿请求人、赔偿义务机关确因客观事由不能在该期限内提供证据的，赔偿委员会可以根据其申请适当延长举证期限。

赔偿请求人、赔偿义务机关无正当理由逾期提供证据的，应当承担相应的不利后果。

第十二条 对于证据较多或者疑难复杂的案件，赔偿委员会可以组织赔偿请求人、赔偿义务机关在质证前交换证据，明确争议焦点，并将交换证据的情况记录在卷。

赔偿请求人、赔偿义务机关在证据交换过程中没有争议并记录在卷的证据，经审判员在质证中说明后，可以作为认定案件事实的依据。

第十三条 赔偿委员会应当指定审判员组织质证，并在质证三日前通知赔偿请求人、赔偿义务机关和其他质证参与人。必要时，赔偿委员会可以通知赔偿义务机关实施原职权行为的工作人员或者其他利害关系人到场接受询问。

赔偿委员会决定公开质证的，应当在质证三日前公告案由、赔偿请求人和赔偿义务机关的名称，以及质证的时间、地点。

第十四条 适用质证程序审理国家赔偿案件，未经质证的证据不得作为认定案件事实的依据，但法律、司法解释另有规定的除外。

第十五条 赔偿请求人、赔偿义务机关应围绕证据的关联性、真实性、合法性，针对证据有无证明力以及证明力大小，进行质证。

第十六条 质证开始前，由书记员查明质证参与人是否到场，宣布质证纪律。

质证开始时，由主持质证的审判员核对赔偿请求人、赔偿义务机关，宣布案由，宣布审判员、书记员名单，向赔偿请求人、赔偿义务机关告知质证权利义务以及询问是否申请回避。

第十七条 质证一般按照下列顺序进行：

（一）赔偿请求人、赔偿义务机关分别陈述，复议机关进行说明；

（二）审判员归纳争议焦点；

（三）赔偿请求人、赔偿义务机关分别出示证据，发表意见；

（四）询问参加质证的证人、鉴定人、勘验人；

（五）赔偿请求人、赔偿义务机关就争议的事项进行质询和辩论；

（六）审判员宣布赔偿请求人、赔偿义务机关认识一致的事实和证据；

（七）赔偿请求人、赔偿义务机关最后陈述意见。

第十八条 赔偿委员会根据赔偿请求人申请调取的证据，作为赔偿请求人提供的证据进行质证。

赔偿委员会依照职权调取的证据应当在质证时出示，并就调取该证据的情况予以说明，听取赔偿请求人、赔偿义务机关的意见。

第十九条 赔偿请求人或者赔偿义务机关对对方主张的不利于自己的事实，在质证中明确表示承认的，对方无需举证；既未表示承认也未否认，经审判员询问并释明法律后果后，其仍不作明确表示的，视为对该项事实的承认。

赔偿请求人、赔偿义务机关委托代理人参加质证的，代理人在代理权限范围内的承认视为被代理人的承认，但参加质证的赔偿请求人、赔偿义务机关当场明确表示反对的除外；代理人超出代理权限范围的承认，参加质证的赔偿请求人、赔偿义务机关当场不作否认表示的，视为被代理人的承认。

上述承认违反法律禁止性规定，或者损害国家利益、社会公共利益、他人合法权益的，不发生自认的效力。

第二十条 下列事实无需举证证明：

（一）自然规律以及定理、定律；

（二）众所周知的事实；

（三）根据法律规定推定的事实；

（四）已经依法证明的事实；

（五）根据日常生活经验法则推定的事实。

前款（二）、（三）、（四）、（五）项，赔偿请求人、赔偿义务机关有相反证据否定其真实性的除外。

第二十一条 有证据证明赔偿义务机关持有证据无正当理由拒不提供的，赔偿委员会可以就待证事实作出有利于赔偿请求人的推定。

第二十二条 赔偿委员会应当依据法律规定,遵照法定程序,全面客观地审核证据,运用逻辑推理和日常生活经验,对证据的证明力进行独立、综合的审查判断。

第二十三条 书记员应当将质证的全部活动记入笔录。质证笔录由赔偿请求人、赔偿义务机关和其他质证参与人核对无误或者补正后签名或者盖章。拒绝签名或者盖章的,应当记明情况附卷,由审判员和书记员签名。

具备条件的,赔偿委员会可以对质证活动进行全程同步录音录像。

第二十四条 赔偿请求人、赔偿义务机关经通知无正当理由拒不参加质证或者未经许可中途退出质证的,视为放弃质证,赔偿委员会可以综合全案情况和对方意见认定案件事实。

第二十五条 有下列情形之一的,可以延期质证:

(一)赔偿请求人、赔偿义务机关因不可抗拒的事由不能参加质证的;

(二)赔偿请求人、赔偿义务机关临时提出回避申请,是否回避的决定不能在短时间内作出的;

(三)需要通知新的证人到场,调取新的证据,重新鉴定、勘验,或者补充调查的;

(四)其他应当延期的情形。

第二十六条 本规定自 2014 年 3 月 1 日起施行。

本规定施行前本院发布的司法解释与本规定不一致的,以本规定为准。

最高人民法院关于国家赔偿监督程序若干问题的规定

1. 2017 年 2 月 27 日最高人民法院审判委员会第 1711 次会议通过
2. 2017 年 4 月 20 日公布
3. 法释〔2017〕9 号
4. 自 2017 年 5 月 1 日起施行

为了保障赔偿请求人和赔偿义务机关的申诉权,规范国家赔偿监督程序,根据《中华人民共和国国家赔偿法》及有关法律规定,结合国家赔偿工作实际,制定本规定。

第一条 依照国家赔偿法第三十条的规定,有下列情形之一的,适用本规定予以处理:

(一)赔偿请求人或者赔偿义务机关认为赔偿委员会生效决定确有错误,向上一级人民法院赔偿委员会提出申诉的;

(二)赔偿委员会生效决定违反国家赔偿法规定,经本院院长决定或者上级人民法院指令重新审理,以及上级人民法院决定直接审理的;

(三)最高人民检察院对各级人民法院赔偿委员会生效决定,上级人民检察院对下级人民法院赔偿委员会生效决定,发现违反国家赔偿法规定,向同级人民法院赔偿委员会提出重新审查意见的。

行政赔偿案件的审判监督依照行政诉讼法的相关规定执行。

第二条 赔偿请求人或者赔偿义务机关对赔偿委员会生效决定,认为确有错误的,可以向上一级人民法院赔偿委员会提出申诉。申诉审查期间,不停止生效决定的执行。

第三条 赔偿委员会决定生效后,赔偿请求人死亡或其主体资格终止的,其权利义务承继者可以依法提出申诉。

赔偿请求人死亡,依法享有继承权的同一顺序继承人有数人时,其中一人或者部分人申诉的,申诉效力及于全体;但是申请撤回申诉或者放弃赔偿请求的,效力不及于未明确表示撤回申诉或者放弃赔偿请求的其他继承人。

赔偿义务机关被撤销或者职权变更的,继续行使其职权的机关可以依法提出申诉。

第四条 赔偿请求人、法定代理人可以委托一至二人作为代理人代为申诉。申诉代理人的范围包括:

(一)律师、基层法律服务工作者;

(二)赔偿请求人的近亲属或者工作人员;

(三)赔偿请求人所在社区、单位以及有关社会团体推荐的公民。

赔偿义务机关可以委托本机关工作人员、法律顾问、律师一至二人代为申诉。

第五条 赔偿请求人或者赔偿义务机关申诉,应当提交以下材料:

(一)申诉状。申诉状应当写明申诉人和被申诉人的基本信息,申诉的法定事由,以及具体的请求、事实和理由;书写申诉状确有困难的,可以口头申诉,由人民法院记入笔录。

（二）身份证明及授权文书。赔偿请求人申诉的，自然人应当提交身份证明，法人或者其他组织应当提交营业执照、组织机构代码证书、法定代表人或者主要负责人身份证明；赔偿义务机关申诉的，应当提交法定代表人或者主要负责人身份证明；委托他人申诉的，应当提交授权委托书和代理人身份证明。

（三）法律文书。即赔偿义务机关、复议机关及赔偿委员会作出的决定书等法律文书。

（四）其他相关材料。以有新的证据证明原决定认定的事实确有错误为由提出申诉的，应当同时提交相关证据材料。

申诉材料不符合前款规定的，人民法院应当一次性告知申诉人需要补正的全部内容及补正期限。补正期限一般为十五日，最长不超过一个月。申诉人对必要材料拒绝补正或者未能在规定期限内补正的，不予审查。收到申诉材料的时间自人民法院收到补正后的材料之日起计算。

第六条 申诉符合下列条件的，人民法院应当在收到申诉材料之日起七日内予以立案：

（一）申诉人具备本规定的主体资格；

（二）受理申诉的人民法院是作出生效决定的人民法院的上一级人民法院；

（三）提交的材料符合本规定第五条的要求。

申诉不符合上述规定的，人民法院不予受理并应当及时告知申诉人。

第七条 赔偿请求人或者赔偿义务机关申诉，有下列情形之一的，人民法院不予受理：

（一）赔偿委员会驳回申诉后，申诉人再次提出申诉的；

（二）赔偿请求人对作为赔偿义务机关的人民法院作出的决定不服，未在法定期限内向其上一级人民法院赔偿委员会申请作出赔偿决定，在赔偿义务机关的决定发生法律效力后直接向人民法院赔偿委员会提出申诉的；

（三）赔偿请求人、赔偿义务机关对最高人民法院赔偿委员会作出的决定不服提出申诉的；

（四）赔偿请求人对行使侦查、检察职权的机关以及看守所主管机关、监狱管理机关作出的决定，未在法定期限内向其上一级机关申请复议，或者申请复议后复议机关逾期未作出决定或者复议机关已作出复议决定，但赔偿请求人未在法定期限内向复议机关所在地的同级人民法院赔偿委员会申请作出赔偿决定，在赔偿义务机关、复议机关的相关决定生效后直接向人民法院赔偿委员会申诉的。

第八条 赔偿委员会对于立案受理的申诉案件，应当着重围绕申诉人的申诉事由进行审查。必要时，应当对原决定认定的事实、证据和适用法律进行全面审查。

第九条 赔偿委员会审查申诉案件采取书面审查的方式，根据需要可以听取申诉人和被申诉人的陈述和申辩。

第十条 赔偿委员会审查申诉案件，一般应当在三个月内作出处理，至迟不得超过六个月。有特殊情况需要延长的，由本院院长批准。

第十一条 有下列情形之一的，应当决定重新审理：

（一）有新的证据，足以推翻原决定的；

（二）原决定认定的基本事实缺乏证据证明的；

（三）原决定认定事实的主要证据是伪造的；

（四）原决定适用法律确有错误的；

（五）原决定遗漏赔偿请求，且确实违反国家赔偿法规定的；

（六）据以作出原决定的法律文书被撤销或者变更的；

（七）审判人员在审理该案时有贪污受贿、徇私舞弊、枉法裁判行为的；

（八）原审理程序违反法律规定，可能影响公正审理的。

第十二条 申诉人在申诉阶段提供新的证据，应当说明逾期提供的理由。

申诉人提供的新的证据，能够证明原决定认定的基本事实或者处理结果错误的，应当认定为本规定第十一条第一项规定的情形。

第十三条 赔偿委员会经审查，对申诉人的申诉按照下列情形分别处理：

（一）申诉人主张的重新审理事由成立，且符合国家赔偿法和本规定的申诉条件的，决定重新审理。重新审理包括上级人民法院赔偿委员会直接审理或者指令原审人民法院赔偿委员会重新审理。

（二）申诉人主张的重新审理事由不成立，或者不符合国家赔偿法和本规定的申诉条件的，书面驳回申诉。

（三）原决定不予受理或者驳回赔偿申请错误的，

撤销原决定,指令原审人民法院赔偿委员会依法审理。

第十四条 人民法院院长发现本院赔偿委员会生效决定违反国家赔偿法规定,认为需要重新审理的,应当提交审判委员会讨论决定。

最高人民法院对各级人民法院赔偿委员会生效决定,上级人民法院对下级人民法院赔偿委员会生效决定,发现违反国家赔偿法规定的,有权决定直接审理或者指令下级人民法院赔偿委员会重新审理。

第十五条 最高人民检察院对各级人民法院赔偿委员会生效决定,上级人民检察院对下级人民法院赔偿委员会生效决定,向同级人民法院赔偿委员会提出重新审查意见的,同级人民法院赔偿委员会应当决定直接审理,并将决定书送达提出意见的人民检察院。

第十六条 赔偿委员会重新审理案件,适用国家赔偿法和相关司法解释关于赔偿委员会审理程序的规定;本规定依据国家赔偿法和相关法律对重新审理程序有特别规定的,适用本规定。

原审人民法院赔偿委员会重新审理案件,应当另行指定审判人员。

第十七条 决定重新审理的案件,可以根据案件情形中止原决定的执行。

第十八条 赔偿委员会重新审理案件,采取书面审理的方式,必要时可以向有关单位和人员调查情况、收集证据,听取申诉人、被申诉人或者赔偿请求人、赔偿义务机关的陈述和申辩。有本规定第十一条第一项、第三项情形,或者赔偿委员会认为确有必要的,可以组织申诉人、被申诉人或者赔偿请求人、赔偿义务机关公开质证。

对于人民检察院提出意见的案件,赔偿委员会组织质证时应当通知提出意见的人民检察院派员出席。

第十九条 赔偿委员会重新审理案件,应当对原决定认定的事实、证据和适用法律进行全面审理。

第二十条 赔偿委员会重新审理的案件,应当在两个月内依法作出决定。

第二十一条 案件经重新审理后,应当根据下列情形分别处理:

(一)原决定认定事实清楚、适用法律正确的,应当维持原决定;

(二)原决定认定事实、适用法律虽有瑕疵,但决定结果正确的,应当在决定中纠正瑕疵后予以维持;

(三)原决定认定事实、适用法律错误,导致决定结果错误的,应当撤销、变更、重新作出决定;

(四)原决定违反国家赔偿法规定,对不符合案件受理条件的赔偿申请进行实体处理的,应当撤销原决定,驳回赔偿申请;

(五)申诉人、被申诉人或者赔偿请求人、赔偿义务机关经协商达成协议的,赔偿委员会依法审查并确认后,应当撤销原决定,根据协议作出新决定。

第二十二条 赔偿委员会重新审理后作出的决定,应当及时送达申诉人、被申诉人或者赔偿请求人、赔偿义务机关和提出意见的人民检察院。

第二十三条 在申诉审查或者重新审理期间,有下列情形之一的,赔偿委员会应当决定中止审查或者审理:

(一)申诉人、被申诉人或者原赔偿请求人、原赔偿义务机关死亡或者终止,尚未确定权利义务承继者的;

(二)申诉人、被申诉人或者赔偿请求人丧失行为能力,尚未确定法定代理人的;

(三)宣告无罪的案件,人民法院决定再审或者人民检察院按照审判监督程序提出抗诉的;

(四)申诉人、被申诉人或者赔偿请求人、赔偿义务机关因不可抗拒的事由,在法定审限内不能参加案件处理的;

(五)其他应当中止的情形。

中止的原因消除后,赔偿委员会应当及时恢复审查或者审理,并通知申诉人、被申诉人或者赔偿请求人、赔偿义务机关和提出意见的人民检察院。

第二十四条 在申诉审查期间,有下列情形之一的,赔偿委员会应当决定终结审查:

(一)申诉人死亡或者终止,无权利义务承继者或者权利义务承继者声明放弃申诉的;

(二)据以申请赔偿的撤销案件决定、不起诉决定或者无罪判决被撤销的;

(三)其他应当终结的情形。

在重新审理期间,有上述情形或者人民检察院撤回意见的,赔偿委员会应当决定终结审理。

第二十五条 申诉人在申诉审查或者重新审理期间申请撤回申诉的,赔偿委员会应当依法审查并作出是否准许的决定。

赔偿委员会准许撤回申诉后,申诉人又重复申诉的,不予受理,但有本规定第十一条第一项、第三项、第六项、第七项规定情形,自知道或者应当知道该情形之日起六个月内提出的除外。

第二十六条 赔偿请求人在重新审理期间申请撤回赔偿申请的,赔偿委员会应当依法审查并作出是否准许的决定。准许撤回赔偿申请的,应当一并撤销原决定。

赔偿委员会准许撤回赔偿申请的决定送达后,赔偿请求人又重复申请国家赔偿的,不予受理。

第二十七条 本规定自 2017 年 5 月 1 日起施行。最高人民法院以前发布的司法解释和规范性文件,与本规定不一致的,以本规定为准。

最高人民法院关于审理国家赔偿案件确定精神损害赔偿责任适用法律若干问题的解释

1. 2021 年 2 月 7 日最高人民法院审判委员会第 1831 次会议通过
2. 2021 年 3 月 24 日公布
3. 法释〔2021〕3 号
4. 自 2021 年 4 月 1 日起施行

为正确适用《中华人民共和国国家赔偿法》有关规定,合理确定精神损害赔偿责任,结合国家赔偿审判实际,制定本解释。

第一条 公民以人身权受到侵犯为由提出国家赔偿申请,依照国家赔偿法第三十五条的规定请求精神损害赔偿的,适用本解释。

法人或者非法人组织请求精神损害赔偿的,人民法院不予受理。

第二条 公民以人身权受到侵犯为由提出国家赔偿申请,未请求精神损害赔偿,或者未同时请求消除影响、恢复名誉、赔礼道歉以及精神损害抚慰金的,人民法院应当向其释明。经释明后不变更请求,案件审结后又基于同一侵权事实另行提出申请的,人民法院不予受理。

第三条 赔偿义务机关有国家赔偿法第三条、第十七条规定情形之一,依法应当承担国家赔偿责任的,可以同时认定该侵权行为致人精神损害。但是赔偿义务机关有证据证明该公民不存在精神损害,或者认定精神损害违背公序良俗的除外。

第四条 侵权行为致人精神损害,应当为受害人消除影响、恢复名誉或者赔礼道歉;侵权行为致人精神损害并造成严重后果,应当在支付精神损害抚慰金的同时,视案件具体情形,为受害人消除影响、恢复名誉或者赔礼道歉。

消除影响、恢复名誉与赔礼道歉,可以单独适用,也可以合并适用,并应当与侵权行为的具体方式和造成的影响范围相当。

第五条 人民法院可以根据案件具体情况,组织赔偿请求人与赔偿义务机关就消除影响、恢复名誉或者赔礼道歉的具体方式进行协商。

协商不成作出决定的,应当采用下列方式:

(一)在受害人住所地或者所在单位发布相关信息;

(二)在侵权行为直接影响范围内的媒体上予以报道;

(三)赔偿义务机关有关负责人向赔偿请求人赔礼道歉。

第六条 决定为受害人消除影响、恢复名誉或者赔礼道歉的,应当载入决定主文。

赔偿义务机关在决定作出前已为受害人消除影响、恢复名誉或者赔礼道歉,或者原侵权案件的纠正被媒体广泛报道,客观上已经起到消除影响、恢复名誉作用,且符合本解释规定的,可以在决定书中予以说明。

第七条 有下列情形之一的,可以认定为国家赔偿法第三十五条规定的"造成严重后果":

(一)无罪或者终止追究刑事责任的人被羁押六个月以上;

(二)受害人经鉴定为轻伤以上或者残疾;

(三)受害人经诊断、鉴定为精神障碍或者精神残疾,且与侵权行为存在关联;

(四)受害人名誉、荣誉、家庭、职业、教育等方面遭受严重损害,且与侵权行为存在关联。

受害人无罪被羁押十年以上;受害人死亡;受害人经鉴定为重伤或者残疾一至四级,且生活不能自理;受害人经诊断、鉴定为严重精神障碍或者精神残疾一至二级,生活不能自理,且与侵权行为存在关联的,可以认定为后果特别严重。

第八条 致人精神损害,造成严重后果的,精神损害抚慰金一般应当在国家赔偿法第三十三条、第三十四条规定的人身自由赔偿金、生命健康赔偿金总额的百分之五十以下（包括本数）酌定；后果特别严重，或者虽然不具有本解释第七条第二款规定情形，但是确有证据证明前述标准不足以抚慰的，可以在百分之五十以上酌定。

第九条 精神损害抚慰金的具体数额，应当在兼顾社会发展整体水平的同时，参考下列因素合理确定：

（一）精神受到损害以及造成严重后果的情况；

（二）侵权行为的目的、手段、方式等具体情节；

（三）侵权机关及其工作人员的违法、过错程度、原因力比例；

（四）原错判罪名、刑罚轻重、羁押时间；

（五）受害人的职业、影响范围；

（六）纠错的事由以及过程；

（七）其他应当考虑的因素。

第十条 精神损害抚慰金的数额一般不少于一千元；数额在一千元以上的，以千为计数单位。

赔偿请求人请求的精神损害抚慰金少于一千元，且其请求事由符合本解释规定的造成严重后果情形，经释明不予变更的，按照其请求数额支付。

第十一条 受害人对损害事实和后果的发生或者扩大有过错的，可以根据其过错程度减少或者不予支付精神损害抚慰金。

第十二条 决定中载明的支付精神损害抚慰金及其他责任承担方式，赔偿义务机关应当履行。

第十三条 人民法院审理国家赔偿法第三十八条所涉侵犯公民人身权的国家赔偿案件，以及作为赔偿义务机关审查处理国家赔偿案件，涉及精神损害赔偿的，参照本解释规定。

第十四条 本解释自2021年4月1日起施行。本解释施行前的其他有关规定与本解释不一致的，以本解释为准。

最高人民法院关于人民法院赔偿委员会审理国家赔偿案件适用精神损害赔偿若干问题的意见

1. 2014年7月29日
2. 法发〔2014〕14号

2010年4月29日第十一届全国人大常委会第十四次会议审议通过的《全国人民代表大会常务委员会关于修改〈中华人民共和国国家赔偿法〉的决定》，扩大了消除影响、恢复名誉、赔礼道歉的适用范围，增加了有关精神损害抚慰金的规定，实现了国家赔偿中精神损害赔偿制度的重大发展。国家赔偿法第三十五条规定："有本法第三条或者第十七条规定情形之一，致人精神损害的，应当在侵权行为影响的范围内，为受害人消除影响，恢复名誉，赔礼道歉；造成严重后果的，应当支付相应的精神损害抚慰金。"为依法充分保障公民权益，妥善处理国家赔偿纠纷，现就人民法院赔偿委员会审理国家赔偿案件适用精神损害赔偿若干问题，提出以下意见：

一、充分认识精神损害赔偿的重要意义

现行国家赔偿法与1994年国家赔偿法相比，吸收了多年来理论及实践探索与发展的成果，在责任范围和责任方式等方面对精神损害赔偿进行了完善和发展，有效提升了对公民人身权益的保护水平。人民法院赔偿委员会要充分认识国家赔偿中的精神损害赔偿制度的重要意义，将贯彻落实该项制度作为"完善人权司法保障制度"的重要内容，正确适用国家赔偿法第三十五条等相关法律规定，依法处理赔偿请求人提出的精神损害赔偿申请，妥善化解国家赔偿纠纷，切实尊重和保障人权。

二、严格遵循精神损害赔偿的适用原则

人民法院赔偿委员会适用精神损害赔偿条款，应当严格遵循以下原则：一是依法赔偿原则。严格依照国家赔偿法的规定，不得扩大或者缩小精神损害赔偿的适用范围，不得增加或者减少其适用条件。二是综合裁量原则。综合考虑个案中侵权行为的致害情况，侵权机关及其工作人员的违法、过错程度等相关因素，准确认定精神损害赔偿责任。三是合理平衡原则。坚持同等情况同等对待，不同情况区别处理，适当考虑个案及地区差异，兼顾社会发展整体水平和当地居民生活水平。

三、准确把握精神损害赔偿的前提条件和构成要件

人民法院赔偿委员会适用精神损害赔偿条款，应当以公民的人身权益遭受侵犯为前提条件，并审查是否满足以下责任构成要件：行使侦查、检察、审判职权的机关以及看守所、监狱管理机关及其工作人员在行使职权时有国家赔偿法第十七条规定的侵权行为；致人精神损害；侵权行为与精神损害事实及后果之间存在因果关系。

四、依法认定"致人精神损害"和"造成严重后果"

人民法院赔偿委员会适用精神损害赔偿条款,应当严格依法认定侵权行为是否"致人精神损害"以及是否"造成严重后果"。

一般情形下,人民法院赔偿委员会应当综合考虑受害人人身自由、生命健康受到侵害的情况,精神受损情况,日常生活、工作学习、家庭关系、社会评价受到影响的情况,并考量社会伦理道德、日常生活经验等因素,依法认定侵权行为是否致人精神损害以及是否造成严重后果。

受害人因侵权行为而死亡、残疾(含精神残疾)或者所受伤害经有合法资质的机构鉴定为重伤或者诊断、鉴定为严重精神障碍的,人民法院赔偿委员会应当认定侵权行为致人精神损害并且造成严重后果。

五、妥善处理两种责任方式的内在关系

人民法院赔偿委员会适用精神损害赔偿条款,应当妥善处理"消除影响,恢复名誉,赔礼道歉"与"支付相应的精神损害抚慰金"两种责任方式的内在关系。

侵权行为致人精神损害但未造成严重后果的,人民法院赔偿委员会应当根据案件具体情况决定由赔偿义务机关为受害人消除影响、恢复名誉或者向其赔礼道歉。

侵权行为致人精神损害且造成严重后果的,人民法院赔偿委员会除依照前述规定决定由赔偿义务机关为受害人消除影响、恢复名誉或者向其赔礼道歉外,还应当决定由赔偿义务机关支付相应的精神损害抚慰金。

六、正确适用"消除影响,恢复名誉,赔礼道歉"责任方式

人民法院赔偿委员会适用精神损害赔偿条款,要注意"消除影响、恢复名誉"与"赔礼道歉"作为非财产责任方式,既可以单独适用,也可以合并适用。其中,消除影响、恢复名誉应当公开进行。

人民法院赔偿委员会可以根据赔偿义务机关与赔偿请求人协商的情况,或者根据侵权行为直接影响所及、受害人住所地、经常居住地等因素确定履行范围,决定由赔偿义务机关以适当方式公开为受害人消除影响、恢复名誉。人民法院赔偿委员会决定由赔偿义务机关公开赔礼道歉的,参照前述规定执行。

赔偿义务机关在案件审理终结前已经履行消除影响、恢复名誉或者赔礼道歉义务的,人民法院赔偿委员会可以在国家赔偿决定书中予以说明,不再写入决定主文。人民法院赔偿委员会决定由赔偿义务机关为受害人消除影响、恢复名誉或者向其赔礼道歉的,赔偿义务机关应当自收到人民法院赔偿委员会国家赔偿决定书之日起三十日内主动履行消除影响、恢复名誉或者赔礼道歉义务。赔偿义务机关逾期未履行的,赔偿请求人可以向作出生效国家赔偿决定的赔偿委员会所在法院申请强制执行。强制执行产生的费用由赔偿义务机关负担。

七、综合酌定"精神损害抚慰金"的具体数额

人民法院赔偿委员会适用精神损害赔偿条款,决定采用"支付相应的精神损害抚慰金"方式的,应当综合考虑以下因素确定精神损害抚慰金的具体数额:精神损害事实和严重后果的具体情况;侵权机关及其工作人员的违法、过错程度;侵权的手段、方式等具体情节;罪名、刑罚的轻重;纠错的环节及过程;赔偿请求人住所地或者经常居住地平均生活水平;赔偿义务机关所在地平均生活水平;其他应当考虑的因素。

人民法院赔偿委员会确定精神损害抚慰金的具体数额,还应当注意体现法律规定的"抚慰"性质,原则上不超过依照国家赔偿法第三十三条、第三十四条所确定的人身自由赔偿金、生命健康赔偿金总额的百分之三十五,最低不少于一千元。

受害人对精神损害事实和严重后果的产生或者扩大有过错的,可以根据其过错程度减少或者不予支付精神损害抚慰金。

八、认真做好法律释明工作

人民法院赔偿委员会发现赔偿请求人在申请国家赔偿时仅就人身自由或者生命健康所受侵害提出赔偿申请,没有同时就精神损害提出赔偿申请的,应当向其释明国家赔偿法第三十五条的内容,并将相关情况记录在案。在案件终结后,赔偿请求人基于同一事实、理由,就同一赔偿义务机关另行提出精神损害赔偿申请的,人民法院一般不予受理。

九、其他国家赔偿案件的参照适用

人民法院审理国家赔偿法第三条、第三十八条规定的涉及侵犯人身权的国家赔偿案件,以及人民法院办理涉及侵犯人身权的自赔案件,需要适用精神损害赔偿条款的,参照本意见处理。

最高人民法院关于《中华人民共和国国家赔偿法》溯及力和人民法院赔偿委员会受案范围问题的批复

1. 1995年1月29日
2. 法复〔1995〕1号

各省、自治区、直辖市高级人民法院,解放军军事法院:
《中华人民共和国国家赔偿法》(以下简称《国家赔偿法》)公布和施行以来,一些地方高级人民法院就该法的溯及力和人民法院赔偿委员会受理案件的范围问题请示我院,经研究,现答复如下:

一、根据《国家赔偿法》第三十五条规定,《国家赔偿法》1995年1月1日起施行。《国家赔偿法》不溯及既往。即:国家机关及其工作人员行使职权时侵犯公民、法人和其他组织合法权益的行为,发生在1994年12月31日以前的,依照以前的有关规定处理。发生在1995年1月1日以后并经依法确认的,适用《国家赔偿法》予以赔偿。发生在1994年12月31日以前,但持续至1995年1月1日以后,并经依法确认的,属于1995年1月1日以后应予赔偿的部分,适用《国家赔偿法》予以赔偿;属于1994年12月31日以前应予赔偿的部分,适用当时的规定予以赔偿;当时没有规定的,参照《国家赔偿法》的规定予以赔偿。

二、依照《国家赔偿法》的有关规定,人民法院赔偿委员会受理下列案件:
1. 行使侦查、检察、监狱管理职权的机关及其工作人员在行使职权时侵犯公民、法人和其他组织的人身权、财产权,造成损害,经依法确认应予赔偿,赔偿请求人经依法申请赔偿和申请复议,因对复议决定不服或者复议机关逾期不作决定,在法定期间内向复议机关所在地的同级人民法院赔偿委员会申请作出赔偿决定的;
2. 人民法院是赔偿义务机关,赔偿请求人经申请赔偿,因赔偿义务机关逾期不予赔偿或者赔偿请求人对赔偿数额有异议,在法定期间内向赔偿义务机关的上一级人民法院赔偿委员会申请作出赔偿决定的。

最高人民法院关于人民法院赔偿委员会依照《中华人民共和国国家赔偿法》第三十条规定纠正原生效的赔偿委员会决定应如何适用人身自由赔偿标准问题的批复

1. 2014年6月23日最高人民法院审判委员会第1621次会议通过
2. 2014年6月30日公布
3. 法释〔2014〕7号
4. 自2014年8月1日起施行

吉林、山东、河南省高级人民法院:
关于人民法院赔偿委员会在赔偿申诉监督程序中如何适用人身自由赔偿标准问题,经研究,批复如下:
人民法院赔偿委员会依照《中华人民共和国国家赔偿法》第三十条规定纠正原生效的赔偿委员会决定时,原决定的错误系漏算部分侵犯人身自由天数的,应在维持原决定支付的人身自由赔偿金的同时,就漏算天数按照重新审查或者直接审查后作出决定时的上年度国家职工日平均工资标准计算相应的人身自由赔偿金;原决定的错误系未支持人身自由赔偿请求的,按照重新审查或者直接审查后作出决定时的上年度国家职工日平均工资标准计算人身自由赔偿金。

最高人民法院关于作出国家赔偿决定时适用2018年度全国职工日平均工资标准的通知

1. 2019年5月15日
2. 法〔2019〕112号

各省、自治区、直辖市高级人民法院,解放军军事法院,新疆维吾尔自治区高级人民法院生产建设兵团分院:
根据国家统计局2019年5月14日发布的2018年全国城镇非私营单位就业人员年平均工资数额,2018年全国城镇非私营单位就业人员年平均工资为82461元。按照人力资源社会保障部提供的日平均工资的计算公式,日平均工资标准为82461(元)÷12(月)÷21.75(月计薪天数)=315.94元。据此,根据《中华人民共和国国家赔偿法》第三十三条和《最高人民法院、最高人民检察院关于办理刑事赔偿案件适用法律若干问题的解释》第二十一条第二款的规定,各级人民法院自2019年5月15日起,作出国家赔偿决定时,对侵犯公民人身自由的,每日赔偿金应为315.94元。

特此通知,请遵照执行。

2. 行政赔偿

公安机关办理国家赔偿案件程序规定

1. 2018年9月1日公安部令第150号公布
2. 自2018年10月1日起施行

第一章 总 则

第一条 为了规范公安机关办理国家赔偿案件程序，促进公安机关在办理国家赔偿案件中正确履行职责，保障公民、法人和其他组织享有依法取得国家赔偿的权利，根据《中华人民共和国国家赔偿法》（以下简称《国家赔偿法》）和《国家赔偿费用管理条例》等有关法律、行政法规，制定本规定。

第二条 本规定所称国家赔偿案件，是指行政赔偿案件、刑事赔偿案件和刑事赔偿复议案件。

第三条 公安机关办理国家赔偿案件应当坚持实事求是、依法公正、规范高效、有错必纠的原则。

第四条 公安机关法制部门是办理国家赔偿案件的主管部门，依法履行下列职责：

（一）接收赔偿申请，审查赔偿请求和事实理由，履行相关法律手续；

（二）接收刑事赔偿复议申请，审查复议请求和事实理由，履行相关法律手续；

（三）接收并审查支付赔偿费用申请，接收并审查对支付赔偿费用申请不予受理决定的复核申请；

（四）参加人民法院审理赔偿案件活动；

（五）提出追偿赔偿费用意见，接收并审查对追偿赔偿费用不服的申诉；

（六）其他应当履行的职责。

第五条 公安机关相关部门应当按照职责分工，配合法制部门共同做好国家赔偿案件办理工作。

执法办案部门负责提供赔偿请求所涉职权行为的情况及相关材料，与法制部门共同研究案情，共同参加人民法院审理赔偿案件活动。

装备财务（警务保障）部门负责向财政部门申请支付赔偿费用，向赔偿请求人支付赔偿费用，将追偿的赔偿费用上缴财政部门。

第二章 行政赔偿和刑事赔偿

第一节 申请和受理

第六条 赔偿请求人申请赔偿，应当向赔偿义务机关提出。

公安机关及其工作人员行使职权侵犯公民、法人或者其他组织合法权益，造成损害的，该公安机关为赔偿义务机关。

公安机关内设机构和派出机构及其工作人员有前款情形的，所属公安机关为赔偿义务机关。

看守所、拘留所、强制隔离戒毒所等羁押监管场所及其工作人员有第二款情形的，主管公安机关为赔偿义务机关。

第七条 申请赔偿应当提交赔偿申请书，载明受害人的基本情况、赔偿请求、事实根据和理由、申请日期，并由赔偿请求人签名、盖章或者捺指印。

赔偿请求人书写确有困难的，可以口头申请。赔偿义务机关法制部门应当制作笔录，经赔偿请求人确认无误后签名、盖章或者捺指印。

第八条 申请赔偿除提交赔偿申请书外，还应当提交下列材料：

（一）赔偿请求人的身份证明材料。赔偿请求人不是受害人本人的，提供与受害人关系的证明。赔偿请求人委托他人代理赔偿请求事项的，提交授权委托书，以及代理人的身份证明；代理人为律师的，同时提交律师执业证明及律师事务所证明；

（二）赔偿请求所涉职权行为的法律文书或者其他证明材料；

（三）赔偿请求所涉职权行为造成损害及其程度的证明材料。

不能提交前款第二项、第三项所列材料的，赔偿请求人应当书面说明情况和理由。

第九条 赔偿义务机关法制部门收到当面递交赔偿申请的，应当当场出具接收凭证。

赔偿义务机关其他部门遇有赔偿请求人当面递交或者口头提出赔偿申请的，应当当场联系法制部门接收；收到以邮寄或者其他方式递交的赔偿申请，应当自收到之日起二个工作日内转送法制部门。

第十条 赔偿义务机关法制部门收到赔偿申请后，应当在五个工作日内予以审查，并分别作出下列处理：

（一）申请材料不齐全或者表述不清楚的，经本部门负责人批准，一次性书面告知赔偿请求人需要补正的全部事项和合理的补正期限；

（二）不符合申请条件的，经本机关负责人批准，决定不予受理并书面告知赔偿请求人；

（三）除第一项、第二项情形外，自赔偿义务机关法制部门收到申请之日起即为受理。

第十一条 有下列情形之一的，赔偿申请不符合申请条件：

（一）本机关不是赔偿义务机关的；

（二）赔偿请求人不适格的；

（三）赔偿请求事项不属于国家赔偿范围的；

（四）超过请求时效且无正当理由的；

（五）基于同一事实的赔偿请求已经通过申请行政复议或者提起行政诉讼提出，正在审理或者已经作出予以赔偿、不予赔偿结论的；

（六）赔偿申请应当在终止追究刑事责任后提出，有证据证明尚未终止追究刑事责任的。

赔偿申请受理后，发现有前款情形之一的，赔偿义务机关应当在受理之日起两个月内，经本机关负责人批准，驳回赔偿申请。

对于第一款第六项情形，决定不予受理或者驳回申请的，同时告知赔偿请求人在终止追究刑事责任后重新申请。

第十二条 赔偿请求人在补正期限内对赔偿申请予以补正的，赔偿义务机关法制部门应当自收到之日起五个工作日内予以审查。不符合申请条件的，经本机关负责人批准，决定不予受理并书面告知赔偿请求人。未书面告知不予受理的，自赔偿义务机关法制部门收到补正材料之日起即为受理。

赔偿义务机关法制部门在补正期限届满后第十个工作日仍未收到补正材料的，应当自该日起五个工作日内，对已经提交的赔偿申请予以审查。不符合申请条件的，经本机关负责人批准，决定不予受理并书面告知赔偿请求人。未书面告知不予受理的，自补正期限届满后第十个工作日起即为受理。

第十三条 赔偿义务机关对赔偿请求已作出处理，赔偿请求人无正当理由基于同一事实再次申请赔偿的，不再处理。

第二节 审 查

第十四条 赔偿义务机关法制部门应当自赔偿申请受理之日起五个工作日内，将申请材料副本送赔偿请求所涉执法办案部门。执法办案部门应当自收到之日起十个工作日内向法制部门作出书面答复，并提供赔偿请求所涉职权行为的证据、依据和其他材料。

第十五条 赔偿义务机关应当全面审查赔偿请求的事实、证据和理由。重点查明下列事项：

（一）赔偿请求所涉职权行为的合法性；

（二）侵害事实、损害后果及因果关系；

（三）是否具有国家不承担赔偿责任的法定情形。

除前款所列查明事项外，赔偿义务机关还应当按照本规定第十六条至第十九条的规定，分别重点审查有关事项。

第十六条 赔偿请求人主张人身自由权赔偿的，重点审查赔偿请求所涉限制人身自由的起止时间。

第十七条 赔偿请求人主张生命健康权赔偿的，重点审查下列事项：

（一）诊断证明、医疗费用凭据，以及护理、康复、后续治疗的证明；

（二）死亡证明书，伤残、部分或者全部丧失劳动能力的鉴定意见。

赔偿请求提出因误工减少收入的，还应当审查收入证明、误工证明等。受害人死亡或者全部丧失劳动能力的，还应当审查其是否扶养未成年人或者其他无劳动能力人，以及所承担的扶养义务。

第十八条 赔偿请求人主张财产权赔偿的，重点审查下列事项：

（一）查封、扣押、冻结、收缴、追缴、没收的财物不能恢复原状或者灭失的，财物损失发生时的市场价格；查封、扣押、冻结、收缴、追缴、没收的财物被拍卖或者变卖的，拍卖或者变卖及其价格的证明材料，以及变卖时的市场价格；

（二）停产停业期间必要经常性开支的证明材料。

第十九条 赔偿请求人主张精神损害赔偿的，重点审查下列事项：

（一）是否存在《国家赔偿法》第三条或者第十七条规定的侵犯人身权行为；

（二）精神损害事实及后果；

（三）侵犯人身权行为与精神损害事实及后果的因果关系。

第二十条 赔偿审查期间，赔偿请求人可以变更赔偿请求。赔偿义务机关认为赔偿请求人提出的赔偿请求事项不全或者不准确的，可以告知赔偿请求人在审查期限届满前变更赔偿请求。

第二十一条　赔偿审查期间,赔偿义务机关法制部门可以调查核实情况,收集有关证据。有关单位和人员应当予以配合。

第二十二条　对赔偿请求所涉职权行为,有权机关已经作出生效法律结论,该结论所采信的证据可以作为赔偿审查的证据。

第二十三条　赔偿审查期间,有下列情形之一的,经赔偿义务机关负责人批准,中止审查并书面告知有关当事人:

（一）作为赔偿请求人的公民丧失行为能力,尚未确定法定代理人的;

（二）作为赔偿请求人的公民下落不明或者被宣告失踪的;

（三）作为赔偿请求人的公民死亡,其继承人和其他有扶养关系的亲属尚未确定是否参加赔偿审查的;

（四）作为赔偿请求人的法人或者其他组织终止,尚未确定权利义务承受人,或者权利义务承受人尚未确定是否参加赔偿审查的;

（五）赔偿请求人因不可抗力不能参加赔偿审查的;

（六）赔偿审查涉及法律适用问题,需要有权机关作出解释或者确认的;

（七）赔偿审查需要以其他尚未办结案件的结果为依据的;

（八）其他需要中止审查的情形。

中止审查的情形消除后,应当在二个工作日内恢复审查,并书面告知有关当事人。

中止审查不符合第一款规定的,应当立即恢复审查。不恢复审查的,上一级公安机关应当责令恢复审查。

第二十四条　赔偿审查期间,有下列情形之一的,经赔偿义务机关负责人批准,终结审查并书面告知有关当事人:

（一）作为赔偿请求人的公民死亡,没有继承人和其他有扶养关系的亲属,或者继承人和其他有扶养关系的亲属放弃要求赔偿权利的;

（二）作为赔偿请求人的法人或者其他组织终止,没有权利义务承受人,或者权利义务承受人放弃要求赔偿权利的;

（三）赔偿请求人自愿撤回赔偿申请的。

前款第一项中的继承人和其他有扶养关系的亲属、第二项中的权利义务承受人、第三项中的赔偿请求人为数人,非经全体同意放弃要求赔偿权利或者撤回赔偿申请的,不得终结审查。

第三节　决　　定

第二十五条　对受理的赔偿申请,赔偿义务机关应当自受理之日起两个月内,经本机关负责人批准,分别作出下列决定:

（一）违法行使职权造成侵权的事实清楚,应当予以赔偿的,作出予以赔偿的决定,并载明赔偿方式、项目和数额;

（二）违法行使职权造成侵权的事实不成立,或者具有国家不承担赔偿责任法定情形的,作出不予赔偿的决定。

按照前款第一项作出决定,不限于赔偿请求人主张的赔偿方式、项目和数额。

第二十六条　在查清事实的基础上,对应当予以赔偿的,赔偿义务机关应当充分听取赔偿请求人的意见,可以就赔偿方式、项目和数额在法定范围内进行协商。

协商应当遵循自愿、合法原则。协商达成一致的,赔偿义务机关应当按照协商结果作出赔偿决定;赔偿请求人不同意协商,或者协商未达成一致,或者赔偿请求人在赔偿决定作出前反悔的,赔偿义务机关应当依法作出赔偿决定。

第二十七条　侵犯公民人身自由的每日赔偿金,按照作出决定时的国家上年度职工日平均工资计算。

作出决定时国家上年度职工日平均工资尚未公布的,以公布的最近年度职工日平均工资为准。

第二十八条　执行行政拘留或者采取刑事拘留措施被决定赔偿的,计算赔偿金的天数按照实际羁押的天数计算。羁押时间不足一日的,按照一日计算。

第二十九条　依法应当予以赔偿但赔偿请求人所受损害的程度因客观原因无法确定的,赔偿数额应当结合赔偿请求人的主张和在案证据,运用逻辑推理和生活经验、生活常识等酌情确定。

第三十条　赔偿请求人主张精神损害赔偿的,作出决定应当载明是否存在精神损害并承担赔偿责任。承担精神损害赔偿责任的,应当载明消除影响、恢复名誉、赔礼道歉等承担方式;支付精神损害抚慰金的,应当载明具体数额。

精神损害抚慰金数额的确定,可以参照人民法院审理国家赔偿案件适用精神损害赔偿的规定,综合考虑精神损害事实和严重后果、侵权手段、方式等具体情节,纠错环节及过程,赔偿请求人住所地或者经常居住地平均生活水平,赔偿义务机关所在地平均生活水平等因素。法律法规对精神损害抚慰金的数额作出规定的,从其规定。

第三十一条 赔偿义务机关对行政赔偿请求作出不予受理、驳回申请、终结审查、予以赔偿、不予赔偿决定,或者逾期未作决定,赔偿请求人不服的,可以依照《国家赔偿法》第十四条规定提起行政赔偿诉讼。

赔偿义务机关对刑事赔偿请求作出不予受理、驳回申请、终结审查、予以赔偿、不予赔偿决定,或者逾期未作决定,赔偿请求人不服的,可以依照《国家赔偿法》第二十四条规定申请刑事赔偿复议。

第三章　刑事赔偿复议

第一节　申请和受理

第三十二条 赔偿请求人申请刑事赔偿复议,应当向赔偿义务机关的上一级公安机关提出。赔偿义务机关是公安部的,向公安部提出。

第三十三条 申请刑事赔偿复议应当提交复议申请书,载明受害人的基本情况、复议请求、事实根据和理由、申请日期,并由赔偿请求人签名、盖章或者捺指印。

赔偿请求人书写确有困难的,可以口头申请。复议机关法制部门应当制作笔录,经赔偿请求人确认无误后签名、盖章或者捺指印。

第三十四条 申请刑事赔偿复议除提交复议申请书外,还应当提交下列材料:

(一)赔偿请求人的身份证明材料。赔偿请求人不是受害人本人的,提供与受害人关系的证明。赔偿请求人委托他人代理复议事项的,提交授权委托书,以及代理人的身份证明。代理人为律师的,同时提交律师执业证明及律师事务所证明;

(二)向赔偿义务机关提交的赔偿申请材料及申请赔偿的证明材料;

(三)赔偿义务机关就赔偿申请作出的决定书。赔偿义务机关逾期未作决定的除外。

第三十五条 复议机关法制部门收到当面递交复议申请的,应当当场出具接收凭证。

复议机关其他部门遇有赔偿请求人当面递交或者口头提出复议申请的,应当当场联系法制部门接收;收到以其他方式递交复议申请的,应当自收到之日起二个工作日内转送法制部门。

第三十六条 复议机关法制部门收到复议申请后,应当在五个工作日内予以审查,并分别作出下列处理:

(一)申请材料不齐全或者表述不清楚的,经本部门负责人批准,一次性书面告知赔偿请求人需要补正的全部事项和合理的补正期限;

(二)不符合申请条件的,经本机关负责人批准,决定不予受理并书面告知赔偿请求人;

(三)除第一项、第二项情形外,自复议机关法制部门收到申请之日即为受理。

第三十七条 有下列情形之一的,复议申请不符合申请条件:

(一)本机关不是复议机关的;

(二)赔偿请求人申请复议不适格的;

(三)不属于复议范围的;

(四)超过申请复议法定期限且无正当理由的;

(五)申请复议前未向赔偿义务机关申请赔偿的;

(六)赔偿义务机关对赔偿申请未作出决定但审查期限尚未届满的。

复议申请受理后,发现有前款情形之一的,复议机关应当在受理之日起两个月内,经本机关负责人批准,驳回复议申请。

第三十八条 赔偿请求人在补正期限内对复议申请予以补正的,复议机关法制部门应当自收到之日起五个工作日内予以审查。不符合申请条件的,经本机关负责人批准,决定不予受理并书面告知赔偿请求人。未书面告知不予受理的,自复议机关法制部门收到补正材料之日起即为受理。

复议机关法制部门在补正期限届满后第十个工作日仍未收到补正材料的,应当自该日起五个工作日内,对已经提交的复议申请予以审查。不符合申请条件的,经本机关负责人批准,决定不予受理并书面告知赔偿请求人。未书面告知不予受理的,自补正期限届满后第十个工作日之日起即为受理。

第三十九条 复议机关对复议申请已作出处理,赔偿请求人无正当理由基于同一事实再次申请复议的,不再处理。

第二节　审　查

第四十条 复议机关法制部门应自复议申请受理之日起五个工作日内,将申请材料副本送赔偿义务机关。赔偿义务机关应当自收到之日起十个工作日内向复议机关作出书面答复,并提供相关证据、依据和其他材料。

第四十一条　复议机关应当全面审查赔偿义务机关是否按照本规定第二章的规定对赔偿申请作出处理。

第四十二条　赔偿请求人申请复议时变更向赔偿义务机关提出的赔偿请求，或者在复议审查期间变更复议请求的，复议机关应当予以审查。

复议机关认为赔偿请求人提出的复议请求事项不全或者不准确的，可以告知赔偿请求人在审查期限届满前变更复议请求。

第四十三条　赔偿请求人和赔偿义务机关对自己的主张负有举证责任。没有证据或者证据不足以证明事实主张的，由负有举证责任的一方承担不利后果。

赔偿义务机关对其职权行为的合法性，以及《国家赔偿法》第二十六条第二款规定的情形负有举证责任。赔偿请求人可以提供证明赔偿义务机关职权行为违法的证据，但不因此免除赔偿义务机关的举证责任。

第四十四条　复议审查期间，复议机关法制部门可以调查核实情况，收集有关证据。有关单位和人员应当予以配合。

第四十五条　复议审查期间，有下列情形之一的，经复议机关负责人批准，中止审查并书面告知有关当事人：

（一）作为赔偿请求人的公民丧失行为能力，尚未确定法定代理人的；

（二）作为赔偿请求人的公民下落不明或者被宣告失踪的；

（三）作为赔偿请求人的公民死亡，其继承人和其他有扶养关系的亲属尚未确定是否参加复议审查的；

（四）作为赔偿请求人的法人或者其他组织终止，尚未确定权利义务承受人，或者权利义务承受人尚未确定是否参加复议审查的；

（五）赔偿请求人因不可抗力不能参加复议审查的；

（六）复议审查涉及法律适用问题，需要有权机关作出解释或者确认的；

（七）复议审查需要以其他尚未办结案件的结果为依据的；

（八）其他需要中止审查的情形。

中止审查的情形消除后，应当在二个工作日内恢复审查，并书面告知有关当事人。

中止审查不符合第一款规定的，应当立即恢复审查。不恢复审查的，上一级公安机关应当责令恢复审查。

第四十六条　复议审查期间，有下列情形之一的，经复议机关负责人批准，终结审查并书面告知有关当事人：

（一）作为赔偿请求人的公民死亡，没有继承人和其他有扶养关系的亲属，或者继承人和其他有扶养关系的亲属放弃复议权利的；

（二）作为赔偿请求人的法人或者其他组织终止，没有权利义务承受人，或者权利义务承受人放弃复议权利的；

（三）赔偿请求人自愿撤回复议申请的。

前款第一项中的继承人和其他有扶养关系的亲属、第二项中的权利义务承受人、第三项中的赔偿请求人为数人，非经全体同意放弃复议权利或者撤回复议申请的，不得终结审查。

第三节　决　定

第四十七条　对受理的复议申请，复议机关应当自受理之日起两个月内，经本机关负责人批准作出决定。

第四十八条　复议机关可以组织赔偿义务机关与赔偿请求人就赔偿方式、项目和数额在法定范围内进行调解。

调解应当遵循自愿、合法的原则。经调解达成一致的，复议机关应当按照调解结果作出复议决定。赔偿请求人或者赔偿义务机关不同意调解，或者调解未达成一致，或者一方在复议决定作出前反悔的，复议机关应当依法作出复议决定。

第四十九条　对赔偿义务机关作出的予以赔偿或者不予赔偿决定，分别作出下列决定：

（一）认定事实清楚，适用法律正确，符合法定程序的，予以维持；

（二）认定事实清楚，适用法律正确，但违反法定程序的，维持决定结论并确认程序违法；

（三）认定事实不清、适用法律错误或者据以作出决定的法定事由发生变化的，依法重新作出决定或者责令限期重作。

第五十条　对赔偿义务机关作出的不予受理、驳回申请、终结审查决定，分别作出下列决定：

（一）符合规定情形和程序的，予以维持；

（二）符合规定情形，但违反规定程序的，维持决定结论并确认程序违法；

（三）不符合规定情形，或者据以作出决定的法定事由发生变化的，责令继续审查或者依法重新作出决定。

第五十一条　赔偿义务机关逾期未作出决定的，责令限期作出决定或者依法作出决定。

第五十二条　复议机关作出不予受理、驳回申请、终结审查、复议决定,或者逾期未作决定,赔偿请求人不服的,可以依照《国家赔偿法》第二十五条规定,向复议机关所在地的同级人民法院赔偿委员会申请作出赔偿决定。

第四章 执 行

第五十三条 赔偿义务机关必须执行生效赔偿决定、复议决定、判决和调解。

第五十四条 生效赔偿决定、复议决定、判决和调解按照下列方式执行:

(一)要求返还财物或者恢复原状的,赔偿请求所涉赔偿义务机关执法办案部门应当在三十日内办结。情况复杂的,经本机关负责人批准,可以延长三十日。

(二)要求支付赔偿金的,赔偿义务机关法制部门应当依照《国家赔偿费用管理条例》的规定,将生效的赔偿决定书、复议决定书、判决书和调解书等有关材料提供给装备财务(警务保障)部门,装备财务(警务保障)部门报经本机关负责人批准后,依照预算管理权限向财政部门提出书面支付申请并提供有关材料。

(三)要求为赔偿请求人消除影响、恢复名誉、赔礼道歉的,赔偿义务机关或者其负责人应当及时执行。

第五十五条 财政部门告知赔偿义务机关补正申请材料的,赔偿义务机关装备财务(警务保障)部门应当会同法制部门自收到告知之日起五个工作日内按照要求补正材料并提交财政部门。

第五十六条 财政部门向赔偿义务机关支付赔偿金的,赔偿义务机关装备财务(警务保障)部门应当及时向赔偿请求人足额支付赔偿金,不得拖延、截留。

第五十七条 赔偿义务机关支付赔偿金后,应当依照《国家赔偿法》第十六条第一款、第三十一条第一款的规定,向责任人员追偿部分或者全部赔偿费用。

第五十八条 追偿赔偿费用由赔偿义务机关法制部门会同赔偿请求所涉执法办案部门等有关部门提出追偿意见,经本机关主要负责人批准,由装备财务(警务保障)部门书面通知有预算管理权限的财政部门,并责令被追偿人缴纳追偿赔偿费用。

追偿数额的确定,应当综合考虑赔偿数额,以及被追偿人过错程度、损害后果等因素确定,并为被追偿人及其扶养的家属保留必需的生活费用。

第五十九条 被追偿人对追偿赔偿费用不服的,可以向赔偿义务机关或者其上一级公安机关申诉。

第六十条 赔偿义务机关装备财务(警务保障)部门应当依照相关规定,将追偿的赔偿费用上缴有预算管理权限的财政部门。

第五章 责任追究

第六十一条 有下列情形之一的,对直接负责的主管人员或者其他直接责任人员,依照有关规定给予行政纪律处分或者作出其他处理:

(一)未按照本规定对赔偿申请、复议申请作出处理的;

(二)不配合或者阻挠国家赔偿办案人员调查取证,不提供有关情况和证明材料,或者提供虚假材料的;

(三)未按照本规定执行生效赔偿决定、复议决定、判决和调解的;

(四)未按照本规定上缴追偿赔偿费用的;

(五)办理国家赔偿案件的其他渎职、失职行为。

第六十二条 公安机关工作人员在办理国家赔偿案件中,徇私舞弊,打击报复赔偿请求人的,依照有关规定给予行政纪律处分;构成犯罪的,依法追究刑事责任。

第六章 附 则

第六十三条 下列情形所需时间,不计入国家赔偿审查期限:

(一)向赔偿请求人调取证据材料的;

(二)涉及专门事项委托鉴定、评估的。

赔偿请求人在国家赔偿审查期间变更请求的,审查期限从公安机关收到之日起重新计算。

第六十四条 公安机关按照本规定制作的法律文书,应当加盖本机关印章或者国家赔偿专用章。中止审查、终结审查、驳回申请、赔偿决定、复议决定的法律文书,应当自作出之日起十日内送达。

第六十五条 本规定自2018年10月1日起施行。2014年6月1日施行的《公安机关办理国家赔偿案件程序规定》同时废止。

司法行政机关行政赔偿、刑事赔偿办法

1995年9月8日司法部令第40号公布施行

第一章 总 则

第一条 为保障公民、法人和其他组织的合法权益,促进

司法行政机关依法行使职权,根据《中华人民共和国国家赔偿法》,制定本办法。

第二条 司法行政机关及其工作人员违法行使职权侵犯公民、法人和其他组织的合法权益造成损害的,应依照国家有关规定给予受害人行政赔偿或者刑事赔偿。

第三条 司法行政机关行政赔偿、刑事赔偿工作坚持以事实为依据,以法律为准绳,有错必纠的原则。

第四条 司法行政机关办理行政赔偿、刑事赔偿案件,实行有关业务部门承办,法制工作部门审核,机关负责人决定的制度。

第二章 赔偿范围

第五条 司法行政机关的监狱部门及其工作人员在行使职权时,有下列侵犯人身权情形之一的,应当予以刑事赔偿:

(一)刑讯逼供或者体罚、虐待服刑人员,造成身体伤害或死亡的;

(二)殴打或者唆使、纵容他人殴打服刑人员,造成严重后果的;

(三)侮辱服刑人员造成严重后果的;

(四)对服刑期满的服刑人员无正当理由不予释放的;

(五)违法使用武器、警械、戒具造成公民身体伤害、死亡的;

(六)其他违法行为造成服刑人员身体伤害或者死亡的。

第六条 司法行政机关的劳动教养管理所及其工作人员在行使职权时,有下列侵犯人身权情形之一的,应当予以行政赔偿:

(一)刑讯逼供或者体罚、虐待被劳动教养人员,造成身体伤害或死亡的;

(二)殴打或者唆使、纵容他人殴打被劳动教养人员,造成严重后果的;

(三)侮辱被劳动教养人员造成严重后果的;

(四)对劳动教养期满的被劳动教养人员,无正当理由不予解教的;

(五)违法使用武器、警械、戒具造成公民身体伤害、死亡的;

(六)其他违法行为造成被劳动教养人员身体伤害或者死亡的。

第七条 司法行政机关及其工作人员在行使职权时有下列侵犯财产权情形之一的,应当予以赔偿:

(一)违法或错误决定吊销律师执业证的;

(二)违法或错误决定责令律师停止执业,以及对律师事务所停业整顿的;

(三)违法或错误决定吊销公证员执业证的;

(四)违法或错误决定责令公证处停业或者撤销公证处的;

(五)在各项管理工作中,其他违法行为给公民、法人和其他组织造成财产损害的。

第八条 属于下列情形之一的,司法行政机关不予赔偿:

(一)与行使司法行政机关管理职权无关的机关工作人员的个人行为;

(二)服刑人员、被劳动教养人员自伤自残的行为;

(三)因公民、法人和其他组织自己的行为致使损害发生的;

(四)法律规定的其他情形。

第三章 赔偿程序

第九条 司法行政机关的法制工作部门为赔偿案件受理机构,负责对赔偿请求进行初步审查并决定是否立案。

司法行政机关的监狱、劳动教养管理所的赔偿案件由监狱、劳动教养管理所受理、承办和审核。

第十条 请求赔偿应由请求人填写《行政(刑事)赔偿申请登记表》。特殊情况不能以书面方式提出的,可以口头方式提出,由受理机关承办人员代为填写并作出笔录,当事人签名。

第十一条 受理赔偿申请应当查明下述情况:

(一)是否属于本办法第五条、第六条、第七条规定的赔偿范围;

(二)有无本办法第八条规定的不承担赔偿责任的情形;

(三)请求人是否符合国家赔偿法第六条规定的条件;

(四)是否应由本机关予以赔偿;

(五)赔偿请求是否已过时效;

(六)请求赔偿的有关材料是否齐全。

第十二条 对已立案的赔偿案件,由案件受理机构分送有关业务部门,业务部门应指定与该案无直接利害关系的人员办理。

特殊情况外,也可由案件受理机构直接办理。

第十三条 承办部门应在一个月内对赔偿请求提出予以赔偿或不予赔偿的意见,连同有关材料报送法制工作部门审核。

承办部门确认应由本机关负赔偿责任的案件,应当提出赔偿数额、赔偿方式。

第十四条 法制工作部门对承办部门的意见应在10日内进行审核,并报本机关负责人批准。

第十五条 司法行政机关对符合法定赔偿条件,决定予以赔偿的,制作《行政(刑事)赔偿决定书》。

对不符合法定赔偿条件,决定不予赔偿的,制作《不予赔偿决定书》。

《行政(刑事)赔偿决定书》和《不予赔偿决定书》由机关负责人签署,加盖机关印章,并送达赔偿请求人。

第十六条 对本机关不负有赔偿义务的申请,应通知赔偿请求人向有赔偿义务的机关提出。

赔偿义务人是其他司法行政机关的,也可以根据申请人的请求,收案后移送有赔偿义务的司法行政机关。

第四章 复 议

第十七条 司法行政机关对赔偿请求人的申请不予确认的,赔偿请求人有权向上一级司法行政机关提出申诉。

上一级司法行政机关对于下级司法行政机关不予确认的赔偿请求,可以自行确认,也可以责成下级司法行政机关予以确认。

第十八条 赔偿请求人对赔偿义务机关的决定持有异议的,可以向上一级司法行政机关提出复议,复议申请可以直接向上一级司法行政机关提出,也可以通过原承办案件的司法行政机关转交。

第十九条 对监狱、劳动教养管理所作出的决定不服的复议申请,分别由监狱、劳动教养管理所所属的省一级或地区一级司法行政机关负责。

第二十条 负责复议的司法行政机关收到复议申请后,应及时调取案卷和有关材料进行审查。对事实不清的,可以要求原承办案件的司法行政机关补充调查,也可以自行调查。

第二十一条 对复议申请进行审查后,按下列情形,分别作出复议决定:

(一)原决定事实清楚,适用法律正确的,予以维持;

(二)原决定认定事实不清楚、适用法律错误,或赔偿方式、赔偿数额不当的,撤销原决定,重新作出决定。

第二十二条 复议决定作出后,应制作《行政(刑事)复议决定书》,复议决定书由机关负责人签署,加盖机关印章。

第二十三条 复议决定书可以直接送达,也可以委托赔偿请求人所在地的司法行政机关送达。

第五章 执 行

第二十四条 负有赔偿义务的司法行政机关负责赔偿决定的执行。

第二十五条 赔偿应分别根据下列不同情况执行:

赔偿请求人对赔偿决定无异议的,按赔偿决定书执行;

赔偿请求人对赔偿决定提出复议的,按复议决定书执行;

赔偿请求人向人民法院赔偿委员会申请,并由人民法院赔偿委员会作出赔偿决定的,按人民法院赔偿委员会作出的赔偿决定书执行;

赔偿请求人向人民法院提起行政诉讼,人民法院作出赔偿判决的,按照判决书执行。

第二十六条 负有赔偿义务的司法行政机关应在自收到赔偿申请的2个月以内执行赔偿。

赔偿请求人向上一级司法行政机关申请复议或向人民法院赔偿委员会申请赔偿的,在收到复议决定书或人民法院赔偿委员会作出的赔偿决定书后即应执行。

第二十七条 负有赔偿义务的司法行政机关对造成受害人名誉权、荣誉权损害的,应当在侵权行为影响的范围内,为受害人消除影响,恢复名誉,赔礼道歉。

第六章 赔 偿 费 用

第二十八条 负有赔偿义务的司法行政机关能够通过返还财产或者恢复原状方式赔偿的,应以返还财产或者恢复原状的方式赔偿。

不能通过返还财产或者恢复原状方式赔偿的,主要以支付赔偿金方式赔偿。

第二十九条 支付赔偿金的计算标准,依照国家赔偿法的规定执行。

第三十条 行政赔偿和刑事赔偿费用由负有赔偿义务的司法行政机关先从本单位预算经费和留归本单位使用的资金中支付,支付后再向同级财政机关申请核拨。

第三十一条 经过行政复议的案件,最初造成侵权行为的司法行政机关和作出复议加重侵权的上级司法行政机关同时是赔偿义务机关的，由最初造成侵权行为的司法行政机关向受害人支付全部赔偿金后，再与上级司法行政机关结算各自应承担费用。

第三十二条 司法行政机关在行政赔偿中其工作人员有故意或重大过失，在刑事赔偿中工作人员有国家赔偿法第二十四条规定情形之一的，工作人员应承担全部或部分赔偿费用。追偿办法另行规定。

第三十三条 赔偿义务机关赔偿后，应写出结案报告报送上级司法行政机关。

第七章 附 则

第三十四条 本办法自发布之日起施行。

最高人民法院关于审理行政赔偿案件若干问题的规定

1. 2021年12月6日最高人民法院审判委员会第1855次会议通过
2. 2022年3月20日公布
3. 法释〔2022〕10号
4. 自2022年5月1日起施行

为保护公民、法人和其他组织的合法权益，监督行政机关依法履行行政赔偿义务，确保人民法院公正、及时审理行政赔偿案件，实质化解行政赔偿争议，根据《中华人民共和国行政诉讼法》（以下简称行政诉讼法）《中华人民共和国国家赔偿法》（以下简称国家赔偿法）等法律规定，结合行政审判工作实际，制定本规定。

一、受案范围

第一条 国家赔偿法第三条、第四条规定的"其他违法行为"包括以下情形：

（一）不履行法定职责行为；

（二）行政机关及其工作人员在履行行政职责过程中作出的不产生法律效果，但事实上损害公民、法人或者其他组织人身权、财产权等合法权益的行为。

第二条 依据行政诉讼法第一条、第十二条第一款第十二项和国家赔偿法第二条规定，公民、法人或者其他组织认为行政机关及其工作人员违法行使行政职权对其劳动权、相邻权等合法权益造成人身、财产损害的，可以依法提起行政赔偿诉讼。

第三条 赔偿请求人不服赔偿义务机关下列行为的，可以依法提起行政赔偿诉讼：

（一）确定赔偿方式、项目、数额的行政赔偿决定；

（二）不予赔偿决定；

（三）逾期不作出赔偿决定；

（四）其他有关行政赔偿的行为。

第四条 法律规定由行政机关最终裁决的行政行为被确认违法后，赔偿请求人可以单独提起行政赔偿诉讼。

第五条 公民、法人或者其他组织认为国防、外交等国家行为或者行政机关制定发布行政法规、规章或者具有普遍约束力的决定、命令侵犯其合法权益造成损害，向人民法院提起行政赔偿诉讼的，不属于人民法院行政赔偿诉讼的受案范围。

二、诉讼当事人

第六条 公民、法人或者其他组织一并提起行政赔偿诉讼中的当事人地位，按照其在行政诉讼中的地位确定，行政诉讼与行政赔偿诉讼当事人不一致的除外。

第七条 受害的公民死亡，其继承人和其他有扶养关系的人可以提起行政赔偿诉讼，并提供该公民死亡证明、赔偿请求人与死亡公民之间的关系证明。

受害的公民死亡，支付受害公民医疗费、丧葬费等合理费用的人可以依法提起行政赔偿诉讼。

有权提起行政赔偿诉讼的法人或者其他组织分立、合并、终止，承受其权利的法人或者其他组织可以依法提起行政赔偿诉讼。

第八条 两个以上行政机关共同实施侵权行政行为造成损害的，共同侵权行政机关为共同被告。赔偿请求人坚持对其中一个或者几个侵权机关提起行政赔偿诉讼，以被起诉的机关为被告，未被起诉的机关追加为第三人。

第九条 原行政行为造成赔偿请求人损害，复议决定加重损害的，复议机关与原行政行为机关为共同被告。赔偿请求人坚持对作出原行政行为机关或者复议机关提起行政赔偿诉讼，以被起诉的机关为被告，未被起诉的机关追加为第三人。

第十条 行政机关依据行政诉讼法第九十七条的规定申请人民法院强制执行其行政行为，因据以强制执行的行政行为违法而发生行政赔偿诉讼的，申请强制执行的行政机关为被告。

三、证　　据

第十一条　行政赔偿诉讼中,原告应当对行政行为造成的损害提供证据;因被告的原因导致原告无法举证的,由被告承担举证责任。

人民法院对于原告主张的生产和生活所必需物品的合理损失,应当予以支持;对于原告提出的超出生产和生活所必需的其他贵重物品、现金损失,可以结合案件相关证据予以认定。

第十二条　原告主张其被限制人身自由期间受到身体伤害,被告否认相关损害事实或者损害与违法行为存在因果关系的,被告应当提供相应的证据证明。

四、起诉与受理

第十三条　行政行为未被确认为违法,公民、法人或者其他组织提起行政赔偿诉讼的,人民法院应当视为提起行政诉讼时一并提起行政赔偿诉讼。

行政行为已被确认为违法,并符合下列条件的,公民、法人或者其他组织可以单独提起行政赔偿诉讼:

（一）原告具有行政赔偿请求资格;
（二）有明确的被告;
（三）有具体的赔偿请求和受损害的事实根据;
（四）赔偿义务机关已先行处理或者超过法定期限不予处理;
（五）属于人民法院行政赔偿诉讼的受案范围和受诉人民法院管辖;
（六）在法律规定的起诉期限内提起诉讼。

第十四条　原告提起行政诉讼时未一并提起行政赔偿诉讼,人民法院审查认为可能存在行政赔偿的,应当告知原告可以一并提起行政赔偿诉讼。

原告在第一审庭审终结前提起行政赔偿诉讼,符合起诉条件的,人民法院应当依法受理;原告在第一审庭审终结后、宣判前提起行政赔偿诉讼的,是否准许由人民法院决定。

原告在第二审程序或者再审程序中提出行政赔偿请求的,人民法院可以组织各方调解;调解不成的,告知其另行起诉。

第十五条　公民、法人或者其他组织应当自知道或者应当知道行政行为侵犯其合法权益之日起两年内,向赔偿义务机关申请行政赔偿。赔偿义务机关在收到赔偿申请之日起两个月内未作出赔偿决定的,公民、法人或者其他组织可以依行政诉讼法有关规定提起行政赔偿诉讼。

第十六条　公民、法人或者其他组织提起行政诉讼时一并请求行政赔偿的,适用行政诉讼法有关起诉期限的规定。

第十七条　公民、法人或者其他组织仅对行政复议决定中的行政赔偿部分有异议,自复议决定书送达之日起十五日内提起行政赔偿诉讼的,人民法院应当依法受理。

行政机关作出有赔偿内容的行政复议决定时,未告知公民、法人或者其他组织起诉期限的,起诉期限从公民、法人或者其他组织知道或者应当知道起诉期限之日起计算,但从知道或者应当知道行政复议决定内容之日起最长不得超过一年。

第十八条　行政行为被有权机关依照法定程序撤销、变更、确认违法或无效,或者实施行政行为的行政机关工作人员因该行为被生效法律文书或监察机关政务处分确认为渎职、滥用职权的,属于本规定所称的行政行为被确认为违法的情形。

第十九条　公民、法人或者其他组织一并提起行政赔偿诉讼,人民法院经审查认为行政诉讼不符合起诉条件的,对一并提起的行政赔偿诉讼,裁定不予立案;已经立案的,裁定驳回起诉。

第二十条　在涉及行政许可、登记、征收、征用和行政机关对民事争议所作的裁决的行政案件中,原告提起行政赔偿诉讼的同时,有关当事人申请一并解决相关民事争议的,人民法院可以一并审理。

五、审理和判决

第二十一条　两个以上行政机关共同实施违法行政行为,或者行政机关及其工作人员与第三人恶意串通作出的违法行政行为,造成公民、法人或者其他组织人身权、财产权等合法权益实际损害的,应当承担连带赔偿责任。

一方承担连带赔偿责任后,对于超出其应当承担部分,可以向其他连带责任人追偿。

第二十二条　两个以上行政机关分别实施违法行政行为造成同一损害,每个行政机关的违法行为都足以造成全部损害的,各个行政机关承担连带赔偿责任。

两个以上行政机关分别实施违法行政行为造成同一损害的,人民法院应当根据其违法行政行为在损害发生和结果中的作用大小,确定各自承担相应的行政赔偿责任;难以确定责任大小的,平均承担责任。

第二十三条　由于第三人提供虚假材料,导致行政机关作出的行政行为违法,造成公民、法人或者其他组织损害的,人民法院应当根据违法行政行为在损害发生和结果中的作用大小,确定行政机关承担相应的行政赔偿责任;行政机关已经尽到审慎审查义务的,不承担行政赔偿责任。

第二十四条　由于第三人行为造成公民、法人或者其他组织损害的,应当由第三人依法承担侵权赔偿责任;第三人赔偿不足、无力承担赔偿责任或者下落不明,行政机关又未尽保护、监管、救助等法定义务的,人民法院应当根据行政机关未尽法定义务在损害发生和结果中的作用大小,确定其承担相应的行政赔偿责任。

第二十五条　由于不可抗力等客观原因造成公民、法人或者其他组织损害,行政机关不依法履行、拖延履行法定义务导致未能及时止损或者损害扩大的,人民法院应当根据行政机关不依法履行、拖延履行法定义务行为在损害发生和结果中的作用大小,确定其承担相应的行政赔偿责任。

第二十六条　有下列情形之一的,属于国家赔偿法第三十五条规定的"造成严重后果":

(一)受害人被非法限制人身自由超过六个月;

(二)受害人经鉴定为轻伤以上或者残疾;

(三)受害人经诊断、鉴定为精神障碍或者精神残疾,且与违法行政行为存在关联;

(四)受害人名誉、荣誉、家庭、职业、教育等方面遭受严重损害,且与违法行政行为存在关联。

有下列情形之一的,可以认定为后果特别严重:

(一)受害人被限制人身自由十年以上;

(二)受害人死亡;

(三)受害人经鉴定为重伤或者残疾一至四级,且生活不能自理;

(四)受害人经诊断、鉴定为严重精神障碍或者精神残疾一至二级,生活不能自理,且与违法行政行为存在关联。

第二十七条　违法行政行为造成公民、法人或者其他组织财产损害,不能返还财产或者恢复原状的,按照损害发生时该财产的市场价格计算损失。市场价格无法确定,或者该价格不足以弥补公民、法人或者其他组织损失的,可以采用其他合理方式计算。

违法征收征用土地、房屋,人民法院判决给予被征收人的行政赔偿,不得少于被征收人依法应当获得的安置补偿权益。

第二十八条　下列损失属于国家赔偿法第三十六条第六项规定的"停产停业期间必要的经常性费用开支":

(一)必要留守职工的工资;

(二)必须缴纳的税款、社会保险费;

(三)应当缴纳的水电费、保管费、仓储费、承包费;

(四)合理的房屋场地租金、设备租金、设备折旧费;

(五)维系停产停业期间运营所需的其他基本开支。

第二十九条　下列损失属于国家赔偿法第三十六条第八项规定的"直接损失":

(一)存款利息、贷款利息、现金利息;

(二)机动车停运期间的营运损失;

(三)通过行政补偿程序依法应当获得的奖励、补贴等;

(四)对财产造成的其他实际损失。

第三十条　被告有国家赔偿法第三条规定情形之一,致人精神损害的,人民法院应当判决其在违法行政行为影响的范围内,为受害人消除影响、恢复名誉、赔礼道歉;消除影响、恢复名誉和赔礼道歉的履行方式,可以双方协商,协商不成的,人民法院应当责令被告以适当的方式履行。造成严重后果的,应当判决支付相应的精神损害抚慰金。

第三十一条　人民法院经过审理认为被告对公民、法人或者其他组织造成财产损害的,判决被告限期返还财产、恢复原状;无法返还财产、恢复原状的,判决被告限期支付赔偿金和相应的利息损失。

人民法院审理行政赔偿案件,可以对行政机关赔偿的方式、项目、标准等予以明确,赔偿内容确定的,应当作出具有赔偿金额等给付内容的判决;行政赔偿决定对赔偿数额的确定确有错误的,人民法院判决予以变更。

第三十二条　有下列情形之一的,人民法院判决驳回原告的行政赔偿请求:

(一)原告主张的损害没有事实根据的;

(二)原告主张的损害与违法行政行为没有因果关系的;

(三)原告的损失已经通过行政补偿等其他途径获得充分救济的;

（四）原告请求行政赔偿的理由不能成立的其他情形。

六、其　　他

第三十三条　本规定自2022年5月1日起施行。《最高人民法院关于审理行政赔偿案件若干问题的规定》（法发〔1997〕10号）同时废止。

本规定实施前本院发布的司法解释与本规定不一致的，以本规定为准。

最高人民法院关于适用
《中华人民共和国行政诉讼法》的解释（节录）

1. 2017年11月13日最高人民法院审判委员会第1726次会议通过
2. 2018年2月6日公布
3. 法释〔2018〕1号
4. 自2018年2月8日起施行

第九十八条　因行政机关不履行、拖延履行法定职责，致使公民、法人或者其他组织的合法权益遭受损害的，人民法院应当判决行政机关承担行政赔偿责任。在确定赔偿数额时，应当考虑该不履行、拖延履行法定职责的行为在损害发生过程和结果中所起的作用等因素。

最高人民法院关于行政机关工作人员
执行职务致人伤亡构成犯罪的
赔偿诉讼程序问题的批复

1. 2002年8月5日最高人民法院审判委员会第1236次会议通过
2. 2002年8月23日公布
3. 法释〔2002〕28号
4. 自2002年8月30日起施行

山东省高级人民法院：

你院鲁高法函〔1998〕132号《关于对行政机关工作人员执行职务时致人伤、亡，法院以刑事附带民事判决赔偿损失后，受害人或其亲属能否再提起行政赔偿诉讼的请示》收悉。经研究，答复如下：

一、行政机关工作人员在执行职务中致人伤、亡已构成犯罪，受害人或其亲属提起刑事附带民事赔偿诉讼的，人民法院对民事赔偿诉讼请求不予受理。但应当告知其可以依据《中华人民共和国国家赔偿法》的有关规定向人民法院提起行政赔偿诉讼。

二、本批复公布以前发生的此类案件，人民法院已作刑事附带民事赔偿处理，受害人或其亲属再提起行政赔偿诉讼的，人民法院不予受理。

此复

3. 司法赔偿

人民检察院国家赔偿工作规定

1. 2010年11月11日最高人民检察院第十一届检察委员会第46次会议通过
2. 2010年11月22日发布
3. 高检发〔2010〕29号
4. 自2010年12月1日起施行

第一章 总 则

第一条 为了保障公民、法人和其他组织享有依法取得国家赔偿的权利,促进国家机关及其工作人员依法行使职权、公正执法,根据《中华人民共和国国家赔偿法》及有关法律,制定本规定。

第二条 人民检察院通过办理检察机关作为赔偿义务机关的刑事赔偿案件,并对人民法院赔偿委员会决定和行政赔偿诉讼依法履行法律监督职责,保障国家赔偿法的统一正确实施。

第三条 人民检察院国家赔偿工作办公室统一办理检察机关作为赔偿义务机关的刑事赔偿案件、对人民法院赔偿委员会决定提出重新审查意见的案件,以及对人民法院行政赔偿判决、裁定提出抗诉的案件。

人民检察院相关部门应当按照内部分工,协助国家赔偿工作办公室依法办理国家赔偿案件。

第四条 人民检察院国家赔偿工作应当坚持依法、公正、及时的原则。

第五条 上级人民检察院监督、指导下级人民检察院依法办理国家赔偿案件。上级人民检察院在办理国家赔偿案件时,对下级人民检察院作出的相关决定,有权撤销或者变更;发现下级人民检察院已办结的国家赔偿案件确有错误,有权指令下级人民检察院纠正。

赔偿请求人向上级人民检察院反映下级人民检察院在办理国家赔偿案件中存在违法行为的,上级人民检察院应当受理,并依法、及时处理。对依法应予赔偿而拒不赔偿,或者打击报复赔偿请求人的,应当依照有关规定追究相关领导和其他直接责任人员的责任。

第二章 立 案

第六条 赔偿请求人提出赔偿申请的,人民检察院应当受理,并接收下列材料:

(一)刑事赔偿申请书。刑事赔偿申请书应当载明受害人的基本情况,具体要求、事实根据和理由,申请的时间。赔偿请求人书写申请书确有困难的,可以委托他人代书;也可以口头申请。口头提出申请的,应当问明有关情况并制作笔录,由赔偿请求人签名或者盖章。

(二)赔偿请求人和代理人的身份证明材料。赔偿请求人不是受害人本人的,应当要求其说明与受害人的关系,并提供相应证明。赔偿请求人委托他人代理赔偿申请事项的,应当要求其提交授权委托书,以及代理人和被代理人身份证明原件。代理人为律师的,应当同时提供律师执业证及律师事务所介绍函。

(三)证明原案强制措施的法律文书。

(四)证明原案处理情况的法律文书。

(五)证明侵权行为造成损害及其程度的法律文书或者其他材料。

(六)赔偿请求人提供的其他相关材料。

赔偿请求人或者其代理人当面递交申请书或者其他申请材料的,人民检察院应当当场出具加盖本院专用印章并注明收讫日期的《接收赔偿申请材料清单》。申请材料不齐全的,应当当场或者在五日内一次性明确告知赔偿请求人需要补充的全部相关材料。

第七条 人民检察院收到赔偿申请后,国家赔偿工作办公室应当填写《受理赔偿申请登记表》。

第八条 同时符合下列各项条件的赔偿申请,应当立案:

(一)依照国家赔偿法第十七条第一项、第二项规定请求人身自由权赔偿的,已决定撤销案件、不起诉或者判决宣告无罪终止追究刑事责任;依照国家赔偿法第十七条第四项、第五项规定请求生命健康权赔偿的,有伤情、死亡证明;依照国家赔偿法第十八条第一项规定请求财产权赔偿的,刑事诉讼程序已经终结,但已查明该财产确与案件无关的除外;

(二)本院为赔偿义务机关;

(三)赔偿请求人具备国家赔偿法第六条规定的条件;

(四)在国家赔偿法第三十九条规定的请求赔偿时效内;

(五)请求赔偿的材料齐备。

第九条 对符合立案条件的赔偿申请,人民检察院应当立案,并在收到赔偿申请之日起五日内,将《刑事赔偿立案通知书》送达赔偿请求人。

立案应当经部门负责人批准。

第十条 对不符合立案条件的赔偿申请,应当分别下列不同情况予以处理:

(一)尚未决定撤销案件、不起诉或者判决宣告无罪终止追究刑事责任而请求人身自由权赔偿的,没有伤情、死亡证明而请求生命健康权赔偿的,刑事诉讼程序尚未终结而请求财产权赔偿的,告知赔偿请求人不符合立案条件,可在具备立案条件后再申请赔偿;

(二)不属于人民检察院赔偿的,告知赔偿请求人向负有赔偿义务的机关提出;

(三)本院不负有赔偿义务的,告知赔偿请求人向负有赔偿义务的人民检察院提出,或者移送负有赔偿义务的人民检察院,并通知赔偿请求人;

(四)赔偿请求人不具备国家赔偿法第六条规定条件的,告知赔偿请求人;

(五)对赔偿请求已过法定时效的,告知赔偿请求人已经丧失请求赔偿权。

对上列情况,均应当填写《审查刑事赔偿申请通知书》,并说明理由,在收到赔偿申请之日起五日内送达赔偿请求人。

第十一条 当事人、其他直接利害关系人或者其近亲属认为人民检察院扣押、冻结、保管、处理涉案款物侵犯自身合法权益或者有违法情形,向人民检察院投诉,并在刑事诉讼程序终结后又申请刑事赔偿的,尚未办结的投诉程序应当终止,负责办理投诉的部门应当将相关材料移交被请求赔偿的人民检察院国家赔偿工作办公室,依照刑事赔偿程序办理。

第三章 审查决定

第十二条 对已经立案的赔偿案件应当全面审查案件材料,必要时可以调取有关的案卷材料,也可以向原案件承办部门和承办人员等调查、核实有关情况,收集有关证据。原案件承办部门和承办人员应当协助、配合。

第十三条 对请求生命健康权赔偿的案件,人民检察院对是否存在违法侵权行为尚未处理认定的,国家赔偿工作办公室应当在立案后三日内将相关材料移送本院监察部门和渎职侵权检察部门,监察部门和渎职侵权检察部门应当在三十日内提出处理认定意见,移送国家赔偿工作办公室。

第十四条 审查赔偿案件,应当查明以下事项:

(一)是否存在国家赔偿法规定的损害行为和损害结果;

(二)损害是否为检察机关及其工作人员行使职权造成;

(三)侵权的起止时间和造成损害的程度;

(四)是否属于国家赔偿法第十九条规定的国家不承担赔偿责任的情形;

(五)其他需要查明的事项。

第十五条 人民检察院作出赔偿决定,应当充分听取赔偿请求人的意见,并制作笔录。

第十六条 对存在国家赔偿法规定的侵权损害事实,依法应当予以赔偿的,人民检察院可以与赔偿请求人就赔偿方式、赔偿项目和赔偿数额,依照国家赔偿法有关规定进行协商,并制作笔录。

人民检察院与赔偿请求人进行协商,应当坚持自愿、合法原则。禁止胁迫赔偿请求人放弃赔偿申请,禁止违反国家赔偿法规定进行协商。

第十七条 对审查终结的赔偿案件,应当制作赔偿案件审查终结报告,载明原案处理情况、赔偿请求人意见和协商情况,提出是否予以赔偿以及赔偿的方式、项目和数额等具体处理意见,经部门集体讨论、负责人审核后,报检察长决定。重大、复杂案件,由检察长提交检察委员会审议决定。

第十八条 审查赔偿案件,应当根据下列情形分别作出决定:

(一)请求赔偿的侵权事项事实清楚,应当予以赔偿的,依法作出赔偿的决定;

(二)请求赔偿的侵权事项事实不存在,或者不属于国家赔偿范围的,依法作出不予赔偿的决定。

第十九条 办理赔偿案件的人民检察院应当自收到赔偿申请之日起二个月内,作出是否赔偿的决定,制作《刑事赔偿决定书》,并自作出决定之日起十日内送达赔偿请求人。

人民检察院与赔偿请求人协商的,不论协商后是否达成一致意见,均应当制作《刑事赔偿决定书》。

人民检察院决定不予赔偿的,应当在《刑事赔偿决定书》中载明不予赔偿的理由。

第二十条 人民检察院送达刑事赔偿决定书,应当向赔偿请求人说明法律依据和事实证据情况,并告知赔偿请求人如对赔偿决定有异议,可以自收到决定书之日起三十日内向上一级人民检察院申请复议;如对赔偿决定没有异议,要求依照刑事赔偿决定书支付赔偿金的,应当提出支付赔偿金申请。

第四章 复　　议

第二十一条　人民检察院在规定期限内未作出赔偿决定的,赔偿请求人可以自期限届满之日起三十日内向上一级人民检察院申请复议。

人民检察院作出不予赔偿决定的,或者赔偿请求人对赔偿的方式、项目、数额有异议的,赔偿请求人可以自收到人民检察院作出的赔偿或者不予赔偿决定之日起三十日内,向上一级人民检察院申请复议。

第二十二条　人民检察院收到复议申请后,应当及时进行审查,分别不同情况作出处理:

（一）对符合法定条件的复议申请,复议机关应当受理;

（二）对超过法定期间提出的,复议机关不予受理;

（三）对申请复议的材料不齐备的,告知赔偿请求人补充有关材料。

第二十三条　复议赔偿案件可以调取有关的案卷材料。对事实不清的,可以要求原承办案件的人民检察院补充调查,也可以自行调查。对损害事实及因果关系、重要证据有争议的,应当听取赔偿请求人和赔偿义务机关的意见。

第二十四条　对审查终结的复议案件,应当制作赔偿复议案件的审查终结报告,提出具体处理意见,经部门集体讨论、负责人审核,报检察长决定。重大、复杂案件,由检察长提交检察委员会审议决定。

第二十五条　复议赔偿案件,应当根据不同情形分别作出决定:

（一）原决定事实清楚,适用法律正确,赔偿方式、项目、数额适当的,予以维持;

（二）原决定认定事实或者适用法律错误的,予以纠正,赔偿方式、项目、数额不当的,予以变更;

（三）赔偿义务机关逾期未作出决定的,依法作出决定。

第二十六条　人民检察院应当自收到复议申请之日起二个月内作出复议决定。

复议决定作出后,应当制作《刑事赔偿复议决定书》,并自作出决定之日起十日内直接送达赔偿义务机关和赔偿请求人。直接送达赔偿请求人有困难的,可以委托其所在地的人民检察院代为送达。

第二十七条　人民检察院送达刑事赔偿复议决定书,应当向赔偿请求人说明法律依据和事实证据情况,并告知赔偿请求人如对赔偿复议决定有异议,可以自收到复议决定之日起三十日内向复议机关所在地的同级人民法院赔偿委员会申请作出赔偿决定;如对赔偿复议决定没有异议,要求依照复议决定书支付赔偿金的,应当提出支付赔偿金申请。

第二十八条　人民检察院复议赔偿案件,实行一次复议制。

第五章　赔偿监督

第二十九条　赔偿请求人或者赔偿义务机关不服人民法院赔偿委员会作出的刑事赔偿决定或者民事、行政诉讼赔偿决定,以及人民法院行政赔偿判决、裁定,向人民检察院申诉的,人民检察院应当受理。

第三十条　最高人民检察院发现各级人民法院赔偿委员会作出的决定,上级人民检察院发现下级人民法院赔偿委员会作出的决定,具有下列情形之一的,应当自本院受理之日起三十日内立案:

（一）有新的证据,可能足以推翻原决定的;

（二）原决定认定事实的主要证据可能不足的;

（三）原决定适用法律可能错误的;

（四）违反程序规定,可能影响案件正确处理的;

（五）有证据证明审判人员在审理该案时有贪污受贿、徇私舞弊、枉法处理行为的。

下级人民检察院发现上级或者同级人民法院赔偿委员会作出的赔偿决定具有上列情形之一的,经检察长批准或者检察委员会审议决定后,层报有监督权的上级人民检察院审查。

第三十一条　人民检察院立案后,应当在五日内将《赔偿监督立案通知书》送达赔偿请求人和赔偿义务机关。

立案应当经部门负责人批准。

人民检察院决定不立案的,应当在五日内将《赔偿监督申请审查结果通知书》送达提出申诉的赔偿请求人或者赔偿义务机关。赔偿请求人或者赔偿义务机关不服的,可以向作出决定的人民检察院或者上一级人民检察院申诉。人民检察院应当在收到申诉之日起十日内予以答复。

第三十二条　对立案审查的案件,应当全面审查申诉材料和全部案卷。

具有下列情形之一的,可以进行补充调查:

(一)赔偿请求人由于客观原因不能自行收集的主要证据,向人民法院赔偿委员会提供了证据线索,人民法院未进行调查取证的;

(二)赔偿请求人和赔偿义务机关提供的证据互相矛盾,人民法院赔偿委员会未进行调查核实的;

(三)据以认定事实的主要证据可能是虚假、伪造的;

(四)审判人员在审理该案时可能有贪污受贿、徇私舞弊、枉法处理行为的。

对前款第一至三项规定情形的调查,由本院国家赔偿工作办公室或者指令下级人民检察院国家赔偿工作办公室进行。对第四项规定情形的调查,应当根据人民检察院内部业务分工,由本院主管部门或者指令下级人民检察院主管部门进行。

第三十三条 对审查终结的赔偿监督案件,应当制作赔偿监督案件审查终结报告,载明案件来源、原案处理情况、申诉理由、审查认定的事实,提出处理意见。经部门集体讨论、负责人审核,报检察长决定。重大、复杂案件,由检察长提交检察委员会讨论决定。

第三十四条 人民检察院审查终结的赔偿监督案件,具有下列情形之一的,应当依照国家赔偿法第三十条第三款的规定,向同级人民法院赔偿委员会提出重新审查意见:

(一)有新的证据,足以推翻原决定的;

(二)原决定认定事实的主要证据不足的;

(三)原决定适用法律错误的;

(四)违反程序规定、影响案件正确处理的;

(五)作出原决定的审判人员在审理该案时有贪污受贿、徇私舞弊、枉法处理行为的。

第三十五条 人民检察院向人民法院赔偿委员会提出重新审查意见,应当制作《重新审查意见书》,载明案件来源、基本案情以及要求重新审查的理由、法律依据。

第三十六条 《重新审查意见书》副本应当在作出决定后十日内送达赔偿请求人和赔偿义务机关。

人民检察院立案后决定不提出重新审查意见的,应当在作出决定后十日内将《赔偿监督案件审查结果通知书》,送达赔偿请求人和赔偿义务机关。赔偿请求人或者赔偿义务机关不服的,可以向作出决定的人民检察院或者上一级人民检察院申诉。人民检察院应当在收到申诉之日起十日内予以答复。

第三十七条 对赔偿监督案件,人民检察院应当在立案后三个月内审查办结,并依法提出重新审查意见。属于特别重大、复杂的案件,经检察长批准,可以延长二个月。

第三十八条 人民检察院对人民法院行政赔偿判决、裁定提出抗诉,适用《人民检察院民事行政抗诉案件办案规则》等规定。

第六章 执 行

第三十九条 负有赔偿义务的人民检察院负责赔偿决定的执行。

支付赔偿金的,由国家赔偿工作办公室办理有关事宜;返还财产或者恢复原状的,由国家赔偿工作办公室通知原案件承办部门在二十日内执行,重大、复杂的案件,经检察长批准,可以延长十日。

第四十条 赔偿请求人凭生效的《刑事赔偿决定书》、《刑事赔偿复议决定书》或者《人民法院赔偿委员会决定书》,向负有赔偿义务的人民检察院申请支付赔偿金。

支付赔偿金申请采取书面形式。赔偿请求人书写申请书确有困难的,可以委托他人代书;也可以口头申请,由负有赔偿义务的人民检察院记入笔录,并由赔偿请求人签名或者盖章。

第四十一条 负有赔偿义务的人民检察院应当自收到赔偿请求人支付赔偿金申请之日起七日内,依照预算管理权限向有关的财政部门提出支付申请。向赔偿请求人支付赔偿金,依照国务院制定的国家赔偿费用管理有关规定办理。

第四十二条 对有国家赔偿法第十七条规定的情形之一,致人精神损害的,负有赔偿义务的人民检察院应当在侵权行为影响的范围内,为受害人消除影响,恢复名誉,赔礼道歉;造成严重后果的,应当支付相应的精神损害抚慰金。

第七章 其他规定

第四十三条 人民检察院应当依照国家赔偿法的有关规定参与人民法院赔偿委员会审理工作。

第四十四条 人民检察院在办理外国公民、法人和其他组织请求中华人民共和国国家赔偿的案件时,案件办理机关应当查明赔偿请求人所属国是否对中华人民共和国公民、法人和其他组织要求该国国家赔偿的权利不予保护或者限制。

地方人民检察院需要查明涉外相关情况的,应当逐级层报,统一由最高人民检察院国际合作部门办理。

第四十五条 人民检察院在办理刑事赔偿案件时,发现检察机关原刑事案件处理决定确有错误,影响赔偿请求人依法取得赔偿的,应当由刑事申诉检察部门立案复查,提出审查处理意见,报检察长或者检察委员会决定。刑事复查案件应当在三十日内办结;办理刑事复查案件和刑事赔偿案件的合计时间不得超过法定赔偿办案期限。

人民检察院在办理本院为赔偿义务机关的案件时,改变原决定,可能导致不予赔偿的,应当报请上一级人民检察院批准。

对于犯罪嫌疑人没有违法犯罪行为的,或者犯罪事实并非犯罪嫌疑人所为的案件,人民检察院根据刑事诉讼法第一百四十二条第一款的规定作不起诉处理的,应当在刑事赔偿决定书或者复议决定书中直接说明该案不属于国家免责情形,依法作出予以赔偿的决定。

第四十六条 人民检察院在办理本院为赔偿义务机关的案件时或者作出赔偿决定以后,对于撤销案件、不起诉案件或者人民法院宣告无罪的案件,重新立案侦查、提起公诉、提出抗诉的,应当报请上一级人民检察院批准,正在办理的刑事赔偿案件应当中止办理。经人民法院终审判决有罪的,正在办理的刑事赔偿案件应当终结;已作出赔偿决定的,应当由作出赔偿决定的机关予以撤销,已支付的赔偿金应当追缴。

第四十七条 依照本规定作出的《刑事赔偿决定书》、《刑事赔偿复议决定书》、《重新审查意见书》均应当加盖人民检察院院印,并于十日内报上一级人民检察院备案。

第四十八条 人民检察院赔偿后,根据国家赔偿法第三十一条的规定,应当向有下列情形之一的检察人员追偿部分或者全部赔偿费用:

(一)刑讯逼供或者殴打、虐待等或者唆使、放纵他人殴打、虐待等造成公民身体伤害或者死亡的;

(二)违法使用武器、警械造成公民身体伤害或者死亡的;

(三)在处理案件中有贪污受贿、徇私舞弊、枉法追诉行为的。

对有前款规定情形的责任人员,人民检察院应当依照有关规定给予处分;构成犯罪的,应当依法追究刑事责任。

第四十九条 人民检察院办理国家赔偿案件、开展赔偿监督,不得向赔偿请求人或者赔偿义务机关收取任何费用。

第八章 附 则

第五十条 本规定自2010年12月1日起施行,2000年11月6日最高人民检察院第九届检察委员会第七十三次会议通过的《人民检察院刑事赔偿工作规定》同时废止。

第五十一条 本规定由最高人民检察院负责解释。

最高人民法院关于审理民事、行政诉讼中司法赔偿案件适用法律若干问题的解释

1. 2016年2月15日最高人民法院审判委员会第1678次会议通过
2. 2016年9月7日公布
3. 法释〔2016〕20号
4. 自2016年10月1日起施行

根据《中华人民共和国国家赔偿法》及有关法律规定,结合人民法院国家赔偿工作实际,现就人民法院赔偿委员会审理民事、行政诉讼中司法赔偿案件的若干法律适用问题解释如下:

第一条 人民法院在民事、行政诉讼过程中,违法采取对妨害诉讼的强制措施、保全措施、先予执行措施,或者对判决、裁定及其他生效法律文书执行错误,侵犯公民、法人和其他组织合法权益并造成损害的,赔偿请求人可以依法向人民法院申请赔偿。

第二条 违法采取对妨害诉讼的强制措施,包括以下情形:

(一)对没有实施妨害诉讼行为的人采取罚款或者拘留措施的;

(二)超过法律规定金额采取罚款措施的;

(三)超过法律规定期限采取拘留措施的;

(四)对同一妨害诉讼的行为重复采取罚款、拘留措施的;

（五）其他违法情形。

第三条 违法采取保全措施，包括以下情形：

（一）依法不应当采取保全措施而采取的；

（二）依法不应当解除保全措施而解除，或者依法应当解除保全措施而不解除的；

（三）明显超出诉讼请求的范围采取保全措施的，但保全财产为不可分割物且被保全人无其他财产或者其他财产不足以担保债权实现的除外；

（四）在给付特定物之诉中，对与案件无关的财物采取保全措施的；

（五）违法保全案外人财产的；

（六）对查封、扣押、冻结的财产不履行监管职责，造成被保全财产毁损、灭失的；

（七）对季节性商品或者鲜活、易腐烂变质以及其他不宜长期保存的物品采取保全措施，未及时处理或者违法处理，造成物品毁损或者严重贬值的；

（八）对不动产或者船舶、航空器和机动车等特定动产采取保全措施，未依法通知有关登记机构不予办理该保全财产的变更登记，造成该保全财产所有权被转移的；

（九）违法采取行为保全措施的；

（十）其他违法情形。

第四条 违法采取先予执行措施，包括以下情形：

（一）违反法律规定的条件和范围先予执行的；

（二）超出诉讼请求的范围先予执行的；

（三）其他违法情形。

第五条 对判决、裁定及其他生效法律文书执行错误，包括以下情形：

（一）执行未生效法律文书的；

（二）超出生效法律文书确定的数额和范围执行的；

（三）对已经发现的被执行人的财产，故意拖延执行或者不执行，导致被执行财产流失的；

（四）应当恢复执行而不恢复，导致被执行财产流失的；

（五）违法执行案外人财产的；

（六）违法将案件执行款物执行给其他当事人或者案外人的；

（七）违法对抵押物、质物或者留置物采取执行措施，致使抵押权人、质权人或者留置权人的优先受偿权无法实现的；

（八）对执行中查封、扣押、冻结的财产不履行监管职责，造成财产毁损、灭失的；

（九）对季节性商品或者鲜活、易腐烂变质以及其他不宜长期保存的物品采取执行措施，未及时处理或者违法处理，造成物品毁损或者严重贬值的；

（十）对执行财产应当拍卖而未依法拍卖的，或者应当由资产评估机构评估而未依法评估，违法变卖或者以物抵债的；

（十一）其他错误情形。

第六条 人民法院工作人员在民事、行政诉讼过程中，有殴打、虐待或者唆使、放纵他人殴打、虐待等行为，以及违法使用武器、警械，造成公民身体伤害或者死亡的，适用国家赔偿法第十七条第四项、第五项的规定予以赔偿。

第七条 具有下列情形之一的，国家不承担赔偿责任：

（一）属于民事诉讼法第一百零五条、第一百零七条第二款和第二百三十三条规定情形的；

（二）申请执行人提供执行标的物错误的，但人民法院明知该标的物错误仍予以执行的除外；

（三）人民法院依法指定的保管人对查封、扣押、冻结的财产违法动用、隐匿、毁损、转移或者变卖的；

（四）人民法院工作人员与行使职权无关的个人行为；

（五）因不可抗力、正当防卫和紧急避险造成损害后果的；

（六）依法不应由国家承担赔偿责任的其他情形。

第八条 因多种原因造成公民、法人和其他组织合法权益损害的，应当根据人民法院及其工作人员行使职权的行为对损害结果的发生或者扩大所起的作用等因素，合理确定赔偿金额。

第九条 受害人对损害结果的发生或者扩大也有过错的，应当根据其过错对损害结果的发生或者扩大所起的作用等因素，依法减轻国家赔偿责任。

第十条 公民、法人和其他组织的损失，已经在民事、行政诉讼过程中获得赔偿、补偿的，对该部分损失，国家不承担赔偿责任。

第十一条 人民法院及其工作人员在民事、行政诉讼过程中，具有本解释第二条、第六条规定情形，侵犯公民人身权的，应当依照国家赔偿法第三十三条、第三十四条的规定计算赔偿金。致人精神损害的,应当依照国家赔偿法第三十五条的规定,在侵权行为影响的范围内,为受害人消除影响、恢复名誉、赔礼道歉;造成严重后果的,还应当支付相应的精神损害抚慰金。

第十二条 人民法院及其工作人员在民事、行政诉讼过程中,具有本解释第二条至第五条规定情形,侵犯公民、法人和其他组织的财产权并造成损害的,应当依照国家赔偿法第三十六条的规定承担赔偿责任。

财产不能恢复原状或者灭失的,应当按照侵权行为发生时的市场价格计算损失;市场价格无法确定或者该价格不足以弥补受害人所受损失的,可以采用其他合理方式计算损失。

第十三条 人民法院及其工作人员对判决、裁定及其他生效法律文书执行错误,且对公民、法人或者其他组织的财产已经依照法定程序拍卖或者变卖的,应当给付拍卖或者变卖所得的价款。

人民法院违法拍卖,或者变卖价款明显低于财产价值的,应当依照本解释第十二条的规定支付相应的赔偿金。

第十四条 国家赔偿法第三十六条第六项规定的停产停业期间必要的经常性费用开支,是指法人、其他组织和个体工商户为维系停产停业期间运营所需的基本开支,包括留守职工工资、必须缴纳的税费、水电费、房屋场地租金、设备租金、设备折旧费等必要的经常性费用。

第十五条 国家赔偿法第三十六条第七项规定的银行同期存款利息,以作出生效赔偿决定时中国人民银行公布的一年期人民币整存整取定期存款基准利率计算,不计算复利。

应当返还的财产属于金融机构合法存款的,对存款合同存续期间的利息按照合同约定利率计算。

应当返还的财产系现金的,比照本条第一款规定支付利息。

第十六条 依照国家赔偿法第三十六条规定返还的财产系国家批准的金融机构贷款的,除贷款本金外,还应当支付该贷款借贷状态下的贷款利息。

第十七条 用益物权人、担保物权人、承租人或者其他合法占有使用财产的人,依据国家赔偿法第三十八条规定申请赔偿的,人民法院应当依照《最高人民法院关于国家赔偿案件立案工作的规定》予以审查立案。

第十八条 人民法院在民事、行政诉讼过程中,违法采取对妨害诉讼的强制措施、保全措施、先予执行措施,或者对判决、裁定及其他生效法律文书执行错误,系因上一级人民法院复议改变原裁决所致的,由该上一级人民法院作为赔偿义务机关。

第十九条 公民、法人或者其他组织依据国家赔偿法第三十八条规定申请赔偿的,应当在民事、行政诉讼程序或者执行程序终结后提出,但下列情形除外:

(一)人民法院已依法撤销对妨害诉讼的强制措施的;

(二)人民法院采取对妨害诉讼的强制措施,造成公民身体伤害或者死亡的;

(三)经诉讼程序依法确认不属于被保全人或者被执行人的财产,且无法在相关诉讼程序或者执行程序中予以补救的;

(四)人民法院生效法律文书已确认相关行为违法,且无法在相关诉讼程序或者执行程序中予以补救的;

(五)赔偿请求人有证据证明其请求与民事、行政诉讼程序或者执行程序无关的;

(六)其他情形。

赔偿请求人依据前款规定,在民事、行政诉讼程序或者执行程序终结后申请赔偿的,该诉讼程序或者执行程序期间不计入赔偿请求时效。

第二十条 人民法院赔偿委员会审理民事、行政诉讼中的司法赔偿案件,有下列情形之一的,相应期间不计入审理期限:

(一)需要向赔偿义务机关、有关人民法院或者其他国家机关调取案卷或者其他材料的;

(二)人民法院赔偿委员会委托鉴定、评估的。

第二十一条 人民法院赔偿委员会审理民事、行政诉讼中的司法赔偿案件,应当对人民法院及其工作人员行使职权的行为是否符合法律规定,赔偿请求人主张的损害事实是否存在,以及该职权行为与损害事实之间是否存在因果关系等事项一并予以审查。

第二十二条 本解释自2016年10月1日起施行。本解释施行前最高人民法院发布的司法解释与本解释不一致的,以本解释为准。

最高人民法院、最高人民检察院关于办理刑事赔偿案件适用法律若干问题的解释

1. 2015年12月14日最高人民法院审判委员会第1671次会议、2015年12月21日最高人民检察院第十二届检察委员会第46次会议通过
2. 2015年12月28日公布
3. 法释〔2015〕24号
4. 自2016年1月1日起施行

根据国家赔偿法以及有关法律的规定,结合刑事赔偿工作实际,对办理刑事赔偿案件适用法律的若干问题解释如下:

第一条 赔偿请求人因行使侦查、检察、审判职权的机关以及看守所、监狱管理机关及其工作人员行使职权的行为侵犯其人身权、财产权而申请国家赔偿,具备国家赔偿法第十七条、第十八条规定情形的,属于本解释规定的刑事赔偿范围。

第二条 解除、撤销拘留或者逮捕措施后虽尚未撤销案件、作出不起诉决定或者判决宣告无罪,但是符合下列情形之一的,属于国家赔偿法第十七条第一项、第二项规定的终止追究刑事责任:

(一)办案机关决定对犯罪嫌疑人终止侦查的;

(二)解除、撤销取保候审、监视居住、拘留、逮捕措施后,办案机关超过一年未移送起诉、作出不起诉决定或者撤销案件的;

(三)取保候审、监视居住法定期限届满后,办案机关超过一年未移送起诉、作出不起诉决定或者撤销案件的;

(四)人民检察院撤回起诉超过三十日未作出不起诉决定的;

(五)人民法院决定按撤诉处理后超过三十日,人民检察院未作出不起诉决定的;

(六)人民法院准许刑事自诉案件自诉人撤诉的,或者人民法院决定对刑事自诉案件按撤诉处理的。

赔偿义务机关有证据证明尚未终止追究刑事责任,且经人民法院赔偿委员会审查属实的,应当决定驳回赔偿请求人的赔偿申请。

第三条 对财产采取查封、扣押、冻结、追缴等措施后,有下列情形之一,且办案机关未依法解除查封、扣押、冻结等措施或者返还财产的,属于国家赔偿法第十八条规定的侵犯财产权:

(一)赔偿请求人有证据证明财产与尚未终结的刑事案件无关,经审查属实的;

(二)终止侦查、撤销案件、不起诉、判决宣告无罪终止追究刑事责任的;

(三)采取取保候审、监视居住、拘留或者逮捕措施,在解除、撤销强制措施或者强制措施法定期限届满后超过一年未移送起诉、作出不起诉决定或者撤销案件的;

(四)未采取取保候审、监视居住、拘留或者逮捕措施,立案后超过两年未移送起诉、作出不起诉决定或者撤销案件的;

(五)人民检察院撤回起诉超过三十日未作出不起诉决定的;

(六)人民法院决定按撤诉处理后超过三十日,人民检察院未作出不起诉决定的;

(七)对生效裁决没有处理的财产或者对该财产违法进行其他处理的。

有前款第三项至六项规定情形之一,赔偿义务机关有证据证明尚未终止追究刑事责任,且经人民法院赔偿委员会审查属实的,应当决定驳回赔偿请求人的赔偿申请。

第四条 赔偿义务机关作出赔偿决定,应当依法告知赔偿请求人有权在三十日内向赔偿义务机关的上一级机关申请复议。赔偿义务机关未依法告知,赔偿请求人收到赔偿决定之日起两年内提出复议申请的,复议机关应当受理。

人民法院赔偿委员会处理赔偿申请,适用前款规定。

第五条 对公民采取刑事拘留措施后终止追究刑事责任,具有下列情形之一的,属于国家赔偿法第十七条第一项规定的违法刑事拘留:

(一)违反刑事诉讼法规定的条件采取拘留措施的;

(二)违反刑事诉讼法规定的程序采取拘留措施的;

(三)依照刑事诉讼法规定的条件和程序对公民采取拘留措施,但是拘留时间超过刑事诉讼法规定的时限。

违法刑事拘留的人身自由赔偿金自拘留之日起计算。

第六条 数罪并罚的案件经再审改判部分罪名不成立，监禁期限超出再审判决确定的刑期，公民对超期监禁申请国家赔偿的，应当决定予以赔偿。

第七条 根据国家赔偿法第十九条第二项、第三项的规定，依照刑法第十七条、第十八条规定不负刑事责任的人和依照刑事诉讼法第十五条、第一百七十三条第二款规定不追究刑事责任的人被羁押，国家不承担赔偿责任。但是，对起诉后经人民法院错判拘役、有期徒刑、无期徒刑并已执行的，人民法院应当对该判决确定后继续监禁期间侵犯公民人身自由权的情形予以赔偿。

第八条 赔偿义务机关主张依据国家赔偿法第十九条第一项、第五项规定的情形免除赔偿责任的，应当就该免责事由的成立承担举证责任。

第九条 受害的公民死亡，其继承人和其他有扶养关系的亲属有权申请国家赔偿。

依法享有继承权的同一顺序继承人有数人时，其中一人或者部分人作为赔偿请求人申请国家赔偿的，申请效力及于全体。

赔偿请求人为数人时，其中一人或者部分赔偿请求人非经全体同意，申请撤回或者放弃赔偿请求，效力不及于未明确表示撤回申请或者放弃赔偿请求的其他赔偿请求人。

第十条 看守所及其工作人员在行使职权时侵犯公民合法权益造成损害的，看守所的主管机关为赔偿义务机关。

第十一条 对公民采取拘留措施后又采取逮捕措施，国家承担赔偿责任的，作出逮捕决定的机关为赔偿义务机关。

第十二条 一审判决有罪，二审发回重审后具有下列情形之一的，属于国家赔偿法第二十一条第四款规定的重审无罪赔偿，作出一审有罪判决的人民法院为赔偿义务机关：

（一）原审人民法院改判无罪并已发生法律效力的；

（二）重审期间人民检察院作出不起诉决定的；

（三）人民检察院在重审期间撤回起诉超过三十日或者人民法院决定按撤诉处理超过三十日未作出不起诉决定的。

依照审判监督程序再审后作无罪处理的，作出原生效判决的人民法院为赔偿义务机关。

第十三条 医疗费赔偿根据医疗机构出具的医药费、治疗费、住院费等收款凭证，结合病历和诊断证明等相关证据确定。赔偿义务机关对治疗的必要性和合理性提出异议的，应当承担举证责任。

第十四条 护理费赔偿参照当地护工从事同等级别护理的劳务报酬标准计算，原则上按照一名护理人员的标准计算护理费；但医疗机构或者司法鉴定人有明确意见的，可以参照确定护理人数并赔偿相应的护理费。

护理期限应当计算至公民恢复生活自理能力时止。公民因残疾不能恢复生活自理能力的，可以根据其年龄、健康状况等因素确定合理的护理期限，一般不超过二十年。

第十五条 残疾生活辅助器具费赔偿按照普通适用器具的合理费用标准计算。伤情有特殊需要的，可以参照辅助器具配制机构的意见确定。

辅助器具的更换周期和赔偿期限参照配制机构的意见确定。

第十六条 误工减少收入的赔偿根据受害公民的误工时间和国家上年度职工日平均工资确定，最高为国家上年度职工年平均工资的五倍。

误工时间根据公民接受治疗的医疗机构出具的证明确定。公民因伤致残持续误工的，误工时间可以计算至作为赔偿依据的伤残等级鉴定确定前一日。

第十七条 造成公民身体伤残的赔偿，应当根据司法鉴定人的伤残等级鉴定确定公民丧失劳动能力的程度，并参照以下标准确定残疾赔偿金：

（一）按照国家规定的伤残等级确定公民为一级至四级伤残的，视为全部丧失劳动能力，残疾赔偿金幅度为国家上年度职工年平均工资的十倍至二十倍；

（二）按照国家规定的伤残等级确定公民为五级至十级伤残的，视为部分丧失劳动能力。五至六级的，残疾赔偿金幅度为国家上年度职工年平均工资的五倍至十倍；七至十级的，残疾赔偿金幅度为国家上年度职工年平均工资的五倍以下。

有扶养义务的公民部分丧失劳动能力的，残疾赔偿金可以根据伤残等级并参考被扶养人生活来源丧失的情况进行确定，最高不超过国家上年度职工年平均工资的二十倍。

第十八条 受害的公民全部丧失劳动能力的，对其扶养的无劳动能力人的生活费发放标准,参照作出赔偿决定时被扶养人住所地所属省级人民政府确定的最低生活保障标准执行。

能够确定扶养年限的,生活费可协商确定并一次性支付。不能确定扶养年限的,可按照二十年上限确定扶养年限并一次性支付生活费,被扶养人超过六十周岁的,年龄每增加一岁,扶养年限减少一年;被扶养人年龄超过确定扶养年限的,被扶养人可逐年领取生活费至死亡时止。

第十九条 侵犯公民、法人和其他组织的财产权造成损害的,应当依照国家赔偿法第三十六条的规定承担赔偿责任。

财产不能恢复原状或者灭失的,财产损失按照损失发生时的市场价格或者其他合理方式计算。

第二十条 返还执行的罚款或者罚金、追缴或者没收的金钱,解除冻结的汇款的,应当支付银行同期存款利息,利率参照赔偿义务机关作出赔偿决定时中国人民银行公布的人民币整存整取定期存款一年期基准利率确定,不计算复利。

复议机关或者人民法院赔偿委员会改变原赔偿决定,利率参照新作出决定时中国人民银行公布的人民币整存整取定期存款一年期基准利率确定。

计息期间自侵权行为发生时起算,至作出生效赔偿决定时止;但在生效赔偿决定作出前侵权行为停止的,计算至侵权行为停止时止。

被罚没、追缴的资金属于赔偿请求人在金融机构合法存款的,在存款合同存续期间,按照合同约定的利率计算利息。

第二十一条 国家赔偿法第三十三条、第三十四条规定的上年度,是指赔偿义务机关作出赔偿决定时的上一年度;复议机关或者人民法院赔偿委员会改变原赔偿决定,按照新作出决定时的上一年度国家职工平均工资标准计算人身自由赔偿金。

作出赔偿决定、复议决定时国家上一年度职工平均工资尚未公布的,以已经公布的最近年度职工平均工资为准。

第二十二条 下列赔偿决定、复议决定是发生法律效力的决定:

(一)超过国家赔偿法第二十四条规定的期限没有申请复议或者向上一级人民法院赔偿委员会申请国家赔偿的赔偿义务机关的决定;

(二)超过国家赔偿法第二十五条规定的期限没有向人民法院赔偿委员会申请国家赔偿的复议决定;

(三)人民法院赔偿委员会作出的赔偿决定。

发生法律效力的赔偿义务机关的决定和复议决定,与发生法律效力的赔偿委员会的赔偿决定具有同等法律效力,依法必须执行。

第二十三条 本解释自2016年1月1日起施行。本解释施行前最高人民法院、最高人民检察院发布的司法解释与本解释不一致的,以本解释为准。

最高人民法院关于人民法院办理自赔案件程序的规定

1. 2013年4月1日最高人民法院审判委员会第1573次会议通过
2. 2013年7月26日公布
3. 法释〔2013〕19号
4. 自2013年9月1日起施行

根据《中华人民共和国国家赔偿法》,结合人民法院国家赔偿工作实际,对人民法院办理自赔案件的程序作如下规定:

第一条 本规定所称自赔案件,是指人民法院办理的本院作为赔偿义务机关的国家赔偿案件。

第二条 基层人民法院国家赔偿小组、中级以上人民法院赔偿委员会负责办理本院的自赔案件。

第三条 人民法院对赔偿请求人提出的赔偿申请,根据《最高人民法院关于国家赔偿案件立案工作的规定》予以审查立案。

第四条 人民法院办理自赔案件,应当指定一名审判员承办。

负责承办的审判员应当查清事实并提出处理意见,经国家赔偿小组或者赔偿委员会讨论后,报请院长决定。重大、疑难案件由院长提交院长办公会议讨论决定。

第五条 参与办理自赔案件的审判人员是赔偿请求人或其代理人的近亲属,与本案有利害关系,或者有其他关系,可能影响案件公正办理的,应当主动回避。

赔偿请求人认为参与办理自赔案件的审判人员有前款规定情形的,有权以书面或者口头方式申请其回避。

以上规定,适用于书记员、翻译人员、鉴定人、勘验人。

第六条 赔偿请求人申请回避,应当在人民法院作出赔偿决定前提出。

人民法院应当自赔偿请求人申请回避之日起三日内作出书面决定。赔偿请求人对决定不服的,可以申请复议一次。人民法院对复议申请,应当在三日内做出复议决定,并通知复议申请人。复议期间,被申请回避的人员不停止案件办理工作。

审判人员的回避,由院长决定;其他人员的回避,由国家赔偿小组负责人或者赔偿委员会主任决定。

第七条 人民法院应当全面审查案件,充分听取赔偿请求人的意见。必要时可以调取原审判、执行案卷,可以向原案件承办部门或有关人员调查、核实情况。听取意见、调查核实情况,应当制作笔录。

案件争议较大,或者案情疑难、复杂的,人民法院可以组织赔偿请求人、原案件承办人以及其他相关人员举行听证。听证情况应当制作笔录。

第八条 人民法院可以与赔偿请求人就赔偿方式、赔偿项目和赔偿数额在法律规定的范围内进行协商。协商应当遵循自愿、合法的原则。协商情况应当制作笔录。

经协商达成协议的,人民法院应当制作国家赔偿决定书。协商不成的,人民法院应当依法及时作出决定。

第九条 人民法院作出决定前,赔偿请求人撤回赔偿申请的,人民法院应当准许。

赔偿请求人撤回赔偿申请后,在国家赔偿法第三十九条规定的时效内又申请赔偿,并有证据证明其撤回申请确属违背真实意思表示或者有其他正当理由的,人民法院应予受理。

第十条 有下列情形之一的,人民法院应当决定中止办理:

(一)作为赔偿请求人的公民死亡,需要等待其继承人和其他有扶养关系的亲属表明是否参加赔偿案件处理的;

(二)作为赔偿请求人的公民丧失行为能力,尚未确定法定代理人的;

(三)作为赔偿请求人的法人或者其他组织终止,尚未确定权利承受人的;

(四)赔偿请求人因不可抗力或者其他障碍,在法定期限内不能参加赔偿案件处理的;

(五)宣告无罪的案件,人民法院决定再审或者人民检察院按照审判监督程序提出抗诉的。

中止办理的原因消除后,人民法院应当及时恢复办理,并通知赔偿请求人。

第十一条 有下列情形之一的,人民法院应当决定终结办理:

(一)作为赔偿请求人的公民死亡,没有继承人和其他有扶养关系的亲属,或者其继承人和其他有扶养关系的亲属放弃要求赔偿权利的;

(二)作为赔偿请求人的法人或者其他组织终止后,其权利承受人放弃要求赔偿权利的;

(三)赔偿请求人据以申请赔偿的撤销案件决定、不起诉决定或者宣告无罪的判决被撤销的。

第十二条 人民法院应当自收到赔偿申请之日起两个月内作出是否赔偿的决定,并制作国家赔偿决定书。

申请人向人民法院申请委托鉴定、评估的,鉴定、评估期间不计入办理期限。

第十三条 国家赔偿决定书应当载明以下事项:

(一)赔偿请求人的基本情况;

(二)申请事项及理由;

(三)决定的事实理由及法律依据;

(四)决定内容;

(五)申请上一级人民法院赔偿委员会作出赔偿决定的期间和上一级人民法院名称。

第十四条 人民法院决定赔偿或不予赔偿的,应当自作出决定之日起十日内将国家赔偿决定书送达赔偿请求人。

第十五条 赔偿请求人依据国家赔偿法第三十七条第二款的规定向人民法院申请支付赔偿金的,应当递交申请书,并提交以下材料:

(一)赔偿请求人的身份证明;

(二)生效的国家赔偿决定书。

赔偿请求人当面递交申请支付材料的,人民法院应当出具收讫凭证。赔偿请求人书写申请书确有困难的,可以口头申请,人民法院应当记入笔录,由赔偿请求人签名、捺印或者盖章。

第十六条 申请支付材料真实、有效、完整的,人民法院应当受理,并书面通知赔偿请求人。人民法院受理后,应当自收到支付申请之日起七日内,依照预算管理权限向有关财政部门提出支付申请。

申请支付材料不完整的,人民法院应当当场或者在三个工作日内一次性告知赔偿请求人需要补正的全部材料。收到支付申请的时间自人民法院收到补正材料之日起计算。

申请支付材料虚假、无效,人民法院决定不予受理的,应当在三个工作日内书面通知赔偿请求人并说明理由。

第十七条　赔偿请求人对人民法院不予受理申请支付的通知有异议的,可以自收到通知之日起十日内向上一级人民法院申请复核。上一级人民法院应当自收到复核申请之日起五个工作日内作出复核决定,并在作出复核决定之日起三个工作日内送达赔偿请求人。

第十八条　财政部门告知人民法院申请支付材料不符合要求的,人民法院应当自接到通知之日起五个工作日内按照要求提交补正材料。

需要赔偿请求人补正材料的,人民法院应当及时通知赔偿请求人。

第十九条　财政部门告知人民法院已支付国家赔偿费用的,人民法院应当及时通知赔偿请求人。

第二十条　本规定自2013年9月1日起施行。

本规定施行前本院发布的司法解释,与本规定不一致的,以本规定为准。

· 指导案例 ·

最高人民法院指导案例42号：朱红蔚申请无罪逮捕赔偿案

（最高人民法院审判委员会讨论通过
2014年12月25日发布）

【关键词】
国家赔偿　刑事赔偿　无罪逮捕　精神损害赔偿
【裁判要点】
1. 国家机关及其工作人员行使职权时侵犯公民人身自由权,严重影响受害人正常的工作、生活,导致其精神极度痛苦,属于造成精神损害严重后果。
2. 赔偿义务机关支付精神损害抚慰金的数额,应当根据侵权行为的手段、场合、方式等具体情节,侵权行为造成的影响、后果,以及当地平均生活水平等综合因素确定。
【相关法条】
《中华人民共和国国家赔偿法》第三十五条

【基本案情】
赔偿请求人朱红蔚申请称：检察机关的错误羁押致使其遭受了极大的物质损失和精神损害,申请最高人民法院赔偿委员会维持广东省人民检察院支付侵犯人身自由的赔偿金的决定,并决定由广东省人民检察院登报赔礼道歉、消除影响、恢复名誉,赔偿精神损害抚慰金200万元,赔付被扣押车辆、被拍卖房产等损失。

广东省人民检察院答辩称：朱红蔚被无罪羁押873天,广东省人民检察院依法决定支付侵犯人身自由的赔偿金124 254.09元,已向朱红蔚当面道歉,并为帮助朱红蔚恢复经营走访了相关工商管理部门及向有关银行出具情况说明。广东省人民检察院未参与涉案车辆的扣押,不应对此承担赔偿责任。朱红蔚未能提供精神损害后果严重的证据,其要求支付精神损害抚慰金的请求不应予支持,其他请求不属于国家赔偿范围。

法院经审理查明：因涉嫌犯合同诈骗罪,朱红蔚于2005年7月25日被刑事拘留,同年8月26日被取保候审。2006年5月26日,广东省人民检察院以粤检侦监核〔2006〕4号复核决定书批准逮捕朱红蔚。同年6月1日,朱红蔚被执行逮捕。2008年9月11日,广东省深圳市中级人民法院以指控依据不足为由,判决宣告朱红蔚无罪。同月19日,朱红蔚被释放。朱红蔚被羁押时间共计875天。2011年3月15日,朱红蔚以无罪逮捕为由向广东省人民检察院申请国家赔偿。同年7月19日,广东省人民检察院作出粤检赔决〔2011〕1号刑事赔偿决定：按照2010年度全国职工日平均工资标准支付侵犯人身自由的赔偿金124 254.09元(142.33元×873天)；口头赔礼道歉并依法在职能范围内为朱红蔚恢复生产提供方便；对支付精神损害抚慰金的请求不予支持。

另查明：(1)朱红蔚之女朱某某在朱红蔚被刑事拘留时未满18周岁,至2012年抑郁症仍未愈。(2)深圳一和实业有限公司自2004年由朱红蔚任董事长兼法定代表人,2005年以来未参加年检。(3)朱红蔚另案申请深圳市公安局赔偿被扣押车辆损失,广东省高级人民法院赔偿委员会以朱红蔚无证据证明其系车辆所有权人和受到实际损失为由,决定驳回朱红蔚赔偿申请。(4)2011年9月5日,广东省高级人民法院、广东省人民检察院、广东省公安厅联合发布粤高法〔2011〕382号《关于在国家赔偿工作中适用精神损害抚慰金若干问题的座谈会纪要》。该纪要发布后,广东省人民检察院表示可据此支付精神损害抚慰金。

【裁判结果】

最高人民法院赔偿委员会于 2012 年 6 月 18 日作出 (2011) 法委赔字第 4 号国家赔偿决定:维持广东省人民检察院粤检赔决〔2011〕1 号刑事赔偿决定第二项;撤销广东省人民检察院粤检赔决〔2011〕1 号刑事赔偿决定第一、三项;广东省人民检察院向朱红蔚支付侵犯人身自由的赔偿金 142 318.75 元;广东省人民检察院向朱红蔚支付精神损害抚慰金 50 000 元;驳回朱红蔚的其他赔偿请求。

【裁判理由】

最高人民法院认为:赔偿请求人朱红蔚于 2011 年 3 月 15 日向赔偿义务机关广东省人民检察院提出赔偿请求,本案应适用修订后的《中华人民共和国国家赔偿法》。朱红蔚被实际羁押时间为 875 天,广东省人民检察院计算为 873 天有误,应予纠正。根据《最高人民法院关于人民法院执行〈中华人民共和国国家赔偿法〉几个问题的解释》第六条规定,赔偿委员会变更赔偿义务机关尚未生效的赔偿决定,应以作出本赔偿决定时的上年度即 2011 年度全国职工日平均工资 162.65 元为赔偿标准。因此,广东省人民检察院应按照 2011 年度全国职工日平均工资标准向朱红蔚支付侵犯人身自由 875 天的赔偿金 142 318.75 元。朱红蔚被宣告无罪后,广东省人民检察院已决定向朱红蔚以口头方式赔礼道歉,并为其恢复生产提供方便,从而在侵权行为范围内为朱红蔚消除影响、恢复名誉,该项决定应予维持。朱红蔚另要求广东省人民检察院以登报方式赔礼道歉,不予支持。

朱红蔚被羁押 875 天,正常的家庭生活和公司经营也因此受到影响,导致其精神极度痛苦,应认定精神损害后果严重。对朱红蔚主张的精神损害抚慰金,根据自 2005 年朱红蔚被羁押以来深圳一和实业有限公司不能正常经营,朱红蔚之女患抑郁症未愈,以及粤高法〔2011〕382 号《关于在国家赔偿工作中适用精神损害抚慰金若干问题的座谈会纪要》明确的广东省赔偿精神损害抚慰金的参考标准,结合赔偿协商协调情况以及当地平均生活水平等情况,确定为 50 000 元。朱红蔚提出的其他请求,不予支持。

附 录

资料补充栏

交通事故处理与赔偿流程图

交通事故处理流程图

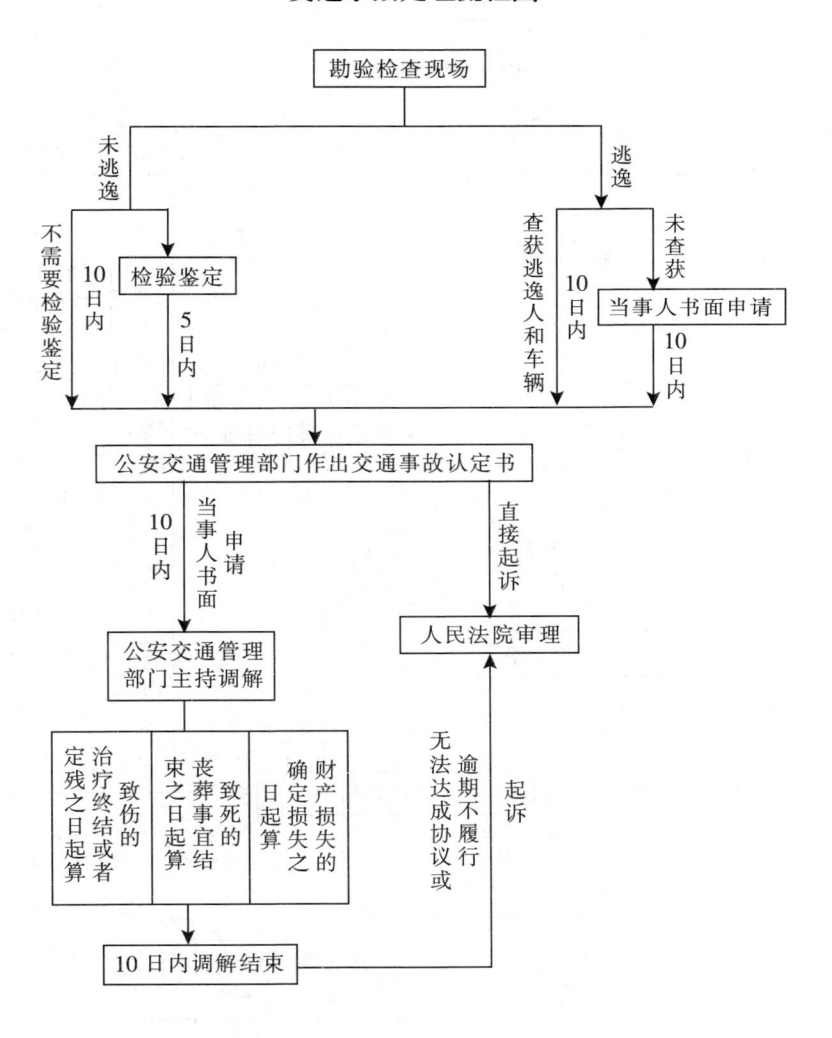

```
                          ┌─────────────┐
                          │ 勘验检查现场 │
                          └──────┬──────┘
                  未逃逸          │          逃逸
            ┌───────────────────┴───────────────────┐
            │                                       │
            │                              查获逃逸人和车辆  未查获
   不需要检验鉴定   10日内                    10日内      │
            │    ┌─────────┐                 │    ┌──────────────┐
            │    │ 检验鉴定 │                 │    │ 当事人书面申请 │
            │    └────┬────┘                 │    └──────┬───────┘
            │      5日内                     │       10日内
            └────────┴──────────┬────────────┴───────────┘
                                │
              ┌─────────────────┴──────────────────┐
              │ 公安交通管理部门作出交通事故认定书 │
              └──┬──────────────────────────┬──────┘
           当事人书面申请                 直接起诉
              10日内                         │
                 │                    ┌──────┴──────┐
        ┌────────┴────────┐           │ 人民法院审理 │
        │ 公安交通管理     │           └──────┬──────┘
        │ 部门主持调解     │         无法达成协议或
        └────────┬────────┘         逾期不履行     起诉
                 │
  ┌──────┬──────┬──────┬──────┐
  │致伤的│致死的│财产损│
  │治疗终│丧葬事│失的确│
  │结或者│宜结束│定损失│
  │定残之│之日起│之日起│
  │日起算│算    │算    │
  └──────┴──┬───┴──────┘
             │
     ┌───────┴────────┐
     │ 10日内调解结束 │
     └────────────────┘
```

交通事故责任认定流程图

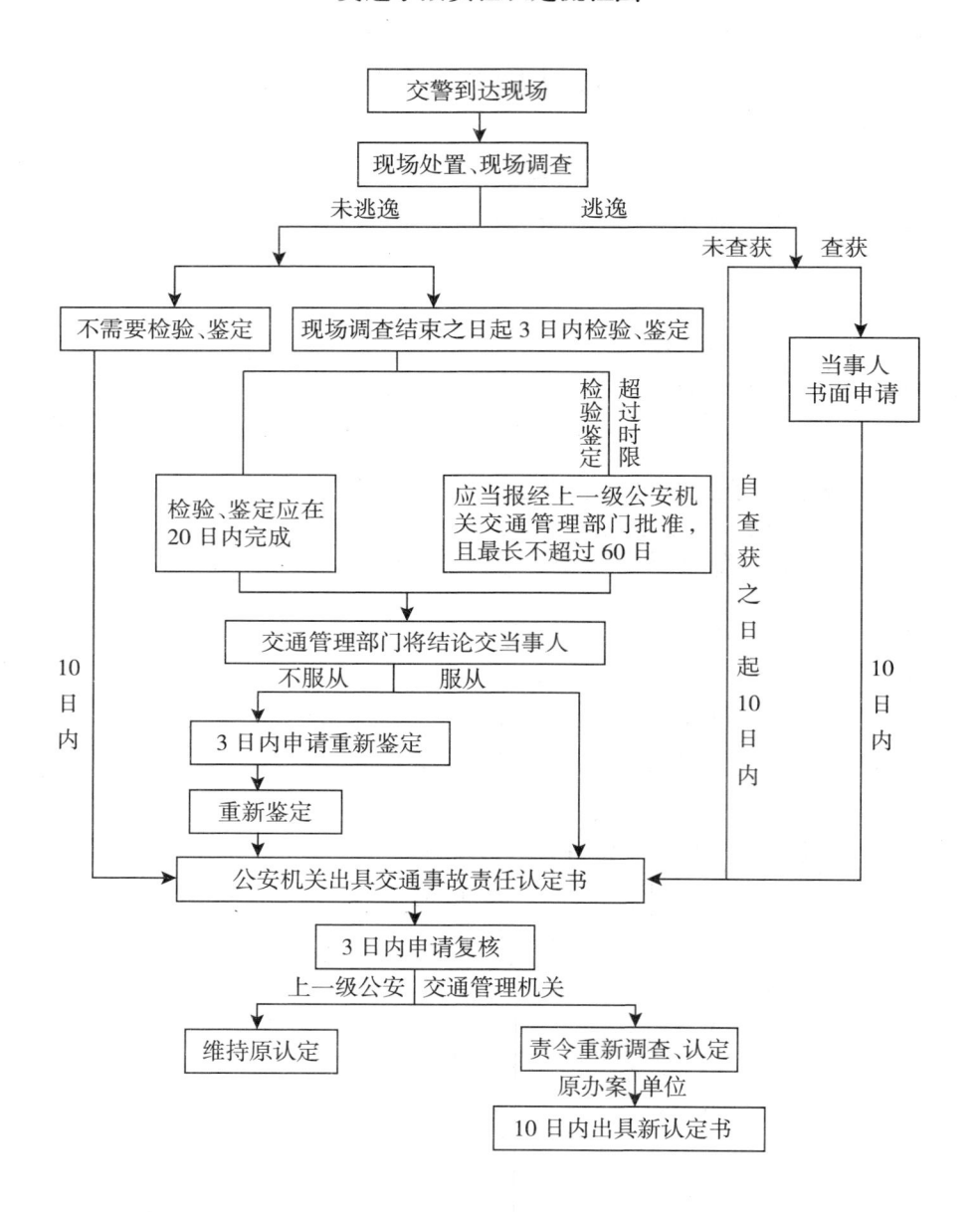

```
                        交警到达现场
                             │
                      现场处置、现场调查
                        │         │
                      未逃逸      逃逸
                     ┌──┴──┐    ┌──┴──┐
                     │     │   未查获  查获
              不需要检验、  现场调查结束   │    │
                 鉴定    之日起3日内    │  当事人
                     │   检验、鉴定    │  书面申请
                     │    │      │   │     │
                     │  检验鉴定  超过时限 │     │
                     │    │      │   │     │
                     │ 检验、鉴定 应当报经上一级 │     │
                     │ 应在20日内  公安机关交通 │     │
                     │   完成    管理部门批准， │     │
                     │         且最长不超过60日 │     │
                     │    └──┬──┘      │     │
                     │   交通管理部门将    │     │
                     │    结论交当事人    自     │
                     │    ┌──┴──┐      查     │
                     │  不服从   服从     获     │
                     │    │     │      之     │
                  10日内 3日内申请  │     日     10日内
                     │  重新鉴定   │     起     │
                     │    │     │     10     │
                     │  重新鉴定   │     日     │
                     │    │     │     内     │
                     │    └──┬──┘      │     │
                     └─────→公安机关出具交通事故责任认定书←────┘
                              │
                         3日内申请复核
                        ┌─────┴─────┐
                    上一级公安    交通管理机关
                        │            │
                    维持原认定    责令重新调查、认定
                                 原办案│单位
                                 10日内出具新认定书
```

交通事故调解流程图

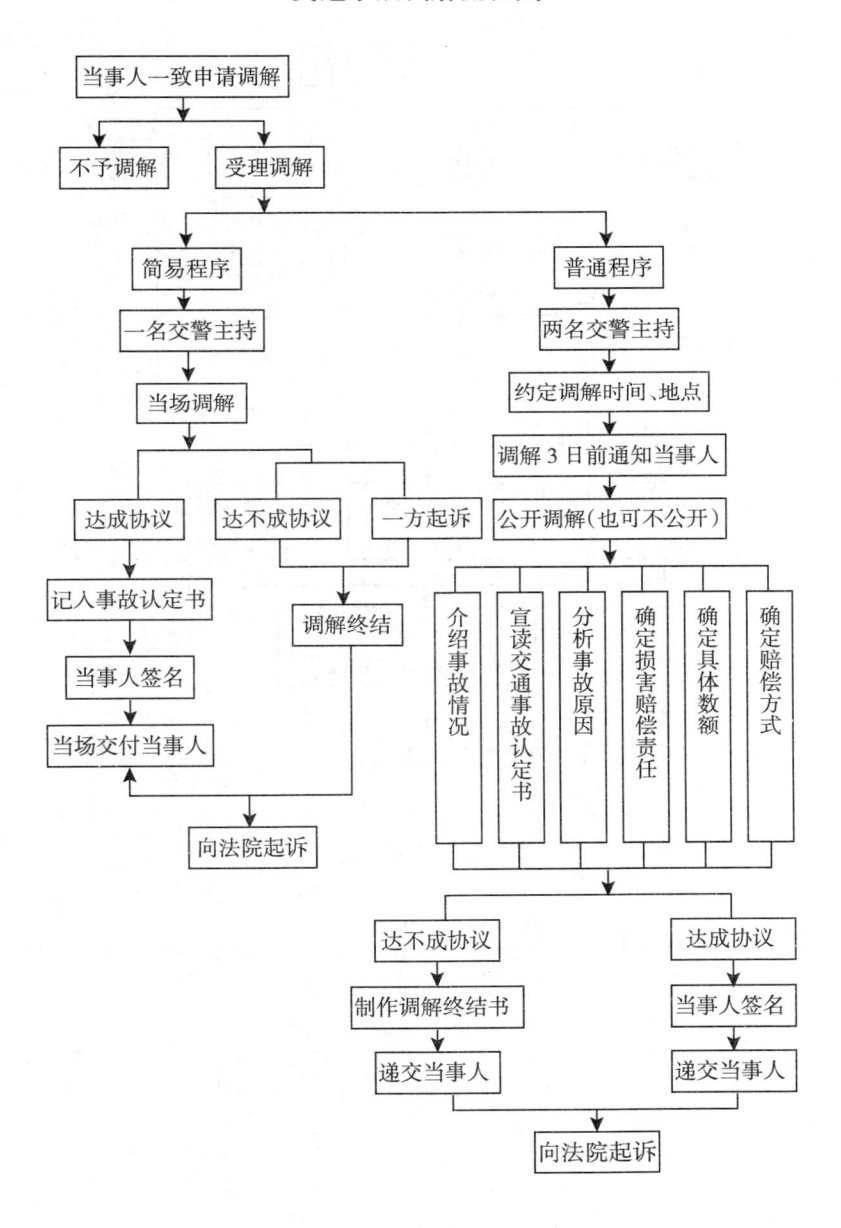

- 当事人一致申请调解
  - 不予调解
  - 受理调解
    - 简易程序
      - 一名交警主持
      - 当场调解
        - 达成协议 → 记入事故认定书 → 当事人签名 → 当场交付当事人
        - 达不成协议 → 调解终结 → 向法院起诉
        - 一方起诉
    - 普通程序
      - 两名交警主持
      - 约定调解时间、地点
      - 调解3日前通知当事人
      - 公开调解（也可不公开）
        - 介绍事故情况
        - 宣读交通事故认定书
        - 分析事故原因
        - 确定损害赔偿责任
        - 确定具体数额
        - 确定赔偿方式
      - 达不成协议 → 制作调解终结书 → 递交当事人 → 向法院起诉
      - 达成协议 → 当事人签名 → 递交当事人

交通事故索赔流程图

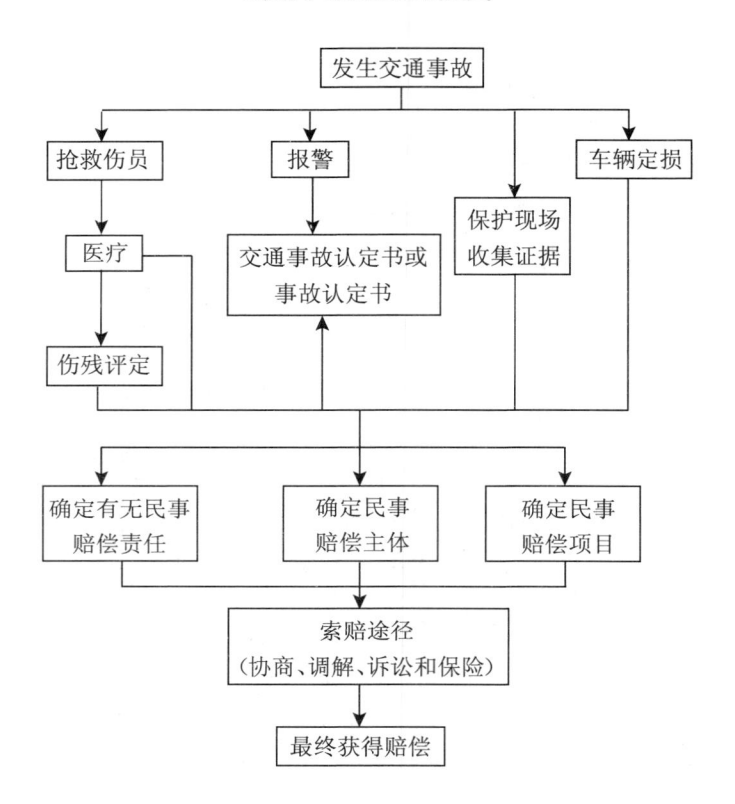

```
                        发生交通事故
            ┌───────────┬────┴────┬───────────┐
         抢救伤员       报警              车辆定损
            │           │      保护现场
          医疗    交通事故认定书或  收集证据
            │       事故认定书
         伤残评定        ↑
            └───────────┼────────────┘
            ┌───────────┼───────────┐
       确定有无民事  确定民事      确定民事
        赔偿责任    赔偿主体      赔偿项目
            └───────────┼───────────┘
                      索赔途径
              （协商、调解、诉讼和保险）
                        │
                    最终获得赔偿
```

工伤认定与赔偿操作示意图

申请工伤认定操作示意图

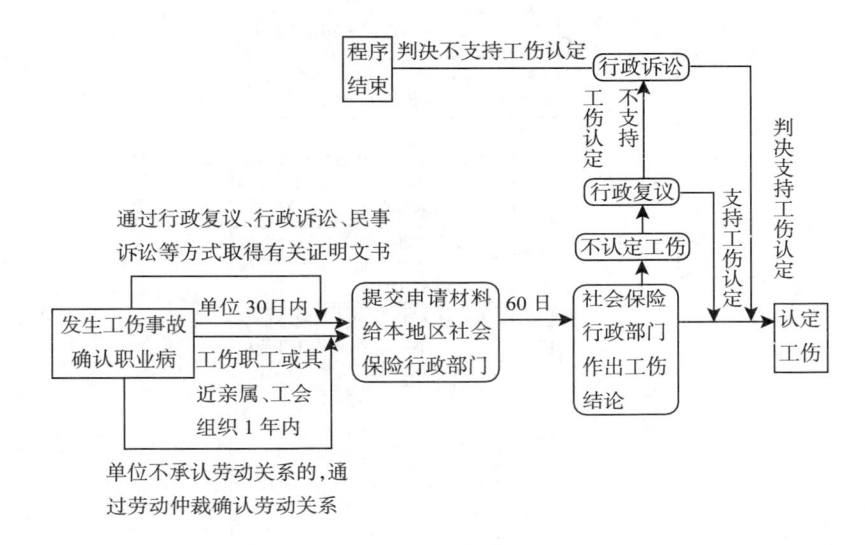

```
                                        程序结束 ← 判决不支持工伤认定 ← 行政诉讼
                                                                       ↑
                                                              工伤认定 不支持
                                                                       ↑
                          通过行政复议、行政诉讼、民事              行政复议 ← 支持工伤认定
                          诉讼等方式取得有关证明文书                    ↑                   判决支持工伤认定
                                              ↓                   不认定工伤
                                      单位30日内          提交申请材料    60日    社会保险
    发生工伤事故  ─────→  工伤职工或其  ─────→  给本地区社会 ─────→  行政部门  ─────────────→  认定工伤
    确认职业病              近亲属、工会            保险行政部门          作出工伤
                            组织1年内                                  结论
                                 ↑
                          单位不承认劳动关系的，通
                          过劳动仲裁确认劳动关系
```

劳动能力鉴定操作示意图

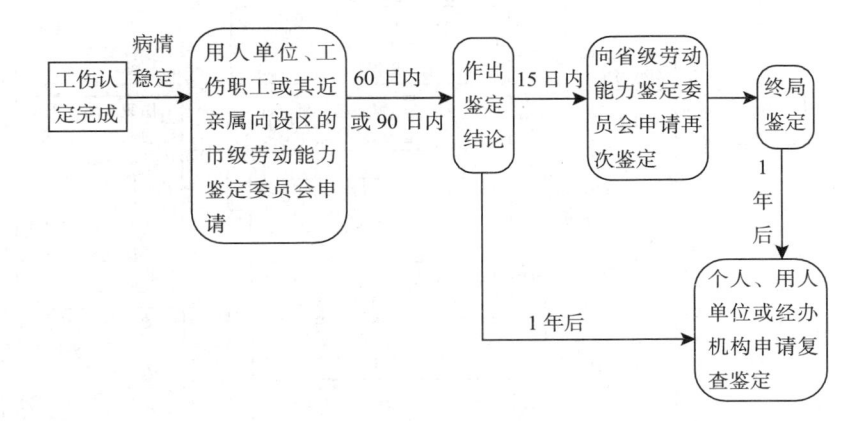

```
                  病情稳定    用人单位、工       作出        向省级劳动
    工伤认定  ─────────→   伤职工或其近  60日内  鉴定  15日内  能力鉴定委   终局
    完成                   亲属向设区的  或90日内  结论  ─────→  员会申请再  ─────→  鉴定
                           市级劳动能力                          次鉴定            │
                           鉴定委员会申                                           │1
                           请                                                    │年
                                                                                 │后
                                                      1年后       个人、用人     ↓
                                                   ──────────→    单位或经办
                                                                  机构申请复
                                                                  查鉴定
```

工伤待遇确定操作示意图

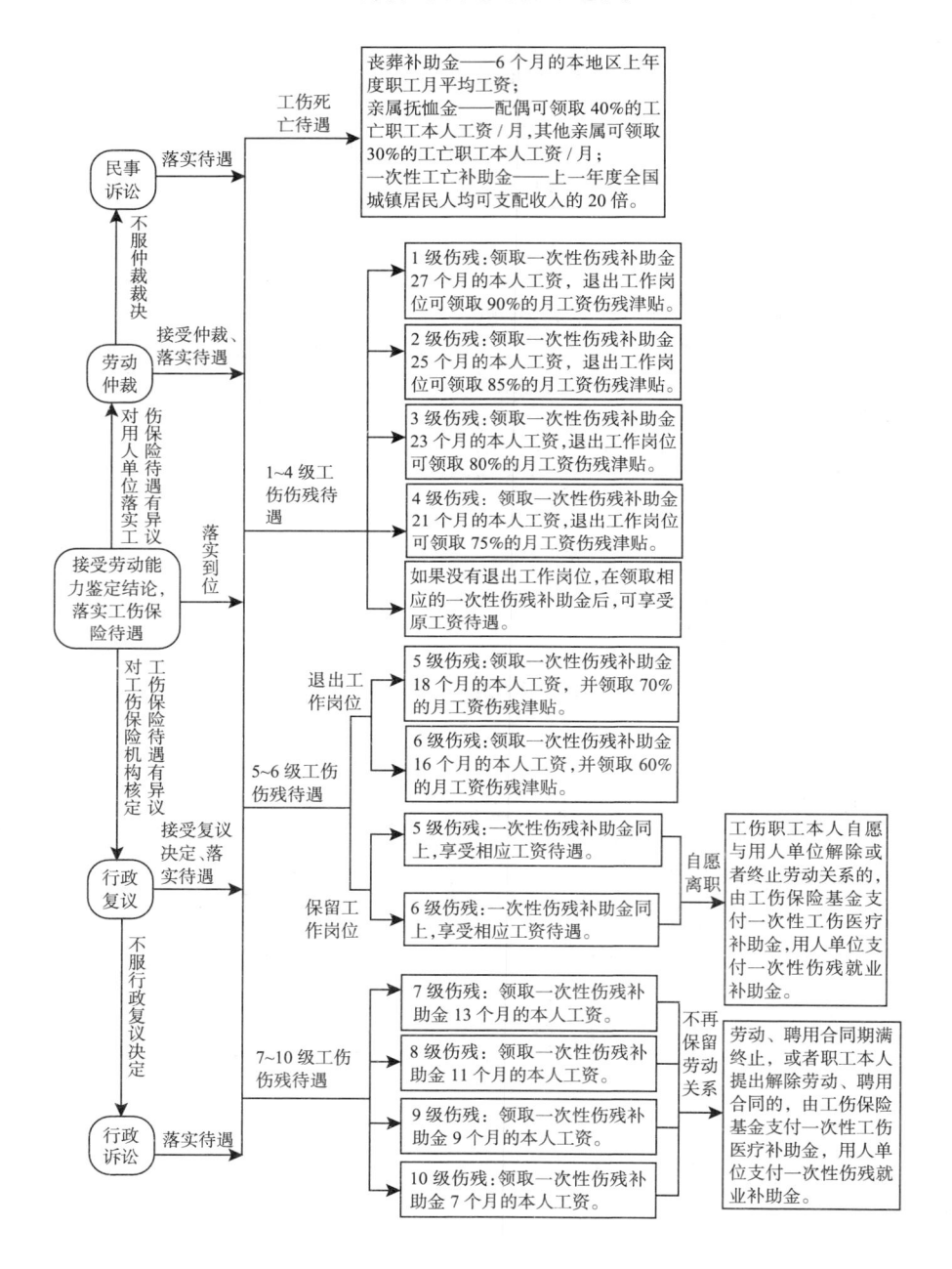

```
民事诉讼 ── 落实待遇 ──┐
                      │
   │不服仲裁裁决        ├── 工伤死亡待遇 ── 丧葬补助金——6个月的本地区上年度职工月平均工资；
                      │                  亲属抚恤金——配偶可领取40%的工亡职工本人工资/月，其他亲属可领取30%的工亡职工本人工资/月；
劳动仲裁 ── 接受仲裁、  │                  一次性工亡补助金——上一年度全国城镇居民人均可支配收入的20倍。
           落实待遇    │
   │对用人单位落实工   │
   │伤保险待遇有异议   │
                      ├── 1~4级工伤伤残待遇
接受劳动能力鉴定结论，  │    ├ 1级伤残：领取一次性伤残补助金27个月的本人工资，退出工作岗位可领取90%的月工资伤残津贴。
落实工伤保险待遇 ──落实到位  ├ 2级伤残：领取一次性伤残补助金25个月的本人工资，退出工作岗位可领取85%的月工资伤残津贴。
   │                      ├ 3级伤残：领取一次性伤残补助金23个月的本人工资，退出工作岗位可领取80%的月工资伤残津贴。
   │对工伤保险待遇        ├ 4级伤残：领取一次性伤残补助金21个月的本人工资，退出工作岗位可领取75%的月工资伤残津贴。
   │有异议 工伤保险机构核定 └ 如果没有退出工作岗位，在领取相应的一次性伤残补助金后，可享受原工资待遇。

                      ├── 5~6级工伤伤残待遇
行政复议 ── 接受复议    │    ├ 退出工作岗位
           决定、落实待遇│    │    ├ 5级伤残：领取一次性伤残补助金18个月的本人工资，并领取70%的月工资伤残津贴。
   │                  │    │    └ 6级伤残：领取一次性伤残补助金16个月的本人工资，并领取60%的月工资伤残津贴。
   │不服行政复议决定    │    └ 保留工作岗位
                      │         ├ 5级伤残：一次性伤残补助金同上，享受相应工资待遇。
                      │         └ 6级伤残：一次性伤残补助金同上，享受相应工资待遇。
                      │              │自愿离职──工伤职工本人自愿与用人单位解除或者终止劳动关系的，由工伤保险基金支付一次性工伤医疗补助金，用人单位支付一次性伤残就业补助金。

行政诉讼 ── 落实待遇 ──┴── 7~10级工伤伤残待遇
                           ├ 7级伤残：领取一次性伤残补助金13个月的本人工资。
                           ├ 8级伤残：领取一次性伤残补助金11个月的本人工资。
                           ├ 9级伤残：领取一次性伤残补助金9个月的本人工资。
                           └ 10级伤残：领取一次性伤残补助金7个月的本人工资。
                                │不再保留劳动关系──劳动、聘用合同期满终止，或者职工本人提出解除劳动、聘用合同的，由工伤保险基金支付一次性工伤医疗补助金，用人单位支付一次性伤残就业补助金。
```

医疗事故鉴定与赔偿流程图

医疗事故索赔流程图

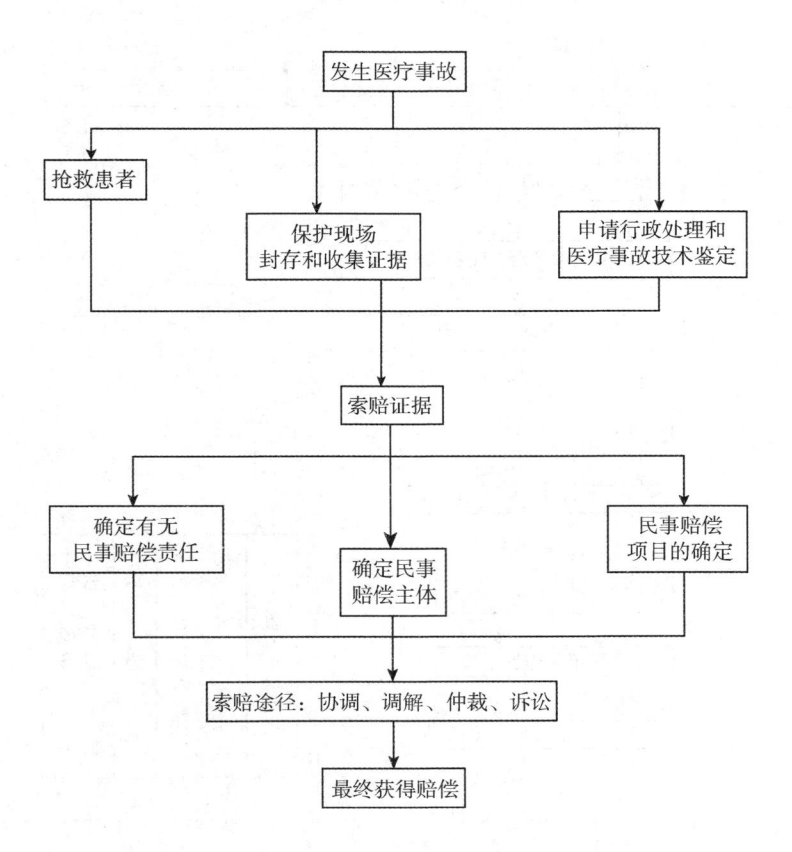

发生医疗事故
- 抢救患者
- 保护现场 封存和收集证据
- 申请行政处理和医疗事故技术鉴定

↓

索赔证据
- 确定有无民事赔偿责任
- 确定民事赔偿主体
- 民事赔偿项目的确定

↓

索赔途径：协调、调解、仲裁、诉讼

↓

最终获得赔偿

医学会鉴定流程图

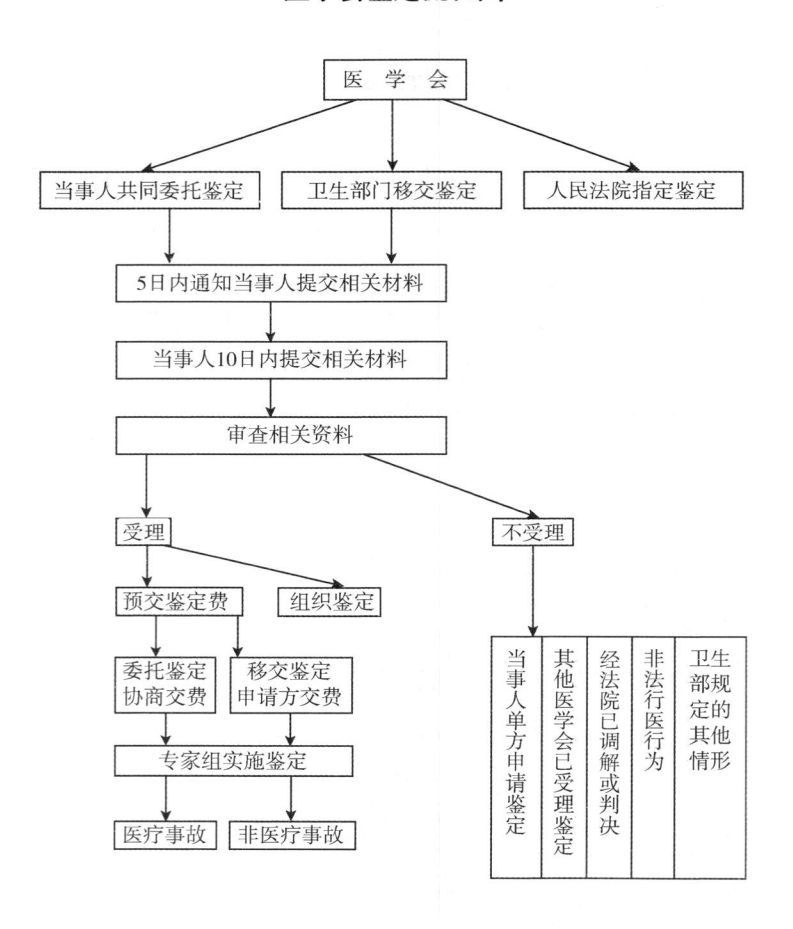

```
                            医 学 会
              ┌───────────────┼───────────────┐
       当事人共同委托鉴定   卫生部门移交鉴定   人民法院指定鉴定
              └───────────────┼───────────────┘
                              ↓
                  5日内通知当事人提交相关材料
                              ↓
                  当事人10日内提交相关材料
                              ↓
                       审查相关资料
                        ↙         ↘
                    受理            不受理
                  ↙     ↘             ↓
            预交鉴定费  组织鉴定    ┌──────┬──────┬──────┬──────┬──────┐
              ↓                    当事人  其他   经法院  非法   卫生
         ┌────┴────┐                单方   医学会  已调解  行医   部规
      委托鉴定  移交鉴定              申请   已受理  或判决  行为   定的
      协商交费  申请方交费            鉴定   鉴定                  其他
           ↓       ↓                                              情形
           专家组实施鉴定
            ↙       ↘
        医疗事故   非医疗事故
```

鉴定程序图

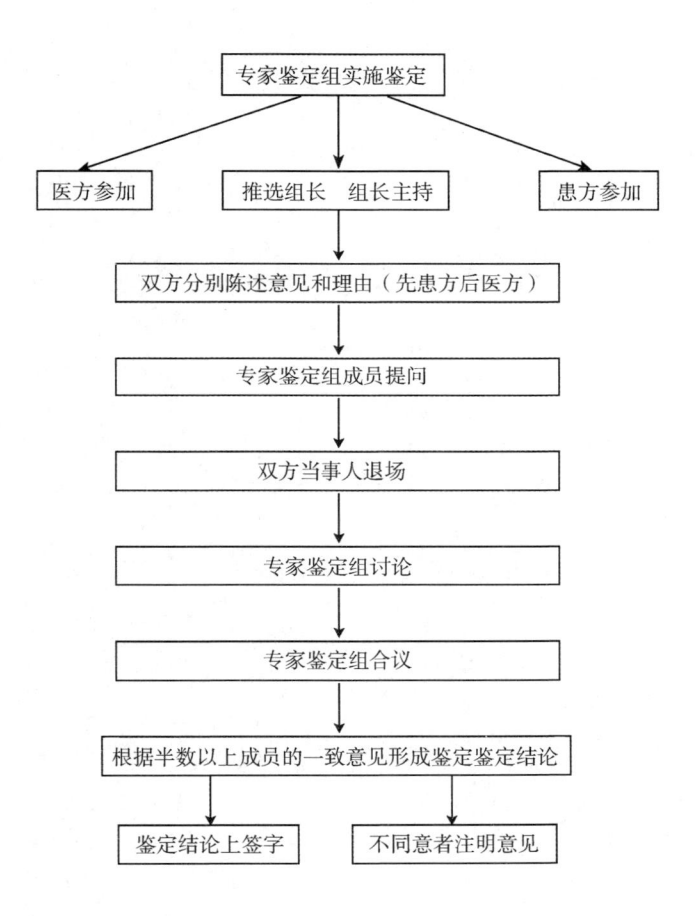

```
                    专家鉴定组实施鉴定
                   ／      ↓      ＼
            医方参加   推选组长 组长主持   患方参加
                          ↓
              双方分别陈述意见和理由（先患方后医方）
                          ↓
                  专家鉴定组成员提问
                          ↓
                    双方当事人退场
                          ↓
                    专家鉴定组讨论
                          ↓
                    专家鉴定组合议
                          ↓
           根据半数以上成员的一致意见形成鉴定鉴定结论
                   ↙              ↘
            鉴定结论上签字        不同意者注明意见
```